형사소송법 강의

김신규

박영사

머리말

필자가 전남 무안군 청계면 승달산 자락에 위치한 목포대학교에서 형사법관련 강좌를 개설하여 연구하고 가르친 지도 어언 30년의 성상이 흘렀다. 아직도 미진하고 부족한 점이 많지만 사법시험, 행정고시, 변호사시험, 경찰간부시험 등 각종 국가고시에 형사소송법 과목의 출제·채점위원으로 오랫동안 참여한 경험을 바탕으로 관련시험을 준비하는 수험생들에게 도움을 주면서, 학계와 실무계에도 미력하나마 일조하고자 하는 마음으로 이 책을 집필하게 되었다.

이미 몇 해 전부터 필자는 형사실체법인 형법총론·각론의 이론서를 출간한 이래로 이어서 형사절차법인 형사소송법을 출간하기로 마음먹었지만, 세상 일이 뜻대로 되는 것만은 아니어서 차일피일 하던 차에 또 몇 해가 훌쩍 지나가버렸다. 지인들 중에는 필자의 건강을 생각하거나 아니면 집필작업은 과욕이라는 표현을 은연 중 내비치기도 하지만, 우둔한 필자의 마음은 나이테가 늘어가니 비로소 전체를 보는 눈이 뜨이는 것 같아 그동안의 세월을 반추해보면서 그 아둔함에 오히려 부끄러움이 앞선다.

그간 우리나라 형사사법제도에 대한 많은 비판과 논의가 있어 왔고, 그 결실의 일부로 국민이 배심원으로 참여하는 형사재판제도가 도입되어 재판의 민주성과 공정성을 부분적이나마 실현하는 계기가 되었으며, 아직도 청산되지 않고 남아 있는 전관예우를 비롯한 사법적폐로 인한 법원판결의 고무줄 잣대가 양형위원회의 양형기준표 마련으로 규율받도록 구체화된 점은 사법정의의 착근에 시사하는 바가 크다고 할 수 있다.

그러나 작금에 이르러 인구회자(人口膾炙)되고 있는 검찰과 경찰의 수사권 조정과 고위공직자비리수사처의 설립문제가 해결되면 일거에 인권친화적 사법제도로 변모되는 것으로 오해되는 현실은, 그동안 검찰의 독점적인 수사권과 공소권 행사에 따른 검찰권력의 남용에 따른 각인된 폐해에 기인한다. 그러나 여기서 간과하지 말아야 할 더 중요한 과제는 검찰과 경찰을 비롯한 수사기관의 정치권력으로부터의 독립성 보장이란 점이다. 수사기관 간의 권한분배를 통한 상호견제기능도 공정한 수사권과 공소권 행사를 통한 시민의 권익보호라는 가치를 실현하기 위한 수단에 불과하다. 결국 정치권력으로부터 독립된 공정한 형사사법권의 행사는 검찰과 경찰뿐만 아니라 법관의 임명에 있어서도 시민통제가 필요하며, 이를 위해서는 검찰총장, 법원장 등에 대한 선출제, 추천제, 합의제 문제도 함께 검토되는 방향으로 나아가야 할 것이다.

이 책은 형사절차법의 전반을 다루는 것이 아니라, 형사소송법의 주내용인 수사절차와 공판절차를 중심으로 학설과 판례의 내용을 소개하고 분석하면서 평석하고자 하였다. 특히 형사소송법 전과정을 통해 흐르는 가치인 적법절차를 통한 피의자·피고인의 인권보호와 형사사건의 실체적 진실규명이라는 가치가 균형감있게 자리잡을 수 있도록 필자의 견해를 개진하고자 노력하였다. 특히 수사절차와 공판절차를 통해 피의자나 피고인이 공정한 수사와 재판을 받고 유죄가 확정되기 전까지는 무죄추정의 원칙이 제도적으로 보장되는 형사사법절차를 위해 현행 제도에 대한 비판과 개선책도 부분적으로 제시하고 있다.

다음으로 이 책은 형사소송법의 핵심적인 내용을 거의 망라하여 담고 있으면서도 복잡다기한 현학적인 내용의 학설은 오히려 독자들에게 사고의 오류를 유발하고 실제적으로 도움이 되지 않기 때문에 이를 피하고, 가능한 한 쉬운 문장으로 바꾸어 수험생들에게 도움이 되도록 기술하였다. 중요한 학설과 최근 판례의 입장을 거의 빠짐없이 소개함으로써 변호사시험, 검찰·경찰을 비롯한 각종 국가시험에 대비한 교과서로서 부족함이 없도록 하였다. 그러나 미진한 부분이나 새로운 학설과 판례의 내용은 추후에도 계속 보정해 나가기로 약속하면서, 독자 여러분의 따뜻한 격려와 질정(叱正)을 기대해본다.

책을 집필하면서 많은 분들의 도움을 받았다. 특히 원고정리와 색인작업에 도움을 준 목포대학교와 경찰교육원에서 강의를 하고 있는 김재한 박사에게도 지면을 통해 고마운 마음을 전하며 앞날에 학문적 성취가 있기를 기원한다. 또한 AI가 등장하고 드론이 날며 자율주행차가 다니는 제4차 융복합산업혁명시대의 녹록치 않은 출판환경에도 불구하고 이 책의 출간을 결정하신 박영사 안종만 회장님과 무더운 여름 날씨에 편집과 교정을 위해 애써주신 박영사 김선민 편집부장님과 임직원 여러분, 그리고 이영조 차장님을 비롯한 관계자들께도 고마운 마음을 전한다. 아울러 주말을 거의 쉬지 못하는 남편을 이해해준 아내와 사랑하는 딸과 아들에게도 고마움을 전한다.

끝으로 필자가 한국비교형사법학회장으로 재임하던 2017년 8월에 중국형사법학회와 공동으로 제15회 한중학술교류행사를 중국산서성 타이위안(太原) 산시(山西)대학에서 개최하였는데, 그 곳에서 중국의 가장 오래된 사당인 진사(晉祠)와 왕씨 사당을 방문했을 때 본 만파동원(萬派同源)이라는 글귀가 마음에 들어 여기에 적어 둔다. 이는 만물동근(萬物同根)이라는 말과 같이 '삼라만상은 모두가 하나'라는 의미인데, 우리 모두가 만물에 대하여 자비와 관용과 사랑의 마음으로 대하면서 아름다운 동행자가 되었으면 하는 소망이다. 이 책을 공부하는 독자들 모두가 맑고 향기로운 삶을 살아가게 되기를 희원하면서…, 화향천리(花香千里) 인향만리(人香萬里)라고 하지 않던가. 이양연의 야설(夜雪)이란 한시로 머리말을 마무리하고자 한다.

답설야중거(踏雪野中去)　불수호란행(不須胡亂行)
금일아행적(今日我行跡)　수작후인정(遂作後人程)
눈 덮인 들판을 걸어갈 때는 이리저리 어지러이 걷지 마라.
오늘 나의 발자국은 뒷사람의 이정표가 되리라.

2019년 8월

목포대학교 청계캠퍼스 승달산 기슭 무우재(無愚齋)에서

중암(中巖) 김 신 규

차 례

제1편 서 론

제1장 형사소송법이란 무엇인가?

제 2 장 형사소송의 이념과 구조

제 3 장 소송절차의 기초이론

제 2 편 소송주체와 소송행위

제 1 장 소송의 주체

제 2 장 소송행위와 소송조건

제 3 편 수사와 공소

제 1 장 수 사

제 2 장 강제처분과 강제수사

제 3 장 수사의 종결

제 4 장 공소제기

제 4 편 공 판

제 1 장 공판절차

제2장 증 거

제3장 재 판

제 5 편 상소, 비상구제절차, 특별형사절차

제 1 장 상 소

제 2 장 비상구제절차

제 3 장 재판의 집행과 형사보상

참고문헌

[국내문헌]

강구진	형사소송법원론,	학연사,	1982
강동욱/황문규/이성기/최병호,	형사소송법강의(제3판),	오래,	2016
김재환	형사소송법,	법문사,	2013
노명선/이완규	형사소송법(제3판),	성균관대학교 출판부,	2013
배종대/이상돈/정승환/이주원	형사소송법(제2판),	홍문사,	2016
백형구	형사소송법강의(8정판),	박영사,	2001
손동권/신이철	형사소송법,	세창출판사,	2013
송광섭	형사소송법,	형설출판사,	2012
신동운	신형사소송법(제5판),	법문사,	2014
신양균	형사소송법(신판),	화산미디어,	2009
신현주	형사소송법(신정2판),	박영사,	2002
이영란	한국형사소송법,	나남,	2007
이은모	형사소송법(제5판),	법문사,	2015
이재상/조균석	사소송법(제11판),	박영사,	2017
이창현	형사소송법(제2판),	피앤씨미디어,	2015
임동규	형사소송법(제12판),	법문사,	2016
정영석/이형국	형사소송법,	법문사,	1994
정웅석/백승민	형사소송법(전정증보6판),	대명출판사,	2014
차용석/최용성	형사소송법(제4판),	21세기사,	2013
법원행정처	법원실무제요,	형사(1)(2),	2014
형사판례연구회편	형사판례연구,	박영사,	1994－2016
한국형사소송법학회	형사소송법 핵심판례110선(제2판),	박영사,	2016

[외국문헌]

平野龍一/松尾浩也 編著, 新實例刑事訴訟法 [Ⅰ],[Ⅱ], 青林書院, 2000.

池田 修/前田雅英, 刑事訴訟法講義(제5판), 東京大學出版會, 2014.

Beulke, Werner, Strafprozessrecht, 9. Aufl., C. F. Müller, 2006.

John L. Worrall, Criminal Procedure: From First Contact to Appeal, 2nd Ed., Pearson Education, 2007.

Kühne, Hans-Heiner, Strafprozessrecht, 7. Aufl., C. F. Müller, 2007.

Robert M. and Bloom/Mark S. Brodin, Criminal Procedure(The Constitution and the Police), 5th Ed., Aspen Publishers, 2006.

Rolando v. del Carmen, Criminal Procedure, 7th Ed., Wadsworth, 2007.

Roxin, Claus, Strafverfahrensrecht, 25. Aufl., C. H. Beck, 1998.

Stacy C. Moak & Ronald L. Carlson, Criminal justice procedure, 8th Ed., anderson publishing, 2013.

Volk, klaus, Grundkurs StPO, 6. Aufl., C. H. Beck, 2008.

제 1 편

서　　론

제 1 장 형사소송법이란 무엇인가?

제 1 절 형사소송법의 의의와 성격

Ⅰ. 형사소송법의 의의

1. 형사소송법의 개념

형사소송법(Strafprozeßrecht, Strafverfahrensrecht, criminal procedure)이란 범죄와 형벌 및 보안처분을 규정하고 있는 실체법인 형법의 내용을 구체적으로 적용·실현하기 위한 절차, 즉 형사절차를 규정하고 있는 국가적 법률체계를 말한다. 그런데 형사소송이란 공소제기 이후부터 확정판결이 있을 때까지의 형사절차를 의미하므로, 수사절차나 형집행절차가 여기에 포함되지 않게 된다. 따라서 형사절차를 규율하는 법규범의 총체라는 의미에서는 형사소송법이라는 표현보다는 오히려 **'형사절차법'**이라고 부르는 것이 더 적합한 표현이며, 이 경우에는 형집행절차법(형의 집행 및 수용자처우에 관한 법률)도 포함하게 되므로, 일반적으로 형사소송법이란 형사절차 중에서 수사절차와 공판절차를 규정하고 있는 국가적 법률체계를 말한다고 할 수 있으며, 이러한 형사절차법규에는 형사소송법을 비롯하여 형사소송규칙, 대법원예규 등이 해당한다고 하겠다.

또한 실체법인 형법이 **'형사사법에 의한 정의'**를 실현하기 위한 법률인데 반하여, 형사소송법은 **'형사사법에 있어서의 정의'**를 실현하기 위한 법률이라는 점에서 양자는 차이가 있다. 그러나 진정한 「**형사사법의 정의**」는 어느 한 측면만의 정의로는 이루어질 수 없으며, 양 측면이 모두 달성되어질 때 비로소 가능하게 된다.

2. 형사절차법정주의

형사소송법은 강제력을 통한 국가형벌권을 실현하기 때문에 개인의 기본적 인권을 침해할 우려가 있으므로 부당한 개인의 자유침해를 억제하기 위해 국가형벌권을 실현하는 절차는 법률로서 엄격히 규정할 것이 요구된다. 이를 「**형사절차법정주의**」라고 한다. 헌법 제12조 제1항은 「누구든지 법률에 의하지 아니하고는 체포·구속·압수·수색 또는 심문을 받지 아니하며, 법률과 적법한 절차에 의하지 아니하고는 처벌·보안처분 또는 강제노역을 받지 아니한다」고 규정하고 있다. 이 조항은 「법률이 없으면 범죄도 없고 형벌도 없다」는 형법의 최고이념인 죄형법정주의를 나타내고 있을 뿐만 아니라, 형사소송법의 기본원칙인 형사절차법정주의를 선언한 것이라고 해석하지 않을 수 없다.

이와 같이 형사소송법은 헌법의 기본원칙을 형사절차에 의해 실현하는 법률이라 할 수 있으므로, 형사소송법을 **응용된 헌법**이라 부르기도 한다. 형사소송법이 헌법의 기본원칙을 실현하고 헌법상의 **실질적 법치국가원리**에 부합해야 하므로, 실체법인 형법상의 죄형법정주의가 적정성의 원칙을 내용으로 하는 것처럼 형사소송법도 형식적 형사절차법정주의가 아니라 법률에 규정된 형사절차가 공정한 재판의 이념에 부합되도록 하는 「**적정한 절차**(due process)**원칙**」이 당연히 요구된다고 하겠다.

Ⅱ. 형사소송법의 법체계상의 성격

형사소송법은 **공법·사법법**이며, **형사법**에 속한다는 점에서는 형법과 같지만, 형법이 범죄와 형벌 및 보안처분과의 관계를 규정하고 있는 실체법인데 반해, 형사소송법은 형법의 내용을 구체적으로 적용·실현하는 **절차법**이라는 점에서 다르다.

1. 사 법 법

형사소송법은 사법기관의 조직과 작용에 관한 사법법(司法法)이라는 점에서 법정립기관의 조직과 작용에 관한 입법법(立法法)이나 법집행기관의 조직과 작용에 관한 행정법과는 구별된다. 형사소송법은 사법법이므로 법적 안정성이 요구된다. 그러나 실체법인 형법과는 달리 형사소송의 동적(動的)·발전적 성격으로 인해 공판절차에서는 법적 안정성이 엄격히 요구되나, 수사절차나 형의 집행절차단계에서는 사법행정이라는 측면에서 행정법상 요구되는 **합목적성**이 강조되는 부분을 부정할 수 없다. 따라서 형사소송법은 행정법과 밀접한 관련을 가진다.

2. 형 사 법

형사소송법은 형법과 더불어 형사법에 속한다. 민사법이 개인과 개인, 부분과 부분 사이의 평균적 정의의 실현을 목적으로 함에 반해, 형사소송법은 범죄에 대하여 공정한 국가형벌권을 실현하는 절차를 규정한 법이므로 국가와 개인, 전체와 부분 사이의 **배분적 정의**의 실현을 목적으로 한다. 따라서 형사소송법은 국가 정치체제의 변화에 가장 민감하게 반응하는 특색을 지닌다고 할 수 있다.

3. 절 차 법

형사소송법은 실체법인 형법의 내용을 구체적으로 실현하는 절차법이다. 실체법인 형법이 정적(靜的) 법률관계에 관한 법률이라면, 형사소송법은 **동적·발전적 법률관계**에 관한 법률이다. 또한 형법은 윤리적 색채가 강한 반면에, 형사소송법은 **기술적·합목적적 성격**이 강하게 나타난다. 형사소송법은 기술적 성격이 강하게 나타나지만 통일된 가치체계로 결합되어 형법과 더불어 형사사법의 정의를 실현하는데 기여한다.

말하자면 **'형사사법의 정의'**를 형법은 **'형사사법에 의한 정의'**라는 가치관념에 의해, 형사소송법은 **'형사사법에 있어서의 정의'**라는 가치관념에 기초하여 실현하므로, 양자의 관계는 「**칼자루와 칼날**」 또는 「**망원경의 두 개의 렌즈**」로 비유되기도 한다.

제 2 절 형사소송법의 법원과 적용범위

Ⅰ. 형사소송법의 법원

형사소송법의 가장 중요한 법원(法源)으로는 헌법 제12조 제1항의 형사절차법정주의에 의하여 제정된 법률인 형사소송법(1954. 9. 23. 제정, 법률 제341호)이다. 이 법률이 형사절차의 가장 중요한 법원, 즉 법의 존재형식이고, 그 밖에도 형사절차와 관련된 많은 조항이 헌법에 규정되어 있을 뿐만 아니라 형사소송절차에 관한 대법원규칙 등이 있다.

1. 헌 법

헌법에 규정되어 있는 형사피의자와 피고인의 기본적 인권을 보장하기 위한 조항으로는 형사절차법정주의 내지 적정절차의 원칙(제12조 제1항), 고문금지와 불이익 진술거부권(제12조 제2항), 영장주의(제12조 제3항, 제16조), 변호인의 조력을 받을 권리(제12조 제4항), 구속적부심사청구권(제12조 제6항), 자백배제의 법칙과 자백의 보강법칙(제12조 제7항), 일사부재리의 원칙(제13조 제1항), 신속한 공개재판을 받을 권리(제27조 제3항), 피고인의 무죄추정(제27조 제4항), 형사보상청구권(제28조) 등을 들 수 있다. 헌법상의 이러한 조항은 **형사소송의 헌법화**를 나타내는 규정으로서 형사소송법의 최고의 법원으로서 작용한다.

그 밖에도 법원의 조직과 권한(제101조 내지 제108조), 재판공개의 원칙(제109조), 군사법원(제110조)에 관한 헌법규정도 형사소송법의 법원이 된다.

2. 형사소송법

형사소송법은 형식적 의미의 형사소송법과 실질적 의미의 형사소송법으로 나누어진다.

(1) 형식적 의미의 형사소송법

「형사소송법」이라는 명칭을 가진 법전을 말한다. 이 법률은 형사절차에 관한 가장 중요하고 기본적인 규정을 수록하고 있으므로 형사소송법의 가장 중요한 법원이다.

(2) 실질적 의미의 형사소송법

그 내용이 실질적으로 형사절차에 관하여 규정하고 있는 법률을 말한다. 다음과 같은 법률들이 여기에 해당한다.

1) 조직에 관한 법률

법원조직법, 각급법원의 설치와 관할구역에 관한 법률, 변호사법, 검찰청법, 경찰관직무집행법, 사법경찰관리의 직무를 행할 자와 그 직무범위에 관한 법률 등이 여기에 속한다.

2) 특별절차에 관한 법률

소년법, 즉결심판에 관한 절차법, 군사법원법, 조세범처벌절차법 등이 여기에 속한다.

3) 소송비용에 관한 법률

형사소송비용 등에 관한 법률이 있다.

4) 기타 법률

소송촉진 등에 관한 특례법, 형사보상법, 형의 집행 및 수용자처우에 관한 법률, 치료감호법, 형의 실효에 관한 법률, 사면법, 범죄피해자구조법, 국가보안법, 관세법 등도 실질적 의미의 형사소송법에 속한다.

3. 대법원규칙

대법원은 법률에 저촉되지 아니하는 범위 안에서 소송에 관한 절차, 법원의 내부 규율과 사무처리에 관한 규칙을 제정할 수 있다(헌법 제108조). 이에 근거한 대법원 규칙으로서 **형사소송규칙**(1982. 12. 31. 대법원규칙 제828호), 법정 좌석에 관한 규칙, 법정 방청 및 촬영 등에 관한 규칙, 법정 등의 질서유지를 위한 재판에 관한 규칙, 소송촉진 등에 관한 특례규칙, 소년심판규칙, 형사소송비용 등에 관한 규칙 등이 있다.

이러한 **대법원규칙**은 소송당사자의 이해관계와 직접적으로 관련이 없는 소송절차에 관한 순수한 절차적·기술적 사항이지만 법률의 범위 안에서만 허용되는 하위규범으로서 형사소송의 법원이 된다. 따라서 대법원규칙이 헌법이나 형사소송법의 원칙이나 규범에 명백히 위반될 때에는 무효라고 보아야 하며, 명백하지 않은 경우에도 최대한 상위법인 헌법과 법률에 합치되도록 해석해야 한다.

이에 반해 현실적으로 형사소송규칙에는 법률에 없는 내용을 규정한, 이른바 **형사소송법 형성적 성격을 지닌 규정**(예컨대 형사소송규칙 제141조의 재판장의 석명권)도 존재하므로 형사소송규칙을 형사절차법정주의의 예외라고 보는 견해[1]도 있으나, 피의자나 피고인의 기본권을 침해하는 사항, 즉 법률유보사항이 아닌 경우에는 법률과 규칙 중 어떤 형태로 형사소송법규범을 정립할 것인가는 **입법자의 법정책적 사항**[2]이라 하겠다.

그러나 대법원규칙과는 달리 **대법원예규**는 사법부 내부의 복무지침이나 업무처리의 통일성을 기하기 위한 예규이므로 소송관계인의 권리와 의무에 영향을 미치지 않

1) 신동운, 19면.
2) 배종대/이상돈/정승환/이주원, §3/11; 차용석/최용성, 11면.

기 때문에 형사소송의 법원(法源)이 될 수 없다고 보는 견해[3]가 타당하다.

4. 법무부령

법무부의 부령(部令)으로 수사기관의 수사절차나 공권력집행절차에 관한 업무처리지침을 규정하고 있는 규칙들이 있다. 이에는 **사법경찰관리집무규칙, 검찰사건사무규칙, 검찰압수물사무규칙, 검찰집행사무규칙, 검찰징수사무규칙, 검찰보존사무규칙, 검찰보고사무규칙** 등이 있다.

그러나 이러한 부령도 대법원예규와 같이 업무처리의 통일성과 효율성을 기하기 위한 규칙이므로 법원성이 인정되지 않는다고 보는 견해가 타당하다.[4]

다만 입법론적으로는 대법원예규나 법무부령이 관련당사자의 이해관계에 중대한 영향을 미칠 때에는 법률로 규정하도록 하는 것이 타당하며, 이것이 사전에 부령의 위헌·위법여부에 대한 다툼을 불식하게 될 것이다.

II. 형사소송법의 적용범위

우리나라 형사소송법의 효력이 미치는 범위에 관한 문제로서 장소적·인적·시간적 적용범위로 나눌 수 있는데, 이에 따른 일정한 한계가 있다.

1. 장소적 적용범위

우리 형사소송법은 대한민국의 영역 안에서 발생한 모든 형사사건에 대해 피의자나 피고인의 국적이나 주거에 관계없이 적용되는 것이 원칙이다. 또한 대한민국의 영역 밖이라 할지라도 대한민국의 형사재판권이 미치는 지역에서는 적용된다. 그러나 대한민국의 영역 안이라 할지라도 국제법상 외교특권이 있는 **치외법권 지역**(예컨대 주한 외국대사관, 공사관, 영사관 등)[5]에서는 우리나라의 형사재판권이 미치지 아니하므로 형사소송법이 적용되지 않는다.

---

3) 헌법재판소 1991. 7. 8. 선고 91헌마42 결정.

4) 헌법재판소 1991. 7. 8. 선고 91헌마42 결정.

5) 외교사절의 요청이나 승낙이 있을 경우에는 치외법권 지역에 들어가서 범인을 체포하는 등 형사절차를 수행할 수 있다.

2. 인적 적용범위

대한민국의 영역 안에 있는 내·외국인, 자연인·법인, 범죄지를 불문하고 우리나라의 형사재판권은 대한민국영역 내에 있는 모든 사람에게 효력을 미치는 것이 원칙이다.

그러나 이러한 형사소송법의 인적 적용범위는 ① 우리 헌법상의 특칙과, ② 국제법상 협약에 의하여 제한을 받는다.

(1) **헌법상의 특칙**으로 대통령은 내란 또는 외환의 죄를 범한 경우를 제외하고는 재직중 형사상의 소추를 받지 아니하며(헌법 제84조), 국회의원은 국회에서 직무상 행한 발언과 표결에 관해 국회 밖에서 책임을 지지 않고(헌법 제45조, 면책특권), 현행범인 경우를 제외하고는 회기중 국회의 동의없이 체포 또는 구금되지 않는다(헌법 제44조, 불체포특권).[6)]

(2) **국제법상의 협약**에 의해 치외법권을 가진 외국의 원수와 그 가족 및 대한민국 국민이 아닌 수행자, 신임받은 외국의 사절과 그 직원·가족,[7)] 외국영사의 직무상의 행위[8)] 및 승인받고 대한민국 영역 내에 주둔하는 외국군인[9)]에 대하여도 우리 형사소송법은 적용되지 않는다.

3. 시간적 적용범위

형사소송법도 다른 법률과 마찬가지로 공포한 후에 폐지될 때까지는 효력을 갖는다. 그러나 법률의 변경이 있는 경우에 신·구법 중 어떤 법률을 적용해야 할 것인가가 문제된다.

이에 대하여 ① 형사소송법에는 원칙적으로 **소급효금지의 원칙이 적용되지 않는다는 견해**[10)]와 ② 공소시효를 연장하거나 친고죄를 비친고죄로 전환하는 것과 같이 형벌권의 존속여부가 문제되는 규정에 대해서는 **소급효금지의 원칙이 적용된다는 견해로**

6) 국회의원의 면책특권에 해당하는 사항에 대해 공소가 제기된 경우에는 공소를 기각해야 한다 (대법원 1992. 9. 22. 선고 91도3317 판결).
7) 외교관에 관한 비엔나협약(1961. 4. 18).
8) 영사관계에 관한 비엔나협약(1964. 4. 24).
9) 미군의 경우에는 한미간의 군대지위협정(SOFA:Status of Forces Agreement, 1966. 7. 9. 서명, 1967. 3. 9.부터 시행).
10) 이재상/조균석, 10면; 정웅석/백승민, 9면.

나누어진다.

우리 형사소송법은 부칙에서 **공소제기시를 기준**으로 하여 신법 시행 전에 공소제기된 사건에 대하여는 구법을 적용하고(부칙 제1조), 시행 후에 공소가 제기된 사건에 대하여는 신법을 적용하도록 하면서도 구법에 의해 이미 행해진 소송행위의 효력에는 영향이 없는 것으로 규정하고(부칙 제2조) 있으므로, 이는 **신법주의**(新法主義)도 **구법주의**(舊法主義)도 아닌 **혼합주의를 채택**하고 있다고 볼 수 있다.

제 3 절 형사소송법의 역사

각국의 형사소송법은 각 나라의 정치·경제·사회·문화 등을 포함한 그 시대 각국의 가치관·세계관·법문화 등의 수준을 가늠할 수 있는 지표라 할 수 있다. 특히 그 시대의 정치적·사회적 상황의 변화에 따라 가장 민감하게 변화를 가져오는 법률 중의 하나가 형사소송법이다. 따라서 우리 형사소송법의 역사를 살펴보는 것은 우리 법문화의 수준과 정치적 상황의 변화를 일별해보는 것이며, 현행 형사소송법의 해석방향의 역사성과 앞으로 개정해야 할 과제에 대한 문제의식을 갖게 해준다.

그런데 우리 형사소송법은 일제의 식민지시대와 광복 이후의 미군정시대(美軍政時代)를 거쳐 구미법(歐美法)을 계수(繼受)하는 형태로 변화되어 왔기 때문에 이조시대까지 우리가 지녀왔던 전통적 형사절차나 법문화는 거의 단절되어버렸다고 할 수 있다. 현행 형사소송법의 역사는 구미 형사소송법의 역사를 살펴봄으로써 그 변천의 이념적 배경을 찾을 수 있고, 다만 조선시대까지의 전통적 형사절차를 검토함으로써 계수된 우리 형사소송법 속에 우리의 전통적 법문화를 어떻게 입법론적으로 투영할 것인가를 성찰할 수 있는 계기가 마련되어 보다 선진적인 형사소송법으로의 발전을 모색하는 디딤돌이 될 것이다.

Ⅰ. 구미 형사소송법의 역사

구미(歐美)의 형사소송법은 직권주의(職權主義) 소송구조를 지닌 **대륙의 형사소송법**과 당사자주의(當事者主義) 소송구조와 배심제도(陪審制度)를 특색으로 하는 **영미의 형사소송법**으로 대별(大別)할 수 있으나, 18세기 이후에는 대륙의 형사절차에도 영미의 당사자주의적 요소가 들어오게 되어 오늘날에는 양자가 조화하는 범위 내에서 서로 받아들이는 경향에 있다.

Ⅱ. 대륙의 형사절차

근세 이전의 대륙의 형사절차는 로마의 형사절차와 게르만의 형사절차로 나눌 수 있고, 근세 이후의 형사절차는 근세초기의 형사절차와 프랑스혁명 이후의 형사절차 및 1808년의 개혁된 형사소송법 이후의 형사절차로 나눌 수 있다.

1. 근세 초기 – 규문절차(糾問節次)의 확립 –

근세초기 유럽을 지배하던 국가절대주의 정치이념이 형사재판에서는 **규문주의**(糾問主義) 형사절차의 확립을 통해서 나타났다. 이 당시 유럽 정치문화의 중심지인 북부 이탈리아의 볼로냐(Bologna)대학을 중심으로 한 주석학파 및 후기주석학파에 의해 만들어진 로마 카논법이 형사절차의 모범이었고, 「로마 카논법」의 초기에는 **사인소추주의**(私人訴追主義)에 의한 탄핵주의를 취하였으나, 교황의 절대적 권력이 강화되면서 점차 규문절차와 직권주의적 색채로 변모되게 되었다. 이러한 규문절차의 확립에는 근세 이전 로마제정기의 직권주의절차와 프랑크왕국의 규문절차가 크게 기여한 점도 부인할 수 없다.

이 당시의 규문절차는 범죄의 존부를 확정하는 「일반규문」과 범인을 확정하는 「특별규문」으로 나누어지며, 비공개 서면주의, 무죄판결에 대한 일사부재리의 효력 불인정, 고문 등이 행해졌다.

로마 카논법은 이탈리아에 유학한 법학자나 문헌을 통해 독일에 계수되어 밤버겐시스 형사법전(Constitutio Criminalis Bambergensis, 1507년), 뒤이어 **규문절차의 금자탑**이라 불리워지는 **카로리나 형사법전**(Constitutio Criminalis Carolina, 1532년 Karl 5세)이 만들어졌다. 특히 후자는 비공개서면주의, 자백 또는 2인 이상의 증인의 증언에 의한 증거법정주의를 채택하여 자백은 증거의 왕으로 취급되어 마녀재판이 행해지게 되었다.

마찬가지로 프랑스에서도 1539년 프랑소와 1세의 조례가, 1670년에는 루이 14세의 형사소송법전이 제정되어 **규문주의** 색채를 지닌 형사절차가 이 당시 유럽 전역에 걸쳐 절대군주시대의 정치이념에 공헌하였다고 할 수 있다.

2. 프랑스혁명과 형사절차의 개혁

절대군주의 권력에 봉사해 온 규문주의 형사절차는 18세기에 이르러 프랑스의 볼테르, 몽테스키외, 이탈리아의 베까리아 등의 계몽사상가들에 의해 자유민권사상이 대두되면서 1789년 프랑스혁명이라는 정치체제의 개혁을 가져왔고, 이로 인해 규문주의 형사절차도 영국의 형사절차를 모범으로 하여 1791년 혁명 후의 법률에는 피해자소추, 공중소추, 공개주의, 구두주의, 기소배심과 심리배심제도 도입, 자유심증주의 등을 채택하는 것으로 변혁을 가져왔다.

3. 치죄법에 의한 형사절차

프랑스혁명 이후에 정치적 동요의 틈을 타 등장한 나폴레옹은 **나폴레옹법전**을 편찬하였는데, 그 하나로 등장한 것이 **치죄법**(治罪法, Code d'instruction criminelle)이다. 이 치죄법도 영국의 형사절차의 영향을 받아 국가소추주의에 의한 탄핵주의, 공개주의, 구두주의, 자유심증주의 및 배심제도를 채택하였다. 그러나 예심제도의 부활, 권력행사기관으로서의 법원의 성격과 검사에 의한 법원감독기능을 인정한 점에서 직권주의적 색채를 띠고 있지만, 그 내용의 참신성으로 인해 「개혁된 형사소송법」이라 불리어진다.

치죄법의 내용은 독일에도 영향을 미쳐 1848년 프랑크푸르트(Frankfurt) 국민회의를 통해 공개주의, 구두주의, 소추주의 및 중요사건에 대한 배심제도 등을 채택할 것을 선언하였고, 1879년 독일 형사소송법이 제정되기에 이르렀다.

Ⅲ. 영미의 형사절차

1. 영국의 형사절차

영국 형사절차의 특색은 당사자주의와 배심제도에 있다. 11세기 중엽 노르만 정복 이전의 영국의 형사재판은 신판에 의한 재판이었으나, 정복 이후에 대륙의 프랑크왕국의 규문절차가 도입되어 프랑크시대의 주민선서 후 범인을 지명하던 **기소배심**, 즉 **대배심**(grand jury)이 확립되었고, 이후 기소자와 심판자가 동일인이 되는 모순을 제거하기 위해 **심리배심**(petty jury)이 등장하였다.

그 후 영국도 17세기의 스튜워드왕조 때는 왕권신수설에 의한 강력한 왕권을 확립하기 위해 성청법원(star chamber)에 의한 가혹한 재판이 행해졌으나, 보통법(common law)의 우위와 법의 지배를 주장하는 시민의 힘에 굴복하여 1641년 성청법원은 폐지되었다. 이후 영국의 형사절차는 1688년 명예혁명에 의한 당사자주의 소송절차의 확립, 17세기 말에는 자기부죄거부(自己負罪拒否)의 특권과 반대심문권을 보장하는 전문법칙의 확립을 통해 피고인의 인권보장에 중점을 두는 민주주의적 형사절차를 확립하게 되었고, 이는 오늘날 전 세계 민주주의국가의 형사절차에 큰 영향을 미치고 있다.

2. 미국의 형사절차

미국의 형사절차는 영국의 형사절차를 계수하였기 때문에 기본적으로 큰 차이가 없으나, 미국은 배심제도에도 불구하고 대륙의 검사제도를 도입하여, 특수한 범죄와 주의 형사절차에 있어서는 검사에 의한 국가소추주의를 채택하고 있다.

Ⅳ. 우리 형사소송법의 역사

1. 조선 이전까지의 형사절차

우리나라 고대의 형사절차는 부여의 영고, 고구려의 제가평의회와 같은 민중재판의 형태를 취했으며, 삼국시대 이후에는 중앙에 국가재판기관이 있었고 지방에서는 지방행정관이 겸임토록 하는 형태를 취하고 있었으므로 기본적인 틀은 국왕의 절대적인 권력행사에 봉사하는 역할을 벗어나지 못하는 규문주의 형사절차라고 할 수 있다.

고려시대에는 중국의 당률이, 이조시대에는 명률이 적용되었으나 우리 실정에 맞지 않은 점이 많아, 조선시대에는 보충법률로서 경국지전, 경제육전, 경국대전, 육전회통 등이 제정되어 적용되었다. 재판기관으로는 중앙에 형조와 의금부가 있었으나, 지방에서는 지방행정관이 겸임토록 하였다. 형사절차에는 결옥일한, 수금의 제한, 고심, 삼복의 제, 증질, 공초, 소원 등 근대적인 제도가 있었으나 왕권본위의 규문절차를 벗어나지는 못했다. 그 후 19세기 말엽에 불어 닥친 외세의 격렬한 파고를 헤쳐

나가기 위해 1896년에는 **'재판소구성법'**을 만들고 근대적인 사법제도로의 개혁을 시도하였으나 일제에 의한 1910년 한일합방으로 인해 타율적으로 구미법을 계수하게 되는 비운을 맞이하게 된 것이다.

2. 대륙법과 영미법의 계수과정

우리나라는 일본의 식민지 지배 하에서 조선총독부의 **'조선형사령'**(1912년)에 의하여 일본형사소송법이 적용되었다. 일본형사소송법은 독일형사소송법의 영향하에 제정되었으므로 우리 형사소송법에도 그대로 대륙법이 계수되어 적용되는 결과가 되었다. 그 후 일제의 식민지지배 말기에는 '치안유지법'과 '전시형사특별법'의 적용에 의하여 조선형사령에 포함되어 있던 민주적 요소도 압살되었다.

해방이후 1948년 **미군정법령** 제176호 '형사소송법 개정'에 의하여 영미의 당사자주의적 소송구조를 도입하였으나, 1954년 2월 형사소송법이 제정되어 같은 해 9. 23. 법률 제341호로 공포된 것이 현행 형사소송법이다. 현행 형사소송법은 **영미의 당사자주의적 요소와 대륙의 직권주의적 요소**를 혼합하여 절충된 소송구조를 취하고 있다.

3. 형사소송법의 개정

1954. 9. 23. 공포·시행된 형사소송법은 현재까지 20차 이상 개정되었다. 이 중에서 1995년의 제8차 개정과 **2007년의 제17차, 제18차 및 제20차** 개정에서 그 내용에 많은 변화를 가져왔는데, 그 주요 내용을 살펴보면 다음과 같다.

(1) 제17차 개정의 주요 내용

1) 피의자의 방어권보장

피의자의 방어권보장을 위하여 변호인의 피의자신문참여권(제243조의2)과 수사기관의 피의자신문에 앞서 고지하여야 할 진술거부권의 내용을 구체화(제244조의3)하고, 수사과정을 기록하게 하여 절차의 적법성을 보장하였다(제244조의4).

2) 인신구속제도의 개선

인신구속제도의 개선을 위하여 구속사유심사시 범죄의 중대성과 재범의 위험성을 고려하도록 하였고(제70조 제2항), 법원의 피고인 구인후 유치제도를 신설하였으며(제71조의2), 긴급체포 후 피의자를 석방한 경우에는 석방사유를 법원에 통지하도록 하였다(제200조의 제4항). 또한 충실한 심리를 위한 법정구속기간을 완화하고(제92조),

보석조건의 다양화로 서약서제출, 출석보증서제출, 피해금액의 공탁 또는 담보제공에 의한 보석제도를 도입하였으며(제98조), 구속전피의자심문을 필요적 심문으로 변경하고(제201조의2), 체포구속적부심사의 대상을 모든 유형의 체포·구속된 자로 확대하였으며(제214조의2), 긴급체포시의 압수·수색·검증의 요건으로 긴급성을 요구하면서 영장없이 압수·수색·검증할 수 있는 시한을 24시간으로 단축하고, 계속 압수할 필요가 있는 경우에는 사후에 압수·수색영장을 발부받도록 하였으며, 압수·수색영장의 청구는 체포한 때부터 48시간 이내에 하도록 규정하였다(제217조).

3) 재정신청사건의 전면 확대

재정신청의 대상범죄를 모든 범죄로 확대하면서, 신청인을 고소인으로 제한하고(형법 제123조−제126조까지의 죄는 고발한 자를 포함, 제260조 제1항), 재정신청시 원칙적으로 검찰항고를 거치도록 하였으며(동조 제2항), 재정법원의 공소제기명령이 있는 때에는 검사가 공소를 제기하도록 하였다(제262조 제6항).

4) 공판중심주의 법정심리절차의 확립

공판중심주의의 법정심리절차를 확립하기 위하여 공판준비절차와 증거개시제도를 도입하고(제266조의3−제266조의16), 집중심리 및 변론종결 즉일선고의 원칙과 구두변론주의를 천명하였으며(제276조의2, 제318조의4, 제275조의3), 공판정의 좌석과 증거조사 종료 후로 피고인신문순서를 변경하고(제275조 제3항, 제296조의2 제1항), 불출석증인에 대하여 소송비용부담과 500만원 이하의 과태료 부과 및 7일 이내의 감치처분이 가능하도록 제재를 강화하였다(제151조).

5) 증거법체계의 정비

증거법체계를 정비하기 위하여 위법수집증거배제법칙을 명문화하고(제308조 제2항), 검사작성의 피의자신문조서의 성립의 진정을 피고인의 진술 이외에 영상녹화물 기타 객관적인 방법으로도 증명할 수 있도록 하였으며(제312조 제2항), 참고인진술조서의 증거능력도 조서의 진정성립이 원진술자의 진술 또는 영상녹화물 기타 객관적 방법으로 증명되고, 피고인의 반대신문의 기회가 보장되며 특신상태가 증명된 경우에는 인정하도록 하였고(제312조 제4항), 조사자 증언제도를 도입하였다(제316조 제1항). 또한 피의자와 참고인 진술의 영상녹화제도를 도입하였으며(제244조의2, 제221조 제1항), 피고인 또는 피고인이 아닌 자의 기억을 환기시킬 필요가 있다고 인정되는 때에는 영상녹화물을 증거로 사용할 수 있게 하였다(제318조의2 제2항).

제17차 개정법률 이외에 '국민의 형사재판 참여에 관한 법률'(제2007. 6. 1. 제정)이 공포·시행됨으로써 배심원제도가 2009. 1. 1.부터 아울러 도입되었다.

(2) 제18차 개정의 주요내용

2007. 11. 23. 국회를 통과한 제18차 형사소송법 개정 법률의 주요 내용은 공소시효기간의 연장(제249조), 전문심리위원 및 전문수사자문위원제도의 도입(제279조의2 내지 8, 제245조의2 내지 4) 등이다.

(3) 제20차 개정의 주요 내용

2012. 1. 1.부터 시행된 제20차 개정 법률의 주요 내용으로는 압수·수색의 요건에 피고사건과의 관련성을 추가하여 그 요건을 강화하고(제106조 제1항, 제107조, 제109조), 정보저장매체 등에 대한 압수의 범위와 방법을 명시하고 정보주체에 해당사실을 알리도록 하였으며, 영장에는 작성기간을 명시하도록 하여 전기통신관련 압수·수색제도를 보완하고(제106조 제3항·제4항, 제114조 제1항), 사법경찰관의 수사개시권과 사법경찰관에 대한 검사의 수사지휘권을 명시하여 수사의 주체인 검사와 사법경찰관의 관계를 조정하였으며(제196조), 수사기관의 수사과정에서의 목록작성의무를 규정하고(제198조 제3항), 재정신청의 대상을 형법 제126조(피의사실공표죄)의 죄에 대한 고발사건까지 확대(제260조 제1항)하였다.

제 2 장 형사소송의 이념과 구조

제 1 절 형사소송의 지도이념

Ⅰ. 형사소송의 목적

형사소송법은 형법의 내용을 구체적으로 실현하는 절차에 관한 법률이다. 형법의 적정한 적용을 위해서는 사안의 진상을 규명하여 유죄자는 처벌하고 무죄자는 벌하지 않음으로써 국가형벌권의 적정한 실현이 이루어지도록 하여야 한다. 이를 위해서는 무엇보다도 사건의 진상규명(眞相糾明), 즉 **실체적 진실발견**(實體的 眞實發見)이 중요하다는 점은 명백하다. 그러나 실체적 진실발견만을 형사절차의 목적으로 할 경우에는, ① 오판이 있을 때에 상소심이나 재심절차에 의해 시정되어야 하므로 판결의 기판력(旣判力)을 인정해서는 안 되는 결과를 가져오며, ② 수사기관이나 재판기관은 피고인을 단순히 조사·심리의 객체로 볼 우려가 있다.

그러므로 실체적 진실발견도 적법절차와 신속한 재판을 통해서 이루어져야 비로소 피고인의 기본적 인권을 보장할 수 있으므로, ① **실체적 진실주의**와 ② **적법절차의 원리** 및 ③ **신속한 재판의 원칙** 등 3가지 원칙은 모두 **형사소송의 지도이념 또는 목적원리**가 된다고 하겠다.[1)]

1) 「적정절차의 원리」나 「신속한 재판의 원칙」을 「실체적 진실발견」이라는 형사소송의 목적을 달성하기 위한 수단으로 보는 견해도 있으나, 실체적 진실발견도 인간의 기본권을 보장하는 법치국가의 원리에 의해 제한을 받는다는 점을 고려하면, 「적정절차의 원리」나 「신속한 재판의 원칙」도 「실체적 진실주의」와 더불어 형사사법의 정의를 실현하는 목적원리로 봄이 타당하다.

Ⅱ. 실체적 진실주의

1. 실체적 진실주의의 의의

(1) 실체적 진실주의 개념

「실체적 진실주의」란 소송의 실체에 관하여 객관적 진실을 발견하여 사안의 진상을 명백히 하자는 원리를 말한다. 형사소송은 사인간의 분쟁을 해결하는 민사소송과는 달리 국가와 개인 간의 배분적 정의인 국가형벌권의 공정한 실현에 있으므로 법원은 당사자의 주장이나 입증에 구애됨이 없이 사안의 진상을 명백히 규명하는 작업이 필요하다. 따라서 형사소송구조는 아무리 당사자주의 소송구조를 지닌다 하더라도 민사소송의 청구의 인락(認諾)이나 화해(和解)와 같은 「**당사자처분권주의**」로까지는 나아갈 수 없는 것이다.

(2) 실체적 진실주의와 당사자주의의 관계

실체적 진실주의는 법원이 당사자의 주장이나 입증에 관계없이 직권적으로 사실심리와 증거조사를 하는 직권주의를 전제로 하므로 실체적 진실주의는 바로 직권주의를 의미한다고 할 수 있다. 그런데 다수설은 당사자주의는 당사자의 공격과 방어를 통해 많은 증거들이 법원에 제출될 수 있고 이를 통해 법원은 공정한 재판을 할 수 있으므로 당사자주의가 실체적 진실발견을 위해 직권주의보다 더 적합한 소송구조라고 주장하기도 한다.

그러나 당사자주의는 당사자의 타협에 의하여 실체적 진실발견을 무의미하게 만들어버릴 위험을 지니고 있을 뿐만 아니라 당사자의 공격과 방어능력에 있어서 검사와 피고인의 현실적 차이가 크게 나타나기 때문에 순수한 실체적 진실주의에는 일치하지 않는다는 점이다. 따라서 실체적 진실발견을 위해서는 직권주의와 당사자주의 결합이 요구된다.

2. 실체적 진실주의 내용

(1) 적극적 실체적 진실주의와 소극적 실체적 진실주의의 개념 – 구별의 무의미성

적극적 실체적 진실주의란 범죄사실의 진상을 명백히 규명하여 죄 있는 자를 빠짐없이 처벌하는 것이며, **소극적 실체적 진실주의**란 죄 없는 자를 유죄로 해서는 안 된다는 원리로서 “열사람의 범인을 놓치더라도 한 사람의 무고한 사람을 벌해서는 안

된다" 또는 "의심스러운 때에는 피고인의 이익으로"라는 **무죄추정의 원리**가 강조된다. 대륙의 형사소송구조에서는 전자가 강조되었고, 영미의 당사자주의 소송구조에서는 후자가 강조되어 왔다. 그러나 오늘날에 와서 이러한 구별은 역사적인 의미를 지니는 데 불과하다고 할 수 있다.

(2) 실체적 진실주의의 제도적 구현

실체적 진실주의는 형사소송의 최고이념이며, 이는 공판절차뿐만 아니라 수사절차에도 적용되는 이념이다. 형사소송법이 검사와 피고인에게 당사자의 지위를 인정하면서도 검사에게 객관의무를, 그리고 변호인에게 진실의무를 인정하고 있는 것은 바로 실체적 진실주의를 실현하기 위해서이다. 공판절차상 실체적 진실주의를 공판절차상 구현하기 위한 제도로는 다음과 같은 것이 있다.

1) 법원의 직권에 의한 증거조사

법원은 피고인과 증인을 심문할 수 있고, 직권증거조사를 할 수 있다. 증인신문과 피고인신문에 있어서도 상호신문제도를 채택하고 증거조사도 당사자의 신청에 의함을 원칙으로 하지만, 법원의 직권조사도 가능하도록 하여 형사소송의 스포츠화를 방지하고 실체적 진실발견의 이념을 구현하고자 하고 있다. 따라서 법원의 직권증거조사는 법원의 권한에 그치는 것이 아니라 법원의 의무라고 이해하기도 한다.[2)]

2) 증거법칙

실체적 진실발견은 합리적인 사실인정에 있다. 형사소송법은 이를 실현하기 위해 증거법의 기본원칙으로서 증거재판주의(제307조), 자유심증주의(제308조), 임의성 없는 자백(제309조)이나 전문증거의 증거능력배제법칙(제310조의2), 자백의 보강법칙(제310조) 등을 규정하고 있는데, 이러한 규정들은 실체적 진실주의 정신이 표현된 법칙이다.

3) 상소절차와 재심제도

실체적 진실주의는 오판방지와 오판의 시정도 그 내용으로 한다. 실체적 진실발견을 위해 미확정재판에 대하여는 오판의 시정을 위해 상소제도를 두고 있으며, 유죄의 확정판결에 대하여는 재심제도를 두어 이를 실현하고 있다.

2) 이재상/조균석, 26면.

3. 실체적 진실주의의 한계

형사사건의 진상을 규명하는 실체적 진실주의는 법관에 의한 사안규명의 사실상의 한계와 **초소송법상의** 이익 때문에 제약을 받게 된다.

(1) 사실상의 한계

법관에 의한 실체적 진실발견은 **법관의 주관적 확신**에 의존해야 하는 사실상의 제약이 있고, 법관은 사실인정에 있어서 「**합리적 의심이 없는 고도의 개연성**」에 의해 판단하게 되는 인간적 한계가 있다.

(2) 초소송법적 이익에 의한 한계

군사상·공무상 또는 업무상 비밀에 속하는 장소 또는 물건에 대한 압수·수색이 제한되고, 공무상 또는 업무상 비밀에 속하는 사항과 근친자의 형사책임에 불이익한 사항에 대하여는 증언을 거부할 수 있도록 규정하고 있다. 이러한 규정이 보호하는 국가적·사회적·개인적 이익은 실체적 진실발견이라는 소송법적 이익보다 우위에 있게 되므로 실체적 진실주의는 제약을 받게 된다.

Ⅲ. 적정절차의 원리

1. 적정절차의 원리의 의의

적정절차의 원칙(due process of law)이란 헌법의 기본원칙인 법치국가원리에 기초한 헌법정신이 구현된, 즉 **기본권이 보장된 공정한 법정절차에 의하여 국가형벌권이 실현되어야 한다는 원칙**을 말한다. 헌법 제12조 제1항의 규정은 적법절차의 원리를 규정하고 있는 일반조항이고, 그 외에도 형사피고인과 피의자의 기본권을 보장하기 위한 영장주의(헌법 제12조 제3항)·구속적부심사제도(제12조 제6항)·무죄추정권(제27조 제4항)·묵비권(제12조 제2항)·변호인의 도움을 받을 권리(제12조 제4항)·신속한 공개재판을 받을 권리(제27조 제3항) 및 형사보상청구권(제28조) 등은 형사절차상의 원칙들이 헌법에 규정된, 이른바 「**형사소송의 헌법화**」 또는 「**헌법적 형사소송**」의 의미를 뜻한다. 그러나 이러한 헌법의 비대화는 우리 사회에 그동안 왜곡된 정치체제와 관련된 인권보장을 위한 최후적 보루로서의 헌법적 장치를 의미하는 것이지만 입법론적으로는 바람직한 발상은 아니라고 생각된다.

왜냐하면 하위법률이 상위법인 헌법이념에 어긋날 때는 당연히 위헌법률이 되어 무효이고, 헌법에 규정해야 할 사안은 일반적이고 추상적인 규범통제가 원칙이기 때문이다. 이러한 형사절차상의 원칙들이 헌법에 규정된 것은 그동안의 왜곡된 정치체제와 헌법재판소 활동의 실질적 유명무실화에 기인한다고 할 수 있다. 그러나 이미 현행헌법에 규정되어 있는 인권보장을 위한 제도적 장치들은 구체적 규범통제장치로서의 역할을 하고 있으므로 헌법상의 일반조항으로 보아야 하며, 위에서 언급한 「**형사소송의 헌법화**」나 「**헌법적 형사소송**」이라는 표현은 적절하지 못하고 헌법상의 원칙들은 관련 형사법률의 상위근거로 작용한다고 보아야 한다.

헌법에 규정되어 있는 적정절차의 원리는 헌법에 규정되어 있는 인간으로서의 존엄과 가치를 보장하기 위한 형사절차로서 형사피고인이나 피의자가 단순히 조사·심리의 객체가 아니라 소송주체로서 적법절차에 의한 방어권을 행사할 수 있음을 의미한다. 그러므로 적정절차의 원리는 헌법상의 원리일 뿐만 아니라 형사소송의 지도이념이 된다.

2. 적정절차의 내용

적정절차는 **공정한 재판의 원칙, 비례성의 원칙, 피고인보호의 원칙**을 그 내용으로 한다.

(1) 공정한 재판의 원칙

「공정한 재판의 원칙」이란 독립된 법관에 의하여 인간의 존엄과 기본적 인권을 존중하며 정의와 공평을 이념으로 하는 재판이 진행되어야 한다는 원칙을 말한다. 공정한 재판이 진행되기 위해서는 공평한 법원의 구성과 피고인의 방어권 보장 및 당사자의 무기평등의 원칙이 실현되어야 한다.

1) 공평한 법원의 구성

공정한 재판은 공평한 법원의 구성을 전제로 한다. 이를 위해 신분상 독립성이 보장되는 법관에 의한 법원의 구성과 편파적인 재판을 할 위험성이 있는 법관을 법원의 구성으로부터 배제할 필요가 있다. 이를 위한 제도로 법관에 대한 제척·기피·회피제도가 있다.

2) 피고인의 충분한 방어권보장

공정한 재판을 위해서는 피고인에게 충분한 방어의 기회가 보장되어야 한다. 이를 보장하기 위해 제1회 공판기일의 유예기간(제269조), 피고인의 공판정 출석권(제276조), 피고인의 진술권(제286조), 진술거부권(제283조의2), 증거신청권(제294조), 증거보전청구권(제184조) 등의 규정을 두고 있다.

3) 무기평등의 원칙

검사와 피고인 사이의 무기평등의 원칙도 공정한 재판을 위한 원칙이다. 실질적으로 피고인이 검사와 같은 수사의 주재자가 될 수 없는 이상 이 원칙은 실현되기가 쉽지 않다. 따라서 형사소송법은 피고인에게 변호인의 조력을 받을 권리를 인정하고 피고인이 자력으로 변호인을 선임할 수 없을 때에는 국선변호인을 선임하여 줄 뿐만 아니라, 검사에게도 객관의무를 부여하여 무기평등의 원칙을 실현하려고 하고 있다. 공정한 재판의 원칙은 검사에 대하여 피고인의 공평한 처우와 피고인 사이의 법 앞의 평등도 그 내용으로 한다.

(2) 비례성의 원칙

국가형벌권을 실현하는 강제처분은 형사소송의 목적을 달성하는 데 필요한 범위 내에서 상당한 수단과 방법으로 행해져야 하고, 기본권 제한으로 인한 공익과 침해 사이에 비례가 유지되어야 한다는 원칙을 말한다. 이를 「과잉금지의 원칙」이라고도 한다. 이 원칙은 법치국가원리와 기본권의 본질에서 유래하여 형사절차 전체를 지배하는 헌법상의 원칙이다. 비례성의 원칙은 체포·구속·압수·수색 등 강제처분이 법적으로 허용되는 경우에도 그 명령과 집행 등을 한계지우는 기능을 수행한다.

(3) 피고인보호의 원칙

우리 헌법의 민주적 기본질서는 사회민주적 기본질서와 자유민주적 기본질서를 총합한 사회적 법치주의 내지 복지국가적 헌법이다.

따라서 법원이나 수사기관도 형사피고인이나 피의자의 정당한 방어활동을 보장해주어야 한다. 피고인의 방어권이 침해된 때는 상고이유가 된다(제383조 제1호).

피고인에 대한 진술거부권의 고지(제283조의2 제2항), 퇴정한 피고인에 대한 증인·감정인 또는 공동피고인의 진술요지의 고지(제297조 제2항), 증거조사결과에 대한 의견과 증거조사신청에 대한 고지(제293조), 상소에 대한 고지(제324조), 구금시의 범죄사실의 요지와 변호인을 선임할 수 있음을 고지할 의무(제72조) 등이 피고인에 대한 보호의무이다.

이러한 피고인에 대한 보호의무는 법원뿐만 아니라 수사기관에도 요구되며, 피고인에 대한 보호의무는 증인에 대하여도 마찬가지로 인정된다. 이러한 보호의무위반에 의해 피고인의 방어권이 침해된 때에는 상고이유가 된다(제383조 제1호).

Ⅳ. 신속한 재판의 원칙

1. 신속한 재판의 의의

「재판의 지연은 재판의 거부와 같다」라는 법언이 있듯이 신속한 재판은 불확정 상태에 놓여진 형사피의자나 피고인의 이익을 보장하기 위한 제도로서 원래 적정절차의 원칙의 내용이었으나, 점차 독립되어 형사소송의 독립된 원리로서 작용하게 되었다.

이 원칙은 오늘날 피고인의 인권보장을 원칙으로 하지만 **실체적 진실발견, 소송경제 및 재판에 대한 국민의 신뢰와 형벌목적의 달성**이라는 공익적 성격도 함께 지니는 원칙으로 변모되어 가고 있다.

(1) 피고인의 인권보장

신속한 재판의 이념은 피고인의 기본권보호에 있다. 피고인에 대하여 재판 전 부당한 장기구금을 방지하고, 피고인의 재판에 대한 불안과 피고인에 대한 일반인의 비난을 최소화하며, 피고인의 방어능력약화를 방지하기 위해서는 신속한 재판이 필요하다.

(2) 공익의 보호

신속한 재판은 피고인의 권리 보호를 위해서도 필요하지만, 소송의 지연으로 인한 실체적 진실발견의 왜곡을 방지하기 위해서도 필요하다. 또한 형벌의 일반예방적 효과는 물론 특별예방적 목적달성이나 장기구금과 재판지연에 따른 소송비용의 경감을 위해서도 필요하다.

2. 신속한 재판을 위한 제도

신속한 재판의 원칙은 수사절차와 공판절차의 신속한 진행을 필요로 한다. 소송촉진 등에 관한 특례법에 소송촉진을 위한 여러 가지 특례규정이 있지만 형사소송법에도 이러한 이념을 구현하기 위한 여러 가지 규정이 있다.

(1) 수사와 공소제기의 신속을 위한 제도

1) 검사에 대한 수사권의 집중

수사의 주재자로서 검사에게 수사권과 수사지휘권을 집중하도록 한 것은 신속한 수사를 위한 제도이다(제195조).

2) 수사기관의 구속기간 제한

수사를 신속히 종결하여 공소를 제기할 것이 요구되어진다. 입법례에 따라서는 공소제기기간을 제한하고 있기도 하다. 미국 연방소송촉진법(1974년)은 체포되거나 소환된 날로부터 30일 이내에 공소장을 제출하도록 하고 있으며, 캘리포니아주에서는 예비심문 후 15일 이내에 공소장을 제출하도록 규정하고 있다. 우리 형사소송법에는 공소제기기간에 제한을 두고 있지는 않으나, 검사와 사법경찰관의 구속기간을 제한하는 규정(제202조, 제203조), 즉 구속된 피의자를 10일 이내에 검사에게 인치하지 않거나 공소제기를 하지 않는 경우에는 석방하도록 규정함으로써 구속사건에 대하여는 간접적으로 신속한 수사를 하도록 하고 있다.

3) 기소편의주의와 기소변경주의

검사로 하여금 형법 제51조를 참작하여 불기소처분을 가능하도록 하거나(제247조 제1항), 제1심판결 선고 전까지 공소취소가 가능하도록 한 규정(제255조)인 검사의 기소편의주의와 기소변경주의에 관한 규정은 신속한 재판을 위한 제도이다.

4) 공소시효제도

일정한 기간 동안 검사가 공소를 제기하지 않으면 공소권을 행사할 수 없도록 규정하고 있는 공소시효제도(제249조)도 신속한 재판의 이념에서 유래한다. 또한 공소제기 이후에도 25년 동안 법원의 판결이 확정되지 않는 경우에 공소시효가 완성된 것으로 간주하는 규정은 영구미제사건을 형식재판에 의하여 소송을 종결하도록 한 규정이다(제249조 제2항). 이 규정은 피고인을 위해 신속한 재판을 보장하기 위한 규정은 아니지만, 법원으로 하여금 형사사건을 심리판단하지 않고 오랫동안 방치하는 것을 방지하도록 한다는 의미에서 신속한 재판을 위한 제도라고 할 수 있다.

(2) 공판절차의 신속을 위한 제도

1) 공판준비절차

공소장부본(公訴狀副本)의 송달(제266조), 공판기일의 지정(제267조)과 변경(제270조), 공판기일전의 증거조사(제273조)와 증거제출(제274조) 등의 공판준비절차는 공판기일에서의 신속한 재판이 이루어지게 한다. 다만 공판준비절차도 공판중심주의의 원칙에 의해 제한을 받지 않을 수 없다. 제1회 공판기일 전에 쟁점과 증거를 정리하기 위하여 신설된 **공판 전 준비절차**(제266조의5 내지 14) 및 **기일간 공판준비절차**(제266조의 15)도 재판의 신속한 진행을 위해 도입된 제도이다.

2) 심판범위의 한정

공소장에 기재된 공소사실에 한정되며, 심판의 효력은 공소사실과 동일성이 인정되는 범위에서 일사부재리의 효력이 발생한다.

3) 궐석재판제도

피고인이 공판기일에 출석하지 아니한 때에는 특별한 규정이 없으면 개정하지 못한다. 그러나 경미사건의 경우에는 피고인의 출석을 요하지 아니한다. 피고인이 출석하지 아니하면 개정하지 못하는 경우에 구속된 피고인이 정당한 사유 없이 출석을 거부하고, 교도관에 의한 인치가 불가능하거나 현저히 곤란하다고 인정되는 때에는 피고인의 출석 없이 공판절차를 진행할 수 있다(제277조의2). 약식명령에 대하여 정식재판을 청구한 피고인이 정당한 사유 없이 공판기일에 2회 이상 불출석한 경우에도 궐석재판을 할 수 있도록 규정하고 있다(제458조 제2항).

또한 "소송촉진에 관한 특례법"에도 제1심 공판절차에서 피고인에 대한 송달불능보고서가 접수된 때부터 6개월이 지나도록 피고인의 소재를 확인할 수 없는 때에는 피고인의 진술 없이 재판할 수 있도록 하여 궐석재판제도를 두고 있다(동법 제23조). 이 규정에 대하여는 피고인의 공정한 재판을 받을 권리를 침해하고 적법절차에도 위반한다는 이유로 헌재가 위헌결정을 하였으며,[3] 대법원도 동조에 해당하는 사건에 대하여 피고인을 출석하게 하여 새로운 소송을 진행하여야 한다고 판시한 바 있다.[4] 그러나 중대한 사건의 경우, 즉 사형, 무기 또는 장기 10년이 넘는 징역이나 금고에 해당하는 사건의 경우에는 궐석재판을 할 수 없도록 하였다(동조 단서).

4) 집중심리주의

집중심리주의란 공판기일의 심리는 집중되어야 한다는 원칙을 말하며, 심리에 2일 이상이 필요한 경우에는 부득이한 사정이 없는 한 매일 계속하여 심리하여야 하는 원칙이므로 이를 계속심리주의라고도 한다. 심리에 2일 이상이 필요한 경우에는 부득

3) 헌법재판소 1998. 7. 16. 선고 97헌바22 결정.

4) 대법원 1998. 10. 15. 선고 98도1759 전원합의체 판결.

이한 사정이 없는 한 매일 개정을 하여야 하며, 재판장은 부득이한 사정으로 매일 계속 개정하지 못하는 경우에도 특별한 사정이 없는 한 전회의 공판기일로부터 14일 이내로 다음 공판기일을 지정하여야 한다(제267조의2)고 하여 집중심리주의 원칙을 선언하고 있다.

“특정강력범죄의 처벌에 관한 특례법”에서도 살인, 강간, 강도, 약취유인 등의 죄에 대하여 심리에 2일 이상이 소요되는 때에는 가능한 한 매일 계속 개정하여 집중심리를 해야 하며, 재판장은 특별한 사정이 없는 한 직전의 공판기일로부터 7일 이내에 다음 공판기일을 지정하여야 한다고 규정하고 있다(동법 제10조). 피고인의 충분한 방어권보장(예: 변호인의 증거개시권 보장)이 전제되어야 한다.

5) 재판장의 소송지휘권

재판장의 소송지휘권(제279조)은 소송의 원활한 진행을 위하여 필요하다. 공판기일의 지정과 변경(제267조, 제270조), 증거신청에 대한 결정(제295조), 불필요한 변론의 제한(제299조), 변론의 분리와 병합(제300조) 등에 대하여 소송지휘권을 적절히 행사함으로써 신속한 재판의 이념을 실현할 수 있게 된다.

6) 구속기간

형사소송법은 심급에 따라 구속기간을 제한하고 있다. 구속기간은 원칙적으로 2개월로 하면서 구속을 계속할 필요가 있는 경우에는 심급마다 2개월 단위로 2차에 한하여 결정으로 갱신할 수 있도록 하였으며, 다만 상소심은 피고인 또는 변호인이 신청한 증거의 조사, 상소이유를 보충하는 서면의 제출 등으로 추가 심리의 필요가 부득이한 경우에는 3차에 한하여 갱신할 수 있도록 하였다(제92조). 그러나 공판절차가 정지된 기간, 공소제기 전의 체포·구인·구금 기간은 전술한 구속기간에 산입하지 아니한다. 이와 같이 구속기간을 제한함으로써 구속사건에 대하여는 신속한 재판에 기여하게 된다.

“소송촉진 등에 관한 특례법”에서는 판결선고기간에 제한을 두고 있다. 즉 판결의 선고는 제1심에서는 공소가 제기된 날로부터 6월 이내에, 항소심 및 상고심에서는 기록의 송부를 받은 날로부터 각 4월 이내에 하여야 하며(동법 제21조), 약식명령은 형사소송법 제450조의 경우를 제외하고는 그 청구가 있은 날로부터 14일 이내에 하도록 규정하고 있다(동법 제22조).

또한 형사소송법에서는 “판결의 선고는 변론을 종결한 기일에 하여야 한다. 다만, 특별한 사정이 있는 때에는 따로 선고기일을 지정할 수 있고, 그 선고기일은 변론종결 후 14일 이내로 지정되어야 한다"고 규정하고 있으며(제318조의4), "특정강력범죄의 처벌에 관한 특례법"에서는 특정강력범죄사건에 대한 판결의 선고는 특별한 사정이 있는 경우에도 변론종결일로부터 14일을 초과하지 못한다고 규정하고 있다(동법 제13조).

그러나 이러한 판결선고기간은 사건의 성질과 심리의 난이를 고려할 때 불변기간이 아니라 **훈시기간**에 불과하다고 해석해야만 한다. 이것은 판결선고기간의 제한에 따른 졸속재판의 위험을 방지할 수 있기 때문이다.

다만 입법례에 따라서는 공소제기 후 일정기간 안에 공판개시를 요구하는 경우도 있다. 미국 뉴욕주에서는 특별한 사유가 없으며 차기개정기내에, 켈리포니아주에서는 중죄의 경우 60일, 경죄의 경우 30일 이내에 제1회 공판기일을 열지 않으면 안되며, 연방소송촉진법(Federal Speedy Trial Act)은 공소제기 후 70일 이내에 공판이 개시되어야 한다고 규정하고 있다.

그러나 우리 형사소송법은 이러한 제한이 없이 제1회 공판기일의 지정은 법원의 재량에 맡기고 있다.

7) 대표변호인제도의 도입

형사소송법이 대표변호인제도를 도입하여 변호인이 수인인 때에는 **3인 이내의 대표변호인**을 지정하여 서류송달 및 통지의 대상을 대표변호인에게 제한하고 있으며(제32조의2), 소송지연의 목적임이 명백한 때를 법관기피신청의 기각사유에 추가함으로써 법관기피신청의 남용을 방지하여 신속한 재판의 진행을 도모하고자 하고 있다(제20조 제1항).

(3) 상소심재판의 신속화

1) 상소기간 등의 제한

상소제기기간을 7일(제358조, 제374조) 이내로 하고, 항소장 및 상고장을 받은 원심법원은 14일 이내에 항소법원, 상고법원에 소송기록과 증거물을 송부하도록 하고 있으며(제361조, 제377조), 통지를 받은 날부터 20일 이내에 상소이유서 또는 답변서를 제출하도록 기간(제361조의3, 제379조)을 정하고 있다.

2) 상소심의 구조

우리 형사소송법은 상소심의 구조에 대하여 상고심은 순수한 사후심이지만, 항소심은 속심적 성격을 유지하면서도 항소이유와 항소심의 심판범위를 제한하는 등 사후심적 성격을 띤 규정도 둠으로써 상소남용의 폐해를 억제하고 소송경제를 도모하여 신속한 재판에 기여한다고 할 수 있다.

3) 미결구금일수 산입금지

"소송촉진 등에 관한 특례법"은 피고인 또는 피고인이 아닌 자의 상소를 기각할 경우에 상당한 이유 없이 상소를 제기한 것으로 인정될 때에는 상소제기 후의 판결선고 전 구금일수 중 상소제기기간 만료일로부터 상소이유서제출기간 만료일까지의 일수는 본형에 산입하지 아니한다고 규정하고 있다(동법 제24조). 이는 **미결구금일수 불산입**이라는 불이익을 고려하게 함으로써 상소권 남용을 방지하여 소송촉진을 도모하고자 한 것이다.

(4) 특수한 공판절차

형사소송법은 신속한 재판의 이념을 실현하기 위하여 일반 형사절차와는 달리 특수한 공판절차를 두고 있다. 이에는 간이공판절차와 약식절차 및 즉결심판절차가 있다.

1) 간이공판절차

간이공판절차는 증거조사방법의 간이화와 증거동의(證據同意)의 의제(擬制)에 의하여 신속한 재판이 실현되며 형사소송법은 합의부 관할사건도 간이공판절차에 의하여 심판할 수 있게 하였다. 간이공판절차는 피고인이 공판정에서 공소사실에 대하여 자백한 때에는 법원은 그 공소사실에 한하여 간이공판절차에 의하여 심판할 것을 결정할 수 있다(제286조의2).

2) 약식절차

약식절차도 정식의 공판절차에 의하지 아니하고 서면심리에 의하여 신속하게 재판이 이루어진다. 약식절차에 따른 재판에 불복할 때에는 정식재판청구기간을 7일 이내로 제한하고(제453조), 제1심판결선고 전까지는 이를 취하할 수 있도록 하여 신속한 재판을 하도록 하고 있다. 약식절차는 벌금, 과료, 몰수에 해당하는 사건에 한정된다. 이 경우에 추징 기타 부수처분을 할 수는 있다.

3) 즉결심판절차

경찰서장 또는 해양경찰서장이 청구한다. 20만원 이하의 벌금, 구류, 과료에 해당하는 경미범죄가 이에 해당한다.

3. 신속한 재판의 침해와 구제

신속한 재판의 원칙은 피고인의 인권보장과 소송경제라는 목적에 부합된 원칙이다. 그러나 이 원칙은 형사소송의 3대 이념 중 하나로서 주로 피고인의 이익을 위해 인정된 원칙이다. 그런데 이러한 신속한 재판의 원칙에 위반하여 소송이 지연되어 피고인의 인권이 침해된 경우에 어떤 소송법적 효과가 발생하는가에 대하여는 명문의 규정이 없다.

(1) 재판지연의 판단기준

재판지연의 판단기준에 대하여는 명백한 기준이 없다. 심리에 적절한 기간은 심리방법과 사건의 성질 등을 고려하여 구체적으로 정할 수밖에 없다.

1) 지연기간

신속한 재판에 위반하였다고 하기 위해서는 상당히 장기간의 심리중단이 있어야 한다. 즉 수사개시시부터 확정판결시까지의 기간이 구체적인 상황에 비추어 비합리적으로 장기간인 때에는 신속한 재판의 원칙에 반한다고 할 수 있으나, 지연기간은 획일적으로 정할 수는 없다.

2) 지연이유

재판지연의 이유가 피고인측의 사정으로 인한 때에는 재판지연을 이유로 피고인을 구제할 필요가 없다. 그러나 증인의 소재불명으로 인한 경우와 같이 그 사정이 있는 때에는 재판지연이 합리화되어진다.

3) 피고인의 요구

신속한 재판을 위해서 피고인의 요구가 필요한 것은 아니다.

4) 피고인의 불이익

재판의 지연으로 피고인에게 현실적으로 불이익이 있을 때에는 신속한 재판의 원칙에 반한다고 할 수 있다. 현실적인 불이익이 있다고 하여 재판이 지연되었다고는 할 수 없다.

재판의 지연여부에 관한 판단은 위의 기준을 종합적으로 고려하여 판단해야 한다.

(2) 재판지연에 대한 구제책

신속한 재판의 원칙에 위반한 경우에 어떻게 피고인을 구제할 것인가에 대하여는 견해가 대립된다.

1) 공소기각설

미국 연방법원이 Strunk 사건에서 취한 태도이다. 형사소송법 제327조 제2호의 '공소제기의 절차가 법률의 규정에 위반하여 무효인 때'를 공소기각사유로 규정하고 있는바, 여기에서 말하는 법률에는 헌법 제27조 제3항의 모든 국민의 신속한 재판을 받을 권리를 침해한 경우에도 여기에 해당하여 공소기각사유가 된다는 견해이다.

2) 면소판결설

종래 일본의 판례는 재판의 신속성을 위배했다는 것으로 상고이유가 될 수 없다는 입장이었으나, 1972년에 들어와서는 형사소송법 제326조 제3호의 '공소시효가 완성된 때'를 면소사유로 규정하고 있는데, 이를 소송지연으로 피고인이 불이익을 받는 경우에도 이 규정을 유추적용하는 입장이다.

3) 양형고려설

독일 연방대법원의 입장으로서, 신속한 재판의 원칙에 배치된다 하더라도 이는 소송조건이 아니기 때문에 유죄판결을 하면서 다만 양형에서 고려할 수 있을 뿐이라는 견해이다. 양형고려설은 우리나라의 지배적인 견해로서 현행법의 해석으로는 타당하지만, 입법론적으로는 형식재판으로 소송을 종결하여 피고인을 구제하는 방향으로 개선되어야 할 것이다.

제 2 절 형사소송의 기본구조

Ⅰ. 소송구조론

1. 소송구조론의 의의

소송구조론이란 형사절차를 구성하는 소송주체는 누구이고, 소송주체 사이의 관계는 어떻게 구성되어 있는가에 관한 이론을 말한다. 실체적 진실주의와 적정절차 및 신속한 재판의 원칙은 형사소송이 목적으로 하는 지도원리이고, 소송구조론은 이러한 지도원리를 합목적적으로 달성하기 위한 제도적 틀의 모습에 관한 논의이다.

오늘날 민주국가의 소송구조는 소추기관과 재판기관이 분리되어 있는 탄핵주의 소송구조를 취하고 있다는 점에 대하여는 다툼이 없으나, 소송절차를 진행시키는데 있어서 소송의 주도적 지위가 검사와 피고인, 즉 당사자에게 있는가 또는 법원이 소송의 주도적 지위에서 소송절차를 진행시키느냐에 따라서, 탄핵주의 소송구조는 ① 영미법계의 「당사자주의」와 ② 대륙법계의 「직권주의」의 두 가지로 나누어진다.

우리 형사소송법은 어느 쪽이 우위에 있다고 할 수 없을 정도로 양자가 혼합·절충된 형태를 취하고 있다. 따라서 소송구조론에 관한 논의의 핵심은 당사자주의와 직권주의와의 관계가 현행 형사소송법에 제도적으로 어떻게 구현되어 있는가를 구체적으로 살펴보고 제도상의 개선점을 찾는 데 있다. 아래에서는 소송구조에 관해 연혁적 의미를 지닌 규문주의와 탄핵주의에 대하여 살펴보기로 한다.

2. 소송구조 - 규문주의와 탄핵주의

(1) 규문주의

규문주의(糺問主義; Inquitionsprinzip, inquisitorial system)란 법원이 스스로 형사절차를 개시하고 심리·재판하는 소송구조를 지닌 형사재판체제를 말한다. 이러한 구조는 ① 수사기관과 소추기관 및 재판기관으로서의 역할을 모두 법원이 담당하기 때문에 형사피의자나 피고인은 소송절차에 주체적으로 참여하여 적극적으로 방어권을 행사할 수 없고, 단지 법원재판의 조사·심리의 객체로 전락하게 되며, ② 수사절차와 공판절차상의 국가권한이 모두 법원에만 집중되어 법관에게 과중한 부담을 주어 공정한 재판을 기대할 수 없게 된다. 이러한 이유 때문에 절대군주국가시대에 군주의 절대권력의 시녀역할을 한 규문절차는 구미에서도 프랑스혁명을 계기로 탄핵주의 소송구조로 변모되었다.

(2) 탄핵주의

탄핵주의(彈劾主義; Akkusationsprinzip, accusatorial system)란 공소제기기관과 재판기관이 분리되어 있어서 소추기관의 공소제기에 의하여 법원이 공판절차를 개시하는 형사재판체제를 말하며, 이를 「**소추주의**」라고도 한다. 탄핵주의에서는 법원이 공소제기 된 사건에 대해서만 심판을 할 수 있게 되고 피고인도 형사절차상 소송주체로서의 지위를 갖게 된다.

탄핵주의는 누가 소추기관이 되느냐에 따라 국가기관인 검사가 담당하게 되는 「**국가소추주의**」와 피해자 또는 일반공중(一般公衆)이 소추기관이 되는 「**사인소추주의**」

로 나눌 수 있으며, 후자는 다시 피해자 또는 그 가족으로 하여금 소추하게 하는 「**피해자소추주의**」와 일반공중으로 하여금 소추하게 하는 「**공중소추주의**」로 나눌 수 있다.

이러한 탄핵주의 소송구조는 오늘날 영미법계뿐만 아니라 대륙법계 국가에서도 채택하고 있으며, 우리 형사소송법도 공소는 검사가 제기하여 수행한다(제246조)고 규정하여 「**국가소추주의에 의한 탄핵주의 소송구조**」를 채택하고 있다.

Ⅱ. 당사자주의와 직권주의의 이념

탄핵주의 소송구조는 소송의 주도적 지위가 어느 소송주체에 있느냐에 따라 당사자주의와 직권주의로 나눌 수 있다. 전자는 당사자인 피고인과 검사에게 소송의 주도적 지위가 있는 영미의 소송구조이며, 후자는 법원에게 소송의 주도적 지위가 있는 대륙의 소송구조이다. 그러나 오늘날에 와서 영미나 대륙의 각국에서는 어느 일방만을 채택하지 않고 다른 제도의 장점을 상호 보완하고 있으므로 양 제도는 점차 접근해가는 추세에 있다.

1. 당사자주의

(1) 당사자주의의 의의

당사자주의(Parteiverfahren, adversary system)란 검사와 피고인, 즉 당사자에게 소송의 주도적 지위를 인정하여 당사자의 공격과 방어를 위한 주장과 입증(立證)에 의해 공판을 진행시키고 법원은 공정한 제3자의 입장에서 그것의 진위여부를 판단하는 소송구조를 말하며, 법정에서의 당사자의 변론이 중심이 되므로 이를 「**변론주의**」라고도 한다.

당사자주의는 ① 소송의 주도적 지위가 당사자에게 있으므로 소송은 당사자의 청구(공소제기, 상소)에 의해 진행되므로 필연적으로 탄핵주의와 결합하는 소송구조이며, ② 공판심리과정상 증거의 수집과 제출도 당사자에게 맡겨지고 당사자의 주장과 입증에 의해 소송이 진행되므로 「**당사자추행주의**」가 되며, ③ 당사자주의를 철저하게 유지하면 소송절차뿐만 아니라 소송물에 대하여도 당사자의 처분이 허용되는 「**당사자처분권주의**」로까지 나아가게 되나, 우리 형사소송법은 민사소송과는 달리 당사자처분주의를 취하고 있지는 않다.

(2) 당사자주의의 장·단점

당사자주의 소송구조의 장점은 ① 무엇보다도 피고인과 검사의 대등한 지위를 인정함으로써 피고인의 기본권을 보장하는데 적합한 소송구조라는 점과, ② 소송결과에 이해관계를 가진 당사자로 하여금 적극적으로 증거를 수집, 제출케 함으로써 법원은 공정한 제3자의 입장에서 실체적 진실을 발견하게 되어 공정한 재판을 할 수 있다는 점을 들 수 있다.

이에 반해 당사자주의의 단점은 ① 소송절차상 주도적 지위가 당사자에게 있음으로 인해 당사자의 공격과 방어가 연속하게 되면 공판심리의 지연과 능률을 기할 수 없고, ② 소송결과가 당사자의 소송수행능력에 따라 좌우되거나 당사자의 타협이나 거래의 대상이 되어, 이른바 **형사사법의 스포츠화**(sporting theory of criminal justice) 내지 **합법적 도박**(legalized gambling)이라는 영미 당사자주의의 폐해와 같은 결과를 초래하여 국가형벌권의 적정한 실현을 저해하며, ③ 당사자의 주장과 입증에 따라 재판결과가 좌우되므로 실체적 진실발견이 왜곡될 염려가 있고, ④ 당사자 간의 소송수행능력의 차이로 변호인이 없는 피고인의 경우에는 피고인에게 오히려 불리하다는 점 등을 들 수 있다.

2. 직권주의

(1) 직권주의의 의의

직권주의란 법원에 소송의 주도적 지위가 있는 소송구조를 말한다. 따라서 직권주의 하에서는 ① 법원이 실체적 진실발견을 위해 검사나 피고인의 주장 또는 청구에 구속되지 않고 직권으로 증거를 조사·수집하며(직권탐지주의), ② 소송물도 법원의 지배하에 있게 되어 법원이 직권으로 사건을 심리하게 된다(직권심리주의).

(2) 직권주의의 장·단점

직권주의의 장점으로는 ① 법원이 주도적 지위에서 소송절차를 진행함으로 인해 당사자주의에 의해 은폐되기 쉬운 사안의 진상규명, 즉 실체적 진실발견에 효과적이라는 점과, ② 재판의 지연을 방지하고 능률적이고 신속한 재판을 실현할 수 있고, ③ 수사권과 공소제기 유지권이 검사에게 있는 것처럼 국가형벌권의 공정한 실현을 위해서는 심판의 주체인 법원이 소송절차에 적극적으로 관여해야 하는 것이 형사소송의 본질에 부합한다는 점 등을 들 수 있다.

직권주의의 단점으로는 ① 법원 자신이 공판심리를 주도함으로써 사건의 심리가 법원의 독단으로 빠질 염려가 있고, ② 피고인은 형식적인 소송주체가 되어 실질적인 방어권을 행사하지 못한다는 점 등을 들 수 있다.

Ⅲ. 현행 형사소송법의 기본구조

1. 당사자주의와 직권주의의 조화

구형사소송법(일제시대 조선형사령을 의용(依用)했음)은 대륙법계의 형사소송법을 모델로 하는 직권주의를 기본구조로 하였지만, 현행 형사소송법은 해방 이후 미국의 정치적 영향 하에서 1954년도 제정될 당시에 영미법의 당사자주의적 요소를 대폭 도입하게 되었다. 따라서 현행 형사소송법에는 법원의 직권증거조사제도, 당사자의 소송물처분을 인정하지 않는 점 등의 직권주의적 요소와 피고인의 공판기일변경신청권, 당사자의 증거조사참여권, 공소장일본주의 등의 당사자주의적 요소가 함께 있으므로, 현행 형사소송법의 기본구조는 직권주의와 당사자주의를 조화·배합한 **절충적·혼혈적 소송구조**라고 보는 타당하다.

2. 당사자주의적 요소

당사자주의는 당사자로서의 검사와 피고인의 지위와 권한의 대등을 전제로 하여 공소제기와 공판준비절차 및 공판절차상에 있어서 사건의 실체형성을 위해 당사자가 주도적으로 공판절차를 진행시키면서 상호 대립·항쟁하는 관계를 인정하는 소송구조이다. 현행 형사절차 관련법규에는 당사자의 이러한 지위와 권한을 구현하기 위하여 다음과 같은 규정들을 두고 있다.

(1) 법원의 현실적 심판범위의 확정

불고불리(不告不理)의 원칙은 당자자주의뿐만 아니라 직권주의에서도 적용되고 있다. 그러나 우리 형사소송법은 공소장에 공소사실을 특정하여 기재하도록 하고, 공소사실과 동일성이 인정되는 사실이라 하더라도 원칙적으로 공소장을 변경하여야 법원의 현실적 심판대상이 되도록 하여 법원의 심판범위를 제한하고 있으며, 이는 한편으로는 피고인으로 하여금 검사의 공격범위와 내용을 알게 하여 실질적인 방어준비를 할 수 있게 하므로 당사자주의적 요소라 할 수 있다.

(2) 공소장일본주의

형사소송규칙 제118조 제2항에는 '공소장에는 법원에 예단이 생기게 할 수 있는 서류 기타 물건을 첨부하여서는 아니된다'고 규정하여 공소장일본주의(公訴狀一本主義)를 선언하고 있다. 공소장일본주의는 검사의 공소제기시 법원으로 하여금 유죄의 예단(豫斷)을 생기게 할 수 있는 공소장 이외의 서류나 물건을 첨부하지 못하도록 함으로써 법원으로 하여금 공정한 제3자의 입장에서 재판을 하도록 하는 제도이므로, 이 제도는 당사자주의의 표현이다.

(3) 공판준비절차에 있어서 피고인의 방어권보장

공판준비절차는 공판기일에 심리를 신속·원활하게 하기 위해 당사자에게 사전에 상호 공격·방어의 주요 쟁점들에 대한 준비를 할 수 있도록 하는 절차이다. 특히 공소장부본의 송달(제266조), 제1회 공판기일의 유예기간(제269조), 피고인의 공판기일변경신청권(제270조) 등은 피고인의 방어준비를 위한 제도적 장치라고 할 수 있다.

(4) 공판절차상 당사자주의적 요소

1) 당사자의 공판정출석

공판정에는 원칙적으로 검사와 피고인 모두 출석할 것을 요하며(제275조, 제276조), 특히 피고인에 대한 궐석재판은 원칙적으로 허용되지 않는다. 당사자의 공판정출석을 공판개정의 요건으로 하는 것은 당사자주의의 표현이다.

2) 검사의 모두진술(冒頭陳述)

검사는 공소장에 의하여 공소사실·죄명 및 적용법조를 낭독하여야 하며, 재판장이 필요하다고 인정하는 때에는 검사에게 공소의 요지를 진술하게 할 수 있다(제285조)고 규정하고 있는데, 이를 검사의 모두진술이라 한다. 재판장의 피고인 인정신문(人定訊問) 후에 행하는 이러한 검사의 모두진술은 법원이 사건 심리에 들어가기 전에 피고인으로 하여금 사건개요와 입증방침을 명백히 알도록 하여 충분한 방어의 기회를 갖도록 하기 위한 당사자주의적 요소이다.

3) 피고인신문의 방식

영미법과는 달리 우리 형사소송법은 피고인신문제도[5]를 두고 있지만, 피고인신

5) 영미에서는 피고인에 대한 신문이 인정되지 않고, 피고인은 유죄 또는 무죄의 답변을 할 수 있을 뿐이다. 다만 피고인이 자기에게 유리한 사실을 진술하기 위해서는 증인으로 선서하고 증언할 수 있다.

문에 대하여 피고인은 진술을 하지 아니하거나 개개의 질문에 대하여 진술을 거부할 수 있도록 하여 진술거부권을 보장하고 있으며(제283조의2), 특히 피고인신문방식은 증인신문방식을 준용하여 검사와 변호인이 먼저 순차로 신문하고 법원은 그 후에 신문하도록 함으로써(제296조의2) 당사자주의의 신문방식을 취하고 있다.

4) 증거조사에 있어서 당사자주의적 요소

① 증거조사는 원칙적으로 당사자의 신청에 의하여 행해진다(제294조). 이는 입증활동의 주도권이 당사자에게 있음을 의미하는 당사자주의의 표현이다.

② 검사와 피고인에게 공판절차 이전에도 증거보전청구권을 인정하고(제189조), 증거조사참여권(제145조, 제163조, 제176조), 증거조사에 대한 이의신청권(제296조)을 인정한 것도 당사자주의적 요소이다.

③ 증인신문시에 상호신문제도를 채택하여, 신청한 당사자가 먼저 신문(주신문)한 다음에 반대당사자가 신문(반대신문)하며, 필요한 때는 재주신문과 재반대신문을 순차로 할 수 있도록 한 것(제161조의2)은 당사자에게 주도적 신문권을 인정한 당사자주의적 요소이다.

④ 공판준비 또는 공판기일에서의 진술에 대신하여 진술을 기재한 서류나 공판준비 또는 공판기일 외에서의 타인의 진술을 내용으로 하는 진술과 같은 「전문증거」는 제311조 내지 제316조에 규정한 것(전문법칙의 예외에 해당) 외에는 증거로 할 수 없다(제310조의 2)고 규정하여, 「전문법칙」을 인정하고 있다. 이는 증거법칙으로 증거능력의 인정시에 당사자의 반대신문권을 보장하기 위한 당사자주의적 요소이다.

⑤ 당사자가 증거로 할 수 있음을 동의한 서류 또는 물건은 진정한 것으로 인정한 때에는 증거능력이 있으며(제318조), 제312조 내지 제316조의 규정에 의하여 증거로 할 수 없는 서류나 진술이라도 공판준비 또는 공판기일에서의 피고인 또는 피고인 아닌 자의 진술의 증명력을 다투기 위한 증거(탄핵증거)로 할 수 있다(제318조의2). 즉 당사자의 동의와 탄핵증거(彈劾證據)에 관한 규정은 당사자주의적 요소이다.

5) 당사자의 최종변론

피고인신문과 증거조사가 끝난 후에, 검사와 피고인 및 변호인에게 최종의 의견을 진술할 기회를 주도록 한 것(제303조)은 당사자주의적 요소라 할 수 있다.

3. 직권주의적 요소

형사소송법에 나타나고 있는 직권주의적 요소는 법원에 의한 직권적인 피고인신문과 증거조사 및 공소장변경요구제도 등을 들 수 있다.

(1) 피고인신문

피고인신문 자체도 직권주의적인 요소이다. 또한 형사소송법이 피고인에 대하여 검사와 변호인의 순차적인 상호신문제도를 강화하면서도, 당사자의 신문이 끝난 후에 재판장(또는 합의부원)도 직권적으로 피고인을 신문할 수 있도록 한 것은 직권주의적 요소이다(제286조의2).

(2) 증거조사

증거조사는 당사자의 신청에 의하는 것을 원칙으로 하지만 법원도 직권으로 증거조사를 할 수 있으며, 당사자의 증거조사신청에 대한 결정도 한다(제295조). 증인신문시에도 당사자의 상호신문이 끝난 후에 재판장(또는 합의부원)은 직권으로 신문할 수 있고, 필요하다고 인정할 때에는 어느 때나 신문할 수 있으며, 신문순서를 변경할 수도 있다(제161조의2).

(3) 공소장변경요구제도

법원은 심리의 경과에 비추어 상당하다고 인정할 때에는 공소사실 또는 적용법조의 추가 또는 변경을 요구하여야 한다고 규정하여(제298조 제2항), 소송의 대상에 대한 법원의 직권개입을 인정한 **공소장변경요구제도**와 피고인의 방어준비를 위한 **공판절차정지제도**도 직권주의적 요소이다.

4. 당사자주의와 직권주의의 관계

(1) 견해의 대립

우리 형사소송법상 형사소송의 기본구조가 무엇인가에 대하여는 견해의 대립이 있는데, ① 순수한 당사자주의라는 견해,[6] ② 당사자주의를 기본구조로 하고 직권주의는 보충적 성격을 지닌다는 견해,[7] ③ 직권주의를 기본구조로 하고 당사자주의적 요소는 직권주의에 대한 수정적 의미밖에 없다는 견해[8]로 나누어진다. ①과 ②의 견

---

6) 강구진, 125면; 차용석, 69면.

7) 손동권/신이철, 30면; 신동운, 14면, 신현주, 48면; 차용석/최용성, 44면.

8) 이재상/조균석, 47-48면.

해는 당사자주의가 실체적 진실발견과 피고인의 인권보장에 충실한 소송구조라는 점에 그 근거를 두고 있고, ③의 견해는 형사소송의 본질과 실체적 진실발견이라는 이념에 비추어 볼 때 직권주의가 우리 형사소송의 기본구조라고 이해하는 입장이다.

(2) 견해에 대한 비판

1) 실체적 진실주의와의 관계

당사자주의가 형사소송의 최대 이념인 실체적 진실발견에 기여하기 위해서는 당사자대등주의나 무기평등의 원칙을 전제로 해야 한다. 형사소송법은 검사와 피고인의 무기평등을 실현하기 위하여 피고인에게는 진술거부권과 변호인 선임권을 보장하고 있고, 검사에게는 거증책임과 객관의무를 부과하고 있다. 형사소송법의 이러한 노력에도 당사자대등주의가 요구하는 검사와 피고인의 실질적 평등은 현실적으로 실현되기 어려운 것이 사실이다. 즉 무기평등의 원칙은 형사소송에서 달성해야 할 이념은 될 수 있어도 소송구조를 기초지우는 전제로 타당할 수 없기 때문에 무기평등의 원칙을 전제로 한 당사자주의가 실체진실의 발견에 보다 적합하다고 하는 것은 타당하지 않다.[9)]

2) 피고인의 인권보장

헌법은 제12조에서 적정절차, 고문과 불이익한 진술의 강요금지, 영장주의 및 변호인의 조력을 받을 권리를 규정하고, 제27조 제3항과 제4항에서 신속재판과 무죄추정의 원리를 규정하는 등 피고인의 기본적 인권을 보장하기 위한 규정들을 명시하고 있다. 이러한 규정들에 의해 피고인의 인권보장을 위한 방법으로 당사자주의가 적절한 수단임을 부정할 수는 없지만, 직권주의가 피고인의 인권보장을 당사자주의보다 경시하고 있다는 것은 아니다. 기본적 인권의 보장은 인간의 존엄과 가치를 최고로 인정하고 있는 헌법의 당연한 요청이며 법치국가원리의 적용에 지나지 않기 때문이다.[10)]

5. 결 론

형사소송법의 이념은 실체적 진실을 발견하여 유죄자는 처벌하고 무죄자는 처벌하지 않는 것을 기본가치로 한다. 그러나 실체적 진실을 규명하는 과정에 피고인의

---

9) 이재상/조균석, 49면.
10) 이재상/조균석, 49면.

인권을 보장하기 위해 적법절차의 원칙을 헌법에서 선언하고 있다. 실체적 진실발견과 피고인의 인권보장은 서로 동등한 가치를 가지고 있다. 다만 이러한 이념을 충실히 수행하기 위해 공판절차진행의 주도적 지위를 재판기관인 법원으로 하여금 행사하게 하느냐 당사자인 피고인과 검사로 하여금 행사하게 하느냐는 각국의 형사절차의 규정성격에 따라 달라진다고 할 수 있다.

우리 형사소송법의 규정들을 살펴보면 기본적으로는 직권주의적 요소가 강화되어 있으며, 당사자주의적인 요소도 사정에 따라 직권주의적 규정에 의해 법원이 직권적으로 개입할 수 있는 형태로 규정되어 있다. 따라서 우리 형사소송법은 직권주의를 기본으로 하면서 당사자주의를 가미한 혼합된 소송구조를 취하고 있다고 보는 입장이 타당하다. 다만 입법론적으로 당사자주의적인 요소를 보다 강화·보충해야 하는 과제를 안고 있다. 헌법재판소는 우리 형사소송법이 기본적으로 당사자주의적 소송구조를 취하고 있다고 이해하고 있다.[11)]

---

11) 헌법재판소 1995. 11. 30. 선고 92헌마44 결정.

제 3 장 소송절차의 기초이론

제 1 절 소송절차의 기본구조

Ⅰ. 소송절차의 본질

형사소송절차는 법원의 확정판결을 위하여 소송의 3주체인 법원, 검사, 피고인의 연속된 소송행위에 의하여 발전해가는 일련의 과정이다. 이러한 소송절차의 전 과정의 본질을 어떻게 볼 것인가에 대하여는 소송법률관계설, 소송법률상태설, 이면설 등 3가지의 견해로 나누어진다.

1. 법률관계설

Oskar Bülow에 의해 주장된 학설로 소송절차를 **소송주체 간의 법률관계**로 파악하는 견해이다. 즉 소송은 법원과 양 당사자 간에 존재하는 법률관계로서, 법원은 심판을 할 권리와 의무를 가지고, 당사자는 심판을 구하거나 받는 권리와 의무를 가지고, 이러한 법률관계를 발전시켜 나아가는 법률관계의 통일체라는 의미를 가진다는 견해이다.

이 학설은 소송법률관계가 실체법률관계와 성질을 달리 한다는 점을 명백히 하고, 소송의 본질을 권리, 의무관계로 파악하여 피고인의 권리보호에 기여하였다고 할 수 있다. 그러나 이 학설은 소송절차를 **정적·고정적인 법률관계로 파악함**으로써 소송절차의 실체면의 동적·발전적 성격을 무시한 절차면만을 강조한 견해이다.

2. 법률상태설

소송절차를 고정적인 법률관계가 아니라 **기판력을 종점으로 하는 부동적인 법률상태**로 이해하는 견해이다. **골드슈미트**(Goldschmidt)에 의하면 소송절차는 종국적으로 기판력(旣判力)과의 관계에서 이해해야 하므로, 소송절차상의 소송주체 간의 법률관계도 엄밀한 의미에서는 권리·의무관계가 아니라 유리한 기판력을 획득할 가능성이나 불리한 재판을 받을 부담에 지나지 않으므로 형사소송절차는 부동적인 법률상태라는 것이다.

이 견해는 소송의 실체면의 동적·발전적 성격을 명백히 한 점에서는 공헌했으나, 소송의 순절차적인 면의 법률관계적 성질을 부정함은 부당하다.

3. 이 면 설

이 학설은 위의 두 가지 견해를 종합하여 전체로서의 소송을 실체면과 절차면으로 구별하여, 실체면은 **부동적인 법률상태**이지만, 절차면은 **고정적인 법률관계**로 보는 견해로 **우리나라의 통설**이다.

이면설(二面說)은 **자우어**(Sauer)의 삼면설(三面說)[1)]을 기초로 발전된 이론이다. 이면설은 소송의 실체면의 동적·발전적 성격과 절차면의 법률관계적 성질을 모두 설명할 수 있고, 또한 소송행위, 소송조건, 재판의 효력 등 소송의 기본개념에 대한 통일적인 이해를 가능하게 하므로 가장 타당한 견해이다.

Ⅱ. 소송의 실체면과 절차면

1. 소송의 실체면

소송의 실체면이란 구체적 사건에서 실체법률관계가 형성·확정되는 과정을 말한다. 소송의 객체인 형사사건은 처음부터 확정되어 있는 것이 아니라 소송주체의 활동에 의하여 소송과정 중에 형성·확정되는 과정을 거치게 된다.

즉, 수사절차상 수사기관의 주관적 범죄혐의가 객관적 증거에 의하여 객관적 혐의로 발전되고, 검사의 유죄확신에 의해 공소를 제기하게 된다. 공소제기 후에는 당사자 간의 상호 공격과 방어를 통한 주장과 입증(立證)의 당부가 밝혀지고 법관의 유죄심증형성이 성립될 때 비로소 유죄판결을 하게 된다. 따라서 소송의 실체면은 구체적 사건에 대한 실체법률관계가 확정되기 전까지는 부동적이므로 **법률상태설이 타당**

1) 독일의 자우어(Sauer)는 소송절차를 실체법을 실현하는 과정으로 이해하여, 그 발전과정을 실체형성과정(Sachgestaltungslinie), 소송추행과정(Verfolgungslinie), 절차과정(Verfahrenslinie)으로 3분하고, 이러한 3과정은 서로 목적과 수단의 관계에 있다고 보고 있다.

하다.

2. 소송의 절차면

소송의 절차면이란 실체면에 대하여 내용에 대한 형식, 목적에 대한 수단으로서의 의미를 지닌다. 절차면이란 실체면의 발전을 목적으로 하는 소송행위의 연속이며, 소송주체에 대하여 일정한 권리, 의무를 발생시킨다. 따라서 절차면에 대하여는 **법률관계설이 타당하다.**

3. 소송의 실체면과 절차면의 관계

소송의 실체면과 절차면은 분리된 두개의 면이 아니라 하나의 소송절차의 두개의 면에 불과하다. 따라서 실체면과 절차면은 서로 영향을 미치는 관계에 있다.

(1) 소송의 실체면이 절차면에 미치는 영향

사물관할의 결정(법원조직법 제32조), 친고죄나 반의사불벌죄의 고소의 요부, 긴급체포의 요건, 필요적 보석의 요부, 피고인출석의 요부, 간이공판절차의 요건 등은 사건의 실체면을 떠나서는 판단할 수 없는 실체면이 절차면에 영향을 미치는 경우이다.

부동적인 실체면이 절차면에 영향을 미치게 되면, 절차면도 부동적인 법률상태로서의 성질을 지니게 된다. 그러나 절차면은 소송행위 당시 사건의 실체면에 근거하여 행해진 때에는 나중에 실체형성의 내용이 변경되었다 하더라도 소송절차의 확실성과 소송경제를 고려하여 이미 행해진 소송절차를 번복해서는 안된다는 「소송절차유지의 원칙」이 요구된다.

(2) 소송의 절차면이 실체면에 미치는 영향

소송의 실체면은 증거조사절차를 통해 발전되어 간다. 그러나 이러한 실체면은 증거능력에 관한 법적 규제라는 절차면의 영향을 받게 된다. 즉, 위법하게 수집한 증거의 배제법칙, 전문법칙, 자백의 보강법칙 등은 절차면이 실체형성에 영향을 미치는 경우이다.

제 2 절 소송절차이분론

Ⅰ. 소송절차이분론의 의의

소송절차이분론이란 소송절차를 **범죄사실의 인정절차**와 **양형절차**로 이분하자는 주장으로서, 영미법계의 형사절차에서 유래한다. 즉 영미의 형사절차는 배심제도가 바탕이 되어, 「**배심에 의한 유죄의 평결**(Conviction)」과 「**법관에 의한 형의 선고절차**(Sentence)」로 나누어진다. 이에 반해 대륙의 형사소송에 있어서는 독일과 일본 및 우리나라에서도 사실인정절차와 양형절차를 구별하지 않고 있으며, 우리나라는 국민의 형사재판참여에 관한 법률에 의하여 배심원제도가 일부 도입되었으나 이 경우에도 배심원은 사실인정이나 형의 양정에 관하여 의견개진을 할 수 있을 뿐이고 또한 두 절차가 분리되어 있지도 않다.[2)]

아래에서는 절차이분론의 이론적 근거와 비판 및 도입여부에 대한 입법론적인 검토를 해보기로 한다.

Ⅱ. 이론적 근거

소송절차 이분론의 근거에 관하여 일본에서 사실인정절차의 순화와 양형의 합리화를 주된 이유로 들고 있으나, 독일에서는 이외에도 피고인의 인격권 보장과 변호인의 변호권의 보호 및 소송경제를 그 근거로 들고 있다.

1. 사실인정절차의 순화

사실인정과 양형이 하나의 절차에서 이루어질 때에는 피고인의 전과·경력·교육·가족관계·재산상태와 같은 피고인의 인격에 관한 사항이 모두절차·사실심리와 더불어 심리되지 않을 수 없게 된다. 그러나 사실인정절차에 앞서서 피고인의 인격에 대한 심리를 할 경우에는 법관의 피고인에 대한 편견과 예단을 배제하기 어려울

2) 독일에서도 영미의 절차이분제도를 도입해야 한다는 견해가 주장되고 있으며, 국제적으로는 1962년 로마 국제형법학회의 주제가 되었고, 1985년 선택초안(AE) 제243조의 b에 의하여 입법화가 시도된 적이 있다.

뿐만 아니라, 이것은 공소장일본주의에 의하여 법관의 예단을 배제하고자 하는 형사소송법의 정신에도 배치된다. 따라서 피고인의 인격에 의한 예단을 방지하기 위해서는 사실인정절차와 양형절차를 이분하여 사실인정절차를 순화할 필요가 있다.

2. 양형의 합리화

형벌의 개별화와 특별예방적인 기능을 고려한 합리적인 양형을 실현하기 위해서는 피고인의 인격은 물론이고 사회적·심리적 상황이 피고인에게 미치는 형벌의 효과에 대한 조사가 필요하지만, 엄격한 증명을 요하는 사실의 인정과는 달리 자유로운 증명이면 족하는 양형은 법관이 가장 경솔하게 다루는 소송절차라고 할 수 있다.[3] 따라서 독자적인 양형절차의 구성과 함께 판결 전 조사제도의 도입으로 양형의 합리화를 도모하여야 한다.

3. 피고인의 인격권보장

범죄사실이 증명되기 전에 공개된 법정에서 피고인의 인격조사 즉, 프라이버시에 대한 광범위한 조사를 하고 이를 일반에게 공개한다면, 만약 피고인이 무죄판결을 받는다고 하여도 침해된 피고인의 사생활은 회복되지 못한다. 이를 방지하기 위해서는 사실인정과 양형절차가 이분되어야 한다는 것이다.

4. 변호권의 보장

사실심절차에서는 무죄변론을 양형절차에서는 유리한 형을 선고받을 수 있도록 변호활동을 변호인의 변호권을 실질적으로 보장할 수 있게 된다.

5. 소송경제에 유리

무죄판결을 선고할 경우에는 피고인의 인격에 대한 조사가 불필요하므로 오히려 소송경제에 도움이 된다.

---

3) 이재상/조균석, 56면.

Ⅲ. 소송절차이분론에 대한 비판

1. 소송의 지연

공판절차를 사실인정절차와 양형절차로 분리하여 심리할 때는 장기간을 필요로 하므로 소송지연의 폐해가 발생한다는 비판이 있다. 그러나 양형절차의 기간을 제한하거나 사실인정과정에 조사관에게 조사를 개시하게 하는 방법 등에 의해 재판의 지연을 충분히 방지할 수 있다.

2. 범죄사실과 양형사실의 구별불능

범죄자에 대한 형사책임은 범죄자의 인격과 분리해서 판단할 수 없고 일반적인 범죄요소도 양면을 지니고 있기 때문에 범죄사실과 양형사실을 구별하는 것은 이론상 불가능하다는 비판이 있다. 그러나 책임은 행위책임이고 또한 피고인의 인격이 범죄구성요소에 관련된 때에는 사실인정절차에서 심리하면 되므로, 양자를 구별할 수 없다는 비판도 근거가 없다고 하겠다.

요컨대 공판절차를 사실인정절차와 형의 양정절차로 분리하여 별개의 법칙이 적용되도록 함으로써 사실인정절차를 순화하고 양형절차를 합리화할 수 있게 될 것이다.

Ⅳ. 입법론적 검토

1. 재판의 주체

소송절차를 이분한다고 하여 반드시 배심원제도를 도입해야 하는 것은 아니다. 또한 양형절차의 주체도 법관이 되어야 하지만, 법관이 양형절차에서 판결전조사 또는 감정에 있어서 심리학자 또는 사회학자의 도움을 받도록 하는 것도 고려해볼 만하다.

2. 유죄결정의 구속력

양형절차에서 유죄판결에 대한 의문이 있는 때에는 피고인의 이익을 위해 재고의 여지를 인정해야 한다는 견해도 있다.[4] 그러나 양형절차에서 다시 유죄결정을 번

---

4) 강구진, 33면.

복하는 것은 심리의 지연을 초래하므로 허용되지 않는다는 견해가 타당하다.[5]

3. 양형절차의 심리대상

전과, 누범, 상습범은 양형의 자료이므로 양형절차에서 심리하는 것이 타당하다. 책임능력도 양형에서 고려해야 한다는 견해[6]도 있다. 그러나 책임능력이나 금지착오는 범죄성립에 관계되는 요소이므로 범죄사실과 함께 심리하는 것이 타당하다.

4. 공개주의의 배제

양형절차의 공개는 피고인의 프라이버시를 침해하므로 피고인의 사회복귀와 인격권을 보호하기 위해 공개주의를 배제할 필요가 있다.

5) 이재상/조균석, 58면.
6) 강구진, 33면.

제 2 편

소송주체와 소송행위

제 1 장 소송의 주체

형사소송의 3주체는 법원, 검사, 피고인이다. 재판을 받는 검사와 피고인을 형사소송의 당사자라고 한다. 변호인은 소송의 주체가 아니라 피의자나 피고인의 보조자에 불과하고, 피고인의 보조자로는 변호인 외에 보조인(輔助人)과 대리인이 있다. 검사의 보조자로는 사법경찰관리를 들 수 있다. 이러한 소송당사자와 보조자를 합쳐서 「**소송관계인**」이라 한다. 그 밖에 증인, 감정인, 고발인, 고소인 등은 소송주체도 아니며 소송절차에 대한 적극적인 형성력이 없기 때문에 「**소송관여자**」라고 하여 소송관계인과 구별하기도 한다.

제 1 절 법 원

Ⅰ. 법원의 의의와 종류

1. 법원의 의의

법률상의 쟁송에 관하여 심리, 재판하는 권한과 이에 부수하는 권한, 즉 사법권을 행사하는 국가기관을 법원이라 하며, 헌법 제101조 제1항에는 「사법권은 법관으로 구성된 법원에 속한다」고 규정하고 있다. 일반적으로 법원이라는 말은 「**국법상 의미의 법원**」과 「**소송법상 의미의 법원**」의 두 가지 의미로 사용되고 있다.

(1) 국법상 의미의 법원

이는 **사법행정상의 의미에서의 법원**을 말한다. 이는 다시 「**사법행정상의 관청**(官廳)**으로서의 법원**」과 「**관서**(官署)**로서의 법원**」으로 구분된다. 전자는 '**사법행정권의 주체가 되는 법원**'을 말하며, 후자는 법관과 법원직원을 포함한 '**사법행정상의 단위로서의 법원**'을 의미한다. 관서로서의 법원의 청사를 법원이라 하는 경우도 있다. 법원조직법에서 말하는 법원은 일반적으로 국법상 의미의 법원을 말한다.

(2) 소송법상 의미의 법원

국법상 의미의 법원이 구체적 사건에 관하여 일정수의 법관으로 구성되어 재판권을 행사하는 기관으로서의 법원, 즉 「**재판기관으로서의 법원**」을 소송법상 의미의 법원이라 한다. 즉 개개의 사건에 대해 재판권을 행사하는 합의부 또는 단독판사가 형사소송법에서 말하는 법원이며, 통상적으로 형사소송법에서는 재판기관으로서의 법원을 의미한다.

2. 법원의 종류

헌법에 법원은 최고법원인 대법원과 각급법원으로 조직되며(헌법 제101조 제2항), 특히 군사재판을 위한 특별하급법원으로 「군사법원」을 둘 수 있다고 규정하고, 구체적인 각급법원의 조직과 권한에 관해서는 「법원조직법」에 상세히 규정하고 있다. 대법원은 대법원장을 포함하여 14명의 대법관으로 구성되며(헌법 제102조 제2항, 법원조직법 제4조), 일반하급법원으로는 **고등법원**, **특허법원**,[1] **지방법원**, **가정법원**, **행정법원**,[2] **회생법원**[3]이 있으며, 지방법원과 가정법원의 사무의 일부를 처리하기 위해 그 관할구역 안에 **지원**과 **가정지원**, **시법원** 또는 **군법원** 및 **등기소**를 둘 수 있다(법원조직법 제3조). 하급법원의 설치·폐지 및 관할구역은 따로 법률로 정하고, 등기소의 설치·폐지 및 관할구역은 대법원 규칙으로 정하도록 규정하고 있다.

3. 사법권의 독립

헌법에서는 제103조에서 「법관은 헌법과 법률에 의하여 그 양심에 따라 독립하여 심판한다」고 규정하여 사법권의 독립을 선언하고 있다. 이를 위해 법관의 신분보장과 엄격한 자격을 요구하고 있다(법원조직법 제42조 제3항). 판사의 보직은 대법원장이 행하며, 사법연수원장, 고등법원장, 특허법원장, 법원행정처차장, 지방법원장, 가정법원장, 행정법원장과 고등법원 및 특허법원의 부장판사는 15년 이상 관련 직에 있던 자 중에서 보한다(동법 제44조).

---

1) 행정법원은 1998년 3월 1일부터 시행.
2) 특허법원과 행정법원에 관한 사항은 1998년 3월 1일부터 시행.
3) 2017년 3월 1일부터 시행.

또한 법관은 탄핵 또는 금고 이상의 형의 선고에 의하지 아니하고는 파면되지 아니하며, 법관징계위원회의 징계처분에 의하지 아니하고는 정직·감봉 기타 불리한 처분을 받지 않는다(헌법 제106조 제1항). 대법원장과 대법관은 변호사 자격있는 자 중에서 45세 이상이고 20년 이상 관련직에 있던 자 중에서 임용하며 임기는 6년이고 기타 법관의 임기는 10년이며, 대법원장은 중임할 수 없으나 대법관과 기타 법관은 연임할 수 있다(헌법 제105조, 법원조직법 제45조). 대법원장과 대법관의 정년은 70세이고, 판사의 정년은 65세로 규정하고 있다(법원조직법 제45조).

판사는 10년 이상 관련 직에 있던 사람 중에서 임용하며,[4] 5년 미만인 판사는 변론을 열어서 판결하는 사건에 관하여는 단독으로 재판할 수 없으며, 합의부의 재판장이 될 수 없다(제42조).

법관은 탄핵결정이나 금고이상의 형의 선고에 의하지 아니하고는 파면되지 아니하며, 법관징계위원회의 징계처분에 의하지 아니하고는 정직·감봉 또는 불리한 처분을 받지 아니한다(헌법 제106조 제1항, 법원조직법 제46조 제1항).

Ⅱ. 법원의 구성

소송법상 의미의 법원, 즉 재판기관으로서의 법원은 국법상 의미의 법원에 속하는 일정수의 법관으로 구성된다.

1. 단독제와 합의제

제1심법원은 단독제가 원칙이고 상소법원은 모두 합의제로 구성된다. 고등법원은 항상 판사 3인의 합의제이며, 대법원은 원칙적으로 대법관 전원의 3분의 2 이상의 합의체에서 행하며 대법원장이 재판장이 된다. 그러나 대법관 3인 이상으로 구성된 부에서 먼저 사건을 심리하여 의견이 일치할 때에는 그 부에서 심판할 수 있다(법원조직법 제7조 제1항).

4) 법원조직법 부칙 제2조 참조.

2. 재판장·수명법관·수탁판사·수임판사

(1) 재 판 장

법원이 합의체일 때에는 그 구성원의 1인이 재판장이 된다. 재판장(裁判長) 이외의 합의체의 구성법관을 합의부원(배석판사)이라 한다. 합의체 기관으로서의 재판장은 **공판기일지정권**(제267조), **소송지휘권**(제279조), **법정경찰권**(제281조 제2항, 법원조직법 제58조) 등의 권한을 가지며, 독립권한으로 급속할 경우에는 피고인을 소환·출석·동행명령·구속할 수 있는 권한을 가지나(제80조), 피고사건의 심리·재판에 있어서는 다른 법관과 동등한 권한을 갖는다.

(2) 수명법관

합의체의 법원이 구성원인 법관에게 특정한 소송행위를 하도록 명한 경우에, 그 명을 받은 합의체 구성원인 법관을 수명법관(受命法官)이라 한다(제37조, 제136조).

(3) 수탁판사

하나의 법원이 다른 법원의 법관에게 소송행위를 하도록 촉탁(囑託)한 경우, 그 촉탁을 받은 법관을 수탁판사(受託判事)라고 한다(제37조, 제136조). 촉탁받은 수탁판사는 일정한 경우 다른 법원의 판사에게 다시 촉탁할 수 있으며(제77조 제2항, 제136조 제2항), 이와 같이 전촉(轉囑)을 받은 판사도 역시 수탁판사이다.

(4) 수임판사

수소법원(受訴法院)과는 달리 **독립하여 소송법상의 권한을 행사할 수 있는 개개의 법관**을 수임판사(受任判事)라 한다. 예컨대 영장발부판사(제201조), 증거보전절차를 행하는 판사(제184조), 수사상 증인신문을 행하는 판사(제221조의2)가 이에 해당한다.

Ⅲ. 공평한 법원의 구성 - 법관의 제척·기피·회피제도 -

공정한 재판과정과 결과에 대한 일반인의 객관적 신뢰를 보장하기 위해서는 사법권의 독립과 자격있는 법관에 의한 공평한 법원의 구성이 전제되어야 한다. 공평한 법원을 구성하기 위한 제도적 장치로 법관에 대한 제척·기피·회피제도가 있다. 법관에 대한 제척·기피·회피제도는 재판의 공정에 영향을 미칠 우려가 있는 법원직원인 **법원서기관·법원사무관·법원주사 또는 법원주사보와 통역인**에 대해서도 확대적용하고 있다(제25조).

1. 법관의 제척

(1) 제척의 의의

제척(除斥)이란 법관이 구체적 사건에 대하여 불공정한 재판을 할 우려가 있는 법률에 규정되어 있는 사유(제척사유)에 해당할 때에는, 그 법관을 당해사건의 직무집행으로부터 배제시키는 제도를 말한다. 제척사유는 예시적으로 규정이 아니라 **제한적 열거규정**이므로 제17조에 규정된 사유 외의 공정한 재판을 기대하기 어려운 사유가 있더라도 법관제척사유가 되지는 않는다.

(2) 제척의 적용범위

제척은 피고인에 대한 공판사건을 심판하는 법관 이외에 약식명령 또는 즉결심판을 행하는 법관에게도 적용된다. 또한 공소제기 후의 증거보전(證據保全; 제184조)이나 참고인(參考人)에 대한 증인신문(證人訊問)을 행하는 법관에게도 적용된다.

그러나 공소제기전의 증거보전절차(제184조)나 제1회 공판기일 전의 증인신문절차(제221조의2)를 행하는 법관에게 제척이 적용될 것인가에 대해서는 견해의 대립이 있다. 판례[5]와 일부 학설[6]은 적용되지 않는 것으로 보나, 법관 작성의 조서가 절대적 증거능력을 갖는 점(제311조)을 고려할 때 수사절차에 관여하는 법관에게도 제척제도를 적용하는 것이 타당하다.[7]

(3) 제척의 원인

형사소송법 제17조는 제척원인을 예시적이 아니라 제한적으로 열거하고 있다. 제17조에 규정된 7가지는 ① 법관이 피해자인 때, ② 법관이 피고인 또는 피해자와 개인적으로 밀접한 관련이 있는 때, ③ 법관이 이미 당해 사건에 관여하였을 때의 3가지 유형으로 나눌 수 있다.

1) 법관이 피해자인 때

법관이 당해사건의 직접피해자인 경우에 한한다. 간접피해자까지 제척사유로 볼 경우에는 그 범위가 불명확하여 법적 안정성을 해칠 우려가 있기 때문에 제척사유에

5) 대법원 1971. 7. 6. 선고 71도974 판결.
6) 이재상/조균석, 82면.
7) 신동운, 783면.

는 해당하지 않는다고 보아야 한다. 그러나 법관이 간접피해자일 경우에는 기피사유에 해당될 수 있다. 여기서 말하는 피해범죄는 개인적 법익에 대한 범죄뿐만 아니라 사회적·국가적 법익에 대한 범죄도 포함되며, 당해사건의 피해자에는 행위객체이든 보호법익의 주체이든 불문한다.

2) 법관이 피고인 또는 피해자와 개인적으로 밀접한 관련이 있는 때

가. 친족·호주·가족 또는 이러한 관계가 있었던 자인 때 친족 등의 개념은 민법에 의하여 결정하며, 법관이 스스로를 재판하는 경우도 허용될 수 없기 때문에 법관이 피고인인 경우에도 제척사유가 된다.

나. 법정대리인·후견감독인인 때 법정대리인과 후견감독인의 개념도 민법에 의하여 결정된다.

다. 피해자의 대리인 또는 피고인의 대리인·변호인·보조인으로 된 때 전자의 예로는 법관이 고소대리인 또는 재정신청의 대리인이 된 때, 후자의 예로는 법관이 피고인인 법인의 대표자 등이 된 때를 말한다.

3) 법관이 이미 당해사건에 관여하였을 때

수사, 공소제기, 심리, 판결에 관여했을 때는 법관이 당해 사건에 대한 선입관이 있기 때문에 제척사유가 된다.

가. 증인·감정인으로 된 때 민사사건이 아닌 형사사건의 공판절차상 증인·감정인이 되어 증언 또는 감정을 한 경우를 말한다. 따라서 수사절차상 수사기관의 참고인조사를 받거나 감정인으로 위촉된 경우 또는 수사절차상 증인·감정인으로 소환을 받은 경우 등은 포함되지 않는다는 것이 통설이나,[8] 소수의 반대견해[9]도 있다.

나. 검사 또는 사법경찰관의 직무를 행한 때 법관으로 임관되기 전에 검사 또는 사법경찰관으로서 범죄수사나 공소제기·유지를 한 경우를 말한다.

다. 전심재판 또는 그 기초되는 조사·심리에 관여한 때

① '전심재판에 관여한 때'의 의미 여기서 전심(前審)이란 상소에 의해 불복이 신청된 재판을 말한다. 즉 제2심에 대하여는 1심이 전심이고, 제3심에 대하여는 2심 또는 1심을 말하며, 재판은 판결과 결정을 포함하며 종국재판(終局裁判)을 말한다.

---

8) 강구진, 38면; 배종대/이상돈/정승환/이주원, §28/8; 신동운, 783면; 이재상/조균석, 80면; 차용석/최용성, 55면.

9) 신현주, 79면; 이영란, 179면.

따라서 여기서 전심재판이란 당해사건과 전심재판 사이에 「상소제기에 의한 소송계속의 이전」이 발생하는 경우이다.

따라서 전심재판에 관여한 때에 해당하지 않는 경우로는, ① 파기환송 전의 원심에 관여한 법관이 파기환송 후의 재판에 관여한 경우,[10] ② 재심청구의 대상인 확정판결에 관여한 법관이 재심청구사건을 처리하는 경우,[11] ③ 상고심판결을 내린 법관이 제400조에 의한 판결정정신청사건을 처리하는 경우,[12] ④ 구속영장을 발부한 법관이 피고사건을 심판하는 경우[13]를 들 수 있다.

그런데 약식명령과 즉결심판을 한 판사가 정식재판을 담당하는 경우에 약식명령과 즉결심판이 정식재판의 전심재판에 해당하는가라는 점에 대하여는 적극설[14]과 소극설[15]의 대립이 있다. 생각건대 약식명령이나 즉결심판은 정식재판과 동일한 심급에 해당하므로 전심재판에 해당하지 않는다고 이해하는 소극설의 입장이 타당하며, 이는 다수설이기도 하다. 그러나 약식명령 또는 즉결심판을 담당했던 법관이 그 사건의 정식재판이 아니라 항소심에 관여하는 경우에는 전심재판에 관여한 때에 해당하여 법관 제척사유에 해당한다.

여기서 '전심재판에 관여한 때'란 전심재판의 내부적 성립에 실질적으로 관여한 경우를 말하므로, 단순히 재판의 선고나 공판기일의 연기에만 관여한 경우나 공판에는 관여했으나 판결선고 전에 경질된 경우에는 여기에 해당하지 않는다. 또한 전심재판은 당해사건의 전심재판을 의미하므로 같은 피고인의 다른 사건이나 분리심리된 공범자의 심판에 관여하는 경우 등은 전심재판에 관여하였다고 볼 수 없다.[16]

② '전심재판의 기초되는 조사·심리에 관여한 때'의 의미 기초되는 조사·심리에 관여한 경우란 전심재판의 내용형성에 직접적으로 영향을 미친 경우를 말하며, 공소제기의 전후를 불문한다. 따라서 ① 수탁판사로서 증거조사를 행한 경우(제37조), ② 수임판사로서 증거보전절차(제184조)나 증인신문절차(제221조의2)에 관여한 경우,

10) 대법원 1979. 2. 27. 선고 78도3204 판결.
11) 대법원 1982. 11. 15. 자 82모11 결정.
12) 대법원 1967. 1. 19. 자 66초62 결정.
13) 대법원 1989. 9. 12. 선고 89도612 판결.
14) 강구진, 84면; 대법원 1985. 4. 23. 선고 85도281 판결.
15) 배종대/이상돈/정승환/이주원, §28/12; 신동운, 784면; 신현주, 80면; 정영석/이형국, 44면.
16) 김재환, 345면; 배종대/이상돈/정승환/이주원, §28/11; 신동운, 784면; 이재상/조균석, 81면; 임동규, 39면.

③ 재정신청사건에서 공소제기 결정을 한 법관은 전심재판의 기초되는 조사·심리에 관여한 경우라고 보아야 한다.

그러나 ① 구속영장을 발부한 법관, ② 구속적부심사에 관여한 법관, ③ 보석허가결정에 관여한 법관은 전심재판의 조사·심리에 관여한 경우라고 할 수 없다.

(4) 제척의 효과

제척사유에 해당하는 법관은 법률의 규정에 의해 당연히 당해사건의 직무집행으로부터 배제된다. 따라서 공판기일지정, 판결선고 등 모든 소송행위로부터 배제되어야 하고, 위반시에는 **상소이유**가 된다. 제척사유가 있는 법관은 스스로 그 사건을 회피해야 하며, 당사자는 기피신청을 할 수 있다.

제척사유있는 법관은 약식명령, 공소제기 후의 증거보전, 참고인에 대한 증인신문 등으로부터도 배제된다는 점에 대하여는 다툼이 없다. 그러나 공소제기 전의 피의사건의 심판에 대하여는 제척규정이 적용되지 않는다는 판례[17]와 일부 견해[18]도 있으나 이는 옳지 못하다. 왜냐하면 예컨대 구속적부심사나 피의자에 대한 보석 등을 결정할 경우에도 제척사유있는 법관은 배제하는 것이 공정한 결정을 위해 필요하기 때문이다.

2. 기 피

(1) 기피의 의의

기피(忌避)란 법관에게 제척사유가 있는 경우에도 불구하고 제척되지 않고 재판에 관여하거나 그 밖에도 불공평한 재판을 할 염려가 있는 경우에 당사자의 신청으로 법관으로 하여금 그 직무집행으로부터 탈퇴케 하는 제도를 말한다. 기피제도는 제척제도를 보충하는 제도라 할 수 있다.

(2) 기피의 원인

기피의 원인으로는 법관이, ① 제17조의 제척사유의 각 호에 해당하는 경우와 ② 불공평한 재판을 할 염려가 있는 때이다(제18조 제1항).

---

17) 대법원 1971. 7. 6. 선고 71도974 판결(증거보전절차에서 증인신문한 판사가 원심재판에 관여한 때에는 제척사유에 해당하지 않는다고 판시하였다).

18) 이재상/조균석, 82면.

1) 법관에게 제척사유가 있는 때

제척효과는 법률의 규정에 의하여 당연히 발생하기 때문에 법관 제척사유의 존부문제는 법원이 직권으로 심리해야 한다. 그런데 법관에게 제척사유가 있음에도 불구하고 당해 법관이 제척되지 않은 경우에는 당사자의 신청에 의하여 법원으로 하여금 제척사유의 존부를 심사하여 결정하도록 하는 의무를 발생시킨다는 점에 법문의 존재의의가 있다.

2) 법관이 불공평한 재판을 할 염려가 있을 때

법관이 일반인의 입장에서 보아 법관과 사건과의 관계를 고려해볼 때 불공평한 재판을 할 염려가 있는 객관적인 사정이 있는 경우를 말한다. 예컨대 피고인 또는 피해자와 적대관계에 있을 때, 법관이 증명되지 않은 사실을 언론을 통해 발표한 경우, 법관이 사건심리중 유죄의 예단을 말한 경우, 피고인에게 심한 모욕적인 말을 한 경우, 진술을 강요하는 경우, 증거신청을 채택하지 않는 경우[19] 등이 여기에 해당한다.

그러나 법관과 변호인의 친소관계, 종교, 성별, 세계관, 소송지휘권의 행사, 증인신청불채택[20] 등은 기피원인이 될 수 없다. 다만 증거신청기각 등 재판부의 소송지휘권의 자의적인 행사로 당사자의 증거신청권을 침해하는 경우에는 불공정한 재판을 할 우려가 있으므로 기피사유가 된다.

판례는 법관이 피고인에게 공판기일에 어김없이 출석하라고 촉구한 경우, 소송이전신청에 대하여 가부판단 없이 소송을 진행한 경우, 검사의 공소장변경허가신청에 대하여 불허가결정을 한 경우, 피고인의 소송기록열람신청에 대하여 국선변호인으로 신청하도록 한 경우에는 기피사유에 해당하지 않는다는 입장이다.

그러나 소송기록열람등사의 경우에는 피고인의 권리이므로 기피사유에 해당한다고 보는 것이 옳다. 다만 판례는 피고인의 공판조서 열람등사권이 침해된 경우에 그 조서에 기재된 당해 피고인이나 증인의 진술은 증거능력이 없다고 보고 있다.[21]

(3) 기피신청의 절차와 재판

1) 신청권자

검사와 피고인, 그리고 피고인의 명시한 의사에 반하지 않는 한 변호인도 할 수

19) 대법원 1995. 4. 3. 자 95모10 결정; 대법원 1991. 12. 7. 자 91모79 결정.
20) 대법원 1991. 11. 7. 자 91모79 결정.
21) 대법원 2003. 10. 10. 선고 2003도3282 판결.

있다. 피의자도 기피신청권이 있다고 보아야 한다. 피의자의 기피신청에 대한 명문규정은 없으나 피의자의 증인신문절차나 증거보전절차에 관여하는 법관에 대한 법관의 제척·기피제도를 적용해야 한다는 견해에 따르면 피의자도 기피신청권을 가진다고 보아야 한다.[22]

2) 기피신청의 방법

기피신청의 방법은 서면 또는 공판정에서는 구두로 할 수 있으며, 합의부의 법관에 대한 기피신청인 경우에는 소속된 합의부 법원에, 수명법관 또는 수탁판사의 경우에는 당해법관에게 신청해야 한다(제19조 제1항). 합의부 자체에 대한 기피신청은 허용되지 않지만 합의부를 구성하는 모든 법관에 대한 기피신청은 가능하다. 이때에는 기피사유를 구체적으로 명시해야 하고, 신청자는 3일 이내에 서면으로 소명해야 한다(제19조 제2항). 여기서 소명(疎明)한다는 것은 기피신청의 주장이 진실로 추정될 수 있는 자료제출을 하는 것을 말한다.

3) 기피신청의 시기

기피신청의 시기에 대하여는 형사소송법의 규정이 없으므로 학설의 대립이 있다. ① 특별히 제한규정이 없으므로 **판결시까지 또는 판결의 선고시까지** 기피신청이 가능하다는 견해[23]와, ② 기피신청권의 보장과 남용방지를 위해 **변론종결시까지**만 가능하고 판결선고기일에는 허용되지 않는다는 견해[24]가 있다.

생각건대 우리 형사소송법은 독일형사소송법 제25조나 일본형사소송법 제22조와 같이 입법적으로 기피신청의 시기에 대한 제한규정을 두고 있지 않으므로, 입법론적으로는 변론종결시까지로 제한하는 것이 바람직하나 현행법의 해석으로는 **판결선고시까지라는 견해가 타당**하다. 따라서 종국판결 선고 후의 기피신청은 부적법하다.

4) 기피신청의 재판

기피신청에 대한 재판은 먼저 형식적 요건인 적법·부적법판단, 기피당한 법관의 의견서제출, 그리고 실질적 요건인 기피이유에 대한 판단순서로 진행된다.

가. 간이기각결정 기피신청이 소송지연을 목적으로 하는 것이 명백하거나 부적법한 경우에는 신청받은 법원 또는 법관이 기각결정을 한다(제20조 제1항).

기각사유로는 신청권자가 아닌 자가 신청하거나, 기피사실이 구체적으로 명시되

22) 신동운, 337면.
23) 이재상/조균석, 84면.
24) 신동운, 789면; 배종대/이상돈/정승환/이주원, §28/26.

지 않은 경우, 3일 이내에 기피사유를 서면으로 소명하지 않은 경우 등이다.

간이기각결정은 기피당한 법관이 자기심판을 하는 제도이므로 형식적 하자에 국한하는 것이 타당하다. 또한 소송지연의 목적인 때에는 기피당한 법관을 제외한 그 법관 소속의 합의부에서 심사하도록 하는 것이 타당하다.

나. 기피당한 법관의 의견서 제출 부적법한 기피신청의 경우를 제외하고는 기피당한 법관은 지체 없이 기피신청에 대한 의견서를 제출해야 한다(제20조 제2항). 기피당한 법관이 이유있다고 인정하는 때에는 기피결정이 있는 것으로 간주되어 기피신청사건은 종결된다(제20조 제3항).

다. 소송진행의 정지 기피신청이 있는 경우에 간이기각결정의 경우를 제외하고는 소송진행을 정지해야 한다. 다만 '급속을 요하는 경우'에는 예외로 한다(제22조). 여기서 소송진행이란 본안의 소송절차를 말하며, 구속기간의 갱신절차나 판결의 선고는 여기에 해당하지 않는다. 또한 **'급속을 요하는 경우'**란 예컨대 멸실의 우려가 있는 증거조사를 하는 경우를 들 수 있다. 판례는 구속기간만료가 임박한 사정도 소송진행 정지의 예외로 보고 있다.[25)]

기피신청으로 인하여 공판절차가 정지된 기간은 구속기간에 산입하지 아니한다(제92조 제3항). 그러나 이 기간 동안의 구금기간도 판결선고 전의 미결구금일수에는 산입되어야 한다.

판례는 미결구금일수의 산입은 법률상 통산해야 하는 것으로 규정하지 않는 이상 법원의 자유재량이므로 기피신청일 다음날부터 기피사건 재항고 기각결정 전날까지의 구금기간을 본형에 산입하지 아니하여도 위법이 아니라고 판시하고 있다.[26)]

라. 기피신청사건의 관할 기피신청에 대한 결정은 기피당한 법관의 소속법원 합의부에서 한다(제21조 제1항). 합의부를 구성하지 못할 때에는 직근상급법원이 결정한다(제21조 제3항).

마. 기피신청에 대한 재판 재판은 **결정**으로 한다. 기각결정에 대하여는 **즉시항고**할 수 있다(제23조 제1항). 다만 부적법각하결정에 대한 즉시항고는 재판집행을 정지하는 효력이 발생하지 않는다(제23조 제2항). 재판장 또는 수명법관이 기피신청을 기각하는 결정을 고지한 경우에 불복이 있으면 그 법관 소속의 법원에 간이기각결정

---

25) 대법원 1990. 6. 8. 선고 90도646 판결.

26) 대법원 2005. 10. 14. 선고 2005도4758 판결.

의 취소를 구하는 '**준항고**'를 할 수 있다. 인용결정에 대하여는 항고하지 못한다(제403조).

5) 기피의 효과

법관은 당해 사건의 직무집행으로부터 배제되고, 피고사건은 재배당된다. 법관기피신청이 이유있는 경우에 법관탈퇴의 효력이 발생하는 시기에 대하여는 ① 원인시설, ② 신청시설, ③ 결정시설이 있다. 제척원인이 있는 때는 제척사유가 발생한 시점인 「**원인시설**」이 타당하고, 불공정한 재판을 할 염려가 있는 경우에는 「**결정시설**」이 타당하다는 **다수설**의 태도가 타당하다.

3. 회　　피

회피(回避)란 법관이 기피원인이 있다고 판단하여 **자발적으로 직무집행으로부터 탈퇴하는 제도**를 말한다. 그러나 법관에게 회피권이 인정되는 것은 아니므로 법관이 스스로 기피사유가 있다고 판단할 때에는 사건의 재배당이나 합의부원의 재구성에 의하여 법원 내부적으로 해결할 수 있으나, 이것이 이루어지지 않을 때에는 자발적으로 회피하여야 한다(제24조 제1항). 법관의 회피신청은 **직무상의 의무**라고 할 수 있다.

회피신청은 서면으로 소속법원에 하여야 하고 그 결정은 기피에 관한 규정이 준용된다. 그러나 회피신청에 대한 결정에 대하여는 항고할 수 없으며, 법관이 회피신청을 하지 않았다고 하여 상소이유가 되는 것도 아니다.

4. 법원사무관 등에 대한 제척 · 기피 · 회피

법관에 대한 제척 · 기피 · 회피에 관한 규정은 원칙적으로 법원의 서기관, 서기와 통역인에게 준용된다(제25조 제1항). 법원사무관 등은 직접 사건을 심리 · 재판하는 재판기관은 아니지만 재판과 밀접한 관련을 가진 사무에 종사하므로 간접적으로 재판에 영향을 줄 수 있음을 고려한 규정이다. 전심관여로 인한 제척원인이 제외된 것은 이들이 직무상 심판에 관여할 수 없기 때문이다.

이들에 대한 기피신청의 재판은 그 소속법원의 결정으로 한다. 다만 기피신청이 제19조의 규정에 위배된 때의 기피신청기각의 결정은 기피당한 자의 소속법관이 한다(동조 제2항).

제척 및 기피에 관한 규정은 **전문심리위원**에게도 준용된다(제279조의5).

《항고제도》

법원의 판결에 대한 상소제도에는 1심 재판에 불복하여 상급법원인 항소심법원에 상소하는 제도를 항소라 하고, 제2심 재판에 불복하여 대법원에 상소하는 제도를 상고라 한다. 이와 달리 법원의 재판 중 결정에 대한 상소제도가 항고제도이다. 법원의 결정에 대한 항고의 종류에는 **일반항고**와 **특별항고**(또는 **재항고**)가 있다.

(1) 특별항고

형사소송법의 규정에 의하여 **대법원에 즉시항고(卽時抗告)**할 수 있다는 명문의 규정이 있는 경우이다. 즉 항고법원 또는 고등법원의 결정에 대한 항고를 **재항고**라고 한다. 항소법원에 대한 결정이나 준항고에 대한 관할법원의 결정도 재항고의 대상이 된다.

재항고는 예외적으로 재판에 영향을 미친 헌법·법률·명령 또는 규칙의 위반이 있음을 이유로 하는 때에 한하여 대법원에 즉시항고를 할 수 있다(제415조).

(2) 일반항고

법원의 판결에 이르는 과정에 있어서의 절차상의 사항에 관한 결정에 대한 상소를 항고라 하며, 특별항고 이외의 항고를 일반항고라 한다. 일반항고는 다시 **보통항고**와 **즉시항고**로 나누어진다.

1) 보통항고

법원의 결정에 대하여 불복하면 항고할 수 있다. 다만 형사소송법에 특별한 규정이 있는 때에는 보통항고는 허용되지 않는다(제402조).

보통항고가 허용되지 않는 경우는 다음과 같다.

① 판결전 소송절차에 관한 결정

법원의 관할 또는 판결 전의 소송절차에 관한 결정에 대하여는 특히 즉시항고를 할 수 있는 경우 이외에는 항고를 하지 못한다(제403조 제1항). 구금·보석·압수나 압수물의 환부에 관한 결정 또는 감정하기 위한 피고인의 유치에 관한 결정에 대하여는 보통항고를 할 수 있다(동조 제2항). 그러나 체포·구속적부심사청구에 대한 청구기각결정 또는 구속된 피의자의 석방을 명하는 결정에 대하여는 항고할 수 없다(제214조의2 제8항). 또한 증거보전청구기각결정, 위헌제청신청기각결정, 국선변호인선임청구기각결정, 공소장변경허가결정 등은 판결전 소송절차에 관한 결정이므로 독립하여 항고할 수 없다.

② 성질상 항고가 허용되지 않는 결정

대법원의 결정이나 항고법원 또는 고등법원의 결정에 대해서는 보통항고를 할 수 없다(제415조).

2) 즉시항고

즉시항고는 **제기기간이 3일로 제한**되어 있고, 제기기간 내에 항고의 제기가 있는 때에는 재판의 집행이 정지되는 효력이 발생한다. 즉시항고는 즉시항고를 할 수 있다는 명문의 규정이 있는 때에만 허용된다. 예컨대 공소기각결정, 상소기각결정, 보석허가결정, 구속취소와 집행정지결정, 소송비용부담결정과 같은 신속한 구제를 요하는 결정과 같이 신속한 구제를 요하는 결정에 대하여 즉시항고를 인정하고 있다.

(3) 준 항 고

준항고란 재판장 또는 수명법관의 재판과 검사나 사법경찰관의 처분에 대하여 그 소속법원 또는 관할법원에 취소 또는 변경을 청구하는 불복신청방법이다. 상급법원에 대하여 구제를 신청하는 것이 아니므로 상소에 해당하지 않는다. 준항고에 대하여는 항고에 관한 규정이 준용된다(제419조). 준항고의 청구는 서면으로 관할법원에 제출하여야 한다(제428조).

1) 준항고의 대상이 되는 재판장 또는 수명법관의 재판

① 기피신청을 기각한 재판, ② 구금·보석·압수 또는 압수물의 환부에 관한 재판, ③ 감정하기 위하여 피고인을 유치한 재판, ④ 증인·감정인·통역인 또는 번역인에 대한 과태료 또는 비용의 배상을 명한 재판에 불복하는 경우가 해당된다.

2) 준항고의 대상이 되는 수사기관의 처분

검사 또는 사법경찰관의 ① 구금·압수 또는 압수물의 환부에 관한 처분과 ② 변호인의 참여 등에 관한 처분에 대하여 불복이 있으면 그 직무집행지의 관할법원 또는 검사의 소속 검찰청에 대응한 법원에 그 처분의 취소 또는 변경을 청구할 수 있다(제417조).

Ⅳ. 국민참여재판과 배심원제도

1. 배심원제도의 의의

「국민의 형사재판 참여에 관한 법률」에 의하여 2008. 1. 1.부터 배심원제도가 시행되었다. 배심원이 참여하는 형사재판을 국민참여재판이라 한다. 이 제도는 비법률가인 일반 국민을 형사재판에 참여하게 함으로써 피고인이나 피해자를 납득시킬 수 있는 재판이 실현되어 국민의 사법에 대한 이해와 재판의 민주적 정당성에 대한 신뢰를 높이기 위해 도입되었다.

2. 배심원의 지위

(1) 국민참여재판의 대상

배심원이 참여하는 국민참여재판의 대상사건은 중죄사건이다(동법 제5조 제1항). 살인죄와 사망의 결과가 발생한 결과적 가중범, 강도강간죄와 강도 또는 강간치사상

죄 등이 여기에 해당한다.

피고인이 국민참여재판을 원치 않거나 법원의 배제결정이 있는 경우에는 국민참여재판을 하지 아니한다. 피고인은 공소장부본을 송달받은 날부터 7일 이내에 국민참여재판을 원하는지 여부에 관한 의사가 기재된 서면을 제출하여야 한다.

법원은 공소제기 후부터 공판준비기일이 종결된 다음날까지 국민참여재판으로 행하는 것이 적절하지 아니하다고 인정되는 경우의 하나에 해당하는 경우에는 국민참여재판을 하지 아니하기로 결정할 수 있다(동법 제9조).

(2) 배심원 권한

사실의 인정, 법령의 적용 및 형의 양정에 관한 의견을 제시할 권한이 있다. 다만, 배심원의 평결과 의견은 법원을 기속하지 못한다(동법 제46조 제5항).

배심원의 수는 법정형이 사형, 무기징역 또는 무기금고에 해당되는 대상사건에는 9인의 배심원이 참여하고, 그 외의 대상사건에 대하여는 7인의 배심원이 참여한다. 다만, 피고인 또는 변호인이 공판준비절차에서 공소사실의 주요내용을 인정한 때에는 5인의 배심원을 참여하게 할 수 있다. 법원은 배심원의 결원 등에 대비하여 5인 이내의 예비배심원을 둘 수 있다.

3. 배심원의 선임

(1) 배심원의 자격

만 20세 이상의 대한민국 국민 중에서 **무작위의 방법**으로 선임된다(동법 제16조).

(2) 배심원의 선정절차

관할구역 내에 거주하는 **20세 이상 국민**의 주민등록자료를 활용하여 배심원후보예정자명부를 작성하고, 그 명부 중에서 필요한 수의 배심원후보자를 무작위 추출방식으로 정하여 배심원과 예비배심원의 선정기일을 통지해야 한다(제23조 제1항).

검사와 변호인은 배심원이 9인인 경우는 5인, 7인인 경우는 4인, 5인인 경우는 3인의 범위 내에서 **무이유부기피신청**을 할 수 있다.

(3) 배심원의 해임과 사임

법원은 배심원 또는 예비배심원이 그 의무를 위반하거나 직무를 행하는 것이 적정하지 아니한 때 또는 불공평한 판단을 할 우려가 있는 등 일정한 사유가 있는 때에는 직권 또는 검사·피고인·변호인의 신청에 의하여 해임할 수 있고, 배심원 또는 예비배심원도 직무를 계속 수행하기 어려운 사정이 있는 때에는 사임할 수 있다(제33조).

4. 배심원의 보호와 벌칙

(1) 배심원의보호를 위한 조치

누구든지 배심원 등인 사실을 이유로 해고하거나 불이익한 처우를 해서는 안 되며, 당해 재판에 영향을 미치거나 배심원 등이 직무상 취득한 비밀을 알아낼 목적으로 배심원 등과 접촉해서도 안 되고, 개인정보의 공개가 금지되며, 배심원 등이 위해를 받거나 받을 염려가 있다고 인정되는 때에는 신변보호조치를 취할 수 있다.

(2) 벌칙조항

벌칙조항으로는 배심원 등에 대한 청탁죄(제56조), 배심원 등에 대한 위협죄(제57조)가 있으며, 배심원 등에 대해서는 비밀누설죄(제58조)와 금품수수죄(제59조)의 처벌규정을 두고 있다.

V. 법원의 관할

1. 관할의 의의

(1) 관할의 개념

법원의 관할권이란 각급법원에 대한 재판권의 분배, 즉 특정법원이 특정사건을 심판할 수 있는 권한을 말한다. 이에 반해 재판권은 일반적·추상적인 형사사법권을 의미하는 국법상의 개념이다. 따라서 관할(管轄)이란 재판권을 행사하기 위해 각급법원에 분배된 직무의 분담, 즉 '재판권의 분배'를 의미하며, 단순히 법원 간의 '사무의 분배'인 사법행정사무의 분배와는 구별된다.

재판권이란 사법권을 의미하는 일반적·추상적 권한으로 국법상의 개념이다. 이에 반해 관할권이란 재판권을 전제로 특정사건에 대하여 특정법원이 재판권을 행사할 수 있는 구체적인 한계를 정하는 소송법상의 개념이다.

그러므로 재판권이 없는 경우에는 공소기각의 판결을 해야 하고(제327조 제1호), 관할권이 없는 경우에는 관할위반의 판결을 해야 한다(제319조).

(2) 관할의 결정기준

법원의 관할의 결정은 법원의 심리편의와 사건의 능률적 처리라는 기술적 요구와 피고인의 출석과 방어권 행사의 편의라는 방어적 이익을 고려하여 결정해야 한다.

형사재판권은 원칙적으로 일반법원에 있다. 그러나 우리 헌법은 군사법원의 설치를 인정하고 있으므로 군인의 경우에는 군사법원에 형사재판권이 있으나 군사법원도 상고심은 대법원에서 관할하고 있다. 또한 형사재판권은 조약이나 국제법에 의해 제한되는 경우가 있는데, 그 예로 ① 한미행정협정(SOFA) 제22조에서는 양국이 각각 전속적으로 재판권을 행사할 수 있는 경우와 양국의 재판권이 경합하는 경우에 그 우선순위를 정하고 있으며, ② 외교관계에 관한 비엔나 협약 제31조에서는 외교관은 접수국의 형사재판관할권으로부터 면제를 향유한다고 규정하고 있다.

(3) 관할의 종류

1) 사건관할과 직무관할

사건관할(事件管轄)이란 피고사건의 심판에 관한 관할을 뜻하며, 일반적으로 관할이라 할 때는 사건관할만을 의미한다. 이에 반해 직무관할(職務管轄)이란 특정절차에 관한 관할을 말하며, 재심(제423조), 비상상고(제441조), 재정신청사건(제260조)에 대한 관할이 이에 해당한다.

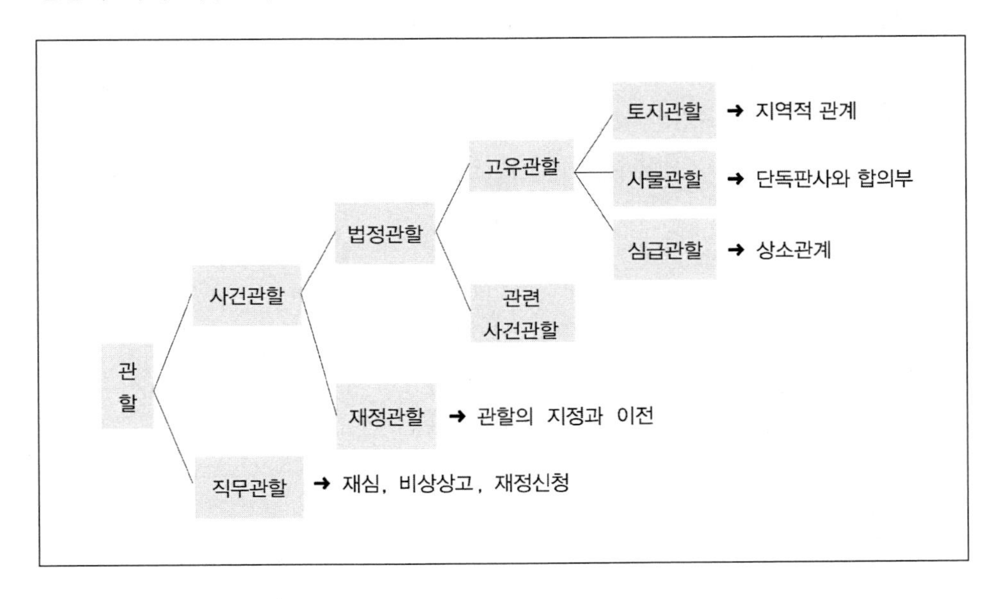

2) 법정관할과 재정관할

사건관할은 법정관할과 재정관할로 구분되어지는데, 법정관할(法定管轄)이란 법률의 규정에 의해 정해지는 관할을 말하며, 재정관할(裁定管轄)이란 법원의 재판에 의해 결정되는 관할을 말한다. 법정관할은 피고사건에 대해 직접적으로 규정되는 고유관할(固有管轄)과 고유관할사건과 일정한 관계가 있기 때문에 관할이 인정되는 관련사건의 관할(關聯事件의 管轄)로 나누어진다.

고유관할은 사물관할(事物管轄), 토지관할(土地管轄) 및 심급관할(審級管轄)이 포함되며, 재정관할에는 관할의 지정과 이전이 있다.

2. 법정관할

(1) 고유관할

피고사건에 대해 법률의 규정에 의해 고유의 관할이 정해지는 고유관할에는 사물관할·토지관할·심급관할이 있다.

1) 사물관할

사물관할이란 사건의 경중(輕重)이나 성질(性質)에 따른 제1심 법원의 관할의 분배를 말한다. 즉 제1심 법원의 재판권의 행사를 단독판사 또는 합의부에서 할 것인가를 분배하는 경우이다. 사물관할에 대하여는 법원조직법에 규정되어 있다. 사물관할을 정하는 원칙으로는 범죄를 기준으로 하는 범죄주의와 형벌을 기준으로 하는 형벌주의가 있으나 법원조직법은 양주의를 병용하고 있다.

가. 단독판사 지방법원 또는 지원의 형사사건에 대한 심판권은 원칙적으로 단독판사가 이를 행한다(법원조직법 제7조 제4항).

나. 합 의 부 그러나 다음과 같은 사건은 지방법원 또는 지원의 합의부(合議部)에서 심판한다.

① **사형, 무기 또는 단기 1년 이상의 징역이나 금고에 해당하는 사건**(다만 형법 제331조의 특수절도죄와 제332조의 상습절도죄, 폭력행위 등 처벌에 관한 법률 제2조 제1항 및 제3조 제1항·제2항에 해당하는 사건과 병역법위반사건은 제외됨)과 이와 동시에 심판할 공범사건, ② **지방법원 판사에 대한 제척·기피사건**, ③ 다른 법률에 의하여 지방법원합의부의 권한에 속하는 사건, ④ 합의부에서 심판할 것으로 합의부가 스스로 결정한 사건(법원조직법 제32조 제1항) 등이다.

다. 시·군법원 대법원장은 지방법원 또는 그 지원의 소속판사 중에서 그 관할구역에 위치한 시·군법원의 판사를 지명하여 시·군법원의 관할사건을 심판하게 한다(법원조직법 제33조 제1항). **시·군법원은 20만원 이하의 벌금 또는 구류나 과료에 처할 범죄사건을 즉결심판**(卽決審判)한다(법원조직법 제34조 제1항 제3호 및 제3항). 즉결심판에 대한 불복신청은 그 지역을 관할하는 지방법원 또는 지원에 즉결심판결과를 고지받은 날로부터 **7일 이내에 정식재판을 청구**할 수 있다(법원조직법 제34조 제2항, 제35조).

2) 토지관할

가. 토지관할의 의의 토지관할이란 동등법원 간에 있어서 사건의 지역적 관계에 의한 관할의 분배를 말하며, 이를 「**재판적**(裁判籍:Gerichtsstand)」이라고도 한다. 그런데 토지관할은 제1심 법원의 관할에 한정되고, 상소심관할은 원심법원에 의해 결정된다는 일부 견해[27]도 있으나, 예컨대 관련사건의 병합심리와 같이 항소심법원 상호간에도 토지관할의 유무를 논할 필요가 있으므로(규칙 제4조의2 제1항 제2문) 토지관할을 제1심 법원의 관할문제로 한정하는 견해는 타당하지 않다.[28]

한편 토지관할을 「**각급법원의 설치와 관할구역에 관한 법률**」에 규정되어 있는 관할구역과 동일한 의미로 사용하는 견해[29]도 있으나, ① 관할구역은 피고사건 뿐만 아니라 사법행정권의 지역적 행사범위에 관한 「국법상의 개념」이고, ② 토지관할은 피고사건에 관한 재판권의 지역적 행사범위에 관한 「소송법상의 개념」이므로 양자를 구별하는 것이 이론적으로 타당하다.

그러나 사건의 지역적 관계에 따라 관할구역이 규정되어 있으므로 토지관할에 의한 재판권의 행사범위와 관할구역의 실제적 범위는 일치한다.

나. 토지관할의 결정기준 토지관할은 **피고사건심리의 능률성**과 피고인의 출석 등 **방어권행사의 편의성**을 고려하여 결정해야 한다. 형사소송법은 "토지관할은 범죄지, 피고인의 주소, 거소 또는 현재지로 한다"고 규정하고 있다(제4조 제1항).

① 범 죄 지 범죄지란 범죄사실, 즉 범죄구성요건에 해당하는 사실의 전부 또는 일부가 발생한 장소이다. 따라서 범죄실행장소, 결과발생장소 및 중간지도 범죄

---

27) 백형구, 645면; 이영란, 62면.
28) 배종대/이상돈/정승환/이주원, §29/12; 신동운, 764면.
29) 이재상/조균석, 67면.

지에 포함되나, 구성요건적 사실과 관계없는 행위지나 결과발생지는 범죄지가 아니다. 범죄지를 토지관할의 기준으로 한 이유는 범죄지에는 범죄의 증거가 존재하고, 사건심리의 편의성과 신속성 확보에 도움을 준다는 데에 있다.

《 범죄지가 되는 경우 》

㈎ 범죄사실은 구성요건에 해당하는 사실로서 범죄실행에 착수한 이후의 개념이므로, 원칙적으로 범죄는 범죄실행지를 말하므로 예비·음모지는 범죄지가 아니다. 다만 예비·음모를 처벌하는 경우에는 예비·음모의 장소도 범죄지가 된다.

㈏ 부작위범의 경우에는 부작위의 장소, 작위의무의 불이행장소, 결과발생의 장소 모두 범죄지가 된다.

㈐ 공동정범의 경우에는 범죄사실의 전부 또는 일부가 발생한 장소는 모든 공동정범자에게 범죄지가 된다. 공모공동정범의 경우에는 공모지도 범죄지가 된다.

㈑ 교사범과 방조범의 경우에는 교사·방조의 장소와 정범의 실행행위 및 결과발생지가 범죄지가 된다.

㈒ 간접정범의 경우에는 이용자의 이용행위지, 피이용자의 실행행위지, 결과발생지 모두 범죄지가 된다는 것이 다수견해[30]이다. 피이용자의 행위지는 문제되지 않는다는 소수견해도 있다.

② 주소와 거소 주소와 거소는 민법상의 개념에 따른다. 즉 주소는 피고인의 생활의 근거가 되는 곳이고, 거소란 피고인이 다소 계속적으로 거주하는 곳을 말한다. 주소와 거소는 공소제기시에 법원의 관할구역 안에 있으면 족하고, 공소제기 전후에 발생한 주소와 거소의 변경은 토지관할에 영향을 미치지 않는다.

③ 현 재 지 현재지란 공소제기 당시에 피고인이 실제로 위치하고 있는 장소로서 토지관할이 인정되며, 그 후 피고인이 도망하거나 석방되어도 일단 발생한 토지관할에는 영향이 없다. 또한 피고인이 불법으로 연행되어 현재하는 장소도 현재지에 포함된다는 소수견해[31]도 있으나, 피고인의 임의 또는 적법한 강제에 의한 피고인이 현재하는 장소만을 현재지로 보는 통설[32]의 입장이 타당하다고 생각되며, 판례[33]

30) 강구진, 76면; 배종대/이상돈/정승환/이주원, §29/16; 신동운, 765면; 이재상/조균석, 68면.
31) 신현주, 86면.
32) 강구진,76면; 배종대/이상돈/정승환/이주원, §29/18; 신동운, 765면; 이재상/조균석, 69면.
33) 형사소송법 제4조 제1항은 "토지관할은 범죄지, 피고인의 주소, 거소 또는 현재지로 한다"라고

도 같은 입장이다.

④ 선박·항공기 내의 범죄의 특칙 국외에 있는 대한민국 선박 내에서 범한 죄에 관하여는 피고인의 주소, 거소 또는 현재지 외에 선적지(船籍地) 또는 범죄 후의 선착지(船着地)도 토지관할이 인정된다(제4조 제2항). 국외에 있는 대한민국항공기 내에서의 범죄에 관하여도 같다(제4조 제3항).

3) 심급관할

심급관할(審級管轄)이란 **상소관계에서의 관할**을 말한다. 즉 항소·상고 및 항고 등 상소심법원의 심판권이 어느 법원에 있느냐의 문제이다.

가. 지방법원 본원합의부 관할 지방법원 또는 지방법원지원의 단독판사의 제1심 판결에 대한 항소사건과 지방법원 단독판사의 제1심 결정·명령에 대한 항고사건을 심판한다(법원조직법 제32조).

나. 고등법원 관할 특허법원의 권한에 속하는 사건을 제외하고 지방법원 합의부, 가정법원 합의부, 회생법원 합의부 또는 행정법원의 제1심 판결·심판·결정·명령에 대한 항소 또는 항고사건과 지방법원단독판사, 가정법원단독판사의 제1심 판결·심판·결정·명령에 대한 항소 또는 항고사건으로서 형사사건을 제외한 사건 중 대법원규칙으로 정하는 사건 및 다른 법률에 따라 고등법원의 권한에 속하는 사건을 심판한다(법원조직법 제28조).

《 심급관할 》

- 제1심 단독판사의 판결에 대한 불복 → 제2심(항소심) 지방법원 본원합의부에서 관할 → 제3심(상고심) 대법원
- 제1심 합의부의 판결에 대한 불복 → 제2심(항소심) 고등법원에서 관할 → 제3심(상고심) 대법원
- 제1심판결에 대한 비약상고의 경우 → 대법원
- 법원의 결정·명령에 대한 상소인 항고의 경우도 판결과 같다.

다. 대법원 관할 대법원은 고등법원 또는 항소법원·특허법원의 판결에 대한 상고사건과 항고법원·고등법원 또는 항소법원·특허법원의 결정·명령에 대한 재항고

정하고, 여기서 '현재지'라고 함은 공소제기 당시 피고인이 현재한 장소로서 임의에 의한 현재지뿐만 아니라 적법한 강제에 의한 현재지도 이에 해당한다(대법원 2011. 12. 22. 선고 2011도12927 판결).

사건 및 다른 법률에 따라 대법원의 권한에 속하는 사건에 대해 심판한다(법원조직법 제14조).

(2) 관련사건의 관할

1) 관련사건의 의의

관련사건의 관할(關聯事件의 管轄)이란 관할이 인정되는 하나의 피고사건을 전제로, 그 사건과 주관적(인적) 또는 객관적(물적) 관련성이 인정되는 사건을 말한다. 이때 **'주관적 관련'**이란 1인이 범한 수죄(실체적 경합범)의 경우이고, **'객관적 관련'**이란 수인이 공동으로 범한 죄(공동정범, 교사범, 방조범, 간접정범, 합동범, 필요적 공범 등)를 말한다. 형사소송법은 이러한 주관적 또는 객관적 관련이 있는 사건의 경우에는 고유의 법정관할은 없지만 심리의 능률성과 편의 및 이중심리에 따른 모순된 판결방지 등[34]을 고려해 함께 관할하도록 규정하여 고유의 법정관할을 수정하고 있다.

형사소송법 제11조에서 규정하고 있는 관련사건은 다음과 같다.

① 1인이 범한 수죄 ② 수인이 공동으로 범한 죄 ③ 수인이 동시에 동일한 장소에서 범한 죄－동시범의 경우 ④ 범인은닉죄, 증거인멸죄, 위증죄, 허위감정통역죄 및 장물에 관한 죄와 그 본범의 죄.

이들 범죄는 본범과의 사이에 공통되는 증거가 많기 때문에 관련사건으로 취급된다.

2) 관련사건의 병합관할

하나의 피고사건에 대해 고유의 법정관할이 있는 법원은 이와 관련있는 사건에 대하여도 병합관할권이 인정된다. 관련사건의 병합관할은 사물관할과 토지관할에 대하여 인정된다.

가. 사물관할의 병합 사물관할을 달리 하는 수개의 사건이 관련된 때에는 **법원합의부가 병합관할**한다. 다만 결정으로 관할권 있는 법원의 단독판사에게 이송할 수 있다(제9조). 사물관할의 병합관할은 제1심 관할에 관한 규정이지만, 그 취지에 비추어 볼 때 심급의 이익을 해하지 않는 한 항소심에서도 인정할 수 있으며, 또한 고유의 관할사건에 대하여 무죄·면소·공소기각의 재판이 선고된 경우에도 이미 발생한 관련사건의 관할은 소멸하지 않는다.[35]

---

34) 이재상/조균석, 70면.

35) 이재상/조균석, 70면.

나. 토지관할의 병합 토지관할을 달리하는 수개의 사건이 관련된 때에는 1개의 사건에 관하여 관할권 있는 법원은 다른 사건까지 관할할 수 있다(제5조). 토지관할에 대한 병합관할은 동일한 사물관할을 가진 법원 사이에 한정되며, 항소심에 대하여도 준용된다고 해석해야 한다.[36]

3) 관련사건의 심리

관련사건에 대하여는 심리의 편의를 위해 심리의 병합과 분리를 인정하고 있다.

가. 심리의 병합

① 사물관할의 병합심리 사물관할을 달리하는 수개의 관련사건이 각각 법원의 합의부와 단독판사에게 계속된 때에는 합의부의 결정으로 단독판사에게 속한 사건을 병합하여 심리할 수 있다(제10조). 사물관할을 달리하는 관련사건이 단독판사와 합의부에 계속된 경우의 **병합심리절차는, 단독판사의 관련사건 계속(係屬)사실의 통지 → 합의부의 병합심리결정등본을 단독판사에게 송부 → 단독판사는 5일 이내 소송기록과 증거물의 송부**라는 형태로 이루어진다(규칙 제4조 참조). 또한 법원합의부와 단독판사에 계속된 사건이 토지관할을 달리하는 경우에도 사건을 병합하여 심리할 수 있다(규칙 제4조 제1항).

② 토지관할의 병합심리 토지관할을 달리하는 수개의 관련사건이 각각 다른 법원에 계속(係屬)된 때에는 공통되는 직근상급법원은 검사 또는 피고인의 신청에 의하여 결정으로 1개의 법원으로 하여금 병합심리하게 할 수 있다(제6조). 토지관할의 병합심리는 사물관할이 같은 동종 또는 동등의 법원 사이에 토지관할을 달리하는 경우를 말하며,[37] 같은 심급이라 하더라도, 예컨대 甲 지방법원 항소부에 계속된 사건과 乙 고등법원에 계속된 사건은 같은 2심이지만 사물관할을 달리하므로 대법원은 병합심리신청을 기각해야 한다.

토지관할의 병합심리결정은 반드시 검사나 피고인의 신청에 의해야 하지만, 사물관할의 병합심리는 법원의 직권에 의해 결정되는 점에서 구별된다. 또한 토지관할의 병합심리신청이 제기된 경우에 법원은 그 신청에 대한 결정이 있기까지 소송절차를 정지해야 한다. 다만 급속을 요하는 경우에는 그러하지 아니하다(규칙 제7조). 병합심리신청이 이유 있다고 인정할 때에는 병합심리하게 된 법원 이외의 법원은 병합심리

---

36) 배종대/이상돈/정승환/이주원, §29/31; 신동운, 70면; 이재상/조균석, 71면.

37) 대법원 1990. 5. 23. 자 90초56 결정.

결정등본을 송부받은 날로부터 7일 이내에 소송기록과 증거물을 병합심리하게 된 법원으로 송부하여야 한다(규칙 제3조 제2항).

나. 심리의 분리 토지관할을 달리하는 수개의 관련사건이 동일법원에 계속된 경우에 병합심리의 필요가 없는 때에는 법원은 결정으로 이를 분리하여 관할권이 있는 다른 법원에 이송할 수 있다(제7조).

(3) 재정관할

1) 재정관할의 의의

재정관할(裁定管轄)이란 **법원의 재판**(결정)**에 의해 정해지는 관할**을 말한다. 재정관할은 법정관할이 없는 경우 또는 법정관할이 있으나 구체적 사정으로 인하여 관할을 창설·변경하는 제도를 말한다. 재정관할에는 관할의 지정과 이전이 있다.

2) 관할의 지정

가. 의 의 관할법원이 명확하지 않거나 관할법원이 없는 경우에 상급법원이 사건을 심판할 법원을 지정하는 것을 말한다.

나. 관할지정의 사유(제14조)

① **법원의 관할이 명확하지 않은 때** 이는 관할구역의 근거가 되는 행정구역 자체가 불명확한 때를 말한다고 해석하는 것이 다수설[38]의 태도이다. 이에 반해 소수설은 행정구역이 불명확한 경우뿐만 아니라 범죄사실이나 범죄지가 불명확하여 관할이 불명확한 경우도 포함된다고 해석하고 있다.[39] 그러나 후자의 경우에는 공소사실의 불특정을 이유로 공소기각판결(제327조 제2호)을 하는 것이 타당하다고 본다.

② **관할위반을 선고한 재판이 확정된 사건에 관해 다른 관할법원이 없을 때** 이 경우에는 관할위반재판의 당·부당은 불문한다.

③ **관할지정의 절차** 관할의 지정은 검사가 관계있는 제1심 법원에 공통되는 직근상급법원에 신청하여야 한다(제14조). 신청은 공소제기전후를 불문하고 할 수 있으며, 사유를 기재한 신청서를 제출하는 방식에 의한다(제16조 제1항). 다만 공소제기한 후에 신청한 때에는 즉시 공소를 접수한 법원에 통지해야 한다(제16조 제2항). 관할지정신청이 있으면 공판절차는 정지된다. 다만 급속을 요하는 경우에는 그러하지 아니하다(규칙 제7조). 관할의 지정이 있는 때에는 당연히 이송(移送)의 효력이 발생

---

38) 강구진, 77면; 배종대/이상돈/정승환/이주원, §29/34; 신동운, 771면.

39) 이재상/조균석, 72면; 신현주, 88면.

한다.

3) 관할의 이전

가. 의 의　관할의 이전이란 관할법원이 재판권을 행사할 수 없거나 재판의 공평을 유지하기 어려운 경우에 검사 또는 피고인의 신청에 의하여 그 법원의 관할권을 관할권이 없는 법원으로 옮기는 것을 말한다. 관할이전은 관할권이 있는 법원에 사건의 심리를 옮기는 사건이송(제7조-제9조, 제162조의2)과 구별된다. 관할이전의 성질상 토지관할에만 인정되고, 항소심에서도 관할이전이 인정된다.[40]

나. 관할이전의 사유(제15조)

① 관할법원이 법률상 이유 또는 특별한 사정으로 관할권을 행사할 수 없을 때

법률상의 이유란 법관의 제척·기피·회피로 인하여 법원을 구성할 수 없는 경우를 말하며, 특별한 사정이란 천재지변 또는 법관의 질병·사망 등으로 장기간 재판을 할 수 없는 경우를 말한다.

② 범죄의 성질, 지방의 민심, 소송의 상황 기타 사정으로 재판의 공평을 유지하기 어려운 염려가 있는 때　불공정한 재판을 할 염려가 있는 객관적 사정이 있는 경우를 말한다. 예컨대 피고인에 대한 지방주민의 증오나 동정여론으로 인해 불공정한 재판을 할 염려가 있는 경우가 이에 해당한다. 그러나 법원이 공소장변경을 허용한 경우,[41] 피고인이 담당법관에 대하여 기피신청을 하였고 위증을 한 증인이 다른 법원관할 내의 검찰청에서 조사를 받고 있다는 사실[42] 등은 이에 해당하지 않는다.

다. 관할이전의 절차　관할이전의 신청권자는 검사 또는 피고인이다. 검사는 공소제기 전후를 불문하고 신청할 수 있으나, 피고인은 공소제기 후에 한하여 할 수 있다. 사유를 기재한 신청서는 직근상급법원에 제출하고, 통지나 소송절차의 정지, 관할이전의 심리절차 및 처리절차는 관할지정의 경우와 같다.

(4) 관할의 경합

1) 관할경합의 의의

관할의 경합(管轄의 競合)이란 동일사건에 대하여 둘 이상의 법원이 서로 관할권을 가지는 경우를 말한다. 이 경우에 검사는 관할권이 있는 어느 법원에나 공소(公訴)

---

40) 배종대/이상돈/정승환/이주원, §29/36; 이재상/조균석, 73면; 차용석/최용성, 68면.

41) 대법원 1984. 7. 24. 자 84초45 결정.

42) 대법원 1982. 12. 17. 자 82초50 결정.

를 제기할 수 있고, 공소가 제기되지 않는 다른 법원의 관할권이 소멸되지도 않는다. 이러한 관할의 경합이 발생하는 것은 법원의 관할이 여러 가지 기준에 의해 결정되기 때문이다. 그러나 동일사건에 대하여 서로 다른 법원이 이중심판(二重審判)을 하는 것은 모순된 판결을 초래하여 재판에 대한 일반시민의 신뢰를 깨뜨릴 위험이 있고, 소송경제의 원칙에도 반한다. 그러므로 형사소송법은 이러한 위험을 방지하기 위하여 관할권이 경합할 경우에 일정한 우선순위원칙을 정해 놓고 있다.

2) 관할경합시의 우선순위원칙

가. 합의부우선의 원칙 동일사건이 사물관할을 달리하는 수개의 법원에 계속된 때(사물관할의 경합)에는 **법원합의부가 심판**한다(제12조). 이 규정은 수개의 소송계속이 모두 제1심인 경우를 예정한 것이나, 동일사건이 항소법원과 제1심 법원에 각각 계속된 경우에도 이를 준용하여 항소법원에서 심판해야 한다고[43] 이해하는 점에서는 견해의 대립이 없다.

나. 선착수우선의 원칙 동일사건이 사물관할을 같이 하는 수개의 법원에 계속된 때(토지관할의 경합)에는 먼저 공소를 받은 법원이 심판한다(제13조 본문). 이를 「선착수의 원칙」이라고 한다. 다만 각 법원에 공통되는 직근상급법원은 검사 또는 피고인의 신청에 의하여 결정으로 뒤에 공소를 받은 법원으로 하여금 심판을 하게 할 수 있다(제13조 단서).

3) 우선순위원칙의 적용에 따른 법적 효과

합의부우선의 원칙에 따라 합의부의 소송계속사실이 명확하게 되면 심판을 하지 않게 된 단독판사는 즉시 공소기각결정을 해야 하지만(제328조 제1항 제3호), 이미 단독판사가 심판을 하여 판결이 확정된 때에는 합의부는 **면소판결**(제326조 제1호)을 해야 한다. 수개의 법원이 각각 판결을 행하여 확정되면 나중에 확정된 판결은 당연무효가 된다. 선착수우선의 원칙에 따르더라도 법적 효과는 위와 같다.[44]

(5) 사건의 이송

1) 사건이송의 의의

사건의 이송(移送)이란 관할권이 있는 법원 상호간에 사건을 이전하는 것으로서, 수소법원이 계속중인 사건을 다른 법원이 심판하도록 소송계속을 이전하는 것을 말

43) 배종대/이상돈/정승환/이주원, §29/41; 신동운, 774면; 이재상/조균석, 74면.
44) 이재상/조균석, 74－75면.

한다.

따라서 재판권을 행사할 수 없거나 적당하지 아니하여 관할권이 없는 법원에 관할권을 이전하는 관할이전과는 구별된다. 사건이송은 관할과 관련된 것이 대부분이지만 그렇지 않은 경우(군사법원이송, 소년부송치)도 있다.

《 관할과 관련된 사건이송의 유형 》

(가) 토지관할의 병합심리결정에 의해 병합심리하게 된 법원에 대하여 다른 법원이 하는 사건의 이송
(나) 사물관할의 병합결정에 의해 단독판사가 행하는 합의부에의 사건이송
(다) 항소사건의 병합심리결정에 의한 지방법원본원합의부의 고등법원에의 사건이송
(라) 공소제기된 사건에 대하여 관할지정 또는 관할이전결정이 있는 경우에 사건계속법원이 관할지정 또는 관할이전을 받은 법원에 대한 사건이송
(마) 관할인정이 법률에 위반됨을 이유로 항소법원 또는 상고심법원이 원심판결을 파기하는 때에 판결로서 관할법원에의 사건이송 등

2) 사건의 직권이송

가. 피고인 현재지 관할법원에의 이송 피고인이 관할구역 내에 현재하지 않는 경우에 특별한 사정이 있으면 법원은 결정으로 사건을 피고인의 현재지를 관할하는 동급법원에 이송할 수 있다(제8조 제1항). 이는 **피고인의 방어이익과 법원의 심리편의를 도모**하기 위한 규정이다. 사정의 변경이 없으면 이송받은 법원은 사건을 다시 재이송할 수 없다고 하여야 한다.

나. 합의부로의 이송 단독판사가 공판심리 중 공소장변경에 의하여 합의부의 관할사건으로 변경된 경우에 법원은 결정으로 합의부로 이송한다(제8조 제2항). 이는 제8차 개정형사소송법에서 소송경제를 위해 새로 규정한 조항이다. **사건이송은 법원의 의무**에 속한다.

3) 사건의 군사법원이송

일반법원과 군사법원 간의 재판권분배는 관할문제가 아니라 재판권문제이다. 이에 대해 형사소송법은 일반법원에 공소제기된 사건에 대해 군사법원이 재판권을 가졌거나 재판권을 가졌음이 판명된 때에는 법원은 결정으로 사건을 재판권이 있는 같은 심급의 군사법원으로 이송한다. 이 경우에 이송전(移送前)에 행한 소송행위는 이송

후(移送後)에도 그 효력에 영향이 없다(제16조의2). 따라서 피고인이 군인이라는 사실이 인정되면 일반법원은 공소기각의 판결을 선고해서는 안 되며, 사건을 같은 심급의 군사법원에 이송해야 한다.

4) 사건의 소년부송치

법원은 소년에 대한 피고사건을 심리한 결과 벌금 이하의 형에 해당하는 범죄이거나 보호처분에 해당할 사유가 있다고 인정한 때에는 결정으로써 사건을 관할 소년부에 송치하여야 한다(소년법 제50조). 소년부는 형사법원에 의하여 송치받은 사건을 조사 또는 심리한 결과 본인이 20세 이상인 것이 판명된 때에는 결정으로써 송치한 법원에 사건을 다시 이송하여야 한다(동법 제51조).

(6) 관할부존재의 효과

1) 관할위반의 판결

관할권은 소송조건의 하나이므로 법원은 직권으로 관할유무를 조사하여야 하며(제1조), 관할권이 없음이 명백한 때에는 관할위반의 판결을 선고해야 한다(제319조 본문). 관할을 위반하여 선고한 판결은 법률위반이므로 항소이유가 된다(제361조의5 제3호). 그러나 소송절차를 조성하는 소송행위는 관할위반인 경우에도 그 효력에 영향이 없다(제2조).

관할권의 존재를 결정하는 시기가 사물관할인 경우에는 피고사건의 경중(輕重)이나 성질에 따라 결정되기 때문에 공소제기시부터 재판종결시까지 전 심리과정에 반드시 존재해야 하지만, 토지관할의 경우에는 공소제기시를 기준으로 하지만 후에 관할권이 생기면 그 하자(瑕疵)는 치유된다.[45]

2) 관할위반판결의 예외

법원의 관할은 법원의 심리편의와 피고인의 방어이익을 보호하기 위한 제도이므로, 이 원칙에는 다음과 같은 예외가 인정되고 있다.

가. 토지관할의 위반 토지관할에 관하여 법원은 피고인의 신청이 없으면 관할위반의 선고를 하지 못한다(제320조 제1항). 이는 토지관할이 다르더라도 실질적으로 피고인에게 불이익을 가져올 염려가 적기 때문이다. 피고인의 관할위반의 신청은 피고사건에 대한 진술 전에 하여야 한다(동조 제2항). 따라서 피고인이 진술을 한 이

---

45) 배종대/이상돈/정승환/이주원, §29/52; 신동운, 79면, 신양균, 398면; 이재상/조균석, 75면; 차용석/최용성, 69면.

후에는 토지관할의 위반을 이유로 관할위반신청을 할 수 없으며, 진술 이후에는 원래 토지관할권이 없는 법원이라도 관할권을 가지게 된다. 이런 의미에서 토지관할을 「기한부 소송조건」이라고 할 수 있다.

나. 관할구역 외에서의 집무 법원 또는 법관은 원칙적으로 관할구역 안에서만 소송행위를 할 수 있다. 그러나 사실발견을 위하여 필요하거나 긴급을 요하는 때에는 관할구역 외에서 직무를 행하거나 사실조사에 필요한 처분을 할 수 있다(제3조).

제 2 절 검 사

Ⅰ. 검사의 의의와 가치

1. 검사의 의의

검사(Staatsanwalt, public prosecutor)란 일반 행정공무원과는 달리 개개의 검사가 검찰권을 행사하는 국가기관, 즉 **단독제의 관청**이다. 검사는 범죄수사로부터 재판의 집행에 이르기까지 형사절차의 전 단계에 적극적으로 관여하여 형사사법의 정의를 실현하는 능동적인 국가기관이다. 따라서 검사는 수사의 주재자로서 사법경찰관리를 지휘·감독하고, 공소제기유무를 결정하며, 공판절차상으로는 피고인에 대립되는 당사자로서 법원에 대하여 정당한 법령의 적용을 청구하며, 확정된 재판의 집행을 지휘·감독하는 광범위한 권한을 가지고 있다. 즉 현행법상 검사는 **수사기관, 소추기관, 재판의 집행기관**으로서의 권한을 가진 국가기관이라 할 수 있다.

2. 검사제도의 연혁과 존재가치

검사제도는 대륙법계의 국가소추주의의 산물로서, 역사적으로 14세기 프랑스왕실의 수입원인 벌금과 몰수를 확보하기 위해 소송에 참여한 왕실의 관리인 「왕의 대신(王의 代官; procureur du roi)」제도에서 유래하여, 프랑스혁명 후에 1808년 치죄법(治罪法)에 의한 「공화국의 대신(共和國의 代官)」 제도로 부활되어 형사절차상 정식 소추관(訴追官)으로 등장하게 되었다. 따라서 검사제도는 역사적으로 1808년 프랑스의 치죄법(治罪法)에 근거하고 있으며, 사상적으로는 계몽주의사상에 영향을 받았다고 할 수 있다. 이 제도가 독일과 일본을 거쳐 우리나라에 도입된 것이 검사제도이다.

대륙의 형사소송이 검사제도에 의한 국가소추주의를 채택한 이유 또는 그 가치로는 다음의 3가지를 들 수 있다.

첫째, 치죄법 이전의 형사절차는 소추기관과 심판기관이 분리되지 않은 절대왕권하의 규문주의 형사절차이므로, 이를 탄핵주의 형사절차로 바꾸기 위해 수사와 공소제기의 소추권은 검사라는 국가기관이 갖고 법원은 심판권만을 갖게 됨으로써 법원이 공정한 재판을 수행할 수 있다는 것이다.

둘째, 검사가 수사단계에서부터 피의자에게 이익되는 사실도 조사·수집하며, 정당한 법령을 적용하게 함으로써 「**피의자의 소송법상의 권리보호**」와 「**법률의 감시자**」로서의 역할을 수행한다.

셋째, 검사가 사법경찰관리에 대한 지휘·감독을 함으로써 국가권력의 오·남용을 사전에 예방하는 법치국가적 통제기능을 담당하게 되어, 국민의 자유와 권리를 보장하는 역할을 수행한다. 이러한 검사의 기능과 관련하여 검사를 「**법치국가의 대변인**」, 또는 「**현대법치국가의 초석**」이라고도 한다. 그러나 우리나라 검찰의 경우 정치권력으로부터 얼마나 독립하여 검찰권을 행사해왔는가에 대해서는 반성의 여지가 많다.

II. 검사와 검찰청

1. 검사의 법적 성격

(1) 준사법기관

검사는 법무부에 소속된 행정기관이지만, 검찰권 행사를 통해 형사사법운용에 중대한 영향을 미치므로 사법기관과 같은 정치적 중립성과 독립성이 요구된다. 검사의 법적 성격에 대하여 공익적 지위에서 정의실현을 목적으로 하는 사법기관이라는 견해도 있으나, 지배적인 견해는 검사는 사법기관은 아니지만 오로지 진실과 정의에 따라야 하는 검찰권을 행사하여야 하는 의무(객관의무)를 지닌 준사법기관 내지 법조기관[46]이며, 직무수행에 있어서는 법관에 준하는 독립성이 보장되고 정치적 중립성을 지켜야 하는 단독제 관청이라 할 수 있다. 그러나 사법기관과는 달리 검사는 검찰사무에 관하여 상급자의 지휘, 감독에 따라야 하고, 검사의 수사종결처분이나 그 밖의 결정은 행정기관의 처분이므로 법관의 재판과 달리 일사부재리의 효력이 없을 뿐만

46) 신동운, 57면; 이재상/조균석, 94−95면.

아니라 검사의 처분이나 결정에 대하여는 헌법소원이 가능하다.

(2) 단독제의 관청

개개의 검사는 단독으로 검찰사무를 처리하는 **단독제의 관청**이다. 법원과는 달리 합의제는 인정되지 않으며, 개개의 검사는 검찰총장이나 검사장의 보조기관으로서가 아니라 각자의 이름으로 검찰사무를 수행한다. 따라서 검사 한 사람의 대외적 의사표시는 검찰조직 상급자의 동의나 내부결재가 없었더라도 단독제 관청의 처분으로서 대외적인 효력이 있다. 검찰조직면에서 보면 행정부에 속하므로 합목적성이 강조되며, 행위면에서 보면 사법기관으로서 합법성이 강조된다.

(3) 검사의 자격과 신분보장

1) 검사의 자격

검사는 준사법기관으로서 검사의 임명자격은 판사와 동일하다. 검찰총장은 15년 이상, 차장검사 이상은 10년 이상, 나머지 차장검사와 부장검사, 지청장은 5년 이상 소정의 직에 있던 자 중에서 보하도록 하고 있다(검찰청법 제27조, 제28조, 제30조). 검사는 법무부장관의 제청으로 대통령이 행한다. 법무부장관은 검찰총장의 의견을 들어 검사의 보직을 제청한다(동법 제34조 제1항). 검찰총장의 임기는 2년으로 하며 중임할 수 없다(동법 제12조 제3항). 검찰총장의 정년은 65세, 기타 검사의 정년은 63세이다. 다만 검찰총장을 제외한 검사에 대하여는 임명된 해부터 7년이 되는 해마다 **적격심사**를 하여 정상적인 업무수행이 어렵다고 인정하는 경우, 검사가 중대한 심신장애로 직무를 수행할 수 없을 때에는 대통령은 법무부장관의 제청에 의하여 그 검사에 대하여 퇴직을 명할 수 있다(동법 제39조 제1항).

2) 검사의 신분보장

진정한 사법권의 독립을 위해서는 법관의 재판의 독립만이 아니라 형사사법에 있어서 공정한 검찰권 행사가 전제되어야 하는데, 이를 위해서 검사에게도 법관과 같은 신분보장을 인정하고 있다. 즉 검사는 탄핵 또는 금고 이상의 형을 받거나 징계처분 또는 적격심사에 의하지 아니하면 파면, 정직 또는 감봉의 처분을 받지 아니한다(동법 제37조). 법관의 신분은 헌법에 보장되어 있는데 반해 검사의 신분은 검찰청법에 규정되어 있는 점이 다르다.

2. 검 찰 청

(1) 검찰청의 의의와 종류

검찰청은 검사의 사무를 통할하는 기관이다. 그 자체로는 행정조직상의 단위로서 권한을 행사하는 관청이 아니라 관서에 불과하다. 검찰청에는 대검찰청, 고등검찰청, 지방검찰청, 지방검찰청지청이 있다. 각 검찰청과 지청의 관할구역은 각 법원과 지원의 관할구역에 의한다. 다만 검사가 수사상 필요한 때에는 관할구역 외에서 직무를 행할 수 있다.

(2) 검찰청의 조직

1) 대검찰청

대검찰청에는 검찰총장과 차장검사 및 대검찰청 검사를 둔다(검찰청법 제12조－제14조). 검찰총장은 대검찰청의 사무를 맡아 처리하고 검찰사무를 총괄하며 검찰청의 공무원을 지휘·감독하며(동법 제12조), 차장검사는 검찰총장을 보좌하고, 검찰총장이 부득이한 사유로 직무를 수행할 수 없을 때에는 그 직무를 대리한다(동법 제13조). 그리고 검찰총장을 보좌하고 검찰사무에 관한 기획·조사 및 연구에 종사하는 검찰연구관을 둘 수 있다(동법 제15조).

2) 고등검찰청

고등검찰청에는 검찰청의 사무를 맡아 처리하고 소속 공무원을 지휘·감독하는 고등검찰청 검사장(동법 제17조)과 소속 검사장을 보좌하며, 소속 검사장이 부득이한 사유로 직무를 수행할 수 없을 때에는 그 직무를 대리하는 차장검사(동법 제18조)를 둔다. 또한 사무를 분장하기 위하여 부를 둘 수 있는데, 부에는 상사의 명을 받아 그 부의 사무를 처리하는 부장검사를 둔다(동법 제18조). 그리고 법무부장관은 고등검찰청의 검사로 하여금 그 관할구역의 지방검찰청 소재지에서 사무를 처리하게 할 수 있다(동법 제19조).

3) 지방검찰청

지방검찰청에는 검사장·차장검사·부장검사·검사 및 사무국을 둔다(동법 제21조－제26조). 지방검찰청 검사장은 그 검찰청의 사무를 맡아 처리하고 소속공무원을 지휘·감독하며, 차장검사는 소속 지방검찰청 검사장 또는 지청장을 보좌하고, 소속 지방검찰청 검사장 또는 지청장이 부득이한 사유로 직무를 수행할 수 없을 때에는 그 직무를 대리한다. 지방검찰청과 지청에 사무를 분장하기 위하여 부를 둘 수 있고, 부에는 부장검사를 둔다. 부장검사는 상사의 명을 받아 그 부의 사무를 처리한다.

4) 지방검찰청지청

지방검찰청지청에는 지청장 및 사무국 또는 과(課)를 두며, 지청장은 지방검찰청 검사장의 명을 받아 소관 사무를 처리하고 소속 공무원을 지휘·감독한다. 다만, 대통령령이 정하는 지방검찰청지청에는 지청 차장검사를 둔다.

Ⅲ. 검사의 조직과 구조

1. 검사조직의 특수성

검사조직은 **준사법기관**으로서 검찰권 행사의 공정성이 요구되어지며, 정치권력으로부터의 독립성이 보장되어야 하는 단독제 관청이다. 그러나 기소독점주의와 기소편의주의에 따른 검찰권 행사의 자의와 독선을 방지하기 위한 내부적 통제가 필요하며, 이러한 장치가 바로 **검사동일체의 원칙**과 검사에 대한 법무부장관의 **지휘감독권**이다.

2. 검사동일체의 원칙

(1) 의 의

검사동일체의 원칙이란 모든 검사들이 검찰총장을 정점으로 피라미드형의 계층적 조직체를 형성하고, 일체불가분의 **유기적 통일체**로서 활동하는 것을 말한다. 단독관청인 검사가 검찰권을 통일적으로 행사할 수 있게 된다. 이는 검찰권행사의 전국적 균형을 이루는 공정한 행사를 실현하려는 데 있다. 그러나 2003. 12. 30. 검찰청법 개정을 통해 제7조의 검사동일체의 원칙이라는 표제를 삭제하고 검사는 검찰사무에 관하여 소속 상급자의 지휘, 감독을 받아야 한다고 규정하여 검찰사무에 대한 지휘·감독관계를 규정하고 있다. 그러나 개정법에서도 직무승계와 이전의 권한이 그대로 유지되고 있으므로 검사동일체의 원칙은 여전히 유지되고 있다고 할 수 있다.

(2) 내 용

검찰권의 공정한 행사를 위해 정치권의 영향을 받는 법무부장관이 검사에 대한 지휘·감독권을 가짐으로써 이를 제한해야 할 필요성이 있다. 검찰청법은 '법무부장관은 일반적으로 검사를 지휘·감독할 수 있지만, 구체적 사건에 대하여는 검찰총장만을 지휘·감독한다'고 규정하고 있다(검찰청법 제8조).

1) 검사의 지휘·감독관계

검사는 검찰사무에 관하여 소속 상급자의 지휘·감독에 따른다. 즉, 상명하복관계에 있는 것이다. 그러나 검사는 1인제 관청으로서 각자 자기 책임 아래 진실과 정의에 따라 검찰사무를 처리하는 **법조기관** 내지 **준사법기관**이다. 검찰청법 제7조 제2항에서는 상급자의 지휘·감독의 적법성과 정당성 여부에 대하여 이견이 있는 때에는 이의를 제기할 수 있다고 규정하여 상급자의 지휘·감독에 대하여 **이의제기권**을 명문화하고 있다.

2) 직무승계권과 직무이전권

검찰총장, 검사장, 지청장은 소속검사의 직무를 자신이 직접 처리할 수 있는 **직무승계권**과 다른 검사로 하여금 처리하게 할 수 있는 **직무이전권**을 가진다(검찰청 제7조의2 제2항). 그러나 법부부장관은 구체적인 사건에 대하여 검찰총장을 지휘·감독하여 검찰권 행사를 규제할 수는 있으나, 법무부장관 자신이 검찰권을 행사하는 직무승계권이나 직무이전권은 없다.

3) 직무대리권

각급 검찰청의 차장검사는 소속 장에게 사고가 있을 때에는 특별한 수권(授權)없이 검사장의 직무를 대리하는 직무대리권을 가진다(동법 제18조 제2항, 제2조 제2항). 이를 **차장검사의 직무대리권**이라 한다. 검찰총장은 사법연수생이나 검찰서기관 또는 검찰사무관으로 하여금 검사의 직무를 대리하게 할 수 있다. 다만 합의부의 심판사건은 처리하지 못한다(동법 제32조).

(3) 효 과

1) 검사교체의 효과

검사가 전보, 교체되어도 소송절차에 영향을 주지 않으므로 공판절차의 갱신이 불필요하다.

2) 검사에 대한 제척·기피

법관에게 인정되는 제척·기피제도를 검사에 대하여도 유추적용할 것인가에 관하여는 견해가 대립된다.

가. 부 정 설 검사에게는 검사동일체의 원칙이 적용되므로 특정한 검사를 직무집행으로부터 배제하는 것은 의미가 없으므로 검사에 대해서는 제척·기피제도가

인정되지 않는다는 견해로서 통설의 입장이다.[47]

나. 긍 정 설 이에 반해 검찰사무의 공정성과 이해관계인의 신뢰를 고려해볼 때, 즉 검사의 공익적 지위와 객관의무 및 검찰에 대한 일반인의 신뢰를 고려해볼 때 검사에 대하여도 제척·기피제도를 인정해야 한다는 견해이다.[48]

다. 결 어 생각건대 검사의 성격과 공정한 재판의 이념에 비추어 검사에 대하여도 제척·기피제도를 인정함이 옳다. 이를 인정한다고 하여도 수사나 공소제기를 부적법하다고 할 수는 없을 것이다. 수사절차에서는 법관에 대한 기피제도를 그대로 유추·적용할 수는 없다. 그러나 피의자는 검사교체를 신청할 수 있고, 기각결정에 대하여는 항고, 재항고 및 헌법소원을 할 수 있다. 헌법재판소의 검사교체신청기각결정에 대하여 취소결정을 하였음에도 불구하고 공소가 제기되면, 법원은 공소기각결정을 할 수 있다(제327조 제2호). 유죄판결을 받은 경우에는 상소이유가 된다. 공판절차에서의 검사의 제척·기피는 검사가 공판절차상 피고인에게 불리한 증언을 한 경우에 제17조 이하를 유추·적용하여 상소이유를 인정할 수 있을 것이다.

3. 법무부장관의 지휘·감독권

검사에 대한 상명하복관계는 **내적 지휘·감독권**과 **외적 지휘·감독권**으로 나눌 수 있다. 전자는 검사동일체의 원칙의 내용이 되고, 후자는 **법무부장관의 검사에 대한 지휘·감독권**이라 할 수 있다. 검사는 법무부에 소속된 공무원이므로 법무부장관이 검사에 대하여 지휘·감독권을 가지는 것은 당연하다. 그러나 검찰사무에 관하여 정치권력의 영향을 받는 법무부장관의 지휘·감독권으로부터 검찰권 행사의 공정성을 담보하기 위해 검사의 독립성이 보장되어야 한다. **기소법정주의**를 채택하는 경우에는 이러한 법무부장관의 검사에 대한 지휘·감독권을 제한하는 기능을 하게 된다. 그러나 우리 형사소송법은 기소편의주의를 취하고 있으므로 법무부장관이 지휘·감독권을 행사할 때는 검사의 독립성을 침해하지 않아야 한다는 법원칙을 고려해야 하고, 검사의 진실과 정의에 대한 의무도 지휘·감독권의 한계라 할 수 있다.

검찰청법은 "법무부장관은 검찰사무의 최고감독자로서 일반적으로 검사를 지휘·감독한다. **구체적 사건에 대하여는 검찰총장만을 지휘·감독**한다(제8조)"고 하여 구체적

---

47) 신양균, 409면; 신현주, 106면; 이영란, 102면.

48) 배종대/이상돈/정승환/이주원, §6/28; 신동운, 65면; 이재상/조균석, 101면; 차용석/최용성, 86면.

사건의 처리에 있어서 정치적인 영향에 좌우되는 것을 방지하고자 하는 취지로 규정되었으나 이를 배제하기에는 미흡한 규정이다. 따라서 입법론적으로 구체적 사건에 대하여는 법무부장관이 지시할 수 없도록 개정하는 것이 바람직하다.

Ⅳ. 검사의 소송법상 지위

검사는 수사권의 주체, 공소권의 주체, 공판절차에서의 소송당사자, 재판의 집행기관으로서 모든 형사절차에서 능동적으로 활동하는 단독제의 관청으로서의 역할을 하는 국가기관이다. 검찰청법에 의하면 검사는 공익의 대표자로서 ① 범죄수사, 공소제기와 유지에 필요한 사항, ② 범죄수사에 관한 사법경찰관의 지휘·감독, ③ 법원에 대한 법령의 정당한 적용의 청구, ④ 재판집행의 지휘·감독, ⑤ 국가를 당사자 또는 참가인으로 하는 소송과 행정소송의 수행 및 지휘·감독에 관한 직무와 권한을 가진다(동법 제4조). 우리나라 검사의 지위는 독일과 프랑스의 검사와 유사한 지위를 가지고 있지만, 미국이나 일본과는 다르다고 하겠다.

1. 수사의 주재자 - 수사권의 주체 -

(1) 수 사 권

검사는 구체적 범죄혐의를 인지하면 범인·범죄사실과 증거를 수사해야 한다(제195조). 피의자신문(제200조), 참고인조사(제221조) 등의 임의수사뿐만 아니라 체포(제200조의2), 긴급체포(제200조의3), 구속(제201조), 압수·수색·검증(제215조–제218조) 등의 강제수사를 할 수 있다.

또한 영장청구권(제200조의2 제1항, 제200조의4 제1항, 제201조, 제215조), 증거보전청구권(제184조)을 가지며, 특히 증인신문청구권(제221조의2)은 검사에게만 인정된다.

(2) 수사지휘권

대부분의 수사는 사법경찰관에 의하여 이루어지고 있으나 사법경찰관은 독립된 수사기관이 아니라 검사의 지휘를 받아 수사를 하는 기관이다. 즉, 사법경찰관리는 수사보조기관이다(제196조). 검사의 수사지휘권을 토대로 경찰에 의하여 사실상 수사가 실행됨에도 불구하고 검사는 수사의 주체로서 수사에 대한 모든 책임을 지게 된다.

(3) 수사종결권

검사는 공소제기여부를 결정하는 수사종결권을 가진다(제246조, 제247조). 이러한 이유로 사법경찰관은 고소·고발을 받은 때에는 신속하게 조사하여 관계서류와 증거물을 검사에게 송부하여야 하고(제238조), 사법경찰관이 범죄를 수사한 때에는 관계서류와 증거물을 지체 없이 검사에게 송부하여야 한다(제196조 제4항).

(4) 검사와 사법경찰관리의 관계

1) 상명하복관계

검사와 사법경찰관리와의 관계는 사법경찰관리는 수사기관이지만 수사의 주체인 검사의 보조기관이다. 또한 상명하복관계로 검사는 범죄수사에 관하여 사법경찰관리를 지휘·감독하고, 사법경찰관리는 범죄수사에 있어서 소관 검사의 직무상 발한 명령에 복종하여야 한다(제4조 제2호, 제53조). 상명하복관계를 제도적으로 보장하기 위하여 지방검찰청 검사장에게 사법경찰관리에 대한 **교체임용요구권**과 **수사중지명령권**을 인정하고 있다(제54조).

2) 경찰수사권독립론

대부분의 수사가 수사권의 주체인 검사보다 경찰에 의하여 행해지고 있는 현실하에서 경찰 수사활동의 실효성을 담보하기 위하여 경찰수사의 자유와 재량이 확보되어야 한다는 것이 경찰수사권 독립론의 주된 내용이다. 나아가 범죄수사의 주도권을 사법경찰관에게 부여하고 검사와 사법경찰관의 관계를 자휘감독관계가 아니라 상호협력적인 관계로 진행시키자는 논의이다. 이에 대해서는 긍정설, 시기상조설, 부정설 등의 견해가 대립하고 있다. 즉 ① **긍정설**은 범죄수사업무는 복잡하고 다양한데 이를 소수의 검사에게 경찰에 대한 수사지휘권을 인정하는 것은 과중한 부담을 지우므로, 범죄수사는 사법경찰관에게 일임하고 검사는 사법경찰관의 수사결과를 토대로 보충적인 수사를 하거나 법률적인 검토를 하여 공소권을 행사하고 유지하도록 하는 방안이 수사의 효율성을 높인다는 것이다. 또한 검사의 독점적인 수사권을 양 기관에 분장하게 되면 견제와 균형의 원리가 작동하여 수사권 남용을 방지할 수 있으므로 사법경찰관에게 독립적인 수사권을 인정하는 것이 바람직하다는 입장이다.

② 이에 반해 **부정설**은 검사의 사법경찰관리에 대한 수사지휘권은 사법경찰관리에 의해 이루어지기 쉬운 인권침해의 위험을 예방하고, 형사사법절차에 대한 법률전문가인 검사가 수사를 지휘함으로써 수사의 효율성을 제고할 수 있으며, 거대한 인

적·물적 자원을 가진 경찰조직이 독립적인 수사권을 갖게 되면 수사권을 남용할 우려가 있다는 점을 근거로 내세우고 있다. ③ **시기상조론**은 현실적으로 이루어지는 경찰수사를 직시할 때 인권옹호라는 관점에서 경찰수사권 독립론은 시기상조이고, 자치경찰제를 통한 경찰조직의 분권화나 사법경찰과 일반경찰을 분리, 지역사회와의 유착관계 근절 등의 선결과제가 해결되지 않는 한 경찰의 수사권 독립은 시기상조라는 견해이다.

수사권의 주체나 수사권의 독립문제는 결국 수사의 공정성을 가장 잘 담보할 수 있는 방안이 무엇인가에 달려 있다. 검찰과 경찰의 수사권한 조정문제는 각국의 역사와 문화와 제도 및 현실적인 여건에 따라 달리 판단하는 것이 합리적이다. 우리나라의 현실적 여건에 부합되고 미래지향적인 수사권 조정문제의 큰 방향은 수사의 공정성과 인권보장 및 정치적 중립성이라는 가치가 가장 잘 담보될 수 있는 방향으로 그 방안을 모색해야 할 것이다. 수사의 정치적 중립성과 공정성, 수사의 합리성과 효율성을 고려해볼 때에 검찰과 경찰, 나아가 입법론적으로 논의되는 고위공직자비리수사처의 설립 등 수사기관 간의 수사권 조정문제는 각 기관이 수사의 공정성 및 정치적 중립성과 인권친화적인 수사기관으로 변모해갈 때 그 변화의 정도에 따라 각 기관에 수사권한이 배분되리라 전망되며, 그것이 국민이 요구하는 사법선진화·민주화의 길이기도 하다.

2. 공소권의 주체

(1) 공소제기의 주체

우리 형사소송법은 사인소추가 허용되지 않는 기소독점주의를 취하고 있기 때문에 공소는 검사가 제기한다(제246조). 또한 공소제기에 관해 검사의 기소재량을 인정하는 **기소편의주의**(제247조)와 제1심판결 선고 전까지 공소취소가 가능한 **기소변경주의**(제255조)를 채택하고 있으며, 즉결심판의 경우를 제외하고는 공소제기의 권한을 검사에게 독점시키며 검사의 공소권 행사에 많은 재량을 부여하고 있다.

(2) 공소수행의 주체

검사는 공판절차에 있어서 공익의 대표자로서 공소사실을 입증하고 공소를 유지하는 공소수행의 담당자로서 공판절차상 각종 권리를 가지고 있다. 즉 공판정출석권, 증거조사청구권, 증거조사참여권, 증인신문권, 구형권 등을 가지며 법원에 정당한 법령의 작용을 청구할 수 있다(검찰청법 제4조). 따라서 검사는 형사소송에 있어서 피고인의 공격과 방어에 대립되는 당사자의 지위에 있다. 이에 반해 국가형벌권의 실현을 목적으로 하는 형사절차의 본질과 검사의 객관의무를 고려할 때 검사는 소송의 주체일 뿐 당사자는 아니라고 이해하는 부정설[49]도 있으나, 공판절차에서 검사는 피고인의 유죄입증에 주력하는 피고인에 대립되는 지위에 있으며, 현행 형사소송법이 당사자주의를 강화하고 있는 점을 고려해볼 때 긍정설[50]이 타당하다.

3. 재판의 집행기관

재판의 집행은 검사가 지휘하지만(제460조), 다만 예외적으로 재판의 성질상 재판장, 수명법관, 수탁판사가 재판의 집행을 지휘하는 경우도 있다(제81조, 제115조). 재판의 집행에는 유죄판결에 의한 형의 집행과 각종 영장의 집행 등 강제처분의 집행도 포함된다.

검사는 사형, 징역 금고 또는 구류의 선고를 받은 자가 구금되지 아니한 때에는 형을 집행하기 위하여 이를 소환하여야 하며, 소환에 응하지 아니한 때에는 **형집행장**을 발부하여 구인하여야 한다. 검사가 발부한 형집행장은 구속영장과 동일한 효력이 있다. 형의 선고를 받은 자가 도망하거나 도망할 염려가 있는 때 또는 현재지를 알 수 없는 때에는 소환함이 없이 형집행장을 발부하여 구인할 수 있다(제473조).

재판의 집행에 관해 세계적으로는 **법원주의**와 **검사주의**가 있지만, 우리나라는 재판집행의 신속성과 기동성을 위해 검사주의를 채택하고 있다.

4. 검사의 의무

검사는 국가형벌권을 공정하게 실현하는 공익의 대표자로서 객관적인 입장에서 피의자·피고인에게 유리·불리한가 여부를 따지지 않고 수사활동과 소송활동을 해야 할 의무가 있다. 형사사법적 정의를 실현하는 국가기관인 검사의 적극적인 소송주체로서의 의무에는 수사의무와 공소제기 및 형집행의무가 있으며, 소극적 소송주체로서의 의무에는 객관의무와 인권옹호의무 및 법정질서복종의무 등이 있다. 전자의 의무에 관해서는 이미 살펴보았으므로 아래에서는 후자의 의무를 검토해보기로 한다.

---

49) 배종대.이상돈/정승환/이주원, §6/43; 신동운, 794면.

50) 김재환, 44면; 이은모, 71면; 이재상/조균석, 107면; 임동규, 54면; 차용석/최용성, 89면.

(1) 검사의 객관의무

검사는 소송의 당사자이면서도 공익의 대표자로서 피고인의 정당한 이익을 옹호해야 할 의무가 있다. 검사는 공익적 지위에서 피고인의 이익을 위하여 상소와 비상상고를 해야 할 객관적인 관청이라 할 수 있다. 이를 검사의 객관의무라고 하며, 법치국가원리와 당사자주의의 실현을 위해 **검사의 객관의무**를 인정해야 한다는 **적극설**이 다수설[51]의 입장이다. 이에 반해 검사의 객관의무를 강조할 경우에는 검사의 우월성을 지나치게 부각시키는 결과를 초래해 당사자주의가 형식화할 우려가 있으므로 직권주의에 바탕을 둔 검사의 객관의무라는 관념은 이를 원용할 필요가 없다는 **소극설**[52]이 대립한다.

생각건대 검사는 단순한 소송의 당사자가 아니라 공익의 대표자로서 실체적 진실에 입각하여 국가형벌권의 공정한 실현을 위해 피고인의 정당한 이익도 옹호해야 할 의무가 있으므로 검사의 객관의무를 인정하는 적극설이 타당하다. 헌법재판소[53]와 대법원[54]도 검사의 객관의무를 인정하고 있다.

검사는 피의자·피고인에게 유리한 증거도 수집해야 하고, 피고인의 무죄를 구하는 변론도 할 수 있으며, 피고인의 이익을 위한 상소 등 검사의 객관의무에 대한 실정법적 근거는 검찰청법 제4조,[55] 피의자에 대하여 이익되는 사실에 대한 진술기회를 부여(제242조), 재심청구에 관한 규정(제420조), 비상상고(제441조), 고소권자지정권(제228조), 민법상의 성년후견개시심판청구, 한정후견개시심판청구 등(민법 제9조, 제12조), 특정후견의 심판청구 등(민법 제14조의2), 부재자의 재산관리 및 실종선고의 청구권(민법 제22조, 제27조) 등이 있다.

---

51) 이재상/조균석, 107면; 신동운, 795면; 손동권/신이철, 63면.

52) 차용석/최용성, 95면.

53) 헌법재판소 2012. 7. 26. 선고 2010헌마642 결정; 헌법재판소 2007. 3. 29. 선고 2006헌바69 결정; 헌법재판소 2002. 12. 18. 선고 2002헌마527 결정.

54) 대법원 2010. 10. 28. 선고 2008도11999 판결.

55) 검찰청법 제4조(검사의 직무) ① 검사는 공익의 대포자로서 다음 각 호의 직무와 권한이 있다. 1. 범죄수사, 공소제기 및 유지에 필요한 사항, 2. 범죄수사에 관한 사법경찰관리 지휘·감독, 3. 법원에 대한 법령의 정당한 적용청구, 4. 재판 집행 지휘·감독, 5. 국가를 당사자 또는 참가인으로 하는 소송과 행정소송 수행 또는 그 수행에 관한 지휘·감독, 6. 다른 법령에 따라 그 권한에 속하는 사항.
② 검사는 그 직무를 수행할 때 국민 전체에 대한 봉사자로서 정치적 중립을 지켜야 하며 주어진 권한을 남용해서는 아니 된다.

(2) 인권옹호의무

피의자 또는 피고인의 불법적인 인권침해를 방지하기 위해 검사에게 체포·구속 장소감찰의무를 부과하고 있다. 즉 지방검찰청 검사장 또는 지청장은 불법체포·구속의 유무를 조사하기 위하여 검사로 하여금 매월 1회 이상 관할수사관서의 피의자의 체포·구속장소를 감찰하게 하여야 한다. 감찰하는 검사는 체포 또는 구속된 자를 심문하고 관련서류를 조사하여야 한다. 검사는 적법한 절차에 의하지 아니하고 체포 또는 구속된 것이라고 의심할 만한 상당한 이유가 있는 경우에는 즉시 체포 또는 구속된 자를 석방하거나 사건을 검찰에 송치할 것을 명하여야 한다(제198조의2).

(3) 법정경찰권이나 소송지휘권에 복종할 의무

재판장은 법정의 존엄과 질서를 해칠 우려가 있는 사람의 입정 금지 또는 퇴정을 명할 수 있고, 그 밖에 법정의 질서유지에 필요한 명령을 할 수 있다. 이러한 법정경찰권은 심리에 관계있는 모든 사람에게 미치므로 검사도 소송당사자로서 법정경찰권에 복종하여야 한다(법원조직법 제58조). 형사소송법은 제279조에 “공판기일의 소송지휘는 재판장이 하여야 한다”고 하여, 재판장의 소송지휘권을 규정하고 있는데, 이는 법률에 의해 부여된 권한이 아니라 사법권에 내재하는 법원의 본질적 내지 고유한 권한이다. 재판장의 소송지휘권 중에서 가장 중요한 의미를 가지는 변론의 제한과 석명권의 행사에 대하여 소송의 당사자로서 검사는 복종할 의무가 있으며, 재판장의 소송지휘권 행사가 법령에 위반한 경우에는 이의신청을 할 수 있으나, 법원의 소송지휘권 행사에 대하여는 불복방법이 없다(제403조).

제3절 피 고 인

Ⅰ. 피고인의 의의

1. 피고인의 개념

피고인이란 형사사건으로 인해 수사기관에 의해 공소가 제기된 자 또는 공소가 제기된 자로 취급되어 있는 자를 말한다. 따라서 경찰서장 등에 의해 즉결심판이 청구된 자(즉결심판법 제3조)나 공소가 제기되지 않았음에도 불구하고 피고인으로 출석하여 재판을 받고 있는 자도 피고인이 된다.

그러나 공소제기전의 수사기관에 의해 범죄혐의를 받아 수사의 대상이 되어 있는 **피의자**나 자유형이 확정되었거나 노역장 유치명령을 받은 **수형자**와는 구별되며, 일단 공소가 제기되어 피고인이 된 경우에는 당사자능력·소송능력의 유무나 공소제기가 유효한지 여부는 문제되지 않고 피고인의 지위에 놓이게 된다.

또한 수개의 사건이 동일 법원에 계속되어 동일 소송절차에서 수인의 피고인이 공동으로 심판받는 경우에 수인의 피고인을 **공동피고인**이라 하며, 다른 공동피고인을 **상피고인**(相被告人)이라고 한다. 따라서 공동피고인은 반드시 공범자일 필요는 없으며, 공동피고인 1인에 대하여 발생한 사유가 다른 상피고인에게는 원칙적으로 영향이 없게 된다. 다만 예외적으로 상소심에서 피고인의 이익을 위하여 원심판결을 파기하는 경우에 파기사유가 항소 또는 상고한 공동피고인에게 공통되는 때에는 그 공동피고인에 대하여도 원심판결을 파기하여야 한다(제364조의2, 제392조).

2. 피고인의 특정

(1) 피고인특정의 기준

공소장에는 피고인의 성명 또는 피고인을 특정할 수 있는 사항을 기재하여야 한다(제254조 제3항 제1호). 일반적으로는 검사에 의해 공소장에 피고인으로 기재되어 있는 자가 피고인이다. 피고인특정이 문제되는 경우는 피고인이 다른 사람의 성명을 모용한 경우와 피고인이 아닌 자가 위장출석한 경우이다.

이 경우에 피고인을 특정하는 기준에 대하여는 공소는 검사가 피고인으로 지정한 이외의 사람에게는 그 효력이 미치지 않는다(제248조)는 규정을 근거로 들면서 검사의 의사를 기준으로 피고인을 특정해야 한다는 **의사설**과 공소장에 피고인으로 표시된 자를 피고인으로 보자는 **표시설**, 실제로 피고인으로 행동하거나 피고인으로 취급된 자가 피고인이라는 **행위설**, 표시설과 행위설을 결합하여 피고인을 정해야 한다는 **절충설**[56] 및 표시설을 중심으로 하면서 행위설과 의사설도 함께 고려해야 한다는 **실질적 표시설**[57]이 대립하고 있다. 종래에는 절충설이 지배적인 견해였으나, 성명모용의 경우에 모용자가 피고인으로 행위하기 전까지는 피고인이라고 할 수 없다는 부당한

56) 강구진, 108면; 정영석/이형국, 71면.

57) 이재상/조균석, 109면.

결과가 발생한다는 문제점이 지적되면서, 오늘날에는 형사소송의 절차적 확실성을 유지할 수 있도록 원칙적으로 표시설을 중심으로 하면서도 행위설과 의사설을 함께 고려하여 피고인을 특정해야 한다는 실질적 표시설의 입장이 지배적인 견해가 되었다. **실질적 표시설**의 입장이 타당하다.

피고인 특정이 문제되는 경우로는 **성명모용**(姓名冒用)과 **위장출석**(僞裝出席)을 들 수 있다.

(2) 성명모용의 경우

성명모용이란 피고인이 타인의 성명을 모용한 경우이다. 이 경우에 공소장송달의 시점에는 피모용인이 피고인이 되지만 공판기일에 그 사실이 밝혀지면 모용인만이 피고인이라는 견해도 있으나, 피모용자는 피고인이 아니고 모용자만 피고인이 된다는 견해가 타당하다.

그러므로 공소제기는 피모용자에게는 효력이 미치지 않으며 약식명령의 경우도 동일하다. 성명이 모용된 사실을 알게 된 검사는 **공소장정정절차**(公訴狀訂正節次)에 의해 피모용자를 모용자로 정정(피고인표시경정결정)하여야 한다. 피모용자가 공판정에 출석하여 피고인으로 행동하거나 취급받는 경우(부진정 또는 형식적 피고인)에는 공소기각의 판결을 선고해야 한다(제327조 제2호).

피고인 표시정정에 따라 모용관계가 정정되지 않는 경우에는 제254조의 규정에 위반하여 공소사실이 특정되었다고 볼 수 없으므로 무효라 할 것이다.[58)]

甲이 乙의 성명을 모용한 경우에 乙이 형식적 피고인은 될 수 있지만, 乙에 대한 유죄판결이 확정된 경우에도 피모용자 乙에 대하여는 효력이 없다. 다만 피모용자가 공판정에 출석하여 실체재판을 받거나 약식명령에 대하여 정식재판을 청구한 때에는 형식적으로 피고인의 지위에 놓이게 되어 법원은 피모용자에 대하여 공소기각의 판결을 해야 한다.[59)]

(3) 위장출석의 경우

위장출석(僞裝出席)이란 예컨대 검사가 지정한 실제의 피고인 甲 대신에 乙이 공판정에 출석한 경우를 말한다. 이와 같이 실제로 피고인이 아닌 자가 피고인인 것처럼 위장출석한 경우에는 실제의 피고인인 甲이 **실질적 피고인**이고 위장출석 한 乙은

58) 대법원 1985. 6. 11. 선고 85도756 판결.
59) 대법원 1992. 4. 24. 선고 92도490 판결.

형식적 피고인이 된다.

이 경우에는 공소장에 표시된 실질적 피고인(진정피고인)에게만 공소제기의 효력이 미친다. 위장출석한 형식적 피고인(부진정피고인)에 대하여는 인정신문단계에서 위장출석한 사실이 밝혀지면 법원은 乙에게 퇴정명령을, 사실심리단계에서 밝혀지면 乙에 대하여 공소기각판결을 선고하고, 진정피고인인 甲에 대하여는 공소제기 이후의 소송절차를 진행하여야 한다. 또한 위장출석자 乙에 대하여 판결이 선고된 때에는 항소 또는 상고사유가 되며, 판결이 확정된 경우에는 비상상고에 의하여 판결을 시정해야 한다. 이 경우에 진정피고인 甲에 대하여는 1심부터 다시 시작해야 하나, 다시 공소를 제기해야 할 필요는 없다.

Ⅱ. 피고인의 소송법상의 지위

1. 소송구조와 피고인의 지위

피고인의 소송법상의 지위는 소송구조와 밀접한 관련을 가지고 있다. 피고인이 조사, 심리의 객체로서의 지위를 갖는 데에 불과한 규문주의 형사절차 하에서는 피고인은 소송의 주체로서의 지위가 인정되지 않았다. 그러나 19세기 자유주의 사조의 영향하에 소추기관과 재판기관이 분리됨으로써 비로소 피고인이 소송주체로서의 지위를 갖게 되었는데 이를 탄핵주의 소송구조라 한다. 이러한 탄핵주의 형사소송구조는 다시 나눌 수 있는데, 실체적 진실발견을 위해 소송절차를 법원이 주도적으로 형성해 가는 경우에는 이를 직권주의라 하고, 당사자인 피고인과 검사가 주도적으로 형성해 가면 당사자주의라 한다. 우리 형사소송법은 초기에 대륙법의 영향으로 직권주의적인 형사소송절차를 기본으로 하면서 당사자주의적인 요소를 많이 받아들인 공판절차라 할 수 있다.

우리 형사소송법상 피고인의 소송절차상의 지위는, 당사자로서의 지위, 증거방법으로서의 지위, 절차의 대상으로서의 지위로 크게 나눌 수 있다.

2. 당사자로서의 지위

형사소송법상 피고인은 수동적 당사자로서 방어권과 소송절차참여권의 주체로서의 지위를 지닌다.

(1) 방 어 권

피고인의 방어능력을 보충하고 방어권을 보장하기 위해 방어준비를 위한 권리, 진술권 및 진술거부권, 증거조사시의 방어권, 방어능력의 보충을 위한 변호인의 선임권과 의뢰권, 접견교통권, 국선변호와 필요적 변호제도 등을 두고 있다.

(2) 소송절차참여권

피고인은 당사자로서 소송절차 전반에 참여하여 소송절차를 형성할 권리를 가지고 있다. 피고인의 참여권은 방어권 행사를 위해 필요하며, 여기에 해당하는 권리로는 법원구성 관할에 관여하는 권리로서 법관기피신청권, 관할이전신청권, 관할위반신청권, 변론의 분리·병합·재개신청권이 있고, 피고인의 공판정출석권, 피고인은 증인신문과 검증·감정 등에의 참여권, 공판준비절차나 증거보전절차에서의 증거조사참여권, 압수·수색영장집행 등 강제처분절차에의 참여권, 상소포기, 취하권, 약식명령에 대한 정식재판청구권 등 불복수단을 두고 있다.

(3) 인 격 권

증거의 비공개요구, 예컨대 증거로 제출된 일기장 등을 비공개로 처리해 주기를 요구하여 사적 영역을 침해당하지 않을 권리가 있다.

3. 증거방법으로서의 지위

피고인은 당사자로서의 지위와 동시에 증거방법으로서의 지위를 가진다.

피고인의 임의의 진술은 인적 증거방법이 된다. 이러한 피고인의 지위를 **인적 증거방법**으로서의 지위라고 한다. 피고인은 공소사실에 대한 직접적 체험자이므로 피고인의 임의의 진술에 대하여는 증거능력을 인정해야 하므로, 피고인에게 증거방법으로서의 지위를 인정하는 것은 당연하다고 하겠다.

형사소송법이 피고인신문제도(제287조)를 인정하고 있으며, 특히 영미에서 피고인의 증인적격을 인정하고 있는 것은 이러한 이유 때문이다. 그러나 피고인에게 증인적격을 인정하여 진술의무를 강제하는 것은 피고인의 진술거부권을 무의미하게 하고 피고인의 당사자로서의 지위를 침해하는 결과를 가져오기 때문에 피고인의 증인적격은 부정되어야 함이 타당하다.

한편 피고인의 신체는 **물적 증거방법**으로서 검증의 대상이 된다(제139조, 제172조 제3항). 증인신문에서 대질의 대상, 신체감정의 대상이 된다.

4. 절차의 대상으로서의 지위

피고인은 **소환**(제68조), **구속**(제69조), **압수·수색**(제106조) 등 **강제처분의 객체**이다. 피고인은 적법한 소환·구속에 응해야 하고, 신체 또는 물건에 대한 압수·수색을 거부할 수 없으므로 이와 같이 피고인이 강제처분의 대상이 되는 지위를 절차의 대상으로서의 지위라고 할 수 있다.[60] 그러나 피고인이 강제처분의 대상이 된다는 점은 부정할 수 없지만 이 경우에도 피고인의 인간으로서의 존엄과 기본권을 부당하게 침해해서는 안 된다고 하겠다.

한편 이러한 피고인의 절차의 대상으로서의 지위에 법정질서에 복종해야 할 의무, 즉 법정경찰권과 소송지휘권에 복종해야 할 의무까지도 포함되는 것으로 이해하는 견해도 있다. 그러나 이러한 의무는 피고인 외에 검사에게도 부과되는 의무이므로 이는 절차의 대상으로서의 피고인의 지위가 아니라 피고인에게 인정되는 의무로 이해하는 입장이 타당하다.[61]

특히 절차의 대상으로서의 지위에 있는 피고인에 대한 신체검사시에는 피고인의 건강과 명예를 훼손당하지 않을 권리가 있고, 또한 여자의 신체를 검사하거나 수색할 때에는 의사나 성년의 여자를 참여하게 하여야 한다(제141조 제1항·제2항).

Ⅲ. 무죄추정의 원리

1. 무죄추정의 의의

무죄의 추정(presumption of innocence)이란 형사절차상 피의자 또는 피고인은 유죄판결이 확정될 때까지는 무죄로 추정된다는 원칙을 말한다.

이 원칙은 1789년 프랑스 인권선언 제9조가 '누구든지 범죄인으로 선고되기까지는 무죄로 추정한다'는 규정을 둔 데서 유래한다. 우리 헌법 제27조 제4항은 "형사피고인은 유죄의 판결이 확정될 때까지는 무죄로 추정된다"고 하여 무죄추정의 원칙을 기본권으로 보장하고 있으며, 형사소송법은 제275조의2에서 "피고인은 유죄의 판결이 확정될 때까지는 무죄로 추정된다"고 하여 무죄추정의 원칙을 선언하고 있다.

60) 김재환, 360면; 배종대/이상돈/정승환/이주원, §30/43; 송광섭 126면; 이은모, 87면; 이재상/조균석, 115면; 임동규, 70면; 차용석/최용성, 116면.

61) 이재상/조균석, 115면.

2. 무죄추정의 원칙의 내용

(1) 인신구속의 제한

1) 불구속 수사 및 재판의 원칙

무죄추정의 원칙은 인신구속에 대한 제한원리로 작용하여, 피의자에 대한 수사와 피고인에 대한 재판은 원칙적으로 불구속으로 행해져야 한다는 것을 내용으로 한다. 따라서 구속은 구속의 필요성과 상당성의 요건이 충족되는 경우에만 최후의 수단으로 사용되어야 정당성을 가질 수 있다.

2) 불필요한 제한의 금지

구속된 피의자나 피고인에 대하여는 구속의 필요성을 실현하기 위한 자유제한 이외의 고통을 과해서는 안 된다. 따라서 무죄추정의 원칙을 구현하기 위해서는 구속된 피고인 또는 피의자에 대해서도 접견교통권의 보장이 필요하다.

(2) 의심스러운 때에는 피고인의 이익으로

무죄추정의 원칙은 사실관계를 증명하는 단계에 있어서 "의심스러운 때에는 피고인의 이익으로"라는 원칙으로 작용하므로, 무죄추정의 원칙은 "의심스러운 때에는 피고인의 이익으로(in dubio pro reo)"라는 원리와 같은 개념이라 할 수 있다.

1) 확신의 요구

유죄를 증명하기 위해서는 합리적 의심이 없는 증명 또는 확신이 요구된다. 증거평가의 결과 법관이 유죄의 확신을 가질 수 없는 경우에는 피고인의 이익으로 판단해야 한다는 무죄추정의 원칙은 증거평가를 지배하는 법치국가의 기본원칙이라 할 수 있다. 그러나 이 원칙은 증거법칙이 아니라 실체형법에 속하는 판단법칙이라 할 수 있다. 이것은 증거를 어떻게 평가해야 하는가에 관한 원칙이 아니라 증거평가를 마친 후에 확신을 얻지 못한 때에 피고인에게 불이익한 판단을 하는 것을 금지하고 있는 것이기 때문이다.

2) 거증책임의 기준

이 원칙은 입증단계에서 거증책임을 정하는 기준이 된다. 따라서 범죄의 성립과 형벌권의 발생에 영향을 미치는 모든 사실에 대한 거증책임은 검사가 부담하게 된다. 형의 가중사유의 존재나 형의 감면사유의 부존재에 대하여도 검사가 거증책임을 진다.

(3) 불이익한 대우의 금지

1) 예단배제의 원칙

공소를 제기함에는 공소장을 관할법원에 제출하여야 하며, 공소장에는 사건에 관하여 법원에 예단을 생기게 할 수 있는 서류 기타 물건을 첨부하거나 그 내용을 인용하여서는 아니된다고 하여 공소장일본주의를 규정하고 있다.[62)]

진술거부권을 행사하였다는 이유로 이를 피고인에게 불이익한 간접증거로 하거나 유죄로 추정하는 것은 허용되지 않는다고 하겠다. 이를 인정할 경우에는 진술거부권을 보장한다는 취지가 무색해지기 때문이다. 이런 점에서 진술거부권의 행사는 법관의 자유심증주의에 대한 예외가 된다고 할 수 있다.[63)]

2) 피고인과 피의자의 진술거부권

진술거부권은 피의자 또는 피고인에게 진술을 강요할 수 없으므로 진술거부권을 행사하였다는 이유로 형벌 기타 제재를 가할 수 없으며, 나아가 진술거부권을 침해하여 얻은 자백의 경우에는 자백의 임의성이 결여되어 증거능력이 부정된다. 수사기관이 진술거부권을 고지하지 않은 경우나 법원이 진술거부권을 고지하지 않은 때에는 자백은 증거능력이 부정된다고 하겠다.

3) 부당한 대우의 금지

피고인을 신문함에 있어서 그 진술을 강요하거나 답변을 유도하거나 그 밖에 위압적·모욕적 신문을 하여서는 안 되며(규칙 제140조의2), 고문·폭행 또는 협박 등에 의한 임의성이 없는 자백은 유죄의 증거로 할 수 없다(제309조, 제317조).

3. 무죄추정의 원칙의 적용범위

(1) 피고인과 피의자

피고인에 대하여만 헌법과 형사소송법에서 무죄추정을 규정하고 있으나, 당연히 피의자에 대하여도 무죄추정을 인정해야 한다.

(2) 유죄판결의 확정

유죄판결이란 형선고판결, 형면제판결, 선고유예의 판결을 포함한다. 그러나 면소·공소기각 또는 관할위반의 판결이 확정된 때에는 무죄가 추정된다.

---

62) 형사소송법 제254조 제1항, 형사소송규칙 제118조 제2항, 군사법원법 제296조 제6항 참조.

63) 이재상/조균석, 117면.

(3) 재심청구사건

재심청구가 있는 때에도 무죄가 추정될 수 있다고 해석하는 견해도 있으나, 유죄 판결이 확정된 이상 피고인에게 무죄가 추정된다고 할 수는 없다. 재심이유로 형사소송법은 '무죄 등을 인정할 명백한 증거가 새로 발견된 때'를 요구하고 있기 때문이다(제420조 제5호).

Ⅳ. 피고인의 진술거부권

1. 의 의

(1) 개 념

피고인 또는 피의자가 공판절차 또는 수사절차상 법원 또는 수사기관의 신문에 대하여 진술을 거부할 수 있는 권리를 말한다(제289조, 제200조 제2항, 헌법 제12조).

(2) 진술거부권과 자백의 임의성

양자의 관계에 관해서는 견해의 대립이 있다. 즉 양자는 엄격히 구별해야 하는 별개의 법칙이라는 견해[64]와 위법배제라는 공통의 원리에 의해 일체화되어 있다는 견해[65]의 대립이 그것이다.

생각건대 진술거부권과 자백의 임의성법칙은 그 역사적 연혁은 달리 하지만, 진술거부권이 진술의 강요를 금지하며 자백배제법칙이 임의성이 없는 자백강요를 금지하는 것은 자백이나 진술내용의 허위배제라는 측면보다는 적정절차를 위반했다는 점에 그 근거를 구하고 있다. 따라서 양자는 적법절차에 대한 위법배제라는 측면에서 공통의 원리가 지배한다고 할 수 있다.

2. 진술거부권의 내용

(1) 진술거부권의 주체

헌법 제12조 제2항은 모든 국민에게 진술거부권을 보장하고 있다. 따라서 피고인은 진술하지 아니하거나 개개의 질문에 대하여 진술을 거부할 수 있으며(제283조의2), 피의자도 마찬가지이다(제244조의3). 또한 의사무능력자인 피의자 또는 피고인의 대리

---

64) 백형구, 42면; 신동운, 1012면.

65) 배종대/이상돈/정승환/이주원, §34/58; 손동권/신이철, 81면; 이재상/조균석, 120; 노명선/이완규, 216면.

인도 진술거부권의 주체가 된다. 피고인이 법인인 경우에는 법인의 대표자도 진술거부권의 주체가 되며, 외국인도 마찬가지이다.

(2) 진술거부권의 범위

1) 진술강요금지

진술거부권은 형벌 기타 제재에 의한 진술강요를 금지하는 것을 말한다. 수사기관이나 법원에 대하여 진술을 강요당하지 않으며, 진술할 의무가 없다.

진술거부권은 진술에 한정되므로 지문이나 족적의 채취, 사진촬영, 신체검사, 음주측정 등에 대하여는 진술거부권이 미치지 않는다. 그러나 진술인 이상 구두의 진술에 한하지 아니하고, 이에 갈음하는 서면에 대하여도 진술거부권이 적용된다. 따라서 수사기관의 피의자는 수사기관의 진술서제출요구를 거부할 수 있다.

문제는 거짓말탐지기에 의한 검사나 마취분석이 진술거부권의 침해가 될 수 있는가이다. 이에 대하여 거짓말탐지기에 의한 검사는 질문에 대한 신체의 생리적 변화를 검증하는 것이므로 진술증거가 아니기 때문에 진술거부권이 적용되지 않는다는 견해도 있다. 그러나 신체의 생리적 변화가 독립적으로 증거가 되는 것이 아니라 질문과의 상관관계 속에서 의미를 지니므로 진술거부권의 범위에 속한다고 보는 견해가 타당하다.[66] 따라서 거짓말탐지기 검사는 피검자의 동의 없이는 허용되지 않는다고 해야 한다. 한편 마취분석의 경우에는 피검자에게 마약투여를 통하여 직접 진술을 얻어내는 방법이므로 진술거부권을 명백히 침해한 경우에 해당하여 허용되지 않는다고 하겠다.

2) 진술의 범위

헌법은 형사상 자기에게 불리한 진술의 강요를 금지하고 있다. 따라서 형사책임에 관한 한 범죄사실 또는 간접사실, 그 밖에 범죄사실 발견의 단서가 되는 사실도 포함한다고 해석된다.

그러나 형사소송법에서는 피고인 또는 피의자에게 불이익한 진술에 한정하고 있지 않으므로 진술거부권의 진술의 내용은 이익·불이익을 불문한다고 이해해야 한다. 이런 점에서 보면 형사소송법이 헌법의 진술거부권의 범위를 확장하여 규정하고 있다고 할 수 있다.[67]

66) 이재상/조균석, 120면.

67) 배종대/이상돈/정승환/이주원, §30/52; 신동운, 1016면; 신현주, 130면; 이재상/조균석, 122면.

증인의 증언거부권이 자기에게 불이익한 증언에 제한되어 있고 그렇지 않은 사항에 대하여는 진술의무가 부과되어 있다는 점에서 진술거부권과는 구별된다.

3) 인정신문에 대한 진술거부권

인정신문에 대하여 진술거부권을 행사할 수 있는가가 문제된다. 이에 관하여 ① 진술거부권의 진술범위에는 특별한 제한이 없으므로 진술을 거부할 수 있다는 **긍정설**[68]과, ② 피의자 또는 피고인의 성명·연령·직업·주소 등에 대한 인정신문은 피의자나 피고인에게 불이익한 진술이 아니기 때문에 인정신문에 대하여 진술거부권이 적용되지 않는다는 **부정설** 및 ③ 성명이나 직업, 주소 등의 진술에 의하여 범인임이 확인되거나 증거수집의 계기를 만들어주는 경우에는 제한적으로 진술거부권이 인정된다는 **제한적 긍정설**(절충설)이 대립되고 있다.[69]

생각건대 형사소송법이 인정신문에 앞서서 진술거부권을 고지하도록 규정하고 있는 입법취지에 비추어보면 다수설인 긍정설이 타당하다. 형사소송규칙도 인정신문을 하기 전에 진술거부권을 알려 주도록 규정하고 있다(규칙 제127조).

(3) 진술거부권의 고지

형사소송법은 피의자, 피고인에 대하여 진술거부권을 고지할 것을 명문으로 규정하고 있다(제244조의3, 제283조의2).

1) 고지의 시기와 방법

진술거부권의 고지는 피의자 또는 피고인에 대하여 명시적으로 할 것을 요한다. 피고인에 대하여는 재판장이 피고인은 진술하지 아니하거나 개개의 질문에 대하여 진술을 거부할 수 있다고 고지하면 족하지만, 피의자에 대하여는 검사 또는 사법경찰관이 신문하기 전에 ① 일체의 진술을 하지 아니하거나 개개의 질문에 대하여 진술을 하지 아니할 수 있다는 것, ② 진술을 하지 아니하더라도 불이익을 받지 아니한다는 것, ③ 진술을 거부할 권리를 포기하고 행한 진술은 법정에서 유죄의 증거로 사용될 수 있다는 것, ④ 신문을 받을 때에 변호인을 참여하게 하는 등 변호인의 조력을 받을 수 있다는 것을 알려주어야 한다(제244조의3 제1항).

신문이 상당기간 중단되었거나 또는 조사자가 경질된 경우에는 다시 고지하여야 하며, 적법하게 구속된 피의자를 신문하는 경우에도 신문 전에는 진술거부권을

68) 배종대/이상돈/정승환/이주원, §30/53; 신현주, 131면, 이은모, 95면, 이재상/조균석, 123면.

69) 일본의 판례는 부정설의 입장에서 성명을 묵비한 변호인선임계의 효력을 부정하고 있다.

고지하여야 하고, 피고인에 대해서도 인정신문 이전에 진술거부권을 고지하여야 한다.

2) 불고지의 효과

진술거부권을 고지하지 아니한 경우에 진술의 임의성, 즉 자백의 임의성과의 관계가 문제된다. 이에 관해서는 ① 자백의 임의성이 인정되는 경우에도 위법수집증거배제법칙에 의하여 자백의 증거능력을 부정해야 한다는 견해[70]와 ② 진술거부권을 고지하지 않은 경우에는 자백의 임의성이 의심이 되는 경우이므로 증거능력을 부정해야 한다는 견해[71]가 대립된다. 판례[72]는 ①설의 입장을 취하고 있다. 생각건대 자백배제법칙의 이론적 근거가 위법배제에 있다고 해석한다면 진술거부권의 고지의무 위반의 경우에도 자백배제법칙의 이론적 근거인 위법수집배제법칙에 의하여 증거능력이 부정된다고 해석하는 판례의 입장이 타당하다.

(4) 진술거부권의 포기

진술거부권을 행사하지 않는 것과 진술거부권을 포기하는 것을 구별하여 진술거부권의 포기는 인정되지 않는다는 부정설[73]과 진술거부권의 포기를 인정하는 긍정설[74]이 대립된다. 형사소송법상 피의자나 피고인은 진술거부권을 포기한 후에도 진술할 수 있고, 진술을 하다가도 언제든지 진술을 거부할 수 있다. 따라서 형사소송법상 진술거부권의 포기는 인정되지 않는다는 **부정설이 타당**하다.

1) 피고인의 증인적격문제

피고인이 진술거부권을 포기하고 자기사건의 증인으로 증언할 수 있는가가 문제된다. 기소사실인부절차를 인정하고 있는 영미법에서는 피고인의 증인적격을 인정하고 있지만, 우리 형사소송법상으로 이를 인정할 경우에는 피고인의 진술거부권을 무의미하게 만들어버리므로 피고인의 증인적격은 부정되어야 한다.[75]

---

70) 배종대/이상돈/정승환/이주원, §30/62; 신양균, 580면.
71) 이은모, 96면; 차용석/최용성, 104면.
72) 대법원 2011. 11. 10. 선고 2010도8294 판결; 대법원 2009. 8. 20. 선고 2008도8213 판결.
73) 배종대/이상돈/정승환/이주원, §30/58; 신동운, 1012면; 이은모, 97면; 이재상/조균석, 125면; 임동규, 400면.
74) 차용석/최용성, 107면.
75) 배종대/이상돈/정승환/이주원, §30/59; 이재상/조균석, 125면.

2) 공동피고인의 증인적격문제

공동피고인의 증인적격을 인정할 수 있는가에 관해서는 부정설과 긍정설 및 절충설의 대립이 있다. **부정설**은 공동피고인은 공범관계에 있는가 여부를 불문하고 변론을 분리하지 않는 한 증인적격이 없고, 공동피고인은 소송의 제3자가 아니므로 이를 증인으로 신문하는 것은 피고인에게 인정된 진술거부권이 보장되기 않기 때문이라는 것을 근거로 한다. **긍정설**은 다른 피고인에 대하여 공동피고인은 제3자이므로 병합심리 중인 공동피고인도 증인으로 신문할 수 있다는 입장이고, **절충설**은 공동피고인은 증인적격이 없지만, 자기의 범죄사실과 실질적인 관련성이 없는 사건에 대하여는 증인으로 신문할 수 있다는 입장이다. 절충설의 입장이 타당하다.

한편 **대법원 판례**는 공범자가 아닌 공동피고인의 증인적격을 인정하면서,[76] 이와 달리 "공범인 공동피고인의 경우에는 당해 소송절차에서는 피고인의 지위에 있으므로 다른 공동피고인에 대한 공소사실에 대하여 증인이 될 수 없고, 다만 소송절차에서 분리되어 피고인의 지위에서 벗어나게 되면 다른 공동피고인에 대한 공소사실에 관하여 증인이 될 수 있다"고 판시하고 있다.[77]

3) 법률상의 기록, 보고의무

행정상의 단속목적을 위하여 각종 행정법규가 일정한 기장·보고·신고·등록의무를 규정하고 있는 것이 진술거부권을 침해한 것은 아닌지 문제된다. 미국에서는 법률에 이러한 의무가 규정된 경우에는 진술거부권을 포기하였고 형사소추의 위험이 없다는 이유로 진술거부권의 침해가 아니라고 보고 있다.

그러나 행정단속의 목적을 달성하기 위하여 필요한 경우에 적법행위의 신고를 요구하는 것은 진술거부권과 관계가 없다고 할 수 있다. 이와 달리 위법한 사실보고의무를 규정하고 있는 도로교통법 제54조 제2항은 운전자에게 교통사고에 대한 신고의무를 규정하여 벌칙으로 강제하고 있으므로 진술거부권의 침해가 된다고 보아야 한다.[78]

---

76) 대법원 1982. 9. 14. 선고 82도1000 판결.

77) 대법원 2012. 3. 29. 선고 2009도11249 판결; 대법원 2008. 6. 26. 선고 2008도3300 판결.

78) 이재상/조균석, 125면; 헌법재판소 1990 8. 27. 선고 89헌가118 결정(교통사고 운전자에게 신고의무를 부담시키고 있는 도로교통법 제50조 제2항, 제111조 제3호는 피해자의 구호 및 교통질서의 회복을 위한 조치가 필요한 범위 내에서 교통사고의 객관적 내용만을 신고한 것이고, 형사책임과 관련되는 사항에는 적용되지 아니하는 것으로 해석하는 한 헌법에 위반되지 아니

3. 진술거부권의 효과

(1) 증거능력의 배제

진술거부권을 행사하였다는 이유로 형벌 기타 제재를 할 수 없다. 또한 진술거부권을 침해하여 강요된 자백은 증거능력이 없으며, 진술거부권을 불고지한 경우에도 자백은 증거능력이 부정된다고 하겠다.

(2) 불이익추정의 금지

1) 불리한 심증형성금지

진술거부권을 행사하였다고 하여 이를 피고인에게 불이익한 간접증거로 하거나 유죄를 추정하는 것은 허용되지 않는다. 이런 점에서 보면 진술거부권은 자유심증주의에 대한 예외가 된다고 할 수 있다.

2) 구속사유의 인정여부

증거인멸의 염려판단(구속, 보석 등), 즉 구속사유의 인정여부 판단에도 작용가능하다는 견해와 부정하는 견해가 대립한다. 그러나 구속이나 보석의 사유인 증거인멸의 염려가 있는가 여부의 판단은 진술거부권의 효과와는 별개의 것으로 보아야 한다.

3) 양형에서의 불이익평가의 금지

양형에서 고려하는 것은 허용되지 않는다는 소극설과 양형에서의 고려는 허용된다는 적극설이 대립한다. 대법원은 진술거부권행사를 가중적 양형의 조건으로 삼는 것은 허용되지 아니하나, 진실의 발견을 적극적으로 숨기거나 법원을 오도하려는 시도에 기인한 경우에는 가중적 양형의 조건으로 참작될 수 있다는 취지로 판시하고 있다.[79)]

V. 당사자능력과 소송능력

1. 당사자능력

(1) 당사자능력의 의의

형사소송법상 당사자가 될 수 있는 일반적·추상적 능력을 말한다. 당사자 중 검사

한다고 결정하였다).

79) 대법원 2001. 3. 9. 선고 2001도192 판결; 신동운, 1022면; 이재상/조균석, 127면.

는 변호사 자격을 가진 자 중에서 임명된 국가기관이기 때문에 당연히 당사자능력을 지니고 있으므로 문제가 되지 않지만, 피고인의 경우에 당사자능력이 문제된다. 피고인의 당사자능력이란 피고인이 형사소추되어 형벌을 받을 가능성이 있는 자일 경우에 인정된다.

한편 당사자능력은 **당사자적격**과 구별된다. 당사자적격은 구체적인 특정 형사사건에서 당사자가 될 수 있는 자격을 말한다. 당사자능력이 결여되면 공소기각재판을 하게 되며, 책임능력이 결여되면 무죄판결을 하게 된다.

(2) 자연인의 당사자능력

모든 자연인은 당사자능력이 있다. 14세 미만자인 형사미성년자도 일단 공소가 제기되면 처벌받을 가능성이 있으므로 당사자능력이 있다(담배사업법 제31조). 그러나 태아나 사망자는 당사자능력이 없다. 다만 재심절차에서는 피고인의 사망이 영향을 미치지 않는다(제324조 제4호, 제438조 제2항 제1호).

(3) 법인의 당사자능력

1) 법인처벌규정이 있는 경우

법인이 형사절차상 당사자능력을 가진다는 점에 대하여는 견해의 대립이 없다.

2) 법인처벌규정이 없는 경우

이 경우에 법인에게 당사자능력을 인정할 것인가에 대하여는 다음과 같이 견해가 대립한다.

가. 당사자능력부정설 법인처벌규정이 없는 경우에는 법인은 범죄능력도 당사자능력도 없으므로 법인에 대하여는 공소기각판결(제327조 제2호)을 해야 한다는 견해이다.

나. 당사자능력긍정설 처벌규정이 없더라도 법인은 형사처벌을 받을 가능성이 있고, 또한 당사자능력은 일반적, 추상적 능력이므로 법인의 당사자능력을 인정해야 한다는 견해로서 다수설의 입장이다.

다. 당사자적격설 법인의 당사자능력은 인정되지만, 법인처벌의 문제는 구체적 사건에 있어서 당사자적격의 문제로 보아야 한다는 견해이다. 따라서 당사자능력 긍정설과 당사자적격설에 의하면 법인에 대하여 공소가 제기된 경우에는 무죄판결을 선고하게 된다(제325조).

법인격없는 사단이나 법인격없는 재단의 당사자능력의 문제도 처벌규정이 없는 법인의 당사자능력에 준하여 판단하면 된다. 그러나 현행법상 이러한 단체에 대한 처벌규정이 없으므로 논의의 실익이 없다.

(4) 당사자능력의 소멸

1) 피고인의 사망

피고인이 사망한 때에는 당사자능력이 소멸하므로 **공소기각결정**을 해야 한다(제328조 제1항 제2호).

2) 법인의 합병 또는 해산

법인합병에 의해 해산하는 경우에는 합병시에 법인이 소멸하므로 당사자능력도 합병시에 소멸한다. 그러나 법인해산의 경우에도 청산법인으로 존속하는 경우에는 어느 시점에 법인의 당사자능력이 소멸하는가가 문제된다. 이에 대해서는 ① 법인해산시에 소멸한다는 견해와 ② 법인 청산이 실질적으로 종료한 때에 소멸한다는 견해인 **다수설**이 대립한다. **판례**는 피고사건의 소송이 계속되고 있는 한 청산종료의 등기가 있더라도 그 법인의 형사소송법상의 당사자능력은 그대로 존속하는 것으로 보고 있다.[80] 소송이 계속되고 있는 한 실질적으로 청산사무가 종료했다고 볼 수 없으므로 다수설과 판례는 동일한 입장이라 할 수 있다.

(5) 당사자능력흠결의 효과

당사자능력은 실체적 심판을 하기 위한 전제조건이므로 소송조건이다. 따라서 법원은 당사자능력을 직권적으로 조사해야 하며, 당사자능력이 결여되었으면 공소기각의 재판을 해야 한다.

공소제기 후 피고인이 당사자능력을 상실한 경우에는 공소기각결정을 하여야 하고, 공소제기시부터 당사자능력이 부존재한 경우, 즉 피고인에게 처음부터 당사자능력이 없는 경우에는 공소기각판결을 하여야 한다는 견해와 공소기각결정을 하여야 한다는 견해의 대립이 있다. 통설의 견해인 공소기각결정설이 타당하다.

재심의 경우에는 예외적으로 피고인의 사망이 당사자능력에 영향을 미치지 않는다. 즉, 유죄의 선고를 받은 자가 사망한 경우에도 그 배우자 등에 의하여 재심청구가 허용되고(제424조 제4호), 피고인이 재심의 판결 전에 사망한 경우에도 공소기각의 결정을 할 수 없고 유죄·무죄의 실체판결을 하여야 한다(제438조 제2항 제3호).

---

80) 대법원 1976. 4. 27. 선고 75도2552 판결; 대법원 1982. 3. 23. 선고 81도1450 판결; 대법원 1986. 10. 28. 선고 84도693 판결.

2. 소송능력

(1) 소송능력의 의의

소송능력이란 당사자능력이 있는 피고인이 구체적인 사건에 대하여 유효하게 소송행위를 할 수 있는 능력을 말한다. 소송능력이 결여되었으면 법원은 공판절차를 정지해야 한다(제306조 제1항). 소송능력은 범죄성립요건인 책임능력이나 변론능력과 구별되고 상고심에서는 변호인만이 변론가능하다(제387조).

(2) 소송능력흠결의 효과

소송행위의 유효요건이지 소송조건은 아니다.

1) 소송행위의 무효

당사자능력이 없는 자연인이 한 소송행위는 무효이다. 그러나 공소제기 자체가 무효가 되는 것은 아니다. 제1회 공판기일의 모두에 변호인으로부터 소송능력이 없다는 주장이 있는 때에는 법원은 직권으로 소송능력유무를 조사하여 소송능력이 없음이 명백한 때에는 공판절차를 정지하여야 한다.

2) 공판절차의 정지

피고인이 사물의 변별 또는 의사의 결정을 할 능력이 없는 상태에 있는 때에는 법원은 검사와 변호인의 의견을 들어서 결정으로 그 상태가 계속하는 기간 공판절차를 정지하여야 한다(제306조 제1항).

3) 공판절차정지의 특칙

가. 무죄·면소·형면제·공소기각 등의 재판을 할 경우 소송능력이 결여되어 위의 재판을 할 것이 명백한 경우에는 피고인의 출정 없이 재판할 수 있다(제306조 제4항). 피고인에게 유리한 재판이기 때문이다.

나. 의사무능력자와 소송행위의 대리 형법 제9조 내지 제11조의 적용을 받지 않는 사건의 경우에 피고인 또는 피의자가 의사능력이 없는 때에는 법정대리인이 소송행위를 대리한다. 법정대리인이 없는 경우에는 법원은 특별대리인을 선임하여야 한다(제26조).

다. 피고인인 법인의 대표 법인 또는 기타 단체는 의사능력이 없으므로 소송능력이 없다. 따라서 법인의 대표자가 소송행위를 대표한다. 수인의 대표자가 있는 경우에는 각각 대표권을 행사한다. 법인에 대표자가 없는 경우에는 법원은 직권 또는 검사의 청구에 의하여 특별대리인을 선임하여야 한다(제27조, 제28조).

제 4 절 변호인제도

I. 변호인제도의 의의

1. 변호인의 의의

변호인이란 피의자 또는 피고인의 방어권을 보충하는 보조자를 말한다. 변호인은 소송주체인 피고인 또는 피의자의 보조자로서 수사절차나 소송절차에 관계하는 소송관계인이라 할 수 있다. 형사소송법은 피고인에게는 검사에 대립되는 수동적 당사자로서의 지위를 인정하고 있고, 피의자에게도 당사자의 지위는 인정하지 않지만 장차 피고인으로서 소송의 주체가 되기 때문에 검사의 공격에 대한 방어에 필요한 권리를 보장하고 있다. 그러나 이러한 수사의 대상이나 소송의 주체로서의 지위에 상응한 방어권을 인정하고 있더라도 수사기관과 피의자 또는 피고인 사이에 실질적인 **무기평등의 원칙**이 실현되지 않으면 실체적 진실발견이나 공정한 수사나 공정한 재판의 원칙을 실현하는 것을 기대할 수 없게 된다. 따라서 수사기관과 대등한 법률적 지식을 가진 법률전문가인 변호인으로 하여금 피의자 또는 피고인의 방어활동을 보조할 수 있도록 함으로써 수사의 대상이나 소송주체인 당사자로서 실질적으로 대등한 지위에서 공격과 방어활동을 하게 하여 피의자 또는 피고인의 인권보장과 공정한 재판을 실현시키기 위한 제도가 변호인제도이다.

2. 실질적 변호와 형식적 변호

(1) 형사소송구조와 변호인

변호인은 피고인의 방어력을 보충하기 위한 피고인의 보호자이다. 소송구조가 당사자주의든 직권주의든 피고인의 보호자로서의 변호인은 필요하다. 그런데 변호인은 당사자주의 소송구조 하에서는 공소를 제기하고 수행하는 검사에게만 대립되는 당사자로서의 지위를 가지는 것이 명백하지만, 직권주의 소송구조 하에서의 변호인의 지위는 검사와 법원 양자에 대립되는 당사자의 지위에 놓여 있을 뿐만 아니라, 검사와 법원 양자 모두 피고인에게 이익되는 사실을 직권적으로 조사, 심리, 판단함으로써 변호인의 역할도 분담하기 때문에 검사에게 대립되는 당사자로서의 지위는 약화되어 있다고 할 수 있다. 이와 같이 직권주의 소송구조 하에서 법원이나 검사가 수행하는 피고인을 위한 변호적 기능을 **실질적 변호**라 하며, 변호인에 의한 변호를 **형식적 변호**라고 한다. 현행 형사소송법은 당자자주의와 직권주의를 혼합한 소송구조를 채택하고 있다. 따라서 현행 변호인제도는 피고인에게 소송의 주체성을 인정하면서 실체적 진실발견이라는 공정한 재판의 이념을 실현하는 기능을 가진다.

(2) 변호권의 확대 및 강화

형사소송법의 역사는 변호권 확대의 역사라 할 수 있다. 여기서 변호권이란 변호인에 의한 형식적 변호를 말한다. 헌법상으로는 기본적인 인권의 하나로 피의자 또는 피고인이 변호인의 도움을 받을 권리를 보장하고 있으며(헌법 제12조 제4항), 형사소송법상으로는 피의자에게 변호인 선임권을 인정하고(제30조), 피고인에게는 보다 넓게 국선변호인 선임청구권을 보장하며(제33조), 신체구속을 당한 피의자 또는 피고인에 대하여는 변호인의 접견교통권을 널리 인정하고 있다(제34조).

Ⅱ. 변호인의 선임 내지 선정

변호인이 소송절차에 관여하기 위해서는 변호인의 선임이라는 절차가 요구되며, 변호인은 그 선임방법에 따라 크게 **사선변호인**과 **국선변호인**으로 구별된다.

1. 사선변호인

(1) 법적 성질

변호인에는 피의자·피고인 또는 그와 일정한 관계에 있는 사인이 선임한 변호인인 사선변호인과 법원의 결정에 의해 선정되는 국선변호인이 있다. 사선변호인을 선임하여 법원 또는 수사기관에 변호인선임서를 제출하는 행위는 **사인의 소송행위**이다.

(2) 선임권자

1) 고유의 선임권자

피의자 또는 피고인은 언제든지 변호인을 선임할 수 있으므로 **고유한 변호인선임권자**이다. 특히 구속된 피의자나 피고인에게는 변호인을 선임할 수 있음을 고지해야 하고(제87조, 제88조, 제209조), 변호인선임의뢰권이 보장되어 있다(제90조, 제209조).

2) 선임대리권자

피의자나 피고인의 법정대리인·배우자·직계친족·형제자매는 독립하여 선임할 수 있다(제30조 제2항). 여기서 '독립하여 선임할 수 있다'는 의미는 피고인 또는 피의자의 명시·묵시의 의사에 반하여 변호인을 선임할 수 있다는 의미로, 선임대리권자는 사선변호인 선임에 있어서 독립대리권을 가진다. 그러므로 본인의 의사에 반한 변호인선임도 선임효과가 본인에게 발생하고 본인은 변호인을 해임할 수 있다. 그러나 선임대리권자가 선임한 변호인을 본인의 의사에 반하여 해임할 수는 없다.

또한 배우자와 관련하여 사실혼관계의 배우자도 포함되는지 문제된다. 통설[81]은 법률상의 배우자만을 의미한다고 이해하나, 사실혼관계에 있는 내연의 처도 포함된다는 소수설[82]도 있다. 법률상의 배우자에 한정하는 통설이 타당하다.

(3) 변호인의 자격

변호인은 원칙적으로 변호사 중에서 선임하여야 한다(제31조). 다만 대법원이 아닌 법원은 특별한 사정이 있으면 변호사 아닌 자를 변호인으로 선임하는 것을 허가할 수 있다(제31조 단서). 이를 **특별변호인**이라 한다. 그러나 상고심인 대법원은 법률심이므로 변호사 아닌 자를 변호인으로 선임하지 못한다(제388조).

(4) 변호인의 수

변호인의 수에는 제한이 없다. 다만 수인의 변호인이 있을 때 재판장은 피의자·피고인 또는 변호인의 신청이나 직권으로 대표변호인을 지정하거나, 그 지정을 철회 또는 변경할 수 있다(제32조의2 제1항·제2항). 대표변호인의 수는 3명을 초과할 수 없다(제32조의2 제3항). 피의자에게 수인의 변호인이 있을 경우에 검사가 대표변호인을 지정하는 경우에도 준용된다. 검사에 의한 대표변호인의 지정은 기소 후에도 그 효력이 있다(규칙 제13조의4).

(5) 공동변호인의 금지

원칙적으로 한 변호인이 동일한 사건에 있어서 수인의 피고인을 변호하는 공동변호인은 금지된다. 이는 한 피고인에게 유리한 변호가 다른 피고인에게는 불리한 이익충돌상황이 발생할 수 있기 때문이다. 그러나 국선변호인의 경우에는 공동변호인금지의 예외를 인정하고 있다(규칙 제15조 제2항).

---

81) 이재상/조균석, 134면.

82) 배종대/이상돈/정승환/이주원, §31/6.

《사 례》

◉ 甲과 乙이 특수강도의 공동피고인으로 기소되었다.
(가) 甲과 乙은 모두 A를 공동변호인으로 선임하였다. 이는 유효한가?
(나) 乙은 A와 같은 합동법률사무소의 B를 변호인으로 선임하였다. 이는 유효한가?
→ (가)는 적법절차에 위반한 변호인선임이므로 무효이지만, (나)는 유효한 변호인선임이다.

(6) 선임방식

변호인의 선임은 법원 또는 수사기관에 선임권자와 변호인이 연명·날인한 변호인선임서를 제출함으로써 성립된다(제32조 제1항). 변호인선임서를 제출하는 행위는 법원 또는 수사기관에 대한 소송행위이다. 그러므로 선임자와 변호인 사이의 변호활동에 대한 위임계약이 무효 또는 취소되더라도 변호인선임의 효력에는 영향이 없다.

(7) 선임의 효과

변호인의 권리와 의무가 발생한다. 변호인선임서 없이 제출된 항소·상고이유서는 적법·유효하다고 할 수 없다.[83)]

1) 심급과의 관계

변호인선임의 효력은 **당해심급에 한해 효력이 발생**한다. 그러므로 변호인의 선임은 각 심급마다 선임하여야 한다(제32조 제1항).

문제는 당해심급이 종료되는 시점을 어떻게 이해해야 하는가이다. 이에 대해서는 ① **종국재판선고시설**과 ② **이심(移審)의 효력이 발생하는 때**라는 견해[84)]가 대립된다.

생각건대 형소법 제341조 제1항이 원심변호인에게 상소권을 인정하고 있고, 종국판결이 확정되거나 상소제기에 의해 이심의 효력이 발생할 때까지는 소송계속이 원심에 있으며, 종국판결 선고시부터 이심의 효력이 발생할 때까지 변호인이 없는 공백기간이 있는 것은 피고인보호에 바람직스럽지 않다는 점 등을 고려할 때에 이심의 효력이 발생한 때라는 견해가 타당하다.

변호인선임과 심급과의 관계에서 위의 원칙에 예외가 되는 경우로는 다음의 두

---

83) 대법원 1961. 6. 7. 선고 4293형상923 판결; 대법원 1968. 4. 30. 선고 68도195 판결; 대법원 1969. 10. 4. 자 69모68 결정.

84) 배종대/이상돈/정승환/이주원, §31/15; 신동운, 102면; 이재상/조균석, 135면; 정영석/이형국, 87면; 차용석/최용성, 120면.

가지가 있다.

가. 수사절차상 변호인선임의 경우 공소제기 전의 선임은 제1심에도 효력이 있다(제32조 제2항). 수사절차상 선임된 피의자의 변호인은 공소가 제기되어 피고인이 된 제1심에서도 변호인선임의 효력은 그대로 유지된다. 수사절차와 공판절차는 별개의 형사절차이지만 법원에 의한 판단은 하나의 심급에 해당한다는 점을 고려한 규정이라 할 수 있다.

나. 상소심에의 파기환송 또는 파기이송의 경우 그 외의 예외적 사유로 원심의 변호인선임의 효력은 상소심의 파기환송(제366조) 또는 파기이송(제367조)이 있은 후에도 효력이 있다(규칙 제158조). 이것은 파기환송 또는 파기이송이 있으면 원심판결 선고가 없는 상태로 돌아가므로 변호인선임의 효력은 그대로 유지되는 것이라 할 수 있다.[85)]

2) 사건과의 관계

변호인선임은 원칙적으로 사건을 단위로 하는 것이므로 변호인선임의 효력은 공소사실의 동일성이 인정되는 사건에 미치게 된다(사건단위설). 공소장변경의 경우에도 공소사실의 동일성 범위 내에서의 공소사실을 추가·철회·변경하게 되므로 변호인선임의 효력은 당연히 미치게 된다.

변호인선임의 효력은 사건을 단위로 하는 것이 원칙이지만 다음의 두 가지 예외가 있다.

가. 추가기소되어 병합심리된 사건의 경우 피고인 또는 변호인이 다른 의사표시를 하지 않는 한, 하나의 사건에 관하여 한 변호인의 선임은 동일법원의 동일피고인에 대하여 병합된 다른 사건에 관하여도 그 효력이 있다(규칙 제13조).

나. 한 사건의 일부에 대한 변호인선임의 효력 한 사건의 일부분이 다른 일부분과 가분적이고, 그 일부분에 대한 선임이 합리적이라고 인정되는 경우에는 허용된다는 것이 다수설의 태도이다.[86)] 판례도 구속적부심사청구에만 변호인선임이 한정된다는 명백한 의사표시가 있는 경우에는 한 사건의 일부분에 대해서만 변호인선임의 효력이 인정된다는 입장이다.

---

85) 이와 달리 일본의 판례와 다수설은 파기환송 또는 파기이송의 경우에 변호인선임의 효력이 발생하지 않는다고 보고 있다.

86) 이재상/조균석, 127면.

(8) 선임의 추완

변호인선임서제출 전의 변호인의 소송행위는 선임서제출로 보정적 보완을 인정할 수 있는가에 대하여 변호인선임신고의 중요성과 소송의 동적(動的)·발전적 성격을 고려할 때 소송행위의 효력은 보정적으로 치유되지 않는다고 보는 **부정설**[87]이 판례의 입장이지만, 피고인의 이익보호를 위해서는 보정적 추완을 인정하는 **긍정설**[88]의 입장이 타당하다.

2. 국선변호인제도

법원에 의해 선임된 변호인을 국선변호인이라 한다. 변호인제도는 실체적 진실발견과 공정한 재판을 실현하기 위한 전제이며 피고인의 방어권을 보장하기 위한 토대가 된다. 그러므로 헌법에는 '형사피고인이 스스로 변호인을 구할 수 없을 때에는 국선변호인을 붙인다'고 규정하여(헌법 제12조 제4항 단서) 국선변호인제도를 보장하고 있다. 또한 재판장은 공소제기 또는 구속적부심사청구가 있는 때에는 변호인 없는 피의자·피고인에게 국선변호인선정을 고지하여야 한다(규칙 제16조).

국선변호인제도는 사선변호인제도를 보충하는 제도이다. 그러므로 사선변호인이 있으면 원칙적으로 국선변호인을 선임할 수 없으며, 법원이 국선변호인을 선정한 후에 피고인이 사선변호인을 선임한 경우에는 국선변호인선정을 취소하여야 한다(규칙 제18조 제1항 제1호).

그러나 예외적으로 국선변호인 선정사유에 해당하는 사건의 공판기일 또는 피의자심문기일에 이미 선임된 변호인이 출석하지 않거나 퇴정한 경우 등 부득이한 사정이 있을 때에는 국선변호인이 선정될 수도 있다(제283조, 규칙 제19조).

국선변호인의 선정은 법원의 직권에 의한 경우와 피의자·피고인의 청구에 의한 경우로 나누어진다.

(1) 선정사유

법원이 국선변호인을 선정해야 하는 사유는 다음과 같다.

1) 형사소송법 제33조에 의한 선정

법원은 피고인이 구속된 때, 미성년자인 때, 70세 이상인 때, 농아자인 때, 심신

87) 신동운, 298면.

88) 정영석/이형국, 134면.

장애의 의심이 있는 때, 사형, 무기 또는 단기 3년 이상의 징역이나 금고에 해당하는 사건으로 기소된 때에는 변호인이 없는 경우 직권으로 변호인을 선정하여야 한다(제33조 제1항). 또한 피고인이 빈곤 그 밖의 사유로 변호인을 선임할 수 없는 경우에 피고인의 청구가 있는 때에는 변호인을 선정하여야 한다(제33조 제2항). 법원은 피고인의 연령·지능 및 교육정도를 참작하여 권리보호를 위하여 필요하다고 인정하는 때에는 피고인의 명시적 의사에 반하지 아니하는 범위 안에서 변호인을 선정하여야 한다(제33조 제3항).

여기서 **'단기 3년 이상'**이란 법정형을 기준으로 한다.[89] 따라서 법정최저형이 3년 이상인 경우, 법정최저형은 3년 이하이지만 사형·무기징역·금고가 함께 규정된 경우, 법정최저형이 규정되어 있지는 않으나 법정최고형이 법원으로 하여금 3년 이상의 선고형을 부과할 가능성이 있는 경우 등이 여기에 해당한다.

2) 필요적 변호사건

형사소송법 제33조의 규정에 따라 선정된 변호인이 출석하지 아니한 때에는 법원은 직권으로 변호인을 선정하여야 한다(제282조, 제283조). 공판준비기일이 지정된 사건(제266조의8 제4항)이나 치료감호법에 의하여 치료감호의 청구가 있는 사건은 변호인 없이 개정할 수 없으므로, 피치료감호청구인에게 변호인이 없거나 변호인이 출석하지 아니한 때에는 국선변호인을 선정해야 한다(치료감호법 제15조 제2항). 이와 같이 변호인 없이는 개정할 수 없는 사건을 **필요적 변호사건**이라 한다.

3) 체포·구속적부심사

체포·구속적부심을 청구한 피의자가 제33조의 국선변호인 선임사유에 해당하고 변호인이 없는 때에는 **국선변호인을 선정**하여야 한다(제214조의2 제4항). 변호인이 없는 때에는 지방법원판사는 직권으로 변호인을 선정하여야 한다. 이 경우에 변호인의 선정은 피의자에 대한 구속영장청구가 기각되어 효력이 소멸하는 경우를 제외하고는 제1심까지 효력이 있다(제214조의2 제9항).

또한 법원은 변호인의 사정 그 밖의 사유로 변호인 선정결정이 취소되어 변호인이 없게 된 때에는 변호인을 다시 선정할 수 있다(제214조의2 제10항). 변호인이 없는 체포·구속적부심사를 청구한 피의자에 대하여 국선변호인을 선정하지 않은 상태에서 재판한 경우에는 항소·상고이유가 된다.

---

89) 대법원 2003. 3. 25. 선고 2002도5748 판결.

4) 구속전 피의자심문

구속영장을 청구받은 지방법원판사가 피의자를 심문하는 경우에(제201조의2), 심문할 피의자에게 변호인이 없는 때에는 직권으로 변호인을 선정하여야 한다. 이 경우 변호인의 선정은 피의자에 대한 구속영장청구가 기각되어 효력이 소멸한 경우를 제외하고는 제1심까지 효력이 있다(동조 제8항). 형사소송법의 개정으로 구속된 피고인뿐만 아니라 피의자에 대하여도 수사와 공판절차에서 전면적인 국선변호가 인정되게 되었다.

5) 재심사건

재심개시결정이 확정된 사건에 대하여, 사망자 또는 회복할 수 없는 심신장애자를 위하여 재심청구가 있거나, 유죄선고를 받은 자가 재심판결 전에 사망하거나 회복할 수 없는 심신장애자로 된 때에 재심청구자가 변호인으로 사선변호인을 선임하지 않으면 재판장은 직권으로 국선변호인을 선임하여야 한다(제438조 제4항).

(2) 선정절차

1) 지체없는 국선변호인 선정과 고지

법원은 국선변호인을 지체 없이 선정하고, 피의자 및 변호인에게 그 뜻을 고지하여야 한다(규칙 제16조). 재판장은 공소제기가 있는 때에는 필요적 변호사건에 해당하는 경우에는 변호인 없는 피고인에게 변호인 없이 개정할 수 없는 취지와 피고인 스스로 변호인을 선임하지 아니할 경우에는 법원이 국선변호인을 선정하게 된다는 취지를, 그리고 형사소송법 제33조 제5호에 해당하는 때에는 국선변호인의 선정을 청구할 수 있다는 취지의 고지를 하여야 한다. 법원은 지체 없이 국선변호인을 선정한 때에는 피고인 및 변호인에게 그 뜻을 고지해야 한다(규칙 제17조).

2) 국선변호인의 선정

국선변호인 선정은 **법원의 선정결정**에 의하며, 선정절차는 공소제기전의 피의자와 공소제기된 후의 피고인에 대한 국선변호인의 경우로 나눌 수 있다. 법원의 직권에 의하여 선정되나, 제33조 제5호에 해당하는 경우에는 피고인 또는 대리권자의 청구가 있어야 한다.

3) 선정의 법적 성질

국선변호인 선정의 법적 성질에 대하여는 **재판설, 공법상 일방행위설, 공법상계약설**의 대립이 있으나, 재판장 또는 법원이 소송법에 의하여 행하는 단독의 의사표시인

명령이므로 재판설의 입장이 타당하며, 이는 통설의 입장이기도 하다.

4) 선정의 취소와 사임 및 보수

법원은 사선변호인이 선임된 경우와 국선변호인이 자격을 상실하거나 국선변호인의 사임을 허가한 경우에는 국선변호인 선정을 취소하여야 한다. 그 밖에도 직무를 성실히 수행하지 아니하거나 기타 상당한 이유가 있는 때에는 선정을 취소할 수 있다. 선정취소를 한 때에도 지체 없이 그 뜻을 해당되는 국선변호인과 피고인 또는 피의자에게 통지해야 한다. 국선변호인의 사임에는 법원의 허가가 필요하다(규칙 제20조).

제33조 각호 또는 제282조에 해당하는 사건의 공판기일 또는 피의자 심문기일에 선임된 변호인 또는 선정된 국선변호인이 출석하지 아니하거나 퇴정한 경우에 부득이한 때에는 피고인 또는 피의자의 의견을 들어 재정중인 변호사, 공익법무관 또는 사법연수생을 국선변호인으로 선정할 수 있다(규칙 제19조).

국선변호인은 ① 질병 또는 장기여행으로 인하여 국선변호인의 직무를 수행하기 곤란할 때, ② 피고인 또는 피의자로부터 폭행, 협박 또는 모욕을 당하여 신뢰관계를 지속할 수 없을 때, ③ 피고인 또는 피의자로부터 부정한 행위를 할 것을 종용받았을 때, ④ 기타 국선변호인으로서의 직무를 수행할 수 없다고 인정할 만한 상당한 이유가 있을 때는 **법원의 허가를 얻어 사임**할 수 있다(규칙 제20조).

Ⅲ. 변호인의 소송법상 지위

변호인의 소송법상의 지위에 대하여는 보호자적 지위와 공익적 지위를 지닌다는 이중적 지위설,[90] 사법기관설,[91] 피고인·피의자의 이익보호를 위해 노력하는 민사소송에서의 소송대리인과 같은 지위를 지닌다는 대리인설[92]의 대립이 있다.

생각건대 변호인은 피의자나 피고인의 이익을 대표하는 이익대표자와 실체적 진실을 발견하여 형사사법적 정의를 실현하는 사법기관의 이중적 지위에 있다고 보는 것이 옳다. 그러므로 변호인은 적극적인 진실의무가 아닌 **소극적 진실의무**만이 있고,

90) 배종대/이상돈/정승환/이주원, §35/42; 신동운, 116면; 이재상/조균석, 144면.

91) 김일수, "변호인의 사법기관성"(고시연구, 1984. 2), 56면.

92) 신동운, 155면.

피의자·피고인에게 진술거부권행사를 지시하는 것도 가능하다. 또한 변호인은 피해자와의 합의 또는 고소취하를 종용하는 것도 허용되며, 변호인의 상소도 허용된다.

1. 보호자의 지위

(1) 피고인 또는 피의자의 보호자

변호인의 가장 기본이 되는 역할로써 변호인이 피고인 또는 피의자에게 부족한 법률지식을 제공하고, 피고인 또는 피의자와의 접견을 통하여 심리적 불안과 열등감을 해소해 주는 역할을 말한다. 이러한 지위로 인하여 변호인은 피고인에게 유리한 증거를 수집하고 제출하며, 유리한 사실의 주장을 하여야 하고, 개인적 정의감이나 양심보다는 피고인에게 유리한 활동을 하여야 한다.

(2) 변호인과 피고인의 관계

변호인은 대리인인 동시에 보호자이다. 피고인의 정당한 이익보호를 위해 소송행위에 대한 포괄적 대리권과 독립대리권 및 고유권을 가진다. 피고인 간의 신뢰관계를 보호하기 위하여 변호인은 피고인의 유죄임을 아는 경우에도 이를 검사나 법원에 고지할 의무가 없다(비밀유지의무).

2. 공익적 지위

(1) 변호인의 진실의무

변호인은 보호자의 지위를 갖는 동시에 국가형벌권이 실체적 진실에 입각하여 정당하게 행사되도록 형사절차의 진행에 협조하여야 한다. 따라서 변호인은 그 직무를 행함에 있어서 진실을 은폐하거나 허위진술을 하여서는 안 되며, 진실과 정의에 구속되어지는 진실의무를 가지게 된다.

(2) 보호자의 지위와의 조화가 필요

피고인이 악용하는 경우가 있다고 하더라도 변호인은 실체법·소송법적 지식이나 권리에 대해 조언하여야 하며, 피고인에게 유리한 증거를 수집하는 것은 당연한 의무이다. 그러나 변호인이 증인에게 위증을 교사하거나 증거인멸을 지시하여서는 안 된다.

Ⅳ. 변호인의 권한

변호인은 피고인의 보호자로서 소송법상 여러 가지 권한이 부여되어 있다. 변호인의 권한은 크게 피고인·피의자의 소송행위를 대리하는 **대리권**과 변호인에게 인정되는 고유한 권한인 **고유권**으로 나눌 수 있다.

1. 대 리 권

(1) 대리권의 범위

변호인은 피의자·피고인이 당사자로서 행할 수 있는 소송행위 가운데 성질상 대리가 허용되는 모든 소송행위에 대하여 **포괄적인 대리권**을 가진다. 그러나 피의자·피고인이 증거방법으로서 하는 행위(진술이나 검증)는 그 성질상 대리가 허용되지 않는다.

(2) 종속대리권과 독립대리권

변호인의 대리권에는 본인의 의사에 종속하여 행사할 수 있는 **종속대리권**과 본인의 의사에 반해서도 행사할 수 있는 **독립대리권**이 있다.

독립대리권에는 본인의 명시의사에 반해서도 할 수 있는 것과 본인의 명시의사에 반할 수는 없지만 묵시의사에 반하여 행사할 수 있는 것이 있다.

가. 독립대리권의 인정여부와 그 범위 변호인의 **종속대리권**과 **고유권** 이외에 **독립대리권**을 인정할 것인가에 대하여 학설의 대립이 있다.

① 부 정 설 피고인의 권리가 소멸하는 때에는 변호인의 권리도 소멸하므로 독립대리권을 인정하는 것은 피고인의 지위를 약하게 만들어버리게 된다. 그러므로 형사소송법에 규정된 변호인의 법적 권리는 모두 고유권으로 이해해야 한다는 견해이다.[93)]

② 긍 정 설 변호인의 모든 법적 권리를 고유권으로 이해할 경우에는 피고인의 권리가 상실된 경우에도 변호인의 권리는 남게 되므로 소송주체 간의 법률관계가 불명확하게 되고, 종속대리권과 고유권 이외에 변호인의 독립대리권을 인정하더라도 피고인의 지위를 약화시키는 것은 아니다. 또한 형사소송법 제36조 단서에 '법률에 다른 규정이 있는 때에는 예외로 한다'고 규정한 점을 고려해볼 때, 이 규정은 변

---

93) 강구진, 141면.

호인의 독립대리권과 고유권을 함께 규정하고 있다고 이해하는 통설[94]의 입장이 타당하다.

나. 독립대리권과 종속대리권의 구별기준

(가) 종속대리권 관할이전신청(제15조), 관할위반의 신청(제320조 제1항), 증거동의(제318조 제1항), 상소취하(제349조), 정식재판의 청구(제453조 제1항) 등이 있다.

(나) 독립대리권

① 명시적 의사에 반하여 할 수 있는 독립대리권 구속취소의 청구(제93조), 보석의 청구(제94조), 증거보전의 청구(제184조 제1항), 공판기일변경신청(제270조 제1항), 증거조사에 대한 이의신청(제296조 제1항) 등이 여기에 속한다.

② 묵시적인 의사에 반하여 할 수 있는 독립대리 기피신청(제18조 제2항), 상소제기(제341조 제1항) 등이 있다.

2. 고 유 권

변호인의 권리로 특별히 규정된 것 중에서 성질상 대리권으로 볼 수 없는 경우를 말한다. 변호인의 고유권은 피고인과 함께 행사할 수 있는 경우와 변호인만이 가지고 있는 경우가 있다.

(1) 변호인이 피고인·피의자와 중복하여 가지는 고유권

압수·수색·검증영장 집행에의 참여(제121조, 제145조), 감정의 참여(제176조 제1항), 증인신문에의 참여(제163조 제1항), 증인신문(제161조의2 제1항), 서류·증거물의 열람·등사권(제35조, 제266조의3·4), 증거제출·증인신문신청(제294조), 최종의견진술권(제303조)이 있다.

(2) 변호인만이 가지는 고유권(좁은 의미의 고유권)

피고인·피의자와의 접견교통권(제34조), 기록열람·등사권, 피고인에 대한 신문권(제296조의2 제1항), 피의자신문참여권(제243조의2), 상고심의 변론권이 있다.

3. 변호인의 접견교통권

변호인 또는 변호인이 되려는 자는 신체구속을 당한 피고인·피의자와 접견하고 서류 또는 물건을 수수할 수 있으며, 의사로 하여금 진료하게 할 수 있다(제34조).

---

94) 배종대/이상돈/정승환/이주원, §35/67; 손동권/신이철, 100면; 이재상/조균석, 147면; 정영석/이형국, 92면.

접경교통의 보장비밀이 되어야 하며, 입회나 감시·수수한 서류나 물건의 압수는 허용되지 않는다. 접견교통권을 침해하고 얻은 증거는 증거능력이 없다. 변호인의 접견교통권은 법원의 결정이나 수사기관의 처분에 의해 제한될 수 없다.

4. 변호인의 기록열람·등사권

변호인의 피고인을 위한 효과적인 방어활동을 위해서는 수사기관이 공소제기한 범죄혐의사실과 그에 관한 증거를 파악하는 것이 필연적으로 요구되어진다. 또한 변호인으로 하여금 미리 범죄사실과 관련된 서류나 증거물에 대한 열람·등사를 통하여 그 내용을 알게 함으로써 공판절차상 예상되는 당사자 간의 법률상의 쟁점을 정리하게 하고 효율적인 변론활동을 할 수 있게 한다. 따라서 변호인의 기록·열람등사권은 신속하고도 공정한 재판의 이념을 실현할 수 있게 하는 제도적 장치이며, 이는 피고인의 권리이기도 하다. 형사소송법은 이러한 취지를 반영하여 피고인 또는 변호인에게 소송계속 중의 관계서류 또는 증거물에 대한 열람·등사권을 인정할 뿐만 아니라 공소제기 후 검사가 보관하고 있는 서류 등에 대한 열람·등사권, 이른바 증거개시제도(discovery)를 새로 도입하였다(제266조의3·4).

(1) 법원이 보관하고 있는 기록의 열람·등사

피고인과 변호인은 소송계속 중의 관계서류와 증거물을 열람하거나 복사할 수 있다. 피고인의 법정대리인, 특별대리인, 보조인[95] 또는 피고인의 배우자·직계친족·형제자매로서 피고인의 위임장 및 신분관계를 증명하는 문서를 제출한 자도 같다. 재판장은 피해자, 증인 등 사건관계인의 생명 또는 신체의 안전을 현저히 해칠 우려가 있는 경우에는 열람·복사에 앞서 사건관계인의 개인정보가 공개되지 아니하도록 보호조치를 할 수 있다(제35조). 이 경우에 법원사무관 등은 재판기록에 대하여 사건관계인의 개인정보 보호를 위한 비실명처리를 하여야 한다.[96]

열람·등사의 대상은 소송계속 중의 관계서류와 증거물이다. 따라서 수사단계의

---

95) 보조인이란 피고인 또는 피의자와 일정한 신분관계로 인한 정의로 인해 피고인 또는 피의자의 이익을 보호하는 보조자를 말한다. 피고인 또는 피의자의 법정대리인, 배우자, 직계친족, 형제자매는 보조인이 될 수 있다. 보조인이 되고자 하는 자는 심급별로 신고해야 하며, 보조인은 독립하여 피고인 또는 피의자의 명시한 의사에 반하지 아니하는 소송행위를 할 수 있다. 단, 법률에 다른 규정이 있는 때에는 예외로 한다(제29조).

96) 재판기록 열람·복사규칙 제7조 제3항 참조.

서류인 피의자신문조서나 피의자가 제출한 증거 및 전문가의 감정서 등에 대하여는 변호인의 열람·등사를 허용하지 않고 있다. 그러나 영미법이나 독일형사소송법[97]에서는 이 경우에도 피고인의 방어를 위해 열람·등사를 허용하고 있는데, 입법론적으로는 수사단계의 서류라 하더라도 피고인의 방어를 위해 필요한 서류 등에 대하여는 변호인에게 열람·등사를 허용하도록 개선되어야 한다.[98]

한편 헌법재판소는 구속적부심사건의 피의자의 변호인에게 수사기록 중 고소장과 피의자신문조서를 열람·등사할 수 있는 권리가 있음을 인정한 바 있다.[99]

(2) 공소제기 후 검사가 보관하고 있는 기록의 열람·등사

공소장일본주의에 의해 검사는 공소제기시에는 법원에 공소장만을 제출하고 수사관계기록이나 증거물 등은 공판절차상 증거조사과정에 법원에 제출하게 되어, 공소제기 이후에도 변호인은 검사가 법원에 제출하지 않고 보관하고 있는 수사절차상 획득한 각종 증거물이나 서류를 열람·등사할 수 없어 피고인에 대한 효과적인 방어활동을 하는데 한계가 있었다. 그런데 개정 형사소송법은 변호인의 효율적인 방어활동을 강화하기 위하여 피고인 또는 변호인은 공소제기 후 검사가 보관하고 있는 서류 등에 대한 열람·등사를 신청할 수 있도록 하고, 검사가 이를 거부할 때에는 법원에 불복신청을 할 수 있도록 하였다(제266조의3·4).

가. 신청권자 열람·등사를 신청할 수 있는 사람은 **피고인 또는 변호인**이다. 다만, 피고인에게 변호인이 있는 경우에는 피고인은 열람만 신청할 수 있다.

나. 열람·등사의 대상 검사에게 열람·등사를 신청할 수 있는 것은 공소제기된 사건에 관한 서류 또는 물건의 목록과 공소사실의 인정 또는 양형에 영향을 미칠 수 있는 검사가 증거로 신청할 서류 등과 검사가 증인으로 신청할 사람의 성명·사건과의 관계 등을 기재한 서면 또는 그 사람이 공판기일 전에 행한 진술을 기재한 서류 및 제1호 또는 제2호의 서면 또는 서류 등의 증명력과 관련된 서류, 그리고 피고인 또는 변호인이 행할 법률상·사실상 주장과 관련된 서류 등이다(제266조의3 제1항 제1호 내지 제4호).

열람·등사를 신청할 수 있는 서류 등에는 도면·사진·녹음테이프·비디오테이

97) 독일형사소송법 제147조 제3항 참조.
98) 이재상/조균석, 152면.
99) 헌법재판소 2003. 3. 27. 선고 2000헌마474 결정.

프·컴퓨터용디스크, 그 밖에 정보를 담기 위하여 만들어진 물건으로서 문서가 아닌 특수매체를 포함한다(동조 제6항).

다. 열람·등사의 거부 검사는 국가안보, 증인보호의 필요성, 증거인멸의 염려, 관련사건의 수사에 장애를 가져올 것으로 예상되는 구체적인 사유 등 상당한 이유가 있다고 인정하는 때에는 열람·등사 또는 서면의 교부를 거부하거나 그 범위를 제한할 수 있다(제266조의3 제2항). 다만, 검사는 서류 등의 목록에 대하여는 열람·등사를 거부할 수 없다(동조 제5항). 이는 증거개시제도의 실효성을 최소한 확보하기 위해서이다. 특수매체에 대한 등사는 필요한 최소한의 범위에 한한다(동조 제6항).

검사가 열람·등사를 거부하거나 그 범위를 제한하는 때에는 지체 없이 그 이유를 서면으로 신청인에게 통지하여야 한다(동조 제3항). 검사가 신청을 받은 때부터 48시간 이내에 통지를 하지 아니하는 때에는 피고인 또는 변호인은 법원에 그 서류 등의 열람·등사 또는 서면의 교부를 허용하도록 할 것을 신청할 수 있다(동조 제4항).

(3) 법원의 열람·등사에 대한 결정

피고인 또는 변호인은 검사의 서류 등의 열람·등사 또는 서면의 교부를 거부하거나 그 범위를 제한할 때에는 법원에 그 서류 등의 열람·등사 또는 서면의 교부를 허용하도록 할 것을 신청할 수 있다(제266조의4 제1항).

법원은 열람·등사 또는 서면의 교부를 허용하는 경우에 생길 폐해의 유형·정도, 피고인의 방어 또는 재판의 신속한 진행을 위한 필요성 및 해당 서류등의 중요성 등을 고려하여 검사에게 열람·등사 또는 서면의 교부를 허용할 것을 명할 수 있다. 이 경우 열람 또는 등사의 시기·방법을 지정하거나 조건·의무를 부과할 수 있다.

법원이 허가를 결정할 때에는 **검사에게 의견을 제시할 수 있는 기회**를 주어야 하며(동조 제3항), 필요하다고 인정하는 때에는 검사에게 해당서류의 제시 등을 요구할 수 있고, 피고인이나 그 밖의 **이해관계인을 심문**할 수 있다(동조 제4항).

법원의 결정에 대하여는 즉시항고를 할 수 없으므로, 법원의 열람·등사에 대한 허용결정은 결정이 고지되는 즉시 집행력이 발생한다.[100] 이 경우에 보통항고가 가능한가에 관해서는, 판결 전 소송절차에 관한 결정이기 때문에 형사소송법 제403조의 보통항고를 할 수 있는 예외사유[101]에 해당하지 않기 때문에 불복이 허용되지 않는다

---

100) 대법원 2012. 11. 15. 선고 2011다48452 판결.

101) 법원의 관할 또는 판결 전의 소송절차에 관한 결정에 대하여는 특히 즉시항고를 할 수 있는 경

는 **부정설**과 이는 판결전 소송절차에 관한 규정이 아니라 형사소송법 제402조에서 규정하는 일반규정으로서의 법원의 결정이므로 보통항고가 허용된다는 **긍정설**이 대립하며, **판례**[102]는 **부정설**의 입장을 취하고 있다.

생각건대 피고인 또는 변호인의 공소제기 후 검사가 보관하고 있는 서류등의 열람·등사에 관한 법원의 결정은 판결 전 소송절차에 관한 규정이 아니라 형사소송법 제402조에서 규정하고 있는 일반규정으로서의 법원의 결정에 해당하기 때문에 보통항고는 허용된다고 보는 긍정설이 타당하다.

한편 검사가 열람·등사 등에 관한 법원의 결정을 지체 없이 이행하지 아니한 때에는 해당증인 및 서류 등에 대한 증거신청을 할 수 없도록 규정함으로써 증거개시의 이행을 담보하도록 하고 있다.

(4) 피고인 또는 변호인이 보관하고 있는 서류등의 열람·등사 – 피고인 또는 변호인의 증거개시

증거개시는 피고인 또는 변호인에 의한 검사의 수중에 있는 증거개시만이 아니라, 반대로 검사에 의한 피고인 또는 변호인에 대한 서류 등의 열람·등사권을 인정하고 있다. 즉 검사는 피고인 또는 변호인이 공판기일 또는 공판준비절차에서 현장부재·심신상실 또는 심신미약 등 법률상·사실상의 주장을 한 때에는 ① 피고인 또는 변호인이 증거로 할 서류, ② 피고인 또는 변호인이 증인으로 신청할 사람의 성명·사건과의 관계 등을 기재한 서면, ③ 앞의 서류나 서면의 증명력과 관련된 서류, ④ 피고인 또는 변호인이 행한 법률상·사실상의 주장과 관련된 서류 등의 열람·등사 또는 서면의 교부를 요구할 수 있다고 하여 검사에 의한 피고인 또는 변호인의 증거개시를 인정함으로써 당사자 쌍방에게 균형있게 증거개시가 가능하도록 규정하고 있다.

한편 피고인 또는 변호인은 검사가 제266조의3 제1항에 따른 서류 등의 열람·등사 또는 서면의 교부를 거부한 때에는 제1항에 따른 서류 등의 열람·등사 등을 거부할 수 있다. 다만, 법원이 제266조의4 제1항에 따른 신청을 기각하는 결정을 한 때에는 그러하지 아니하다(제266조의11 제2항)고 규정하여 검사와 피고인 당사자 사이에 증거개시에 있어서 상호주의 입장을 취하도록 규정하고 있다.

이외에 검사도 피고인 또는 변호인이 열람·등사 등의 요구를 거부한 때에는 법

우 외에는 항고를 하지 못한다(형소법 제403조).

102) 대법원 2013. 1. 24. 자 2012모1393 결정.

원에 그 서류 등의 열람·등사 또는 서면의 교부를 허용하도록 할 것을 신청할 수 있으며, 법원의 결정절차와 효과 및 특수매체에 대한 등사의 제한규정 등은 검사가 보관하고 있는 서류 등의 열람·등사에 관한 관련조항을 준용하도록 하고 있다.

5. 변호인의 피의자신문참여권

(1) 의　의

변호인은 공판정에 출석하여 피고인과 증인을 신문하고 증거조사에 참여할 권리를 갖는다. 변호인의 피의자신문참여권이란 수사기관인 검사 또는 사법경찰관의 피의자신문시에 변호인이 참여할 수 있는 권리를 말한다. 개정된 형소법은 수사기관의 피의자신문시에 변호인의 도움을 받을 권리를 실질적으로 보장하기 위하여 변호인의 피의자신문참여권을 명문으로 보장하고 있다(제243조의2).

(2) 피의자신문참여권의 내용

검사 또는 사법경찰관은 피의자 또는 그 변호인·법정대리인·배우자·직계친족·형제자매의 신청에 따라 변호인을 피의자와 접견하게 하거나 정당한 사유가 없는 한 피의자의 신문에 참여하게 하여야 한다(제243조의2 제1항).

가. 신청권자　변호인의 피의자신문참여 신청권자는 **피의자와 변호인**이다. 피의자와 변호인 외에도 피의자의 법정대리인·배우자·직계친족·형제자매도 변호인의 피의자신문참여를 신청할 수 있으며, 신청할 수 있는 변호인에는 사선변호인과 국선변호인 및 특별변호인[103]도 포함된다.

나. 변호인의 참여범위　검사 또는 사법경찰관은 원칙적으로 변호인을 피의자신문에 참여하게 하여야 한다. 참여를 신청한 변호인이 신문장소에 출석하지 아니하거나 출석을 거부할 때에는 변호인의 참여 없이도 신문할 수 있다. 신문에 참여하고자 하는 변호인이 2인 이상인 때에는 피의자가 신문에 참여할 변호인 1인을 지정한다. 지정이 없는 경우에는 검사 또는 사법경찰관이 지정할 수 있다(제243조의2 제2항).

신문에 참여한 변호인은 신문 후 의견을 진술할 수 있다. 다만, 신문중이라도 부당한 신문방법에 대하여는 이의를 제기할 수 있고, 검사 또는 사법경찰관의 승인을 얻어 의견을 진술할 수 있다(제243조의2 제3항). 변호인은 수사기관의 부적법하거나

103) 변호인은 변호사 중에서 선임한다. 단, 대법원 이외의 법원은 특별한 사정이 있으면 변호사 아닌 자를 변호인으로 선임함을 허가할 수 있다(제35조).

부당한 신문에 대하여 신문의 중단을 요청할 수 있으며, 피의자의 요청으로 변호인과 상의하여 피의자가가 신문에 답하도록 하는 것도 허용된다고 보아야 한다.[104)]

(3) 피의자신문참여권의 제한

검사 또는 사법경찰관은 정당한 사유가 있는 때에는 변호인의 참여권을 제한할 수 있다(제243조의2 제1항). 변호인의 참여를 제한할 수 있는 정당한 사유란 **수사방해, 수사기밀누설이나 증거인멸의 위험** 등을 들 수 있다. 따라서 피의자에 대한 신문을 부당하게 제지 또는 중단시키거나 피의자에게 특정한 답변을 유도하거나 진술을 번복하게 하는 경우, 신문내용을 촬영·녹음하는 행위, 증거를 인멸하거나 조작하는 행위 등이 수사방해에 해당한다고 할 수 있다.

그러나 피의자에게 진술거부권을 행사하도록 하였거나,[105)] 피의자신문시 참여한 변호인에게 피의자로부터 조금 떨어져 앉으라는 지시에 불응하였다는 이유로 변호인의 피의자신문참여권을 제한할 수는 없다.[106)]

(4) 변호인의 피의자신문참여의 절차와 불복

피의자 등이 변호인의 피의자신문참여를 신청할 경우에 변호인의 피의자신문참여를 가능하게 하기 위하여 수사기관은 사전에 신문기일과 장소를 변호인에게 통지하여야 한다. 신문에 참여한 변호인의 의견이 기재된 피의자신문조서는 변호인에게 열람하게 한 후 변호인으로 하여금 그 조서에 기명날인 또는 서명하게 하여야 한다(제243조의2 제4항). 또한 검사 또는 사법경찰관은 변호인의 신문참여 및 그 제한에 관한 사항을 피의자신문조서에 기재하여야 한다(동조 제5항).

그 밖에도 검사 또는 사법경찰관이 변호인의 참여를 제한하거나 퇴거시킨 경우에는 그 처분에 대하여 **준항고**를 할 수 있다.[107)] 또한 변호인의 피의자신문참여권을 침해하여 변호인이 참여하지 않은 상태에서 작성된 피의자신문조서는 위법한 절차에 의하여 수집한 증거이므로 **위법수집증거배제법칙에 의하여 증거능력이 부정된다**.[108)]

---

104) 이재상/조균석, 150면.

105) 대법원 2014. 10. 27. 선고 2014다44574 판결.

106) 대법원 2008. 9. 12. 자 2008모793 결정.

107) 검사 또는 사법경찰관의 구금, 압수 또는 압수물의 환부에 관한 처분과 제243조의2에 따른 변호인의 참여 등에 관한 처분에 대하여 불복이 있으면 그 처분의 취소 또는 변경을 청구할 수 있다(제417조).

108) 대법원 2013. 3. 28. 선고 2010도3359 판결.

《 제1심 판결에 불복 → 항소절차 과정 》

◉ 7일 이내 원심법원에 항소장을 제출 → 원심법원은 항소장을 심사 → 항소기각결정(항소제기방식 법률위배) → 즉시항고 가능 → 그 외에는 원심법원이 14일 이내 소송기록과 증거물을 항소법원에 송부 → 항소법원이 기록을 송부받은 때에는 항소인과 상대방에게 즉시 그 사유를 통지 → 검사는 소송기록접수 통지를 받은 날부터 20일 이내에 항소이유서를 작성하여 항소법원에 제출 → 미제출시에는 항소기각결정 → 즉시항고 가능 → 항소법원은 지체없이 항소이유서 부본을 상대방에게 송달해야 하며, 검사는 피고인을 14일 이내에 항소법원 소재지의 교도소·구치소로 이송 → 10일 이내에 답변서를 제출

제 2 장 소송행위와 소송조건

제 1 절 소송행위의 의의와 종류

Ⅰ. 소송행위의 의의

소송행위란 **소송절차를 조성하는 소송주체나 소송관계인의 행위로서 소송법상 일정한 효과가 인정되는 행위**를 말한다. 소송절차를 조성하지 않거나(법관의 임면, 사법사무의 분배 등) 소송법적 효과가 없는 행위(법정정리 또는 개정준비행위)는 소송행위가 아니다.

체포(독일의 경우는 소송법상 의미있는 사실행위도 포함한다) 또는 법관의 심증형성에 기여하는 피고인·증인·감정인의 진술도 소송행위로 보는 견해[1)]도 있다.

그러나 소송행위란 공소제기부터 확정판결에 이르는 절차뿐만 아니라 수사와 형집행절차를 형성하는 행위라 할 수 있으므로 이를 포함하지 않는 것이 타당하다. 한편 소송법적 효과와 실체법적 효과가 동시에 인정되는 **이중기능적 소송행위**(자수, 자백)도 있다.

Ⅱ. 소송행위의 종류

소송행위의 종류는 소송행위의 주체, 기능, 성질, 목적에 따라 다음과 같이 분류할 수 있다.

1. 주체에 의한 분류

소송행위의 주체에 따라 법원의 소송행위와 당사자의 소송행위 및 제3자의 소송

1) 이재상/조균석, 159면.

행위로 나눌 수 있다.

(1) 법원의 소송행위

심리와 재판, 강제처분과 증거조사, 수소법원의 재판장, 수명법관, 수탁판사의 소송행위, 법원사무관의 조서작성행위 등이 해당된다.

(2) 당사자의 소송행위

1) 청구 또는 신청

법원에 대하여 일정한 재판을 구하는 소송행위를 말한다. 관할이전신청, 기피신청, 공소·상소의 제기, 보석의 청구 등이 여기에 속한다. 신청이 당사자의 권리로 인정된 때에는 법원은 그 신청에 대하여 반드시 재판을 하여야 한다.

2) 입 증

증명과 관련된 소송행위로써 증거제출, 증거조사신청, 증인신문 등이 있다.

3) 진 술

법원에 대하여 사실을 보고하거나 사실, 법률에 대한 의견을 진술하는 주장(논고, 구형, 변론 등)과 법원의 심증형성에 영향을 미치는 진술(피고인의 진술 등)이 있다.

(3) 제3자의 소송행위

법원, 당사자가 아닌 제3자가 행하는 소송행위를 말한다. 고소, 고발, 증언, 감정, 피고인이 아닌 자가 행하는 압수물에 대한 환부, 가환부의 청구 등이 해당된다.

2. 기능에 의한 분류

소송행위의 소송법적 기능에 따라 효과요구소송행위(취효적 소송행위)와 효과부여소송행위(여효적 소송행위)로 나눌 수 있다.

(1) 효과요구소송행위

행위자의 소송행위만으로는 행위자가 원하는 소송법적 효과가 발생하지 않고, **법원의 소송행위**가 있을 때 비로소 **법효과가 발생**하는 소송행위를 말한다. 취효적 소송행위라고도 한다. 예컨대 기피신청, 관할위반신청, 공소제기, 증거신청 등이 해당된다.

(2) 효과부여소송행위

법원의 행위와 관계없이 일정한 소송법적 효과가 발생하는 행위를 말한다. **'여효적 소송행위'** 라고도 한다. 예컨대 상소취하, 상소포기, 고소취소 등이 해당한다. 형식요건이 불비하면 '부적법각하'의 판단을 내리고, 실질요건을 심사하여 요건불비일 때는 '이유 없으므로 기각한다'는 판단을 내린다.

3. 성질에 의한 분류

(1) 법률행위적 소송행위

일정한 소송법적 효과를 목적으로 하는 행위자의 의사표시를 내용으로 하는 소송행위를 말한다. 공소제기, 재판의 선고, 상소제기, 각종 영장의 청구와 발부 등이 여기에 속한다.

(2) 사실행위적 소송행위

소송행위를 수행하는 당사자의 의사와 관계없이 소송행위 자체에 일정한 소송법적 효과가 부여되는 소송행위를 말하며, 표시행위와 순수한 사실행위로 구별된다.

표시행위란 의사가 외부에 표시되나 의사내용에 상응한 소송법적 효과가 발생하지 않는 행위를 말하며, 논고, 구형, 증언, 변론, 감정 등이 여기에 해당한다. 순수한 사실행위란 구속·압수·수색 등의 영장집행과 피고인의 퇴정 등과 같이 일정한 의사의 외부적 표현을 수반하지 않는 순수한 사실행위를 말한다.

4. 목적에 의한 분류

(1) 실체형성행위

법관의 심증형성에 직접적인 영향을 미치는 소송행위를 말한다. 피고인의 진술, 증인의 증언, 검증, 논고, 구두변론, 피고인의 최후진술 등과 같이 피고사건에 대한 법관의 유·무죄의 심증형성에 직접적인 역할을 담당하는 소송행위를 말한다.

(2) 절차형성행위

실체형성행위를 제외한 나머지의 절차를 형성하는 소송행위를 말한다. 공판기일의 지정, 공소제기, 유죄·무죄의 실체판결 등이 있다.

제 2 절 소송행위의 일반적 요소

모든 소송행위의 일반적·정형적 요소로는 주체, 내용, 방식 및 일시, 장소가 문제된다.

Ⅰ. 소송행위의 주체

1. 소송행위적격

(1) 일반적 행위적격

소송행위의 일반에 요구되는 행위적격의 문제로 소송행위의 주체와 대리권을 가지는 자가 누구인가라는 문제이다. '**소송능력**'과 '**소송행위능력**'이 있어야 한다.

(2) 특별행위적격

개개의 소송행위에 요구되는 행위적격을 말한다. 이에는 그 자체가 소송행위의 개념요소로 되어 있는 경우와 권한으로 규정되어 있는 경우가 있다. 전자가 결여된 경우는 소송행위로서의 정형성이 결여되었으므로 **소송행위의 불성립**에 해당하고(예: 법관 아닌 자의 재판, 검사 아닌 자의 공소제기), 후자의 경우는 **무효**에 해당한다(예컨대 고소권자 아닌 자의 고소, 상소권자 아닌 자의 상소의 경우).

2. 소송행위의 대리

(1) 소송행위의 대리의 의의

본인 이외의 제3자가 본인을 위하여 소송행위를 하고 그 효과가 본인에게 미치는 것을 말한다. 소송행위적격자를 대리하여 제3자가 소송행위를 대리할 수 있는가 하는 문제이다.

법률행위적 소송행위에 한하여 소송행위의 대리가 허용된다.

(2) 대리의 허용범위

1) 명문의 규정이 있는 경우

가. 포괄적 대리 의사무능력자에의 법정대리인의 소송행위의 대리(제26조), 법인의 대표자의 소송행위의 대리(제27조), 경미사건의 경우 피고인의 대리인에 의한 소송행위의 대리(제277조) 등이 이에 해당한다.

나. 개별적 대리 고소, 고소취소의 대리(제236조), 구속적부심사청구의 대리(제214조의2), 재정신청의 대리(제264조), 변호인선임의 대리(제30조), 상소의 대리 등이 이에 해당한다.

2) 명문의 규정이 없는 경우

개별적 소송행위의 의미와 목적에 따라 소송행위의 대리를 허용하자는 긍정설과[2] 명문이 허용하는 경우를 제외하고는 원칙적으로 대리는 허용되지 않는 다는 부정설이[3] 대립하고 있다. 형사소송의 형식적 확실성과 소송행위의 일신전속적 성질을 고려할 때 부정설이 타당하다. 판례[4]도 부정설의 입장이다.

(3) 대리권의 행사

대리권 행사는 본인의 의사에 따라야 한다. 다만 본인의 명시 또는 묵시의 의사에 반하여 대리권을 행사할 수 있는 경우도 있다(독립대리권). 대리권 없는 소송행위는 무효이지만 본인이 추인하면 무효가 치유될 수 있다.

II. 소송행위의 내용

1. 소송행위의 내용의 형식적 확실성

형사절차의 명확성과 안정성을 도모하기 위해서 형사절차를 조성하는 각 소송행위는 그 내용의 형식적 확실성이 요구되지만, 형식적 확실성을 해치지 않는 한 다른 서면의 기재내용이나 동시에 제출된 서면을 인용하는 것은 가능하게 된다.

2. 소송행위의 부관

소송행위는 형식적 확실성으로 인해 부관(附款)에는 친하지 않는 행위이다. 그러므로 상소의 제기와 재판의 취하 등에는 조건을 붙일 수 없다. 그런데 소송행위에 조건이나 기한과 같은 부관을 붙일 수 있는지가 문제된다.

(1) 제한적 긍정설

원칙적으로는 허용되지 않지만 예외적으로는 허용된다는, 즉 형사절차의 형식적 확실성을 해하지 않고 피고인의 이익에 중대한 영향이 없는 범위에서는 조건부 소송행위도 허용된다는 견해[5]이다. 예컨대 조건부 또는 택일적 증거신청의 경우이다. 제

2) 강구진, 42면; 정영석/이형국, 118면.

3) 배종대/이상돈/정승환/이주원, §32/28; 손동권/신이철, 124면; 신동운, 697면; 이재상/조균석, 164면.

4) 대법원 2014. 11. 13. 선고 2013도1228 판결.

5) 임동규, 107면.

한적 긍정설이 타당하다.

(2) 부 정 설

소송관계인의 이익보호를 위해 허용되지 않는다는 견해이다.[6] 그러나 법령에 의해 허용되는 경우에는 예외적으로 가능하다고 본다(공소사실 및 적용법조의 예비적, 택일적 기재).

(3) 이 원 설

효과부여소송행위(여효적 소송행위)는 조건이 허용되지 않지만, 효과요구소송행위(취효적 소송행위)는 법원의 심리, 재판을 불안정하게 하지 않는 한 허용된다는 견해이다.[7]

Ⅲ. 소송행위의 방식

소송행위 방식의 정형화를 통해 형사절차의 **형식적 확실성**이 보장되고 피고인의 인권이 보장된다.

1. 구두주의

구두주의는 표시내용이 신속하고 선명하며, 표시자와 표시가 일치한다는 점이 장점이다. 그러므로 공판정에서의 소송행위, 즉 실체형성행위는 원칙적으로 이 방식을 취하고 있다.

2. 서면주의

소송행위를 내용적·절차적으로 명확히 한다는 특색이 있다. 형식적 확실성을 요구하는 절차형성행위는 원칙적으로 서면주의이다. 구두주의와 서면주의에 위반한 소송행위는 그 규정이 **효력규정**일 때는 무효가 된다. 그러므로 구두에 의한 공소제기나 서면에 의한 판결선고는 무효이다. 고소와 고발에 대하여는 서면주의와 구두주의가 병용되고 있다.

---

6) 배종대/이상돈/정승환/이주원, §32/36.

7) 강구진, 43면.

3. 서류와 송달

(1) 소송서류

특정한 소송에 관하여 작성된 일체의 서류를 **소송서류**라 하며, 법원이 소송절차의 진행순서에 따라 편철한 서류를 **소송기록**이라 한다.

소송서류는 공판의 개정 전에는 공익상 필요하거나 기타 상당한 이유가 없으면 공개하지 못하도록 규정(제47조)하고 있는데, 이를 **소송서류비공개의 원칙**이라고 한다.

(2) 소송서류의 종류

1) 의사표시적 문서와 보고적 문서

의사표시적 문서란 일정한 소송법적 효과발생을 의사표시의 내용으로 하는 문서로서 당해 사건에 대한 의사표시적 문서, 즉 고소장, 고발장, 상소장, 변호인선임서 등은 증거능력이 없다. 이에 반해 공판조서, 검증조서, 신문조서 등과 같은 보고적 문서는 일정한 사실의 보고를 내용으로 하는 서류로써 일정한 요건 하에 증거능력이 인정된다.

2) 공무원의 서류와 비공무원의 서류

공무원이 작성하는 서류에는 법률에 다른 규정이 없는 때에는 작성 연월일과 소속공무소를 기재하고 기명날인 또는 서명하여야 한다(제57조 제1항). 서류에는 간인하거나 이에 준하는 조치를 하여야 하고(제57조 제2항), 공무원 아닌 자가 작성하는 서류에는 연월일을 기재하고 기명날인 또는 서명하여야 한다. 인장이 없으면 지장으로 한다(제59조).

3) 조 서

보고적 문서 중에서 일정한 절차 또는 사실을 인정하기 위하여 작성된 공권적 문서를 조서라 한다. 공판조서, 진술조서, 압수, 수색, 검증조서 등이 있다.

가. 공판기일에 작성한 조서 – 공판조서 공판조서란 공판기일에 있서서의 소송절차가 법정의 방식에 따라 적법하게 행하여졌는지 여부를 확인하기 위하여 공판기일의 소송절차에 참여한 법원사무관 등이 작성하는 조서를 말한다(제51조 제1항). 공판조서에는 재판장과 참여한 법원사무관등이 기명날인 또는 서명하여야 하고(제53조 제1항), 재판장이 기명날인 또는 서명할 수 없는 때에는 다른 법관이 그 사유를 부기하고 기명날인 또는 서명하여야 하며 법관전원이 기명날인 또는 서명할 수 없는 때에

는 참여한 법원사무관등이 그 사유를 부기하고 기명날인 또는 서명하여야 하며(동조 제2항), 법원사무관등이 기명날인 또는 서명할 수 없는 때에는 재판장 또는 다른 법관이 그 사유를 부기하고 기명날인 또는 서명하여야 한다(동조 제3항).

그리고, 공판기일의 소송절차로서 공판조서에 기재된 것은 그 조서만으로써 증명한다(제56조).

나. 공판기일 외의 절차에서 작성한 조서

① 신문조서 피고인, 피의자, 증인, 감정인, 통역인 또는 번역인을 신문하는 때에는 참여한 법원사무관등이 조서를 작성하여야 하며(제48조 제1항), 작성된 조서는 진술자에게 읽어주거나 열람하게 하여 기재내용의 정확여부를 물어야 한다(동조 제3항). 또한 진술자가 증감변경의 청구를 한 때에는 그 진술을 조서에 기재하여야 하고(동조 제4항), 신문에 참여한 검사·피고인·피의자 또는 변호인이 조서의 기재의 정확성에 대하여 이의를 진술한 때에는 그 진술의 요지를 조서에 기재하여야 하며(동조 제5항), 재판장 또는 신문한 법관은 그 진술에 대한 의견을 기재하게 할 수 있고(동조 제6항), 조서에는 진술자로 하여금 간인한 후 서명날인하게 하여야 한다. 단, 진술자가 서명날인을 거부한 때에는 그 사유를 기재하여야 한다(동조 제7항).

② 검증, 압수 또는 수색에 관한 조서 검증, 압수 또는 수색에 관하여는 조서를 작성하여야 하며(제49조 제1항), 검증조서에는 검증목적물의 현상을 명확하게 하기 위하여 도화나 사진을 첨부할 수 있고(동조 제2항), 압수조서에는 품종, 외형상의 특징과 수량을 기재하여야 한다(동조 제3항).

(3) 소송서류의 송달

1) 의 의

송달이란 당사자 또는 소송관계인에게 법률에 정한 방식에 의하여 소송서류의 내용을 알리는 **법원 또는 법관의 직권행위**를 말한다. 요식행위인 점에서 통지와 구별되며, 특정인에 대한 것이라는 점에서 공시 또는 공고와 구별된다.

2) 송달의 방법

서류의 송달에 관하여 법률에 다른 규정이 없는 때에는 「민사소송법」을 준용한다(제65조).

가. 교부송달의 원칙 서류의 송달에 관하여 법률에 다른 규정이 없는 때에는 「민사소송법」을 준용하기 때문에 교부송달의 원칙에 의한다(제65조, 민사소송법 제178

조 제1항). 교부송달이란 송달받을 사람의 거소·주소·영업소 또는 사무소에서 송달받을 사람에게 서류의 등본 또는 부본을 교부하는 방법에 의한 송달을 말한다.

나. 보충송달과 유치송달 보충송달이란 근무장소 외의 송달할 장소에서 송달받을 사람을 만나지 못한 때에는 그 사무원, 피용자(被用者) 또는 동거인으로서 사리를 분별할 지능이 있는 사람에게 서류를 교부하는 방법의 송달을 말한다(민사소송법 제186조 제1항). 유치송달이란 서류를 송달받을 사람 또는 서류를 넘겨받을 사람이 정당한 사유 없이 송달받기를 거부하는 때에는 송달할 장소에 서류를 놓아두는 방법에 의한 송달을 말한다(민사소송법 제186조 제2항).

다. 우체송달 주거, 사무소 또는 송달영수인의 선임을 신고하여야 할 자가 그 신고를 하지 아니하는 때에는 법원사무관등은 서류를 우체에 부치거나 기타 적당한 방법에 의하여 송달할 수 있으며, 서류를 우체에 부친 경우에는 도달된 때에 송달된 것으로 간주한다(제64조 제1항·제2항).

라. 공시송달 피고인의 주거, 사무소와 현재지를 알 수 없거나, 피고인이 재판권이 미치지 아니하는 장소에 있는 경우에 다른 방법으로 송달할 수 없는 때에는 공시송달을 할 수 있다(제63조 제1항·제2항).

최초의 공시송달은 공시한 날로부터 2주일을 경과하면 그 효력이 생긴다. 단 2회 이후의 공시송달은 5일을 경과하면 그 효력이 생긴다(제64조 제4항).

3) 검사에 대한 송달

검사에 대한 송달은 서류를 소속검찰청에 송부하여야 한다(제62조).

4) 피고인에 대한 송달

가. 송달영수인의 신고 피고인, 대리인, 대표자, 변호인 또는 보조인이 법원소재지에 서류의 송달을 받을 수 있는 주거 또는 사무소를 두지 아니한 때에는 법원소재지에 주거 또는 사무소 있는 자를 송달영수인으로 선임하여 연명한 서면으로 신고하여야 한다(제60조 제1항).

나. 구속된 자에 대한 송달 송달영수인에 관한 규정은 신체구속을 당한 자에게 적용하지 아니한다(제60조 제4항). 그러므로 교도소·구치소 또는 국가경찰관서의 유치장에 체포·구속 또는 유치(留置)된 사람에게 할 송달은 교도소·구치소 또는 국가경찰관서의 장에게 한다(민사소송법 제182조).

Ⅳ. 소송행위의 일시와 장소

1. 일 시

(1) 기 일

기일이란 법관, 당사자 또는 소송관계인이 일정한 장소에 회합하여 소송행위를 하도록 정해진 때를 말한다. 예컨대 공판기일, 증인신문기일 등이 여기에 해당한다. 일 및 시로 정해지나 종기는 없다.

(2) 기 간

행위기간이란 고소기간(제230조), 상소기간(제358조)과 같이 일정한 기간 내에 적법하게 소송행위를 할 수 있는 기간을 말하며, **불행위기간**이란 일정한 기간 내에는 소송행위를 할 수 없는 기간을 말한다. 예컨대 제1회 공판의 유예기간을 들 수 있다. 그 외에 **법정기간**(구속기간, 상소기간)과 **재정기간**(구속기간의 연장)이 있다.

(3) 기간의 계산

시는 즉시부터 계산, 연월일 계산시에는 **초일불산입원칙**, 연월계산시에는 역서에 따르고, 시효와 구속은 초일을 산입한다. 기간의 말일이 공휴일인 때에는 불산입한다.

(4) 법정기간의 연장

법원은 홍수, 천재지변 등 불가피한 사정이 있거나 교통통신의 불편정도를 고려하여 법정기간을 연장함이 상당하다고 인정하는 때에는 이를 연장할 수 있다(규칙 제44조). 예컨대 즉시항고, 상고기간, 상소이유서 제출기간 등이 이에 해당한다.

2. 장 소

법원의 건물 내의 법정에서 행하고 필요한 경우 법원 이외의 장소에서 개정할 수 있다(제275조 제1항, 법원조직법 제56조 제1항).

제 3 절 소송행위의 가치판단

Ⅰ. 소송행위의 해석

소송행위의 의미와 내용을 합리적으로 판단하여 그 객관적 의미를 명백히 하는 것을 '소송행위의 해석'이라 하고, 이러한 **소송행위의 해석**을 기초로 **'소송행위의 가치판단'**이 행해지며, 이에 따라 소송법적 효과가 발생한다. 이러한 소송행위를 해석함에는 문리해석(文理解釋)을 통한 표시내용의 형사절차의 형식적 확실성을 도모해야 할 뿐만 아니라 형사절차의 전후사정을 고려한 합리적·규범적인 의미도 함께 고려해야 피고인에 대한 불이익을 방지할 수 있다.

이러한 소송행위의 해석을 통해 그 객관적 의미를 명백히 한 뒤에, 소송행위에 대한 가치판단이 이루어져야 한다.

소송행위에 대한 가치판단에는 ① **성립·불성립**, ② **유효·무효**, ③ **적법·부적법**, ④ **이유의 유무**의 4가지가 문제되며, 그에 따른 소송법적 효과는 다르다.

Ⅱ. 소송행위의 성립유무

소송행위로서의 외관, 정형성을 충족하기 위한 본질적 요소를 구비했는가에 대한 **일반적, 추상적 판단**이다. 소송행위가 불성립할 때는 이에 대한 판단, 치유, 법률효과의 문제가 발생하지 않는다. 공소제기가 무효인 때에는 공소시효정지의 효력이 발생하며, 판결이 무효라 하더라도 형식적 확정력은 인정된다.

Ⅲ. 소송행위의 유효·무효

1. 의 의

소송행위의 성립을 전제로 그 **본래적 효력**을 인정할 것인가에 대한 가치판단이다. 본래적 효력은 발생하지 않지만 일정한 법적 효과가 발생하는 수도 있다. 예컨대 공소제기가 무효인 경우에도 공소시효정지의 효력은 발생하고, 법원은 이에 대해 실체심판은 하지 않고 형식재판인 **공소기각의 판결**을 하게 된다(제327조).

무효에는 ① 당연무효인 경우, ② 무효선언을 필요로 하는 경우, ③ 당사자의 신청에 의해 무효가 되는 경우(판결)가 있다.

2. 무효의 원인

(1) 주체의 무효원인

착오·사기·강박에 의한 소송행위는 실체형성행위일 경우에는 유효하나, 절차형성행위에 대해서는 **유효설**과 **무효설** 및 **원칙적 유효설** 등 학설의 대립이 있다. **판례**는 착오의 경우에 중요한 착오이고 행위자에게 책임이 없으며, 유효로 하는 것이 현저하게 정의(正義)에 반할 때는 무효로 한다고 판시하고 있다.

(2) 내용과 방식의 무효원인

내용이 법률상 또는 사실상 불능(不能)일 경우이다. 예컨대 이중기소, 허무인(虛無人)에 대한 공소제기, 법정형을 초과하는 유죄판결 등이 여기에 해당한다.

3. 무효의 치유

사정변경에 의해 무효인 소송행위가 유효하게 될 수 있는가가 문제된다. 이에는 소송행위의 추완(訴訟行爲의 追完)의 문제와 '공격방어방법의 소멸에 의한 하자(瑕疵)의 치유(治癒)'의 문제로 크게 나눌 수 있다.

(1) 소송행위의 추완

법정기간이 경과한 후에 이루어져 무효인 소송행위에 대하여 법정기간 안에 행해진 소송행위와 같은 효력을 인정하는 제도를 말한다.

1) 단순추완

하자있는 소송행위가 유효하게 되는 경우를 말한다. 상소권회복청구(제345조), 약식명령에 대한 정식재판청구권의 회복청구(제458조)의 경우에는 명문으로 단순추완을 허용하고 있다.

그러나 명문의 규정이 없는 경우에 소송행위의 추완을 인정할 것인가에 대하여는 명문의 규정이 없는 경우에는 법적 안정성을 위해 허용되지 않는다는 **부정설**[8]도 있으나, 명문의 규정이 없더라도 소송절차의 형식적 확실성과 법적 안정성 및 소송관계인의 이익을 해하지 않는 범위에서는 이를 인정하는 다수설인 **긍정설**의 입장이 타당하다.

---

8) 임동규, 114면.

2) 보정적 추완

추완행위에 의하여 다른 소송행위의 하자를 보정하는 것을 보정적 추완이라 한다. 형사소송의 동적·발전적 성격과 소송경제를 고려할 때 보정적 추완을 인정해야 한다는 데는 견해가 일치된다. 그러나 어느 범위까지 허용할 것인가에 대하여는 견해가 대립된다.

먼저 **변호인선임의 추완**에 대하여, 판례는 상소이유서 제출기간 이후에 변호인선임계가 제출된 경우에는 상소이유서 제출기간 전에 변호인이 상소이유서를 제출했다고 하더라도 변호인의 상소이유서로는 효력이 없다고 하여 **부정설**[9]의 입장을 취하고 있다. 그러나 절차의 형식적 확실성을 유지하는 이익보다 더 큰 피고인의 이익보호를 위해서는 변호인선임신고의 보정적 추완을 인정하는 **긍정설**이 타당하며, 이는 다수설[10]의 입장이기도 하다.

다음으로 **공소사실의 추완**(공소장의 추완)에 대해서는 피고인의 방어권보장에 특별한 영향이 없는 경우에만 유효하다는 견해와 공소장변경에 의해 보정적 추완이 될 수 있다는 견해 및 부정설이 대립되고 있다. 공소장에 기재된 공소사실은 법원의 현실적 심판의 대상이고 공소장에 기재된 공소사실과 동일성이 인정되는 범위 내에서 공소장변경이 허용되어진다. 따라서 공소사실의 추완은 피고인의 방어권을 고려하여 공소사실이 전혀 기재되어 있지 않거나 공소사실이 명백히 불특정된 경우에는 공소제기 자체가 무효가 되므로 공소사실의 추완이 허용되지 않지만, 단순히 특정되지 아니한 공소사실의 경우에는 공소사실의 추완을 허용함으로써 공소장변경에 의하여 보정될 수 있다. 그리고 **고소의 추완**에 대하여는, ① 형사소송의 동적·발전적 성격을 고려할 때 공소제기시에 고소가 필요한가를 판단하기 어려운 경우도 있으며, 공소를 기각하고 다시 공소를 제기하도록 하는 것은 소송경제와 절차유지의 원칙에 반하므로 고소의 추완을 인정해야 한다는 **적극설**과 ② 공소제기시에 공소사실이 친고죄일 경우에는 고소의 추완을 인정할 수 없으나, 비친고죄로 공소제기된 사건이 심리과정에 친고죄로 판명되거나 친고죄가 추가로 기소된 경우에는 고소의 추완을 인정해야 한다는 **절충설**, 그리고 ③ 친고죄에 있어서 고소는 공소제기의 유효요건이므로 고소가 없으면 공소제기는 무효가 되고, 또한 공소제기는 형사절차에 있어서 형식적 확실

9) 대법원 1969. 10. 4. 자 69모68 결정.
10) 배종대/이상돈/정승환/이주원, §33/26.

성이 매우 엄격히 요구되는 소송행위이므로 무효인 소송행위의 하자를 치유하는 것을 인정해서는 안되기 때문에 고소의 보정적 추완은 불가능하다는 소극설이 대립하고 있다.

생각건대 친고죄에 있어서 고소 내지 고발이라는 소송조건은 실체적 심판을 하기 전의 공소제기의 유효조건이다. 따라서 검사의 무분별한 공소권 행사를 규제하고 피고인을 당해 재판으로부터 해방시키는 이익은 소송경제보다도 더 중요한 이익이기 때문에 소극설이 타당하다. 대법원은 일관되게 소극설의 입장에서 조세범칙사건에서 공소제기된 후에 세무공무원이 고발한 경우[11]와 비친고죄로 공소제기된 후 친고죄로 공소장이 변경된 경우[12]에 고소의 추완을 부정하고 있다. 그러나 공소제기 전에 검사가 고소를 추완한 경우에는 공소제기는 당연히 적법하다.[13]

(2) 공격방어방법의 소멸에 의한 하자의 치유

법원은 피고인의 신청이 없으면 토지관할에 관하여 관할 위반의 선고를 하지 못하며, 토지관할에 대한 관할위반신청은 피고사건에 대한 피고인의 진술 후에는 할 수 없다(제320조 제2항).

4. 소송행위의 취소와 철회

소송행위는 절차유지의 원칙으로 인하여 소급하여 효력을 소멸시키는 취소는 인정되지 않는다.

(1) 취소와 철회의 의의

소송행위의 취소는 소송행위의 효력을 소급하여 소멸시키는 것을 말하고, 소송행위의 철회란 소송행위의 효력을 장래에 향하여 상실시키는 것을 말한다. 실정법상 취소 또는 취하라는 용어를 사용하고 있는 공소의 취소(제255조), 고소의 취소(제232조), 재정신청의 취소(제264조), 상소취하(제349조), 재심청구취하(제429조), 정식재판청구의 취하(제454조) 등은 철회에 해당한다.

11) 대법원 1970. 7. 28. 선고 70도942 판결.
12) 대법원 1982. 9. 14. 선고 82도1504 판결.
13) 대법원 1970. 9. 29. 선고 69도1150 판결.

(2) 취소와 철회의 허용여부

1) 취소금지설

절차유지를 위해 원칙적으로 소송행위의 취소는 허용되지 않는다. 그러나 철회는 절차형성행위에 관하여 명문의 규정이 없는 경우에 절차안정을 해치지 않는 범위 내에서 인정할 수 있지만, 실체형성행위는 허용되지 않는다는 견해이다.[14]

2) 취소허용설

형사절차의 실체면은 동적·전적 성격을 지니므로 실체형성행위에 대하여는 취소를 인정해야 한다. 그러나 절차형성행위는 절차유지원칙을 엄격히 준수하기 위해 취소를 허용해서는 안 된다. 소송행위의 철회는 명문의 규정이 없더라도 절차의 안정을 해하지 않는 범위 내에서 허용해야 한다는 견해이다.[15] 예컨대 구속적부심사신청(제214조의2), 증거보전신청(제184조), 보석청구(제94조), 병합심리청구(제300조), 변론재개신청(제305조) 등의 철회를 들 수 있다.

3) 결　어

소송행위의 철회는 명문의 규정이 없더라도 절차안정을 해하지 않는 범위 내에서는 인정되어야 한다. 또한 실체형성에 기여하는 행위는 실체적 진실발견이 절차유지의 원칙보다 중요하므로 소송행위의 취소를 허용해야 한다. 그러나 순수한 절차형성행위는 절차유지원칙에 반하므로 취소는 허용되지 않는다고 보아야 한다.[16]

Ⅳ. 소송행위의 적법·부적법

소송행위가 법률이 형식적으로 규정하고 있는 요건을 갖추었는가에 대한 판단이다. 법률요건을 갖춘 경우에는 적법이고, 그렇지 않는 경우에는 부적법한 것이 된다. 적법, 부적법은 소송행위의 형식적, 객관적 요건에 대한 판단이며, 유효·무효는 소송행위가 추구하는 본래적 효력을 인정할 것인가에 대한 판단이다.

소송행위의 요건과 방식을 규정하는 법률은 효력규정과 훈시규정으로 구분된다. 효력규정이나 훈시규정을 위반한 소송행위는 부적법하다는 판단에서는 동일하다. 그

14) 이재상/조균석, 178면; 임동규, 113면; 정영석/이형국, 134면.

15) 신양균, 482면.

16) 배종대/이상돈/정승환/이주원, §38/36.

러나 훈시규정에 위반한 경우에는 부적법하지만 유효한 소송행위가 되기도 한다. 법률에 규정이 있는 경우로는 관할권 없는 법원의 소송행위(제2조), 재판권 없는 법원의 소송행위(제16조의2)가 이에 해당한다. 법률에 명시적인 규정이 없더라도 부적법하지만 유효한 소송행위가 되는 경우도 있다, 예컨대 5일이 지난 후에 공판조서를 정리한 경우를 들 수 있다.

V. 소송행위의 이유의 유무

소송행위의 이유의 유무란 소송행위의 적법성을 전제로 하여 그 의사표시내용이 사실적·법률적·논리적인 관점에서 소송행위의 정당성 여부에 대한 가치판단을 말한다. 소송행위에 대한 이유의 유무에 대한 판단은 법률행위적 소송행위 중에서 효과요구소송행위에 대한 실질적 정당성의 문제이다. 이유의 유무에 대한 판단은 당사자가 행하는 적법한 신청과 청구에 대하여 주로 이루어진다. 예컨대 공소나 상소제기의 이유의 유무란 그 주장 내용이 정당한가에 대한 가치판단이다. 재판도 이유의 유무의 판단대상이 되는가에 대해서는 견해가 대립하지만, 재판과 같은 효과부여소송행위에 대하여는 이유의 유무가 문제되지 않는다는 견해가 타당하다.

제 4 절 소송조건

I. 의 의

소송조건이란 실체심판 즉, 형벌권의 존부판단을 하기 위한 전제조건을 말한다. 이는 공소제기의 유효요건이므로 소송조건이 결여된 때에는 형식재판을 통해 소송을 종결하는 것이 소송경제에도 도움이 된다. 또한 소송조건은 전체로서의 소송을 존속·발전시키는 조건이므로 **'전체로서의 소송의 허용조건'** 이라고도 한다.

따라서 소송조건은 실체법상의 형벌권발생조건인 **'처벌조건'** 이나, 존속하는 소송절차를 정지하는 **'공판절차정지조건'** 및 변호인선임이나 구속과 같은 **'개별적 소송행위의 유효요건'** 과도 구별된다.

Ⅱ. 소송조건의 종류

1. 일반적 소송조건과 특별소송조건

일반적 소송조건이란 모든 사건에 대하여 공통으로 요구되는 소송조건으로 법원의 재판권과 관할권 등을 말하며, 특별소송조건이란 특수한 사건에 대해서만 요구되는 소송조건으로 친고죄의 고소 등을 말한다.

2. 절대적 소송조건과 상대적 소송조건

절대적 소송조건이란 법원이 직권으로 조사하여야 하는 소송조건을 말하고, 상대적 소송조건이란 당사자의 신청에 의해 조사해야 하는 소송조건(토지관할)을 말한다.

3. 적극적 소송조건과 소극적 소송조건

적극적 소송조건이란 일정한 사실의 존재가 소송조건이 되는 경우(재판권, 관할권)를 말하며, 소극적 소송조건이란 그 반대인 경우(확정판결이 없을 것, 동일법원에 이중기소가 없을 것)를 말한다.

4. 형식적 소송조건과 실체적 소송조건

형식적 소송조건이란 절차면에 관한 사유를 소송조건(공소기각, 관할위반의 재판)으로 하는 것을 말하고, 실체적 소송조건이란 실체면에 관한 사유(면소판결)를 소송조건으로 하는 것을 말한다.

Ⅲ. 소송조건흠결의 효과

1. 소송조건의 법원직권조사원칙

소송조건의 존부는 원칙적으로 법원이 직권적으로 조사해야 하며, 공판절차의 전 과정에 존재해야 한다. 또한 소송조건은 상소심에서도 마찬가지로 존재해야 하며, 공소제기시의 공소사실을 기준으로 법원이 그 존부를 판단하며 소송조건은 소송법적 사실이므로 그 증명은 **'자유로운 증명'**으로 족하다.

2. 흠결의 효과

소송조건의 조사결과 흠결이 있을 때에는 형식재판에 의해 소송을 종결한다. 즉, 형식적 소송조건의 흠결이 있을 때에는 공소기각의 판결이나 결정 또는 관할위반의 재판을 하며, 실체적 소송조건의 흠결이 있을 때에는 면소의 판결을 선고한다.

Ⅳ. 소송조건흠결의 경합문제처리

논리상의 순서와 하자의 경중 및 판단의 난이 등을 고려하여 중한 흠결을 기준으로 우선적으로 재판한다. 따라서 형식적 소송조건과 실체적 소송조건의 흠결이 경합한 때는 **형식적 소송조건흠결**을 이유로 재판하며, 공소기각사유와 관할위반사유의 흠결이 경합한 때는 **공소기각의 재판**을 하게 된다. 또한 공소기각의 판결과 공소기각의 결정사유가 경합한 때는 '**공소기각결정**'을 해야 한다.

Ⅴ. 소송조건의 추완

공소제기시에는 소송조건이 구비되지 않았으나 소송계속 중에 그 하자가 보완된 경우에 추완을 인정할 것인가에 대하여는 긍정설과 부정설 및 절충설이 있다.

긍정설은 소송의 동적·발전적 성격과 소송의 경제성을 고려하여 소송조건의 추완을 인정해야 한다는 견해이다. **부정설**은 소송조건은 소송절차를 유지·존속시키는 전제조건일 뿐만 아니라, 형사피고인을 형사절차로부터 조속히 벗어나게 하는 피고인의 이익을 고려할 때 소송조건의 추완은 부정되어야 한다는 견해이다. **절충설**은 검사의 모두절차가 개시되기 전까지 또는 피고인의 동의가 있는 경우에는 소송조건의 추완이 제한적으로 허용된다는 견해이다. 고소가 소송조건인 친고죄에 있어서 고소의 추완이 문제되는데, 친고죄에 있어서는 고소가 형사소송의 전제조건일 뿐만 아니라 피고인의 이익을 고려할 때 **부정설 내지 소극설**이 타당하다.

제3편

수사와 공소

제 1 장 수　　사

제 1 절　수사의 의의와 구조

Ⅰ. 수사의 의의

1. 수사의 개념

수사란 범죄혐의 유무를 명백히 하여 공소제기와 유지 유무를 결정하기 위하여 범인을 발견·확보하고 증거를 수집·보전하는 수사기관의 활동을 말한다.

형사절차는 수사에 의하여 개시된다. 수사의 개념과 관련해서는 견해의 대립이 있다. 종래에는 수사를 공소를 제기하고 유지하기 위한 준비행위로서 범죄사실을 조사하고 범인과 증거를 발견, 수집하는 수사기관의 활동이라고 정의하기도 하였다. 그러나 수사결과에 따라 불기소처분을 하는 경우에는 이 정의에 따르면 수사라 할 수 없게 되는 불합리한 결과가 초래되므로, 다른 한편으로는 수사를 수사기관이 범죄의 혐의가 있다고 사료하는 경우에 범죄의 혐의유무를 밝혀 공소제기여부를 결정하거나 공소유지를 위한 준비로서 범인을 발견·확보하고 증거를 수집·보전하는 수사기관의 활동이라고 정의하는 견해[1]도 있다. 그러나 이 견해도 기소법정주의를 취하고 있는 독일과 달리 우리 형사소송법은 기소편의주의와 기소변경주의를 취하여 공소제기 이후에도 검사의 공소취소를 인정하고 있기 때문에 공소유지뿐만 아니라 공소취소를 위한 수사기관의 활동도 수사에 포함되는 점을 간과하고 있다.

그러므로 수사란 "범죄혐의의 유무를 명백히 하여 공소를 제기·유지할 것인가 여부를 결정하기 위하여 범인을 발견·확보하고 증거를 수집·보전하는 수사기관의 활

1) 백형구, 71면.

동"[2] 또는 보다 간략하게 "범죄유무와 범인체포 및 증거수집을 위한 수사기관의 활동"[3]이라고 보는 **통설**의 입장이 타당하다. 수사는 일반적으로 공소제기 전에 행해지지만, 공소제기 후에도 공소유지 또는 공소유지여부를 결정하기 위한 증거수집을 위해서도 수사는 허용된다고 하겠다.

2. 수사기관

수사란 수사기관의 활동을 말하고, 여기서 수사기관이란 수사의 권한이 있는 국가기관을 말한다. 수사기관에는 검사와 사법경찰관리가 있다. 검사는 수사의 주재자이고, 사법경찰관리는 검사의 지휘를 받아 수사를 행한다(제196조).

(1) 검　사

수사의 주재자(主宰者)로서 관할구역 내에서 직무를 행한다. 다만, 수사상 필요할 때에는 관할구역 외에서도 직무를 행할 수 있다. 법원의 관할구역은 소송조건이므로 검사는 사건이 소속검찰청에 대응한 법원의 관할에 속하지 않을 때에는 사건을 서류·증거물과 함께 관할법원에 대응한 검찰청 검사에게 송치하여야 한다(제256조).

(2) 사법경찰관리

사법경찰관리에는 일반사법경찰관리(一般司法警察官吏)와 특별사법경찰관리(特別司法警察官吏)가 있다. 일반사법경찰관리에는 사법경찰관과 사법경찰리가 있으며, 수사서기관·수사사무관·경무관·총경·경정·경감·경위는 사법경찰관으로서 검사의 지휘를 받아 수사를 하여야 한다. 경사·경장·순경은 사법경찰리로서 검사 또는 사법경찰관의 지휘를 받아 수사의 보조를 하여야 한다(제196조 제5항). 따라서 사법경찰관은 수사기관이지만, 사법경찰리는 수사를 보조하는 기관에 불과하다.

한편 특수분야의 수사를 담당하는 사법경찰관리를 특별사법경찰관리라 한다. 특별사법경찰관리는 삼림·해사·전매·세무·군수사기관·기타 특별한 사항에 관하여 "사법경찰관리의 직무를 행할 자와 그 직무범위에 관한 법률"에 의하여 정하도록 규정하고 있다. 예컨대 교도소장·구치소장·소년원장, 치료감호소장, 산림보호에 종사하는 공무원, 관세법상의 세관공무원, 소방공무원, 선박이나 항공기의 선장이나 기장, 국가정보원의 직원, 식품·의약품관련 단속공무원, 국립공원관리공단 임직원, 근로기

---

2) 강구진, 147면.

3) 배종대/이상돈/정승환/이주원, §5/1; 송광섭, 201면; 신동운, 35면; 신현주, 196면; 이재상/조균석, 188면; 정영석/이형국, 139면.

준법에 의한 근로감독관 등이 여기에 해당한다. 특별사법경찰관리는 그 권한의 범위가 사항적·지역적으로 제한되어 있는 점에 특색이 있으며 사법경찰관리로서의 권한과 지위에 있어서는 일반사법경찰관리와 마찬가지이다.

사법경찰관리는 각 소속관서의 관할구역 내에서 직무를 행한다. 다만 관할구역 내의 사건과 관련성이 있는 사실을 발견하기 위하여 필요한 경우에는 관할구역 외에서도 직무를 행할 수 있다. 그러나 사법경찰관리가 관할구역 밖에서 수사를 하거나 관할구역 밖의 사법경찰관리의 촉탁을 받아 수사를 하는 경우에는 관할지방검찰청의 검사장 또는 지청장에게 보고하여야 한다(제210조).

(3) 검사와 사법경찰관리와의 관계

1) 검사의 수사지휘권

검사는 수사의 주재자로서 범죄의 혐의 있다고 사료하는 때에는 범인, 범죄사실과 증거를 수사하여야 하며(제195조), 사법경찰관에 대하여 모든 수사에 관한 지휘권을 갖는다(제196조 제1항). 사법경찰관리는 구체적인 사건에 관하여 검사의 지휘가 있는 때에는 이에 따라야 한다. 즉 현행법상 검사와 사법경찰관리의 관계는 수사에 관하여 상호협조관계가 아니라 지휘·감독관계에 있으며, 검사는 사법경찰관리에 대하여 일반적인 지휘권과 구체적인 지휘권을 갖는다. 검사의 수사지휘에 관한 구체적 사항은 대통령령인 「검사의 사법경찰관리에 대한 수사지휘 및 사법경찰관리의 수사준칙에 관한 규정」에서 정하고 있는데, 동 규정 제3조 제3항에 "검사는 사법경찰관리에게 구체적 사건의 수사에 관하여 필요한 지휘를 할 수 있다", 동 규정 제2조에서는 "사법경찰관을 존중하고 법률에 따라 사법경찰관리의 모든 수사를 적정하게 지휘한다"라고 규정하고 있는데, 이는 검사의 수사지휘권을 통해 수사과정에서의 인권보장과 전국적인 수사망과 지휘체계를 통해 수사의 효율성을 도모하고자 하는데 그 이유가 있다.

2) 검사의 수사지휘감독권의 범위

사법경찰관은 범죄의 혐의가 있다고 인식하는 때에는 범인, 범죄사실과 증거에 관하여 수사를 개시·진행하여야 하므로(제196조 제2항), 독자적인 수사개시권 및 진행권이 인정된다. 그러나 검사의 구체적인 수사지휘권이 사법경찰관리에게 미치기 때문에 검사의 지휘가 있는 때에는 이에 따라야 하며, 또한 사법경찰관이 범죄를 수사한 때에는 관계서류와 증거물을 지체 없이 검사에게 송부하도록 규정하고 있다(동조 제4항).

그러나 범죄혐의가 확인되지 않은 단계에서의 범죄혐의의 유무를 조사하는 활동인 순수한 내사활동, 즉 풍문이나 진정서에 대한 사실조사 등에 대하여는 검사의 수사지휘권이 미치지 않는다. 수사를 개시할 것인지 또는 조사활동을 종결할 것인지 여부에 대한 판단은 수사기관의 합리적인 재량권에 위임되어 있기 때문이다.[4] 그러나 사법경찰관이 범죄인지서를 작성하기 이전일지라도 실질적인 수사행위를 하였다면 이는 내사가 아니라 수사이므로 검사의 지휘감독을 받아야 한다.[5] 이에 관해 수사준칙에 관한 규정에는 사법경찰관리가 일정한 행위를 한 때에는 범죄인지서 작성여부와 관계없이 관계 서류와 증거물을 검사에게 제출하도록 규정하고 있다(동 규정 제18조).

3) 지휘감독권의 행사방법

검사는 사법경찰관을 존중하고 법률에 따라 사법경찰관리의 모든 수사를 적정하게 지휘하여야 하며, 검사는 사법경찰관리에게 사건에 대한 구체적인 지휘를 할 때에는 원칙적으로 서면 또는 「형사사법절차 전자화 촉진법」에 따른 형사사법정보시스템을 이용하여 지휘하여야 한다. 사법경찰관은 사건을 수사할 때 검사의 지휘가 필요하면 검사에게 건의하여 구체적 지휘를 받아 수사할 수 있다. 사법경찰관은 구체적 사건과 관련된 검사의 수사지휘의 적법성 또는 정당성에 이견이 있거나 지휘내용이 명확하지 않아 이행하기 어려울 때에는 해당 검사에게 의견을 밝히고 재지휘를 건의할 수 있고, 검사는 재지휘 건의를 받은 때에는 재지휘 여부를 결정하고 필요한 조치를 하여야 한다.

4) 검사의 지휘·감독권의 보장

검사의 사법경찰관리에 대한 지휘·감독권을 제도적으로 보장하기 위하여, ① 검사장의 수사중지명령권과 교체임용요구권(검찰청법 제54조), ② 검사의 체포·구속장소감찰제도(제198조의2), ③ 영장청구권의 검사독점제도(제200조의2, 제200조의4, 제201조, 제215조), ④ 압수물의 처분에 대한 지휘권(제219조 단서), ⑤ 사법경찰관리의 관할구역 외의 수사에 관한 검사장 또는 지청장에 대한 보고의무(제210조), ⑥ 검사가 작성한 조서와 사법경찰관이 작성한 조서의 증거능력에 대한 차이(제312조), ⑦ 긴급체포에 관한 사후승인권(제200조의3 제2항), ⑧ 사법경찰관의 수사개시보고의무(동 규정 제

---

4) 대법원 2006. 12. 7. 선고 2004다14932 판결.

5) 대법원 2001. 10. 26. 선고 2000도2968 판결.

74조), ⑨ 중요범죄 입건에 대한 검사의 의견에 따라야 할 의무(동 규정 제76조), ⑩ 사건송치에 관한 구체적인 지휘권(동 규정 제77조-제79조), ⑪ 수사종결사건의 송치의무(동 규정 제81조) 등의 규정을 두고 있다.

5) 경찰수사권 독립론

경찰수사권 독립론은 현행법상 수사의 주체는 검사임에도 불구하고 대부분의 수사가 경찰에 의해 행해지고 있는 현실 하에서 수사활동의 실효성을 담보하기 위해서는 경찰수사의 자유와 재량이 확보되어야 하는데, 이를 위해서는 미국이나 일본에서처럼 사법경찰관에게 제1차적·주도적인 독립적인 수사권을 부여하면서 검사의 사법경찰관리에 대한 수사의 지휘감독권을 없앰으로써 검사는 공소권과 보충적 수사지휘권만을 가지게 되며, 경찰에게는 독립적인 수사권을 부여하자는 내용이다. 이에 대하여는 찬성론과 반대론, 시기상조설 등 다양한 견해가 대립된다.

찬성론의 논거로는, ① 대량의 범죄를 소수의 검찰인력으로 수사하는 것은 불가능하고 현실적으로도 대부분의 수사는 경찰에 의해 이루어지는 현실을 반영하여 범죄수사는 사법경찰이 전담하고 검사는 공소제기와 공소유지만을 임무로 하는 것이 이상적이고, ② 검사는 법률전문가이지 수사전문가는 아니며, 범죄수사를 위해서는 과학적인 장비와 방대한 전문지식이 필요한데 이를 위해서는 방대한 조직인 경찰이 담당하는 것이 효율적이며, ③ 현대형 범죄에 효율적으로 대처하기 위해서는 범죄의 예방, 진압과 수사가 일원적인 체계 하에 이루어져야 하는데 이를 위해서는 경찰이 수사를 담당하는 것이 합리적인이라는 점 등을 들고 있다.

이와 달리 **반대론**은 ① 법률전문가가 아닌 사법경찰관에게 독자적인 수사권을 인정하게 되면 수사의 합목적성만을 추구하게 되어 적법절차와 인권존중의 요청이 경시되기 쉬우며, ② 방대한 경찰조직이 독자적인 수사권을 가질 경우에 경찰권의 비대화로 인해 남용될 우려가 크고, ③ 법률전문가인 검사에게 수사지휘권을 부여함으로써 수사의 공정성이 담보되고 효율적이고 신속한 수사가 가능해진다는 점을 들고 있다.

생각건대 경찰의 수사권 독립문제는 우리나라의 수사현실을 고려하여 어느 수사체계가 형사소송의 이념에 부합되는지를 고려하여 검토되어야 할 것이다. 인권보장과 수사의 효율성, 정치적 중립성과 수사현실을 감안하면서, 검찰과 경찰의 수사권 조정 및 고위공직자비리수사처의 설치 등의 문제를 고려할 때, 수사권의 집중보다는 수사권의 합리적인 분배와 조정을 통한 견제와 균형의 원리가 작동되도록 수사권한을 배분하는 것이 바람직하다. 그러나 수사권 조정문제는 많은 선결조건들이 충족되어야 하며, 인권보장과 공정한 수사권 행사를 위한 정치적인 중립성이 담보되지 않은 제도개선은 사상누각에 불과하게 된다.

(4) 전문수사자문위원의 지정

검사는 공소제기 여부와 관련된 사실관계를 분명하게 하기 위하여 필요한 경우에는 직권이나 피의자 또는 변호인의 신청에 의하여 전문수사자문위원을 지정하여 수사절차에 참여하게 하고 자문을 들을 수 있다(제245조의2 제1항). 이는 첨단산업분야, 지적재산권, 국제금융 등 전문적인 지식이 필요한 사건에 대한 보다 충실한 수사를 위해 도입되었다. 전문수사자문위원을 수사절차에 참여시키는 경우에 각 사건마다 1인 이상의 전문수사자문위원을 지정하며, 피의자 또는 변호인은 검사의 전문수사자문위원 지정에 대하여 관할 고등검찰청 검사장에게 이의를 제기할 수 있다.

전문수사자문위원은 검사에게 전문적인 지식에 의한 설명 또는 의견을 기재한 서면을 제출하거나 전문적인 지식에 의하여 설명이나 의견을 진술할 수 있고(제245조의2 제2항), 검사는 전문수사자문위원이 제출한 서면이나 전문수사자문위원의 설명 또는 의견의 진술에 관하여 피의자 또는 변호인에게 구술 또는 서면에 의한 의견진술의 기회를 주어야 한다(동조 제3항).

전문수사자문위원 또는 전문수사자문위원이었던 자가 그 직무수행 중 알게 된 다른 사람의 비밀을 누설한 때에는 2년 이하의 징역 또는 1천만원 이하의 벌금에 처하며, 뇌물죄의 적용에 있어서는 공무원으로 본다.

Ⅱ. 수사의 구조

1. 수사구조론의 의의

수사는 소송이 아니라 소송에 대한 준비절차이므로 수사기관의 탄력적이고 합목적적인 활동이 요구되어진다. 그런데 수사의 대상이 되는 피의자를 단순히 수사의 객체로만 보아 수사와 관련하여 수사기관에게 지나친 재량을 인정할 때에는 피의자에 대한 인권보호는 기대하기 어렵게 된다.

수사구조론이란 수사과정이 전체 형사절차에서 어디에 위치하며, 수사절차상 수사기관 상호간의 관계 및 피의자와의 관계를 어떻게 이해하는 것이 피의자의 인권보장과 수사활동의 목적을 합리적으로 정립할 수 있는가를 규명하고자 하는 이론이라 고 할 수 있다.

수사구조론은 일본의 형사소송법학에서 형사소송구조를 설명하기 위한 용어인 규문주의(糺問主義)와 탄핵주의(彈劾主義)를 수사절차구조에 도입하여 규문적 수사관과 탄핵적 수사관을 대립시키면서, 피의자의 인권을 보장하기 위한 탄핵적 수사관을 주장한 데서 유래한다.

수사에 있어서는 피의자의 인권보장을 위하여 적법절차와 영장주의, 묵비권과 변호권의 보장을 위한 제도적 장치가 필요하다.

2. 탄핵적 수사관과 소송적 수사관

(1) 규문적 수사관

규문적 수사관이란 수사절차를 수사기관이 피의자를 조사하는 절차과정으로서 이해하여 수사기관이 고유한 권한을 가지고 피의자신문을 위한 강제처분을 할 수 있으며, 이러한 강제처분을 위해 법원이 발부한 영장의 성질에 대하여는 법원이 수사기관의 강제수사를 허가하는 증명서로서의 성격, 즉 허가장의 성질을 지닌다고 이해하는 수사관을 말한다.

(2) 탄핵적 수사관

이와 달리 탄핵적 수사관이란 수사절차를 수사기관이 단독적으로 행사하는 공판의 준비단계에 불과하다고 봄으로써 피의자도 독립하여 방어를 위한 준비활동을 할 수 있으며, 강제처분은 장래의 재판을 위해 법원이 행하는 처분으로서 법원이 발부한 영장은 명령장의 성질을 지닌다고 이해하여 피의자신문을 위한 구인은 인정되지 않는다고 하게 된다.

그러나 탄핵적 수사관에 대하여는 ① 수사절차는 원래 규문방식이라 해석하지 않을 수 없고, ② 수사는 공판절차가 아니므로 공판절차상의 당사자주의가 수사절차상으로도 당사자주의가 타당하다고 할 수 없으며, ③ 수사절차상 당사자주의를 받아들이게 되면 공판절차로 빨리 진입하게 되어 피고인에게는 오히려 현저하게 사회적·법률적 불이익을 초래한다는 비판이 제기되어진다.

(3) 소송적 수사관

소송적 수사관이란 수사절차를 기소·불기소를 결정하는 독자적인 목적을 가진

공판과는 별개의 절차로 이해하여, 수사절차의 독자성과 중요성을 강조하는 견해이다. 이에 의하면 수사는 범죄혐의 유무와 정상을 밝히는 제1차적 선별기능을 하는 절차이므로, 수사는 판단자인 검사를 정점으로 하고, 사법경찰관과 피의자(변호인)를 대립당사자로 이해하는 소송적 구조일 것을 요하며 피의자는 수사의 객체가 아니라 수사의 주체가 되어야 한다는 입장이다.

그러나 소송적 수사관도 ① 피의자를 수사의 주체로 볼 수 없고, ② 검사가 직접 수사하는 경우에는 수사절차는 3면 관계가 될 수 없으며, ③ 수사기관인 검사에게 판단자의 지위를 인정하는 것은 잘못이라는 비판을 면하기 어렵다.[6)]

3. 수사구조와 피의자의 지위

수사절차에 있어서 피의자의 인권을 보장하기 위해서는 적법절차에 의한 수사가 이루어져야 한다. 이를 위해서 탄핵적 수사관을 도입하거나 수사를 소송구조로 이해하는 것은 수사절차의 본질을 잘못 이해하고 있다는 비판을 면하기 어렵다. 따라서 수사절차에는 공판절차상의 탄핵적 수사관이나 소송적 수사관이 적용될 수는 없고, 수사절차는 그 본질상 규문적 수사관을 벗어나기가 어렵다.

그러나 규문적 수사관에 따른 피의자에 대한 인권침해를 방지하기 위하여 형사소송법은 '영장주의'와 '강제처분법정주의'를 채택하여 사법적 통제를 가하고 있다. 그 밖에도 피의자에 대하여 변호인선임권, 진술거부권, 증거보전청구권, 체포·구속적부심사청구권, 접견교통권 등을 규정하고 있다. 피의자에게 보장된 이러한 권리들은 수사절차의 구조에 따른 것이 아니라 형사소송의 이념에 따른 것이고, 형사소송의 이념은 헌법상의 기본권, 즉 인간으로서의 존엄과 가치를 보장하고자 하는 헌법질서에 그 토대를 두고 있다고 할 수 있다. 따라서 수사절차에 있어서 피의자의 방어를 위한 권리를 보장하는 것은 헌법적 형사소송에 근거한 것이지 수사구조의 특수성에 기인한 것이라고 할 수 없다. 그런 점에서 수사절차상 피의자는 당사자가 아니라 조사의 객체이지만, 공판절차상으로는 소송주체가 되는 준당사자의 권리를 가진다고 볼 수 있다. 말하자면 피의자는 헌법상 기본권의 주체이지만 수사의 주체는 될 수 없다고 하겠다.[7)]

---

6) 백형구 347면; 신동운, 167면; 이재상/조균석, 194면; 차용석/최용성, 156면.
7) 같은 취지로 이재상/조균석, 194면.

Ⅲ. 수사의 조건

수사는 인권과 밀접한 관련을 가지므로 인권침해를 방지하기 위한 일정한 전제조건이 필요하다고 할 수 있다. 수사기관의 무제한적인 재량에 의한 수사개시를 허용할 경우에는 인권침해를 방치하는 결과를 가져온다. 따라서 수사를 위한 일정한 조건으로서 수사의 필요성과 상당성이 요구된다.

1. 수사의 필요성

수사의 필요성이란 수사의 목적달성을 위하여 필요한 때에만 수사를 할 수 있다는 것을 의미한다. 수사의 필요성은 임의수사는 물론 강제수사에 있어서도 필요한 조건이라 할 수 있다.

(1) 수사기관의 범죄혐의 인지와 수사

수사는 수사기관의 **구체적 사실에 기초한 주관적 혐의**에 의해 개시된다. 따라서 혐의 없음이 명백한 사건에 대하여는 수사가 허용되지 않는다. 용의자는 범죄수사학적 추상적인 범죄혐의자이다. 따라서 경찰관이 전과자라는 이유로 피의자신문을 위한 출석요구를 하는 것은 부당하며 수사를 개시할 수도 없다. 수사가 수사기관의 주관적인 혐의만으로 개시될 경우에는 자의에 의한 수사를 허용하는 결과를 가져오기 때문에 수사기관의 범죄혐의는 구체적 사실에 기초를 두고 있어야 한다는 제약을 받는다고 해석해야 한다.

(2) 소송조건이 구비되지 않은 경우의 수사

수사개시의 조건으로 친고죄의 고소나 면소판결의 사유와 같은 소송조건이 구비되지 않은 경우에도 수사를 할 수 있는가가 문제된다. 일반적인 소송조건이 결여된 경우에는 처음부터 공소제기의 가능성이 없게 되므로 수사의 필요성도 부인된다고 하겠다.[8] 수사는 공소제기의 가능성을 전제로 하기 때문에, 특히 친고죄에 있어서 고소가 없거나 반의사불벌죄에 있어서 처벌의 의사표시가 철회된 경우에 수사를 개시할 수 있는가에 관해서는 견해가 대립한다.

1) 전면적 허용설

친고죄에 있어서 고소가 없더라도 검사는 범죄의 혐의가 있다고 사료하는 때에

---

8) 신동운, 170면.

는 수사를 하고(제195조), 수사에 관하여 그 목적달성을 위하여 필요한 조사를 할 수 있고, 법률의 규정에 의해 강제수사도 할 수 있다는 입장이다. 친고죄에 있어서 고소는 소송조건으로서 공소제기의 전제조건에 불과하고 범죄성립과는 관련이 없기 때문에 수사는 당연히 허용되어야 한다는 입장이다. 일본의 판례와 독일의 통설이 취하고 있는 입장으로서, 임의수사는 물론 강제수사도 전면적으로 허용된다는 입장이다.

2) 전면적 부정설

친고죄에 있어서 고소가 없으면 강제수사는 물론이고 임의수사도 할 수 없다는 견해이다. 친고죄에 있어서 고소가 없으면 공소를 제기할 수 없으므로 그 준비를 위한 수사도 허용될 수 없다는 입장이다.

3) 제한적 허용설

위의 두 견해를 절충한 견해로서 수사는 원칙적으로 허용된다는 입장이다. 즉 고소가 없는 경우에도 수사는 허용되지만, '고소의 가능성이 없는 때'에는 수사가 제한되거나 허용되지 않는다는 견해이다. 우리나라의 **다수설과 판례**[9]가 취하고 있는 태도이다.

그런데 '**고소의 가능성이 있는 경우**' 또는 '**공소제기의 가능성이 있는 경우**'에 허용되는 수사의 방법에 관해서는, ① 강제수사와 임의수사 모두 허용된다는 견해[10]와, ② 강제수사는 허용되지 않거나 친고죄를 인정하는 취지에 반할 때에는 강제수사에 신중을 기하거나[11] 폭력범죄의 경우에 한하여 강제수사를 허용해야 한다는 견해가 대립한다.

생각건대 친고죄에 있어서 고소가 없는 경우에도 장래의 고소제기의 가능성에 미리 대비하여 증거나 범인을 확보하기 위하여 수사를 개시할 필요가 있다. 따라서 고소제기의 가능성이 있는 경우에는 증거수집과 범인의 신병확보를 위해 강제수사도 허용되지만 고소의 가능성이 없는 경우, 즉 고소기간이 경과하였거나 고소권자가 고소하지 않겠다는 의사를 명백히 표시한 경우에는 강제수사는 물론 임의수사도 허용되지 않는다고 해석하는 **제한적 허용설**이 타당하다.

---

9) 대법원 1995. 2. 24. 선고 94도252 판결(…고소나 고발이 있기 전에 수사하였다는 이유만으로 그 수사가 위법하다고 볼 수 없다).

10) 신동운, 172면; 신양균, 73면; 신현주, 198면; 이재상/조균석, 196면; 임동규, 128면; 정영석/이형국, 148면.

11) 강구진, 161면.

그러므로 친고죄에 있어서 고소가 있기 전에 검사가 작성한 피의자신문조서나 진술조서라고 하여 증거능력이 부정되지는 않는다. 다만 고소권자가 고소의 의사를 명백히 하지 않은 경우에는 수사기관은 피해자의 명예보호를 위해 강제수사에 신중을 기해야 할 필요가 있다.[12)]

또한 전문적인 지식과 경험을 갖춘 관계관청의 고발이 있어야 기소할 수 있는 사건의 경우, 예컨대 조세범처벌법, 관세법, 독점규제 및 공정거래에 관한 법률, 출입국관리법 등의 경우에는 관계기관의 전속적인 고발권의 행사가 있어야 당해 사건에 대하여 심리·재판을 할 수 있다. 이와 같이 전속적인 고발사건의 경우에도 친고죄나 반의사불벌죄에 있어서의 고소·고발과 유사하기 때문에 관계 관청의 고발이 있기 전이라도 수사가 가능하다고 해야 한다. 그 밖에 관계기관이 고발하기 전에 행정단속법규위반에 대하여 먼저 통고처분 등의 조치를 취하지 않고 바로 고발한 것이 유효한 고발인가에 관해서는, 먼저 통고처분을 할 것인가 여부는 관계기관의 재량이므로 부적법한 고발이나 공소제기라고 할 수 없다고 보아야 한다는 것이 판례의 입장이다.[14)]

《사 례》

[사례] 세무서장의 고발 없이 검사는 조세범처벌법위반혐의로 피의자신문조서를 작성하였다. 이 조서는 증거능력이 인정되는가?

[해결] 고소·고발은 소추조건에 불과하므로 고소·고발이 있기 전에 수사하였다고 하여 위법한 수사라고 할 수 없다. 판례는 검사작성의 피의자신문조서는 제312조 제1항의 요건을 충족하므로 전문법칙(제310조의2)의 적용은 배제된다. 고발이 없는 상태에서 장차 고소나 고발이 있을 가능성이 없다는 특단의 사정이 없는 한 위법한 수사라고 할 수는 없다.[13)] 그러므로 검사작성의 피의자신문조서는 증거능력이 인정된다.

(3) 형면제사유와 수사의 가능성

친족상도례와 같이 필요적 형면제사유가 인정되는 범죄에 대하여 피해자의 고소가 있는 경우에 검사가 이를 수사하여 밝힌 후에 불기소처분을 할 것인지, 아니면 형식적으로 입건만 하고 실질적인 수사를 하지 않은 채 공소권 없음을 이유로 불기소처

12) 이재상/조균석, 197면.

13) 대법원 1995. 2. 24. 선고 94도252 판결.

14) 대법원 2007. 5. 11. 선고 2006도1993 판결; 대법원 2011. 3. 10. 선고 2008도7724 판결.

분을 할 것인지가 문제된다.

제321조 제1항에서 '피고사건에 대하여 범죄의 증명이 있는 때에는 형의 면제 또는 선고유예의 경우 외에는 판결로써 형을 선고하여야 한다'고 규정하고 있다. 따라서 법원은 기소가 된 피고사건에 대해서는 범죄의 증명이 있는 때에는 형면제의 판결을, 죄가 성립되지 않은 경우에는 무죄판결을 선고한다. 또한 유죄판결인 형면제판결을 선고받은 피고인은 무죄판결을 받기 위해 상소할 수 있다. 그러나 필요적 형면제사유와 같이 어떤 경우이든 처벌할 수 없게 될 사건에 관하여 검사가 공소를 제기하지 않는 것이[15] 공소권행사의 재량권을 일탈했다고 볼 수 없고, 범죄혐의를 밝히는 수사를 실질적으로 하지 않는 경우에도 적법하다고 보아야 한다.[16]

2. 수사의 상당성

수사의 필요성이 인정되는 경우에도 수사의 수단이나 방법은 수사의 목적달성에 상당한 수단이나 방법이라야 허용된다. 수사의 상당성이란 **수사의 신의칙**과 **수사비례의 원칙**을 그 내용으로 한다.

(1) 수사의 신의칙과 수사비례의 원칙

수사기관이 수사를 개시하는 경우에도 국민을 속이지 않고 '신의칙(信義則)'에 따라 행해져야 한다는 원칙을 '**수사의 신의칙**'이라 한다. 그리고 '수사비례의 원칙'이란 수사처분은 그 목적달성을 위해 **필요한 최소한의 범위 내**에서 이루어져야 한다는 원칙을 말한다. 즉 수사결과 얻어지는 이익과 수사에 의한 법익침해가 부당하게 균형을 잃지 않도록 해야 한다는 원칙을 말한다. 따라서 사법경찰관이 100원 동전을 주운 피의자를 점유이탈물횡령죄로 경찰서에 출석할 것을 요구하였다면, 이는 수사의 상당성이 결여되었으므로 범죄인지권의 남용으로서 위법하다고 보아야 한다.[17]

수사의 신의칙은 헌법이 규정하고 있는 '적법절차의 원칙'의 한 내용이라 할 수 있는데, 이 원칙에 위반되는 함정수사가 문제된다.

15) 검찰사건사무규칙 제69조 제1항 제4호 참조.
16) 같은 취지로 헌법재판소 2004. 2. 26. 선고 2003헌마448 결정.
17) 배종대/이상돈/정승환/이주원, §9/12.

(2) 함정수사

1) 의의 및 법적 성격

'함정수사'란 수사기관이나 수사기관의 사주를 받은 정보원 등이 범의를 가지지 않은 자에게 범죄를 유발하게 하거나 범죄의 기회를 제공하도록 함으로써 범죄 실행을 기다려 범인을 체포하는 수사방법을 말한다. 이러한 수사방법은 범행이 조직적이고 은밀하게 이루어지는 마약류범죄나 조직범죄의 수사에 있어서 효과적인 수사방법이다.

그러나 범죄를 수사하고 진압하는 수사기관이 국민으로 하여금 범죄를 범하게 하고, 함정에 걸린 국민을 국가가 처벌하는 것이 수사의 신의칙이라는 측면에서 그 정당성에 의문이 있을 뿐만 아니라, 현행법상 함정수사를 허용하는 규정도 없으며, 함정수사가 강제수사라고 한다면 강제수사법정주의에도 반하므로 위법하게 된다. 그러나 함정수사에 의하여 개인의 인격적 자율권이 침해된다고 하더라도 권리의 개념 자체가 유동적이라는 측면을 고려해보면 모든 함정수사를 강제수사라고 보면서 강제수사법정주의를 근거로 위법하다는 입장은 타당하다고 할 수 없다. 결국 함정수사란 강제수사가 아니라 임의수사이지만 인격적 권리를 침해하거나 위험하게 할 때에는 임의수사의 범위를 벗어나기 때문에 위법하다고 해석하는 것이 타당하다고 생각된다.[18]

2) 함정수사의 허용기준

함정수사를 허용하는 기준에 대하여는 주관설과 객관설 및 이원설의 대립이 있다.

① 주 관 설 피교사자가 당해 범죄에 대하여 가지고 있는 주관적인 범죄적 성향을 기준으로 하는 견해이다. 즉 피교사자의 범죄에 대한 주관적인 경향 내지 내심을 기준으로 범의를 가지고 있는 자가 함정에 의하여 범죄를 행할 기회를 가진데 불과한 때에는 형사책임을 면할 수 없지만, 범의를 유발하게 한 때에는 형사책임으로부터 해방된다는 미국 연방대법원 입장[19]과 같은 견해이다. 우리나라의 통

18) 이재상/조균석, 197－198면.

19) 미국연방대법원은 소렐즈사건(Sorrels v. U.S. 453; 1932년 미국 연방대법원은 금주감시원이 여행자를 가장하여 전쟁 중 같은 사단에 소속했다는 체험을 이야기하면서 술을 팔라고 하여 이에 응하여 술을 매각한 사건에서 함정수사의 항변을 인정하였다)과 셔먼사건(Sherrman v. U.S. 356 U.S. 369; 1958년 미국 연방대법원은 같은 병원에서 마약중독 치료를 받은 정보원의 집요

설[20])도 주관설의 입장에서 함정수사를 **범의유발형 함정수사**와 **기회제공형 함정수사**로 구분하여, 전자는 위법하지만 후자는 적법하다는 입장이다.

② 객 관 설 국가가 동일한 정도의 사술을 사용한 경우에 피교사자의 주관에 따라 위법유무를 구별해야 할 합리적인 근거가 없다는 이유에서, 수사기관이 피고인을 함정에 빠뜨릴 때 취한 행위방법에 중점을 두어 범죄에 관여할 의사가 없는 자를 범죄에 관여케 할 위험을 발생케 할 정도의 설득 내지 유혹의 방법을 사용한 경우에는 위법하다는 견해로서, 미국 모범형법전(Model Penal Code)이 취하고 있는 입장이다.

③ 이 원 설 범죄의 종류에 따라 함정수사의 기준을 달리하는 견해로서, 마약범죄나 조직범죄에 있어서는 기회제공형 함정수사가 허용되지만 재산범죄나 폭력범죄의 경우에는 이러한 함정수사도 허용되지 않는다는 견해이다.

대법원은 원칙적으로 범의유발형 함정수사만을 함정수사라고 이해한 경우도 있고,[21]) 기회제공형 함정수사의 경우를 모두 위법한 함정수사라 할 수 없다고 판시함으로써 기회제공형 함정수사의 경우에는 위법 가능성을 배제하지 않고 있다.[22])

3) 함정수사의 적법성의 한계

함정수사의 적법성의 한계는 수사의 신의칙에 반한다는 것과 국가기관이 범죄를 유도했다는 점에서 찾아야 한다. 수사의 신의칙이라는 측면에서 고려해 볼 때 함정수사의 필요성, 범죄의 태양, 법익의 성질, 남용의 위험성 등을 고려하여 종합적으로 판단해야 한다.

따라서 마약범죄, 조직범죄, 뇌물범죄의 수사에 있어서는 기회제공형 함정수사는 허용되지만, 재산범죄나 폭력범죄의 경우에는 특별한 수사방법이 필요한 것이 아니므로 기회제공형 함정수사조차도 허용되지 않는다고 해석해야 한다. 요컨대 주관과 객관을 종합하여 함정수사의 한계를 판단해야 한다. 범죄유발형 함정수사는 가벌성 유무, 수집한 증거의 증거능력인정유무가 문제된다.

한 요구에 의하여 마약을 매각한 피고인에게 함정수사의 항변을 인정하였다)을 통해 함정수사의 항변을 인정한, 이른바 Sherman－Sorrels 법칙을 형성하게 되었다.

20) 배종대/이상돈/정승환/이주원, §9/13; 백형구, 77면; 차용석/최용성, 165면.

21) 대법원 1992. 10. 27. 선고 92도1377 판결.

22) 대법원 2007. 5. 31. 선고 2007도1903 판결.

《 함정수사에 대한 소송법적·실체법적 규제 》

〈함정수사에 대한 소송법적 규제〉

① 수사개시와 공소제기가 금지된다.

② 수소법원은 소송조건흠결 또는 소송장애를 이유로 공소기각판결을 해야 한다. 판례는 범의유발형 함정수사에 의한 공소제기에 대하여 그 절차가 법률에 위반하므로 무효에 해당한다고 본다.[23]

③ 수소법원이 실체심판을 하는 경우에는 위법수집증거배제법칙에 의해 증거능력을 배제해야 한다.

〈함정수사에 대한 실체법적 규제〉

① 수사기관의 청렴성이 침해되고 일반시민이 수사기관의 동기나 기회제공을 뿌리치기 어렵다는 점을 들어 피교사자의 행위는 무죄로 추정해야 한다는 견해가 있다. 소송법적으로는 수소법원이 무죄판결을 내려야 한다는 견해이다.

② 실체법상 피교사자라 하더라도 자유의사에 의해 범죄를 실행했으므로 실체법상 처벌이 가능하다는 견해이다

③ 함정수사가 범죄성립을 조각하거나 소송조건에 해당한다고는 볼 수 없으므로 가벌성이 인정된다는 견해가 있다.

4) 위법한 함정수사가 공소제기에 미치는 효과

함정수사가 위법하다고 평가받는 경우에 함정수사에 걸린 자를 처벌할 수 있는가에 관하여는 불가벌설과 가벌설이 대립되고 있다. 불가벌설은 국가가 사람을 유혹해 범죄를 실행하도록 한 것은 오히려 국가가 비난을 받아야 하며 피교사자는 처벌할 수 없다는 견해이다. 불가벌설은 수사기관의 함정에 걸린 피교사자를 어떤 방법으로 구제할 것인가에 관해서는, 다시 무죄설과 공소기각설 및 면소설로 나누어진다. ① 무죄설은 피교사자에게 무죄를 선고해야 한다는 입장이다.[24] 범죄행위가 부당한 권유에 의한 경우에는 책임이 조각되거나 또는 고의가 없으며, 범인에 대한 사회적 반감이 적고 오히려 동정의 여지가 많아 가벌적 위법성이 없으므로 범죄가 성립하지 않는다는 것을 그 이유로 들고 있다. 그러나 무죄설에 대하여는, (ㄱ) 함정에 의해 범의가 유발되었다고 하여 고의가 없다고 할 수 없으며, 또한 수사기관의 함정에 빠졌다고 하

23) 대법원 2005. 10. 28. 선고 2005도1247 판결.

24) 손동권/신이철, 168면; 신동운, 178면.

여 책임이 조각된다고 할 수 없고, (ㄴ) 교사자가 사인인가 수사기관인가에 따라 범죄의 성부를 달리 해석해야 할 이유도 없다는 비판이 제기되었다. 이에 따라 함정수사는 실체법상의 문제가 아니라 소송법상의 문제이므로 소송법이론에 의하여 해결해야 한다는 견해가 등장하였고, 이에는 공소기각설과 면소설이 대립한다. ② **공소기각설**은 함정수사에 의한 공소제기는 적정절차위반에 의한 공소제기로서 공소제기절차가 법률의 규정에 위배되어 무효에 해당하므로 형사소송법 제327조 제2호에 의해 공소기각의 판결을 선고해야 한다는 견해이다. 우리나라의 **판례와 다수설의 입장**이다.[25] ③ **면소설**은 위법한 함정수사가 행해진 경우에는 국가가 처벌적격을 상실하게 되어 실체적 소송조건을 결하므로 면소판결을 선고해야 한다는 입장이다.

이와 달리 **가벌설**은 함정수사가 수사의 신의칙에 위반하는 점은 소송법적으로 증거배제와의 관계에서 고려하면 충분하며, 함정수사에 의하여 범죄를 실행했다는 사실만으로 범죄성립을 조각한다고 할 수 없고, 나아가 함정수사를 소송조건에 해당한다고 할 수 없기 때문에 가벌설이 타당하다고 주장한다.[26] 즉 위법한 함정수사가 행해졌다고 하더라도 피유혹자, 즉 피교사자의 죄책이나 소송절차에는 아무런 영향을 미치지 못한다는 입장이다.[27]

생각건대 함정수사에 의한 공소제기는 적정절차에 위배되는 수사에 의한 공소이므로 공소제기의 절차가 법률에 위배하여 무효인 때에 해당하므로 형사소송법 제327조 제2호에 의하여 공소기각판결을 선고해야 한다는 **판례**[28]와 **다수설**의 입장이 타당하다.

5) 위법한 함정수사에 의하여 수집한 증거의 증거능력문제

범의를 유발한 함정수사에 의하여 수집한 증거는 증거능력을 부정해야 한다.[29] 이는 영장주의와 적정절차라는 헌법정신에 위반하여 수집한 증거로서 증거수집절차에 중대한 위법이 있고, 특히 범의를 유발한 함정수사는 적정절차의 원칙에 본질적으

---

25) 배종대/이상돈/정승환/이주원, §9/16; 이은모, 185면; 차용석/최용성, 166면.

26) 이영란, 229면; 이재상/조균석, 201면.

27) 일본 최고재판소도 가벌설의 입장을 취하고 있으며(日最決 1952. 3. 5), 독일 연방법원도 함정수사는 본질적인 형벌감경사유 내지 양형사유에 불과하다고 하였다(BGHSt. 32, 345).

28) 대법원 2007. 5. 31. 선고 2007도1903 판결; 대법원 2005. 10. 28. 선고 2005도1247 판결.

29) 배종대/이상돈/정승환/이주원, §9/14; 백형구, 87면; 손동권/신이철, 168면; 신동운, 178면; 이영란, 230면; 이재상/조균석, 202면; 임동규, 131면.

로 위배되기 때문이다.

제2절 수사의 개시

Ⅰ. 수사의 단서

검사는 범죄의 혐의가 있다고 사료하는 때에는 범인·범죄사실과 증거를 수사하여야 하며(제195조), 사법경찰관은 범죄혐의가 있다고 인식하는 때에는 범인, 범죄사실과 증거에 수사를 개시·진행하여야 한다(제196조 제2항). 이와 같이 수사는 **구체적 사실에 근거한 수사기관의 주관적 혐의에 의하여 개시되며**, 수사개시의 원인을 **수사의 단서**라고 한다.

수사의 단서에는 수사기관 자신의 체험에 의한 경우와 타인의 체험의 청취에 의한 경우로 나눌 수 있다. 전자의 예로는 현행범인의 체포·변사자검시·다른 사건(화재, 교통사고 등) 수사 중의 범죄발견·불심검문·자동차검문(도로교통법 제43조)·세평·신문보도 등 그 종류가 다양하며, 후자의 예로 고소·고발·자수·범죄신고·진정 등이 해당한다. 고소·고발·자수의 경우에는 수사기관이 즉시 수사를 개시해야 하므로 피고소인 등은 피의자의 지위를 갖게 되지만, 이외에 수사의 단서가 있는 경우에는 수사기관이 바로 수사를 개시하는 것이 아니라 이러한 수사의 단서를 토대로 하여 수사기관이 범죄혐의가 있다고 판단할 때에 비로소 수사를 개시하게 된다.

이와 같이 수사의 단서로부터는 현실적으로 수사기관이 주관적 혐의를 갖게 되었을 때에 비로소 수사를 개시하게 되는데, 이를 수사기관의 **범죄인지**(犯罪認知) 또는 입건이라 한다. 즉 **입건**(立件)이란 수사기관이 고소·고발·자수 이외의 수사의 단서가 있는 경우에 범죄의 혐의가 있다고 판단하여 수사를 개시하는 것을 말한다. 입건 이전단계에서의 범죄혐의 유무에 관한 수사기관의 조사활동을 **내사**(內査)라고 한다. 그리고 수사기관의 내사의 대상인 자를 '피내사자'라 하며, 내사단계에서 추상적인 범죄혐의를 받고 있는 자를 '용의자'라 하고, 수사기관에 의해 구체적인 범죄혐의를 받고 있는 자를 '피의자'라 한다.

수사의 단서이고 수사가 개시되는 '자수'란 범인이 스스로 수사기관에 자신의 범죄사실을 신고하여 수사와 소추를 구하는 의사표시를 하는 것을 말한다. 자수는 형법상 임의적 감면사유에 해당하지만, 소송법상으로는 수사의 단서에 해당한다. 아래에서는 주요 수사단서인 변사자의 검시, 불심검문, 고소 및 고발을 중심으로 살펴보기로 한다.

Ⅱ. 변사자의 검시

1. 변사자의 의의

변사자란 자연사(自然死) 또는 통상의 병사(病死)가 아닌 사체로서 **범죄로 인한 사망이라는 의심이 있는 사체**를 말한다.[30] 이와 달리 변사자를 자연사 또는 병사가 아닌 사체를 말하며, 범죄와는 관계없다고 해석하는 견해도 있다. 그러나 검시의 성질에 비추어볼 때 변사자란 범죄로 인한 사망이라는 의심이 가는 사체를 의미한다고 보는 다수설이 타당하다. 따라서 범죄가 아닌 사고로 사망하거나 천재지변에 의하여 사망한 것이 명백한 사체의 경우에는 검시의 대상이 될 수 없다고 보아야 한다.

변사자의 검시(變死者의 檢視)란 수사기관이 변사자의 상황, 즉 사망의 원인을 조사하는 것을 말한다. 변사자 또는 변사의 의심이 있는 사체가 있는 때에는 그 소재지를 관할하는 지방검찰청 검사가 검시하여야 한다(제222조 제1항). 또한 검시로 범죄의 혐의를 인정하고 긴급을 요할 때에는 영장없이 검증을 할 수 있다(동조 제2항). 검사는 사법경찰관에게 변사체에 대한 검시와 검증처분을 명할 수 있다(동조 제3항).

검시의 성질에 비추어볼 때 범죄에 기인한 사망이라는 의심이 있는 변사체가 그 대상이 되지만 익사 또는 천재지변 등 범죄와 관계없이 사망한 것이 명백한 사체인 경우에는 검시의 대상이 되지 않는다. 또한 변사자의 검시는 수사의 단서에 불과하므로, 검시결과 범죄로 인해 사망했다는 범죄의 혐의가 인정될 때에 비로소 수사가 개시된다.

2. 검시와 검증

검시는 수사의 단서에 불과하고 수사착수 이전의 처분이므로 법관이 발부하는 영

30) 배종대/이상돈/정승환/이주원, §8/49; 백형구, 91면; 신현주, 203면; 이영란, 246면; 이은모, 193면; 이재상/조균석, 203면; 차용석/최용성, 168면.

장이 불필요하다. 그러나 검증은 변사자의 검시결과 범죄혐의가 있을 때에 비로소 수사에 착수하여 변사자에 대한 검증을 하게 된다. 검증이란 사람, 장소, 물건의 성질·형상을 오관의 작용에 의하여 인식하는 강제처분으로서 수사착수 이후의 처분이다. 따라서 검증은 수사개시 이후의 처분이므로 원칙적으로 영장이 필요하지만, 변사자에 대한 검시에 의하여 범죄의 혐의를 인정하고 긴급을 요할 때에는 영장 없이 검증할 수 있도록 규정하고 있다(제222조 제2항).

변사자의 검시와 통상의 사체해부인 검증처분은 구별되어야 한다. 수사기관의 사체해부인 검증처분(이른바 사체부검)은 수사활동의 일환인 검증이므로 당연히 영장이 필요하지만(제215조 제1항), 변사체의 검시는 수사의 단서에 불과하므로 영장이 불필요하다.

3. 변사자의 검시를 위해 영장 없이 타인의 주거에 들어갈 수 있는가?

검시를 위해 영장 없이 타인의 주거에 들어갈 수 있는가가 문제된다. 이에 대하여는 검시의 긴급성과 필요성에 비추어 이를 허용해야 한다는 긍정설[31]도 있으나, 타인의 주거에 들어가는 것은 강제처분이므로 영장주의의 예외를 특별히 검시의 경우에 인정해야 할 이유가 없으므로 법관이 발부한 영장이 필요하다고 보는 부정설(영장필요설)이 타당하다.[32]

Ⅲ. 불심검문

1. 불심검문의 의의

불심검문(不審檢問)이란 경찰관이 거동이 수상한 자를 발견한 때에 이를 정지시켜 질문하는 것을 말한다. 경찰관직무집행법 제3조는 불심검문이라는 표제로 제1항에 '경찰관이 수상한 거동이나 기타 주위의 사정을 합리적으로 판단하여 어떠한 죄를 범하였거나 범하려 하고 있다고 의심할 만한 상당한 이유가 있는 자 또는 이미 행하여진 범죄나 행하여지려 하고 있는 범죄행위에 관하여 그 사정을 안다고 인정되는 자를

31) 김기두, 198면; 백형구, 91면.

32) 배종대/이상돈/정승환/이주원, §8/51; 손동권/신이철, 171면; 신동운, 190면; 이재상/조균석, 204면; 이은모, 206면; 정영석/이형국, 150면.

정지시켜 질문할 수 있다'고 규정하고 있다. 이를 '직무질문'이라고도 한다.

불심검문은 발각되지 않은 범죄수사의 단서가 될 뿐만 아니라 특정범죄에 대하여 범인이 발각되지 않은 경우에 범인발견의 계기가 된다는 점에서 수사와 밀접한 관계를 가진다. 불심검문은 범죄수사와는 엄격히 구별되는 행정경찰작용 중 범죄예방을 위한 보안경찰작용에 속한다. 따라서 불심검문에 의하여 범죄혐의가 있게 되면 수사에 착수하게 되므로 불심검문은 수사의 단서가 된다고 할 수 있다. 불심검문은 거동불심자를 대상으로 하지만 피의자에 대한 불심검문도 가능하다. 수사착수 이후의 불심검문은 사법경찰작용이라고 하겠다.

2. 불심검문의 대상

불심검문의 대상자를 **거동불심자**(擧動不審者)라 한다. "수상한 거동 기타 주위의 사정을 합리적으로 판단하여 죄를 범하였거나 범하려고 하고 있다고 의심할 만한 상당한 이유가 있는 자 또는 이미 행하여진 범죄나 행하여지려고 하는 범죄행위에 관하여 그 사실을 안다고 인정되는 자"가 거동불심자이다. 여기서 '어떤 죄를 범하려 하고 있다고 의심할 만한 상당한 이유가 있는 경우'란 준현행범인(제211조 제2항) 또는 긴급체포(200조의3)에 이르지 않거나, 또는 아직 범죄가 특정되지 않은 경우를 말한다. 이러한 판단을 하는데 있어서는 형식적으로 수상한 거동이 있었는지 뿐만 아니라 경찰관이 가진 정보·지식 및 관찰의 결과를 고려하여야 한다.

3. 불심검문의 방법

불심검문은 정지와 질문 및 질문을 위한 동행요구를 그 내용으로 한다. 정지와 관련해서는 자동차검문이, 질문에 있어서는 소지품검사가 문제된다.

(1) 정지와 질문

불심검문의 핵심은 거동불심자(擧動不審者)를 정지시켜 질문하는데 있다. 질문은 거동불심자에 대하여 행선지나 주소, 성명, 연령 등을 묻고 필요한 때에는 소지품의 내용을 질문하여 수상한 점을 밝히는 방법에 의한다. 질문에 대하여는 상대방에게 답변을 강요할 수는 없다. 그런데 거동불심자가 정지요구나 질문에 불응할 경우에 경찰관이 어느 범위까지 실력행사를 할 수 있는가에 대하여는 ① 정지와 질문의 필요성과 수단의 상당성을 고려하여 강제처분에 이르지 않는 정도의 실력행사는 허용된다는 제한적 허용설(다수설)과, ② 이와 달리 실력행사는 사실상 강제력을 행사하는 것이므로 원칙적으로 허용되지 않지만, 살인, 강도 등 중범죄나 긴급체포 등도 가능하지만 신중을 기하기 위한 경우에는 예외적으로 강제력 행사가 허용된다는 예외적 허용설의 대립이 있다.

생각건대 강제처분에 이르지 않는 실력행사만 제한적으로 허용된다는 제한적 허용설이 타당하며, 실력행사의 한계를 보다 명확히 하기 위해서는 새로운 입법이 요구된다고 하겠다.

(2) 동행요구

경찰관은 질문을 위하여 당해인에게 부근의 경찰서, 지서 파출소 또는 출장소에 동행할 것을 요구할 수 있다. 동행의 요구는 그 장소에서 질문하는 것이 당해인에게 불리하거나 교통에 방해가 된다고 인정되는 때에 한하여 할 수 있으며, 당해인은 경찰관의 동행요구를 거절할 수 있다. 경찰관직무집행법상의 임의동행은 보안경찰작용이나, 형사소송법상 임의수사인 임의동행은 구체적 범죄혐의에 따른 사법경찰작용이다(제195조). 임의동행을 한 경우에 경찰관은 당해인을 경찰관서에 6시간을 초과하여 머무르게 할 수 없다(경찰관직무집행법 제3조 제6항).

4. 소지품검사

(1) 의 의

소지품검사란 불심검문에 수반하여 흉기 기타 물건의 소지여부를 밝히기 위하여 거동불심자의 입고 있는 옷이나 휴대품을 조사하는 것을 말한다. 그런데 경찰관직무집행법 제3조 제3항에는 흉기소지여부만 조사할 수 있도록 규정하고 있다. 따라서 불심검문시에 흉기 이외의 다른 물건에 대하여도 조사할 수 있는가가 문제된다. 이에 대하여는 견해의 대립이 있다.

(2) 소지품검사의 법적 근거 및 허용여부

경찰관직무집행법은 불심검문에 관하여, 거동불심자에 대하여 질문할 때에 흉기의 소지를 조사할 수 있다고 규정하고 있다(경찰관직무집행법 제3조 제3항). 따라서 흉기 이외의 소지품검사에 관해서는 불심검문의 범위를 벗어나고 법적 근거가 없으므로 허용되지 않는다는 견해[33]와 소지품검사도 불심검문의 안전성과 실효성을 유지하

---

33) 배종대/이상돈/정승환/이주원, §8/61; 신동운, 187면; 신양균, 96면.

기 위해 불심검문에 수반된 행위이므로 경찰관직무집행법 제3조에 근거하여 그 범위에서 허용된다는 견해[34]의 대립이 있다.

① 긍 정 설 불심검문의 실효성이나 불심검문시의 안전을 위하여 허용된다는 견해이다. 범죄의 중대성, 긴급성, 침해법익과 공익 등을 종합적으로 고려하여 예외적인 경우에는 수색에 이르지 않는 정도의 실력행사는 허용된다는 입장이다.

② 부 정 설 경찰관직무집행법은 흉기소지에 한정하고 있으므로, 흉기소지 여부와 관련하여 소지품을 검사할 수 있으나 흉기소지여부에 대한 조사에 국한되어야 한다는 견해이다.

③ 사 견 생각건대 소지품검사는 불심검문의 안전이나 질문의 실효성을 위해 수반된 행위이므로 그 범위 안에서 허용된다고 보는 긍정설의 입장이 타당하다. 다만 범죄수사를 위한 소지품검사는 경찰관직무집행법의 범위를 벗어난다고 보아야 한다.

(3) 소지품검사의 한계

소지인의 승낙에 의한 소지품검사는 임의처분으로서 당연히 허용된다. 불심검문에 수반되는 행위로서 소지품 검사의 한계에 대하여는 견해가 대립한다.

1) 외표검사(外表檢査)

의복 또는 소지품의 외부를 손으로 만져서 확인하는 검사인 외표검사는 불심검문에 수반하는 행위로서 허용된다. 영미법에서는 이를 stop과 frisk라 하고 미국에서는 Terry사건에 의하여 확립된 원칙이다.[35] 미국은 Sibron사건에서 주머니에 손을 넣어 마약을 찾아낸 경우에 frisk의 범위를 벗어났으므로 허용되지 않는다고 하였다.[36]

2) 소지품의 개시요구와 내용조사

소지품의 내용을 개시할 것을 요구하는 것은 강요적인 언동에 의하지 않는 한 허용된다. 다만 상대방이 개시요구에 동의하지 않는 경우에 실력행사가 허용되는가가 문제된다. 이때에는 흉기조사인가 그 외의 일반소지품조사인가를 구별하여 검토하여야 한다.

① 흉기조사일 경우 흉기, 폭탄 등을 소지하였다고 의심되는 때에는 제3자

---

34) 손동권/신이철, 178면; 이재상/조균석, 208면; 임동규, 158면; 차용석/최용성, 171면.

35) Terry v. Ohio, 392 U.S. 1(1968).

36) Sibron v. N.Y., 392 U.S. 40(1968).

의 생명, 신체에 대한 위험을 고려하여 고도의 개연성과 특수한 혐의가 있을 때에 한하여 실력행사가 가능하다고 해야 한다.

② 일반소지품검사일 경우 흉기 이외의 일반소지품조사에 있어서는 실력을 행사하여 소지품을 조사하는 것은 허용되지 않는다고 해야 한다. 다만 예외적으로 중범죄에 한하여 긴급체포의 요건이 충족되는 경우에는 적법하다고 할 수 있다.[37]

5. 자동차검문

(1) 자동차검문의 의의

범죄예방과 범인검거를 목적으로 통행 중인 자동차를 정시시켜서 운전자와 동승자에게 질문하거나 자동차를 조사하는 것을 말하며, 교통검문, 경계검문, 긴급수배검문이 있다.

1) 교통검문

무면허운전, 음주운전, 등 도로교통법위반을 단속하기 위한 교통경찰작용이다. 도로교통법 제47조(위험방지를 위한 조치)의 일시정지권을 직접적인 명문의 근거로 본다.

2) 경계검문

불특정범죄의 예방과 검거를 목적으로 하는 검문으로 보안경찰작용이다. 직접적인 근거규정은 없으나 경찰관직무집행법 제3조 제1항의 불심검문(직무질문)과 유사하므로 여기에서 그 근거를 찾을 수 있다.

3) 긴급수배검문

특정범죄에 대하여 범인의 검거와 수사정보의 수집을 목적으로 하는 사법경찰작용이다. 직접적인 근거규정은 없지만, 도로교통법 제47조와 경찰관직무집행법 제3조 제1항 및 형사소송법의 임의수사에 관한 규정(제199조 제1항, 제200조, 제241조, 제242조 등)에 근거를 가진다고 본다.

(2) 자동차검문의 법적 성격

도로교통법 제47조의 일시정지권에 근거를 두고 있다. 그러나 경계검문이나 긴급수배검문의 경우에는 이에 대한 직접적인 근거규정은 없다. 따라서 경계검문은 경찰관직무집행법 제3조 제1항에 근거를 두고 있으며, 긴급수배검문은 경찰관직무집행법

---

37) 이영란, 255면; 이재상/조균석, 209면; 차용석/최용성, 171면.

과 형사소송법의 임의수사에 관한 규정에 근거를 가진다고 할 수 있다.

(3) 자동차검문의 한계

자동차검문은 불심검문 또는 임의수사라는 근거로 정당성이 인정되지만, 이를 위해서는 다음과 같은 요건이 필요하다. 첫째, 임의의 수단에 의하고, 둘째, 자동차를 이용한 중대범죄에 제한, 셋째, 범죄의 예방과 검거를 위하여 필요하고 적절한 경우, 넷째, 자동차 이용자에 대한 자유의 제한은 필요최소한에 그쳐야 한다는 것이다.

결국 자동차 이용자에 대한 자동차검문으로 인한 자유제한은 필요최소한에 그쳐야 하며, 그 요건과 한계는 입법적으로 해결할 것이 요구된다.[38]

Ⅳ. 고 소

1. 의 의

고소란 범죄의 피해자 또는 그와 일정한 관계에 있는 고소권자가 **수사기관**에 범죄사실을 신고하여 **범인의 처벌을 구하는 의사표시**를 하는 것을 말한다.

(1) 수사기관에 범죄사실의 신고

고소는 수사기관에 대하여 범죄사실을 신고하는 것이므로, 수사기관이 아닌 법원 등에 범죄피해사실을 신고하거나 진정서 등을 제출하거나 또는 범인의 처벌을 구하는 의사표시를 했더라도 이것은 고소라고 할 수 없다.

범죄사실의 신고시에 범죄사실에 대한 특정정도는 고소인에 의해 구체적으로 어떤 범죄사실을 지정하여 범인의 처벌을 구하고 있다는 것을 확정할 수 있는 정도의 의사표시가 있으면 충분하며, 범죄사실의 신고내용이 범행의 일시, 장소, 방법이 명확하지 않거나 범인의 성명이 적시되지 않더라도 고소는 유효하다.

(2) 범인의 처벌을 구하는 의사표시

고소는 범인의 처벌을 구하는 의사표시를 수사기관에 하여야 하므로, 단순히 범죄피해사실을 수사기관에 신고하는 것과는 구별된다.[39] 또한 고소는 법률행위적 소송행위이므로 고소권자가 고소의 의미를 이해할 수 있는 사실상의 능력인 고소능력이 있어야 하고, 이는 민법상의 행위능력과는 구별되어진다. 판례는 13세의 여중생의 강

---

38) 배종대/이상돈/정승환/이주원, §9/64; 이재상/조균석, 210면.

39) 대법원 2008. 11. 27. 선고 2007도4977 판결.

간죄에 대한 고소능력을 인정한 바 있다.[40)]

2. 고소절차

(1) 고소권자

고소는 고소권자에 의하여 행해져야 하며, 형사소송법이 규정하고 있는 고소권자가 아닌 자가 행한 고소는 고소로서의 효력이 없다. 우리 형사소송법이 규정하고 있는 고소권자는 다음과 같다.

1) 범죄의 피해자

범죄로 인한 피해자는 고소할 수 있다(제223조). 여기서 범죄의 피해자란 범죄로 인한 피해법익의 주체를 말하므로 자연인 이외에 법인이나 법인격 없는 사단·재단도 피해자가 될 수 있으며, 보호법익의 주체가 아닌 행위객체도 피해자가 될 수 있다. 특히 사회적 법익이나 국가적 법익을 침해하는 범죄의 경우에는 보호법익의 주체 이외에도 행위의 객체가 된 자도 피해자가 될 수 있다. 예컨대 공무집행방해죄에 있어서 폭행·협박을 당한 공무원도 피해자가 될 수 있다.

여기서의 피해자는 범죄로 인한 직접적인 피해자를 말하며, 간접적인 피해자는 제외된다.

한편 범죄 피해자의 고소권은 일신전속적인 권리이므로 양도나 상속이 허용되지 않지만, 저작권·특허권에 대한 침해가 계속되는 경우에는 권리이전에 따라 권리이전 전에 이루어진 침해에 대한 고소권도 함께 이전된다고 보아야 한다.[41)]

2) 피해자의 법정대리인

피해자의 **법정대리인**은 독립하여 고소할 수 있다(제225조 제1항). 여기서 법정대리인이란 미성년자의 친권자나 후견인과 같이 제한능력자의 행위에 대하여 일반적인 대리권을 가진 자를 말한다. 따라서 피해자의 생모는 법정대리인에 포함되지만, 재산관리인·파산관재인·법인의 대표자는 법정대리인이 아니다.[42)] 또한 법정대리인의 지위는 고소 시에 있으면 되므로, 범행 당시에 그 지위에 있지 않았거나 고소 후에 그 지위를 잃었다 하더라도 그 고소는 유효하다.

---

40) 대법원 2011. 6. 24. 선고 2011도4451 판결.

41) 배종대/이상돈/정승환/이주원, §8/14; 이재상/조균석, 211면; 임동규, 137면; 정영석/이형국, 154면.

42) 다른 견해로는 정영석/이형국, 154면.

법정대리인의 고소권과 관련하여 형사소송법 제225조 제1항에 '법정대리인은 독립하여 고소할 수 있다'는 규정의 성격이 무엇인지에 대하여 고유권설과 독립대리권설의 대립이 있다.

① 고유권설 중요한 소송법적 효과를 가져오는 고소권을 제한능력자에게 맡길 수는 없으므로, 법정대리인의 고소권을 제한능력자를 보호하기 위한 법정대리인의 고유권으로 이해하는 견해이다.[43] 이 견해에 따르면 피해자 본인이 법정대리인의 고소를 취소할 수 없게 되고, 피해자의 고소권이 소멸하더라도 법정대리인은 고소권을 행사할 수 있으며, 고소기간도 법정대리인이 범인을 안 날로부터 진행하게 된다.[44]

② 독립대리권설 고소권은 원래 일신전속인 권리이고, 친고죄에 있어서 법률관계의 불안정성을 피하기 위해 법정대리인의 고소권을 독립대리권으로 이해해야 한다는 견해이다. 이 견해에 따르면 피해자의 고소권이 소멸하면 법정대리인의 고소권도 소멸하게 되고, 피해자는 법정대리인이 한 고소를 취소할 수 있게 된다. 법정대리인의 고소권은 독립대리권에 불과하다는 견해이다.[45]

생각건대 피해자는 유효한 소송행위를 할 수 없는 무능력자이므로 대리수권자가 될 수 없으므로 법정대리인의 고소권은 고유권으로 보는 것이 제255조의 입법취지에 부합하며, 판례[46]도 같은 입장이다. 따라서 본인은 법정대리인이 한 고소를 취소할 수 있다.

3) 피해자의 배우자, 직계친족, 형제자매

① 법정대리인이 피의자이거나 법정대리인의 친족이 피의자인 경우에는 피의자의 배우자나 직계친족, 형제자매도 예외적으로 피해자의 친족이 독립하여 고소할 수 있다.

② 피해자가 사망한 경우에는 배우자, 직계친족, 형제자매는 고소권을 행사할 수 있다. 다만 피해자의 명시적 의사에는 반할 수 없다(제266조, 제225조 제2항 참조).

그러므로 강간죄의 피해자가 사망한 경우에 피해자의 직계친족 또는 형제자매는

---

43) 배종대/이상돈/정승환/이주원, §8/18; 신동운, 196면; 임동규, 137; 대법원 1984. 9. 11. 선고 84도1579 판결.

44) 대법원 1987. 6. 9. 선고 87도857 판결.

45) 이재상/조균석, 201면; 송광섭, 354면.

46) 대법원 1999. 12. 24. 선고 99도3784 판결.

고소할 수 있다. 사자에 대한 명예훼손죄에서는 그 친족 또는 자손이 고소할 수 있다(제227조).

4) 지정고소권자

친고죄에서 고소할 자가 없는 경우에는 이해관계인이 신청하면 검사는 10일 이내에 고소할 수 있는 자를 지정하여야 한다(제228조). 이해관계인은 법률상 또는 사실상 이해관계를 가진 자를 말하며, 단순한 감정상의 관계는 해당하지 않는다.

(2) 고소의 방법

1) 고소의 방식

서면 또는 구술(口述)로써 검사 또는 사법경찰관에게 하여야 한다(제237조 제1항).

2) 고소의 대리

고소는 대리도 가능하다. 대리인이 고소할 때는 위임장을 제출하거나 대리라는 표시를 반드시 해야 하는 것은 아니다.[47] 고소 대리의 성질에 대하여는 학설의 대립이 있다. 고소의 대리에 대하여 고소여부에 대한 결정권까지 위임한 것은 아니므로 표시대리에 한한다는 견해도 있으나,[48] 고소의 대리를 인정하고 있는 취지에 비추어 보면 의사대리[49]를 제외해야 할 이유가 없다. 친고죄의 고소는 당사자의 자율적인 갈등해소가 실패했다는 것을 의미하므로 제236조의 대리는 의사표시전달에 관한 대리로 보는 것이 옳다. 그러나 비친고죄의 고소는 수사의 단서에 불과하므로 **의사대리설**을 취해도 무방하다.

고소에 조건을 붙이는 경우에 대하여는 형사절차의 형식적 확실성과 국가형벌권 행사를 개인의 의사에 좌우하게 함으로써 허용되지 않는다는 견해도 있으나, 소송 진행에 영향을 주지 않는 범위 내에서는 그 효력을 인정하는 것이 옳다.

(3) 고소의 기간

고소기간은 범인을 알게 된 날로부터 6월을 경과하면 고소하지 못하지만, 고소할 수 없는 불가항력의 사유가 있는 때에는 그 사유가 없어진 날로부터 기산한다(제230조 제1항). 범인을 알게 된 날이라 함은 적어도 범인이 누구인가를 특정할 수 있을 정도로 알게 된 날이면 족하고 범인의 주소·성명까지 알 필요는 없다.

---

47) 대법원 2001. 9. 4. 선고 2001도3081 판결.

48) 신동운, 204면; 신양균, 95면; 차용석/최용성, 175면.

49) 배종대/이상돈/정승환/이주원, §8/23; 이재상/조균석, 214면.

친고죄에 있어서 고소는 소송조건이다. 고소기간의 시기는 범인을 알게 된 날부터이다. 친고죄에 있어서 고소기간의 시기(始期)와 관련하여 고소할 수 없는 불가항력적인 사유가 있으면 그 사유가 없어진 날로부터 기산한다(제230조 제1항 단서). 따라서 고소능력이 없다가 후에 비로소 그 능력이 생긴 경우에는 그 능력이 생긴 때부터이다. 그러나 피고소인의 주소지를 알지 못하는 것은 불가항력적인 사유에 해당하지 않는다.

(4) 고소의 제한

자기 또는 배우자의 직계존속을 고소하지 못한다. 이 규정은 전통적인 가정질서를 보호하기 위한 규정으로 비속을 차별취급하여 평등권을 침해한다고 할 수 없다.[50)] 특별형법의 내용인 성폭력범죄, 가정폭력범죄, 아동학대범죄에 대하여는 자기 또는 배우자의 직계존속도 고소할 수 있도록 예외규정을 두고 있다.

3. 고소불가분의 원칙

친고죄의 하나의 범죄의 일부에 대한 고소 또는 취소는 사건전부에 효력이 미치며, 공범 중 1인에 대한 고소 또는 취소는 다른 공범자에게도 효력이 미친다. 형사소송법은 제233조에 '주관적 불가분의 원칙'에 대해서만 규정하고 있다.

친고죄에만 적용된다. 이는 친고죄의 경우에 고소가 소송조건으로 공소제기의 유효요건이기 때문이다. 그러나 비친고죄의 경우에 고소는 수사의 단서에 불과하므로 고소제기는 공소제기의 유효요건은 아니기 때문이다. 그러므로 고소불가분의 원칙이란 친고죄에 있어서 고소의 효력이 미치는 범위에 관한 원칙이다.

친고죄에 있어서 피해자가 고소하지 않는 것은 가해자와 피해자가 범죄행위로 인한 사회적 갈등을 자율적으로 해소할 수 있음을 의미한다. 이는 형법의 보충성의 원칙이 실현됨을 의미한다.

고소불가분의 원칙은 국가형벌권의 행사가 정형화되어 이루어지듯이 개인에 의한 고소권의 행사여부에 대한 결정도 정형화를 통해 이루어진 경우이다.

(1) 객관적 불가분의 원칙

범죄사실의 일부에 대한 고소나 취소는 그 전부에 대해 효력이 미친다는 원칙을 말한다. 명문의 규정이 없으나 이론상 이를 당연히 인정하는 것이 통설이다.

---

50) 헌법재판소 2011. 2. 24. 선고 2008헌바56 결정.

1) 단순일죄

단순일죄에 대하여는 일부에 대한 고소와 그 고소의 취소는 전부에 대하여 효력이 있으므로 이 원칙이 예외 없이 적용된다.

2) 과형상 일죄

본래는 수개의 죄이지만 과형상 일죄로 취급되는 상상적 경합의 경우를 말한다. 각 죄가 모두 친고죄이고 피해자가 동일인일 경우에는 그 전부에 효력이 미치며, 각 죄의 피해자가 동일인이 아닌 경우에는 고소권자가 수인이 되므로, 1인이 한 고소의 효력은 다른 피해자의 범죄사실에는 미치지 않는다. 그러므로 예컨대 하나의 문서에 의해 여러 사람을 모욕한 경우에 피해자 1인의 고소나 그 취소는 다른 피해자에게는 미치지 않게 된다. 과형상 일죄의 일부가 비친고죄인 경우에 친고죄에 대한 고소는 비친고죄에는 미치지 않는다. 반대로 비친고죄에 대한 고소는 친고죄에 대하여 효력이 없다. 그러므로 예컨대 모욕죄와 감금죄가 상상적 경합인 경우에 피해자가 모욕죄에 대한 고소를 취소하더라도 그 효력은 감금죄에는 미치지 않는다. 반대로 감금죄에 대한 고소는 모욕죄에는 효력이 미치지 않는다.

3) 실체적 경합범(수죄)

범죄사실이 1개인 경우에만 객관적 불가분의 원칙이 적용되고, 수개의 범죄사실인 실체적 경합범에는 적용되지 않는다. 실체적 경합범 중 일부만이 친고죄일 때 친고죄 부분에 대하여 고소가 없거나 취소된 경우 친고죄가 중한 죄이더라도 경한 비친고죄의 처벌에 영향을 미치지 아니한다.

(2) 주관적 불가분의 원칙

친고죄의 공범 중 그 1인 또는 수인에 대한 고소 또는 그 취소는 다른 공범자에게도 효력이 있다는 원칙을 말한다. 필요적 공범에도 적용된다. 이는 고소권자에 의해 처벌의 공평성이 좌우되는 것을 방지하기 위해서이다.

1) 절대적 친고죄

공범 중 1인에 대한 고소는 공범자 전원에게 효력이 미친다. 예컨대 사자에 대한 명예훼손죄(제308조, 제312조), 법인처벌규정이 있는 양벌규정의 경우에 있어서 저작권을 침해한 자연인에 대한 고소가 있으면 별도의 고소 없이 법인에 대하여도 그 효력이 미친다(법인의 무과실책임설의 입장).[51] 그러나 이와 달리 법인의 감독과실책임으

51) 대법원 1996. 3. 12. 선고 94도2423 판결

로 보는 입장에서는 별도로 공소제기가 되어야 한다고 하게 된다. 양벌규정에 의한 자연인과 법인의 범죄를 공범의 범위에 포함하면 그 효력이 미친다.

2) 상대적 친고죄

친족상도례와 같이 범인과 피해자 사이에 일정한 신분관계가 있는 경우에만 친고죄가 되는 상대적 친고죄에 있어서는 비신분자에 대한 고소는 신분관계 있는 공범에게는 미치지 않는다. 반대로 신분자에 대한 고소취소는 비신분자에게 효력이 없다.

이러한 예외에 대하여 상대적 친고죄는 고소의 주관적 불가분의 원칙이 타당하지 않다는 견해[52]와 비신분자에 대한 고소는 처음부터 주관적 불가분의 원칙과 상관이 없는 문제라고 보는 견해[53]가 있다.

그러나 수인의 친족이 공범관계에 있을 때는 다른 공범자에게도 적용된다. 친족상도례의 경우에 직계혈족, 배우자, 동거친족, 가족 또는 그 배우자의 경우에는 형이 면제되지만, 그 이외의 친족은 고소가 있어야 공소를 제기할 수 있다.

3) 반의사불벌죄, 조세범처벌법 위반사건, 관세법상의 즉시고발사건

주관적 불가분의 원칙의 적용이 없다는 것이 판례의 입장이다. 이때에는 개별적 사정을 고려하여 판단하기 때문이다. 또한 반의사불벌죄는 준용하는 규정이 없기 때문에 고소불가분의 원칙이 적용되지 않는다.

4. 고소의 취소와 포기

(1) 고소의 취소시기

고소는 제1심 판결선고 전까지 취소할 수 있다(제232조 제1항). 이는 반의사불벌죄에도 준용된다(제232조 제3항). 그러나 항소심에서 공소장이 반의사불벌죄로 변경된 경우에는 고소의 취소는 인정되지 않는다.

(2) 고소취소의 방법

고소권자나 고소대리권자가 할 수 있다. 본인이 한 고소를 대리권자가 취소할 수는 없다. 구두 또는 서면으로 가능하다. 당사자 사이의 단순한 합의서 작성만으로는 고소취소라 할 수 없다. 여기에서 합의서 제출이 고소취소에 해당하는가? 라는 문제가 제기된다. 이에 대해 1981년까지는 합의서와 탄원서를 함께 제출한 경우에만 고소

52) 정영석/이형국, 158면.

53) 신동운, 207면; 신현주, 218면; 이재상/조균석, 217면.

취소의 효력을 인정하였으나, 이후부터는 고소취소의 효력을 인정하고 있으며, 이 경우에는 공소기각판결을 해야 한다.

고소와 마찬가지로 고소취소의 대리도 허용된다.

(3) 고소취소의 효과

고소의 취소는 가능하지만 고소취소의 취소는 불가능하다(제232조 제2항). 고소권자가 고소한 후 이를 취소한 경우에는 검사 또는 법원은 불기소처분 또는 공소기각의 판결을 선고하여야 한다. 고소와 마찬가지로 고소의 취소시에도 고소불가분의 원칙이 적용되게 된다.

(4) 고소의 포기

고소 또는 고소권의 포기란 친고죄의 고소기간 내에 장차 고소권을 행사하지 않겠다는 의사표시를 하는 것을 말한다. 고소권자에 의한 고소권의 포기가 가능한가에 대하여는 적극설과 절충설 및 소극설의 대립이 있다.

적극설은 ① 고소권의 포기를 인정해도 피해가 없으며, ② 고소취소를 인정하는 이상 고소권의 포기도 인정해야 하고, ③ 고소권의 포기를 인정하는 경우에는 친고죄의 수사를 신속히 종결할 수 있다는 이점이 있으므로 고소권의 포기는 유효하다고 주장한다.[54]

절충설은 고소권의 포기를 인정하되, 고소취소와 같은 방식으로 법원 또는 수사기관에 대하여 하는 경우에만 유효하다는 견해로서, 독일과 우리나라 다수설의 입장이다.[55]

이와 달리 소극설은 ① 고소권은 공법상의 권리이므로 사적으로 임의로 처분할 수 없고, ② 고소취소에 관하여는 명문을 두고 있는데 반해서 고소권의 포기에 대하여는 아무런 규정이 없으며, ③ 고소권의 포기를 인정하면 고소권을 소멸시키기 위한 각종 폐해가 나타날 수 있으므로 고소권의 포기를 인정할 수 없다는 입장이다. 생각건대 고소의 취소와 고소권의 포기는 구별해야 하므로 이 입장이 타당하며,[56] 대법원도 소극설을 취하고 있다.[57]

---

54) 정영석/이형국, 160면.

55) 배종대/이상돈/정승환/이주원, §8/45; 백형구, 100면; 손동권/신이철, 198면; 신양균, 117면; 신현주, 220면; 차용석/최용성, 184면.

56) 신동운, 215면; 이재상/조균석, 220면.

57) 대법원 1967. 5. 23. 선고 67도471 판결.

V. 고 발

고발(Anzeige, denunciation)이란 고소권자와 범인 이외의 사람이 수사기관에 범죄사실을 신고하여 소추를 구하는 의사표시를 하는 경우를 말한다. 일반적인 형사사건에 있어서 고발(告發)은 수사의 단서에 불과하지만, 예외적으로 관세법위반의 경우에는 관세청장 또는 세관장의 고발, 조세범처벌법위반의 경우에는 국세청장 또는 세무서장의 고발이 없으면 검사가 공소를 제기할 수 없으므로, 이 경우에 고발은 소송조건이 된다고 하겠다.

고발은 누구든지 범죄가 있다고 사료하는 때에 할 수 있지만, 공무원의 경우에는 그 직무를 수행함에 있어 죄가 있다고 사료하는 때에는 고발하여야 한다(제234조). 여기에서 '직무를 수행함에 있어서'란 공무원의 직무내용과 관련하여 범죄를 발견한 경우를 말하며 직무집행과 관계없는 범죄의 경우에는 공무원에게 고발의무가 발생하는 것은 아니다.

자기 또는 배우자의 직계존속은 고소(제224조) 또는 고발을 하지 못한다(제235조). 고발의 취소절차는 고소와 같다.

한편 고소와 고발의 차이점은 ① 고소와 달리 대리인에 의한 고발이 허용되지 않으며, ② 고소는 고소기간이 정해져 있으나 고발에는 기간제한이 없고, ③ 고소취소의 취소는 허용되지 않으나, 고발은 취소 후에도 다시 고발할 수 있다는 데에 있다.

제3절 임의수사

I. 임의수사와 강제수사

1. 임의수사와 강제수사의 구별기준

임의수사란 상대방의 동의나 승낙을 얻어 강제력을 행사하지 않고 행하는 수사를 말하며, 강제수사란 강제처분에 의한 수사를 말한다. 강제수사와 임의수사의 구별에 관하여는 다음과 같은 학설의 대립이 있다.

(1) 형 식 설

직·간접으로 물리적 강제력을 행사하거나 상대방에게 의무를 부담하게 하는 경우를 강제수사라 하는 견해이다. 체포·구속, 압수·수색·검증, 증인신문청구, 증거보전, 공무소에의 조회 등을 말한다.

그러나 형식설은 도청이나 사진촬영과 같이 프라이버시를 침해하는 경우에도 이를 임의수사라고 하게 되는 문제점이 있다.

(2) 실 질 설

상대방의 의사에 반하여 실질적으로 그 법익을 침해하는 처분은 강제수사이고, 상대방의 법익침해를 수반하지 않는 수사를 임의수사로 이해하는 견해이다.

(3) 적법절차기준설

적법절차의 원칙을 기준으로 최저한도의 기본적 인권을 침해할 우려가 있는 경우(기본권기준설)를 강제수사로 이해하는 입장이다.

(4) 종 합 설

실질설과 형식설을 종합하여 강제유무, 의무부과유무, 법익침해유무 등을 종합적으로 판단하여 영장이 필요한 경우가 강제수사라는 견해이다.

(5) 사 견

생각건대 상대방의 의사에 반하여 실질적으로 그의 법익을 침해하는 강제처분에 의한 수사방법이 강제수사이고, 상대방의 법익침해를 수반하지 않은 수사는 임의수사라고 보는 실질설이 타당하다.

2. 임의수사의 원칙과 강제수사에 대한 규제

(1) 임의수사의 원칙

수사에 관하여는 그 목적달성을 위하여 필요한 조사를 할 수 있다. 다만 강제처분은 법률에 특별한 규정이 없으면 하지 못한다(제199조).

임의수사의 원칙은 첫째, 수사는 임의처분에 의해야 한다는 수사방법의 일반원리, 둘째, 임의수사도 필요한 한도에서 허용되어야 한다는 수사비례의 원칙, 셋째, 강제처분은 법률에 특별한 규정이 있는 경우에 예외적으로 허용된다는 강제처분법정주의를 그 내용으로 한다고 할 수 있다.

수사는 임의수사인 경우에도 성질상 인권을 침해할 위험성을 배제할 수 없으므로 형사소송법은 검사·사법경찰관리 기타 직무상 수사에 관계있는 자는 피의자 또는 다른 사람의 인권을 존중하고 수사과정에서 취득한 비밀을 엄수하며 수사에 방해되는 일이 없도록 하여야 한다고 규정하고 있으며(제198조 제2항), 검사의 체포·구속장소감찰제도(제198조의2), 그 밖에 형법에서는 수사공무원의 불법체포·감금, 폭행·가혹행위, 피의사실공표행위를 처벌하고 있다(형법 제124조-제126조).

(2) 강제수사의 규제

1) 강제처분법정주의

수사상의 강제처분은 법률에 특별한 규정이 없으면 하지 못한다(제199조 제1항)는 원칙을 말한다. 강제수사법정주의라고도 하며, 이는 영장주의의 전제가 된다.

2) 영장주의

영장주의란 법원 또는 법관이 발부한 적법한 영장에 의하지 않으면 형사절차상 강제처분을 할 수 없다는 원칙을 말한다. 수사기관의 강제처분권 발동에 대한 사법적 통제를 통하여 강제처분권의 남용을 방지하고 인권을 보장하려는데 그 목적이 있다.

3) 비례성의 원칙

형사절차상 개인의 기본권 침해는 사건의 의미와 기대되는 형벌에 비추어 상당성이 유지될 때만 허용된다는 원칙을 말한다. 이러한 비례성의 원칙은 강제처분의 실행, 기간, 방법을 제한하는 이념이 된다. 형사소송법이 "강제처분은 필요한 최소한도의 범위 안에서만 하여야 한다"고 규정한 것은 비례성의 원칙을 선언하고 있는 것이다.

3. 임의수사의 적법성의 한계

(1) 임의수사의 한계

임의수사원칙이 임의수사의 자유를 의미하는 것은 아니다. 임의수사도 수사인 이상 인권침해의 위험이 있고, 임의수사도 형사절차인 이상 적정절차에 의한 규제를 받을 수밖에 없으므로 그 내재적 한계가 있다. 따라서 임의수사인 피의자신문 전에는 반드시 진술거부권을 고지하여야 한다(제244조의3 제1항). 또한 임의수사에 있어서도 수사의 조건인 필요성과 상당성이 인정되어야 하며, 검사·사법경찰관리 및 수사에 관계있는 자는 수사과정에서 작성하거나 취득한 서류 또는 물건에 대한 목록 등을 빠짐없이 작성하여야 한다(제244조의3 제3항).

현행 형사소송법이 규정하고 있는 임의수사의 방법에는 피의자신문(제200조 제1항), 참고인조사(제221조 제1항), 감정·통역·번역의 위촉(제221조 제2항), 공무소 등에의 사실조회(제199조 제2항) 등이 있다.

(2) 임의수사의 적법성

1) 임의동행

가. 임의동행의 의의와 성질　수사기관이 피의자의 동의를 근거로 피의자와 함께 수사관서로 동행하는 수사방법을 말한다. 수사상의 임의동행은 수사기관의 수사활동으로 그 대상이 피의자, 피내사자, 참고인이며, 거동수상자를 대상으로 하는 불심검문에서의 임의동행과 구별된다.

형사소송법은 임의동행을 허용하는 규정을 두고 있지 않다. 이에 임의동행이 현행법상 임의수사로 허용될 수 있는가가 문제되는데, 이에 대해 ① 형사소송법이 임의동행과 보호실유치의 관행을 없애기 위해 체포제도를 도입한 점을 이유로 임의동행은 법률에 근거 없는 강제수사로서 원칙적으로 허용되지 않는다는 강제수사설도 있으나,[58] ② 당사자의 자유로운 의사에 의한 임의동행은 현행법상 출석요구의 방법에 제한이 없으므로 형사소송법 제199조의 임의수사에 해당한다고 하는 임의수사설이 현재 다수설이다.[59] 판례는 피의자의 자발적인 의사에 의한 수사관서 등에의 동행에 대해서 임의수사로서의 적법성을 인정함으로써 임의수사설의 입장을 취하고 있다.[60]

나. 임의동행의 적법성　임의동행이 임의수사로서 적법하기 위해서는 사회통념상 신체구속이나 심리적 억압에 의한 자유의 구속이 없어야 하며, 임의성의 판단은 동행의 시간과 장소, 동행의 방법과 동행거부의사의 유무 및 동행 이후의 조사방법과 퇴거의사의 유무 등 여러 사정을 종합하여 객관적인 상황을 기준으로 하여야 한다.[61]

다. 강제연행과 구속　형식상 임의동행의 형식을 취한 경우에도 강제의 실질을 갖춘 때에는 강제연행에 해당하므로 체포·구속의 요건을 갖추지 못한 경우에는 위법한 수사가 되며, 이때에는 체포·구속의 이유와 변호인을 선임할 수 있음을 말하고 변명할 기회를 주는 등의 절차를 이행하지 않는 경우 그 임의동행은 위법하게 된

58) 신동운, 235면; 신양균, 134면.
59) 배종대/이상돈/정승환/이주원, §10//28; 신현주, 237면; 이재상/조균석, 227면; 차용석/최용성, 204면.
60) 대법원 1993. 11. 23. 선고 93다35155 판결.
61) 대법원 1993. 11. 23. 선고 93다35155 판결.

다. 이렇듯 임의동행에 중대한 위법이 있는 경우에 그로 인하여 획득한 증거와 자백의 경우에는 위법수집증거배제법칙과 자백배제법칙에 의하여 당사자의 동의 유무와 관계없이 증거능력이 부정된다. 경찰관들이 임의동행을 거절하는 자를 강제로 연행하려고 한 경우는 적법한 공무집행에 해당되지 아니하므로 이를 거부하는 방법으로서 경찰관을 폭행·협박하더라도 공무집행방해죄는 성립하지 아니하고, 적법성을 흠결한 임의동행의 경우에는 수사기관에 불법체포·감금죄(형법 제124조)가 성립하며, 이때 취득한 증거는 위법하게 수집한 증거로서 증거능력이 부정된다.[62]

2) 보호실유치

보호실유치란 영장대기자나 즉결대기자 등의 도주방지와 경찰업무의 편의를 위하여 경찰서에 설치된 보호실에 유치시키는 것을 말한다. 보호실유치에는 승낙유치와 강제유치가 있다. 강제유치는 실질적으로 구속에 해당하므로 영장에 의하지 않으면 허용될 수 없음이 분명하나, 승낙유치는 임의수사의 방법으로 허용될 수 있는가가 문제된다. 그러나 보호실유치는 그 실질이 구속(구금)에 해당하고 현행법상 구속은 영장에 의해서만 가능하므로 보호실유치는 피의자의 승낙을 불문하고 위법하다는 것이 다수설과 판례[63]의 태도이다.

다만, 예외적으로 주취자·정신착란자 등에 대한 경찰관직무집행법상의 보호조치(제4조 제1항 제1호)와 긴급체포(제200조의3), 현행범체포(제212조)의 경우에는 보호실유치가 허용된다고 볼 수 있다.

3) 승낙수색과 승낙검증

가. 적법성 판단 강제처분에 해당하는 수색과 검증에 대하여 승낙의 임의성이 인정되는 경우에는 임의수사로 볼 것인가에 대해 승낙에 의한 처분 자체가 강제처분과 다름없는 불이익을 주기 때문에 영장에 의하지 않는 한 허용되지 않는다는 소극설[64] 승낙의 임의성이 인정되는 경우에는 임의수사로서 허용된다는 적극설[65]이 대립하고 있다.

생각건대, 형사소송법상 임의제출물에 대해 영장주의의 예외를 인정하고 있는 취

62) 대법원 2012. 9. 13. 선고 2012도8890 판결.

63) 대법원 1995. 5. 26. 선고 94다37226 판결; 대법원 1999. 4. 23. 선고 98다41377 판결.

64) 신양균, 135면.

65) 배종대/이상돈/정승환/이주원, §15/26; 이재상/조균석, 230면; 신동운, 174면; 손동권/신이철, 214면.

지에 비추어 볼 때 적극설이 타당하다.

나. 계좌추적 금융기관에 종사하는 자는 명의인의 서면상의 요구나 동의를 받지 아니하고는 그 금융거래의 내용에 대한 정보 또는 자료를 타인에게 제공하거나 누설하여서는 아니 되며, 누구든지 금융기관에 종사하는 자에게 거래정보 등의 제공을 요구하여서는 아니 된다. 다만, 법원의 제출명령 또는 법관이 발부한 영장에 의한 거래정보 등의 제공에 해당하는 경우로서 그 사용목적에 필요한 최소한의 범위 안에서 거래정보 등을 제공하거나 그 제공을 요구하는 경우에는 그러하지 아니하다(금융실명거래 및 비밀보장에 관한 법률 제4조 제1항). 즉, 계좌추적의 경우에는 명의인의 서면동의나 법원의 제출명령 또는 법관이 발부한 영장에 의한 경우에만 가능하다.

4) 거짓말탐지기에 의한 검사

거짓말탐지기란 피의자 등 피검사자에 대하여 피의사실과 관련 있는 질문을 한 다음 응답시의 생리적 변화를 기록하는 기계를 말한다. 피검사자의 동의와 상관없이 거짓말탐지기의 사용은 인격권의 본질적 내용을 침해하는 것이므로 피검사자사의 동의여부를 불문하고 허용되지 않는다는 견해[66]도 있으나, 피검사자의 자율적 의사에 의한 동의 내지 적극적인 요구가 있는 경우에는 임의수사로서 허용된다는 견해[67]도 있다.

판례는 적극설의 입장을 취하고 있다.[68]

5) 마취분석

마취분석이란 약품의 작용에 의하여 진실을 진술케 하는 것으로, 이는 인간의 존엄과 가치를 심히 훼손하는 수사방법으로 피의자의 동의여부를 불문하고 허용될 수 없다.

---

66) 신양균, 137면; 신동운, 1347면.

67) 배종대/이상돈/정승환/이주원, §15/25; 이재상/조균석, 231면; 정영석/이형국, 164면.

68) 대법원 1984. 2. 14. 선고 83도3146 판결(거짓말탐지기의 검사는 그 기구의 성능, 조작기술에 있어 신뢰도가 극히 높다고 인정되고 그 검사자가 적격자이며, 검사를 받는 사람이 검사를 받음에 동의하였으며 검사자 자신이 실시한 검사의 방법, 경과 및 그 결과를 충실하게 기재하였다는 여러 가지 점이 증거에 의하여 확인되었을 경우에 형사소송법 제313조 제2항에 의하여 이를 증거로 할 수 있다).

4. 임의수사와 강제수사의 한계

(1) 전기통신의 감청

1) 감청의 의의 및 성질

감청이란 수사기관이 타인의 대화를 본인의 부지중에 청취하는 것을 말한다. 도청이라고도 한다. 도청에는 전화도청(wiretapping)과 전자도청(electronic eavesdropping, bugging)이 있다. 통신비밀보호법은 감청을 "전기통신에 대하여 당사자의 동의 없이 전자장치, 기계장치 등을 사용하여 통신의 음향, 문언, 부호, 영상을 청취, 공독하여 그 내용을 지득 또는 채록하거나 전기통신의 송수신을 방해하는 것을 말한다"고 규정하고 있다(통신비밀보호법 제2조 제7호). 감청에 대하여는 물리적 강제력을 행사하거나 상대방에게 의무를 부과하는 것이 아니라는 이유로 **임의수사라는 견해**도 있으나, 감청 내지 도청은 개인의 프라이버시에 대한 중대한 침해를 가져오므로 **강제수사라는 견해**가 다수설이다.

2) 범죄수사를 위한 통신제한조치

가. 통신제한조치의 허가요건 전기통신의 감청은 통신비밀보호법 제5조에 규정된 중범죄를 계획 또는 실행하고 있거나 실행하였다고 의심할 만한 충분한 이유가 있고 다른 방법으로는 그 범죄의 실행을 저지하거나 범인의 체포 또는 증거의 수집이 어려운 경우에 한하여 허가할 수 있다(동법 제5조 제1항).

나. 통신제한조치의 청구 범죄수사를 위해 전기통신을 감청하기 위하여 검사는 통신제한조치로 받을 통신당사자의 쌍방 또는 일방의 주소지·소재지를 관할하는 지방법원 또는 지원에 통신제한조치를 허가하여 줄 것을 청구할 수 있으며, 청구서에는 필요한 통신제한조치의 종류·그 목적·대상·범위·기간·집행장소·방법 및 청구이유를 기재하여야 하며 이에 대한 소명자료를 첨부하여야 한다.

사법경찰관은 검사에 대하여 각 피의자별 또는 각 피내사자별로 통신제한조치에 대한 허가를 신청하고, 검사는 법원에 대하여 그 허가를 청구할 수 있다(동법 제6조).

다. 통신제한조치의 허가와 내용 법원은 검사의 청구가 이유 있다고 인정하는 경우에는 통신제한조치를 허가하고 이를 증명하는 서류를 청구인에게 발부하며, 통신제한조치의 기간은 2월을 초과하지 못한다. 그러나 통신제한조치의 허가요건이 존속하는 경우에는 2월의 범위 안에서 기간의 연장을 청구할 수 있다(동법 제6조 제

7항).[69]

라. 국가안보를 위한 통신제한조치 정보수사기관의 장은 국가안전보장에 대한 위해를 방지하기 위하여 이에 관한 정보수집이 필요한 때에는 ⓐ 통신의 일방 또는 쌍방당사자가 내국인인 때에는 고등법원 수석부장판사의 허가를 받고, ⓑ 대한민국에 적대하는 국가, 반국가활동혐의가 있는 외국의 기관·단체와 외국인, 대한민국의 통치권이 사실상 미치지 아니하는 한반도 내의 집단이나 외국에 소재하는 그 산하단체의 구성원의 통신인 때에는 대통령의 승인을 얻어 통신제한조치를 할 수 있다(동법 제7조 제1항). 이 규정에 따른 감청기간은 4월을 초과하지 못하나, 4월의 범위 안에서 그 기간을 연장할 수 있다(동조 제2항).

마. 긴급감청 법원의 허가나 대통령의 승인에 의한 감청 외에도 긴급감청도 인정된다. 즉 검사, 사법경찰관 또는 정보수사기관의 장이 범죄수사를 위해 감청이 필요하고 법원의 허가를 받을 수 없는 긴급한 사정이 있거나 대통령의 승인을 얻을 여유가 없는 때에는 소속장관의 승인을 얻어 통신제한조치를 할 수 있다. 이 경우에는 통신제한조치를 집행한 때로부터 36시간 이내에 법원의 허가 또는 대통령의 승인을 얻어야 한다(동법 제8조).

3) 동의에 의한 감청

통화에 참여하지 않은 제3자가 법원의 허가 없이 공개되지 않은 타인 간의 발언을 녹음, 청취하는 것은 위법하다.[70] 그러나 대화의 일방당사자가 동의한 경우에는 대화의 비밀성이 인정되지 않기 때문에 법원의 허가 없이도 감청이 허용된다. 따라서 피해자의 요구에 의한 전화의 발신 장소를 탐지하는 전화의 역탐지도 허용된다. 또한 판례는 3인 간의 대화에 있어서도 그 중 한 사람이 그 대화를 녹음하는 경우에 다른 두 사람의 발언은 그 녹음자에 대한 관계에서는 "타인 간의 대화"라고 할 수 없다고 판시하였다.[71]

---

69) 다만, 통신비밀보호법 제6조 제7항 단서의 규정은 통신제한조치 기간을 연장함에 있어서 총연장기간 또는 총연장횟수의 제한이 없다는 점에서 침해의 최소성원칙과 기본권제한의 법익균형성을 갖추지 못하였다는 이유로 헌법불합치 결정이 선고되었다(헌법재판소 2010. 12. 28. 선고 2009헌가30 결정).

70) 대법원 2016. 5. 12. 선고 2013도15616 판결.

71) 대법원 2006. 10. 12. 선고 2006도4981 판결.

(2) 사진촬영

사진촬영이 수사방법으로 허용되는가 여부는 사진촬영을 임의수사로 볼 것인가 강제수사로 볼 것인가에 여부에 따라 그 결론을 달리 한다. 강제수사라고 볼 경우에는 강제수사법정주의와 영장주의에 의하여 당연히 영장 없는 사진촬영은 허용되지 않는다. 그러나 임의수사라고 할 경우에는 법으로부터 자유로운 영역이 되어 수사기관의 필요성에 따라 사진촬영은 허용된다. 사진촬영의 법적 성질에 관하여는 임의수사설과 강제수사설의 대립이 있다.

임의수사설은 강제수사를 직접적인 물리력을 행사하거나 상대방에게 의무를 부과하는 수사방법을 전제로 하여 사진촬영은 피촬영자에게 이러한 속박을 과하는 수사방법이 아니므로 임의수사에 속한다고 보는 입장이다. 다만 임의수사설의 입장에 의할 때도 사진촬영은 피촬영자의 실질적인 의사에 반하여 그를 수사의 객체로 삼는다는 점에서 보면 강제수사에 준하는 성격을 가지므로, ⓐ 현행범 내지 준현행범에 해당하는 상황이 존재할 것, ⓑ 피촬영자의 형사책임을 위하여 사진촬영이 필요할 것, ⓒ 증거보전의 긴급성이 있을 경우의 요건이 충족될 때에만 허용된다는 입장을 취하고 있다.[72]

이와 달리 **강제수사설**은 피촬영자의 초상권이 인정되므로 그의 의사에 반하거나 승낙을 받지 아니하고 사진촬영을 하는 것은 법률에서 예정한 강제처분은 아니라 할지라도 형사소송법 제199조의 강제처분에는 해당한다고 해석하는 입장이다. 따라서 사진촬영을 강제처분에 해당한다고 이해할 경우에, 그 성질은 검증에 해당하므로 당연히 영장주의가 적용된다는 것이 통설[73]의 입장이다.

예외적으로 일정한 조건이 충족되는 경우에는 영장 없는 사진촬영이 허용된다. 이를 위해서는 ⓐ 범죄의 혐의가 명백하고, ⓑ 증거로서의 필요성이 높으며, ⓒ 증거보전의 긴급성이 있고, ⓓ 촬영방법이 상당할 것이 요구되어진다.

생각건대 도청과 사진촬영 등 프라이버시 영역에 속하는 새로운 과학적 수사방법이 등장함으로써 강제처분의 개념도 종래의 물리적 강제력 행사 또는 법적 의무를 부과하는 처분이라는 기준으로부터 피해자의 동의 없이 실질적으로 법익을 침해하는

72) 일본 최고재판소의 입장이다(日最判, 1969. 12. 24[刑集 23-12, 1625]).

73) 배종대/이상돈/정승환/이주원, §10/23; 손동권/신이철, 225면; 이영란, 265면; 이재상/조균석, 235면; 차용석/최용성, 263면.

경우도 강제처분으로 이해하는 권리침해 내지 법익침해설로 변화되고 있다. 따라서 도청·사진촬영과 같이 피해자의 프라이버시권·초상권을 침해하는 수사방법은 강제수사라고 보는 입장이 타당하다고 생각된다.

다만 사진촬영의 경우에는 일정한 조건이 충족되는 경우에는 예외적으로 영장 없는 사진촬영도 허용된다고 해석해야 하고, 따라서 무인장비에 의하여 영장 없이 제한속도 위반차량의 차량번호를 촬영하는 행위도 임의수사로서 허용된다고 해야 한다.[74]

II. 임의수사의 방법

형사소송법이 규정하고 있는 임의수사의 방법에는 피의자신문과 피의자 이외의 자의 조사 및 사실조회가 있다.

1. 피의자신문

(1) 피의자신문의 의의

검사 또는 사법경찰관은 수사에 필요한 때에는 피의자의 출석을 요구하여 진술을 들을 수 있다(제200조). **피의자신문**이란 수사기관이 피의자를 신문하여 피의자로부터 진술을 듣는 것을 말한다. 따라서 피의자신문은 범죄혐의를 받고 있는 피의자로부터 수사기관이 직접 증거를 수집하는 절차이기도 하지만 피의자는 자기에게 유리한 사실을 주장할 수 있는 기회이기도 하다. 피의자신문은 피의자에게 진술거부권이 헌법상 보장되어 있기 때문에 진술을 강제할 수 없으므로 임의수사에 불과하지만, 수사기관이 피의자신문시 이를 자백획득의 기회로 남용할 우려가 있기 때문에 이에 대한 법적 규제가 필요하다.

(2) 피의자신문의 방법

1) 출석요구

수사기관이 피의자를 신문하기 위해서는 피의자의 출석을 요구하여야 한다(제200조). 출석요구의 방법은 원칙적으로 출석요구서의 발부에 의하나 전화·구두 또는 인편에 의하여 출석을 요구할 수도 있다. 출석장소는 일반적으로 수사관서이지만 수사

74) 대법원 1999. 12. 7. 선고 98도3329 판결.

기관이 피의자가 소재하는 곳으로 가서 조사할 수도 있으며, 피의자에게는 출석요구에 응할 의무가 있는 것은 아니기 때문에 출석거부를 할 수도 있고 출석한 때에도 언제든지 퇴거할 수 있다. 그러나 적법하게 구금된 피의자가 출석요구에 불응하는 때는 구속영장의 효력에 의해 조사실로 강제구인할 수 있다.[75)]

2) 진술거부권의 고지

검사 또는 사법경찰관은 피의자를 신문하기 전에 피의자에게 진술거부권과 변호인의 피의자신문참여권을 고지하여야 한다. 즉 검사 또는 사법경찰관은 피의자를 신문하기 전에 피의자에게 ① 일체의 진술을 하지 아니하거나 개개의 질문에 대하여 진술을 하지 않을 수 있다는 것, ② 진술을 하지 아니하더라도 불이익을 받지 아니한다는 것, ③ 진술을 거부할 권리를 포기하고 행한 진술은 법정에서 유죄의 증거로 사용될 수 있다는 것, ④ 신문을 받을 때에는 변호인을 참여하게 하는 등 변호인의 조력을 받을 수 있다는 것을 알려주어야 한다(제244조의3 제1항). 이러한 진술거부권을 고지하지 않은 채 작성된 피의자신문조서는 위법수집증거로서 '위법수집증거배제법칙'에 의해, 그리고 그 진술이 자백일 때에는 '자백법칙'에 의해 증거능력이 부정된다.

3) 신문사항

검사 또는 사법경찰관은 피의자를 신문함에는 먼저 그 성명·연령·등록기준지·주거와 직업을 물어 피의자임에 틀림없음을 확인하여야 한다(제241조). 이를 인정신문이라 하며, 이러한 인정신문에 대하여도 피의자는 진술을 거부할 수 있다. 검사 또는 사법경찰관은 피의자에 대하여 범죄사실과 정상에 관한 필요사항을 신문하여야 하며 그 이익되는 사실을 진술할 기회를 주어야 한다(제242조). 또한 검사 또는 사법경찰관이 사실을 발견함에 필요한 때에는 피의자와 다른 피의자 또는 피의자 아닌 자와 대질하게 할 수 있다(제245조). 즉 대질신문을 할 수 있다.

4) 피의자신문과 참여자

검사 또는 사법경찰관은 피의자 또는 변호인의 신청이 있는 때에는 정당한 사유가 없는 한 변호인을 피의자신문에 참여하게 하여야 한다(제243조의2 제1항). 또한 검사 또는 사법경찰관은 ① 피의자가 신체적·정신적 장애로 사물을 변별하거나 의사를 결정·전달할 능력이 미약하거나, ② 피의자의 연령·성별·국적 등의 사정을 고려하여 그 심리적 안정의 도모와 원활한 의사소통을 위하여 필요한 경우에는 직권 또는

75) 대법원 2013. 7. 1. 자 2013모160 결정.

피의자·법정대리인의 신청에 따라 피의자와 신뢰관계에 있는 자를 동석하게 할 수 있다(제244조의5). 이는 장애인·외국인·여성·노인 등 사회적 약자들의 심리적 위축으로 인한 불충분한 방어권행사를 고려한 규정이다.

검사가 피의자를 신문함에는 검찰청수사관 또는 서기관이나 서기를 참여하게 하여야 하고, 사법경찰관이 피의자를 신문함에는 사법경찰관리를 참여하게 하여야 한다(제243조). 이는 조서기재의 정확성과 신문절차의 적법성을 보장하기 위해서이다. 또한 검사는 공소제기 여부와 관련된 사실관계를 분명하게 하기 위하여 필요한 경우에는 직권이나 피의자 또는 변호인의 신청에 의하여 전문수사자문위원을 지정하여 수사절차에 참여하게 하고 자문을 들을 수 있다(제245조의2 제1항).

5) 조서의 작성

피의자의 진술은 조서에 기재하여야 한다(제244조 제1항). 조서는 피의자에게 열람하게 하거나 읽어 들려주어야 하며, 진술한 대로 기재되지 아니하였거나 사실과 다른 부분의 유무를 물어 피의자가 증감 또는 변경의 청구 등 이의를 제기하거나 의견을 진술한 때에는 이를 조서에 추가로 기재하여야 한다. 이 경우 피의자가 이의를 제기하였던 부분은 읽을 수 있도록 남겨두어야 한다(동조 제2항). 피의자가 조서에 대하여 이의나 의견이 없음을 진술한 때에는 피의자로 하여금 그 취지를 자필로 기재하게 하고 그 조서에 간인한 후 기명날인 또는 서명하게 한다(동조 제3항).

수사기관이 작성한 피의자신문조서에 기재된 진술은 일정한 조건하에서 증거능력이 인정된다(제312조).

《 판례문제 》

[사례] 피고인이 된 피의자의 진술서를 사법경찰관이 작성하도록 한 경우에 피의자의 진술서의 내용을 법정에서 피고인이 부인하는 경우에 진술서는 증거능력이 있는가?

이 경우에 대법원은 피의자의 진술서를 피의자신문조서로 보고, 제312조 제2항을 유추적용하여 증거능력을 부정한다. 이에 반하여 진술서를 제313조 제1항에 해당하는 것으로 볼 경우에는 그 성립의 진정을 인정함으로써 증거능력이 있게 된다. 그러나 이 경우에도 진술서는 제244조 제1항에 위반한 수사에 의해 수집된 위법수집증거가 되기 때문에 제309조에 의해 증거능력이 부정된다.

[피의자신문조서의 증거능력의 제한]

① 검사 이외의 수사기관이 작성한 피의자신문조서는 공판준비 또는 공판기일에 그 피의

자였던 피고인이나 변호인이 그 내용의 진정을 인정한 때에 한하여 증거로 할 수 있다(제312조 제2항).
② 피의자가 신문 내용을 인정하더라도 피의자의 자백이 고문, 폭행, 협박, 신체구속의 부당한 장기화 또는 기망 기타의 방법으로 임의로 진술한 것이 아니라고 의심할 만한 이유가 있는 경우에는 이를 유죄의 증거로 하지 못한다(헌법 제12조 제7항, 형사소송법 제309조).
③ 피의자가 도주, 항거 등의 우려가 있고, 구속영장이 발부되어 있는 피의자신문시에는 필요한 한도 내에서 포승이나 수갑을 사용할 수 있다.[76]

(3) 피의자신문에 대한 법적 규제

피의자신문에 대한 법적 규제 중, 사전적 규제로는 자백을 얻기 위한 고문이나 강압적인 신문을 방지하기 위하여 피의자신문을 하기 전에 진술거부권을 고지하도록 하고 있으며(제244조의3), 피의자신문시에는 변호인을 참여하도록 하고 있다(제243조의2). 사후적 규제로는 고문·폭행·협박 기타 임의성에 의심이 있는 자백에 대하여는 증거능력을 부정하도록 하고 있다(제309조).

또한 수사과정의 투명성과 절차의 적법성 및 진술의 임의성을 보장하기 위하여 수사과정기록제도를 도입하고 있다. 즉 검사 또는 사법경찰관은 피의자가 조사장소에 도착한 시각, 조사를 시작하고 마친 시각, 그 밖에 조사과정의 진행경과를 확인하기 위하여 필요한 사항을 피의자신문조서에 기록하거나 별도의 서면에 기록한 후 수사기록에 편철하여야 한다(제244조의4). 조사과정의 기록은 조사과정의 적법성과 진술의 임의성을 판단하는 중요한 자료로서의 의미가 크다.

(4) 피의자진술의 영상녹화

피의자의 진술은 영상녹화할 수 있다. 이 경우 미리 영상녹화사실을 알려주어야 하며, 조사의 개시부터 종료까지의 전 과정 및 객관적 정황을 영상녹화하여야 한다(제244조의2 제1항). 피의자나 변호인의 동의를 받을 필요가 없다. 피의자의 진술에 대한 영상녹화물은 피의자의 진술내용을 사실대로 녹화하여 재생시킬 수 있는 증거방법이지만 영상녹화물의 녹화와 편집과정에 조작의 위험성이 있고, 이에 대하여 절대적 증거능력을 인정할 경우에는 수사과정에 작성된 영상녹화물은 법관의 심증형성에 중대한 영향을 미치게 된다. 따라서 형사소송법은 영상녹화의 절차를 법률로 규정하

76) 대법원 1996. 5. 14. 선고 96도561 판결.

여, 검사작성의 피의자신문조서와 검사 또는 사법경찰관작성의 참고인 진술조서의 진정성립을 인정하는 방법으로 인정하고 있으며(제312조 제2항·제4항), 또한 피고인 또는 피고인이 아닌 자의 진술을 내용으로 하는 영상녹화물은 공판준비 또는 공판기일에 피고인 또는 피고인이 아닌 자가 진술함에 있어서 기억이 명백하지 아니한 사항에 관하여 기억을 환기시켜야 할 필요가 있다고 인정되는 때, 기억환기용으로 재생하여 시청하게 사용할 수 있다(제318조의2 제2항).

영상녹화가 완료된 때에는 피의자 또는 변호인 앞에서 지체 없이 그 원본을 봉인하고 피의자로 하여금 기명날인 또는 서명하게 하여야 한다. 그리고 피의자 또는 변호인의 요구가 있을 때에는 영상녹화물을 재생하여 시청하게 하여야 하며, 그 내용에 대하여 이의를 진술하는 때에는 그 취지를 기재한 서면을 첨부하여야 한다(제244조의2).

다만, 디지털 파일 생성 방식으로 영상녹화가 이루어진 경우에는 디지털 파일형태가 아니라 생성된 영상녹화물이 최초로 저장된 매체의 원본이라고 보아야 하므로 이에 봉인하면 족하다. 피의자 또는 변호인의 요구가 있으면 그 내용에 대하여 이의를 진술하는 때에는 그 취지를 기재한 서면을 첨부하여야 한다(동조 제3항).

2. 피의자 이외의 자의 조사

(1) 참고인조사

검사 또는 사법경찰관은 수사에 필요한 때에는 피의자가 아닌 자의 출석을 요구하여 진술을 들을 수 있다(제221조). 이 경우에 피의자 이외의 제3자를 참고인이라 한다. 참고인도 '넓은 의미의 증인'이다. 증인은 법원 또는 법관의 면전에서 진술하는 데 반하여 참고인은 수사기관에 일정한 체험사실을 진술한다는 점에서, 참고인은 증인과 달리 강제소환이나 강제신문을 당하지 않는다. 다만 예외적으로 국가보안법에서는 참고인이 검사 또는 사법경찰관으로부터 출석요구를 받고 정당한 이유 없이 2회 이상 출석요구에 불응한 때에는 관할지방법원판사로부터 구속영장을 발부받아 구인할 수 있도록 규정하고 있다(국가보안법 제18조).

참고인 진술을 영상녹화할 때에는 피의자조사 때와는 달리 참고인의 동의를 받아야 한다. 그러나 참고인에 대한 출석요구와 진술조서의 작성방법은 피의자신문의 경우와 같다. 참고인 조사시에도 피의자신문과 마찬가지로 고문금지나 진술거부권이 보장되지만, 참고인에 대하여는 수사기관에의 출석과 진술을 강요할 수 없기 때문에 수사기관이 참고인에게 진술거부권을 고지할 의무는 없다고 하겠다. 참고인이 수사기관에의 출석요구 또는 진술을 거부하는 경우에 검사는 제1회 공판기일 전에 한하여 증인신문을 청구할 수 있다(제221조의2).

검사 또는 사법경찰관이 피고인이 아닌 자, 즉 참고인의 진술을 기재한 조서는 적법한 절차와 방식에 따라 작성된 것으로서 그 조서가 검사 또는 사법경찰관 앞에서 진술한 내용과 동일하게 기재되어 있음이 원진술자의 공판준비 또는 공판기일에서의 진술이나 영상녹화물 또는 그 밖의 객관적인 방법에 의하여 증명되고, 피고인 또는 변호인이 공판준비 또는 공판기일에 그 기재 내용에 관하여 원진술자를 신문할 수 있었던 때에는 증거로 할 수 있다. 다만, 그 조서에 기재된 진술이 특히 신빙할 수 있는 상태 하에서 행하여졌음이 증명된 때에 한한다(제312조 제4항). 검사 또는 사법경찰관이 작성한 진술조서에 관한 규정은 피고인 또는 피고인 아닌 자가 수사과정에서 작성한 진술서에 관하여도 준용한다(제312조 제4항·제5항).

그 밖에도 피고인 또는 피고인이 아닌 자가 작성한 진술서나 그 진술을 기재한 서류로서 그 작성자 또는 진술자의 자필이거나 그 서명 또는 날인이 있는 것은 공판준비나 공판기일에서의 그 작성자 또는 진술자의 진술에 의하여 그 성립의 진정함이 증명된 때에는 증거로 할 수 있다. 다만, 피고인의 진술을 기재한 서류는 공판준비 또는 공판기일에서의 그 작성자의 진술에 의하여 그 성립의 진정함이 증명되고 그 진술이 특히 신빙할 수 있는 상태하에서 행하여진 때에 한하여 피고인의 공판준비 또는 공판기일에서의 진술에 불구하고 증거로 할 수 있다(제313조 제1항).

목격자가 용의자들을 보고 자신이 목격한 범인을 식별하는 범인식별은 임의수사로서 허용된다. 범인식별방법에는 여러 사람을 동시에 목격자와 대면시키는 라인 업(line up) 용의자 한 사람을 단독으로 대면시키는 쇼업(show up), 가두식별, 유사인물 사진제시 등의 방법이 있다.

(2) 감정·통역·번역의 위촉

검사 또는 사법경찰관은 수사에 필요한 때에는 감정·통역 또는 번역을 위촉할 수 있다(제221조 제2항). 위촉을 받은 자가 이를 수락하는가 여부는 자유이다. 또한 출석을 거부하거나 출석 후 퇴거하는 것도 위촉받은 자의 자유이다. 이는 감정 등의 위촉이 타인에 의해 대체가 가능하기 때문이다.

감정서의 기재내용을 명백히 하기 위하여 감정인을 참고인으로 조사할 수 있으며, 감정을 위촉하는 경우에 유치처분이 필요하다고 인정할 때에는 검사는 판사에게 감정유치를 청구할 수 있고(제221조의3), 감정의 위촉을 받은 자는 판사의 허가를 얻어 감정에 필요한 처분을 할 수 있다(제221조의4). 위촉을 받은 자가 작성한 감정서도 일정한 조건 하에서 증거능력이 인정된다(제313조 제2항).

통역의 경우에는 '통역인진술조서'를 작성하고 피의자신문조서 또는 참고인진술조서에도 통역인이 진술자와 공동으로 서명해야 한다.

3. 사실조회

수사에 관하여 공무소 기타 공사단체에 조회하여 필요한 사항의 보고를 요구할 수 있다(제199조 제2항). 이를 '공무소 등에의 조회'라고도 한다. 예컨대 전과조회, 신원조회 등이 사실조회에 해당한다.

사실조회에 대하여 ① 강제처분이라는 견해와 ② 임의수사라는 견해가 있다. 조회를 받은 상대방에게는 보고의무가 있다는 측면에서 보면 강제처분이라고 볼 수도 있으나, 이를 이행하지 않았을 때 이를 강제하는 방법이 없고 또한 영장에 의할 것을 요구하지도 않으므로 임의수사라고 보는 통설[77]이 타당하다.

77) 배종대/이상돈/정승환/이주원, §11/28; 이영란, 273면; 이재상/조균석, 242면; 정영석/이형국, 167면; 임동규, 177면.

제 2 장 강제처분과 강제수사

형사소송을 지배하는 이념은 실체형법의 내용을 실현하고 이를 실현하는 과정에 국가기관으로의 침해로부터 개인의 자유를 보호하는데 있다. 형사절차에 있어서 개인의 자유와 권리를 침해할 가능성이 가장 큰 분야가 강제처분이다.

강제처분이란 형사소송의 진행과 형벌의 집행을 확보하기 위해 강제력을 행사하는 것을 말한다. 즉 수사기관에 의한 체포·구속은 개인의 신체의 자유를 침해하고, 신체에 대한 검증과 감정은 신체의 완성을 침해하며, 압수는 재산권을, 수색은 주거권을 침해하게 되며, 오늘날 첨단과학수사는 개인의 프라이버시를 침해하지만 국가형벌권의 적정한 실현을 위해서는 불가피하게 일정한 범위에서 자유를 제한하지 않을 수 없다. 그러나 헌법이 보장하고 있는 기본권 제한은 헌법정신에 비추어 엄격한 요건 하에 필요최소한에 그쳐야 한다. 그러한 측면에서 보면 형사소송법의 역사는 강제처분의 자기제한의 역사라고 할 수 있다.

강제처분의 종류는 ① 강제력이 행사되는 객체에 따라, 대인적 강제처분인 체포와 구속, 그리고 대물적 강제처분인 압수·수색·검증으로 나눌 수 있으며, ② 주체에 따른 구분으로 법원의 강제처분과 수사기관의 강제처분 및 수사기관의 청구에 의한 판사의 강제처분으로 나눌 수 있고, ③ 영장과의 관계에 따라 법관에 의해 사전에 발부된 통상의 강제처분과 사후영장 발부를 전제로 하는 긴급강제처분으로 분류하기도 한다. 특히 수사기관의 강제처분을 강제수사라 한다.

제 1 절 체포와 구속

Ⅰ. 형사소송법상 인신구속제도

형사소송법상 인신구속제도에는 **체포**와 **구속**이 있다. 구속에는 수사기관이 행하는 피의자에 대한 구속과 법원이 행하는 피고인에 대한 구속으로 나누어진다. 구속에는 구금(拘禁)과 구인(拘引)을 포함한다. **구금**이란 피고인 또는 피의자를 교도소 또는 구치소에 감금하는 강제처분을 말하며, **구인**이란 피고인 또는 피의자를 법원 기타 일정한 장소에 인치하는 강제처분을 일컫는다. 그리고 구인한 피고인을 법원에 인치한 경우에 구금할 필요가 없다고 인정할 때에는 그 인치한 때로부터 24시간 이내에 석방하여야 한다(제71조).

피고인 또는 피의자에 대한 구속의 경우에는 법관이 사전에 발부한 구속영장에 의해서만 구속할 수 있다. 피고인에 대한 인신구속으로는 구속만이 인정됨에 반하여, 피의자에게는 구속 이외에도 체포제도가 있다. 구속이 피고인 또는 피의자를 상대적으로 장기간에 걸쳐 구금하는 제도임에 대하여, 체포는 수사초기에 단기간에 걸친 피의자 신병확보를 가능하게 하는 제도이다.

이러한 체포에는 통상체포(체포영장에 의한 체포)와 긴급체포 및 현행범체포가 있다.

형사소송법은 체포영장에 의한 체포(제200조의2)를 원칙으로 하고 있지만, 예외적으로 영장 없이 하는 긴급체포(제200조의3)와 현행범의 체포(제212조)를 허용하고 체포한 피의자를 구속하고자 할 때에는 구속영장을 청구하면 족하며 사후에 체포영장을 발부받아야 하는 것은 아니다. 따라서 긴급체포나 현행범의 체포의 경우에는 영장 없이 체포를 허용하는 결과가 되므로 체포영장에 의한 체포를 원칙으로 하는 현행 체포제도의 취지를 무색하게 할 우려가 있다.

체포제도가 도입되었다고 하여 체포가 구속을 위한 전제조건은 아니므로, 체포절차를 거치지 아니하고 바로 피의자를 구속하고자 할 경우에는 죄를 범하였다고 의심할 만한 상당한 이유가 있는 경우에 법관으로 하여금 구속피의자의 심문을 위하여 구인을 위한 구속영장을 발부하게 하고 있다(제201조의2 제2항). 이런 점에서 우리나라의 체포제도는 일본의 체포전치주의나 미국의 체포에 의하여 구속을 개시하는 것과는 구별된다.

Ⅱ. 피의자의 체포

1. 체포의 의의

체포란 죄를 범하였다고 의심할 만한 상당한 이유가 있는 피의자를 단시간 동안 수사관서 등 일정한 장소에 인치하는 제도이다. 체포는 구속전 단계의 조치로서 기간이 짧고 요건이 완화되어 있다는 점에서 구속과 구분되는데, 이러한 체포제도는 1995년 개정 형사소송법에 도입되었다. 도입된 이유를 대체로 살펴보면 다음과 같다.

첫째, 구속사유의 엄격함을 완화하여 수사 초기에 피의자를 쉽게 인치할 수 있는 제도가 필요하였다는 것이다. 종전에는 이러한 필요가 있을 때 임의동행이나 보호실 유치 등의 방법으로 수사하는 탈법적인 관행이 있었으므로 이를 제도화하자는 것이 도입론자들의 주장이었다.

둘째, 체포와 구속의 각 단계에서 그 이유를 심사함으로써 강제처분을 보다 신중하게 할 수 있다는 것이 또 다른 도입이유였다. 즉, 체포는 일단 간단히 심사하는 대신에 구속은 본격적으로 그 이유를 심사하도록 함으로써 수사의 효율성을 높이면서도 심사를 내실있게 할 수 있다는 것이 주장이었다.

아울러 개정 형사소송법은 체포제도를 영장에 의한 체포제도와 긴급 및 현행범인 체포제도로 나누어 규정하고 있으며, 동 제도의 신설로 말미암아 구속제도는 사전영장에 의한 구속만을 인정하고 종전에 있었던 사후영장에 의한 구속제도, 즉 긴급구속이나 현행범인 구속에 관한 규정은 삭제하였다.

하지만 이러한 우리 형사소송법의 체포제도는 다음의 점에서 일본 및 미국의 제도와 구별된다.

첫째, 일본의 체포제도는 체포전치주의를 채택하고 있다. 즉, 구속은 반드시 체포를 거친 경우에만 가능하도록 하는 것이다. 하지만 우리의 경우는 체포의 절차를 거치지 않은 구속도 가능하다는 점에서 체포를 구속의 전제로 하고 있지는 않다.

둘째, 미국의 체포제도는 체포 후 석방되지 않으면 그대로 구속으로 연결되도록 되어 있다. 하지만 우리의 경우에는 체포 후 구속시에는 따로 구속영장을 발부받아야 한다는 점에서 이러한 미국식의 체포·구속제도와도 다르다.

형사소송법은 체포영장에 의한 체포, 즉 통상체포를 원칙으로 함으로써 영장주의에 의해 강제처분을 제한하고자 하는 헌법정신를 구현하면서도, 다른 한편으로는 영장 없는 체포로서 긴급체포와 현행범체포를 예외적으로 허용하고 있다.

2. 체포영장에 의한 체포

수사기관이 판사로부터 체포영장을 발부받아 체포하기 위해서는 "피의자가 죄를 범하였다고 의심할 만한 상당한 이유가 있고, 정당한 이유 없이 수사기관의 출석요구에 응하지 아니하거나 응하지 아니할 우려가 있어야 한다"(제200조의2 제1항). 따라서 체포영장에 의한 체포의 요건으로는 ① 범죄혐의의 상당성과 ② 수사기관의 출석요구에 불응 또는 불응의 우려가 필요하다.

(1) 체포의 요건

1) 범죄혐의의 상당성

피의자가 죄를 범하였다고 의심할 만한 상당한 이유가 있고, 수사기관의 출석요구에 응하지 아니하거나 응하지 아니할 우려가 있어야 한다(제200조의2 제1항 본문). 하지만 다액 50만원 이하의 벌금, 구류 또는 과료에 해당하는 사건에 관하여는 피의자가 일정한 주거가 없는 경우 또는 정당한 이유 없이 출석요구에 응하지 아니한 경우에 한하여 체포할 수 있다(제200조의2 제1항 단서).

여기서 **범죄혐의**란 수사기관의 주관적 혐의만으로는 족하지 않고 구체적 사실에 근거한 **객관적 혐의**가 있어야 함을 의미한다. 즉 유죄판결에 대한 고도의 개연성 또는 충분한 혐의가 있어야 한다.[1)]

2) 체포사유

피의자를 체포하기 위해서는 피의자가 정당한 이유 없이 수사기관의 출석요구에 불응하거나 또는 불응할 우려가 있어야 한다. 구속사유와 달리 체포사유에는 도주나 증거인멸의 우려를 요하지 아니한다. 다만, 수사비례의 원칙을 고려하여 범죄혐의가 다액 50만원 이하의 벌금, 구류, 과료에 해당하는 사건의 경우에는 주거가 없는 경우 또는 정당한 이유 없이 출석요구에 응하지 아니한 경우에 한하여 체포할 수 있도록 규정하고 있다(제200조의2 제1항 단서).

---

1) 배종대/이상돈/정승환/이주원, §17/5; 신동운, 305면; 신양균, 158면; 이재상/조균석, 246면.

3) 체포의 필요성

피의자를 체포하는 이유는 피의자의 신병을 확보함으로써 형사절차상 피의자의 출석을 확보하고 증거인멸을 방지하기 위해서이지만, 체포영장에 의한 체포는 수사기관의 출석요구에 불응하거나 또는 불응할 우려가 있을 것을 요건으로 하기 때문에 이러한 의미에서의 체포의 필요성을 요구하지 않는다. 다만, 명백히 체포의 필요성이 인정되지 아니하는 경우에는 체포하여서는 안 되며(제200조 제2항), 또한 '체포의 필요성이 인정되지 아니하는 경우'란 피의자의 연령과 경력, 가족관계나 교우관계, 범죄의 경중 및 태양 기타 제반사정에 비추어 피의자가 도망할 염려나 증거를 인멸할 염려가 없는 경우를 말한다(규칙 제96조의2 참조). 결국 체포영장에 의한 체포에 있어서 체포의 필요성이란 체포의 적극적인 요건이 아니라 명백히 체포의 필요성이 인정되지 않는 경우에 체포해서는 안된다는 소극적 요건에 불과하다. 따라서 체포의 필요성이 의심스러운 경우에도 체포는 가능하다고 할 수 있다.

(2) 체포의 절차

체포영장에 의한 체포는 검사의 청구에 의하여 관할 지방법원판사가 발부한 체포영장을 피의자에게 제시하여 집행한다(제200조의2 제1항).

1) 체포영장의 청구

체포영장의 청구권자는 검사이며, 사법경찰관은 검사에게 신청하여 검사가 적당하다고 판단한 경우에 청구하게 된다(제200조의2 제1항). 물론 검사는 체포영장의 청구시 체포의 필요를 인정할 수 있는 자료를 제출하여야 한다(규칙 제96조 제1항). 이렇게 청구권자를 검사로 제한한 것은 헌법 제12조 제3항의 당연한 결과이다.

영장 발부여부의 결정은 영장신청을 받은 지방법원 판사가 한다. 즉, 영장신청을 받은 지방법원의 판사는 상당하다고 인정한 때에 영장을 발부할 수 있다. 아울러 구속영장의 경우와는 달리 체포영장을 발부하기 위해서는 판사의 피의자신문이 인정되지 않는다는 점에 주의를 요한다.

아울러 영장발부 때는 물론이고 발부하지 아니할 때에도 그 내용은 서면으로 표시해야 하는바, 영장청구서에 발부하지 아니하는 취지 및 이유를 기재하고 서명날인하여 청구한 검사에게 교부해야 한다고 되어 있다(제200조의2 제3항). 나아가 체포영장의 집행에 관하여는 구속영장의 집행에 관한 규정이 준용된다(제200조의6).

검사가 체포영장을 청구함에 있어서 동일한 범죄사실에 관하여 그 피의자에 대하여 전에 체포영장을 청구하였거나 발부받은 사실이 있는 때에는 다시 체포영장을 청구하는 취지 및 이유를 기재하여야 한다(제200조의2 제4항).

2) 체포영장의 발부

체포영장의 청구를 받은 지방법원 판사는 상당하다고 인정할 때에는 체포영장을 발부한다(제200조의2 제2항). 구속영장과는 달리 체포영장을 발부하기 위하여 지방법원 판사가 피의자를 심문하는 것은 인정되지 않는다.

체포영장을 발부하지 아니할 때에는 청구서에 그 취지 및 이유를 기재하고 서명날인하여 청구한 검사에게 교부한다. 체포영장에 관한 지방법원판사의 재판에 관하여, 대법원은 제402조의 항고의 대상이 되는 법원의 결정이나 제416조 제1항의 준항고의 대상이 되는 재판장 또는 수명법관의 구금 등에 관한 재판에 해당하지 않는다고 판시함으로써 불복을 허용하지 않고 있다.[2)]

체포영장은 여러 통을 작성하여 사법경찰관리에게 교부할 수 있고 이 경우에는 그 사유를 체포영장에 기재하여야 한다(제200조의6, 제75조, 제82조). 체포영장의 유효기간은 7일이지만 법관이 상당하다고 인정하는 때에는 7일을 넘는 기간을 정할 수 있다(규칙 제178조).

3) 체포영장의 집행

가. 집행기관 체포영장의 집행은 구속영장의 집행에 관한 규정이 대부분 준용된다(제200조의6). 따라서 체포영장은 검사의 지휘에 의하여 사법경찰관리가 집행한다(제81조 제1항). 다만, 교도소 또는 구치소에 있는 피의자에 대하여 발부된 체포영장은 검사의 지휘에 의하여 교도관리가 집행한다(동조 제3항).

나. 집행절차 검사 또는 사법경찰관은 피의자를 체포할 때에는 체포영장을 피의자에게 제시하고, 피의사실의 요지, 체포의 이유와 변호인을 선임할 수 있음을 말하고 변명할 기회를 주어야 한다(제200조의5). 제시되는 영장은 반드시 정본이어야 하며 사본의 제시는 위법하다. 다만 체포영장을 소지하지 아니한 경우에 급속을 요하는 때에는 피의자에 대하여 피의사실의 요지와 영장이 발부되었음을 고하고 집행할 수 있다. 이 경우에 집행을 완료한 후에는 신속히 체포영장을 제시하여야 한다(제85조 제3항·제4항).

체포영장의 집행을 받을 피의자를 호송할 경우에 필요한 때에는 가장 근접한 교

---

2) 대법원 2006. 12. 18. 자 2006모646 결정.

도소 또는 구치소에 피의자를 임시로 유치할 수 있다(제86조).

4) 집행 후의 절차

피의자를 체포한 때에는 즉시 영장에 기재된 인치·구금장소로 인치·구금하여야 한다. 변호인이 있는 경우에는 변호인에게, 변호인이 없는 경우에는 변호인 선임권자 중 피고인이 지정한 자에게 피의사건명, 체포일시·장소, 피의사실의 요지, 체포의 이유와 변호인을 선임할 수 있는 취지를 알려야 한다(제200조의6, 제87조).

체포된 피의자는 수사기관, 교도소장 또는 구치소장이나 그 대리자에게 변호사를 지정하여 변호인의 선임을 의뢰할 수 있고, 의뢰를 받은 수사기관 등은 급속히 피의자가 지명한 변호사에게 그 취지를 알려야 한다. 체포된 피의자는 법률의 범위 내에서 타인과 접견하고 물건을 수수하며 의사의 진료를 받을 수 있다(제200조의6, 제89조). 또한 체포된 피의자가 도망하거나 또는 증거를 인멸할 염려가 있다고 인정할 만한 상당한 이유가 있는 때에는 비변호인과 피의자와의 접견을 금하거나 수수할 서류 기타 물건의 검열, 수수의 금지 또는 압수를 할 수 있다. 다만 의류, 양식, 의료품의 수수를 금지 또는 압수할 수 없다(제200조의6, 제91조). 그러나 변호인이나 변호인이 되려는 자와의 접견교통은 수사기관의 처분 등에 의해서는 제한할 수 없고, 다만 법령에 의하여서만 제한이 가능하다.[3)]

영장을 발부받은 후 피의자를 체포하지 아니하거나 체포한 피의자를 석방한 때에는 지체 없이 검사는 영장을 발부한 법원에 그 사유를 서면으로 통지하여야 한다(제204조).

(3) 체포 후의 조치

체포된 피의자를 구속하고자 하는 때에는 체포한 때부터 48시간 이내에 구속영장을 청구하여야 하고, 그 기간 내에 구속영장을 청구하지 아니하는 때에는 피의자를 즉시 석방해야 한다(제200조의2 제5항). 여기서 48시간 이내라 함은 구속영장을 청구하는 시점까지를 의미하는 것이지 영장을 발부받는 시점까지를 의미하는 것은 아니다.

체포영장에 의하여 체포된 피의자에게도 체포적부심사청구권이 인정된다(제214조의2 제1항).

체포영장에 의하여 체포된 피의자를 구속영장에 의하여 구속한 때에는 구속기간

---

3) 대법원 2002. 5. 6. 자 2000모112 결정.

은 체포된 때부터 기산한다(제203조의2).

3. 긴급체포

(1) 긴급체포의 의의

긴급체포란 중대한 범죄를 범하였다고 의심할 만한 상당한 이유가 있는 피의자를 수사기관이 법원의 체포영장을 발부받을 시간적 여유가 없는 경우에 법원의 체포영장을 발부받지 않고 체포하는 것을 말한다. 영장주의의 예외에 해당하며, 현행범인의 체포에는 범행과 체포 사이에 시간적 접착성이 요구되나 긴급체포에는 이러한 요건이 요구되지 않는다. 긴급체포를 인정하는 것은 중대한 범죄를 범한 범인을 놓치는 것을 방지하기 위해 영장주의의 예외를 인정하고 있다. 헌법은 원칙적으로 사전영장주의를 선언하면서도, 헌법 제12조 제3항 단서에 "장기 3년 이상의 형에 해당하는 죄를 범하고 도피 또는 증거인멸의 염려가 있을 때에는 사후에 영장을 청구할 수 있다"고 규정하여, 긴급체포에 대한 헌법적 근거를 두고 있다.

(2) 긴급체포의 요건

긴급체포를 위해서는 범죄의 중대성과 체포의 필요성 및 체포의 중대성이라는 요건이 충족되어야 한다.

1) 범죄의 중대성

피의자가 사형·무기 또는 장기 3년 이상의 징역이나 금고에 해당하는 죄를 범하였다고 의심할 만한 상당한 이유가 있어야 한다. 통상체포에 필요한 정도의 현저한 혐의 내지 객관적 혐의가 있을 것이 요구된다(제200조의3 제1항). 일본 형사소송법은 충분한 혐의가 있을 것을 요한다고 규정하고 있으므로 고도의 혐의를 요한다고 해석할 수 있다.

2) 체포의 필요성

피의자가 증거를 인멸할 염려가 있거나 도망 또는 도망할 염려가 있어야 한다(동조 제1항 제1호·제2호). 즉 긴급체포를 하기 위해서는 구속사유가 존재해야 한다. 이와 같이 긴급체포의 요건을 보다 엄격히 규정하고 있는 것은 긴급체포의 남용을 막기 위해서이다.

3) 체포의 긴급성

긴급을 요하여 지방법원 판사의 체포영장을 발부받을 시간적인 여유가 없는 때,

즉 피의자를 우연히 길에서 발견한 경우 등을 들 수 있다. 즉 판사의 체포영장을 발부받아서는 체포할 수 없거나 체포가 현저히 곤란한 경우를 말한다. 따라서 범죄혐의가 인정되지 않는 사람을 긴급체포하거나, 수사기관에 자진출석한 피의자를 긴급체포한 경우에는 위법한 긴급체포에 해당한다.[4] 검사 또는 사법경찰관은 긴급체포의 사유를 알리고 영장 없이 피의자를 체포할 수 있다(제200조의3 제1항). 사법경찰관이 긴급체포를 한 경우에는 즉시 검사의 승인을 얻어야 하며(동조 제2항), 검사 또는 사법경찰관이 피의자를 긴급체포한 경우에는 즉시 긴급체포서를 작성해야 하고, 긴급체포서에는 범죄사실의 요지, 긴급체포의 사유 등을 기재하여야 한다(동조 제3항·제4항).

긴급체포의 요건에 관한 판단기준은 사후에 밝혀진 사정을 기초로 판단하는 것이 아니라 체포당시의 상황을 기초로 판단하여야 하고, 이에 관한 판단은 수사주체의 판단에 상당한 재량의 여지가 있다고 할 수 있으나, 검사 또는 사법경찰관의 판단이 경험칙에 비추어 현저히 합리성을 잃은 경우에는 그 체포는 위법한 체포라 할 것이다.[5]

(3) 긴급체포의 절차

1) 긴급체포의 방법

검사 또는 사법경찰관은 피의자에게 긴급체포를 한다는 사유를 알리고 영장 없이 피의자를 체포할 수 있다(제200조의3 제1항). 사법경찰관이 긴급체포를 한 경우에는 즉시 검사의 승인을 받아야 한다(동조 제2항). 검사 또는 사법경찰관이 피의자를 긴급체포함에 있어서는 피의사실의 요지, 체포의 이유와 변호인을 선임할 수 있음을 말하고 변명의 기회를 주어야 하며(제200조의5), 즉시 긴급체포서를 작성하여야 한다(제200조의3 제3항). 긴급체포서에는 범죄사실의 요지와 긴급체포의 사유 등을 기재하여야 한다(동조 제4항).

2) 체포후의 조치

검사 또는 사법경찰관이 긴급체포한 피의자를 구속하고자 할 때에는 지체 없이 검사는 관할 지방법원 판사에게 구속영장을 청구하여야 하고, 사법경찰관은 검사에게

---

4) 대법원 2006. 9. 8. 선고 2006도148 판결; 대법원 2016. 10. 13. 선고 2016도5814 판결(마약투약혐의가 있는 피고인의 주거지를 방문하여 나오라고 하였으나 이에 응하지 않았다고 하여 강제로 문을 열고 들어가 긴급체포한 사안에서 미리 체포영장을 받을 시간적 여유가 없었던 경우에 해당하지 않아 위법하다고 판시하였다).

5) 대법원 2005. 11. 10. 선고 2004도42 판결.

신청하여 검사의 청구로 관할 지방법원 판사에게 구속영장을 청구하여야 한다. 이 경우 구속영장은 체포한 때부터 48시간 이내에 청구하여야 하며, 구속영장을 청구할 때에는 긴급체포서를 첨부하여야 한다(제200조의4 제1항). 구속영장을 청구하지 아니하거나 발부받지 못한 때에는 피의자를 즉시 석방하여야 한다(제200조의4 제2항).

그러나 긴급체포의 경우에는 구속영장을 청구하는 48시간까지는 영장 없는 체포를 허용하는 결과가 되므로, 체포영장에 의한 체포를 원칙으로 하는 영장주의 실현을 무의미하게 만들어버린다는 비판을 면하기 어렵다.[6] 따라서 입법론으로는 긴급체포의 경우에도 지체 없이 체포영장을 발부받도록 개정하는 것이 타당하다.

3) 재체포의 제한

긴급체포되었으나 구속영장을 청구하지 아니하거나 구속영장을 발부받지 못하여 석방된 자는 영장 없이는 동일한 범죄사실에 관하여 다시 체포하지 못한다(제200조의4 제3항).

검사가 긴급체포한 후 구속영장을 청구하지 아니하고 피의자를 석방한 경우에는 석방한 날부터 30일 이내에 서면으로 ① 긴급체포 후 석방된 자의 인적 사항, ② 긴급체포의 일시, 장소와 긴급체포하게 된 구체적 이유, ③ 석방의 일시, 장소 및 사유, ④ 긴급체포 및 석방한 검사 또는 사법경찰관의 성명을 법원에 통지하여야 한다. 사법경찰관이 긴급체포한 피의자에 대하여 구속영장을 신청하지 아니하고 석방한 경우에는 즉시 검사에게 보고하여야 한다(동조 제6항). 이 경우 긴급체포서 사본을 첨부하여야 한다(동조 제4항).

긴급체포된 후 석방된 자 또는 그 변호인, 법정대리인, 배우자, 직계친족, 형제자매는 통지서 및 관련 서류를 열람하거나 등사할 수 있다(동조 제5항). 이는 긴급체포된 후 석방결정에 대한 사법적 통제를 마련했다고 할 수 있다.

검사 또는 사법경찰관은 피의자를 체포하는 경우에는 피의사실의 요지, 체포의 이유와 변호인을 선임할 수 있음을 말하고 변명할 기회를 주어야 한다(제200조의5).

(4) 긴급체포시의 압수·수색·검증

검사 또는 사법경찰관이 피의자를 긴급체포하는 경우에 영장 없이 타인의 주거나 타인이 간수하는 가옥 등에서 피의자를 수색하거나, 체포현장에서 압수·수색·검증을 할 수 있고(제216조 제1항), 피의자가 소유·소지 또는 보관하고 있는 물건에 대

6) 배종대/이상돈/정승환/이주원, §13/23; 이재상/조균석, 252면; 차용석/최용성, 219면.

하여 체포한 때로부터 24시간 이내에 한하여 영장 없이 압수·수색 또는 검증할 수 있다(제217조 제1항).

(5) 긴급체포된 피의자의 지위

긴급체포된 피의자에게도 접견교통권, 체포적부심청구권 등이 보장되지만, 보증금납입조건부 피의자석방제도는 인정되지 않는다.

4. 현행범인의 체포

(1) 현행범인의 의의

1) 고유한 의미의 현행범인

현행범인이란 범죄의 실행중이거나 실행의 즉후인 자를 말하며(제211조 제1항), 현행범인(준현행범인 포함)은 누구든지 영장없이 체포할 수 있다(제212조).

2) 준현행범인

현행범인은 아니지만 현행범인으로 간주되는 자를 말한다. 형사소송법이 현행범인으로 간주하는 준현행범인으로는 ① 범인으로 호창되어 추적되고 있는 자, ② 장물이나 범죄에 사용되었다고 인정함에 충분한 흉기 기타의 물건을 소지하고 있는 자, ③ 신체 또는 의복류에 현저한 증적이 있는 자, ④ 누구임을 물음에 대하여 도망가려 하는 자가 이에 해당한다(제211조 제2항). 이 중 누구임을 물음에 대하여 도망가려 하는 자의 경우에는 범행과의 관련성이 지극히 경미하므로 입법론상 재검토가 요구된다.

현행범인에 대하여 영장주의의 예외를 인정하는 것은 범행과의 시간적 접착성과 범행의 명백성이 인정된다는 것을 전제로 하기 때문이다.

(2) 현행범인의 체포

현행범인은 누구든지 영장 없이 체포할 수 있는데, 현행범에 대하여는 체포의 필요성뿐만 아니라 죄증이 확실하므로 부당하게 인권을 침해할 염려가 없기 때문이다. 즉 현행범인을 체포하기 위해서는 범인과 범죄의 명백성이 인정되어야 한다.

1) 체포의 주체

체포는 누구든지 할 수 있다. 수사기관은 물론 사인도 체포할 수 있다. 수사기관은 체포의무가 발생하지만, 사인의 경우에는 체포의무가 발생하는 것은 아니다.

2) 체포의 요건

가. 범죄의 명백성 특정범죄의 현행범인이 명백해야 한다. 그러나 현행범인에

게 위법성조각사유나 책임조각사유가 명백히 존재하는 경우에는 현행범인으로 체포할 수 없다. 또한 친고죄인 경우에 고소가 소송조건이므로 고소가 없는 경우에도 현행범인에 대한 체포는 가능하지만, 고소의 가능성조차 없는 경우에는 수사를 하는 것은 수사권의 남용이므로 현행범인의 체포도 허용되지 않는다고 보아야 한다.

나. 체포의 필요성 현행범인의 체포에는 도망이나 증거인멸의 우려와 같은 구속사유가 필요하다는 명문의 규정이 없으므로, ⓐ 현행범인의 체포요건으로 도망이나 증거인멸의 우려와 같은 구속사유가 필요하다는 **적극설**[7]과 ⓑ 불필요하다는 **소극설**[8]이 대립하고 있다. 그 밖에도 도망의 염려가 있거나 신분이 확인될 수 없는 것은 현행범인 체포의 요건이 되지만 증거인멸위험은 체포사유가 될 수 없다고 해석하는 **절충설**의 견해[9]도 있다. 판례[10]는 체포의 필요성, 즉 구속사유가 필요하다는 적극설의 입장을 취하고 있다.

생각건대 소극설은 형사소송법이 현행범인의 체포를 통상체포의 예외적인 경우로 규정하고 있으며 통상체포의 경우에도 구속사유가 존재할 필요가 없다는 것을 논거로 구속사유가 불필요하다는 입장을 취한다. 그러나 통상체포의 요건은 피의자가 수사기관의 출석요구에 불응 또는 불응할 우려가 있는 경우에 피의자의 출석을 강제하기 위한 수단으로 체포영장을 발부받는 것이므로 양자는 그 성격이 다르다. 또한 비록 현행범인으로서 범죄의 명백성이 있다고 하더라도 피의자가 도망 또는 증거인멸의 염려가 없을 경우에는 현행범인을 체포하여 수사할 필요가 없기 때문이다. 따라서 영장 없이 하는 현행범인의 체포에는 도망이나 증거인멸의 우려와 같은 구속사유가 필요하다는 적극설이 타당하다.

다. 수사비례의 원칙 형사소송법이 현행범인이라도 50만원 이하의 벌금, 구류

---

7) 신동운, 325면; 이영란, 289면; 임동규, 189면.

8) 이재상/조균석, 256면; 김재환, 146면.

9) 배종대/이상돈/정승환/이주원, §13/32.

10) 대법원 2011. 5. 26. 선고 2011도3682 판결(현행범인으로 체포하기 위해서는 행위의 가벌성, 범죄의 현행성·시간적 접착성, 범인·범죄의 명백성 외에 체포의 필요성, 즉 도망 또는 증거인멸의 염려가 있어야 하는데, 이러한 현행범인 체포의 요건을 갖추었는지는 체포 당시의 상황을 기초로 판단하여야 하고, 이에 관한 수사주체의 판단에는 상당한 재량의 여지가 있다고 할 것이다. 따라서 체포 당시의 상황에서 보아 그 요건에 관한 수사주체의 판단이 경험칙에 비추어 현저히 합리성이 없다고 인정되지 않는 한 수사주체의 현행범인 체포를 위법하다고 단정할 것은 아니다).

또는 과료에 해당하는 죄의 경우에는 주거가 불분명한 경우에만 현행범인으로 체포할 수 있도록 규정하고 있는 것은 수사비례의 원칙을 표현한 것이라 할 수 있다(제214조 참조).

3) 현행범인의 체포절차와 실력행사

사법경찰관리가 현행범인으로 체포하는 경우에는 반드시 피의사실의 요지, 구속의 이유와 변호인을 선임할 수 있음을 말하고 변명할 기회를 주어야 한다(제2013조의2, 제200조의5). 체포를 하기 전에 고지하여야 하는 것이 원칙이지만, 사전고지가 여의치 않을 때는 피의자를 체포하는 과정이나 체포한 후에 지체 없이 하는 것도 가능하다.[11]

현행범인을 체포할 때에는 사회통념상 체포를 위하여 필요하고 상당하다고 인정되는 범위 내에서 실력행사를 할 수 있다. 강제력의 사용은 체포의 목적을 달성하기 위한 적절한 수단이어야 한다. 따라서 체포를 이유로 신체를 침해하는 것은 결코 허용되지 않는다고 하겠다.

4) 현행범인의 체포와 압수·수색·검증

검사 또는 사법경찰관이 현행범인을 체포하는 경우에 필요한 때에는 영장 없이 타인의 주거에 들어가 주거를 수색할 수 있고, 체포현장에서 압수·수색·검증을 할 수 있다(제216조 제1항). 그러나 일반 사인은 현행범인을 체포하기 위하여 타인의 주거에 들어갈 수 없다.

(3) 체포후의 절차

1) 현행범인을 수사기관에의 인도

현행범인을 사인이 체포하였을 때에는 즉시 수사기관에 인도하여야 한다(제213조 제1항). 여기서 "즉시"란 정당한 이유 없이 인도를 지연하거나 체포를 계속하는 등으로 불필요한 지체를 함이 없다는 의미이다.[12] 또한 사인이 체포한 현행범인을 수사기관에 인도하지 않고 석방하는 것은 허용되지 않는다. 이것은 신체의 구속을 사인에게 맡길 수 없으며 체포 후에 사인이 임의로 석방하는 것을 허용할 경우에는 체포권이 남용될 우려가 있기 때문이다.

사법경찰관리가 현행범인을 인도받은 때에는 체포자의 성명·주거·체포의 사유

11) 대법원 2010. 6. 24. 선고 2008도11226 판결.

12) 대법원 2011. 12. 22. 선고 2011도12927 판결.

를 물어야 하고 필요한 때에는 체포자에 대하여 경찰관서에 동행할 것을 요구할 수 있다(동조 제2항). 이 경우 동행요구는 임의동행이 되어야 한다.

2) 구속영장의 청구

현행범인 체포의 경우에도 체포영장에 의한 체포의 규정에 의해 구속영장을 청구하여야 한다. 즉 검사 또는 사법경찰관리가 체포한 현행범인을 구속하고자 할 때에는 체포한 때로부터 48시간 이내에 구속영장을 청구하여야 하고, 그 기간 내에 구속영장을 청구하지 아니한 때에는 피의자를 즉시 석방하여야 한다(제213조의2, 제200조의2 제5항). 여기서 검사 또는 사법경찰관리가 사인으로부터 현행범인을 인도받은 때에는 48시간의 기산점은 인도받은 때부터이다.[13]

Ⅲ. 피의자 또는 피고인의 구속

1. 구속의 의의와 목적

(1) 구속의 개념

구속이란 피의자 또는 피고인의 신체의 자유를 체포에 비하여 장기간에 걸쳐서 제한하는 강제처분을 말한다. **피의자의 구속**이란 수사기관이 판사가 발부한 구속영장에 의하여 피의자를 구금하는 강제처분을 말하며, **피고인에 대한 구속**이란 공소가 제기된 이후에 법원이 구속영장에 의하여 피고인을 구인 또는 구금하는 강제처분을 말한다. 구속은 체포와 달리 반드시 사전에 발부된 구속영장에 의한 구속만이 인정된다는 점이 체포제도와 다르다고 할 수 있다. 구속에는 구인과 구금이 포함되며, **구인**이란 피의자 또는 피고인을 법원 기타 장소에 인치하는 강제처분이며, **구금**이란 피의자 또는 피고인을 교도소 또는 구치소에 감금하는 강제처분을 말한다. 구인한 피고인 등을 구금할 필요가 없다고 인정한 때에는 인치한 날로부터 24시간 이내에 석방하여야 한다(제71조, 제209조).

(2) 구속의 목적

구속은 형사소송의 진행과 형벌의 집행을 확보하기 위해서이다. 구속이 피의자나 피고인의 자백을 얻기 위한 수사의 편의를 위한 수단이 되어서는 안 된다. 그 밖에 구속은 재범의 위험방지라는 예방구금의 성격도 지닌다고 보는 견해도 있다.

---

13) 대법원 2011. 12. 22. 선고 2011도12927 판결.

구속은 형사소송의 원활한 진행을 위해서 최후의 수단으로 사용되어야 하는 비례성의 원칙이 지배된다고 할 수 있다. 우리 형사소송법은 헌법상의 무죄추정의 원리에 입각하여 "피의자에 대한 수사는 불구속상태에서 함을 원칙으로 한다"고 규정하고 있다(제198조 제1항). 따라서 명문의 규정은 없지만 피고인에 대하여도 불구속재판의 원칙이 적용되어야 함은 물론이다.

2. 구속의 요건

형사소송법 제70조와 제201조에서 규정하고 있는 구속의 요건으로는, ① 피의자 또는 피고인이 죄를 범하였다고 의심할 만한 상당한 이유가 있고, ② 일정한 구속사유, 즉 ⓐ 일정한 주거가 없을 때, ⓑ 증거를 인멸할 염려가 있을 때, ⓒ 도망 또는 도망할 염려가 있을 때의 어느 하나에 해당하여야 하고, ③ 그 밖에도 범죄혐의와 기대되는 형벌에 비추어 구속이 상당하다고 여겨지는 비례성의 원칙이 요구되어진다.

(1) 범죄혐의의 상당성

수사는 수사기관의 주관적인 범죄혐의에 의해 개시되지만, 피의자의 자유를 제한하는 강제처분인 구속을 하기 위해서는 보다 강한 범죄혐의가 요구되어진다고 하겠다. 따라서 구속의 요건이 되는 범죄혐의의 상당성이란 죄를 범하였다고 인정할 만한 **고도의 개연성**, 즉 유죄판결에 대한 고도의 개연성이 있을 정도의 범죄혐의가 요구되어진다고 하겠다. 형사소송법은 피의자 또는 피고인의 구속에 대하여 '죄를 범하였다고 의심할 만한 상당한 이유가 있을 것'을 요구하고 있으므로, 체포영장발부의 경우와 동일한 정도의 범죄혐의를 필요로 한다.

그리고 여기서 요하는 범죄혐의는 소송법상 공소를 제기할 수 있는 위법하고 유책한 범죄에 대한 혐의를 말하며, 이는 구속시를 기준으로 판단하므로 수사나 심리의 진행에 따라 이러한 범죄혐의가 없어지는 경우도 있다.

(2) 구속사유

형사소송법은 원칙상 구속사유로, 첫째, 일정한 주거가 없을 때, 둘째, 증거를 인멸할 염려가 있는 때, 셋째, 도망 또는 도망할 염려가 있는 때의 어느 하나에 해당하는 사유가 있는 경우이며, 다만 50만원 이하의 벌금, 구류 또는 과료에 해당하는 범죄에 관하여는 피의자가 일정한 주거가 없는 경우에 한하여 구속할 수 있도록 규정하고 있다.

그리고 법원이 구속사유를 심사함에 있어서는 범죄의 중대성, 재범의 위험성, 피해자 및 중요 참고인 등에 대한 위해우려 등을 고려하도록 규정하고 있는데(제70조), 이러한 요소는 독립된 구속사유는 아니지만 도망이나 증거인멸의 염려를 판단하는 중요한 기준이 된다고 할 수 있다. 이러한 구속사유는 법관의 주관적인 추측이나 염려에 의할 것이 아니라 객관적인 사실에 기초하여야 한다. 따라서 형사소송법은 구속영장청구시에 구속에 필요한 자료를 제출하도록 규정하고 있다(제201조 제2항).

1) 도망 또는 도망할 염려

도망 또는 도망할 염려가 있는 피의자 또는 피고인을 구속사유로 규정하고 있는 것은 피의자 또는 피고인을 형사소송에 출석할 것을 확보하기 위해서이다. 여기서 도망이란 형사소송이나 형의 집행을 피하기 위하여 영구히 또는 장기간에 걸쳐 숨는 것을 말하며, 도망할 염려란 피의자 또는 피고인이 형사소송에서 벗어날 고도의 개연성이 있는 경우를 말한다. 예컨대 종래의 주거지를 떠나 새로운 주거지를 정하지 않았거나 외국으로 떠나는 경우, 중형이 선고될 것이 예상되는 경우, 피의자 또는 피고인이 자상하거나 약물복용으로 소송무능력 상태에 빠진 경우가 도망할 위험에 해당한다. 그러나 단순한 자살의 위험은 도망의 위험에 해당한다고 할 수 없다.[14)]

2) 증거인멸의 위험

증거인멸의 위험을 구속사유로 규정하고 있는 이유는 증거인멸의 위험이 인적·물적 증거방법에 부정적 영향을 미쳐 사실인정을 왜곡하므로 이를 방지하는 기능을 한다. 여기서 증거인멸의 위험이란 피의자 또는 피고인을 구속하지 않으면 인적·물적 증거방법을 훼손·변경·위조하거나 공범자·증인·감정인에게 허위의 진술을 하게 하여 진실발견을 곤란하게 할 구체적인 위험이 있는 경우, 즉 부정한 방법으로 증거를 인멸할 현저한 위험이 있는 경우를 말한다.

따라서 피의자가 자백을 거부하거나 피의사실을 다투거나 진술거부권을 행사한다는 사실만으로는 증거인멸의 위험이 있다고 할 수 없다. 또한 증거인멸의 위험은 사실심의 심리가 종결되면 소멸된다고 보아야 하지만, 그 이전인 수사절차가 종결되었다는 사실만으로는 증거인멸의 위험이 없어진다고는 할 수 없다.

3) 주거부정

피의자 또는 피고인에게 일정한 주거가 없을 때에는 도망할 위험을 인정할 수 있

---

14) 이재상/조균석, 262면.

는 중요한 판단자료가 될 수는 있지만, 주거부정 자체를 독립된 구속사유로 규정하고 있는 형사소송법의 입법태도는 타당하다고 할 수 없다. 따라서 형사소송법상 주거부정의 구속사유는 일정한 주거가 없는 경우에 50만원 이하의 경미범죄에 대해서만 구속사유가 된다는 제한적인 의미를 지닌다고 할 수 있다(제70조 제3항, 제201조 제1항 단서).

(3) 비례성의 원칙

구속의 요건으로는 범죄혐의와 구속사유 외에도 비례성의 원칙이 요구된다고 하겠다. 즉 범죄혐의의 상당성과 구속사유가 존재한다고 하더라도 범죄혐의에 따르는 형벌의 정도가 구속에 상응할 정도인 때에 구속이 허용된다고 보아야 한다.

1) 비례성의 판단기준

사건의 의미에 따른 기대되는 형벌을 고려하여 구속기간이 선고될 형보다 더 긴 경우에는 비례성의 원칙에 반한다고 할 수 있다. 다만 사건의 성질상 피고인이 도망하여 심리를 계속할 수 없는 경우에는 비례성의 원칙에 반한다고 할 수 없다. 50만원 이하의 벌금·구류·과료에 해당하는 죄를 범한 때에는 주거부정의 경우를 제외하고는 구속할 수 없도록 규정한 것은 이러한 비례성의 원칙을 표현한 것이라 할 수 있다(제70조 제3항, 제201조 제1항 단서). 따라서 집행유예판결을 선고할 것이 예상되는 피의자·피고인에 대하여 구속을 계속하는 것은 비례성의 원칙에 반한다.

2) 구속과 보충성의 원칙

비례성의 원칙은 보충성의 원칙을 내용으로 하는데, 이것은 다른 방법에 의해서는 형사소송을 확보할 수 없을 경우에만 구속이 허용된다는 것을 의미한다. 따라서 구속의 집행정지나 보석에 의해서도 구속의 목적을 달성할 수 있거나 구속사유가 소멸되었는데도 불구하고 계속 구속을 하는 것은 비례성의 원칙에 반한다고 할 것이다.

3. 피의자의 구속

(1) 구속영장의 청구

피의자 또는 피고인을 구속하기 위해서는 법관이 발부한 영장에 의하도록 규정하고 있는데, 이는 구속에 대한 사법적 통제피의자 또는 피고인에 대한 구속영장의 청구권자는 검사에 한한다. 사법경찰관은 검사에게 신청하여 검사의 청구에 의하여 구속영장을 발부받을 수 있다.

사법경찰관이 영장을 신청한 경우에 검사는 청구 전에 사전심사를 위하여 피의자를 검찰청으로 일시 인치하여 접견·면접할 수 있고, 이를 위하여 사법경찰관리에게 인치하도록 지휘할 수 있다. 구속영장의 청구서에는 체포영장에 기재할 사항 이외에 구속의 사유, 피의자의 체포여부 및 체포된 경우에는 그 형식, 피의자가 지정한 사람에게 체포이유 등을 알린 경우에는 그 사람의 성명과 연락처를 기재하고, 구속의 필요를 인정할 수 있는 자료를 제출하여야 한다(제201조 제2항).

구속영장의 법적 성질에 대하여는 피의자 또는 피고인에 대한 구속영장을 불문하고 모두 법원의 명령장으로 이해하는 견해[15]도 있지만, 피의자에 대한 구속영장은 허가장의 성질을 갖지만 피고인에 대한 구속영장은 명령장의 성질을 지닌다고 보는 견해[16]가 대립한다.

생각건대 피의자에 대한 구속영장은 수사기관이 발부된 구속영장을 집행하지 않은 경우에도 아무런 제재 없이 영장을 반환할 수 있는 점을 고려해볼 때, 이는 수사기관이 수사목적을 달성하기 위해 피의자에 대한 구속을 법원으로부터 허가받은 허가장의 성질을 지닌다고 보는 입장이 타당하다.

구속영장의 청구에 대한 법관의 결정도 일종의 재판이다. 따라서 구속영장을 청구받은 지방법원 판사는 상당하다고 인정할 때에는 구속영장을 발부하고, 이를 발부하지 아니한 때에는 청구서에 그 취지와 이유를 기재하고 서명날인하여 청구한 검사에게 교부한다(제201조 제4항). 검사의 구속영장 청구에 대하여 영장을 발부하거나 기각하는 결정에 대해서는 준항고가 허용되지 않는다.[17] 그러나 영장청구가 기각될 경우에 검사는 기각사유를 보완하여 영장을 재청구할 수도 있다.

(2) 구속 전 피의자심문제도

1) 영장실질심사제도의 의의

영장실질심사제도란 구속영장을 청구받은 지방법원 판사가 피의자를 직접 심문하여 구속요건을 충족하는가를 판단하는 제도를 말한다. 형사소송법은 “체포영장에 의한 체포, 긴급체포 또는 현행범인의 체포에 의하여 체포된 피의자에 대하여 구속영장을 청구받은 지방법원판사는 지체 없이 피의자를 심문하여야 하고, 체포되지 않은

---

15) 배종대/이상돈/정승환/이주원, §14/19; 신동운, 163면.

16) 손동권/신이철, 259면; 이재상/조균석, 264면; 임동규, 200면; 헌법재판소 1997. 3. 27. 선고 96헌바28 결정(헌법재판소도 피의자에 대한 구속영장의 성질을 허가장으로 보고 있다).

17) 대법원 2006. 12. 18. 자 2006모646 결정.

피의자에 대하여 구속영장의 청구를 받은 지방법원판사는 피의자가 죄를 범하였다고 의심할 만한 정황이 있는 경우에 구인을 위한 구속영장을 발부하여 피의자를 구인한 후 심문하여야 한다"고 규정되어 있다(제201조의2). 이는 영미법상 체포된 피의자를 치안판사에게 인치하여 심문한 후 구속여부를 결정하거나 독일 형사소송법상 구속된 피의자를 즉시 판사에게 인치하여 범죄사실을 심문하도록 하고 있는 것과 같은 입장이라고 할 수 있다. 종래에는 수사기관이 일방적으로 영장전담판사에게 제출한 수사기록에 대한 형식적인 심사만으로 구속여부를 결정했지만, 이 제도의 도입으로 인해 영장전담판사가 필요적으로 피의자를 직접 심문한 후에 구속영장 발부 여부를 결정하도록 하게 함으로써 피의자의 법적 청문권을 보장하는 적법절차의 원리를 실현하도록 하였다.

2) 필요적 피의자심문제도

체포된 피의자에 대하여 판사는 지체 없이 피의자를 심문하여야 하며, 이 경우 특별한 사정이 없는 한 구속영장이 청구된 날의 다음날까지 심문을 하여야 하고, 체포되지 않은 피의자에 대하여 사전 구속영장을 청구받은 판사는 구인을 위한 구속영장을 발부하여 피의자를 구인한 후 심문하여야 하며, 다만 피의자가 도망하는 등의 사유로 심문할 수 없는 경우에는 심문을 생략할 수 있다(제201조의2 제1항·제2항).

체포된 피의자를 구속하고자 할 때에는 체포한 때부터 48시간 이내에 구속영장을 청구하여야 하고, 그 기간 내에 구속영장을 청구하지 아니하는 때에는 피의자를 즉시 석방하여야 한다(제200조의2 제5항).

3) 구속 전 피의자심문의 절차

가. 심문기일의 지정 및 통지 구속영장을 청구받은 판사는 심문기일을 정하여야 한다. 심문기일은 체포된 피의자에 대하여는 특별한 사정이 없는 한 구속영장이 청구된 날 다음날까지 하여야 하나, 사전 구속영장이 청구된 피의자에 대하여는 시간의 제한이 없다(제201조의2 제1항·제2항). 따라서 판사는 전자의 경우에는 즉시, 그리고 후자의 경우에는 피의자를 인치한 후 즉시 검사, 피의자 또는 변호인에게 심문기일과 장소를 통지하여야 한다. 심문기일의 통지는 서면 이외에 구술·전화·모사전송·전자우편·휴대전화 문자전송 그 밖에 적당한 방법으로 신속하게 하여야 한다(규칙 제96조의12 제3항).

체포된 피의자외의 피의자에 대한 심문기일은 관계인에 대한 심문기일의 통지 및 그 출석에 소요되는 시간 등을 고려하여 피의자가 법원에 인치된 때로부터 가능한 한 빠른 일시로 지정하여야 한다(규칙 제96조의12 제2항).

판사는 지정된 심문기일에 피의자를 심문할 수 없는 특별한 사정이 있는 경우에는 그 심문기일을 변경할 수 있다(규칙 제96조의22).

나. 피의자의 인치 체포된 피의자는 검사가 심문기일에 출석시켜야 한다(제201조의2 제3항). 체포되지 않은 피의자를 구속하는 경우에는 판사가 피의자를 구인하여 심문하게 하고 있다. 즉 구속영장을 청구받은 판사는 피의자가 죄를 범하였다고 의심할 만한 이유가 있는 경우에는 구인을 위한 구속영장을 발부하여 피의자를 구인한 후 심문하여야 한다. 다만 피의자가 도망하는 등의 사유로 심문할 수 없는 경우에는 그러하지 아니하다(동조 제2항 단서).[18] 법원이 인치받은 피의자를 유치할 필요가 있는 경우에는 교도소, 구치소, 경찰서 유치장에 24시간을 초과하지 않는 범위 내에서 피의자를 유치할 수 있다(제71조의2).

다. 심문기일의 절차

① 피의자 등의 출석 지방법원판사는 심문기일에 구속사유를 판단하기 위하여 피의자를 심문하고, 검사와 변호인은 심문기일에 출석하여 의견을 진술할 수 있다(제201조의2 제4항). 범죄피해자는 판사의 허가를 얻어 심문을 방청할 수 있으며, 판사는 구속여부의 판단을 위하여 필요하다고 인정하는 때에는 출석한 피해자를 심문할 수 있다(규칙 제96조의16 제5항). 검사는 피해자가 심문절차에 참여하여 그 의견을 진술할 수 있도록 적극 지원한다.[19]

심문을 함에 있어 지방법원판사는 공범의 분리심문이나 기타 수사상의 비밀보호를 위하여 필요한 조치를 하여야 한다(동조 제5항). 피의자가 심문기일에 출석을 거부하거나 질병 그 밖의 사유로 출석이 현저하게 곤란하고, 피의자를 심문법정에 인치할 수 없다고 인정되는 때에는 피의자의 출석 없이 심문절차를 진행할 수 있다(규칙 제96조의13 제1항).

② 심문기일의 절차 피의자에 대한 심문절차는 공개하지 아니한다. 다만, 판사는 상당하다고 인정하는 경우에는 피의자의 친족, 피해자 등 이해관계인의 방청을

---

18) 체포되지 않은 피의자가 도망의 등의 사유로 심문할 수 없는 경우에는 구속영장을 먼저 발부한 후 판사가 구속된 피의자를 심문하여 구속사유에 해당하는지를 판단하도록 하는 입법론적 개선방안이 모색되어야 피의자의 구속 전 법관대면권이 보장된다(이재상/조균석, 268면 참조).

19) 대검찰청 범죄피해자지원 보호 및 지원에 관한 지침 제17조 참조.

허가할 수 있다(규칙 제96조의14).

심문은 법원청사 내에서 하여야 하나, 피의자가 출석을 거부하거나 출석할 수 없을 때에는 경찰서, 구치소 기타 적당한 장소에서 할 수 있다(규칙 제96조의15).

심문에 앞서 판사는 피의자에게 구속영장청구서에 기재된 범죄사실의 요지를 고지하고, 피의자에게 일체의 진술을 하지 아니하거나 개개의 질문에 대하여 진술을 거부할 수 있으며, 이익되는 사실을 진술할 수 있음을 알려주어야 한다. 증거인멸 또는 도망의 염려를 판단하기 위하여 필요한 때에는 피의자의 경력, 가족관계나 교우관계 등 개인적인 사항에 관하여 심문할 수 있다. 검사와 변호인은 판사의 심문이 끝난 후에 의견을 진술할 수 있다. 다만, 필요한 경우에는 심문 도중에도 판사의 허가를 얻어 의견을 진술할 수 있다. 피의자는 판사의 심문 도중에도 변호인의 조력을 구할 수 있다. 판사는 구속 여부의 판단을 위하여 필요하다고 인정하는 때에는 심문장소에 출석한 피해자 그 밖의 제3자를 심문할 수 있다(규칙 제96조의16).

구속영장이 청구된 피의자의 법정대리인, 배우자, 직계친족, 형제자매나 가족, 동거인 또는 고용주는 판사의 허가를 얻어 사건에 관한 의견을 진술할 수 있다. 판사는 심문을 위하여 필요하다고 인정하는 경우에는 호송경찰관 기타의 자를 퇴실하게 하고 심문을 진행할 수 있다.

③ 국선변호인의 선정 심문을 할 때에 변호인이 없는 때에는 지방법원판사는 직권으로 변호인을 선정하여야 한다. 이 경우 변호인의 선정은 피의자에 대한 구속영장 청구가 기각되어 효력이 소멸한 경우를 제외하고는 제1심까지 효력이 있다(제201조의2 제8항).

④ 구속 전 피의자심문조서의 작성 구속영장이 청구되어 법원이 구속 전 피의자심문을 하는 경우 법원사무관 등은 심문의 요지 등을 조서로 작성하여야 한다(동조 제6항). 구속 전 피의자심문조서는 형사소송법 제311조의 법원 또는 법관의 조서에 해당하지는 않지만, 제315조의 기타 특히 신빙할 만한 정황에 의하여 작성된 서류에 해당하여 증거능력을 가진다고 할 수 있다.[20)]

4) 심문 후의 피의자유치

피고인에 대한 구인기간이 24시간인 점을 유추적용하면, 구인한 때로부터 24시간 이내에 구속영장을 발부받거나 영장청구를 기각하여야 한다.

---

20) 대법원 2004. 1. 16. 선고 2003도5693 판결.

(3) 구속영장의 발부

지방법원판사는 신속히 구속영장의 발부 여부를 결정하여야 하는데(제201조 제3항), 지방법원판사는 상당하다고 인정할 때에는 구속영장을 발부한다. 이를 발부하지 아니할 때에는 청구서에 그 취지 및 이유를 기재하고 서명날인하여 청구한 검사에게 교부하여야 한다(동조 제4항). 구속영장의 발부도 법원의 재판이기 때문에 법원이 피의자심문을 한 경우에는 서류를 접수한 날부터 구속영장을 발부하여 검찰청에 반환한 날까지의 기간은 검사와 사법경찰관의 구속기간에 산입하지 않는다.

구속영장을 발부하거나 기각하는 결정에 대하여는 항고[21]나 준항고[22]가 허용되지 않는다. 피고인의 구속은 법원이 직권으로 구속영장을 발부한다(제73조).

(4) 구속영장의 집행

1) 구속영장의 집행절차

검사의 지휘에 의하여 사법경찰관리가 집행하며, 교도소 또는 구치소에 있는 피의자에 대하여는 검사의 지휘에 의하여 교도관리가 집행한다(제209조, 제81조). 피고인 구속에 있어 급속을 요하는 경우에는 재판장·수명법관 또는 수탁판사가 그 집행을 지휘할 수 있고, 이 경우 법원사무관 등에게 그 집행을 명할 수 있다(제81조). 구속영장을 집행함에는 피의자에게 반드시 이를 제시하여야 하며, 신속히 지정된 법원 기타 장소에 인치하여야 한다(제85조, 제209조).

2) 영장집행 후의 절차

검사 또는 사법경찰관이 피의자를 구속하는 때에는 즉시 피의사실의 요지, 구속의 이유와 변호인을 선임할 수 있음을 말하고 변명의 기회를 주어야 한다(제209조, 제200조의5). 피의자를 구속한 때에는 변호인이 있는 경우에는 변호인에게, 변호인이 없는 경우에는 변호인 선임권자 중 피고인이 지정한 자에게 피고사건명, 구속일시·장소, 범죄사실의 요지, 구속의 이유와 변호인을 선임할 수 있는 취지를 알려야 하며,

---

21) 법원의 결정에 불복하는 상소를 항고라 하고, 법원의 판결에 대한 상소와는 달리 법이 특별히 필요하다고 인정하는 경우에 허용된다. 항고에는 일반항고와 특별항고(재항고)가 있고, 일반항고는 다시 즉시항고(제기기간이 3일로 제한되어 있고, 재판의 집행이 정지되는 효력을 가진다)와 보통항고로 나누어진다.

22) 재판장 또는 수명법관의 재판과 검사 또는 사법경찰관의 처분에 대하여 그 소속법원 또는 관할법원에 취소 또는 변경을 청구하는 불복신청방법이다. 상급법원에 구제를 신청하는 것이 아니므로 본래의 상소에는 해당하지 않는다.

이러한 통지는 지체 없이 서면으로 하여야 한다(제209조, 제87조). 구속영장의 발부를 받은 후 피의자를 구속하지 아니하거나 구속한 피의자를 석방한 때에는 지체 없이 검사는 영장을 발부한 법원에 그 사유를 서면으로 통지하여야 한다(제204조).

(5) 구속기간

사법경찰관이 피의자를 구속한 때에는 10일 이내에 피의자를 검사에게 인치하지 아니하면 석방하여야 한다(제202조). 검사의 구속기간도 10일이지만, 지방법원판사의 허가를 얻어 10일을 초과하지 않는 한도에서 구속영장을 연장할 수 있다. 연장불허가 처분에 대하여는 항고 또는 준항고의 방법으로 불복할 수 없다.

다만, 국가보안법 제3조 내지 제10조의 죄에 대하여 사법경찰관에게 1회, 검사에게 2회에 한하여 구속기간의 연장을 허가할 수 있다(국가보안법 제19조). 헌법재판소는 다만 국가보안법 제7조(찬양, 고무) 및 제10조(불고지죄)에 대하여는 구속기간을 연장한 것은 과잉금지의 원칙을 현저히 위배하여 피의자의 신체의 자유, 무죄추정의 원칙, 신속한 재판을 받을 권리를 침해한 것으로 위헌이라고 결정한 바 있다.[23]

(6) 재구속의 제한

검사 또는 사법경찰관에 의하여 구속되었다가 석방된 자는 다른 중요한 증거를 발견한 경우를 제외하고는 동일한 범죄사실에 관하여 재차 구속하지 못한다(제208조 제1항). 이 경우 1개의 목적을 위하여 동시 또는 수단, 결과의 관계에서 행하여진 행위는 동일한 범죄사실로 간주된다(동조 제2항).

4. 피고인의 구속

(1) 구속영장의 발부

피고인을 구속함에는 구속영장을 발부하여야 한다. 구속영장에는 피고인의 성명, 주거, 죄명, 공소사실의 요지, 인치 구금할 장소, 발부연월일, 그 유효기간과 그 기간을 경과하면 집행에 착수하지 못하여 영장을 반환해야 한다는 취지를 기재하고 재판장 또는 수명법관이 서명날인하여야 하는 등은 피의자의 구속과 마찬가지이다. 촉탁에 의하여 구속영장을 발부한 판사는 피고인을 인치한 때로부터 24시간 이내에 그 피고인임에 틀림없는가를 조사한 후, 신속히 지정된 장소에 송치하여야 한다(제78조).

---

23) 헌법재판소 1992. 4. 14. 선고 90헌마82 결정.

(2) 구속영장의 집행

피고인에 대한 구속영장의 집행절차도 피의자 구속과 마찬가지이다. 검사의 지휘에 의하여 사법경찰관리가 집행하고(제81조 제1항), 교도소 또는 구치소에 있는 피고인에 대하여 발부된 구속영장은 검사의 지휘에 의하여 교도관이 집행한다(동조 제2항).

(3) 피고인의 구속기간

피고인에 대한 구속기간은 2월로 한다(제92조). 그러나 특히 구속을 계속할 필요가 있는 경우에는 심급마다 2개월 단위로 2차에 한하여 결정으로 갱신할 수 있다. 따라서 구속기간은 1심은 6개월이고, 상소심의 경우에는 상소기간 중 또는 상소 중에 있는 사건의 소송기록이 원심법원에 있을 때에는 원심법원이 갱신의 결정을 해야 하므로(제105조), 2심과 3심은 원칙적으로 원심의 잔여 구속기간을 제외한 각각 4개월이다. 또한 1심의 구속기간의 기산점은 공소제기시이므로, 공판절차의 정지 또는 공소제기전의 체포·구인·구금기간은 이 기간에 산입되지 않는다(제92조 제3항). 다만, 상소심은 추가심리가 필요한 부득이한 3차에 한하여 갱신할 수 있다(제92조 제2항 단서). 추가심리가 필요한 부득이한 경우의 예로는 피고인 또는 변호인이 신청한 증거조사, 상소이유를 보충하는 서면의 제출 등이 해당한다.[24] 결국 공소제기 후 상소심까지 피고인에 대한 최대한의 구속기간은 18개월이 된다. 구속기간연장의 허가결정이 있는 경우에는 그 연장기간은 구속기간만료 다음 날부터 기산한다(규칙 제98조).

(4) 구속영장의 유효기간

구속영장의 유효기간은 7일로 한다. 다만 법원 또는 법관이 상당하다고 인정하는 때에는 7일을 넘는 기간을 정할 수 있다(규칙 제178조).

5. 재구속의 제한 관련문제

(1) 이중구속과 별건구속

1) 이중구속

이중구속(二重拘束)이란 이미 구속영장이 발부되어 구속되어 있는 피고인 또는 피의자에 대하여 다시 구속영장을 청구하는 것을 말한다. 구속영장의 효력은 구속영장에 기재된 범죄사실에 대해서만 미친다는 사건단위설의 입장에서는 피의자 또는 피고인의 석방에 대비하여 미리 구속해 둘 필요가 있다는 이유로 이중구속도 허용된다

24) 법원행정처, 형사소송법 개정법률 해설, 10면.

는 긍정설의 입장을 취하고 있으며, 이는 판례의 입장이기도 하다.

2) 별건구속

별건구속(別件拘束)이란 수사기관이 본래 수사하고자 하는 사건은 구속의 요건이 구비되지 않았기 때문에 본건 수사에 이용할 목적으로 구속요건이 구비된 별건사건으로 구속하는 경우를 말한다. 예컨대 살인혐의를 조사하기 위하여 용의자를 단순폭행 등과 같은 경미한 범죄혐의로 구속하는 경우 등이 있다.

별건구속에 대해서는 사건의 동시처리는 피의자에게 이익이 되며, 신체구속의 장기화를 피할 수 있고, 수사기밀 유지의 필요상 별건구속은 적법하다는 견해도 있으나 본건에 대한 구속요건이 없는 한 별건구속은 영장주의에 반하고, 본건 구속에 대한 구속기간 제한을 잠탈하기 위한 수단이 되며, 자백강요 내지 수사의 편의를 위한 것일 뿐이므로 별건구속은 위법하다는 견해가 다수설이다. 판례는 별건구속의 위법성 자체에 대하여 명백히 밝히고 있지 않지만, 별건구속의 가능성을 인정하는 태도를 보이고 있다.[25)]

(2) 검사의 체포·구속장소감찰

지방검찰청 검사장 또는 지청장은 불법체포·구속의 유무를 조사하기 위하여 검사로 하여금 매월 1회 이상 관할수사관서의 피의자의 체포·구속장소를 감찰하게 하여야 한다. 감찰하는 검사는 체포 또는 구속된 자를 심문하고 관련서류를 조사하여야 한다(제198조의2 제1항). 검사는 적법한 절차에 의하지 아니하고 체포 또는 구속된 것이라고 의심할 만한 상당한 이유가 있는 경우에는 즉시 체포 또는 구속된 자를 석방하거나 사건을 검찰에 송치할 것을 명하여야 한다(동조 제2항).

Ⅳ. 피의자·피고인의 접견교통권

1. 접견교통권의 의의

(1) 개념 및 취지

접견교통권이란 피고인 또는 피의자가 변호인이나 가족, 친지 등 타인과 접견하고 서류 또는 물건을 수수하며, 의사의 진료를 받을 수 있는 권리를 말한다. 접견교통

---

25) 대법원 1990. 12. 11. 선고 90도2337 판결(별건구속기간을 본건 범행사실의 수사에 실질상 이용하였다 하더라도 그 구속일수를 본건의 미결구금일수에 산입할 수 없다고 판시하고 있다).

권은 체포·구속의 목적에 반하지 않는 범위 내에서 외부와의 교통을 보장해 줌으로써 인권보장을 위한 필수요소이며, 변호인 등과의 자유로운 접견교통권의 인정으로 피의자 또는 피고인의 방어권을 보장해주는데 그 취지가 있다.

(2) 법적 근거

헌법은 제12조 제4항에서 체포·구속을 당한 피의자 또는 피고인의 변호인의 조력을 받을 권리를 기본적 인권으로 보장하고 있는데, 변호인의 조력을 받을 권리를 실질적으로 보장하기 위해서는 변호인과의 접견교통권의 인정이 당연한 전제가 되어야 한다.[26] 또한 변호인과의 접견교통권은 헌법이 보장하는 변호인의 조력을 받을 권리의 가장 핵심내용이 된다고 할 수 있다.[27] 그리고 구속된 피고인 또는 피의자는 법률의 범위 내에서 타인과 접견하고 서류 또는 물건을 수수하며, 의사의 진료를 받을 수 있다(제89조, 제209조).

2. 변호인과의 접견교통권

헌법 제12조 제4항의 규정에 의해 누구든지 체포·구속을 당한 때에는 즉시 변호인의 조력을 받을 권리를 가지며, 형사소송법 제34조의 규정에 의해 변호인 또는 변호인이 되려는 자는 신체구속을 당한 피고인·피의자와 접견하고 서류 또는 물건을 수수할 수 있으며 의사로 하여금 진료하게 할 수 있다.

(1) 접견교통권의 주체 및 상대방

주체는 '체포 또는 구속을 당한 피고인 또는 피의자'이다. 구속되지 않은 피의자에게도 피의자신문시에 변호인과의 접견을 보장하고 있다(제243조의2 제1항). 판례는 구속된 피의자뿐만 아니라 임의동행 형식으로 수사기관에 연행된 피의자 또는 피내사자에게도 변호인과의 접견교통권이 인정된다고 보고 있다.[28] 다만, 형사절차가 종료되어 교정시설에 수용중인 수형자는 원칙적으로 변호인의 조력을 받을 권리의 주체가 될 수 없다.[29]

상대방은 변호인 또는 변호인이 되려는 자이다. 특별변호인도 포함되며(제31조 단서), 변호인이 되려는 자에는 변호인선임을 의뢰받은 자뿐만 아니라 스스로 변호인이

26) 대법원 1996. 6. 3. 자 96모18 결정.
27) 헌법재판소 2011. 5. 26. 선고 2009헌마341 결정.
28) 대법원 1996. 6. 3. 자 96모18 결정.
29) 헌법재판소 1998. 8. 27. 선고 96헌마398 결정.

되려는 자도 포함된다.[30)]

접견신청의 장소는 구속영장에 기재된 구속된 자의 현재지에 신청을 하면 된다.

(2) 접견교통권의 내용

1) 접견의 비밀보장

변호인과의 접견교통권은 방해나 감시 없는 자유로운 접견교통을 본질로 하기 때문에 접견내용에 대한 비밀이 보장되어야 한다.[31)] 따라서 미결수용자와 변호인과의 접견에는 교도관이 참여하지 못하며 그 내용을 청취 또는 녹취하지 못한다. 다만, 보이는 거리에서 미결수용자를 관찰할 수 있다(형의 집행 및 처우에 관한 법률 제84조 제1항).

2) 서류 또는 물건의 수수

변호인 또는 변호인이 되려고 하는 자는 체포·구속된 피의자 또는 피고인을 위하여 서류 또는 물건을 수수할 수 있다. 따라서 체포 또는 구속된 피의자 또는 피고인과 변호인 사이에 수수된 서류의 검열과 물건의 압수는 허용되지 아니한다. 다만 구금장소의 안전을 위하여 무기 기타 위험한 물건의 수수를 금지하는 것은 허용된다.[32)] 미결수용자와 변호인 간의 서신은 교정시설에서 상대방이 변호인임을 확인할 수 없는 경우를 제외하고는 검열할 수 없다(형의 집행 및 수용자의 처우에 관한 법률 제84조 제3항).

3) 의사의 진료

피의자 또는 피고인은 의사의 진료를 받을 수 있는 권리가 있다. 따라서 변호인이나 변호인이 되려는 자는 구속된 피의자나 피고인의 건강상태를 확인하고 질병 등을 치료하기 위하여 의사로 하여금 진료하게 할 수 있다. 미결수용자가 「형사소송법」 제34조, 제89조 및 제209조에 따라 외부의사의 진료를 받는 경우에는 교도관이 참여하고 그 경과를 수용기록부에 기록하여야 한다(형의 집행 및 수용자의 처우에 관한 법률

---

30) 헌법재판소 2019. 2. 28. 선고 2015헌마1204 결정.

31) 대법원 2004. 12. 9. 선고 2003다50184 판결(금치기간 중의 접견허가 여부가 교도소장의 재량행위에 속한다고 하더라도 피징벌자가 금치처분 자체를 다툴 목적으로 소제기 등을 대리할 권한이 있는 변호사와의 접견을 희망한다면 이는 행형법시행령 제145조 제2항에 규정된 예외적인 접견허가사유인 '처우상 특히 필요하다고 인정하는 때'에 해당하고, 그 외 제반 사정에 비추어 교도소장이 금치기간 중에 있는 피징벌자와 변호사와의 접견을 불허한 조치는 피징벌자의 접견권과 재판청구권을 침해하여 위법하다고 판시한 사례).

32) 헌법재판소 1995. 7. 21. 선고 92헌마144 결정.

시행령 제106조).

판례도 국가정보원 사법경찰관이 경찰서 유치장에 구금되어 있던 피의자에 대하여 의사의 진료를 받게 할 것을 신청한 변호인에게 국가정보원이 추천하는 의사의 참여를 요구한 것은 형의 집행 및 수용자의 처우에 관한 법률 제106조의 규정에 근거한 것으로서 적법하고, 이를 가리켜 변호인의 수진권을 침해하는 위법한 처분이라고 할 수는 없다고 판시한 바 있다.[33]

(3) 접견교통권의 제한

피의자 또는 피고인의 인권과 방어권의 보장을 위한 변호인과의 접견교통권은 절대적으로 보장되어야 하기 때문에 미결수용자와 변호인 간의 접견은 시간과 횟수를 제한하지 아니하며(형의 집행 및 수용자의 처우에 관한 법률 제84조 제2항), 수사기관의 처분이나 법원의 결정에 의한 제한도 허용되지 않는다.[34] 다만, 법률에 의한 제한에 대해서는 변호인과의 접견교통권은 헌법 제12조 제4항에서 보장하는 기본권이기 때문에 법률에 의한 제한을 할 수 없다는 **부정설**[35]의 견해가 있지만, 국가안전보장, 질서유지 및 공공복리를 위해 필요한 경우에는 법률로써 제한될 수 있다는 **긍정설**[36]이 타당하다. 판례도 수사기관의 처분 등에 의한 제한은 불가능하지만 법령에 의한 제한은 가능하다는 긍정설의 입장이다.[37]

3. 비변호인과의 접견교통권

(1) 접견교통권의 보장

체포·구속된 피고인은 법률의 범위 내에서 타인과 접견하고 서류 또는 물건을 수수하며 의사의 진료를 받을 수 있다(제89조, 제200조의6, 제209조). 비변호인과의 접견교통권의 주체는 체포·구속된 피의자 또는 피고인이며, 상대방은 변호인 또는 변호인이 되려는 자를 제외한 타인이다. 여기서 '**타인**'이란 변호사 아닌 자로서 가족, 친

---

33) 대법원 2002. 5. 6. 자 2000모112 결정.

34) 대법원 2002. 5. 6. 자 2000모112 결정(법원도 변호인과의 접견교통권은 신체구속을 당한 피고인 또는 피의자의 인권보장과 방어준비를 위하여 필수불가결한 권리이므로, 수사기관의 처분 등에 의하여 이를 제한할 수 없다고 판시하고 있다).

35) 신양균, 199면; 이영란, 344면.

36) 이재상/조균석, 281면; 손동권/신이철, 106면; 차용석/최용성, 225면.

37) 대법원 2002. 5. 6. 자 2000모112 결정; 헌법재판소 2011. 5. 26. 선고 2009헌마341 결정.

척, 친구 등을 말한다.

이러한 권리는 인간생활관계의 완전한 단절로 인한 파멸을 방지하고, 방어를 준비하기 위한 기본적인 권리에 해당하므로 성질상 '헌법상 기본권'에 속하며, 미결수용자의 접견교통권은 헌법재판소가 헌법 제10조의 행복추구권에 포함되는 기본권의 하나로 인정하고 있는 일반적 행동자유권으로부터 나온다고 보아야 할 것이고, 무죄추정의 원칙을 규정한 헌법 제27조 제4항도 그 보장의 근거가 될 것이다.[38]

(2) 접견교통권의 제한

1) 법률에 의한 제한

비변호인과의 접견교통권은 법률의 범위 내에서 보장되는 권리이다. 형의 집행 및 수용자의 처우에 관한 법률 제41조 내지 제43조와 동법 시행령 제58조에서는 일정한 경우 비변호인과의 접견교통을 제한하는 규정을 두고 있다. 경찰서 유치장에 구속되어 있는 피의자의 접견교통권도 동법에 의해 제한받는다.

2) 법원 또는 수사기관의 결정에 의한 제한

가. 법원의 결정에 의한 제한 법원은 도망하거나 또는 죄증을 인멸할 염려가 있다고 인정할 만한 상당한 이유가 있는 때에는 직권 또는 검사의 청구에 의하여 결정으로 구속된 피고인과 비변호인과의 접견교통을 제한할 수 있다(제91조). 접견의 금지는 전면적인 금지뿐만 아니라 개별적 금지를 포함하며, 조건부 또는 기한부 금지도 가능하다. 다만, 인도적 측면을 고려하여 의류, 양식, 의료품의 수수를 금지 또는 압수할 수 없다(제91조 단서).

나. 수사기관의 결정에 의한 제한 형사소송법 제91조는 피의자의 체포·구속에 대해서도 준용되기 때문에 제한이 허용된다는 **적극설**[39]과 형사소송법 제209조 등은 피고인의 구속에 관한 규정들을 수사상 피의자의 구속에 준용하는 규정일 뿐이어서 접견교통권의 제한에 대한 근거는 아니라는 **소극설**[40]의 대립이 있다. 생각건대 검찰사건사무규칙 제27조 제1항의 경우 적극설의 입장에서 그 근거를 찾을 수 있어 다수설인 적극설이 타당하다.

---

38) 헌법재판소 1998. 10. 15. 선고 98헌마168 결정; 헌법재판소 2003. 11. 27. 선고 2002헌마193 결정.

39) 이재상/조균석, 282면; 손동권, 112면; 신동운 133면.

40) 배종대/이상돈/정승환/이주원, §15/9; 신양균, 201면.

3) 제한의 절차

피고인에 대한 접견교통권의 제한은 법원이 직권으로 하거나 검사의 청구에 대하여 법원의 결정이 있을 것을 요한다. 피의자에 대한 접견교통권의 제한은 수사기관의 결정으로 할 수 있다(제91조, 제200조의6, 제209조).

4. 접견교통권의 침해에 대한 구제

(1) 접견교통권의 침해

접견교통권의 침해란 적법한 절차 없이 접견교통권을 제한하거나 행사하지 못하도록 하는 것, 즉 의류·양식·의약품 등의 수수를 금지하는 경우를 말한다.

판례는 접견불허처분이 없더라도 변호인의 접견신청일로부터 상당한 기간이 경과하였거나,[41] 신체구속을 당한 피고인 또는 피의자가 범하였다고 의심받는 범죄행위에 변호인이 관련되었다는 사정만으로 접견교통을 금지[42]하는 등의 행위는 방어권이나 접견교통권의 행사에 중대한 장애를 초래한 것이므로 접견교통권의 침해가 된다고 판시하고 있다. 그러나 법정 옆 피고인 대기실에서 재판대기 중인 피고인이 공판 20분을 앞두고 호송교도관에게 변호인 접견을 신청하였으나 불허한 것을 두고 피고인의 변호인의 조력을 받을 권리를 침해한 것이라고 보기 어렵다는 판시를 하였다.[43]

(2) 침해에 대한 구제방법

1) 항고·준항고

법원의 접견교통제한결정에 불복이 있는 때에는 보통항고를 할 수 있다(제402조). 검사 또는 사법경찰관이 변호인의 참여 등에 관한 처분에 대하여 불복이 있으면 그 직무집행지의 관할법원 또는 검사의 소속검찰청에 대응한 법원에 그 처분의 취소 또는 변경을 청구할 수 있다(제417조). 교도소 또는 구치소에 의한 접견교통권의 침해에 대하여는 청원·행정심판·행정소송이나 국가에 대한 손해배상청구소송을 제기할 수 있다.

2) 증거능력의 배제

접견교통권을 침해하여 얻은 자백은 자백배제법칙에 의하여 증거능력이 부정되

41) 대법원 1990. 2. 13. 자 89모37 결정.
42) 대법원 2007. 1. 31. 자 2006모657 결정.
43) 헌법재판소 2007. 9. 11. 선고 2007헌마992 결정.

고(제309조), 자백 이외의 증거는 위법수집증거배제법칙에 의하여 증거능력이 부정된다(제308조의2). 다만, 변호인접견 전에 작성되었다는 사정만으로는 검사 작성의 피의자신문조서가 증거능력이 없다고 할 수 없다.[44)]

3) 항소의 이유와 헌법소원

수소법원에 의한 접견교통권의 침해가 판결에 영향을 미친 헌법·법률·명령 또는 규칙의 위반이 있는 때에 해당하면 상소이유가 되며(제361조의5 제1호), 수사기관의 접견교통권의 제한에 대해 준항고의 절차를 밟아 수사기관 등의 접견불허처분을 취소하는 법원의 결정이 있었음에도 불구하고 재차 접견을 불허하는 경우에는 헌법소원이 허용되며,[45)] 준항고의 대상이 될 수 없는 교도소 또는 구치소에 의한 접견교통권의 침해는 당연히 위법한 공권력의 행사로서 헌법소원이 가능하다.

V. 체포·구속적부심사제도

1. 의 의

체포·구속적부심사제도(逮捕·拘束適否審査制度)란 수사기관에 의하여 체포 또는 구속된 피의자에 대하여 법원이 그 체포 또는 구속의 적부심사를 하여 석방하는 제도를 말한다(제214조의2 제1항). 이 제도는 체포·구속영장을 발부한 법원에 다시 그 적부심사를 청구하는 제도이므로 재심절차 또는 항고적 성격을 갖는다고 할 수 있다.

체포·구속적부심사제도는 수사단계에서 체포 또는 구속이 부적법·부당한 경우에 석방시키는 제도이므로, 보증금납입을 조건으로 구속집행의 필요성이 없어짐으로써 수소법원이 구속된 피고인을 석방하는 제도인 보석제도와는 구별된다.

또한 체포·구속적부심사제도는 법원의 결정에 의하여 피의자를 석방시키는 제도이므로, 검사가 구속된 피의자를 석방하는 체포 또는 구속취소와도 구별된다(제93조, 제209조).

체포·구속적부심사제도는 영미법상의 인시보호영장에서 유래한다. 원래 "habeas corpus"란 "구속된 자의 신체를 법원에 제시하라"는 라틴어이며, 구속된 자에 대하여 일시와 장소를 정하여 구속의 적법여부를 심사하여 위법한 구속인 때에는 피구속자

---

44) 대법원 1990. 9. 25. 선고 90도1613 판결.

45) 헌법재판소 1991. 7. 8. 선고 89헌마181 결정.

를 석방하도록 하기 위하여 피구속자의 신체를 제시하라는 법원의 영장을 인신보호영장이라 한다.

우리나라의 체포·구속적부심사제도는 피의자에 대한 체포영장 또는 구속영장의 발부를 요건으로 하여 피의자의 구속은 법관이 발부한 영장에 의하고, 체포 또는 구속의 적부 이외에도 구속계속의 필요성까지도 그 심사의 대상으로 한다는 점에서 독일의 구속심사제도에 유사하다.

따라서 체포·구속적부심사제도는 법관이 발부한 영장에 대한 재심절차 내지 항고적 성격을 지닌다고 할 수 있으며, 동시에 피의자 체포의 경우에는 형식적인 심사에 그친 체포영장의 발부를 법원이 심사하여 규제하는 기능을 하게 된다.

체포·구속적부심사제도는 수사기관에 의하여 불법하게 체포·구속되어 있는 피의자를 구제하기 위한 제도로서, 1995년 적부심사청구의 대상을 구속에서 체포로까지 확대하였으며, 보증금납입조건부 피의자석방제도를 구속적부심과 결합함으로써 체포·구속된 피의자를 구제하기 위한 제도로서 그 의미가 더 크게 되었다.

2007년 개정형사소송법은 다시 체포·구속적부심사의 대상에 영장의 요건을 삭제하여 그 대상을 확대하였으며, 체포·구속적부심사의 청구에 대한 고지절차를 신설하고, 체포·구속적부심사의 심사기한을 청구서 접수 후 48시간 이내로 제한하고, 체포·구속적부심사조서의 작성을 의무화하였다.

2. 체포·구속적부심사제도의 내용

(1) 청구권자

청구권자는 체포 또는 구속된 피의자 또는 그 변호인·법정대리인·배우자·직계친족·형제자매·가족, 동거인 또는 고용주이며(제214조의2 제1항), 피의자를 체포 또는 구속한 검사 또는 사법경찰관은 체포 또는 구속된 피의자와 피의자가 지정하는 자에게 적부심사를 청구할 수 있음을 알려야 한다(동조 제2항).

피의자에 제한되므로 피고인은 체포·구속적부심사를 청구할 수 없다. 다만 체포·구속적부심사를 청구한 피의자에 대하여 검사가 기소를 함으로써 피고인이 된 경우에는 예외적으로 피고인의 지위에 있더라도 청구권자의 지위를 유지하도록 하였다(동조 제5항 후단).

수사기관에 의해 체포·구속된 피의자라면 합법적이든 불법적이든 모두 청구권자에 해당하지만, 사인에 의해 불법구속된 자도 포함된다는 소수 견해도 있다. 그러나 이것은 형사소송의 문제가 아니므로 여기에 해당하지 않는다고 보는 통설의 견해가 타당하다.[46)]

헌법에는 누구든지 체포·구금을 당한 때에는 적부의 심사를 법원에 청구할 권리를 가진다고 규정하고 있다(헌법 제12조 제6항).

(2) 청구사유

청구사유는 체포 또는 구속의 적부이다. 여기서 체포·구속의 적부란 체포·구속의 불법뿐만 아니라 부당한 경우, 즉 계속구속의 필요성에 대한 판단도 포함된다고 하겠다.

체포·구속이 불법한 경우로는 재구속의 제한에 위반하여 구속영장이 발부된 경우나, 체포된 자에 대하여 구속영장청구기간이 경과한 후에 구속영장이 청구되어 발부된 경우와 같이 영장발부가 위법한 경우뿐만 아니라, 구속사유가 없음에도 불구하고 구속영장이 발부된 경우나 경미사건으로서 주거가 일정한 피의자에게 구속영장이 발부된 경우와 같이 구속의 필요성에 대한 판단이 잘못된 경우도 포함된다.

특히 피의자에 대한 보석은 체포·구속적부심사를 청구한 때에만 인정되므로 피의자는 적부심사를 청구하여야만 부당한 구속으로부터 구제받을 수 있다. 따라서 피해배상, 합의, 고소취소 등과 같은 사정변경이 있는 경우가 주로 문제가 되지만, 특별한 사정변경이 없더라도 피의자에 대한 계속구속의 필요성에 대한 판단은 법원의 심사시가 되어야 한다.

(3) 청구방법

청구는 관할법원에 서면에 의하여 하여야 하며, 체포·구속적부심사청구서에는 체포·구속된 피의자의 성명·주민등록번호 등·주거, 체포·구속된 일자, 청구의 취지와 이유, 청구인의 성명과 체포·구속된 피의자와의 관계를 기재하여야 한다(규칙 제102조). 피의자를 체포·구속한 검사 또는 사법경찰관은 피의자와 적부심사 청구권자 중 피의자가 지정하는 자에게 적부심사를 청구할 수 있음을 알려야 한다(제214조의2 제2항).

46) 이재상/조균석, 288면.

3. 법원의 심사

(1) 심사법원

체포·구속적부심사청구사건은 지방법원 합의부 또는 단독판사가 심사한다. 체포·구속영장을 발부한 법관은 관여하지 못한다. 이는 법관의 예단을 배제하려는 취지이다. 다만 체포영장 또는 구속영장을 발부한 법관 외에는 심문·조사·결정을 할 판사가 없는 경우에는 그러하지 아니하다(제214조의2 제12항).

(2) 심문기일의 통지

체포·구속적부심사의 청구를 받은 법원은 청구서가 접수된 때부터 48시간 이내에 체포 또는 구속된 피의자를 심문하여야 한다(제214조의2 제4항).

다만, ① 청구권자가 아닌 자가 청구하거나 동일한 체포영장 또는 구속영장의 발부에 대하여 재청구한 때, ② 공범 또는 공동피의자의 순차청구가 수사방해의 목적임이 명백한 때에는 심문 없이 결정으로 청구를 기각할 수 있다(동조 제3항).

체포 또는 구속의 적부심사의 청구를 받은 법원은 지체 없이 청구인·변호인·검사 및 피의자를 구금하고 있는 관서의 장에게 심문기일과 장소를 통지하여야 하며(규칙 제104조 제1항), 급속을 요하는 경우에는 이 통지는 서면 외에 전화·모사전송·전자우편·휴대전화 문자전송, 그 밖에 적당한 방법으로 할 수 있다(규칙 동조 제3항).

(3) 법원의 심사

법원은 심문기일에 피의자를 심문하고 수사관계서류와 증거물을 조사한다(제214조의2 제4항). 이 사건을 수사 중인 검사 또는 사법경찰관은 수사관계서류와 증거물을 심문기일까지 법원에 제출하여야 하고, 피의자를 구금하고 있는 관서의 장은 피의자를 출석시켜야 한다(규칙 제104조 제2항).

검사·변호인·청구인은 심문기일에 출석하여 법원의 심문이 끝난 후에 의견을 진술할 수 있고, 다만, 필요한 경우에는 심문 도중에도 판사의 허가를 얻어 의견을 진술할 수 있다(규칙 제105조 제1항). 또한 체포 또는 구속된 피의자, 변호인, 청구인은 피의자에게 유리한 자료를 낼 수 있다(동조 제3항).

체포·구속적부심사를 청구한 피의자에게 변호인이 없는 때에는 형사소송법 제33조의 규정을 준용하여 법원은 국선변호인을 선정하여야 한다(제214조의2 제10항). 또한 법원이 피의자를 심문하는 경우에는 공범의 분리심문 기타 수사상의 비밀보호를 위한 적절한 조치를 취하여야 한다(동조 제11항).

체포·구속영장을 발부한 법관은 심문·조사·결정에 관여하지 못한다. 다만, 체포영장 또는 구속영장을 발부한 법관 외에는 심문·조사·결정을 할 판사가 없는 경우에는 그러하지 아니하다(동조 제12항).

(4) 체포·구속적부심사조서의 작성

심문기일에 피의자를 심문하는 경우에는 법원사무관등은 심문요지 등을 조서로 작성하여야 한다(제214조의2 제14항, 제201조의2 제6항).

4. 법원의 결정

법원은 체포 또는 구속된 피의자에 대한 심문이 종료된 때로부터 24시간 이내에 체포·구속적부심사청구에 대한 결정을 하여야 한다(규칙 제106조). 이때에는 법원이 수사관계서류와 증거물을 접수한 때부터 결정 후 검찰청에 반환된 때까지의 기간은 체포 또는 구속기간에 산입되지 않는다(제214조의2 제13항). 이는 체포·구속적부심사의 청구로 인하여 수사에 지장을 초래하는 것을 방지하고 검사에 의한 전격기소를 예방하기 위한 것이다.

체포·구속적부심사청구에 대한 법원의 결정에는 기각결정과 석방결정 및 보증금납입조건부석방결정이 있다.

(1) 기각결정

법원의 심사결과 청구가 이유 없다고 인정한 때에는 결정으로 그 청구를 기각하여야 한다(제214조의2 제4항). 그리고 ① 청구권자 아닌 자가 청구하거나 동일한 체포영장 또는 구속영장의 발부에 대하여 재청구한 때, 또는 ② 공범 또는 공동피의자의 순차청구가 수사방해의 목적임이 명백한 때에는 심문 없이 결정으로 청구를 기각할 수 있다(동조 제3항). 기각결정에 대하여는 항고하지 못한다(동조 제8항).

(2) 석방결정

법원은 청구가 이유 있다고 인정한 때에는 결정으로 체포 또는 구속된 피의자의 석방을 명하여야 한다(동조 제4항). 석방결정은 그 결정서의 등본이 검찰청에 송달된 때에 효력을 발생한다(제42조). 석방결정에 대하여도 항고하지 못한다(제214조의2 제8항).

법원의 석방결정에 의하여 석방된 피의자는 도망하거나 죄증을 인멸하는 경우를 제외하고는 동일한 범죄사실에 대하여 재차 체포 또는 구속을 하지 못한다(제214조의 3 제1항). 그러나 도망하거나 죄증을 인멸하는 경우에는 재차 체포 또는 구속을 할 수 있다.

(3) 보증금납입조건부 피의자석방제도(피의자 보석, 기소 전 보석)

1) 의　　의

피의자에 대하여 보증금 납입을 조건으로 구속의 집행을 정지하는 제도를 보증금납입조건부 피의자석방제도라 한다. 형사소송법은 구속적부심사를 청구한 피의자를 피의자의 출석을 보증할 만한 보증금납입을 조건으로 하여 결정으로 석방을 명할 수 있도록 하였다(제214조의2 제5항). 이때에는 법원의 직권에 의한 직권보석이고 재량보석이며, 피의자에게 보석청구권이 인정되는 것은 아니다.

2) 보증금납입조건부 피의자석방제도의 내용

가. 법원의 보증금납입조건부 피의자석방의 결정　　보증금납입조건부 피의자석방제도는 피의자에게 보석청구가 허용되는 것은 아니며, 법원이 직권적, 재량적으로 보석결정을 할 수 있을 뿐이다. 그 대상도 구속된 피의자(심사청구 후 피의자에 대하여 공소제기 된 자를 포함함)에게만 해당하며 체포된 피의자에게는 허용되지 않는다고 하겠다.

나. 피의자석방의 제외사유　　구속된 피의자에 대하여 법원이 직권적으로 보증금납입조건부로 석방결정을 할 수 있지만 다음과 같은 사유의 어느 하나에 해당하는 경우에는 그러하지 아니한다. 즉 죄증을 인멸할 염려가 있다고 믿을 만한 충분한 이유가 있는 때, 피해자, 당해 사건의 재판에 필요한 사실을 알고 있다고 인정되는 자 또는 그 친족의 생명·신체나 재산에 해를 가하거나 가할 염려가 있다고 믿을 만한 충분한 이유가 있는 때에는 석방을 명할 수 없다(제214조의2 제5항 단서).

다. 보증금과 조건　　보증금납입을 조건으로 하여 석방결정을 하며, 석방결정을 하는 경우에는 주거의 제한, 법원 또는 검사가 지정하는 일시·장소에 출석할 의무 기타 적당한 조건을 부가할 수 있다(제214조의2 제6항).

라. 재체포·재구속의 제한　　보증금납입을 조건으로 석방된 피의자가 도망하거나, 도망이나 죄증인멸의 염려가 있다고 믿을만한 충분한 이유가 있는 때, 출석요구를 받고 정당한 이유 없이 출석하지 아니한 때, 주거의 제한 기타 법원이 정한 조건에 위반한 때의 어느 하나에 해당하는 사유가 있는 경우를 제외하고는 동일한 범죄사

실에 관하여 피의자를 재차 체포 또는 구속하지 못한다(제214조의3 제2항).

3) 보증금의 몰수

가. 임의적 몰수 법원은 보증금납입을 조건으로 석방된 피의자를 재체포·재구속 제한의 예외사유에 해당하여 재차 구속할 때, 보증금납입을 조건으로 석방된 피의자에 대하여 공소가 제기된 후 법원이 동일한 범죄사실에 관하여 피고인을 재차 구속할 때에는 납입된 보증금의 전부 또는 일부를 몰수할 수 있다(제214조의4 제1항).

나. 필요적 몰수 법원은 보증금납입을 조건으로 석방된 피의자가 동일한 범죄사실에 관하여 형의 선고를 받고 그 판결이 확정된 후, 집행하기 위한 소환을 받고 정당한 이유없이 출석하지 아니하거나 도망한 때에는 직권 또는 검사의 청구에 의하여 결정으로 보증금의 전부 또는 일부를 몰수하여야 한다(제214조의4 제2항).

Ⅵ. 보석제도

1. 보석의 의의

(1) 보석의 개념

보석(保釋)이란 일정한 보증금을 납부하거나 기타의 조건으로 구속의 집행을 정지하는 제도이다. 개정 전 형사소송법에서는 피고인만을 대상으로 하였으나, 개정 형사소송법은 피의자에 대한 보석도 규정하고 있다는 점에 주의를 요한다. 피의자에 대한 보석을 특히 '보증금납입조건부 석방결정'이라고 부르기도 한다. 구속의 집행만을 정지하는 제도라는 점에서 광의의 구속집행정지에 속한다고 할 수 있다.

그러나 보석은 보증금의 납부를 조건으로 한다는 점에서 일반적인 구속의 집행정지와는 구별된다. 또한 구속영장의 효력에는 영향을 미치지 않는다는 점에서 구속의 취소와도 구별된다.

(2) 보석의 제도적 의의

이러한 보석은 보증금의 납부로 구속의 실제적 효과를 담보할 수 있다면 가능한 한 피의자 및 피고인에게 자유를 주는 것이 무죄추정의 원칙상 당연하다는 관점에서 인정되는 제도이다. 무죄추정의 원리를 실현하게 하고 당사자주의 이념을 실현하기 위한 제도라 할 수 있다.

미결구금유지에 따르는 비용을 줄일 수 있고, 형사정책상 잡거구금의 폐해를 방지하는 데 기여한다고 할 수 있다.

이하에서는 피고인의 보석을 중심으로 보석제도의 전반적 내용을 살펴보기로 한다.

2. 보석의 종류

보석은 보석청구유무에 따라 청구보석과 직권보석으로 나눌 수 있다. 전자는 보석청구에 의하여 법원이 보석결정을 하는 경우이고, 후자는 법원이 직권적으로 보석결정을 하는 것을 말한다. 또한 보석은 보석결정에 대한 법원의 재량유무에 따라 필요적 보석(권리보석)과 임의적 보석(재량보석)이 있다. 전자는 보석청구가 있으면 법원이 반드시 보석허가를 해야 함에 반하여, 후자는 그 허가 여부가 법원의 재량에 속하는 경우이다.

필요적 보석은 청구보석에 대하여만 인정되고, 임의적 보석은 청구보석과 직권보석이 모두 인정된다.

우리 형사소송법은 필요적 보석을 원칙으로 하고 임의적 보석을 보충적으로 인정하고 있다.

(1) 필요적 보석

1) 필요적 보석의 원칙

보석의 청구가 있는 때에는 제외사유가 없는 한 원칙적으로 보석을 허가해야 하는바(제95조), 이를 필요적 보석이라고 한다. 이렇게 볼 때 우리 형사소송법은 필요적 보석을 원칙으로 한다. 그러나 필요적 보석의 제외사유가 지나치게 광범위하게 규정되어 있기 때문에 실무상으로는 임의적 보석이 원칙인 것처럼 운영되고 있다는 점은 문제다.

형사소송법이 규정하고 있는 필요적 보석의 제외사유는 다음의 표와 같다(제95조).

《필요적 보석의 제외사유》

① 피고인이 사형, 무기 또는 장기 10년이 넘는 징역이나 금고에 해당되는 죄를 범한 때
② 피고인이 누범에 해당하거나 상습범인 죄를 범한 때
③ 피고인이 죄증을 인멸하거나 인멸할 우려가 있다고 믿을만한 충분한 이유가 있는 때
④ 피고인이 도망하거나 도망할 염려가 있다고 믿을 만한 충분한 이유가 있는 때

> ⑤ 피고인의 주거가 분명하지 아니한 때
> ⑥ 피고인이 피해자, 당해 사건의 재판에 필요한 사실을 알고 있다고 인정되는 자 또는 그 친족의 생명, 신체나 재산에 해를 가하거나 가할 염려가 있다고 믿을 만한 충분한 이유가 있는 때

2) 제외사유의 판단과 여죄의 고려여부

구속영장에 기재된 범죄사실만을 기준으로 판단할 것인가 또는 여죄를 고려할 수 있는가가 문제된다.

이에 대하여는 여죄를 고려할 수 없다는 **소극설**, 구속은 피고인에 대한 것이므로 고려해야 한다는 **적극설**, 병합심리 중인 때에는 여죄도 고려할 수 있다는 **절충설**, 형사소송법 제95조 제1호·제2호·제4호의 사유에는 여죄를 고려할 수 있으나 제3호의 경우에는 고려할 수 없다는 **중간설**이 대립되고 있다.

생각건대 구속영장은 인(人)단위가 아니라 사건을 단위로 하는 것이므로 소극설이 타당하다.[47)]

(2) 임의적 보석

필요적 보석의 제외사유가 있는 때에도 법원은 상당한 이유가 있는 때에는 직권 또는 보석청구권자의 청구에 의하여 결정으로 보석을 허가할 수 있다(제96조). 이 규정의 의미를 직권보석에 관한 규정이라고 해석하는 견해가 있으며, 직권보석과 임의적 보석의 양자를 규정한 것이라고 이해하는 견해도 있다. 그러나 제96조는 직권보석 이외에 청구보석을 포함하고 있고 양자는 모두 임의적 보석에 해당하므로 이 규정은 임의적 보석에 관한 규정이라고 해야 함이 타당하다.[48)] 여기에 해당하는 대표적인 예로 피고인의 건강을 이유로 보석을 허가는 '병보석' 등을 들 수 있다.

3. 보석의 절차

(1) 보석의 청구

1) 청구권자

피고인, 변호인, 법정대리인, 배우자, 직계친족, 형제자매, 가족, 동거인 또는 고

---

47) 이재상/조균석, 301면.

48) 배종대/이상돈/정승환/이주원, §15/53; 신현주, 332면; 이재상/조균석, 301면; 정영석/이형국, 206면.

용주가 청구권자이다(제94조). 여기서 피고인 이외의 자는 독립대리인이라는 점에 주의를 요한다.

2) 청구의 방법

보석의 청구는 서면에 의하여 한다(규칙 제53조 제1항). 보석청구는 공소제기 후 재판의 확정 전까지 심급을 불문하고 할 수 있으며, 아울러 보석청구는 보석허가결정이 있기 전까지는 철회할 수 있다.

(2) 보석과 검사의 의견

재판장은 보석에 관한 결정을 하기 전에 검사의 의견을 물어야 한다(제97조 제1항). 구속의 취소에 관한 결정을 함에 있어서도 검사의 청구에 의하거나 급속을 요하는 경우 외에는 검사의 의견을 물어야 한다(동조 제2항). 검사는 제1항 및 제2항에 따른 의견요청에 대하여 지체 없이 의견을 표명하여야 하며(동조 제3항), 구속을 취소하는 결정에 대하여는 검사는 즉시항고할 수 있다(동조 제4항). 아울러 검사의 의견을 물을 때에는 청구서의 부본을 첨부하여야 한다.

(3) 법원의 심문과 결정

보석의 청구를 받은 법원은 지체 없이 심문기일을 정하여 구속된 피고인을 심문하여야 하고(규칙 제54조의2), 법원은 특별한 사정이 없는 한 보석을 청구받은 날부터 7일 이내에 보석의 허가여부를 결정하여야 한다(규칙 제55조). 이때 보석청구가 부적법하거나 이유 없다고 판단되면 보석청구를 기각해야 한다. 다만 필요적 보석의 경우에는 제외사유에 해당하지 않는 한 보석청구를 기각할 수 없다. 이 경우에 법원이 보석을 허가하지 아니하는 결정을 하는 때에는 결정이유에 제외사유를 명시해야 한다(규칙 제55조의2).

법원이 보석을 허가할 경우에는 필요하고 상당한 범위 내에서 피고인의 출석을 담보할 조건 중 하나 이상의 조건을 정해야 한다(제98조).

1) 보석의 조건

법원이 보석을 허가함에 있어서 피고인의 출석을 담보하기 위한 조건을 부가할 수 있는데(제98조), 2007년 개정 형사소송법에서는 보석의 조건을 다양화하여 경제적 무력자 등 사회적 약자에게도 보석의 기회를 확대하였다. 보석의 조건을 유형별로 살펴보면 다음의 표와 같다.

《 보석의 조건 》

① 법원이 지정하는 일시·장소에 출석하고 증거를 인멸하지 아니하겠다는 서약서를 제출할 것
② 법원이 정하는 보증금 상당의 금액을 납입할 것을 약속하는 약정서를 제출할 것
③ 법원이 지정하는 장소로 주거를 제한하고 이를 변경할 필요가 있는 경우에는 법원의 허가를 받는 등 도주를 방지하기 위하여 행하는 조치를 수인할 것
④ 피해자, 당해 사건의 재판에 필요한 사실을 알고 있다고 인정되는 자 또는 그 친족의 생명·신체·재산에 해를 가하는 행위를 하지 아니하고 주거·직장 등 그 주변에 접근하지 아니할 것
⑤ 피고인 외의 자가 작성한 출석보증서를 제출할 것
⑥ 법원의 허가 없이 외국으로 출국하지 아니할 것을 서약할 것
⑦ 법원이 지정하는 방법으로 피해자의 권리회복에 필요한 금원을 공탁하거나 그에 상당한 담보를 제공할 것
⑧ 피고인 또는 법원이 지정하는 자가 보증금을 납입하거나 담보를 제공할 것
⑨ 그 밖에 피고인의 출석을 보증하기 위하여 법원이 정하는 적당한 조건을 이행할 것

2) 보석조건의 결정기준

법원은 보석의 조건을 정함에 있어서 범죄의 성질 및 죄상, 증거의 증명력, 피고인의 전과·성격·환경 및 자산, 피해자에 대한 배상 등 범행 후의 정황에 관련된 사항을 고려하여야 한다(제99조 제1항). 다만 법원은 피고인의 자력 또는 자산정도로는 이행할 수 없는 조건을 정할 수 없다(동조 제2항). 법원은 피고인, 변호인 또는 보석청구인에게 보석조건을 결정함에 있어 필요한 자료의 제출을 요구할 수 있다(규칙 제54조의2 제6항).

3) 보석조건의 변경

법원은 직권 또는 보석청구권자의 신청에 따라 결정을 피고인의 보석조건을 변경하거나 일정기간 동안 당해 조건의 이행을 유예할 수 있다(제102조 제1항). 보석조건 결정 이후의 사정변경을 고려한 것이다. 법원은 보석을 허가한 후에 보석 조건을 변경하거나 보석조건의 이행을 유예하는 결정을 한 경우에는 그 취지를 검사에게 지체 없이 통지하여야 한다(규칙 제55조의4).

(4) 보석허가결정에 대한 항고

보석허가결정에 대하여 검사는 즉시항고를 할 수 없다(제97조 제4항 참조). 종래에는 즉시항고를 허용하였으나 헌법재판소가 영장주의, 적법절차의 원칙 및 과잉금지 원칙에 반한다는 이유로 위헌결정을 함으로써 형사소송법이 개정되었다.[49] 그러나 검사가 형사소송법 제403조 제2항에 의하여 보통항고의 방법으로 보석허가결정에 대하여 불복하는 것은 허용된다고 하겠다.

(5) 보석의 집행

보석허가결정은 서약서, 보증금납입약정서, 출석보증서, 공탁 및 담보제공, 보증금납입의 조건은 이를 이행한 후가 아니면 보석허가결정을 집행하지 못하며, 법원이 필요하다고 인정하는 때에는 다른 조건에 관하여도 그 이행 이후 보석허가결정을 집행할 수 있도록 정할 수 있다(제100조 제1항). 보증금은 검사에게 납부해야 하며, 보석의 집행도 검사가 집행한다. 법원은 보석청구자 이외의 자에게 보증금납입을 허가할 수 있다(동조 제2항).

보증금은 현금납부가 원칙이나, 법원은 유가증권 또는 피고인 이외의 자가 제출한 보증서로 보증금에 갈음함을 허가할 수 있고(동조 제3항), 보증서에는 보증금액을 언제든지 납입할 것을 기재하여야 하며(동조 제4항), 법원은 보석허가결정에 따라 석방된 피고인이 보석조건을 준수하는데 필요한 범위 안에서 관공서나 그 밖의 공사단체에 대하여 적절한 조치를 취할 것을 요구할 수 있다(동조 제5항).

4. 보석의 취소와 실효와 보증금의 몰수·환부

(1) 보석의 취소와 실효

1) 보석의 취소

법원은 피고인이 도망 또는 도망의 염려가 있거나, 죄증을 인멸할 염려가 있다고 믿을 만한 충분한 이유가 있는 때, 소환을 받고 정당한 사유 없이 출석하지 아니하거나, 피해자, 당해 사건의 재판에 필요한 사실을 알고 있다고 인정되는 자 또는 그 친족의 생명·신체·재산에 해를 가하거나 가할 염려가 있다고 믿을 만한 충분한 이유가 있는 때, 그리고 법원이 정한 조건을 위반한 때에 해당하는 경우에는 직권 또는 검사의 청구에 따라 결정으로 보석 또는 구속의 집행정지를 취소할 수 있다. 다만, 헌법

49) 헌법재판소 1993. 12. 23. 선고 93헌가2 결정.

제44조에 의하여 구속된 국회의원에 대한 석방요구에 따른 구속영장의 집행정지는 그 회기 중 취소하지 못한다(제102조 제2항). 법원은 피고인이 정당한 사유 없이 보석조건을 위반한 경우에는 1천만원 이하의 과태료를 부과하거나 20일 이내의 감치에 처한다는 결정을 할 수 있으며, 이 결정에 대해서는 즉시항고를 할 수 있다(동조 제3항·제4항).

보석취소결정이나 검사의 보석취소청구에 대한 기각결정에 대해서는 피고인과 검사가 각각 보통항고를 할 수 있다(제403조 제2항).

2) 보석 등의 취소에 의한 재구금절차

보석취소결정에 따른 보석취소 또는 구속집행정지취소의 결정이 있는 때 또는 기간을 정한 구속집행정지결정의 기간이 만료된 때에는 검사는 그 취소결정의 등본 또는 기간을 정한 구속집행정지결정의 등본에 의하여 피고인을 재구금하여야 한다. 다만, 급속을 요하는 경우에는 재판장, 수명법관 또는 수탁판사가 재구금을 지휘할 수 있으며(규칙 제56조 제1항), 법원사무관등에게 그 집행을 명할 수 있다. 이 경우에 법원사무관등은 그 집행에 관하여 필요한 때에는 사법경찰관리 또는 교도관에게 보조를 요구할 수 있으며 관할구역 외에서도 집행할 수 있다(동조 제2항).

3) 보석의 실효

보석은 구속영장의 효력이 소멸하거나 보석이 취소된 경우에는 그 효력을 상실한다(제104조의2 제1항·제2항). 다만 보석의 조건 중 피고인 또는 법원이 지정하는 자가 보증금을 납입하거나 담보를 제공한 것은 예외로 한다(동조 제2항 단서).

무죄, 면소, 형의 면제, 형의 선고유예, 형의 집행유예, 공소기각 또는 벌금이나 과료를 과하는 판결이 선고되는 경우(제331조)뿐만 아니라 사형·자유형의 판결이 확정되는 경우에도 구속영장이 실효되므로 보석도 그 효력을 잃는다. 그러나 보석중의 피고인에 대하여 제1심이나 제2심에서 실형이 선고되었을지라도 아직 판결이 확정되지 않은 경우에는 보석이 취소되지 않는 한 보석의 효력은 계속된다.[50)]

(2) 보증금의 몰취와 환부

1) 보증금의 몰취

법원은 보석을 취소하는 때에는 직권 또는 검사의 청구에 따라 결정으로 보증금 또는 담보의 전부 또는 일부를 몰취할 수 있는데(제103조 제1항), 이를 임의적 몰취라

50) 이재상/조균석, 307면; 신양균, 696면.

고 한다. 이 경우 몰취 여부는 법원의 재량에 속하며, 보증금몰취결정을 보석취소결정 후에 별도로 할 수 있다는 명문의 규정이 없으므로 보증금몰취결정은 보석취소결정과 동시에 행해야 한다.[51] 또한 법원은 보증금의 납입 또는 담보제공을 조건으로 석방된 피고인이 동일한 범죄사실에 관하여 형의 선고를 받고 그 판결이 확정된 후 집행하기 위한 소환을 받고 정당한 사유 없이 출석하지 아니하거나 도망한 때에는 직권 또는 검사의 청구에 따라 결정으로 보증금 또는 담보의 전부 또는 일부를 몰취하여야 하는데(동조 제2항), 이를 필요적 몰취라고 한다.

2) 보증금의 환부

구속 또는 보석을 취소하거나 구속영장의 효력이 소멸된 때에는 몰취하지 아니한 보증금 또는 담보를 청구한 날로부터 7일 이내에 환부하여야 한다(제104조). 구속취소나 구속영장실효의 경우에는 보증금 전부를 환부해야 하지만, 보석취소시 보증금몰취결정이 없으면 보증금 전부를, 일부몰취결정이 있으면 나머지를 환부해야 한다.

Ⅶ. 구속의 집행정지와 실효

1. 구속의 집행정지

(1) 의 의

법원은 상당한 이유가 있는 때에는 결정으로 구속된 피고인을 친족·보호단체 기타 적당한 자에게 부탁하거나 피고인의 주거를 제한하여 구속의 집행을 정지할 수 있다(제101조 제1항). 구속된 피의자의 경우에는 검사 또는 사법경찰관이 구속의 집행을 정지할 수 있지만(제209조), 사법경찰관은 검사의 지휘를 받아야 한다.[52]

구속의 집행정지는 구속의 집행만이 정지될 뿐이며 구속영장의 효력에는 영향이 없고, 피고인뿐만 아니라 피의자에 대하여도 인정된다는 점과 보증금을 조건으로 하지 않고 직권에 의하여 행하여진다는 점에서 보석과 구별된다.

(2) 구속집행정지의 절차

법원이 피고인에 대한 구속의 집행정지결정을 함에는 검사의 의견을 물어야 한

---

51) 판례는 보석취소결정 후에도 보증금의 몰취결정이 가능하다는 입장이다(대법원 2001. 5. 29. 자 2000모22 전원합의체 결정).

52) 자유형이 확정된 수형자에 대하여 집행을 정지하는 형 집행정지와 구별된다.

다. 단, 급속을 요하는 경우에는 그러하지 아니하다(제101조 제2항). 검사는 법원으로부터 보석, 구속취소 또는 구속집행정지에 관한 의견요청이 있을 때에는 의견서와 소송서류 및 증거물을 지체 없이 법원에 제출하여야 하는데, 특별한 사정이 없는 한 의견요청을 받은 날의 다음날까지 제출하여야 한다(규칙 제54조 제1항).

검사는 법원의 구속집행정지결정에 대하여 보통항고의 방법으로만 불복할 수 있다.[53]

헌법 제44조에 의하여 구속된 국회의원에 대한 석방요구가 있으면 당연히 구속영장의 집행이 정지되며(제101조 제4항), 석방요구의 통고를 받은 검찰총장은 즉시 석방을 지휘하고 그 사유를 수소법원에 통지하여야 한다(동조 제5항).

(3) 구속집행정지의 취소

법원은 보석취소사유와 동일한 사유가 있는 경우에는 직권 또는 검사의 청구에 따라 결정으로 보석 또는 구속의 집행정지를 취소할 수 있다. 다만, 헌법 제44조에 의하여 구속된 국회의원에 대한 석방요구에 따른 구속영장의 집행정지는 그 회기 중 취소하지 못한다(제102조 제2항). 구속된 피의자의 경우에는 검사 또는 사법경찰관이 구속의 집행을 취소할 수 있지만(제209조), 구속집행정지의 취소결정이 있으면 구속영장의 효력이 발생한다.

구속집행정지취소의 결정이 있는 때 또는 기간을 정한 구속집행정지결정의 기간이 만료된 때에는 검사는 그 취소결정의 등본 또는 기간을 정한 구속집행정지결정의 등본에 의하여 피고인을 재구금하여야 한다. 다만, 급속을 요하는 경우에는 재판장, 수명법관 또는 수탁판사가 재구금을 지휘할 수 있다(규칙 제56조 제1항).

2. 구속의 실효

구속의 실효에는 구속의 취소와 구속의 당연실효가 있다.

(1) 구속의 취소

법원은 구속의 사유가 없거나 소멸된 때에는 직권 또는 검사·피고인·변호인과 변호인 선임권자의 청구에 의하여 결정으로 구속을 취소하여야 한다(제93조). 피의자

53) 법원의 구속집행정지결정에 대하여 검사가 즉시항고할 수 있도록 한 형사소송법(1973. 1. 25. 법률 제2450호로 개정된 것) 제101조 제3항은 헌법상 영장주의 및 적법절차원칙과 과잉금지원칙에 위배되어 위헌이라고 결정하였고, 2015. 7. 31. 해당 조항은 삭제되었다(헌법재판소 2012. 6. 27. 선고 2011헌가36 결정).

의 경우에는 검사 또는 사법경찰관의 결정으로 구속을 취소하여야 한다(제209조).

구속취소의 사유는 구속의 사유가 없거나 소멸한 때이며, 구속사유가 없는 때란 구속사유가 처음부터 존재하지 않았던 것이 판명된 경우를 말하며, 구속사유가 소멸된 때란 존재하던 구속사유가 사후에 소멸한 경우를 말하는 것이다.

법원이 구속의 취소에 관한 결정을 함에 있어서도 검사의 청구에 의하거나 급속을 요하는 경우 외에는 검사의 의견을 물어야 한다(제97조 제2항). 검사는 법원의 구속취소결정에 대한 의견요청에 대하여 지체 없이 의견을 표명하여야 하며(동조 제3항), 구속을 취소하는 결정에 대하여 검사는 즉시항고를 할 수 있다(동조 제4항). 구속취소결정이 있으면 구속영장의 효력은 소멸하게 된다.

(2) 구속의 당연실효

1) 구속기간의 만료

구속기간이 만료되면 구속영장의 효력은 당연히 상실되기 때문에 구속된 피고인을 곧바로 석방해야 한다.[54] 그러나 판례는 구속기간이 만료되더라도 구속영장의 효력이 당연히 상실되는 것은 아니라고 판시하고 있다.[55]

2) 구속영장의 실효

무죄, 면소, 형의 면제, 형의 선고유예, 형의 집행유예, 공소기각 또는 벌금이나 과료를 과하는 판결이 선고되는 경우에는 구속영장은 효력을 잃는다(제331조). 이러한 판결에는 구속취소의 결정이 당연히 포함되어 있기 때문에[56] 피고인은 검사의 석방지휘 등의 절차 없이 판결이 선고된 그 자리에서 바로 석방되어야 한다.[57]

3) 사형·자유형의 확정

사형 또는 자유형의 판결이 확정되면 구속영장은 효력을 상실한다. 자유형이 확정되면 그 날로부터 형의 집행이 시작되고 사형선고를 받은 자는 집행이 있을 때까지 구치소에 수감된다.

---

54) 신동운, 1067면; 신양균, 685면.

55) 대법원 1964. 11. 17. 선고 64도428 판결.

56) 헌법재판소 1992. 12. 24. 선고 92헌가8 결정 참조.

57) 신동운, 1067면.

제 2 절 압수·수색·검증

Ⅰ. 대물적 강제처분

1. 대물적 강제처분의 의의

증거물이나 몰수물의 수집과 보전을 목적으로 하는 강제처분으로 그 직접적 대상이 물건이라는 점에서 대인적 강제처분과 구별된다. 이에는 압수·수색·검증이 있다.

법원이 행하는 검증은 증거조사의 일종이지만, 수사기관이 행하는 검증은 강제처분에 해당한다. 대물적 강제처분은 그 주체에 따라 법원이 증거수집을 위하여 행하는 경우와 수사기관이 수사의 목적으로 행하는 경우가 있다. 수사기관의 대물적 강제처분을 대물적 강제수사라 한다. 수사기관의 강제수사에 대하여도 법원이 행하는 압수·수색·검증에 관한 규정이 준용된다(제219조).

2. 대물적 강제처분의 요건

(1) 영장주의의 원칙

압수·수색·검증도 강제처분이므로 원칙적으로 영장주의가 적용된다. 다만 법원이 공판정에서 행하는 압수에는 영장을 요하지 않는다. 그러나 법원이 공판정 외에서 압수·수색을 함에는 영장을 발부하여야 한다(제133조).

(2) 강제처분의 필요성

대물적 강제처분은 증거수집과 범죄수사를 위하여 필요한 때에만 인정될 수 있다. 여기서 필요성의 의미는 단순히 압수·수색·검증이 필요하다는 것뿐만 아니라, 강제처분에 의하여야 할 필요성까지 포함하는 개념으로 압수·수색의 대상물과 범죄사실과 관련성이 있음을 의미한다. 법치국가원리상 비례성의 원칙은 압수·수색을 하지 않고서는 그 목적을 달성하기 어려우며 목적달성을 위하여는 필요최소한도의 범위에 그쳐야 하는 것으로 대물적 강제처분의 경우에도 당연히 적용되어야 한다.

2011년 개정 형사소송법은 압수·수색의 요건으로 필요성 이외에 사건과의 관련성을 요건으로 명시하였는데, 여기에 대해 사건의 관련성과 필요성은 서로 구분되는 별개의 요건이라는 견해와[58] 사건과의 관련성은 필요성의 한 내용에 지나지 않는다고 보는 견해[59]가 대립하고 있다.

(3) 범죄의 혐의

압수·수색·검증을 함에 있어서도 범죄혐의가 있어야 하는데, 그 정도에 대하여는 견해의 대립이 있다. 이와 관련하여 대물적 강제처분에도 상당한 범죄혐의가 있어야 한다는 견해가 있으나(상당혐의설), 대물적 강제처분에 있어서는 구속과 같은 대인적 강제처분에서와 같이 범죄혐의의 상당성이 아니라 수사를 개시할 정도의 범죄혐의, 즉 최초의 혐의 또는 단순한 범죄혐의로 족하다고 하는 견해(최초혐의설)[60]가 대립하고 있다. 생각건대 피의자가 확정되지 않은 상태에서 증거방법의 존부나 사용여부가 확실하지 않은 때에도 압수·수색의 필요성이 인정되는 경우가 많기 때문에 최초혐의설이 타당하다. 판례도 최초혐의설의 태도를 취하고 있다.[61]

II. 압수와 수색

1. 압수·수색의 의의

압수란 물건의 점유를 취득하는 강제처분을 말한다. 즉 강제로 증거물이나 몰수물을 점유하는 것을 말한다. 이에는 압류(押留)와 영치(領置) 및 제출명령(提出命令)이 있다.

압류란 점유취득과정에 강제력이 행해지는 경우이고, 영치란 유류물과 임의제출물을 점유하는 것을 말하며, 일정한 물건의 제출을 명하는 것을 제출명령이라 한다. 여기서 증거물을 압수하는 것은 절차확보(Verfahrungssicherung)를 위한 것임에 반하여 몰수물을 압수하는 것은 판결확보(Urteilungssicherung)를 위한 것이라 할 수 있다.

수색이란 압수할 물건 또는 체포할 사람을 발견할 목적으로 주거·물건·사람의 신체 또는 일정한 장소에 대하여 행하는 강제처분을 말한다. 대부분 압수와 수색은 함께 행해지는 것이 보통이다. 실무상으로도 압수와 수색에 관한 영장은 압수·수색

58) 신동운, 417면; 정웅석/백승민, 204면.
59) 이재상/조균석, 315면; 손동권/신이철, 295면.
60) 배종대/이상돈/정승환/이주원, §16/6; 신양균, 223면; 이영란, 332면; 이재상/조균석, 315면; 임동규, 222면.
61) 대법원 1991. 2. 26. 자 91모1 결정.

영장으로 단일하게 발부되는 것이 통례이다.

2. 압수·수색의 목적물

(1) 압수의 목적물

1) 증거물과 몰수물

법원은 필요한 때에는 피고사건과 관계가 있다고 인정할 수 있는 것에 한정하여 증거물 또는 몰수할 것으로 사료하는 물건을 압수할 수 있다(제106조 제1항, 제219조). 즉, 압수의 목적물은 피고·피의사건과 관계가 있다고 인정할 수 있는 증거물이나 몰수물이다. 증거물에 대한 압수는 절차확보를 위한 것임에 대하여, 몰수물의 압수는 판결확보의 기능을 가진다고 할 수 있다. 압수의 목적물에 관하여는 공무상 또는 업무상 비밀보호라는 관점에서 어느 정도 제한을 받고 있다.

2) 정보저장매체 및 우체물·전기통신

법원은 압수의 목적물이 컴퓨터용디스크, 그 밖에 이와 비슷한 정보저장매체인 경우[62]에는 기억된 정보의 범위를 정하여 출력하거나 복제하여 제출받아야 한다. 다만, 범위를 정하여 출력 또는 복제하는 방법이 불가능하거나 압수의 목적을 달성하기에 현저히 곤란하다고 인정되는 때에는 정보저장매체 등을 압수할 수 있다(제106조 제3항). 다만, 정보를 제공받은 경우에는 「개인정보 보호법」 제2조 제3호에 따른 정보주체에게 해당 사실을 지체 없이 알려야 한다(동조 제4항).

법원은 필요한 때에는 피고사건과 관계가 있다고 인정할 수 있는 것에 한정하여 우체물 또는 「통신비밀보호법」 제2조 제3호에 따른 전기통신에 관한 것으로서 체신관서, 그 밖의 관련 기관 등이 소지 또는 보관하는 물건의 제출을 명하거나 압수를 할 수 있으며(제107조 제1항), 이에 따른 처분을 할 때에는 발신인이나 수신인에게 그 취지를 통지하여야 한다. 단, 심리에 방해될 염려가 있는 경우에는 예외로 한다(동조

---

62) 형사소송규칙 제134조의7(컴퓨터용디스크 등에 기억된 문자정보 등에 대한 증거조사) ① 컴퓨터용디스크 그 밖에 이와 비슷한 정보저장매체(다음부터 이 조문 안에서 이 모두를 "컴퓨터디스크 등"이라 한다)에 기억된 문자정보를 증거자료로 하는 경우에는 읽을 수 있도록 출력하여 인증한 등본을 낼 수 있다. ② 컴퓨터디스크 등에 기억된 문자정보를 증거로 하는 경우에 증거조사를 신청한 당사자는 법원이 명하거나 상대방이 요구한 때에는 컴퓨터디스크 등에 입력한 사람과 입력한 일시, 출력한 사람과 출력한 일시를 밝혀야 한다. ③ 컴퓨터디스크 등에 기억된 정보가 도면·사진 등에 관한 것인 때에는 제1항과 제2항의 규정을 준용한다.

제3항).

(2) 수색의 목적물

수색의 목적물은 사람의 신체, 물건, 주거, 기타 장소이다. 법원은 필요한 때에는 피고사건과 관계가 있다고 인정할 수 있는 것에 한정하여 피고인의 신체, 물건 또는 주거, 그 밖의 장소를 수색할 수 있다(제109조 제1항). 피고인 아닌 자의 신체, 물건, 주거 기타 장소에 관하여는 압수할 물건이 있음을 인정할 수 있는 경우에 한하여 수색할 수 있다(동조 제2항).

(3) 압수·수색의 제한

1) 군사상 비밀과 압수

군사상 비밀을 요하는 장소는 그 책임자의 승낙 없이는 압수 또는 수색할 수 없다(제110조 제1항). 군사상 비밀을 요하는 장소의 책임자는 국가의 중대한 이익을 해하는 경우를 제외하고는 승낙을 거부하지 못한다(동조 제2항).

2) 공무상 비밀과 압수

공무원 또는 공무원이었던 자가 소지 또는 보관하는 물건에 관하여는 본인 또는 그 해당 공무소가 직무상의 비밀에 관한 것임을 신고한 때에는 그 소속공무소 또는 당해 감독관공서의 승낙 없이는 압수하지 못한다(제111조 제1항). 소속공무소 또는 당해 감독관공서는 국가의 중대한 이익을 해하는 경우를 제외하고는 승낙을 거부하지 못한다(동조 제2항).

3) 업무상 비밀과 압수

변호사, 변리사, 공증인, 공인회계사, 세무사, 대서업자, 의사, 한의사, 치과의사, 약사, 약종상, 조산사, 간호사, 종교의 직에 있는 자 또는 이러한 직에 있던 자가 그 업무상 위탁을 받아 소지 또는 보관하는 물건으로 타인의 비밀에 관한 것은 압수를 거부할 수 있다. 단, 그 타인의 승낙이 있거나 중대한 공익상 필요가 있는 때에는 예외로 한다(제112조).

3. 압수·수색의 절차

(1) 압수·수색영장의 청구 및 발부

1) 영장의 청구

검사는 범죄수사에 필요한 때에는 피의자가 죄를 범하였다고 의심할 만한 정황이 있고 해당 사건과 관계가 있다고 인정할 수 있는 것에 한정하여 지방법원판사에게 청구하여 발부받은 영장에 의하여 압수, 수색 또는 검증을 할 수 있다(제215조 제1항). 사법경찰관이 범죄수사에 필요한 때에는 피의자가 죄를 범하였다고 의심할 만한 정황이 있고 해당 사건과 관계가 있다고 인정할 수 있는 것에 한정하여 검사에게 신청하여 검사의 청구로 지방법원판사가 발부한 영장에 의하여 압수, 수색 또는 검증을 할 수 있다(동조 제2항).

압수·수색영장의 청구를 할 때에는 피의자에게 범죄의 혐의가 있다고 인정되는 자료와 압수, 수색 또는 검증의 필요 및 해당 사건과의 관련성을 인정할 수 있는 자료를 제출하여야 한다(규칙 제108조 제1항). 피의자 아닌 자의 신체, 물건, 주거 기타 장소의 수색을 위한 영장의 청구를 할 때에는 압수하여야 할 물건이 있다고 인정될 만한 자료를 제출하여야 한다(동조 제2항).

2) 영장의 발부

압수·수색영장에는 피고인의 성명, 죄명, 압수할 물건, 수색할 장소, 신체, 물건, 발부연월일, 유효기간과 그 기간을 경과하면 집행에 착수하지 못하며 영장을 반환하여야 한다는 취지 기타 대법원규칙으로 정한 사항을 기재하고 재판장 또는 수명법관이 서명날인하여야 한다. 다만, 압수·수색할 물건이 전기통신에 관한 것인 경우에는 작성기간을 기재하여야 한다(제114조 제1항). 따라서 압수·수색의 대상이 특정되지 않은 일반영장은 금지된다.

영장의 유효기간은 7일로 한다. 다만, 법원 또는 법관이 상당하다고 인정하는 때에는 7일을 넘는 기간을 정할 수 있다(규칙 제178조).

영장의 유효기간 내일지라도 동일한 영장으로 수회 같은 장소에서 압수·수색·검증을 할 수 없으며, 영장에 기재된 사실과 별개의 사실에 대하여 영장을 유용할 수 없고, 압수·수색의 대상을 예비적으로 기재하는 것은 허용되지 않는다.

영장의 발부 또는 기각결정에 대해서는 불복할 수 없다.

(2) 압수·수색영장의 집행

1) 영장의 집행기관

압수·수색영장은 검사의 지휘에 의하여 사법경찰관리가 집행한다. 단, 필요한 경우에는 재판장은 법원사무관등에게 그 집행을 명할 수 있다(제219조, 제115조 제1항). 검사는 필요에 의하여 관할구역 외에서 구속영장의 집행을 지휘할 수 있고 또는 당해

관할구역의 검사에게 집행지휘를 촉탁할 수 있다(제219조, 제115조 제2항, 제83조 제1항). 사법경찰관리는 필요에 의하여 관할구역 외에서 구속영장을 집행할 수 있고 또는 당해 관할구역의 사법경찰관리에게 집행을 촉탁할 수 있다(제219조, 제115조 제2항, 제83조 제2항). 법원사무관등은 압수·수색영장의 집행에 관하여 필요한 때에는 사법경찰관리에게 보조를 구할 수 있다(제117조).

2) 영장의 집행방법

압수·수색의 영장은 처분을 받는 자에게 반드시 제시하여야 한다(제118조). 구속영장의 집행과는 달리 사후제시의 방법에 의한 긴급집행은 인정되지 않는다.[63]

압수·수색영장의 집행 중에는 타인의 출입을 금지할 수 있으며(제119조 제1항), 위배한 자에게는 퇴거하게 하거나 집행종료시까지 간수자를 붙일 수 있다(동조 제2항). 또한 압수·수색영장의 집행을 중지한 경우에 필요한 때에는 집행이 종료될 때까지 그 장소를 폐쇄하거나 간수자를 둘 수 있다(제127조).

3) 당사자·책임자의 참여

검사·피고인 또는 변호인은 압수·수색영장의 집행에 참여할 수 있다(제121조). 압수·수색영장을 집행함에는 미리 집행의 일시와 장소를 전조에 규정한 자에게 통지하여야 한다. 단, 전조에 규정한 자가 참여하지 아니한다는 의사를 명시한 때 또는 급속을 요하는 때에는 예외로 한다(제122조). 여기서 '급속을 요하는 때'라 함은 압수·수색영장 집행 사실을 미리 알려주면 증거물을 은닉할 염려 등이 있어 압수·수색의 실효를 거두기 어려운 경우를 의미한다는 것이 판례의 태도이다.[64]

공무소, 군사용의 항공기 또는 선차 내에서 압수·수색영장을 집행함에는 그 책임자에게 참여할 것을 통지하여야 하며(제123조 제1항), 이러한 장소 이외의 타인의 주거, 간수자 있는 가옥, 건조물, 항공기 또는 선차 내에서 압수·수색영장을 집행함에는 주거주, 간수자 또는 이에 준하는 자를 참여하게 하여야 한다(동조 제2항). 주거주, 간수자 또는 이에 준하는 자를 참여하게 하지 못할 때에는 인거인 또는 지방공공단체의 직원을 참여하게 하여야 한다(동조 제3항). 여자의 신체에 대하여 수색할 때에는 성년의 여자를 참여하게 하여야 하며(제124조), 여자의 신체를 검사하는 경우에는 의사나 성년의 여자를 참여하게 하여야 한다(제141조 제3항).

---

63) 이재상/조균석, 321면; 정웅석/백승민, 217면.

64) 대법원 2012. 10. 11. 선고 2012도7455 판결.

4) 야간집행의 제한

일출 전, 일몰 후에는 압수·수색영장에 야간집행을 할 수 있는 기재가 없으면 그 영장을 집행하기 위하여 타인의 주거, 간수자 있는 가옥, 건조물, 항공기 또는 선차 내에 들어가지 못한다(제125조). 그러나 도박 기타 풍속을 해하는 행위에 상용된다고 인정하는 장소나 공개한 시간 내에서의 여관, 음식점 기타 야간에 공중이 출입할 수 있는 장소에서 압수·수색영장을 집행함에는 야간집행의 제한을 받지 않는다(제126조).

5) 수색증명서, 압수목록의 교부

사법경찰관은 증거물 또는 몰수할 물건을 압수하였을 때에는 압수조서와 압수목록을 작성하여야 한다(검사의 사법경찰관리에 대한 수사지휘 및 사법경찰관리의 수사준칙에 관한 규정 제44조 제1항). 압수조서에는 압수경위를, 압수목록에는 물건의 특징을 각각 구체적으로 적어야 한다(동 규정 제2항). 수색한 경우에 증거물 또는 몰취할 물건이 없는 때에는 그 취지의 증명서를 교부하여야 하며(제128조, 제219조), 압수한 경우에는 목록을 작성하여 소유자, 소지자, 보관자 기타 이에 준할 자에게 교부하여야 한다(제129조). 압수 또는 수색에 관하여는 압수·수색 조서를 작성하여야 하며(제49조 제1항), 압수조서에는 품종, 외형상의 특징과 수량을 기재하여야 한다(동조 제2항).

4. 압수·수색에 있어서의 영장주의의 예외

대물적 강제수사로서의 압수·수색의 긴급성을 고려하여 일정한 경우에는 영장에 의하지 않는 압수·수색 및 검증을 허용하고 있다.

영장에 의하지 않는 대물적 강제수사로는 적법한 체포·구속 및 긴급체포에 수반한 압수·수색과 검증을 들 수 있으며, 이는 영미법상으로도 인정되어온 영장주의의 예외에 해당하는 경우이다. 그 밖에 우리 형사소송법은 피고인 구속현장에서의 압수·수색과 범죄현장에서의 압수·수색·검증에 대하여도 영장을 요하지 않는다고 규정하고 있다. 임의제출물의 압수(제108조, 제218조)도 이것과 관련하여 검토해 볼 필요가 있다.

(1) 체포·구속목적의 피의자수사

1) 의 의

검사 또는 사법경찰관은 체포영장에 의한 체포(제200조의2), 긴급체포(제200조의 3) 또는 현행범의 체포(제212조)에 의하여 체포하거나 구속영장에 의하여 피의자를 구속하는 경우에 필요한 때에는 영장 없이 타인의 주거나 간수하는 가옥, 건조물·항공기·선차 내에서 피의자를 수사할 수 있다(제216조 제1항 제1호).

이 체포 또는 구속하고자 하는 피의자가 타인의 주거·가옥·건조물 등에 잠복하고 있다고 인정되는 경우에 피의자의 소재를 발견하기 위해서는 영장없이 피의자를 수색할 수 있도록 한 것이다. 수색은 피의자 체포 또는 구속을 위한 전제이기 때문에 영장주의의 예외를 인정하고 있는 것이다. 여기서 '피의자 수사'란 '피의자를 수색하기 위한 강제처분'을 의미한다고 이해하는 것이 더 정확한 표현이라 하겠다.

2) 적용범위

영장주의의 예외가 되는 "피의자수색"은 피의자를 발견하기 위한 처분이므로, 피의자를 계속 추적하고 있을 때에는 피의자를 따라 주거·건조물 등에 들어간다고 할지라도 그것은 체포·구속 그 자체에 해당하며, 여기에서 말하는 수색에는 해당하지 않는다.[65]

피의자수색은 피의자를 체포·구속하기 위한 처분이므로 피의자를 체포·구속한 이후에는 본호에 의한 수색은 허용되지 않는다. 또한 수색의 대상이 '타인의 주거'라고 되어 있지만, 수색의 대상은 제3자의 주거뿐만 아니라 피의자의 주거도 포함된다.

3) 수색의 필요성

피의자를 발견하기 위한 수색은 수색의 필요성이 인정되어질 때 가능하다. 여기에서 필요성이란 피의자가 수색의 대상에 은닉하고 있을 개연성을 말하는 것이다. 수색의 필요성에 대해서는 피의자의 주거에 대한 수색은 수사기관의 경험에 의거하여 판단하면 충분하지만 피의자 이외의 주거에 대한 수색은 구체적 사실에 근거한 판단이어야 한다는 **구별설**[66]과 수색의 대상이 피의자의 주거이건 아니건 언제나 구체적 사실에 근거를 둔 판단이어야 한다는 **동일설**[67]이 대립되어 있다. 생각건대 구별설에 의할 경우 피의자의 주거에 대한 수색 시 무분별하게 남용으로 인하여 피의자가 아닌 다른 가족들의 기본권 침해의 소지가 있기 때문에 동일설이 타당하다.

---

65) 이재상/조균석, 324면.

66) 신양균, 251면; 이재상/조균석, 324면.

67) 이용식, "압수·수색·검증에 관하여", 검찰(1968), 178면 참조.

(2) 피의자 체포·구속현장에서의 압수·수색·검증

1) 의의 및 허용근거

검사 또는 사법경찰관은 체포영장에 의한 체포(제200조의2), 긴급체포(제200조의 3) 또는 현행범의 체포(제212조)에 의하여 체포하거나 구속영장에 의하여 피의자를 구속하는 경우에 필요한 때에는 영장 없이 체포현장에서 압수·수색·검증을 할 수 있다(제216조 제1항 제2호). 여기에 대해서는 대는 소를 포함한다는 논리명제에 따라 체포·구속보다 적은 기본권침해를 가져오는 압수·수색·검증은 별도의 영장이 필요치 않다는 **부수처분설**,[68] 체포자의 안전을 위하여 흉기 등을 빼앗고 피의자의 증거인멸을 방지하기 위한 긴급행위라는 **긴급행위설**,[69] 체포현장에서의 압수·수색·검증은 증거가 존재할 개연성이 높은 체포현장에서의 합리적인 증거수집을 위한 제로라는 **합리성설**[70]이 대립하고 있다. 생각건대 부수처분설은 영장주의의 예외가 확대될 우려가 있으며, 합리성설은 영장을 발부받을 수 없는 긴급상태의 존재를 요구하지 않아 영장주의의 기본취지에 반할 수 있기 때문에 긴급행위설이 타당하다.

2) 허용요건

압수·수색·검증의 대상물은 수사기관에게 위해를 가할 위험성이 있는 흉기 기타 위험한 물건, 도주의 수단이 될 수 있는 물건, 체포·구속의 원인이 되는 범죄사실에 관한 증거물 등 당해 피의사건과 관련성이 있는 것에 한한다. 따라서 우연히 발견한 다른 사건의 증거물에 대해서는 임의제출을 구하거나 영장에 의해서 압수해야 한다. 그리고 체포현장인 경우에도 대상을 특정하지 않고 하는 수색이나, 이에 기반한 압수는 영장주의의 관점에서 허용되지 않는다.[71]

그리고 체포와 압수·수색·검증 사이에는 시간적 접착성이 인정되어야 하는데, 어느 정도의 시간적 접착성이 요구되는가에 대해서는 체포현장의 의미와 관련하여 견해의 대립이 있다. 우선 압수·수색·검증이 체포행위와 시간적·장소적으로 접착되어 있으면 체포의 전후나 성공여부 등을 불문하고 영장없이 압수·수색·검증이 허용

68) 신동운, 431면; 정영석/이형국, 214면.

69) 배종대/이상돈/정승환/이주원, §16/37; 이재상/조균석, 324면; 손동권/신이철, 315면; 차용석/최용성, 306면.

70) 노명선/이완규, 34면; 이은모, 350면.

71) 이재상/조균석, 325면; 신양균, 253면.

된다는 **체포접착설**[72]과 체포할 피의자가 있는 장소라면 체포의 전후나 성공여부에 상관없고, 먼저 체포에 착수한 경우라면 피의자가 도주한 경우에도 압수·수색·검증이 허용된다는 **체포현장설**,[73] 피의자가 압수·수색·검증의 장소에 현재하고 체포에 착수하였거나, 체포에 착수하였으나 피의자가 도주한 경우에도 체포를 시도한 장소에서는 영장없이 압수·수색·검증을 할 수 있다는 **체포착수설**,[74] 그리고 체포 이전이나 체포 도중에 피의자가 도주한 경우에는 압수·수색·검증이 허용되지 않는다는 **체포실현설**[75]이 대립하고 있다.

장소적 관련성에 대해서 압수·수색·검증의 대상은 피체포자의 신체 및 그가 직접 지배하는 장소에 한하기 때문에 교통상황이나 피의자의 저항 등으로 인하여 체포현장에서의 압수·수색·검증이 곤란한 경우에는 경찰관서 등으로 연행한 후에 행하는 것도 가능하다고 해야 한다.[76]

3) 사후영장의 청구

검사 또는 사법경찰관은 체포현장에서 압수한 물건을 계속 압수할 필요가 있는 경우에는 지체 없이 압수·수색영장을 청구하여야 한다. 이 경우 압수·수색영장의 청구는 체포한 때부터 48시간 이내에 하여야 한다(제217조 제2항). 검사 또는 사법경찰관은 청구한 압수·수색영장을 발부받지 못한 때에는 압수한 물건을 즉시 반환하여야 하며(동조 제3항), 즉시 반환하지 아니한 압수물은 증거능력이 부정된다.[77]

(3) 피고인 구속현장에서의 압수·수색·검증

검사 또는 사법경찰관이 피고인에 대한 구속영장을 집행하는 경우에 필요한 때에는 그 집행현장에서 영장 없이 압수·수색·검증을 할 수 있다. 피고인에 대한 구속영장을 집행하는 검사 또는 사법경찰관은 재판의 집행기관으로서 활동하는 것이지만, 집행현장에서의 압수·수색·검증은 수사기관의 수사에 속하는 처분이다. 따라서 그 결과를 법관에게 보고하거나 압수물을 제출할 필요는 없다. 급속을 요하는 경우 야간집행의 제한을 받지 않고, 주거주나 간수자의 참여없이 압수·수색·검증이 가능하다

72) 임동규, 248면; 정영석/이형국, 214면.
73) 노명선/이완규, 345면.
74) 신동운, 433면; 손동권/신이철, 316면; 이재상/조균석, 326면; 차용석/최용성, 255면.
75) 배종대/이상돈/정승환/이주원, §16/40.
76) 대법원 2010. 7. 22. 선고 2009도14376 판결.
77) 대법원 2009. 5. 14. 선고 2008도10914 판결.

(제220조).

(4) 범죄장소에서의 압수·수색·검증

범행 중 또는 범행직후의 범죄 장소에서 긴급을 요하여 법원판사의 영장을 받을 수 없는 때에는 영장없이 압수·수색·검증을 할 수 있다. 이 경우에는 사후에 지체없이 영장을 받아야 한다(제216조 제3항). 범죄현장에서의 증거물의 은닉과 산일을 방지하기 위해 영장주의의 예외를 인정한 것으로 볼 수 있다. 이 경우 범행 중 또는 범행 직후의 범죄장소이면 족하고, 범인이 범행장소에 있거나 체포되었음을 요하지 않으며, 급속을 요하는 경우 야간집행의 제한을 받지 않고, 주거주나 간수자의 참여 없이 압수·수색·검증이 가능하다. 사후에 지체 없이 압수·수색의 영장을 받아야 하는데, 사후영장을 발부받지 못한 때에는 압수한 물건은 즉시 환부해야 하며, 그 처분시에 작성한 압수조서·수색조서의 증거능력은 위법수집증거로써 증거능력이 없다.[78] 체포현장에서 수색을 하였지만 압수를 하지 않은 경우나 검증을 한 경우에는 별도의 사후영장을 요하지 않는다.

(5) 긴급체포시의 압수·수색·검증

1) 의 의

검사 또는 사법경찰관은 긴급체포된 자가 소유·소지 또는 보관하는 물건에 대하여 긴급히 압수할 필요가 있는 경우에는 체포한 때부터 24시간 이내에 한하여 영장없이 압수·수색 또는 검증을 할 수 있다(제217조 제1항).[79] 요급처분에 관한 특칙이 적용되지 않으므로 급속을 요한다는 이유로 주거주 등 참여인 없이 행하는 것은 허용되지 않는다(제220조).

2) 허용요건

영장 없이 압수·수색·검증을 할 수 있는 대상은 긴급체포된 자가 소유·소지·보관하는 물건이다.[80] 여기서 '긴급체포된 자'는 현실로 긴급체포된 자를 말한다. 영장없이 압수·수색·검증을 할 수 있기 위하여는 긴급히 압수할 필요가 있는 경우여야

78) 대법원 2009. 5. 14. 선고 2008도10914 판결.

79) 2007년 법무부의 개정 형사소송법 해설에 따르면, 긴급체포의 경우에도 체포현장에서의 압수·수색·검증은 제216조 제1항 제2호에 의하여 영장 없이 할 수 있다. 따라서 본조는 체포에 수반된 대물적 강제수사가 아니고 긴급체포된 사실이 밝혀지면 피의자와 관련된 사람이 체포현장이 아닌 곳에 있는 증거물을 은닉하는 것을 방지하기 위한 규정이다.

80) 대법원 2008. 7. 10. 선고 2008도2245 판결.

하는데, 이는 증거물의 확보를 위하여 압수·수색·검증영장을 받을 시간적 여유가 없는 경우를 의미한다. 따라서 24시간이 지난 후에도 구속영장이 발부되었는가를 불문하고 영장 없이는 압수·수색·검증을 할 수 없다.

3) 사후영장의 청구

검사 또는 사법경찰관은 영장없이 압수한 물건을 계속 압수할 필요가 있는 경우에는 지체 없이 압수·수색영장을 청구하여야 한다. 이 경우 압수·수색영장의 청구는 체포한 때부터 48시간 이내에 하여야 한다(제217조 제1항). 구속영장을 발부받은 경우에도 별도로 압수·수색영장을 발부받아야 한다.

검사 또는 사법경찰관은 청구한 압수·수색영장을 발부받지 못한 때에는 압수한 물건을 즉시 반환하여야 한다(동조 제3항). 이 경우 수색과 검증의 결과를 기재한 조서는 증거능력이 없다.[81]

(6) 유류물·임의제출물의 압수

검사, 사법경찰관은 피의자 기타인의 유류한 물건이나 소유자, 소지자 또는 보관자가 임의로 제출한 물건을 영장없이 압수할 수 있고(제218조), 법원도 소유자, 소지자 또는 보관자가 임의로 제출한 물건 또는 유류한 물건은 영장없이 압수할 수 있다(제108조). 이를 영치라고도 한다. 점유취득과정에 있어서는 강제력이 행사되지 않으나, 일단 영치가 된 이상 제출자가 임의로 취거할 수 없다는 점에서 강제처분이나 점유취득이 임의적이므로 영장주의의 예외를 인정한 것이다. 임의제출물에 대해서는 영장 없이 압수할 수 있음은 물론 사후영장도 받을 필요가 없다.[82]

5. 압수물의 처리

(1) 압수물의 보관과 처리

1) 자청보관(自廳保管)의 원칙

압수물은 압수한 수사기관의 청사로 운반하여 보관하는 것이 원칙이다. 이를 자청보관의 원칙이라 한다. 그러나 필요에 따라 법원 또는 수사기관은 압수물의 상실 또는 파손 등을 방지하기 위하여 상당한 조치를 하여야 하고(제219조, 제131조), 보관을 함에 있어서는 선량한 관리자로서의 주의의무를 다하여야 한다. 따라서 압수물을

81) 대법원 2009. 12. 24. 선고 2009도11401 판결.

82) 대법원 2016. 2. 18. 선고 2015도13726 판결.

위탁보관, 대가보관할 수 있으며, 위험한 압수물은 폐기처분할 수도 있다. 그리고 압수를 계속할 필요가 없어진 압수물은 소유자 또는 제출자에게 환부하여야 한다.

2) 위탁보관(委託保管)

운반 또는 보관에 불편한 압수물은 간수자를 두거나 소유자 또는 적당한 자의 승낙을 얻어 보관하게 할 수 있다(제130조 제1항, 제219조). 이를 위탁보관이라 한다. 위탁보관은 압수와 달리 공법상의 권력작용이 아니라 단순한 임치계약의 성질을 갖기 때문에 보관자는 특약이 없으면 임치료를 청구할 수 없다.[83] 사법경찰관이 위탁보관을 함에는 검사의 지휘를 받아야 한다(제219조 단서).

3) 폐기처분(廢棄處分)

위험발생의 염려가 있는 압수물은 폐기할 수 있다(제130조 제2항, 제219조). 이를 폐기처분이라 한다. 법령상 생산·제조·소지·소유 또는 유통이 금지된 압수물로서 부패의 염려가 있거나 보관하기 어려운 압수물은 소유자 등 권한 있는 자의 동의를 받아 폐기할 수 있다(제130조 제3항, 제219조). 압수물을 폐기할 때에는 폐기조서를 작성하고 사진을 촬영하여 수사기록에 첨부하여야 한다(검사의 사법경찰관리에 대한 수사지휘 및 사법경찰관리의 수사준칙에 관한 규정 제46조 제2항). 사법경찰관이 압수물을 폐기처분할 때에는 검사의 지휘를 받아야 한다(제219조 단서).

4) 대가보관(代價保管)

몰수하여야 할 압수물로서 멸실·파손·부패 또는 현저한 가치감소의 염려가 있거나 보관하기 어려운 압수물은 이를 매각하여 대가를 보관할 수 있다(제132조 제1항, 제219조). 이를 환가처분이라 한다. 환가처분은 몰수하여야 할 압수물에 대하여만 할 수 있으므로 몰수하여야 할 물건이 아닌 이상은 멸실·부패의 염려가 있어도 환가처분해서는 안 된다. 증거물은 존재 그 자체가 중요하므로 대가보관을 할 수 없다.

환부하여야 할 압수물 중 환부를 받을 자가 누구인지 알 수 없거나 그 소재가 불명한 경우로서 그 압수물의 멸실·파손·부패 또는 현저한 가치 감소의 염려가 있거나 보관하기 어려운 압수물은 매각하여 대가를 보관할 수 있다(동조 제2항).

환가처분을 함에는 미리 검사·피해자·피고인 또는 변호인에게 통지하여야 하며(제135조, 제219조), 사법경찰관이 대가보관을 하는 경우에는 검사의 지휘를 받아야 한다(제219조 단서).

83) 대법원 1968. 4. 16. 선고 68다285 판결.

(2) 수사상 압수물의 환부와 가환부

2011. 7. 18. 형사소송법의 개정 이전에는 수사기관의 압수물의 환부·가환부에 대하여 제219조에 의하여 법원의 압수물의 환부·가환부에 관한 제133조가 준용되었다. 그러나 개정 형사소송법은 수사기관의 환부·가환부에 대하여 독립적으로 제218조의2를 신설하였다.

1) 수사상 압수물의 환부

가. 의 의 수사상 압수물의 환부란 압수를 해제하여 압수물을 종국적으로 소유자·제출인 등에게 반환하는 수사기관의 처분을 말한다. 압수의 효력이 소멸된다는 점에서 압수의 효력은 유지되는 가환부와 구별되고, 피압수자에 대한 반환을 원칙으로 한다는 점에서 압수장물의 피해자환부와 구별되는 개념이다.

나. 환부의 대상

① 압수 계속의 필요성이 없는 경우 검사는 사본을 확보한 경우 등 압수를 계속할 필요가 없다고 인정되는 압수물 및 증거에 사용할 압수물에 대하여 공소제기 전이라도 소유자, 소지자, 보관자 또는 제출인의 청구가 있는 때에는 환부하여야 한다(제218조의2 제1항). 압수를 계속할 필요가 없다고 인정되는 압수물은 몰수의 대상이 아님이 밝혀지거나 증거로서의 필요성이 상실된 것을 말하지만, 증거에 사용할 압수물은 환부할 수 없고 가환부의 대상이 된다.

환부의 대상에서 문제가 되는 것은 수사의 종결처분이 아닌 중지처분에 불과한 피의자 등의 소재불명을 이유로 하는 기소중지의 경우 압수 계속의 필요성 인정여부이다. 여기에 대해서는 압수를 계속할 필요가 있다는 **긍정설**과 압수 계속의 필요성이 없다는 **부정설**[84]의 대립이 있다. 생각건대 처벌할 수 없는 자에 대한 재산권의 박탈은 사실상 수사기관에게 임의의 몰수를 허용하는 결과가 되기 때문에 부정설이 타당하다. 판례도 기소중지처분을 한 경우에는 압수를 더 이상 계속할 필요가 없다고 판시하여 부정설의 입장을 취하고 있다.[85]

② 사후영장을 발부받지 못한 경우 검사 또는 사법경찰관이 피의자를 체포영장에 의한 체포, 긴급체포 및 현행범체포를 하면서 체포현장에서 압수한 물건에 대하여 지체 없이 압수·수색영장을 청구하여야 한다. 청구는 체포한 때부터 48시간 이내

84) 이재상/조균석, 332면.

85) 대법원 1996. 8. 16. 자 94모51 전원합의체 결정.

에 하여야 한다(제217조 제2항). 검사 또는 사법경찰관이 긴급체포 된 자가 소유·소지 또는 보관하는 물건에 대하여 긴급히 압수한 후 청구한 압수·수색영장을 발부받지 못한 때에는 압수한 물건을 즉시 반환하여야 한다(제217조 제3항).

다. 환부의 절차

① 일반절차 　소유자·소지자·보관자 또는 제출인의 청구가 있는 경우에 검사의 결정에 의하여 환부하여야 한다(제218조의2 제1항). 환부의 결정을 함에는 피해자·피의자 또는 변호인에게 미리 통지하여야 하며(제219조, 제135조), 사법경찰관이 환부처분을 할 경우에는 검사의 지휘를 받아야 한다(제218조의2 제4항).

② 소유권을 포기한 경우 　수사절차에서 피압수자가 압수물에 대한 소유권을 포기한 경우에 압수물에 대한 피압수자의 압수물에 대한 환부청구권이 소멸되고 검사는 압수물에 대한 환부의무를 면하게 되는지에 대해서 압수물 환부청구권은 권리자가 자유의사에 의하여 포기할 수 있으므로 피압수자가 수사기관에 소유권포기서를 제출한 경우에는 환부청구권을 포기한 것이므로 수사기관은 압수물을 피압수자에게 환부할 의무가 없다는 **긍정설**[86]과 압수물에 대한 환부청구권의 포기라는 방법으로 압수물을 국고에 귀속시키는 것은 적법절차의 원리에 반하므로 피압수자가 소유권을 포기하더라도 압수물에 대한 환부청구권이 소멸하는 것은 아니고, 수사기관의 필요적 환부의무도 면제된다고 볼 수 없다는 **부정설**[87]이 대립되어 있다. 판례는 부정설의 입장을 취하고 있다.[88]

③ 환부청구권을 포기한 경우 　피압수자가 자발적으로 압수물에 대한 환부청구권을 포기한 경우 그 압수물을 국고에 귀속시킬 수 있는지에 대해 압수물환부청구권은 주관적 공권으로 사적인 처분이나 포기가 인정되지 않는다는 부정설과 압수물의 환부는 위법하고 부당한 압수를 시정함으로써 사유재산권을 보호하기 위한 제도이므로 압수물환부청구권도 포기할 수 있다는 긍정설의 대립이 있다. 판례는 부정설의 입장을 취하고 있다.[89]

---

86) 노명선/이완규, 258면.

87) 손동권, 309면; 이재상/조균석, 333면; 정웅석/백승민, 560면.

88) 법원은 수사단계에서 소유권을 포기한 압수물에 대하여 형사재판에서 몰수형이 선고되지 않은 경우, 피압수자는 국가에 대하여 민사소송으로 그 반환을 청구할 수 있다고 판시하였다(대법원 2000. 12. 22. 선고 2000다27725 판결).

89) 대법원 1996. 8. 16. 자 94모51 전원합의체 결정.

라. 환부의 상대방 환부의 상대방에 대하여 압수물을 제출한 자라는 피압수자설과 소유자·소지자·보관자 또는 기타 실체법상의 권리자 중 누군가에게 환부하면 된다는 실체적 권리자설의 대립이 있다. 생각건대 환부는 압수 전의 상태로 복귀시키기 위해 압수를 해제하는 것이므로 통설인 피압수자설이 타당하다. 판례도 피압수자설의 입장을 취하고 있다.

마. 환부의 효력 환부에 의하여 압수는 그 효력을 상실한다. 다만 환부는 압수를 해제하는 효력을 가질 뿐 환부받은 자에게 목적물에 대한 실체법상의 권리를 부여하거나 확인시키는 효력이 있는 것은 아니기 때문에 이해관계인은 민사소송절차에 의해 그 권리를 주장할 수 있다(제333조 제4항). 압수한 서류 또는 물품에 대하여 몰수의 선고가 없는 때에는 압수를 해제한 것으로 간주한다(제332조). 또한 압수물의 환부를 받을 자의 소재가 불명하거나 기타 사유로 인하여 환부를 할 수 없는 경우에는 검사는 그 사유를 관보에 공고하여야 하고(제486조 제1항), 공고한 후 3월 이내에 환부의 청구가 없는 때에는 그 물건은 국고에 귀속하며(동조 제2항), 기간 내에도 가치 없는 물건은 폐기할 수 있고 보관하기 어려운 물건은 공매하여 그 대가를 보관할 수 있다(동조 제3항).

바. 불복방법 환부청구에 대하여 검사가 이를 거부하는 경우에는 신청인은 해당 검사의 소속 검찰청에 대응한 법원에 압수물의 환부 결정을 청구할 수 있다(제218조의 제2항). 이 청구에 대하여 법원이 환부를 결정하면 검사는 신청인에게 압수물을 환부하여야 한다(동조 제3항).

검사 또는 사법경찰관의 압수 또는 압수물의 환부에 관한 처분에 대하여 불복이 있으면 그 직무집행지의 관할법원 또는 검사의 소속검찰청에 대응한 법원에 준항고를 할 수 있다(제417조).

2) 수사상 압수물의 가환부

수사상 압수물의 가환부란 압수의 효력은 그대로 존속시키면서 압수물을 소유자 등에게 잠정적으로 돌려주어 그에 대한 사용을 가능하게 하는 수사기관의 처분을 말한다. 검사는 증거에 사용할 압수물에 대하여 공소제기 전이라도 소유자, 소지자, 보관자 또는 제출인의 청구가 있는 때에는 가환부하여야 한다(제218조의2 제1항). 즉, 가환부의 대상은 증거에 사용할 압수물이기 때문에 몰수의 대상은 원칙적으로 환부나 가환부가 허용되지 않는다.

절차 및 불복방법은 수사상 압수물의 환부와 동일하며, 가환부에 의해서 압수 자체의 효력이 상실되는 것은 아니기 때문에 가환부 받은 자는 압수물에 대한 보관의무를 지며, 법원 또는 수사기관의 요구가 있으면 제출해야 한다.

3) 압수장물의 피해자환부

압수한 장물은 피해자에게 환부할 이유가 명백할 때[90]에는 피의사건의 종결 전이라도 결정으로 피해자에게 환부할 수 있다(제219조, 제134조). 압수한 장물로서 피해자에게 환부할 이유가 명백한 것은 판결로써 피해자에게 환부하는 선고를 하여야 하고, 장물을 처분하였을 때에는 판결로써 그 대가로 취득한 것을 피해자에게 교부하는 선고를 하여야 한다(제333조 제1항·제2항).

Ⅲ. 수사상의 검증

1. 수사기관의 검증

검증(檢證)이란 사람, 장소, 물건의 성질·형상을 오관의 작용에 의하여 인식하는 강제처분을 말한다. 검증에는 수사기관이 하는 검증과 법원이 하는 검증이 있다. 법원의 검증은 증거조사의 일종이므로 영장을 요하지 않지만(제139조), 수사기관의 검증은 증거를 수집·보전하기 위한 강제처분이므로 원칙적으로 법관이 발부한 영장을 필요로 한다(제215조). 형사소송법은 수사기관의 검증에 관하여 압수·수색과 같이 규정하면서, 법원의 압수·수색·검증에 관한 규정을 준용하도록 규정하고 있다(제219조).

검증에는 영장에 의한 검증과 영장에 의하지 않는 검증이 있다. 검증영장의 경우에는 압수·수색영장의 집행절차와 마찬가지이다. 영장에 의하지 않는 검증의 경우도 긴급압수·수색과 마찬가지이다.

다만 검증을 함에는 신체의 검사, 사체의 해부, 분묘의 발굴, 물건의 파괴 기타 필요한 처분을 할 수 있으며(제219조, 제140조), 사체의 해부 또는 분묘의 발굴을 하는 때에는 예(禮)를 잃지 않도록 주의하고 미리 유족에게 통지해야 한다(제141조 제4항, 제219조).

---

90) 형사소송법 제134조 소정의 "환부할 이유가 명백한 때"라 함은 사법상 피해자가 그 압수된 물건의 인도를 청구할 수 있는 권리가 있음이 명백한 경우를 의미하고 위 인도청구권에 관하여 사실상, 법률상 다소라도 의문이 있는 경우에는 환부할 명백한 이유가 있는 경우라고는 할 수 없다(대법원 1984. 7. 16. 자 84모38 결정).

검증과 관련해서는 특히 신체검사의 한계가 문제된다.

2. 신체검사

(1) 성 질

신체검사란 신체 자체를 검사의 대상으로 하는 점에서 신체외부와 착의에 대한 증거물의 발견을 위한 신체수색과 구별되며, 따라서 신체검사는 원칙적으로 검증의 성질을 지닌다. 검증은 장소·물건 또는 사람의 성질이나 형상을 오관의 작용에 의하여 인식하는 강제처분이므로, 신체검사에는 검증으로서의 신체검사 이외에도 전문적 지식과 경험을 필요로 하는 혈액채취나 X선촬영 등 감정(鑑定)으로서의 신체검사가 있다.

신체검사에 있어서는 검사를 당하는 자의 성별·연령·건강상태 기타 사정을 고려하여 그 사람의 건강과 명예를 해하지 아니하도록 주의하여야 하며, 피고인이 아닌 자의 신체검사는 증적(證跡)의 존재를 확인할 수 있는 현저한 사유가 있는 경우에 한하여 할 수 있다. 또한 여자의 신체를 검사하는 경우에는 의사나 성년의 여자를 참여하게 하여야 한다(제141조 제3항, 제219조).

(2) 영장을 요하지 않는 신체검사

형사소송법 제216와 제217조에 의하여 체포나 구속현장에서는 영장 없이 신체검사를 할 수 있다. 또한 체포 또는 구속된 피의자에 대하여 지문이나 족적을 채취하고 체중이나 가슴둘레를 측정하는 것도 영장 없이 할 수 있다. 이는 피의자를 특정하기 위한 신체검사이기 때문이다.

(3) 체내신체검사의 한계

신체검사와 관련해서는 체내신체검사(體內身體檢査)가 허용되는가가 문제된다. 체내강제수사는 피검사자의 인간으로서의 존엄과 건강을 해치지 않는 범위 내에서는 허용된다고 할 수 있다. 그러나 피검사자의 건강을 장기간에 걸쳐 현저히 침해하는 강제처분은 인간의 존엄을 해하므로 허용되지 않는다고 해야 한다. 따라서 예컨대 증거물을 찾기 위해 외과수술을 하는 것은 어떤 경우에도 허용될 수 없다고 하겠다.

그러나 신체내부인 예컨대 질내·구강내·항문내의 수색은 압수·수색과 검증영장에 의하여 전문가에 의하여 행해질 수 있으며, 강제채혈이나 X선 촬영 등도 적법절차에 따를 경우에는 허용된다고 하겠다.

그런데 연하물(嚥下物: 삼킨 물건)의 강제배출이나 강제채뇨(强制採尿)가 허용되는가가 문제된다. 이에 대하여 미국의 판례는 구토제에 의해 연하물을 강제배출하도록 하는 것은 양심에 대한 충격이며 적정절차위반이라고 판시한 바 있다.[91] 그러나 연하물의 강제배출이나 강제채뇨라는 강제수사의 필요성이 현저하고, 의사에 의해 정당하게 행해지며, 피검사자의 건강을 침해하지 않는 범위 내에서는 압수·수색과 감정절차에 따라 행할 수 있다고 보아야 하며, 이는 우리나라 다수설[92]의 태도이기도 하다.

Ⅳ. 수사상의 감정유치

1. 감정유치의 의의

감정유치(鑑定留置)란 피고인 또는 피의자의 정신 또는 신체를 감정하기 위하여 일정한 기간 동안 병원 기타 일정한 장소에 피고인 또는 피의자를 유치하는 강제처분을 말한다(제172조 제3항, 제221조의3). 수사기관은 수사를 위하여 필요한 때에는 감정을 위촉할 수 있다. 검사가 수사상의 필요에 의하여 감정을 위촉하는 경우에 감정유치가 필요한 때에는 판사에게 감정유치를 청구하여야 한다(제221조의3). 이를 수사상의 감정유치라 한다.

2. 감정유치의 대상과 요건

(1) 감정유치의 대상

수사상의 감정유치는 피의자를 대상으로 한다. 따라서 피의자가 아닌 제3자에 대하여 감정유치를 청구할 수는 없다.

문제는 검사가 피고인에 대하여도 감정유치를 청구할 수 있는가이다. 수사절차상 검사의 감정유치청구는 공소제기를 결정하기 위하여 필요하지만, 공소제기 후에는 필요하지 않을 뿐만 아니라 피고인에 대하여 감정유치를 인정하는 것은 당사자로서의 피고인의 지위를 부정하는 결과가 되므로 피고인에 대하여 허용되지 않는다고 하겠다.

(2) 감정유치의 요건

감정유치를 청구함에 있어서는 피의자에 대한 감정유치의 필요성이 존재해야 한

91) Rochin v. California, 342 U.S. 165(1952).

92) 배종대/이상돈/정승환/이주원, §17/12; 신양균, 246면; 이영란, 347면; 이재상/조균석, 336면.

다. 즉 감정유치는 피의자의 정신 또는 신체를 감정하기 위하여 계속적인 유치와 관찰이 필요한 경우에 인정된다. 감정유치의 필요성과 구속의 필요성은 구별되므로, 피의자에 대한 구속의 필요성은 없더라도 감정유치를 위해서는 피의자에게 범죄혐의가 인정되어야 한다.

3. 감정유치의 절차

수사상의 감정유치 절차는 검사의 청구를 요건으로 하고, 그 밖에 법원의 감정유치에 관한 규정이 준용된다(제221조의3 제2항, 제172조, 제172조의2).

(1) 감정유치의 청구

감정유치의 청구권자는 검사에 한한다(제221조의3 제1항). 감정유치 청구의 필요성에 관하여는 검사가 종국적으로 판단한다.

(2) 감정유치장의 발부

판사는 청구가 상당하다고 인정할 때에는 유치처분을 하여야 한다. 즉 감정유치장을 발부하여야 한다. 감정유치장에는 피의자의 성명, 주민등록번호, 직업, 주거, 죄명, 범죄사실의 요지, 유치할 장소, 유치기간, 감정의 목적 및 유효기간과 그 기간 경과 후에는 집행에 착수하지 못하고 영장을 반환하여야 한다는 취지를 기재하고 판사가 서명·날인하여야 한다(규칙 제85조 제1항).

수사상의 감정유치장의 성질에 대하여 명령장이라는 견해[93]와 허가장이라는 견해[94]의 대립이 있다.

생각건대 법원의 피고인에 감정유치의 경우에는 감정유치장이 명령장이지만, 피의자에 대한 감정유치는 수사기관의 강제수사에 해당하므로 허가장이라고 해석하는 견해가 타당하다고 생각된다. 법원은 감정유치 청구서에 기재된 기간을 단축하여 감정유치장을 발부할 수 있다. 법원의 감정유치를 기각하는 결정이나 감정유치장의 발부에 대하여 피의자의 준항고는 허용되지 않는다.

(3) 감정유치장의 집행

감정유치장의 집행에 관하여는 구속영장의 집행에 관한 규정이 준용된다(제221조의3 제2항, 제172조 제7항). 검사 또는 유치장소의 관리자가 간수의 필요가 있다고 인

---

93) 신동운, 461면; 신양균, 216면; 차용석/최용성, 268면.

94) 이재상/조균석, 338면.

정할 때에는 검사는 유치의 청구와 동시 또는 별도로 판사에 대하여 간수명령을 청구할 수 있다. 판사가 직권으로 간수명령을 발하는 것도 가능하다(제172조 제5항).

(4) 유치기간과 장소의 변경

감정유치에 필요한 유치기간에는 제한이 없다. 수사상의 감정유치에 있어서 감정유치장의 유치기간을 연장할 때에는 검사의 청구에 의하여 판사가 결정하여야 한다(동조 제6항).

감정유치에 관하여는 구속에 관한 규정이 적용되므로 검사가 감정유치가 필요없다고 인정하는 때에는 석방할 수 있다고 해석하는 것이 타당하다.

감정유치의 유치장소는 병원 기타 적당한 장소이다. 기타 장소에 대하여는 특별한 제한은 없으나 시설면에서 계호가 가능한 장소임을 요한다고 하겠다.

유치장소의 변경을 위해서는 검사가 판사에게 청구하여 결정을 받을 것을 요한다고 하겠다.

4. 감정유치와 구속

감정유치는 감정을 목적으로 하는 유치이지만 실질적으로 구속에 해당하므로 구속에 관한 규정이 준용된다(동조 제7항). 따라서 감정유치기간은 미결구금일수에 산입된다.

구속 중인 피의자에 대하여 감정유치장이 집행되었을 때에는 유치되어 있는 기간 동안은 그 집행이 정지된 것으로 간주한다. 따라서 감정유치기간은 구속기간에 포함되지 않는다. 감정유치기간 중에 피의자신문은 감정에 지장을 초래하지 않는 범위 내에서는 허용된다고 하겠다.

감정유치처분이 취소되거나 유치기간이 만료된 때에는 구속의 집행정지가 취소된 것으로 간주한다(동조 제2항).

5. 감정에 필요한 처분

수사기관으로부터 감정을 위촉받은 자는 감정에 관하여 필요한 때에는 판사의 허가를 얻어 타인의 주거, 간수자의 가옥·건조물·항공기·선차 내에 들어갈 수 있고 신체의 검사, 사체의 해부, 분묘의 발굴, 물건의 파괴 등 필요한 처분을 할 수 있다(제221조의4 제1항). 필요한 처분에 대한 허가는 검사가 청구하여야 하며, 판사는 상당하다고 인정하는 때에는 허가장을 발부하여야 한다(동조 제2항·제3항).

제 3 절 수사상의 증거보전

수사상의 증거보전이란 수사절차에서 판사가 증거조사 또는 증인신문을 하여 그 결과를 보전하는 것을 말한다. 증거조사는 원칙적으로 공판정에서 수소법원에 의하여 행해진다. 그러나 공판정에서의 정상적인 증거조사가 이루어질 때까지 기다려서는 증거방법의 사용이 불가능하거나 곤란한 경우 또는 참고인이 출석이나 진술을 거부하거나 공판정에서 다른 진술을 할 염려가 있는 경우에는 수사절차에서도 미리 판사에 의해 증거조사나 증인신문을 하게 함으로써 증거를 보전할 수 있게 한 것이다. 증거보전과 증인신문의 청구가 여기에 해당한다.

증거보전절차에서 판사는 압수·수색·검증 또는 증인신문을 할 수 있고, 증인신문의 청구에 의하여 참고인에 대한 증인신문이 행해진다.

Ⅰ. 증거보전

1. 증거보전의 의의

(1) 증거보전절차의 의의

증거보전이란 공판정에서의 증거로 사용하기 불가능 또는 곤란한 사정이 있는 경우에 피의자·피고인·변호인 또는 검사의 청구에 의해 법원의 판사가 수사절차에서 미리 증인신문·검증·감정·압수·수색 등의 증거조사를 하여 그 결과를 보전하여 나중에 공판정에서 사용할 수 있게 하는 제도를 말한다(제184조). 이 제도는 참고인의 출석이나 진술거부, 진술번복의 염려, 증거보전 등을 고려한 제도이다.

(2) 증거보전의 취지와 성질

증거보전절차는 제1회 공판기일 전에 한하여 인정되는 절차라는 점에서 수사단계에서의 증거를 수집·보전하는 절차라고 할 수 있다. 검사에게는 수사단계에 있어서 증거를 수집·보전하기 위한 강제처분권이 인정되고 있지만 피의자에게는 이를 인정하고 있지 않다. 증거보전절차란 이와 같이 강제처분권이 인정되지 않는 피의자나 제1회 공판기일 전의 피고인에게 미리 증거를 보전하게 함으로써, 특히 수사과정에서의 무기평등의 원칙을 실현하는데 있다. 증거보전절차에 의하여 검사도 증거보전제도를 사용할 수 있지만, 특히 피의자로 하여금 수사절차상 미리 자기에게 유리한 증거를 수집·보전할 수 있도록 하는 데에 이 제도의 의미가 크다. 수사기관인 검사는 수사절차상 강제처분을 통해 유죄의 증거를 수집·보전할 수 있지만 피의자는 그에 맞설 권한이 없기 때문이다.

증거보전절차는 주로 피의자 또는 피고인에게 유리한 증거를 수집·보전하기 위한 강제처분으로서 수사절차상 피의자 또는 피고인의 지위를 강화함으로써 당사자주의를 강화하여 공정한 재판의 이념을 실현하도록 하는 제도라 할 수 있다.

한편 객관적 관청인 검사는 공소제기 전에도 광범위하게 강제처분권을 행사할 뿐만 아니라 증거보전의 한 유형인 증인신문의 청구권(제221조의2)까지 가지므로 검사에게 증거보전청구권을 인정하는 것은 제도적으로 의미가 없을 뿐만 아니라 이론적으로도 타당하지 않다.

2. 증거보전의 요건

증거보전은 미리 증거를 보전하지 않으면 그 증거를 사용하기 곤란한 사정이 있는 경우에 제1회 공판기일 전에 한하여 인정된다.

(1) 증거보전의 필요성

증거보전을 위해서는 증거를 보전하지 않으면 사용하기 곤란한 사정, 즉 증거보전의 필요성이 있어야 한다(제184조 제1항). '증거로 사용하기 곤란한 사정'이란 증거조사가 불가능하거나 곤란한 경우뿐만 아니라 증거의 증명력에 변화가 예상되는 경우도 포함된다. 따라서 서증·물증에 대하여는 멸실·분산·은닉·성상의 변경이 있는 경우, 증인의 경우에는 사망·질병·해외체류·진술변경·진술불능의 경우가 여기에 해당한다.

검증의 경우에는 검증대상의 멸실·훼손·변경이나 감정인을 증인으로 신문할 수 없는 경우도 포함된다.

(2) 청구기간

제1회 공판기일 전까지 할 수 있다. 제1회 공판기일 후에는 수소법원에서의 증거조사가 가능하므로 증거보전의 필요성이 없어지기 때문이다. 제1회 공판기일이란 수소법원에서의 증거조사가 가능한 단계를 의미한다. 형사소송법은 증거조사시기를 제287조의 규정에 의한 절차(재판장의 쟁점정리 및 검사·변호인의 증거관계 등에 대한 진술)가 끝난 후에 실시한다고 규정하고 있다(제290조). 따라서 제1회 공판기일 전이란 모두절차가 끝난 때까지를 의미한다고 해야 한다.

종래에는 제1회 공판기일 전의 의미에 대하여, ① 피고인신문이 개시되기 전이라는 견해와 ② 검사의 모두진술이 끝난 때라는 견해가 대립하였으나, 개정 형사소송법에 의하여 피고인신문시기를 증거조사 종료 후로 변경하였고(제296조의2), 피고인의 모두진술(제286조)과 재판장의 쟁점정리 및 검사·변호인의 증거관계 등에 대한 진술(제287조)을 요구하고 있으므로 이러한 견해의 대립은 무의미하게 되었다.

3. 증거보전의 절차

(1) 증거보전의 청구권자

1) 청구권자

검사·피의자·피고인 또는 변호인이다. 여기서 말하는 피고인이란 공소제기 후 제1회 공판기일 이전의 피고인을 말한다. 피의자는 청구권자이나 내사자나 거동수상자는 증거보전을 청구할 수 없다. 상소심이나 파기환송 후의 절차나 재심청구사건에서도 증거보전은 인정되지 않는다. 변호인의 증거보전청구권은 독립대리권에 속한다.

2) 청구방식

증거보전청구는 수소법원에 청구하는 것이 아니라 압수할 물건의 소재지, 검증할 장소, 신체, 물건의 소재지, 증인의 주거지 또는 현재지, 감정대상의 소재지 또는 현재지를 관할하는 지방법원판사에게 하여야 한다(규칙 제91조). 증거보전청구는 서면으로 하여야 하고, 증거보전사유를 소명해야 한다(제184조 제3항). 즉 증거보전청구서에는 ① 사건의 개요, ② 증명할 사실, ③ 증거 및 보전의 방법, ④ 증거보전을 필요로 하는 사유를 기재해야 한다(규칙 제92조).

3) 청구내용

압수·수색·검증·증인신문 또는 감정을 청구할 수 있다. 그러나 피의자 또는 피고인신문은 청구할 수 없다. 그러나 증거보전절차를 통하여 공동피고인 또는 공범자를 증인으로 신문하는 것은 가능하다.[95] 다만, 공범인 공동피고인의 증인적격을 부정

95) 대법원 1988. 11. 8. 선고 86도1646 판결.

하는 견해에 의하면 공범자에 대한 증거보전청구는 인정되지 않는다.

(2) 증거보전의 처분

1) 지방법원판사의 결정

청구받은 지방법원 판사는 청구가 적법하면서 필요하다고 인정할 때에는 증거보전을 하여야 한다. 이와 반대로 청구가 부적법하거나 불필요하다고 인정할 때에는 청구기각결정을 하게 된다. 항고는 수소법원의 결정에 대한 불복방법이며, 준항고는 재판장 또는 수명법관의 결정과 검사 또는 사법경찰관의 처분에 대하여 그 소속법원 또는 관할법원에 취소 또는 변경을 청구하는 불복신청방법이다.

증거보전청구를 기각하는 결정에 대하여는 3일 이내에 항고할 수 있다(제184조 제4항).

2) 판사의 권한

증거보전을 청구 받은 판사는 그 처분에 관해 법원 또는 재판장과 동일한 권한이 있다. 그러므로 판사는 증인신문을 위해 소환·구인을 할 수 있고, 압수·수색·검증·증인신문 및 감정에 관해서도 수소법원의 재판장과 동일한 권한이 있다. 증인신문시에는 검사 또는 피의자나 피고인의 참여권을 보장해야 한다(제163조, 제184조 제2항).

4. 증거보전 후의 절차

(1) 증거물의 열람·등사권

증거보전에서 압수한 물건 또는 작성한 조서는 증거보전을 한 판사가 소속한 법원에서 보관한다. 검사·피고인·피의자 또는 변호인은 판사의 허가를 얻어 그 서류와 증거물을 열람 또는 등사할 수 있다(제185조). 피고인에는 증거보전을 청구한 피고인뿐만 아니라 공동피고인도 포함된다. 변호인에는 공동피고인의 변호인도 포함된다.

그러나 공동피의자는 피고인이 된 때에 비로소 열람·등사권이 인정된다고 해야 한다. 열람·등사를 청구할 수 있는 시기에는 특별한 제한이 없으므로 제1회 공판기일 전임을 요하지 않는다.

(2) 증거보전절차에서 작성된 조서의 증거능력

증거보전에 의해 작성된 조서는 법원 또는 법관의 면전에서 작성된 조서로서 절대적으로 증거능력이 인정된다(제311조). 그러나 검사·피고인 또는 변호인이 이를 증거로 이용하기 위해서는 수소법원에 그 증거조사를 청구하여야 하며, 수소법원은 증거보전을 한 법원에서 기록을 송부받아 증거조사를 하여야 한다. 그런데 증거보전절차에서 피의자와 변호인에게 참여의 기회를 주지 않고 작성된 증인신문조서의 경우에는 증거능력이 인정되지 않는다.[96]

Ⅱ. 증인신문의 청구

1. 증인신문청구의 의의

(1) 의　　의

증인신문의 청구란 참고인(증인, 피해자 등)이 출석 또는 진술을 거부하거나 수사기관에서 임의로 진술한 자가 그 진술과 다른 진술을 공판기일에 할 염려가 있고, 그 진술이 범죄증명에 없어서는 안 될 것으로 인정되는 경우에 제1회 공판기일 전에 한하여 검사의 청구에 의하여 판사가 그를 증인으로 심문하여 그 증언을 수집·보전하는 대인적 강제처분을 말한다(제221조의2).

증인신문의 청구는 수소법원이 아닌 판사에 의한 참고인에 대한 증인신문이라는 점에서 수소법원이 행하는 증인신문과 구별된다. 또한 증거를 수집·보전을 목적으로 하는 판사에 의한 강제처분이라는 점에서는 증거보전절차와 유사하지만, 증인신문의 청구권자가 검사에 제한되고 청구의 요건과 내용에 있어서는 증거보전절차와 다르다.

수사기관인 검사나 사법경찰관은 참고인에게 출석을 요구하여 진술을 들을 수 있지만, 참고인조사는 임의수사에 지나지 않으므로 참고인의 출석과 진술을 강제하는 것은 원칙적으로 적합하지 못하다고 할 수 있다. 그러나 범죄수사라는 공익목적의 달성을 위해서는 범죄에 대하여 책임없는 제3자라 하더라도 국가형벌권의 신속하고 적정한 실현과 실체적 진실발견을 위하여 이를 어느 정도 강제할 필요가 있다. 독일의 경우에는 참고인에게 검사에 대한 출석과 진술의무를 인정하고 있고,[97] 일본의 경우에도 검사에게 증인신문청구를 인정하고 있다.[98]

(2) 증인신문청구 규정의 위헌성여부

형사소송법 제221조의2가 헌법 제12조 제1항의 적법절차조항이나 평등권조항에

96) 대법원 1992. 2. 28. 선고 91도2337 판결.
97) 독일 형사소송법 제161조의 a 참조.
98) 일본형사소송법 제226조 내지 제228조 참조.

위반된다는 지적이 있다. 1995년 형사소송법 개정 때 외국거주로 인하여 진술할 수 없는 경우에 제314조에 의해 검사작성조서를 증거로 할 수 있다고 규정하였으므로, 증인신문청구제도를 이용해야 할 필요성이 그만큼 약화되었다고 할 수 있다.

2. 증인신문의 청구요건

검사가 참고인에 대하여 증인신문을 청구하기 위해서는 증인신문의 필요성이 있어야 하며, 이 경우에도 제1회 공판기일 전에 한하여 할 수 있다.

(1) 증인신문의 필요성

증인신문의 필요성은 참고인이 수사기관에의 출석과 진술을 거부하는 경우에 인정된다(제221조의2 제1항). 이 경우에도 증명의 대상이 되는 범죄사실 내지 피의사실의 존재는 반드시 필요하다.

1) 범죄수사에 없어서는 아니될 사실을 안다고 인정되는 자

여기서 범죄수사에 없어서는 아니 될 사실이란 범죄의 증명에 없어서는 아니 될 사실보다는 넓은 개념으로서 범죄의 성부에 관한 사실뿐만 아니라 정상에 관한 사실로서 기소·불기소의 결정과 형의 양정에 중대한 영향을 미치는 사실도 포함된다. 이러한 사실을 안다고 인정되는 자란 예컨대 피의자의 소재를 아는 자나 범죄의 증명에 없어서는 안 될 지식을 가지고 있는 참고인의 소재를 알고 있는 자가 여기에 해당된다. 그러나 증인신문의 대상은 비대체적 지식이므로 감정인은 여기에 해당되지 않지만, 공범자나 공동피의자는 다른 피의자에 대한 관계에서 증인이 될 수 있으므로 여기에 해당된다.

2) 출석거부 또는 진술거부

참고인이 진술을 하였으나 진술조서에의 서명 또는 날인을 거부하는 경우에도 진술거부에 해당하여 증인신문이 허용되며, 진술의 전부를 거부한 경우 또는 진술의 일부를 거부하는 경우에도 그 부분이 범죄수사에 없어서는 안 될 부분인 때에는 증인신문의 대상이 된다.

또한 출석거부 또는 진술거부가 정당한 이유가 있는 경우에도 여기에 해당된다. 따라서 증언거부권이 있는 자에 대하여도 증인신문을 청구할 수 있다.

종래에는 참고인이 공판기일에서 진술을 번복할 위험이 있는 경우에도 증인신문을 청구할 수 있도록 형사소송법이 규정하고 있었으나, 헌법재판소가 적법절차의 원

칙과 공정한 재판을 받을 권리에 위배된다는 이유로 위헌결정을 함으로써 이 조항은 삭제되었다.[99)]

(2) 제1회 공판기일 전

증인신문의 청구는 제1회 공판기일 전에 한하여 허용된다. 공소제기 전후를 불문한다. 여기서 말하는 제1회 공판기일 전이란 모두절차가 끝난 때까지를 말한다.

3. 증인신문의 절차

(1) 증인신문청구

증인신문의 청구는 검사에 제한된다. 참고인이 사법경찰관의 출석요구에 출석 또는 진술을 거부한 때에는 증인신문을 청구할 수 있다

(2) 청구의 심사

판사는 증인신문의 청구가 적법하고 요건을 구비하였는가를 심사한다. 청구절차가 부적법하거나 요건이 구비되지 않은 때에는 청구를 기각하여야 한다. 청구기각에 대하여는 불복할 수 없다.

(3) 증인신문의 방식

증인신문을 행하는 판사는 증인신문에 관하여 법원 또는 재판장과 동일한 권한이 있다(제221조의 4항).

증인신문에는 피의자·피고인 또는 변호인의 참여권이 인정된다. 즉 판사는 피의자·피고인 또는 변호인에게 증인신문기일을 통지하여 증인신문에 참여할 수 있도록 하여야 한다(동조 제5항). 이 경우에 판사는 심문기일과 장소 및 증인신문에 참여할 수 있다는 취지를 통지하여야 한다(규칙 제112조).

4. 증인신문 후의 조치

증인신문에 대하여 참여서기는 증인신문조서를 작성하고(제48조), 판사는 지체없이 이 서류를 검사에게 송부해야 한다. 공판조서와 같이 증거능력이 인정된다. 증인신문에 관한 서류는 피의자, 피고인, 변호인에게 열람·등사권이 인정되지 않는다. 증인신문을 한 판사는 당해 사건의 직무집행으로부터 제척된다고 해석해야 한다.

---

99) 헌법재판소 1996. 12. 26. 선고 94헌바1 결정.

제 3 장 수사의 종결

제 1 절 검사의 수사종결

Ⅰ. 수사절차의 종결

수사란 범죄의 혐의 유무를 밝혀 공소를 제기하고 유지할 것인가를 결정하기 위한 수사기관의 활동이다. 따라서 수사기관은 수사개시 후 공소제기유무를 확정하여 수사를 종결하게 된다. 수사는 종결한 이후에도 공소유지를 위해 계속 수사할 수 있고, 불기소처분 후에도 수사재개를 할 수 있다.

수사종결은 검사만이 할 수 있다(제246조). 사법경찰관은 관계서류나 증거를 검사에게 송부해야 하고(제238조 참조), 피의자를 구속한 때에는 10일 이내에 검사에게 인치하지 않으면 석방하여야 한다(제202조).

Ⅱ. 검사의 사건처리(수사종결처분의 종류)

검사의 수사종결처분에는 **공소제기·불기소처분** 및 **타관송치**가 있다. 그 내용을 구체적으로 살펴보면 다음과 같다.

1. 공소제기

공소를 제기함에는 공소장을 관할법원에 제출하여야 한다(제254조 제1항)). 검사는 벌금, 과료 또는 몰수에 해당하는 사건에는 약식명령을 청구할 수 있다(제448조). 약식명령청구는 공소제기와 동시에 서면으로 한다(제449조).

2. 불기소처분

불기소처분에는 피의사건이 범죄를 구성하지 않거나 공소제기할 만한 충분한 혐의가 없거나 기타 소송조건이 구비되지 않아서 적법한 공소를 제기할 수 없는 경우인 **'협의의 불기소처분'**(검찰사건사무규칙 제69조)과 범죄의 객관적 혐의가 충분하고 소송조건이 갖추어졌지만 형사정책적 이유에서 공소제기를 하지 않는 **'기소유예'**(형법 제51조, 형사소송법 제247조 제1항) 및 **'기소중지'**가 있다.

(1) 협의의 불기소처분

협의의 불기소처분에는 혐의 없음, 죄가 안됨, 공소권 없음, 각하가 있다.

1) 혐의 없음

피의사실이 인정되지 않거나 피의사실을 인정할 만한 충분한 증거가 없는 경우 또는 피의사실이 범죄를 구성하지 않는 경우에 혐의 없음의 결정을 한다(검찰사건사무규칙 제69조 제3항 제2호).

2) 죄가 안됨

피의사실이 범죄구성요건에는 해당하나 법률상 범죄성립조각사유가 있어서 범죄를 구성하지 않는 경우이다(검찰사건사무규칙 제69조 제3항 제3호). 즉, 예컨대 피의자가 형사미성년자인 경우와 같이 위법성조각사유나 책임조각사유가 있는 경우를 의미한다.

3) 공소권 없음

피의사건에 관하여 소송조건이 결여되었거나 형 면제 사유가 있는 경우에 하는 처분이다(검찰사건사무규칙 제69조 제3항 제4호). 예를 들어 확정판결이 있는 경우, 통고처분이 이행된 경우, 「소년법」, 「가정폭력범죄의 처벌 등에 관한 특례법」 또는 「성매매알선 등 행위의 처벌에 관한 법률」에 의한 보호처분이 확정된 경우(보호처분이 취소되어 검찰에 송치된 경우를 제외한다), 사면이 있는 경우, 공소의 시효가 완성된 경우, 범죄 후 법령의 개폐로 형이 폐지된 경우, 법률의 규정에 의하여 형이 면제된 경우, 피의자에 관하여 재판권이 없는 경우, 동일사건에 관하여 이미 공소가 제기된 경우(공소를 취소한 경우를 포함한다. 다만, 다른 중요한 증거를 발견한 경우에는 그러하지 아니하다), 친고죄 및 공무원의 고발이 있어야 논하는 죄의 경우에 고소 또는 고발이 없거나 그 고소 또는 고발이 무효 또는 취소된 때, 반의사불벌죄의 경우 처벌을 희망하지 아니하는 의사표시가 있거나 처벌을 희망하는 의사표시가 철회된 경우, 피의자가 사망하거나 피의자인 법인이 존속하지 아니하게 된 경우 등이 여기에 해당한다.

4) 각 하

고소 또는 고발이 있는 사건에 관하여 고소인 또는 고발인의 진술이나 고소장 또는 고발장에 의하여 혐의없음, 죄가 안됨, 공소권 없음의 사유에 해당함이 명백한 경우, 고소·고발이 형사소송법 제224조, 제232조 제2항 또는 제235조에 위반한 경우, 동일사건에 관하여 검사의 불기소처분이 있는 경우(다만, 새로이 중요한 증거가 발견된 경우에 고소인 또는 고발인이 그 사유를 소명한 때에는 그러하지 아니하다), 형사소송법 제223조, 제225조부터 제228조까지의 규정에 따른 고소권자가 아닌 자가 고소한 경우, 고소·고발장 제출 후 고소인 또는 고발인이 출석요구에 불응하거나 소재불명되어 고소·고발사실에 대한 진술을 청취할 수 없는 경우, 고소·고발 사건에 대하여 사안의 경중 및 경위, 고소·고발인과 피고소·피고발인의 관계 등에 비추어 피고소·피고발인의 책임이 경미하고 수사와 소추할 공공의 이익이 없거나 극히 적어 수사의 필요성이 인정되지 아니하는 경우 및 고발이 진위 여부가 불분명한 언론 보도나 인터넷 등 정보통신망의 게시물, 익명의 제보, 고발 내용과 직접적인 관련이 없는 제3자로부터의 전문(傳聞)이나 풍문 또는 고발인의 추측만을 근거로 한 경우 등으로서 수사를 개시할만한 구체적인 사유나 정황이 충분하지 아니한 경우 등에는 각하결정을 하게 된다(검찰사건사무규칙 제69조 제3항 제5호).

(2) 기소유예

범죄혐의가 인정되고 소송조건이 구비되었으나 형법 제51조 참작하여 범인의 연령, 성행, 지능, 환경, 범행동기, 수단과 결과, 범행후의 정황 등을 참작하여 공소를 제기하지 않는 경우를 말한다(제241조). 국가보안법상 '**공소보류**'를 받은 자가 공소제기 없이 2년을 경과한 때에는 소추를 할 수 없다. 그러나 공소보류가 취소된 경우에는 동일한 범죄사실로 재구속을 할 수 있다(국가보안법 제20조 제4항).

(3) 기소중지와 참고인 중지결정

기소중지는 피의자의 소재불명으로 수사를 종결할 수 없는 경우 그 사유가 해소될 때까지 하는 처분이다. 이는 기소중지는 '잠정적 수사종결처분' 내지 수사중지처분이라 할 수 있다. 참고인이나 고소인의 소재불명시에는 **참고인 중지결정**을 할 수 있다(검찰사건사무규칙 제74조).

3. 타관송치

관할법원에 대응한 검찰청 검사에게 서류와 증거물을 함께 사건을 송치한다. 피고인이 군사법원에서 처리할 사건인 경우에는 군사법원에 사건을 송치하고, 소년피의사건이고 수사결과 벌금이하에 해당하는 범죄이거나 보호처분에 해당하는 사유가 있을 경우에는 관할법원인 '관할소년부에 사건을 송치'한다.

Ⅲ. 검사의 처분 후의 통지의무

1. 고소인·고발인에 대한 통지의무

검사는 고소·고발은 수리한 날로부터 3월 이내에 수사를 완료하고 공소제기여부를 결정해야 한다(제257조). 검사는 공소취소, 타관송치를 한 때에는 그 처분을 한 날로부터 7일 이내에 서면으로 고소·고발인에게 그 취지를 통지하여야 한다(제258조 제1항).

2. 불기소처분의 이유고지

검사는 고소 또는 고발 있는 사건에 관하여 공소를 제기하지 아니하는 처분을 한 경우에 고소인 또는 고발인의 청구가 있는 때에는 7일 이내에 그 이유를 서면으로 설명하여야 한다(제259조). 이는 검사의 기소독점주의에 대한 규제로서의 의미를 지닌다.

3. 피의자에 대한 처분통지의무

검사는 불기소 또는 타관송치를 한 때에는 피의자에게 즉시 그 취지를 통지해야 한다(제258조 제2항). 이는 불안한 상태에 있는 피의자를 보호하기 위한 규정이다.

Ⅳ. 불기소처분에 대한 불복

1. 재정신청

고소권자로서 고소를 한 자는 검사로부터 공소를 제기하지 아니한다는 통지를 받은 때에는 그 검사 소속의 지방검찰청 소재지를 관할하는 고등법원에 그 당부에 관한 재정을 신청할 수 있다(제260조 제1항). 다만 형법 제123조(직권남용죄), 제124조(불법체포·감금죄), 제125조(폭행·가혹행위), 제126조(피의사실공표죄)의 죄에 대하여는 고발을 한 자도 재정신청권자에 포함된다.

이와 같이 고소권자 또는 일정한 고발자가 검사의 불기소처분에 대하여 그 당부를 관할 고등법원에 신청하는 것을 재정신청(裁定申請)이라 한다. 다만, 재정신청을 하려면 검찰청법 제10조에 따른 항고·재항고 절차를 거쳐야 한다. 검찰항고절차를 거친 재정신청이 이유있는 때에는 관할고등법원이 공소제기를 결정하게 되고, 이에 따라 검사의 공소제기를 강제하기 때문에 재정신청은 이를 **기소강제절차**라고도 한다.

2. 항고·재항고

검사의 불기소처분에 불복하는 고소인 또는 고발인은 그 검사가 속하는 지방검찰청 또는 지청을 거쳐 서면으로 관할 고등검찰청의 검사장에게 항고할 수 있다. 이 경우 지방검찰청 또는 지청의 검사는 항고가 이유 있다고 인정하는 때에는 그 처분을 경정(更正)하여야 한다(검찰청법 제10조 제1항). 고등검찰청검사장은 항고가 이유 있다고 인정하는 때에는 소속 검사로 하여금 지방검찰청 또는 지청 검사의 불기소처분을 직접 경정하게 할 수 있다(동조 제2항). 항고를 한 자는 항고를 기각하는 처분에 불복하거나 항고를 한 날로부터 항고에 대한 처분이 행하여지지 아니하고 3개월이 경과한 때에는 그 검사가 속하는 고등검찰청을 거쳐 서면으로 검찰총장에게 재항고할 수 있다(동조 제3항).

다만 형사소송법 제260조에 따라 재정신청을 할 수 있는 자는 제외하므로, 재항고는 고발인에 대하여만 인정되는 결과가 된다. 이 경우 당해 고등검찰청 검사는 재항고가 이유 있다고 인정하는 때에는 그 처분을 경정하여야 한다(동조 제3항).

항고는 고소인 등이 불기소처분의 통지를 받은 날로부터 30일 이내에, 재항고는 항고기각결정의 통지를 받은 날 또는 항고에 대한 처분이 행하여지지 아니하고 3개월이 경과한 날부터 30일 이내에 하여야 한다(동조 제5항). 다만 항고를 한 자에게 책임이 없는 사유로 인하여 그 기간 내에 항고 또는 재항고를 하지 못한 것을 소명한 때에는 그 사유가 해소된 때부터 기산한다(동조 제6항). 기간을 경과하여 접수된 항고 또는 재항고는 기각하여야 한다. 다만, 새로운 중요한 증거가 발견된 경우에 고소인 또는 고발인이 그 사유를 소명한 때에는 위 기간에도 불구하고 항고 또는 재항고를 할 수 있다(동조 제7항).

종래에는 재정신청사건이 제한적인 범죄에만 허용되었으므로 검사의 불기소처분에 대한 구제방법으로서 고소인은 공권력의 행사 또는 불행사로 인하여 기본권을 침해받은 자로서 헌법재판소에 그 권리구제를 청구할 수 있는 헌법소원이 가능하였다. 그러나 개정 형사소송법에 의하여 재정신청이 모든 고소범죄로 확대되었으며, 법원에 의한 재판에 대하여는 헌법소원이 허용되지 않기 때문에 더 이상 검사의 불기소처분에 대한 헌법소원은 불가능하게 되었다.[1)]

제 2 절 공소제기 후의 수사

Ⅰ. 수사의 시간적 범위

1. 수사의 시간적 한계

수사는 범인의 발견과 증거수집을 내용으로 하므로 주로 공소제기 전에 이루어진다. 따라서 수사결과 충분한 범죄혐의가 인정되어 공소를 제기하게 되면 수사는 원칙적으로 종결된다. 그러나 공소제기 후에도 피고인의 추가범죄사실을 밝히거나 피고인의 공판정에서의 주장의 당부 등을 밝히기 위해서도 수사는 필요하다. 즉 검사의 공소제기 후에도 공소유지, 또는 공소유지여부를 판단하기 위하여 수사는 판결이 확정될 때까지 가능하다고 하겠다.

다만 재심사건의 경우에는 판결이 확정된 이후에도 재심청구의 시기에 제한이 없으므로 수사기관은 증거를 수집할 수 있다.

2. 공소제기 후의 수사

공소제기 후에도 수사는 할 수 있으나, 공소제기 전과 동일한 수사방법이 허용된다고 할 수는 없다.

왜냐하면 ① 검사의 공소제기에 의하여 피고사건은 법원에 소송이 계속(係屬)되

---

1) 2015년 헌법소원 접수사건 1,325건 중 불기소처분에 대한 것은 256건으로 19.3%에 해당한다.

어 검사의 지배하에 있던 사건이 법원의 심리 하에 놓이게 되므로 공소제기 전과 동일하게 수사기관의 수사를 허용하면 법원의 심리에 지장을 초래하게 되고, ② 공소제기 후에는 피고인도 당사자로서의 지위에 있기 때문에 검사가 피고인을 수사하는 것은 당사자주의에 배치되며, ③ 공소제기 후에 강제수사를 허용하는 것은 피고인의 인권을 침해하는 것이고, 이는 또한 **강제수사법정주의**에도 반한다고 할 수 있기 때문이다. 따라서 공소제기 후의 수사문제는 피고인에 대한 신문과 압수·수색·검증이 허용되는가가 주로 문제된다.

Ⅱ. 공소제기 후의 강제수사

1. 피고인 구속

공소제기 후에 수사기관은 피고인을 구속할 수 없으며, 공소제기 후의 피고인에 대한 구속여부는 법원의 권한에 속한다(제70조). 공판절차상 수사기관은 피고인의 반대당사자인데, 반대당사자인 검사가 피고인을 구속하는 것은 당사자대등의 원칙에도 반하므로 공소제기 후에 수사기관에 의한 피고인의 구속은 허용되지 않는다는 점에 대하여는 이견이 없다.

2. 압수·수색·검증

(1) 견해의 대립

그러나 공소제기 후에 수사기관에 의한 압수·수색·검증이 허용되는가에 대하여는 학설이 대립한다.

1) 긍 정 설

공소제기 후에도 수사기관에 의한 압수·수색·검증은 원칙적으로 허용된다는 견해[2]이다. 그 근거로는 ① 제215조가 영장청구의 시기를 제한하고 있지 않으며, ② 수사기관의 압수·수색·검증이 피고인의 방어활동에 영향을 미치지 않고, ③ 공소제기 후에는 법원에 의한 압수·수색·검증을 중심으로 하지만 이는 오히려 당사자주의와 모순되므로, 공소제기 후에도 수사기관에 의한 압수·수색·검증의 강제수사를 하는 것이 당사자주의와 공판중심주의에 오히려 부합된다는 점을 들고 있다. 다만 긍정설

---

2) 강구진, 245면.

의 경우에도 제1회 공판기일 이후에는 법원에 의한 압수·수색·검증에 의하여야 한다는 입장을 취하며, 일본에서의 통설의 입장이다.

2) 부 정 설

공소제기 후에는 수사기관에 의한 대물적 강제처분인 압수·수색·검증은 원칙적으로 허용되지 않는다는 견해[3]이다. 부정설은 그 근거로, ① 제215조는 수사상의 강제처분에 관한 규정으로서 이 규정은 인권보장적 견지에서 제한적으로 해석해야 하며, ② 공소가 제기되면 사건이 법원에 계속되므로 압수·수색·검증도 수사기관이 아니라 법원의 권한에 속하게 되고, ③ 나아가 공소제기 후 제1회 공판기일 전에 압수·수색·검증해야 할 긴급한 사정이 있는 때에는 증거보전절차(제184조)에 의한 증거보전이 가능하고, 또한 제1회 공판기일 후에는 법원에 의한 압수·수색·검증이 가능하므로 수사기관에 의한 강제처분을 인정할 필요도 없다는 점을 들고 있다.

(2) 검　토

생각건대 ① 형사소송법 제215조는 압수·수색·검증영장을 청구할 수 있는 시기를 제한하고 있지는 않지만, 형사소송규칙 제107조에는 영장청구시에 피의사실요지를 기재하게 하고 있고, 형사소송규칙 제108조 제1항에는 피의자에 대해서만 이를 인정하고 있다. ② 제184조의 증거보전청구권을 피의자·피고인뿐만 아니라 검사에게도 인정하고 있으므로 별도로 검사에게 제1회 공판기일 이전에 압수·수색·검증을 허용해야 할 현실적인 필요성도 없다. ③ 만약 제1회 공판기일 이전에 검사가 제215조에 의한 영장을 청구한다고 할 경우에 범죄의 혐의가 있다고 인정되는 자료를 제출해야 하므로(규칙 제108조 제1항), 이는 형사소송법이 규정하고 있는 법관의 예단배제를 위한 공소장일본주의의 취지에도 반한다고 할 수 있다. 따라서 공소제기 후에는 수사기관에 의한 압수·수색·검증이 허용되지 않는다는 부정설이 타당하며,[4] 판례도 부정설의 입장을 취하고 있다.[5]

다만 예외적으로 다음과 같은 경우에는 수사기관에 의한 압수·수색·검증이 허용된다고 할 수 있다.

3) 배종대/이상돈/정승환/이주원, §21/6; 신동운, 604면; 신양균, 296면; 신현주, 283면; 이영란, 377면; 차용석/최용성, 280면.

4) 이재상/조균석, 357면.

5) 대법원 2011. 4. 28. 선고 2009도10412 판결.

1) 피고인에 대한 구속영장을 집행하는 경우

검사 또는 사법경찰관이 피고인에 대한 구속영장을 집행할 때에는 집행현장에서는 영장 없이 압수·수색·검증할 수 있다(제216조 제2항). 이 경우는 검사 또는 사법경찰관이 집행기관으로서 구속영장을 집행하는 데 불과하지만, 압수·수색·검증은 수사에 속하는 강제처분이므로 구속영장 집행시의 압수물은 법원에 제출하는 것이 아니라 수사기관이 보관할 수 있다.

2) 임의제출물의 압수

임의제출물(任意提出物)에 대하여 압수(押收)할 수 있다는 점에 대하여는 의문의 여지가 없으나, 그 근거에 대하여는 견해가 대립한다.

임의제출물의 압수를 임의수사라는 견해도 있으나, 수사기관이 임의제출물의 점유취득과정에 강제력을 행사하지는 않았지만 일단 영치된 이상 제출자가 임의제출물을 임의로 취거할 수 없다는 점을 고려해보면 임의제출물의 압수는 강제수사라고 해야 한다. 임의제출물의 압수는 강제수사이지만 점유취득방법이 강제적이 아니라 임의적이므로 공소제기 후에도 허용된다고 하겠다. 이 경우에 이해관계인은 수사기관의 임의제출물의 압수에 대해 수소법원(受訴法院)에 압수물의 환부(還付) 또는 가환부(假還付)를 청구할 수 있다고 하겠다.

Ⅲ. 공소제기 후의 임의수사

1. 임의수사의 범위

형사소송법 제199조 제1항에는, "수사에 관하여 그 목적을 달성하기 위하여 필요한 조사를 할 수 있다"고 규정하고 있다. 따라서 수사기관은 공소제기 후에도 공소를 유지하기 위하여 임의수사는 원칙적으로 허용되므로, 공소제기 후의 참고인 조사, 감정·통역·번역의 위촉과 공무소에의 조회 등과 같은 임의수사는 제1회 공판기일 전후를 불문하고 허용된다고 하겠다.

그러나 공소제기 후의 임의수사라 하여도 수사대상에 따라 일정한 제약을 받는다고 할 수 있다. 예컨대 공소제기 후에도 참고인에 대한 조사는 허용되지만 피고인에게 유리한 증언을 한 증인에 대한 수사는 위증사건의 수사가 아닌 이상 허용되지 않는다고 해야 하는데, 이것은 공소제기 후에는 원칙적으로 법원에 의한 증인신문이 행해져야 하기 때문이다. 판례도 증인에 대한 수사기관이 작성한 진술조서는 피고인이 증거로 할 수 있음에 동의하지 않는 한 증거능력이 없으며,[6] 또한 증인을 상대로 위증의 혐의를 조사한 내용을 담은 피의자신문조서의 경우도 증거능력이 없으며,[7] 그와 같은 방법으로 수집된 증거의 신빙성도 상대적으로 희박하다는 입장을 취하고 있다.[8]

문제는 공소제기 후의 임의수사로서, 특히 문제되는 것은 피고인에 대한 임의수사가 허용되는지 여부이다.

2. 피고인의 신문

(1) 견해의 대립

공소제기 후에 수사기관이 임의수사로서 피고인을 신문을 할 수 있는가에 대하여는 적극설과 소극설 및 중간설의 대립이 있다.

1) 적 극 설

제1회 공판기일 후에도 피고인을 신문할 수 있다는 견해이다. 이 견해는 피고인신문이 임의수사라는 전제하에서 제199조의 수사에는 특별한 법적 제한이 없으며, 또한 제200조의 피의자의 출석요구라는 문언에도 불구하고 공소유지를 위해 피고인에 대하여도 필요한 신문이 가능하다는 입장이다. **일본 판례와 우리나라 대법원 판례**[9]의 입장으로서, 이 입장에서는 공소제기 후에 수사기관이 피고인을 신문하여 작성한 피고인진술조서에 대하여 증거능력을 인정하게 된다.

2) 제한적 긍정설(절충설, 중간설)

공소제기 후에도 제1회 공판기일 전에 한하여 수사기관에 의한 피고인신문을 허용해야 한다는 견해이다.[10] 이 견해는 피고인의 당사자로서의 지위와 공소제기 후의 피고인신문의 필요성을 조화시킨다는 측면에서, 제1회 공판기일에 이르러서야 비로소 당사자주의가 실현되므로 제1회 공판기일 전에는 임의수사로서 피고인신문이 허용된다는 입장이다.

---

6) 대법원 2012. 6. 14. 선고 2012도534 판결.
7) 대법원 2013. 8. 14. 선고 2012도13665 판결.
8) 대법원 1993. 4. 27. 선고 92도2171 판결.
9) 대법원 1984. 9. 25. 선고 84도1646 판결; 대법원 1982. 6. 8. 선고 82도754 판결.
10) 백형구, 74면.

그러나 피고인의 당사자로서의 지위는 제1회 공판기일의 전후에 따라 달라진다고 할 수는 없으며, 또한 공소제기 후 제1회 공판기일까지의 기간도 피고인이 공소사실에 대한 방어준비를 해야 하는 최초의 기회이므로 이를 충분히 활용하도록 시간을 확보해주어야 한다. 따라서 수사기관은 공소제기시까지 충분한 시간을 가지고 피의자를 신문하였기 때문에 피고인의 방어준비기간인 공소가 제기된 이후에 수사기관의 피고인신문을 허용하는 것은 타당하다고 할 수 없다.

다만, 예외적으로 피고인이 검사의 면담을 요구하는 경우, 공범자 또는 진범이 발견되어 피고인신문이 불가피한 경우에는 피고인의 이익을 위한 경우이거나 참고인으로 조사받는 것에 불과하기 때문에 수사기관의 피고인신문은 허용된다고 생각된다.

3) 소 극 설

공소제기 후에는 제1회 공판기일 전후를 불문하고 피고인신문을 할 수 없다는 견해로서, **우리나라 통설**[11]의 입장이다. 이 견해는 공소제기 후의 피고인 구속은 법원의 권한에 속한다(제70조)는 것을 근거로 한다. 즉 소극설은 그 논거로, ① 형사소송법 제199조에서 말하는 수사란 임의수사를 말하는데, 피의자 또는 피고인신문은 임의수사가 아니라 강제수사이므로 여기에 해당하지 않으며, ② 형소법 제200조에는 피의자신문만을 규정하고 피고인신문은 규정하고 있지 않는 점, 그리고 ③ 공소제기 후에 피고인을 신문하는 것은 당사자주의와 모순되고 공판중심주의에도 반하며, ④ 공판에서는 원칙적으로 변호인 없는 절차는 적정절차의 원리에 반하여 피고인의 변호권을 침해한다는 점 등을 들고 있다.

(2) 견해의 검토

형사소송법 제200조의 피의자의 출석을 요구하여 진술을 들을 수 있는 수사기관의 피의자신문은 임의수사이다. 왜냐하면 이 경우에는 피의자에게 진술거부권이 인정될 뿐만 아니라 피의자가 출석을 거부할 수도 있고, 출석한 후에도 언제나 퇴거할 수 있기 때문이다.

그런데 수사기관의 임의수사로서 피의자신문이 허용된다고 하여 피고인신문이 허용되는 것은 아니다. 왜냐하면 공소제기 후의 피고인은 소송의 주체로서 검사와 대등한 지위에서 방어권을 행사하는 당사자이기 때문에 소송계속 중에 피고인이 수사기관의 신문을 받는다는 것은 피고인의 방어권행사에 지장을 초래하게 된다. 따라서

11) 배종대/이상돈/정승환/이주원, §21/12; 신동운, 605면; 이영란, 380면; 이재상/조균석, 361면.

수사기관에 의한 피고인신문은 임의수사이지만, 형사소송법 제200조의 피의자 출석요구 문언에는 피고인이 포함되지 않을 뿐만 아니라, 제199조의 임의수사에 관한 규정을 근거로 피고인을 신문하는 것은 피고인의 당사자로서의 지위와 공정한 재판의 이념에 반하하기 때문에 제1회 공판기일 전후를 불문하고 허용되지 않는다고 해석하는 소극설의 입장이 타당하다.

따라서 공소제기 후에는 제1회 공판기일 전후를 불문하고 수사기관이 피고인신문을 하는 것은 허용되지 않으며, 이를 위반하여 작성된 수사기관 작성의 피고인진술조서는 위법하게 수집한 증거로서 증거능력이 부정된다고 하겠다. 미국 판례도 공소제기 후의 피고인신문은 정당한 변호권을 침해한다는 것을 이유로 금지하고 있다.[12)]

3. 참고인조사

참고인조사는 공소제기 이후에도 가능하다. 다만 제1회 공판기일 이후에는 수소법원에 증인신문을 청구해야 한다. 문제는 공판정에서 증인신문절차를 마친 증인을 수사기관이 참고인으로 조사할 수 있는가라는 점이다. 이러한 참고인조사는 적법절차에 위배되는 수사로서 이러한 방식으로 작성된 진술조서는 위법수집증거배제법칙에 의해 증거능력이 부정된다고 해야 한다.[13)]

4. 그 밖의 수사활동

감정·통역·번역의 위촉(221조), 공무소 등에의 조회(제199조 제2항) 등은 제1회 공판기일 전후를 불문하고 임의수사이므로 허용된다.

12) Massiah v. U.S., 377 U.S. 201(1964).
13) 대법원 2000. 6. 15. 선고 99도1108 전원합의체 판결.

제 4 장 공소제기

제 1 절 공소와 공소권이론

Ⅰ. 공소의 의의

검사가 법원에 대하여 특정한 형사사건의 심판을 요구하는 **법률행위적 소송행위**를 말한다. 검사의 공소제기에 의하여 범죄수사는 종결되고 사건은 공판절차로 이행하게 된다. 검사의 공소제기가 없는 사건에 대하여 법원이 심판을 할 수 없으며(불고불리의 원칙), 법원의 심판대상은 이러한 공소사실에 제한된다.

Ⅱ. 공소권이론

1. 공소권의 의의

공소권이란 **공소를 제기하는 검사의 권리**를 말한다. 구체적으로는 유·무죄의 실체재판을 청구하는 권리를 말한다. 검사의 공소권은 법원의 **심판권**, 피고인의 **방어권**과 함께 형사소송구조의 기본개념을 형성한다. 공소권은 실체법상의 형벌권과 구별되어 형벌권이 없더라도 공소권은 존재할 수 있고 형벌권이 없는 경우에는 무죄판결을 하게 된다. 공소제기는 유죄판결이 개연성이 인정될 것을 요하므로 공소권 행사는 형벌권의 존재를 전제로 행사되어진다고 할 수 있다.

2. 공소권이론

공소권이론이란 공소권의 본질과 성격을 법원의 심판권이나 피고인의 방어권과의 관계에서 어떻게 이해할 것에 관한 이론을 말한다. 공소권의 본질에 대하여는 다음과 같은 학설의 대립이 있다.

(1) 추상적 공소권설

형사사건에 관해 검사가 공소를 제기할 수 있는 일반적인 권한을 공소권으로 이해하는 견해이다. 그러나 추상적 공소권설은 "검사가 공소를 제기하여 수행한다"는 형사소송법 제246조의 국가소추주의에 관한 규정에 의하여 검사가 추상적 공소권을 가진다는 것은 명백하나, 공소권의 구체적인 내용을 밝히는 데는 무의미한 견해라는 비판을 받지 않을 수 없다. 민사소송의 추상적 소권설에 대응한 이론으로서 현재 이 견해를 따르는 학자는 없다.

(2) 구체적 공소권설

구체적 사건에 관하여 검사가 공소를 제기할 수 있는 구체적 권한을 공소권으로 이해하는 견해이다. 즉 구체적 공소권설은 추상적인 공소권을 전제로 구체적인 사건에 관하여 필요한 전제조건을 구비한 경우에 구체적으로 공소를 제기할 수 있는 검사에게 발생하는 권한을 말한다. 이를 '유죄판결청구권설'이라고도 한다. 우리나라 다수설[1]의 입장이다.

구체적 공소권설은 다시 공소권을 형식적 공소권과 실체적 공소권으로 구별한다. 전자는 형식적 요건을 구비한 경우의 공소권을 말하고, 재판권이나 관할권의 존재, 공소제기절차의 적법성, 친고죄에 있어서 고소의 제기 등을 말한다. 이 경우에 해당할 때에는 관할위반의 판결, 공소기각의 판결, 공소기각의 결정 등 형식재판을 하게 된다. 후자는 범죄혐의가 충분하고 유죄판결을 받을 객관적인 실체를 갖추고 있을 때 발생하는 공소권을 말한다. 예컨대 확정판결이 없을 것, 공소시효가 완성되지 않았을 것 등이다. 이러한 요건이 결여되었을 할 때에는 면소판결에 의해 소송절차를 종결하게 된다.

1) 형식적 공소권

형식적 공소권이란 공소제기를 위해 형식적 적법요건을 구비한 경우의 공소권, 즉 형식적 소송조건을 구비한 경우의 공소권을 말한다. 따라서 재판권이나 관할권이 있을 것, 소송계속이 없을 것, 공소제기절차가 법률의 규정에 위배되지 않았을 것, 친고죄에 있어서 고소가 있을 것 등과 같은 형식적 소송조건이 결여된 경우에 법원은

---

1) 손동권/신이철, 348면; 신동운, 549면; 이영란, 385면; 이은모, 386면; 임동규, 291면; 정영석/이형국, 227면.

공소기각의 재판을 하게 된다.

2) 실체적 공소권

실체적 공소권이란 실체적으로 범죄를 구성하는 혐의가 충분하고 유죄판결을 받을 법률상의 이익이 있는 경우의 구체적 공소권, 즉 확정판결이 없거나 공소시효가 완성되지 않았을 것과 같은 실체적 소송조건이 구비된 경우의 공소권을 말한다.

형식적 공소권이 없는 공소제기에 대하여는 공소기각의 재판을 하고, 실체적 공소권이 없는 공소제기에 대하여는 면소의 재판을 해야 한다는 것이다.

구체적 공소권설이 공소권의 남용을 억제하는 정책적 기능은 크다고 할 수 있다. 그러나 구체적 공소권설에 의하면 ① 실체적 소송조건이 구비된 경우에 유죄판결이 아니라 무죄판결을 선고할 경우에는 유죄판결청구권으로 공소권을 설명하는 구체적 공소권설로서는 이에 대한 설명이 어렵게 된다. 또한 ② 하나의 공소권을 형식적 공소권과 실체적 공소권의 두 가지로 나누는 것도 부당하다는 비판을 받는다.

(3) 실체판결청구권설

검사의 공소권을 구체적 사건에 관해 유·무죄의 실체판결을 청구하는 권리로 보는 입장이다.[2] 이 견해는 민사소송에 있어서 '본안판결청구권설'에 대응하는 이론이라 할 수 있다. 즉 검사가 구체적 사건에 관해 유·무죄의 실체판결을 구하는 권리를 공소권이라고 한다.

그러나 실체판결청구권설은 형사소송과 민사소송의 본질적 차이를 간과했다는 비판을 면하기 어렵다. 즉 형사소송은 민사소송과는 달리 유·무죄의 실체판결 외에도 면소판결, 관할위반의 판결, 공소기각의 판결·공소기각의 결정을 할 수 있으므로 옳지 않다.

3. 공소권이론 부인론

공소권은 소송조건과 표리일체의 관계에 있으므로 공소권이론은 소송조건이론으로 해소해야 한다는 견해를 '공소권이론 무용론(無用論)·부인론(否認論)'이라 한다.

즉 공소권이란 소송조건을 검사의 입장에서 본 것으로서, 공소권이론은 소송조건이론의 일면에 불과하므로 공소권의 개념은 그 자체가 소송의 동적(動的)·발전적 성격에 적합하지 않다고 하게 된다.[3] 공소권이론 부인론이 소송절차를 동적·발전적 절

2) 강구진, 58면; 백형구, 강의 443면; 이재상/조균석, 364면.

차로 이해한 점은 그 의미가 크다고 할 수 있다.

그러나 ① 검사의 공소권을 소송조건이론으로 환원하는 것은 직권주의적 입장에서 법원의 측면에서 살펴본 것이고, ② 공소제기의 유효요건인 소송조건에 공소권을 해소시켜 이해하는 것은 적절하지 못하며, ③ 검사의 공소권을 피고인의 방어권에 대립시켜 양 당사자의 권리로 파악할 때 검사의 공소권행사를 억제하는 기능을 수행한다는 점에 비추어 볼 때 공소권이론 부인론은 타당하다고 할 수 없다.[4)]

Ⅲ. 공소권남용이론

1. 의 의

공소권남용(公訴權濫用)이론이란 공소권의 남용이 있는 경우에 공소기각 또는 면소판결의 형식재판을 통해 소송을 종결시켜야 한다는 이론을 말한다. 이는 검사의 공소권에 권리남용이론을 적용하여 형사절차로부터 피고인을 조기에 벗어나게 하고 검사의 부당한 공소권행사를 통제하기 위해 주장된 이론이다.

2. 공소권남용의 유형

공소권남용이란 형식적으로는 공소권행사가 적법하지만 실질적으로 부당한 경우를 말한다. 이러한 공소권 남용에는 ① **혐의없는 사건의 공소제기**, ② **소추재량을 일탈한 공소제기**, ③ **차별적 공소제기**, ④ **위법수사에 의한 공소제기** 등 4가지 유형이 있다.

(1) 혐의없는 사건의 공소제기

범죄의 객관적 혐의가 없는데도 불구하고 검사가 공소제기를 한 경우에 형식적 재판을 통하여 소송을 종결할 수 있는가이다. 공소권남용이론을 긍정할 경우에 이에 대한 법원의 재판의 내용으로서 공소기각설과 무죄판결설이 있다.

1) 공소기각설

공소권남용에 해당하여 공소제기가 부적법하므로 공소기각의 재판을 해야 한다는 견해이다. 이는 다시 **공소기각결정설**(제328조 제1항 제4호)과 **공소기각판결설**(제327조 제2호)로 나누어진다.

---

3) 김재환, 246면.

4) 배종대/이상돈/정승환/이주원, §22/7; 신동운, 546면; 이영란, 385면; 차용석/최용성, 285면.

2) 무죄판결설

범죄혐의가 없으므로 무죄판결을 선고해야 한다는 견해이다(제325조).

생각건대 객관적으로 범죄혐의가 없으므로 같은 범죄혐의사실로 다시 기소되는 공소권의 남용을 방지하기 위해서도 일사부재리의 효력이 발생하는 **무죄판결설이 타당하다.**

(2) 소추재량을 일탈한 공소제기

소추재량을 일탈한 공소제기란 기소유예처분을 함이 상당한 경미한 사건을 기소한 경우이다. 이러한 공소권 남용의 경우에 법원이 이를 어떻게 처리해야 하는가에 관해서는 면소판결설과 공소기각판결설 및 유죄판결설이 대립되고 있다.

1) 면소판결설

공익의 대표자인 검사가 소추재량을 일탈한 경우이므로 공소권남용에 해당한다. 일사부재리의 효력이 있는 면소판결을 해야 한다는 견해이다. 이러한 주장을 하는 우리나라의 학자는 없다.

2) 공소기각판결설

공소제기절차가 법률에 위반하여 무효인 때에 해당하므로(제327조 제2호 위반) 공소기각의 판결을 해야 한다는 견해이다.[5)]

3) 유죄판결설

공소기각이나 면소사유에 해당하지 않고, 기소유예는 검사의 재량에 속하므로 유죄판결을 선고해야 한다는 입장이다.[6)]

생각건대 법원은 소추재량의 당부를 심판하는 것이 아니라 공소사실을 심판하므로 **유죄판결설**이 타당하다.

(3) 차별적 공소제기(선별기소를 한 경우)

범죄의 성질과 내용이 비슷한 여러 피의자 중에 일부만을 선별하여 공소제기하고 다른 사람에 대하여는 수사에 착수하지 않거나 기소유예를 하는 것을 선별기소 또는 차별적 공소제기라 한다. 예컨대 동일사건에서 공동피의자 중 일부만 기소한 경우이다.

1) 공소기각판결설

검사의 차별적 공소제기는 헌법의 평등원칙과 형소법 제327조 제2호의 공소제기

---

5) 차용석/최용성, 314면.

6) 배종대/이상돈/정승환/이주원, §22/18; 신동운, 570면; 신양균, 307면; 이재상/조균석, 368면.

절차가 법률의 규정에 위반하여 무효에 해당하므로 공소기각의 판결을 선고해야 한다는 견해이다.[7)]

2) 실체판결설

차별적 공소제기가 불합리하지만 이때에도 유·무죄의 실체판결을 해야 한다는 견해이다.[8)] 형사소송법상 공소기각의 사유에 해당하지 않기 때문이라고 한다. 형사소송법은 기소편의주의를 취하고 있다. 또한 공소기각사유로 할 경우에는 공소제기되지 않은 사건까지도 심리대상에 포함시키므로 불고불리의 원칙에 반하므로 실체판결설이 타당하다.

판례는 실체판결설을 취하고 있으나, 검사의 기소재량의 하자가 없음을 전제로 하고 있다.[9)]

(4) 누락기소

누락기소(漏落起訴)란 검사가 동시에 수사하여 함께 공소 제기함이 상당한 사건을 일부 누락하여 먼저 기소한 사건에 대하여 법원의 항소심판결이 선고된 후에 누락사건을 추가기소하는 경우를 의미한다.

1) 권리남용설

동시에 기소할 수 있음이 명백한 상황임에도 검사의 직무태만 또는 고의로 누락사건에 대해서 추가기소를 한 경우에는 공소권남용으로서 공소기각판결의 사유가 된다는 견해이다.[10)]

2) 실체판결설

검사에게 동시소추의 의무가 있다고는 할 수 없으므로 보복기소에 해당하지 않는 한 추가기소는 공소권의 남용이 아니라는 견해이다.

3) 이중위험금지설

누락기소의 추가기소는 헌법 제13조 제1항(이중위험금지의 원칙)에 위배되어 공소권남용이라는 견해이다.

---

7) 배종대/이상돈/정승환/이주원, §22/22; 신동운, 571면.

8) 이재상/조균석, 369면.

9) 검사가 관련사건을 직무태만 또는 고의로 함께 공소제기 하지 않고, 항소심판결 선고 후에 추가기소하여 피고인에게 불이익을 준 때에는 '공소권남용'이 될 수 있다는 취지의 판례가 있다(대법원 1996. 2. 13. 선고 94도2658 판결).

10) 손동권/신이철, 353면; 신양균, 311면.

(5) 위법수사에 의한 공소제기

수사절차의 위법성에 대하여 위법수집증거배제법칙에 의하여 공판절차상 위법수집한 증거의 증거능력을 부정하거나 수사기관의 불법행위에 대하여 형사책임을 묻는 것은 별도로 하고, 검사의 위법수사 자체를 공소권남용이라고 할 수는 없다. 따라서 위법수사절차에 의하여 획득한 증거를 토대로 검사가 공소를 제기한 경우에 법원은 형식재판을 통해 소송을 종결할 것이 아니라 **유죄·무죄의 실체재판**을 하여야 한다.

제 2 절 공소제기의 기본원칙

Ⅰ. 국가소추주의와 기소독점주의

1. 국가소추주의

사인소추주의(私人訴追主義)란 사인에 의한 소추를 인정하는 주의를 말한다. 이에는 **피해자소추주의**(被害者訴追主義)와 **공중소추주의**(公衆訴追主義)가 있다. 국가소추주의란 검사가 공소제기를 담당하는 것을 말하며, 이를 **검사기소주의**라고 한다,

영국은 경찰에 의한 사인소추를 원칙으로 하고, 독일은 경미범죄에 사인소추주의를 채택하고 프랑스도 독일과 마찬가지이다. 그러나 미국은 검사에 의한 국가소추 외에 대배심에 의한 정식기소를 맡기고 있다.

2. 기소독점주의

우리나라는 '검사가 공소를 제기하여 수행한다'라고 하여 **국가소추주의**를 취하고 있다(제246조). 기소독점주의는 공소권행사의 통일성과 공정성이 보장된다는 장점이 있으나, 검사의 독선과 자의적인 공소권 행사시에는 검찰 파쇼를 초래하는 단점이 있다.

3. 기소독점주의에 대한 규제

기소독점주의를 채택하는 경우에는 검사의 공소권남용의 폐해를 방지하기 위하여 이에 대한 적절한 법적 규제가 필요하다. 형사소송법상 다음과 같은 규제가 있다.

(1) 기소강제절차

기소강제절차란 검사의 불기소처분에 불복하는 **고소인**(제123조부터 제126조까지의 죄는 고발인도 포함)이 **고등법원에 재정신청**을 하고, 고등법원은 신청이 이유 있는 때에는 공소제기를 결정하여 검사의 공소제기를 강제하는 제도이다(제260조 이하). 이를 **재정신청제도**라고도 한다. 종래의 준기소절차는 법원의 부심판결정에 의하여 공소제기 자체가 의제되었기 때문에 이를 기소독점주의에 대한 예외라고 보았다. 그러나 개정형사소송법은 법원의 결정에 의하여 검사로 하여금 공소제기를 하도록 의무화하였으므로 검사의 기소에 대한 사법적 강제이므로 이를 **기소강제절차**라 한다.

(2) 기소독점주의에 대한 예외

경찰서장 또는 관할해양경비안전서장에 의해 **즉결심판을 청구하는 경우**와 **법원의 법정경찰권에 의한 제재**는 기소독점주의에 대한 예외에 해당한다. 법원의 법정경찰권(法廷警察權)에 의한 제재는 형벌이 아니라 질서벌의 성질을 지닌다는 점에서 기소독점주의에 대한 규제라고는 할 수 없지만 검사의 기소를 요하지 않는다는 점에서 기소독점주의의 예외에 해당한다. 법정경찰권에 의하여 법원은 **감치 또는 과태료의 제재**를 할 수 있다(법원조직법 제61조 제1항).

(3) 불기소처분에 대한 검찰항고제도

고소 또는 고발사건에 대한 불기소처분에 대하여 불복하는 고소인 또는 고발인은 상급검찰청 검사장에게 항고 또는 재항고를 하여 검사 자체에 의하여 불기소처분을 시정하고자 하는 제도가 검찰항고제도이다(검찰청법 제10조). 이는 기소독점주의에 대한 예외는 아니지만 실질적으로 검사의 기소독점주의를 효과적으로 규제할 수 있는 제도라고 할 수 있다. 그러나 검사동일체의 원칙이 적용되는 검찰조직 자체 내에서의 시정책이라는 점에서 보면 한계가 있을 수밖에 없다. 따라서 공정한 공소권행사를 위한 국민참여라는 측면에서 입법론으로는 **일본의 검찰심사회제도의 도입을 검토할 필요가 있으며**, 검찰심사위원회의 구성의 민주성과 공정성이 담보되도록 해야만이 유명무실하지 않는 신뢰받는 검찰심사위원회가 된다.

(4) 불기소처분의 통지와 이유고지제도

검사는 고소인 또는 고발인에게 불기소처분을 한 날로부터 **7일 이내**에 서면으로 고소인 또는 고발인에게 그 취지를 통지하여야 하며(제258조), 고소인 또는 고발인의 청구가 있는 때에는 7일 이내에 고소인 또는 고발인에게 그 이유를 서면으로 설명하도록 규정하고 있다. 이것은 재정신청과 항고의 기초를 제공하고 검사의 공소권 행사를 심리적으로 견제하므로 기소독점주의에 대한 소극적 규제가 된다고 할 수 있다. 그 밖에도 검사는 범죄로 인한 피해자 또는 그 법정대리인(피해자가 사망한 경우에는 그 배우자·직계친족·형제자매를 포함한다)의 신청이 있는 때에는 당해사건의 공소제기 여부, 공판의 일시·장소, 재판결과, 피의자·피고인의 구속·석방 등 구금에 관한 사실 등을 통지하도록 규정하고 있는데(제259조의2), 이 규정도 넓은 의미에서는 소극적 규제의 일환이라고 할 수 있다.

Ⅱ. 기소편의주의

1. 의 의

수사결과 공소를 제기함에 충분한 범죄혐의가 있고 소송조건을 구비한 경우에는 반드시 공소제기를 해야 한다는 원칙을 **'기소법정주의'** 라 한다. 이에 대하여 **'기소편의주의'** 란 위와 같은 요건이 구비된 경우에도 재량에 의하여 불기소처분(기소유예)을 인정하는 원칙을 말한다. 우리 형사소송법은 제247조에 형법 제51조의 사항을 참작하여 검사에게 공소를 제기하지 않을 수 있다고 규정하여 기소편의주의를 채택하고 있다.

외국의 입법례로 독일은 경미사건이나 국가보호사건 등의 예외를 인정하면서도 기소법정주의를 원칙으로 있고(독일 형사소송법 제152조 제2항), 프랑스는 기소편의주의를 원칙으로 하고 있다. 한편 영미법계에서도 영국은 사인소추주의를 원칙으로 하므로 사실상 많은 범죄가 소추되지 않는 결과를 초래하고 있고, 미국은 검사에 의한 기소유예가 행해지므로 기소편의주의가 인정되고 있다. 일본도 명문으로 기소편의주의를 선언하고 있다(일본 형사소송법 제248조).

2. 기소법정주의와 기소편의주의의 장·단점

(1) 기소편의주의와 기소법정주의의 장·단점

1) 기소법정주의

기소법정주의는 기소편의주의에 대립되는 개념이다. 기소법정주의의 장점은 검사의 공소제기에 대한 재량권을 박탈함으로써 공소제기에 대한 검사의 자의와 정치적 영향을 배제하고, 공소제기여부를 자백이나 약식명령의 이행을 강제하기 위한 수단으로 남용하는 것을 방지하고 형사사법의 획일적 운영에 의하여 법적 안정성을 유지할 수 있다는 장점을 가지고 있다.

그러나 기소법정주의에 대하여는 ① 형사사법 운용의 경직성 때문에 구체적 타당성을 잃을 우려가 있고, ② 법원이나 피고인으로 하여금 불필요하게 절차상의 부담을 주게 되어 소송경제에 반하며, ③ 처벌할 필요가 없거나 처벌이 개선에 도움이 되지 않는 경우에도 공소를 제기하게 되어 범죄자로 낙인을 찍게 하므로 형사정책적으로도 바람직하지 않다는 비판이 있다.

2) 기소편의주의

기소편의주의는 기소법정주의에 대한 위와 같은 비판을 시정하기 위하여 공소제기에 있어서 검사에게 재량을 인정해주어야 한다는 것을 원칙으로 한다. 즉 형사사법의 탄력적 운용을 통한 구체적으로 타당성이 있는 정의를 실현하고, 공소제기에 있어서 형사정책적 고려를 하여 범죄인에게 조기개선의 기회를 주면서 일반예방적 목적을 달성하며, 불필요한 공소제기를 억제하여 소송경제에 도움이 될 수 있도록 하기 위해서는 기소편의주의를 취해야 한다는 것이다. 그러나 기소편의주의는 공소제기에 있어서 정치적 영향과 검사의 자의성을 배제할 수 없고 일관성 있는 공소제기에 대한 의문을 가지게 됨으로써 법적 안정성을 유지할 수 없다는 단점을 피하기 어렵다. 따라서 기소편의주의는 이런 점을 고려하면 **기소합리주의의** 모습으로 변화되어야 할 것이다.

(2) 기소편의주의의 평가

구체적 타당성과 합목적성을 이념으로 하는 기소편의주의가 우리나라 형사사법 운용의 실제와 그 운용의 합목적성을 고려할 때, 법적 안정성을 이념으로 하는 기소법정주의보다는 더 합리적인 형사사법제도라는 것이 지배적인 견해[11]이다. 그러나 독일에서는 기소법정주의가 법 앞에서 평등과 정의를 실현하며, 형사사법에 대한 국민의 신뢰를 실현하는 유일한 방법이고, 기소독점주의에 대한 필요불가결한 보완인 동시에 공소권 행사에 있어서 자의성과 정치성을 배제할 수 있는 유일한 방법이라고 평가되고 있다.

그러나 기소법정주의의 장점은 기소편의주의의 단점이고, 기소법정주의의 단점은 기소편의주의의 장점이 된다는 점을 고려해볼 때, 어느 일방만이 우월하거나 절대적

11) 백형구, 151면; 신현주, 401면.

으로 옳은 제도라고 보기 어렵다. 따라서 각국마다 형사사법의 운용실태와 정치적·역사적 배경을 고려하여 어느 일방만을 취할 것이 아니라 다른 원칙으로 보완함으로써 양 원칙이 상호보완관계라는 점을 고려하여 발전시켜 나아가야 할 것이다.

3. 기소편의주의의 내용

(1) 기소유예제도의 채택

형소법은 제247조에 불기소처분의 일종인 **기소유예제도**를 규정하고 있다. 기소유예처분은 판결과 달리 확정력이 인정되지 않기 때문에 다시 기소할 수 있다. 기소편의주의는 말하자면 기소유예제도를 인정하는 입법주의라고 할 수 있다. 기소유예는 공소를 제기함에 필요한 충분한 범죄혐의가 있고 소송조건이 구비되었는데도 불구하고 검사의 재량에 의하여 공소를 제기하지 않는 처분, 즉 넓은 의미의 불기소처분이라는 점에서 **협의의 불기소처분**(혐의없음)**과는 구별**된다.

기소유예처분은 당해 사건을 기소하지 않겠다는 검사의 의사결정을 내용으로 하는 종국처분에 불과하므로, 판결과 같은 확정력이 없기 때문에 검사가 기소유예처분한 것을 재기소하여 공소를 제기하였다고 하여도 공소제기의 효력에는 영향이 없고, 이에 대하여 법원이 유죄판결을 하여도 일사부재리의 원칙에 반한다고 할 수 없다.[12] 형사소송법 제329조에는 "공소취소에 의한 공소기각의 결정이 확정된 때에는 공소취소 후 그 범죄사실에 대한 다른 중요한 증거를 발견한 경우에 한하여 다시 공소를 제기할 수 있다"고 규정하고 있으므로, '새로운 중요한 증거를 발견한 때'에는 당연히 재기소를 할 수 있다.

(2) 기소유예의 기준

검사는 형법 제51조에 따라 범인의 **연령·성행·지능과 환경, 피해자에 대한 관계, 범행의 동기·수단과 결과, 범행 후의 정황**을 고려하여 기소유예를 할 수 있다(제247조). 검사가 기소유예를 결정함에 있어서는 제51조에 규정된 사유 이외에도 범행에 대한 사회적 평가의 변화, 범행 후의 시간경과, 법령의 개폐 등도 함께 참작하면서 범죄에 대한 일반예방 및 특별예방적 측면을 고려하여 결정하여야 한다.

12) 대법원 1987. 11. 10. 선고 87도2020 판결.

(3) 조건부 기소유예와 일부기소유예의 문제

1) 조건부 기소유예

검사가 피의자에게 일정한 의무부과(피해배상, 수강명령, 출입금지, 치료 등)를 하고, 이를 준수하는 조건으로 기소유예처분을 하는 것을 **조건부 기소유예**라고 한다. 조건부 기소유예가 허용되는가에 대하여는 특별한 법적 근거도 없이 법관도 아닌 검사가 피의자에게 일정한 의무이행을 조건으로 부과하는 기소유예는 허용되지 않는다는 부정설[13]도 있으나, 기소유예의 권한을 검사에게 부여하고 있는 이상 이를 부정해야 할 이유가 없다는 점에서 긍정설[14]이 타당하다.

더구나 2008년 6월부터 시행된 소년법 제49조의3에, "검사는 피의자에 대하여 범죄예방자원봉사위원의 선도, 소년의 선도·교육과 관련된 단체·시설에서의 상담·교육·활동 등에 해당하는 선도를 받게 하고, 피의사건에 대한 공소를 제기하지 아니할 수 있다. 이 경우에 소년과 소년의 친권자, 후견인 등 법정대리인의 동의를 받아야 한다"라고 규정함으로써, 조건부 기소유예제도에 관한 법적 근거를 마련하게 되었고 할 수 있다. 그 밖에도 보호관찰선도,[15] 가정폭력사범에 대한 상담,[16] 아동학대사범에 대한 상담·치료·교육,[17] 마약사범에 대한 치료보호·교육이수, 성매매자 교육이수 등 다양한 조건부 기소유예제도가 활용되고 있는 실정이다.

2) 일부기소유예

범죄혐의가 인정되고 소송조건이 구비된 범죄사실(일죄)의 일부에 대하여 기소유예가 허용되는가에 대하여는 견해가 대립한다. 일죄의 일부에 대한 기소유예는 범죄인의 재사회화에 도움이 되지 않고, 검사의 자의적인 공소권 행사를 인정하는 결과를 초래하므로 허용되지 않는다는 **부정설**[18]도 있으나, 일죄의 일부에 대한 공소제기가 허용되는 것처럼 범죄사실의 일부에 대한 기소유예도 허용된다는 **긍정설**[19]의 입장이 타당하다.

---

13) 신동운, 497면.
14) 배종대/이상돈/정승환/이주원, §23/16; 이재상/조균석, 377면; 임동규, 275면.
15) 보호관찰 등에 관한 법률 제15조 제3호 참조.
16) 가정폭력범죄의 처벌 등에 관한 특례법 제9조의2 참조.
17) 아동학대범죄의 처벌 등에 관한 특례법 제26조 참조.
18) 배종대/이상돈/정승환/이주원, §23/17; 임동규, 276면.
19) 이재상/조균석, 377면.

(4) 기소변경주의

일단 공소를 제기한 후에 '공소취소'를 인정하는 기소변경주의를 기소편의주의의 논리적 귀결이라고 해석하는 다수설[20]의 입장에서는 기소편의주의의 취지에 일관성을 유지하려면 공소취소도 인정하지 않을 수 없게 된다. 따라서 기소변경주의는 기소편의주의의 내용이 된다.

이에 대하여 기소법정주의라고 하여 공소취소를 인정할 가능성이 없는 것도 아니고, 공소취소사유가 기소유예사유에 제한되지도 않으므로 기소변경주의는 기소편의주의의 내용으로만 파악할 수 없다는 견해[21]도 있다.

생각건대 기소유예사유와 공소취소사유가 다른 것은 양자가 모두 기소편의주의 내용을 이루지만 그 소송절차상 그 단계와 성격이 다르기 때문이며, 기소법정주의를 채택하면서 공소취소를 인정하는 경우는 예외에 속한다고 할 수 있기 때문에 기소변경주의는 기소편의주의의 당연한 논리적 귀결이라는 다수설의 태도가 옳다.

4. 기소편의주의에 대한 규제

형사소송법이 기소편의주의를 채택하고 있는 이상 검사의 독선과 자의에 의한 공소제기를 방지하기 위하여 법적 규제가 필요하다. 이러한 규제를 통해 기소편의주의는 기소합리주의가 되어야 한다.

(1) 불기소처분에 대한 규제

검사의 공소권행사의 공정성을 담보하기 위하여 **기소강제절차, 검찰항고제도, 불기소처분취지 서면통지 및 신청시의 이유고지제도**를 둔 것은 검사의 기소독점주의 내지 기소편의주의에 대한 규제로서의 의미를 지니고 있다. 개정형사소송법이 재정신청의 대상을 모든 범죄로 확대하였고, 그 밖에 정치적 영향력을 배제한 공정한 검찰권 행사를 위하여 검찰총장의 임기를 2년으로 명시하여 신분을 보장하고 있으며, 나아가 법무부장관의 검사에 대한 구체적 사건에 대한 지휘감독권을 제한하고 있는 것(검찰청법 제8조)도 검사의 공정한 공소권 행사를 위한 제도라고 하겠다.

(2) 공소제기에 대한 규제

형사소송법은 검사의 불기소처분에 대한 구제방안과는 달리 검사의 부당한 공소

20) 신현주, 401면; 임동규, 298면.
21) 백형구, 152면.

제기를 규제하기 위한 제도적 장치는 특별히 규정하고 있지 않다. 검사의 기소에 따라 법원은 유죄나 무죄의 실체재판을 하면 충분하다고 보아 그동안 검사의 부당기소는 특별히 문제되지 않는다고 보았다. 그러나 근자에 들어와서는 검사가 부당기소를 한 경우에는 피고인에게 무죄판결이 내려진다고 하더라도 피고인은 일단 형사재판을 받아야 하는 절차적 부담을 지게 되므로 미리 검사의 부당기소로부터 구제할 필요가 있다는 주장이 제기되고 있다. 즉 검사의 공소권 남용에 관한, 이른바 **'공소권남용이론'**이 대두되고 있다.

그러나 기소유예처분은 범죄의 정상참작이라는 사건의 실체와 관련한 검사의 처분이므로, 이를 소송조건 내지 소송장애라는 절차상의 사유로 취급하는 것은 옳지 않다. 따라서 법원은 공소사실을 심판하는 데 있으며, 소추재량의 당부를 심판하는 것은 아니므로 부당기소가 있더라도 이를 공소기각 또는 면소사유로 파악해서는 안되고 실체재판을 하는 것이 옳다.

Ⅲ. 공소의 취소

1. 공소취소와 기소변경주의의 의의

공소취소란 일단 공소제기를 한 검사가 **공소제기를 철회하는 법률행위적 소송행위**를 말한다. 이를 기소변경주의라고 한다. 검사의 공소취소는 공소사실의 동일성이 인정되지 않은 수개의 공소사실의 전부 또는 일부를 철회하는 것이라는 점에서, 동일성이 인정되는 공소사실의 일부를 철회하는 **공소사실의 철회**와는 구별된다.

기소변경주의는 기소편의주의의 논리적 귀결이라 할 수 있는데, 우리 형사소송법은 제255조 제2항에서 **제1심 판결선고 전까지** 공소를 취소할 수 있다고 규정함으로써 기소변경주의를 취하고 있다

공소취소사유에 대한 법률상의 제한은 없지만, 원칙적으로 공소제기 후에 발생한 사정의 변경에 의하여 불기소처분을 하는 것이 상당하다고 인정되는 경우에 검사는 공소를 취소할 수 있다. 공소취소를 할 수 있는 경우로는 기소유예에 해당하는 사유가 발생한 경우, 소송조건이 결여된 경우, 증거불충분으로 공소를 유지할 수 없음이 명백한 경우 등이다.

검사의 공소취소제도에 대해서는, 검사가 자신이 결정한 기소사건에 대한 당부의

심판을 회피하도록 하며, 피고인에게는 무죄판결을 받을 기회를 박탈하는 결과를 초래하므로 입법론상 재고되어야 한다는 비판도 있다.[22]

2. 공소취소의 절차

(1) 주 체

기소독점주의의 당연한 귀결로서 검사는 공소권의 주체인 동시에 공소취소의 주체이다. 다만 재정신청에 따른 고등법원의 결정에 따라 기소강제절차에 의해 검사가 공소제기를 한 때에는 공소를 취소할 수 없다(제264조의2).

(2) 방 법

공소취소는 이유를 기재한 서면으로 하여야 한다. 다만 공판정에서는 구술로 할 수 있다(제255조 제2항). 공소를 취소하는 이유는 법원이 참고할 사항에 지나지 않으므로 공소를 취소하는 서면에 그 이유를 기재하지 않은 경우에도 공소취소는 유효하다고 해야 한다. 공소를 취소한 때에는 7일 이내에 고소인 또는 고발인에게 서면으로 공소취소사실을 통지해야 한다(제258조 제1항).

(3) 시 기

공소취소의 시기는 **제1심 판결선고 전**까지 할 수 있다. 이때의 판결은 실체판결이든 형식판결이든 불문하므로 유·무죄의 판결은 물론 면소판결이나 공소기각판결이 선고된 경우에도 공소를 취소할 수 없다.[23] 또한 제1심 판결에 대하여 상소심의 파기환송 또는 파기이송의 판결이 있는 경우에도 공소취소를 할 수 없다. 재심소송절차도 마찬가지이다. 약식명령도 법원의 종국판단이므로 그 약식명령장 발부 후에는 공소취소가 허용되지 않는다고 해야 한다. 다만 약식명령의 경우에 이에 불복하여 정식재판을 청구하여 정식재판절차가 개시되면 공소취소는 가능하게 된다.

3. 공소취소의 효과

(1) 공소기각의 결정

공소가 취소되었을 때에는 결정으로 공소를 기각하여야 한다(제328조 제1항 제1

---

22) 신현주, 446면.

23) 배종대/이상돈/정승환/이주원, §24/43; 백형구, 177면; 신동운, 675면; 신현주, 445면; 이영란, 399면; 이재상/조균석, 380면; 임동규, 374면.

호). 공소취소의 효력범위는 공소제기의 효력범위와 동일하다.

(2) 재기소의 제한

공소취소에 의하여 공소기각결정이 확정된 때에는 공소취소 후 그 범죄사실에 대한 다른 중요한 증거를 발견한 경우에 한하여 다시 공소를 제기할 수 있다(제329조). 이 규정에 위반하여 공소가 제기되었을 때에는 판결로 공소기각의 선고를 하여야 한다(제327조 제2호). 동일 사건에 대하여 재기소를 제한하는 것은 일사부재리의 효력이 아니라 '법적 안정성'과 '인권보호'를 고려해서이다. 여기서 다른 중요한 증거를 발견한 경우라 함은 공소취소 전의 증거만으로는 증거불충분으로 무죄가 선고될 가능성이 있었으나, 새로 발견된 증거를 추가하면 유죄선고를 받을 확신을 가질 정도의 증거가 있는 경우를 말한다.[24)]

그러나 입법론적으로는 증거불충분의 경우에도 검사가 공소취소를 한 후에 재기소를 인정하는 것은 피고인의 지위를 불안정하게 하므로 이 규정은 입법론적으로 재고되어야 한다.

Ⅳ. 기소강제절차

1. 의 의

기소강제절차란 검사의 불기소처분에 불복하는 고소인 또는 고발인의 재정신청에 의하여 법원이 공소제기결정을 한 경우에 검사에게 공소제기를 강제하도록 하는 제도를 말한다. 종래의 재정신청제도는 법원의 부심판결정(附審判決定)에 의하여 공소제기가 의제(擬制)되고 공소유지변호사가 지정되어 **지정변호사**(指定辯護士)가 공소수행담당자(公訴遂行擔當者)로서의 역할을 하는 **준기소절차**(準起訴節次)였지만, 개정된 재정신청제도는 고등법원의 공소제기결정에 의해 검사의 공소권행사가 강제되므로 이는 기소강제절차이다. 따라서 종래의 준기소절차와는 구별되며, 독일의 기소강제절차와 유사하다고 할 수 있다.

그러나 독일의 기소강제절차는 기소법정주의와 더불어 기소독점주의에 의하여 스스로 공소를 제기할 수 없는 피해자의 보호를 목적으로 하는 제도임에 반하여, 우리나라의 기소강제절차는 피해자의 권리를 보호하기 위하여 기소편의주의와 기소독

24) 대법원 1977. 12. 27. 선고 77도1308 판결.

점주의를 규제하는 제도라고 하겠다.[25)]

우리 형사소송법이 기소독점주의를 채택하여 공소제기의 적정성을 보장하고, 기소편의주의에 의하여 형사사법의 탄력적 운용에 의한 구체적 정의의 실현을 가능하게 하는 장점도 있다. 그러나 검사에게 공소권 행사의 독점성과 더불어 재량성까지 부여될 경우에는 공소권행사에 있어서 정치적 영향력을 배제하기 어렵고 검사의 독선과 자의도 허용하는 결과를 초래한다.

따라서 기소편의주의를 적정하게 규제함으로써 고소인 또는 고발인의 이익을 보호하기 위한 법적 규제가 필요하다. 검찰청법에는 검사의 부당한 불기소처분을 시정하기 위하여 이에 불복하는 고소인 또는 고발인을 보호하기 위하여 **검찰항고·재항고제도**를 두고 있다(검찰청법 제10조). 그러나 검찰항고·재항고제도는 검사동일체의 원칙이 지배되는 검찰 자체의 상급기관에 의한 시정제도에 불과하므로 일정한 한계를 지닐 수밖에 없다. 따라서 공정한 검찰의 공소권 행사를 위해 도입된 제도가 바로 기소강제절차이다. 기소강제절차는 검사의 부당한 불기소처분에 대하여 사후에 이를 시정하기 위한 제도이지만 실제적으로는 검사의 부당한 불기소처분을 예방하는 효과가 오히려 크다고 할 수 있다.

2. 기소강제절차의 구조

기소강제절차는 재정신청의 이유유무를 심사하는 법원의 재판절차이다. 법원은 검사로부터 수사관계서류와 증거를 인계받고 필요한 때에는 증거조사를 하여 재정결정을 하게 된다. 법원의 재정결정에 따라 검사에게 공소제기의 의무가 부과됨으로써 검사의 공소제기가 강제되므로 **기소강제절차**라할 수 있다. 이러한 기소강제절차의 구조를 어떻게 이해하느냐에 대하여는 수사설·항고소송설·중간설 및 형사소송유사설의 대립이 있다. 기소강제절차의 구조를 어떻게 이해하는가에 따라 신청인과 피의자의 절차관여범위가 달라진다.

(1) 수 사 설

기소강제절차는 수사절차이므로 신청인의 절차관여는 배제되어야 한다는 입장이다. 그러나 기소강제절차의 기능과 역할을 고려하지 않은 채 **공소제기전의 절차**라고 하여 이를 수사절차라고 보는 견해는 타당하다고 할 수 없다.

25) 이재상/조균석, 381면.

(2) 항고소송설

기소강제절차에 대하여 이를 검사의 불기소처분의 당부를 심판대상으로 하는 행정사건에 있어서의 항고소송에 준하는 소송절차로 보는 견해이다. 이 견해에 따르면 검사와 신청인은 대립당사자의 지위에서 이 절차에 관여할 수 있게 된다.

그러나 항고소송설에 관해서는 신청인이 검사에게 공소제기를 청구할 권리가 없으므로 소송의 전제인 권리의무관계가 존재하지 않고, 피의자와 신청인의 관계를 설명할 수 없다는 비판을 피하기 어려우므로 이 견해를 취하는 학자도 우리나라에서는 없다.

(3) 중 간 설

기소강제절차를 수사절차와 항고소송으로서의 성격을 모두 지니고 있다고 보는 견해[26]를 말한다. 즉 기소강제절차는 불기소처분의 당부를 심사하는 항고소송적 성격을 가지고 있지만 동시에 수사의 속행적 성격도 지니고 있다고 보는 견해이다. 그러나 기소강제절차를 수사와 항고소송의 성격을 가진다고 하여 이 절차의 성격을 명백히 한다고 할 수 없으며, 나아가 행정소송의 일종으로 보는 것은 타당하다고 할 수 없다.

(4) 결 어

생각건대 기소강제절차는 공소제기 전의 절차라는 점에서 수사와 유사한 성격을 가지고 있지만, 당사자가 대립하는 소송구조의 절차가 아니라 밀행성과 직권주의가 지배하는 절차라는 점에서 형사소송에 유사한 재판절차로 이해하는 **형사소송유사설이 타당**하다고 생각된다.[27]

재정신청사건의 심리 중에는 관련 서류 및 증거물을 열람 또는 등사할 수 없도록 규정하고 있는데, 이것은 재정신청사건의 수사에 대한 비밀유지나 재정신청의 남발을 방지하는데 있다. 그러나 이러한 제한의 필요성이 없는 경우에는 법원으로 하여금 제262조 제2항 후단의 증거조사과정에서 작성된 서류의 전부 또는 일부의 열람 또는 등사를 허가할 수 있도록 규정하고 있다(제262조의2).

---

26) 강구진, 254면; 백형구, 190면.

27) 배종대/이상돈/정승환/이주원, §26/13; 손동권/신이철, 361면; 신동운, 513면; 신양균, 356면; 이영란, 403면; 이은모, 432면; 이재상/조균석, 386면; 임동규, 312면; 정영석/이형국, 249면; 차용석/최용성, 318면.

3. 재정신청

(1) 재정신청

1) 재정신청권자

재정신청(裁定申請)을 할 수 있는 신청권자는 검사로부터 불기소처분의 통지를 받은 고소인과 형법 제123조 내지 제126조까지의 죄, 이른바 공무원의 직권남용관련 범죄에 대하여는 고발인도 재정신청을 할 수 있도록 규정하고 있으며, 다만 형법 제126조의 죄(피의사실공표죄)에 대하여는 피공표자의 명시한 의사에 반하여 재정신청을 할 수 없다(제260조 제1항). 따라서 일반적인 범죄에 대해서는 고발인이 검찰의 불기소처분에 불복하는 경우에 검찰항고나 재항고를 신청할 수 있을 뿐이며 재정신청은 허용되지 않는다. 또한 재정신청은 대리인에 의해서도 할 수 있으나(제264조 제1항), 고소를 취소한 자는 재정신청을 할 수 없다.

2) 재정신청의 대상

재정신청의 대상이 되는 범죄는 검사의 불기소처분이 있는 모든 범죄이다. 여기서 말하는 불기소처분이란 **협의의 불기소처분뿐**만 아니라 **기소유예처분도 포함**하므로 기소유예처분에 대한 재정신청도 가능하다. 이는 재정신청이 기소편의주의를 규제하기 위한 제도이기 때문이다. 그러나 **공소취소**는 불기소처분이 아니므로 재정신청의 대상이 되지 않는다.

3) 재정신청의 절차

가. 검찰항고전치주의 재정신청권자가 검사로부터 공소를 제기하지 아니한다는 통지를 받은 때에는 검사 소속의 지방검찰청 소재지를 관할하는 고등법원에 그 당부에 관한 재정신청을 할 수 있다(제260조 제1항). 재정신청을 하려면 검찰청법 제10조에 따른 검찰항고절차를 거쳐야 한다(제260조 제2항). 항고전치주의(抗告前置主義)는 고소인에게는 재정신청 전에 검찰로부터 신속한 권리구제를 받도록 하고, 검사에게는 자체적으로 시정기회를 줌으로써 재정신청제도의 효율성을 도모하면서 재정신청남용의 폐해를 감소시키기 위해서이다.

검찰항고는 불기소처분의 통지를 받은 날부터 30일 이내에 항고를 하여야 하며(검찰청법 제10조 제4항), 검찰항고를 한 자는 그 항고를 기각하는 처분에 불복하거나 항고를 한 날부터 항고에 대한 처분이 이루어지지 아니하고 3개월이 지났을 때에는 그 검사가 속하는 고등검찰청을 거쳐 서면으로 검찰총장에게 30일 이내에 재항고(再抗告)할 수 있다. 이 경우 당해 고등검찰청의 검사가 재항고가 이유 있다고 인정하는 때에는 그 처분을 경정(更正)하여야 한다. 재정신청을 할 수 있는 자는 검찰청법에 의한 재항고를 할 수 없다(검찰청법 제10조 제3항).

또한 검찰항고를 한 자에게 책임 없는 사유로 인하여 항고 또는 재항고를 하지 못한 것을 소명한 때에는 그 사유가 해소된 때부터 기산하며, 기간을 경과한 항고 또는 재항고에 대하여는 기각하여야 한다. 다만 새로이 중요한 증거가 발견된 경우에 고소인 또는 고발인이 그 사유를 소명한 때에는 그러하지 아니하다(검찰청법 제10조 제5항 – 제7항).

그러나 재정신청에 대한 **항고전치주의의 예외사유**로는, ① 항고 이후 재기수사가 이루어진 다음에 다시 공소를 제기하지 아니한다는 통지를 받은 경우, ② 항고 신청 후 항고에 대한 처분이 행하여지지 아니하고 3개월이 경과한 경우, ③ 검사가 공소시효 만료일 30일 전까지 공소를 제기하지 아니하는 경우의 어느 하나에 해당하는 경우에는 검찰항고를 거치지 않고 바로 재정신청을 할 수 있다(제260조 제2항 단서). 이는 항고심사의 지연으로 인한 고소인 등의 불이익을 방지하기 위해서이다.

나. 재정신청의 방식 재정신청을 하려는 자는 항고기각결정을 통지받은 날로부터 10일 이내에 서면으로 재정신청을 하여야 한다. 다만 항고전치주의의 예외에 해당하여 항고절차를 거칠 필요가 없는 경우에는 불기소처분의 통지를 받거나 항고신청 후 3개월이 경과한 날로부터 10일 이내에, 공소시효 임박을 이유로 하는 재정신청은 공소시효 만료일 전날까지 재정신청서를 제출할 수 있다(제260조 제3항). 재정신청기간은 불변기간이므로 이를 도과한 때에는 허용되지 않는다. 재정신청서는 불기소처분을 한 검사가 소속한 지방검찰청 검사장 또는 지청장에게 제출하여야 한다.

재청신청서에는 재청신청의 대상이 되는 범죄사실 및 증거 등 재정신청을 이유있게 하는 사유를 기재하여야 한다(동조 제4항). 이러한 사항을 기재하지 않은 때에는 재정신청을 기각할 수 있다.[28] 또한 재정신청 제기기간 후에 재정신청대상을 추가하는 것은 법률상 방식에 어긋난 것으로서 부적법하다.[29]

---

28) 대법원 2002. 2. 23. 자 65모59 결정.
29) 대법원 1997. 4. 22. 자 97모30 결정.

4) 재정신청의 효력

재정신청인이 수인의 고소인 또는 고발인인 경우에는 그 중 1인의 신청은 그 전원을 위하여 효력을 발생한다(제264조 제1항). 재정신청이 있으면 그 재정결정이 확정될 때까지 **공소시효의 진행이 정지된다**(제262조의4 제1항).

5) 재정신청의 취소

재정신청은 고등법원의 재정결정이 있을 때까지 취소할 수 있으며, 취소한 자는 다시 재정신청을 할 수 없다(제264조 제2항). 재정신청의 취소는 관할 고등법원에 서면으로 하여야 하며, 다만 기록이 고등법원에 송부되기 전에는 그 기록이 있는 검찰청 검사장 또는 지청장에게 하여야 한다. 취소서를 받은 고등법원의 사무관은 즉시 고등검찰청 검사장 및 피의자에게 그 사유를 통지하여야 한다(규칙 제121조). 재정신청의 취소는 다른 공동신청권자에게는 효력이 미치지 않는다(제264조 제3항).

(2) 지방검찰청 검사장·지청장의 처리

재정신청서를 제출받은 지방검찰청 검사장 또는 지청장은 재정신청서를 제출받은 날부터 7일 이내에 재정신청서, 의견서, 수사관계서류 및 증거물을 관할 고등검찰청을 경유하여 관할 고등법원에 송부하여야 한다. 항고전치주의를 취하여 항고절차를 거쳤기 때문에 관할 고등법원에 신속히 송부하도록 하고 있다. 다만 항고전치주의가 적용되지 않는 경우에는 지방검찰청 검사장 또는 지청장은 ① 신청이 이유있는 것으로 인정하는 때에는 즉시 공소를 제기하고 그 취지를 관할 고등법원과 재정신청인에게 통지하고, ② 신청이 이유없는 것으로 인정하는 때에는 30일 이내에 관할 고등법원에 송부한다(제261조).

(3) 고등법원의 심리와 결정

1) 재정신청사건의 관할

재정신청사건은 불기소처분을 한 검사 소속의 지방검찰청 소재지를 관할하는 고등법원의 관할에 속한다. 재정신청서를 송부받은 법원은 송부받은 날로부터 10일 이내에 피의자에게 그 사실을 통지하여야 하고(제262조 제1항), 피의자 이외에 재정신청인에게도 그 사유를 통지하여야 한다(규칙 제120조).

2) 재정신청사건의 심리방식

법원은 재정신청서를 송부받은 날로부터 3개월 이내에 항고의 절차에 준하여 이를 결정하며(제262조 제2항), 피의자의 비밀을 보호하기 위해 재정신청사건의 심리는 특별한 사정이 없는 한 공개하지 아니한다(동조 제2항). 또한 법원은 필요한 때에는 증거를 조사할 수 있으며(동조 제2항 제2문), 피의자신문, 참고인에 대한 증인신문, 검증·감정도 할 수 있다.

그러나 법원의 필요한 증거조사의 범위에 피의자구속이나 압수·수색·검증 등의 강제처분이 허용되는가에 대하여는 부정설[30]과 수소법원에 준하여 행할 수 있다고 해석하는 긍정설 및 대물적 강제처분은 허용되지만 대인적 강제처분인 피의자에 대한 구속은 허용되지 않는다는 절충설이 대립하며, 긍정설이 다수설[31]이다.

생각건대 압수·수색·검증의 대물적 강제처분에 대하여는 재정법원의 심리와 결정에 필요한 증거조사를 위해 이를 부정해야 할 이유가 없다. 그러나 수소법원에 준하여 대인적 강제처분인 피의자에 대한 구속을 긍정할 경우에는 수소법원의 구속기간은 공소제기시부터 기산된다는 규정과 배치되며(제92조 제3항), 재정심판사건의 재정법원을 수사기관과 같은 역할을 하도록 하는 결과를 초래하기 때문에 이를 부정하는 절충설의 입장이 타당하다고 생각된다.[32]

그 밖에 제정신청사건의 피의자가 법관에 대하여 기피신청이 가능한가에 대하여는, 재정신청인이 고소인 또는 고발인이므로 피의자는 기피신청을 할 수 없다고 해석하는 **부정설**[33]도 있으나, 재정신청에 대한 법원의 결정은 일종의 재판이므로 재판의 대상인 피의자에게는 당연히 법관에 대한 기피신청이 인정되어야 한다는 **긍정설**[34]이 타당하다고 생각된다.

3) 고등법원의 재정결정

재정신청에 대한 고등법원의 결정에는 **기각결정**과 **공소제기 결정**이 있다.

가. 기각결정 법원은 재정신청이 법률상의 방식에 위배되거나 이유 없는 때에는 이를 기각한다(제262조 제2항 제1호). 재정신청의 이유 유무의 결정은 **결정시를 기준**으로 판단한다. 따라서 불기소처분 후에 새로이 발견된 증거를 판단의 자료로 삼

30) 백형구, 193면; 차용석/최용성, 322면.

31) 배종대/이상돈/정승환/이주원, §26/15; 신동운, 515면; 신양균, 361면; 이영란, 407면; 이재상/조균석, 387면; 임동규, 336면; 정영석/이형국, 251면.

32) 이재상/조균석, 387면 참조.

33) 신동운, 516면.

34) 배종대/이상돈/정승환/이주원, §26/15; 백형구, 194면; 신양균, 361면; 이영란, 407면; 이재상/조균석, 387면; 임동규, 336면.

을 수 있다.

여기서 재정신청이 **"법률상의 방식에 위배된 때"**란 신청권자가 아닌 자가 신청한 경우나 재정신청기간이 경과한 후 재정신청을 한 경우, 그리고 검찰항고를 거치지 아니하고 재정신청을 한 경우를 말한다. 다만 재정신청서를 바로 관할 고등검찰청에 제출한 경우에는 이를 기각할 것이 아니라 재정신청서를 관할 지방검찰청 검사장 또는 지청장에게 송부하여야 한다.[35]

또한 **"재정신청이 이유없는 때"**란 검사의 불기소처분이 정당한 것으로 판단된 경우를 말한다. 그리고 검사의 무혐의 불기소처분이 위법하다 하더라도 기소유예의 불기소처분을 할 만한 사건인 때에는 법원은 기각결정을 할 수 있다.[36] 공소시효완성으로 검사가 불기소처분한 경우에도 재정신청은 허용되지 않는다.

법원이 기각결정을 한 때에는 즉시 그 정본을 재정신청인·피의자와 관할 지방검찰청검사장 또는 지청장에게 송부하여야 한다. 재정신청을 기각하는 결정이 있었던 사건에 대하여는 다른 중요한 증거를 발견한 경우를 제외하고는 소추할 수 없다(동조 제4항). 다른 피해자의 고소가 있었던 경우에도 마찬가지이다.

나. 공소제기결정 법원은 재정신청이 이유 있는 때에는 사건에 대한 공소제기를 결정한다(제262조 제2항 제2호). 공소제기를 결정하는 때에는 죄명과 공소사실이 특정될 수 있도록 이유를 명시하여야 한다(규칙 제122조). 재정신청사건의 심리는 특별한 사정이 없는 한 공개하지 아니한다(동조 제3항).

법원이 공소제기결정을 한 때에는 즉시 그 정본을 재정신청인·피의자와 관할 지방검찰청검사장 또는 지청장에게 송부해야 한다(제262조 제5항). 공소제기결정의 재정결정서를 송부받은 관할 지방검찰청 검사장 또는 지청장은 지체 없이 담당검사를 지정하고 지정받은 검사는 공소를 제기해야 하므로(동조 제6항), 재정결정에 의하여 공소를 제기하는 경우에도 공소장일본주의가 적용될 수 있게 된다. 재정신청이 있으면 재정결정이 있을 때까지 공소시효의 진행이 정지되지만, 공소제기의 결정이 있는 때에는 공소시효에 관하여 그 결정이 있는 날에 공소가 제기된 것으로 본다(제262조의4 제1항·제2항).

---

35) 백형구, 강의, 435면; 이재상/조균석, 388면.

36) 대법원 1997. 4. 22. 자 97모30 결정; 대법원 1993. 8. 12. 자 93모9 결정.

4) 재정결정에 대한 불복

고등법원의 재정결정에 대하여는 불복할 수 없다(제262조 제4항). 이것은 장기간에 걸친 피의자의 불안한 지위를 방지하고자 하는데 있다. 또한 재정결정 중 공소제기 결정에 대하여 불복할 수 없도록 한 것은 본안 사건의 재판을 통해서 그 잘못을 시정할 수 있기 때문이다. 그러나 재정신청서 기재요건을 위반한 재정신청을 인용한 공소제기 결정에 대하여는 본안사건에서 이를 다툴 수도 없게 된다.[37)]

종래의 판례는 재정신청 기각결정이 헌법, 법률, 명령, 규칙에 위반되는 경우에는 대법원에 재항고할 수 있으나, 공소제기 결정에 해당하는 종래의 부심판결정에 대하여는 재항고가 허용되지 않는다고 판시한 바 있다.[38)]

그러나 헌법재판소는 재정신청 기각결정에 대하여 불복할 수 없다는 부분에 관하여, "형사소송법 제262조 제4항 전문의 '불복'에 동법 제415조의 '재항고'가 포함되는 것으로 해석하는 한 헌법에 위반된다"는 한정위헌결정을 선고하였다.[39)]

5) 비용부담

법원은 재정신청을 기각하는 결정을 하거나 재정신청인이 재정신청을 취소한 경우에는 결정으로 재정신청인에게 신청절차에 의하여 생긴 비용의 전부 또는 일부를 부담하게 할 수 있고(제262조의3 제1항), 직권 또는 피의자의 신청에 따라 재정신청인에게 피의자가 재정신청절차에서 부담하였거나 부담한 변호인선임료 등 비용의 전부 또는 일부의 지급을 명할 수 있다(동조 제2항). 비용의 지급범위와 절차는 대법원규칙으로 정한다. 법원의 비용부담결정에 대하여는 즉시항고할 수 있다(동조 제3항).

4. 기소강제사건의 공판절차

고등법원의 공소제기결정에 의하여 재정결정서를 송부받은 관할 지방검찰청 검사장 또는 지청장은 지체 없이 담당검사를 지정하고 지정받은 검사는 공소를 제기하여야 한다(제262조 제6항). 법원의 결정에 의하여 기소가 강제되어 지정검사는 공소장을 제출하고, 공소유지를 담당하게 된다. 담당검사는 공소장변경이나 상소제기 등 통상 사건과 마찬가지로 검사의 직무를 수행하게 된다. 다만 이 경우에 기소가 법원의

---

37) 대법원 2010. 11. 11. 선고 2009도224 판결.

38) 대법원 1997. 11. 20. 자 96모119 전원합의체 결정.

39) 헌법재판소 2011. 11. 24. 선고 2008헌마578 결정.

결정에 의하여 강제되었으므로 검사가 공소를 취소할 수는 없다(제264조의2).

제 3 절 공소제기의 방식

Ⅰ. 공소장의 제출

공소를 제기함에는 공소장을 관할법원에 제출하여야 한다(제254조 제1항). 공소제기는 **공소장이라는 서면**에 의하여야 하며, 구두나 전보에 의한 공소제기는 유효하지 않다. 검사가 공소장을 관할법원에 제출함으로써 법원의 심판범위가 공소장에 기재된 공소범죄사실임이 명백하게 되고, 피고인도 공소사실의 범위 내에서 방어준비를 하게 된다.

피고인의 방어준비를 용이하도록 하기 위하여 형사소송법은 검사가 공소장을 제출할 때에 피고인의 수에 상응한 부본을 첨부하여야 하며, 법원으로 하여금 **제1회 공판기일 전 5일까지** 공소장부본을 피고인에게 송달하도록 규정하고 있다(제266조).

Ⅱ. 공소장의 기재사항

1. 필요적 기재사항

공소장에는 **피고인·죄명·공소사실 및 적용법조**를 기재하여야 한다(제254조 제3항). 그 밖에도 실무상으로는 공소장이라는 표제, 검사의 서명날인과 소속 검찰청의 표시 및 관할법원을 기재하고 있다.

(1) 피고인의 성명 등 피고인을 특정할 수 있는 사항

공소장에는 피고인을 특정하여야 한다. 피고인을 특정할 수 있는 사항으로는 피고인의 성명, 주민등록번호, 직업, 주소를 기재하여야 하며, 피고인이 법인인 때에는 사무소 및 대표자의 성명과 주소를 기재하여야 한다(규칙 제117조 제1항 제1호). 다만 이러한 사항이 명백하지 아니한 때에는 그 취지를 기재하고 인상·체격의 묘사나 사진첨부에 의해서도 특정할 수 있으며, 구속된 피고인에 대하여는 유치번호를 기재해도 좋다.

피고인의 특정정도는 타인과 구별할 수 있을 정도면 족하다고 할 수 있다. 피고인이 타인명의(他人名義)를 모용(冒用)했을 때에는 검사가 피고인표시정정(被告人表示訂正)을 하지 않으면 피고인이 특정되었다고 할 수 없다.

피고인이 특정되지 않은 공소제기는 무효이고 공소기각사유가 된다(제327조 제2호).

(2) 죄 명

공소장에는 죄명을 기재하여야 한다. 죄명의 기재는 적용법조의 기재와 함께 공소제기의 범위를 정하는 데에 보조적 기능을 수행한다. 죄명은 구체적으로 기재해야 하는데, 대검찰청에서 제정한 형법죄명표에 의해 형법범의 죄명을 표시하고, 특별법범의 경우는 그 특별법 다음에 위반이라는 문자를 더하여 표시한다. 그 밖에 미수범·교사범·방조범은 형법범에 한하여 죄명 다음에 미수·교사·방조를 붙여서 표시하도록 규정하고 있다.

죄명의 표시가 잘못된 경우에도 피고인의 방어에 실질적 불이익이 없는 경우에는 공소제기의 효력에 영향을 미치지 않는다. 따라서 공소사실이 복수인 때에는 명시된 공소사실의 죄명을 모두 표시해야 하지만, 다수의 공소사실에 대하여 죄명을 일괄표시했다고 하여 죄명이 특정되지 않았다고 할 수 없다.

(3) 공소사실

1) 의 의

공소사실이란 **범죄의 특별구성요건을 충족하는 구체적 사실**을 말한다. 따라서 그것은 구성요건에 해당하는 사실로서 법률적·사실적으로 특정된 사실을 말하며, 검사가 공소장에 기재하여 공소를 제기한 범죄사실로서 법원의 심판의 대상이 되는 사실이라 할 수 있다. 법원의 심판대상을 소인으로 보는 소인대상설에 의하면 법원의 심판대상은 소인이고, 공소사실은 소인변경을 한계지우는 기능개념으로 이해하게 된다. 그러나 법원의 심판대상은 소인이 아니라 공소사실이고 이는 실체개념으로 보아야 한다.

2) 공소사실의 특정

공소사실의 특정을 위해서는 **범죄의 일시·장소·방법**을 명시하여 사실이 특정되도록 하여야 한다(제254조 제4항). 심판의 대상을 명확히 하여 피고인의 방어권행사를 보호할 필요가 있다.

공소사실의 특정의 정도는 다른 공소사실과 구별되는 정도, 즉 공소사실의 동일성을 인정할 수 있을 정도면 족하다. 따라서 공소사실이 특정되기 위해서는 구체적인 범죄사실의 기재가 있어야 하며, 추상적인 구성요건만을 기재하고 **특별구성요건을 충족하는 구체적인 사실인 행위의 객체, 범행의 방법** 등을 기재하지 않은 경우에는 공소사실이 특정되었다고 할 수 없다.

경합범의 경우에는 공소를 제기하는 사실을 구체적으로 기재하여야 하며, 방조범의 경우에는 그 전제가 되는 정범의 범죄구성요건을 충족하는 구체적 사실을 기재해야 한다. 따라서 간통죄나 혼인빙자간음죄는 간음행위시마다 1죄가 성립되므로 일정한 기간 동안 수회 간통하거나 간음하였다는 사실의 기재만으로는 공소사실이 특정되었다고 할 수 없다.

그러나 공소사실의 특정을 너무 엄격하게 요구할 때에는 공소제기와 유지에 장애를 가져올 수 있으므로 범죄사실을 특정할 수 있는 한도 내에서 기재하면 충분하다고 할 수 있다. 따라서 범죄의 일시의 기재는 적용법령을 결정하고 행위자의 책임능력을 명확히 하며 공소시효의 완성여부를 결정할 수 있을 정도로 기재하면 족하다고 할 수 있으므로, 범죄의 일시가 명확하지 않을 때에는 이를 개괄적으로 기재하거나, 일자불상경 또는 초순·중순·하순이라 기재하여도 공소사실이 특정되었다고 할 수 있다.

범죄의 장소는 토지관할을 결정할 수 있는 정도면 족하고, 범죄의 방법은 범죄구성요건을 밝히는 정도이면 족하다.

포괄일죄는 범죄의 일부를 구성하는 개개의 행위에 대하여 일일이 구체적으로 기재하지 않더라도 전체범행의 시기(始期)와 종기(終期)·범행방법·범행횟수 또는 피해액의 합계 및 피해자와 상대방을 기재하면 족하다고 해야 한다.[40)]

3) 공소사실 불특정의 효과

공소사실의 특정은 공소제기의 유효요건이다. 따라서 공소사실이 특정되지 않은 경우에 **공소제기가 무효**가 되므로 이에 대하여 법원은 **공소기각판결**을 해야 한다.

공소사실이 특정되지 않은 경우에 그 하자를 치유하여 추완(追完)할 수 있는지 문제된다. 공소사실이 전혀 특정되지 않은 경우에는 하자가 치유될 수 없지만, 다만 구체적인 범죄구성사실이 표시되어 있는 때에는 검사 자신이 스스로 보정하든지 또는 법원의 검사에 대한 석명(釋明)권을 행사[41)]에 의하여 불명확한 점을 보정할 수 있

40) 대법원 1982. 10. 26. 선고 81도1139 판결; 대법원 1989. 5. 23. 선고 89도570 판결.

다고 해야 한다.[42)]

(4) 적용법조

공소장에는 죄명·공소사실과 더불어 적용법조를 기재하여야 한다. 적용법조란 공소사실에 적용된 법적 평가를 말한다. 죄명과 적용법조는 공소의 범위를 확정하는 데 있어서 보조적 기능을 수행한다. 즉 공소장에 적용법조의 기재를 요구하는 것은 공소사실에 대한 법적 평가를 명확히 하여 피고인의 방어권을 보장하고자 하는 데 있다. 따라서 적용법조를 기재하는 데 있어서는 형법각칙의 본조뿐만 아니라 총칙상의 중지미수·불능미수·교사·방조·죄수에 관한 기재도 필요하다.

그러나 적용법조의 기재는 공소범위를 확정하는 데 있어서 보조적 기능을 수행하는 데 불과하므로 적용법조를 오기하거나 누락한 경우라 하더라도 피고인의 방어권 행사에 실질적으로 불이익이 없는 경우에는 공소제기의 효력에 영향이 없다고 보아야 하지만,[43)] 이와 달리 공소사실의 기재만 있고 죄명과 적용법조의 기재가 없는 때에는 그 부분에 대하여는 공소제기가 무효라고 보아야 한다.[44)]

2. 임의적 기재사항

(1) 범죄사실과 적용법조의 예비적·택일적 기재가능

공소장에는 수개의 범죄사실과 적용법조를 예비적 또는 택일적으로 기재할 수 있다(제254조 제5항).

1) 예비적 기재

공소장의 예비적 기재란 수개의 범죄사실과 적용법조에 대하여 심판의 순서를 정하여 선순위사실이나 법조가 존재하지 않는 경우에 후순위사실이나 적용법조의 존재의 인정을 구하는 취지로 기재하는 경우를 말한다. 이때 먼저 판단을 구하는 범죄사실과 적용법조를 **본위적 공소사실** 내지 **선순위 공소사실**이라 하고, 나중에 판단을 요

---

41) 대법원 2015. 12. 23. 선고 2014도2727 판결(공소사실의 기재가 오해를 불러일으키거나 명료하지 못한 경우에는 형사소송규칙 제141조에 의하여 검사에 대하여 석명권을 행사하여 그 취지를 명확하게 하여야 할 것이다).

42) 배종대/이상돈/정승환/이주원, §24/11; 백형구, 157면; 손동권/신이철, 377면; 신동운, 580면; 이재상/조균석, 395면; 이영란, 422면.

43) 대법원 2006. 4. 28. 선고 2005도4085 판결; 대법원 2001. 2. 23. 선고 2000도6113 판결.

44) 배종대/이상돈/정승환/이주원, §24/12; 신동운, 581면; 신현주, 364면; 이영란, 417면; 이재상/조균석, 395면.

하는 사실을 **예비적 공소사실** 내지 **후순위 공소사실**이라 한다.

2) 택일적 기재

공소장의 택일적 기재란 수개의 범죄사실에 대하여 예비적 기재와 달리 심판의 순서를 정하지 않고 어느 공소범죄사실을 먼저 심판해도 좋다는 취지의 기재를 하는 경우를 말한다.

3) 범죄사실과 적용법조의 예비적·택일적 기재 가능

공소장의 예비적·택일적 기재는 범죄사실뿐만 아니라 적용법조에 대해서도 가능하다. 일반적으로 범죄사실을 예비적·택일적으로 기재할 때에는 적용법조도 예비적·택일적으로 기재하는 것이 일반적이지만, 같은 범죄사실에 대하여 적용법조만을 예비적·택일적으로 기재하는 경우도 있다. 형사소송법은 범죄사실과 적용법조의 예비적·택일적 기재만을 규정하고 있지만, 죄명만의 예비적·택일적 기재도 당연히 허용된다.

이와 같이 공소장의 예비적·택일적 기재를 인정하고 있는 것은 검사가 공소제기시에 공소사실에 대한 심증형성이 불충분하거나 법률적 구성을 확정할 수 없는 경우에 공소장의 기재방법에 융통성을 부여함으로써 공소제기를 용이하게 하는 데 있다. 공소를 제기한 후에도 검사는 공소장변경절차에 의해 공소사실과 적용법조를 예비적·택일적으로 변경할 수 있다(제298조).

공소장변경은 공판심리 중에 법원 또는 검사의 심증형성이 변경된 경우이지만, 공소장의 예비적·택일적 기재는 공소제기시에 검사의 심증형성이 불확실한 경우에 대처하기 제도로서 법원으로 하여금 심판을 함에 있어서 신중을 기하도록 하는 데 그 취지가 있다.

(2) 허용범위

범죄사실과 적용법조의 예비적·택일적 기재가 허용되는 범위에 대하여는 견해가 대립한다. 범죄사실의 동일성이 인정되지 않는 경우에도 공소장의 예비적·택일적 기재가 허용되는지 여부가 문제된다.

1) 소 극 설

범죄사실과 적용법조의 예비적·택일적 기재는 범죄사실의 동일성이 인정되는 범위 내에서만 허용된다는 견해로서 지배적인 학설의 입장이다.[45]

---

45) 노명선/이완규, 457면; 백형구, 159면; 이은모, 이재상/조균석, 396면; 410면; 정영석/이형국,

2) 적 극 설

예비적·택일적 기재는 동일성을 요건으로 하지 않는다는 견해[46]로서 우리나라 **대법원 판례**의 입장이다. 적극설은 ① 공소장변경에 의하여 치유될 수 없는 불합리한 점을 제거하도록 하고, ② 검사로 하여금 수개의 범죄사실을 독립적으로 기재하거나 수개의 공소장을 제출하도록 하는 것은 번잡하고 실익이 없으며, ③ 형소법 제254조 제5항이 공소사실의 동일성을 요구하는 규정을 두고 있지 않다는 점 등을 근거로 한다.

판례도 처음에는 동일성이 인정되는 범위 내에서 예비적·택일적 기재가 허용된다고 하여 소극설을 취했으나, 그 후 태도를 변경하여 수개의 범죄사실 사이에 동일성을 요구하지 않는 적극설의 태도를 취하고 있다.

생각건대 동일성이 인정되지 않는 수개의 범죄사실은 경합범으로 기소하거나 추가기소하는 것이 옳으며, 또한 적극설에 의하면 조건부 공소제기를 허용하는 결과가 되므로 동일성의 범위 내에서 예비적·택일적 기재가 가능하다는 **소극설이 타당**하다고 하겠다.

동일성이 인정되지 않은 사실을 공소장에 예비적·택일적으로 기재한 경우에 법원이 이를 어떻게 처리할 것인가가 문제된다. 공소장의 기재에 대하여는 경합범으로 보아 유죄판결을 하는 수도 있으나, 공소제기의 방식이 부적법하므로 **공소기각의 재판**을 하는 것이 옳다.

(3) 법원의 심리·심판

1) 심판대상

범죄사실과 적용법조를 예비적·택일적으로 기재한 때에는 공소장에 기재된 모든 범죄사실이 법원의 심판대상이 된다. 이는 **항소심**에서도 동일하다. 따라서 항소심에서 예비적 공소사실을 유죄로 인정할 수도 있고, 택일적 기재의 경우에는 하나의 사실을 유죄로 인정한 원심을 파기하고 다른 사실을 유죄로 인정할 수 있다.

2) 심판의 순서

예비적 기재의 경우에는 법원의 심리·판단은 먼저 **본위적 공소사실을 판단**해야 한다. 따라서 법원이 본위적 공소사실에 대한 판단 없이 예비적 공소사실만을 판단하

247면; 차용석/최용성, 291면.

46) 배종대/이상돈/정승환/이주원, §24/18; 신동운, 584면; 이영란, 424면; 임동규, 308면.

는 것은 위법이다. 그러나 택일적 기재의 경우에는 심판순서에 제한이 없으므로 어느 하나의 사실을 택일적으로 판단하는 것이 가능하다고 하겠다.

3) 판단의 방법

가. 일부 유죄선고의 경우 예비적·택일적 기재의 경우에 어느 하나의 사실에 대하여 유죄를 선고할 경우에는 판결주문에 유죄선고만을 하면 충분하고, 다른 사실에 대한 판단을 요하지 않는다. 택일적 기재의 경우에는 다른 사실에 대한 판단이 필요하지 않으며, 판결이유에 명시할 필요도 없으며, 다른 사실을 유죄로 인정하지 않는 것을 이유로 상소할 수도 없다. 예비적 기재의 경우에는 본위적 공소사실에 대하여 유죄로 인정한 경우에도 마찬가지이다.

그러나 예비적 공소사실을 유죄로 인정할 경우에는 판결이유에 본위적 공소사실에 대한 판단을 필요로 하지 않는다는 견해[47]도 있지만, 예비적 기재의 경우에는 법원의 심판순서에 제약이 있으므로 먼저 본위적 공소사실에 대한 판단을 해야 한다는 견해가 타당하며, 이는 판례[48]의 입장이기도 하다.

나. 모두 무죄선고의 경우 예비적·택일적으로 기재된 공소사실에 대하여 모두 무죄를 선고할 때에는 모든 범죄사실과 적용법조에 대한 판단을 필요로 한다.

Ⅲ. 공소장일본주의

1. 공소장일본주의의 의의와 근거

(1) 의 의

형사소송규칙 제118조 제2항에 "공소장에는 법원에 예단(豫斷)을 생기게 할 수 있는 서류 기타 물건을 첨부(添附)하거나 그 내용을 인용(引用)해서는 안 된다"고 규정하고 있다. 이와 같이 검사가 공소제기시 법원에 제출하는 것은 공소장 하나이며, 법원으로 하여금 예단을 생기게 할 수 있는 증거를 비롯한 서류나 물건 등을 제출하거나 그 내용을 인용할 수 없다는 원칙을 공소장일본주의(公訴狀一本主義)라고 한다.

공정한 재판을 위해서는 공평한 법원의 구성이 필요하고 이를 위한 제도로서 법관에 대한 제척·기피·회피제도가 있다. 또한 공정한 재판을 위해서는 법원은 공판이

---

47) 강구진, 273면; 신현주, 414면; 정영석/이형국, 242면.
48) 대법원 1981. 6. 9. 선고 81도1269 판결.

열리기 전에 피의자에 대한 유무죄의 예단(豫斷)을 가져서는 안된다. 법원의 심증형성이 공판이 열리는 법정에서 형성되지 않고 미리 수사기관에 의해 제출된 증거에 의해 유죄의 예단을 갖는다면 공정한 재판은 사상누각에 불과하게 될 것이다. 법원이 예단을 갖지 않고 공판정에서의 양 당사자의 공격과 방어를 통해 실체적 진실을 발견하고자 하는 공판절차상의 원칙인 공판중심주의와 구두변론주의 및 직접심리주의를 실현하기 위한 제도가 바로 공소장일본주의이다.

(2) 이론적 근거

공소장일본주의는 당사자주의 소송구조와 예단배제의 원칙 및 공판중심주의에 그 이론적 근거를 두고 있으며, 그 밖에 법원으로 하여금 위법하게 수집한 증거를 배제하도록 하는 역할을 수행한다고 할 수 있다.

1) 당사자주의 소송구조

공소장일본주의는 당사자주의 소송구조의 기본적 토대이다. 직권주의 소송구조에 의하면 공소제기와 동시에 수사기록과 증거물은 모두 법원에 제출되고, 법관은 이에 근거하여 사건 내용을 충분하게 파악한 후 심리를 하게 된다. 따라서 공판심리는 법관에게 이미 형성된 심증을 확인하는 절차에 불과하게 된다. 이와 달리 당사자주의 소송구조는 법원이 공정한 제3자의 입장에서 공소장에 기재된 공소사실에 대하여 당사자 사이의 공격과 방어를 바탕으로 심증을 형성할 것을 요구하게 된다. 법관은 수사절차와 공판절차를 엄격히 분리하여 공판심리를 하게 되므로 피고인의 무죄추정의 원칙이 제도적으로 보장된다. 공소장일본주의는 이러한 당사자주의가 제도적으로 실현된 것이다.

2) 예단배제의 원칙

공소장일본주의는 예단배제의 원칙을 제도적으로 표현한 것이다. 즉 공소장일본주의는 공소제기시에 있어서 법관의 예단을 배제하여 공정한 재판을 하도록 하는 원칙이다. 예단배제의 원칙이 공판심리 개시 전은 물론 개시 후에도 적용되는 법관의 예단과 편견을 방지하여 공정한 재판을 보장하려는 형사소송법상의 기본원칙이라면 공소장일본주의는 공소제기시의 예단배제를 위한 원칙이라 할 수 있다.

3) 공판중심주의

공소장일본주의는 공판중심주의를 실현하기 위한 제도이다. 공판중심주의란 법관의 심증형성은 공판기일의 심리에 의하여야 한다는 원칙으로서, 공판에서 당사자의 공격·방어가 이루어지고 이를 기초로 법관의 심증을 형성하는 제도를 말한다. 공소장일본주의는 이러한 공판중심주의에 부합하는 제도이다. 공판중심주의가 직접심리주의와 구두변론주의를 전제로 하므로 공소장일본주의는 이러한 직접심리주의나 구두변론주의를 실현하기 위한 제도라고도 할 수 있다.

4) 위법수집증거배제법칙

공소장일본주의는 수사관계서류가 직접적으로 공판절차에 유입되어 들어오는 것을 방지하는 기능을 수행한다. 즉 법원이 공판 전에 수사기록을 미리 검토하여 심증형성을 하지 못하도록 공소장일본주의는 위법수집증거의 공판 전 법원유입을 차단하여 법관의 심증형성을 공판에서의 증거능력 있는 증거에 의하도록 하기 때문에 필요하다고 하겠다.[49)]

2. 공소장일본주의의 내용

(1) 첨부(添附)와 인용(引用)의 금지

공소장일본주의는 공소장에 사건에 관하여 법원에 예단을 생기게 할 수 있는 서류 기타 물건을 첨부하거나 그 내용을 인용하는 것을 금지하고 있다(규칙 제118조 제2항).

1) 첨부의 금지

공소장에 첨부가 금지되는 것은 사건에 관하여 예단을 생기게 할 수 있는 서류 기타 물건이다. 법원에 예단을 줄 수 있는 서류 또는 물건이란 법원이 사건에 관하여 실체심리를 하기 전에 법관의 심증형성에 영향을 줄 수 있는 자료를 말한다. 예단을 줄 수 있는 증거물이나 수사관계서류의 첨부는 절대적으로 허용되지 않는다고 하겠다.

그러나 예단을 줄 염려가 없는 물건을 첨부하는 것은 공소장일본주의에 반하지 않는다. 형사소송규칙에는 공소장에 변호인선임서 또는 보조인신고서, 특별대리인 선임결정등본, 체포영장·긴급체포서·구속영장 기타 구속에 관한 서류를 첨부하여야 한다고 규정하고 있다(동조 제1항).

2) 인용의 금지

형사소송규칙은 첨부금지 외에도 공소장에 문서내용의 인용도 금지하고 있다. 공

---

49) 강구진, 277면; 배종대/이상돈/정승환/이주원, §24/25; 신동운, 590면; 이영란, 428면; 이재상/조균석, 401면; 임동규, 310면; 정영석/이형국, 243면; 차용석/최용성, 301면.

소장일본주의의 취지에 비추어볼 때 공소장에 증거 기타 예단을 생기게 할 수 있는 문서내용의 인용을 하는 것도 금지된다.[50] 여기서 인용이라 함은 현물의 존재를 암시하는 기재가 있을 것을 요하지만 현물이 무엇인가를 명시할 필요는 없다.[51]

비록 증거물의 인용이 금지된다고 하더라도 문서를 수단으로 하는 협박·공갈·명예훼손 등의 사건에 있어서는 문서의 기재내용이 범죄구성요건에 해당하는 중요한 요소이므로, 공소사실을 특정하기 위하여 문서의 전부 또는 일부를 인용하는 것은 적법하다고 해야 한다. 그 밖에도 범죄의 성격상 범의나 공모관계, 범죄동기나 경위 등을 명확히 하기 위하여 증거서류의 내용을 인용하는 것은 허용되어진다.[52]

(2) 여사기재의 금지

공소장일본주의는 첨부나 인용뿐만 아니라 그 밖에도 법원으로 하여금 예단을 생기게 할 수 있는 사항을 공소장에 기재하는 것을 금지한다는 것을 의미한다. 공소장에 형사소송법 제254조 제3항의 기재사항 이외의 사항을 기재하는 경우를 '여사기재(餘事記載)'라고 하는데, 법관으로 하여금 예단을 생기게 할 수 있는 여사기재는 공소장일본주의에 반하므로 허용되지 않는다고 하겠다. 그러나 단순한 여사기재의 경우에는 공소장일본주의 위반이라고 할 수 없으므로 이를 삭제하면 족하다고 하겠으며, 여사기재와 관련하여 문제되는 경우는 다음과 같다.

1) 전과의 기재

피고인의 전과(前科)사실을 기재하는 것에 대하여는 허용된다는 견해[53]도 있지만, 전과가 예단을 생기게 할 수 있는 사항인 점은 분명하다. 따라서 전과가 범죄구성요건에 해당하는 경우(누범, 상습범 등)나 범죄사실의 내용을 이루는 경우(전과자를 내세워 협박한 경우 등)에는 전과를 기재하는 것이 예외적으로 허용되지만, 그렇지 않은 경우에는 원칙적으로는 동종의 전과를 기재하는 것은 허용되지 않는다고 보는 견해[54]가 타당하다.

---

50) 강구진, 279면; 배종대/이상돈/정승환/이주원, §24/29; 신동운, 591면; 이영란, 428면; 이재상/조균석, 401면; 정영석/이형국, 244면; 차용석/최용성, 301면.

51) 이재상/조균석, 401면.

52) 대법원 2009. 10. 22. 선고 2009도7436 전원합의체 판결; 대법원 2013. 7. 26. 선고 2013도2511 판결.

53) 백형구, 165면; 이영란, 431면.

54) 배종대/이상돈/정승환/이주원, §24/30; 손동권/신이철, 385면; 신동운, 592면; 신현주, 419면; 이은모, 413면; 이재상/조균석, 402면; 차용석/최용성, 303면.

한편 대법원은 전과의 기재가 피고인을 특정할 수 있는 사항으로서 허용된다는 입장을 취하고 있다.[55)]

2) 전과 이외의 악성격, 악경력, 악소행의 기재

전과 이외의 피고인의 악성격(惡性格)이나 악경력(惡經歷), 악소행을 기재하는 것도 원칙적으로 허용되지 않는다고 보아야 한다. 다만 이러한 요소가 범죄사실의 구성요건의 요소(예컨대 공갈이나 강요의 수단이 된 경우)가 되거나 구성요건적 행위와 밀접불가분한 관계를 가진 경우에는 기재가 허용된다고 하겠다. 한편 대법원은 국가보안법위반사건의 공소장 첫머리에 피고인의 과거 경력, 성향, 활동 등에 관한 사항을 기재하는 것은 부적절하지만 공소제기 자체가 무효가 되지는 않는다고 판시한 바 있다.[56)]

3) 범죄동기의 기재

범죄동기나 원인은 범죄사실이 아니므로 일반적으로는 공소사실로 기재되지 않으나, 살인죄나 방화죄와 같은 동기범죄나 중대범죄의 경우에는 공소사실과 밀접불가분하거나 공소사실을 보다 명확히 설명하기 위해 필요한 경우에는 허용된다고 하겠다. 그러나 범죄동기는 직접적인 동기만이 허용되며 간접적인 동기는 허용되지 않는다고 하겠다. 따라서 가령 강도, 사기, 공갈 등의 재산죄에 있어서 '생활비를 구하기 위해' 또는 '유흥비를 마련하기 위해'라는 기재를 하는 것은 허용되며, 일반적으로 범죄동기를 기재하는 것은 단순한 여사기재에 불과하여 이를 삭제하면 족하고, 이로 인해 공소제기 자체가 무효화되지는 않는다.

4) 여죄의 기재

피고인의 여죄(餘罪)를 공소장에 기재하는 것은 법관으로 하여금 예단을 생기게 할 우려가 있으므로 허용되지 않는다고 보아야 한다. 다만 구체적인 범죄사실의 기재가 없는 여죄의 존재를 지적하는 여사기재에 대하여는 법관이 이에 대해 삭제를 명령하여 삭제되면 하자는 치유된다고 보아야 한다.

---

55) 대법원 1990. 10. 16. 선고 90도1813 판결(공소장의 공소사실 첫머리에 피고인이 전에 받은 소년부송치처분과 직업 없음을 기재하였다 하더라도 이는 형사소송법 제254조 제3항 제1호에서 말하는 피고인을 특정할 수 있는 사항에 속하는 것이어서 그와 같은 내용의 기재가 있다 하여 공소제기의 절차가 법률의 규정에 위반된 것이라고 할 수 없고 또 헌법상의 형사피고인에 대한 무죄추정조항이나 평등조항에 위배되는 것도 아니다); 대법원 1966. 7. 19. 선고 66도793 판결.

56) 대법원 1999. 7. 23. 선고 99도1860 판결.

3. 공소장일본주의 위반의 효과

(1) 공소기각판결의 선고

공소장일본주의에 위반한 공소제기방식은 중대한 위반에 해당되어 공소제기 자체가 무효가 되므로, 이에 대해 법원은 **공소기각의 판결을 선고**하여야 한다(제327조 제2호). **판례**도 법관 또는 배심원에게 예단을 생기게 하여 범죄사실의 실체를 파악하는 데 장애가 될 수 있는지 여부를 기준으로 하여 공소장일본주의에 위반되는 공소제기라고 인정되는 때에는 공소기각의 판결을 선고하는 것이 원칙이라는 입장을 취하고 있다.[57] 그러나 법관에게 예단을 생기게 할 우려가 없는 단순한 여사기재의 경우에는 제254조 제3항 내지 제4항에 위반되지만, 공소제기방식에 중대한 위반이 있다고 할 수 없으므로 이에 대해 검사에게 삭제를 명령하면 충분하다고 하겠다.

(2) 하자의 치유문제

공소장일본주의에 위반한 경우, 특히 여사기재의 경우에 그 하자가 치유될 수 있는지 여부가 문제된다. 이에 대하여는 부정설과 긍정설이 대립한다.

부정설은 법관에게 예단을 생기게 할 수 있는 여사기재는 모두 공소장일본주의에 위반되고 그 하자도 성질상 치유가 되지 않는다는 견해로서 **우리나라 다수설**[58]과 일본 판례의 입장이다. 이에 반하여 **긍정설**[59]은 사실인정과 양형을 법관에게 맡기고 있는 형사소송에서 여사기재로 인한 예단의 위험을 지나치게 강조하는 것은 문제이고, 또한 예단을 생기게 할 수 있는 자료첨부는 공소제기가 무효가 되지만 이 정도에 이르지 하지 않을 정도의 여사기재에 대해서는 법원이 삭제를 명하면 충분하고, 그 부분을 삭제함으로써 하자는 치유될 수 있다고 해석한다.

한편 **대법원**은 「공소장일본주의에 위반한 경우라 하더라도 공소장 기재의 방식에 관하여 피고인 측으로부터 아무런 이의가 제기되지 아니하였고 법원 역시 범죄사실의 실체를 파악하는 데 지장이 없다고 판단하여 그대로 공판절차를 진행한 결과 증거조사절차가 마무리되어 법관의 심증형성이 이루어진 단계에서는 소송절차의 동적 안정성 및 소송경제의 이념에 비추어 이제는 더 이상 공소장일본주의의 위배를 주장하

---

57) 대법원 2009. 10. 2. 선고 2009도7436 전원합의체 판결.

58) 강구진, 282면; 배종대/이상돈/정승환/이주원, §24/37; 손동권/신이철, 388면; 신동운, 594면; 정영석/이형국, 245면.

59) 이재상/조균석, 404면.

여 이미 진행된 소송절차의 효력을 다툴 수는 없다」고 판시하여, 예단을 생기게 할 수 있는 여사기재가 공소장에 기재되어 있는 경우라 하더라도 증거조사절차가 마무리된 경우에는 하자가 치유될 수 있다는 입장을 취하여 **긍정설의 입장**을 취하고 있다.[60]

생각건대 법관에게 예단을 생기게 할 수 있는 여사기재는 공소장일본주의에 위반하여 무효가 되므로 하자는 치유가 되지 않는다고 이해하는 부정설의 견해가 타당하다.

4. 공소장일본주의의 예외

공소장일본주의(公訴狀一本主義)가 적용되지 않는 예외로는 약식절차와 공소제기절차가 아닌 경우에는 적용되지 않는다고 하겠다.

(1) 약식절차

약식절차(略式節次)는 정식재판절차와는 달리 검사가 약식명령을 청구하는 때에는 공소제기시에 수사기록과 증거물을 동시에 제출하여야 한다. 법원의 서면심리에 의한 재판이라는 성질을 지닌 약식절차에 대하여 공소장일본주의의 예외에 해당하지 않고 약식절차의 성질상 당연하다는 견해[61]도 있으나, 약식절차도 공소제기와 동시에 검사가 법원에 서면심리에 의한 재판, 즉 약식명령을 청구하는 절차로서 그 성질 때문에 공소장일본주의의 예외에 해당한다고 보는 견해[62]가 타당하다.

한편 검사의 약식명령의 청구가 있는 경우에 법원이 그 사건이 약식명령으로 할 수 없거나 약식명령으로 하는 것이 적당하지 아니하다고 인정한 때(제450조), 약식명령의 고지를 받은 날로부터 7일 이내에 검사 또는 피고인이 정식재판을 청구한 때(453조)에는 공소장일본주의가 적용된다고 해야 한다.

(2) 공소장일본주의의 적용범위

공소장일본주의는 공소제기시에 적용되는 원칙이므로 **공판절차갱신 후의 절차, 상소심의 절차, 파기환송 후의 절차**에는 적용될 여지가 없다고 하겠다. 이 경우에도 공소

---

60) 이 판례에 대하여는 '예단을 가진 법관에 의하여 이미 공판절차가 진행된 때에는 책문권이 포기, 상실되었다고 하는 것은 타당하다고 할 수 없다'는 비판이 있다(이재상/조균석, 404면).

61) 정영석/이형국, 245면.

62) 배종대/이상돈/정승환/이주원, §24/35; 손동권/신이철, 386면; 신동운, 594면; 신현주, 421면; 이영란, 432면; 이재상/조균석, 405면; 차용석/최용성, 306면.

장일본주의 정신에 따라 심리를 요한다는 견해[63]도 있으나, 공소장일본주의가 적용되는 범위가 아니라고 보는 통설의 입장이 타당하다.

5. 관련문제

(1) 증거개시의 문제

종래에는 변호인에게 소송계속중의 관계서류와 증거물에 대해서만 열람·등사권을 인정하고 있었다(제35조). 그러나 개정 형사소송법에서는 피고인과 변호인에게 소송계속중의 관계 서류 또는 증거물에 대한 열람·등사권뿐만 아니라, 공소제기 후에는 검사가 보관하고 있는 서류 등에 대한 열람·등사권, 즉 **증거개시를 인정하는 규정을 신설**하였다(제266조의3 내지 4).

(2) 공판기일 전의 증거제출

형사소송법이 공판기일 전의 증거조사(제273조)와 당사자의 공판기일 전의 증거제출(제274조)을 허용한 것이 공소장일본주의에 반한 것은 아닌지 여부가 문제된다. 공판기일 전의 증거조사와 증거제출은 공판기일의 심리의 신속을 위한 제도이다. 그러나 공판준비절차에서 법관으로 하여금 증거조사와 증거제출을 하게 하는 것은 공소장일본주의를 무의미하게 할 우려가 있다.

이러한 규정에 대하여 공판준비절차에서의 증거조사나 증거제출은 공소장일본주의에 반하지 않는다는 견해[64]와 당사자의 합의에 의하여 필요최소한에 그쳐야 한다는 견해[65]도 있다.

그러나 증거보전절차(제184조) 규정과의 관계에 비추어볼 때, 형사소송법 제273조와 제274조에 규정된 **'공판기일 전'이란 제1회 공판기일 이후의 공판기일 전**을 의미한다고 해석하는 것이 규정 상호간의 논리적 관계를 고려해볼 때 타당하며, 이는 다수설[66]의 입장이기도 하다.

---

63) 강구진, 284면.
64) 신동운, 596면.
65) 차용석, 66면.
66) 강구진, 342면; 배종대/이상돈/정승환/이주원, §24/36; ; 손동권/신이철, 387면; 신현주, 420면; 이영란, 506면; 이은모, 415면; 이재상/조균석, 406면; 임동규, 314면; 정영석/이형국, 245면.

제4절 공소제기의 효과

Ⅰ. 의 의

공소제기로 인하여 공판절차가 개시되며, 공소제기로 인해 피의자는 피고인의 지위로 바뀌고 소송의 당사자로서 소송의 주체가 되며, 법원은 공소장에 기재된 공소사실을 그 심판의 대상으로 삼게 된다. 따라서 공소제기는 소송의 원인이고 소송의 범위와 한계를 정해주며, 이로 인해 공소시효 정지의 효과가 발생하게 된다. 요컨대 공소제기의 소송법적 효과로는, 첫째로 소송이 특정한 법원에 계속되며, 둘째로 법원의 심판범위가 정해지며, 셋째로 공소시효 정지의 효과발생을 들 수 있다.

Ⅱ. 공소제기의 소송법상 효과

1. 소송계속

(1) 소송계속의 의의

소송계속(訴訟係屬)이란 공소제기로 인해 형사피의사건이 피고사건으로 전환됨으로써 공소제기 된 특정한 법원의 지배하에 속하게 되는 것을 말한다. 즉 특정사건이 특정한 법원의 심판대상이 되어 있는 상태를 말한다. 법원에 소송이 계속하게 되면 적극적 효과(내부적 효과)와 소극적 효과(외부적 효과)가 발생하게 된다.

(2) 적극적 효과(내부적 효과)

1) 심판을 할 권리와 의무 발생

공소제기에 의하여 법원에 소송이 계속하게 되면, 법원은 사건을 심판할 권리와 의무를 가지게 되며, 검사와 피고인은 당사자로서 사건의 심리에 관여하고 법원의 심판을 받아야 할 권리와 의무를 갖게 되는 법률관계가 발생하게 된다. 이를 공소제기의 적극적 효과 또는 공소제기의 내부적 효과라고 한다.

2) 실체적 소송계속과 형식적 소송계속

공소제기로 인해 일단 법원에 소송이 계속된 경우에 있어서, 공소제기가 적법하고 유효한 경우를 **실체적 소송계속**이라고 하고, 공소제기가 부적법하고 무효인 경우를

형식적 소송계속이 이라고 한다. 전자의 경우에는 법원이 유·무죄를 선고하는 실체재판을 하게 되고, 후자의 경우에는 법원이 면소, 공소기각, 관할위반의 형식재판을 하게 된다.

(3) 소극적 효과(외부적 효과)

공소제기가 있는 동일사건에 대해서는 다시 법원에 공소를 제기하지 못한다. 이를 **이중기소**(재소)**의 금지** 또는 **공소제기의 외부적 효과**라고 한다. 따라서 동일사건이 같은 법원에 공소제기된 경우에 법원은 후소에 대하여 **'공소기각의 판결'**을 하여야 한다(제327조 제3호). 따라서 동일사건을 수개의 법원에 이중으로 공소제기하는 것도 허용되지 않는다고 하겠다. 그러므로 동일사건이 합의부와 단독판사에게 공소제기된 경우에는 합의부가 심판하며(제12조), 사물관할을 같이하는 경우에는 먼저 공소를 받은 법원이 심판한다(제13조). 이 경우에 심판을 할 수 없게 된 법원은 이 사건에 대해 **'공소기각의 결정'**을 하여야 한다(제328조 제1항 제3호).

2. 공소시효의 정지

공소시효는 공소제기로 인하여 정지되며, 공소기각 또는 관할위반의 재판이 확정된 때로부터 진행한다(제253조 제1항). 다른 소송조건을 구비하지 않더라도 공소제기로 인해 공소시효는 정지된다. 공소제기의 효력은 원칙적으로 피고인에게만 미치지만 예외적으로 공범의 경우에는 공범 중 1인에 대한 공소시효정지의 효력은 다른 공범자에게도 효력이 미치고 당해사건의 재판이 확정된 때로부터 진행하며(제253조 제2항), 여기서의 공범이란 임의적 공범이든 필요적 공범이든 불문한다. 이것은 형평이라는 측면에서 인정된 특례규정이다. 따라서 공범 중 1인에 대해 범죄증명이 없다는 이유로 무죄판결을 한 경우에는 그를 공범이라 할 수 없으므로 그에 대한 공소제기는 진범에 대한 공소시효정지의 효력이 없다고 하겠다.[67] 그러나 상상적 경합범과 같이 과형상 일죄인 경우에는 일부의 죄에 대한 공소제기는 다른 부분에 대하여도 공소시효 정지의 효력이 미친다.

67) 대법원 1999. 3. 9. 선고 98도4621 판결.

Ⅲ. 공소제기의 효력이 미치는 범위

1. 사건범위의 한정

(1) 공소불가분의 원칙

공소제기의 효과는 공소장에 기재된 피고인과 공소사실과 단일성 및 동일성이 인정되는 사실에 미치는데, 이를 공소불가분의 원칙이라 한다. 형사소송법은 제248조 제2항에 "범죄사실의 일부에 대한 공소는 그 전부에 효력이 미친다"고 하여 공소불가분의 원칙을 규정하고 있다. 공소제기가 없는 사건을 법원이 심판할 수 없다는 것은 불고불리의 원칙에 따르는 당연한 결과이다. 따라서 공소제기는 법원이 심판할 사건의 대상과 범위를 한정하는 역할을 하게 된다.

(2) 심판의 대상과 공소불가분의 원칙

법원의 심판대상을 공소제기된 피고인의 범죄사실에 한정하도록 하는 것은 법원이 자의적으로 심판범위를 확대하는 것으로부터 피고인의 방어권을 보호한다는 데에 있다. 따라서 법원의 심판대상 내지 심판범위를 한정한다는 것은 피고인의 방어권 보장을 위해서도 중요하다. 법원의 심판대상 내지 심판범위에 대하여는 다음과 같은 견해의 대립이 있다. 즉 ① 공소장에 기재된 공소사실과 단일성과 동일성이 인정되는 사실의 전부가 심판의 대상이 된다는 견해(공소사실대상설 또는 범죄사실대상설),[68] ② 소인(訴因)이 법원의 현실적 심판의 대상이고, 공소사실은 소인변경의 범위를 결정하는 기능적 개념에 불과하다는 견해(소인대상설),[69] ③ 소인이 현실적 심판대상이고, 공소사실은 잠재적 심판대상이라는 견해(절충설), ④ 공소사실이 현실적 심판대상이고, 단일성과 동일성이 인정되는 사실은 잠재적 심판의 대상이라는 견해(이원설)[70]가 그것이다.

(3) 결 어

생각건대 첫째로, 일본 형사소송법이 소인이라는 개념을 사용하고 있는 것과 달리 우리 형사소송법은 소인이라는 용어를 사용하지 않고 공소불가분의 원칙을 규정(제247조 제2항)하고 있으므로 공소사실과 동일성이 인정되는 사실에는 공소제기의 효

---

68) 김기두, 251면; 신동운, 627면.

69) 강구진, 291면; 차용석/최용성, 352면.

70) 배종대/이상돈/정승환/이주원, §36/14; 신현주, 469면; 이영란, 479면; 이은모, 457면; 이재상/조균석, 410면; 임동규, 352면; 정영석/이형국, 265면.

력이 미친다고 보아야 하며, 둘째로, 이중기소금지의 원칙과 기판력이 미치는 범위의 사실을 심판의 대상에서 완전히 제거하는 것은 부당하며, 셋째로 공소사실과 단일성 또는 동일성이 인정된다고 하여 당연히 심판의 대상이 된다고 하게 되면 '공소장변경제도'를 입법화고 있는 취지를 몰각하는 결과를 가져오게 된다. 따라서 공소장변경제도를 둔 입법취지를 고려하여 공소사실과 단일성과 동일성이 인정되는 범위의 사실에 대해서는 공소제기의 효과가 미치기는 하지만 그것은 법원의 잠재적 심판의 대상에 불과하고, 공소장에 현실적으로 기재된 공소사실과 공소장변경에 의하여 변경되어 공소장에 기재된 사실만이 법원의 현실적인 심판의 대상이 된다고 이해하는 **이원설의 입장이 타당**하다고 생각된다.

2. 공소제기의 인적 효력범위

(1) 인적 효력의 범위

공소제기의 효력이 미치는 사람은 검사가 피고인으로 지정한 사람이며, 그 밖의 사람에게는 그 효력이 미치지 아니한다(제248조 제1항). 공범 중 1인에 대한 공소제기가 있어도 다른 공범자에 대하여는 그 효력이 미치지 않는다. 이와 달리 고소의 경우에는 고소의 주관적 불가분의 원칙에 의하여 다른 공범자에게도 그 효력이 미친다(제233조).

다만, 공소제기로 인한 공소시효정지의 효력은 다른 공범자에게도 미친다(제253조 제2항).

(2) 검사가 지정한 피고인

1) 피고인의 특정

검사가 지정한 피고인이란 공소장에 피고인으로 특정되어 있는 자를 말한다. 공소장에는 피고인의 성명, 기타 피고인을 특정할 수 있는 사항을 기재하도록 되어 있으므로(제254조 제3항 제1호) 공소장에 기재된 자는 일단 피고인이 된다. 피고인 특정과 관련하여 현실적으로 문제가 되는 경우는 피고인이 타인의 성명을 모용한 경우와 피고인이 아닌 자가 위장출석하여 재판을 받는 경우에 공소제기의 효력이 미치는지 여부이다.

2) 성명모용의 경우

피고인이 타인의 성명을 모용함으로써 피모용자가 피고인으로 기재된 경우에 공소제기의 효력은 모용자(명의를 사칭한 자)에게만 미치고 피모용자(명의를 모용당한 자)에게는 미치지 않는다고 해석해야 한다.[71] 공소제기의 효력은 실질적 피고인인 모용자에게만 미치므로 검사는 피고인을 특정하기 위하여 **공소장정정절차**(公訴狀訂正節次)를 거쳐서 피고인의 표시를 정정하여야 한다. 따라서 모용자가 공판정에 출석하여 유죄판결이 확정된 경우에도 판결의 효력은 모용자에게만 미치며 피모용자에게는 미치지 않는다. 다만 재판진행 중에 성명이 모용된 것을 알게 된 경우에 법원은 형식적 피고인인 피모용자에 대하여 **'공소기각의 판결'**을 해야 한다.[72]

3) 위장출석의 경우

위장출석의 경우에 위장출석자는 형식적 피고인이므로 위장출석자를 **인정신문단계**에서 알게 된 경우에 법원은 위장출석자를 법정에서 **퇴정**시켜야 하고, 재판이 진행된 경우에도 판결의 효력은 공소장에 피고인으로 기재된 **'실질적 피고인'**에게만 판결의 효력이 미치게 되며, 위장출석자인 형식적 피고인에게는 미치지 않는다고 하겠다.

3. 공소제기의 물적 효력 범위

(1) 공소사실의 단일성과 동일성

범죄사실의 일부에 대한 공소는 그 전부에 대하여 효력이 미친다(제247조 제2항). 즉 공소제기의 물적 효력범위는 공소사실의 단일성과 동일성이 인정되는 사실 전체에 대하여 공소제기의 효력이 미친다. 따라서 공소장에 기재된 공소사실과 단일성과 동일성이 인정되는 범위에서 법원의 **'잠재적 심판범위'**가 정해지게 되고, 그것은 또한 **'공소장변경의 한계'**이며 **'기판력의 객관적 범위'**라고도 할 수 있다.

(2) 일죄의 일부에 대한 공소제기

소송법상 일죄로 취급되는 **단순일죄 또는 과형상 일죄의 일부에 대한 공소제기**가 가능한가에 대하여는 견해가 대립한다. 예컨대 강도상해의 사실을 강도죄로 기소하거나 특수절도에 대한 고소가 있는 경우에 주거침입 또는 재물손괴죄로 기소할 수 있는가의 문제를 일죄의 일부에 대한 공소제기문제라고 한다.

일죄의 일부에 대한 공소제기가 가능한가라는 문제는 일죄의 전부에 대하여 범죄혐의가 있고 소송조건이 구비되어 있는 경우에 검사가 일죄의 일부만을 공소제기

71) 대법원 1997. 11. 28. 선고 97도2215 판결.

72) 대법원 1993. 1. 19. 선고 92도2554 판결; 대법원 1992. 4. 24. 선고 92도490 판결.

하는 것이 허용되는가라는 문제이다. 따라서 일죄의 일부에 대해서만 혐의가 있거나 소송조건이 구비된 경우에는 일부에 대한 공소제기는 당연히 허용된다고 하겠다.

1) 견해의 대립

가. 소 극 설 일죄의 일부에 대한 공소제기는 허용되지 않는다는 입장이다.[73] 공소불가분의 원칙에 의해 공소장에 공소사실의 일부만이 기재된 경우에도 그 사건의 전부에 공소제기의 효력이 미치므로 일죄의 일부에 대한 공소제기는 허용되지 않으며, 나아가 일죄의 일부기소를 허용하는 것은 실체적 진실에 반하고 검찰권의 자의적 행사를 용인하는 결과가 된다는 것이다.

나. 적 극 설 일죄의 일부에 대한 공소제기도 적법하다는 견해이다.[74] 그 근거로는 ① 변론주의에 의해 검사에게 소송물에 대한 처분권이 있기 때문이라는 견해와 ② 공소권의 주체가 검사이고 공소제기 여부는 검사의 재량에 속하기 때문이라는 견해가 있다.

다. 절 충 설 원칙적으로 허용되지 않으나, 검사가 범죄사실의 일부를 예비적·택일적으로 공소제기하는 경우에는 예외적으로 허용된다는 견해이다.[75]

생각건대 형소법이 검사의 기소독점주의와 기소편의주의를 채택하고 있으므로 공소제기는 검사의 재량에 속하고, 형사소송법 제248조 제2항이 일죄의 일부에 대한 공소제기를 허용한다는 전제에서 규정되었다고 볼 수 있으므로 적극설이 타당하다.

2) 친족간 특수절도죄에 있어서 고소 없이 주거침입죄 또는 재물손괴죄로 기소할 수 있는가?

친고죄에 있어서 고소가 있는 경우에는 친고죄의 수단이나 부수적으로 행해진 범죄행위에 대해서만 공소를 제기하는 것도 적법하다. 이와 달리 친고죄에 있어서 고소가 없는 경우에도 친고죄의 수단이나 그 일부에 해당하는 범죄행위만으로 공소를 제기하는 것이 허용되는가이다.

예컨대 상대적 친고죄인 특수절도죄에 있어서 친족의 고소가 있는 경우에 이 죄의 일부에 해당하는 주거침입죄 또는 재물손괴죄로 기소하는 것은 적법하다. 이와 달

---

73) 김기두, 240면; 배종대/이상돈/정승환/이주원, §26/19; 손동권/신이철, 393면; 정영석/이형국, 247면.

74) 강구진, 288면; 백형구, 강의 480면; 이영란, 437면; 이재상/조균석, 413면; 이은모, 443면; 임동규, 319면; 차용석/최용성, 310면.

75) 신동운, 635면.

리 특수절도죄에 대한 친족의 고소가 없는 경우에도 그 수단이 되는 비친고죄인 주거침입죄 또는 재물손괴죄만으로 공소를 제기하는 것이 허용되는지 문제된다.

생각건대 이를 허용하는 경우에는 특수절도죄를 상대적 친고죄로 규정한 취지인 고소불가분의 원칙에 반하고, 또한 단일한 범죄는 소송법상의 취급에 있어서도 불가분적으로 판단하는 것이 타당하므로 허용되지 않는다고 해석하는 소극설의 입장이 타당하다.[76] 따라서 이 경우에는 고소불가분의 원칙에 반하는 위법한 공소제기이므로 법원은 공소기각의 판결을 선고해야 하며, 대법원 판례도 같은 입장이다.[77]

3) 공소제기의 효력과 심판의 범위

일죄의 일부를 기소할 경우에 그 효력은 일죄의 전부에 미친다는 것은 공소불가분의 원칙상 당연하다고 할 수 있다. 또한 이중기소금지의 원칙과 기판력은 일죄의 전부에 미치게 되며, 공소사실과 동일성의 범위 내에서 법원의 잠재적 심판범위가 된다. 따라서 법원의 현실적 심판대상은 공소장에 기재된 공소사실이지만, 검사의 '**공소장변경신청**'에 의해 법원이 공소장 변경을 허가할 경우 또는 법원의 '**공소장변경요구**'에 의해 검사가 공소장을 변경할 경우에는 법원은 변경된 공소사실을 심판하게 된다.

제5절 공소시효

Ⅰ. 공소시효의 의의와 본질

1. 의 의

공소시효제도란 검사가 일정한 기간 동안 공소권을 행사하지 않은 경우에 **국가소추권을 소멸시키는 제도**를 말한다.

형의 시효[78]란 형의 선고를 받아 재판이 확정된 자가 그 집행을 받음이 없이 일

76) 손동권/신이철, 394면; 이은모, 402면; 이재상/조균석, 414면; 임동규, 302면; 정웅석/백승민, 667면.

77) 대법원 2002. 5. 16. 선고 2002도51 전원합의체 판결.

78) 사형은 30년, 무기징역이나 무기금고는 20년, 10년 이상의 징역이나 금고는 15년, 3년 이상의 징역 등은 10년, 3년 미만의 징역 등은 5년, 5년 미만의 자격정지, 벌금, 몰수 또는 추징은 3년, 구류와 과료는 1년이다(형법 제78조 참조). 그 밖에도 형의 실효제도는 징역 또는 금고의 집행

정한 기간 경과로 인해 확정된 형벌권을 소멸시키는 제도이다. 형의 시효는 형의 집행의 유예나 정지 또는 가석방 기타 집행할 수 없는 기간은 진행되지 않으며, 사형, 징역, 금고와 구류에 있어서는 수형자를 체포함으로, 벌금, 과료, 몰수, 추징에 있어서는 강제처분을 개시함으로 인하여 중단된다.

공소시효가 완성된 경우에 법원은 면소판결을 하게 된다.

2. 공소시효제도의 본질

공소시효제도의 법적 효과 내지 본질에 대하여는 실체법설과 소송법 및 경합설의 대립이 있다.

(1) 실체법설

공소시효제도는 공소시효 기간의 경과에 따라 **사회의 보복감정** 또는 **범죄인의 악성이 소멸**되기 때문에 형벌권을 소멸시키는 제도라고 이해하는 견해이다. 이 견해에 따르면 공소시효는 형벌권의 소멸이라는 실체법상의 내용이 소송에 반영되어 실체재판을 저지시키는 소송법상의 효과가 발생되므로, 공소시효를 **'실체관계적 소송조건'**으로 이해하게 된다. 종래 우리나라 다수설의 입장이었다.[79]

그러나 실체법설은 ① 실체법상 형벌권이 소멸한다고 보게 되면 소송법상 실체재판인 무죄판결을 선고해야 함에도 불구하고 형사소송법이 면소판결을 하는 이유를 설명하지 못하며, ② 공소시효 기간이 경과하였다고 하여 이미 발생한 형벌권이 소멸한다고 할 수는 없다는 비판을 면할 수 없으므로, 현재 이 견해를 지지하는 학자는 없다.

(2) 소송법설

공소시효제도는 일정한 시간경과로 인해 실체법상의 형벌권이 소멸하지는 않으며, 시간경과로 인해 소송법상 증거가 없어지게 된다는 점을 고려하여 형사소송법상 국가소추권을 억제하는 제도로 보는 견해[80]이다. 즉 공소시효완성을 소송조건으로 보는 견해로서 현재 독일 다수설의 입장이다. 그러나 소송법설에 대하여는 공소시효기

을 종료하거나 집행이 면제된 자가 피해자의 손해를 보상하고 자격정지 이상의 형을 받음이 없이 7년을 경과한 때에는 본인 또는 검사의 신청에 의하여 그 재판의 실효를 선고하는 제도를 말한다(형법 제81조 참조).

79) 김기두, 232면; 송광섭, 445면; 정영석/이형국, 234면.

80) 강구진, 264면; 백형구, 180면; 신현주, 425면; 이재상/조균석, 416면.

간이 범죄의 법정형에 따라 달리 규정된 이유를 설명할 수 없다는 비판이 제기되고 있다.

(3) 경 합 설

공소시효제도의 본질에 대하여 **가벌성의 감소**라는 실체법적 성격과 **증거의 산일**(散逸)이라는 소송법적 성격을 함께 지니고 있는 제도로 이해하는 견해[81]로서, 이를 **결합설**이라고도 한다.

(4) 소 결

생각건대 공소시효제도의 본질은 그 존재이유보다 법적 효과와 관계가 있다. 즉 소송법설과 실체법설이나 경합설과의 차이는 공소시효기간을 장기로 연장하는 법률개정이 있는 경우에 소급효를 인정할 수 있는가라는 점에 있다. 이 경우에 실체법설에 의하면 공소시효가 완성된 경우에 면소판결을 하도록 규정하고 있는 형사소송법의 태도와 일치하지 않는다. 따라서 공소시효제도는 시간경과로 인하여 증거가 없어지게 되는 점을 고려하여 국가소추권이 소멸된다고 보는 **소송법설이 타당**하다.

3. 공소시효제도가 존재하는 이유

공소시효제도의 존재이유는 시간의 경과로 인한 사실관계를 존중하여, 사회와 개인생활의 안정과 형벌부과의 적정성을 도모하기 위한 제도이다. 즉 공소시효는 시간의 경과로 인하여 범죄인에 대한 보복감정이나 범죄인의 악성의 감소로 인해 가벌성이 감소되고, 범죄사실에 대한 증거가 불명확하거나 없어지게 되며, 범죄자도 장기간의 도망생활로 인하여 처벌받은 것과 동일한 상태가 되고, 공소시효기간 동안 범죄자에 대한 국가의 공소권 불행사에 대한 태만의 책임을 범인에게만 돌리는 것은 부당하다는 점 등을 고려한 제도이다.

Ⅱ. 공소시효의 기간

1. 시효기간

공소시효의 기간은 법정형의 경중에 따라 차이가 난다. 즉 ① 사형에 해당하는 범죄는 25년, ② 무기징역 또는 무기금고에 해당하는 범죄는 15년, ③ 장기 10년 이

81) 배종대/이상돈/정승환/이주원, §24/51; 신동운, 553면; 이은모, 418면; 임동규, 323면.

상의 징역에 또는 금고에 해당하는 범죄는 10년, ④ 장기 10년 미만의 징역 또는 금고에 해당하는 범죄는 7년, ⑤ 장기 5년 미만의 징역 또는 금고, 장기 10년 이상의 자격정지 또는 벌금에 해당하는 범죄는 5년, ⑥ 장기 5년 이상의 자격정지에 해당하는 범죄는 3년, ⑦ 장기 5년 미만의 자격정지, 구류, 과료 또는 몰수에 해당하는 범죄는 1년이다(제249조 제1항).

공직선거법상의 공소시효는 당해 선거일 후 6월이며, 범인이 도피한 때나 범인의 공범 또는 범죄의 증명에 필요한 참고인을 도피시킨 때에는 3년이다(공직선거법 제268조 제1항).

또한 성폭력범죄의 처벌 등에 관한 특례법 제2조 제3호, 제4호, 제3조부터 제9조까지의 죄 및 아동·청소년에 대한 강간·추행의 죄는 디엔에이(DNA)증거 등 그 죄를 증명할 수 있는 과학적인 증거가 있는 때에는 공소시효는 10년 연장된다.[82)]

반면에 공소시효를 폐지하여 공소시효에 관한 규정의 적용을 받지 않는 범죄로는 ① 사람을 살해한 범죄(종범은 제외)로 사형에 해당하는 범죄(제253조의2), ② 13세 미만의 여자와 신체적·정신적 장애가 있는 여자를 대상으로 한 형법상의 강간죄 등 일부범죄와 성폭력범죄의 처벌 등에 관한 특례법상의 강간 등 상해·치상, 살인·치사, 유사성행위와 아동·청소년의 성보호에 관한 법률상의 강간 등 상해·치상, 살인·치사, 군형법상의 강간 등 살인죄, ③ 국제형사재판소 관할범죄의 처벌 등에 관한 법률상의 집단살해죄 등(동법 제6조)이 여기에 해당한다.

공소제기 후 판결의 확정 없이 25년을 경과하면 공소시효가 완성된 것으로 간주한다(제249조 제2항). 이 규정을 **'의제공소시효'**에 관한 규정이라고 하는데, 이는 피고인의 소재불명으로 인한 영구미제사건을 종결처리하기 위한 제도이다.

2. 시효기간의 기준

(1) 기간결정의 기준이 되는 형

공소시효기간의 기준이 되는 형은 처단형이 아니라 **법정형**이고, 2개 이상의 형을 병과하거나 2개 이상의 형에서 그 1개를 과할 범죄에는 **중한 형**이 기준이 된다(제250조).

---

82) 성폭력범죄의 처벌 등에 관한 특례법 제21조 제2항 및 아동·청소년의 성보호에 관한 법률 제20조 제2항 참조.

형을 가중 또는 감경할 경우에는 가중 또는 감경하지 아니한 형이 시효기간의 기준이 된다.(제251조). 그러나 특별법에 의하여 형이 가중·감경된 경우에는 이 법에 정한 법정형을 기준으로 시효기간을 결정한다.[83] 공범은 정범의 형을 기준으로 결정한다. 다만 필요적 공범의 경우에는 개별 법규의 규정에 따라 판단해야 한다.

법인처벌에 관한 양벌규정이 있어 범죄행위자 외에 법인이나 사업주를 처벌할 경우에 공소시효기간은 범죄행위자에 대한 법정형을 기준으로 산정해야 한다는 견해[84]도 있으나, 이 경우에는 법인이나 사업주가 범죄행위의 주체이기 때문에 이에 대한 처벌규정에 규정된 법정형이 기준이 되며 이 입장[85]이 타당하다. 법률의 변경에 의하여 법정형이 경하게 된 경우에는 신법의 법정형이 기준이 된다.[86]

(2) 법정형판단의 기초인 범죄사실

1) 공소장에 기재된 공소사실

공소시효는 공소장에 기재된 공소사실에 대한 **법정형이 기준**이 된다. 공소장에 수개의 공소사실이 예비적·택일적으로 기재된 경우에는 개별적으로 결정해야 한다.

2) 과형상의 일죄

상상적 경합의 경우에는 실질적으로 수죄이므로 각 죄에 대하여 개별적으로 공소시효를 결정해야 한다.

3) 공소장변경의 경우

공소장이 공소제기 후에 변경된 경우에는 **공소제기시를 기준**으로 해야 한다. 공소장이 변경된 경우에는 변경된 공소사실에 대한 법정형이 공소시효의 기준이 된다. 공소제기시에 공소사실에 대한 법정형의 공소시효가 완성된 경우에는 법원은 면소판결을 하여야 한다.

3. 공소시효의 기산점

(1) 범죄행위종료시

범죄행위를 종료한 때로부터 공소시효는 진행한다(제252조 제1항). 여기에서 '범

83) 대법원 1980. 10. 14. 선고 80도1959 판결.
84) 배종대/이상돈/정승환/이주원, §24/55; 신동운, 556면.
85) 신현주, 446면; 이영란, 446면; 이은모, 421면; 이재상/조균석, 418-419면; 이창현, 579면; 임동규, 324면.
86) 대법원 2008. 12. 11. 선고 2008도4376 판결.

죄행위를 종료한 때'의 의미에 대하여 범죄의 실행행위 자체의 종료시를 의미한다는 실행행위종료시설과 범죄행위가 최종적으로 완료된 시점을 의미한다는 범죄완료시설[87]이 대립하고 있다. 통설과 판례[88]는 범죄완료시설의 입장을 취하고 있다.

(2) 공범에 관한 특칙

공범의 최종행위가 종료한 때로부터 모든 공범에 대한 시효기간을 기산하는데(제252조 제2항), 이는 공범의 일률적 취급을 통하여 처벌의 공평을 기하기 위한 것이며, 여기에서 말하는 공범에는 임의적 공범 이외에 필요적 공범도 포함된다.

4. 공소시효의 계산

공소시효의 계산은 초일은 시간을 계산함이 없이 1일로 산정하고(제66조 제1항), 기간의 말일이 공휴일에 해당하는 날이라도 기간에 산입한다(동조 제3항).

Ⅲ. 공소시효의 정지

1. 공소시효정지의 의의

공소시효에 관하여는 시효정지만을 인정하고 시효중단제도는 없다. 공소시효는 일정한 사유의 발생에 의하여 시효가 진행되지 않고 중지되지만, 그 사유가 소멸하면 중지된 시효가 나머지 기간 진행된다는 점에서 시효중단과는 구별된다.

2. 공소시효의 정지 사유

(1) 형사소송법상의 정지 사유

1) 공소의 제기

공소제기로 공소시효의 진행이 정지되고, 공소기각 또는 관할위반의 재판이 확정된 때로부터 다시 진행한다(제253조 제1항). 그러나 상소권회복의 결정이 있으면 공소시효의 진행이 다시 정지된다. 공소제기의 적법·유효함을 요하지 않으며, 피고인의 신병이 확보되기 전에 공소가 제기되었다고 하더라도 그러한 사정만으로 공소제기가

---

87) 배종대/이상돈/정승환/이주원, §24/58; 손동권/신이철, 399면; 신동운, 558면, 이영란, 448면; 이재상/조균석, 420면; 차용석/최용성, 331면.

88) 대법원 2012. 2. 23. 선고 2011도7282 판결.

부적법한 것이 아니고 공소가 제기되면 제253조 제1항에 따라 공소시효의 진행이 정지된다.[89]

2) 범인의 국외도피

범인이 형사처벌을 면할 목적으로 국외에 있는 경우 그 기간 동안 공소시효는 정지된다(동조 제3항). 여기에서 '형사처벌을 면할 목적'이 국외 체류의 유일한 목적일 필요는 없다.

3) 재정신청

재정신청이 있을 때에는 고등법원의 재정결정이 확정될 때까지 공소시효의 진행이 정지된다(제262조의4 제1항). 그러나 검사의 불기소처분에 대한 검찰항고나 헌법소원의 청구의 경우에는 공소시효는 정지되지 않는다.

(2) 특별법상의 정지 사유

1) 소년보호사건의 심리개시결정

소년보호사건에 대하여 소년부판사가 심리개시결정을 한 때에는 그 사건에 대한 보호처분의 결정이 확정될 때까지 공소시효의 진행이 정지된다(소년법 제54조).

2) 대통령이 범한 죄

대통령은 내란 또는 외환의 죄를 범한 경우를 제외하고는 재직중 형사상의 소추를 받지 아니한다(헌법 제84조). 따라서 대통령은 내란 또는 외환의 죄를 제외하고는 재직기간 중에는 공소시효가 정지된다.

3) 헌정질서파괴범죄에 관한 특칙

1979년 12월 12일과 1980년 5월 18일을 전후하여 발생한 헌정질서 파괴범죄행위에 대하여 국가의 소추권행사에 장애사유가 존재한 기간은 공소시효의 진행이 정지된 것으로 본다(5·18민주화운동 등에 관한 특별법 제2조).

4) 가정보호 사건 등의 법원송치

가정폭력범죄에 대한 공소시효는 해당 가정보호사건이 법원에 송치된 때부터 시효 진행이 정지된다(가정폭력범죄의 처벌 등에 관한 특례법 제17조 제1항). 공범 중 1명에 대한 시효정지는 다른 공범자에도 그 효력이 미친다(동조 제2항).

5) 아동보호사건 등의 법원송치

아동학대범죄에 대한 공소시효는 해당 아동보호사건이 법원에 송치된 때부터 시

---

89) 대법원 2017. 1. 25. 선고 2016도15526 판결.

효 진행이 정지된다. 다만, 해당 아동보호사건에 대하여 제44조에 따라 준용되는「가정폭력범죄의 처벌 등에 관한 특례법」제37조 제1항 제1호(보호처분을 할 수 없거나 할 필요가 없다고 인정하는 경우)에 따른 처분을 하지 아니한다는 결정이 확정되거나, 해당 아동보호사건이 제41조 또는 제44조에 따라 준용되는「가정폭력범죄의 처벌 등에 관한 특례법」제27조 제2항 및 제37조 제2항에 따라 송치된 때의 어느 하나에 해당하는 경우에는 그 때부터 진행된다(아동학대범죄의 처벌 등에 관한 특례법 제34조 제2항). 공범 중 1명에 대한 시효정지는 다른 공범자에게도 효력을 미친다(동조 제3항).

3. 공소시효정지효력이 미치는 범위

공소제기의 효력은 공소제기된 피고인에게만 미친다. 그러나 공범 중 1인에 대한 공소시효의 정지는 다른 공범자에 대하여도 효력이 미치고, 당해 사건의 재판이 확정된 때로부터 진행한다(제253조 제2항). 대향범인 공범의 경우에는 형법총칙의 공범규정이 적용되지 않으므로 시효정지의 효력이 공범에게는 미치지 않는다.[90] 공범인가 여부는 심판을 하고 있는 법원이 결정한다. 공소기각, 관할위반, 유무죄, 면소판결, 약식명령이 확정된 때에는 다시 공소시효가 진행한다.[91]

4. 공소시효완성의 효과

공소의 제기 없이 공소시효기간이 경과하거나 공소가 제기되었으나 판결이 확정되지 아니하고 25년을 경과한 때에는 공소시효가 완성된다(제249조).

공소시효는 소송조건이므로 수사과정 중에 공소시효가 완성된 것을 안 경우에 검사는 '공소권 없음'의 불기소처분을 하지만, 공소제기 후에 판명된 경우에 법원은 면소판결을 해야 하며(제326조 제3호), 이를 위반한 경우에는 항소 또는 상고이유가 된다.

90) 대법원 2015. 2. 12. 선고 2012도4842 판결.
91) 대법원 2012. 3. 29. 선고 2011도15137 판결.

제4편

공　　판

제 1 장 공판절차

제 1 절 공판절차의 기본원칙

Ⅰ. 의 의

공판 또는 공판절차란 검사의 공소제기로 법원에 소송이 계속된 이후 소송이 종결될 때까지의 전과정, 즉 법원이 심리·재판하고 당사자가 변론하는 모든 절차를 말한다. 특히 이 가운데 공판기일의 절차를 '협의의 공판절차'라 한다. 공판절차는 법원의 사건심리가 실질적으로 이루어지는 절차이므로 형사절차의 핵심이라 할 수 있다. 우리 형사소송법은 예심제도를 폐지하고 공소장일본주의(公訴狀一本主義)를 채택하여 사건에 대한 법원의 심리를 공판절차에 집중하게 함으로써 '공판중심주의'를 확립하고 있다. 판례도 공판절차의 기본원칙으로 공판중심주의·구두변론주의·직접심리주의를 들고 있다.[1] 공판중심주의는 공판기일 외에 수집된 증거를 공판심리에 집중시키고 사건의 실체에 대한 법관의 심증형성도 공판심리에 의할 것을 요구하므로, 공개주의·구두변론주의·직접주의 및 집중심리주의를 그 핵심내용으로 한다. 즉 법관은 공개된 법정에서 당사자의 구두변론을 통해서 심증을 형성하게 되고, 또한 공판정에서 당사자에게 반대신문의 기회나 변명의 기회를 주면서 직접 조사한 증거에 의해서만 정확한 심증을 얻을 수 있기 때문이다. 따라서 이러한 공판중심주의를 전제로 할 때에 비로소 공판절차상 피고인에게 당사자로서의 지위를 진정하게 보호하게 되며, 나아가 현대 법치국가의 내재적 원리인 정의와 법적 안정성 및 비례성의 원칙도 실현될 수 있게 된다.[2]

---

1) 대법원 2014. 2. 21. 선고 2013도12652 판결.

2) 이재상/조균석, 427면.

Ⅱ. 공판절차의 기본원칙

공판절차는 소송구조를 취하면서 당사자의 공격과 방어를 중심으로 하는 당사자주의가 지배되기 때문에 공판절차에 있어서 법률관계의 공정성을 담보하기 위해 여러 가지 기본원칙이 필요하다. 이러한 공판절차상의 기본원칙에는 공개주의·구두변론주의·직접주의·집중심리주의가 있다.

1. 공개주의

(1) 공개주의의 의의

공개주의란 일반국민에게 재판과 관련하여 사건의 심리를 방청하도록 허용하는 주의를 말한다. 따라서 공개주의는 일체의 방청을 허용하지 않고 심판을 비밀로 행하는 **밀행주의**나 일정한 소송관계자에 한하여 참여를 허용하는 **당사자공개주의**와는 대립되는 개념이다.

헌법은 국민의 기본권 조항에 공개재판을 받을 권리(제27조 제3항)를 보장하고 있고, 법원에 대해서도 재판공개의 원칙을 선언하고 있으며(제109조), 이에 따라 법원조직법에서도 재판의 심리와 판결은 공개한다(제57조)고 규정하여 공개주의를 명백히 선언하고 있다. 공개주의의 이론적 근거는 법원의 심판절차를 국민의 감시 하에 둠으로써 재판의 공정성과 재판에 대한 국민의 신뢰를 유지하는 데 있다고 할 수 있다. 따라서 재판에 대한 국민의 통제기능이라 할 수 있는 공개주의에 위반한 경우에는 항소이유가 된다(제361조의5 제9호).

(2) 공개주의의 내용

공개주의는 누구에게나 공판에 방청인으로 참여할 수 있는 가능성을 보장해야 한다는 **일반공개주의**를 내용으로 한다. 즉 누구든지 공판기일과 장소에 대한 충분한 정보를 얻을 수 있고, 관심있는 사람은 누구든지 공판정에의 출입이 보장되어야 한다는 것을 의미한다. 그러나 공개주의가 누구든지 언제나 공판에 출석할 수 있을 것을 요구하는 것은 아니다.

(3) 공개주의의 한계

공개주의는 절대적으로 보장되어야 하는 원칙은 아니다. 헌법 제109조 단서와 법원조직법 제57조 제1항 단서에, "심리는 국가의 안전보장 또는 안녕질서 또는 선량한 풍속을 해칠 우려가 있는 경우에는 결정으로 공개하지 아니할 수 있다"고 규정하여 공개주의의 예외를 인정하고 있다. 공개주의의 적용이 배제되는 경우로 다음의 3가지 유형을 들 수 있다.

1) 방청인의 제한

법정의 규모에 따라 방청인수를 제한하거나 질서유지를 위해 특정한 사람의 방청을 허용하지 않는 것은 공개주의에 위배된다고 할 수 없다. 「법정 방청 및 촬영 등에 관한 규칙」 제2조에는 "재판장은 법정질서를 유지하기 위하여 필요하다고 인정한 때에는 방청에 관하여 방청석 수에 해당하는 방청권을 발행케 하고 그 소지자에 한하여 방청을 허용하거나, 법정경위로 하여금 방청인의 의복 또는 소지품을 검사케 하고 위험물 기타 법정에서 소지함이 부적당하다고 인정되는 물품을 가진 자의 입정을 금하게 할 수 있다"라고 규정하고 있다.

2) 특수사건의 비공개

사건의 내용이 국가의 안전보장·안녕질서 또는 선량한 풍속을 해할 우려가 있는 때에는 심리를 공개하지 않을 수 있다. 따라서 위와 같은 경우에 심리를 공개하지 않을 수는 있으나 판결선고의 내용은 공개하여야 한다.[3] 특수사건에 대한 비공개를 결정하는 경우에는 그 이유를 밝혀 선고한다(법원조직법 제57조 제2항). 그러나 소년보호사건에 대한 심리는 원칙적으로 공개하지 아니한다(소년법 제24조 제2항).

3) 재판장의 퇴정명령 등

특정인에 대하여 퇴정명령을 하여 방청을 허용하지 않더라도 이는 공개주의에 반하지 않는다.

위의 규칙 제3조에 의하면 재판장은, ① 재판장의 허가 없이 녹음·녹화·촬영·중계방송 등을 하는 자, ② 음식을 먹거나 흡연을 하는 자, ③ 법정에서 떠들거나 소란을 피우는 등 재판에 지장을 주는 자에 대하여 이를 제지하거나 퇴정을 명할 수 있다고 규정하고 있다.

(4) 법정에서의 사진촬영과 녹음

공개주의가 보도를 위한 사진촬영과 녹음을 허용하는 것은 아니다. 촬영과 녹음에 의한 공개를 간접공개라고 하는데, 이러한 **간접공개**는 피고인의 사회복귀를 방해하고 인격권을 침해하며, 나아가 여론에 영향을 받는 재판을 초래하게 된다. 따라서

---

3) 강구진, 326면; 배종대/이상돈/정승환/이주원, §35/13; 임동규, 345면; 차용석/최용성, 340면.

법정에서의 보도를 위한 사진촬영과 녹음은 피고인의 동의가 없는 한 허용되지 않는다고 해야 한다. 법원조직법 제59조에는 "누구든지 재판장의 허가 없이 녹화·촬영·중계방송 등의 행위를 하지 못한다"고 규정하고 있다. 이에 따라 '법정 방청 및 촬영 등에 관한 규칙' 제4조에는 "법원조직법 제59조의 규정에 의한 재판장의 허가를 받고자 하는 자는 촬영 등 행위의 목적·종류·대상·시간 및 소속기관명 또는 성명을 명시한 신청서를 재판기일 전날까지 제출하여야 한다. 재판장은 피고인의 동의가 있는 때에 한하여 신청에 대한 허가를 할 수 있다. 다만 피고인의 동의 여부에 불구하고 촬영 등 행위를 허가함이 공공의 이익을 위하여 상당하다고 인정되는 경우에는 그러하지 아니하다"고 규정하고 있다.

2. 구두변론주의

구두변론주의란 법원이 당사자의 구두에 의한 법정에서의 공격·방어를 근거로 심리·재판하는 주의를 말한다. 공판기일에서의 변론은 구두로 하여야 하며, 특히 판결은 법률에 다른 규정이 없으면 구두변론에 의하여야 한다(제37조 제1항)고 규정하여 형사소송법은 공판중심주의를 실현하기 위해 구두변론주의를 명확히 하고 있다. 구두변론주의는 구두주의와 변론주의를 그 내용으로 한다.

(1) 구두주의

구두주의란 서면주의에 대립되는 개념으로 구두에 의하여 제공된 소송자료에 의해 재판을 행하는 주의를 말한다. 종래에는 구두진술도 서면의 형식으로 변형되어 서면에 의한 재판이 주로 이루어졌다. 그런데 구두주의는 당사자의 구두에 의한 진술이 법관에게 진술의 진실성과 그 의미를 진술자의 태도를 통해 명백히 인식하게 하고 방청인에게도 변론의 내용을 알린다는 점에서 공개주의의 기초라 할 수 있다. 그러나 구두주의의 단점은 시간이 경과함에 따라 진술자의 기억이 애매하고 변론의 내용을 증명하기 곤란하기 때문에 구두주의의 결함을 보충하기 위해 법원은 공판조서를 작성하여 그 결함을 보충하고 있다. 구두주의는 실체적 진실발견을 이념으로 하기 때문에 실체형성행위에 부합되며, 서면주의는 절차의 형식적 확실성을 요하는 형사소송에서의 절차형성행위에 부합된다고 할 수 있다.

(2) 변론주의

변론주의란 당사자의 변론, 즉 주장과 입증에 의하여 재판하는 주의를 말한다.

당사자주의의 가장 중요한 내용이 된다. 변론주의를 철저히 할 경우에는 당사자의 주장과 입증의 범위 내에서만 재판을 하게 되는 당사자처분권주의가 된다. 그러나 형사재판은 국가형벌권의 공정한 실현을 이념으로 하기 때문에 당사자의 주장이나 입증에만 의존하지 않고 법원의 직권에 의한 증거조사(제295조), 법관에 의한 증인신문(제161조의2), 법원의 공소장변경요구권(제298조의2) 등을 통해 형사사법적 정의를 실현하고 있다.

그러나 우리 형사소송법은 당사자주의를 강화하여 공판정에의 당사자의 출석요구(제276조), 검사의 모두진술(제285조), 피고인의 모두진술(제286조), 당사자의 증거신청권(제294조), 증거조사에 대한 이의신청권(제296조), 증인신문에 있어서 상호신문(제161조의2), 공소장변경(제298조), 사실과 법률적용에 대한 의견진술권(제302조), 피고인의 심신상실상태인 경우의 공판절차정지(제306조), 국선변호와 필요적 변호제도의 확대 등의 규정을 둠으로써 변론주의의 강화를 도모하고 있다.

3. 직접주의

직접주의란 공판정에서 직접 조사한 증거만을 재판의 기초로 삼을 수 있다는 원칙을 말한다. 직접주의는 법관이 직접 증거를 조사하여야 한다는 **형식적 직접주의**와 원본증거를 재판의 기초로 삼아야 한다는 **실질적 직접주의**를 포함한다. 직접주의는 구두주의와 더불어 법관으로 하여금 정확한 심증형성을 가능하게 하고, 증거에 관하여 피고인에게 직접 변명의 기회를 주기 위해서 요구되는 원칙이다. 즉 직접주의는 실체적 진실발견과 피고인에게 반대신문의 기회를 줌으로써 피고인을 보호하고 공정한 재판을 실현하도록 하는 의미를 지닌다.

공판개정 후에 판사의 경질이 있으면 공판절차를 갱신하도록 한 것(제301조)은 직접주의의 요청이라 할 수 있고, 전문증거배제법칙도 직접주의와 표리관계에 있다고 할 수 있다.[4)]

4. 집중심리주의

(1) 집중심리주의의 의의

집중심리주의란 심리에 2일 이상을 요하는 사건은 연일 계속해서 심리해야 한다

4) 이재상/조균석, 432면.

는 원칙을 말한다. 이를 계속심리주의라고도 한다. 집중심리주의는 법관으로 하여금 신선하고 확실한 심증에 의한 실체적 진실발견을 통한 신속한 재판을 실현하도록 하는데 있다. 공판심리를 계속하지 않고 분리하게 되면 공판정에 현출된 증거방법에 의한 심증형성보다는 증거자료를 기재한 서면에 의한 법관의 심증형성이 이루어지기 쉬우므로 집중심리주의는 공판중심주의를 실현하기 위해서도 필수적이라 하겠다. 원래 집중심리주의는 영미의 배심제도에서 배심원들에게 현출된 증거의 일관성을 유지하도록 하기 위해 채택하던 제도에서 유래되었지만, 오늘날에 와서는 소송구조에 관하여 당사자주의뿐만 아니라 직권주의를 취하는 독일에서도 집중심리주의를 실현하고 있다.

종래 우리나라에서는 「특정강력범죄의 처벌에 관한 특례법」에서 특정강력범죄사건의 심리와 판결에 집중심리주의를 도입하였지만(동법 제10조), 형사소송법에서는 이에 관한 규정이 없었다. 다만, 구속사건의 경우에는 구속기간의 제한으로 인해 어느 정도 집중심리가 이루어졌다. 그러나 개정 형사소송법에서는 국민참여재판제도가 도입되었고, 공판중심주의적 심리절차의 실현을 위해 집중심리(제267조의2)와 즉일선고(제318조의4)의 원칙을 선언하고 있다.

(2) 집중심리주의의 내용

집중심리주의는 **집중심리와 즉일선고의 원칙**을 내용으로 한다. 형사소송법은 공판기일의 심리는 집중되어야 한다(제267조의2)고 규정하여 집중심리의 원칙을 선언하고 있다. 또한 심리에 2일 이상이 필요한 경우에는 부득이한 사정이 없는 한 매일 계속 개정하여야 하며, 이 경우에 재판장은 공판기일을 일괄하여 지정할 수 있다. 재판장은 부득이한 사정으로 매일 계속 개정하지 못하는 경우에도 특별한 사정이 없는 한 전회의 공판기일부터 14일 이내로 다음 공판기일을 지정하여야 한다. 특정강력범죄의 처벌에 관한 특례법에서는 법원은 특정강력범죄사건의 심리에 2일 이상이 걸리는 경우에는 가능하면 매일 계속 개정하여 집중심리를 하여야 하며, 특별한 사정이 없으면 직전 공판기일부터 7일 이내로 다음 공판기일을 지정하여야 한다고 규정하고 있다(동법 제10조).

한편 판결선고기일에 관하여, 판결의 선고는 변론을 종결한 기일에 하여야 한다고 규정하여 즉일선고의 원칙을 선언하고 있다(제318조의4 제1항). 다만 특별한 사정이 있는 때에는 따로 선고기일을 정할 수 있지만 이 경우의 선고기일은 변론종결 후

14일 이내로 지정되어야 한다(동조 제3항).

(3) 집중심리주의를 실현하기 위한 제도도입과 개선방안

집중심리주의를 원활하게 실현하기 위해서는 집중심리를 위한 인적·물적 지원과 제도적 장치가 마련되어야 하고, 소송관계인의 협조와 신속한 재판을 위한 피고인의 방어력 보충이 요구되며, 나아가 즉일선고를 위한 재판서작성의 문제가 먼저 해결되어야 한다.

즉 **첫째로**, 집중심리를 위한 재판부의 증설과 공판정이 확보되어야 하고 적절한 사건이 배당되도록 제도개선이 필요하다. 따라서 경미사건과 자백사건에 대하여는 신속한 처리절차가 필요하고, 공판기일 전에 쟁점과 증거를 정리할 수 있는 공판준비절차의 도입과 공판조서의 정리방법이 개선되어야 한다. 이를 위해 형사소송법은 공판준비절차를 도입하였고(제266조의5－15), 다음 공판기일까지 전회의 공판조서가 정리되지 않은 때에는 공판조서에 의하지 아니하고 전회의 공판심리에 관한 주요사항의 요지를 고지할 수 있게 하였다(제54조 제1항·제2항).

둘째로, 검사·피고인 또는 변호인 등 소송관계인의 집중심리에 대한 이해와 적극적인 협조가 필요하다. 이를 위해 형사소송법은 「피고인 또는 변호인은 공소장부본을 송달받은 날부터 7일 이내에 공소사실에 대한 인정여부, 공판준비절차에 대한 의견 등을 기재한 의견서를 제출하여야 하고」(제266조의2 제1항), 「소송관계인은 기일을 준수하고 심리에 지장을 초래하지 아니하도록 하여야 하며, 재판장은 이에 필요한 조치를 할 수 있다」(제267조의2 제5항)고 규정하고 있다. 또한 증인의 출석확보를 위해 「증인을 신청한 자는 증인이 출석하도록 합리적인 노력을 할 의무가 있다」는 규정을 두고 있으며, 나아가 증인이 정당한 사유 없이 출석하지 아니한 때에는 500만원 이하의 과태료를 부과할 수 있고, 과태료 재판을 받고도 정당한 사유 없이 다시 출석하지 아니한 때에는 법원은 결정으로 7일 이내의 감치에 처하도록 규정하고 있다(제151조).

셋째로, 피고인에게 집중심리에 신속하게 대비할 수 있도록 방어의 기회가 보장되어야 한다. 따라서 피고인의 방어권 보장을 위해 국선변호인제도를 확대하여야 하고, 변호인의 방어준비를 위한 정보권이 보장되어야 한다. 이를 위해 형사소송법은 국선변호인제도를 모든 구속사건으로 확대하였고(제33조, 제201조의2 제8항), 공소제기 후 검사가 보관하고 있는 서류 등에 대한 증거개시제도를 도입하였다(제266조의3－4).

넷째로, 판결을 즉일선고하기 위해서는 재판서에 의하여 판결을 선고하는 제도로

(제42조) 변경되어야 한다. 형사소송법은 변론을 종결한 기일에 판결을 선고하는 경우에는, 판결을 선고한 후에 판결서를 작성할 수 있도록 하였다(제318조의4 제2항).

제 2 절 공판심리의 범위

Ⅰ. 심판의 대상

1. 형사소송에 있어서 소송물에 관한 논의

형사소송에 있어서 심판의 대상이 되는 소송물은 검사가 법원에 제출한 공소장에 기재된 공소사실이다. 검사가 공소를 제기함에 있어서는 공소사실이 특정되어 있는 공소장을 법원에 제출하여야 한다. 이와 같이 검사가 공소장에 기재한 특정된 공소범죄사실만이 법원의 현실적인 심판대상이 되는데, 이는 불고불리(不告不理)의 원칙상 당연한 결과이기도 하지만 검사의 공격에 대한 피고인의 방어권행사의 보장을 통한 당사자주의의 실효성을 확보하기 위한 것이다.

따라서 공소장에 기재된 공소사실과 동일성이 인정되는 사실에 대하여 다시 공소가 제기된 경우에 법원은 공소기각의 판결을 선고해야 하고(제327조 제3호), 그 공소사실에 대하여 확정판결이 있는 때에는 확정판결된 공소사실과 동일성이 인정되는 공소사실에 대하여는 면소판결을 해야 한다(제326조 제1호). 대법원은 경범죄처벌법위반으로 즉결심판이 확정된 경우에 그 사건과 동일성이 인정되는 강간사건에 대한 공소제기에 대하여 면소판결을 한 바 있다.[5]

형사소송법은 이러한 불합리한 결과를 방지하기 위하여 검사가 공소를 제기할 때에는 공소장에 수개의 범죄사실과 적용법조를 예비적 또는 택일적으로 기재할 수 있도록 하고 있다(제254조 제5항). 그러나 공소장에 기재된 공소사실은 공판절차가 진행함에 따라 형사절차의 동적·발전적 성격으로 인해 공소사실의 사실적·법률적 의미가 변경될 수 있으며, 특히 직권주의 형사소송 하에서는 법원이 공소장에 기재된 공소사실과 동일성이 인정되는 범위에서는 다른 사실에 대하여도 심판할 수 있게 되어 피고인의 방어권 행사에 현저한 불이익을 초래함으로써 당사자주의 소송구조와 정면

---

5) 대법원 1996. 6. 28. 선고 95도1270 판결.

배치되는 결과를 가져오기 때문에 형사소송법은 공소장변경제도를 인정하여 공소장에 기재된 공소사실과 동일성이 인정되는 공소사실이라 하더라도 공소장을 변경하지 않으면 심판할 수 없도록 하여 피고인의 방어권을 보장하고 있다. 그런데 여기서 형사소송의 대상인 소송물, 즉 공소사실은 무엇을 의미하는지가 문제된다. 형사소송법은 제254조 제1항과 제4항에, 공소를 제기함에는 공소장을 관할법원에 제출하여야 하고, 공소사실의 기재는 범죄의 시일·장소와 방법을 명시하여 사실을 특정하도록 하여야 한다고 규정하고 있다.

2. 견해의 대립

형사소송법의 해석에 있어서 심판의 대상, 즉 소송물이 무엇인가에 대하여는 공소사실대상설(公訴事實對象說)·소인대상설(訴因對象說)·절충설(折衷說) 및 이원설(二元說)이 대립한다.

(1) 공소사실대상설

공소장에 기재된 범죄사실과 단일성 및 동일성이 인정되는 모든 사실이 심판의 대상이 된다는 견해[6]이다. 즉 공소사실과 단일성 및 동일성이 인정되는 사실에 대하여는 그 일부에 대한 공소제기가 있더라도 그 전부에 효력이 미치므로, 따라서 공판심리의 인적 범위는 불고불리의 원칙에 의하여 한정되며, 물적 범위는 공소불가분의 원칙에 의하여 규율된다는 것이다. 이를 **범죄사실대상설**이라고도 하며, 이 견해에 의하면 심판의 대상은 공소제기의 효력범위나 공소장변경의 한계 및 확정판결의 효력범위가 모두 일치하게 된다.

(2) 소인대상설

소인(訴因)이라는 개념을 인정하여 심판의 대상은 공소사실이 아니라 검사가 공소장에 구체적으로 특정한 범죄사실인 소인이 대상이라는 견해이다.[7] 소인이란 심판의 대상이 되는 범죄사실로서 특정한 구성요건에 해당하는 사실의 기재를 의미하며, 이에 반해 공소사실은 실체개념이 아니라 소인변경을 한계지우는 기능개념에 불과하다고 이해한다. 즉 소인변경에 의하여 잠재적 심판의 범위 안에서 현실적 심판의 대상이 변경되며, 따라서 법원은 현실적 심판의 대상인 소인을 심판하게 된다는 것이

6) 신동운, 622면.
7) 강구진, 296면; 차용석/최용성, 352면.

다. 소인대상설이 심판대상을 소인이라고 해석하는 근거로는 ① 형사소송법이 당사자주의 소송구조를 취하기 때문에 소송대상을 소인으로 해석해야 하며, ② 형사소송법 제254조 제4항에 공소사실을 특정하여 공소장에 기재하도록 하는 것은 피고인의 방어권을 보장하기 위한 취지의 규정이므로 이를 보장하기 위해서는 소인개념을 인정해야 하며, ③ 공소장의 변경에 관한 규정인 제298조 제1항에서는 「공소장에 기재한 공소사실」과 공소장변경의 허용한계가 되는 「공소사실」을 구별하고 있으므로, 제254조 제4항의 공소사실과 「공소장에 기재한 공소사실」은 소인을 의미하고, 후자의 공소사실은 공소장변경의 한계개념인 공소사실을 의미한다고 해석한다.

(3) 절 충 설

법원의 현실적 심판의 대상은 소인대상설에 말하는 소인이 되며, 잠재적 심판의 대상은 공소사실이라는 견해이다.[8] 즉 현실적 심판의 대상인 소인은 잠재적 심판의 대상인 공소사실의 범위 안에서 소인변경에 의하여 현실적 심판의 대상이 된다는 견해이다.

(4) 이 원 설

공소장에 기재된 공소사실이 현실적 심판의 대상이고, 공소사실과 동일성이 인정되는 사실은 잠재적 심판의 대상이라고 이해하는 견해[9]이다. 지배적인 **학설과 판례**[10]의 입장이다.

3. 비 판

(1) 소인대상설과 절충설에 대한 비판

소인대상설과 절충설은 소인개념을 인정하고 있다는 점에서 동일하다고 할 수 있다.

그러면 먼저 소인이라는 개념을 우리 형사소송법상 인정할 수 있는가가 문제된다. 첫째, 소인이라는 개념은 영미법상의 당사자주의 소송구조에서 유래하는 개념이고 그에 따라 당사자주의가 강화된 측면을 부정할 수는 없다. 그러나 일본의 형사소송법이 공소사실을 기재함에 있어서 소인을 특정하여 기재할 것을 요하고 있지만, 우

---

8) 서일교, 309면.

9) 김재환, 429면; 배종대/이상돈/정승환/이주원, §36/14; 백형구, 219면; 신현주, 469면; 이영란, 479면; 임동규, 352면; 정영석/이형국, 265면.

10) 대법원 1989. 2. 14. 선고 85도1435 판결.

리 형사소송법은 공소사실을 특정하여 기재할 것을 요한다는 점에서 차이가 있다. 둘째, 우리 형사소송법의 소송구조를 당사자주의 소송구조라고 단정할 수 없을 뿐만 아니라 당사자주의를 강화한 소송구조로 이해하더라도 반드시 소인이라는 개념을 필요로 한다고 할 수는 없다. 당사자주의가 공소사실의 특정을 통해 피고인의 방어권 보장을 강화하는 측면이 있다는 점과 공소장에 기재된 사실을 공소사실로 이해할 것인지 아니면 소인으로 이해할 것인지의 문제와는 관련이 없으며. 셋째, 공소장변경에 관한 형사소송법 제298조 제1항의 의미를 살펴보면 법원의 심판의 대상은 공소장에 기재된 공소사실이고 공소장변경의 한계는 공소사실과 동일성의 범위 내에서 가능하다는 점을 명백히 한 규정이라고 해석된다. 따라서 우리 형사소송법상으로는 소인개념을 인정할 수도 없고, 이를 인정할 필요도 없으므로 소인대상설과 절충설은 타당하지 않다고 생각된다.

(2) 공소사실대상설에 대한 비판

공소사실대상설은 법원의 심판의 범위를 공소사실과 동일성이 인정되는 모든 사실로 확대하기 때문에 피고인의 방어권 행사에 중대한 위험을 초래하고, 공소장변경제도를 인정하고 있는 형사소송법의 취지를 무의미하게 만들어버리며, 나아가 이 학설은 공소불가분의 원칙에 치중한 나머지 공소사실의 특정과 공소장변경에 관한 현행 형사소송법의 규정을 무시하는 결과를 가져온다는 비판을 파하기 어렵다.

(3) 사 견

법원의 심판의 대상과 관련한 여러 학설을 검토한 결과, 형사소송법은 공소불가분의 원칙과 공소장의 기재사항 및 공소장변경과 판결의 효력에 관한 사항을 규정하고 있는데, 이러한 규정의 의미를 종합해보면 우리 형사소송법의 해석으로는 법원의 현실적 심판의 대상은 공소장에 기재된 공소사실이고, 그 공소사실과 동일성이 인정되는 사실의 범위 내에서 공소장변경이 있을 경우에 현실적 심판의 대상이 되므로 그런 의미에서 잠재적 심판의 대상이 된다고 해석하는 이원설의 입장이 타당하다고 생각된다.

Ⅱ. 공소장변경

1. 공소장변경의 의의

(1) 공소장변경의 개념

검사가 공소사실의 동일성을 해하지 않는 범위 내에서 법원의 허가를 얻어 공소장에 기재된 공소사실 또는 적용법조를 추가·철회 또는 변경하는 것을 공소장변경이라고 한다(제298조 제1항). **추가**(追加)란 별개의 공소사실이나 적용법조를 부가하는 것을 말하고, **철회**(撤回)란 공소사실이나 적용법조 가운데 일부를 철회하는 것을 말하며, **변경**(變更)은 공소사실이나 적용법조를 고치는 것을 말한다.

공소장변경은 공소사실의 동일성이 인정되는 범위 내에서 허용되는 제도이므로, **공소사실의 추가와 추가기소는 구별되고**, 또한 **공소사실의 철회와 일부공소취소와는** 그 의미가 다르다.

공소장변경은 공소장에 기재된 범죄의 일시, 피고인의 성명 등에 명백한 오기가 있는 경우에 이를 고치는 **공소장정정**(正訂)과는 구별된다. 공소장정정은 소송행위의 보정적 추완에 해당한다.

《 판례문제 》

[사례] 사문서위조 및 동행사죄, 공정증서원본부실기재죄 및 동행사죄, 사기죄로 기소되었다. 이 중 일부의 죄를 철회하고자 하는 경우에 일부공소취소(제255조)를 해야 하는가, 아니면 공소장변경(제298조)을 해야 하는가?

[해결] 이 경우에는 공소사실의 동일성이 인정되므로 검사는 공소취소가 아니라 공소장변경을 법원에 청구하고 법원은 공소장변경을 허가를 해야 한다. 이와 달리 공소장에 기재된 수개의 공소사실이 경합범 관계에 있는 때에는 동일성이 인정되지 않으므로 그 중 일부 사실을 철회하는 경우에는 공소장변경이 아니라 공소취소의 절차를 따라야 한다.[11)]

(2) 공소장변경제도의 가치

법원의 심판대상은 공소장에 기재된 공소사실이다. 따라서 공소사실과 동일성이 인정되는 사실이라 하더라도 공소장변경절차에 의하여 공소장이 변경되지 않는 이상

11) 대법원 1992. 4. 24. 선고 91도1438 판결.

법원은 이를 심판할 수 없다. 공소장변경제도는 공소제기의 효력과 판결의 기판력이 공소사실과 동일성이 인정되는 사건의 전부에 미친다는 점을 고려하여, 법원의 심판대상도 공소장에 기재된 공소사실과 동일성이 인정되는 사실도 법원의 심판대상이 됨으로써 적정한 형벌권의 행사를 가능하도록 하며, 뿐만 아니라 동일성이 인정되는 사실이라 하더라도 공소장변경에 의해서만 심판할 수 있도록 함으로써 피고인의 방어권을 보장하도록 한다는 점에 그 의의가 있다. 공소장변경제도는 법원의 심판대상에 변경을 가져온다는 점에서 공소장에 기재된 사실에 명백한 오기가 있는 경우에 이를 고치는 **공소장정정**(公訴狀訂正)과는 구별된다.

2. 공소장변경의 한계

공소장변경은 공소사실의 동일성을 해하지 않는 범위에서 허용된다(제298조 제1항). 즉 공소사실의 동일성의 범위 내에서 공소장변경이 가능하므로, 이는 공소장변경의 한계가 되며 공소제기의 효력 및 기판력이 미치는 범위를 결정하게 된다.

(1) 공소사실 동일성의 의의

공소사실의 동일성이란 공소사실의 단일성과 동일성을 포함하는 개념이다. 즉 공소사실의 동일성이란 사건의 시간적 경과에 따른 전후의 동일성을 의미하며, 단일성은 객관적 자기동일성을 의미하기 때문에 공소사실의 단일성과 동일성 사이에는 가치적 차이가 없다고 이해하는 것이 다수설의 입장이다. 이에 반해 공소사실의 단일성은 실체법상의 죄수문제에 불과하므로 공소사실의 동일성의 문제는 소송법에서 다루어지는 협의의 동일성의 문제에 제한된다는 견해도 있다. 공소사실의 단일성이 실체법상의 죄수론에 의해 대부분 결정되는 것은 사실이지만 그렇다고 하여 공소사실의 단일성이 반드시 죄수론과 일치한다고 할 수 없으며, 또한 공소사실의 동일성과 단일성 사이에 가치의 차이가 없기 때문에 공소사실의 동일성이란 공소사실의 단일성과 협의의 동일성을 의미한다고 해석하는 다수설의 입장이 타당하다. 결국 공소사실의 동일성을 결정하는 기준은 실체법상의 죄수론이 아니라 형사소송법상의 사실상의 행위개념이다. 따라서 상상적 경합인 경우에는 실체법상으로는 수죄이지만 소송법상으로는 일죄가 된다.

(2) 공소사실의 동일성의 기준

1) 견해의 대립

공소사실의 동일성은 소송의 진행과정에 따른 공소사실의 시간적 전후 동일성을 말한다. 그러면 시간적 전후로 어느 정도 동일하면 공소사실의 동일성을 인정할 수 있는지가 문제되는데, 이에 대하여는 다음과 같은 학설의 대립이 있다.

가. 기본적 사실동일설 공소사실의 동일성의 판단은 공소장에 기재된 공소사실과 그 기초되는 사회적 사실관계에 있어서는 다소 차이가 있더라도 기본적인 점에서 동일하면 동일성을 인정해야 한다는 견해이다. 말하자면 공소사실은 다른 사실과 구별되는 **역사적·구체적 사실**을 의미하며 그 사실에 대한 법적인 평가를 문제삼지 않는다는 견해이다. 대법원 판례도 일관되게 공소사실의 동일성은 그 사실의 기초되는 사회적 사실관계가 기본적인 점에서 동일하면 동일하다는 입장을 취하고 있다.

대법원 판례는 ① 돈을 수령한 사실이 있는 경우에 횡령죄의 공소사실을 사기죄로 변경하는 경우,[12] ② 재물을 취득한 이상 장물죄를 절도죄로 변경하거나, 절도죄를 장물보관죄로 변경하는 경우,[13] ③ 목을 조르고 폭행한 사실에 대하여 살인미수죄를 강간치상죄로 변경한 경우, ④ 흉기를 휴대한 사실이 경우에 강도예비죄를 폭력행위 등 처벌에 관한 법률위반죄로 변경한 경우, ④ 협박한 사실이 있는 경우에 협박죄를 범인도피죄로 변경한 경우,[14] ⑤ 인터넷설치업자에게 타인의 주민등록번호를 불러준 경우에눈 사문서위조죄를 인터넷설치업자의 정보단말기에 타인 명의를 서명한 사서명위조죄로 변경한 경우[15]에는 공소사실의 동일성을 인정하고 있다.

그러나 이와 반대로 ① 아파트를 사전분양한 주택건설촉진법위반죄와 건축·분양의사나 능력 없이 아파트 매매대금을 편취한 사기죄,[16] ② 조세범처벌법상 법인세 포탈행위와 종합소득세 포탈행위,[17] ③ 필로폰을 교부하였다는 마약류관리법위반죄와 필로폰을 구해주겠다고 속여 대금을 편취한 사기죄,[18] ④ 피해자 등에게 187회 편취

---

12) 대법원 1984. 2. 28. 선고 83도3074 판결.
13) 대법원 1999. 5. 14. 선고 98도1483 판결.
14) 대법원 1987. 2. 10. 선고 85도897 판결.
15) 대법원 2013. 2. 28. 선고 2011도14986 판결.
16) 대법원 2011. 6. 30. 선고 2011도1651 판결.
17) 대법원 2015. 6. 11. 선고 2013도9330 판결.
18) 대법원 2012. 4. 13. 선고 2010도16659 판결.

하였다는 사기죄와 피해자와 금액을 추가하여 288회 편취하였다는 사기죄,[19] ⑤ 토지거래허가구역내 토지에 대한 미등기전매 후 근저당을 설정한 배임죄와 매매대금을 편취한 사기죄,[20] ⑥ 과실에 의한 교통사고로 인한 교통사고처리특례법위반죄와 고의로 교통사고를 내어 보험금을 청구하여 수령하거나 미수에 그쳐서 성립하는 사기 및 사기미수죄,[21] ⑦ 회사의 대표이사가 회사자금을 빼돌려 사용하여 성립하는 횡령죄와 횡령한 금액의 일부를 배임증재에 공여하여 성립하는 배임증재죄의 공소사실 사이에는 기본적인 사실관계가 달라 동일성이 인정되지 않는다고 판시하였다.

다른 한편으로 대법원은 기본적 사실동일설을 취하면서도 동일성의 판단에는 규범적 요소를 배제할 수 없다는 이유로, ① 장물취득죄와 강도상해죄의 공소사실,[22] ② 약사법위반죄와 보건범죄단속에 관한 특별조치법위반죄의 공소사실,[23] ③ 사기죄의 확정판결의 기판력은 그 기간 동안의 상습사기행위에는 미치지 않는다고 판시한 바 있다.[24]

나. 죄질동일설 공소사실이란 단순한 역사적·자연적 사실이 아니라 일정한 죄명, 즉 구성요건상의 죄질(罪質)에 따른 사실관계를 파악하는 것이므로, 이러한 구성요건상의 유형적 본질이 동일해야 공소사실의 동일성을 인정할 수 있다는 견해를 말한다. 예컨대 폭행죄와 특수공무원폭행죄, 수뢰죄와 공갈죄는 죄질이 다르기 때문에 동일성이 인정되지 않게 된다. 그러나 이 견해에 의하면 공소사실의 동일성의 범위가 너무 협소해져 공소장변경제도의 취지를 무의미하게 만들어버리기 때문에 현재 이 학설을 취하는 학자는 없다.

다. 구성요건공통설 공소장에 기재된 공소사실이란 범죄구성요건을 구성하는 사실들로 이루어져 있기 때문에, 공소사실이 서로 다른 구성요건에도 상당 정도 부합하는 때에는 구성요건적으로 죄질이 동일하거나 공통된 특징을 가지지 않더라도 공

19) 대법원 2010. 4. 29. 선고 2010도3092 판결.
20) 대법원 2012. 4. 13. 선고 2011도3469 판결.
21) 대법원 2010. 2. 25. 선고 2009도14263 판결.
22) 대법원 1994. 3. 22. 선고 93도2080 전원합의체 판결(… 피고인이 장물취득죄로 받은 판결이 확정되었다고 하여 강도상해죄의 공소사실에 대하여 면소를 선고하여야 한다거나 피고인을 강도상해죄로 처벌하는 것이 일사부재리의 원칙에 어긋난다고 할 수 없다).
23) 대법원 2010. 10. 14. 선고 2009도4785 판결.
24) 대법원 2010. 2. 11. 선고 2009도12627 판결; 대법원 2004. 9. 16. 선고 2001도3206 전원합의체 판결.

소사실의 동일성을 인정해야 한다는 견해이다. 이에 의하면 사기죄와 공갈죄, 공무집행방해죄와 소요죄, 공갈죄와 수뢰죄, 내란예비죄와 살인죄 사이에도 공소사실의 동일성이 인정된다. 죄질동일설의 결함을 시정하기 위한 견해로 등장했으나 현재는 학자들의 지지를 받지 못하고 있다.

라. 소인공통설 공소사실의 동일성이란 소인과 소인을 비교하는 것이므로, 소인의 기본적인 부분이 동일한 경우에는 공소사실의 동일성이 인정된다는 견해이다.[25] 공소사실의 동일성은 공소장에 기재되는 구체적인 범죄사실인 소인을 서로 비교하여 동일성을 판단하는 것이지 규범적 요소인 구성요건을 서로 비교하여 동일성을 판단할 수는 없다는 것이다. 그런데 소인과 소인을 비교하여 공소사실의 동일성을 결정하는 절대적인 기준은 없기 때문에 기판력에 의한 재소금지의 이익과 이 소송에서 얻을 이익을 비교하여 합목적적으로 결정할 수밖에 없다는 입장을 취한다. 일본에서는 소인공통설에 기초하여 동일성에 대한 기준으로 다양한 견해가 제시되고 있다.[26]

2) 결 어

구성요건공통설은 공소사실의 규범적 성격을 유지하면서 검사와 피고인의 이익을 조화하기 위해서는 동일성의 범위를 지나치게 협소하게 해서는 안된다는 입장을 취하고 있다. 즉 공소사실의 동일성의 범위가 넓어지면 기판력의 범위도 넓어져 피고인에게 유리하지만 공소장변경에 있어서는 피고인에게 오히려 불리하게 되고, 동일성의 범위가 좁게 되면 그 반대로 되기 때문에 양자의 조화를 위해 공소사실은 구성요건적으로 상당 정도 부합하는 때에는 동일성을 인정해야 한다는 입장이다. 그러나 이 학설은 ① 공소사실이 구성요건과는 다른데도 불구하고 공소사실의 규범적 성격을 강조하여 동일성의 판단기준을 구하고 있으며, ② 구성요건 상호간에 상당 정도 부합할 때 공소사실의 동일성을 인정하고 있으나, 어느 정도 부합할 때 동일성을 인정하

25) 강구진, 321면; 차용석/최용성, 366면.

26) 일본에서는 소인대상설에 입각하여 공소사실의 동일성에 대한 구체적인 판단기준으로, ① 국가적 형벌관심의 동일성을 의미하므로 국가적 관심을 기초로 공소사실의 동일성을 결정해야 한다는 형벌관심동일설과, ② 범죄가 있다는 사회적 관심이 공소사실이라고 보고, 사회적 관심이 동일할 때 공소사실의 동일성을 인정하는 사회적 혐의 동일설 및 ③ 소인을 구성하는 범죄의 일시, 장소, 방법, 피해법익 등 여러 요소를 종합평가하여 2개 이상이 다른 때에는 이를 종합평가하여 검사와 피고인의 이익을 비교하여 동일성 여부를 판단해야 한다는 종합평가설 등이 주장되고 있다.

는지에 관한 구체적인 기준을 제시하지 못한다는 비판을 피하기 어렵다.

또한 소인공통설은 공소사실의 동일성의 문제를 공소장에 기재된 사실과 사실을 비교하여 동일성을 판단한다는 점에서는 타당하다. 그러나 우리 형사소송법에서는 소인개념을 인정하지 않고 있으며, 동일성의 판단기준으로 제시하고 있는 견해들도 합리적인 준거기준을 제시하지 못하고 있다.

따라서 공소사실의 동일성에 대한 판단기준으로는 기본적 사실동일설에 따라 해결하는 입장이 타당하다고 생각된다. 이 견해에 대하여는 동일성의 범위가 너무 넓게 되며, 기본적 사실이 무엇인지 불명확하다는 비판이 있다. 그러나 기본적 사실동일설은 ① 공소사실은 법적으로 완전히 평가된 사실이 아니기 때문에 규범적 성격을 벗어날 수 있으며, ② 동일성의 범위가 확대되어 당사자에게 불이익을 가져온다고 주장하나 이는 오히려 소송경제와 신속한 재판의 이념에 부합되며, ③ 기본적 사실의 개념이 불명확하다고 하나, 공소장에 기재된 구체적·역사적 사실인 공소사실과 시간과 장소적으로 밀접한 관계(밀접관계)에 있거나 그것과 양립할 수 없는 관계(비양립관계, 택일관계)에 있는 때에는 기본적 사실이 동일하다고 할 수 있다.

한편 대법원 판례도 기본적 사실동일설에 의해 공소장변경의 한계를 결정하고 있으나,[27] 기본적 사실의 동일성을 판단함에 있어서 규범적 요소를 고려해야 하는지, 나아가 고려해야 한다면 고려해야 할 규범적 요소는 무엇인지가 문제된다. 대법원은 장물취득죄와 강도상해죄에 대하여 기본적 사실관계가 동일하지 않다고 판시[28]한 이래로, 공소사실의 동일성 여부를 판단하는 규범적 요소로 범죄의 일시, 장소, 범죄사실의 내용, 행위의 태양, 보호법익과 죄질을 들고 있는데, 이러한 규범적 요소를 고려한 대법원의 입장을 수정된 기본적 사실동일설이라 하며, 이에 대하여는 기본적 사실동일설의 입장에서 많은 비판이 제기되고 있다.

3. 공소장변경의 필요성

(1) 공소장변경의 필요성 여부

검사의 공소장변경은 소송경제와 피고인의 방어권보장이 조화를 이룰 수 있도록 그 허용범위를 정할 필요가 있다. 따라서 공소장에 기재된 공소사실과 동일성이 인정

---

27) 대법원 2006. 3. 23. 선고 2005도9678 판결; 대법원 2005. 1. 13. 선고 2004도6390 판결.

28) 대법원 1994. 3. 22. 선고 93도2080 전원합의체 판결.

되는 사실이라 하더라도 공소장변경이 이루어져야 비로소 법원의 심판의 대상이 되며, 법원이 공소장변경을 허용하더라도 피고인의 방어권 행사에 실질적으로 불이익을 주지 않는 한 불고불리의 원칙에 위배된다고 할 수 없다. 또한 법원이 공소장을 변경하지 않더라도 '공소장이 변경되지 않았다는 이유로 이를 처벌하지 않는다면 적정절차에 의한 신속한 실체적 진실발견이라는 형사소송의 목적에 비추어 현저히 정의와 형평(衡平)에 반하는 것으로 인정되는 경우'에는 법원은 직권으로 그 범죄사실을 인정하여야 한다고 판시한 바 있다.[29)]

요컨대 법원이 공소장변경 없이 어느 범위까지 공소장에 기재된 공소사실과 다른 사실을 인정할 수 있는지가 문제되는데, 이것이 바로 공소장 변경의 필요성 여부의 문제이다.

(2) 공소장변경의 필요성판단에 관한 학설

공소장변경의 필요성을 결정하는 기준에 관해서는 동일벌조설과 법률구성설 및 사실기재설의 대립이 있다.

1) 동일벌조설

공소장에 기재된 구체적 사실관계가 다른 경우에도 그 벌조 또는 구성요건에 변경이 없이 동일벌조(同一罰條)에 해당하는 경우에는 공소장변경이 불필요하다는 견해이다. 이 견해에 따르면 예컨대 범죄의 일시, 장소가 다른 경우에도 적용될 구성요건이 동일하면 공소장변경 없이 법원이 공소장에 기재된 사실과 다른 사실을 인정할 수 있게 된다. 그러나 죄명이 달라지는 경우, 예컨대 절도죄에서 횡령죄로, 사기죄에서 공갈죄로 바뀌는 경우에는 동일벌조에 해당하지 않으므로 공소장변경이 필요하게 된다.

2) 법률구성설

공소장에 기재된 구체적 사실관계가 다른 경우에도 법률구성(法律構成)에 영향이 없을 때에는 공소장변경 없이 공소장에 기재된 사실과 다른 사실을 인정할 수 있다는 입장이다. 동일벌조설이나 법률구성설이 구체적 사실관계에 대한 **법률적 평가**에 중점을 둔다는 점에서는 동일하다고 할 수 있다. 그러나 동일벌조설이 벌조 또는 구성요건의 동일성의 범위 내에서는 공소장변경이 불필요하다고 보는 데 비해, 법률구성설은 동일벌조 또는 구성요건의 동일성의 범위를 넘어서 범죄사실에 대한 법률적 구성

29) 대법원 2006. 4. 13. 선고 2005도9268 판결.

전반에 걸친 동일성을 판단기준으로 삼는다는 점에서 차이가 있다. 예컨대 강도죄의 경우에도 폭행에 의한 강도죄와 협박에 의한 강도죄는 법률구성을 달리하기 때문에 공소장변경이 필요하다고 하게 된다.

3) 사실기재설

구성요건에 해당하는 구체적인 사실의 주장을 공소사실이라고 이해하여, 이러한 구체적인 범죄사실의 주장은 법률적으로 평가된 사실이 아니라 공소장에 기재된 구체적·역사적·자연적인 사실을 말하며, 이것과 실질적으로 다른 사실이라는 점을 인정할 때에는 벌조 또는 법률적 구성에 차이가 없더라도 공소장변경이 필요하다는 견해이다. 즉 공소장에 기재된 사실과 실질적으로 다른 사실을 인정할 때에는 공소장변경이 필요하다는 견해이다. 사실기재설(事實記載說)에 의하더라도 공소장에 기재된 사실과 조그마한 사실의 변경이 있을 때에도 공소장변경이 필요한 것은 아니다. 역사적·자연적 사실의 변화가 법률적 의미를 달리하여 실질적으로 피고인의 방어권 행사에 불이익을 초래하느냐를 기준으로 판단해야 한다는 것이 우리나라 통설[30]과 판례[31]의 입장이다.

4) 사　　견

공소장에는 공소사실 외에 적용법조를 별도로 기재하도록 규정하고 있는 점에 비추어볼 때 공소사실은 구성요건에 해당하는 사실의 기재를 의미한다고 보아야 하고, 동일벌조설 또는 법률구성설에 의하면 형사소송법 제298조의 공소장변경에 관한 규정을 무의미하게 만들어버릴 뿐만 아니라 피고인의 방어권 행사에도 불이익을 초래하기 때문에 타당하지 않다. 따라서 형사소송법이 공소장에 공소사실을 특정하여 기재하도록 한 것은 공소장의 법률구성 또는 벌조에는 변경이 없더라도 공소장의 구체적인 사실기재에 차이가 있어 '피고인의 방어권행사에 실질적으로 불이익을 초래하는 경우'에는 공소장변경이 필요하다고 보는 사실기재설이 타당하다고 생각된다.

(3) 공소장변경의 필요성판단의 기준

공소장변경의 필요성을 판단하는 경우에 있어서도 피고인의 방어권 행사에 실질

---

30) 김재환, 438면; 배종대/이상돈/정승환/이주원, §36/26; 백형구, 526면; 신동운, 657면; 이재상/조균석, 449면; 임동규, 360면; 정영석/이형국, 277면; 차용석/최용성, 369면.

31) 대법원 2014. 5. 16. 선고 2012도12867 판결.

적인 불이익을 초래한다는 추상적인 기준을 보다 구체화할 필요가 있다. 여기에는 공소장에 기재된 공소사실과 법원에서 인정할 사실이 같은 구성요건에 속하는 경우와 다른 구성요건에 속하는 경우를 나누어 살펴볼 필요가 있다.

1) 같은 구성요건인 경우

동일한 구성요건에 속하더라도 공소장에 기재된 공소사실과 다른 범죄사실을 인정하는 경우에는 **공소사실의 특정에 필요불가결한 사실**인가가 중요한 기준이 된다. 필요불가결한 사실인 경우에는 공소장변경이 필요하지만, 그 밖의 사실인 경우에는 이를 요하지 않는다고 할 수 있다. 그러나 그 밖의 사실이라 하더라도 피고인의 방어준비에 필요한 경우에는 공소장변경이 필요하다고 보아야 한다.

가. 범죄의 일시·장소 범죄의 일시와 장소는 공소사실 특정을 위한 불가결한 요소이며 피고인의 방어권 행사에 직접적인 영향을 미치기 때문에 공소장변경을 요한다. 그러나 명백한 오기인 때에는 공소장변경을 요하지 않는다. 대법원 판례는 범죄의 일시는 범죄사실의 기본요소가 아니므로 반드시 공소장변경을 요하지는 않지만, 범죄의 일시·장소의 변경이 피고인의 방어권행사에 실질적으로 불이익을 초래할 염려가 있는 경우에는 공소장변경이 필요하다고 판시하였다.[32]

나. 범죄의 수단·방법 범죄의 수단이나 방법을 변경하는 경우에는 원칙적으로 공소장변경이 필요하다. 범죄의 수단도 공소사실을 특정하기 위한 요소이기 때문이다. 따라서 예컨대 사기죄의 기망행위의 방법이나 태양이 변경된 경우, 살인죄의 살해방법이나 강도죄의 폭행 또는 협박의 수단을 변경한 경우, 공갈죄에 있어서 갈취의 방법으로 '흉기휴대'에서 '다중의 위력'으로 변경하는 경우에는 공소장의 변경이 필요하다.[33]

다. 범죄의 객체 범죄의 객체도 범죄의 일시, 장소 및 수단에 준하므로 범죄의 객체가 변경된 경우에도 공소장변경이 필요하다. 이는 피고인의 방어권 행사에 영향을 미치기 때문이다. 다만 범죄의 객체의 변경이 피고인의 방어권 행사에 불이익을 주지 않을 경우에는 공소장변경을 요하지 않는다는 것이 판례의 입장이다.[34]

라. 기타사항 범죄의 객체는 같지만 피해자를 달리 인정하는 경우,[35] 사기죄

---

32) 대법원 2000. 5. 14. 선고 2008도10771 판결.
33) 대법원 2013. 6. 27. 선고 2013도3983 판결.
34) 대법원 1984. 9. 25. 선고 84도312 판결.
35) 대법원 1978. 2. 28. 선고 77도3522 판결.

나 배임죄[36]의 피해자가 다른 경우, 인과과정의 진행에 차이가 있는 경우,[37] 상해 정도의 차이,[38] 뇌물전달자가 다른 경우 등은 공소장변경이 불필요하다. 그러나 단독범을 공범으로 인정하는 경우, 포괄일죄의 일부를 철회하고 일부를 추가하는 경우, 범죄피해자의 변경으로 피고인의 방어권 행사에 실질적인 불이익을 주는 경우[39]에는 공소장변경이 필요하다.

2) 다른 구성요건인 경우

공소장에 기재된 공소사실과 법원이 인정하는 범죄사실이 다른 구성요건인 경우에는 적용법조가 달라지기 때문에 원칙적으로 **공소장변경이 필요**하다.

따라서 ① 특수절도죄를 장물운반죄으로, ② 특수강도죄를 특수공갈죄로, ③ 강간치상죄를 강제추행치상죄로, ④ 명예훼손죄를 모욕죄로, ⑤ 강제집행면탈죄를 권리행사방해죄로, ⑥ 사기죄를 상습사기죄로, ⑦ 강도상해교사죄를 공갈교사죄로,[40] ⑧ 살인죄를 폭행치사죄로, ⑨ 장물보관죄를 업무상과실장물보관죄로,[41] ⑩ 사실적시 명예훼손죄를 허위사실적시 명예훼손죄로, ⑪ 신용카드 절도죄를 신용카드사용 사기죄로, ⑫ 성폭력특별법상 주거침입강간미수죄를 주거침입강제추행죄로[42] 적용법조를 변경하는 경우에는 공소장변경이 필요하다.

그런데 대법원은 배임죄로 기소된 공소사실에 대하여 특별한 사정이 없는 한 공소장변경 없이 횡령죄를 적용하여 처벌할 수 있다고 판시한 바 있으나,[43] 횡령죄와 배임죄는 구성요건이 다를 뿐만 아니라 횡령죄는 배임죄에 대하여 특별규정이므로 피고인의 방어권을 실질적으로 보장하기 위해서는 공소장변경이 필요하다고 보아야 한다.

그러나 구성요건이 다르더라도 축소사실을 인정하는 경우와 법률적 평가만을 달리 하는 경우에는 예외적으로 공소장변경이 불필요하다.

가. 축소사실을 인정하는 경우 공소제기된 공소사실과 인정되는 사실이 구성

---

36) 대법원 2010. 9. 9. 선고 2010도5975 판결.
37) 대법원 1980. 11. 11. 선고 80도1074 판결.
38) 대법원 1984. 10. 23. 선고 84도1803 판결.
39) 대법원 2011. 1. 27. 선고 2009도10701 판결.
40) 대법원 1993. 4. 27. 선고 92도3156 판결.
41) 대법원 1984. 2. 28. 선고 83도3334 판결.
42) 대법원 2008. 9. 11. 선고 2008도2409 판결.
43) 대법원 2015. 10. 29. 선고 2013도9481 판결; 대법원 1999. 11. 26. 선고 99도2651 판결.

요건을 달리하는 경우에도 인정되는 사실이 공소사실에 포함되는 경우에는 '대는 소를 포함한다'는 이론에 의하여 피고인의 방어권 행사에 실질적으로 불이익을 초래하지 않으므로 **공소장변경은 불필요**하다. 따라서 법원이 공소장변경 없이 ① 강간치상죄를 강간죄로, ② 강간치사죄를 강간미수로, ③ 특수절도죄를 절도죄로, ④ 강도상해죄를 절도죄와 상해죄로, ⑤ 강도강간죄를 강간죄로, ⑥ 수뢰후부정처사죄를 뇌물수수죄로,[44] ⑦ 강도상해죄를 주거침입죄 및 상해죄로, ⑧ 특수강도강간죄의 미수를 특수강도죄로 인정하는 것은 허용된다.

또한 법원이 공소장이 변경되지 않았다는 이유로 직권으로 그 범죄사실을 인정하지 않았다 하더라도 이것이 적정절차에 의한 신속한 실체적 진실발견이라는 형사소송의 목적이 비추어 **'현저히 정의와 형평에 반하는 것으로 인정되지 않는 한'** 위법하지는 않다는 것이 대법원 판례의 입장이다.[45] 대법원은 폭행치사죄 또는 상해치사죄의 공소사실에 대하여 무죄를 선고한 원심에 대하여 공소장의 변경이 없었기 때문에 법원이 폭행죄 또는 상해죄를 인정하지 아니하였다고 하여 위법이라고 할 수는 없다는 입장을 취한 바 있다.[46] 그러나 이 경우에도 법원은 기소된 공소사실에 대하여 축소사실을 인정하여 공소장변경 없이 현저히 정의와 형평에 반하지 않게 유죄판결을 해야 함이 타당하다고 생각된다.[47]

그 후 대법원은 살인죄로 기소되었지만 폭행·상해죄와 체포·감금죄의 범죄사실이 인정되는 경우[48]와 필로폰투약죄의 기수범으로 기소되었지만 이 죄의 미수범이라는 범죄사실이 인정되는 경우[49]에 법원은 직권으로 그 범죄사실을 인정해야 한다고 판시한 바 있다.

그러나 공소장에 기재된 공소사실의 부분사실을 인정하는 것이 아니라 불법평가를 달리하는 경우에는 원칙적으로 공소장변경을 요한다. 실행행위의 내용이 달라서 피고인의 방어방법에 차이를 가져오기 때문이다. 따라서 기수나 미수를 예비·음모로 인정하기 위해서는 공소장변경이 필요하지만, 기수를 미수로 인정하는 경우에는 공소

44) 대법원 1999. 11. 9. 선고 99도2530 판결.
45) 대법원 2016. 8. 30. 선고 2013도658 판결; 대법원 1993. 12. 28. 선고 93도3058 판결.
46) 대법원 1993. 12. 28. 선고 93도3058 판결.
47) 이재상, "축소사실의 인정과 법원의 심판범위", 형사재판의 제문제(3), 230면 이하 참조.
48) 대법원 2009. 5. 14. 선고 2007도616 판결.
49) 대법원 1999. 11. 9. 선고 99도3674 판결.

장변경을 요하지 않는다. 이는 미수가 기수에 포함되기 때문이다.

나. 법률적 평가만을 달리하는 경우 사실관계의 변화 없이 법률적 평가만을 달리하는 경우에는 원칙적으로 공소장변경이 불필요하다.[50] 특히 경한 구성요건이나 법정형이 같은 구성요건으로 평가하는 경우에는 공소장변경이 불필요하다. 따라서 예컨대 특정범죄가중처벌 등에 관한 법률위반죄의 공소사실에 대하여 수뢰죄·관세법위반죄·준강도죄 또는 절도죄를 적용하는 경우,[51] 장물취득죄를 장물보관죄로 변경하는 경우,[52] 배임죄로 기소된 공소사실에 대하여 횡령죄를 적용하는 경우[53]에는 공소장변경을 요하지 않는다.

그러나 공소장에 기재된 적용법조보다 법정형이 무거운 적용법조를 인정하는 경우에는 피고인의 방어활동에 실질적으로 불이익을 초래할 수 있으므로 공소장변경이 필요하다고 하겠다.[54]

다만 죄수와 관련하여 법적 평가만을 달리하는 경우에는 공소장변경을 요하지 않는다. 따라서 실체적 경합범을 포괄일죄나 상상적 경합범으로 하는 경우, 포괄일죄를 실체적 경합범으로 하는 경우에도 공소장변경이 불필요하다고 보는 입장이 타당하며, 이는 판례의 입장이기도 하다. 그 밖에도 대법원은 공동정범으로 기소된 사건에 대하여 방조범으로 인정하는 경우,[55] 적용법조에 오기나 누락이 있는 경우, 간접정범을 방조범으로 인정하는 경우,[56] 단독정범으로 기소된 사건을 공동정범으로 인정

50) 이재상/조균석, 453면.

51) 대법원 1982. 9. 14. 선고 82도1716 판결.

52) 대법원 2003. 5. 13 선고 2003도1366 판결.

53) 대법원 1999. 11. 26. 선고 99도2651 판결; 대법원 2008. 6. 26. 선고 2007도11125 판결(횡령죄의 공소사실에 대하여 무죄를 선고하면서 공소장변경 없이 직권으로 배임죄를 처벌하지 않은 것은 위법하지 않다).

54) 대법원 2008. 3. 14. 선고 2007도10601 판결(제3자 뇌물공여 교사행위에 대하여 형법 제31조 제1항, 제130조를 적용하여 형법상의 제3자 뇌물공여 교사죄로 기소한 경우, 비록 구성요건이 동일하더라도 공소장변경 없이 형이 더 무거운 특정범죄 가중처벌 등에 관한 법률 제2조 제1항, 형법 제31조 제1항, 제130조를 적용하여 처벌할 수 없다고 한 사례); 대법원 2011. 2. 10. 선고 2010도14391 판결(피고인의 방어권 행사에 있어서 실질적인 불이익을 초래할 염려가 존재하는지 여부는 공소사실의 기본적 동일성이라는 요소 이외에도 법정형의 경중 및 그러한 경중의 차이에 따라 피고인이 자신의 방어에 들일 노력·시간·비용에 관한 판단을 달리할 가능성이 뚜렷한지 여부 등의 여러 요소를 종합하여 판단해야 한다).

55) 대법원 2012. 6. 28. 선고 2012도2628 판결.

56) 대법원 2007. 10. 25. 선고 2007도4663 판결.

하는 경우[57]에도 피고인의 방어권 행사에 실질적으로 불이익을 줄 우려가 없으면 공소장변경을 요하지 않는다는 입장을 취하고 있다.

4. 공소장변경의 절차

공소장변경은 ① 검사의 신청에 의한 경우와 ② 법원의 공소장변경요구에 의한 경우가 있다.

(1) 검사의 신청에 의한 공소장변경

1) 공소장변경의 신청

공소장변경은 검사의 신청에 의한다(제298조 제1항). 공소장변경의 신청은 서면으로 검사가 공소장변경신청서를 법원에 제출해야 하며, 공소장변경허가신청서에는 피고인의 수에 상응한 부본을 첨부하여야 한다(규칙 제142조 제1항·제2항). 검사는 공소사실 등을 예비적·택일적으로 변경할 수 있으며, 법원의 판단순서는 검사의 기소순위에 제한된다.

2) 피고인에 대한 고지의무

법원은 신속히 그 사유를 피고인 또는 변호인에게 고지하여야 한다(제298조 제3항). 공소장변경허가신청사유의 고지는 검사가 제출한 공소장변경신청서 부본을 송달함에 의한다(규칙 제142조 제3항). 부본의 송달은 허가재판을 기다리지 않고 즉시 하여야 한다.

3) 법원의 허가결정과 공판절차 정지

검사의 공소장변경신청이 공소사실의 동일성을 해하지 않는 경우에 법원은 이를 허가하여야 하므로, 법원의 허가는 **의무적**이다. 법원이 공소장변경을 허가한 경우에 검사는 공판기일에 공소장변경허가신청서에 의하여 변경된 공소사실·죄명 및 적용법조를 낭독하여야 한다. 재판장이 필요하다고 인정하는 때에는 공소장변경의 요지를 진술하게 할 수 있다(규칙 제142조 제4항).

다만, 피고인이 재정하는 공판정에서는 피고인에게 이익이 되거나 피고인이 동의하는 경우에 구술에 의한 공소장변경을 허가할 수 있다(동조 제5항). 공소장변경이 피고인의 방어에 불이익을 증가할 염려가 있다고 인정될 때에는 법원은 결정으로 필요한 기간 공판절차를 정지할 수 있다(제298조 제4항).

---

57) 대법원 2013. 10. 24. 선고 2013도5752 판결.

단독판사의 관할사건이 공소장변경으로 합의부 관할사건으로 변경된 경우에 법원은 결정으로 관할권이 있는 법원에 이송한다(제8조 제2항). 그러나 합의부 관할사건이 단독판사의 관할사건으로 공소장변경이 신청된 경우에는 여기에 해당하는 규정은 없지만, 합의부 관할사건에서 단독판사 관할사건으로 공소장변경허가신청서가 제출되면 합의부는 그 사건의 실체를 심판하여야 하며 이를 단독판사에게 재배당해서는 안 된다.[58)]

(2) 법원의 공소장변경요구

1) 공소장변경요구의 의의

법원은 심리의 경과에 비추어 상당하다고 인정할 때에는 공소사실 또는 적용법조의 추가 또는 변경을 요구하여야 한다(제298조 제2항). 이와 같이 법원이 검사에 대하여 공소사실 또는 적용법조의 추가 또는 변경을 요구하는 것을 **공소장변경요구**라고 한다. 법원의 공소장변경요구는 법원의 재판에 관한 소송지휘권에 의해 적정한 형사사법을 실현하도록 하는데 있다. 법원의 공소장변경요구는 공판정에서 구두에 의해서 고지하는 것이 통상적인 관례이고 사건의 실체에 관한 공판심리를 어느 정도 진행한 다음에야 비로소 할 수 있으므로, 법원은 제1회 공판기일 이전에 공소장변경을 요구할 수는 없다.

2) 공소장변경요구의 의무성

공판심리의 경과에 비추어 공소장변경이 필요하다고 법원이 판단한 경우에 법원에 의한 검사에 대한 공소장변경요구는 법원의 의무인가 재량인가에 관하여 학설이 대립되고 있다.

가. 의 무 설 공소장변경요구를 법원의 의무라고 해석하는 견해이다. 법원의 의무라고 보는 견해의 근거는 형소법 제298조 제2항의 문리해석상 당연하고, 법원의 직권개입을 보충적으로 인정하는 취지에도 부합된다는 점을 근거로 한다. 따라서 이 견해에 의하면 검사가 공소장변경신청을 하지 않는 경우에 법원이 공소장변경의 필요성이 있는데도 불구하고 검사에게 공소장변경요구를 하지 않고 무죄판결을 한다면

---

58) 대법원 2013. 4. 25. 선고 2013도1658 판결(제1심에서 합의부 관할사건에 관하여 단독판사 관할사건으로 죄명, 적용법조를 변경하는 공소장변경허가신청서가 제출되자, 합의부가 사건을 단독판사에게 재배당한 사안에서, 사건을 배당받은 합의부는 사건의 실체에 들어가 심판하였어야 하고 사건을 단독판사에게 재배당할 수 없다는 이유로, 원심판결 및 제1심판결을 모두 파기하고 사건을 관할권이 있는 법원 제1심 합의부에 이송한 사례).

이는 심리미진의 위법이 있다고 보게 된다.

나. 재 량 설 공소사실의 변경은 법원의 심판대상에 관한 것으로서 소추기관인 검사의 권한에 속하므로 공소장변경요구는 법원의 권리로서 이를 행사하는 것은 법원의 재량에 속하며, 법원이 이를 요구해야 할 의무가 있는 것은 아니라는 견해이다.[59] 즉 공소장변경은 검사의 권한에 속하고 법원은 검사가 공소제기한 공소사실의 범위 안에서 심판하면 충분하며, 법원이 적극적으로 검사에게 공소장변경을 요구해야 할 의무가 있는 것이 아니라는 입장이다. 판례는 법원의 공소장변경요구는 법원의 권한에 불과하고, 이를 법원이 행하지 않았다고 하여 심리미진의 위법이 있는 것은 아니라고 판시하여,[60] 일관되게 **재량설**의 입장을 취하고 있다.

다. 예외적 의무설 법원의 공소장변경요구는 원칙적으로 법원의 재량에 속하나, 법원이 공소장변경요구를 하지 아니하고 무죄판결을 하는 것이 **현저히 정의와 형평에 반하는 경우**에 한하여 예외적으로 법원의 의무가 된다고 해석하는 견해[61]를 말한다. 이 경우에 예외적으로 법원의 의무가 되기 위한 기준으로는 **증거의 명백성과 범죄의 중대성**을 들고 있으며, 범죄의 중대성은 범죄의 법정형뿐만 아니라 죄질, 범죄의 행태, 결과 등을 고려한 사회적 관심의 중대성을 의미한다고 하고 있다. 이 견해에 대하여는 법원의 예외적 의무가 되는 범죄의 중대성에 대한 판단기준이 불명확하다는 비판이 제기되고 있다.

라. 사 견 의무설에 의하면 ① 피고인의 방어권을 보호하기 위한 공소장변경제도가 피고인을 처벌하기 위한 제도로 변질될 우려가 있고, ② 검사가 소홀히 한 공소장변경신청을 법원으로 하여금 의무적으로 보충하게 하는 것은 탄핵주의 소송구조에 반하고, ③ 당사자주의를 강화하여 검사가 공소제기한 공소사실만을 심판대상으로 인정하고 있는 형사소송법의 취지에도 부합되지 않는다는 비판을 피하기 어렵다.

또한 재량설은 ① "요구하여야 한다"라고 규정하고 있는 제298조 제2항의 법문을 전혀 고려하지 않은 해석이고, ② 공소사실의 동일성이 인정되는 범위에서 법원도 실체적 진실발견의 의무가 있다는 점도 간과하고 있다는 비판을 면하기 어렵다. 따라서 피고인의 방어권보장과 실체적 진실발견이라는 형사소송의 이념적 요청을 조화시

59) 강구진, 310면; 신현주, 491면; 이재상/조균석, 456면; 차용석/최용성, 379면.

60) 대법원 1999. 12. 24. 선고 99도3003 판결; 대법원 1985. 7. 23, 선고 85도1092 판결.

61) 배종대/이상돈/정승환/이주원, §36/57; 백형구, 533면; 손동권/신이철, 444면; 신동운, 668면; 이은모, 475면; 임동규, 371면.

키는 예외적 의무설의 입장이 타당하다고 생각된다.

3) 공소장변경요구의 형성력

법원의 공소장변경요구가 있는 경우에 공소장변경요구의 형성력에 의해 공소장이 자동적으로 변경되는지가 문제이다. 이에 대하여 **긍정설**은 검사가 법원의 공소장변경요구에 불응하는 경우에도 자동적으로 공소장변경의 효과가 발생한다고 보는 견해로서 법원의 공소장변경요구에 형성력을 인정하지 않으면 법원의 공소장변경요구를 규정한 이유를 설명할 수 없다는 입장이다.

그러나 법원의 공소장변경요구에 형성력을 인정할 경우에는, ① 검사 이외에 법원에게 공소장변경권자로서의 지위를 사실상 인정하는 결과가 되고, ② 실정법상 법원은 공소장변경요구권자이지 공소장변경권자로서의 지위를 인정하는 규정이 없으며, ③ 공소장의 작성과 변경은 검사의 권한에 속하는데, 법원의 소송지휘권에 의한 공소장변경요구가 직접 공소장변경을 강제한다면 검사의 공소장변경권을 침해하게 되므로 **부정설**[62]**이 타당**하다고 생각한다.

법원의 검사에 대한 공소장변경요구가 검사에게 어떤 영향을 미치는가에 관하여는 **권고효설**과 **명령효설**이 대립한다. 법원의 공소장변경요구가 권고효적 의미를 지닌다는 견해도 있으나, 공소장변경요구는 법원의 소송지휘권에 의한 결정이므로 검사는 이에 복종해야 할 복종의무가 있다고 보는 **명령효설이 타당**하다고 생각된다.[63]

(3) 항소심에서의 공소장변경

1) 공소장변경의 허용여부

항소심에서의 공소장변경의 허용여부는 항소심의 구조를 어떻게 이해하느냐에 따라 달라진다.

① 사후심이므로 공소장변경이 허용되지 않는다는 **부정설**[64]과 ② 항소심에서 원심판결을 파기하는 경우에만 공소장변경이 제한적으로 허용된다는 **제한적 긍정설**[65] 및 ③ 항소심은 속심적 성격을 지니므로 당연히 공소장변경이 허용된다는 **긍정설**[66]

---

62) 백형구, 535면; 신동운, 670면; 이영란, 497면; 임동규, 372면.

63) 강구진, 311면; 배종대/이상돈/정승환/이주원, §36/58; 451면; 손동권/신이철, 444면; 신동운, 671면; 이재상/조균석, 457면; 정영석/이형국, 272면.

64) 강구진, 322면.

65) 김기두, 254면.

66) 김재환, 951면; 배종대/이상돈/정승환/이주원, §36/59; 백형구, 520면; 신동운, 673면; 이영란,

의 대립이 있다.

생각건대 항소심은 원칙적으로 속심(續審)적 성격을 지니면서도 사후심(事後審)적 구조는 소송경제를 위하여 제한하는데 불과하므로, 항소심에서도 공소장변경이 허용된다는 긍정설이 타당하며, 판례도 긍정설의 입장을 취하고 있다.

2) 항소심에서의 변론재개 후의 공소장변경

항소심은 속심이고 그것의 사후심적 구조는 소송경제를 위하여 제한하는데 불과하므로, 항소심에서도 판결선고 전까지는 공소장변경이 허용되고, 변론재개 후에는 당연히 허용된다고 해석하는 것이 타당하다.[67)]

5. 공소장변경의 효과

(1) 공소제기의 시점

처음 공소를 제기한 때 공소가 제기된 것으로 취급되며, 공소시효나 친고죄의 고소여부도 그 시점을 기준으로 판단하게 된다.

(2) 공소장변경으로 인한 관할변경

공소장변경으로 단독판사에서 합의부로 사물관할이 변경된 경우에는 관할법원으로 사건을 이송해야 한다는 것이 판례의 태도이다.[68)]

(3) 변경허가후의 절차

검사로 하여금 공소장의 변경의 요지를 진술하게 할 수 있다. 법원은 직권 또는 피고인이나 변호인의 청구에 의하여 방어준비를 할 수 있도록 공판절차를 정지할 수 있다(제298조 제4항).

498면; 이재상/조균석, 457면; 임동규, 373면.

67) 대법원 2016. 1. 14. 선고 2013도8118 판결.

68) 대법원 1997. 12. 12. 선고 97도2463 판결.

제 3 절 공판준비절차

Ⅰ. 공판준비절차의 의의

공판준비절차란 공판기일에서의 심리를 준비하기 위하여 수소법원에 의하여 행해지는 절차를 말하며, 이는 제1회 공판기일 전이거나 제2회 이후의 공판기일 전이거나를 불문한다. 그러나 증거보전절차나 각종 영장의 발부, 제1회 공판기일 전 증인신문절차, 피고인 또는 변호인의 변론준비 등은 수소법원과 관계없으므로 공판준비절차에 해당하지 않는다.

공판절차의 핵심은 공판기일에서의 심리에 있으며, 공판준비절차는 이러한 공판에서의 심리를 신속하면서도 능률적으로 수행하기 위한 준비절차이다. 따라서 공판준비절차에서 과도한 심리를 하는 것은 공판절차를 사실상 무력화시키게 되므로 공판기일 전의 증거조사의 범위는 공판중심주의와의 관계를 고려하여 신중하게 결정해야 한다.

공판준비절차는 **광의의 공판준비절차**와 **협의의 공판준비절차**로 나눌 수 있다. 전자는 공판기일의 공판을 위하여 사전에 거쳐야 하는 일반적인 준비절차를 말하는데, 공소장부본의 송달, 피고인의 의견서 제출, 피고인 소환, 증거개시절차 등이 여기에 해당한다. 후자는 효율적이면서도 공정한 심리를 위하여 재판장이 특별히 시행하는 공판준비절차를 말하는데, 이는 다시 제1회 공판기일 전에 행해지는 「기일전 공판준비절차」와 제1회 공판기일이 열리게 된 후 공판기일과 공판기일 사이에서 행해지는 「기일간 공판준비절차」로 나눌 수 있다.

Ⅱ. 공판기일 전의 준비절차

공판기일 전의 절차에는 공소장부본의 송달(제266조), 공판기일의 지정·변경(제267조, 제270조)과 같은 사건의 실체심리와 관계없는 절차적인 것과 공판기일 전의 증거조사와 같은 사건의 실체와 밀접한 관계를 가지는 것이 포함된다. 특히 사건의 실체심리와 밀접한 관계를 가지는 공판기일 전의 증거조사(제272조, 제273조)는 공소장일본주의에 반할 우려가 있기 때문에 제한된 범위 내에서 행해질 필요가 있다.

1. 공소장부본의 송달 및 송달하자에 대한 이의신청

법원은 공소의 제기가 있는 때에는 지체 없이 공소장의 부본(副本)을 피고인 또는 변호인에게 송달하여야 한다. 단 제1회 공판기일 전 5일까지 송달하여야 한다(제266조). 이는 피고인으로 하여금 공소장부본을 통해 공소사실을 확인하고 방어준비를 할 수 있도록 하기 위해서이다. 공소장부본의 송달이 없거나 또는 제1회 공판기일 전 5일의 유예기간을 두지 아니한 송달이 있는 때에 피고인은 심리개시에 대하여 이의신청을 할 수 있다(제269조). 이 경우에 법원은 공소장부본을 다시 송달하거나 공판기일을 취소 또는 변경하여야 한다. 피고인의 공소장부본송달시기에 대한 이의제기는 늦어도 피고인의 모두진술 단계에서 하여야 하며, 피고인이 이의를 제기하지 아니하고 사건의 실체에 대하여 진술한 때에는 그 하자는 치유된다.[69] 그러나 제1심이 공시송달의 방법으로 피고인을 소환하여 피고인이 공판기일에 출석하지 아니한 가운데 제1심절차가 진행되었다면 소송행위는 효력이 없으므로, 항소심에서는 진술과 증거조사 등 심리결과에 기초하여 다시 판결하여야 한다.[70]

2. 국선변호인 선정에 대한 고지

재판장은 공소제기가 있는 때에는 변호인 없는 피고인에게 직권에 의한 국선변호인 선정사유 중 어느 하나에 해당하는 때에는 변호인 없이 개정할 수 없는 취지와 피고인 스스로 변호인을 선임하지 아니할 경우에는 법원이 국선변호인을 선정하게 된다는 취지를, 청구에 의한 국선변호인 선정사유에 해당하는 때에는 법원에 대하여 국선변호인의 선정을 청구할 수 있다는 취지를, 필요에 의한 국선변호인 선정사유에 해당하는 때에는 법원에 대하여 국선변호인의 선정을 희망하지 아니한다는 의사를 표시할 수 있다는 취지를 서면으로 고지하여야 한다. 국선변호인을 선정하여야 할 때에는 지체 없이 선정하여야 하고, 피고인 또는 변호인에게 그 뜻을 고지하여야 한다

---

69) 대법원 1992. 3. 10. 선고 91도3272 판결(교도소 또는 구치소에 구속된 자에 대한 송달은 그 소장에게 송달하면 구속된 자에게 전달된 여부와 관계없이 그 효력이 생기며, 공소장의 송달이 부적법하다 하여도 피고인이 제1심에서 이의함이 없이 공소사실에 관하여 충분히 진술할 기회를 부여받은 이상 판결결과에는 영향이 없어 그것이 적법한 상소이유가 된다고 할 수 없다).

70) 대법원 2014. 4. 14. 선고 2013도9498 판결.

(규칙 제17조).

3. 피고인·변호인의 의견서 제출

제1회 공판일 이전에 피고인·변호인에게 공소사실에 대한 의견을 기재한 서면을 제출하도록 하고, 이를 사건분류와 심리방향에 활용하도록 하여 공판절차를 원활하게 진행하도록 하고 있다. 따라서 피고인과 변호인은 공소장부본을 송달받은 날부터 7일 이내에 공소사실에 대한 인정 여부, 공판준비절차에 대한 의견 등을 기재한 의견서를 법원에 제출하여야 한다. 다만, 피고인이 진술을 거부하는 경우에는 그 취지를 기재한 의견서를 제출할 수 있다(제266조의2 제1항). 법원은 피고인의 의견서가 제출된 때에는 이를 검사에게 송부하여야 한다(동조 제2항). 피고인은 공판정에서 의견서의 내용과 달리 진술할 수 있고, 법원은 의견서를 자백과 동일시 할 수 없으며, 유죄의 증거로 사용할 수도 없다.

4. 공판기일의 지정·변경과 피고인의 소환

(1) 공판기일의 지정과 변경

재판장은 공판기일을 지정하여야 한다(제267조 제1항). 재판장은 직권 또는 검사·피고인이나 변호인의 신청에 의하여 공판기일을 변경할 수 있다(제270조 제1항). 공판기일의 변경신청에는 공판기일의 변경을 필요로 하는 사유와 그 사유가 계속되리라고 예상되는 기간을 명시하여야 하며 진단서 기타의 자료로써 이를 소명하여야 한다(규칙 제125조). 공판기일 변경신청을 기각한 명령은 송달하지 아니한다(제270조 제2항).

(2) 공판기일의 통지와 피고인 등의 소환

공판기일은 검사·변호인과 보조인에게 통지하여야 한다. 공판기일에는 피고인·대표자 또는 대리인을 소환하여야 한다(제267조). 소환은 특정인에 대하여 일정한 일시에 법원 기타 지정한 장소에 출석할 것을 명하는 법원의 강제처분이다. 피고인을 소환함에는 소환장을 발부하여야 하며, 소환장에는 피고인의 성명, 주거, 죄명, 출석일시, 장소와 정당한 이유 없이 출석하지 아니한 때에는 도망할 염려가 있다고 인정하여 구속영장을 발부받을 수 있음을 기재하고 재판장 또는 수명법관이 기명날인하여야 한다(제74조). 구금된 피고인에 대하여는 교도관에게 통지하여 소환한다. 피고인이 교도관으로부터 소환통지를 받은 때에는 소환장의 송달과 동일한 효력이 있다(제76조). 다만 법원의 구내에 있는 피고인에 대하여 공판기일을 통지한 때에는 소환장 송달의 효력이 있다(제268조). 제1회 공판기일은 소환장의 송달 후 5일 이상의 유예기간을 두어야 한다. 그러나 피고인이 이의 없는 때에는 유예기간을 두지 아니할 수 있다(제269조). 다만 이의는 검사가 기소요지를 진술한 후에 지체 없이 하여야 한다. 공판기일에 소환 또는 통지서를 받은 자가 질병 기타 사유로 출석하지 못할 때에는 의사의 진단서 기타의 자료를 제출하여야 한다(제271조).

5. 공판기일 전의 증거조사

(1) 필 요 성

공판중심주의에서는 사건의 실체에 대한 심리는 공판기일에 공판정에서 이루어지는 것이 원칙이다. 그러나 법원 또는 소송관계인은 공판기일 전에 미리 증거를 수집·정리하여 공판기일에서의 능률적인 심리가 이루어지도록 할 필요가 있다. 이를 위해 현행법에서는 법원의 공판기일 전의 증거조사(273조)와 당사자의 공판기일 전의 증거제출(제274조) 등을 규정하고 있다.

(2) 공소장일본주의와의 관계

형사소송법 제273조와 제274조에 법원에 의한 증거조사와 법원에 대한 증거제출을 「공판기일 전」에 할 수 있다고 규정하고 있는데, 그 의미에 대하여 제1회 공판기일 전에도 이를 허용할 것인지가 문제된다. 이에 대하여는 ① 공판기일 전의 증거조사와 증거제출의 의미를 폭넓게 이해하여 제1회 공판기일 전후를 불문하고 전면적으로 허용된다고 해석하는 **전면적 허용설**[71]과 ② 공소장일본주의와 예단배제의 원칙을 고려할 때 제1회 공판기일 이후의 공판기일 전을 의미한다는 **제한적 허용설**, 그리고 ③ 국민참여재판에서 배심원의 정확한 심증형성이라는 관점에서 배심원이 참가할 수 없는 공판기일 전의 증거조사 등은 금지되어야 하고, 통상재판의 경우에도 국민참여재판과의 절차의 균질성을 도모하기 위해 공판기일 전 증거조사는 전면적으로 금지되어야 한다는 **전면적 불허설**[72]이 대립되고 있다.

생각건대 전면적 허용설은 예단배제의 원칙에 위배되어 재판의 공정성을 해칠

---

71) 임동규, 375면.
72) 신동운, 869면.

우려가 있고, 전면적 불허설은 공판준비절차가 가지는 공판기일에서의 능률적인 심리를 위한 절차라는 점을 도외시하고 예외적으로 인정되고 있는 국민참여재판의 논리를 지나치게 확대적용하는 문제점이 있다. 따라서 제1회 공판기일 전의 증거조사는 법원의 예단방지를 위한 공소장일본주의의 정신에 반할 우려가 있다. 따라서 「공판기일 전의 증거조사가 가능한 공판기일」이라는 의미는 제1회 공판기일 이후의 공판기일을 의미한다고 해석하는 다수설[73]인 제한적 허용설이 타당하다고 생각된다.

(3) 증거조사의 범위

법원은 검사·피고인 또는 변호인의 신청에 의하여 공판준비에 필요하다고 인정한 때에는 공판기일 전에 피고인 또는 증인을 신문할 수 있고, 검증·감정 또는 번역을 명할 수 있다. 즉 공판기일 전의 증거조사는 당사자의 신청이 있는 때에만 할 수 있다. 재판장은 수명법관으로 하여금 증거조사를 하게 할 수 있고, 이 신청을 기각할 때에는 결정으로 하여야 한다(제273조).

그러나 공판준비절차에서 피고인신문을 허용하는 것은 공판중심주의에 배치되므로 공판기일 전의 피고인신문은 사건의 실체에 관한 심리가 아니라 공판준비에 필요한 신문을 의미하므로 당사자의 신청의 범위 내에서 쟁점을 정리하고 피고인에게 증거결정에 대한 의견이나 이익되는 사실을 진술할 기회를 주는데 그쳐야 한다.

(4) 당사자의 증거제출 및 공무소 등에의 조회

검사·피고인 또는 변호인은 공판기일 전에 서류나 물건을 증거로 법원에 제출할 수 있다(제274조). 제출된 서류나 물건은 검사, 변호인 또는 피고인이 공판기일에 공판정에서 개별적으로 지시·설명하는 방법으로 증거조사를 거쳐야 한다(제291조 제1항).

또한 법원은 직권 또는 검사·피고인 또는 변호인의 신청에 의하여 공무소 또는 공사단체에 조회하여 필요한 사항의 보고 또는 그 보관서류의 송부를 요구할 수 있다. 이 신청을 기각함에는 결정으로 하여야 한다(제272조). 요구를 받은 공무소 등은 정당한 이유 없이 이에 대한 협력을 거절하지 못한다. 따라서 검찰청이 보관하고 있는 불기소처분기록에 포함된 불기소결정서는 그 공개로써 수사에 관한 직무의 수행을 현저하게 곤란하게 하는 것도 아니므로 달리 특별한 사정이 없는 한 변호인의 열

73) 배종대/이상돈/정승환/이주원, §37/16; 손동권/신이철, 458면; 이재상/조균석, 460면; 이영란, 506면; 이은모, 482면.

람·지정에 의한 공람의 대상이 된다.[74] 공무소 등으로부터 제출받은 문서 등은 공판기일에 증거조사를 거쳐야 한다.

Ⅲ. 증거개시제도

1. 증거개시제도의 의의

증거개시(discovery)란 검사 또는 피고인·변호인이 공소제기 후에 자신이 가지고 있는 증거를 상대방에게 공개하는 제도를 말한다. 이 제도는 검사와 피고인 간에 무기대등의 원칙을 실현함으로써 피고인의 방어권을 보장하고, 집중심리를 통한 신속하고도 공정한 재판을 가능하게 하도록 한다. 특히 증거개시제도의 도입에 따른 변호인의 수사서류 열람등사권은 헌법이 보장하고 있는 피고인의 신속하면서도 공정한 재판을 받을 권리와 변호사의 조력을 받을 권리를 현실적으로 구체화한 수단이기 때문에 그 의미가 매우 크다고 할 수 있다. 증거개시는 소송당사자에 따라 피고인·변호인의 신청에 의한 검사의 증거개시와 검사의 요구나 신청에 의한 피고인·변호인의 증거개시로 나눌 수 있다.

2. 검사의 증거개시

(1) 피고인·변호인에 의한 증거개시의 신청

피고인 또는 변호인은 검사에게 공소제기된 사건에 관한 서류 또는 문서의 **열람·등사 또는 서면의 교부**를 신청할 수 있다. 다만 피고인에게 변호인이 있는 경우에는 피고인은 열람만을 신청할 수 있다(제266조의3 제1항).

(2) 증거개시의 대상

현행법상 검사의 증거개시의 범위는 검사가 신청할 예정인 증거 이외에 피고인에게 유리한 증거까지 포함하는 전면적 개시를 규정하고 있다. 즉 공소제기된 사건에 관한 서류 또는 물건(이하 서류 등이라 한다)의 목록은 필수적인 개시대상이므로 검사는 이에 대하여 열람·등사를 거부할 수 없다. 여기서의 증거개시의 대상이 되는 「서류 등」에는, ① 공소사실의 인정 또는 양형에 영향을 미칠 수 있는 1. 검사가 증거로 신청할 서류 등, 2. 검사가 증인으로 신청할 사람의 성명·사건과의 관계 등을 기재한

74) 대법원 2012. 5. 24. 선고 2012도1284 판결.

서면 또는 그 사람이 공판기일 전에 행한 진술을 기재한 서류 등, 3. 제1호 또는 제2호의 서면 또는 서류 등의 증명력과 관련된 서류 등, 4. 피고인 또는 변호인이 행한 법률상·사실상 주장과 관련된 서류 등(관련 형사재판확정기록, 불기소처분기록 등을 포함한다)이 해당하며, 또한 ② 「서류 등」에는 도면·사진·녹음테이프·비디오테이프·컴퓨터용 디스크·그 밖에 정보를 담기 위하여 만들어진 물건으로서 문서가 아닌 특수매체를 포함한다. 이 경우 특수매체에 대한 등사는 필요 최소한의 범위에 그친다(동조 제6항).

결국 검사의 증거개시의 대상이 되는 것은 공소제기된 사건에 관한 서류·물건·특수매체가 해당된다고 할 수 있다.

(3) 증거개시의 거부 및 범위제한

검사는 국가안보, 증인보호의 필요성, 증거인멸의 염려, 관련 사건의 수사에 장애를 가져올 것으로 예상되는 구체적인 사유 등 열람·등사 또는 서면의 교부를 허용하지 아니할 상당한 이유가 있다고 인정하는 때에는 열람·등사 또는 서면의 교부를 거부하거나 그 범위를 제한할 수 있다(동조 제2항). 그러나 검사는 서류 등의 목록에 대하여는 열람·등사를 거부할 수 없다.

검사가 열람·등사 또는 서면의 교부를 거부하거나 그 범위를 제한하는 때에는 지체 없이 그 이유를 서면으로 통지하여야 한다. 피고인 또는 변호인은 검사가 증거개시의 신청을 받은 때부터 48시간 이내에 거부나 범위제한의 통지를 하지 아니하는 때에는 법원에 그 서류 등의 열람·등사 또는 서면의 교부를 허용하도록 할 것을 신청할 수 있다(동조 제4항).

(4) 증거개시의 거부·제한에 대한 불복절차

1) 법원에 대한 신청

피고인 또는 변호인은 검사가 서류 등의 열람·등사 또는 서면의 교부를 거부하거나 그 범위를 제한한 때에는 법원에 그 서류 등의 열람·등사 또는 서면의 교부를 허용하도록 할 것을 신청할 수 있다(제266조의4 제1항).

2) 법원의 심리

법원은 열람·등사 또는 서면의 교부를 허용하는 결정을 하는 때에는 검사에게 의견을 제시할 수 있는 기회를 부여하여야 한다(동조 제3항). 법원은 필요하다고 인정하는 때에는 검사에게 해당 서류 등의 제시를 요구할 수 있고, 피고인이나 그 밖의 이해관계인을 심문할 수 있다(동조 제4항).

3) 법원의 열람·등사에 관한 결정

법원은 열람·등사 또는 서면의 교부를 허용하는 경우에 생길 폐해의 유형·정도, 피고인의 방어 또는 재판의 신속한 진행을 위한 필요성 및 해당 서류 등의 중요성 등을 고려하여 검사에게 열람·등사 또는 서면의 교부를 허용할 것을 명할 수 있다. 이 경우 열람·등사의 시기·방법을 지정하거나 조건·의무를 부과할 수 있다(제266조의4 제2항), 법원은 이러한 결정을 하는 때에는 검사에게 해당 서류 등의 제시를 요구할 수 있고, 피고인이나 그 밖의 이해관계인을 심문할 수 있다. 검사는 열람·등사 또는 서면의 교부에 관한 법원의 결정을 지체 없이 이행하지 아니하는 때에는 해당 증인 및 서류 등에 대한 증거신청을 할 수 없다(동조 제5항).

대법원은 법원의 열람·등사허용결정에도 불구하고 검사가 이를 신속하게 이행하지 아니하는 경우에는 해당 증인 및 서류 등을 증거로 신청할 수 없는 불이익을 받는 것에 그치는 것이 아니라 검사의 거부행위는 피고인의 열람·등사권을 침해하고, 나아가 피고인의 신속·공정한 재판을 받을 권리 및 변호인의 조력을 받을 권리까지 침해하게 되는 것이라고 판시한 바 있다.[75] 또한 법원의 증거개시결정에 대하여는 즉시항고에 관한 규정을 두고 있지 않으므로 항고의 방법으로는 불복할 수 없으므로, 영상녹화물의 열람·등사 허용결정에 대한 검사의 보통항고에 대하여 대법원은 판결 전의 소송절차에 관한 결정으로서 법률상의 방식에 위반한 항고라는 이유로 항고기각 결정을 한 조치는 정당하다고 판시한 있다.[76]

(5) 개시된 증거의 소송준비목적외 사용금지

피고인 또는 변호인은 검사가 열람·등사하도록 한 서면 및 서류 등의 사본을 당해 사건 또는 관련 소송의 준비에 사용할 목적이 아닌 다른 목적으로 다른 사람에게 교부 또는 제시하여서는 아니 된다. 이를 위반한 때에는 1년 이하의 징역 또는 500만원 이하의 벌금에 처한다(제266조의16).

(6) 공소제기 이전의 증거개시

공소제기 이전 단계에서는 수사서류 등에 대한 증거개시는 인정되지 않는다. 그러나 구속영장실질심사의 경우에는 피의자심문에 참여할 변호인은 지방법원 판사에

75) 헌법재판소 2010. 6. 24. 선고 2009헌마257 결정.

76) 대법원 2013. 1. 24. 자 2012모1393 결정.

게 제출된 구속영장청구서 및 그에 첨부된 고소·고발장, 피의자의 진술을 기재한 서류와 피의자가 제출한 서류를 열람할 수 있으며, 이 규정은 체포·구속적부심사를 청구한 피의자의 변호인에게도 준용된다. 이 경우 외에는 공소제기 이전단계에서의 수사서류에 대한 열람은 허용되지 않으며, 허용되는 경우에도 열람만 가능할 뿐 등사는 허용되지 않으며 열람의 대상도 크게 제한을 받는다.

3. 피고인·변호인의 증거개시

(1) 증거개시의 요구 및 대상

검사는 피고인 또는 변호인이 공판기일 또는 공판준비절차에서 현장부재·심신상실 또는 심신미약 등 법률상·사실상의 주장을 한 때에는 피고인 또는 변호인에게 다음 서류 등의 열람·등사 또는 서면의 교부를 요구할 수 있다. 피고인의 방어권 보장 차원에서 검사의 경우보다 증거개시의 대상이 제한적이다.

피고인·변호인이 개시해야 할 대상으로서의 서류 등에 해당하는 것으로는, ① 피고인 또는 변호인이 증거로 신청할 서류, ② 피고인 또는 변호인이 증인으로 신청할 사람의 성명, 사건과의 관계 등을 기재한 서면, ③ 제1호의 서류 등 또는 제2호의 서면의 증명력과 관련된 서류 등, ④ 피고인 또는 변호인이 행한 법률상·사실상의 주장과 관련된 서류 등이다. 여기서의 「서류 등」에는 검사의 증거개시의 경우와 마찬가지로 특수매체가 포함된다(동조 제5항).

(2) 증거개시의 거부

피고인 또는 변호인은 검사가 피고인 또는 변호인의 검사에 대한 증거개시신청을 거부한 때에는 검사의 요구에 따른 서류 등의 열람·등사 또는 서면의 교부를 거부할 수 있다. 다만, 법원이 피고인 또는 변호인의 법원에 대한 증거개시허용신청을 기각하는 결정을 한 때에는 그러하지 아니하다(동조 제2항).

(3) 증거개시거부에 대한 불복절차

검사는 피고인 또는 변호인이 증거개시요구를 거부한 때에는 법원에 그 서류 등의 열람·등사 또는 서면의 교부를 허용하도록 할 것을 신청할 수 있다. 이 경우에 법원의 심리·결정의 절차 및 효력은 피고인 또는 변호인의 신청에 의한 경우와 동일하다(동조 제4항).

Ⅳ. 협의의 공판전 준비절차

1. 의의 및 유형

공판전 준비절차란 법원의 효율적이고 집중적인 심리를 위하여 수소법원의 주도하에 검사·피고인 또는 변호인의 의견을 들어 제1회 공판기일 이전에 사건의 쟁점과 증거를 정리하는 준비절차를 말한다. 이를 **공판준비절차** 또는 **협의의 공판준비절차**라고도 한다. 미국의 사전심리절차의 하나인 공판 전 회합절차[77]는 형사재판에 있어서 집중심리주의와 공판중심주의를 실현하면서도 공판절차상 사건의 실체에 대한 효율적인 심리를 할 수 있도록 공판절차 이전에 쟁점과 증거를 정리하는 준비절차로서, 실체에 대한 심증형성을 위한 절차가 아니기 때문에 예단배제를 위한 공소장일본주의에 배치된다고 할 수 없다.

공판준비절차의 유형으로는, ① 주장 또는 입증계획 등을 서면으로 준비하게 하는 서면에 의한 공판준비절차와 공판준비기일을 열어 진행하는 공판준비기일의 절차, 그리고 ② 제1회 공판기일 전에 열리는 기일 전 공판준비절차와 제1회 공판기일 이후에 열리는 기일간 공판준비절차로 나눌 수 있다. 공판준비절차는 공판기일에서의 집중심리를 도모하기 위한 제도이므로 기일 전 공판준비절차가 원칙이다.

2. 공판준비절차의 대상이 되는 사건

공판 전 준비절차의 대상이 되는 사건은 효율적이고 집중적인 심리가 필요한 사건이다. 국민참여재판의 경우에는 공판 전 준비절차가 필수적인 절차이지만 배심원이 참여하지 않는 일반 형사사건은 법원이 필요하다고 인정하는 경우에만 인정되는 임의적인 절차이다. 따라서 공판 전 준비절차가 필요한 사건으로는 ① 국민참여재판과[78] ② 사안이 복잡하고 쟁점이 많은 사건, ③ 증거관계가 많거나 복잡한 사건, ④ 증거개시가 문제된 사건으로서 법원이 필요하다고 인정하는 사건이 여기에 해당한다. 이를 판단하기 위하여 형사소송법은 피고인 또는 변호인에게 공소장부본을 송달받은 날부터 7일 이내에 공소사실에 대한 인정여부, 공판준비절차에 관한 의견 등을 기재

---

77) 미국의 공판전 회합절차란 기소사실인부절차에서 피고인이 범행을 부인하는 경우에 판사, 검사와 변호인이 신속한 재판의 진행을 위해 이 사건의 쟁점을 정리하기 위해 갖는 회합절차를 말한다.

78) 국민의 형사재판참여에 관한 법률 제36조 제1항 참조.

한 의견서를 법원에 제출해야 할 의무를 부과하고, 법원은 의견서가 제출된 경우에 이를 검사에게 송부하도록 하고 있다(제266조의2).

3. 법원의 공판준비행위의 내용과 당사자의 이의신청

공판준비절차에서의 법원의 사건에 대한 공판준비행위는 크게 쟁점정리, 증거정리, 증거개시 및 공판기일의 지정·변경 등 그 밖에 공판절차의 진행에 필요한 사항을 정하는 행위로 크게 나눌 수 있는데, 이를 세분화해보면 다음과 같다.

(1) 쟁점정리

쟁점정리에 관한 사항으로는 ① 공소사실 또는 적용법조를 명확하게 하는 행위, ② 공소사실 또는 적용법조를 추가·철회 또는 변경을 허가하는 행위, ③ 공소사실과 관련하여 주장할 내용을 명확히 하여 사건의 쟁점을 정리하는 행위, ④ 계산이 어렵거나 그 밖에 복잡한 내용에 관하여 설명하도록 하는 행위가 있다(제266조의9 제1항 제1호－제4호).

(2) 증거정리

증거정리에 관한 사항으로는 ① 증거신청을 하도록 하는 행위, ② 신청된 증거와 관련하여 입증 취지 및 내용 등을 명확하게 하는 행위, ③ 증거신청에 관한 의견을 확인하는 행위, ④ 증거 채부(採否)의 결정을 하는 행위, ⑤ 증거조사의 순서 및 방법을 정하는 행위(동조 제5호－제9호)가 여기에 해당한다.

(3) 증거개시

증거개시에 관한 사항으로는 서류 등의 열람·등사와 관련된 신청의 당부를 결정하는 행위(동조 제10호)가 여기에 해당한다.

(4) 공판심리계획

공판심리의 계획에 관한 사항으로는 ① 공판기일을 지정 또는 변경하는 행위, ② 그 밖에 공판절차의 진행에 필요한 사항을 정하는 행위가 해당한다(동조 제11호－제12호). 법원은 사건을 공판준비절차에 부친 때에는 집중심리를 하는데 필요한 심리계획을 세워야 한다(규칙 제123조의8 제1항).

(5) 검사·피고인 또는 변호인의 이의신청

재판장의 위의 처분이나 증거조사에 대하여 검사·피고인 또는 변호인은 이의신청을 할 수 있으며, 이에 대하여 법원은 결정을 하여야 한다(제266조의9).

4. 공판준비절차의 진행

(1) 공판준비기일의 지정 및 변경신청

재판장은 효율적이고 집중적인 심리를 위하여 사건을 공판준비절차에 부칠 수 있으며, 법원은 검사·피고인 또는 변호인의 의견을 들어 공판준비기일을 지정할 수 있다(제266조의7 제1항). 이 경우 당해 신청에 관한 법원의 결정에 대하여는 불복할 수 없으며, 법원은 합의부원으로 하여금 공판준비기일을 진행하게 할 수 있고, 수명법관은 공판준비기일에 관하여 법원 또는 재판장과 동일한 권한이 있다(동조 제3항). 또한 공판준비기일은 공개하며, 다만 공개하면 절차의 진행이 방해될 우려가 있는 때에는 공개하지 아니할 수 있다(제266조의7). 검사·피고인 또는 변호인은 부득이한 사유로 공판준비기일을 변경할 필요가 있는 때에는 그 사유와 기간 등을 구체적으로 명시하여 공판준비기일의 변경을 신청할 수 있다(규칙 제123조의10).

(2) 소송관계인 등의 출석과 참여

공판준비절차에는 검사 및 변호인이 출석하여야 하므로, 법원은 검사·피고인 및 변호인에게 공판준비기일을 통지하여야 한다. 법원은 공판준비기일이 지정된 사건에 관하여 변호인이 없는 때에는 직권으로 변호인을 선정하여야 한다. 법원은 필요하다고 인정하는 때에는 피고인을 소환할 수 있으며, 피고인은 법원의 소환이 없는 때에도 공판준비기일에 출석할 수 있다. 재판장은 출석한 피고인에게 진술을 거부할 수 있음을 알려주어야 하며, 공판준비기일에는 법원사무관 등이 참여한다(제266조의8).

(3) 공판준비절차의 진행방법

공판준비절차에서는 당사자의 주장 및 입증계획 등을 서면으로 준비하게 하거나 공판준비기일을 열어 소송관계인을 출석시켜 진술하게 하는 방법을 행한다(제266조의5 제2항). 이 경우에 공판준비절차의 신속한 진행을 위하여 검사·피고인 또는 변호인은 증거를 미리 수집·정리하는 등 공판준비절차가 원활하게 진행될 수 있도록 협력하여야 한다(동조 제3항).

1) 서면에 의한 공판준비절차

공판준비절차에 부쳐진 때에는 검사는 증명하려는 사실을 밝히고 이를 증명하는데 사용할 증거를 신청하여야 하며, 피고인 또는 변호인은 검사의 증명사실과 증거신청에 대하여 의견을 밝히고, 공소사실에 관한 사실상·법률상의 주장과 그에 대한 증거를 신청하여야 한다(동조 제2항). 검사·피고인 또는 변호인은 필요한 경우 상대방의 주장 및 증거신청에 대하여 필요한 의견을 밝히고, 그에 관한 증거를 신청할 수 있다(동조 제3항).

공판준비절차에서 검사·피고인 또는 변호인은 법률상·사실상 주장의 요지 및 입증취지 등이 기재된 서면을 법원에 제출할 수 있고, 재판장은 검사·피고인 또는 변호인에게 위의 서면의 제출을 명할 수 있다(제266조의6 제1항·제2항). 위 서면에는 필요한 사항을 구체적이고 간결하게 기재하여야 하고, 증거로 할 수 없거나 증거로 신청할 의사가 없는 자료에 기초하여 법원에 사건에 대한 예단 또는 편견을 발생하게 할 염려가 있는 사항을 기재해서는 안된다(규칙 제123조의9 제3항). 법원은 검사·피고인 또는 변호인이 위의 서면을 제출한 때에는 그 부본을 상대방에게 송달하여야 한다(제266조의6 제3항).

2) 공판준비기일의 절차

① 공판준비기일의 지정　법원은 검사·피고인 또는 변호인의 의견을 들어 공판준비기일을 지정할 수 있다. 검사·피고인 또는 법원에 대하여 공판준비기일의 지정을 신청할 수 있으나, 당해 신청에 관한 법원의 결정에 대하여는 불복할 수 없다(제266조의7 제1항).

② 검사·변호인의 출석　공판준비기일에는 검사 및 변호인이 출석하여야 한다(제266조의8 제1항). 따라서 검사·피고인 및 변호인에게 공판준비기일을 통지하여야 한다. 법원은 공판준비기일이 지정된 사건에 관하여 변호인이 없는 때에는 직권으로 변호인을 선정하여야 한다(동조 제4항).

③ 피고인의 출석 및 법원사무관 등의 참여　공판준비기일에 피고인의 출석이 필수요건은 아니지만, 법원은 필요하다고 인정하는 때에는 피고인을 소환할 수 있으며, 피고인은 법원의 소환이 없는 때에도 공판준비기일에 출석할 수 있다. 재판장은 출석한 피고인에게 진술을 거부할 수 있음을 알려주어야 한다(동조 제6항).

④ 공판준비기일 결과의 확인　법원은 공판준비기일을 종료하는 때에는 검사·피고인 또는 변호인에게 쟁점 및 증거에 관한 정리결과를 고지하고, 이에 대한 이의의 유무를 확인하여야 한다. 법원이 공판준비기일을 진행한 경우에는 참여한 법원사무관 등이 공판준비기일조서를 작성하여야 하고, 공판준비기일조서에는 피고인·증인·감정인·통역인 또는 번역인의 진술의 요지와 쟁점 및 증거에 관한 정리결과 그

밖에 필요한 사항을 기재하고, 재판장 또는 법관과 참여한 법원사무관 등이 기명날인 또는 서명하여야 한다. 즉 공판준비기일조서는 공판기일의 심리절차가 형식화할 우려가 있음을 고려하여 공판조서와는 달리 쟁점 및 증거에 관한 정리결과만을 기재하도록 하고 있다.

5. 공판준비절차의 종결

(1) 종결 및 재개사유

법원은 ① 쟁점 및 증거의 정리가 완료한 때, ② 공판준비절차에 부친 뒤 3개월이 지난 때, ③ 당사자가 소환을 받고 출석하지 아니한 때 중 어느 하나의 사유에 해당하는 때에는 공판준비절차를 종결하여야 한다. 다만, ②와 ③에 해당하는 경우로서 공판의 준비를 하여야 할 상당한 이유가 있는 때에는 그러하지 아니하다(제266조의12).

법원은 필요하다고 인정한 때에는 직권 또는 검사·피고인이나 변호인의 신청에 의하여 종결한 공판준비절차를 재개할 수 있다(제266조의14, 제305조).

(2) 종결이후의 증거제출

공판준비기일에서 신청하지 못한 증거는 ① 그 신청으로 인하여 소송을 현저히 지연시키지 아니하는 때, ② 중대한 과실 없이 공판준비기일에 제출하지 못하는 등 부득이한 사유를 소명한 때의 어느 하나에 해당하는 경우에 한하여 공판기일에 신청할 수 있다(제266조의13).

6. 기일간 공판준비절차

제1회 공판기일 이후에도 법원은 쟁점 및 증거정리를 위하여 필요한 경우에는 제1회 공판기일 후에도 사건을 공판준비절차에 부칠 수 있는데, 이를 기일간 공판준비절차라 하며 이 경우에는 기일전 공판준비절차에 관한 규정을 준용한다(제266조의15).

제4절 공판정에서의 심리

Ⅰ. 공판정의 구성

1. 판사·검사 및 변호인의 출석

공판기일에는 공판정에서 심리한다(제275조 제1항). 공판정이란 공판이 행해지는 법정을 말하며, 공판정은 판사와 검사, 법원사무관 등이 출석하여 개정한다(동조 제2항). 검사의 좌석과 피고인 및 변호인의 좌석은 대등하며, 법대의 좌우측에 마주 보고 위치하고, 증인의 좌석은 법대의 정면에 위치한다. 다만 피고인신문을 하는 때에는 피고인은 증인석에 좌석한다(동조 제3항). 공판정에서는 피고인의 신체를 구속하지 못한다. 다만 재판장은 피고인이 폭력을 행사하거나 도망할 염려가 있다고 인정하는 때에는 피고인의 신체의 구속을 명하거나 기타 필요한 조치를 할 수 있다(제280조).

검사의 공판정 출석은 공판개정의 요건이므로 검사의 출석 없이 개정하는 것은 소송절차에 관한 법률에 위반한 경우에 해당한다. 다만 검사가 공판기일의 통지를 2회 이상 받고도 출석하지 아니하거나 판결만을 선고하는 때에는 검사의 출석 없이 개정할 수 있다(제278조).

변호인은 당사자가 아니므로 변호인 출석은 공판개정의 요건이 아니다. 그러므로 변호인이 공판기일의 통지를 받고도 출석하지 아니한 때에는 변호인의 출석 없이도 개정할 수 있다. 그러나 필요적 변호사건과 국선변호사건에 관하여는 변호인 없이 개정하지 못한다(제282조, 제283조).[79] 다만, 판결만을 선고할 경우에는 예외로 한다(제282조 단서). 필요적 변호사건이라 하더라도 변호인이 임의로 퇴정하거나 피고인과 합세하여 법정질서를 문란케 하여 퇴정명령을 받은 경우에는 피고인측의 방어권의 남용 또는 변호권의 포기로 보여지는 때에는 변호인 없이 개정할 수 있다고 해야 한

79) 대법원 2011. 9. 8. 선고 2011도6325 판결(형사소송법 제282조에 규정된 필요적 변호사건에 해당하는 사건에서 제1심의 공판절차가 변호인 없이 이루어져 증거조사와 피고인신문 등 심리가 이루어졌다면, 그와 같은 위법한 공판절차에서 이루어진 증거조사와 피고인신문 등 일체의 소송행위는 모두 무효이므로, 이러한 경우 항소심으로서는 변호인이 있는 상태에서 소송행위를 새로이 한 후 위법한 제1심판결을 파기하고, 항소심에서의 증거조사 및 진술 등 심리 결과에 기하여 다시 판결하여야 한다).

다.[80]

2. 피고인의 출석

(1) 피고인 출석의 원칙

1) 출석의 권리와 의무

피고인이 공판기일에 출석하지 아니하는 때에는 특별한 규정이 없으면 개정하지 못한다(제276조). 피고인은 **출석권**을 가지고 있는 동시에 출석의무가 있다. 이와 같이 피고인은 **출석의무**와 출석한 피고인은 재판장의 허가 없이 퇴정하지 못하는 **재정의무**(在廷義務)가 있다. 재판장은 피고인의 퇴정을 제지하거나 법정의 질서를 유지하기 위하여 필요한 처분을 할 수 있다(제281조).

2) 신뢰관계 있는 자의 동석

재판장 또는 법관은 피고인을 신문하는 경우에 ① 피고인이 신체적 또는 정신적 장애로 사물을 변별하거나 의사를 결정·전달할 능력이 미약한 경우, ② 피고인의 연령·성별·국적 등의 사정을 고려하여 그 심리적 안정의 도모와 원활한 의사소통을 위하여 필요한 경우에는 직권 또는 피고인·법정대리인·검사의 신청에 따라 피고인과 신뢰관계에 있는 자를 동석하게 할 수 있다. 여기서 '신뢰관계에 있는 자'란 피고인의 배우자, 직계친족, 형제자매, 가족, 동거인, 고용주 그 밖에 피고인의 심리적 안정과 원활한 의사소통에 도움을 줄 수 있는 자를 말한다. 동석신청에는 동석을 하고자 하는 자와 피고인 사이의 관계, 동석이 필요한 사유 등을 밝혀야 한다. 피고인과 동석한 신뢰관계 있는 자는 재판의 진행을 방해하여서는 아니 되며, 재판장은 신뢰관계 있는 자가 부당하게 재판의 진행을 방해하는 때에는 동석을 중지할 수 있다(규칙 제126조의2).

(2) 피고인 출석원칙의 예외

예외적으로 피고인의 공판정 출석 없이 심판할 수 있는 경우는 다음과 같다.

1) 피고인이 의사무능력자 또는 법인인 경우

가. 피고인이 의사무능력자인 경우 형법 제9조 내지 제11조의 규정의 적용을 받지 아니하는 범죄사건에 관하여 피고인이 의사능력이 없는 경우에 그 법정대리인 또는 특별대리인이 출석한 때에는 피고인의 출석을 요하지 않는다(제26조, 제28조).

나. 피고인이 법인인 경우 피고인이 법인인 때에는 그 대표자가 출석하면 된

80) 대법원 1990. 6. 8. 선고 90도646 판결.

다. 이 경우에는 법인의 대표자가 반드시 출석할 것을 요하지 않으며, 대리인을 출석하게 할 수 있다(제276조 단서).

2) 경미사건이거나 법원이 불출석을 허가한 경우

법정형이 다액 500만원 이하의 벌금 또는 과료에 해당하는 경미한 사건이거나 그 밖의 경미한 사건의 경우 및 법원이 피고인의 불출석을 허가한 사건의 경우에는 피고인의 편익보호와 재판의 신속성을 위해 피고인의 출석 없이 재판할 수 있도록 하고 있다.

가. 벌금 또는 과료에 해당하는 사건 다액 500만원 이하의 벌금 또는 과료에 해당하는 사건에 관하여는 피고인의 출석을 요하지 않는다(제277조 제1호). 그러나 이 경우에도 법원은 피고인을 소환하여야 하며, 이때에 피고인은 자신이 출석하든지 대리인을 출석하게 할 수 있다(동조 단서).

나. 약식명령에 대한 정식재판의 청구 약식명령에 대하여 피고인만이 정식재판을 청구한 사건에서 판결을 선고하는 경우에도 피고인의 출석을 요하지 아니한다(제277조 제4호). 이는 항소심의 경우에도 그대로 적용된다.[81)]

다. 즉결심판 벌금 또는 과료를 선고하는 경우에도 피고인의 출석을 요하지 않는다(즉심법 제8조의2).

라. 법원이 피고인의 불출석을 허가한 경우 장기 3년 이하의 징역 또는 금고, 다액 500만원을 초과하는 벌금 또는 구류에 해당하는 사건에서 피고인의 불출석허가 신청이 있고 법원이 피고인의 불출석이 그의 권리를 보호함에 지장이 없다고 인정하여 이를 허가한 사건의 경우에는 피고인의 출석을 요하지 않는다. 이 경우에 피고인은 대리인을 출석하게 할 수 있으나, 다만 인정신문절차를 진행하거나 판결을 선고하는 공판기일에는 출석하여야 한다(제277조 제3호). 피고인의 불출석허가신청은 공판기일에 출석하여 구술로 하거나 공판기일 외에서 서면으로 할 수 있다(규칙 제126조의3 제1항).

3) 피고인에게 유리한 재판을 하는 경우

가. 공소기각·면소판결을 할 경우 공소기각 또는 면소의 재판을 할 것이 명백한 사건에 관하여는 피고인의 출석을 요하지 아니한다. 다만, 피고인은 대리인을 출석하게 할 수 있다(제277조 제2호).

---

81) 대법원 2012. 6. 28. 선고 2011도16166 판결.

나. 피고인의 사정으로 인한 불출석이지만 피고인에게 유리한 재판의 경우 피고인에게 사물의 변별능력 또는 의사결정능력이 없거나, 피고인이 질병으로 출정할 수 없는 때에는 공판절차를 정지하여야 한다. 그러나 피고사건에 대하여 무죄·면소·형의 면제 또는 공소기각의 재판을 할 것이 명백한 때에는 피고인의 출정 없이 재판할 수 있다(제306조).

4) 피고인이 퇴정하거나 퇴정명령을 받은 경우

가. 일시퇴정 재판장은 증인 또는 감정인이 피고인 또는 어떤 재정인의 면전에서 충분한 진술을 할 수 없다고 인정한 때에는 그를 퇴정하게 하고 진술하게 할 수 있다. 피고인이 다른 피고인의 면전에서 충분한 진술을 할 수 없다고 인정한 때에도 같다(제297조 제1항). 이는 증인 등의 진술의 자유를 보장하기 위한 것인데, 이로 인해 피고인의 증인심문권을 침해할 우려가 있으므로 증인·감정인 또는 공동피고인의 진술이 종료한 때에는 퇴정한 피고인을 입정하게 한 후 법원사무관 등으로 하여금 진술의 요지를 고지하게 하여야 한다(제297조 제2항). 그러나 이 경우에도 피고인의 반대신문권을 배제하는 것은 허용되지 않는다.[82)]

나. 퇴정명령 피고인이 재판장의 허가 없이 퇴정하거나, 재판장의 질서유지를 위한 퇴정명령을 받은 때에는 피고인의 진술 없이 판결할 수 있다(제330조). 이 경우에 판결 이외에 증거조사·최종변론 등의 심리도 가능한가에 대하여는 ① 형사소송법상 제330조가 공판절차나 증거편에 편재되어 있지 않고 재판편에 위치한 점을 고려할 때 피고인 보호의 관점에서 판결선고에 제한된다는 소극설도 있지만, ② 그러나 이 경우는 피고인의 책임 있는 사유로 인하여 출석권을 포기 또는 상실한 것이므로 판결뿐만 아니라 심리도 할 수 있다는 적극설의 입장이 타당하다고 생각된다. 판례도 적극설의 입장이다.[83)]

5) 피고인이 출석하지 않는 경우

가. 구속피고인의 출석거부 피고인이 출석하지 아니하면 개정하지 못하는 경우에 구속된 피고인이 정당한 사유 없이 출석을 거부하고, 교도관에 의한 인치가 불

---

82) 대법원 20110. 1. 14. 선고 2009도9344 판결.

83) 대법원 91도865. 선고 91도628 판결(필요적 변호사건이라 하여도 피고인이 재판거부의 의사를 표시하고 재판장의 허가 없이 퇴정하고 변호인마저 이에 동조하여 퇴정해 버린 것은 모두 피고인측의 방어권의 남용 내지 변호권의 포기로 볼 수밖에 없는 것이므로 수소법원으로서는 형사소송법 제330조에 의하여 피고인이나 변호인의 재정 없이도 심리판결할 수 있다).

가능하거나 현저히 곤란하다고 인정되는 때에는 피고인의 출석 없이 공판절차를 진행할 수 있다(제277조의2 제1항). 이 경우에는 출석한 검사 또는 변호인의 의견을 들어야 한다. 이는 구속피고인의 출석거부로 인한 재판지연을 방지하기 위한 규정이다. 이 규정에 대하여는 교도관에 의한 강제출정이 가능하므로 입법론상 부당하는 주장도 있으나,[84] 교도관에 의한 강제인치가 피고인의 법정투쟁의 일환으로 이루어지는 경우에는 사실상 불가능한 경우도 있으므로 이에 따른 불기피한 규정이라고 봄이 타당하다고 생각된다. 피고인의 출석 없이 진행할 수 있는 공판절차의 범위에는 특별한 제한이 없으므로 모두절차, 증거조사절차, 판결선고절차를 불문한다.

법원이 피고인의 출석 없이 공판절차를 진행하고자 하는 경우에는 미리 그 사유가 존재하는가의 여부를 조사하여야 하고, 조사를 함에 필요하다고 인정하는 경우에는 교도관리 기타 관계자의 출석을 명하여 진술을 듣거나 그들로 하여금 보고서를 제출하도록 명할 수 있다(규칙 제126조의5). 피고인의 출석 없이 공판절차를 진행하는 경우에 재판장은 소송관계인에게 그 취지를 고지하여야 한다(규칙 제126조의6).

나. 피고인의 소재불명 제1심 공판절차에서 피고인에 대한 송달불능보고서가 접수된 때부터 6개월이 지나도록 피고인의 소재를 확인할 수 없는 경우[85]에 피고인이 공시송달의 방법[86]에 의한 공판기일의 소환을 2회 이상 받고도 출석하지 아니한

---

84) 배종대/이상돈/정승환/이주원, §39/17; 백형구, 550면.

85) 대법원 2013. 6. 27. 선고 2013도2714 판결(피고인이 구치소나 교도소 등에 수감 중에 있는 경우는 형사소송법 제63조 제1항에 규정된 '피고인의 주거, 사무소, 현재지를 알 수 없는 때'나 '소송촉진 등에 관한 특례법' 제23조에 규정된 '피고인의 소재를 확인할 수 없는 경우'에 해당한다고 할 수 없으므로, 법원이 수감 중인 피고인에 대하여 공소장 부본과 피고인소환장 등을 종전 주소지 등으로 송달한 경우는 물론 공시송달의 방법으로 송달하였더라도 이는 위법하다고 보아야 한다. 따라서 법원은 주거, 사무소, 현재지 등 소재가 확인되지 않는 피고인에 대하여 공시송달을 할 때에는 검사에게 주소보정을 요구하거나 기타 필요한 조치를 취하여 피고인의 수감 여부를 확인할 필요가 있다).

86) 대법원 2011. 5. 13. 선고 2011도1094 판결(… 제1심 공판절차에서 사형·무기 또는 장기 10년이 넘는 징역이나 금고에 해당하는 사건이 아니라면 피고인의 소재를 확인하기 위하여 소재조사촉탁, 구인장의 발부, 기타 필요한 조치를 취하였음에도 피고인에 대한 송달불능보고서가 접수된 때부터 6월이 경과하도록 피고인의 소재가 확인되지 아니한 때에는 그 후 피고인에 대한 송달은 공시송달의 방법에 의하도록 규정하고 있다. 그러므로 기록상 피고인의 집 전화번호 또는 휴대전화번호 등이 나타나 있는 경우에는 위 전화번호로 연락하여 송달받을 장소를 확인하여 보는 등의 시도를 해보아야 하고, 그러한 조치를 취하지 아니한 채 곧바로 공시송달의 방법에 의한 송달을 하는 것은 형사소송법 제63조 제1항, 소송촉진 등에 관한 특례법 제23조에 위

때에는 대법원규칙이 정하는 바에 따라 피고인의 진술 없이 재판할 수 있다. 다만, 사형·무기 또는 장기 10년을 넘는 징역이나 금고에 해당하는 사건의 경우에는 그러하지 아니하다(소송촉진에 등에 관한 특례법 제23조, 동규칙 제18조, 제19조). 불출석 재판으로 유죄판결을 받고 그 판결이 확정된 자가 책임질 수 없는 사유로 공판절차에 참석할 수 없었던 경우에는 제1심 법원에 재심을 청구할 수 있다(동법 제23조의2).

다. 항소심에서의 특칙 항소심에서 피고인이 공판기일에 출정하지 아니한 때에는 다시 기일을 정하여야 하며, 피고인이 다시 정한 기일에 출석하지 아니한 때에는 피고인의 진술 없이 판결할 수 있다(제365조).

라. 정식재판청구에 의한 공판절차의 특칙 약식명령에 대하여 정식재판을 청구한 피고인이 정식재판절차의 공판기일에 2회 출석하지 아니한 경우에는 피고인의 출석 없이 개정할 수 있다(제458조 제2항).

6) 피고인의 출석이 부적당한 경우

상고심의 공판기일에는 피고인의 소환을 요하지 않는다(제389조의2). 상고심은 법률심이므로 변호인이 아니면 변론할 수 없기 때문이다. 또한 치료감호법에 의해 피치료감호청구인이 심신장애로 공판기일에 출석이 불가능한 경우에 법원은 피치료감호청구인의 출석 없이 개정할 수 있다(치료감호법 제9조).

3. 변호인의 출석

변호인은 소송주체가 아니므로 변호인의 출석이 공판개정의 요건은 아니다. 그러나 필요적 변호사건의 경우에는 판결만을 선고할 경우를 예외로 하고 변호인 없이 개정하지 못한다. 이 경우 변호인이 출석하지 아니한 때에는 법원이 직권으로 변호인을 선정하여야 한다(제283조).

필요적 변호사건에서 변호인이 재판장의 허가 없이 임의로 퇴정하거나 재판장의 질서유지를 위한 퇴정명령을 받은 경우에 형사소송법 제330조를 유추적용할 수 있는가에 대하여는, ① 형사소송법 제282조를 고려할 때 국선변호인을 선정하여 공판심리를 진행해야 한다는 **소극설**과 ② 변호인의 재정의무위반은 피고인측의 방어권의 남용 내지 변호권의 포기로 보여지는 경우에는 형사소송법 제330조를 유추적용하여 변호인의 재정 없이 공판심리와 판결을 할 수 있다는 **적극설**이 대립한다. 판례는 적극설

배되어 허용되지 아니한다).

의 입장이다.

생각건대 필요적 변호사건에서 변호인의 재정 없이 심리를 진행하면 재판의 공정성에 대한 국민의 신뢰를 위태롭게 할 뿐만 아니라 적정절차의 원칙에도 반하므로 필요적 변호사건의 경우에는 반드시 변호인의 재정이 필요하다는 소극설의 입장이 타당하다.

4. 검사의 출석

검사의 출석은 공판개정의 요건이다. 따라서 검사의 출석 없이 개정한 때에는 소송절차에 관한 법률위반으로서 항소 또는 상고이유가 된다. 그러나 검사가 공판기일의 통지를 2회 이상 받고 출석하지 아니하거나 판결만을 선고하는 때에는 검사의 출석 없이 개정할 수 있다(제278조). 이는 검사에 의한 심리지연을 방지하기 위한 규정이다.

5. 전문심리위원의 참여

(1) 전문심리위원의 참여결정과 지정

법원은 소송관계를 분명하게 하거나 소송절차를 원활하게 진행하기 위하여 필요한 경우에는 직권으로 또는 검사·피고인 또는 변호인의 신청에 의해 결정으로 전문심리위원을 지정하여 공판준비 및 공판기일 등 소송절차에 참여하게 할 수 있다(제279조의2 제1항). 전문심리위원을 소송절차에 참여시키는 경우 법원은 검사·피고인 또는 변호인의 의견을 들어 각 사건마다 1인 이상의 전문심리위원을 지정한다(제379조의4 제1항).

(2) 전문심리위원의 설명·의견제시·질문

전문심리위원은 전문적인 지식에 의한 설명 또는 의견을 기재한 서면을 제출하거나 기일에 전문적인 지식에 의하여 설명이나 의견을 진술할 수 있다. 다만, 재판의 합의에는 참여할 수 없다. 전문심리위원은 기일에 재판장의 허가를 받아 피고인 또는 변호인, 증인 또는 감정인 등 소송관계인에게 소송관계를 분명하게 하기 위하여 필요한 사항에 관하여 직접 질문할 수 있다. 법원은 전문심리위원이 제출한 서면이나 전문심리위원의 설명 또는 의견의 진술에 관하여 검사·피고인 또는 변호인에게 구술 또는 서면에 의한 의견진술의 기회를 주어야 한다(제279조의2).

(3) 전문심리위원 참여결정의 취소 및 제척·기피

법원은 상당하다고 인정하는 때에는 검사·피고인 또는 변호인의 신청이나 직권으로 전문심리위원 참여 결정을 취소할 수 있으며, 법원은 검사와 피고인 또는 변호인이 합의하여 전문심리위원 참여 결정을 취소할 것을 신청한 때에는 그 결정을 취소하여야 한다(제279조의3).

제척 또는 기피 신청이 있는 전문심리위원은 그 신청에 관한 결정이 확정될 때까지 그 신청이 있는 사건의 소송절차에 참여할 수 없다. 이 경우 전문심리위원은 해당 제척 또는 기피 신청에 대하여 의견을 진술할 수 있다(제279조의5 제2항).

(4) 전문심리위원의 의무와 신분

전문심리위원 또는 전문심리위원이었던 자가 그 직무수행 중에 알게 된 다른 사람의 비밀을 누설한 때에는 2년 이하의 징역이나 금고 또는 1천만원 이하의 벌금에 처한다(제279조의7). 전문심리위원은 형법상 뇌물죄의 규정에 따른 벌칙의 적용에서는 공무원으로 본다(제279조의8).

Ⅱ. 소송지휘권

1. 소송지휘권의 의의

소송지휘권이란 소송의 진행을 질서있게 하면서도 심리를 신속하고 원활하게 하기 위한 법원의 합목적적 활동을 말한다. 형사소송법은 공판기일의 소송지휘는 재판장이 한다고 하여 재판장의 소송지휘권을 명문화하고 있다(제279조). 소송지휘권은 사법권에 내재하는 본질적이고 고유한 법원의 권한이기 때문에 당사자주의와 직권주의에서도 요구되며, 재판장의 소송지휘권의 행사는 법률의 규정이나 소송의 기본구조에 반하지 않는 한 명문의 규정이 없더라도 합목적성과 합리성에 근거하여 행사할 수 있는 권한이다. 소송지휘권은 공판기일의 절차뿐만 아니라 공판기일 외의 절차에서도 인정된다.

한편 법정경찰권은 피고사건의 실체와 관계없이 법정의 질서유지만을 목적으로 하는 사법행정작용으로서의 성질을 지니므로 넓은 의미에서는 법원의 소송지휘권에 속하지만, 사건의 심리에 실질적인 관련을 가지는 협의의 소송지휘권과는 구별된다.

2. 소송지휘권의 내용

(1) 재판장의 소송지휘권

공판기일의 소송지휘는 재판장이 한다(제279조). 소송지휘권은 법원의 권한이지만 그 신속성과 적절성을 효율적으로 실현하기 위해 형사소송법은 포괄적으로 재판장에게 위임하고 있다. 소송지휘권의 주요내용은 형사소송법과 형사소송규칙에 규정되어 있다. 즉 공판기일의 지정과 변경(제267조, 제270조), 인정신문(제284조), 증인신문순서의 변경(제161조의2 제3항), 불필요한 변론의 제한(제299조), 석명권(규칙 제141조 제1항) 등이 여기에 해당한다.

1) 변론의 제한

재판장은 소송관계인의 진술 또는 신문이 중복된 사항이거나 그 소송에 관계없는 사항인 때에는 소송관계인의 본질적 권리를 해하지 않는 한도에서 이를 제한할 수 있다(제299조).

2) 석 명 권

재판장은 소송관계를 명확히 하기 위하여 검사·피고인 또는 변호인에게 사실상·법률상의 사항에 관하여 석명을 구하거나 입증을 촉구할 수 있고, 합의부원은 재판장에게 고하고 석명을 구하거나 입증을 촉구할 수 있다. 검사·피고인 또는 변호인은 재판장에 대하여 석명을 위한 발문을 요구할 수 있다(규칙 제141조 제1항·제2항). 여기서 석명(釋明)이란 사건의 내용을 명확히 하기 위해 당사자에게 사실상·법률상의 사항에 관하여 질문하여 그 진술이나 주장을 보충·정정할 기회를 주고 입증을 촉구하는 것을 말하므로, 이는 재판장이나 합의부원의 소송지휘권의 주요내용이 된다. 석명권은 법원이 후견자적 지위에서 당사자의 사실해명에 협력하는 제도로서 당사자의 소송활동에 대한 보충적 성격을 지니지만, 실체적 진실발견이나 공정한 재판의 실현을 위한 석명권 행사가 필요한 경우에는 의무적인 성격을 지닌다고 할 수 있다.

(2) 법원의 소송지휘권

공판기일에서의 법원의 소송지휘라 할지라도 보다 신중한 판단이 필요한 중요한 사항에 대한 소송지휘권은 법률에 의하여 법원에 유보되어 있다. 예컨대 국선변호인의 선임(제283조), 특별대리인의 선임(제28조), 증거조사신청에 대한 이의신청(제296조 제2항), 재판장의 처분에 대한 이의신청의 결정(제304조 제2항), 공소장변경의 허가(제

298조 제1항), 공판절차의 정지(제306조), 변론의 분리·병합·재개(제300조, 제305조)가 여기에 해당한다.

3. 소송지휘권의 행사

(1) 소송지휘권의 행사방법

재판장의 소송지휘권의 행사는 법률에 명문의 규정이 있는 때에는 그에 따라야 하고, 법원의 의사에 반하지 않는 범위 내에서 행사되어야 한다. 따라서 재판장에 의한 소송지휘권 행사라 하더라도 사전에 합의부원의 의견을 물어서 행사하는 것이 바람직하다고 하겠다. 법원의 소송지휘권의 행사는 결정이라는 형식을 취하며, 재판장의 소송지휘권의 행사는 명령 또는 결정이라는 형식을 취한다. 소송지휘는 사정변경에 의해 취소 또는 변경될 수 있으며, 이에 대하여는 합의부원을 비롯하여 당사자 등 소송절차에 관계있는 모든 사람은 이에 복종할 의무가 있다.

(2) 소송지휘권에 대한 불복

재판장 또는 법원의 소송지휘권 행사에 대하여 법령의 위반이 있는 경우에 한하여 당사자 등 소송관계인은 이의신청을 할 수 있다(제304조, 규칙 제136조). 개개의 행위, 처분 또는 결정시마다 그 이유를 간결하게 명시하여 즉시 하여야 한다. 이의신청에 대한 결정은 이의신청이 있은 후 즉시 이를 하여야 한다(규칙 제138조).

그러나 법원의 소송지휘는 판결 전 소송절차에 관한 결정이므로, 증거조사에 대한 이의신청에 관한 법원의 결정(제296조 제2항)의 경우를 제외하고는 이의신청이나 항고가 허용되지 않는다(제403조).

Ⅲ. 법정경찰권

1. 의 의

법정경찰권이란 법원이 법정의 질서유지와 심판에 대한 방해를 제지·배제하기 위하여 법원이 행사하는 권력작용을 말한다. 넓은 의미에서는 소송지휘권의 내용을 이루는 법원의 권한에 속하는 것이지만 질서유지의 신속성과 기동성을 고려하여 재판장의 권한으로 하고 있다. 즉 법정의 질서유지는 재판장이 담당한다(법조법 제58조 제1항). 법정경찰권은 사건의 실체에 대한 심리와 직접적인 관계가 없는 사법행정작용으로서 좁은 의미의 법원의 소송지휘권과는 구별된다. 법정경찰권의 행사로서 감치처분은 법원의 권한이다(법조법 제61조).

2. 법정경찰권의 내용

(1) 예방작용

법정의 질서유지를 위해 재판장은 필요한 예방조치를 할 수 있다. 즉 법정의 존엄과 질서유지를 해칠 우려가 있는 사람의 입정금지 또는 퇴정을 명할 수 있으며(법조법 제58조 제2항), 방청인에 대한 방청권의 발행과 소지품검사(법정 방청 및 촬영 등에 관한 규칙 제2조), 피고인에 대한 간수명령(제280조) 등을 할 수 있다.

(2) 방해배제작용

재판장은 법정의 질서를 회복하기 위해 방해행위를 배제할 수 있다. 즉 피고인의 퇴정을 제지하거나 질서유지를 위하여 필요한 처분을 할 수 있고, 피고인이나 방청인에 대하여 **퇴정명령**을 할 수 있다. 또한 재판장은 법정질서유지를 위해 필요하다고 인정할 때에는 개정 전 후에 상관없이 관할경찰서장에게 국가경찰공무원의 파견을 요구할 수 있고, 파견된 국가경찰공무원은 법정 내외의 질서유지에 관하여 재판장의 지휘를 받는다(법조법 제60조).

(3) 제재작용

법원 및 재판장은 법정 내외에서 법정의 질서를 유지하기 위하여 법원이 발한 명령을 위반하는 행위를 하거나 폭언, 소란 등의 행위로 법원의 심리를 방해하거나 재판의 위신을 현저하게 훼손한 사람에 대하여는 20일 이내의 **감치** 또는 100만원 이하의 과태료에 처하거나 이를 병과할 수 있다. 감치는 경찰서유치장, 교도소 또는 구치소에 유치함으로써 집행하며, 법원은 감치를 위하여 법원직원, 교도관 또는 경찰관으로 하여금 즉시 행위자를 구속하게 할 수 있으며, 구속한 때로부터 24시간 이내에 감치에 처하는 재판을 하지 않으면 즉시 석방하여야 한다. 감치재판에 대하여는 항고 또는 특별항고를 할 수 있다(동조 제5항).

3. 법정경찰권의 범위

(1) 시간적 범위

법정에서의 공판심리의 개시부터 종료에 이르기까지 공판절차가 진행되는 동안에는 법정경찰권이 미치는 것이 원칙이며, 다만 공판심리 전후의 시간도 공판심리의 질서유지와 재판의 권위와 관련되므로 법정경찰권이 미친다고 보아야 한다.

(2) 장소적 범위

법정경찰권은 원칙적으로 법정 내에서 미치지만, 법정에서의 심리와 질서유지에 영향을 미치는 범위에서는 법정 밖에 대하여도 미친다. 따라서 법정경찰권은 법정 내외를 불문하고 미치며, 특히 법정 밖에서의 소란행위에 대하여는 재판의 심리와 질서유지를 해치므로 법정경찰권이 당연히 미치게 된다.

(3) 인적 범위

재판장이 행사하는 법정경찰권이 미치는 인적 범위는 법정 내에 있는 모든 사람에게 미친다. 따라서 법정에 참석한 방청인을 비롯하여 피고인·변호인·검사·법원사무관 등은 물론 배석판사도 법정경찰권에 복종해야 한다.

제 5 절 공판기일의 절차

공판기일의 절차는 제1심 공판절차의 경우에는 **모두절차**와 **사실심리절차** 및 **판결절차**로 이루어져 있다. 모두절차는 ① 진술거부권고지 → ② 인정신문 → ③ 검사의 모두진술 → ④ 피고인의 모두진술 → ⑤ 재판장의 쟁점정리 및 검사, 변호인의 증거관계 등에 대한 진술의 순서로 진행된다.

사실심리절차는 ① 증거조사 → ② 피고인신문 → ③ 소송관계인의 의견진술이라는 3단계로 이루어진다. 판결절차는 사실심리절차가 종료된 후에 수소법원에 의하여 최종적으로 선고의 형식으로 이루어지는 공판절차이다.

Ⅰ. 모두절차

1. 진술거부권의 고지

모두절차는 재판장의 피고인에 대한 진술거부권의 고지에서 시작된다. 재판장은 인정신문을 하기 전에 피고인이 진술하지 아니하거나 개개의 질문에 대하여 진술을 거부할 수 있음을 고지하여야 한다(제283조의2 제2항, 규칙 제127조). 이는 피고인의 방어권 강화를 위해 재판장으로 하여금 피고인에 대한 인정신문 이전에 먼저 피고인에 대하여 진술거부권을 고지하도록 규정하고 있다.

2. 인정신문

재판장은 피고인의 성명·연령·등록기준지·주거와 직업을 물어서 피고인임에 틀림없음을 확인하여야 한다(제284조). 모두절차에서 피고인에 대하여 진술거부권을 고지한 후 다음으로 진행하는 절차는 재판장이 공판정에 출석한 피고인이 공소장에 기재된 피고인과 동일인인가 여부를 확인하는 절차인데 이를 인정신문(人定訊問)이라 한다. 재판장의 인정신문에 대하여 피고인이 진술거부권을 행사할 수 있는가에 관해서는 소극설도 있지만, 피고인의 진술거부권은 피고인에게 이익, 불이익을 불문하고 인정신문을 강요하는 것은 진술거부권을 인정하는 취지에 반하므로 인정신문에 대하여도 진술거부권을 행사할 수 있다고 이해하는 적극설[87]이 타당하다.

3. 검사의 모두진술

검사가 공소장에 의하여 공소사실·죄명 및 적용법조를 낭독하여야 한다, 다만, 재판장이 필요하다고 인정하는 때에는 검사에게 공소의 요지를 진술하게 할 수 있다(제285조). 이를 검사의 모두진술이라 한다. 이를 통해 법원은 사건의 본격적인 심리에 들어가기에 앞서 사건개요와 입증의 쟁점을 명백히 함으로써 합리적인 소송지휘를 할 수 있게 하며, 피고인에게는 충분한 방어의 기회를 보장하게 한다. 따라서 검사의 모두진술은 필수적인 절차이므로 재판장은 반드시 검사로 하여금 모두진술을 하도록 하여야 하며, 다만 재판장이 필요하다고 인정하는 때에는 공소의 요지를 진술하게 할 수 있다. 그러나 항소심 또는 상고심에서는 이를 요하지 않는다.

4. 피고인의 모두진술

피고인은 검사의 모두진술이 끝난 뒤에 공소사실의 인정여부를 진술하여야 한다. 다만, 피고인이 진술거부권을 행사하는 경우에는 그러하지 아니하다(제286조 제1항). 피고인의 모두진술을 통하여 법원은 피고인이 제출한 의견서의 내용을 구두로 확인하고, 피고인이 공소사실에 대하여 자백하면 간이공판절차로 이행할 수 있다.

87) 이재상/조균석, 477면.

모두절차에서 피고인 또는 변호인은 이익이 되는 사실 등을 진술할 수 있는데(제286조 제2항), 이 규정의 법적 성격에 대하여는 ① 피고인의 권리를 위한 규정이라는 견해와 ② 검사의 기소요지진술 다음에 반드시 거쳐야 하는 피고인의 이익사실진술 절차라는 독립된 절차규정으로 이해하는 견해도 있으나, ③ 두 가지 견해를 종합하여, 일차적으로는 피고인에게 이익사실진술이라는 독립된 절차를 마련한 것이며, 부차적으로는 공판절차의 모든 단계에서 피고인에게 이익사실진술의 권리를 보호하는 규정으로 이해하는 결합설이 타당하다.

피고인의 모두진술은 공소사실에 대한 피고인의 인정 여부를 비롯하여 사건에 관한 피고인의 주장이나 입증 등에 관한 총괄적인 진술을 할 수 있는 기회를 제공하는 절차이다. 이 절차를 통해 법원은 사건의 쟁점을 조기에 파악하게 되어 신속한 심리가 가능하게 된다. 이 절차는 공판준비절차에서의 피고인 또는 변호인으로 하여금 법원으로부터 공소장부본을 송달받은 날부터 7일 이내에 공소사실에 대한 인정 여부, 공판준비절차에 관한 의견 등을 기재한 의견서를 법원에 제출하도록 한 규정(제266조의2)과 더불어 사건의 신속한 심리를 위한 절차이다.

피고인 및 변호인은 공소사실의 인정 여부를 진술한 후에 공소에 관한 의견 그 밖에 이익이 되는 사실 등을 진술할 수 있다(규칙 제127조의2 제2항). 그 밖에도 피고인은 모두진술을 통해 관할이전의 신청(제15조), 법관기피신청(제18조), 국선변호인의 선정청구(제33조의2), 공판기일변경신청(제270조) 등을 할 수 있다. 특히 관할위반의 신청(제320조)이나 제1회 공판기일의 유예기간에 대한 이의신청(제269조 제2항)은 이 절차에서 행해져야 하며, 피고인이 이 단계에서 이의신청을 하지 않으면 이러한 절차의 하자를 이유로 해서는 더 이상 다툴 수 없게 된다.

5. 재판장의 쟁점정리 및 검사, 변호인의 증거관계 등에 대한 진술

재판장은 피고인의 모두진술이 끝난 다음에 피고인 또는 변호인에게 쟁점의 정리를 위하여 필요한 질문을 할 수 있다(제287조 제1항). 이 절차는 재판장이 증거조사 이전에 사건의 쟁점을 정리하여 증거조사절차를 효율적으로 진행하기 위한 절차이다. 재판장은 증거조사를 하기에 앞서 검사 또는 변호인으로 하여금 증명과 관련된 주장 및 입증계획 등을 진술하게 할 수 있다. 다만, 증거로 할 수 없거나 증거로 신청할 의사가 없는 증거로 할 수 없거나 증거로 신청할 의사가 없는 자료에 기초하여 법원에 사건에 대한 예단 또는 편견을 발생하게 할 염려가 있는 사항은 진술할 수 없다(제287조 제2항).

Ⅱ. 사실심리절차

1. 증거조사

(1) 증거조사의 의의

사실심리절차는 증거조사에 의하여 시작된다. 증거조사는 재판장의 쟁점정리 등의 절차가 끝난 후에 실시한다(제290조). 증거조사란 법원이 피고사건의 사실인정과 형의 양정에 관한 심증을 얻기 위하여 인증·서증·물증 등 각종 증거방법을 조사하여 그 내용을 감지하는 소송행위를 말한다.

증거조사의 주체는 법원이다. 검사와 피고인·변호인이 증인신문을 하는 경우에도 그 주체는 법원이다. 증거조사는 공판정에서 법원이 직접 행하는 것이 원칙이나, 공판정 외에서의 증거조사도 허용된다. 법원은 증인의 연령, 직업, 건강상태 기타의 사정을 고려하여 검사·피고인 또는 변호인의 의견을 묻고 법정 외에 소환하거나 현재지에서 신문할 수 있다(제165조).

증인에 대한 증거조사는 법원이 피고사건에 대한 심증을 얻기 위한 절차이지만, 이 과정을 통해 당사자에게 증거의 내용을 알게 함으로써 서로에게 공격과 방어의 기회를 주는 기능을 지닌다고 할 수 있다. 따라서 증거조사의 방법과 절차에 관해서는 법률로 규정하고 있다.

(2) 증거조사의 절차

증거조사에는 당사자의 **신청에 의한 증거조사**와 **직권에 의한 증거조사**가 있다. 당사자주의가 강화된 현행 형사소송법상 전자가 원칙이지만, 실체적 진실발견이 왜곡될 수 있는 당사자주의의 폐해를 고려하여 법원의 직권에 의한 증거조사를 인정하고 있다.

증거조사는 검사가 신청한 증거를 먼저 조사한 후 피고인 또는 변호인이 신청한 증거를 조사하고, 법원은 검사와 피고인 또는 변호인이 신청한 증거의 조사가 끝난 후에 직권으로 결정한 증거를 조사한다(제291조의2 제1항·제2항). 다만, 법원은 직권이나 검사·피고인 또는 변호인의 신청에 따라 증거조사의 순서를 변경할 수 있다(동조 제3항).

1) 당사자의 신청에 의한 증거조사

가. 증거조사의 신청 검사·피고인 또는 변호인은 서류나 물건을 증거로 제출할 수 있고, 증인·감정인·통역인 또는 번역인의 신문을 신청할 수 있다(제294조 제1항).

① 신청의 시기와 순서 검사·피고인 또는 변호인은 특별한 사정이 없는 한 필요한 증거를 일괄하여 신청하여야 한다(규칙 제132조). 증거조사를 신청하는 시기에는 특별한 제한이 없지만, 원칙적으로 재판장의 쟁점정리 등의 절차가 끝난 뒤에 신청하지만, 공판기일 전에도 검사·피고인 또는 변호인의 신청에 의하여 공판준비에 필요하다고 인정한 때에는 법원은 피고인 또는 증인을 신문할 수 있고, 검증·통역 또는 번역을 명할 수 있다(제273조). 증거신청은 검사가 먼저 한 후에 피고인 또는 변호인이 한다(규칙 제133조).

② 신청의 방법 증거조사를 신청함에 있어서는 신청의 대상인 증거를 특정하여야 한다. 따라서 증인신문을 신청할 때에는 증인의 주소, 성명을 특정할 것을 요한다. 검사·피고인 또는 변호인이 증거를 신청함에 있어서는 증거와 증명하고자 하는 사실과의 관계, 즉 입증취지를 구체적으로 명시하여야 한다(규칙 제132조의2 제1항). 입증취지는 법원의 증거결정에 참고가 될 뿐만 아니라 상대방의 방어권 행사에도 도움이 되기 때문이다. 증거신청은 요식행위가 아니므로 서면 또는 구두로도 할 수 있지만, 법원이 필요하다고 인정할 때에 서면의 제출을 명할 수 있다(동조 제4항).

증거로 제출하고자 하는 서류나 물건은 개별적으로 특정하여 제출하여야 하며, 이를 증거분리제출제도라고 한다. 서류나 물건의 일부에 대한 증거신청을 함에 있어서는 증거로 할 부분을 특정하여 명시하여야 하고, 증거로 할 수 있는 서류나 물건이 수사기록의 일부인 때에는 검사는 이를 특정하여 개별적으로 제출함으로써 그 조사를 신청하여야 한다. 따라서 수사기관의 수사보고에 문서가 첨부된 경우에는 수사보고와 첨부문서의 내용을 정확하게 확인하여 증거를 특정하여야 한다.[88] 또한 피고인의 자백을 보강하는 증거나 정상에 관한 증거는 보강증거 또는 정상에 관한 증거라는 취지를 명시하여 그 조사를 신청하여야 한다(규칙 제132조의3).

③ 영상녹화물의 조사신청 검사는 피고인이 된 피의자의 진술을 영상녹화한 사건에서 피고인이 그 조서에 기재된 내용이 피고인이 진술한 내용과 동일하게 기재

88) 대법원 2011. 7. 14. 선고 2011도3809 판결.

되어 있음을 인정하지 아니하는 경우, 그 부분의 성립의 진정을 증명하기 위하여 영상녹화물의 조사를 신청할 수 있다(규칙 제134조의2 제1항). 검사가 영상녹화물의 조사신청을 할 때에는 영상녹화를 시작하고 마친 시각과 조사 장소, 피고인 또는 변호인이 진술과 조서 기재내용의 동일성을 다투는 부분의 영상을 구체적으로 특정할 수 있는 시각을 기재한 서면을 제출하여야 한다. 다만, 기억환기를 위한 영상녹화물의 조사신청은 서면에 의할 것을 요하지 않는다. 조사를 신청한 영상녹화물은 조사가 개시된 시점부터 조사가 종료되어 피의자가 조서에 기명날인 또는 서명을 마치는 시점까지 전과정이 영상녹화된 것이어야 하고, 조사가 행하여지는 동안 조사실 전체를 확인할 수 있도록 녹화되고 조사자와 진술자의 얼굴을 식별할 수 있어야 하며, 영상녹화물의 재생화면에는 녹화 당시의 날짜와 시간이 실시간으로 표시되어야 한다(동조 제3항·제4항·제5항). 검사는 피의자 아닌 자에 대한 영상녹화물에 대하여도 조서의 실질적 진정성립을 증명하기 위하여 영상녹화물의 조사를 신청할 수 있으며, 영상녹화물의 조사를 신청하는 때에는 피의자가 아닌 자가 영상녹화에 동의하였다는 취지로 기재하고 기명날인 또는 서명한 서면을 첨부하여야 한다(규칙 제134조의3 제1항·제2항).

나. 증거신청에 대한 결정과 절차 법원은 당사자나 피해자 등의 증거신청에 대하여 결정을 하여야 한다(제295조). 증거결정을 함에 있어서 필요하다고 인정할 때에는 그 증거에 대한 검사·피고인 또는 변호인의 의견을 들을 수 있다. 법원은 서류 또는 물건이 증거로 제출된 경우에 이에 관한 증거결정을 함에 있어서는 제출한 자로 하여금 그 서류 또는 물건을 상대방에게 제시하게 하여 상대방으로 하여금 그 서류 또는 물건의 증거능력 유무에 관한 의견을 진술하게 하여야 한다(규칙 제134조 제1항·제2항). 피고인 또는 변호인이 검사작성의 피고인에 대한 피의자신문조서에 기재된 내용이 피고인이 진술한 내용과 다르다고 진술할 경우, 피고인 또는 변호인은 당해 조서 중 피고인이 진술한 부분과 같게 기재되어 있는 부분과 다르게 기재되어 있는 부분을 구체적으로 특정하여야 한다. 법원은 증거신청을 기각·각하하거나, 증거신청에 대한 결정을 보류하는 경우, 증거신청인으로부터 당해 증거서류 또는 증거물을 제출받아서는 아니 된다(규칙 제134조 제3항·제4항).

법원의 증거결정은 법원의 소송지휘권에 의한 법원의 재량에 속한다고 할 수 있으며, 신청한 증거를 채택하지 않았다고 하여 법관기피사유가 되지는 않는다.[89] 그러

---

89) 대법원 2010. 1. 14. 선고 2009도9963 판결; 대법원 1995. 4. 3. 자 95모10 결정.

나 법원의 증거결정도 증거평가에 대한 법관의 자유심증과 같은 일정한 한계가 있다고 보아야 한다.

법원은 증거신청이 법령에 위반한 경우, 증거능력이 없거나 관련성이 없는 경우, 법률상 또는 사실상 증거조사가 불가능한 경우, 요증사실에 관한 충분한 증거조사가 이루어진 경우에는 증거신청을 기각할 수 있지만, 증명력이 미약하다는 예단만으로 증거신청을 기각해서는 안되고 가능한 한 공정한 재판과 무기평등의 원칙 및 소송경제를 고려하면서 증거신청에 대한 결정을 하도록 하여야 할 것이다.

2) 직권에 의한 증거조사

법원은 증거신청에 대하여 결정을 하여야 하며 직권으로 증거조사를 할 수 있다(제295조). 법원의 직권에 의한 증거조사의 성격에 대하여 이를 법원의 권한으로만 이해하는 견해도 있지만, 실체적 진실주의와 공정한 재판이 형사소송의 이념임에 비추어볼 때 직권에 의한 증거조사는 **법원의 의무인 동시에 권한**이라고 이해하는 견해가 타당하다. 따라서 법원이 직권에 의한 증거조사를 다하지 않은 경우에는 심리미진의 위법이 있다고 해야 한다. 당사자에 의한 입증활동이 불충분한 경우에 법원은 석명권을 행사하여 입증을 촉구하기도 하지만, 그것으로도 불충분한 경우에는 직권에 의해 증거조사를 하여야 한다.

(3) 증거조사의 방법

증거조사의 방법은 증거방법의 성질에 따라 차이가 있다. 즉 **증인**에 대한 조사방법은 **신문**이이지만, **증거서류**의 경우에는 **내용의 낭독과 고지**를 하도록 하며, **증거물**에 대한 조사방법을 **제시**하도록 한다. 증인신문과 증거물에 대한 검정·감정 등에 대하여는 별도로 살펴보기로 하며, 이하에서는 증거서류에 대한 조사방법을 검토한다.

1) 증거서류에 대한 조사방법

소송관계인이 증거로 제출한 서류나 물건 또는 공무소 등에 대한 조회, 공판기일 전의 증거조사에 의하여 작성 또는 송부된 서류는 검사·변호인 또는 피고인이 공판정에서 개별적으로 지시·설명하여 조사하여야 한다(제291조 제1항). 원칙적으로 증거신청을 하는 자가 이를 지시·설명하도록 하고 있다. 다만 재판장은 직권으로 이를 공판정에서 조사할 수 있다(동조 제2항).

증거서류에 대한 원칙적인 조사방법은 **낭독**이다. 검사·피고인 또는 변호인의 신청에 따라 증거서류를 조사하는 때에는 신청인이 이를 낭독하여야 한다. 다만, 재판장은 필요하다고 인정하는 때에는 내용을 고지하는 방법으로 조사할 수 있다. 내용의 고지는 그 요지를 고지하는 방법으로 조사할 수 있다. 재판장은 법원사무관 등으로 하여금 낭독이나 고지를 하게 할 수 있다. 필요하다고 인정하는 때에는 낭독에 갈음하여 그 요지를 진술하게 할 수 있다. 재판장은 열람이 다른 방법보다 적절하다고 인정하는 때에는 증거서류를 제시하여 열람하게 하는 방법으로 조사하게 할 수 있다.

형사소송규칙에 따르면, ① 컴퓨터용디스크 등에 기억된 문자정보 등에 증거조사의 경우에는 읽을 수 있도록 출력하여 인증한 등본을 낼 수 있으며, 컴퓨터디스크 등에 기억된 문자정보를 증거로 하는 경우에 증거조사를 신청한 당사자는 법원이 명하거나 상대방이 요구한 때에는 컴퓨터디스크 등에 입력한 사람과 입력한 일시, 출력한 사람과 출력한 일시를 밝혀야 한다(동조 제2항). ② 음성·영상자료 등에 대한 증거조사를 하는 경우, 즉 녹음·녹화테이프, 컴퓨터용디스크, 그 밖에 이와 비슷한 방법으로 음성이나 영상을 녹음 또는 녹화하여 재생할 수 있는 매체에 대한 증거조사를 신청하는 때에는 음성이나 영상이 녹음·녹화 등이 된 사람, 녹음·녹화 등을 한 사람 및 녹음·녹화 등을 한 일시와 장소를 밝혀야 한다(규칙 134조의8). 또한 녹음·녹화매체 등에 대한 증거조사를 신청한 당사자는 법원이 명하거나 상대방이 요구한 때에는 녹음·녹화매체 등의 녹취서, 그 밖에 그 내용을 설명하는 서면을 제출하여야 한다. 녹음·녹화매체 등에 대한 증거조사는 녹음·녹화매체 등을 재생하여 청취 또는 시청하는 방법으로 한다(규칙 제134조의7·8).

2) 영상녹화물의 조사

가. 조사여부의 결정 법원은 검사가 영상녹화물의 조사를 신청한 경우 이에 대하여 결정을 하여야 한다. 법원은 조사를 결정함에 있어 피고인 또는 변호인으로 하여금 그 영상녹화물이 적법한 절차와 방식에 따라 작성되어 봉인된 것인지 여부에 관한 의견을 진술하게 하여야 한다. 영상녹화물이 피고인이 아닌 자의 진술에 관한 것인 때에는 원진술자인 제3자도 의견을 진술하여야 한다(규칙 제134조의4 제1항·제2항). 영상녹화물이 적법요건을 충족하고 있는지 여부는 검사가 입증하여야 하며, 법원은 영상녹화물이 조사의 전과정을 녹화하였는지, 영상녹화사실이 사전에 고지되었는지 등에 관해서는 영상녹화물을 재생하여 확인하여야 할 것이다.

나. 영상녹화물의 조사방법 법원은 공판준비 또는 공판기일에 봉인을 해체하고 영상녹화물의 전부 또는 일부를 재생하는 방법으로 조사하여야 한다. 이때 영상녹

화물은 그 재생과 조사에 필요한 전자적 설비를 갖춘 법정 외의 장소에서 재생할 수 있다. 재판장은 조사를 마친 후 지체 없이 법원사무관 등으로 하여금 다시 원본을 봉인하도록 하고, 원진술자와 함께 피고인 또는 변호인에게 기명날인 또는 서명하도록 하여 검사에게 반환한다.

3) 증거물의 조사방식

증거물에 대한 조사방법은 신청인이 이를 제시하여야 한다. 즉 검사·피고인 또는 변호인의 신청에 따라 증거물을 조사하는 때에는 신청인이 이를 제시하여야 하며, 법원이 직권으로 조사하는 때에는 소지인 또는 재판장이 이를 제시하여야 한다(제292조의2 제1항·제2항).

(4) 증거조사에 대한 이의신청

검사·피고인 또는 변호인은 증거조사에 대하여 **이의신청**을 할 수 있다. 법원은 이의신청에 대하여 결정을 하여야 한다(제296조). 증거조사에 대한 이의신청은 증거조사의 절차나 증거조사과정에 이루어지는 각종처분에 대해서도 가능하다. 증거조사에 관한 이의신청은 법령의 위반이나 상당하지 아니함을 이유로 하는 경우에도 허용된다. 다만, 재판장의 증거신청의 결정에 대한 이의신청은 법령의 위반이 있음을 이유로 하는 때에만 할 수 있다(규칙 제136조).

(5) 증거조사결과와 피고인의 의견

재판장은 피고인에게 각 증거조사결과에 대한 의견을 묻고 권리를 보호함에 필요한 증거조사를 신청할 수 있음을 고지하여야 한다(제293조). 그러나 간이공판절차에서의 증거조사의 경우에는 그러하지 아니하다.

2. 피고인신문

(1) 피고인신문의 의의

피고인에 대하여 공소사실과 그 정상에 관한 필요한 사항을 신문하는 절차이다. 각개의 신문에 대하여 **진술거부권을 고지**해야 하고, 피고인이 공소사실에 대하여 공판정에서 자백한 때에는 법원은 그 공소사실에 한하여 **간이공판절차**에 의하여 심판할 것을 결정할 수 있다(제286조의2).

(2) 피고인신문의 순서

검사 또는 변호인은 **증거조사 종료 후**에 순차로 피고인에게 공소사실 및 정상에 관하여 필요한 사항을 신문할 수 있다. 다만, 재판장은 필요하다고 인정하는 때에는 증거조사가 완료하기 전이라도 이를 허가할 수 있다(제296조의2 제1항). 그러므로 재판장의 허가가 있는 때에는 증거조사를 진행하는 도중에 피고인을 신문할 수 있게 된다. 재판장은 필요하다고 인정하는 때에는 피고인을 신문할 수 있다(동조 제2항). 피고인신문의 순서는 증인신문에 관한 규정이 준용된다.

(3) 피고인신문의 방법

피고인신문에 있어서는 진술강요와 유도신문이 금지된다(규칙 제140조의2). 피고인신문을 하는 때에는 피고인을 증인석에 좌석케 하여야 한다(제275조 제3항 단서). 진술을 강요하거나 답변을 유도하거나 그 밖에 위압적·모욕적 신문을 하여서는 안된다.

피고인이 신체적·정신적인 장애로 사물을 변별하거나 의사를 결정·전달할 능력이 미약한 경우나 피고인의 연령·성별·국적 등의 사정을 고려하여 그 심리적 안정의 도모와 원활한 의사소통을 위하여 필요한 경우에는 직권 또는 피고인·법정대리인·검사의 신청에 따라 피고인과 신뢰관계 있는 자를 동석하게 할 수 있다(제276조의2 제1항).

3. 최종변론

증거조사와 피고인신문이 종료한 때에는 검사·피고인과 변호인의 순으로 최종적인 의견진술이 행해진다. 재판장은 필요하다고 인정하는 경우 검사·피고인 또는 변호인의 본질적인 권리를 해하지 아니하는 범위 내에서 검사의 의견진술 및 피고인의 최후진술의 시간을 제한할 수 없다.

(1) 검사의 의견진술

증거조사와 피고인 신문이 종료하면 검사는 사실과 법률적용에 관하여 의견을 진술하여야 한다. 단 검사의 출석 없이 개정한 경우에는 공소장의 기재사항에 의하여 의견진술이 있는 것으로 간주한다(제302조). 이러한 검사의 의견을 **논고**라 하며, 특히 검사의 양형에 대한 의견을 **구형**이라 한다. 법원은 검사의 논고에 구애됨이 없이 형을 선고할 수 있다.

(2) 피고인과 변호인의 의견진술

재판장은 검사의 의견을 들은 후 피고인과 변호인에게 최종의 의견을 진술할 기회를 주어야 한다(제303조). 따라서 피고인과 변호인에게 최종의견 진술의 기회를 주지 아니한 채 심리를 종료한 후 판결을 선고하는 것은 위법하다고 해야 한다.

그러나 피고인의 최종의견진술이 끝나면 변론이 종결되고 결심판결만을 기다리는 상태가 된다. 즉일선고를 하는 경우를 제외하고는 재판장은 변론종결 후 14일 이내에 결심선고일을 지정하여야 한다. 변론종결 후에도 법원이 필요하다고 인정한 때에는 직권 또는 검사·피고인이나 변호인의 신청에 의하여 결정으로 종결한 변론을 재개할 수 있다(제305조).

Ⅲ. 판결의 선고

변론이 종결된 후에는 판결을 위한 심의에 들어가게 된다. 합의부 사건일 경우에는 합의에 의해 판결내용을 결정하게 되는데, 심판의 합의는 공개하지 아니한다(법원조직법 제65조). 판결의 선고는 변론을 종결한 기일에 하여야 한다. 다만, 특별한 사정이 있는 때에는 따로 선고기일을 정할 수 있다(제318조의4 제1항). 이 경우에 선고기일은 변론종결 후 14일 이내로 지정되어야 한다(동조 제3항). 판결은 공판정에서 재판서에 의하여 선고한다. 판결의 선고는 재판장이 하고, 주문을 낭독하고 이유의 요지를 설명하여야 한다(제43조). 형을 선고하는 경우에는 재판장은 피고인에게 상소할 기간과 상소할 법원을 고지하여야 한다(제324조). 판결을 선고하는 공판기일에도 피고인이 출석하여야 한다. 다만, 피고인이 진술하지 아니하거나, 재판장의 허가 없이 퇴장하거나, 재판장의 질서유지를 위한 퇴정명령을 받은 때에는 피고인의 출석 없이 판결할 수 있다(제330조). 판결의 선고에 의해 당해 심급의 공판절차는 종료되고 상소기간이 진행된다. 판결을 선고한 사실은 공판조서에 기재하여야 한다(제51조 제2항 제14호).

법원은 피고인에 대하여 판결을 선고할 때에는 선고일로부터 14일 이내에 피고인에게 그 판결서등본을 송달하여야 한다. 다만, 불구속피고인과 무죄, 면소, 형의 면제, 형의 선고유예, 형의 집행유예, 공소기각 또는 벌금이나 과료를 과하는 판결의 선고로 인하여 구속영장의 효력이 상실된 구속피고인에 대하여는 피고인이 송달을 신청하는 경우에 한하여 판결서등본을 송달한다(규칙 제148조).[90]

---

90) 대법원 1996. 2. 9. 선고 95도2832 판결(구속된 피고인이 제1심의 판결서등본을 송부받지 못하였다는 논지는 판결에 영향을 미친 절차 위반사유가 될 수 없다).

제6절 증인신문·감정과 검증

I. 증인신문

1. 증인신문의 의의

증인신문이란 증인이 체험한 사실을 내용으로 하는 진술을 얻기 위한 증거조사, 즉 증인에 대한 증거조사를 말한다. 형사소송법은 전문법칙을 채택함으로써 범죄관련 사실을 직접 체험한 증인에 대한 증인신문이 증거조사의 중심이 된다. 증인신문절차를 통해 증인의 증언태도 등이 법관의 면전에 현출됨으로써 법관의 심증형성에 큰 영향을 미치게 된다. 증인신문은 검사·피고인 또는 변호인의 신청에 의해 법원이 증거조사결정을 하거나 또는 법원이 직권으로 증인을 신문하는 경우에 이루어지는 절차이다(제294조, 제295조). 형사소송법은 증인신문에 관하여 증인을 출석하게 하여 선서의무와 증언의무를 부담시키고, 이 의무를 이행하지 않을 때에는 직접·간접적으로 강제를 가하고 있다.

2. 증인의 의의와 증인적격

(1) 증인의 의의

증인이란 법원 또는 법관의 면전에서 자기가 과거에 체험한 사실을 진술하는 제3자를 말한다. 따라서 자기의 특별한 지식이나 경험에 속하는 법칙이나 이를 구체적 사실에 적용하여 얻은 판단을 보고하는 감정인과 구별되며, 수사기관에 대하여 진술하는 참고인과도 구별된다. 증인은 자기가 과거에 체험한 사실을 진술하게 되므로 비대체적이지만 감정인은 대체할 수 있다는 점에서도 차이가 있다. 또한 특별한 지식이나 경험에 의하여 지득하게 된 과거의 사실을 진술하게 되는 자인 감정증인(제179조)도 증인에 속하므로 증인신문절차에 의해 신문해야 한다.

증인은 체험사실뿐만 아니라 체험사실로부터 추측한 사실을 진술하는 자도 체험사실이 비대체적이므로 증인이라고 해야 하지만, 체험사실과 관계없는 자신의 의견을 진술하는 자는 증인이 아니다.

(2) 증인적격

1) 증인적격의 의의

증인적격이란 누가 증인이 될 수 있는 자격이 있는가, 즉 법원이 누구를 증인으로 신문할 수 있는가의 문제를 말한다. 형사소송법 제146조는 "법원은 법률에 다른 특별한 규정이 없으면 누구든지 증인으로 신문할 수 있다"고 규정하고 있으므로 원칙적으로는 누구든지 증인적격이 있다고 할 수 있다. 그런데 이 규정의 의미에 대하여, ① 이 규정에 비추어 특별히 증인적격에 대하여 문제삼을 필요가 없으며 증인의 증언에 대한 증거능력의 문제로 다루면 충분하다는 견해[91]도 있지만, ② 법률에 의하여 증언거부권이 부여된 경우(제147조) 외에도 이론상 증인적격이 없는 자를 인정할 수 밖에 없다는 것이 **통설**[92]의 입장이다. 여기서 이론상 '증인적격이 없는 자에 해당하는 경우'란 당해 소송에 있어서 제3자이어야 되는 증인의 전제조건이 충족되지 않아 증인이 될 수 없는 경우를 말한다. 특히 증인적격이 문제되는 경우는 소송주체인 법관·검사·피고인과 소송대리인인 변호인이 당해 사건의 증인이 될 수 있는가라는 문제로 귀결된다.

2) 법관·검사·변호인의 증인적격

가. 법 관 당해 사건을 심판하는 법관은 그 사건의 증인이 될 수 없으므로 그 사건의 **증인적격이 부정**된다는 점에 대하여는 다툼의 여지가 없다. 그러나 법관이 당해 사건을 담당하지 않게 되었을 때에는 당해 사건의 증인이 될 수 있지만, 법관이 증인이 된 이후에는 그 사건으로부터 배제되어야 하는 제척사유가 된다. 또한 법관이 증인으로 신청되어 출석한 때에는 비록 증인신문이 구체적으로 이루어지지 않은 경우에도 제척되어야 하지만, 법관을 증인으로 신청하였다는 사실만으로는 제척되지 않는다고 보아야 한다.[93]

나. 검 사 검사의 증인적격에 대하여는 부정설과 긍정설 및 절충설이 대립한다. **부정설**은 ① 당해 사건의 공판관여검사는 당해소송의 당사자이고 제3자가 아니므로 증인이 될 수 없고, ② 또한 공판관여검사의 지위에서 검사를 배제하는 강

---

91) 신현주, 527면.

92) 배종대/이상돈/정승환/이주원 §43/4; 손동권/신이철, 476면; 이영란, 540면; 이재상/조균석, 492면; 임동규, 632면; 정영석/이형국, 393면.

93) 이재상/조균석, 492면.

제적인 방법이 없기 때문에 검사의 증인적격은 부정된다는 견해로써 **통설**[94)]의 입장이다. 이와 반대로 **긍정설**[95)]은 ① 실체적 진실발견을 위해 검사를 증인으로 신문할 필요가 있으며, ② 검사가 증언을 한 후에도 공소유지를 위해 검사의 직무를 수행해야 하고, ③ 검사의 증인적격을 부정하는 특별한 법률규정이 없기 때문에 검사의 증인적격을 인정해야 한다는 입장이다. 또한 **절충설**[96)]은 원칙적으로는 증인적격이 부정되지만, 예외적으로 실체적 진실발견을 위해 증인신문을 해야 할 필요성이 있는 때에 한하여 예외적으로 증인적격이 인정된다는 견해이다.

생각건대 당해 사건의 공판관여검사는 소송의 당사자이고 소송의 주체로서 제3자가 될 수 없기 때문에 증인적격이 부정된다는 **통설의 견해가 타당**하다. 그러나 공소유지에 관여하지 않는 수사검사의 경우에는 소송주체가 아니므로 증인적격이 인정된다. 형사소송법 제316조 제1항의 전문진술의 증거능력에 관하여 검사가 조사자로서 증언하는 경우가 여기에 해당한다고 하겠다.

또한 **증인으로 증언한 검사가 당해 사건에 관여할 수 있는가**에 대하여는, ① 준사법기관인 검사에게는 객관의무가 있으므로 검사가 증인으로 증언한 경우에는 공판검사의 지위에서 제척되어야 한다고 해석하는 **소극설**[97)]과 ② 검사에게는 법관에게 인정되는 제척제도가 인정되고 있지 않으므로 허용된다고 해석하는 **적극설**,[98)] 그리고 ③ 증인으로 증언한 검사가 당해 사건에 계속 관여하는 것은 검사의 객관의무에 반하지만 직무수행의 적법성을 증명하기 위해 증언한 경우에는 예외적으로 제척되지 않는다고 해석하는 **절충설**의 입장이 대립한다.

생각건대 준사법기관으로서의 검사의 객관의무를 고려하면 검사가 당해 소송의 제3자의 지위에서 증인으로 증언한 경우에는 소송의 당사자인 공판검사의 지위에서 제척된다고 이해하는 **소극설의 입장이 타당**하다.

한편 **사법경찰관이나 검찰수사관의 경우**에는 소송의 당사자가 아니므로 증인적격이 인정되므로, 실무에서는 자백의 임의성이나 조서의 증거능력을 인정하기 위하여 이들을 증인으로 신문하는 경우가 많다.

---

94) 김재환, 505면; 손동권/신이철, 477면; 이영란, 542면; 이재상/조균석, 492면.
95) 백형구, 721면; 신동운, 938면; 신현주, 528면.
96) 배종대/이상돈/정승환/이주원, §43/10.
97) 배종대/이상돈/정승환/이주원, §43/11; 손동권/신이철, 477면; 신동운, 939면.
98) 김재환, 506면; 백형구, 721면; 임동규, 635면; 정영석/이형국, 394면; 차용석/최용성, 648면.

다. 변 호 인 피고인의 보호자인 변호인에게 증인적격이 인정되는가 여부에 대하여도 긍정설과 부정설이 대립한다. **긍정설**[99]은 ① 변호인의 증인적격을 부정하는 명문의 규정이 없고, ② 변호인의 증인적격을 인정하는 것이 피고인의 이익보호에 도움이 되기 때문에 이를 인정해야 하고, 아울러 변호인이 증인이 되는 경우에도 변호인을 사임할 필요가 없다는 견해이다. 이와 반대로 **부정설**은 변호인은 피고인의 보호자로서 당해 소송절차에서 제3자가 아니므로 변호인과 증인의 지위를 겸하는 것은 역할의 혼동을 초래하므로 변호인의 증인적격을 부정해야 한다고 해석하는 견해이다.

생각건대 변호인은 비록 소송당사자는 아니지만 소송당사자인 피고인의 보호자의 지위에 있으므로 증인으로서의 지위와는 그 역할의 혼동이 발생하므로 증인적격이 부정된다고 이해하는 **부정설이 타당**하며, 이는 **통설**[100]의 입장이기도 하다.

3) 피고인의 증인적격

가. 피 고 인 영미법에서는 피고인에 대하여 증인적격을 인정하고 있다. 이는 영미법에서는 피고인도 자기에게 유리한 증언을 하기 위해서는 묵비권을 포기하고 증언을 해야 하며, 또한 묵비권은 포기할 수 있는 권리라고 보고 있기 때문이다. 이러한 입장과 마찬가지로 우리 형사소송법의 해석에 있어서도 피고인의 증인적격을 인정해야 한다고 이해하는 견해[101]도 있다. 그러나 피고인은 제3자가 아닌 소송주체이고 소송의 당사자이므로, 피고인에게 증인으로서의 지위를 인정하여 증언의무를 부과하는 것은 소송당사자인 피고인에게 보장되는 진술거부권을 사실상 무의미하게 만들어버리기 때문에 피고인의 증인적격은 부정된다고 보는 **부정설**이 타당하며, 이는 **통설**[102]의 입장이기도 하다.

나. 공동피고인 공동피고인의 증인적격에 대하여는 긍정설과 부정설 및 절충설이 대립한다. ① **긍정설**[103]은 공동피고인은 다른 피고인에 대한 관계에서는 제3자이므로 병합심리 중에 있는 공동피고인도 증인으로 신문할 수 있다는 견해이다. ② **부정설**[104]은 공동피고인인 경우에는 공범관계에 있느냐 여부를 불문하고 변론을 분리

---

99) 배종대/이상돈/정승환/이주원, §43/13; 백형구, 720면; 신동운, 939면; 차용석/최용성, 649면.

100) 손동권/신이철, 478면; 신현주, 529면; 이영란, 542면; 이은모, 533면; 이재상/조균석, 493면; 정영석/이형국, 394면.

101) 신현주, 528면.

102) 이재상/조균석, 494면.

103) 차용석/최용성, 651면.

104) 강구진, 446면; 정영석/이형국, 396면.

하지 않는 한 증인적격이 없으므로 증인으로서 신문할 수 없다는 견해이다. 즉 사건이 병합심리되고 있는 한 공동피고인이라 하더라도 피고인으로서 진술거부권을 가지므로 반대신문을 할 수 없기 때문에 증인으로서 신문할 수 없다는 견해이다.

③ **절충설**[105]은 공범자인 공동피고인은 증인적격이 없지만, 자기의 피고사건과 관련이 없는 사건으로 병합심리를 받을 뿐인 공동피고인의 경우에는 증인으로 신문할 수 있다고 해석하는 견해이다.

생각건대 ① 변론의 분리 여부에 따라 공동피고인의 증인적격을 판단하는 것은 타당하다고 할 수 없으며, ② 공범자인 공동피고인의 진술은 다른 공동피고인의 공소사실에 대하여도 증거능력이 인정되므로 증인으로 신문할 필요가 없고, ③ 공범자가 아닌 공동피고인은 증인에 불과하므로 선서 없이 한 공판정에서의 진술은 증거능력이 없다는 점을 고려해볼 때, 공범자인 공동피고인은 증인적격이 없지만, 병합심리를 받는 공범자가 아닌 공동피고인에 대하여는 증인적격을 인정하여 증인으로 신문할 수 있다고 해석하는 **절충설이 타당**하다고 생각된다.

3. 증인의 권리와 의무

(1) 소송법상의 의무

증인신문절차는 증인으로 하여금 공판정에 출석하여 선서하게 한 후 신문에 따라 진술하게 하는 절차이다. 따라서 증인으로 소환되면 증인에게는 출석의무와 선서의무 및 증언의무가 발생한다.

1) 출석의무

증인에게는 출석의무가 있는데. 출석의무가 있는 증인으로는 공판기일에 증인으로 소환받은 증인뿐만 아니라 공판준비절차나 증거보전절차상의 증인으로 소환받은 증인도 당연히 포함된다(제273조). 증인을 신청한 자에게는 증인이 지정된 기일에 출석하도록 합리적인 노력을 하도록 할 의무가 있다(제150조의2 제2항).

가. 증인의 소환 법원이나 법관이 증인을 출석하도록 하기 위해서는 소환장의 송달, 전화, 전자우편, 모사전송, 휴대전화 문자전송 그 밖에 적당한 방법으로 증인을 소환한다(제150조의2 제1항, 규칙 제67조의2 제1항). 소환장에 의한 증인의 소환에

---

105) 배종대/이상돈/정승환/이주원, §43/19; 백형구, 719면; 이재상/조균석, 494-495면; 임동규, 636면.

관하여는 피고인의 소환에 관한 규정을 준용한다(제153조, 제73조, 제74조, 제76조). 소환장은 급속을 요하는 경우를 제외하고 늦어도 출석일시 24시간 이전에 송달하도록 하여야 한다(규칙 제70조).

나. 출석의무위반에 대한 제재 증인이 출석요구를 받고 기일에 출석할 수 없을 경우에는 법원에 바로 그 사유를 신고하여야 한다(규칙 제68조의2). 소환장을 송달받은 증인이 정당한 사유 없이 출석하지 아니한 때, 즉 출석의무에 위반한 때에는 법원의 결정으로 불출석으로 인한 소송비용을 부담하도록 명하고 500만원 이하의 과태료를 부과할 수 있다(제151조 제1항). 비용배상 또는 과태료의 재판을 받고도 정당한 이유 없이 다시 출석하지 않은 때에는 법원은 결정으로 7일 이내의 감치에 처한다(동조 제2항). 법원의 결정에 대하여는 즉시항고할 수 있으나, 이 경우에 집행정지의 효력은 인정되지 않는다(동조 제8항). 정당한 사유 없이 소환에 응하지 아니하는 증인은 구인할 수 있다(제152조).

2) 선서의무

출석한 증인은 신문 전에 선서를 하여야 한다. 선서란 증인 또는 감정인이 법원에 대하여 진실을 말할 것을 맹세하는 것을 말한다. 선서한 후 거짓말을 하면 증인은 위증죄로 처벌된다. 이는 증언의 진실성과 확실성을 담보하기 위한 처벌규정이다. 여기서 선서능력 있는 증인이 선서 없이 증언한 때에는 증거능력이 부정된다.[106]

가. 선서의 방법 증인의 선서는 신문 전에 하여야 하고, 선서는 선서서에 의하여 하여야 한다(제157조 제1항). 선서서에는 “양심에 따라 숨김과 보탬이 없이 사실 그대로 말하고 만일 거짓말이 있으면 위증의 벌을 받기로 맹서합니다”라고 기재하여야 한다(동조 제2항). 재판장은 증인으로 하여금 선서서를 낭독하고 기명날인 또는 서명하게 하여야 한다. 다만 증인이 선서서를 낭독하지 못하거나 서명하지 못하는 때에는 참석한 법원사무관 등이 이를 대행한다. 선서는 기립하여 엄숙히 하여야 한다(제157조). 재판장은 선서할 증인에 대하여 선서 전에 위증의 벌을 경고하여야 한다(제158조). 따라서 증인이 선서 후에 거짓말을 하게 되면 위증죄로 처벌받게 된다. 이는 선서한 증인을 심리적으로 강제하여 증언의 진실성과 확실성을 담보하기 위해서이다. 선서능력 있는 증인이 선서 없이 증언한 때에는 그 증언은 증거능력이 없다. 선서는 각 증인마다 하여야 한다. 다만 동일심급에서 같은 증인에 대한 선서는 1회의 선서로

---

106) 대법원 1979. 3. 27. 선고 78도1031 판결.

서 충분하지만, 새로운 증거결정에 대하여 다시 동일 증인을 신문할 경우에는 별개의 증인신문에 해당하기 때문에 다시 선서하여야 한다.

나. 선서무능력자 선서무능력자에게는 선서의 의무가 없다. 즉 16세 미만의 자와 선서의 취지를 이해하지 못하는 자에 대하여는 선서를 하게 하지 아니하고 신문하여야 한다(제159조). 그러나 비록 선서무능력자가 증언한 경우라 하더라고 그 증언의 효력 자체가 없는 것은 아니다.[107] 선서의무위반에 대한 제재로서 50만원 이하의 과태료에 처해지며, 이 결정에 대하여는 즉시항고를 할 수 있다(제161조 제1항·제2항).

3) 증언의무

증인은 신문받는 사항에 관하여 증언할 의무가 있다. 증인은 법원 또는 법관이나 검사와 변호인·피고인의 주신문, 반대신문을 불문하고 신문에 대하여 증언하여야 한다. 그러나 증인이 증언능력이 결여된 경우, 즉 자기의 경험한 사실을 진술하거나 표현할 수 있는 능력이 결여된 경우에는 그 증언을 증거로 할 수는 없다. 그러나 증인이 정당한 이유 없이 증언을 거부한 경우에는 50만원 이하의 과태료에 처할 수 있다(제161조). 여기서 정당한 이유에 해당하는 경우란 법률상 증언을 거부할 수 있는 경우를 말하는데, 여기에는 공무상의 비밀에 해당하여 증인거부권이 있는 경우(제147조)와 근친자의 형사책임이나 업무상 비밀에 해당하여 증언거부권(제148조, 제149조)이 있는 경우를 말한다.

(2) 증인의 소송법상의 권리

증인에게는 형사소송법상 증언거부권과 비용청구권을 인정하고 있다.

1) 증언거부권

가. 증언거부권의 의의 증언거부권이란 증언의무를 전제로 하여 증언의무의 이행을 거절할 수 있는 권리를 말한다. 증인거부권과는 구별된다. 형사소송법은 공무원 또는 공무원이었던 자가 직무상 알게 된 공무상의 비밀에 대하여는 소속공무소 또는 감독관공서의 승낙 없이는 증인으로 신문하지 못하도록 규정하여 증인거부권을 인정하고 있다(제147조). 다만 이 경우에 소속공무소 또는 감독관공서는 국가에 중대한 이익을 해하는 경우를 제외하고는 승낙을 거부하지 못한다고 하여 증인거부권의 범위를 제한하고 있다.

---

107) 대법원 1987. 8. 18. 선고 97도1268 판결.

나. 증언거부권의 내용

① 자기 또는 근친자의 형사책임과 증언거부권 누구든지 ① 자기나 ② 친족 또는 친족관계가 있었던 자, ③ 법정대리인, 후견감독인의 어느 하나에 해당하는 관계있는 자가 형사소추 또는 공소제기를 당하거나 유죄판결을 받을 사실이 발로(發露)될 염려있는 증언을 거부할 수 있다(제148조).

이 규정은 영미법상의 자기부죄 강요금지와 친족이라는 신분관계에 따른 정의(情誼)를 고려하여 진실한 증언을 기대하기 어렵다는 점을 고려한 규정으로서, 이는 헌법 제12조 제2항의 자기에게 불이익한 진술 강요금지라는 헌법정신을 반영한 규정이다.

그러나 이미 유죄나 무죄, 면소판결 등 확정판결이 있는 사실에 대해서는 증언을 거부할 수 없다. 따라서 대법원은 유죄판결이 확정된 피고인이 별건으로 기소된 공범의 형사사건에서는 증언을 거부할 수 없을 뿐만 아니라 사실대로 진술하여야 하고, 설사 피고인이 자신의 형사사건에서 시종일관 그 범행을 부인하였다 하더라도 별건으로 기소된 공범의 형사사건에서 자신의 범행사실을 부인하는 증언을 한 경우에는 위증죄가 성립한다고 판시한 바 있다.[108]

여기서 **'형사소추 또는 공소제기를 당할 염려있는 증언'** 이란 형사소추 또는 공소제기 전에 타인의 사건에 증인으로 증언을 하게 되면 자기 또는 친족 등에 대하여 형사소추 또는 공소를 제기할 수 있는 자료를 제공하게 될 염려가 있는 경우를 말한다.

또 **'유죄판결을 받을 사실이 발로(發露)될 염려있는 증언'** 이란 공소가 제기되었으나 아직 판결선고가 이루어지지 않은 사이에 타인의 형사사건에서 증언함으로써 자기 또는 친족 등에게 유죄의 자료를 제공하게 될 염려가 있는 경우를 말한다.

거부할 수 있는 증언은 형사책임의 존부와 경중에 관하여 영향을 미칠 수 있는 모든 사실에 미친다고 할 수 있다. 따라서 구성요건적 사실은 물론 누범이나 상습범의 기초되는 사실에 대하여도 증언을 거부할 수 있다. 또한 여기서의 증언은 형사소추나 유죄판결을 받을 가능성을 높이는 객관적인 합리성을 지녀야 하므로, 단순히 위증죄로 소추될 위험성이 있다는 염려만으로는 증언을 거부할 수 없다.[109]

② 업무상 비밀과 증언거부권 변호사·변리사·공증인·공인회계사·세무사·

108) 대법원 2008. 10. 23. 선고 2005도10101 판결.

109) 이재상/조균석, 499면.

대서업자·의사·한의사·치과의사·약사·약종상·조산사·간호사·종교의 직에 있는 자 또는 이러한 직에 있던 자가 그 업무상 위탁을 받은 관계로 알게 된 사실로서 타인의 비밀에 관한 것은 증언을 거부할 수 있다. 단, 본인의 승낙이 있거나 중대한 공익상 필요가 있는 때에는 예외로 한다(제149조). 이 조항은 일정한 업무에 종사하는 자가 직업상 알게 되는 타인의 비밀을 보호하게 함으로써 업무의 비밀과 위탁자 개인의 비밀을 보호하기 위해서이다.

다. 재판장의 증언거부권의 고지 증인이 증언거부권자에 해당하는 경우에는 재판장은 신문 전에 증언을 거부할 수 있음을 설명하여야 한다(제160조). 그런데 증언거부권자에게 재판장이 신문 전에 이러한 증언거부권을 고지하지 않고 신문한 경우의 증언의 증거능력에 대하여 판례[110]는 증언의 효력에 영향이 없다는 입장을 취하고 있다. 그러나 증언거부권은 절차적으로 보장된 권리이므로 적정절차의 원칙에 비추어 증언거부권을 불고지한 채 획득한 증인의 증언은 증거능력을 부정해야 한다고 해석하는 다수설[111]의 입장이 타당하다.

라. 증언거부권의 행사시 사유소명과 포기 증언을 거부하는 자는 거부사유를 소명하여야 한다(제150조). 이는 증언거부권이 없는 증인이 부당하게 증언을 거부하지 못하도록 하기 위한 규정이다. 그러나 증언거부권은 증인의 권리이므로 증인이 이를 포기하고 증언을 할 수 있으나, 일단 증인으로 소환되어 선서하고 증언을 시작한 이후부터는 다시 증언을 거부할 수는 없다고 해야 한다.

2) 비용청구권

법원으로부터 소환을 받은 증인은 법률의 규정에 의해 여비·일당과 숙박료를 청구할 수 있다. 다만 정당한 사유 없이 선서 또는 증언을 거부한 자는 예외로 한다(제168조). 따라서 법정에 재정 중인 증인은 비용청구권이 인정되지 않지만, 법원에 의하여 구인된 증인이나 감치결정에 따라 재감 중인 증인이 출석한 때에는 비용청구권이 인정된다. 여비 등의 액수에 관해서는 "형사소송비용 등에 관한 법률"에 따른다.

---

110) 대법원 1957. 3. 8. 선고 4290형상23 판결; 대법원 2010. 1. 21. 선고 2008도942 판결(재판장이 신문 전에 증인에게 증언거부권을 고지하지 않은 경우에도 당해 사건에서 증언 당시 증인이 처한 구체적인 상황 등 여러 사항을 전체적·종합적으로 고려하여 증인이 침묵하지 아니하고 진술한 것이 자신의 진정한 의사에 의한 것인지 여부를 기준으로 위증죄의 성립을 판단하여야 한다).

111) 배종대/이상돈/정승환/이주원, §43/46; 이재상/조균석, 500면; 송광섭, 461면.

4. 증인신문의 방법

(1) 당사자와 변호인의 참여권과 신문권

검사·피고인 또는 변호인은 증인신문에 참여할 권리를 가진다. 따라서 증인신문의 시일과 장소는 참여할 수 있는 검사·피고인 또는 변호인에게 미리 통지하여야 한다. 다만 참여하지 아니한다는 의사를 명시한 때에는 예외로 한다(제163조). 증인신문 시에 변호인의 고유권으로서의 참여권을 인정하여 피고인의 방어권을 강화하고 있다.

그러나 증인신문의 시일과 장소를 당사자에게 통지하지 아니한 때에는 증인신문이 위법하므로 그 증언은 증거능력이 없으며, 피고인의 증인신문참여 신청요구를 배제한 채 피고인의 변호인만이 참여하여 진행한 증인신문은 위법하다.[112]

검사·피고인·변호인이 증인신문에 참여하지 않을 경우에는 법원에 대하여 필요한 사항의 신문을 청구할 수 있고, 법원은 피고인에게 예기하지 아니한 불이익한 진술이 진술된 때에 그 내용을 피고인 또는 변호인에게 알려주어야 한다(제164조). 피고인의 참여 없이 증인신문이 행하여진 경우나 당사자에게 통지하지 아니한 때에도 공판정에서 증거조사를 거쳐 당사자가 이의를 제기하지 아니한 때에는 책문권의 포기로서 하자가 치유된다고 해야 한다.[113]

재판장은 증인이 피고인의 면전에서 충분히 진술할 수 없다고 인정한 때에는 피고인을 퇴정하게 하고 증인신문을 할 수 있으며, 이 경우에는 증인의 증언이 종료한 때에는 퇴정한 피고인을 입정하게 한 후 법원사무관 등으로 하여금 진술의 요지를 고지하게 하여야 한다(제297조). 그러나 이 경우에도 피고인의 증인에 대한 반대신문권을 배제하는 것은 아니다.[114]

(2) 증인신문의 방법

1) 개별신문과 대질

증인신문은 개별신문을 원칙으로 한다. 증인신문은 각 증인에 대하여 신문하여야 하며, 신문하지 아니한 증인이 재정한 때에는 퇴정을 명하여야 한다. 필요한 때에는 다른 증인 또는 피고인과 대질하게 할 수 있다.

---

112) 대법원 1967. 7. 4. 선고 67도613 판결; 대법원 1969. 7. 25. 선고 68도1481 판결.
113) 대법원 2010. 1. 14. 선고 2009도9344 판결.
114) 대법원 2012. 2. 23. 선고 2011도15608 판결.

2) 증인의 신문방법

증인에 대한 신문은 원칙적으로 구두로 하여야 한다. 그러나 증인이 들을 수 없는 때에는 서면으로 묻고, 말할 수 없는 때에는 서면으로 답하게 할 수 있다(규칙 제73조). 재판장은 증명할 사항에 관하여 증인으로 하여금 개별적이고 구체적인 내용을 진술하게 하여야 한다(규칙 제74조 제1항).

또한 복합질문이나 포괄적이고 막연한 질문은 허용되지 않으며, 위협적이고 모욕적인 신문은 절대로 금지된다. 그 밖에도 중복되는 신문, 의견을 묻거나 의논에 해당하는 신문, 증인이 직접 경험하지 아니한 사항에 해당하는 신문도 원칙적으로 금지된다(규칙 제74조 제2항).

(3) 교호신문제도

증인신문은 증인에 대한 인정신문과 사실에 대한 신문으로 나눌 수 있다. 인정신문은 재판장이 하지만, 사실에 대한 신문은 증인을 신청한 검사·변호인 또는 피고인이 먼저 신문하고 다음에 다른 당사자가 신문한다. 법원은 당사자의 신문이 끝난 뒤에 할 수 있다(제161조의2 제1항·제2항). 따라서 증인신문은 **주신문 → 반대신문 → 재주신문 → 재반대신문**의 순서로 행하게 되는데, 이를 교호·상호신문제도라고 한다. 이 제도는 당사자 쌍방이 서로 자기주장의 정당성을 주장하고 상대방이 그 결함이나 맹점을 지적하고 노출시켜 실체적 진실을 발견하여 나아가는 것을 이념으로 하는 증인신문방식이다. 따라서 교호신문제도는 증인신문에 있어서 당사자주의적 증인신문방식이라 할 수 있다. 형사소송법은 증인신문에 있어서 교호신문방식을 원칙으로 하고 있다.

1) 주 신 문

주신문이란 증인을 신청한 당사자가 하는 신문을 말하며, 이를 **직접신문**이라고도 한다. 주신문의 목적은 증인신문을 신청한 당사자에게 유리한 증언을 얻으려는 데 있다. 주신문의 범위는 증명할 사항과 이와 관련된 사항에 관한 것이어야 한다(규칙 제75조 제1항). 여기서 증명할 사항이란 증인신문을 신청한 입증취지를 말하며, 이와 관련된 사항이란 증언의 증명력을 보강하거나 다투기 위한 사항을 말한다. 일반적으로 주신문은 주로 진술서나 진술조서를 등을 기초로 이루어진다.

주신문에서는 유도신문이 금지된다. 주신문에서는 신문자와 증인이 우호관계인 경우가 많기 때문에 증인이 신문자의 암시적 질문에 의해 신문자가 바라는 진술을 할 우려가 있어 증인에게 신문자가 바라는 진술을 암시하는 질문을 하는 유도신문은 원칙적으로 금지된다. 그러나 유도신문금지원칙에는 일정한 예외가 인정되고 있다. 특히 우리 형사소송법은 영미법과 달리 증인신문에 대한 결정을 법원이 하는 직권주의적 요소가 강해 증인과 신문자 간의 통모의 위험성이 상대적으로 낮기 때문이다. 따라서 ① 준비사항에 대한 신문, ② 다툼이 없는 명백한 사항에 대한 신문, ③ 증인이 주신문자에게 적의 또는 반감을 보일 경우, ④ 증인이 종전진술과 상반되는 진술을 하는 경우, ⑤ 기타 증인이 기억하고 있는 것을 적절히 표현하지 못하는 경우와 같이 유도신문을 필요로 하는 특별한 사유가 있는 경우에는 주신문에서도 유도신문이 허용된다(동조 제2항).

2) 반대신문

반대신문이란 주신문 후에 반대당사자가 증인에게 하는 신문을 말한다. 반대신문의 목적은 주신문의 모순점을 지적하고 노출시키거나 반대당사자에게 유리한 사항을 진술하게 할 목적이나, 또는 증인의 진술의 신용성을 탄핵하여 증언의 증명력을 감쇄시키는 데 있다.

반대신문의 범위는 주신문에 나타난 사항과 이와 관련된 사항 및 증언의 증명력을 다투기 위한 사항에 대하여 할 수 있다(규칙 제76조 제1항, 제77조). 따라서 반대신문에서는 새로운 사항을 신문하는 것은 재판장의 허가가 있는 경우가 아니면 허용되지 않는다(제76조 제4항). 재판장이 허가하게 되면 이 경우에는 주신문이 된다.

주신문과는 달리 반대신문에서는 유도신문이 원칙적으로 허용된다(동조 제2항). 반대신문은 증인과 반대신문자 사이에 우호관계가 있다고 보기 어렵고, 주신문에서의 잘못된 증언을 바로잡으며, 부분적인 것을 보충하도록 하여 전체적인 진상을 밝히는 역할을 것이 반대신문이다.

3) 재주신문과 재반대신문

반대신문 후에 반대신문에서 나타난 사항과 이에 관련된 사항에 관하여 주신문자가 다시 증인을 신문하는 것을 재주신문이라고 한다. 재주신문은 주신문의 예에 의하여 행하며, 주신문에서 빠트린 사항에 관한 신문은 재판장의 허가가 있을 것을 요한다(규칙 제78조). 재주신문 후에 반대당사자가 다시 신문하는 것을 재반대신문이라 하며, 이 경우에는 재판장의 허가가 있어야 한다(규칙 제79조). 재판장의 허가가 있을 때에는 재재주신문과 재재반대신문도 허용된다.

(4) 교호신문제도의 변경 및 증인신문사항의 사전 서면제출

형사소송법은 교호신문제도를 원칙으로 하면서 당사자의 신문이 끝난 후에 보충신문을 하도록 하여 증인신문에 있어서 당사자주의를 실현하고 있으나, 다른 한편으로는 당사자주의의 폐해를 고려하여 재판장이 필요하다고 인정하면 어느 때나 증인을 신문할 수 있고 신문의 순서를 변경할 수 있으며(제161조의2 제3항), 법원이 직권으로 신문할 증인의 신문방식은 재판장이 정하는 방식에 의한다(동조 제4항)고 하여 직권주의요소를 가미하고 있다. 직권에 의하여 증인을 신문할 때에는 당사자의 신문을 반대신문의 예에 의하도록 하고 있으며(규칙 제81조), 간이공판절차에서는 법원이 상당하다고 인정하는 방법으로 신문하면 족하다(제297조의2).

재판장은 피해자·증인의 인적사항의 공개 또는 누설을 방지하거나 그 밖에 피해자·증인의 안전을 위하여 필요하다고 인정할 때에는 증인의 신문을 청구한 자에 대하여 사전에 신문사항을 기재한 서면의 제출을 명할 수 있고, 신문사항을 기재한 서면의 제출을 명받은 자가 신속히 그 서면을 제출하지 아니하는 경우에는 증거결정을 취소할 수 있다(규칙 제66조, 제67조). 그러나 필요한 증인에 대한 재판장의 증거취소결정은 법원의 실체적 진실발견의무에 반한다고 할 수 있으므로 이 규정은 폐지되는 것이 바람직하다고 생각된다.

(5) 공판정 외에서의 증인신문

피고인에게 충분한 증인신문의 기회를 주기 위하여 증인신문은 원칙적으로 공판정에서 공판기일에 행하여야 한다. 그러나 부득이한 사정이 있는 경우에는 범죄의 현장이나 기타의 장소에서 증인을 신문할 필요가 있는데, 이 경우에도 피고인의 증인신문권은 보장될 수 있도록 신중한 고려가 필요하다.

법원은 증인의 연령·직업·건강상태 기타의 사정을 고려하여 검사·피고인 또는 변호인의 의견을 묻고 증인을 법정 외에 소환하거나 현재지에서 신문할 수 있다(제165조). 법원은 필요한 때에는 결정으로 지정한 장소에 증인의 동행을 명할 수 있다. 증인이 정당한 사유 없이 동행을 거부하는 때에는 구인할 수 있다(제166조). 법원은 합의부원에게 법정 외의 증인신문을 명할 수 있고, 증인현재지의 지방법원 판사에게 그 신문을 촉탁할 수 있다(제167조 제1항). 수탁판사는 증인이 관할구역 내에 현재하지 아니한 때에는 그 현재지의 지방법원판사에게 전촉할 수 있다. 수명법관 또는 수탁판사는 증인의 신문에 관하여 법원 또는 재판장에 속한 처분을 할 수 있다(제167조

제2항·제3항).

(6) 비디오 등 중계장치나 차폐시설 설치 등에 의한 신문

법원은 ① 아동복지법 제71조 제1항 제1호부터 제3호까지의 규정에 해당하는 죄의 피해자, ② 아동·청소년의 성보호에 관한 법률 제7조, 제8조와 제11조부터 제15조까지 및 제17조 제1항의 규정에 해당하는 죄의 대상이 되는 아동·청소년 또는 피해자, ③ 범죄의 성질·증인의 연령·심신의 상태·피고인과의 관계 그 밖의 사정으로 인하여 피고인 등과 대면하여 진술하는 경우 심리적인 부담으로 정신적 평온을 현저하게 잃을 우려가 있다고 인정되는 자의 어느 하나에 해당하는 자를 신문하는 경우 상당하다고 인정되는 때에는 검사와 피고인 또는 변호인의 의견을 들어 비디오 등 중계장치에 의한 중계시설을 통하여 신문하거나 차폐시설 등을 설치하고 신문할 수 있다(제165조의2). 이 규정은 아동 등의 범죄피해자가 피고인이나 방청석 앞에서 증언하는 경우에 입게 되는 정신적·심리적 고통을 경감시주는 방안으로서 증인과 피해자를 보호하기 위한 제도이다.

증인신문은 증인의 의사와 증인에게 어떤 방식이 적절한가를 고려하여 판단해야 하지만, 법원은 피고인 또는 변호인의 의견을 들어 신문방법을 결정해야 한다. 법원은 증인으로 신문을 결정할 때 증인의 연령, 증언할 당시의 정신적·심리적 상태, 범행의 수단과 결과 및 범행 후의 피고인이나 사건관계인의 태도 등을 고려하여 비디오 등 중계장치에 의한 중계시설 또는 차폐시설을 통한 신문 여부를 결정해야 하지만, 증인신문 전 또는 증인신문 중에도 이를 결정할 수 있다(규칙 제84조의4).

비디오 등 중계장치에 의한 증인신문에는 비디오 등 중계장치에 의한 중계시설을 통한 증인신문과 차폐시설을 통한 증인신문의 방법이 있다. 전자는 법정외의 별실에 증인을 두고 소송관계인 등이 비디오 모니터에 나타나는 증인을 보면서 신문하는 방법을 말하며, 후자는 법정 안에서 증인과 피고인 또는 방청인 사이에 차단장치를 설치하고 증인을 신문하는 방법을 말한다.

법원은 비디오 등 중계장치에 의한 중계시설 또는 차폐시설을 통하여 증인을 신문하는 경우에 있어서 증인보호를 위하여 필요하다고 인정하는 경우에는 결정으로 심리를 공개하지 않을 수 있으며, 증인과 그 가족도 증인신문의 비공개를 요청할 수 있다.

5. 피해자의 진술권

(1) 피해자의 진술권의 의의

헌법 제27조 제5항에 형사피해자의 진술권을 재판청구권의 내용으로 보장하고 있는데, 여기에 근거하여 형사소송법은 제294조의2에 "법원은 범죄로 인한 피해자 또는 그 법정대리인 등의 신청이 있는 때에는 그 피해자 등을 증인으로 신문하여야 한다"고 하여 **피해자 등의 진술권**을 보장하고 있다. 즉 법원은 범죄로 인한 피해자 또는 그 법정대리인의 신청이 있는 때에는 ① 피해자 등이 이미 당해 사건에 관하여 공판절차에서 충분히 진술하여 다시 진술할 필요가 없는 경우, ② 피해자 등의 진술로 인하여 공판절차가 현저하게 지연될 우려가 있는 경우를 제외하고 그 피해자 등을 증인으로 신문하여야 하고, 법원이 피해자 등을 증인으로 신문하는 경우에는 피해의 정도 및 결과, 피고인의 처벌에 관한 의견 그 밖에 당해 사건에 관한 의견을 진술할 기회를 주어야 한다(제294조의2 제1항·제2항).

그 밖에도 피해자가 증인으로서가 아니라 피해자의 자격으로 의견을 진술할 수 있도록 제도를 개선하였다. 법원은 필요하다고 인정되는 경우 직권 또는 신청에 의해 범죄사실의 인정에 해당하지 아니하는 사항에 관하여 피해자 등을 증인신문에 의하지 아니하고 의견을 진술하게 하거나, 의견진술에 갈음한 서면을 제출하게 할 수 있도록 하였다(규칙 제134조의10·11 제1항).

(2) 형사절차에서의 범죄피해자의 지위강화

형사절차상 범죄피해자를 보호하고 그 지위를 강화하는 문제는 오늘날 형사정책과 형사소송법학의 새로운 쟁점이 되고 있다. 그동안 피고인은 형사절차상 소송주체로서의 지위를 갖고 있지만 범죄피해자는 소송의 객체로서 심리의 대상에 불과하였다. 그러나 형사절차상 피해자의 인격권과 정당한 권리는 보장되어야 한다는 인식이 확산되면서 피해자의 권리보호를 통한 지위와 소송주체로서의 피해자의 역할강화 문제는 오늘날 형사정책의 주요한 과제가 되고 있다.

피해자의 지위강화를 위한 방법으로 원상회복을 통한 피해자의 재산상의 손해를 전보하는 문제 외에도 피해자의 처분권, 통제권, 참여권, 방어권을 보장하는 것을 생각할 수 있다. 따라서 형사절차상 피해자를 보호하기 위해서는 피해자의 진술권, 출석권, 기록열람·등사권, 변호인의 도움을 받을 권리 등을 보장할 필요가 있다. 형사소송법은 피해자의 정보권을 보호하기 위해 피해자에 대하여 검사가 처분결과를 통지(제294조의2), 공판기록열람·등사권(제294조의4), 수사절차와 공판절차에 신뢰관계 있는 자를 동석할 수 있게 하고 있다(제163조의2, 제221조 제3항).

1) 피해자의 공판기록열람·등사권 등 정보권

범죄피해자는 형사사건의 진행 및 그 결과에 대하여 관심을 가지고 있다. 따라서 검사는 피해자 또는 그 법정대리인 등의 신청이 있는 때에는 당해 사건의 공소제기 여부, 공판의 일시·장소, 재판결과, 피의자·피고인의 구속·석방 등 구금에 관한 사실 등을 통지하여야 한다(제259조의2).

또한 피해자에게는 **공판기록열람·등사권**이 있다. 즉 소송계속 중인 사건의 피해자, 피해자 본인의 법정대리인 또는 이들로부터 위임을 받은 피해자 본인의 배우자·직계친족·형제자매·변호사는 소송기록의 열람·등사를 재판장에게 신청할 수 있다(제294조의4 제1항). 재판장은 이러한 신청이 있는 때에는 지체 없이 검사·피고인 또는 변호인에게 그 취지를 통지하여야 한다(동조 제2항).

재판장은 ① 피해자 등의 권리구제를 위하여 필요하다고 인정하거나 그 밖의 정당한 사유가 있는 경우, ② 범죄의 성질, 심리의 상황, 그 밖의 사정을 고려하여 상당하다고 인정하는 때에는 열람 또는 등사를 허가할 수 있다(동조 제3항). 재판장은 등사를 허가하는 경우에 등사한 소송기록의 사용목적을 제한하거나 적당하다고 인정하는 조건을 붙일 수 있으며, 이 재판에 대하여는 불복할 수 없다(동조 제6항).

2) 신뢰관계 있는 자의 동석과 피해자의 변호사 및 진술조력인의 조력

법원은 범죄로 인한 피해자를 증인으로 신문하는 경우 증인의 연령·심신의 상태 그 밖의 사정을 고려하여 증인이 현저하게 불안 또는 긴장을 느낄 우려가 있다고 인정하는 때에는 직권 또는 피해자·법정대리인·검사의 신청에 따라 피해자와 신뢰관계에 있는 자를 동석하게 할 수 있다(제163조의2 제1항). 특히 범죄로 인한 피해자가 13세 미만이거나 신체적 또는 정신적 장애로 사물을 변별하거나 의사를 결정할 능력이 미약한 경우에는 재판에 지장을 초래할 우려가 있는 등 부득이한 경우가 아닌 한 피해자와 신뢰관계에 있는 자를 동석하게 하여야 한다(동조 제2항). 여기서 신뢰관계 있는 자란 피해자의 배우자, 직계친족, 형제자매, 가족, 동거인, 고용주, 변호사 그 밖에 피해자의 심리적 안정과 원활한 의사소통에 도움을 줄 수 있는 자를 말한다(규칙 제84조의3 제1항). 신뢰관계 있는 자의 동석신청에는 동석하고자 하는 자와 피해자 사이의

관계, 동석이 필요한 사유 등을 명시하여야 한다(동조 제2항). 이 경우에 동석한 자는 법원·소송관계인의 신문 또는 증인의 진술을 방해하거나 그 진술의 내용에 부당한 영향을 미칠 수 있는 행위를 하여서는 아니 된다. 재판장은 동석한 자가 부당하게 재판의 진행을 방해하는 때에는 동석을 중지시킬 수 있다. 검사 또는 사법경찰관이 범죄로 인한 피해자를 조사하는 경우에도 같다(제221조 제3항).

특히 성폭력범죄의 피해자, 아동·청소년대상 성범죄 피해자, 아동학대범죄의 피해아동 및 그 법정대리인은 형사절차상 입을 수 있는 피해를 방어하고 법률적 조력을 보장하기 위하여 변호사를 선임할 수 있고, 선임된 변호사는 피해자 등에 대한 조사에 참여하여 의견을 진술할 수 있으며, 피의자에 대한 구속전 피의자심문, 증거보전절차, 공판준비기일 및 공판절차에 출석하여 의견을 진술할 수 있고, 증거보전 후 관계 서류나 증거물, 소송계속 중의 관계 서류나 증거물을 열람하거나 등사할 수 있으며, 형사절차상에서 피해자 등의 대리가 허용될 수 있는 모든 소송행위에 대하여 포괄적 대리권을 가진다. 피해자에게 변호사가 없는 경우 검사는 국선변호사를 선정하여 형사절차에서 피해자의 권익을 보호할 수 있게 된다.

수사기관과 법원 및 소송관계인은 성폭력범죄를 당한 피해자의 나이, 심리상태 또는 후유장애의 유무 등을 신중하게 고려하여 조사 및 심리·재판 과정에서 피해자의 인격이나 명예가 손상되거나 사적인 비밀이 침해되지 아니하도록 주의하여야 한다. 수사기관과 법원은 성폭력범죄의 피해자를 조사하거나 심리·재판할 때 피해자가 편안한 상태에서 진술할 수 있는 환경을 조성하여야 하며, 조사 및 심리·재판 횟수는 필요한 범위에서 최소한으로 하여야 한다(성폭력범죄의 처벌 등에 관한 특례법 제29조).

한편 13세 미만의 아동이거나 신체적인 또는 정신적인 장애로 의사소통이나 의사표현에 어려움이 있는 경우 원활한 조사를 위하여 검사 또는 사법경찰관은 직권이나 피해자, 그 법정대리인 또는 변호사의 신청에 따라 진술조력인으로 하여금 조사과정에 참여하여 의사소통을 중개하거나 보조하게 할 수 있다. 다만, 피해자 또는 그 법정대리인이 이를 원하지 아니하는 의사를 표시한 경우에는 그러하지 아니하다. 조사과정에 참여한 진술조력인은 피해자의 의사소통이나 표현능력, 특성 등에 관한 의견을 수사기관이나 법원에 제출할 수 있다(제36조). 진술조력인에게는 피해자의 진술과 조사기관과의 원활한 의사소통을 위한 중재자로서의 중립성이 요구된다는 점이 피해자의 변호사와는 다른 점이다.

(3) 피해자의 진술방법 및 진술의 비공개

피해자의 진술은 증인신문절차에 의해 행하여진 경우와 그렇지 않은 경우가 있다. 피해자 등의 신청이 있는 때에는 증인신문절차에서 법원은 결정에 의하여 증인으로 신문하여야 한다. 법원이 피해자 등을 신문하는 경우 피해의 정도 및 결과, 피고인의 처벌에 관한 의견, 그 밖에 당해 사건에 관한 의견을 진술할 기회를 주어야 한다. 신청인이 소환을 받고도 정당한 이유 없이 출석하지 아니한 때에는 그 신청을 철회한 것으로 본다(제294조의2 제4항).

다른 한편 법원은 필요하다고 인정하는 경우에는 증인신문절차에 의하지 아니하고 직권으로 또는 피해자 등의 신청에 따라 피해자 등을 공판기일에 출석하게 하여 형사소송법 제294조의2 제2항에 정한 사항으로서 범죄사실의 인정에 해당하지 아니한 사항에 관하여 의견을 진술하게 하거나, 의견진술에 갈음하여 의견을 기재한 서면을 제출하게 할 수 있다. 이 경우에 진술이나 서면은 범죄사실의 인정을 위한 증거로 할 수 없다(규칙 제134조).

그 밖에도 피해자의 사생활의 비밀이나 신변보호를 위해 법원은 범죄로 인한 피해자를 증인으로 신문하는 경우 당해 피해자·법정대리인 또는 검사의 신청으로 피해자의 사생활의 비밀이나 신변보호를 위하여 필요하다고 인정하는 때에는 결정으로 심리를 공개하지 않을 수 있다. 이 결정은 이유를 붙여 고지하여야 하며, 피해자 심리의 비공개를 결정한 경우에도 법원은 적당하다고 인정되는 자의 재정을 허가할 수 있다(제294조의3).

(4) 피해자의 진술의 제한

피해자의 진술이 소송당사자의 신청에 의한 증인으로 진술하는 경우가 아니고 피해자의 신청에 의한 진술을 무제한 허용할 때에는 신속한 재판의 이념에 반할 뿐만 아니라 피해자 개인의 감정에 의하여 재판이 좌우될 위험이 있다. 따라서 법원은 ① 피해자 등이 이미 당해 사건에 관하여 공판절차에서 충분히 진술하여 다시 진술할 필요가 없다고 인정되는 경우, ② 피해자 등의 진술로 인하여 공판절차가 현저하게 지연될 우려가 있는 경우에는 피해자를 증인으로 신문할 것을 요하지 아니한다(제294조의2). 증인신문에 의하지 아니한 의견진술의 경우에도 범죄사실의 인정에 관한 것이거나, 그 밖의 사유로 피해자 등의 의견진술로서 상당하지 아니하다고 인정되는 경우에는 이를 제한할 수 있다(규칙 제134조의10 제6항). 동일한 범죄사실에 대하여 신청인이 여러 명일 경우에는 법원은 진술할 자의 수를 제한할 수 있다(제294조의2 제3항).

Ⅱ. 감정, 통역, 번역

1. 감정의 의의

감정이란 특수한 지식과 경험을 가진 제3자가 그 지식과 경험에 의하여 알 수 있는 법칙 또는 그 법칙을 적용하여 얻은 판단을 법원에 보고하는 것을 말한다. 감정인이란 법원 또는 법관으로부터 감정을 명받은 자를 말하며, 수사기관으로부터 감정을 위촉받은 감정수탁자는 감정인이 아니다. 감정인의 진술도 증거가 되므로 감정인은 증거방법으로서 증인과 유사하다. 따라서 감정인에 대한 신문은 증거조사의 성질을 가지므로 증인신문에 관한 규정은 구인에 관한 규정을 제외하고는 감정에 관하여 준용된다(제177조). 그러나 특별한 지식에 의하여 알게 된 과거의 사실을 신문하는 경우인 감정증인에 대해서는 이는 증인이므로 당연히 증인신문에 관한 규정이 적용된다(제179조).

2. 감정의 절차

(1) 감정의 방법

법원은 학식·경험이 있는 자에게 감정을 명할 수 있다(제169조). 감정인에게는 감정 전에 선서하게 하여야 한다. 선서는 「양심에 따라 성실히 감정하고 만일 거짓이 있으면 허위감정의 벌을 받기로 맹서합니다」라고 기재된 선서서에 의한다. 선서하지 않고 한 감정은 효력이 없으며, 증인신문의 경우와 달리 선서의 취지를 이해할 수 없는 감정인이란 있을 수 없기 때문에 감정인에게는 예외가 인정되지 않는다는 점이 다르다고 할 수 있다. 법원 또는 법관이 감정인을 처음으로 소환하여 선서한 후 감정사항을 알리고 감정을 명하는 것을 감정인신문이라 한다. 법원은 필요한 때에는 감정인으로 하여금 법원 외에서 감정하게 할 수 있으며, 감정을 요하는 물건을 감정인에게 교부할 수 있다(제172조).

(2) 감정 유치

피고인의 정신 또는 신체에 관한 감정이 필요한 때에는 법원은 기간을 정하여 병원 기타 적당한 장소에 피고인을 유치할 수 있고, 감정이 완료되면 즉시 유치를 해제하여야 한다. 감정유치를 함에는 감정유치장을 발부하여야 한다. 감정유치를 함에 있어서 필요한 때에는 법원은 직권 또는 피고인을 수용할 병원 기타 장소의 관리자의 신청에 의하여 사법경찰관리에게 피고인의 간수를 명할 수 있다. 구속에 관한 규정은 특별한 규정이 없는 경우에는 유치에 관하여 이를 준용한다. 단, 보석에 관한 규정은 그러하지 아니하다. 유치는 미결구금일수의 산입에 있어서는 이를 구속으로 간주한다(제172조). 구속 중인 피고인에 대하여 감정유치장이 집행되었을 때에는 피고인이 유치되어 있는 기간 구속은 그 집행이 정지된 것으로 간주한다. 유치처분이 취소되거나 유치기간이 만료된 때에는 구속의 집행정지가 취소된 것으로 간주한다(제172조의2).

(3) 감정에 필요한 처분

감정인은 감정에 관하여 필요한 때에는 법원의 허가를 얻어 타인의 주거·간수자가 있는 가옥·건조물·항공기·선차 내에 들어갈 수 있고, 신체의 검사, 사체의 해부, 분묘의 발굴, 물건의 파괴를 할 수 있다. 법원의 감정유치를 위한 허가에는 피고인의 성명, 죄명, 들어갈 장소, 검사할 신체, 해부할 사체, 발굴할 분묘, 파괴할 물건, 감정인의 성명과 유효기간을 기재한 허가장을 발부하여야 한다(제173조). 감정인은 감정처분을 받은 자에게 허가장을 제시하여야 하며, 법원은 수명법관으로 하여금 감정에 관하여 필요한 처분을 하게 할 수 있다(제175조).

(4) 감정인의 참여권·신문권과 당사자의 참여권 및 감정의 촉탁

감정인은 감정에 관하여 필요한 경우에는 재판장의 허가를 얻어 서류와 증거물을 열람 또는 등사하고 피고인 또는 증인의 신문에 참여할 수 있다. 감정인은 피고인 또는 증인을 신문을 구하거나 재판장의 허가를 얻어 직접 발문할 수 있다(제174조). 법원은 합의부원으로 하여금 감정에 관하여 필요한 처분을 하게 할 수 있으며, 검사·피고인 또는 변호인은 감정에 참여할 수 있다(제176조 제1항).

법원은 필요하다고 인정하는 때에는 공무소·학교·병원 기타 상당한 설비가 있는 단체 또는 기관에 대하여 감정을 촉탁할 수 있으며, 이 경우에는 선서에 관한 규정은 적용하지 아니한다. 또한 이 경우에 법원은 당해 공무소·학교·병원·단체 또는 기관이 지정한 자로 하여금 감정서를 설명하게 할 수 있다(제179조의2).

(5) 감정의 보고

감정의 결과와 경과는 감정인으로 하여금 서면으로 제출하게 하여야 한다. 감정의 결과에는 그 판단의 이유를 명시하여야 하며, 필요한 때에는 감정인에게 설명하게

할 수 있다.

감정인은 법률이 정하는 바에 의하여 여비·일당·숙박료 외에 감정료와 체당금의 변상을 청구할 수 있다(제178조).

3. 통역과 번역

(1) 통 역

법원에서는 국어를 사용한다(법조법 제62조). 그러나 국어에 통하지 아니하는 자의 진술에는 통역인으로 하여금 통역하게 하여야 한다. 농아 또는 아자의 진술에는 통역인으로 하여금 통역하게 할 수 있다(제181조).

(2) 번 역

국어 아닌 문자 또는 부호는 번역하게 하여야 한다(제182조). 여기서 국어 아닌 문자 또는 부호란 우리나라에서 일상적으로 통용되고 있는 문자 또는 부호가 아닌 경우를 말한다. 따라서 일상적으로 사용되는 외래어나 방언은 번역의 대상이 되지 않는다.

Ⅲ. 검 증

1. 검증의 의의

검증(檢證)이란 법관이 오관의 작용에 의하여 사물의 존재나 상태를 직접 실험·인식하는 증거조사를 말한다. 범죄현장이나 법원 이외의 일정한 장소에서 행하는 검증을 임검 또는 **현장검증**이라 한다. 검증의 대상에는 특별한 제한이 없으므로 유체물, 무체물, 생물, 무생물을 불문한다.

2. 검증의 절차

(1) 검증의 방법

법원은 사실을 발견함에 필요한 때에는 검증을 할 수 있다. 수사기관의 검증에는 영장이 필요한 것이 원칙이지만 법원의 검증에는 영장이 불필요하며, 검증의 장소에도 제한이 없다. 법원은 수명법관에게 명하거나 수탁판사에게 검증을 촉탁할 수 있으며, 필요한 때에는 사법경찰관리에게 보조를 명할 수 있다. 그러나 군사상 비밀을 요하는 장소에는 책임자의 승낙이 필요하고, 검증시에 검사·피고인·변호인의 참여권과 책임자의 참여권이 인정되는 것은 압수·수색의 경우와 동일하다.

(2) 검증과 필요한 처분

검증을 함에는 신체의 검사, 사체의 해부, 분묘의 발굴, 물건의 파괴 기타 필요한 처분을 할 수 있다(제140조). 검증 중에는 그 장소의 출입을 금하고, 검증을 중지한 때에는 집행이 종료될 때까지 그 장소를 폐쇄하거나 간수자를 둘 수 있다(제145조).

법원은 신체를 검사하기 위하여 피고인 아닌 자를 법원 기타 지정한 장소에 소환할 수 있다(제142조). 다만, 신체검사에 관하여는 검사를 당하는 자의 성별, 연령, 건강상태 기타 사정을 고려하여 그 사람의 건강과 명예를 해하지 않도록 주의하여야 한다. 피고인이 아닌 자의 신체검사는 증적의 존재를 확인할 수 있는 현저한 사유가 있는 경우에 한하여 할 수 있다. 여자의 신체를 검사하는 경우에는 의사 또는 성년의 여자를 참여하게 하여야 하며, 사체의 해부 또는 분묘의 발굴을 하는 때에는 예를 잊지 아니하도록 주의하고 미리 유족에게 통지하여야 한다(제141조).

(3) 검정시각의 제한

일출 전, 일몰 후에는 가주, 간수자 또는 이에 준하는 자의 승낙이 없이 검증을 하기 위하여 타인의 주거, 간수자 있는 가옥, 건조물, 항공기, 선차 내에 들어가지 못한다. 단, 일출 후에는 검증의 목적을 달성할 수 없을 염려가 있는 경우에는 예외로 한다. 일몰 전에 검증에 착수한 때에는 일몰 후라도 검증을 계속할 수 있다. 야간에는 원칙적으로 검증이 허용되지 않지만, 예외적으로 ① 도박 기타 풍속을 해하는 행위에 사용된다고 인정되는 장소, ② 여관, 음식점 기타 야간에 공중이 출입할 수 있는 장소로서 공개된 시간 내에 한해서는 허용된다.

3. 검증조서

검증에 관하여는 검증의 결과를 기재한 검증조서를 작성하여야 한다. 특히 검증조서에는 검증목적물의 현상을 명확하게 하기 위하여 도화나 사진을 첨부할 수 있다(제49조). 법원 또는 법관의 검증의 결과를 기재한 검증조서는 무조건 증거능력이 있다(제311조).

제 7 절 공판절차의 특칙

Ⅰ. 간이공판절차

1. 간이공판절차의 의의와 특색

(1) 의 의

간이공판절차란 공판정에서 피고인이 자백하는 때에는 통상적인 증거조사절차를 간이화하고 증거능력에 대한 제한을 완화함으로써 심리를 신속하게 처리하기 위하여 마련된 공판절차를 말한다. 형소법 제286조의2에는 "피고인이 공판정에서 공소사실에 대하여 자백한 때에는 법원은 그 공소사실에 한하여 간이공판절차에 의하여 심판할 것을 결정할 수 있다"고 하여 간이공판절차를 규정하고 있다. 이 제도는 신속한 재판과 소송경제의 이념을 달성하기 위한 제도로서, 피고인이 공소사실에 대하여 자백한 경우에는 당사자 간에 다툼이 없어 이를 신속하게 처리하게 함으로써 다툼이 있는 사건에 대하여는 보다 충실한 심리를 할 수 있도록 하는 데에 그 존재이유가 있다.

(2) 특 색

간이공판절차는 피고인이 자백한 사건에 대해서는 증거조사절차를 간이화하고 증거능력의 제한을 완화하는 데에 그 특색이 있다. 우리나라의 간이공판절차는 일본 형사소송법의 간이공판절차와 유사하다.

2. 간이공판절차의 요건

간이공판절차는 형사소송법 제286조의2에서 규정하고 있는데, 그 요건을 살펴보면 다음과 같다.

(1) 제1심 관할사건

간이공판절차는 지방법원 또는 지방법원지원의 제1심 관할사건에 대하여만 인정된다. 따라서 상소심에서는 간이공판절차가 인정되지 않는다. 제1심 관할사건이면 단독사건이든 합의부 사건이든 불문한다. 종래에는 원칙적으로 단독사건에 대해서만 적용되었으나, 1995년 개정 형사소송법에 의해 합의부 관할사건으로 확대되었는데, 입법론적으로는 중죄사건인 합의부 관할사건의 경우에는 심리에 신중을 기하기 위해 간이공판절차가 아닌 통상의 형사절차에 의하는 것이 바람직하다고 생각된다.[115)]

(2) 피고인의 공판정에서의 자백

피고인이 공판정에서 공소사실에 대하여 자백할 것을 요한다(제286조의2).

1) 자백의 주체

자백의 주체는 피고인이 하여야 한다. 피고인이 법인인 경우에는 법인의 대표자가 자백할 수 있으며, 피고인이 의사무능력자인 경우에는 법정대리인이나 특별대리인도 자백의 주체가 될 수 있다. 그러나 변호인이 자백을 한 경우 또는 피고인의 출석 없이 개정할 수 없는 사건에 대해서는 간이공판절차를 개시할 수 없다.

2) 공소사실에 대한 자백

공소사실에 대한 피고인의 자백이 있어야 간이공판절차가 개시된다. 공소사실의 자백이란 피고인이 공소장에 기재된 공소사실을 인정하고 위법성조각사유나 책임조각사유의 부존재를 인정하는 것을 말한다. 피고인이 공소사실에 대하여 인정하면서 명시적으로 위법조각사유나 책임조각사유를 주장하지 않으면 자백에 해당한다. 또한 피고인이 공소사실을 인정하면서 죄명이나 적용법조, 정상관계 사유나 형면제의 원인되는 사실을 주장하는 경우도 자백에 해당한다. 경합범의 경우에 수개의 공소사실 중 일부자백의 경우에도 자백한 공소사실에 대하여는 간이공판절차가 가능하다. 그 밖에도 상상적 경합의 경우나 예비적·택일적으로 기재된 공소사실의 일부를 자백한 경우에도 간이공판절차가 가능하다는 견해도 있다. 그러나 이는 논리적으로는 가능할 수 있지만 그로 인한 절차가 복잡하게 되어, 공판을 신속하게 진행시킨다는 간이공판절차의 취지에 부합되지 않으므로 이를 부정하는 견해[116)]가 타당하다고 생각된다.

3) 자백의 시기

자백은 공판정에서, 즉 공판절차에서 할 것으로 요한다. 따라서 수사절차나 공판준비절차에서 자백을 하더라도 이를 이유로 간이공판절차를 개시할 수는 없다. 피고인의 자백이 가능한 시기에 대하여는 ① 피고인이 모두진술을 할 때까지라는 견해,[117)] ② 피고인신문의 종결시까지라는 견해,[118)] ③ 공판절차가 개시된 때로부터 변

115) 신동운, 1083면; 이은모, 571면.

116) 손동권/신이철, 500면; 신동운, 1083면; 이은모, 572면.

117) 김재환, 553면; 정웅석/백승민, 524면.

118) 신동운, 1084면; 손동권/신이철, 501면.

론종결시까지 하면 족하다는 견해[119]가 대립한다. 간이공판절차의 제도의 취지를 고려해보면 증거조사 이전에 피고인의 자백이 있어야 하므로 ①설이 타당하다고 생각된다. 심리가 충분히 행해진 후에 자백을 한 경우에는 이미 심리가 충분히 이루어졌으므로 간이공판절차를 개시해야 할 실익이 없다고 할 수 있다.

4) 자백의 신빙성

실체적 진실발견을 위해 피고인의 자백은 신빙성이 있어야 한다. 신빙성이 없는 자백이 있는 경우에는 간이공판절차를 개시해서는 안된다. 이 경우는 간이공판절차의 취소사유에 해당하기 때문이다(제286조의3). 신빙성의 정도는 피고인의 자백이 피고인의 자유의사에 의한 것이고 일응 진실이라고 추정될 정도면 족하다고 하겠다.

3. 간이공판절차의 개시결정

간이공판절차는 법원의 결정에 의하여 개시된다.

(1) 결정의 성질

간이공판절차의 요건이 구비된 경우에 법원은 간이공판절차에 의하여 심판할 것을 결정할 수 있다. 간이공판절차의 요건을 구비한 경우에 간이공판절차에 의해 심판할 것인지 여부의 판단은 법원의 재량에 속한다.

(2) 결정의 절차 및 방법

법원이 간이공판절차개시의 결정을 하고자 할 때에는 재판장은 미리 피고인에게 간이공판절차의 취지를 설명해야 한다(규칙 제131조). 간이공판절차 개시의 결정은 공판정에서 구술로 고지하면 족하고, 공판조서에 이 결정의 취지를 기재하여야 한다.

(3) 결정에 대한 불복방법

법원의 간이공판절차의 결정은 판결전 소송절차에 대한 결정이므로 항고할 수 없다(제403조 제1항). 그러나 간이공판절차의 요건을 구비하지 못했는데도 불구하고 이에 의하여 심판한 경우에는 소송절차가 판결에 영향을 미친 법령위반에 해당하여 항소 또는 상고이유가 된다(제361조의5 제1호, 제383조 제1호).

---

119) 이재상/조균석, 518면.

4. 간이공판절차의 특칙

(1) 증거능력에 대한 특칙

간이공판절차에서는 전문법칙이 적용되어 증거능력이 부정되는 증거(제310조의2, 제312조 내지 제314조 및 제316조의 규정에 의한 증거)에 관하여 형사소송법 제318조 제1항의 동의가 있는 것으로 간주한다(제318조의3 본문). 즉 증거동의가 의제되어 증거능력이 부여된다. 이는 피고인이 공소범죄사실에 대하여 자백한 이상 피고인이 개개의 증거에 대하여 다툴 의사가 없음이 추정되기 때문이다. 다만 검사·피고인 또는 변호인이 증거로 함에 이의가 있는 때에는 그러하지 아니하다(제318조의3 단서). 여기서 이의신청은 명시적임을 요하지는 않지만 적극적인 의사표시가 있어야 한다. 간이공판절차에서 증거법칙에 있어서 증거능력이 인정되는 요건이 완화되는 것은 전문법칙에 한하며, 전문법칙 이외의 위법수집증거배제법칙이나 자백배제법칙 등은 그대로 적용된다. 또한 증거의 증명력이 완화되는 것은 아니어서 자유심증주의나 자백의 보강법칙은 간이공판절차에서도 그대로 적용된다.

(2) 증거조사방식에 대한 특칙

1) 상당하다고 인정하는 방법

간이공판절차에서도 증거조사를 해야 하지만, 정식의 증거조사방식에 의하지 않고 법원이 상당하다고 인정하는 방법으로 증거조사를 할 수 있다(제297조의2). 여기서 상당하다고 인정하는 방법이란 공개주의의 원칙상 당사자 및 방청인이 증거내용을 알 수 있도록 하는 방법을 말한다.[120] 상당하다고 인정하는 방법으로 증거조사를 한 이상 항소심에서 범행을 부인하더라도 증거로 할 수 있으며, 다시 증거조사를 할 필요가 없다.[121]

2) 적용이 배제되는 증거조사방법

간이공판절차의 증거조사는 증인신문의 방식(제161조의2), 증거조사의 시기와 방식(제290조 내지 제292조), 증거조사결과와 피고인의 의견(제293조), 증인신문시의 피고인의 퇴정(제297조)에 관한 규정의 적용이 배제된다. 따라서 간이공판절차에서는 증인신문의 순서가 자유롭다는 점에 특색이 있다. 그러나 증인의 선서(제156조), 당사자의

---

120) 정영석/이형국, 299면.

121) 대법원 2005. 3. 1. 선고 2004도8313 판결.

증거조사참여권(제163조), 당사자의 증거신청권(제294조), 증거조사에 대한 이의신청권(제296조)에 관한 규정은 간이공판절차에서도 일반규정이 그대로 적용된다.

(3) 공판절차에 관한 일반규정의 적용

간이공판절차에서는 증거능력과 증거조사에 대한 특칙은 인정되지만, 그 밖에는 공판절차에 관한 일반규정이 그대로 적용된다. 따라서 간이공판절차에서도 일반공판절차처럼 공소장변경이 가능하며, 재판서작성에 있어서도 간이한 방식은 인정되지 않는다. 간이공판절차에 의해서도 유죄판결은 물론, 공소기각, 관할위반, 무죄판결도 가능하다.[122]

5. 간이공판절차의 취소

(1) 결정의 취소사유

법원은 간이공판절차의 결정을 한 사건에 대하여 피고인의 자백이 신빙할 수 없다고 인정되거나 간이공판절차로 심판하는 것이 현저히 부당하다고 인정할 때에는 검사의 의견을 들어 그 결정을 취소하여야 한다(제286조의3).

1) 피고인의 자백이 신빙할 수 없는 때

피고인의 자백이 피고인의 진의라는 것이 의심스러운 경우를 말한다. 예컨대 피고인의 자백에 임의성이 없는 경우를 들 수 있다. 그러나 자백에 보강증거가 없는 경우는 여기에 해당한다고 볼 수는 없다.

2) 간이공판절차로 심판하는 것이 현저히 부당한 때

간이공판절차의 요건이 구비되지 않은 경우 또는 간이공판절차의 형식적 요건은 구비되었지만 간이공판절차에 의하여 심판하는 것이 제도의 취지에 비추어 현저하게 부당한 경우를 말한다. 예컨대 ① 공소장변경에 의해 변경된 공소사실에 대해 피고인이 부인하거나 자백을 철회한 경우, ② 공범의 일부만 자백한 경우나 과형상 일죄의 일부에 대해서만 자백한 경우와 같이 증거조사절차가 더 복잡하게 된 경우, ③ 사형 또는 무기징역 등 중형이 선고될 것이 예상되는 경우와 같이 사건의 중요성에 비추어 간이공판절차로 심판하는 것이 부당한 경우를 들 수 있다.

(2) 취소절차

간이공판절차의 취소는 법원의 직권에 의한다. 다만 취소하기 전에는 검사의 의

---

122) 손동권/신이철, 503면; 신동운, 1087면.

견을 들어야 한다(제286조의3). 법원은 검사의 의견을 듣는 절차를 거쳐서 취소결정을 해야 하며, 취소사유가 있는 때에는 반드시 취소해야 한다.

(3) 취소의 효과

간이공판절차의 결정이 취소된 때에는 공판절차를 갱신해야 한다(제301조의2). 공판절차를 갱신하면 통상의 절차에 의하여 다시 심판해야 하므로 원칙적으로 증거조사절차를 다시 하지 않으면 안 된다. 공판절차를 갱신하지 않은 경우에는 판결에 영향을 미친 법령위반으로 상대적 상소이유가 된다(제361조의5 제1호, 제383조 제1호).

그러나 검사·피고인 또는 변호인이 이의가 없는 때에는 갱신할 필요가 없다. 즉 당사자의 이의가 없는 때에는 간이공판절차에서 행한 증거조사가 그대로 효력을 지니며, 이미 조사된 전문증거도 증거능력이 인정된다.

Ⅱ. 공판절차의 정지와 갱신

1. 공판절차의 정지

(1) 공판절차정지의 의의

공판절차의 정지란 법원이 공판절차의 진행을 방해하는 일정한 사유가 발생한 경우에 그 사유가 없질 때까지 일시적으로 공판절차의 진행을 정지하는 것을 말한다. 공판절차의 정지는 법원의 결정에 의하여 정지된다는 점에서 사실상 법원의 심리가 중단되는 경우와는 구별된다. 이 제도는 피고인이 출석할 수 없거나 방어능력이 없는 경우와 공소장변경이 있는 경우에 피고인의 방어권을 보장하기 위해 공판절차를 일시적으로 정지하도록 하는 제도이다.

(2) 공판절차정지사유

공판절차를 정지해야 하는 경우는 다음과 같다.

1) 피고인의 심신상실과 질병

피고인이 사물의 변별 또는 의사의 결정을 할 능력이 없는 상태에 있는 때에는 법원은 검사와 변호인의 의견을 들어서 결정으로 그 상태가 계속되는 기간 공판절차를 정지하여야 한다(제306조 제1항). 피고인이 질병으로 출정할 수 없는 때에도 법원은 검사와 변호인의 의견을 들어서 결정으로 출정할 수 있을 때까지 공판절차를 정지하여야 한다(동조 제2항). 그러나 피고사건에 대하여 무죄·면소·형의 면제 또는 공소기각의 재판을 할 것이 명백한 때에는 피고인의 출정 없이 재판할 수 있다(동조 제4항). 경미사건에 있어서 대리인이 출정할 수 있는 경우에는 공판절차를 정지하지 아니한다(동조 제5항).

2) 공소장의 변경

법원은 공소사실 또는 적용법조의 추가·철회 또는 변경이 피고인의 불이익을 증가할 염려가 있다고 인정한 때에는 직권 또는 피고인이나 변호인의 청구에 의하여 피고인으로 하여금 필요한 방어의 준비를 하도록 하기 위하여 결정으로 필요한 기간 공판절차를 정지할 수 있다(제298조 제4항). 공소장변경의 경우에는 피고인이나 변호인에게 공판절차 정지청구권이 인정되고, 검사의 의견을 들을 필요 없이 법원이 결정할 수 있다는 점이 피고인의 심신상실과 질병으로 인한 공판절차정지와 다른 점이다.

3) 소송절차의 정지

특정한 사유가 발생하면 소송절차의 진행이 정지되는 소송절차의 정지와 법원의 재판에 의한 공판절차의 정지를 구별하는 견해도 있으나, 특정한 사유의 발생으로 소송절차가 정지되면 공판절차도 정지된다는 점에서 소송절차의 정지사유도 공판절차의 정지에 포함된다고 할 수 있다.[123] 소송절차를 정지해야 하는 경우는 다음과 같다.

가. 기피신청 법관 기피신청이 있는 때에는 기피신청이 부적법하여 기각하는 경우를 제외하고는 소송진행을 정지하여야 한다. 단 급속을 요하는 경우에는 예외로 한다(제22조).

나. 병합심리신청 등이 있는 경우 법원은 그 계속 중인 사건에 관하여 토지관할의 병합심리신청, 관할지정신청 또는 관할이전신청이 제기된 경우에는 그 신청에 대한 결정이 있기까지 소송절차를 정지하여야 한다. 다만, 급속을 요하는 경우에는 그러하지 아니하다(규칙 제7조).

다. 재심청구의 경합 재심청구가 경합된 경우에 상소법원은 하급법원의 소송절차가 종료할 때까지 소송절차를 정지하여야 한다(규칙 제169조).

라. 위헌법률심판의 제청 법원이 법률의 위헌여부의 심판을 헌법재판소에 제청한 때에는 당해 소송사건의 재판은 헌법재판소의 위헌여부의 결정이 있을 때까지 정지된다. 다만, 법원이 긴급하다고 인정하는 경우에는 종국재판 외의 소송절차를 진행할 수 있다(헌재법 제42조 제1항).

---

123) 이재상/조균석, 523면.

(3) 공판절차정지의 절차와 효과

1) 공판절차정지의 절차

공판절차의 정지는 법원의 결정으로 한다. 피고인의 심신상실·질병으로 인한 정지의 경우에는 법원의 직권에 의하지만, 공소장변경의 경우에는 법원의 직권 또는 피고인이나 변호인의 청구에 의하여 정지한다. 공판절차 정지기간에는 특별한 제한이 없으므로 법원은 일정한 기간을 정하여 공판절차를 정지할 수 있는데, 정지기간이 만료되면 공판절차정지는 효력을 잃게 된다.

2) 공판절차정지의 효과

공판절차를 정지하게 되면 정지결정을 취소할 때까지는 다시 공판절차를 진행할 수 없다. 이 경우에 정지되는 것은 **협의의 공판절차**, 즉 공판기일의 공판절차에 한정된다. 따라서 구속이나 보석에 관한 재판이나 공판준비절차는 공판절차 정지기간 중에도 할 수 있으므로, 공판절차가 정지된 기간은 구속기간이나 구속갱신의 기간에 산입하지 아니한다(제92조 제3항).

법원이 공판절차 정지결정을 취소하거나 정지기간이 경과한 경우에는 공판절차를 다시 진행하여야 한다. 다만 피고인의 심신상실을 이유로 공판절차가 정지된 경우에는 그 정지사유가 소멸된 후의 공판기일에 공판절차를 갱신하여야 한다(규칙 제143조). 공판절차정지사유가 있음에도 불구하고 공판절차를 진행하는 것은 위법하므로 상소이유가 된다.

2. 공판절차의 갱신

(1) 공판절차갱신의 의의

공판절차의 갱신이란 공판절차를 진행한 법원이 판결선고 전에 이미 진행한 공판절차를 일단 무시하고 다시 그 절차를 진행하는 것을 말한다. 따라서 파기환송 또는 이송판결에 의하여 하급심법원이 공판절차를 진행하거나 사건을 이송받은 법원이 공판절차를 다시 진행하는 것은 공판절차의 갱신이 아니다.

(2) 공판절차갱신의 사유

공판절차를 갱신해야 하는 경우는 다음과 같다.

1) 판사의 경질이 있는 경우

공판개정 후 판사의 경질이 있는 때에는 공판절차를 갱신하여야 한다. 구두변론주의와 직접주의의 요청에 따른 규정이다. 판사경질의 사유는 제척, 전보, 퇴임, 질병 등 그 사유를 불문한다. 판사경질로 인해 공판절차 갱신사유가 발생했는데도 불구하고 공판절차를 갱신하지 않은 때에는 사건의 심리에 관여하지 않은 판사가 판결에 관여한 경우로서 절대적 항소이유(제361조의5 제8호) 및 상대적 상고이유(제383조 제1호)가 된다.

그러나 아직 사건의 실체심리에 들어가지 않은 경우에 판사의 경질이 있는 경우나 실체심리가 종료된 후 판결의 선고만을 하는 경우에는 판사의 경질이 있더라도 공판절차를 갱신할 필요가 없다(제301조 단서).

2) 간이공판절차의 취소

간이공판절차의 결정이 취소된 때에는 공판절차를 갱신하여야 한다. 다만, 검사·피고인 또는 변호인의 이의가 없는 때에는 그러하지 아니하다(제301조의2). 여기서 이의가 없는 때란 당사자 쌍방의 이의가 없는 경우를 말한다. 간이공판절차가 취소된 것은 간이공판절차로 심리하는 것이 부적법하거나 상당하지 아니하다는 것을 이유로 한다. 따라서 이 경우에 공판절차를 갱신하지 않고 판결을 선고한 경우에는 상대적 항소이유가 된다(제361조의5 제1호).

3) 심신상실로 인한 공판정지

피고인이 심신상실로 인하여 공판절차가 정지된 경우에는 그 정지사유가 소멸한 후의 공판기일에 공판절차를 갱신하여야 한다(규칙 제143조). 이는 피고인의 소송능력 흠결로 인하여 공판절차 정지 전의 소송행위가 무효일 가능성이 높고,[124] 피고인이 이전의 소송행위를 충분히 기억하지 못한다는 점을 그 이유로 한다.

(3) 공판절차 갱신의 절차

공판절차의 갱신은 공판절차를 다시 시작하는 것이므로 종래의 절차를 무효로 하고 처음부터 절차를 다시 시작하는 것이 논리적이라 할 수 있다. 그러나 어떤 소송행위를 다시 할 것인지에 대하여는 형식적으로만 판단할 것이 아니라 공판절차의 갱신사유 등을 고려하여 합목적적으로 결정할 필요가 있다.

1) 모두절차의 갱신

재판장은 피고인에게 진술거부권 등을 고지한 후 인정신문을 하여 피고인임에 틀림없음을 확인하여야 한다. 재판장은 검사로 하여금 공소장 또는 공소장변경허가신

124) 신동운, 1092면.

청서에 의하여 공소사실, 죄명 및 적용법조를 낭독하게 하거나 그 요지를 진술하게 하여야 한다. 재판장은 피고인에게 공소사실의 인정 여부 및 정상에 관하여 진술할 기회를 주어야 한다.

2) 증거조사절차의 갱신

재판장은 갱신 전의 공판기일에서의 피고인 또는 피고인이 아닌 자의 진술 또는 법원의 검증결과를 기재한 조서에 관하여 증거조사를 하여야 한다(규칙 제144조 제1항 제4호). 따라서 증인신문·검증·피고인신문을 다시 하여야 하는 것은 아니다.

그러나 재판장은 갱신 전의 공판기일에서 증거조사된 서류·물건에 관하여 다시 증거조사를 하여야 한다. 다만, 증거능력이 없다고 인정되는 서류·물건과 증거로 함이 상당하지 아니하다고 인정되고 검사·피고인 및 변호인이 이의를 하지 아니하는 서류·물건에 대하여는 그러하지 아니하다(규칙 제144조 제1항 제3호). 재판장은 위의 서류·물건에 관하여 증거조사를 함에 있어서 검사·피고인 및 변호인의 동의가 있는 때에는 그 전부 또는 일부에 관하여 정식의 증거조사방법에 갈음하여 상당하다고 인정하는 방법으로 증거조사를 할 수 있다(규칙 제144조 제2항).

(4) 갱신 전 소송행위의 효력

1) 판사경질의 경우

직접심리주의와 구두변론주의의 취지에 반하는 한도 내에서 그 효력을 상실하게 된다. 따라서 실체형성행위는 그 효력을 상실하게 되지만 절차형성행위는 효력이 유지된다. 그러나 실체형성행위라 하더라도 종전의 절차에서 행해진 증인신문, 검증, 피고인신문의 결과를 기재한 조서는 당연히 증거능력이 있으므로 그 조서는 서증으로서 조사하면 충분하다.

2) 간이공판절차 취소의 경우

간이공판절차에 의하여 심리하는 것이 부적법하거나 상당하지 않다고 인정되는 경우이므로 간이공판절차가 취소된 경우에는 실체형성행위와 절차형성행위 모두가 그 효력을 상실하게 된다.

3) 심신상실로 인한 공판절차정지의 경우

피고인의 소송능력흠결로 인하여 소송행위가 무효일 가능성이 높으므로, 이때에는 실체형성행위는 물론 절차형성행위도 그 효력을 상실하게 된다.

Ⅲ. 변론의 병합·분리·재개

1. 변론의 분리와 병합

법원은 필요하다고 인정한 때에는 직권 또는 검사·피고인이나 변호인의 신청에 의하여 결정으로 변론을 분리하거나 병합할 수 있다(제300조). 변론의 병합·분리 여부는 법원의 재량에 속한다.

변론의 병합이란 수개의 사건이 조직법상 동일법원의 1개 또는 수개의 재판부에 계속된 경우에 1개의 재판부가 1개의 공판절차에서 수개의 사건을 병합하여 동시에 심리하는 것을 말한다. 이는 소송경제를 도모하기 위한 제도이다.

변론의 분리란 병합된 수개의 사건을 분리하여 조직법상 동일법원의 1개 또는 수개의 재판부에서 수개의 절차로 심리하는 것을 말한다. 변론의 분리는 공정한 재판과 실체적 진실발견을 도모하기 제도이다. 변론의 분리는 수개의 사건이 계속된 경우를 전제로 하므로 포괄일죄나 과형상 일죄에 대하여는 인정되지 않는다, 변론이 병합되면 피고인들은 공동피고인이 되며, 변론을 병합·분리한 경우에도 그 이전의 소송행위의 효력에는 영향을 미치지 않으므로 갱신할 필요가 없다.

변론의 병합과 분리는 조직법상 동일법원을 전제로 한다는 점에서 조직법상 다른 법원의 수개의 재판부에 계속된 수개의 사건 간에 행해지는 관할과 관련된 병합심리(제6조, 제10조), 분리심리(제7조, 제9조)와 구별된다. 대법원은 동일한 피고인에 대하여 각각 별도로 2개 이상의 사건이 공소제기되었을 경우 반드시 병합심리하여 동시에 판결을 선고해야만 하는 것은 아니며,[125] 검사가 집합범이나 공범관계에 있는 피고인들에 대하여 여러 개의 사건으로 나누어 공소를 제기한 경우에, 이를 병합하여 심리하지 아니하였다고 하여 형사소송절차에서의 구두변론주의와 직접심리주의에 위반한 것이라고 볼 수 없다고 판시하였다.[126]

2. 변론의 재개

변론의 재개란 일단 종결한 변론을 다시 여는 것을 말한다. 이는 사건이 변론종결의 이전 상태로 되돌아간다는 것을 의미한다. 법원은 필요하다고 인정한 때에는 직

---

125) 대법원 1994. 11. 4. 선고 94도2354 판결.
126) 대법원 1990. 6. 22. 선고 90도764 판결.

권 또는 검사·피고인이나 변호인의 신청에 의하여 결정으로 종결한 변론을 재개할 수 있다(제305조). 변론의 재개결정 여부는 법원의 재량에 속한다.[127] 따라서 변론이 재개되면 변론은 검사의 의견진술 이전 단계로 돌아가기 때문에 증거조사가 끝난 후에는 다시 최종변론을 하여야 한다.

Ⅳ. 국민참여재판의 공판절차

1. 국민참여재판의 의의

국민참여재판이란 배심원이 참여하는 형사재판을 말한다. 국민이 배심원으로 형사재판에 참여함으로써 사법의 민주성과 정당성 및 신뢰성을 높이는 것을 그 목적으로 한다.

2. 제도적 특징

(1) 배 심 제

배심제란 형사사건에 있어서 일반국민으로 구성된 배심원단이 법관과 독립하여 유죄·무죄의 평결을 내리고 법관은 그 평결에 구속되는 제도를 말한다. 따라서 배심원단이 유죄평결을 내리게 되면 법관은 양형심리절차를 진행하여 형을 선고하게 된다. 영국과 미국 등 50여개 국가에서 실시하고 있다. 그러나 이 제도에 대하여는 많은 시간과 비용이 들고, 법률전문가가 아닌 일반국민으로 구성된 배심원들의 개인적 성향의 영향으로 사실관계가 왜곡될 우려가 있다는 비판을 받고 있다.

(2) 참 심 제

참심제란 일반국민인 참심원이 법관과 함께 재판부의 일원으로 재판에 참여하여 법관과 동등한 권한을 가지고 사실문제와 법률문제를 판단하는 제도를 말한다. 참심원이 법관과 더불어 재판부를 구성한다는 점에서 배심제와 구별되며, 독일·프랑스 등 유럽의 여러 국가에서 이 제도를 시행하고 있다.

(3) 우리나라 국민참여재판의 특징

우리나라의 국민참여재판제도는 배심제와 참심제를 혼합한 절충적인 제도이다. 즉 배심원단이 유죄·무죄에 대하여 평결을 한다는 점에서는 배심제적 요소를 지니지

---

127) 대법원 2014. 4. 24. 선고 2014도1414 판결; 대법원 2000. 4. 11. 선고 2000도565 판결.

만, 이 평결에 법원은 구속되지 않고 권고적 효력을 가지는데 불과하다는 점에서는 순수한 배심제와는 다르다. 또한 양형결정에 있어서도 법관과 함께 토의를 하면서 배심원 개개인의 의견을 개진할 수 있다는 점에서는 참심제적 요소가 있지만, 양형결정에는 참여할 수 없다는 점에서는 배심제적 성격을 지니고 있다. 국민참여재판제도는 헌법 제27조 제1항에서 규정한 직업법관에 의한 재판받을 권리의 보호범위에 속한다고 할 수 없으며, 국민참여재판제도가 인적·물적 여건을 고려하여 대상사건의 범위를 제한한 것은 목적을 위한 합리적인 방법으로 국민의 평등권을 침해한다고 할 수 없다.[128)]

3. 국민참여재판의 개시

(1) 대상사건

1) 대상사건의 범위

국민참여재판은 제1심 절차에 한하여 허용되는데, 그 대상사건은 ① 법원조직법 제32조 제1항에 따른 합의부 관할사건, ② 이러한 합의부 관할 사건의 미수죄·교사죄·방조죄·예비죄·음모죄에 해당하는 사건, ③ 이상의 사건과 형사소송법 제11조에 따른 관련 사건으로서 병합하여 심리하는 사건이다.

다만, 피고인이 국민참여재판을 원하지 아니하거나 동법 제9조 제1항에 따른 배제결정이 있는 경우는 국민참여재판을 하지 아니한다(국민의 형사재판 참여에 관한 법률 제5조).

2) 공소사실의 변경

법원은 공소사실의 일부 철회 또는 변경으로 인하여 대상사건에 해당하지 아니하게 된 경우에도 이 법에 따른 재판을 계속 진행한다. 다만, 법원은 심리의 상황이나 그 밖의 사정을 고려하여 국민참여재판으로 진행하는 것이 적당하지 아니하다고 인정하는 때에는 결정으로 당해 사건을 지방법원 본원 합의부가 국민참여재판에 의하지 아니하고 심판할 수 있다. 이 결정에 대하여는 불복할 수 없다. 이러한 결정이 있는 경우에는 당해 재판에 참여한 배심원과 예비배심원은 해임된 것으로 본다. 그러나 결정 전에 행한 소송행위는 그 결정 이후에도 그 효력에 영향이 없다.

---

128) 헌법재판소 2009. 11. 26. 선고 2008헌바12 결정.

(2) 법원의 회부절차

1) 피고인 의사의 확인 및 확인서 제출

법원은 대상사건의 피고인에 대하여 국민참여재판을 원하는지 여부에 관한 의사를 서면 등의 방법으로 반드시 확인하여야 한다. 이 경우 피고인 의사의 구체적인 확인 방법은 대법원규칙으로 정하되, 피고인의 국민참여재판을 받을 권리가 최대한 보장되도록 하여야 한다.

피고인은 공소장 부본을 송달받은 날부터 7일 이내에 국민참여재판을 원하는지 여부에 관한 의사가 기재된 서면을 제출하여야 한다. 이 경우 피고인이 서면을 우편으로 발송한 때, 교도소·구치소에 있는 피고인이 서면을 교도소장·구치소장 또는 그 직무를 대리하는 자에게 제출한 때에 법원에 제출한 것으로 본다. 피고인이 위의 서면을 제출하지 아니한 때에는 국민참여재판을 원하지 아니하는 것으로 본다. 대법원은 7일 이후에 피고인의 의사확인서를 제출한 경우에도 제1회 공판기일이 열리기 전까지는 국민참여재판을 신청할 수 있고, 법원은 그 의사를 확인하여 국민참여재판으로 진행할 수 있다고 봄이 상당하다는 입장을 취하고 있다.[129)]

피고인의 배제결정 또는 회부결정이 있거나 공판준비기일이 종결되거나 제1회 공판기일이 열린 이후에는 종전의 의사를 바꿀 수 없다(제8조).

2) 개시결정과 배제결정

가. 개시결정·회부결정 제1심 법원이 국민참여재판 대상사건을 피고인의 의사에 따라 국민참여재판으로 진행함에 있어 별도의 국민참여재판 개시결정을 할 필요는 없다. 그러나 국민참여재판에 대한 관할권은 지방법원 본원 합의부가 가지고 있기 때문에 피고인이 국민참여재판을 원하는 의사표시를 한 경우 지방법원 지원 합의부가 배제결정을 하지 아니하는 경우에는 국민참여재판절차 회부결정을 하여 사건을 지방법원 본원 합의부로 이송하여야 한다(제10조 제1항). 법원의 국민참여재판 개시결정은 판결 전의 소송절차에 관한 결정에 해당하며, 그에 대하여 특별히 즉시항고를 허용하는 규정이 없으므로 위 결정에 대하여는 항고할 수 없다.[130)]

나. 배제결정 법원은 공소제기 후부터 공판준비기일이 종결된 다음날까지 ① 배심원·예비배심원·배심원후보자 또는 그 친족의 생명·신체·재산에 대한 침해 또는

129) 대법원 2009. 10. 23. 자 2009모1032 결정.
130) 대법원 2009. 10. 23. 자 2009모1032 결정.

침해의 우려가 있어서 출석의 어려움이 있거나 이 법에 따른 직무를 공정하게 수행하지 못할 염려가 있다고 인정되는 경우, ② 공범관계에 있는 피고인들 중 일부가 국민참여재판을 원하지 아니하여 국민참여재판의 진행에 어려움이 있다고 인정되는 경우, ③ 성폭력범죄의 처벌 등에 관한 특례법 제2조의 범죄로 인한 피해자 또는 법정대리인이 국민참여재판을 원하지 아니하는 경우, ④ 그 밖에 국민참여재판으로 진행하는 것이 적절하지 아니하다고 인정되는 경우에는 국민참여재판을 하지 아니하기로 하는 결정을 할 수 있다. 법원은 결정을 하기 전에 검사·피고인 또는 변호인의 의견을 들어야 한다(제9조). 법원의 배제결정에 대하여는 즉시항고를 할 수 있다(동조 제3항).

피고인이 법원에 국민참여재판을 신청하였는데도 법원이 이에 대한 배제결정도 하지 않은 채 통상의 공판절차로 재판을 진행하는 것은 피고인의 국민참여재판을 받을 권리 및 법원의 배제결정에 대한 항고권 등 중대한 절차적 권리를 침해한 것으로서 이러한 소송행위는 무효라고 보아야 한다.[131]

다. 통상절차회부결정 법원은 피고인의 질병 등으로 공판절차가 장기간 정지되거나 피고인에 대한 구속기간의 만료, 성폭력범죄 피해자의 보호, 그 밖에 심리의 제반사정에 비추어 국민참여재판을 계속 진행하는 것이 부적절하다고 인정되는 경우에는 직권 또는 검사·피고인·변호인이나 성폭력범죄 피해자 또는 법정대리인의 신청에 따라 결정으로 사건을 지방법원 본원 합의부가 국민참여재판에 의하지 아니하고 심판할 수 있다(제11조 제1항). 법원은 이 결정을 하기 전에 검사·피고인 또는 변호인의 의견을 들어야 한다. 이 결정에 대하여는 불복할 수 없다.

이 결정이 있는 경우에는 당해 재판에 참여한 배심원과 예비배심원은 해임된 것으로 보고, 결정 전에 행한 소송행위는 그 결정 이후에도 그 효력에 영향이 없다(동조 제4항).

4. 배심원단의 구성

(1) 배심원의 의의

배심원이란 국민이 형사재판 참여에 관한 법률에 따라 형사재판에 참여하도록 선정된 사람을 말한다. 배심원은 국민참여재판을 하는 사건에 관하여 사실의 인정, 법령의 적용 및 형의 양정에 관한 의견을 제시할 수 있다. 배심원은 법령을 준수하고

131) 대법원 2011. 9. 8. 선고 2011도7106 판결.

독립하여 성실히 직무를 수행하여야 하고, 직무상 알게 된 비밀을 누설하거나 재판의 공정을 해하는 행위를 하여서는 아니 된다. 배심원은 만 20세 이상의 대한민국 국민 중에서 선정된다. 다만 ① 피성년후견인 또는 피한정후견인 등 결격사유가 있는 자, ② 대통령·국회의원·법관·법원 및 검찰공무원·경찰 등 직업에 따른 제외사유가 있는 자, ③ 피해자 등 제척사유가 있는 자, ④ 만 70세 이상인 사람 등 면제사유에 해당하는 자로서 법원의 직권 또는 신청에 따라 배심원 직무의 수행을 면제할 수 있다.

(2) 배심원의 선정절차

지방법원장은 매년 주민등록자료를 활용하여 배심원후보예정자명부를 작성한다. 법원은 배심원후보예정자명부 중에서 필요한 수의 배심원후보자를 무작위 추출 방식으로 정하여 배심원과 예비배심원의 선정기일을 통지하여야 한다. 법원은 선정기일 2일 전까지 검사와 변호인에게 배심원후보자의 성명·성별·출생연도가 기재된 명부를 송부하여야 하고, 검사·피고인 또는 변호인에게 선정기일을 통지하여야 한다. 통지를 받은 배심원후보자는 선정기일에 출석하여야 한다. 검사와 변호인도 출석하여야 하며, 피고인은 법원의 허가를 받아 출석할 수 있다. 법원은 변호인이 선정기일에 출석하지 아니한 경우 국선변호인을 선정하여야 한다(동법 제27조).

법원은 배심원후보자가 결격사유, 제외사유, 제척사유, 면제사유에 해당하는지 여부 또는 불공평한 판단을 할 우려가 있는지 여부 등을 판단하기 위하여 배심원후보자에게 질문을 할 수 있고, 검사·피고인 또는 변호인은 법원으로 하여금 필요한 질문을 하도록 요청할 수 있고, 법원은 검사 또는 변호인으로 하여금 직접 질문하게 할 수 있다.

법원은 배심원후보자가 결격사유(제17조), 제외사유(제18조), 제척사유(제19조), 면제사유(제20조)에 해당하거나 불공평한 판단을 할 우려가 있다고 인정되는 때에는 직권 또는 검사·피고인·변호인의 기피신청에 따라 당해 배심원후보자에 대하여 불선정 결정을 하여야 하고, 검사·피고인 또는 변호인의 기피신청을 기각하는 경우에는 이유를 고지하여야 한다.

검사와 변호인은 배심원이 9인인 경우는 5인, 배심원이 7인인 경우는 4인, 배심원이 5인인 경우는 3인의 범위 내에서 배심원후보자에 대하여 이유를 제시하지 아니하는 기피신청을 할 수 있고, 무이유기피신청이 있는 때에는 법원은 당해 배심원후보자를 배심원으로 선정할 수 없다.

법원은 출석한 배심원후보자 중에서 당해 재판에서 필요한 배심원과 예비배심원의 수에 해당하는 배심원후보자를 무작위로 뽑고 이들을 대상으로 직권, 기피신청 또는 무이유부기피신청에 따른 불선정결정을 한다. 불선정결정이 있는 경우에는 그 수만큼 위의 절차를 반복한다. 이러한 절차를 거쳐 필요한 수의 배심원과 예비배심원후보자가 확정되면 법원은 무작위의 방법으로 배심원과 예비배심원을 선정하고, 예비배심원이 2인 이상인 경우에는 그 순번을 정하여야 한다(제31조).

(3) 배심원의 구성과 해임·사임

법원은 배심원 또는 예비배심원이 의무를 위반하여 그 직무를 담당하게 하는 것이 적당하지 아니하다고 인정되거나 불공평한 판단을 할 우려가 있는 등 이 법 제32조 제1항이 규정하고 있는 사유에 해당될 경우에는 직권 또는 검사·피고인·변호인의 신청에 따라 배심원 또는 예비배심원을 해임할 수 있는 결정을 할 수 있다. 이 결정에 대하여는 불복할 수 없다.

배심원과 예비배심원은 직무를 계속 수행하기 어려운 사정이 있는 때에는 법원에 사임을 신청할 수 있고, 법원은 그 신청에 이유가 있다고 인정하는 때에는 당해 배심원 또는 예비배심원의 해임을 결정할 수 있다. 이 결정에 대하여는 불복할 수 없다.

(4) 배심원의 보호

누구든지 배심원·예비배심원후보자인 사실을 이유로 해고하거나 그 밖의 불이익한 처우를 하여서는 아니 된다. 누구든지 재판에 영향을 미치거나 배심원·예비배심원이 직무상 취득한 비밀을 알아낼 목적으로 배심원·예비배심원 또는 배심원·예비배심원의 직무에 종사하였던 사람과 접촉하여서는 아니 된다(제51조). 법령으로 정하는 경우나 본인이 동의하는 경우를 제외하고는 누구든지 배심원·예비배심원·예비배심원후보자의 성명·주소와 그 밖의 개인정보를 공개하여서는 아니 된다(제52조). 그 밖에도 배심원 등에 대한 신변보호조치에 관한 규정을 두고 있다.

5. 국민참여재판의 공판절차

(1) 공판준비절차

1) 필요적 공판준비절차

재판장은 피고인이 국민참여재판을 원하는 의사를 표시한 경우에는 사건을 공판준비절차에 부쳐야 한다. 배심원이 사건의 실체를 이해하여 실질적으로 형사재판에 관여할 수 있도록 하기 위해 일반적인 형사절차와는 달리 공판준비절차가 필요적이다.

다만 공판준비절차에 부치기 전에 배제결정이 있는 때에는 공판준비절차에 부치지 아니하고, 공판준비절차에 부친 이후 피고인이 국민참여재판을 원하지 아니하는 의사를 표시하거나 배제결정이 있는 때에는 공판준비절차를 종결할 수 있다(제9조).

2) 공판준비기일의 지정과 진행과정

법원은 주장과 증거를 정리하고 심리계획을 수립하기 위하여 공판준비기일을 지정하여야 한다. 법원은 합의부원으로 하여금 공판준비기일을 진행하게 할 수 있다. 이 경우 수명법관은 공판준비기일에 관하여 법원 또는 재판장과 동일한 권한이 있다. 공판준비기일은 공개한다. 다만, 법원은 공개함으로써 절차의 진행이 방해될 우려가 있는 때에는 공판준비기일을 공개하지 아니할 수 있다. 공판준비기일에는 배심원이 참여하지 아니한다(제37조).

(2) 공판기일의 심리

1) 공판정의 구성 및 소송관계인의 좌석

공판정은 판사·배심원·예비배심원·검사·변호인이 출석하여 개정한다. 검사와 피고인 및 변호인은 대등하게 마주 보고 위치한다. 다만, 피고인 신문을 하는 때에는 피고인은 증인석에 위치한다. 배심원과 예비배심원은 재판장과 검사·피고인 및 변호인의 사이 왼쪽에 위치한다. 증인석은 재판장과 검사·피고인 및 변호인의 사이 오른쪽에 배심원과 예비배심원을 마주 보고 위치한다(제39조). 국민참여재판은 필요적 변호사건이므로 사선변호인이 없는 때에는 법원은 직권으로 변호인을 선정하여야 한다.

2) 배심원의 권리와 의무

배심원과 예비배심원의 절차상의 권리에는 신문요청권과 필기권이 인정되고 있다. 즉 ① 배심원과 예비배심원은 피고인 또는 증인에 대하여 필요한 사항을 신문하여 줄 것을 재판장에게 요청할 수 있다. 신문요청은 피고인 또는 증인에 대한 신문이 종료된 직후 서면에 의하여 하여야 한다. 그러나 배심원의 신문요청권은 불필요하거나 부적절한 질문으로 심리가 지연되고 다른 배심원 또는 예비배심원에 의하여 요청된 신문사항을 수정하여 신문하거나 신문하지 아니할 수 있다. ② 배심원과 예비배심원은 필요하다고 인정되는 경우 재판장의 허가를 받아 각자 필기를 하여 이를 평의에 사용할 수 있다(제41조 제1항 제2호). 재판장은 공판 진행에 지장을 초래하는 등 필요하다고 인정되는 때에는 허용된 필기를 언제든지 다시 금지할 수 있고, 필기를 하여 평의에 사용하도록 허용한 경우에는 배심원과 예비배심원에게 평의 도중을 제외한 어떤 경우에도 자신의 필기내용을 다른 사람이 알 수 없도록 할 것을 주지시켜야 한다.

배심원과 예비배심원은 국민참여재판이 원활하게 진행되도록 협력하고 평결의 공정성과 공평성을 해하는 행동을 하지 않아야 할 의무를 진다. 따라서 이들은 ① 심리도중에 법정을 떠나거나, 평의·평결 또는 토의가 완결되기 전에 재판장의 허락 없이 그 장소를 떠나는 행위, ② 평의가 시작되기 전에 당해 사건에 관한 자신의 견해를 밝히거나 의논하는 행위, ③ 재판절차 외에서 당해 사건에 관한 정보를 수집하거나 조사하는 행위, ④ 평의·평결 또는 토의에 관한 비밀을 누설하는 행위를 하여서는 아니 된다(제41조 제2항).

3) 공판절차의 특칙

가. 간이공판절차 규정의 배제 국민참여재판에는 간이공판절차에 관한 규정을 적용하지 아니한다(제43조). 피고인이 공소사실에 대하여 자백을 하더라도 국민참여재판은 간이공판절차에 의한 증거능력과 증거조사의 특칙을 적용하는 것이 부적합한 재판이기 때문이다.

나. 공판절차의 갱신 공판절차가 개시된 후 새로 재판에 참여하는 배심원 또는 예비배심원이 있는 때에는 공판절차를 갱신하여야 한다. 배심원에 결원이 생겨 새로운 배심원이 참여하는 경우를 대비하기 위한 규정이다. 갱신절차는 새로 참여한 배심원 또는 예비배심원이 쟁점 및 조사한 증거를 이해할 수 있도록 하되 그 부담이 과중하지 않도록 하여야 한다.

다. 배심원의 증거능력 판단의 배제 배심원 또는 예비배심원은 법원의 증거능력에 관한 심의에 관여할 수 없다. 이는 법률전문가가 아닌 배심원·예비배심원이 증거능력 없는 증거에 의해 영향을 받지 않도록 하기 위해서이다.

(3) 평의와 평결 및 양형토의

국민참여재판에서의 배심원은 유·무죄에 관하여 평결할 뿐만 아니라 양형에 관하여 토의하고 그에 관한 의견을 개진한다. 그러나 배심원의 평결과 의견은 법원을 기속하지 아니한다.

1) 재판장의 설명과 평의와 평결

재판장은 변론종결 후 법정에서 배심원에게 공소사실의 요지와 적용법조, 피고인과 변호인의 주장의 요지, 증거능력, 그 밖에 유의할 사항에 관하여 설명하여야 한다. 이 경우 필요한 때에는 증거의 요지에 관하여 설명할 수 있다(제46조 제1항).

심리에 관여한 배심원은 재판장의 설명을 들은 후 유·무죄에 관하여 평의하고, 전원의 의견이 일치하면 그에 따라 평결한다. 배심원은 유·무죄에 관하여 전원의 의견이 일치하지 아니하는 때에는 평결을 하기 전에 심리에 관여한 판사의 의견을 들어야 한다. 이 경우 유·무죄의 평결은 다수결의 방법으로 한다. 심리에 관여한 판사는 평의에 참석하여 의견을 진술한 경우에도 평결에는 참여할 수 없다(동조 제3항).

2) 양형토의

배심원의 평결이 유죄인 경우 배심원은 심리에 관여한 판사와 함께 양형에 관하여 토의하고 그에 관한 의견을 개진하고, 재판장은 양형에 관한 토의 전에 처벌의 범위와 양형의 조건 등을 설명하여야 한다(제46조 제4항). 배심원의 평결과 양형에 관한 의견은 법원을 기속하지 아니한다. 평결결과와 양형에 관한 의견을 집계한 서면은 소송기록에 편철한다. 배심원은 평의·평결 및 토의과정에서 알게 된 판사 및 배심원 각자의 의견과 그 분포 등을 누설하여서는 아니 된다(제47조).

(4) 판결의 선고 및 상소

판결의 선고는 변론을 종결한 기일에 하여야 하고, 이 경우에는 판결서를 선고 후에 작성할 수 있다. 다만, 특별한 사정이 있는 때에는 따로 선고기일을 지정할 수 있는데, 이 경우의 선고기일은 변론종결 후 14일 이내로 정하여야 한다. 재판장은 판결선고시 피고인에게 배심원의 평결결과를 고지하여야 하며, 배심원의 평결결과와 다른 판결을 선고하는 때에는 판결서에 그 이유를 기재하여야 한다(제49조). 배심원이 참여하는 국민참여형사재판의 경우에 상소심절차에 관하여는 특별규정을 두고 있지 않기 때문에 항소와 상고절차는 일반적인 형사재판절차와 동일하다.

제 2 장 증 거

제 1 절 증거의 의의 및 종류

Ⅰ. 증거의 의의

형사소송에 있어서 구체적인 범죄사실관계의 확정을 위해서는 이를 인정하기 위한 자료가 필요하며, 이러한 범죄사실관계의 확정을 위해 사용되는 자료, 즉 사실인정의 근거가 되는 자료를 **증거**라 한다. 이 증거에 의하여 사실관계가 확인되는 과정을 **증명**이라 한다. 이와 같이 증거를 기초로 합리적으로 사실을 해명하는 과정을 규율하는 법률체계를 **증거법**이라 한다. 증거법은 증거를 수집하고 조사하는 절차에 관한 규정과 개별적인 증거의 증거능력과 증명력에 관한 규정으로 나눌 수 있는데, 후자를 협의의 증거법이라 부른다.

증거라는 의미에는 ① 사실인정의 자료가 되는 사람이나 물건과 같은 유형물 그 자체를 의미하는 **증거방법**(증거수단: 증인, 증거물, 증거서류 등)과, ② 이러한 증거방법을 대상으로 조사를 하여 알게 된 내용인 **증거자료**(증명자료: 증인의 증언내용이나 증거물의 성질이나 내용 등), ③ 그리고 증거자료나 그 밖의 증거조사를 통해 얻게 되는 비언어적 자료(증인신문시의 증인의 태도나 표정 등)인 **증거결과**라는 개념이 모두 포함되어 있다.

Ⅱ. 증거의 종류

증거의 종류는 그 구별기준에 따라 여러 가지로 분류할 수 있는데, 일반적으로는 다음과 같이 분류되어진다.

1. 직접증거와 간접증거

증거는 범죄의 증명을 위해 필요한 사실, 즉 요증사실(要證事實)과의 거리를 기준으로 직접증거와 간접증거로 나누어진다. **직접증거**는 범죄사실을 직접적으로 증명하는 증거를 말한다. 예컨대 피고인의 자백, 범행목격자의 증언, 위조통화 등이 해당한다. 이와 반대로 **간접증거**는 요증사실을 간접적으로 추측케 하는 증거를 말한다. 이를 **'정황증거'** 라고도 한다. 예컨대 범행현장에 남은 피고인의 지문이나 족적 등을 들 수 있다.

2. 인적 증거, 물적 증거, 증거서류

인적 증거란 사람의 진술내용이 증거로 되는 것을 말하며, 이를 '인증'(人證)이라고도 한다. 예컨대 증인의 증언, 감정인의 감정, 피고인의 진술 등이 이에 해당한다. 물적 증거란 물건의 존재 또는 상태가 증거로 되는 것을 말한다. '물증'(物證)이라고도 하며, 예컨대 범행에 사용된 흉기 또는 절도의 장물 등이 해당한다.

이에 반하여 서면의 의미내용이 증거로 되는 것을 증거서류라고 한다. 예컨대 공판조서, 검증조서 등이 이에 해당한다. 증거서류는 증거물인 서면(書面)과 구별되며, 증거서류와 증거물인 서면을 합하여 '서증'(書證)이라고도 한다.

증거물인 서면과 증거서류는 공판기일에서의 증거조사방식에 차이가 있다. 증거물인 서면은 제시할 것을 요하지만, 증거서류는 낭독 또는 내용의 고지방식에 의한다.

증거서류와 증거물인 서면을 어떻게 구별할 것인가에 대하여는 다음과 같은 견해의 대립이 있다.

《 증거서류와 증거물인 서면의 구별기준에 관한 학설 》

(1) **절차기준설**

당해 사건의 소송절차에서 작성된 서면으로 그 보고적 내용이 증거로 사용되는 서류가 증거서류이고, 그 이외의 서류는 증거물인 서면이라는 견해이다.

이 견해에 따르면 법원의 증인신문조서, 검증조서, 감정서 이외에 수사기관이 작성한 진술조서나 검증조서도 증거서류에 포함되게 된다. 이 견해는 법령에 의하여 작성된 조서에 절대적 증거능력을 인정하던 구형사소송법에 기초한 이론으로서 현행 형사소송법과 일치하지 않으므로 현재 이 견해를 따르는 학자는 없다.

(2) **내용기준설**

서면의 내용을 증거로 하는 것이 증거서류이고, 서면의 내용과 동시에 그 존재 또는 상태가 증거로 되는 것이 증거물인 서면이라는 견해이다.[1] **판례의 입장**이다. 이는 **보고적 문서**는 증거서류이고, **처분문서**는 증거물인 서면이라는 견해라 할 수 있다. 따라서 법원이 작성한 공판조서나 검증조서, 수사기관이 작성한 조서, 의사의 진단서도 증거서류에 포함된다. 증거조사를 함에 있어서 제시를 요하는 것은 성립의 진정을 확인하기 위해서가 아니라 서면의 존재와 상태를 확인하기 위해서라는 이유이다. 그러나 모든 보고적 문서에 관하여 증거조사에 있어서 제시를 요하지 않는다고 하는 것은 타당하다고 할 수 없다.

(3) **작성자기준설**

당해 소송절차에서 **법원 또는 법관의 면전에서 법령에 의하여 작성된 서면**은 **증거서류**이고, 그 이외의 서류가 증거물인 서면이라고 해석하는 견해이다.[2]

이 견해에 의하면 법관 또는 법원의 면전에서 작성된 각종조서는 증거서류이지만 수사기관이 작성한 조서는 증거물인 서면에 해당하게 되고, 법관에 의하여 작성된 조서라 하더라도 당해 사건이 아닌 다른 사건에 대한 조서는 증거물인 서면에 해당한다고 하게 된다.

생각건대 ① 종래 증거물이 서류인 때에는 그 요지를 고지하여야 한다는 규정을 삭제하고 개정형사소송법이 모든 증거서류의 조사방식으로 낭독 또는 내용고지의 방법에 의하도록 하고(제292조), 증거물에 대한 조사방식으로는 이를 제시하도록 규정하고 있으며(제292조의2), ② 또한 형사소송규칙에는 증거조사에 있어서 모든 증거에 대하여 제시를 요하도록 규정하고 있는 점을 고려해볼 때(형사소송규칙 제134조 제2항), 낭독 또는 내용고지에 의하여 그 내용이 문제되는 서류는 모두 증거서류이고, 서류의 존재와 상태가 문제되는 것이 증거물인 서면이라는 **내용기준설이 타당**하다.

3. 본증과 반증

본증(本證)이란 거증책임(擧證責任)을 지는 당사자가 제출하는 증거를 말하며, 반증(反證)이란 본증에 의하여 증명하려고 하는 사실의 존재를 부인하기 위하여 제출하는 증거를 말한다. 형사소송법상 거증책임은 원칙적으로 검사에게 있으므로 검사가

1) 배종대/이상돈/정승환/이주원, 537면; 신동운, 628면; 신양균, 648면; 이영란, 652면; 이재상, 498면; 임동규, 431면; 차용석/최용성, 460면.

2) 김기두, 121면; 서일교, 165면; 신현주, 581면; 정영석/이형국, 304면.

제출하는 증거는 본증이고, 피고인이 제출하는 증거는 반증이라 할 수 있다. 그러나 예외적으로 피고인이 거증책임을 지는 경우에는 피고인이 제출하는 증거가 본증이 된다.

4. 진술증거와 비진술증거

진술증거(陳述證據)란 사람의 진술을 증거로 하는 것을 말하며, 이러한 진술증거에는 진술과 진술을 기재한 서면이 포함된다. 비진술증거(非陳述證據)란 진술증거 이외의 서증과 물적 증거를 말한다.

진술증거는 다시 원본증거(또는 본래증거: 本來證據)와 전문증거로 나누어진다. 원본증거(原本證據)란 증인이 직접 실험한 사실을 진술하는 경우의 증거를 말하며, 전문증거(傳聞證據)란 타인으로부터 전문한 사실을 진술하는 것을 말한다. 전문법칙은 진술증거에 대하여만 적용된다.

5. 실질증거와 보조증거

실질증거(實質證據)란 주요사실의 존부(存否)를 직접·간접으로 증명하기 위하여 사용되는 증거를 말하며, 보조증거(補助證據)란 실질증거의 증명력을 다투기 위하여 사용되는 증거를 말한다. 보조증거에는 증강증거(增强證據)와 탄핵증거(彈劾證據)가 있다. 전자는 증명력을 증강하기 위한 증거를 말하며, 후자는 증명력을 감쇄(減殺)하기 위한 증거를 말한다.

Ⅲ. 증거능력과 증명력

증거능력이란 엄격한 증명의 자료로 사용될 수 있는 법률상의 자격을 말한다. 자유로운 증명의 자료가 되기 위해서는 증거능력을 요하지 않는다. 또한 증거능력은 법률에 의하여 형식적으로 결정된다.

이에 반하여 **증명력**이란 증거의 실질적 가치를 의미한다. 증거의 증명력은 법관의 자유심증에 맡겨져 있다. 증거로서의 가치가 있는 증거라 하더라도 증거능력이 없는 증거는 사실인정의 자료가 될 수 없으며, 공판정에 증거로 제출하여 증거조사를 하는 것도 허용되지 않는다.

증거능력의 제한에는 절대적인 것과 상대적인 것이 있다. 전자의 예로는 자백의 증거능력제한이 해당하고, 후자의 예로는 전문증거라 하더라도 당사자가 동의한 때에는 증거로 할 수 있으므로 전문법칙이 이에 해당한다. 자백배제법칙과 위법수집증거배제법칙 및 전문법칙은 증거능력의 문제이고, 자백의 보강법칙과 공판조서는 증명력이 문제된다. 증명의 기본원칙에 있어서도 증거재판주의가 증거능력에 관련된 것임에 반하여, 자유심증주의는 증명력에 관한 원칙이다.

제 2 절　증거법의 기본원칙

Ⅰ. 증거재판주의

1. 의　　의

(1) 형사소송법 제307조의 의미

형사소송법 제307조 제1항은 "사실의 인정은 증거에 의하여야 한다"라고 규정하여 증거재판주의를 선언하고 있다. 실체적 진실발견을 이념으로 하는 형사소송에 있어서는 법관의 자의에 의한 사실인정은 허용되지 않고 반드시 증거에 의하여야 한다는 증거재판주의는 실체적 진실발견을 위한 증거법의 기본원칙이라 할 수 있다. 민사소송에서는 당사자가 자백한 사실에 대하여는 증명을 요하지 않지만 실체적 진실주의가 적용되는 형사소송에 있어서는 자백한 사실에 대하여도 증거가 없으면 인정할 수 없다는 점에서 제307조의 고유한 의미가 있다. 따라서 형사소송법 제307조 증거재판주의의 규정은 사실인정은 증거에 의하여야 하고 자백에 의해서는 안된다는 **소극적·역사적 의미**를 지니고 있다.

한편 형사소송법 제323조가 유죄판결에 명시될 이유로서 **'범죄될 사실'**에 관하여 증거의 요지를 명시하도록 규정하고 있는 점에 비추어 볼 때, 제307조에서 말하는 사실이란 '범죄될 사실'을 의미하며 또한 범죄될 사실의 인정은 **증거능력** 있고 **적법한 증거조사를 거친 증거**에 의하여야 한다는 것을 말한다. 따라서 제307조의 증거재판주의는 **실정법적·규범적 의미**에서 범죄될 사실은 엄격한 증명을 요한다는 의미를 가지게 되므로 **어떤 사실이 엄격한 증명의 대상이 되는가**가 증거재판주의의 핵심적인 과제라고 하겠다.

(2) 엄격한 증명과 자유로운 증명

'엄격한 증명'이란 법률상 증거능력이 있고 적법한 증거조사를 거친 증거에 의한 증명을 말하고, '자유로운 증명'이란 이를 요하지 않는 증거에 의한 증명을 의미한다는 것이 통설의 입장이다. 이에 대하여 당사자의 면전(面前)에 현출(顯出)되지 아니한 증거에 의하여 사실을 인정하는 것은 당사자주의에 반하므로 자유로운 증명이 증거능력 있는 증거일 것을 요하지는 않더라도 증거조사는 거쳐야 한다는 견해도 있다.

물론 엄격한 증명을 요하는 경우에도 간이공판절차 또는 약식명령의 경우에는 증거조사에 대한 특칙이 허용되고 있고, 자유로운 증명이라고 하여 증거가 법원에 제출될 필요조차 없는 것은 아니다. 다만 자유로운 증명의 경우에는 어떤 방법으로 증거조사를 할 것인지가 법원의 재량에 속하기 때문에 법률에 규정된 증거조사절차에 반드시 따라야 하는 것은 아니다. 따라서 엄격한 증명과 자유로운 증명의 의미에 대하여는 통설의 입장이 타당하다고 생각된다.

결국 엄격한 증명과 자유로운 증명은 증거능력과 증거조사방식에 차이가 있을 뿐 심증의 정도에 차이가 있는 것은 아니다. 모두 '합리적인 의심이 없을 정도의 증명'(proof beyond a reasonable doubt) 또는 '확신'을 요하는 점에서는 동일하다. 이런 점에 비춰볼 때 형사소송법 제307조 제2항에 "범죄사실의 인정은 합리적인 의심이 없는 정도의 증명에 이르러야 한다"라는 규정은 증거법상의 당연한 원칙을 명시화한 당연규정이라 할 수 있다.

2. 엄격한 증명의 대상

형사소송법 제307조의 사실은 엄격한 증명의 대상이 되는 사실, 즉 주요사실을 의미한다고 볼 때 어떤 사실이 주요사실인가를 명백히 할 필요가 있다. 형사소송법의 이념에 비추어볼 때 형벌권의 존부와 범위에 관한 사실이 엄격한 증명의 대상이 된다고 할 수 있다.

(1) 공소범죄사실

공소장에 기재된 범죄사실이 주요사실로서 엄격한 증명의 대상이 된다는 점에 대하여는 다툼이 없다. 공소범죄사실이란 범죄의 특별구성요건을 충족하는 구체적인 사실로서 위법성과 책임을 구비한 사실을 말한다.

1) 구성요건해당사실

구성요건에 해당하는 모든 주관적, 객관적 요소에 해당하는 사실은 엄격한 증명의 대상이 된다. 따라서 공모공동정범의 경우에는 공모의 사실, 상습범에 있어서는 상습의 기초되는 사실이 엄격한 증명의 대상이 된다.

2) 위법성과 책임의 기초사실

구성요건에 해당하는 사실 이외에 위법성과 책임을 기초지우는 사실도 엄격한 증명의 대상이 된다. 위법성조각사유와 책임조각사유의 부존재도 엄격한 증명의 대상이 되는가가 문제된다. 형벌권의 존부에 관한 중요한 사실이므로 엄격한 증명의 대상이 된다는 통설[3]의 태도가 옳다. 따라서 정당방위, 긴급피난, 자구행위의 요건이 되는 사실의 부존재, 명예훼손죄에 있어서 사실증명도 엄격한 증명의 대상이 된다.

3) 처벌조건

처벌조건은 공소범죄사실은 아니지만 형벌권의 발생과 직접 관련되는 사실이므로, 엄격한 증명을 요한다고 해야 한다. 따라서 파산범죄에 있어서 파산선고의 확정이나 친족상도례에 있어서 일정한 친족관계의 존재는 엄격한 증명의 대상이 된다.

(2) 법률상 형의 가중·감면의 이유되는 사실

법률상 형의 가중사유인 누범전과, 형이 감경 또는 감면되는 심신미약 또는 중지미수, 형감면의 이유되는 자수(自首), 자복(自服)의 사실은 범죄될 사실은 아니지만 범죄사실에 준하여 엄격한 증명의 대상이 된다는 것이 통설의 입장이다.[4] 이와 달리 전과사실은 전과조회에 의하여 확실히 알 수 있으므로 자유로운 증명으로 족하다거나, 법률상의 가중·감면의 이유되는 사실을 범죄행위에 내재하는 것과 범죄 후에 발생한 것을 구별하여 전자는 엄격한 증명의 대상이지만 후자는 자유로운 증명의 대상이 된다고 보아야 한다는 견해[5]도 있다. 반면에 판례는 심신미약인가 심신상실인가의 문제는 법률적 판단의 문제이므로 엄격한 증명을 요하지 않는다고 판시하고 있다.[6]그 밖에도 몰수·추징은 부가형으로서 형벌의 성격을 지니므로 엄격한 증명을 요한다고 해

3) 강구진, 420면; 백형구, 425면; 신동운, 772면; 이영란, 661면; 정영석/이형국, 314면.

4) 배종대/이상돈/정승환/이주원, 543면; 백형구, 599면; 신동운, 773면; 이영란, 662면; 이재상/조균석, 540면; 정영석/이형국, 314면.

5) 강구진, 419면.

6) 대법원 1971. 3. 23. 선고 71도212 판결; 대법원 1961. 10. 26. 선고 4294형상590 판결.

야 한다. 그러나 판례는 엄격한 증명이 필요 없다는 입장이다.[7)]

생각건대 형의 가중·감면의 이유되는 사실은 범죄사실은 아니지만 형기(刑期)와 관련되어 범죄사실과 마찬가지로 피고인에게는 중요하므로 엄격한 증명의 대상이 된다고 보는 통설의 입장이 타당하다. 따라서 형의 가중사유가 되는 누범전과(累犯前科)는 엄격한 증명을 요하지만, 그 밖의 전과(前科)는 정상관계사실(情狀關係事實)로서 자유로운 증명으로 족하다고 할 것이다.

(3) 간접사실, 경험법칙, 법규

간접사실과 경험법칙 및 외국법규는 엄격한 증명의 대상이 된다.

1) 간접사실

간접사실(間接事實)이란 요증사실(要證事實)의 존부(存否)를 간접적으로 추인(追認)하는 사실을 말한다. 요증사실이 주요사실인 경우에는 간접사실도 엄격한 증명의 대상이 된다. 예컨대 알리바이(犯罪現場不在)의 증명은 주요사실에 대하여 간접적으로 반대증거가 될 수 있는 간접사실로서 엄격한 증명의 대상이 된다.

2) 경험법칙

경험법칙이란 사실은 아니지만 사실을 판단하는 전제가 되는 지식을 말한다. 일반적으로 경험법칙은 공지의 사실이기 때문에 증명을 요하지 않는다. 그러나 경험법칙의 내용이 명백하지 않을 때에는 증명의 필요가 있으며, 그것이 엄격한 증명의 대상이 되는 사실의 인정을 위하여 필요한 때에는 엄격한 증명의 대상이 된다.

3) 법 규

법규의 존부(存否)와 그 내용은 법원의 직권조사사항이므로 증거조사의 대상이 아니다. 그러나 외국법, 자치법규, 관습법 등과 같이 법규의 내용이 명확하지 않은 때에는 법규에 대한 증명이 요구되어진다. 법규의 내용이 인정되는 사실에 대한 벌칙에 불과한 때에는 엄격한 증명을 요하지 않지만, 엄격한 증명을 요하는 사실을 인정하는 자료가 되는 때에는 엄격한 증명의 대상이 된다. 대법원도 외국법규의 존재는 엄격한 증명의 대상이 된다고 입장을 취하고 있다.[8)]

---

7) 대법원 2006. 4. 7. 선고 2005도9858 전원합의체 판결.

8) 대법원 1973. 5. 1. 선고 73도289 판결(형법 제6조 단서에 규정한바 행위지의 법률에 의하여 범죄를 구성하는가의 여부에 관하여는 이른바 엄격한 증명을 필요로 한다).

3. 자유로운 증명의 대상

자유로운 증명은 증거능력의 제한이나 적법한 증거조사로부터 벗어나 법원의 재량에 의하여 증거조사가 행해지는 점에 특색이 있다. 자유로운 증명의 대상이 되는 사실에는 정상관계사실과 소송법적 사실 및 보조사실을 들 수 있다.

(1) 정상관계사실

양형의 기초되는 정상관계사실(情狀關係事實)은 양형이 법원의 재량에 의하므로 자유로운 증명으로 족하다고 해석하는 것이 통설의 입장이다. 이와 달리 피고인에게 유리한 것은 자유로운 증명으로 족하지만 불리한 것은 상당한 증명[9] 또는 엄격한 증명을 요한다는 견해[10]도 있다. 그러나 피고인에게 유·불리한가 여하에 따라 증명의 정도를 결정하는 해야 할 특별한 근거가 없으므로 통설의 태도가 타당하다.

따라서 피고인의 경력, 성격, 환경, 범죄후의 정황 등 형의 선고유예, 집행유예 또는 작량감경 및 양형의 조건되는 사실은 자유로운 증명으로 족하다고 해야 한다. 그러나 범죄의 수단, 방법, 피해정도와 같이 정상관계사실인 동시에 그것이 범죄사실의 내용이 된 때에는 엄격한 증명의 대상이 된다.

(2) 소송법적 사실

순수한 소송법적 사실은 자유로운 증명으로 족하다는 점에 대하여는 견해의 대립이 없다. 따라서 친고죄의 고소유무, 피고인의 구속기간, 공소제기, 공판개시, 적법한 피고인신문여부 등은 엄격한 증명을 요하지 않는다. 다만 자백의 임의성의 기초되는 사실에 관하여는 그것이 피고인에게 불이익을 초래하고, 당사자에게 반대신문의 기회를 주어야 한다는 것을 이유로 엄격한 증명을 요한다는 견해도 있다.[11] 그러나 자백의 임의성에 관한 사실도 소송법적 사실인 이상 자유로운 증명으로 족하다고 해석하는 견해가 타당하다.[12] 판례[13]도 같은 태도이다. 전문증거의 증거능력의 인정요건이 되는 특신상태에 관해서도 자유로운 증명으로 충분하다.[14]

---

9) 강구진, 421면.
10) 배종대/이상돈/정승환/이주원, 544면; 차용석/최용성, 472면.
11) 신동운, 775면.
12) 배종대/이상돈/정승환/이주원, 54면; 백형구, 599면; 이영란, 664면; 임동규, 438면.
13) 대법원 2003. 5. 30. 선고 2003도705 판결; 대법원 2012. 11. 29. 선고 2010도3029 판결.
14) 대법원 2012. 7. 26. 선고 2012도2937 판결.

(3) 보조사실

보조사실이란 증거의 증명력에 영향력을 미치는 사실을 말한다. 보조사실에는 증거의 증명력을 탄핵하는 사실과 보강하는 사실이 있다. 여기서 탄핵하는 사실은 자유로운 증명으로 충분하다. 그러나 주요사실을 인정하는 증거의 증명력을 보강하는 자료가 되는 사실은 그 주요사실이 엄격한 증명의 대상이 되기 때문에 엄격한 증명을 요한다고 해야 한다.

4. 증명을 요하지 않는 사실

증명의 대상이 되는 사실의 성질에 비추어 증명이 불필요한 사실을 **불요증사실**(不要證事實)이라 한다. 이러한 불요증사실에는 **공지의 사실**과 **추정된 사실** 및 **거증금지사실**이 있다.

(1) 공지의 사실

1) 공지의 사실의 의의

일반적으로 널리 알려져 있는 사실, 즉 보통의 지식과 경험을 가진 사람이라면 의심하지 않는 사실을 말한다. 이에는 명백한 사실이나 자연계의 현저한 사실이 해당한다. 모든 사람에게 알려져 있어야만 공지의 사실이 되는 것이 아니라 일정한 범위의 사람에게 알려져 있으면 족하다. 공지의 사실이라 하더라도 반증에 의하여 공지의 사실이 아님을 증명할 수 있다.

2) 법원에 현저한 사실

법원이 그 직무상 명백히 알고 있는 사실, 즉 법관이기 때문에 알고 있는 사실을 말한다. 독일에서는 통설과 판례가 이를 공지의 사실에 속한다고 이해하나, 우리 형사소송법상으로는 법관이 개인적으로 알고 있는 사실이라 하더라도 국민의 신뢰와 공정한 재판을 담보하기 위해서는 증명을 요한다고 해야 한다.

(2) 추정된 사실

추정(推定)이란 전제사실로부터 다른 사실을 추인하는 것을 말한다. 이에는 법률상 추정된 사실과 사실상 추정된 사실이 있다.

1) 법률상 추정된 사실

전제사실이 증명되면 다른 사실을 인정하도록 법률에 규정되어 있는 경우를 말한다. 형사소송법상 법률상의 추정은 실체적 진실주의와 자유심증주의 및 무죄추정의 원칙에 반하므로 이를 인정할 수는 없다고 해야 한다.

2) 사실상 추정된 사실

전제사실로부터 다른 사실을 추정하는 것이 논리적으로 합리적인 사실을 말한다. 예컨대 어떤 범죄의 구성요건해당성이 인정되면 위법성과 책임이 사실상 추정된다. 사실상 추정된 사실은 증명을 요하지 않는다. 그러나 이에 대하여 반증이 허용된다.

(3) 거증금지사실

증명으로 인해 얻게 되는 소송법적 이익보다 초소송법적(超訴訟法的) 이익이 더 크기 때문에 증명이 금지된 사실을 거증금지사실(擧證禁止事實)이라 한다. 거증금지사실은 증명을 요하지 않는데, 예컨대 공무원 또는 공무원이었던 자의 직무상의 비밀에 속하는 사실이 여기에 해당한다(제147조).

Ⅱ. 거증책임

1. 거증책임의 의의

(1) 개 념

거증책임이란 요증사실의 존부(存否)에 대하여 증명이 불충분할 경우에 불이익을 받게 되는 당사자의 법적 지위를 말한다. 이를 **위험부담·실질적 거증책임** 또는 **객관적 거증책임**이라 한다. 거증책임은 당사자의 적극적인 입증활동과 법원의 직권증거조사에도 불구하고 사실의 존부에 관하여 법관이 확신에 이르지 못한 경우에 증명곤란으로 인한 불이익을 당사자의 어느 일방에게 부여함으로써 재판불능상태를 방지하는 장치이다.

(2) 거증책임과 소송구조

직권주의 소송구조하에서 실체적 진실발견은 법원의 의무이고 당사자인 검사나 피고인이 이를 증명해야 하는 것은 아니기 때문에 거증책임개념을 인정할 수 없고, 증명불능상태가 되면 무죄추정의 원칙에 따라 해결하면 된다고 하여 거증책임개념을 부정하는 견해도 있다.[15)]

그러나 직권주의 하에서의 법원의 직권심리의무는 법원의 증거조사의무를 의미하지만, 거증책임이란 종국판결시(終局判決時)에 비로소 작용하는 당사자의 위험부담

15) 배종대/이상돈/정승환/이주원, 557면; 신동운, 781면.

을 의미하는 것으로서 양자는 작용의 단계를 달리하므로 거증책임은 당사자주의나 직권주의 소송구조 하에서도 필요한 개념이라는 것이 다수설의 입장이다. 생각건대 자유심증주의와 증거재판주의에 의하여 실체적 진실을 규명하는 것이 형사소송의 이념이지만, 이에 의해서도 사실의 존부에 관하여 법원이 확신을 얻지 못한 경우에 어떠한 판단을 할 것인가에 관한 문제는 당사자주의나 직권주의를 불문하고 발생하므로 거증책임 긍정설이 타당하다고 생각된다. 그러나 결국 의심스러운 때는 피고인의 이익으로라는 원칙이 거증책임을 정하는 기준이 되므로 결론에 있어서는 긍정설과 부정설 사이에 큰 차이가 없다고 할 수 있다.

2. 거증책임분배의 원칙

거증책임분배의 원칙이란 거증책임을 어느 당사자에게 부담하게 하는가를 정하는 원칙을 말한다. 거증책임은 거증의 난이를 고려하여 형평의 관념에 의하여 분배해야 한다. 그런데 형사소송법에서는 법치국가의 원리로서 무죄추정의 원칙이 적용되고 있다. 무죄추정의 원리는 법관이 증거를 어떻게 평가하고 판단할 것인가에 관하여 정하는 증거법칙이 아니라, 증거평가를 마친 후에도 확신에 이르지 못할 때에 적용되는 증거평가 후의 판단법칙이다.

따라서 형사소송에서는 무죄추정의 원칙과 in dubio pro reo(의심스러울 때에는 피고인의 이익으로)원칙이 거증책임을 정하는 기준이 되므로, 범죄의 성립과 형벌권의 발생에 영향을 미치는 모든 사실에 관하여 원칙적으로 검사가 거증책임을 부담하는 것이 원칙이다. 거증책임분배의 원칙이란 무죄추정의 원칙의 적용범위의 문제라고 할 수 있다.

(1) 공소범죄사실과 처벌조건인 사실

'의심스러운 때에는 피고인의 이익으로'라는 원칙이 범죄의 성립과 형벌권 발생에 영향을 미치는 모든 사실에 미친다는 점에 대하여는 의견이 일치한다.

1) 공소범죄사실

공소범죄사실에 대한 거증책임은 검사에게 있다. 범죄성립요소인 사실뿐만 아니라 범죄조각사유의 부존재에 대하여도 거증책임이 있다. 따라서 피고인이 위법성조각사유나 책임조각사유를 주장하는 경우에도 검사가 그 부존재에 대하여 거증책임을 진다. 피고인의 알리바이 주장에 대한 거증책임이 누구에게 있느냐에 대하여는, ①

알리바이는 주요사실에 대한 간접적인 반대증거가 될 수 있는 간접사실이므로 피고인에게 거증책임이 있다는 피고인부담설[16)]과 ② 알리바이의 주장은 구성요건해당사실을 부인하는 진술이므로 검사에게 거증책임이 있다는 검사부담설[17)]이 대립하고 있으며, 독일판례[18)]는 거증책임에 대하여 피고인부담설을, 미국 연방대법원 판례[19)]는 검사부담설의 입장을 취하고 있다. 생각건대 무죄추정의 원칙에 따라 검사에게 거증책임이 있다는 견해가 타당하다고 생각된다.

2) 처벌조건인 사실

인적 처벌조각사유(친족상도례)나 객관적 처벌조건(파산범죄에 있어서 파산선고의 확정)과 같이 형벌권발생의 요건이 되는 사실에 대한 거증책임은 검사가 부담한다.

(2) 형의 가중·감면의 사유가 되는 사실

형의가중사유인 누범전과사실에 대한 거증책임도 원칙적으로 검사가 부담한다. 형의 감면사유인 심신미약이나 자수 등 그 부존재도 형벌권의 범위에 영향을 미치는 사유이므로 이에 대한 거증책임도 검사가 부담한다는 통설[20)]의 입장이 타당하다.

(3) 소송법적 사실

소송법적 사실에 관하여도 무죄추정의 원칙이 적용될 수 있으나, 이를 획일적으로 정할 수는 없다.

1) 소송조건의 존재

'의심스러운 때에는 피고인의 이익으로'(in dubio pro reo)라는 원칙은 범죄의 성립과 형벌권 발생에 관한 실체법적 사실에 대해서만 적용되고 소송법적 사실에는 적용되지 않는 원칙이었다. 그러나 소송조건의 존부는 실체적 심판을 하기 위한 전제조건이고, 재판에 영향을 실제적으로 미치기 때문에 무죄추정의 원칙을 소송법적 사실인 소송조건의 존재에 대하여도 확대적용하는 것이 법치국가원리에 부합된다. 따라서 친고죄에 있어서 고소·고발과 같은 소송조건이나 공소시효, 사면, 공소제기의 적법성 등의 소송조건에 대한 거증책임도 검사에게 있다.

---

16) 이재상/조균석, 546-547면.
17) 김재환, 613면; 손동권/신이철, 525면; 임동규, 476면.
18) BGHSt. 25, 285.
19) Johnson v. Bennett, 393 U.S. 253(1968).
20) 김재환, 613면; 손동권/신이철, 525면; 이재상/조균석, 547면; 임동규, 477면.

2) 증거능력의 전제되는 사실

증거능력의 전제되는 사실에 대한 거증책임은 그 증거를 제출한 당사자에게 거증책임이 있다. 이는 증거를 자기의 이익으로 이용하려는 당사자가 이에 대한 거증책임을 지는 것이 공평의 이념에 부합되기 때문이다. 따라서 예컨대 의사의 진단서나 서증을 검사가 증거로 제출하는 경우에 그 증거능력이나, 자백의 임의성이나 임의로 제출받아 압수한 증거의 제출의 임의성에 대한 거증책임은 검사가 진다.

3. 거증책임의 전환

거증책임분배의 원칙에 대하여 명문규정에 의한 예외를 거증책임의 전환이라 한다. 즉 원칙적으로 검사가 부담하는 거증책임이 예외적으로 피고인에게 전가되는 경우를 말한다. 거증책임의 전환을 인정할 것인가에 대하여는, ① 무죄추정의 원칙은 헌법상의 원칙이므로 법률의 규정에 의하여 거증책임전환규정을 두는 것은 헌법에 반하는 것이고 이를 인정해야 할 합리적인 이유도 없으므로 거증책임의 전환을 부정하는 견해[21]도 있으나, ② 거증책임의 전환에 대한 명문의 규정이 있고 이를 인정할 만한 합리적인 이유가 있을 때는 거증책임의 전환을 인정할 수 있다는 통설[22]인 긍정설의 입장이 대립한다. 생각건대 형사재판에 있어서 입증곤란의 문제를 합리적으로 해결하기 위해 예외적으로 명문의 규정으로 합리적인 근거에 의해 거증책임전환규정을 인정하는 긍정설이 타당하다.

(1) 상해죄의 동시범특례

형법 제263조에 상해죄의 동시범 특례규정을 두고 있다. 이 규정은 집단범죄와 인과관계의 입증곤란에 대처하기 위하여 상해의 동시범을 상해죄의 기수범으로 처벌하려는 규정이다. 즉 상해의 동시범에 있어서 피고인이 상해의 결과에 대하여 인과관계가 없음을 증명할 거증책임을 지며, 이를 입증하지 못할 경우에는 공동정범에 의하여 처벌한다는 것이다.

이 규정의 법적 성질에 대하여는, ① 검사의 입증책임을 구제하기 위하여 공동정범의 책임을 법률상 추정하는 것이라고 보는 법률상 책임추정설, ② 무죄추정의 원칙을 무시하고 책임원칙에도 반하므로 헌법 제27조 제4항에 위배된다는 위헌설, ③ 소

21) 배종대/이상돈/정승환/이주원, §49/22; 신양균, 723면.
22) 김재환, 616면; 이영란, 672면; 이은모, 616면; 이재상/조균석, 549면; 임동규, 479면.

송법적으로는 거증책임이 전환규정이지만 실체법적으로는 공동정범의 범위를 확장시키는 일종의 의제라고 하여 이원적으로 설명하는 이원설, ④ 피고인이 인과관계의 부존재에 관하여 입증책임을 부담하는 거증책임전환규정설이 대립되고 있다.

생각건대 법률상 책임추정설이나 이원설은 증명절차를 거치지 아니하고 사실을 추정하거나 의제하기 때문에 형사소송법상의 기본원칙인 자유심증주의나 실체적 진실주의에 반하며, 위헌설은 헌법상 무죄추정의 원칙도 합리적인 근거가 있을 때는 그 예외를 인정할 수 있다는 점을 간과하고 있다. 따라서 집단범죄의 위험성과 인과관계의 입증곤란에 효율적으로 대처하기 위해, 형법 제263조 형법 제263조는 「원인된 행위가 판명되지 아니한 때에는 공동정범의 예에 의한다」고 규정하고 있기 때문에, 이를 거증책임 전환규정으로 이해하는 다수설이 타당하다.

(2) 사실적시 명예훼손죄에 있어서 적시사실의 진실성과 공익성

형법 제310조는 명예에 관한 죄에 대하여 「형법 제307조 제1항의 행위가 진실한 사실로서 오로지 공공의 이익에 관한 때에는 처벌하지 아니한다」고 규정하고 있다. 이는 표현의 자유를 보호하기 위한 규정으로서 명예훼손죄에 있어서 특수한 위법성조각사유에 해당한다.

이 규정의 법적 성질에 대하여는, ① 적시한 사실의 진실성과 공익성에 대하여 피고인에게 거증책임을 지운 거증책임의 전환에 관한 규정이라고 해석하는 거증책임전환설, ② 명예훼손죄의 고유한 위법성조각사유를 규정한 것이므로 그 부존재에 대하여 검사에게 거증책임이 있다는 위법성조각사유설, ③ 실체법적으로 명예훼손죄의 특수한 위법성조각사유이지만, 소송법적으로는 개인의 명예보호를 위해 거증책임을 전환한 것이라고 이해하는 이원설이 대립한다. 판례[23]는 거증책임전환설의 입장을 취하고 있다.

생각건대 위법성조각사유의 부존재에 대한 거증책임은 검사에게 있고, 거증책임의 전환을 인정하기 위해서는 명문의 규정이 필요한데 제310조에는 그에 관해 언급하고 있지 않다. 따라서 제307조 제1항은 명예훼손에 관한 특별한 위법성조각사유를 규정한 것이지 거증책임전환에 관한 규정이라고 해석해야 할 특별한 이유가 없다. 결국 형법 제310조의 경우에도 위법성조각사유의 부존재에 대하여 검사가 거증책임을 진다고 해석하는 위법성조각사유설이 타당하다고 생각된다.

---

23) 대법원 1996. 10. 25. 선고 95도1473 판결; 대법원 2007. 5. 10. 선고 2006도8544 판결.

(3) 양벌규정의 사용자 책임

범죄행위를 한 종업원의 사용자를 처벌하는 양벌규정의 단서조항에는 "다만 법인 또는 개인이 그 위반행위를 방지하기 위하여 해당 업무에 관하여 상당한 주의와 감독을 게을리 하지 아니한 경우에는 그러하지 아니하다."고 하여 사용자에 대한 면책규정을 두고 있는데, 이는 사용자에게 감독과실이 있는 경우에 책임을 묻기 위한 규정이다. 여기서 사용자에 대한 면책규정의 법적 성격에 관하여, ① 무과실입증의 거증책임을 사용자에게 전환하는 규정이라고 이해하는 거증책임전환설과 ② 거증책임을 전환하는 규정이 아니라 사용자의 과실책임을 명시한 규정으로 이해하는 과실책임규정설이 대립한다. 생각건대 거증책임의 전환을 인정하기 위한 명문규정이 없으므로 사용자의 과실책임을 명문화한 과실책임규정설이 타당하다. 따라서 사용자의 과실에 대한 거증책임은 검사에게 있다.

4. 입증의 부담과 증거제출책임

(1) 입증의 부담

입증의 부담이란 소송의 발전과정에 어느 사실이 증명되지 않으면 자기에게 불이익을 받을 당사자가 불이익을 면하기 위하여 그 사실을 증명할 증거를 제출할 부담을 말하며, 이를 **형식적 거증책임**이라고도 한다. 거증책임은 요증사실의 성질에 따라 고정되어 있으나, 입증의 부담은 소송의 발전에 따라 반전한다. 예컨대 검사가 구성요건해당성을 입증하면 피고인이 위법성조각사유와 책임조각사유에 대하여 입증부담이 생기며, 피고인이 알리바이를 입증하면 검사는 이를 번복할 입증의 부담을 지게 된다.

입증의 정도는 검사는 법관이 유죄의 확신을 갖게 할 정도로 입증해야 한다. 그러나 피고인은 법관에게 확신을 갖게 할 정도의 증명은 요하지 않지만, 반대사실의 존재를 의심케 함으로써 법관의 심증형성을 방해할 정도이면 족하다.[24]

(2) 증거제출책임

증거제출책임이란 영미 증거법상의 개념으로서 유리한 사실을 주장하기 위하여 필요한 증거를 제출해야 하는 의무를 말하는데, 이 의무를 다하지 아니하면 문제되는 사실의 판단에 있어서 반대사실이 인정되는 불이익을 받게 된다.

---

24) 이재상/조균석, 550면.

즉 미국 증거법상의 거증책임은 설득책임과 증거제출책임으로 나누어지고, 여기서 설득책임이란 실질적 거증책임이며, 증거제출책임이란 배심의 판단에 부치기 위하여 일응의 증거를 제출할 책임을 의미한다. 검사는 범죄의 요소에 관하여 배심이 인정할 정도의 증거를 제출하지 않으면 안 되고, 적극적 항변에 대하여도 피고인이 증거를 제출하지 않으면 부존재의 증명을 요하지 않는다. 이러한 증거제출책임은 배심재판을 전제로 하는 쟁점형성의 책임을 본질로 하며, 증명의 정도는 합리적인 의심이 없을 정도의 증명을 요하는 것이 아니라 증거의 우월로 충분하다고 한다. 이러한 영미법상의 제도를 우리 형사소송에도 피고인의 무책임한 주장의 남용을 방지하기 위해 필요하다는 견해도 있다.[25)]

그러나 우리 형사소송법상 증거제출책임을 인정하는 것은 피고인의 방어권을 더욱 제약하는 결과를 초래하고, 법원의 직권증거조사에 의하여 실체적 진실발견에 대한 최종 책임지도록 하고 있는 현행 형사소송법과도 일치하지 않는다. 따라서 우리 형사소송법상으로는 입증의 부담에 의하여 해결하면 충분하다고 생각된다.[26)]

Ⅲ. 자유심증주의

1. 자유심증주의의 의의

(1) 개 념

자유심증주의란 증거의 증명력을 적극적 또는 소극적으로 법정하지 않고 법관의 자유로운 판단에 맡기는 주의를 말한다. 이를 증거평가자유의 원칙이라고도 한다. 법정증거주의에 대립되는 개념이다. 형사소송법은 제308조에 “증거의 증명력은 법관의 자유판단에 의한다.”고 하여 자유심증주의를 규정하고 있다.

자유심증주의에 대립되는 개념으로서 법정증거주의란 일정한 증거가 있으면 반드시 유죄로 인정하여야 하고(적극적 법정증거주의), 증거가 없으면 유죄로 할 수 없도록 함으로써(소극적 법정증거주의) 증거의 증명력의 평가에 법률적 제약을 가하는 제도를 말한다. 역사적 규문절차는 증거의 증명력을 법률로 미리 정해 놓은 법정증거주의를 채택하여 자백의 증거가치를 절대시함으로써 잔학한 고문이 행해졌다. 법정증거

25) 강구진, 432면.
26) 이재상/조균석, 551면.

주의는 법관의 사실인정에 있어서 법관의 자의를 방지할 수 있는 장점은 있으나 천차만별한 증거의 증명력을 획일적으로 규정하는 것은 실체적 진실발견에 있어서 부당한 결과를 초래한다는 비판을 면하기 어렵다. 오늘날 대부분의 국가에서는 증거의 증명력 평가를 법원이나 배심에 맡기는 자유심증주의를 채택하고 있다.

(2) 자유심증주의의 기능

자유심증주의는 실체적 진실발견을 이념으로 하는 형사소송의 목적을 달성하기 위한 합리적인 증거법칙이다. 즉 자유심증주의에 의하여 법관은 사실을 인정하는데 있어서 아무런 법률적 구속을 받지 않고 구체적으로 타당한 증거가치를 판단하여 사안의 진상을 규명할 수 있게 된다. 그러나 사실인정에 있어서 법관의 자의에 흐를 위험성이 있으므로 이를 방지하기 위한 제도적인 장치가 요구된다. 한편 자유심증주의는 민사소송법에서도 인정되고 있으나 형사소송법에서의 자유심증주의와 일치하지 않는다. 즉 전자는 변론의 전취지와 증거조사의 결과를 참작하여 사실주장의 진실 여부를 판단하는 것을 의미하지만, 후자는 증거를 토대로 한 주장사실의 진실 여부만이 문제된다는 점에서 차이가 있다.

2. 자유심증주의의 내용

자유심증주의란 증거의 증명력은 법관의 자유판단에 의한다는 원칙을 말한다. 자유심증주의는 개별 법관의 이성에 대한 신뢰를 전제로 하기 때문에 증거의 증명력을 판단하는 주체는 개개의 법관이 되며, 합의부에서는 그 구성원인 각 법관의 자유심증의 결과를 합의의 방식으로 결정한다. 자유심증주의에서 말하는 자유판단의 대상과 의미와 자유심증주의 한계를 의미하는 자유판단의 기준에 관하여 살펴보기로 한다.

(1) 자유판단의 대상

자유심증주의에서 말하는 자유판단의 대상은 증거의 증명력이다. 사실인정을 위한 증거의 실질적 가치를 증거의 증명력이라 한다. 증거의 증명력에는 증거의 신용력과 협의의 증명력이 포함된다. 전자는 증거가 진실일 가능성을 말하고, 후자는 증거가 진정할 것을 전제로 그것이 요증사실을 추인하는 힘이라고 할 수 있다. 이러한 증거의 증명력은 법관의 자유판단의 대상이 된다.

(2) 자유판단의 의미

증거의 증명력 판단에 있어서는 법률적 제한을 받지 않고 법관의 자유판단에 의한다는 것을 의미한다. 따라서 증거의 종류에 구애됨이 없이 증거에 대한 취사선택이나 모순되는 증거가 있는 경우에 어느 증거를 믿을 것인가 여부도 법관이 자유롭게 판단할 수 있다. 또한 단독으로는 증명력이 수개의 증거가 불가분적으로 결합하여 증명력이 있는 종합증거가 될 수 있고, 증거의 일부에 대해서만 증명력을 인정할 수도 있다.[27] 또한 법관은 제출된 모든 증거를 빠짐없이 증명력 평가의 대상으로 삼아야 하며(완전평가의 원칙),[28] 피고인에게 유리하거나 불리한 모든 관점을 평가해야 하고, 사실이나 정황으로부터 파생되는 모든 추론을 숙고해야 할 의무가 있다.

1) 인적 증거

다양한 인적 증거 중에 어떤 것을 심증형성의 기초로 삼는가는 법관의 자유판단에 의한다.

가. 증인의 증언 증인의 증언의 신빙성은 증인의 입장, 이해관계 및 그 내용은 물론 다른 증거와도 구체적으로 비교 검토하여 합리적으로 판단되어야 한다. 그러나 증인이 성년·미성년, 책임능력의 유무에 따라 증명력에 차이가 있는 것은 아니다. 따라서 13－14세의 증인의 증언에 의하여 사실을 인정하였다고 하여도 위법이라고 할 수 없으며, 선서한 증인의 증언이 선서하지 않은 증인의 증언보다 증명력이 높은 것도 아니다. 법관은 선서하지 않은 증인의 증언에 비추어 선서한 증인의 증언을 배척할 수도 있으며, 증인의 공판정 외의 진술을 공판정에서의 진술보다 우선할 수도 있다.

나. 피고인의 진술 피고인의 진술도 인적 증거가 될 수 있다. 따라서 일반적으로 다른 증거와 모순되는 피고인의 진술은 강한 증명력을 가진다. 그러나 피고인의 자백이 반드시 우월적 가치를 가지는 것은 아니므로 법관은 자백과 다른 사실을 인정할 수도 있다. 자백의 신빙성 유무를 판단할 때는 자백 진술의 내용 자체가 객관적으로 합리성이 있는지, 자백의 동기나 이유, 자백에 이르게 된 경위, 자백 외의 정황증거 중 자백과 모순되는 것은 없는지 등 제반 사정을 고려하여 판단하여야 한다.[29]

다. 감정인의 의견 감정인의 감정결과인 감정의견에 법관은 반드시 구속되지 않는다. 따라서 법관은 감정결과에 반하는 사실을 인정할 수도 있고, 감정의견이 상

27) 대법원 1995. 12. 8. 선고 95도2043 판결.
28) 대법원 2004. 6. 25. 선고 2004도2221 판결.
29) 대법원 2016. 10. 13. 선고 2015도17869 판결.

충된 경우에 소수의견에 따를 수도 있다. 그러나 감정결과가 유전자검사·혈액형검사 등 과학적 방법에 해당하는 경우에는 사실인정에 있어서 법관의 심증형성을 구속한다.[30]

2) 증거서류

증거서류의 증명력에 관하여도 법관의 자유판단에 의한다. 따라서 공판조서의 기재내용이 공판정 외에서 작성된 조서의 기재내용보다 증명력이 강한 것도 아니며, 피고인의 공판정 진술이 증거서류에 기재된 내용보다 우월한 증명력을 기지는 것도 아니다. 증거보전절차에서 작성된 서류와 공판조서 사이에도 어느 하나가 우월적 증명력을 가지는 것은 아니다.

3) 간접증거

범죄사실을 간접적으로 추인하는 간접사실을 증명하는데 사용되는 간접증거(정황증거)의 증명력도 법관의 자유판단의 대상이 된다.[31] 따라서 직접증거보다 간접증거를 우선시킬 수 있으며, 간접증거만으로 유죄를 인정할 수 있다. 간접증거는 진술증거이든 비진술증거이든 불문한다.

(3) 자유판단의 기준

1) 사실인정의 합리성

지유심증주의는 사실인정의 합리성을 그 이념으로 한다. 그러므로 법관의 증명력에 대한 자유판단은 자의적인 판단이 되어서는 안되고 인간이성에 기초한 합리적인 판단이 되어야 한다. 따라서 사실인정은 통상인의 입장에서 보아 보편타당성을 지니고 있어야 하며, 증명력의 판단은 논리법칙과 경험법칙에 부합하여야 한다. 이는 자유심증주의의 내재적 한계라 할 수 있다.

2) 논리법칙과 경험법칙

사실인정은 합리성 내지 보편타당성을 전제로 한다. 따라서 법관의 사실인정은 논리법칙과 경험법칙에 합치되어야 한다. 여기서 논리법칙이란 인간의 추론능력에 비추어 보아 자명한 사고법칙을 말한다. 예컨대 논리학상의 공리나 수학상의 공리를 들 수 있다. 이와 같이 법관의 심증형성은 모순 없는 논증에 의해 형성되어야 하므로 개념의 혼동이나 계산착오, 판결이유의 모순이 있을 경우에는 논리법칙에 반한다. 따라

30) 대법원 2007. 5. 10. 선고 2007도1950 판결.

31) 대법원 2016. 8. 30. 선고 2013도658 판결; 대법원 2016. 6. 23. 선고 2016도3753 판결.

서 일관성이 없고 서로 모순된 증거나 서로 모순되고 엇갈리는 피해자의 진술을 근거로 사실인정을 하는 것은 논리법칙에 반한다. 따라서 자유심증주의도 이러한 측면에서 보면 **합리적 심증주의** 또는 **과학적 심증주의**라 할 수 있다.

경험법칙이란 개별적인 체험의 관찰과 그 집적으로 통한 귀납적 일반화에 의하여 경험적으로 얻어진 판단법칙을 말한다. 이러한 경험법칙이 물리학상의 원리나 자연법칙처럼 예외를 허용하지 않고 확실한 경우에 이는 필연적 경험법칙으로서 법관의 심증형성을 구속하게 되고 자유심증은 허용되지 않는다. 예컨대 혈중알콜농도측정에 의한 음주운전판단, 지문을 통한 물건접촉확인, 레이더측정에 의한 과속확인, DNA분석을 통한 동일성 확인 등을 등 수 있다

그러나 사회생활의 경험에 따른 개연적인 경험법칙의 경우에는 그 결과발생의 개연성 내지 가능성에 불과하여 예외가 있을 수 있으므로 이는 법관의 심증형성을 구속하지는 않는다.

(4) 증명력판단의 합리성을 보장하기 위한 제도

1) 자유심증주의와 상소

자유심증주의에 따른 증거의 취사선택과 이를 근거로 한 사실인정은 사실심의 전권에 속하므로 법관의 확신에 의한 심증형성은 상소의 대상이 될 수 없다. 그러나 법관의 심증형성에 따른 증명력 판단이 논리법칙과 경험법칙에 반하여 합리성을 상실한 때에는 이유불비 또는 판결에 영향을 미친 사실오인으로서 항소이유가 되며, 채증법칙위반 또는 심리미진의 위법으로서 상고이유가 된다.

2) 자유심증주의와 증거요지의 명시

형사소송법은 제323조에 자유심증주의의 남용을 방지하고 법관의 합리적인 증거평가를 담보하기 위하여 유죄판결의 이유에는 증거의 요지를 명시하도록 하고 있다(제323조 제1항). 이에 위반한 경우에는 절대적 항소이유가 된다(제361조의5 제11호). 여기서 유죄판결시 증거요지를 명시하도록 규정한 법문의 의미를 증거설명까지 요구하는 것으로 이해하는 견해[32]도 있으나, 유죄판결시에 증거의 요지를 명시하면 충분하며 증거를 취사한 이유를 기재하거나 증거설명을 요구하는 것은 아니다.[33]

---

32) 정영석/이형국, 379면.

33) 대법원 1985. 5. 29. 선고 84도682 판결.

3) 증거능력의 제한

자백배제법칙, 위법수집증거배제법칙, 전문법칙 등은 신용성이 없는 증거를 증명력 판단의 대상에서 원천적으로 배제함으로써 사실인정의 합리성을 보장하는 효과를 가져 온다. 그 밖에 진술의 증명력을 다투는 탄핵증거제도도 증명력 평가의 합리성을 담보하는 기능을 수행한다.

4) 증거조사과정에의 당사자 참여제도

재판장이 피고인에게 증거조사의 결과에 대한 의견을 물어 증거의 증명력을 다툴 수 있는 기회를 제공하는 것(제293조)과 증거조사에 대한 이의신청제도(제296조 제1항)는 법관의 자의적인 심증형성에 제한을 가하는 기능을 수행한다.

3. 자유심증주의의 예외

형사소송법은 자유심증주의에 대한 예외로서 자백의 증명력을 제한하는 규정(제310조)과 공판조서의 증명력에 관한 규정(제56조)을 두고 있으며, 그 밖에도 피고인이 진술거부권을 행사하는 경우에도 자유심증주의의 예외를 인정할 것인지가 문제된다.

(1) 자백의 증명력 제한

형사소송법 제310조는 "피고인의 자백이 그 피고인에게 불이익한 유일한 증거일 때에는 이를 유죄의 증거로 하지 못한다"고 하여 자백의 보강법칙을 규정하고 있다. 즉 법관이 피고인의 자백에 의하여 유죄를 확신하는 경우에도 자백에 대한 보강증거가 없을 때에는 유죄를 선고하지 못한다는 점에서 자백의 증명력 제한은 자유심증주의에 대한 예외가 된다. 그러나 범죄의 주관적 구성요건요소인 고의·과실·목적 등과 전과에 관한 사실은 보강증거가 없어도 자백만으로 인정할 수 있으므로 이 범위에서는 자유심증주의가 적용된다.

(2) 공판조서의 증명력

형사소송법 제56조에 "공판기일의 소송절차로서 공판조서에 기재된 것은 그 조서만으로 증명한다"고 규정하여 공판조서에 기재된 것은 법관의 심증 여하에도 불구하고 그 기재된 대로 인정해야 된다는 점에서, 공판조서는 법관의 자유심증주의에 대한 예외가 된다. 그러나 공판조서에 기재되지 않는 것에 대하여는 자유심증주의가 적용된다.

(3) 피고인의 진술거부권과 증언거부권의 행사

형사소송법은 피고인에게 진술거부권을 인정하고 있다(제283조의2). 피고인의 진술거부를 피고인에게 불이익한 간접증거로 평가할 수 있다고 한다면 진술거부권은 무의미하게 되어버린다. 따라서 피고인의 진술거부권 행사를 피고인에게 불이익한 심증형성의 증거로 사용할 수 없으며, 법원은 피고인의 진술거부의 동기를 심리하는 것도 허용되지 않는다고 해야 한다. 또한 증인의 증언거부권 행사도 마찬가지이다. 이 점에서 피고인의 진술거부권이나 증인의 증언거부권은 자유심증주의에 대한 예외가 된다.

(4) 법률상의 추정

법률의 규정에 의하여 A사실이 인정되면 반증이 없는 한 B사실을 인정하는 법률상의 추정을 자유심증주의에 대한 제한으로 보는 견해도 있으나, 형사소송에서는 법률상의 추정을 인정할 수 없고 이를 인정하더라도 법률상의 추정사실은 불요증사실이므로 자유심증주의가 적용될 여지가 없다.[34)]

4. 자유심증주의와 무죄추정의 원칙

법관은 자유심증주의에 의한 자유로운 증거평가에 의하여 형성된 심증에 기초하여 사실인정을 하게 된다. 즉 법관은 증거평가의 결과 심증형성이 합리적인 의심이 없을 정도의 범죄사실의 증명 또는 확신단계에 이를 때 유죄선고를 하게 되며, 이러한 심증형성이 불가능할 때에도 법원은 재판을 기피할 수 없다. 이 경우에 법원은 '의심스러운 때에는 피고인의 이익으로'(in dubio pro reo)의 원칙을 적용하여 무죄로 추정하여 무죄판결을 하게 된다. 따라서 무죄추정의 원칙은 자유심증주의를 제한하는 원칙이 아니라, 상호 밀접한 관계를 가지고 있는 원칙이라 할 수 있다.

34) 이은모, 616면.

제3절 자백배제의 법칙

Ⅰ. 자백의 의의

자백이란 피고인 또는 피의자가 범죄사실의 전부 또는 일부를 인정하는 진술을 말한다. 영미법에서는 범죄사실의 전부 또는 일부에 대하여 자기의 형사책임을 인정하는 진술을 하는 것을 자백(confession)이라 하고, 자기에게 불이익한 사실을 인정하는 것을 승인(admission) 또는 자인(自認)이라 하여 구별하기도 하지만, 형사소송법은 이를 구별하지 아니하고 자백이라 하고 있다.

따라서 범죄사실의 전부 또는 일부를 인정하는 진술을 하는 것은 모두 자백이라 할 수 있다. 반드시 형사책임을 긍정하는 진술을 할 것을 요하지 않으므로 구성요건에 해당하는 사실을 인정하면서 위법성조각사유나 책임조각사유를 주장하는 경우에도 자백에 해당한다. 자백은 공소범죄사실을 직접 증명할 수 있는 직접증거이고, 진술이 증거가 되는 진술증거이며 전문증거에 대하여 원본증거의 성질을 지닌다. 그 밖에 자백의 개념과 관련하여 몇 가지 특징을 살펴보면 다음과 같다.

첫째, 자백의 주체, 즉 자백을 하는 자의 법률상의 지위는 문제되지 않는다. 따라서 피의자, 피고인, 참고인, 증인 등의 지위에서 한 진술도 자백에 해당한다.

둘째, 자백의 형식은 구두에 의한 진술이나 서면에 의한 진술을 불문한다. 진술의 상대방도 묻지 아니한다. 따라서 법원, 법관, 수사기관을 불문하며, 재판상의 자백과 재판 외의 자백을 포함한다. 일기 등에의 기재와 같은 상대방이 없는 자백도 포함된다.[35] 여기서 특히 수사기관에서의 자백은 임의성이 문제되며, 공판정에서의 자백도 신체의 부당한 장기구속에 의한 자백이나 협박·강요에 의해 이루어지는 자백의

35) 대법원 1996. 10. 17. 선고 94도2865 전원합의체 판결(상법장부나 항해일지, 진료일지 또는 이와 유사한 금전출납부 등과 같이 범죄사실의 인정 여부와는 관계없이 자기에게 맡겨진 사무를 처리한 사무 내역을 그때그때 계속적, 기계적으로 기재한 문서 등의 경우는 사무처리 내역을 증명하기 위하여 존재하는 문서로서 그 존재 자체 및 기재가 그러한 내용의 사무가 처리되었음의 여부를 판단할 수 있는 별개의 독립된 증거자료이고, 설사 그 문서가 우연히 피고인이 작성하였고 그 문서의 내용 중 피고인의 범죄사실의 존재를 추론해 낼 수 있는, 즉 공소사실에 일부 부합되는 사실의 기재가 있다고 하더라도, 이를 일컬어 피고인이 범죄사실을 자백하는 문서라고 볼 수는 없다).

경우에는 증거능력이 문제된다.

셋째, 자백은 자기의 범죄사실을 승인하는 진술이지만 반드시 형사책임을 긍정하는 진술일 필요는 없다. 따라서 피의자 또는 피고인이 당해 사건에 해당하는 자백이 아닌 경우이거나 범죄사실을 단순히 승인하는 경우에는 자백에 해당한다고 할 수 없다.

따라서 자백이 유죄인정의 요건이 되기 위해서는 ① 임의성이 있는 자백이고, ② 자백획득과정에 위법성이 없어야 하며, ③ 공판정 외에서의 자백은 그 성립의 진정성이 인정되어야 증거능력 있는 자백이 되며, 나아가 자백이 이러한 요건을 구비하여 증거능력이 있는 경우에도 ④ 법관이 그 자백의 신빙성, 즉 신용성을 인정해야만 유죄의 증거로 삼을 수 있다.

그 밖에도 증거능력 있는 자백이 신빙성이 있어 법관이 유죄의 심증을 가진 경우에도 자백이 유일한 증거일 때에는 다른 보강증거가 없으면 이를 유죄로 인정할 수 없다(자백의 보강법칙).

또한 피고인이 공판절차에서 공소사실에 대하여 자백한 경우에는 간이공판절차에 의하여 심판할 수 있으며, 이때에는 원칙적으로 피고인의 증거동의가 의제된다(제318조의3).

Ⅱ. 자백배제법칙의 연혁(영미와 독일에서의 자백배제법칙)

헌법 제12조 제7항은 「피고인의 자백이 고문·폭행·협박·구속의 부당한 장기화 또는 기망 기타의 방법에 의하여 자의로 진술된 것이 아니라고 인정될 때에는 유죄의 증거로 삼을 수 없다」고 규정하고 있고, 이에 따라 형사소송법 제309조에는 「피고인의 자백이 고문·폭행·협박·신체구속의 부당한 장기화 또는 기망 기타의 방법으로 임의로 진술한 것이 아니라고 의심할 만한 이유가 있는 때에는 이를 유죄의 증거로 하지 못한다」고 규정하여 자백의 임의성이 의심되는 경우에는 자백의 증거능력을 부정하는 자백배제법칙을 선언하고 있다.

이러한 원칙은 영미법에서의 자기부죄거부의 특권과 자백배제법칙에서 유래한다. 즉 부당하게 유인된 자백이나 임의성이 없는 자백은 유죄인정의 증거로 삼을 수 없다는 영국의 보통법에서 유래한 자백배제법칙을 미국 연방대법원이 20세기 초중엽에 걸쳐서 받아들임으로써 증거법상의 일반원칙으로 확립되기에 이르렀다. 즉 미국 연방대법원은 1943년 Mcnabb사건에서 "체포된 자를 신속하게 법관의 면전에 인도하지 않고 불법구속 중에 얻은 자백은 증거능력이 없다."고 하였고, 1957년 Mallory사건에서는 "체포한 피의자를 법관에게 인치하지 않고 30시간 구금 중에 얻은 자백에 대하여 물리적·심리적 강제유무와 관계없이 불법지체의 사실만으로도 자백의 증거능력은 없다"고 함으로써, 이른바 불법구금 중에 획득한 자백의 증거능력은 부정된다는 Mcnabb-Mallory법칙이 확립되었다.

이후 연방대법원은 1961년 Rogers사건에서 "임의성이 없는 자백이 배제되는 이유는 자백이 허위일 가능성이 있기 때문이 아니라 형법의 기본원칙을 침해했기 때문이다."라고 하여 자백배제법칙의 논거를 자백의 위법배제에 있음을 명백히 하였으며, 1964년 Escobedo 판결에서는 변호인의 접견교통권을 침해하여 획득한 자백의 증거능력을 부정하였고, 1966년 Miranda판결에서는 변호인선임권과 변호인과의 접견교통권 및 진술거부권을 불고지한 상태에서 이루어진 자백은 증거능력이 부정된다는 이른바 Miranda법칙이 형성되어 오늘에 이르고 있다.

한편 독일 형사소송법은 처음에는 자유심증주의에 의해 자백의 증명력을 법관의 자유판단에 맡기며 그 폐해를 시정하고자 하였지만 자백의 증거능력 자체를 제한하지는 않았다. 그 후 1950년에 형사소송법을 개정하여 증거금지의 하나로 제136조 a에서 금지된 신문방법에 관한 규정을 두게 되었는데, 이에 의하면 "폭행·피로·신체침해·투약·고문·기망 또는 마취에 의하여 피고인의 의사결정과 의사활동의 자유가 침해되어서는 안된다. 강제처분은 형사소송법이 허용하는 경우에만 사용될 수 있고, 법률에 의하여 허용되지 않는 처분에 의한 협박이나 법이 예상하지 않은 이익의 약속은 금지된다."고 하여 피고인의 인권보장을 위한 법적 근거를 마련하였으며, 이에 따라 피고인의 진술거부권을 보장하고 있다.

Ⅲ. 자백배제법칙의 이론적 근거

1. 학설의 대립

임의성이 의심되는 자백의 증거능력을 부정하는 자백배제법칙의 이론적 근거에 대하여는 다음과 같은 견해의 대립이 있다.

(1) 허위배제설

허위배제설은 임의성이 없는 자백은 자백의 진실성 내지 신뢰성이 문제되므로 증거능력을 부정해야 한다는 견해를 말한다. 그러나 이 견해에 의하면 ① 자백의 임의성이 자백내용의 진실성에 좌우되는 결과를 가져오므로 이는 자백의 증거능력과 증명력의 문제를 혼동한 결과이며, ② 임의성이 없는 자백이라 하더라도 자백의 진실성이 증명되면 증거능력을 인정하게 되는 결과를 초래한다는 비판을 면하기 어렵다.

(2) 인권옹호설

인권옹호설은 피고인의 묵비권이라는 인권을 보장하기 위해 의사결정의 자유, 즉 진술의 자유를 침해한 위법·부당한 압박 하에서 행하여진 자백의 증거능력은 배제되어야 한다는 견해이다. 이 학설은 미국 판례에 의해 주장되고 독일에서는 증거금지이론의 기초가 된 이론이다. 그러나 이 견해는 ① 피고인의 묵비권과 자백배제법칙을 동일시하는 것은 타당하지 않고, ② 약속이나 기망에 의한 자백의 경우에는 반드시 묵비권을 침해했다고 할 수 없으며, ③ 자백배제법칙은 묵비권의 침해에 의해 진술이 강제되는 경우뿐만 아니라 임의성이 없는 자백이라 하기 위해서는 자백자의 의사결정의 자유가 침해되었을 것을 요하는데, 이때 의사결정의 자유권침해에 대한 판단이 자백자의 주관적인 사정에 따라 달라진다는 비판을 피하기 어렵다.[36)]

(3) 절 충 설

임의성이 없는 자백은 허위일 위험성이 높고, 자백강요의 방지라는 인권보장을 위해서도 증거능력을 배제해야 한다는 입장이다. 즉 절충설은 허위배제설과 인권옹호설의 논거를 모두 자백의 증거능력을 제한하는 근거로 이해하는 견해이다.[37)] 즉 형사소송법 제309조 전단의 고문·폭행·협박·신체구속의 부당한 장기화에 의한 자백은 인권침해에 의한 자백의 경우이고, 기망 기타의 방법에 의한 자백의 경우는 허위배제설에 의한 자백의 경우로 분리하여 이해하는 견해이다. 그러나 절충설은 ① 인권옹호설과 허위배제설을 결합한 견해로 양 학설의 결함을 모두 지니고 있으며, ② 임의성이 없는 자백의 증거능력을 부정하는 자백배제법칙이라는 하나의 원칙을 두 가지의 다른 근거에 의해 설명하는 것은 일관성이 없다는 비판을 피하기 어렵다.

---

36) 차용석/최용성, 533면.
37) 정웅석/백승민, 602면.

(4) 위법배제설

위법배제설은 위법수집증거배제법칙에 의하여 자백의 획득과정이 위법하면 그로 인해 취득한 자백의 증거능력도 부정된다는 견해이다. 즉 이 견해에 의하면 자백배제법칙에 의한 자백의 임의성에 대한 판단을 통해 증거능력의 배제여부를 판단하지 않고 자백취득과정에서의 적법절차위반을 이유로 자백의 증거능력을 배제하게 된다. 그러나 이 학설에 대하여는 ① 자백의 임의성이라는 면을 고려하여 판단하지 않는 것은 형사소송법 제309조의 입법취지를 고려하지 않은 견해이며, ② 임의성이 없는 자백과 임의성은 있으나 자백을 취득절차가 위법한 경우의 질적인 차이를 설명하기 곤란하다는 비판을 받고 있다. 그러나 허위배제설이나 인권옹호설에 의하면 자백배제의 객관적인 기준을 제시하지 못하지만 위법배제설에 의하면 명백한 기준제시가 가능하다는 점이다. 따라서 위법배제설의 특징은 ① 자백배제법칙에 의하여 배제되는 임의성이 없는 자백의 범위가 확대되게 되며, ② 자백의 증거능력에 대한 판단기준을 명백히 객관화하여 판단할 수 있다는 장점을 지니고 있다.[38)]

(5) 종 합 설

종합설은 허위배제설과 인권옹호설 및 위법배제설의 모든 논거를 종합하여 자백배제법칙의 근거가 되어야 한다는 견해이다.[39)] 이 견해는 자백배제법칙이 증거법상의 원칙이라는 의미를 넘어 헌법상의 기본권으로 보장되는 권리라는 점을 고려하여 이를 사인 간의 영역에도 적용하기 위해서는 위의 3가지 학설의 논거를 상호보완적으로 사용할 필요가 있다고 보는 견해이다. 그러나 위법배제설에 의하면 더 이상 허위배제설이나 인권옹호설과의 결합은 불필요하다고 생각된다.

2. 판례의 태도

대법원은 종래에는 허위배제설의 태도를 취하였다가, 그 후 위법배제설의 입장으로 변경하는 듯하였으나, 다시 근자에 들어와서는 “임의성이 없는 자백의 증거능력을 부정하는 취지가 허위진술을 유발 또는 강요한 위험성이 있는 상태 하에서 행하여진 자백은 그 자체가 실체적 진실에 부합하지 아니하여 오판의 소지가 있을 뿐만 아니라 그 진위 여부를 떠나서 자백을 얻기 위하여 피의자의 기본적 인권을 침해하는 위법부

---

38) 이재상/조균석, 566면.

39) 김재환, 637면; 신동운, 1365면.

당한 압력이 가하여지는 것을 사전에 막기 위한 것이므로, 그 임의성에 다툼이 있을 때에는 검사가 그 임의성의 의문점을 해소하는 입증을 하여야 한다."고 판시하여, 허위배제설과 인권옹호설을 결합한 절충설의 입장을 취하고 있다.[40)]

3. 사 견

다수견해와 대법원 판례는 허위배제설과 인권옹호설을 절충한 절충설의 입장을 취하고 있으며, 그 바탕에는 자백의 임의성 여부에 두고 있다. 그러나 ① 자백의 임의성 여부의 판단은 수사기관의 신문방법 등을 고려하더라도 결국 법관의 주관적인 판단에 맡기는 결과를 가져오며, ② 진술거부권, 즉 헌법상의 기본권 침해여부를 통해 자백의 임의성을 판단하는 것은 그 기준이 추상적이기 때문에 자백배제법칙의 구체적인 판단기준이 될 수 없다. 따라서 자백배제법칙의 준거기준으로는 자백획득과정에서의 위법성 여부에 따라 임의성 여부를 판단하는 위법배제설의 입장을 취하게 될 때 자백배제법칙의 임의성 여부에 대한 객관적인 판단과 통일적인 해석원칙을 제공해주게 되므로 이 견해가 타당하다고 생각된다. 위법배제설에 의하면 법절차에 위법하게 획득한 모든 자백은 증거능력이 없게 되며, 이에는 임의성이 없는 자백은 물론 임의성이 의심되는 자백에 대하여도 증거능력을 부정하게 된다.

Ⅳ. 자백배제법칙의 적용범위

1. 고문·폭행·협박·신체구속의 부당한 장기화로 인한 자백

고문·폭행·협박·신체구속의 부당한 장기화로 인한 자백의 경우에 증거에서 배제된다는 점에 대하여는 다툼이 없다. 그러나 그 근거에 대하여 허위배제설의 입장에서는 임의성이 없는 자백의 전형적인 경우를 예시한 것으로 해석하지만,[41)] 위법배제설의 입장에서는 위법한 수단에 의한 자백이므로 증거능력이 배제된다는 입장을 취하게 된다.[42)]

---

40) 대법원 2015. 9. 10. 선고 2012도9879 판결; 대법원 2012. 11. 29. 선고 2010도11788 판결; 대법원 1999. 1. 29. 선고 98도3584 판결.

41) 정영석/이형국, 336면.

42) 이재상/조균석, 569−570면.

(1) 고문·폭행·협박에 의한 자백

고문이란 신체에 대하여 위해를 가하는 것을 말하며, **폭행**이란 신체에 대한 유형력 행사이고, **협박**은 해악을 가할 것을 고지하여 상대방으로 하여금 공포심을 일으키게 하는 것을 말한다. 그러나 단순한 경고는 협박이 아니다. 이와 같이 고문·폭행·협박에 의한 자백의 경우에는 자백의 임의성이 없을 뿐만 아니라 위법수집증거로서 증거능력이 없게 된다. 고문의 경우에는 피고인이 직접 고문을 당하지 않더라도 다른 피고인이 고문당하는 것을 보고 자백한 경우에도 여기에 해당한다.[43]

사법경찰관의 가혹행위 등으로 인해 임의성 없는 자백을 한 후에 다시 검사에게도 동일한 자백을 한 경우나 법정에서의 자백조차도 자백의 임의성이 침해되었는가 여하에 따라 증거능력 유무가 달라지게 된다. 대법원은 피고인을 조사한 경찰관이 검사 앞에까지 피고인을 데려간 경우에는 검사 앞에서도 임의성이 없는 심리상태가 계속되므로 피고인의 자백은 임의성이 없으므로 증거능력이 없게 되며,[44] 이러한 심리상태가 계속되어 법정에서 동일한 자백을 했다 하더라도 임의성이 없는 자백이 되어 증거능력이 없다고 판시한 바 있다.[45]

(2) 신체구속의 부당한 장기화로 인한 자백

신체구속의 부당한 장기화로 인한 자백이란 수사기관이 부당하게 장기간에 걸쳐서 구속한 후의 자백은 자백의 임의성보다는 부당한 장기간의 구속의 위법성으로 인해 자백의 증거능력이 부정되는 경우이다. 따라서 부당한 장기간의 구속으로 인한 자백인가 여부는 구속의 위법성을 판단기준으로 삼아야 하고, 구속의 위법성 여부는 구체적 사정을 고려하여 구속의 필요성과 비례성을 판단해야 한다. 불법구속과 부당한 장기구속에 따른 자백의 경우에는 자백의 임의성과 무관하게 증거능력이 부정된다고 하겠다.[46]

43) 대법원 1978. 1. 31. 선고 77도463 판결.
44) 대법원 1992. 11. 24. 선고 92도2409 판결; 대법원 1993. 3. 10. 선고 91도1 판결.
45) 대법원 2012. 11. 29. 선고 2010도3029 판결; 대법원 2011. 10. 2. 선고 2009도1603 판결.
46) 대법원 1985. 2. 26. 선고 82도2413 판결.

2. 기망 기타 방법에 의한 임의성에 의심 있는 자백

(1) 기망과 약속에 의한 자백

1) 기망에 의한 자백

기망 또는 위계에 의해 자백을 얻어내는 경우를 말한다. 이를 위계에 의한 자백이라고도 한다. 기망에 의한 자백의 경우에 허위배제설에 의하면 기망으로 인하여 허위의 자백을 유발하였거나 유발할 개연성이 있는 경우에는 임의성 없는 자백으로 증거능력이 부정된다. 그러나 인권옹호설에 의하면 기망으로 인하여 진술의 자유가 침해된 때에만 임의성이 없는 자백이 된다. 위법배제설에 의하면 국기기관에 의한 기망에 의해 자백을 얻어낸 경우에는 자백획득과정이 위법하므로 증거능력이 부정된다.

2) 약속에 의한 자백

기타 방법에 의한 자백의 대표적인 경우가 형사면책 등 어떤 이익을 약속하고 얻어내는 자백이다. 위법배제설에 의하면 이 경우에는 신문방법의 위법성으로 인해 자백의 증거능력이 부정되며, 이때에는 이익의 약속이 자백에 영향을 미칠 수 있는 경우라야 한다. 여기서 일정한 이익이란 형사처벌과 관련한 이익뿐만 아니라 경제적인 이익과 같은 일상적인 이익도 포함된다. 예컨대 자백을 하면 기소유예를 한다고 약속하는 경우, 가벼운 범죄로 처벌하겠다고 약속하는 경우 등이 여기에 해당한다.

(2) 기타 방법으로 임의성에 의심이 있는 자백

1) 임의로 진술한 것이 아니라고 의심할 만한 이유의 의미

'임의로 진술한 것이 아니라고 의심할 만한 이유가 있는 때'의 의미에 대하여, 여기서 임의성이 없다는 것을 입증하는 것은 곤란하므로 임의성에 의심이 있는 자백은 증거로 할 수 없다는 의미로 해석해야 하며, 따라서 예시된 고문·폭행·협박·신체구속의 부당한 장기화에 의한 자백과 기망 기타의 방법에 의한 자백에 모두 적용된다고 해석하는 견해[47]도 있다.

이에 반해 제309조 전단의 사유는 임의성이 없는 자백의 전형적인 경우를 규정하고 있으므로, 여기서의 '임의성에 의심이 있는 경우'란 '기망 기타의 방법에 의한 자백'에 대해서만 적용된다고 해석하는 견해[48]도 있다.

---

47) 강구진, 494면; 김기두, 136면.

48) 신현주, 587면.

생각건대 고문·폭행·협박·신체구속의 부당한 장기화에 의한 자백의 경우에는 자백에 임의성 없다는 점에 대한 입증이 불필요하며, 이러한 사유들은 임의성에 의심이 있는 위법한 자백취득의 수단을 예시하고 있다고 할 수 있다. 따라서 '기타 임의로 진술한 것이 아니라고 의심할 만한 이유'란 전단에 예시된 사유와 같은 정도의 위법한 수단에 의한 자백은 증거능력이 배제된다는 의미로 해석하는 견해[49]가 타당하다.

2) 위법한 신문방법에 의한 자백

위법한 신문방법에 의해 획득한 자백은 원칙적으로 증거능력이 없다. 예컨대 잠을 제대로 재우지 않아 정상적인 판단능력을 잃을 정도에 이를 경우의 자백은 증거능력이 없다. 판례[50]도 30시간 동안 잠을 재우지 않은 상태에서 받은 피고인의 자백의 증거능력을 부정한 바 있다.

3) 진술거부권을 고지하지 않은 자백, 변호인선임권·접견교통권의 침해에 의한 자백

피의자에 대한 진술거부권의 고지는 수사의 공정성을 담보하기 위한 전제이다. 따라서 진술거부권을 고지 않은 위법이 있는 경우에는 자백배제법칙을 적용하여 증거능력을 부정하는 것이 타당하다고 생각한다.

피고인의 방어권을 보장하기 위한 변호인의 변호권의 핵심내용인 변호인의 피의자·피고인과의 접견교통권을 침해하여 취득한 자백에 대해서는 자백배제법칙이 적용되어 자백의 증거능력은 부정되어야 한다.[51]

판례는 미리 진술거부권을 고지하지 아니하고 획득한 피의자의 진술을 위법하게 수집된 증거로서 증거능력을 부인하고, 변호사선임권을 침해한 경우에도 위법하게 수집한 증거로서 증거능력을 부인하고 있다.

진술거부권이나 변호인선임권·접견교통권을 침해하여 취득한 자백에 대하여는 자백배제법칙을 적용하여 증거능력을 부정하는 견해[52]도 있다.

자백배제법칙이나 위법수집증거배제법칙의 어느 하나에 해당하더라도 증거능력이 배제되는 점에서는 차이가 없다.

---

49) 이재상/조균석, 573면; 차용석/최용성, 541면.

50) 대법원 1997. 6. 27. 선고 95도1964 판결.

51) 배종대/이상돈/정승환/이주원, §52/59; 이재상/조균석, 574면; 임동규, 505면.

52) 이영란, 698면.

4) 거짓말탐지기와 마취분석 등에 의한 자백

거짓말탐지기의 검사결과로 취득한 자백의 증거능력에 대해서는 거짓말탐지기의 사용은 사람의 인격권을 침해하는 수사방법이므로 피검사자의 동의유무를 불문하고 위법하므로 증거능력을 부정해야 한다는 견해도 있다. 그러나 피검사자가 거짓말탐지기 사용에 동의한 경우에는 이를 위법한 수사방법이라 할 수 없으므로 자백배제법칙이 적용된다고는 할 수 없다.

그 밖에 마취분석의 경우에는 인간의 의사지배능력을 배제하고 인간의 가치를 부정하는 위법한 반인권적인 수사방법이므로 당사자가 동의하더라고 이에 의하여 획득한 증거는 증거능력이 부정된다.

V. 관련문제

1. 인과관계의 요부

임의성 없는 자백과 고문·폭행·협박·신체구속의 부당한 장기화라는 사유와의 사이에 인과관계를 요하는가에 대하여는 견해가 대립된다.

적극설은 자백의 임의성에 영향을 미치는 사유가 허위자백에 개입하거나 또는 피고인의 의사결정에 영향을 미쳐야 자백의 증거능력이 부정되기 때문에 양자 사이에는 인과관계가 있어야 하며, 다만 신체구속의 부당한 장기화의 사유와 임의성 없는 자백 사이에는 인과관계가 추정된다는 입장을 취하고 있다.[53] 이에 반해 **소극설**은 폭행·협박 등의 위법행위는 절대적으로 방지되어야 하므로 자백의 임의성을 의심할 만한 사정이 존재하면 인과관계의 존부를 불문하고 자백의 증거능력을 부정해야 한다는 견해이다.[54] **절충설**은 임의성을 침해하는 사유가 고문·폭행·협박·신체구속의 부당한 장기화 등과 같은 중대한 위법사유에 해당하는 경우에는 인과관계의 존부를 묻지 않고 자백의 증거능력을 부정해야 하지만, 그 밖의 사유에 해당하는 경우에는 인과관계가 필요하다는 입장을 취한다. 한편 대법원 판례는 임의성이 없는 사유들과 자백 사이에 인과관계가 있어야 한다는 적극설의 입장을 취하고 있다.[55]

---

53) 김재환, 646면; 노명선/이완규, 646면; 신동운, 1374면; 정영석/이형국, 340면.

54) 배종대/이상돈/정승환/이주원, 557면; 백형구, 446면; 손동권/신이철, 545면; 이은모, 660면; 임동규, 506면; 정영석/이형국, 340면; 정웅석/백승민, 606면.

55) 대법원 1984. 4. 27. 선고 84도2252 판결; 대법원 1985. 2. 8. 선고 84도2630 판결.

생각건대 자백의 임의성에 영향을 미치는 사유와의 인과관계를 입증하는 것이 어려우며, 현행법은 자백의 임의성이 의심되기만 해도 증거능력을 부정하는 점을 고려할 때 소극설이 타당하다.

2. 임의성의 입증

(1) 임의성의 거증책임

임의성에 대한 거증책임은 검사에게 있다는 점에 대해서는 다툼이 없다. 형사소송법 제309조에도 "자백이 임의로 진술한 것이 아니라고 의심할 만한 이유가 있는 때에는 유죄의 증거로 하지 못한다."고 규정하고 있고, 공소범죄사실에 대한 거증책임은 증거의 제출자가 부담하는 것이 공평의 이념에도 부합되기 때문이다. 자백의 임의성에 대하여 구체적 사실을 들어 피고인이 이의를 제기하고, 자백의 임의성에 합리적이고 상당한 정도의 의심이 있을 경우에 비로소 검사에게 입증책임이 돌아간다.[56]

(2) 임의성에 대한 증명의 정도

자백의 임의성에 대한 증명에 대하여는 학설이 대립한다. 즉 ① 순수한 소송법적 사실과 달리 자백의 임의성 유무는 실질적으로 피고인의 유무죄 판단에 좌우하게 되므로 엄격한 증명을 요한다는 **엄격한 증명설**[57]과 ② 자백의 임의성은 소송법적 사실에 불과하므로 자유로운 증명으로 충분하다고 해석하는 **자유로운 증명설**,[58] 그리고 ③ 고문·폭행·협박·신체구속의 부당한 장기화·기망 등과 같은 중대한 위법의 사유가 문제되는 경우에는 엄격한 증명을, 그 밖의 사유일 경우에는 자유로운 증명을 요한다는 **이분설**이 대립한다. 대법원 판례는 자백의 임의성은 소송법적 사실이므로 자유로운 증명으로 족하다는 입장을 취하고 있다.[59]

생각건대 자백의 임의성의 기초되는 사실은 단순히 절차의 하자를 확정하기 위한 것이고, 임의성이 의심되는 사유의 존부를 법원의 자유로운 증명으로 족하다고 할 경우에는 자백배제법칙을 보다 쉽게 적용할 수 있게 된다. 따라서 자유로운 증명설이 타당하다고 생각되며, 자백의 임의성 여부에 대한 판단은 자백이 이루어진 전체상황을 고려하여 판단해야 할 것이다.

---

56) 대법원 1984. 8. 14. 선고 84도1139 판결.
57) 강구진, 496면; 신현주, 528면.
58) 대법원 1984. 3. 13. 선고 83도3228 판결; 대법원 1986. 11. 25. 선고 83도1718 판결.
59) 대법원 2011. 2. 24. 선고 2010도14720 판결.

3. 위법하게 취득한 자백에 의하여 수집된 증거의 증거능력

형사소송법 제309조에 위반하여 위법하게 취득한 자백은 절대적으로 증거능력이 없다. 따라서 임의성이 의심되는 자백은 피고인이 동의하더라도 증거능력을 갖지 못하며, 이는 탄핵증거로도 사용할 수 없다. 이를 유죄의 증거로 삼을 경우에는 상대적 항소이유 및 상대적 상고이유가 된다.

문제는 증거능력이 부정되는 자백에 의하여 획득한 다른 증거의 증거능력을 부정할 것인지 여부이다. 예컨대 고문으로 취득한 자백에 의하여 사체나 흉기를 찾아내어 증거로 제출한 경우를 들 수 있다. 즉, 파생증거의 증거능력에 대하여 독수(毒樹)의 과실(果實)이론을 적용할 것인지 여부가 문제된다. 이에 대하여는 ① 고문·폭행·협박·신체구속의 부당한 장기화 등 강제에 의한 자백의 경우에는 증거능력을 부정해야 하지만, 기망 기타 방법에 의하여 자백한 경우에는 실체적 진실발견의 견지에서 증거능력을 인정해야 한다는 **이분설**과 ② 임의성이 없는 자백에 의해 수집한 증거는 위법하게 수집한 증거이므로 진실성도 담보되기 어려울 뿐만 적법절차에도 위배되므로 증거능력을 부정해야 한다는 **부정설**이 대립한다. 판례는 부정설의 입장을 취하고 있다.[60)]

생각건대 임의성이 없는 자백의 증거능력을 제한적으로 인정하는 것은 제309조를 무의미하게 만들어버릴 우려가 있으므로 **부정설**이 타당하다. 또한 파생증거의 증거능력문제는 독수의 과실이론에 의하여 해결해야 하는데, 독수의 과실이론의 예외에 해당하지 않는 한 임의성이 없는 자백을 토대로 하여 수집한 증거는 증거능력이 없다고 보아야 한다.

60) 대법원 1977. 4. 26. 선고 77도210 판결.

제 4 절 위법수집증거배제법칙

Ⅰ. 위법수집증거배제법칙의 의의와 연혁

1. 위법수집증거배제법칙의 의의

위법수집증거배제법칙이란 위법한 절차에 의하여 수집된 증거의 증거능력을 부정하는 법칙을 말한다. 증거에는 진술증거와 비진술증거가 있는데, 진술증거 중 자백에 대하여는 헌법 제12조 제7항과 형사소송법 제309조에서 증거능력을 제한하는 규정을 두고 있다. 형사소송법은 2007년 개정을 통해 제308조의2에 "적법절차에 따르지 아니하고 수집한 증거는 증거로 할 수 없다"고 하여 위법수집증거배제법칙을 명문화함으로써 진술증거와 비진술증거를 포함하여 모든 증거의 획득과정에 있어서 적법절차의 원칙을 보다 강화하는 계기를 확립하게 되었다.

자백배제법칙의 이론적 근거를 위법배제에 있다고 이해하는 경우에, 자백배제의 법칙도 위법수집증거배제법칙의 일부에 지나지 않는다고 할 수 있다. 따라서 위법수집증거배제법칙은 비진술증거뿐만 아니라 진술증거에도 적용되는 증거법상의 원칙이라 하겠다. 자백의 증거능력에 대하여는 별도의 규정이 있으므로 여기서는 위법하게 수집된 비진술증거와 자백 이외의 진술증거를 중심으로 살펴보기로 한다.

2. 위법수집증거배제법칙의 형성과정

(1) 미국 증거법에서의 위법수집증거배제법칙의 형성

위법수집증거배제법칙은 미국 증거법에서 유래한다. 이 원칙은 미국 최고법원의 창조물이며, 영국법에서는 인정되지 않던 원칙이다.

미국은 우편을 위법하게 이용한 연방법위반사건인 1914년의 Weeks사건을 통하여 "위법하게 압수한 물건을 시민인 피고인에게 불이익한 증거로 이용하는 것을 인정한다면 불합리한 압수·수색을 받지 않을 권리를 시민에게 보장하는 미국 수정 헌법 제4조는 무의미하게 된다."고 하여 위법수집증거배제법칙이 연방헌법이 요구하는 내용이라는 점을 명백히 하였고, 1946년에는 연방형사소송법 제42조의 e에서 명문화되었으며, 1961년의 Mapp사건에서 "수정 헌법 제4조의 프라이버시의 권리는 제14조의 적법절차 조항의 본질적 내용을 이루므로 위법수집증거배제법칙은 주에도 적용된다"고 판시함으로써 미국증거법상 확고히 뿌리내리게 되었다.

(2) 독일 형사소송법의 증거금지

독일 형사소송법은 진술증거와는 달리 위법하게 수집된 증거의 사용을 금지하는 명문의 규정이 없다. 따라서 독일 형사소송법 제136조의 a와 같이 진술에 대해서만 적용되는 일반적인 증거금지 규정은 이 경우에 적용되지 않으며, 판례는 위법한 절차에 의하여 수집된 증거라 하더라도 적법한 강제처분에 의하여 발견될 수 있었을 것인 때에는 원칙적으로 증거로 사용할 수 있다고 판시한 바 있다.[61] 다만, 형사소추의 이익보다 기본권 보호에 대한 이익이 우선할 때, 즉 인간의 존엄성 내지 인격권의 핵심이 침해되는 때에는 위법하게 수집한 증거의 사용이 금지되며, 그 한계는 구체적 상황과 침해된 금지의 종류에 따라 다르게 판단해야 한다는 입장을 취하고 있다. 독일 판례을 도청과 같은 국가기관의 허용될 수 없는 강제처분에 의하여 수집하게 된 증거나 도청에 관한 규정에 위반한 경우에 증거의 사용을 금지하고 있다.[62]

(3) 일본의 위법수집증거배제법칙

종래에는 압수절차가 위법하더라도 물건 자체의 성질이나 형상의 변경이 없으므로 증거로서 가치를 인정하여 왔다. 그러나 학설은 미국 판례의 영향으로 위법하게 수집한 증거는 배제되어야 한다는 입장을 취해 왔다. 이후 1978년 일본 최고재판소가 판결을 통해 위법수집증거배제법칙을 선언한 이래로 오늘날에는 위법수집증거배제법칙이 통설과 판례로 확립되어 있다고 할 수 있다.

3. 자백배제법칙과의 관계

위법수집증거배제법칙과 자백배제법칙과의 관계에 관해서는 학설이 대립된다. 즉 ① 자백배제법칙의 근거를 위법배제설에 두는 입장으로서 진술증거 중에 피고인의 자백에 대하여는 위법수집증거배제법칙의 특칙인 자백배제법칙이 적용되므로 위법수집증거배제법칙은 비진술증거와 자백 이외의 진술증거에 대해서 적용된다는 견해인 **특칙설**과 ② 자백배제법칙의 근거를 허위배제설과 인권옹호설에 두는 절충설의 입장에서 임의성이 의심되는 자백에 대하여는 제309조의 자백배제법칙이 적용되고, 임의

61) BGHSt. 24, 130.
62) 이재상/조균석, 579－580면.

성은 있으나 수집절차가 위법한 자백에 대하여는 제308조의2의 위법수집증거배제법칙이 적용된다는 이원설이 그것이다.

생각건대 자백배제법칙의 근거를 위법배제설에서 구한다면 특칙설이 타당하다. 따라서 임의성이 없는 자백이나 진술거부권불고지에 의한 자백, 위법한 신체구속중의 자백, 변호인선임권이나 접견교통권의 침해에 의한 자백의 경우에는 위법수집증거배제법칙이 아니라 자백배제법칙이 먼저 적용되어 증거능력이 부정된다고 하겠다. 그러나 판례는 변호인의 선임권·참여권·접견교통권을 침해하는 경우와 진술거부권의 불고지에 의한 자백에 의해 작성된 피의자신문조서에 대하여는 자백배제법칙이 아니라 위법수집증거배제법칙에 의하여 증거능력을 부정하는 입장을 취하고 있다.[63]

Ⅱ. 위법수집증거배제법칙의 근거

형사소송법은제308조의2에 "적법한 절차에 따르지 아니하고 수집한 증거는 증거로 할 수 없다."고 규정함으로써 위법수집증거배제법칙을 명문화하였다. 이 규정에 의해 위법수집증거의 증거능력 인정여부에 관한 종래의 학설과 판례의 대립을 해결하게 되었으며, 이후 대법원은 전원합의체 판결을 통해 "헌법과 형사소송법이 정한 절차를 따르지 아니하고 수집한 증거는 원칙적으로 유죄의 증거로 삼을 수 없다"고 판시함으로써 위법수집증거배제법칙을 확립하게 되었다.[64]

1. 위법수집증거배제법칙의 근거

(1) 적정절차의 원칙과 위법수사의 억제

위법수집증거배제법칙은 실체적 진실의 발견도 적정한 절차에 의하여 이루어져야 한다는 적정절차의 원칙과 위법수사를 억제하거나 방지하기 위한 가장 효과적인 수단이라는 점을 그 이론적·정책적 근거에 두고 있다. 적정절차보장이란 관점에서 위법수집증거는 증거능력이 부정되어야만 재판의 공정과 사법의 염결성(廉潔性)이 유

63) 대법원 2013. 3. 28. 선고 2010도3359 판결(변호인참여권사건); 대법원 2011. 11. 10. 선고 2011도8125 판결; 대법원 2010. 5. 27. 선고 2010도1755 판결(진술거부권사건); 대법원 2009. 8. 20. 선고 2008도8213 판결; 대법원 1990. 9. 25. 선고 90도1586 판결.

64) 대법원 2007. 11. 15. 선고 2007도3061 전원합의체 판결.

지되고, 위법수사를 행한 자에 대한 민사·형사상의 책임이 충분하지 않는 이상 위법수집증거배제법칙은 가장 효과적인 위법수사 억제방안이 되기 때문이다.

(2) 위법수집증거배제법칙에 대한 비판

위법수집배제법칙은 위법수사를 억제하는 기능과 사법의 염결성을 유지하는 일정한 기능을 지니고 있지만, 이 원칙의 적용으로 인하여 신용성이 있는 증거를 배제하게 되고, 이를 보충하기 위해 많은 비용이 필요하며, 또한 일반인의 지지를 얻고 있지 못하고 있다는 비판이 제기되고 있다. 그러나 위법수집증거배제법칙에 의하여 위법한 수사가 억제되고 적법절차가 강조됨으로써 적법한 수사와 적법절차원리의 발전을 기대할 수 있고, 보다 인권친화적인 사법절차를 확립할 수 있다는 점에서 이 원칙은 더 큰 장점을 지니고 있다.

2. 위법수집증거배제법칙의 적용범위

(1) 증거배제의 기준

위법수집증거배제법칙은 적정절차의 보장과 실체적 진실발견이라는 두 가지 이념을 조화시키는 범위 내에서 그 적용범위를 정해야 한다. 경미한 절차상의 하자가 있다고 하여 증거능력을 부정하게 되면 실체적 진실발견에 중대한 지장을 초래하게 된다. 따라서 위법수집증거배제법칙은 증거수집절차에 중대한 위법이 있는 경우에 한하여 적용되어야 한다.

여기서 중대한 위법이란 적정절차의 기본이념에 반하는 경우를 말한다. 즉 본질적인 증거절차규정을 위반했을 때이다. 중대한 위법인가 여부는 절차위반의 정도, 상황, 침해된 이익과 위법의 정도 등을 종합적으로 고려하여 개별적·구체적으로 판단하여야 한다. 헌법규정에 위반하는 경우와 형벌법규에 위반하는 경우 및 형사소송법의 효력규정에 위반하는 경우에는 중대한 위법에 해당한다. 판례도 증거수집과정에 이루어진 절차위반행위와 관련된 모든 사정을 종합적으로 고려하여 적법절차의 실질적인 내용을 침해하는 경우에는 위법수집증거배제법칙을 적용해야 한다고 함으로써 실체적 진실규명과 위법수집증거배제법칙의 조화를 도모하고 있다. 대법원은 적법하지 않은 절차를 통해 수집한 증거를 기초로 하여 획득한 2차적 증거(파생증거)의 증거능력에 관하여는 증거능력을 부정하고 있다.[65] 따라서 1차적 증거를 기초로 하여 2차

65) 대법원 2009. 3. 12. 선고 2008도11437 판결; 대법원 2013. 3. 28. 선고 2012도13607 판결; 대

적 증거를 수집하는 과정에 추가로 발생한 모든 사정을 전체적으로 고려하여, 특히 2차적 증거의 경우에는 인과관계의 희석 또는 단절 여부를 고려하여 종합적으로 판단해야 한다.[66]

(2) 개별적인 위법수집증거의 유형

1) 헌법정신에 반하여 수집한 증거

가. 영장주의의 위반 영장주의에 위반하여 수집한 증거는 증거능력이 부정된다.[67] 따라서 ① 압수대상물을 기재하지 않은 영장과 같이 영장 자체에 하자가 있는 경우, ② 영장 없이 압수·수색·검증하여 수집한 증거물, ③ 영장에 기재되지 않은 물건을 압수·수색·검증한 경우,[68] ④ 긴급압수·수색의 요건을 갖추지 못한 압수·수색에 의하여 수집한 물건, ⑤ 체포현장의 요건을 갖추지 못한 압수·수색에 의해 수집한 증거, ⑥ 경찰관 직무집행법상의 직무질문에 수반하여 동의 없는 소지품검사 등에 의하여 수집한 증거, ⑦ 체포현장에서 영장 없이 압수한 후 압수·수색영장을 발부받지 않은 경우,[69] ⑧ 위법한 사진촬영이나 녹음·녹화로 취득한 증거[70] 등은 증거능력이 없다. 그러나 영장의 기재방식이나 집행방식에 사소한 하자가 있는 경우에는 증거능력이 부정되지 않는다.

나. 적정절차의 위반 ① 야간압수·수색금지규정에 위반한 압수·수색(제125조, 제219조), ② 압수·수색영장제시(제118조,제219조) 및 압수목록 교부규정(제129조, 제219조)에 위반한 압수·수색, ③ 당사자의 통지나 참여권을 보장하지 않은 압수·수색·검증 및 감정(제121조, 제145조, 제176조),[71] ④ 의사나 성년의 여자를 참여시키지 않은 여자의 신체검사의 결과(제141조 제3항), ⑤ 당사자의 참여권과 신문권을 침해한 증인신문(제163조, 제161조의2), ⑥ 위법한 비공개 증인신문,[72] ⑦ 제척사유 있는

법원 2013. 3. 14. 선고 2012도13611 판결; 대법원 2014. 1. 16. 선고 2013도7101 판결; 대법원 2016. 3. 10. 선고 2013도11233 판결.

66) 대법원 2009. 4. 23. 선고 2009도526 판결.

67) 대법원 2014. 1. 16. 선고 2013도7101 판결.

68) 대법원 2015. 7. 16. 자 2011모1839 전원합의체 결정; 대법원 2016. 3. 10. 선고 2013도11233 판결.

69) 대법원 2010. 1. 28. 선고 2008도10914 판결.

70) 대법원 2013. 7. 26. 선고 2013도2511 판결.

71) 대법원 2015. 7. 16. 자 2011모1839 전원합의체 결정.

72) 대법원 2015. 10. 29. 선고 2014도5939 판결.

통역인이 통역한 증인신문,[73] ⑧ 선거범죄를 조사하면서 진술녹음 사실을 미리 알려 주지 아니한 채 녹음한 파일 및 녹취록과 같이 위법한 함정수사에 의해 수집한 증거, ⑨ 검사가 공소제기 후 수소법원 이외의 지방법원 판사로부터 발부받은 영장에 의하여 압수·수색하여 획득한 증거의 경우 등은 증거능력이 없다.[74]

2) 형사소송법의 효력규정에 위반하여 수집한 증거

증거조사절차가 위법하여 무효인 경우에 이로 인하여 수집한 증거는 증거능력이 없다. 따라서 ① 군사상·공무상·업무상 비밀에 관한 정당한 거절권 행사에 위반한 압수·수색(제110조－제112조, 제219조), ② 선서 없이 한 증인신문·감정·통역·번역의 결과(제156조, 제170조, 제183조), ③ 증언거부권을 고지하지 않고 얻은 증인의 진술[75] 등은 증거능력이 없다.

그러나 단순한 훈시규정에 위반하거나 절차의 위법이 중대하지 않은 경우에는 증거능력에 영향을 미치지 않는다. 예컨대 증인의 소환절차에 잘못이 있는 증인의 증언, 위증의 벌을 경고받지 못하고 선서한 증인의 증언은 증거능력에 영향이 없다.

3. 사인의 증거수집과 위법수집증거배제법칙의 적용여부

(1) 문제제기

위법수집증거배제법칙은 국가기관인 수사기관이 위법하게 수집한 증거의 증거능력을 부정하는 법칙이므로 사인의 증거수집행위에 대하여는 이 원칙이 적용되지 않는 것이 원칙이다. 그러나 오늘날 기본권의 대사인적 효력이 중시되면서 사인(私人)의 위법한 증거수집행위에 대해서도 위법수집증거배제법칙이 적용될 수 있는가가 문제된다.

(2) 학설과 판례의 입장

1) 학　설

부정설은 위법수집증거배제법칙은 국가기관인 수사기관에 의해 위법하게 수집된

---

73) 대법원 2011. 4. 14. 선고 2010도13583 판결.

74) 대법원 2014. 10. 15. 선고 2011도3509 판결.

75) 대법원 1957. 3. 8. 선고 4290형상23 판결(선서무능력자에 대하여 선서하게 하고 신문한 경우라 할지라도 그 선서만이 무효가 되고 그 증언의 효력에 관하여는 영향이 없으며, 증인신문시에도 증언거부권이 있음을 설명하지 아니한 경우라 할지라도 증인이 선서하고 증언한 이상 그 증언의 효력은 유효하다).

증거의 증거능력을 부정하는 법칙이므로 사인의 증거수집행위에는 이 원칙이 적용될 여지가 없다는 입장이다.[76] 이에 반해 **긍정설**은 기본권의 대사인적(對私人的) 효력을 중시하여 사인의 증거수집행위에 대해서도 이 원칙이 제한적으로 적용되어야 한다는 입장으로서, 이는 다시 권리범위설과 이익교량설로 나누어져 견해가 대립되고 있다.

① **권리범위설** 사인에 의한 증거수집방법이 인간의 존엄성 등 기본권의 핵심적 영역을 침해하는 경우에는 사인의 증거수집행위에 대하여도 위법수집증거배제법칙이 적용되어야 하지만, 일반적인 인격권의 영역에서는 획득한 증거의 증거능력의 인정을 통해 얻는 이익과 침해될 이익을 비교교량하여 판단해야 하고, 특히 사적 생활영역이 아닌 사회생활영역을 침해하는 경우에는 원칙적으로 증거능력을 인정해야 한다는 견해이다.[77]

② **이익교량(형량)설** 피고인의 개인적 이익과 효과적인 형사소추의 이익을 교량하여 위법수집증거배제법칙의 적용여부를 판단해야 한다는 견해이다.[78] 즉 형사소추의 이익이 클 때에는 위법수집증거배제법칙이 적용되지 않는다는 견해로서 증거금지의 적용범위에 관한 독일의 통설이기도 하다.

2) 판례의 입장

대법원 판례는 효과적인 형사소추 및 형사소송에서의 실체적 진실발견이란 공익과 개인의 사생활 보호라는 이익을 비교형량하여 사인에 의해 수집된 증거의 허용여부를 결정해야 한다는 이익형량설의 입장에서, ① 사인이 절취한 업무일지를 매수하여 사기죄의 증거로 제출한 경우,[79] ② 시청공무원이 불법적으로 비밀보호조치를 해제하여 시청공무원이 시장에게 보낸 전자메일을 공직선거법위반죄의 증거로 제출한 경우,[80] ③ 고소인이 불법으로 주거에 침입하여 획득한 증거를 간통사건의 증거로 제출한 경우[81]에 증거능력을 인정하고 있다. 그 밖에도 타인 간의 대화를 몰래 녹음한 경우에는 통신비밀보호법 제14조에 위반되며, 이에 위반하여 녹음된 내용은 재판 또는 징계절차에서 증거로 사용할 수 없고, 비밀녹음을 한 자는 형사처벌을 받게 된다.

---

76) 이재상/조균석, 588–589면.
77) 하태훈, "사인에 의한 증거수집과 그 증거능력", 형사법연구 제12권, 44면 이하 참조.
78) 노명선/이완규, 616면; 신동운, 1337면.
79) 대법원 2008. 6. 26. 선고 2008도1584 판결.
80) 대법원 2013. 11. 28. 선고 2010도12244 판결.
81) 대법원 2010. 9. 9. 선고 2008도3990 판결; 대법원 1997. 9. 30. 선고 97도1230 판결.

공개되지 아니한 타인 간의 전화통화를 녹음한 경우도 마찬가지이다.[82] 대화당사자 일방의 동의를 얻고 제3자가 녹음한 경우도 마찬가지로 위법이지만,[83] 대화당사자 일방이 상대방과의 대화내용을 몰래 녹음한 경우에는 증거능력이 인정된다.[84]

3) 결 어

① 형사소송법은 국가의 소추기관을 대상으로 하므로 사인은 형사소송법의 수명자라고 할 수 없으며, 미국의 위법수집증거배제법칙이나 독일의 증거금지도 원칙적으로 사인을 형사소송법의 수명자로 하고 있지 않다. ② 긍정설인 권리범위설과 이익형량설은 독일의 형사소송법의 증거금지의 적용기준에 관한 이론으로서 예외적으로 사인에 대하여 적용될 수 있는 범위를 정하는 기준에 불과하다. ③ 또한 도청의 경우에는 통신비밀보호법에 증거능력을 배제하는 규정을 두고 있으므로 위법수집배제법칙을 적용할 필요가 없다. ④ 이익형량설에 의하면 사생활보호라는 이익과 실체적 진실발견 및 형사소추의 이익을 비교형량한다는 것은 그 기준이 불명확하다는 비판을 피하기 어렵다. 따라서 특별히 사인이 수사기관에 고용되었거나 수사기관의 위임에 의해 위법하게 증거를 수집한 경우가 아닌 한 위법수집배제법칙은 사인에게는 적용되지 않는다고 해석하는 부정설이 타당하다고 생각된다.[85] 입법론적으로는 개인의 본질적인 기본권을 침해하면서 수집된 증거의 경우에는 증거능력을 배제하도록 하는 개별적인 입법화는 필요하다고 생각된다. 한편 대법원이 대화당사자 일방이 비밀녹음한 녹음테이프의 증거능력을 인정하고 있는 것은 부정설과 같은 입장이라고 할 수 있다.[86]

4. 독수의 과실이론

(1) 의 의

독수(毒樹)의 과실(果實)이론이란 위법하게 수집된 증거(독수: 제1차 증거)에 의하여 발견된 제2차 증거(과실)의 증거능력을 배제하는 이론을 말한다. 즉 독나무에 열린 과실에 대하여 증거능력을 인정할 것인가에 관하여 독나무의 과실은 당연히 독이 있

82) 대법원 2001. 10. 9. 선고 2001도3106 판결.
83) 대법원 2010. 10. 14. 선고 2010도9016 판결.
84) 대법원 2008. 7. 10. 선고 2007도10755 판결.
85) 이재상/조균석, 588−589면.
86) 대법원 1997. 3. 28 선고 96도2417 판결.

는 과실이므로 증거로 허용해서는 안된다는 견해가 지배적인 견해[87]이다. 이 이론은 위법수사로 획득한 제1차적 증거에 대해서만 증거능력을 부정하고 파생적 증거에 대하여 증거능력을 인정할 경우에는 위법수집증거배제법칙이 무의미해지는 것을 막기 위한 원칙으로서, 미국에서는 Silverthorne사건과 Nardone사건에 대한 판결을 통해 이 원칙이 확립되었다. 대법원 판례도 "헌법과 형사소송법이 정한 절차에 따르지 아니하고 수집한 증거는 기본적 인권 보장을 위해 마련된 적법한 절차에 따르지 않은 것으로서 원칙적으로 유죄의 증거로 삼을 수 없다. … 위법수집 증거를 기초로 획득한 제2차적 증거를 유죄 인정의 증거로 삼을 수 없다"고 판시하고 있다.[88]

위법수집증거배제법칙의 실효성을 확보하기 위해서는 독수의 과실이론의 적용범위와 관련해서는 위법하게 수집된 증거에 기하여 수집된 모든 증거(제2차적 증거)의 증거능력을 원칙적으로 부정하는 것이 타당하며, 나아가 피고인이 증거동의를 하더라도 이를 증거로 사용할 수 없고 탄핵증거로도 사용할 수 없게 된다.

(2) 독수의 과실이론의 예외

독수의 과실이론에 의해 수사기관의 경미한 위법수사만 있더라도 그 이후에 획득한 모든 증거의 증거능력이 상실된다고 하게 되면 국가형벌권은 무력화할 우려가 있고, 형사사법기관에 대한 국민의 신뢰를 추락시키게 된다. 따라서 독수의 과실이론을 적용하는 데에는 일정한 제한이 필요하다. 즉 비록 위법수집증거라 하더라도 수사기관의 독립된 자료에 의하여 제2차적 증거의 존재를 알았거나, 위법수집증거와 제2차적 증거 사이에 인과관계가 인정되지 않을 때에는 이 원칙이 적용되지 않는다. 미국에서도 독수의 과실이론의 예외를 인정하고 있으며, 미국에서의 독수의 과실이론을 제한하는 예외에 해당하는 경우를 살펴보면 다음과 같다.[89]

---

87) 손동권/신이철, 569면; 신동운, 1350면; 이영란, 712면; 이은모, 634면; 이재상/조균석, 589면; 정웅석/백승민, 621면; 차용석/최용성, 522면. 이와 달리 임의성 없는 자백에 의하여 수집된 증거의 증거능력만을 부정해야 한다는 견해나 강제에 의한 자백의 증거능력만을 부정해야 한다는 소수설도 있다(정영석/이형국, 328면).

88) 대법원 2007. 11. 15. 선고 2007도3061 전원합의체 판결.

89) 독일 형사소송법학계에서는 먼거리효과(Fernwirkung)라는 개념으로 독수의 과실이론을 설명하면서 먼거리효과의 인정범위를 제한하는 이론으로서, ① 가설적 개연성이론, ② 조건적 인과관계이론, ③ 규범의 보호목적이론을 제시하는 견해도 있다(배종대/이상돈/정승환/이주원, §56/20).

1) 오염순화의 예외

오염순화의 예외이론(the purged taint exception)은 사후에 피고인의 자유의사에 의한 행위의 개입에 의하여 위법수사로 인하여 획득한 증거의 오염성이 희석된 경우에는 파생증거를 증거로 사용할 수 있다는 이론으로서, 이를 희석이론이라고도 한다. 이는 피고인의 자유의사에 의한 행위에 의해 수사기관의 위법행위와 파생증거 사이에 인과관계가 단절된다는 것을 그 이유로 한다. 예컨대 피고인에게 위법한 방법으로 자백을 받아내었지만, 추후에 피고인이 그 자백사실을 자유의사에 의하여 인정하는 경우에는 오염된 증거가 순화되거나 희석되기 때문에 파생증거를 증거로 사용할 수 있다는 이론이다. 대법원 판례도 제2차적 증거에 대하여 인과관계의 희석이나 인과관계의 단절을 이유로 하여 증거능력을 인정하고 있다.[90)]

2) 불가피한 발견의 예외

불가피한 발견의 예외이론(inevitable discovery exception)은 위법수사에 의한 오염된 증거가 없었더라도 합법적인 수단에 의해서도 제2차적 증거의 발견을 피할 수 없었을 경우, 즉 파생증거의 발견이 필연적이었을 경우에는 예외적으로 증거능력을 인정할 수 있다는 이론이다. 예컨대 사법경찰관이 피의자의 권리를 침해하면서 피의자신문을 한 결과로 시체의 소재를 알게 되었을 때에 이미 다른 방법에 의해서도 시체를 발견했을 것이라는 점이 밝혀진 경우가 여기에 해당한다.

3) 독립된 오염원의 예외

독립된 오염원의 예외이론(independent untainted source exception)이란 제1차적 증거와 파생적 증거 사이에 조건적 인과관계는 있더라도 파생증거의 취득이 제1차 증거의 수집원인이었던 위법수사를 이용한 것이 아니라 독립된 근원에 의한 수사활동을 통해 획득한 파생증거일 경우에는 증거능력을 인정할 수 있다는 이론을 말한다. 예컨대 위법한 수색에 의해 유괴된 소녀를 발견한 경우라 하더라도, 실종된 소녀부모의 신고로 경찰이 피고인의 집에 소녀가 있다는 것을 이미 알고 있었던 경우에는 유괴된 소녀의 진술은 위법한 압수·수색과 관계없이 독립된 근원에 의하여 수집할 수 있었던 증거이므로 증거능력이 인정된다는 것이다.

---

90) 대법원 2013. 3. 14. 선고. 2010도2094 판결(미란다원칙을 위반한 채혈측정사건); 대법원 2013. 3. 14. 선고 2013도13611 판결.

4) 선의의 예외

선의의 예외(the good faith exception)법리란 수사기관이 아닌 자에 의해 위법하게 수집된 증거라 할지라도 그 위법이 수사기관에 의해 행해지지 않았거나 또는 수사기관에 의한 위법이 행해진 경우에도 수사기관이 정직하고 합리적인 경우에는 예외적으로 증거로 사용할 수 있다는 이론이다. 선의의 예외이론은 미국의 최고법원에서 인정되고 있는 위법수집증거법칙의 예외에 해당한다. 예컨대 법관이 발부한 압수·수색영장에 의하여 증거를 수집하였으나 나중에 그 영장이 무효인 것이 밝혀진 경우, 경찰관이 주거자의 동의하에 주거에 들어갔지만 동의자에게는 그런 권한이 없었던 경우를 들 수 있다. 미국법원은 Leon사건[91)]과 Sheppard사건[92)]에서 법관에 의해 발부된 영장에 의하여 이성적 신뢰에 기초하여 수집한 증거는 나중에 발부된 영장이 무효가 된 경우에도 허용된다고 판시한 바 있는데, 위법은 영장을 잘못 발부한 판사에게 있고 위법수집증거배제법칙은 경찰관의 행위를 통제하기 위한 원칙이므로 위법수집배제법칙은 경찰관에게는 적용할 수 없다는 것이다.

미국의 판례상 나타난 선의의 예외법리가 적용되는 경우를 적시해보면, ① 위법이 경찰이 아닌 법관에 의해서 범해진 경우, ② 법원직원에 의해 위법이 범해진 경우,[93)] ③ 경찰이 위법을 행하였으나 압수·수색영장을 신청하기 위한 보고서가 정확하다고 정직하고 이성적으로 믿은 경우,[94)] ④ 경찰관이 주거에 들어오도록 허락한 사람에게 동의권한이 있는 것으로 믿은 경우,[95)] ⑤ 경찰관의 행위가 나중에 위헌결정된 법률에 근거한 경우[96)] 등이다.[97)]

그러나 미국 판례상의 선의의 예외법리에 대하여는, ① 수사관이 비록 선의를 가졌다 하더라도 헌법상의 권리가 침해되었다는 점에서는 차이가 없고, ② 수사관이 선의로 행동했다는 객관적인 증거를 찾기가 어려우므로 이 원칙을 그대로 적용하게 되면 위법수집증거배제법칙을 약화시킨다는 비판을 피하기 어려우므로, 이 법리를 적용

91) U. S. v. Leon, 468 U. S. 897(1984).
92) Massachusetts v. Sheppard, 468 U. S. 981(1984).
93) Arizona v. Evans, 56 CrL. 2175(1995).
94) Maryland v. Garrison, 480 U. S. 79(1987).
95) Illinois v. Rodriguez, 497 U. S. 117(1990).
96) Illinois v. Krull, 480 U. S. 340(1987).
97) 이재상/조균석, 591면.

하기 위한 선결조건으로는 보다 명확한 객관적인 기준마련이 필요하다고 생각된다.

Ⅲ. 위법수집증거배제법칙의 적용효과

1. 증거사용의 금지

위법수집증거배제법칙이 적용되는 경우에는 획득한 증거는 증거능력이 부정되어 엄격한 증명을 요하는 사실, 예컨대 공소범죄사실을 인정하는 자료로 사용하는 것은 금지된다. 따라서 법원은 위법하게 수집된 증거에 대하여는 당사자의 이의가 없더라도 직권으로 이를 배제하여야 한다. 이와 달리 피고인이 증거수집과정의 위법성을 주장하는 경우에는 증거수집절차의 적법성이나 위법수집증거배제법칙의 예외에 해당하는 사유가 있는지에 관해서 검사에게 거증책임이 있게 된다.

2. 위법수집증거의 배제효과와 증거동의

수사기관이 피고인에 대해 위법하게 수집한 증거는 증거능력이 없으므로 피고인에 대한 유죄인정의 증거로 사용할 수는 없다. 그런데 문제는 수사기관이 피고인이 아닌 자에 대하여 위법하게 수집한 증거를 피고인에 대한 유죄증거로 사용할 수 있는가이다. 이에 관해서는 자신의 권리가 침해된 자만이 증거배제를 주장할 수 있는데 피고인의 권리가 침해된 것이 아니어서 피고인은 증거배제를 주장할 수 없으므로 피고인에 대한 증거로 사용할 수 있다는 견해[98]도 있으나, 대법원은 원칙적으로 피고인에 대한 유죄 인정의 증거로 삼을 수 없다고 판시하였다.[99]

한편 위법하게 수집된 증거라 하더라도 당사자가 동의하면 증거능력이 인정될 수 있는가가 문제된다. 이에 관해 학설은 ① 피고인이 동의하면 증거능력을 인정해야 한다는 **긍정설**과 ② 증거수집절차의 중대한 위법으로 인하여 허용되지 않는 증거가 동의에 의해 증거능력이 인정된다는 것은 타당하지 않다고 하여 증거능력을 인정하지 않는 **부정설**,[100] 그리고 ③ 증거수집절차의 위법이 본질적인 위법이 아닌 경우에 한하여 피고인의 동의에 의해 증거능력이 인정된다는 **절충설**[101]이 대립한다.

---

98) 노명선/이완규, 502면.

99) 대법원 2011. 6. 30. 선고 2009도6717 판결.

100) 이은모, 629면; 이재상/조균석, 592면; 손동권/신이철, 572면; 신동운, 1341면.

101) 노명선/이완규, 620면.

생각건대 긍정설은 위법수집증거배제법칙의 실효성을 저해하며, 절충설의 경우에는 본질적인 위법과 비본질적인 위법의 구별이 불분명하다는 점을 고려할 때 부정설이 타당하며, 판례[102]도 이 입장을 취하고 있다. 따라서 피고인이 위법수집증거를 증거로 함에 동의하더라도 이는 유죄인정의 증거로 사용할 수 없게 된다.

3. 위법수집증거와 탄핵증거

위법수집증거를 증거의 증명력을 다투기 위한 탄핵증거로 사용할 수 있는가가 문제된다. 이에 관해서는 ① 임의성이 없는 고문·폭행·협박 등과 같은 중대한 인권침해에 의한 진술을 제외하고는 위법수집증거도 탄핵증거로 사용할 수 있다는 **긍정설**[103]도 있으나, ② 위법수집증거를 탄핵증거로 사용하는 것을 허용할 경우에는 사실상 위법수집증거의 증거능력을 배제하는 취지가 무의해질 우려가 있다. 따라서 증거능력 없는 위법수집증거는 탄핵증거로도 사용할 수 없다고 해석하는 다수설[104]인 **부정설**이 타당하다.

제 5 절 전문법칙

Ⅰ. 전문증거의 의의

1. 전문증거의 개념

사실인정의 기초되는 경험사실을 경험자 자신이 경험한 내용을 법원에 직접 진술하지 않고 다른 제3자의 진술이나 진술이 기재된 서류를 통해 간접적으로 보고하는 경우에 간접적인 제3자의 진술이나 서류를 **전문증거**(hearsay evidence)라고 하며, 전문증거는 사실을 체험한 자가 중간매개를 거치지 않고 직접 법원에 진술하는 **원본증서**(原本證據)와는 구별되어진다.

전문증거에는 ① 경험사실을 들은 타인이 전문한 사실을 법정에서 진술하는 경

102) 대법원 2013. 3. 14. 선고 2010도2094 판결; 대법원 2009. 12. 24. 선고 2009도11401 판결.
103) 노명선/이완규, 669면.
104) 배종대/이상돈/정승환/이주원, §56/22; 이재상/조균석, 592면; 손동권/신이철, 573면.

우(전문진술 또는 전문증언), ② 경험자 자신이 직접 경험한 사실을 서면에 기재하는 경우(진술서), ③ 경험자의 경험사실을 들은 타인이 서면에 기재하는 경우(진술녹취서)가 포함될 수 있다.

즉 전문증거(傳聞證據)는 **전문진술**(전문증언)과 **진술서**(자술서, 감정서, 진단서 등) 및 **진술녹취서**(수사기관 작성의 피의자신문조서, 참고인 진술조서 등)를 기본으로 하고, 진술서와 진술녹취서를 합하여 진술을 기재한 서류를 **전문서류** 또는 진술대용서류라 한다.

따라서 전문증거란 공판기일에 체험자가 경험한 내용을 공판정에서 하는 진술에 대응하는 서면 또는 공판기일 외에서의 타인의 진술을 내용으로 하는 진술로서 원진술의 내용인 사실의 진실성을 증명하기 위한 증거라고 할 수 있다. 어떤 진술이 기재된 서류가 그 내용의 진실성이 범죄사실에 대한 직접증거로 사용될 때는 전문증거가 된다고 하더라도, 그와 같은 진술을 하였다는 것 자체 또는 그 진술의 진실성과 관계없는 간접사실에 대한 정황증거로 사용될 때는 반드시 전문증거가 되는 것은 아니다.[105]

2. 전문증거의 범위

전문증거는 요증사실을 직접 경험한 사람의 진술을 내용으로 하는 진술증거에 한정된다. 비진술증거인 증거물, 위조문서와 같은 서증, 검증대상인 물건이나 장소 등은 전문증거가 아니다. 원본증거(原本證據)와 전문증거의 구별은 요증사실(要證事實)에 대한 관련성에 의해 판단된다. 전문자의 진술은 원진술자의 진술내용이 요증사실의 진실성을 판단하는 증거로 사용되는 경우에는 전문증거가 되지만, 다른 사실의 증거로 사용되는 경우에는 원본증거가 된다.

《사 례》

[사례] 요증사실과의 관련성에 따른 전문증거 또는 원본증거의 판단
갑이 을로부터 병이 강도하는 것을 보았다는 진술을 전해 들었다. 을이 병에 대한 명예훼손 혐의로 재판을 받는 경우에 갑이 을의 그런 진술을 증언할 경우에 갑의 증언은 병의 강도사건에서는 전문증언으로서 전문증거이지, 을의 명예훼손사건에서는 원본증거가 된다.

105) 대법원 2013. 6. 13. 선고 2012도16001 판결.

[사례] 전문증언이 요증사실과 직접적인 관련성이 없고 간접적으로 관련되는 경우
갑이 살해혐의로 재판을 받고 있는데, 을은 갑이 범행 후 '나는 신이다'라고 하는 말을 들었다. 을이 법정에서 갑의 말을 증언할 경우에, 을이 증언하고자 하는 사실은 갑이 범행 당시에 제정신이 아니었다는 점이다. 그러므로 을의 증언은 갑의 범행 당시의 정신적 상황을 증명하는 정황증거(情況證據)이지 전문증거가 되는 것은 아니다.[106)]

Ⅱ. 전문법칙

1. 전문법칙의 의의

전문법칙이란 전문증거의 증거능력을 부정하는 증거법칙을 말하며, 이는 전문증거배제법칙이라고도 한다. 우리 형사소송법은 제310조의2에 "제311조 내지 제316조에 규정한 것 이외에는 공판준비 또는 공판기일에서의 진술에 대신하여 진술을 기재한 서류나 공판준비 또는 공판기일 외에서의 타인의 진술을 내용으로 하는 진술은 이를 증거로 할 수 없다."고 하여 전문증거의 증거능력을 원칙적으로 부정함으로써 이른바 전문법칙과 직접주의를 함께 규정하고 있으며,[107)] 이러한 전문법칙은 자백배제법칙과 더불어 형사소송법의 증거법칙에 있어서 양대 지주를 이루고 있다.[108)]

2. 전문법칙의 근거

영미법계와 대륙법계의 전문법칙이 형성된 이론적 근거와 현행법상 전문법칙의 근거에 관한 논의 내용을 살펴보면 다음과 같다.

(1) 영미법계의 이론적 근거

영미법계에서는 전문법칙의 이론적 근거에 관해, 역사적으로는 선서가 결여에 있다거나 부정확한 전달의 위험이 있기 때문에 증거에서 배제되어야 한다는 견해도 있

106) 전문증거의 개념에 대하여는 영미에서도 확립된 정의가 없다. 미국증거법(Federal Rule of Evidence) 제801조는 "전문증거란 공판정 또는 심리에서 조사받는 진술자에 의하여 이루어진 것이 아닌 주장하는 사실의 사실성을 증명하기 위하여 제공된 진술을 의미한다. 진술에는 언어와 서면에 의한 주장과 주장을 목적으로 하는 비언어적 행동을 말한다."라고 규정하고 있다.

107) 배종대/이상돈/정승환/이주원, §53/11; 손동권/신이철, 579면; 신동운, 1143면; 이영란, 725면. 이에 반하여 전문법칙만을 규정하고 있다는 견해로는 백형구, 457면; 신양균, 706면; 신현주, 593면.

108) 이재상/조균석, 596면.

었으나, 오늘날에는 크게 피고인의 반대신문권의 보장이라는 견해와 전문증거의 신용성의 결여에 있다고 해석하는 견해가 대립된다.

1) 반대신문권의 보장에 근거한다는 견해

영미법에서의 지배적인 학설로서 전문증거는 반대신문이 결여되어 있기 때문에 진술증거에 의하여 불이익을 받게 될 당사자의 반대신문권을 보장하는 것을 목적으로 한다고 해석하는 견해이다. 특히 미국 수정헌법 제6조는 형사피고인의 증인에 대한 대질심문권(right of confrontation)을 보장하고 있는데, 이는 진술증거는 기억이나 표현 등에 있어서 오류가 개입할 여지가 크기 때문에 이로 인해 불이익을 받게 될 당사자에게 반대신문권을 보장하여 잘못을 시정할 수 있도록 하여야 하는데, 전문증거는 원진술자에 대한 이러한 반대신문의 기회가 없기 때문에 전문증거를 증거에서 배제되도록 한 것이 바로 전문법칙이라고 해석하고 있다.

2) 신용성의 결여에 근거한다는 견해

영미법에서의 지배적인 견해는 반대신문의 결여에 전문법칙의 근거를 구하는데 반해서, 이와 달리 전문법칙의 가장 중요한 이론적 근거를 반대신문권의 결여에 있다는 점은 인정하지만 그 밖의 다른 이유도 전문법칙에 대한 부수적인 근거가 된다는 점에서 전문법칙의 근거를 여러 복합적인 요소에 의해 설명하려는 견해가 유력하게 주장되고 있는데, 이 중에서 전문증거가 지닌 신용성의 결여라는 본질적인 약점을 근거로 증거능력을 부정하는 견해이다.

(2) 대륙법계의 근거 - 직접주의의 요청

대륙법계에서는 법원이 공판기일에 공판정에서 직접 심리·조사한 증거가 아니면 사실인정의 자료로 삼을 수 없다는 원칙인 직접주의를 근거로, 특히 태도증거에 의한 정확한 심증형성을 통하여 실체적 진실발견을 도모하는 것을 주목적으로 하므로 법원이 원진술자를 직접 조사하지 않은 전문증거는 증거능력이 부정된다는 입장을 취한다.

(3) 현행법상 전문법칙의 근거

형사소송법 제310조의2가 영미의 증거법에서 유래한다는 점에 대하여는 다툼이 없으나, 전문법칙의 예외에 관한 형사소송법 제311조 내지 제316조의 규정은 영미법에서도 찾아볼 수 없는 규정들이 포함되어 있다. 따라서 우리 형사소송법상 전문법칙의 이론적 근거에 대해서도 영미법의 이론을 그대로 적용하는 것이 타당한가가 문제되며, 나아가 대륙법의 직접주의가 전문법칙의 이론적 근거가 되는 것은 아닌지에 관해서도 검토해볼 필요가 있다.

먼저 형사소송법 제310조의2의 전문법칙의 근거에 관해, ① 영미법상의 전문법칙을 도입한 규정이라고 이해하는 견해이다. 이 견해는 다시 a. 전문법칙의 근거를 **반대신문권의 보장**이라고 보는 견해[109]와 b. **신용성의 결여**에 있다고 해석하는 견해[110]로 나누어진다. 즉 전자는 전문증거는 증거에 의해 불이익을 받게 될 당사자가 원진술자에 대한 반대신문을 통해 그 진술의 오류를 지적하고 자신을 방어할 기회가 없었으므로 증거능력이 부정된다는 견해이고, 후자는 전문증거는 반대신문에 의하여 그 진위를 확인할 수 없을 뿐만 아니라 선서가 없고 부정확하게 전달될 가능성이 많기 때문에 신용성이 희박하여 증거능력이 부정된다는 견해이다.

다음으로 제310조의2는 영미법의 전문법칙과 대륙법계의 직접주의를 양자를 근거로 한다는 견해이다. 이 견해는 다시 ① 전문증거의 증거능력이 부정되는 근본이유는 반대신문권의 보장과 태도증거에 의한 정확한 심증형성을 하기 위한 직접주의에 근거한다는 견해[111]와 ② 이 두 가지 외에도 전문증거는 신용성이 결여되어 있다는 점을 그 근거로 하는 견해[112]로 나누어진다. 전자의 견해에 의하면 반대신문권과 관계없는 전문법칙의 예외규정에 대하여는 전문법칙의 적용이 없는 경우로 이해하거나 직접주의 예외에 해당한다고 이해하게 된다.

(4) 결 어

① 현행법상 전문증거 중에는 당사자의 반대신문이 가능한 경우도 있으므로 반대신문권의 보장만을 전문법칙의 이론적 근거로 설명하는 입장은 타당하지 않다. 특히 공판정 외의 진술에 관해 이미 반대신문의 기회가 부여된 경우나 반대신문권이 포기된 경우 및 반대신문이 무의미한 경우에는 전문증거라 하더라도 전문법칙에 의해 배제되지 않게 된다. 예컨대 피고인이 아닌 자가 피고인의 진술을 내용으로 하는 경우에는 전문증거가 될 수 없다는 결론이 된다. 또한 ② 직접주의에 의하면 법원에 의한 직접 증거조사가 불가능하거나 곤란한 경우에는 예외적으로 전문증거를 사용할 수 있는데, 현행법은 직접 증거조사가 가능한 경우에도 성립진정 또는 특신상태라는

---

109) 정영석/이형국, 343면.

110) 이은모, 671면; 이재상/조균석, 597면; 임동규, 499면.

111) 강구진, 451면; 신동운, 1144면; 이영란, 765면; 정웅석/백승민, 618면.

112) 배종대/이상돈/정승환/이주원, §59/9면; 손동권/신이철, 579면.

요건을 구비한 경우에 한해 증거능력을 인정하고 있다. 그리고 ③ 전문증거는 시간의 경과에 따라 원본증거보다도 더 신용성이 높아질 수 있으며, 신용성이 높은 전문증거일지라도 현행법상 전문법칙의 예외에 해당하지 않으면 증거능력이 부정되기 때문에 신용성의 결여에서 전문법칙의 근거를 구하는 것은 문제가 있다.[113] ④ 전문법칙의 이론적 근거를 반대신문권의 보장이라고 할 때에는 반대신문권과 관계없는 전문법칙의 예외규정은 전문법칙의 적용이 없는 경우가 되거나 또는 직접주의의 예외에 해당한다고 이해하게 된다. 그러나 이러한 해석은 형사소송법의 기본태도와 일치한다고 할 수 없고, 대륙의 직접주의와 전문법칙이 동일한 의미를 가진 것이 아니라는 점을 간과하고 있다.

생각건대 우리 형사소송법 규정의 해석으로는 전문법칙의 이론적 근거는 어느 하나의 근거만으로는 설명하기 어렵다. 따라서 직접주의와 반대신문권의 보장 및 신용성의 결여라는 근거가 상호 보완적으로 전문법칙의 근거로서 작동한다고 보는 견해가 타당하다.

3. 전문법칙의 적용범위

(1) 전문법칙의 적용요건

1) 진술증거

전문증거란 요증사실을 직접 지각한 자의 진술을 내용으로 하는 진술증거를 말하며, 이와 달리 비진술증거는 반대신문이나 신용성이 문제될 여지가 없기 때문에 전문증거가 될 수 없다. 따라서 전문증거는 요증사실을 체험한 자의 진술증거이므로, 타인으로부터 전문한 사실을 진술하는 전문진술이든 타인의 진술을 기재한 전문서류이든 불문한다.

문제는 행동에 의해 일정한 의사내용이 표현된 경우, 즉 도망이나 침묵과 같은 비언어적 행동을 진술에 포함시킬 수 있는가가 문제되는데, 이를 긍정하는 견해도 있고 미국 연방증거법은 이를 전문증거에 포함시키고 있다. 그러나 범인을 지적하거나 사건현장을 지시하는 **비언어적 행동**의 경우에는 언어적 진술과 마찬가지로 전문법칙이 적용된다고 보아야 하지만, 도망이나 침묵과 같은 비언어적 행동의 경우에 여기에 진술이 포함된 것으로 보아 전문법칙을 적용하는 것은 실체적 진실의 발견을 저해하

---

113) 김재환 656면; 배종대/이상돈/정승환/이주원, §58/9면.

는 결과를 가져오므로 이 경우에는 정황증거로 이해하는 것이 타당하다.[114)]

2) 요증사실과의 관계

전문법칙이 적용되는 전문증거는 원진술의 내용이 요증사실(要證事實)을 증명하는 경우, 즉 타인의 진술 또는 서류에 포함된 원진술자의 진술내용의 진실성이 요증사실인 경우에 제한되며, 원진술의 존재 자체가 요증사실인 경우에는 전문증거가 아니므로 전문법칙이 적용되지 않는다. 따라서 전문증거인가 여부는 요증사실과의 관계에서 결정되어지므로 전문증거는 상대적인 개념이다. 예컨대 갑으로부터 "병이 절도하는 것을 보았다"는 말을 들은 을이 그 사실을 증언한 경우에 이것은 병의 절도사건에 대해서는 전문증거가 되지만, 병에 대한 명예훼손사건에서는 본래의 증거 내지 원본증거이지 전문증거가 아니다.[115)]

(2) 전문법칙이 적용되지 않는 경우

형식적으로는 전문증거인 것처럼 보이지만, 전문법칙이 적용될 수 있는 경우는 다음과 같다.

1) 요증사실의 일부를 이루는 진술

진술증거라 하더라도 요증사실의 구성요소를 이루는 진술에는 전문법칙이 적용되지 않는다. 이 경우의 진술은 원본증거에 속하기 때문이다. 예컨대 갑이 을로부터 A가 B를 살해하는 것을 보았다는 말을 듣고 그 말을 증언한 경우에 갑의 증언은 A에 대한 살인사건에 관하여는 전문증거가 되지만, 을에 대한 명예훼손사건에 관해서는 이 진술은 원본증거이지 전문증거가 아니다.

2) 언어적 행동

원진술자의 행동의 의미를 설명하기 위해 원진술자의 말을 그대로 진술하는 경우에는 전문법칙이 적용되지 않는다. 예컨대 갑이 을을 껴안은 행위가 폭행인지 우정의 표현인지를 설명하기 위하여 그 당시에 행한 갑의 진술을 증언하는 경우가 여기에 해당한다. 즉 원진술자의 진술을 비진술증거로 사용하는 경우에는 이것은 전문증거가 아니므로 전문법칙이 적용되지 않는다.

---

114) 이은모, 673면; 이재상/조균석, 599면; 임동규, 497면.

115) 대법원 2008, 7. 10. 선고 2007도10755 판결; 대법원 2012. 7. 26. 선고 2012도2937 판결; 대법원 2013. 2. 15. 선고 2010도3504 판결; 대법원 2013. 7. 26. 선고 2013도2511 판결.

3) 정황증거로 사용된 언어

전문진술이 원진술자의 심리적·정신적 상황을 증명하기 위한 정황증거로 사용된 경우에도 전문법칙은 적용되지 않는다. 이 경우에는 원진술의 내용이 요증사실이 아니라 전문사실이 원진술자의 정신상태를 증명하기 위한 간접사실에 불과하기 때문이다. 예컨대 원진술자가 '나는 신이다'라는 말을 했다는 전문사실은 요증사실이 아니라 원진술자의 정신이상을 증명하기 위한 간접사실에 불과하기 때문에 전문법칙이 적용되지 않는다.

4) 탄핵증거(彈劾證據)로 사용된 진술

증인의 진술의 신용성을 탄핵하기 위하여 증인의 공판정 외에서 행한 모순된 진술을 증거로 제출하는 경우(제318조의2)에는 원진술의 진실성을 증명하기 위한 증거가 아니므로 전문법칙이 적용되지 않는다. 그러나 전문증거로서 증거능력이 없는 증거라 할지라도 당사자가 증거로 함에 동의한 때에는 증거능력이 인정되므로(제318조 제1항), 이 경우에도 전문법칙이 적용되지 않는다.

Ⅲ. 전문법칙의 예외이론

1. 예외의 필요성

전문증거는 당사자의 반대신문권이 보장되지 않고 신용성이 결여되어 있다는 이유로 증거능력을 부정하고 있다. 그러나 신용성이 보장되는 전문증거조차 전문법칙을 엄격히 적용할 경우에는 재판의 지연이나 진실발견을 저해할 우려가 있다. 따라서 실체적 진실발견과 소송경제 및 신속한 재판을 위해 전문증거라고 하더라도 신용성이 보장되는 전문증거에 대하여는 예외적으로 증거능력을 인정할 필요가 있다. 이러한 의미에서 전문법칙은 그 예외를 전제로 하여 발달된 이론이라 할 수 있으며,[116] 또한 전문법칙의 역사는 그 예외확장의 역사라 할 수 있다.

우리 형사소송법은 제311조부터 제316조까지에 걸쳐서 전문법칙의 예외를 규정하고 있는데, 이 규정은 다시 전문서류에 관한 규정(제311조–제315조)과 전문진술(제316조)에 관한 규정으로 나눌 수 있다.

---

116) 강구진, 452면; 신현주, 599면; 이재상/조균석, 602면.

2. 예외인정의 일반적 기준

전문법칙의 예외도 영미의 증거법에서는 판례를 통하여 형성되어 왔다. 영미의 통설과 마찬가지로 우리나라의 통설도 이를 인정하기 위한 일반적 요건으로 신용성의 정황적 보장과 필요성이라는 두 가지 요건을 필요로 한다는 점에 대하여는 이견이 없다. 그리고 이 양자는 병렬적으로 모두 엄격히 요구되는 것이 아니라 상호보완적 내지 반비례 관계에 있기 때문에, 신용성이 강하게 보장된 때에는 필요성은 완화될 수 있다. 그러나 전문증거가 신용성이 결여된 경우에는 그 필요성이 있다는 이유만으로는 전문법칙의 예외가 인정될 수 없다고 하겠다(제314조).

(1) 신용성의 정황적 보장

신용성의 정황적 보장이란 공판정 밖에서의 진술이지만 제반정황으로 보아 진술의 진실성이 보장될 수 있는 경우를 말한다. 전문법칙의 근거를 반대신문권의 보장에 있다고 보는 견해에 의하면 전문법칙의 예외를 인정하기 위해서는 반대신문에 대신할 만한 외부적 정황 하에서 진술하였을 것을 요한다고 해석한다. 그리고 여기서의 신용성이란 진술내용의 진실성을 말하는 것이 아니라 진실성을 보장할 만한 외부적 정황을 의미한다고 이해한다.[117)]

영미법에서 신용성의 정황적 보장이 인정되는 경우로는 ① 사건직후의 자연적·반사적 진술(진술의 자연성), ② 죽음에 임한 자의 진술(진술의 양심성), ③ 재산상의 이익에 반하는 진술(진술의 불이익성), ④ 공문서·업무상문서와 같이 업무상 통상의 과정에서 작성된 문서(진술의 공시성)의 경우를 들 수 있다.

그러나 우리 형사소송법은 법관의 면전조서나 진술에 관하여 특별히 신용성의 보장을 요구하고 있지 않으므로 영미법보다 오히려 그 요건이 완화되어 있다고 할 수 있다.

(2) 필 요 성

필요성이란 원진술과 같은 가치의 증거를 구하는 것이 어렵기 때문에 진실발견을 위해 전문증거를 사용해야 할 필요성이 있는 경우(원진술자의 사망, 질병, 외국거주, 행방불명 등)를 말한다. 즉 원진술자의 특별한 사정으로 인해 공판정에 출석케 하여 다시 진술하게 하는 것이 불가능하거나 현저히 곤란한 경우가 여기에 해당한다.

---

117) 차용석/최용성, 576면.

3. 전문법칙의 예외규정

형사소송법은 제311조에서부터 제316조에 이르기까지 전문법칙의 예외를 규정하고 있는데, 이러한 전문법칙의 예외규정은 ① 진술을 대신하는 서면인 전문서류의 증거능력을 인정하는 규정(제311조 내지 제315조)과 ② 전문진술(제316조)에 관한 규정으로 나누어진다.

전문법칙의 예외규정에 대하여는 일반적으로 법조문의 순서에 따라 검토하지만, 여기에서는 증거의 실질적 내용에 따라 공판조서, 피의자신문조서, 참고인진술조서, 진술서, 검증조서, 당연히 증거능력 있는 서류, 전문진술로 나누어 그것의 증거능력이 인정되는 요건을 살펴보기로 한다.

Ⅳ. 형사소송법상 전문법칙의 예외

1. 법원 또는 법관의 면전조서

(1) 의 의

1) 제311조의 의미

제311조는 “공판준비 또는 공판기일에 피고인이나 피고인이 아닌 자의 진술을 기재한 조서는 증거로 할 수 있다. 제184조(증거보전청구와 그 절차) 및 제221조의 2(증인신문의 청구)의 규정에 의하여 작성된 조서도 또한 같다”라고 규정하고 있다. 법원 또는 법관의 면전에서의 진술을 기재한 조서는 그 성립의 진정성이 인정되고 신용성의 정황적 보장이 높기 때문에 무조건 증거능력을 인정하고 있다.

2) 제311조와 전문법칙

제311조 후단의 증거보전절차와 증인신문절차에서 작성된 조서도 법관면전에서 작성된 조서로서 전문법칙의 예외에 속한다는 점에 대하여는 다툼이 없다.

그러나 본조 전단의 ‘공판준비 또는 공판기일에서의 피고인이나 피고인이 아닌 자의 진술을 기재한 조서’의 성질에 대하여는, ① 당사자의 참여권 및 신문권이 보장되어 반대신문의 기회가 주어져 있으므로 **전문법칙의 적용이 없는 경우라는** 견해,[118)]

---

118) 백형구, 652면; 송광섭, 606면; 신현주, 601면.

② 전문법칙의 예외가 아니라 **직접주의의 예외**라고 보는 견해,[119] ③ **전문법칙의 예외 규정**이라고 해석하는 견해[120]가 대립한다.

생각건대 본조는 진술을 문제로 하는 것이 아니라 진술을 기재한 조서의 증거능력을 신용성과 필요성을 근거로 인정하고 있을 뿐만 아니라 법관의 면전에서 반드시 반대신문이 행해진 것도 아니며, 형사소송법이 명문으로 전문법칙의 예외라고 규정하고 있는 취지에 비추어볼 때 **전문법칙의 예외**라고 해석하는 **다수설**의 입장이 타당하다.

제311조에서 말하는 법원 또는 법관의 면전조서(面前調書)는 ① 공판준비 또는 공판기일에 피고인의 진술을 기재한 조서, ② 공판준비 또는 공판기일에 피고인이 아닌 자의 진술을 기재한 조서, ③ 증거보전절차와 증인신문절차에서 작성한 조서로 나누어 살펴볼 수 있다.

(2) 공판준비 또는 공판기일에 피고인의 진술을 기재한 조서

'공판준비에 있어서 피고인의 진술을 기재한 조서'란 공판준비절차에서 공판기일 전에 피고인을 신문한 조서(제273조 제1항)나 공판준비기일조서(제266조의10 제2항), 공판기일 전의 법원의 검증조서 중 피고인의 진술을 기재한 부분을 말한다.

'공판기일에 피고인의 진술을 기재한 조서'란 공판심리절차에서 작성된 공판조서를 말한다. 공판기일 또는 공판준비절차에서 한 피고인의 진술을 기재한 조서는 진술 그 자체가 증거능력이 인정되며, 특별한 증거조사를 요하지 아니한다. 여기서 피고인의 진술을 기재한 조서는 공판조서가 증거가 되는 경우이므로, 공판절차갱신 전의 공판조서나 파기환송·파기이송 전의 공판조서 등을 의미한다고 보아야 한다.

다만 피고인의 진술을 기재한 공판조서는 당해사건에 제한되는가 여부에 대하여는 견해가 대립된다. ① 제311조의 적용을 받는 조서는 당해 사건에 제한된다는 견해가 **다수설**[121]과 **판례**의 입장이지만, ② 다른 사건의 조서를 제외해야 할 이유가 없다고 하여 포함된다고 해석하는 **소수설**도 있다.

생각건대 피고인의 진술을 기재한 조서란 당해 사건에 제한되며, 다른 사건의 공판에서 한 피고인의 증언을 기재한 공판조서는 제외된다고 보는 다수설이 타당하다. 따라서 다른 사건에서의 피고인의 진술을 기재한 공판조서는 제311조가 아니라 제

119) 강구진, 454면; 신동운, 1150면.

120) 김재환, 662면; 이영란, 735면; 이재상/조균석, 604면; 임동규, 513면; 정영석/이형국, 350면; 정웅석/백승민, 641면; 차용석/최용성, 576면.

121) 배종대/이상돈/정승환/이주원, §58/22; 신동운, 1151면; 임동규, 502면; 정영석/이형국, 351면.

315조 제3호에 의해 '당연히 증거능력이 인정되는 서류'에 해당하여 증거능력이 있게 된다. 예컨대 구속적부심에서 피의자가 한 진술을 기재한 조서는 제315조 제3호에 의해 증거능력이 있게 된다.

(3) 피고인 아닌 자의 진술을 기재한 조서

1) 공판준비 또는 공판기일에서의 피고인이 아닌 자의 진술을 기재한 조서

'공판준비에서의 피고인이 아닌 자의 진술을 기재한 조서'란 당해 사건의 공판준비절차에서 증인·감정인·통역인·번역인 등을 신문한 조서를 말하며, '공판기일에서의 진술을 기재한 조서'란 공판조서를 말한다. 그런데 공판기일에서의 증인의 증언은 인증이므로 본조에 해당할 여지가 없게 된다.

따라서 '공판기일에서의 피고인이 아닌 자의 진술을 기재한 조서'란 공판절차갱신 전의 공판조서, 상소심에 의한 파기환송 전의 공판조서, 이송된 사건의 이송 전의 공판조서, 관할위반의 재판이 확정된 후에 재기소된 경우의 공판조서 등을 말한다고 보아야 한다.[122] 그리고 여기서 '피고인이 아닌 자'란 피고인을 제외한 제3자, 즉 증인·감정인뿐만 아니라 공범자와 공동피고인도 포함된다.

2) 다른 사건의 공판준비조서와 공판조서

본조의 예외를 인정하고 있는 취지에 비추어볼 때, 여기에서 말하는 공판준비조서 또는 공판조서란 당해 사건의 조서에 한정된다고 보아야 하며 이 점에 대하여는 견해가 일치한다.[123]

다만 다른 사건의 공판준비조서와 공판조서를 어떻게 처리해야 할 것인가가 문제된다. 이 점에 대하여는 ① 제311조는 적용되지 않고, 제315조 제3호에 해당하는 문서(기타 신용할 만한 정황에 의한 문서)로서 증거능력이 인정된다는 견해[124]와, ② 제311조 후단의 조서에 해당한다는 견해의 대립이 있다.

생각건대 제311조 후단의 조서에 대하여는 형사소송법이 증거보전 또는 증인신문절차에서의 조서라고 규정하고 있기 때문에, 다른 사건의 공판조서는 여기에 해당한다고 해석할 수 없다. 따라서 다른 사건의 공판준비조서와 공판조서는 제315조 제3호에 해당하는 문서로서 증거능력이 인정된다고 보는 견해가 타당하며, 이는 대법원

122) 차용석/최용성, 565면.

123) 김재환, 664면; 배종대/이상돈/정승환/이주원, §53/28; 백형구, 462면; 신현주, 601면; 임동규, 514면; 정영석/이형국, 350면; 정웅석/백승민, 642면; 차용석/최용성, 577면.

124) 김재환, 664면; 백형구, 462면; 신동운, 1151면; 이재상/조균석, 605면; 임동규, 514면.

의 태도이기도 하다.[125]

3) 공동피고인의 진술을 기재한 조서

공동피고인도 피고인이 아닌 자에 속하므로 공범자인 공동피고인의 진술을 기재한 조서는 피고인의 동의가 없더라도 증거능력이 인정된다.[126]

그러나 피고인에 대한 사건과 다른 공소사실로 기소되어 공범은 아니지만 병합심리되는 공동피고인의 진술은 피고인에 대하여는 증인의 지위에 불과하므로, 선서 없이 한 공동피고인으로서 행한 공판정에서의 진술은 피고인에 대한 공소사실을 인정하는 증거로 사용할 수는 없다고 해야 한다.[127]

(4) 피고인의 진술을 기재한 조서

'공판준비에 있어서 피고인의 진술을 기재한 조서'란 공판준비절차에서 공판기일 전에 피고인을 신문한 조서나 공판준비기일조서, 공판기일 전의 법원의 검증조서 중 피고인의 진술을 기재한 부분을 말한다.

'공판기일에 피고인의 진술을 기재한 조서'란 공판조서를 말한다. 다른 사건에서에서의 피고인의 공판조서를 포함된다고 해석하는 견해[128]도 있으나, 당해 사건에서의 공판조서에 제한된다고 해석하는 통설[129]의 입장이 타당하다.

(5) 증거보전절차, 증인신문절차에서 작성한 조서

증거보전절차(제184조)에서 작성된 조서와 검사의 증인신문청구(제221조의2)에 의하여 작성된 조서는 법관의 직권신문에 의하여 작성되었으므로 신용성이 인정되어 공판조서와 같이 증거능력이 인정된다.[130] 따라서 공동피고인이 증거보전절차에서 증언한 증인신문조서는 당연히 증거능력이 인정된다.

그러나 증인신문조서가 증거보전절차에서 피고인이 증인으로 증언한 것을 기재한 것이 아니라 당사자로 참여하여 반대신문한 것에 지나지 않는다면 이때의 피고인의 진술은 증인신문조서가 아니므로 제311조에 의하여 증거능력을 인정할 수는 없

---

125) 대법원 1966. 7. 12. 선고 66도617 판결; 대법원 2005. 4. 28. 선고 2004도4428 판결.

126) 대법원 2006. 5. 11. 선고 3006도1944.1151 판결.

127) 대법원 1982. 9. 14. 선고 82도1000 판결. 다만 대법원 1968. 4. 16. 선고 68도231 판결; 대법원 1981. 2.10. 선고 80도2722 판결에서는 공동피고인의 공판정에서의 진술도 공범인가의 여부를 불문하고 다른 공동피고인에 대하여 증거능력이 있다고 한다.

128) 이재상/조균석, 606면.

129) 신동운, 1151면; 이영란, 736면; 임동규, 514면; 정영석/이형국, 350면.

130) 대법원 1976. 9.28. 선고 76도2143 판결.

다.[131)]

2. 피의자신문조서

(1) 피의자신문조서의 증거능력

1) 피의자신문조서의 의의와 증거능력의 제한

피의자신문조서(被疑者訊問調書)란 수사기관이 피의자를 신문(訊問)하여 그 진술을 기재한 조서를 말한다(제200조 제1항, 제244조 제1항). 수사기관이 피의자의 진술을 녹취한 서류 또는 문서가 작성된 경우라면 그 명칭이 진술조서, 진술서, 자술서 등 어떤 형식을 취하더라도 모두 피의자신문조서로 보아야 한다.[132)] 따라서 수사과정에 검사가 피의자와 대담하는 장면을 녹화한 비디오테이프에 대한 법원의 검증조서도 피의자신문조서에 준하여 증거능력이 평가되어야 한다.[133)]

그러나 수사기관이 작성한 피의자신문조서는 법관의 면전에서 작성된 조서와 달리 신용성의 보장이 현저히 약하다고 할 수 있다. 따라서 형사소송법은 피의자신문조서에 대하여는 법관면전조서와는 달리 일정한 요건 아래서만 증거능력을 인정하고 있다. 즉 검사가 피고인이 된 피의자의 진술을 기재한 조서는 적법한 절차와 방식에 따라 작성한 것으로서 피고인이 진술한 내용과 동일하게 기재되어 있음이 공판준비 또는 공판기일에서의 피고인의 진술에 의하여 인정되고, 그 조서에 기재된 진술이 특히 신빙할 수 있는 상태 하에서 행하여졌음이 증명되거나(제312조 제1항), 피고인이 그 조서의 성립의 진정을 부인하는 경우에는 그 조서에 기재된 진술이 피고인이 진술한 내용과 동일하게 기재되어 있음이 영상녹화물이나 그 밖의 객관적 방법에 의하여 증명되고, 그 조서에 기재된 진술이 특히 신빙할 수 있는 상태 하에서 행하여졌음이 증명된 때에 한하여 증거로 할 수 있음에 반하여(동조 제2항), 검사 이외의 수사기관이 작성한 피의자신문조서는 적법한 절차와 방식에 따라 작성된 것으로서 공판준비 또는 공판기일에 그 피의자였던 피고인 또는 변호인이 내용을 인정한 때에 한하여 증거로 할 수 있다(동조 제3항).

피의자신문조서의 증거능력은 ① 검사작성의 피고인이 된 피의자의 진술을 기재

131) 대법원 1984. 5. 15. 선고 84도508 판결.
132) 대법원 1992. 4. 14. 선고 92도442 판결.
133) 대법원 1992. 6. 23. 선고 92도682 판결.

한 조서와 ② 검사 이외의 수사기관, 즉 사법경찰관이 작성한 피의자신문조서로 나누어 검토할 필요가 있다.

2) 피의자신문조서의 증거능력과 전문법칙

피의자신문조서의 증거능력을 규정한 제312조의 법적 성격에 대하여 **전문법칙의 예외**에 속하는지, 직접주의의 예외에 해당하는지에 관해 견해의 대립이 있다.

피의자신문조서는 피고인 자신이 원진술자이므로 피고인의 반대신문권을 보장하는 의미가 없고, 신문의 주체인 검사의 반대신문을 보장할 필요도 없으므로 이 조항은 전문법칙의 예외가 아니라 **직접주의와 인권보장의 요청**에 의하여 증거능력을 제한한 규정으로 해석하는 소수설[134)]도 있다.

제312조가 수사과정에 있어서 피의자의 인권을 보장하는 측면이 있지만, 그렇다고 하여 이 규정을 직접주의와 인권보장에 관한 규정으로 성격지울 수는 없다. 오히려 제312조는 신용성과 필요성을 조건으로 전문증거의 증거능력을 인정하는 전문법칙의 예외에 관한 규정으로 보아야 한다. 왜냐하면 피의자신문조서도 공판기일의 진술에 대신하는 신용성이 보장되지 않는 전문증거이고, 또한 전문법칙을 인정하는 근거에는 반대신문이 보장되지 않는다는 점만이 아니라 신용성이 결여되어 있기 때문이다.

3) 피의자신문조서의 증거능력을 인정하기 위한 전제요건

피의자신문조서의 증거능력을 인정하기 위해서는 ① 진술의 임의성이 요구된다. 이때 진술의 내용이 자백일 경우에는 제309조(강제 등 자백의 증거능력)에 의하여, 자백 이외의 진술일 경우에는 제317조(진술의 임의성)에 의하여 임의성이 인정될 것이 요구된다. 임의성의 유무는 구체적인 사건에 따라 당해 조서의 형식과 내용, 진술자의 학력, 경력, 지능 등 제반사정을 참작하여 자유로운 심증으로 판단해야 한다.[135)] ② 피의자신문조서는 적법한 절차와 방식에 따라 작성되어야 한다.

(2) 검사작성의 피고인이 된 피의자신문조서

검사가 피고인이 된 피의자의 진술을 기재한 조서는 적법한 절차와 방식에 따라 작성된 것으로서 피고인이 진술한 내용과 동일하게 기재되어 있음이 공판준비 또는 공판기일에서의 피고인의 진술에 의하여 인정되고, 그 조서에 기재된 진술이 특히 신빙할 수 있는 상태하에서 행하여졌음이 증명된 때 한하여 증거로 할 수 있으며(제312

---

134) 신동운, 1162면.

135) 대법원 1999. 11. 12. 선고 99도3801 판결.

조 제1항), 피고인이 그 조서의 성립의 진정을 부인하는 경우에는 조서에 기재된 진술이 피고인이 진술한 내용과 동일하게 기재되어 있음이 영상녹화물이나 그 밖의 객관적인 방법에 의하여 증명되고, 그 조서에 기재된 진술이 특히 신빙할 수 있는 상태하에서 행하여졌음이 증명된 때에 한하여 증거능력이 인정된다(동조 제2항).

제312조는 피고인이 된 피의자의 진술을 기재한 조서의 증거능력을 규정하고 있으므로 피고인이 되지 아니한 공범자나 공동피고인에 대한 피의자신문조서는 제1항에 해당하지 않고, 동조 제4항에 의하여 증거능력을 판단하게 된다. 검찰송치 전후를 불문하고 검사작성의 피의자신문조서에 대하여는 준사법기관 내지 객관의무를 지는 검사의 지위를 고려하여 신용성을 인정하는 것이므로 증거능력을 인정하는 것이 타당하다는 견해[136]도 있지만, 사건이 검찰에 송치되기 전에 검사가 작성한 피의자신문조서는 특별한 사정이 없는 한 검찰송치 후에 검사가 작성한 피의자신문조서와 동일하게 취급할 수는 없다고 보아야 한다.[137] 판례도 같은 입장이다.[138]

검사가 작성한 피고인이 된 피의자의 진술을 기재한 조서의 증거능력을 인정하기 위한 요건은 다음과 같다.

1) 증거능력의 요건

가. 적법한 절차와 방식 검사가 작성한 피고인이 된 피의자의 진술을 기재한 조서는 적법한 절차와 방식에 따라 작성되어야 한다. 피의자신문조서의 작성방법과 관련하여 형사소송법은 피의자의 진술은 조서에 기재하여야 하고(제244조 제1항), 이 조서는 피의자에게 열람하게 하거나 읽어 들려주어야 하며, 진술한 대로 기재되지 아니하였거나 사실과 다른 부분의 유무를 물어 피의자가 증감 또는 변경의 청구 등 이의를 제기하거나 의견을 진술한 때에는 이를 조서에 추가로 기재하여야 한다. 이 경우 피의자가 이의를 제기하였던 부분은 읽을 수 있도록 남겨두어야 한다(동조 제2항). 피의자가 조서에 대하여 이의나 의견이 없음을 진술한 때에는 피의자로 하여금 그 취지를 자필로 기재하게 하고 조서에 간인한 후 기명날인 또는 서명하게 한다(동조 제3항). 피의자의 기명날인 또는 서명의 진정은 이른바 종래의 조서의 형식적 진정성립

136) 이재상/조균석, 609면; 이창현, 875면.

137) 배종대/이상돈/정승환/이주원, &54/43; 이은모, 693면.

138) 대법원 1994. 8. 9. 선고 94도1228 판결(검찰에 송치되기 전에 구속피의자로부터 받은 검사작성의 피의자신문조서는 … 특별한 사정이 보이지 않는 한 송치 후에 작성한 피의자신문조서와 마찬가지로 취급하기는 어렵다).

을 말한다. 따라서 피고인의 기명만 있고 날인이 없거나 간인이 없는 조서는 증거능력이 없다.[139)]

피의자신문조서가 적법한 절차와 방식을 갖추기 위해서는 이러한 형식적 진정성립 외에도 피의자신문시 검찰청수사관 또는 서기관이나 서기를 참여하게 하여야 하고 사법경찰관이 피의자를 신문함에는 사법경찰관리를 참여하게 하여야 하고(제243조), 변호인의 참여(제243조의2), 수사과정의 기록(제244조의4) 등의 규정을 준수해야 한다. 다만 수사기관이 정당한 사유 없이 변호인의 피의자신문참여권을 제한하거나 불허한 경우에는 자백배제법칙 또는 위법수집증거배제법칙에 의하여 증거능력이 부정된다고 하겠다.

나. 실질적 진정성립 피의자신문조서의 기재내용이 피고인의 진술내용과 동일하게 기재되어 있음이 인정되어야 한다. 즉 조서의 실질적 진정성립이 인정되어야 한다. 조서의 실질적 진정성립은 피고인의 공판준비 또는 공판기일에서의 진술에 의하여 인정되어야 한다(제312조 제1항). 피고인이 조서의 실질적 진정성립에 이의를 제기하지 않았다거나 조서작성의 절차와 방식의 적법성을 인정하였다고 하여 조서의 실질적 진정성립까지 인정하였다고 할 수는 없다.[140)] 또한 검사가 작성한 피의자신문조서의 일부에 대해서만 피고인이 진정성립을 인정한 때에는 그 부분에 대해서만 증거능력이 인정된다.[141)]

한편 피고인이 조서의 진정성립을 부인하는 경우에도 영상녹화물 또는 그 밖의 객관적 방법에 의하여 조서의 진정성립이 증명될 수 있다(동조 제2항). 영상녹화물은 피의자의 진술내용을 사실대로 녹화하여 재생시킬 수 있는 과학적 증거방법이다. 이러한 영상녹화물에 의하여 조서의 실질적 진정성립을 증명하기 위해서는 조사의 개시부터 종료까지의 전과정 및 객관적 정황을 녹화한 것이어야 하는 등 피의자진술의 영상녹화에 관한 규정(제244조의2)을 준수한 것이어야 한다. 여기서 그 밖의 객관적 방법이란 과학적·기계적인 방법만을 의미하지는 않는다. 따라서 녹음이나 피의자신문에 참여한 변호인의 증언에 의해서도 조서의 실질적 진정성립은 인정될 수 있다.

그러나 조사자의 증언에 의해 조서의 실질적 진정성립을 인정할 수 있는지 여부

139) 대법원 1999. 4. 13. 선고 99도237 판결.
140) 대법원 2013. 3. 14. 선고 2012도13611 판결.
141) 대법원 2005. 6. 10. 선고 2005도1849 판결.

가 문제된다. 여기서 '객관적 방법'이란 원진술자인 피고인과 수사기관 이외의 객관적인 제3자의 행위를 의미한다고 보아야 하므로, 조사자의 진술을 증거로 하는 것과 그것을 근거로 피의자신문조서의 증거능력을 인정하는 문제와는 구별되어야 한다. 따라서 조사자의 증언(제316조, 전문의 진술)은 '그 밖의 객관적인 방법'에 해당하지 않으므로 이것에 의해서는 조서의 실질적 진정성립을 인정할 수 없다고 해석하는 **부정설**의 입장이 타당하다. **판례**도 조사관 또는 조사 과정에 참여한 통역인 등의 증언은 여기에 해당하지 않는다고 판시하고 있다.[142)]

요컨대 현행 형사소송법은 영상녹화물을 독립적인 증거로서 증거능력을 인정하지 않고, 검사가 작성한 피의자의 진술을 기재한 조서나 참고인에 대한 진술조서의 성립의 진정을 인정하기 위한 방법으로만 허용하고 있다. 외국에서도 피의자의 진술을 영상녹화해야 하는지, 영상녹화하지 않은 피의자의 자백을 증거로 할 수 있는지가 논쟁이 되고 있다.

다. 특히 신빙(信憑)할 수 있는 상태 　피의자신문조서에 기재된 진술이 특히 신빙할 수 있는 상태(특신상태)하에서 행하여졌음이 증명되어야 한다. 여기서 특신상태(特信狀態)의 의미에 대하여는, ① 검사면전에서의 진술이 법관 면전에서의 진술과 같은 정도의 객관성과 적법성을 갖춘 상황을 의미한다고 이해하는 **적법절차설**과[143)] ② 신용성의 정황적 보장과 진술상황의 객관성과 적법성을 모두 갖춘 상황을 의미한다는 **결합설**도[144)] 있으나, ③ **다수설**은[145)] 이를 **신용성의 정황적 보장**과 같은 의미로 이해하며, **판례**도 조서작성에 허위가 개입할 여지가 없고 진술내용의 신빙성이나 임의성을 담보할 수 있는 구체적이고 외부적인 정황이 있는 경우를 말한다고 판시하였다.[146)] 생각건대 피의자신문절차의 적법성은 특신상태와는 구별되는 별개의 요건이므로 신용성의 정황적 보장설이 타당하다. 특신상태는 구체적 사안에 따라 달리 판단되지만 검사가 피의자보호절차를 준수하고 공정한 신문방법을 사용하였다는 점을 전제

---

142) 대법원 2016. 2. 18. 선고 2015도16586. 판결.

143) 신동운, 1178면.

144) 배종대/이상돈/정승환/이주원, §58/54.

145) 김재환, 674면; 노명선/이완규, 683면; 이재상/조균석, 611면; 임동규, 508면; 정웅석/백승민, 633면.

146) 대법원 1987. 3. 24. 선고 87도81 판결; 대법원 2006. 5. 25. 선고 2006도3619 판결; 대법원 2007. 6. 14. 선고 2004도5561 판결; 대법원 2012. 7. 26. 선고 2012도2937 판결.

로 하고 있으므로, 이러한 신용성의 정황적 보장이 없는 경우나 피의자신문이 적법절차에 위배될 때에는 특신상태가 없는 것으로 해석해야 한다.[147] 따라서 피의자신문시에 변호인의 참여가 보장된 경우에는 특신상태에서 신문이 행해졌다고 할 수 있다.

또한 피의자신문조서의 증거능력을 인정하기 위해서는 특신상태의 존재에 대한 증명이 필요한데, 특신상태에 대한 증명은 소송법적 사실이므로 검사의 자유로운 증명으로 충분하지만,[148] 합리적인 의심이 없을 정도의 증명은 있어야 한다.[149]

2) 공범에 대한 검사 작성의 피의자신문조서

가. 공범이 공동피고인이 된 경우 공범이 공동피고인인 경우에 공범에 대한 검사작성의 피의자신문조서를 다른 공범에 대하여 제312조 제1항의 '피고인이 된 피의자의 진술'을 기재한 조서로 볼 것인지, 아니면 제312조 제4항의 '피고인이 아닌 자의 진술'을 기재한 조서로 볼 것인지가 문제된다.

학설은 ① 공범인 공동피고인에 대한 검사작성의 피의자신문조서 제312조 제1항에 따라 증거능력을 인정해야 한다는 견해[150]와 ② 공범인 공동피고인에 대한 피의자신문조서는 '피고인이 아닌 자'의 진술이 기재된 조서이므로 제312조 제4항의 진술조서에 관한 규정을 적용해야 한다는 견해[151]가 대립된다. 생각건대 현행법상 제312조 제1항에는 '피고인이 된 피의자의 진술을 기재한 조서'라고 규정하고 있으므로 여기서는 당해 피고인만을 의미한다. 따라서 공범자인가 여부를 불문하고 공동피고인은 제312조 제4항의 '피고인이 아닌 자'에 해당하므로 제312조 제4항을 적용해야 한다는 견해가 타당하다. 따라서 공범에 대한 검사작성의 피의자신문조서는 조서작성의 적법성, 실질적 진정성립, 반대신문의 기회부여, 특신상태의 증명이라는 요건이 충족되어야만 다른 공범에 대하여 증거능력이 인정된다.

나. 공범이 공동피고인이 아닌 경우 공범관계이지만 공동피고인은 아닌 경우에 공범에 대한 검사작성의 피의자신문조서는 어떤 요건 하에서 다른 공범에 대하여

---

147) 신동운, 1178면; 이영란, 747면. 이와 달리 피의자신문절차의 적법성은 피의자신문조서의 증거능력을 인정하기 위한 전제요건에 불과하므로, 전문법칙의 범위를 벗어난다고 해석하는 견해도 있다(이재상/조균석, 612면).

148) 대법원 2012. 7. 26. 선고 2012도2937 판결.

149) 대법원 2014. 4. 30. 선고 2012도725 판결.

150) 정웅석/백승민, 644면.

151) 김재환, 674면; 노명선/이완규, 694면; 배종대/이상돈/정승환/이주원, §58/56; 이재상/조균석, 609면.

증거능력을 인정할 것인지가 문제된다.

학설은 ① 원진술자가 공판정에 출석하여 제312조 제1항에 의하여 성립의 진정을 인정하면 다른 공범자에 대하여 증거능력이 인정된다는 견해와 ② 공범에 대한 검사작성의 피의자신문조서는 다른 공범에 대해서는 '피고인이 아닌 자'의 진술을 기재한 조서이므로 제312조 제4항에 의하여 증거능력을 인정해야 한다는 견해가 대립된다. 한편 종래의 판례는 공동피고인이 아닌 공범에 대한 검사작성의 피의자신문조서에 대하여 제312조 제1항을 적용하였으나,[152] 최근의 판례는 제312조 제4항을 적용해야 한다는 입장을 취하고 있다.[153]

3) 공범이 아닌 공동피고인에 대한 검사작성의 피의자신문조서

별개의 범죄사실로 기소된 공범이 아닌 공동피고인의 경우에는, ① 공동피고인 상호간에는 증인의 지위를 가지므로 공동피고인을 증인으로 신문하여 성립의 진정이 인정된 경우에는 증거능력이 인정된다고 하여 제312조 제1항을 적용하는 견해[154]와 ② 제312조 제4항의 참고인진술조서와 같이 취급해야 한다는 견해가[155] 대립된다. 판례는 "공동피고인의 증언에 의하여 그 성립의 진정이 인정되지 아니하는 한 피고인의 공소범죄사실을 인정하는 증거로 할 수 없다"고 하여 제312조 제1항을 적용하고 있다. 생각건대 공동피고인에 대한 검사작성의 피의자신문조서는 피고인에 대해서는 '피고인이 아닌 자'의 진술을 기재한 조서이므로 제312조 제4항을 적용하는 것이 타당하다.

4) 제314조의 적용여부

제314조는 "제312조 또는 제313조의 경우에 공판준비 또는 공판기일에 진술을 요하는 자가 사망·질병·외국거주·소재불명·그 밖에 이에 준하는 사유로 인하여 진술할 수 없는 때에는 그 조서 및 그 밖의 서류를 증거로 할 수 있다. 다만, 그 진술 또는 작성이 특히 신빙할 수 있는 상태하에서 행하여졌음이 증명된 때에 한한다"라고 규정하여 필요성과 신용성의 정황적 보장을 이유로 증거능력을 인정하고 있다. 이 규정은 전문법칙의 예외에 해당하는 전형적인 경우로서, 서증의 증거능력을 과도하게 제한하여 사실인정의 자료로 삼지 못하게 되면 확실한 범죄인을 처벌하지 못할 우려

152) 대법원 1999. 10. 8. 선고 99도3063 판결.
153) 대법원 2014. 8. 26. 선고 2011도6035 판결.
154) 김재환, 674면.
155) 손동권/신이철, 592면.

가 있다는 점을 고려한 규정이다.

피고인이 된 피의자신문조서의 경우에는 제314조에 의해서도 증거능력을 인정할 수는 없다. 왜냐하면 피고인이 원진술자인 경우에는 사망, 질병, 외국거주, 소재불명 그 밖에 이에 준하는 사유로 진술할 수 없는 때라는 제314조의 필요성의 요건을 인정할 수 없을 뿐만 아니라, 이러한 사유는 공판절차를 정지하거나 형식재판을 해야 할 사유에 해당하기 때문이다.[156]

그런데 문제는 원진술자가 피고인이 아닌 피의자신문조서의 경우이다. 이에 대하여 종래의 판례는 제314조를 적용하여 사법경찰관이나 검사작성의 피고인 아닌 피의자에 대한 피의자신문조서에 대하여도 제314조에 의하여 증거능력이 인정된다고 판시하였다.[157] 그러나 개정 형사소송법 제312조 제1항과 제2항은 검사작성의 피의자신문조서의 증거능력을 규정한 것이 아니라 피고인이 된 피의자의 진술이 기재된 조서의 증거능력을 규정하고 있으므로, 공범자나 공동피고인에 대한 피의자신문조서에 대하여는 제312조 제1항 내지 제2항이 적용될 여지가 없게 되었다. 따라서 피고인의 출석 없이는 원칙적으로 개정할 수 없고, 피고인 없이 재판할 수 있는 경우에도 제314조를 근거로 피의자신문조서의 증거능력을 인정하는 것은 옳지 않다. 따라서 제314조의 적용을 부정하는 것이 타당하다.[158]

5) 제318조 당사자의 동의와 증거능력의 문제

제312조 제1항에 의하여 증거능력이 부정되는 서류, 즉 전문증거라 하더라도 검사와 피고인이 증거로 할 수 있음에 동의하고, 그 진정성립을 인정한 때에는 증거능력을 취득한다(제318조 제1항 참조). 이 조항은 전문법칙에 의하여 증거능력이 없는 증거라 할지라도 당사자가 동의한 때에는 증거로 할 수 있도록 하여 불필요한 증인신문을 회피하고 신속한 재판을 통한 소송경제를 고려한 규정으로 피의자신문조서도 제318조의 동의의 대상이 된다. 그러나 이 경우에도 임의성이 없는 자백에 대한 증거능력의 제한은 절대적이므로, 임의성이 없는 피의자신문조서는 당사자가 증거로 함에 동의를 하더라도 증거능력이 절대적으로 부정된다고 하겠다.

(3) 사법경찰관이 작성한 피의자신문조서

검사 이외의 수사기관이 작성한 피의자신문조서는 적법한 절차와 방식에 따라

156) 손동권/신이철, 592면.

157) 대법원 1984. 1. 24. 선고 83도2945 판결.

158) 배종대/이상돈/정승환/이주원, § 53/110; 이재상/조균석, 613면; 임동규, 544면.

작성된 것으로서 공판준비 또는 공판기일에 그 피의자였던 피고인이나 변호인이 그 내용을 인정할 때에 한하여 증거로 할 수 있다(제312조 제3항). 사법경찰관이 작성한 피의자신문조서나 사법경찰리가 작성한 피의자신문조서도 여기에 해당한다.[159] 외국의 권한 있는 수사기관이 작성한 수사보고서나 피의자신문조서도 마찬가지이다.[160] 이 규정은 피의자였던 피고인에 대해서 뿐만 아니라 공동피의자였던 다른 피고인에 대한 관계에도 적용된다.[161] 따라서 다른 공동피고인이 그 내용을 부정하는 경우에는 증거능력이 부정된다.

1) 증거능력의 인정요건

가. 적법한 절차와 방식 사법경찰관이 작성한 피의자신문조서도 적법한 절차와 방식에 따라 작성된 것이어야 한다.

나. 내용의 인정 내용의 인정이란 조서성립의 진정성뿐만 아니라 조서의 기재내용이 객관적 진실에 부합한다는 것을 인정하는 것을 말한다. 따라서 검사작성의 피의자신문조서의 증거능력을 인정하기 위한 요건인 '진술의 임의성', '신문절차의 적법성', '성립의 진정', '특신상태의 보장'이라는 요건이 충족되더라도 피고인이 그 조서내용의 진실성을 인정하지 않는 한 사법경찰관작성의 피의자신문조서는 그 증거능력이 없다. 따라서 피고인이 공판정에서의 피고인의 진술내용과 배치되는 기재부분을 부인한다고 진술한 때에는 내용을 인정한 경우라고 볼 수 없다.

내용인정은 피의자였던 피고인이나 그 변호인의 진술에 의하여야 한다. 따라서 사법경찰관이 작성한 피의자신문조서는 피고인이 내용을 부인하면 증거능력이 부정된다. 조서 내용을 들었다는 다른 증인이나 조사한 경찰관의 증언에 의하여도 증거능력을 인정할 수 없다.

공범인 공동피고인에 대한 사법경찰관 작성의 피의자신문조서가 다른 공범에 대하여 제312조 제3항의 피의자신문조서에 해당하는지, 아니면 제312조 제4항의 '피고인이 아닌 자'의 진술을 기재한 진술조서에 해당하는지가 문제된다.

이에 대하여 학설은, ① 사법경찰관이 작성한 피의자신문조서는 그 공범자가 공동피고인이든 아니든 불문하고 **제312조 제4항이 적용**된다는 견해(제1설)[162]와 ② 공범

159) 대법원 1997. 10. 28. 선고 97도2211 판결.

160) 대법원 2006. 1. 13. 선고 2003도6548 판결.

161) 대법원 2015. 10. 29. 선고 2014도5939 판결.

162) 노명선/이완규, 694면.

자에 대한 피의자신문조서도 제312조 제3항의 피의자신문조서에 포함되지만, 원진술자가 그 내용을 공판정에서 인정해야만 증거능력이 인정된다는 견해(제2설),[163] 그리고 ③ 공범자가 공동피고인인가를 불문하고 제312조 제3항이 적용되지만 피고인이 그 내용을 인정해야만 증거능력이 인정된다는 견해(제3설)[164]가 대립되며, 판례는 당해 사건의 피고인과 공범관계에 있는 다른 공동피고인 또는 다른 별개 사건의 피의자에 대한 검사 이외의 수사기관이 작성한 피의자신문조서는 원진술자인 피의자 또는 그 변호인이 조서성립의 진정을 인정하는 것만으로는 충분하지 않고, 당해 피고인 또는 변호인이 그 내용을 인정하여야만 증거능력이 인정된다고 하여 다수설인 제3설과 같은 입장을 취하고 있다.[165]

생각건대 제1설에 의하면 피고인이 그 내용을 부인해도 증거능력이 인정될 수 있으므로 현행법과 배치되는 해석이 되며, 제2설에 의하면 피고인이 자기의 피고사건에서는 내용을 부인하면 증거능력이 부정되는 피의자신문조서가 다른 공범사건에서는 그 내용을 인정하면 증거능력이 인정되는 불공평한 결과가 발생하게 된다. 따라서 제3설인 이른바 피고인내용인정설이 타당하다.

또한 공범이지만 공동피고인이 아닌 경우에도 마찬가지로 제312조 제3항이 적용되고, 피고인이 그 내용을 인정해야만 증거능력이 인정된다고 보아야 하며, 판례도 같은 입장을 취하고 있다.[166] 그리고 공범이 아닌 공동피고인에 대한 사법경찰관 작성의 피의자신문조서는 '피고인이 아닌 자'의 진술을 기재한 조서이므로 제312조 제4항을 적용하는 것이 타당하다.

2) 제314조의 적용여부

사법경찰관이 작성한 당해 피고인에 대한 피의자신문조서에 대하여는 피고인이 된 피의자가 '공판기일에 진술할 수 없는 때'란 있을 수 없고, 피고인 또는 변호인이 그 내용을 부인하는 경우에는 증거능력이 부정되므로 제314조가 적용될 여지가 없다.[167] 문제는 당해 피고인과 공범관계에 있는 다른 피의자에 대하여 사법경찰관이

---

163) 정웅석/백승민, 647면.

164) 배종대/이상돈/정승환/이주원, §58/59; 백형구, 664면; 손동권/신이철, 603면; 신동운, 1189면; 이은모, 695면; 이재상/조균석, 615면; 임동규, 510면.

165) 대법원 2010. 1. 28. 선고 2009도10139 판결.

166) 대법원 2009. 7. 9. 선고 2009도2865 판결.

167) 이재상/조균석, 615면; 임동규, 529면; 손동권/신이철, 605면.

작성한 피의자신문조서에 대하여 제314조가 적용될 것인가에 있다.

형사소송법 제312조 제1항이 검사가 피고인이 된 피의자의 진술을 기재한 조서의 증거능력을 규정한 것과는 달리 동조 제3항은 사법경찰관이 작성한 피의자신문조서의 증거능력을 규정하고 있기 때문에 다른 공범자에 대한 피의자신문조서에 대하여도 적용할 수 있는 것처럼 보인다. 그러나 사법경찰관이 작성한 피의자신문조서는 그 피의자의 법정진술에 의하여 그 성립의 진정이 인정되더라도 피의자였던 피고인이 공판기일에 그 내용을 부인하면 증거능력이 부정된다. 따라서 다른 피의자에 대한 피의자신문조서에 대하여도 피의자가 사망 등의 사유로 진술할 수 없을 때에 증거능력을 인정하는 규정인 제314조는 적용될 여지가 없다고 하겠다.[168)]

3) 증거동의의 대상

피의자신문조서도 증거동의의 대상이 된다. 반대신문권의 포기를 의미하는 증거동의(제318조)의 대상이 될 수 없다는 반대견해도 있으나, 변론주의에 따르면 피의자신문조서를 제외할 이유가 없다. 피고인이 증거로 함에 동의한 때에는 성립의 진정이나 내용의 인정 등을 조사할 필요가 없기 때문이다.

4) 증거능력이 없는 피의자신문조서를 탄핵증거로 사용

피고인이 성립의 진정이나 내용을 부인하는 피의자신문조서는 탄핵증거로 사용할 수 있는가에 대하여는 이를 **부정하는 견해**[169)]도 있으나, 피의자신문조서도 전문증거이므로 제312조는 이에 대한 예외를 규정한 것이므로 탄핵증거로 사용할 수 있다고 생각한다. 즉 자백조서인 피의자신문조서가 임의성이 없어 증거능력이 배제되는 경우를 제외하고는 피의자신문조서에 피의자의 서명날인이 있는 한 탄핵증거로 사용할 수 있다는 **긍정설**의[170)] 입장이 타당하다.

그러나 제309조에 위반하여 자백의 임의성이 의심되는 경우의 피의자신문조서는 탄핵증거로도 사용할 수 없으며, **판례**도 같은 입장이다. 그리고 증거능력이 없는 피의자신문조서를 탄핵증거로 사용하기 위해서는 진술의 기재가 정확한가를 확인하기 위하여 조서상에 피의자의 서명·날인이 있어야 하며, 또한 탄핵증거로서의 증거조사도 필요하다고 해야 한다.[171)]

---

168) 대법원 2004. 7. 15. 선고 2003도7185 전원합의체 판결.
169) 백형구, 665면.
170) 이재상/조균석, 615면.
171) 대법원 2005. 8. 19. 선고 2005도2617 판결(피의자신문조서는 … 피고인의 법정에서의 진술을

3. 진술조서

(1) 의의와 증거능력의 제한

진술조서란 검사 또는 사법경찰관이 피의자가 아닌 자(참고인)의 진술을 기재한 조서를 말한다. 즉 수사기관이 수사에 필요한 때에는 피의자 아닌 자의 출석을 요구하여 진술을 들을 수 있는데, 이때 참고인의 진술을 기재한 조서이므로 **참고인진술조서**라고도 한다. 따라서 수사기관이 피의자가 아닌 피고인의 진술을 기재한 조서도 진술조서에 해당한다. 수사기관이 피의자의 진술을 기재한 조서는 그 형식이 진술조서의 형식을 취하더라도 피의자신문조서에 해당하며, 공범자나 제3자에 대한 피의자신문조서를 검사가 작성한 경우는 진술조서에 해당하여 제312조 제4항이 적용된다.[172]

형사소송법 제312조 제4항에는 "검사 또는 사법경찰관이 피고인이 아닌 자의 진술을 기재한 조서는 적법한 절차와 방식에 따라 작성된 것으로서 그 조서가 검사 또는 사법경찰관 앞에서 진술한 내용과 동일하게 기재되어 있음이 원진술자의 공판준비 또는 공판기일에서의 진술이나 영상녹화물 또는 그 밖의 객관적인 방법에 의하여 증명되고, 피고인 또는 변호인이 공판준비 또는 공판기일에 그 기재내용에 관하여 원진술자를 신문할 수 있었던 때에는 증거로 할 수 있다. 다만, 그 조서에 기재된 진술이 특히 신빙할 수 있는 상태하에서 행하여졌음이 증명된 때에 한한다."고 하여 참고인진술조서의 증거능력에 관하여 규정하고 있다.

(2) 증거능력 인정요건

검사 또는 사법경찰관이 작성한 피의자 아닌 자의 진술조서의 증거능력을 인정하기 위한 요건을 구체적으로 살펴보면 다음과 같다.

1) 적법한 절차와 방식

검사 또는 사법경찰관이 작성한 진술조서도 적법한 절차와 방식에 따라 작성된 것이어야 한다. 따라서 적법한 절차와 방식이란 진술자의 간인과 서명날인의 진정이라는 형식적 진정성립과 조서의 작성방법(제48조) 및 제3자의 출석요구에 관한 규정(제221조)에 따라서 진술조서가 작성되어야 한다는 것이다. 상당한 이유가 있는 경우

탄핵하기 위한 반대증거로 사용할 수 있으며, 또한 탄핵증거는 범죄사실을 인정하는 증거가 아니므로 엄격한 증거조사를 거쳐야 할 필요가 없음은 명백하나 법정에서 이에 대한 탄핵증거로서의 증거조사는 필요한 것이고, …).

172) 이재상/조균석, 617면.

에는 진술자의 성명을 가명으로 조서를 작성하였다고 해서 그 이유만으로 그 조서가 적법한 절차와 방식에 따라 작성되지 않았다고 할 것은 아니다.[173]

2) 실질적 진정성립

조서가 검사 또는 사법경찰관 앞에서 진술한 내용과 동일하게 기재되어 있음이 인정되어야 한다. 즉 실질적 진정성립이 증명되어야 한다. 실질적 진정성립은 원진술자의 공판준비 또는 공판기일에서의 진술이나 영상녹화물 기타 객관적 방법으로 증명될 수 있다. 원진술자가 실질적 진정성립을 인정하는 이상 내용을 부인하거나 그 내용과 다른 진술을 하더라도 증거능력이 인정된다.[174] 그러나 원진술자가 사실대로 진술하고 서명날인한 사실이 있다고 진술하거나, 수사기관에서 진술한 내용이 틀림이 없다는 증언만으로는 실질적 진정성립을 인정할 수 없다.[175]

검사가 작성한 공범이나 제3자의 피의자신문조서의 증거능력에 대하여는 진술조서와 같이 취급된다. 따라서 이러한 피의자신문조서를 피고인에 대한 증거로 사용하기 위해서는 원진술자인 공범이나 제3자가 자신에 대한 공판절차에서 조서의 진정성립을 인정하는 것으로 족하지 않고, 반드시 공범이나 제3자가 현재의 사건에 증인으로 출석하여 진정성립을 인정해야 한다.[176] 진술조서는 영상녹화물 기타 객관적인 방법으로도 실질적 진정성립을 인정할 수 있으며, 이는 검사가 작성한 피고인이 된 피의자의 진술이 기재된 조서의 경우와 마찬가지이다.

진술조서의 성립의 진정성은 원진술자, 즉 참고인의 진술이나 기타 객관적인 방법에 의하여 인정되면 족하며, 피고인이 성립의 진정을 인정한다고 하여 증거능력이 인정되는 것은 아니다.[177] 수사과정에 수사기관이 피의자의 진술을 기재한 서류는 비록 진술조서의 형식을 취한 경우라 하더라도 피의자신문조서로 보아야 하므로 피의자가 그 내용을 부인하면 증거능력이 없다고 판시한 대법원의 입장은 타당하며,[178] 또한 공소제기 후에 수사기관에 의한 피고인신문은 위법수집증거배제법칙에 의해 증거능력이 부정된다고 하겠다. 그 밖에도 진술조서 중 일부에 대해서만 원진술자가 실

173) 대법원 2012. 5. 24. 선고 2011도7757 판결.
174) 대법원 1985. 10. 8. 선고 85도1843 판결.
175) 대법원 1979. 11. 27. 선고 76도3962 전원합의체 판결.
176) 대법원 1999. 10. 8. 선고 99도3063 판결.
177) 대법원 1983. 8. 23. 선고 83도196 판결.
178) 대법원 1983. 7. 26. 선고 82도385 판결.

질적 진정성립을 인정하는 경우에는 그 부분에 한하여 증거능력을 인정하고 부정하는 부분은 증거능력이 부정된다.[179]

3) 반대신문의 기회보장

피고인 또는 변호인이 공판준비 또는 공판기일에서 그 기재내용에 관하여 원진술자를 신문할 수 있었던 경우, 즉 반대신문의 기회가 보장되었어야 한다. 이것은 증인의 증언이나 참고인의 진술의 허위와 부정확을 방지하고 밝히기 위한 유일한 수단이 반대신문이므로 반대증인에 의한 반대신문의 기회는 피고인의 가장 중요한 권리에 속하기 때문이다. 대법원도 "공판절차에서 반대신문을 거치지 않은 수사기관에서의 참고인의 진술조서는 진정한 증거가치를 인정할 수 없다"는 태도를 취한 바 있으며,[180] 개정 형사소송법은 이러한 점을 반영하여 원진술자에 대한 반대신문의 기회가 보장된 때에만 그 진술조서의 증거능력을 인정할 수 있다고 규정하게 되었다. 다만 이 경우에도 피고인 또는 변호인에게 반대신문의 기회가 보장되면 족하지, 반드시 반대신문이 있어야만 하는 것은 아니다.

4) 특히 신빙할 수 있는 상태

조서에 기재된 진술이 특히 신빙할 수 있는 상태에서 행하여졌음이 증명되어야 한다. 여기서 **'특신상태'** 란 검사가 작성한 피고인이 된 피의자의 진술을 기재한 조서의 증거능력에서와 마찬가지로, 진술내용의 신빙성이나 임의성을 담보할 수 있는 구체적이고 외부적인 정황이 있는 경우를 말한다. 판례는 ① 검사가 직접 외국에 출장을 가서 호텔에서 뇌물공여자를 상대로 진술조서를 작성한 경우,[181] ② 부당하게 장기간 계속된 사실상의 구금상태에 있었음에도 변호인의 조력을 받지 못하고 심리적 불안감과 위축 속에서 수사관의 회유에 넘어가 진술한 경우[182]에는 특신상태를 인정할 수 없다고 판시한 바 있다.

(3) 제314조에 의한 증거능력의 인정

"검사 또는 사법경찰관이 작성한 진술조서는 공판준비 또는 공판기일에서 진술

179) 대법원 2005. 6. 10. 선고 2005도1849 판결.
180) 대법원 2006. 12. 8. 선고 2005도9730 판결. 미국의 연방대법원도 Crawford v. Washington 사건에서 "공판절차에서 반대신문을 거치지 않은 처의 경찰에서의 진술은 증거능력이 없다"고 판시하였다[Crawford v. Washington, 541 U. S. 36(2004)].
181) 대법원 2011. 7. 14. 선고 2011도3809 판결.
182) 대법원 2015. 10. 29. 선고 2014도5939 판결.

을 요할 자가 사망·질병·외국거주·소재불명 그 밖에 이에 준하는 사유로 인하여 진술할 수 없고 신용성의 정황적 보장이 인정되는 때에는 원진술자에 의하여 성립의 진정이 인정되지 않아도 증거로 할 수 있다"(제314조). 이는 전문증거의 필요성과 신용성의 정황적 보장을 이유로 증거능력을 인정하는 전문법칙의 예외규정이다. 여기서 질병·외국거주·소재불명 그 밖에 이에 준하는 사유라 함은 원진술자에 대하여 예시된 사유와 이에 준하는 사유로 인해 출장신문이나 임상신문이 현실적으로 불가능한 경우를 말한다. 그러므로 사법경찰관이 작성한 참고인진술조서라 하더라도 원진술자가 소재불명이 되어 공판기일에 소환할 수 없거나 노인성 치매로 기억력과 분별력을 상실한 경우에는 그 진술이 특히 신빙할 수 있는 상태에서 행해진 때에는 이를 증거로 채택할 수 있다.

그런데 원진술자가 **증언거부권을 행사하여 증언을 거절하는 경우**에도 '그 밖의 사유로 진술할 수 없는 경우'에 해당하는지 여부가 문제된다. 이에 대하여 종래의 판례는 원진술자가 법정에 출석하였으나 증언거부권을 행사하여 증언을 거절한 때에도 기타 사유로 진술할 수 없는 때에 해당한다고 판시하여 증거능력을 인정하였으나,[183] 최근에는 변호사가 작성한 법률의견서에 대하여 "작성자인 변호사가 정당하게 증언거부권을 행사한 때에는 형사소송법 제314조에 의하여 증거능력을 인정할 수 없다."고 판시하여 증거능력을 부정하고 있다.[184] 그러나 증인이 정당하게 증언거부권을 행사한 경우에는 제314조의 그 밖의 이에 준하는 사유로 인하여 진술할 수 없는 때에 해당한다고 할 수 없고, 사실상의 증언을 회피하기 위해 증언을 거부한 경우에만 여기에 해당한다고 해석하는 것이 타당하다.[185]

(4) 수사기관의 증인·피고인에 대한 진술조서

수사기관이 피고인·증인을 신문하여 작성한 진술조서의 증거능력을 인정할 것인가가 문제된다. 학설은 피고인진술조서를 피의자신문조서로 취급하여 동일한 요건 하에서 증거능력을 인정할 수 있다는 **긍정설**[186]과 공소제기 후에는 수사기관에 의한 피고인신문은 허용되지 않으므로 위법수집증거배제법칙에 해당하여 증거능력이 없다는 **부정설**이[187] 대립된다. 판례는 검사의 피고인에 대한 진술조서는 기소 후에 작성된

183) 대법원 1992. 8. 14. 선고 92도1211 판결.
184) 대법원 2012. 5. 17. 선고 2009도6788 판결.
185) 이재상/조균석, 620면.
186) 노명선/이완규, 685면; 임동규, 515면.

것이라는 이유만으로 곧 증거능력이 없는 것은 아니라고 하면서도[188] 검사가 일방적으로 신문하여 작성한 증인에 대한 진술조서는 증거능력이 없다거나[189] 또는 "원진술자인 종전 증인이 다시 법정에 출석하여 증언을 하면서 그 진술조서의 성립의 진정을 인정하고 피고인측에 반대신문의 기회가 부여되었다고 하더라도 그 증언 자체를 유죄의 증거로 할 수 있음은 별론으로 하고 위와 같은 진술조서의 증거능력이 없다는 결론은 달리할 것이 아니다"고 판시하여 부정설에 가까운 입장을 취하고 있다.[190] 또한 검사가 공판준비 또는 공판기일에 이미 증언을 마친 증인을 상대로 위증혐의를 조사한 내용의 피의자신문조서는 증거능력을 인정할 수 없다고 판시한 바 있다.[191]

생각건대 공소제기 후에 수사기관에 의한 피고인신문은 허용되지 않으므로 검사의 피고인에 대한 진술조서는 증거능력이 없고, 증인에 대한 진술조서도 공판중심주의·직접주의에 반하므로 증거능력을 부정하는 지배적인 학설의 태도가 타당하다고 생각된다.

(5) 피의자 또는 참고인진술 영상녹화물의 증거능력

검사 또는 사법경찰관이 피의자의 진술을 기재한 영상녹화물은 피의자 등의 수사과정에서의 진술내용을 사실대로 녹화하여 재생할 수 있는 과학적인 증거방법이다. 그런데 형사소송법은 피의자의 진술을 기재한 영상녹화물을 독립된 증거로서의 증거능력을 가진 증거로 인정하고 있지 않으며,[192] 검사가 작성한 피고인이 된 피의자의 진술을 기재한 조서나 참고인에 대한 진술조서의 성립의 진정성을 인정하기 위한 방법으로 이를 허용하고 있다.

여기서 영상녹화물에 대하여 이를 독립된 증거능력을 가진 증거로 인정할 것인가에 관해서는 학설이 대립한다. 먼저 **부정설**은 ① 형사소송법 제244조 제1항의 "피

187) 김재환, 681면; 이재상/조균석, 621면.
188) 대법원 1982. 6. 8. 선고 82도754 판결.
189) 대법원 1992. 8. 18. 선고 92도1555 판결.
190) 대법원 2000. 6. 15. 선고 99도1108 전원합의체 판결.
191) 대법원 2013. 8. 14. 선고 2012도13665 판결.
192) 피의자의 진술과는 달리 피해자의 진술이 수록된 영상녹화물에 대하여는 특별법률에 의하여 예외적으로 독립된 증거능력을 인정하고 있다. 즉 "성폭력범죄의 처벌 등에 관한 특례법 제30조 제6항, 아동·청소년의 성보호에 관한 법률 제26조 제6항, 아동학대범죄의 처벌 등에 관한 특례법 제17조에서는 일정한 대상범죄의 경우에는 피해자의 진술이 수록된 영상녹화물"에 대하여 독립된 증거능력을 인정하고 있다.

의자의 진술은 조서에 기재하여야 한다"는 규정은 강행규정으로 보아야 하고, ② 영상녹화물에 대해 독립된 증거능력을 인정할 경우에는 공판절차가 영상녹화물의 방영장이 되어 수사과정에 촬영한 영상녹화물의 상영으로 법관의 심증형성에 영향을 미쳐 공판주의가 형해화할 우려가 있으며, ③ 나아가 영상녹화물에 대한 증거조사는 공판절차를 과도하게 지연시킬 우려도 있다는 점을 논거로 들고 있다.[193]

반대로 **긍정설**은 ① 피의자신문결과를 검사로 하여금 피의자신문조서에 기재할 것을 강제할 수는 없으므로 제244조 제1항은 임의규정에 불과하다고 보아야 하고, ② 검사가 피고인이 된 피의자의 진술을 기재한 조서와 검사 이외의 수사기관이 작성한 조서는 그 형식 여하를 불문하고 제312조에 의하여 증거능력을 인정해야 하며, ③ 피의자의 진술을 녹화촬영한 영상녹화물은 실질적으로 피의자신문조서에 해당하고, ④ 영상녹화를 사진과 녹음으로 분리할 경우에는 각각 현장사진 또는 진술녹음으로서 증거능력을 인정해야 하는데 영상녹화물의 증거능력을 인정하지 않는 것은 모순이며, ⑤ 영상녹화물에 대한 증거조사는 피고인이 수사과정에 자백하고 공판과정에 부인하는 경우에만 필요하기 때문에 공판절차를 지연시키는 것도 아니라는 점에서 영상녹화물에 대하여도 제312조의 요건을 충족할 경우에는 증거능력을 인정해야 한다는 것이다.

대법원은 영상녹화물에 대하여 **독립된 증거능력을 부정**하여 참고인의 진술에 대한 영상녹화물은 피고인의 동의가 없는 이상 공소사실을 직접 증명할 수 있는 독립된 증거로는 사용될 수 없다고 해석함이 타당하다고 판시한 바 있다.[194] 현행법상으로는 영상녹화물을 독립된 증거물로 인정할 수는 없으므로 **부정설이 타당**하지만, 입법론적으로는 일정한 제한적 요건 하에서 증거능력을 인정하도록 개선할 필요가 있다.

4. 진술서 및 진술기재 서류

(1) 의의와 종류

1) 의 의

진술서(陳述書)란 피의자, 피고인 또는 참고인이 스스로 자기의 의사·사상·관념 및 사실관계 등을 기재한 서면을 말하며, **진술기재 서류**란 제3자가 원진술자의 진술을

---

193) 신동운, 1254면; 이재상/조균석, 622면.

194) 대법원 2014. 7. 10. 선고 2012도5041 판결.

기재한 서류를 말한다. 진술서 및 진술기재 서류에는 피고인 등이 작성하였거나 진술한 내용이 포함된 문자·사진·영상 등의 정보로서 컴퓨터용디스크, 그 밖에 이와 비슷한 정보저장매체에 저장된 것이 포함된다(제313조 제1항). 진술서나 진술기재 서류는 피의자나 피고인 또는 참고인이 작성주체라는 점에서 법원 또는 수사기관이 작성주체인 진술기재조서와 구별된다. 진술서는 자술서, 시말서 등 명칭의 여하를 불문하며, 작성의 장소도 따지지 않으므로 당해 사건과 관계없이 작성된 메모·일기 등도 여기에 포함된다.

2) 종 류

진술서의 종류에는 진술자 자신이 원하여 작성한 **자진형 진술서**와 수사기관의 요구에 의하여 작성한 **요구형 진술서**가 있다. 또한 작성주체에 따라 피고인의 진술서, 피의자의 진술서, 참고인의 진술서 등이 있다. 그 밖에도 작성과정에 따라 공판심리 중에 작성된 진술서, 검사의 수사단계에 작성된 진술서 및 사법경찰의 수사단계에 작성된 진술서로 구분하기도 한다.

(2) 진술서의 증거능력

1) 제313조 제1항의 의의

진술서의 증거능력에 대하여 제313조 제1항에는 "전2조의 규정 이외에 피고인 또는 피고인이 아닌 자가 작성한 진술서나 그 진술을 기재한 서류로서 그 작성자의 자필이거나 그 서명 또는 날인이 있는 것(피고인 또는 피고인 아닌 자가 작성하였거나 진술한 내용이 포함된 문자·사진·영상 등의 정보로서 컴퓨터용디스크, 그 밖에 이와 비슷한 정보저장매체에 저장된 것을 포함한다)은 공판준비나 공판기일에서의 그 작성자 또는 진술자의 진술에 의하여 그 성립의 진정함이 증명된 때에는 증거로 할 수 있다. 단, 피고인의 진술을 기재한 서류는 공판준비 또는 공판기일에서의 그 진술자의 진술에 의하여 그 성립의 진정함이 증명되고 그 진술이 특히 신빙할 수 있는 상태 하에서 행하여진 때에 한하여 피고인의 공판준비 또는 공판기일에서의 진술에 불구하고 증거로 할 수 있다"고 하여, '진술서'와 '진술을 기재한 서류'의 증거능력에 대하여 규정하고 있다. 여기서 진술서는 참고인의 진술서뿐만 아니라 피의자의 진술서라 하더라도 성립의 진정성만 증명되면 증거능력을 인정하며, 내용의 인정이나 신빙성을 요건으로 하지 않는 점은 그만큼 진술서는 진실성이 강하다는 사실에 근거를 두고 있기 때문이다. 즉 작성자의 자필이거나 서명·날인이 있는 진술서는 그 내용이 작성자가 진술한 것이라는 점이 보장되고 진실성이 강하다는 점 때문이다. 다만 피고인의 진술서에 대해서는 성립의 진정성 외에 진술의 신빙성의 요건을 추가로 요구하고 있다.

2) 증거능력의 인정요건

가. 성립의 진정증명　　진술서는 일반적으로 작성자의 진술에 의하여 성립의 진정이 증명되면 증거능력이 인정된다. 이때 성립의 진정이란 형식적 진정성립과 실질적 진정성립을 말한다. **'형식적 진정성립'**이란 진술서가 자필에 의하여 작성되거나 진술서의 서명·날인의 진정을 말하며, **'실질적 진정성립'**이란 진술서의 기재내용이 진술자의 진술내용과 일치하는 것을 말한다. 그런데 진술서는 작성자의 자필이나 작성자의 서명 또는 날인이 있을 것을 요건으로 하여 작성자가 동시에 진술자이므로 성립의 진정성은 크게 문제가 되지 않는다고 할 수 있다. 진술서는 작성자의 자필진술서이거나 자필이 아닌 방법으로 기재하여 서명 또는 날인한 진술서도 증거능력이 인정된다.[195]

진술서의 작성자가 공판준비나 공판기일에서 그 성립의 진정을 부인하는 경우에도 과학적 분석결과에 기초한 디지털포렌식 자료, 감정 등 객관적 방법으로 성립의 진정함이 증명된 때에는 증거로 할 수 있다. 다만, 피고인이 아닌 자가 작성한 진술서는 피고인 또는 변호인이 공판준비 또는 공판기일에 그 기재 내용에 관하여 작성자를 신문할 수 있었음을 요한다(제313조 제2항).

나. 피고인의 진술기재서류는 특신상태에 있어야 한다　　참고인 등의 진술을 기재한 진술기재서류와 달리 피고인의 진술을 기재한 서류는 작성자의 진술에 의하여 그 성립의 진정함이 증명되고, 그 진술이 특히 신빙할 수 있는 상태 하에서 행하여진 때에 한하여 피고인의 공판준비 또는 공판기일에서의 진술에 불구하고 증거로 할 수 있다(제313조 제1항 단서). 여기서 '피고인의 진술에 불구하고'의 의미에 대하여, ① 성립의 진정을 인정하면서도 그 내용을 부인하는 진술이라는 견해와 ② 진정성립을 부인하는 진술을 의미한다는 견해가 대립한다. **판례**는 진술녹취서에 대하여 후자의 입장을 취하고 있다.[196]

따라서 피고인의 진술서는 성립의 진정성 외에 신용성의 정황적 보장이라는 '특신상태'가 증명되어야 증거능력이 인정된다. 이 경우에 특신상태의 의미는 검사가 작

---

195) 대법원 1979. 8. 31. 선고 79도1431 판결.

196) 대법원 2012. 9. 13. 선고 2012도7461 판결; 대법원 2008. 12. 24. 선고 2008도9414 판결.

성한 피고인이 된 피의자의 진술을 기재한 조서의 증거능력에서 살펴본 바와 같다.

한편 피고인의 진술을 기재한 서류 제313조 제1항 본문과 단서에 의하여 증거능력을 판단해야 한다. 진술기재서류의 진정성립을 부인하는 경우에는 원진술자의 진술에 의하여 그 성립의 진정함이 증명된 때에 증거로 할 수 있다. 피고인의 진술을 기재한 서류는 제313조 단서의 요건을 충족하면 피고인이 진정성립을 부인하더라도 증거로 할 수 있다.

다. 제314조의 적용 진술서의 작성자가 사망·질병·외국거주·소재불명 그 밖에 이에 준하는 사유로 공판준비 또는 공판기일에 진술할 수 없는 때에는 그 작성이 특히 신빙할 수 있는 상태하에서 행하여졌음이 증명된 때에 한하여 증거로 할 수 있다(제314조). 즉 진술서는 작성자가 그 성립의 진정을 공판준비 또는 공판기일에 진술할 수 없는 사정이 있고 그 진술서의 작성이 특히 신빙할 수 있는 상태에서 행하여졌음이 증명된 경우, 즉 필요성과 신용성의 정황적 보장이 증명된 때에 한하여 진술서의 증거능력이 인정된다. 그러나 피고인이 진술서의 진정성립에 대하여 진술거부권을 행사하여 묵비한 경우에는 정당한 권한행사이므로 제314조의 사유에 해당하지 않는다.[197)]

그 밖에도 진술서는 임의성이 전제되어야 하고, 진술서의 기재내용이 자백인 경우에는 제309에 의하여, 자백 이외의 진술인 때에는 제317조에 의하여 임의성이 인정되어야 한다. 따라서 임의성이 인정되지 않는 자술서는 유죄의 증거로 삼지 못한다.[198)]

(3) 제313조 제1항의 적용범위

종래에는 참고인의 진술서나 검사에게 제출한 피의자의 진술서가 제313조 제1항에 의하여 증거능력 유무가 결정되어야 한다는 점에서는 견해가 일치하였다. 그러나 사법경찰관의 수사과정 중에 피의자가 작성한 진술서의 증거능력에 대하여는 제312조를 적용할 것인지, 아니면 제313조를 적용할 것인지가 문제된다. 제312조를 적용하게 되면 피고인이 그 내용을 인정해야 증거능력이 인정되고, 제313조를 적용하게 되면 성립의 진정성이 증명되어야 증거로 할 수 있게 된다. 이에 대하여 학설은 제312조설과 제313조설이 대립하였지만, 대법원 판례는 1982년 이래로 일관되게 제312조

197) 대법원 2013. 6.13. 선고 2012도16001 판결.
198) 대법원 1980. 8. 12. 선고 80도1289 판결.

적용설을 유지해왔다.[199] 그런데 개정 형사소송법이 제312조에 제5항에, "제1항에서 제4항까지의 규정은 피고인 또는 피고인이 아닌 자가 수사과정에서 작성한 진술서에 관하여 준용한다."는 규정을 신설함으로써 이 문제를 입법적으로 해결하게 되었다.

따라서 ① 검사의 수사과정에 작성된 피고인이 된 피의자의 진술서는 제312조 제1항과 제2항에 의하여 실질적 진정성립이 피고인의 진술 또는 영상녹화물 그 밖의 객관적인 방법에 의하여 증명되고 또한 특히 신빙할 수 있는 상태하에서 작성된 것이 증명된 때에 한하여 증거능력이 인정되며, ② 사법경찰관의 수사과정에서 피의자가 작성한 진술서는 제312조 제3항에 의하여 피고인 또는 변호인이 그 내용을 인정하여야만 증거능력을 가지게 되고, ③ 검사 또는 사법경찰관의 수사과정에서 참고인이 작성한 진술서는 제312조 제4항에 의하여, ㉠ 실질적 진정성립이 원진술자의 진술 또는 영상녹화물이나 그 밖의 객관적인 방법에 의하여 증명되고, ㉡ 작성자에 대한 반대신문의 기회가 보장되며, ㉢ 진술서에 기재된 내용이 특히 신빙할 수 있는 상태하에서 작성된 것임이 증명된 경우에 증거능력이 인정된다.[200]

그러므로 '제313조에 의하여 증거능력이 인정되는 진술서'란 수사 이전에 작성되었거나 수사과정에서 작성되지 아니한 진술서를 피고인 또는 제3자가 법원에 제출하거나, 공판심리 중에 작성된 진술서에 한정된다고 하지 않을 수 없다.[201]

(4) 제314조의 적용

공판준비 또는 공판기일에 진술을 요하는 자가 사망·질병·외국거주·소재불명 그 밖에 이에 준하는 사유로 인하여 진술할 수 없고 그 진술 또는 작성이 신빙할 수 있는 상태하에서 행해진 때에는 그 진술서 또는 진술기재서는 증거로 할 수 있다. 즉 필요성과 신용성의 정황적 보장에 의하여 증거능력이 인정된다.

5. 검증조서와 감정서

(1) 검증조서의 의의

검증조서(檢證調書)란 법원 또는 수사기관이 검증의 결과를 기재한 서면, 즉 검증을 한 자가 오관의 작용에 의하여 물(物의) 존재와 상태에 대하여 인식한 것을 기재한

---

199) 대법원 1982. 9. 14. 선고 82도1479 전원합의체 판결.
200) 대법원 2015. 4. 23. 선고 2013도3790 판결.
201) 이재상/조균석, 627-628면.

서면을 말한다. 검증조서는 검증 당시에 검증자가 인식한 바를 직접 기재한 서면이므로 이를 진술에 의하는 것보다는 정확성을 기할 수 있고, 또한 검증은 가치판단이 포함되지 않고 기술적인 성격을 가지기 때문에 허위가 개입할 여지가 없다는 점에서 전문법칙에 대한 예외를 인정하고 있다. 검증조서는 법원 또는 법관이 기재한 경우와 수사기관이 기재한 경우에 증거능력에 있어서 차이가 있다.

(2) 법원 또는 법관의 검증조서

1) 검증조서의 증거능력

공판준비 또는 공판기일에 법원 또는 법관의 검증의 결과를 기재한 조서는 증거능력이 인정된다(제311조). 증거보전절차(제184조)에서의 검증의 결과를 기재한 조서도 마찬가지로 증거능력이 인정된다.

가. 증거능력을 인정하는 근거 법원 또는 법관의 검증조서에 대하여 무조건 증거능력을 인정하는 이유는 ① 법원 또는 법관은 공정한 제3자로서 검증의 결과에 **신용성**이 인정되고, ② 법원 또는 법관이 검증의 결과를 증인으로서 보고할 수는 없을 뿐만이 아니라 ③ 검증에 있어서는 **당사자의 참여권**이 인정되고 있으므로(제121조, 제145조) 검증시에 당사자가 사실을 지적함으로써 법원 또는 법관이 관찰을 정확하게 할 수 있다는 점에 있다.

나. 다른 사건의 검증조서 법원 또는 법관의 검증조서는 당해 사건의 검증조서에 한하는가 아니면 다른 사건의 검증조서도 포함되는가에 대하여는 학설이 대립한다. **적극설**[202]은 다른 사건의 검증조서에 대하여도 증거능력을 인정해야 할 필요는 당해 사건과 마찬가지이므로 제311조에 의하여 당연히 증거능력을 인정해야 한다는 입장이다.

그러나 법원 또는 법관의 검증조서에 증거능력을 인정하는 가장 큰 이유는 **당사자의 참여권**이 보장되어 있다는 점에 있는데, 다른 사건의 검증조서는 이러한 요건이 충족되지 않으므로 여기에 포함되지 않는다고 해석하는 **소극설**[203]**이 타당**하다. 따라서 당해 사건의 검증조서라 하더라도 당사자에게 참여기회가 주어지지 않은 검증조서는 증거능력이 없다고 해야 한다. 다만 다른 사건의 검증조서는 제315조 제3호에 의하여 증거능력이 인정될 수 있다.

---

202) 정영석/이형국, 351면.

203) 김재환, 665면; 배종대/이상돈/정승환/이주원, §53/31; 손동권/신이철, 614면; 신동운, 1155면; 이영란, 763면; 이재상/조균석, 629면; 이은모, 712면; 임동규, 533면; 차용석/최용성, 580면.

2) 검증조서에 기재된 참여인의 진술의 증거능력

검증조서에는 검증의 결과 이외에 참여인의 진술을 기재하는 경우가 있다. 참여인의 진술이 검증을 효과적으로 행할 수 있는 경우가 있기 때문이다. 이 경우에 참여인의 진술은 진술일 뿐이고 검증의 결과라고 할 수는 없다. 검증조서에 기재된 참여인의 진술에는 검증의 대상을 지시하는 진술인 **현장지시**와 검증현장을 이용하여 행하여진 현장지시 이외의 진술인 **현장진술**이 있는데, 이 양자의 구별여부 및 증거능력의 인정요건에 대하여는 견해가 대립된다.

즉 ① 법관의 검증조서에 기재된 현장지시와 현장진술을 구별하지 않고 양자 모두 검증조서에 해당하지 않으며, 진술자의 서명·날인이 없는 진술증거로서 선서 없는 진술이며 반대신문권도 보장되어 있지 않으므로 증거능력이 부정되지만, 진술자의 서명날인이 있는 경우에는 제313조 제1항에 의하여 증거능력 유무를 판단해야 한다는 견해(검증조서부정설)와[204] ② 현장지시와 현장진술을 정확히 구별하기가 어려우므로 검증조서에 기재된 진술은 검증조서와 일체화된 것으로 보아 제311조 후단에 의하여 증거능력을 인정해야 한다는 견해(검증조서인정설),[205] ③ 현장지시는 검증조서의 구성부분으로서 조서와 일체를 이루고 있으므로 검증조서로서 증거능력이 인정되지만, 피의자나 피고인의 현장진술은 제311조에 의하여 증거로 할 수 있으며, 다만 제3자의 현장진술은 수소법원이나 증거보전을 하는 판사가 증인으로 신문한 경우가 아닌 한 증거로 할 수 없다는 견해,[206] 그리고 ④ 현장지시는 법원의 검증활동의 동기를 설명하는 비진술증거로서 이용되는 때에는 검증조서와 일체를 이루고 있으므로 제311조 후단에 의하여 증거능력이 인정되지만, 진술 자체가 범죄사실을 인정하기 위한 진술증거로 이용되는 때에는 현장진술과 동일하게 취급되어야 하고, 현장지시 이외의 검증현장에서 이루어지는 현장진술은 검증조서에 해당하지 않으므로 검증조서로서의 증거능력은 없지만, 법원 또는 법관의 면전에서 이루어진 현장진술은 제311조 전단에 의하여 증거능력이 인정된다고 해석하는 견해[207]가 있다.

생각건대 ① 검증조서부정설은 법원 또는 법관의 검증조서가 고도의 신용성이

---

204) 백형구, 688면.

205) 신동운, 1157면; 정영석/이형국, 352면.

206) 이은모, 702면.

207) 배종대/이상돈/정승환/이주원, §53/36; 손동권/신이철, 615면; 이재상/조균석, 629면; 임동규, 505면; 정웅석/백승민, 268면.

보장된다는 점을 간과하고 있으며, ② 검증조서인정설은 검증의 결과가 아닌 검증조서에 기재된 진술을 검증조서와 동일하게 취급하는 난점이 있고, ③ 제3자의 현장진술의 경우에 당사자 등의 검증참여권은 실질적으로 반대신문권과 동일한 의미를 지닌다는 점을 간과하고 있다. 따라서 다수설인 ④설이 타당하다. 따라서 검증조서에 기재된 진술이 법원 또는 법관의 면전에서 행해지지 않은 경우에는 증거능력이 부정되는 것이 원칙이고, 예외적으로 제312조 내지 제315조의 요건을 충족하는 경우에는 증거능력이 인정될 수 있다.[208)]

3) 검증조서에 첨부된 사진·도화의 증거능력

검증조서에는 검증목적물을 명확히 하기 위하여 사진이나 도화를 첨부할 수 있다(제49조 제2항). 여기서 사진이나 도화는 검증결과를 쉽게 이해하기 위한 표시방법에 불과하므로 검증조서와 일체를 이루므로 제311조 후단에 의하여 증거능력이 인정된다.[209)]

(3) 수사기관의 검증조서

1) 검증조서의 범위

검사 또는 사법경찰관 등 수사기관이 작성한 검증조서란 수사기관이 영장에 의하거나(제215조) 영장에 의하지 않은 강제처분(제216조) 또는 피검자의 승낙에 의하여 검증한 결과를 기재한 조서를[210)] 말한다. 수사기관의 검증조서는 성립의 진정을 통해 신용성을 보장할 수 있으므로 당해 사건 이외의 다른 사건의 검증조서도 여기에 포함된다. 즉 수사기관이 검증의 결과를 기재한 검증조서는 적법한 절차와 방식에 따라 작성되고 작성자의 진술에 따라 그 성립의 진정함이 증명된 경우에는 증거능력이 있게 된다(제312조 제6항). 이와 달리 수사기관의 내부적인 수사보고서에 검증의 결과가 기재되어 있더라도 이는 적법한 절차와 방식에 따라 작성된 검정조서에 해당하지 않을 뿐만 아니라, 그 기재내용은 제312조 제6항이나 제313조 제1항에 의해서도 증거능력이 인정되지 않는다.[211)]

---

208) 신동운, 1157면.

209) 김재환, 666면; 손동권/신이철, 615면; 신동운, 1157면; 이영란, 764면; 이재상/조균석, 630면; 임동규, 534면.

210) 승낙에 의한 검증의 결과를 기재한 서면은 근거규정이 없으므로 제312조 제6항의 적용대상이 아니라는 견해도 있다(신동운, 1205면; 정영석/이형국, 354면).

211) 대법원 2001. 5. 29. 선고 2000도2933 판결.

2) 증거능력의 인정요건

가. 적법한 절차와 방식 및 성립의 진정 검사 또는 사법경찰관이 작성한 검증조서는 **적법한 절차와 방식**에 따라 작성된 것으로서 공판준비 또는 공판기일에서의 작성자의 진술에 따라 그 성립의 진정함이 증명되어야 증거능력이 있다(제312조 제6항). 이는 법원·법관의 검증조서에 비해 수사기관의 검증조서는 당사자의 참여권이 인정되지 않고 신용성이 낮은 점을 고려하여 성립의 **실질적 진정성**을 요구하는 것이다. 여기서 작성자란 검증의 주체인 검증조서의 작성자인 검사 또는 사법경찰관을 의미하며, 검증에 참여한 것에 불과한 사법경찰관리는 여기에 포함되지 않는다. 따라서 단순히 검증에 참여한 경찰관의 증언에 의해서는 검증조서의 증거능력이 인정되지 않는다.

나. 검증조서에 기재된 진술의 증거능력 수사기관의 검증조서에 기재된 진술이 **현장지시**인지 **현장진술**인지에 대한 구별여부와 증거능력 인정요건에 대하여는 견해가 대립된다. 즉 ① 검증조서에 기재된 진술이 **현장지시**인지 현장진술인지에 대한 기준이 명확하지 않으므로 이를 구별하지 않고 모두 진술증거로 보아 제312조 제1항 내지 제4항에 의하여 증거능력을 판단해야 한다는 견해[212]와, ② 현장지시는 검증조서와 일체를 이루므로 제312조 제6항에 의하여 증거능력을 판단하고, 현장진술은 검증조서의 작성주체와 진술자에 따라 제312조 제1항 내지 제4항에 의하여 증거능력을 판단해야 한다는 견해,[213] 그리고 ③ 검증조서에 기재된 진술 중 현장지시는 검증조서와 일체인 것으로 간주하여 제312조 제6항에 의하여 증거능력을 판단하지만, 이와 달리 현장진술과 현장지시 중 범죄사실을 인정하는 진술증거로 이용되는 경우에는 검증조서와 분리하여 검증조서의 작성 주체와 진술자에 따라 제312조 제1항 내지 제4항에 의하여 증거능력을 판단해야 한다는 견해가 있다.

생각건대 수사기관 작성의 검증조서에 대하여도 법원 또는 법관 작성의 검증조서의 경우와 마찬가지로 검증조서와 검증조서에 기재된 진술조서는 구별해서 판단할 필요가 있다. 따라서 수사기관 작성의 검증조서에 기재된 검증조서와 일체로 볼 수 있는 현장지시적인 진술의 경우에는 제312조 제6항에 의해 증거능력을 판단해야 하고, 그 이외의 진술인 경우에는 조서작성의 주체와 진술자에 따라 검사작성의 검증조

212) 백형구, 687면; 신동운, 1031면; 정영석/이형국, 354면.
213) 이은모, 703면.

서에 기재된 피고인이 된 피의자의 진술은 제312조 제1항 내지 제2항에 의하고, 피의자가 아닌 자의 진술은 제312조 제4항에 의하며, 사법경찰관 작성의 검증조서에 기재된 피의자의 진술은 제312조 제3항에 의하여 증거능력을 달리 판단해야 하고, 경우에 따라서는 제313조가 적용된다고 해석하는 다수설[214]의 태도가 타당하다고 생각된다.

대법원은 종래 사법경찰관이 작성한 검증조서에 기재된 피고인의 진술기재부분에 대하여 성립의 진정이 인정되면 증거능력을 인정하였으나,[215] 그 후 태도를 변경하여 성립의 진정뿐만 아니라 내용을 인정하는 때에만 증거능력이 있다고 판시하였다.[216]

다. 검증조서에 첨부된 사진·도화의 증거능력 검증조서에 첨부된 사진·도화는 검증조서와 일체를 이루는 것이므로 검증조서가 증거능력이 인정되면 당연히 증거능력이 인정된다. 그러나 검증 현장에서의 범행재연은 자백에 해당하므로 그 범행재연 사진에 대하여는 검증의 주체가 검사 또는 사법경찰관인가에 따라 제312조 제1항 내지 제3항을 적용해야 한다.

라. 제314조의 적용 검증조서의 작성자가 사망·질병·외국거주·소재불명 그 밖에 이에 준하는 사유로 진술할 수 없게 된 때에는 그 작성이 특히 신빙할 수 있는 상태 하에서 행하여진 때에 한하여 증거로 할 수 있다(제314조).

3) 실황조사서의 증거능력

실황조사서(實況調査書)란 수사기관이 임의수사의 한 방식으로 범죄현장 등 실제 상황을 조사하고 그 결과를 기재한 서면을 말한다. 실황조사서도 승낙에 의한 검증과 더불어 임의수사의 한 방법으로 행해진다는 점에서 영장주의가 원칙적으로 적용되는 강제처분인 검증과 구별된다.

이러한 실황조사서를 검증조서로 보아 제312조 제6항에 의하여 증거능력을 인정할 수 있는가에 대하여는 견해가 대립된다.

① **부정설**은 승낙에 의하여 검증의 결과를 기재한 서면인 실황조사서는 제312조 제6항의 검증의 결과를 기재한 서면이라 할 수 없으므로 이 규정을 적용할 수 없다는 견해이다.[217] ② **긍정설**은 검사 또는 사법경찰관이 작성한 실황조사서도 검증조서에

---

214) 노명선/이완규, 715면; 배종대/이상돈/정승환/이주원, 58/84; 손동권/신이철, 617면; 이재상/조균석, 630－631면; 임동규, 507면; 정웅석/백승민, 271면.

215) 대법원 1990. 7. 24. 선고 90도1303 판결.

216) 대법원 1998. 3. 13. 선고 98도159 판결.

217) 신동운, 1205면; 정영석/이형국, 353면.

해당하므로 제312조 제6항에 의하여 증거능력을 인정해야 한다고 해석한다. 수사기관의 강제수사인가 임의수사인가에 따라 검증조서의 성격이 달라지는 것은 아니기 때문이라는 입장이다.[218]

생각건대 제312조 제6항에서 규정하고 있는 검증은 강제처분인 검증을 의미하지만, 피의자의 동의에 의한 임의수사로서의 검증이 불가능한 것은 아니고, 또한 승낙에 의한 검증결과는 정확성에 있어서는 실질적으로 검증조서와 동일하므로 수사기관에 의한 실황조사서도 제312조 제6항에 의하여 성립의 진정함이 증명된 때에는 증거능력을 인정해야 한다는 **긍정설이 타당**하다.

그러나 사법경찰관이 작성한 실황조사서에 피고인이 사법경찰관의 면전에서 자백한 범행내용을 현장에서 진술·재연하고 사법경찰관이 그 진술·재연의 상황을 기재하거나 이를 사진으로 촬영한 것 외에 다른 기재가 없는 경우에 피고인이 그 진술내용을 부인하거나 범행재연의 상황을 부인하는 경우[219] 또는 실황조사서의 기재내용이 검사 또는 사법경찰관의 의견을 기재한 것에 불과한 경우에는 증거능력이 없다.[220]

4) 실황조사서의 진술·사진·도화의 증거능력

실황조사서에 기재된 진술이나 첨부된 사진·도화의 증거능력의 문제는 검증조서의 경우와 동일하게 판단하면 된다.

(4) 감 정 서

1) 의 의

감정서(鑑定書)란 감정의 경과와 결과를 기재한 서류를 말한다. 감정내용이 복잡하고 전문지식을 요하므로 서면에 의하여 보고하는 것이 정확하고, 법원 또는 법관의 감정명령에 의하는 경우에는 선서(제170조)와 형법상 제재에 의하여 공정성이 담보되는 점에 비추어 제313조 진술서에 준하여 증거능력이 인정된다(제313조 제3항). 즉 감정인의 자필이거나 서명 또는 날인이 있고, 공판준비 또는 공판기일에서의 감정인의

218) 노명선/이완규, 716면; 손동권/신이철, 619면; 이영란, 766면; 이은모, 716면; 이재상/조균석, 631면; 임동규, 539면; 정웅석/백승민, 685면. 수사기관의 실황조사의 경우에는 기본권의 제한이나 침해가 언제나 없는 것은 아니기 때문에 실황조사는 실질적인 검증에 해당하므로 영장주의의 적용을 받는다고 해석하는 견해도 있다(배종대/이상돈/정승환/이주원, §53/91).

219) 대법원 1984. 5. 29. 선고 84도378 판결; 대법원 1989. 12. 26. 선고 89도1557 판결.

220) 대법원 1983. 6. 28. 선고 83도948 판결.

진술에 의하여 그 성립의 진정함이 증명된 때에만 증거로 할 수 있다.

2) 적용범위

법원의 감정명령에 의해 감정인이 제출하는 감정보고서(제171조)가 여기에 해당하며, 그 밖에도 수사기관의 촉탁을 받아 작성한 감정서(제221조의3·4)도 여기에 포함된다. 그러나 사인(私人)인 의사가 작성한 진단서는 감정서라고 할 수 없으므로 제313조 제1항에 의하여 증거능력이 인정된다. 대법원도 사인인 의사가 만든 진단서는 당연히 증거능력이 인정되는 서류는 아니므로 제313조 제1항에 의하여 증거능력이 인정된다고 판시한 바 있다.[221] 그러나 감정서가 아닌 감정인신문조서의 증거능력은 그 작성주체에 따라 제311조 내지 제313조에 의하여 개별적으로 증거능력을 판단해야 한다. 즉 감정인신문조서가 법원 또는 법관의 조서일 경우에는 제311조에 의하고, 수사기관이 작성한 조서일 때는 제312조 제4항에 의하여 판단해야 한다.

3) 제314조의 적용

감정인이 사망·질병·외국거주·소재불명 그 밖에 이에 준하는 사유로 진술할 수 없을 때에 감정서는 그 작성이 특히 신빙할 수 있는 상태하에서 행하여진 때에 한하여 증거능력이 인정된다(제314조).

6. 제314조와 전문법칙의 예외

(1) 제314조의 의의

제312조 또는 제313조의 경우에 공판준비 또는 공판기일에 진술을 요하는 자가 사망·질병·외국거주·소재불명 그 밖에 이에 준하는 사유로 인하여 진술할 수 없는 때에는 그 조서 및 그 밖의 서류를 증거로 할 수 있다. 다만, 그 진술 또는 작성이 특히 신빙할 수 있는 상태하에서 행하여졌음이 증명된 때에 한한다(제314조).

제314조는 제312와 제313조에 규정된 전문서류가 공판준비 또는 공판기일에 원진술자의 진술불능으로 인하여 성립의 진정을 인정할 수 없는 불가피한 사정이 있는 경우에 그 필요성과 신용성의 정황적 보장을 근거로 전문증거의 증거능력을 예외적으로 인정하는 전문법칙의 예외규정이다.

(2) 제314조의 적용요건

원진술자가 사망·질병·외국거주·소재불명 그 밖에 이에 준하는 사유로 인하여

221) 대법원 1969. 3. 31. 선고 69도179 판결.

진술할 수 없어야 한다. 이러한 사유 중 어느 하나에 해당하면 필요성의 요건은 충족된다.

1) 필요성의 사유

원진술자가 사망하거나 공판이 계속되는 동안 '질병'의 정도가 임상신문이나 출장신문도 불가능할 정도의 질병이 있어야 한다. 따라서 증인이 출산을 앞두고 출석하지 않은 경우는 질병이나 기타 사유에 해당하지 않는다.[222] '외국거주'의 경우에는 진술을 요하는 자가 외국에 있다는 사실만으로는 부족하고 그를 공판정에 출석시켜 진술하게 할 모든 수단을 강구하는 등 가능하고 상당한 수단을 다하더라도 진술을 요하는 자를 법정에 출석하게 할 수 없는 사정이 있어야 한다.[223]또한 '소재불능'의 경우는 진술을 요하는 자에게 소환장을 보냈으나 주소불명 등으로 송달불능이 되어 그 소재탐지 촉탁을 하였으나 그 소재를 알지 못하게 된 경우가 여기에 해당한다. 그러므로 송달불능된 주소로만 소환하고 기록상 용이하게 알 수 있는 다른 주소로는 소환장을 보내지 않은 경우, 소환장이 주소불명 등으로 송달불능된 경우, 소재탐지촉탁을 하였으나 그 회보가 오지 않은 상태인 경우에는 소재불명의 사유에 해당하지 않으며, 소재불명 등의 사유에 대하여는 검사가 이를 증명하여야 한다.[224]

'그 밖에 이에 준하는 사유'란 사망 또는 질병에 준하여 증인으로 소환될 당시에 기억력이나 분별력의 상실 등으로 인해 진술할 수 없는 상태에 있는 경우, 증인소환장을 송달받고서도 출석하지 아니하여 구인을 명하였으나 구인이 끝내 집행되지 아니한 경우가 여기에 해당한다.[225]

그런데 원진술자가 증언거부권을 행사하는 경우에도 '그 밖에 이에 준하는 사유'에 해당하는지가 문제된다. 이에 대하여는 증언거부권의 행사가 정당한 경우에는 제314조에 의하여 증거능력을 인정할 수 있다는 **적극설**도 있으나, 전문법칙의 예외는 가능한 한 제한적으로 해석해야 하고 적극설에 의하면 증언거부권의 행사가 무의미해질 우려가 있기 때문에 여기에 해당하지 않는다는 **다수설**인 **소극설**이 타당하다. 판례[226]는 종래의 적극설에서 최근에는 소극설로 그 입장을 변경하였다.

---

222) 대법원 1999. 4. 23. 선고 99도915 판결.
223) 대법원 2008. 2. 28. 선고 2007도10004 판결.
224) 대법원 2013. 4. 11. 선고 2013도1435 판결.
225) 대법원 2006. 5. 25. 선고 2004도3619 판결.
226) 대법원 2012. 5. 17. 선고 2009도6788 판결; 대법원 2013. 6. 13. 선고 2012도16001 판결.

2) 특신상태

진술조서의 진술 또는 작성이 특히 신빙할 수 있는 상태하에서 행하여졌음이 증명되어야 한다. 대법원은 특신상태에 관하여, '그 진술내용이나 조서 또는 서류의 작성에 허위개입의 여지가 거의 없고, 그 진술내용의 신빙성이나 임의성을 담보할 구체적이고 외부적인 정황이 증명된 때'이거나,[227] '법정에서의 반대신문 등을 통한 검증을 굳이 거치지 않더라도 진술의 신빙성과 임의성을 충분히 담보할 수 있는 구체적이고 외부적인 정황이 있어 그에 기초하여 법원이 유죄의 심증을 형성하더라도 증거재판주의의 원칙에 어긋나지 않는다고 평가할 수 있는 정도에 이르러야 한다'고 판시한 바 있다.[228]

특히 신빙할 수 있는 상태하에서의 진술에 해당하는 예로는, ① 사건발생 동시 또는 직후의 진술, ② 흥분상태하에서의 진술, ③ 진찰 또는 치료를 위한 진술, ④ 기억을 보존하기 위하여 기록한 진술, ⑤ 사망에 임박하여 행하여진 진술, ⑥ 자신의 이익에 반하는 진술 등을 들 수 있다.[229]

3) 제314조의 적용범위

가. 검사작성의 피의자신문조서 검사가 작성한 피고인이 된 피의자의 신문조서에 관한 규정인 제312조 제1과 제2항에 의하면 피고인의 출석 없이는 원칙적으로 공판개정을 할 수 없기 때문에 피고인이 된 피의자가 '공판기일에 진술할 수 없는 때'란 거의 있을 수 없다. 예컨대 피고인이 사망한 때에는 공소기각결정으로 소송절차가 종결되며(제328조 제1항 제1호), 피고인이 질병으로 출정할 수 없는 때에는 공판절차 정지사유에 해당하고(제306조 제1항 제2호), 피고인의 출정 없이 재판할 수 있는 경우에는 증거동의가 의제되어(제318조 제2항) 전문법칙이 적용될 여지가 없기 때문이다. 따라서 제312조 제1항과 제2항에 의하여 증거능력을 인정받지 못한 검사작성의 피의자신문조서는 제314에 의하여 증거능력을 인정할 수 없다.[230]

그러나 피고인이 되지 아니한 공범자나 공동피고인에 대한 검사작성의 피의자신문조서는 제312조 제4항의 적용을 받으므로 제314조에 의하여 증거능력이 인정될 수 있다.[231]

---

227) 대법원 2006. 5. 25. 선고 2004도3619 판결.
228) 대법원 2014. 8. 26. 선고 2011도6035 판결.
229) 신동운, 1048면.
230) 손동권/신이철, 599면.
231) 신동운, 1181면; 임동규, 528면.

나. 사법경찰작성의 피의자신문조서　　사법경찰관이 작성한 피고인이 된 피의자신문조서의 경우에는 피고인이 된 피의자가 '공판기일에 출석할 수 없는 때'란 있을 수 없으므로 제314조가 적용될 여지가 없다. 또한 피고인이 아닌 피의자에 대한 피의자신문조서의 경우, 예컨대 공범자에 대한 피의자신문조서의 경우에도 피고인 또는 변호인이 그 내용을 부인하는 경우에는 증거능력이 부정되므로 제314조가 적용될 여지가 없다.[232)]

다. 기타의 전문서류　　피의자신문조서 이외의 전문서류인 참고인 진술조서, 진술서, 진술기재서, 검증조서, 감정서 등에 대하여도 제314조는 적용된다. 다만, 피고인의 진술을 내용으로 하는 전문서류에 대하여는 제314조가 적용되지 않는다. 이는 피고인이 사망·질병·외국거주·소재불명 등의 사유로 진술할 수 없는 경우에는 유효한 소송이 계속되지 않거나 공판절차정지사유에 해당하기 때문이다.

또한 외국의 권한 있는 수사기관이 작성한 조서나 서류에 대해서도 예외적으로 증거능력을 인정할 필요가 있으므로 제314조가 적용된다.[233)]

7. 당연히 증거능력이 인정되는 서류

제315조에는 당연히 증거능력이 인정되는 서류를 규정하고 있다. 여기에서 규정하고 있는 서류들은 전문증거인 진술서에 해당하지만 진술서라 하더라도 신용성이 높고 그 작성자를 증인으로 신문하는 것이 부적당하거나 실익이 없어서 그 자체로서 필요성이 인정되기 때문에 증거능력을 인정하고 있다. 말하자면 진술서의 증거능력을 인정하는 요건인 성립의 진정성이 추정되는 경우라 할 수 있다. 제315조에서 규정하고 있는 당연히 증거능력이 인정되는 서류는, ① 공권적인 증명문서와 ② 업무상 필요로 작성한 통상문서, 그리고 ③ 기타 특히 신용할 만한 정황 아래 작성된 문서의 3가지로 분류된다.

(1) 공권적인 증명문서

가족관계기록사항에 관한 증명서, 공정증서등본 기타 공무원 또는 외국공무원의 직무상 증명할 수 있는 사항에 관하여 작성한 문서는 당연히 증거능력이 있다(제315조 제1호).

---

232) 대법원 2004. 7. 15. 선고 2003도7185 판결.

233) 대법원 1997. 7. 25. 선고 97도1351 판결; 신동운, 1044면.

이러한 공권적 증명문서는 고도의 신용성이 보장되고, 원본을 제출하거나 공무원을 증인으로 신문하는 것이 곤란하므로 그 필요성이 인정된다. 따라서 등기부등본·초본, 출생증명서, 인감증명서, 신원증명서, 전과조회회보, 법원의 판결문사본, 군의관의 진단서, 세관공무원이 작성한 감정서, 분석의뢰서 및 분석회답서등본, 외국공무원이 직무상 작성한 문서 등도 여기에 해당한다.

그러나 수사기관이 작성한 문서인 수사기관의 내부보고서, 검사의 공소장, 외국수사기관의 수사결과 등은 당연히 증거능력이 있는 서류로서 여기에 해당하지 않는다.

(2) 업무상 작성된 통상문서

상업장부·항해일지 기타 업무상 필요로 작성한 통상문서를 말한다(제315조 제2호). 이는 통상적인 업무과정에 작성된 문서로서 업무의 기계적 반복성으로 인해 허위가 개입할 여지가 적고, 문서의 성질에 비추어 높은 신용성이 인정되어 반대신문의 필요성이 없거나 작성자를 소환해도 서면제출 이상의 의미가 없으며, 원본제출이나 작성자에 대한 신문이 곤란하다는 점 때문에 증거능력을 인정하고 있다. 출납부와 전표, 통계표, 진료부, 영업상의 비밀장부,[234] 성매매업소의 고객정보 등이 입력되어 있는 메모리카드의 내용[235] 등이 여기에 해당한다. 의사의 진료기록부는 당연히 여기에 해당하지만 의사의 진단서는 여기에 해당하지 않고 제313조 제1항에 의하여 증거능력이 판단된다.

(3) 특신정황하에서 작성된 문서

'기타 특히 신용할 만한 정황에 의하여 작성된 문서'는 당연히 증거능력이 인정된다. 이러한 문서는 제314조 제1항·제2호에는 해당하지 않지만 이에 준할 정도의 고도의 신용성이 보장되기 때문에 증거능력을 인정하고 있다. 예컨대 공공기록, 보고서, 역서(曆書), 스포츠기록부, 정기간행물의 시장가격표, 공무소에서 작성한 각종 통계와 연감, 고문서, 다른 피고사건의 공판조서, 피의자의 진술을 기재한 구속적부심문조서[236]도 여기에 해당한다.

---

234) 신동운, 1235면; 이재상/조균석, 634면; 임동규, 547면; 차용석/최용성, 608면.

235) 대법원 2007. 7. 26. 선고 2007도3219 판결(성매매업소에 고용된 여성들이 성매매를 업으로 하면서 영업에 참고하기 위하여 성매매 상대방의 아이디와 전화번호 및 성매매방법 등을 메모지에 적어 두었다가 직접 메모리카드에 입력하거나 업주가 고용한 다른 여직원이 그 내용을 입력한 사안에서, 위 메모리카드의 내용은 형사소송법 제315조 제2호의 '영업상 필요로 작성한 통상문서'로서 당연히 증거능력이 있는 문서에 해당한다).

236) 대법원 2004. 1. 16. 선고 2003도5693 판결.

그러나 주민들의 진정서사본, 체포·구속인접견부, 육군과학수사연구소의 실험분석관이 작성한 감정서 등은 여기에 해당하지 않는다.

한편 자연적인 진술이나 임종시의 진술에 대하여는 여기에 포함된다고 해석하는 견해[237)]도 있으나, 제315조의 당연히 증거능력이 인정되는 서류는 주로 공공성이나 업무성을 가진 문서를 대상으로 하므로 제314조에 의해 증거능력을 판단하는 것이 타당하다.[238)]

8. 전문진술의 예외

(1) 전문진술과 전문법칙의 예외

공판준비 또는 공판기일에서의 진술에 대신하여 공판준비 또는 공판기일 외에서의 타인의 진술을 내용으로 하는 진술은 이를 증거로 할 수 없다(제310조의2). 이와 같이 전문진술에 대하여는 증거능력을 부정하는 것이 원칙이지만, 제316조에서는 전문진술(傳聞陳述)에 대하여도 전문법칙의 예외를 인정하고 있다.

(2) 피고인이 아닌 자의 전문진술

1) 피고인의 진술을 내용으로 하는 경우

피고인이 아닌 자(공소제기 전에 피고인을 피의자로 조사하였거나 그 조사에 참여하였던 자를 포함한다)의 공판준비 또는 공판기일에서의 진술이 피고인의 진술을 그 내용으로 하는 것인 때에는 그 진술이 특히 신빙할 수 있는 상태하에서 행하여진 때에 한하여 이를 증거로 할 수 있다(제316조 제1항). 예컨대 증인 갑이 법정에서 "피고인 을이 범행한 직후 폭행한 것을 후회한다"고 말하는 것을 들었다고 진술하는 경우에 피고인 을의 진술이 특신상태에 행해진 것이라면 증인 갑의 진술은 증거능력이 인정된다.

제316조 제1항의 법적 성격에 대하여는, ① 원진술자가 피고인이므로 당사자의 반대신문권은 무의미하다는 것을 근거로 **직접심리주의의 예외**라고 설명하는 견해도 있으나, ② 원칙적으로는 증거능력이 부정되는 전문진술에 대하여 특신상태를 전제로 예외적으로 증거능력을 인정한다는 점에서 **전문법칙의 예외**에 해당한다고 해석하는 **통설**[239)]의 입장이 타당하다.

---

237) 이재상/조균석, 634면.

238) 신동운, 1236면; 이은모, 709면; 임동규, 533면.

239) 김재환, 704면; 백형구, 459면; 이영란, 772면; 이재상/조균석, 635면; 임동규, 350면.

여기서 전문진술의 주체인 '피고인이 아닌 자'란 피고인 이외의 자를 말하므로, 제3자는 물론 공동피고인이나 공범자도 피고인이 아닌 자에 해당한다. 또한 '피고인의 진술'을 내용으로 하여야 하는데, 여기서의 피고인이란 당해 사건의 피고인만을 의미하며, 피고인의 진술이란 반드시 피고인의 지위에서 한 진술만을 의미하지 않고 피의자·참고인·증인의 지위에서 행하여진 진술은 물론 수사받기 전의 진술도 여기에 포함된다.

피고인의 진술을 내용으로 하는 피고인이 아닌 자의 진술은 원진술자인 그 피고인의 진술이 특히 신빙할 수 있는 상태하에서 행하여졌음이 증명된 때에 한하여 증거로 할 수 있다. 여기서 원진술자인 피고인은 공판정에 출석해 있으므로 문제 되지 않고, 피고인의 진술의 신용성의 정황적 보장, 즉 특신상태를 전제로 증거능력을 인정할 수 있게 된다.

2) 피고인이 아닌 자의 진술을 내용으로 하는 경우

피고인이 아닌 자의 공판준비 또는 공판기일에서의 진술이 피고인 아닌 타인의 진술을 그 내용으로 하는 것인 때에는 원진술자가 사망, 질병, 외국거주, 소재불명 그 밖에 이에 준하는 사유로 인하여 진술할 수 없고, 그 진술이 특히 신빙할 수 있는 상태하에서 행하여졌음이 증명된 때에 한하여 이를 증거로 할 수 있다(제316조 제2항). 제316조 제2항은 전문법칙의 전형적인 예외에 해당하는 규정으로서 **필요성과 신용성의 정황적 보장**을 요건으로 한다.

여기서 전문진술의 주체인 '피고인 아닌 자'의 의미는 제316조 제1항과 동일하므로 제3자는 물론 공동피고인이나 공범자도 포함된다. 따라서 예컨대 갑의 상해피고사건의 공범자인 을이 「병으로부터 '갑이 정을 상해하는 것을 보았다'고 말하는 것을 들었다」라고 증언한 경우에 을의 전문진술인 증언에 대하여는 제316조 제2항이 적용되게 된다.

또한 피고인 아닌 자의 전문진술은 원진술이 '피고인 아닌 자'의 진술을 내용으로 하는 것이어야 하고, '피고인 아닌 자'에는 증인, 공범자, 공동피고인도 포함된다. 따라서 예컨대 갑의 상해피고사건의 공범자인 을이 병에게 「내가 갑과 함께 정을 상해하였다」고 말을 한 후 병이 갑의 상해피고사건에 증인으로 출석하여 을로부터 들은 말을 증언한 경우에, 병의 전문진술은 제316조 제2항이 적용되게 된다. 요컨대 제316조 제2항의 전문진술이 증거능력을 갖추기 위해서는 제314조 제2항과 동일하게 필요성과 신용성의 정황적 보장이라는 특신상태의 요건이 충족되어야 한다.

3) 조사자의 증언

가. 개념과 기능 공소제기 전에 피고인을 피의자로 조사하였거나 그 조사에 참여하였던 자 또는 피고인이 아닌 자를 조사하였거나 그 조사에 참여하였던 자의 공판준비 또는 공판기일에서의 진술이 피고인의 진술 또는 피고인이 아닌 타인의 진술을 그 내용으로 하는 것인 때에도 제316조 제1항 또는 제2항의 요건을 갖춘 경우에는 증거능력이 인정된다(제316조).

이 규정은 조사자 증언제도로서 피고인 또는 피고인이 아닌 자를 수사과정에 조사하였던 사법경찰관 등이 증인으로 출석하여 위증죄의 부담과 피고인 측의 반대신문을 받으면서 행한 증언에 증거능력을 인정함으로써 실체적 진실발견과 피고인의 방어권 보장 사이에 균형을 도모할 수 있게 되었다. 개정형사소송법은 사법경찰관이 작성한 피의자신문조서에 대하여 피고인이 내용을 부인하면 증거로 사용하지 못하지만, 조사자의 증언을 허용하여 경찰에서 자백한 피의자에 대한 검사의 이중수사로 인한 피의자의 불편을 해소하고 경찰수사에 대하여 사실상 증거능력을 인정함으로써 책임있는 수사를 가능하게 한다는 점을 고려하여 **조사자의 증언**에 대하여도 일정한 요건 하에서 증거능력을 인정하고 있다.[240]

나. 증거능력 인정요건 피고인을 피의자로 조사하였거나 그 조사에 참여하였던 자 또는 피고인이 아닌 자를 조사하였거나 그 조사에 참여하였던 자의 증언이 있어야 한다. 증언의 주체에는 조사자인 사법경찰관 외에도 참여자인 사법경찰관리, 검찰청수사관, 그리고 수사검사도 여기에 포함된다.

① 조사자 등의 진술이 **'피고인의 진술'**을 내용으로 하는 경우에는 원진술자의 진술이 특히 신빙할 수 있는 상태하에서 행하여졌음이 증명된 때에 한하여 증거로 할 수 있다(제316조 제1항).

② 조사자 등의 진술이 **'피고인이 아닌 자의 진술'**을 내용으로 하는 것인 때에는 원진술자가 사망·질병·외국거주·소재불명 그 밖에 이에 준하는 사유로 인하여 진술할 수 없고, 그 진술이 특히 신빙할 수 있는 상태하에서 행하여졌음이 증명된 때에 한하여 증거로 할 수 있다(제316조 제2항). 그러나 원진술자가 수사기관에서 한 진술을 법정에서 부인하는 취지로 증언한 때에는 조사자의 원진술자의 진술을 내용으로

240) 법무부, 개정형사소송법, 242면; 법원행정처, 형사소송법 개정법률해설, 142면.

하는 증언은 증거능력이 없다.[241)]

(3) 피고인의 전문진술

공판준비 또는 공판기일에서의 피고인의 진술이 피고인 아닌 자의 진술을 내용으로 하는 경우에 대해서는 명문의 규정이 없다. 이에 대하여 학설은, ① 피고인에게 불이익한 경우에는 반대신문권을 포기한 것이므로 증거능력을 인정하고, 이익이 되는 경우에는 제316조 제2항을 유추적용해야 한다는 견해[242)]와, ② 원진술이 피고인에게 유리·불리한지 여부를 불문하고 제316조 제2항을 유추적용하여 필요성과 특신상태가 인정될 경우에는 증거능력을 인정해야 한다는 견해[243)]가 대립한다.

생각건대 진술내용의 불이익을 증거능력의 요건으로 형사소송법이 규정하고 있지 않으므로 피고인에 대한 유리·불리에 따라 구별해야 할 근거가 없다. 따라서 피고인의 전문진술에 대해서는 제316조 제2항을 유추적용해야 한다는 ②설이 타당하다고 생각된다.

9. 재전문증거

(1) 의 의

이중(二重)의 전문을 **재전문**(再傳聞)이라 한다. 즉 전문법칙의 예외의 법리에 의해 증거능력이 인정되는 전문증거가 그 내용에 다시 전문증거를 포함하는 경우를 말한다. 재전문에 다시 전문증거가 포함된 경우를 **다중전문**이라고도 한다.

재전문의 경우에는 진술자를 반대신문하는 경우에도 원진술자의 존재나 진술정황을 확인할 수 없기 때문에 증거능력을 인정할 수 있는가가 문제된다. 여기서 말하는 재전문에는 전문진술을 서면에 기재한 경우와 전문진술을 들은 자로부터 전문한 진술이 포함된다.

(2) 학설 및 판례

재전문증거의 증거능력을 인정할 것인가에 대하여는 긍정설과 부정설 및 제한적 긍정설이 대립한다.

---

241) 대법원 2008. 9. 25. 선고 2008도6985 판결.

242) 손동권/신이철, 639면; 차용석/최용성, 612면.

243) 강구진, 464면; 배종대/이상돈/정승환/이주원, 643면; 신동운, 1245면; 신현주, 611면; 이영란, 775면; 이재상/조균석, 637면.

1) 학 설

① **부정설**은 재전문은 이중의 예외이며 이에 대하여 증거능력을 인정하는 명문의 규정이 없으므로 증거능력을 부정해야 한다고 한다. 형사소송법이 진술녹취서에 대하여 일정한 조건 하에서 증거능력을 인정하고 있는 것은 재전문의 이용을 제한하려는 취지이며, 재전문은 단순한 전문증거에 비하여 관련성과 증명력이 불충분할 뿐만 아니라 이를 증거로 허용하는 것은 전문법칙을 무의미하게 만들어버린다는 점을 그 이유로 든다.

② **긍정설**은 법정 외에서의 모든 진술은 전문법칙의 예외의 조건을 충족하는 때에는 증거로 할 수 있다고 한다.[244] 즉 갑에 대한 진술조서에 목격자 A의 진술이 있는 경우에는 갑의 진술에 의하여 진술조서의 성립이 인정되고, A에 대하여 제316조 제2항에 의하여 필요성과 신용성의 정황적 보장이 인정되면 증거능력을 인정해야 한다는 것이다.

③ **제한적 긍정설**은 재전문증거는 전문증거보다 더욱 원원진술의 내용을 왜곡할 우려가 있기 때문에 당사자의 증거동의가 있거나, 증거동의가 없는 때에는 재전문진술의 경우에는 제316조 제1항 또는 제2항의 요건을 충족하고, 재전문서류의 경우에는 이외에도 제312조 내지 제314조의 요건을 충족하여야 하며, 추가로 원원진술자가 재전문진술한 대로 진술하였다는 점을 인정하는 경우에 한하여 증거능력이 인정된다는 견해이다.[245]

2) 판 례

대법원은 전문진술이 기재된 조서는 형사소송법 제312조 내지 제314조의 규정과 제316조 제1항과 제2항의 요건을 충족하면 증거능력이 인정되지만, 재전문진술이나 재전문진술을 기재한 조서는 피고인이 이를 증거로 하는 데 동의하지 아니하는 한 증거능력을 인정할 수 없다고 판시하여,[246] **부정설**의 입장을 취하고 있다. 그러나 보통법이나 미국 연방법(제805조)에서는 재전문진술(再傳聞陳述)이나 재전문진술을 기재한 조서에 대하여 증거능력을 인정하고 있다.

---

244) 노명선/이완규, 703면; 이은모, 725면; 차용석/최용성, 571면.

245) 배종대/이상돈/정승환/이주원, §53/135.

246) 대법원 2006. 4. 14. 선고 2005도9561 판결; 대법원 2005. 11. 25. 선고 2005도5831 판결; 대법원 2004. 3. 11. 선고 2003도171 판결; 대법원 2000. 3. 10. 선고 2000도159 판결.

3) 결 어

생각건대 전문진술이 기재된 조서와 재전문진술이 이중의 전문이라는 점에서는 차이가 없으므로, 증거능력을 인정하는 요건에 차이를 둘 필요는 없다고 생각된다.[247] 따라서 재전문진술도 원진술자의 진술에 필요성과 신용성의 정황적 보장이 인정되면 증거능력을 인정하는 **긍정설**의 입장이 타당하다.

V. 진술의 임의성

1. 형사소송법 제317조의 취지

(1) 형사소송법 제317조의 의의와 입법취지

제317조는 제1항에 '피고인 또는 피고인이 아닌 자의 진술이 임의로 된 것이 아닌 것은 증거로 할 수 없다', 제2항에 '전항의 서류는 그 작성 또는 그 내용인 진술이 임의로 되었다는 것이 증명된 것이 아니면 증거로 할 수 없다', 제3항에 '검증조서의 일부가 피고인 또는 피고인이 아닌 자의 진술을 기재한 것인 때에는 그 부분에 한하여 전2항의 예에 의한다'고 규정하고 있다.

진술의 임의성에 관한 제317조의 입법취지에 대하여는, ① 진술의 임의성에 대한 법원의 조사의무를 규정하고 있다는 **조사의무규정설**[248]과 ② 진술의 임의성이 없으면 증거능력이 부정되므로 이 규정은 증거능력의 요건을 규정하고 있다고 해석하는 **증거능력요건설**[249]도 있으나, ③ 진술의 임의성이 없으면 증거로 할 수 없다고 규정하고 있는 형사소송법의 규정과 증거능력유무에 대한 법원의 조사의무를 고려해볼 때, 이 규정은 진술에 대한 증거능력의 요건과 임의성에 대한 법원의 조사의무를 함께 규정하고 있다고 해석하는 **결합설**의 견해가 타당하다.[250]

(2) 제317조의 적용범위

제317조에 의하여 진술의 임의성이 요구되는 진술의 범위에 관하여 학설은, ① 자백에 대한 제309조는 제317조의 특별규정이므로, 제317조에 의해 임의성이 요구되

---

247) 이재상/조균석, 638면.
248) 정영석/이형국, 361면.
249) 김재환, 649면; 배종대/이상돈/정승환/이주원, §53/135; 백형구, 629면; 신동운, 1275면.
250) 이재상/조균석, 639면; 임동규, 575면; 정영석/이형국, 361면; 차용석/최용석, 621－622면.

는 진술은 자백 이외의 일체의 진술증거를 의미한다고 해석하는 **광의설**[251]과 ② 제310조의2 내지 제316조에서 규정하고 있는 진술에 제한된다고 해석하는 **협의설**[252] 및 ③ 특신상황을 요건으로 하는 진술에는 임의성이 간접적으로 판단되므로 피고인 이외의 자의 진술증거에 제한된다고 해석하는 **제한설**[253]이 대립되고 있다.

생각건대 본조가 특별히 진술의 범위를 제한하고 있지 않은 이상 자백의 임의성에 관해서는 제309조에 의하여 판단하고 자백 이외의 일체의 진술증거를 의미한다고 해석하는 **광의설이 타당**하다. 따라서 자백의 임의성이 인정되지 않으면 제309조에 의하여, 자백 이외의 진술의 임의성이 인정되지 않으면 제317조에 의하여 증거능력이 부정된다.

2. 진술증거의 증거능력 인정요건

(1) 진술의 임의성

제317조에 따른 진술증거의 증거능력을 인정하기 위해서는 진술의 임의성과 서류작성의 임의성이 요구된다.

1) 임의성의 의의

제317조에서 요구하는 진술의 임의성의 의미에 대하여 학설은, ① 제309조와 제317조는 진술내용이 자백인가 아닌가에 따라 구별될 뿐이며 임의성의 내용에 있어서는 차이가 없기 때문에 제317조의 임의성도 그 근거가 위법배제에 있다고 보는 **위법배제설**,[254] ② 자백의 임의성은 위법배제에 있지만 진술의 임의성은 허위배제에 그 근거가 있다고 보는 **허위배제설**,[255] ③ 진술의 임의성이란 의사결정 및 의사표현의 자유를 침해하는 사유가 없는 경우, 즉 인권을 침해하지 않는 것을 의미한다는 **인권옹호설**,[256] ④ 인권침해가 없고 허위의 위험성이 없는 경우를 의미한다는 **허위배제 및 인권옹호설**[257]의 대립이 있다.

---

251) 배종대/이상돈/정승환/이주원, §53/136; 백형구, 465면; 송광섭, 240면; 신동운, 1724면; 이영란, 778면; 이재상/조균석, 639면; 정영석/이형국, 361면.

252) 강구진, 468면.

253) 김정수, "진술의 임의성의 조사"(형사증거법, 하), 98면.

254) 이재상/조균석, 640면.

255) 강구진, 470면.

256) 신동운, 1276면.

257) 백형구, 616면.

생각건대 제309조와 제317조의 진술은 자백인가 아닌가에 따라 구별될 뿐이며, 임의성의 의미에 있어서는 특별히 구별해야 할 필요가 없다. 따라서 제307조와 마찬가지로 임의성의 근거는 위법배제에 있다는 위법배제설이 타당하다.

2) 임의성 없는 진술의 효과

피고인 또는 피고인이 아닌 자의 진술이 임의로 된 것이 아닌 것은 증거로 할 수 없다(제317조 제1항). 여기서 '증거로 할 수 없다'는 법문의 의미를 증명력이 없다는 의미로 이해하는 견해도 있으나, 이는 증거능력이 부정된다는 의미이다. 따라서 임의성이 없는 진술증거는 피고인이 동의하더라도 증거능력이 부정된다는 **통설**[258]의 견해가 타당하다.

(2) 서류작성의 임의성

진술을 기재한 서류는 진술의 임의성 이외에 서류작성의 임의성도 인정되어야 한다(제317조 제2항). 그런데 법원 또는 수사기관이 작성한 조서와 공적인 증명문서, 통상의 업무과정에 작성된 문서는 작성의 임의성이 문제될 여지가 없다. 따라서 진술을 기재한 서류작성의 임의성이 문제되는 것은 피의자 또는 참고인이 작성하는 진술서에 제한된다.

서류작성의 임의성이 인정되지 않으면 진술의 임의성도 부정되고, 진술의 임의성이 인정되어도 서류작성의 임의성이 부정되어 어느 하나라도 임의성이 결여되면 그 증거서류는 증거능력이 부정된다. 예컨대 피해자가 피고인의 강요에 의하여 합의서를 작성해준 경우에는 그 서류는 증거능력이 부정된다.

검증조서의 일부가 피고인 또는 피고인 아닌 자의 진술을 기재한 것인 때에는 그 부분에 한하여 진술의 임의성과 조서작성의 임의성이 요구된다(제317조 제3항). 그러나 검증조서의 작성자는 법원이나 수사기관이므로 조서작성의 임의성이 문제될 여지는 사실상 없다고 할 수 있다.

3. 진술의 임의성에 대한 조사와 증명

(1) 임의성의 조사

1) 직권조사

진술의 임의성은 증거능력의 요건이므로 법원은 이를 직권으로 조사하여야 한다.

---

258) 배종대/이상돈/정승환/이주원, §53/139; 신동운, 1279면; 이재상/조균석, 641면; 임동규, 577면.

다만 당사자가 증거로 함에 동의한 경우에는, ① 조서의 작성상황을 고려하여 상당하다고 인정되면 임의성을 조사할 필요가 없다는 **불필요설**[259]도 있으나, ② 임의성이 없는 진술증거는 피고인이 동의하더라도 이를 증거로 할 수는 없으므로, 이 경우에도 법원은 진술의 임의성을 직권으로 조사해야 한다는 **필요설**[260]이 타당하다.

2) 조사시기

진술의 임의성은 증거능력의 요건이기 때문에 증거조사 전에 조사하여야 한다. 그러나 임의성이 인정되어 증거조사를 한 후에도 임의성에 의심이 갈 때에는 다시 임의성을 조사할 수 있으며, 증거조사와 임의성을 동시에 하여도 무방하다.

3) 조사방법

임의성에 대한 조사방법에 대하여는 명문의 규정이 없지만, 진술의 임의성은 소송법적 사실이므로 엄격한 증명이 아니라 자유로운 증명으로 충분하다.[261] 따라서 법원은 적당하다고 인정되는 방법으로 임의성을 조사하면 된다.

(2) 임의성의 증명

1) 증명의 정도

제317조의 진술의 임의성을 증명하는 정도는 법관에게 확신을 줄 것을 요한다. 이 점에서 제309조의 자백의 경우에는 임의성에 의심을 일으킬만한 정도의 증명을 요하는 점에서 양자는 차이가 있다. 즉 제309조는 임의성이 없는 자백이거나 임의성이 의심스러운 자백의 경우에도 증거능력이 부정되지만, 제317조가 적용되는 자백 이외의 진술증거의 경우에는 임의성이 없는 진술인 때에만 증거능력이 부정된다.

2) 거증책임

진술증거의 임의성에 대한 거증책임의 부담을 누가 지느냐에 대하여는, ① 제317조의 진술증거는 반드시 피고인에게 불리한 증거라고 할 수 없고, 임의성에 대한 거증책임은 증거를 제출한 당사자가 부담하는 것이 공평의 이념에도 부합된다는 당사자부담설[262]도 있으나, ② 자백의 경우와 마찬가지로 모든 유죄의 입증책임은 검사에게 있다는 견해가 타당하다.[263]

---

259) 이재상/조균석, 641면; 임동규, 577면.

260) 배종대/이상동/정승환/이주원, §53/139.

261) 대법원 2004. 3. 26. 선고 2003도8077 판결; 대법원 1994. 12. 22. 선고 94도2316 판결.

262) 이은모, 736면; 이재상/조균석, 641면; 백형구, 617면.

263) 신동운, 1278면; 대법원 2008. 7. 10. 선고 2007도7760 판결.

VI. 특수한 증거방법과 증거능력

자연과학의 발달이 증거법의 영역에도 영향을 미쳐 피사체의 상황을 광학적으로 정확하게 기록하는 사진이나 사람의 음성이나 언어를 재생시키는 녹음테이프, 각종 영상녹화물, 전자기록, 거짓말탐지기의 검사결과 등 새로운 증거방법이 등장하고 있다. 그러나 현행 형사소송법에는 이러한 다양한 증거방법에 대한 증거조사방법이나 증거능력에 대한 명확한 규정이 없음으로 인해 이러한 증거방법에 대한 증거능력의 유무가 문제된다.

1. 사진의 증거능력

(1) 사진의 의의 및 성격

사진이란 피사체의 상황을 렌즈에 비친 대로 필름이나 인화지에 기계적으로 재생시킨 증거방법을 말한다. 사진은 역사적 사실을 기계적으로 재생시키기 때문에 허위가 개입할 여지가 없다는 점에서 신용성이 높은 증거방법이기도 하지만, 다른 한편으로는 피사체의 선정이나 촬영조건 및 인화과정에서의 인위적인 조작가능성을 배제할 수 없기 때문에 오류의 가능성도 여전히 남아 있기 때문이다.

여기서 사진을 비진술증거로 취급할 것인지, 아니면 진술증거로서 전문법칙을 적용할 것인지 문제된다. 사진은 그 용법과 성질에 따라 ① 사본으로서의 사진과 ② 진술증거로서의 일부인 사진, 그리고 ③ 현장사진으로 나누어서 검토해야 한다.

(2) 사본으로서의 사진

사본(寫本)으로서의 사진이란 본래 제출되어야 할 자료의 대용물로 사진이 제출되는 경우를 말한다. 예컨대 문서의 사본이나 범행에 사용된 흉기의 사진이 여기에 해당한다. 이 경우 본래 제출되어야 할 증거가 증거물이면 사진도 비진술증거가 되고, 원본증거가 서류 등 진술증거이면 사진도 진술증거가 된다. 후자의 경우에 증거능력의 판단은 '사본'과 '전문진술'이라는 두 가지 측면을 모두 고려해야 한다,

사본으로서의 사진의 증거능력에 관해서는, 1) 영미법상의 **최량(最良)증거의 법칙**(best evidence rule)[264]에 의하여 원본증거가 존재하거나 존재하였으나, 이를 공판정

264) 영미법상 최량증거의 법칙이란 가장 좋은 증거를 제출할 수 있는 이상 그것을 제출해야 한다는

에 제출할 수 없거나 제출할 수 없는 곤란한 사정이 있고, 사본으로 제출된 사진이 원본증거와 같다는 사실이 증명되며, 사건과의 관련성이 있는 경우에 한하여 증거능력이 인정된다는 견해(제1설),[265] 2) 사진의 원본의 존재 및 진정성립을 인정할 자료가 구비되고 특히 신용할 만한 정황에 의하여 작성되었다고 인정되는 경우에 한하여 증거능력이 인정된다는 견해(제2설),[266] 3) 원본증거가 증거능력이 있고, 원본제출이 불가능하거나 곤란해야 하며, 원본의 정확한 사본인 경우에 한하여 당해 사건과 관련성이 증명되면 증거로 할 수 있다는 견해(제3설)[267]가 대립된다.

판례는 ① 증거물인 수표의 사본[268]이나 휴대전화기 화면을 촬영한 사진[269]과 같은 증거물을 촬영한 사진의 경우에는 전문법칙이 적용되지 않으므로 증거물을 법정에 제출할 수 없거나 그 제출이 곤란한 사정이 있고, 그 사진의 영상이 증거물과 정확하게 같다는 사실이 증명된 경우에 증거로 사용할 수 있으며, ② 피의자신문조서의 초본[270]과 같은 진술증거의 사본인 경우에는 원본이 존재하거나 존재하였으며, 원본제출이 불가능 또는 곤란한 사정이 있고, 원본을 정확하게 전사하였을 것 등 3가지 요건을 전제로 원본과 동일하게 전문법칙의 예외의 요건을 갖추었을 때 증거로 할 수 있다는 입장이다.

생각건대 컴퓨터를 이용한 사진합성기술의 발달로 인해 사진작성과정에 오류가 개입할 위험성이 크기 때문에 증거능력의 요건을 보다 엄격히 규정하고 있는 **제3설이 타당**하다. 이 견해 의하면 진술증거인 서류의 사진인 경우에는 원본증거가 전문서류이므로 위의 제3설에서의 요건 외에도 전문법칙의 예외의 요건(제311조－제315조)을 구비했을 때에 제315조 제3호의 '특히 신용할 만한 정황에 의하여 작성된 문서'로서 증거능력이 있게 된다.[271]

증거조사방법으로는 도면·사진 그 밖에 정보를 담기 위하여 만들어진 물건으로

증거법상의 원칙을 말한다. 문서의 경우에는 원본을 제출해야 하며, 이것이 불가능하다는 것이 입증된 경우에는 사본을 제출할 수 있다는 원칙을 말한다.

265) 손동권/신이철, 668면; 이재상/조균석, 644면.
266) 배종대/이상돈/정승환/이주원, §53/152; 임동규, 556면.
267) 김재환, 712면; 이은모, 718면.
268) 대법원 2015. 4. 13. 선고 2015도2275 판결.
269) 대법원 2008. 11. 13. 선고 2006도2556 판결.
270) 대법원 2002. 10. 22. 선고 2000도5461 판결.
271) 임동규, 556면.

서 문서가 아닌 증거의 조사에 관하여는 특별한 규정이 없으면 증거서류에 대한 조사방식(제292조), 증거물에 대한 조사방식(제292조의2)에 의한다. 따라서 증거물을 촬영한 사진은 제시의 방법으로(제제292조의2), 서증의 사본인 사진은 낭독·내용고지·열람의 방식으로(제292조), 증거물인 서면은 제시 이외의 낭독·내용고지·열람의 방법으로 증거조사를 하게 된다.

(3) 진술증거의 일부인 사진

사진이 진술증거의 일부로 사용되는 경우, 즉 검증조서나 감정서에 사진이 첨부되는 경우가 여기에 해당한다. 이 경우에는 사진은 진술증거의 일부를 이루는 보조수단에 불과하므로 사진의 증거능력도 진술증거인 검증조서나 감정서와 일체적으로 판단된다는 점에는 이견이 없다.[272] 판례도 사법경찰관이 작성한 검증조서에 첨부된 범행재연 부분은 피고인에 의하여 재연의 진정함이 인정되고 그 내용이 인정될 때에만 증거능력이 인정된다고 판시한 바 있다.[273]

검증조서에 첨부된 현장지시 사진(예컨대 자동차사고시 검증참여자인 목격자의 목격지점이나 사고위치 등을 지시설명하는 사진)은 검증활동의 동기를 설명하는 비진술증거인 경우에는 검증조서와 일체로 증거능력을 판단하면 된다.

진술증거의 일부인 사진은 낭독·내용고지에 의하여 증거조사를 할 수 없으므로, 사진을 제시하고 열람하는 방법으로 증거조사를 한다(제292조 제5항).

(4) 현장사진

현장사진이란 범행의 행동에 중점을 두어 범행상황과 그 전후상황을 촬영한 사진으로서 독립증거로 이용되는 경우를 말한다. 현장녹화인 VTR이나 CCTV에 의한 녹화가 여기에 해당한다.

이러한 현장사진의 증거능력에 대하여는 비진술증거설과 진술증거설이 대립하고 있다.

1) 비진술증거설

현장사진은 과거의 역사적 사실에 대한 흔적이지 사람의 지각에 의한 진술이 아니므로 독립된 비진술증거라고 해석하는 견해이다. 이에 의하면 현장사진은 전문법칙의 적용이 없으므로 사진이 현장의 정확한 영상임이 확인되면 증거능력이 인정된다.

---

272) 배종대/이상돈/정승환/이주원, §53/153; 이재상/조균석, 644면; 임동규, 556면.

273) 대법원 1998. 3. 13. 선고 98도159 판결.

대법원[274)]은 상해부위를 촬영한 사진은 전문법칙이 적용되지 않으나, 사진촬영일자 부분은 전문증거로서 전문법칙이 적용된다고 판시하여, 현장사진 자체는 비진술증거로 보고 있다. 비진술증거설은 다시 ① 사진은 증거물로서 검증의 목적이 된다는 견해, ② 비진술증거로서 관련성, 즉 현장의 정확한 영상이라는 사실이 입증되면 증거능력이 인정된다는 견해,[275)] ③ 과학적·기계적 증거로서 전문법칙의 적용이 없다고 보는 견해 등으로 나누어진다.

2) 진술증거설

진술증거가 사람의 관찰·기억·표현을 통하여 사실을 보고하는 것이라면 사진은 기계에 의해 사실을 재현하는 것이라는 점에서 양자 모두 사실보고라는 점에서는 동일하다. 현장사진은 기록된 전문으로서 작성과정에 인위적으로 수정될 위험이 있으므로 현장검증처럼 사실을 보고한다는 점에서는 진술증거와 동일하므로 전문법칙을 적용하여 그 증거능력을 제한해야 한다는 견해이다.[276)]

3) 검증조서유추설

현장사진은 현장의 상황을 그대로 수록한 비진술증거이지만 그 작성과정에 인위적인 오류가 개입할 위험성이 크므로 검증조서에 준하여 제한적으로 증거능력을 인정해야 한다는 견해이다.[277)] 이를 **검증조서유사설**이라고도 한다. 이 견해에 의하면 현장사진은 그 작성주체에 따라 법관인 경우에는 제311조 제1항에 의하여, 수사기관인 경우에는 제312조 제6항에 의하여, 그 밖의 자인 경우에는 제312조 제6항을 유추적용하게 된다.

4) 결　어

생각건대 현장사진은 현장의 사실을 보고한다는 기능면에서 보면 진술증거와 동일하고, 사진의 촬영이나 작성과정에 조작의 위험성이 크므로 현장사진의 기계적·과학적 정확성을 근거로 비진술증거라고 단정하여 전문법칙을 배제하는 것은 타당하지 않다. 따라서 현장사진은 현장검증과 마찬가지로 사실을 보고하는 기능을 가지므로 전문법칙이 적용되지만, 사진촬영의 주체에 따라 법관인 경우에는 제311조에 의하여, 수사기관인 경우에는 제312조 제6항에 의하여, 사인의 경우에는 제313조 제1항·제2

274) 대법원 1997. 9. 30. 선고 97도1230 판결.
275) 임동규, 557면; 차용석/최용성, 614면.
276) 이영란, 785면; 정영석/이형국, 359면.
277) 신동운, 1271면.

항에 의하여 증거능력을 판단해야 한다. 다만, 촬영자가 진술할 수 없는 특별한 사정이 있는 경우에는 제314조의 요건을 충족한 때에 한하여 증거능력이 인정된다.[278)]

5) 증거조사의 방법

현장사진에 대한 증거조사방법은 제시의 방법으로 해야 한다(제292조의2).

2. 녹음테이프의 증거능력

(1) 녹음테이프의 의의와 성격

녹음테이프·녹음파일은 사람의 음성과 기타 음향을 기계적 장치를 통하여 기록하여 재생할 수 있도록 한 증거방법을 말한다. 기록과 재생능력이 기계적·과학적 정확성이 인간의 기억과 재생능력을 초월하기 때문에 사진과 함께 과학적인 증거방법이라 할 수 있다. 그러나 녹음테이프 등은 녹음자와 편집자의 주관적인 의도에 따라 녹음과 편집이 조작될 위험성을 배제할 수 없다. 여기에 녹음테이프 등에 대한 증거능력의 문제와 관련하여 진술증거에 대해서도 전문법칙을 적용할 것인지가 문제된다. 녹음테이프는 진술녹음과 현장녹음으로 나누어서 검토할 필요가 있다.

(2) 진술녹음의 증거능력

1) 전문법칙의 적용

녹음테이프 등에 사람의 진술이 녹음되어 있고 그 진술내용의 진실성이 요증사실의 증명의 대상이 된 경우에 이를 진술녹음이라 한다. 이 경우에는 녹음테이프의 진술내용을 녹취한 검증조서를 증거로 제출하거나 법정에서 녹음테이프를 재생하여 그 내용을 청취하는 검증을 실시하게 된다. 녹음테이프의 재생에 의한 진술에 대하여는 반대신문이 보장되어 있지 않고, 또한 진술녹음은 진술에 대신하는 서류와 그 기능이 동일한 전문증거에 해당하여 전문법칙이 적용된다.

2) 진술녹음의 증거능력

가. 적용법조 진술녹음의 증거능력에 관해서는, ① 진술서 또는 진술조서에 준하여 제313조 제1항에 의하여 증거능력이 인정된다는 견해[279)]와 ② 녹음테이프는 전문서류와 동일한 기능을 하므로 진술녹음의 증거능력은 원진술이 행해지는 단계에 따라서 각각 제311조 내지 제313조를 준용하여 증거능력을 판단해야 한다는 견

278) 이재상/조균석, 646면.

279) 강구진, 482면; 백형구, 682면; 정영석/이형국, 360면.

해[280]가 대립되고 있다. 진술녹음이 진술증거이고 진술녹음이 이루어지는 형태를 고려하면 다수설의 입장인 ②설이 타당하다. 대법원도 녹음테이프를 진술녹취서에 준하여 증거능력이 있다고 판시하면서, 검사와 피의자의 대화내용을 녹음한 비디오테이프는 피의자신문조서에 준하여 증거능력을 판단해야 하며,[281] 사인 간의 대화내용을 녹화한 녹음테이프는 제313조 제1항에 의해 증거능력이 인정되어야 한다고 판시하고 있다.[282]

결국 ②설에 의하면 검사가 피의자의 진술을 녹음한 녹음테이프는 피고인이 성립의 진정을 인정하고 특신상태에 있어야 하며(제312조 제1항), 사법경찰관이 녹음한 녹음테이프는 피고인이 그 내용을 인정하는 경우에 한하여 증거능력이 있다(제312조 제3항). 그 밖에 피해자 내지 제3자가 피고인의 진술을 녹음한 녹음테이프는 성립의 진정과 특신상태가 인정될 경우에는 증거능력이 있다(제313조 제1항).

나. 서명·날인의 요부 및 진정성 피의자신문조서·진술서·진술조서의 증거능력을 인정하기 위해서는 진술자의 서명 또는 날인이 있을 것을 필요로 하는데, 녹음테이프도 증거능력을 인정하기 위해 진술자의 서명·날인이 필요한가가 문제된다. 이에 대하여는 학설은, ① 서명·날인을 요한다는 전제에서 녹음테이프에 서명·날인을 하거나 적어도 다른 조서에 서명·날인을 하여 녹음테이프와 간인을 하거나, 또는 녹음테이프를 용기에 넣고 서명·날인한 종이로 봉인할 것을 요한다는 **필요설**[283]도 있으나, ② 원래 녹음테이프는 서명·날인에 적합하지 않은 증거방법이므로 진술자 또는 녹음자에 의하여 진술자의 녹음임이 확인되고 녹음의 정확성이 증명되면 서명·날인이 불필요하다는 **불필요설**[284]이 타당하며, **판례**도 대화내용을 녹음한 녹음테이프의 원본이나 사본인 경우에 인위적인 개작이 없었음이 증명되면 증거능력을 인정하고 있으며, 녹취서가 제출된 경우에도 녹음테이프에 대한 증거능력의 인정절차에 따라 증거능력을 인정할 수 있다고 하여 불필요설을 취하고 있다.[285]

---

280) 배종대/이상돈/정승환/이주원, §53/146; 손동권/신이철, 663면; 이재상/조균석, 647면.
281) 대법원 1992. 6. 23. 선고 92도682 판결.
282) 대법원 2005. 12. 23. 선고 2005도2945 판결.
283) 차용석/최용성, 617면.
284) 배종대/이상돈/정승환/이주원, §53/147; 손동권/신이철, 666면; 임동규, 560면; 정웅석/백승민, 723면.
285) 대법원 2014. 8. 26. 선고 2011도6035 판결; 대법원 2012. 9. 13. 선고 2012도7461 판결.

다. 비밀녹음한 경우의 증거능력 수사기관이 통신비밀보호법과 형사소송법 및 군사법원법의 규정에 의하지 않고 전기통신의 감청 또는 공개되지 아니한 타인 간의 대화를 녹음할 수 없으며, 불법감청에 의하여 지득 또는 채록한 전기통신의 내용과 공개되지 아니한 타인 간의 대화를 녹음한 것은 재판 또는 징계절차에서도 증거로 사용할 수 없다(통신비밀보호법 제3조, 제4조). 즉 불법으로 획득한 증거이므로 증거능력이 부정되며, 이를 공개하는 행위도 처벌된다는 점에 대하여는 이견이 없다.[286)]

그러나 대화당사자의 일방이 상대방 몰래 대화내용을 녹음한 경우에 그 녹음자료를 증거로 할 수 있는가에 관해서는, ① 대화상대방의 프라이버시를 침해한 것이 명백한 이상 증거능력을 부정해야 한다는 **부정설**과, ② 대화당사자 사이에는 프라이버시 보호의 필요성이 없거나 약화되기 때문에 증거능력을 인정해야 한다는 **긍정설**[287)]이 대립된다. 생각건대 통신비밀보호법은 타인 간의 대화의 비밀만을 보호하고 있고, 대화당사자의 일방이 대화 내용을 공개하는 것이 현행법상 위법하다고 할 수 없으므로 증거능력을 인정하는 **긍정설이 타당**하다.

녹음에 대한 증거조사는 녹음을 재생하여 청취하는 방법으로 한다(규칙 제134조의8 제3항).

(3) 현장녹음의 증거능력

현장녹음의 증거능력에 관해서는 현장사진과 마찬가지로 비진술증거설과 진술증거설이 대립되고 있다. 즉 ① 녹음테이프는 비진술증거이므로 전문법칙이 적용되지 않으며, 범죄사실과의 관련성만 증명되면 증거능력이 인정된다는 **비진술증거설**[288)]과 ② 현장녹음된 녹음테이프도 진술증거이므로 전문법칙이 적용되어야 하므로 제311조 내지 제313조에 의하여 증거능력이 인정된다는 **진술증거설**,[289)] 그리고 ③ 현장녹음은 비진술증거이지만 그 증거적 기능이 검증조서와 유사하므로 검증조서에 준해서 제311조 내지 제313조를 적용해야 한다는 **검증조서유추설**이 대립되고 있다.

생각건대 현장음의 경우에도 사실을 보고하는 성질을 가지고 있고 녹음과 편집 과정에 조작의 위험성도 있으므로 **진술증거설이 타당**하다. 따라서 공판기일에 녹음을 한 자의 진술에 의하여 그 성립의 진정함이 증명된 때에는 증거능력이 인정된다(제

286) 대법원 2002. 10. 8. 선고 2002도123 판결; 대법원 2001. 10. 9. 선고 2001도3106 판결.
287) 이재상/조균석, 649면.
288) 김재환, 722면; 신현주, 625면; 임동규, 563면; 차용석/최용성, 617면.
289) 손동권/신이철, 666면; 이은모, 737면; 이재상/조균석, 650면; 정영석/이형국, 362면.

312조 제6항). 그러나 사인의 현장녹음은 제313조 제1항의 진술서에 준하여 증거능력을 인정할 수 있다.

녹음테이프 등에 대한 증거조사방법으로는 형사소송법이 규정하고 있는 요지의 고지나 낭독 또는 제시의 방법에 의한 증거조사는 불가능하다. 따라서 녹음테이프의 경우에는 공판정에서 녹음을 재생하여 청취하거나 검증에 의하여 그 결과를 조사하는 방법으로 하게 된다(규칙 제134조의8 제3항).

3. 영상녹화물의 증거능력

(1) 영상녹화물의 의의 및 성격

영상녹화물이란 비디오테이프, 컴퓨터용디스크, 그 밖에 이와 유사한 방법으로 영상과 음향을 녹화·녹음하여 재생할 수 있는 매체를 말한다. 영상과 음향을 동시에 기록한 것이라는 점에서 사진과 녹음테이프를 결합한 증거방법이라 할 수 있다. 따라서 그 증거능력에 관해서는 사진 및 녹음테이프와 동일하게 취급된다. 따라서 영상녹화물도 진술을 녹화한 진술녹화와 범행현장을 녹화한 현장녹화로 나누어서 살펴보아야 한다.

(2) 진술녹화

1) 의 의

검사 또는 사법경찰관은 피의자의 진술을 영상녹화할 수 있는데, 이 경우에는 미리 영상녹화사실을 알려주어야 하고, 조사개시부터 종료까지의 전 과정 및 객관적인 정황을 영상녹화하여야 한다(제244조의2 제1항). 또한 검사 또는 사법경찰관은 수사에 필요한 때에는 피의자가 아닌 자의 출석을 요구하여 진술을 들을 수 있는데, 이 경우에도 그의 동의를 받아 영상녹화할 수 있다(제221조 제1항).

2) 증거능력

수사기관의 영상녹화물은 검사작성 피의자신문조서와 검사 또는 사법경찰관작성의 참고인진술조서의 진정성립을 증명하는 수단으로 사용될 수 있고, 진술하는 피고인 또는 피고인이 아닌 자의 기억환기의 수단으로 사용될 수 있다.

문제는 여기서 수사기관의 영상녹화물을 본증 또는 독립된 증거로 사용할 수 있는가이다. 학설은, ① 영상녹화물은 실질적으로 피의자신문조서와 다르지 않으므로 조서의 증거능력에 관한 규정을 준용하여 독립적인 증거능력을 인정해야 한다는 긍정설과 ② 수사기관의 영상녹화물에 독립적인 증거능력을 인정하게 되면 법관의 심증형성에 영상녹화물이 크게 작용하게 되어 공판중심주의가 형해화될 우려가 있으므로 영상녹화물에 대하여는 독립적인 증거능력을 인정할 수 없다는 **부정설**이 대립하고 있다.

생각건대 영상녹화제도는 본래 수사절차의 적법성을 보장하여 피의자의 인권을 보호하기 위해 도입된 제도이고, 제318조의2 제2항에서 영상녹화물은 기억환기의 필요가 있다고 인정되는 때에 한하여 재생하여 시청할 수 있다고 하여 그 용도를 제한하고 있다. 따라서 **부정설이 타당**하다.

다만 예외적으로 특별법인 "성폭력범죄의 처벌 등에 관한 특례법"과 "아동·청소년의 성보호에 관한 법률"에서는 촬영한 영상물에 수록된 피해자의 진술은 공판준비기일 또는 공판기일에 피해자나 조사과정에 동석하였던 신뢰관계에 있는 사람 등의 진술에 의하여 그 성립의 진정함이 인정된 경우에 증거로 할 수 있다고 규정하여, 영상녹화물의 독립적인 증거능력을 예외적으로 인정하고 있다.[290)]

판례도 수사기관이 참고인을 조사하는 과정에서 제221조 제1항에 따라 작성한 영상녹화물은 특별한 사정이 없는 한 공소사실을 직접 증명할 수 있는 독립적인 증거로 사용할 수 없다고 하여 부정설의 입장을 취하고 있다.[291)]

3) 탄핵증거

수사기관의 영상녹화물을 탄핵증거로 사용할 수 있는지가 문제된다. 이에 대하여, ① 탄핵증거는 원진술자의 진술의 증명력만을 탄핵하는 것이기 때문에 증거능력 없는 영상녹화물이라 하더라도 탄핵증거로 사용할 수 있다는 **적극설**[292)]도 있으나, ② 제318조의2 제2항은 탄핵증거를 허용하는 동조 제1항에도 불구하고 영상녹화물을 기억환기용으로만 사용할 수 있다고 규정하고 있기 때문에 **소극설**[293)]이 타당하다.

4) 증서조사방법

검사가 조서성립의 진정을 증명하거나 진술자의 기억을 환기시키기 위하여 영상녹화물의 조사를 신청한 경우에 법원은 공판준비 또는 공판기일에 봉인을 해체하고 영상녹화물의 전부 또는 일부를 재생하는 방법으로 조사하여야 한다. 이때 영상녹화

---

290) 대법원 2009. 12. 24. 선고 2009도11575 판결.
291) 대법원 2014. 7. 10. 선고 2012도5041 판결.
292) 노명선/이완규, 668면; 손동권/신이철, 598면; 정웅석/백승민, 781면.
293) 신동운, 1255면; 이은모, 730면.

물은 그 재생과 조사에 필요한 전자적 설비를 갖춘 법정 외의 장소에서 재생할 수 있다. 기억환기를 위한 영상녹화물의 재생은 기억환기가 필요한 피고인 또는 피고인이 아닌 자에게만 이를 재생하여 시청시켜야 한다(규칙 제134조의4, 5).

(3) 현장녹화

수사기관이 범죄현장이나 전후상황을 촬영한 영상녹화물에 대하여는 검증조서에 관한 제312조 제6항이 적용된다. 따라서 적법한 절차와 방식에 의해 촬영된 현장영상녹화물은 공판준비 또는 공판기일에 촬영자의 진술에 따라 그 성립의 진정함이 증명된 때에는 증거능력이 인정된다.

4. 전자기록의 증거능력

(1) 의의 및 성격

전자기록이란 전자적 방식과 자기적 방식 기타 사람의 지각으로 인식할 수 없는 방식에 의하여 만들어진 기록으로서 컴퓨터에 의해 정보처리가 되어 사용되는 것을 말한다. 전자기록이 저장된 각종 정보저장매체에는 자기디스크, 광디스크, 하드디스크 등이 해당된다.

전자기록의 성격에 따라 ① 전자기록의 존재 자체가 증거가 되는 경우에는 증거물과 동일하게 취급되고, ② 전자기록에 저장된 정보가 음성이나 영상일 때에는 녹음테이프나 영상녹화물의 예에 따라 증거능력을 판단하면 되며, ③ 전자기록에 저장된 문자정보가 진술증거로 사용되는 경우에는 전문법칙이 적용된다.

(2) 증거능력의 인정요건

전자기록은 그 자체가 가시성과 가독성이 없으므로 이를 프린터로 출력하여 사용하게 되는데, 이 경우에 무엇이 원본(原本)인가에 대하여는, ① 전자기록이 원본이고 출력문서는 등본이라는 견해,[294] ② 전자기록 자체가 원본이 되는 것이 아니라 컴퓨터에 의해 출력된 문서가 원본이라는 견해,[295] ③ 전자기록과 출력된 문서를 모두 원본이라고 보는 견해가 대립되고 있다. 원본이란 문서의 가시성과 가독성을 전제로 하기 때문에 출력된 문서가 원본이라는 견해가 타당하다.

출력된 문서를 증거로 하기 위해서는 전자기록 자체와 출력된 문서의 내용적 동

---

294) 정웅석/백승민, 314면.

295) 임동규, 553면.

일성이 인정되어야 한다. 피고인이 내용적 동일성을 부정하는 경우에는 전자기록을 문서로 출력한 사람에 대한 증인신문이나 전자기록 자체에 대한 과학적 검증을 통해 문서의 동일성이 증명되어야 한다.[296)]

또한 출력된 문서는 피고인 또는 피고인 아닌 자의 진술을 기재한 서류와 동일하기 때문에 전문법칙이 적용되고, 전자기록의 원진술자나 작성자에 따라 제311조 내지 제313조를 적용하여 증거능력을 판단해야 한다. 예컨대 피고인이 작성한 전자기록의 경우에는 피고인의 진술서에 해당하여 제313조 제1항이 적용되고, 수사기관이 전자기록을 문서로 출력한 경우에는 검증조서에 해당하여 제312조 제6항이 적용된다.

(3) 제315조의 적용문제

① 공무원이 증명문서를 컴퓨터로 작성한 서면과, ② 통상적인 업무과정에 원활한 업무수행을 위해 컴퓨터로 작성한 서면이나 그에 준하는 전자기록, 그리고 ③ 비전형적으로 작성된 전자기록이라 하더라도 그 처리과정에 인위적인 수정이 가해지지 않은 것이 담보되어 그 정확성과 신뢰성이 보장될 수 있는 전자기록들은 제315조에 의해 증거능력이 인정될 수 있다.[297)]

(4) 증거조사방법

컴퓨터용디스크 그 밖에 이와 비슷한 정보저장매체에 기억된 문자정보를 증거자료로 하는 경우에는 읽을 수 있도록 출력하여 인증한 등본을 낼 수 있다. 컴퓨터디스크 등에 기억된 문자정보를 증거로 하는 경우에 증거조사를 신청한 당사자는 법원이 명하거나 상대방이 요구한 때에는 컴퓨터디스크 등에 입력한 사람과 입력한 일시, 출력한 사람과 출력한 일시를 밝혀야 한다(규칙 제134조의7 제1항·제2항).

5. 거짓말탐지기 검사결과의 증거능력

(1) 거짓말탐지기의 의의

거짓말탐지기(polygraph)란 사람이 거짓 진술을 할 때에 발생하는 생체의 변화를 기술적인 방법으로 측정하여 그 진술의 진위를 판단하는데 사용되는 기계장치를 말하며, 이러한 거짓말탐지기에 의한 피검사자의 생리적인 변화를 측정하여 기록한 내용을 거짓말탐지기의 검사결과라고 한다. 거짓말탐지기는 자백강요를 방지하고 과학

---

296) 신동운, 1073면.

297) 이은모, 728면.

수사를 촉진하는데 기여하였으나, 그 측정의 신뢰도와 인간의 존엄과 인격권, 특히 자백의 강요 내지 진술거부권을 침해한다는 문제가 있다. 과학수사와 인권침해가 충돌하는 영역이 바로 거짓말탐지기 사용문제이다.

(2) 증거능력에 대한 학설과 판례

거짓말탐지기의 검사결과에 대하여 증거능력을 인정할 것인지에 관해서는 견해의 대립이 있다.

1) 부 정 설

거짓말탐지기 검사결과에 대하여 절대적으로 증거능력을 부정하는 견해이다. 부정설의 논거에 관해서는 다양한 의견이 있다. 즉 ① 거짓말탐지기에 의한 검사는 절대불가침의 영역인 인간의 인격권을 침해하기 때문에 이를 허용해서는 안된다는 견해,[298] ② 거짓말탐지기에 의한 검사결과는 최량의 조건하에서도 증거로 허용될 수 있는 신빙성이 결여, 즉 요증사실에 대하여 필요한 최소한도의 증명력도 없어 자연적인 관련성이 없기 때문에 그 증거능력을 부정해야 한다는 견해,[299] 그리고 ③ 거짓말탐지기의 사용은 그 자체가 진술거부권 내지 자기부죄거부특권을 침해하는 위법한 수사방법이기 때문에 위법수집증거배제법칙에 위반하여 증거로 할 수 없다는 견해가 있다.

2) 긍 정 설

거짓말탐지기의 검사결과는 피검자의 동의가 있을 경우에는 인격의 침해라고 할 수 없고, 검사결과는 감정서의 성질을 가지므로 동의가 있을 때는 증거능력이 인정되고, 검사 결과 피의자의 진술이 진실이라고 판명될 경우에는 수사가 신속히 종결될 수 있다. 따라서 피검자의 명시적인 동의 또는 적극적인 요구가 있는 경우에 한하여 증거능력이 인정된다는 견해이다.[300]

3) 사　　견

생각건대 피검자의 동의가 있는 경우에는 인격권이나 진술거부권을 침해한 것으로 보기 어렵다. 따라서 거짓말탐지기의 검사결과에 대하여 아직은 기계와 기술의 정확성에 대한 일반인의 신뢰성과 검사자 개인의 검사능력에 대한 개별적 신뢰성을 인

298) 배종대/이상돈/정승환/이주원, §53/169; 신동운, 1347면; 이영란, 794면.
299) 손동권/신이철, 674면; 이은모, 742면; 임동규, 572면.
300) 김재환, 727면.

정할 수 없기 때문에 증거능력을 인정할 수 없다는 **부정설이 타당하다.**[301]

4) 판례의 태도

대법원은 거짓말탐지기의 검사결과에 대하여 기계의 과학적 정확성과 검사자의 정확한 검사결과에 대한 판독능력이 있어서 검사결과의 정확성을 담보할 수 있는 경우에는 증거능력을 인정할 수 있다고 하여,[302] 예외적인 경우에만 거짓말탐지기의 검사결과에 대하여 증거능력을 인정하고 있다.[303] 또한 거짓말탐지기의 검사결과가 증거능력을 인정하는 전제조건을 모두 구비한 경우에는 감정서(제313조 제2항)에 준하는 증거능력은 있으나, 이는 검사를 받는 사람의 신빙성을 가늠하는 정황증거로서의 기능을 하는데 그친다고 판시하고 있다.[304]

(3) 관련문제

1) 거짓말탐지기의 사용문제

거짓말탐지기의 증거능력을 부정하는 경우에 수사기관이 수사를 위해 이를 사용하는 것을 허용할 것인지가 문제된다. 거짓말탐지기 검사결과의 증거능력을 부정하는 것과 수사기관이 피검자의 진술의 진실성을 확인하기 위하여 검사자의 요구 또는 동의에 의해 거짓말탐지기를 사용하는 것은 금지할 이유가 없다.[305] 이로 인해 신속히 수사를 종결할 수 있고 피의자도 혐의에서 조기에 벗어날 수 있다.

2) 거짓말탐지기의 검사결과로 얻은 자백의 증거능력

피검자의 동의하에 자백의 임의성이 인정되면 증거능력을 인정할 수 있다는 **긍정설**[306]과, 거짓말탐지기의 사용에 따른 자백은 제309조의 '기타 방법'에 해당하여 임의성이 없으므로 증거능력을 부정해야 한다는 **부정설**[307]이 대립한다. 생각건대 거짓말탐지기의 검사결과로 얻은 자백의 증거능력문제는 제30조에 의하여 해결해야 한다. 따라서 검사에 임의성이 의심되면 당연히 증거능력이 부정되지만, 피검자의 동의가 있는 경우에는 증거능력 자체를 부정할 수는 없다는 긍정설이 타당하다.

---

301) 이재상/조균석, 654면.

302) 대법원 2005. 5. 26. 선고 2005도130 판결.

303) 대법원 1986. 11. 25. 선고 85도2208 판결.

304) 대법원 1984. 2. 14. 선고 83도3146 판결; 대법원 1987. 7. 21. 선고 87도968 판결.

305) 배종대/이상돈/정승환/이주원, §53/169; 이은모, 742면; 이재상/조균석, 655면; 정영석/이형국, 339면.

306) 노명선/이완규, 641면; 손동권/신이철, 676면; 이재상/조균석, 655면.

307) 신동운, 1349면; 이영란, 795면.

제6절 당사자의 동의와 증거능력

Ⅰ. 증거동의의 의의와 성질

1. 증거동의의 의의 및 성질

검사와 피고인이 증거로 할 수 있음을 동의한 서류 또는 물건은 진정한 것으로 인정한 때에는 증거로 할 수 있다(제318조의 제1항). 즉 전문법칙에 의하여 증거능력이 없는 증거를 증거로 사용해도 좋다고 하는 당사자의 의사표시적 소송행위이다. 당사자가 동의할 경우에 불필요한 증인신문을 회피하는 것이 신속한 재판과 소송경제에 부합한다는 점을 고려한 규정이다. 이 규정은 당사자주의적 측면이 강한 규정이지만, 당사자의 동의가 있다고 하여 바로 증거능력을 인정하지 않고 법원이 진정하다고 인정할 경우에 한하여 증거능력을 인정하고 있다. 그러므로 이 규정은 당사자주의적인 색채가 강하지만 직권주의와 적절히 조화를 이루고 있다고 할 수 있다.

2. 동의의 본질

전문법칙에 의하여 증거능력이 없는 증거를 증거로 해도 좋다고 하는 당사자의 의사표시적 소송행위인 증거동의의 본질에 대하여는 학설이 대립한다.

(1) 처분권설

당사자의 증거동의의 대상을 서류나 물건이라고 하는 점을 고려해볼 때 동의는 반대신문권의 포기에 그치는 것이 아니라 모든 증거능력의 제한은 동의를 해제조건으로 하는 것이기 때문에 증거에 대한 당사자의 동의는 증거의 증거능력에 대한 당사자의 처분권을 인정하는 것으로 보아야 한다는 견해이다.[308] 이 견해에 의하면 모든 서류 또는 물건이 동의의 대상이 되므로 전문증거뿐만이 아니라 위법하게 수집된 증거도 증거동의에 포함되는 결과가 된다. 당사자의 처분권을 인정하는 증거동의는 그 증거의 증거능력과 증명력을 다툴 권리를 포기하는 것과 같기 때문에 **권리포기설**[309]도 처분권설과 그 맥락을 같이 한다.

---

308) 신현주, 656면.

309) 김재환, 732면; 백형구, 655면.

(2) 반대신문권포기설

전문법칙의 주된 근거가 반대신문권의 보장에 있는데, 이러한 반대신문권은 포기할 수 없는 권리는 아니므로 증거동의에 의하여 실질적으로 포기하는 것을 의미한다고 해석하는 견해로서 **통설**의 입장이다. 이에 의하며 증거동의의 대상은 반대신문권 보장과 관련된 전문증거에 한정된다. 따라서 이에 의하면 반대신문권과 관계없는 것은 임의성이 없는 자백이나 위법하게 수집한 증거는 증거동의를 하더라도 증거로 할 수 없다.

대법원판례도 "형사소송법 제318조 제1항은 전문증거금지의 원칙에 대한 예외로서 반대신문권을 포기하겠다는 피고인의 의사표시에 의하여 서류 또는 물건의 증거능력을 부여하려는 규정이다"라고 판시하여,[310] 통설과 같이 반대신문권포기설의 입장을 취하고 있다.

(3) 병 합 설

형사소송법 제310조의2는 전문증거에 대한 증거능력을 제한하는 전문법칙과 직접심리주의에 대한 근거규정도 되므로, 제318조의 증거동의에 관한 규정의 의미도 일면에서는 반대신문권의 포기를, 다른 일면에서는 직접심리주의의 예외를 의미한다는 견해이다.

(4) 사 견

생각건대 모든 증거를 증거동의의 대상이 된다고 하는 것은 증거에 대한 당사자처분권주의를 인정하는 결과가 되므로, 형사소송에 있어서 당사자처분권주의는 인정되지 않는다는 점에서 처분권설은 부당하다. 또한 당사자의 증거동의는 원래 증거능력 없는 전문증거에 대하여 증거능력을 부여하는 소송행위를 의미하며, 전문법칙의 주된 이유는 반대신문권의 보장에 있지만 이는 포기할 수 없는 권리는 아니다. 따라서 증거동의의 본질은 반대신문권의 포기에 있다는 **반대신문권포기설이 타당하다.**

3. 증거동의와 전문법칙과의 관계

당사자의 동의가 전문증거에 대하여만 적용된다고 해석하는 경우에도 전문법칙과 증거동의와의 관계에 대하여는, ① 제318조를 전문법칙의 예외를 규정한 것이라고

310) 대법원 1983. 3. 8. 선고 82도2873 판결.

해석하는 **전문법칙예외설**[311]과 ② 전문법칙의 적용이 배제되는 경우를 규정한 것이라고 해석하는 **다수설인 전문법칙배제설**[312]이 대립한다.

전문법칙예외설에 의하면 제318조의 진정성은 신용성의 정황적 보장과 같은 의미이고, 증거능력이 없는 전문증거가 동의에 의하여 증거능력을 갖게 되므로 제318조의 증거동의에 관한 규정은 전문법칙의 예외에 관한 규정이라고 이해하는 견해이다. 이는 **대법원 판례**의 입장[313]이기도 하다.

이에 반해 전문법칙배제설에 의하면 제318조는 증거방법이 제311조 내지 제316조의 요건을 구비했는가를 불문하고 당사자의 동의를 기초로 증거능력을 부여하는 규정이기 때문에 처음부터 전문법칙의 적용이 없는 경우라고 이해하는 견해이다.

생각건대 제318조는 전문증거의 필요성이나 신용성의 정황적 보장을 이유로 증거능력을 인정하고 있는 것이 아니라 입증절차에 있어서 당사자의 의사를 존중하는 데 그 본질이 있으므로 **전문법칙배제설이 타당**하다.

II. 증거동의의 방법

1. 증거동의의 주체와 상대방

(1) 동의의 주체

동의의 주체는 당사자인 검사와 피고인이다. 피고인이 동의하면 변호인의 별도의 동의는 불필요하다. 증거동의는 일반적으로 일반당사자가 신청한 증거에 대하여 타방당사자의 동의가 있어야 하며, 법원이 직권으로 수집한 증거에 대하여는 양 당사자의 동의가 있어야 한다.

변호인에게는 포괄대리권이 인정되므로 변호인도 피고인을 대리하여 증거동의를 할 수 있다. 변호인의 동의권은 **종속대리권**이므로 피고인의 묵시적 동의 또는 추인이 필요하며, 변호인이 피고인의 의사에 반하여 동의한 때에는 그 동의는 효력이 없으며, 변호인의 동의에 대하여 피고인이 즉시 이의를 제기하거나 취소한 경우에는 증거

---

311) 백형구, 653면; 차용석/최용성, 624면.

312) 배종대/이상돈/정승환/이주원, §54/2; 신동운, 1283면; 이영란, 796면; 이재상/조균석, 657면; 임동규, 580면; 정영석/이형국, 362면; 정웅석/백승민, 734면.

313) 대법원 1983. 3. 8. 선고 82도2873 판결.

동의의 효력은 발생하지 않는다.[314] 또한 피고인의 부동의를 변호인이 번복하여 동의하더라도 특별한 사정이 없는 한 효력이 없으며,[315] 피고인이 변호인과 함께 출석한 공판기일의 공판조서에 검사가 제출한 증거에 동의한다는 기재가 있으면 피고인이 증거동의를 한 것으로 보아야 한다.[316]

그러나 **판례**는 변호인이 피고인의 명시적인 의사에 반하지 않는 한 피고인을 대리하여 동의할 수 있다고 판시하여,[317] 변호인의 대리권을 **독립대리권**으로 보고 있다.

한편 피고인이 행한 증거동의를 변호인이 취소할 수 있는지에 관하여, ① 피고인의 증거동의를 변호인이 취소할 수는 없다는 **부정설**[318]도 있으나, ② 증거동의는 피고인의 방어권 행사에 중대한 영향을 미치므로 피고인의 증거동의가 중대한 착오에 의한 경우에는 변호인이 피고인의 보호자라는 점을 고려할 때 변호인이 피고인의 증거동의를 취소할 수 있다는 **긍정설**[319]이 타당하다고 생각된다.

(2) 동의의 상대방

동의의 의사표시는 소송당사자에게 하는 것이 아니라 법원에 하여야 한다. 증거동의는 반대신문권을 포기하고 증거능력 없는 전문증거에 대하여 증거능력을 부여하는 중요한 소송행위이기 때문이다. 따라서 반대당사자에 대하여 증거동의를 하는 경우, 예컨대 검사에게 대하여 피고인이 동의의 의사표시를 하더라도 증거동의로서의 효력은 발생하지 않게 된다.

2. 증거동의의 대상

(1) 서류 또는 물건

1) 서 류

형사소송법 제318조에서는 증거동의의 대상을 서류 또는 물건으로 규정하고 있다. 증거동의는 반대신문권의 포기를 의미하므로 서류 이외에도 원진술을 내용으로

---

314) 배종대/이상돈/정승환/이주원, §54/8; 이은모, 740면; 이재상/조균석, 658면.

315) 대법원 2013. 3. 28. 선고 2013도3 판결.

316) 대법원 2016. 3. 10. 선고 2015도19139 판결.

317) 대법원 1999. 8. 20. 선고 99도2029 판결; 대법원 1988. 11. 8. 선고 88도1628 판결.

318) 노명선/이완규, 727면; 이은모, 740면; 이재상/조균석, 658면; 임동규, 580면; 차용석/최용성, 627면.

319) 배종대/이상돈/정승환/이주원, §54/8; 신동운, 1287면; 이영란, 799면.

하는 전문진술도 당연히 증거동의의 대상에 포함되며 이에 대하여는 이견이 없다. 따라서 증거능력이 없는 전문서류에 해당하는 피의자신문조서, 공범이나 제3자에 대한 피의자신문조서, 진술서, 조서나 서류의 사본, 사진, 녹음테이프나 비디오테이프, 대화내용이 녹음된 보이스펜,[320] 조서의 일부, 재전문진술을 기재한 조서, 재전문진술 등이 증거동의의 대상이다.

2) 물　건

물건도 제318조에 의하면 증거동의의 대상인데, 증거물이 증거동의의 대상이 되는가에 대하여는 학설은, ① 법문이 명시적으로 물건도 그 대상으로 규정하고 있기 때문에 증거물도 증거동의의 대상이 된다는 **적극설**[321]과 ② 증거물은 반대신문과 관계가 없으므로 전문법칙이 적용되지 않기 때문에 증거동의의 대상이 되지 않는다는 **소극설**[322]이 대립되고 있다. 생각건대 현행법상 물적 증거에 대하여는 증거능력을 제한하고 있지 않으며, 증거동의는 실질적으로 반대신문을 포기하는 것을 의미하는데 증거물은 반대신문과 관계없는 증거라는 점을 고려해볼 때 소극설이 타당하다. 따라서 제318조 제1항의 "서류 또는 물건"은 "서류 또는 진술"로 해석해야 한다.[323]

(2) 증거능력 없는 증거

증거동의의 대상이 되는 증거는 증거능력이 없는 전문증거에 한한다. 증거능력이 있는 증거의 경우, 예컨대 피고인에 의해 성립의 진정이 인정된 검사작성의 피고인에 대한 피의자신문조서의 경우에는 피고인의 동의 여하와 관계없이 증거능력이 인정되므로 증거동의의 대상이 되지 않는다. 그 밖에도 반대신문권과 관련없는 위법수집증거나 임의성이 없는 자백이나 진술은 증거동의의 대상이 아니다.

유죄증거에 대한 반대증거도 증거동의의 대상이 되는지가 문제된다. 이에 관해서는 ① 반증도 본증과 마찬가지로 증거능력이 있는 증거에 의할 것을 요하므로 반대증거도 증거동의의 대상이 된다는 **적극설**[324]과 ② 증거동의는 문제된 증거가 유죄인정

---

320) 대법원 2008. 3. 13. 선고 2007도10840 판결.

321) 김재환, 737면; 신동운, 1285면; 신현주, 656면.

322) 배종대/이상돈/정승환/이주원, §54/11; 손동권/신이철, 645면; 이영란, 800면; 이재상/조균석, 659면; 임동규, 581면; 정영석/이형국, 365면; 차용석/최용성, 625면.

323) 이은모, 742면.

324) 손동권/신이철, 644면; 이재상/조균석, 659면; 정웅석/백승민, 715면.

의 자료로 삼을 수 있음을 인정하는 의미를 가지는데 반해, 반대증거는 성립의 진정이 증명되지 않거나 증거동의가 없더라도 증거판단의 자료로 삼을 수 있기 때문에 증거동의의 대상이 되지 않는다는 **소극설**[325]이 대립된다.

판례는 유죄증거에 대하여 반대증거로 제출된 서류는 성립의 진정이 증명되지 않거나 동의가 없더라도 증거판단의 자료로 삼을 수 있으므로 동의의 대상이 되지 않는다고 판시하여 **소극설**의 입장을 취하고 있다.[326]

생각건대 유죄사실에 대한 반대사실의 증명도 증거능력 있는 증거에 의한 엄격한 증명을 요하므로 **적극설이 타당하다**.

3. 증거동의의 시기와 방식

(1) 동의의 시기

증거동의의 시기는 원칙적으로 증거조사 전에 하여야 한다. 이것은 동의가 증거능력의 요건이고 증거능력 없는 증거일 경우에는 증거조사가 필요치 않기 때문이다. 따라서 증거동의의 시기는 증거조사 전 증거결정의 단계에서 행해져야 한다. 그러나 증거조사 도중 또는 종료 후에 전문증거임이 밝혀진 경우에는 그때부터 변론종결시까지 증거동의가 가능하며, 증거동의가 있는 경우에는 그 하자가 치유되어 증거능력이 소급적으로 인정된다고 보아야 한다.[327] 증거동의는 공판기일 외에 공판준비기일에도 할 수 있다.

(2) 동의의 방식

증거동의의 주체가 증거동의의 의사표시를 법원에 하는 경우에 동의의 의사표시의 정도에 관하여, 학설은 ① 증거동의는 전문증거에 증거능력을 부여하는 중요한 소송행위이므로 증거에 대하여 소극적으로 이의가 없다는 정도로는 부족하고 적극적으로 반대신문권을 포기하거나 증거능력을 부여하려는 적극적인 의사가 명시적으로 표시되어야 한다는 **명시적 표시설**[328]과, ② 증거동의는 명시적일 필요는 없고 묵시적 동의로도 충분하고, 따라서 피고인의 발언태도에 비추어 반대신문권을 포기하였다고

---

325) 신동운, 1283면.

326) 대법원 1981. 12. 22. 선고 80도1547 판결.

327) 김재환, 737면; 신동운, 1288면; 이영란, 800면; 임동규, 582면.

328) 배종대/이상돈/정승환/이주원, §54/15; 신동운, 1288면; 이은모, 752면; 정영석/이형국, 365면.

해석할 수 있는 정도면 충분하다는 **묵시적인 동의설** 내지 **묵시적 표시설**[329]이 대립되고 있다.

판례[330]는 피고인이 공판정에서 피고인이 아닌 자의 진술조서에 대하여 이견이 없다고 하거나, 증인의 진술에 대하여 이견이 없다고 진술한다면 이는 증거로 함에 동의한 것으로 볼 수 있다고 판시하여 **묵시적 동의설**의 입장을 취하고 있다.

생각건대 증거동의는 증거에 증거능력을 부여함으로써 피고인의 유무죄를 판가름하는 중요한 소송행위이므로 피고인의 명시적인 의사표시가 필요하다는 **명시적인 표시설**이 타당하다.

한편 증거동의의 의사표시와 관련하여 **포괄적인 증거동의**가 가능한가에 대하여는, ① 동의의 의사표시방법에 특별한 제한이 없으므로 포괄적인 증거동의도 가능하다는 **적극설**[331]도 있지만, ② 증거동의는 증거능력을 부여하는 중요한 소송행위이기 때문에 개개 증거마다 당사자의 명시적인 증거동의의 의사표시가 필요하고 포괄적인 증거동의는 허용되지 않는다는 **소극설**이 타당하다고 생각된다. **판례**[332]는 포괄적인 증거동의가 가능하다고 판시하여 **적극설**의 입장을 취하고 있다.

Ⅲ. 증거동의의 의제

1. 피고인의 불출석

(1) 의 의

피고인의 출정 없이 증거조사를 할 수 있는 경우에 피고인이 출정하지 아니한 때에는 대리인 또는 변호인이 출정한 때를 제외하고 피고인이 증거로 함에 동의한 것으로 간주한다(제318조 제2항). 이는 경미사건의 경우에 있어서 피고인이 불출정한 경우에 전문증거의 증거능력을 결정하지 못하여 소송이 지연되는 것을 방지하기 위하여 증거동의의 의제를 두고 있다. 이에 대하여는 반증이 허용되지 않는다.

329) 이재상/조균석, 660면; 임동규, 582면.

330) 대법원 1983. 9. 27. 선고 83도516 판결; 대법원 1972. 6. 13. 선고 72도922 판결.

331) 노명선/이완규, 734면; 손동권/신이철, 646면; 이재상/조균석, 660-661면; 정웅석/백승민, 717면.

332) 대법원 1983. 3. 8. 선고 82도2873 판결.

(2) 적용범위

1) 피고인이 불출석한 경우

여기서 '피고인의 출정 없이 증거조사를 할 수 있는 경우'란 피고인의 출석 없이 재판이 가능한 경우를 말한다. 피고인이 법인인 경우와 경미사건 등이 여기에 해당하는데, 현행법상 피고인 출석 없이 재판이 가능한 경우로는 ① 피고인이 법인이고 그 대표자나 대리인이 출석하지 아니한 경우(제276조 단서), ② 다액 500만원 이하의 벌금 또는 과료에 해당하는 사건(제277조 제1호), ③ 공소기각 또는 면소의 재판을 할 것이 명백한 사건(제277조 제2호), ③ 장기 3년 이하의 징역 징역 또는 금고, 다액 500만원을 초과하는 벌금 또는 구류에 해당하는 사건에서 법원이 피고인의 불출석을 허가한 때(제277조 제3호), ④ 피고인이 출석하지 아니하면 개정하지 못하는 경우에 구속된 피고인이 정당한 사유 없이 출석을 거부하고, 교도관에 의한 인치가 불가능하거나 현저히 곤란하다고 인정되는 때(제277조의2 제2항), ⑤ 항소심에서 피고인이 공판기일에 2회 출정하지 아니한 때(제365조), ⑥ 약식명령에 대하여 정식재판을 청구한 피고인이 정식재판절차의 공판기일에 2회 출정하지 아니한 때(제458조 제2항, 제365조), ⑦ 소송촉진 등에 관한 특례법 제23조에 의하여 피고인의 진술 없이 재판할 수 있는 경우[333) 등이 해당한다.[334)

그러나 재판장이 증인·감정인이 피고인의 면전에서 충분한 진술을 할 수 없다고 인정하여 피고인을 퇴정하게 하거나, 피고인이 다른 피고인의 면전에서 충분한 진술을 할 수 없다고 인정하여 다른 피고인을 퇴정하게 한 경우(제297조 제1항)는 여기에 포함되지 않는다.

2) 피고인이 퇴정한 경우

피고인이 재판장의 허가 없이 퇴정하거나, 재판장의 질서유지를 위한 퇴정명령에 의하여 출석하지 않은 경우(제330조, 제365조, 제438조 제2항·제3항)에도 증거동의가 의제되는가에 관해서는 견해가 대립한다. 즉 ① 피고인이 재판장의 허가 없이 퇴정하거나 피고인의 귀책사유로 인해 퇴정명령을 받은 경우에는 증거동의가 의제된다는 **긍정설**(적극설)[335)과, ② 증거동의의 의제는 소송진행의 편의를 위한 것이지 불출석에 대

333) 대법원 2011. 3. 10. 선고 2010도15977 판결. 이 판결에 대한 반대견해로는 이재상/조균석, 662면.
334) 노명선/이완규, 641면; 신동운, 1296면.
335) 노명선/이완규, 736면; 임동규, 584면.

한 제재가 아니며, 비록 피고인의 귀책사유로 인한 불출석이라 하더라도 제출된 모든 증거에 대하여 그대로 증거능력을 인정하게 되는 부당한 결과를 초래하고, 피고인의 권리행사에 대한 의사를 인정해야 한다는 점을 고려할 때 증거동의는 의제될 수 없다는 **부정설**(소극설),[336] 그리고 ③ 피고인이 퇴정명령에 의하여 출석하지 아니한 때에는 증거동의가 의제되지 않지만, 피고인이 출석하지 않거나 허가 없이 퇴정한 때에는 반대신문권을 포기한 것으로 보아 증거동의를 의제할 수 있다는 **제한적 긍정설**(이분설)[337]이 대립되고 있다.

판례[338]는 피고인과 변호인이 출석하지 않은 상태에서 증거조사를 할 수밖에 없는 경우에는 증거동의가 있는 것으로 간주되며, 재판장의 허가 없이 퇴정한 경우에도 증거동의는 의제된다고 하여 적극설의 입장을 취하고 있다.

생각건대 피고인이 일단 공판정에 출석한 것은 당사자로서의 권리를 행사할 의사가 있음을 알 수 있고, 허가 없이 퇴정했다고 하여 반대신문권을 포기했다고 할 수 없으며, 증거동의의 의제는 불출석에 대한 제재제도라 할 수 없고, 피고인이 퇴정한 상황을 이용해 증거능력이 없는 증거들이 제출될 염려가 있으므로 소극설이 타당하다.

2. 간이공판절차에서의 특칙

간이공판절차의 결정이 있는 사건의 증거에 관하여는 전문증거에 대하여 증거동의가 있는 것으로 간주한다. 다만, 검사·피고인 또는 변호인이 증거로 함에 이의가 있는 때에는 그러하지 아니하다(제318조의3). 이 규정은 간이공판절차에 있어서 피고인이 공소사실에 대하여 자백한 이상 증거에 대한 반대신문권도 포기한 것으로 볼 수 있고, 나아가 이를 통해 재판의 신속한 진행을 도모하기 위한 특례규정이다. 그러나 간이공판절차에서도 당사자 또는 변호인이 반대의사를 표시한 때에는 적용될 수 없다. 약식명령에 불복하여 정식재판을 청구한 피고인이 2회 불출정하여 피고

---

336) 배종대/이상돈/정승환/이주원, §54/20; 백형구, 658면; 신동운, 1297면; 이영란, 802면; 이은모, 745면; 정영석/이형국, 367면.

337) 손동권/신이철, 648면; 차용석/최용성, 627면.

338) 대법원 1991. 6. 28. 선고 91도865 판결(필요적 변호사건이라 하여도 피고인이 재판거부의 의사를 표시하고 재판장의 허가 없이 퇴정하고 변호인마저 이에 동조하여 퇴정해 버린 것은 모두 피고인측의 방어권의 남용 내지 변호권의 포기로 볼 수밖에 없는 것이므로 수소법원으로서는 형사소송법 제330조에 의하여 피고인이나 변호인의 재정 없이도 심리판결 할 수 있다).

인의 출정 없이 증거조사를 하는 경우(제458조 제2항, 제365조)에도 증거동의는 의제된다.[339]

Ⅳ. 증거동의의 효과

1. 전문증거의 증거능력 인정

(1) 법원에 의한 진정성의 인정과 증명정도

검사와 피고인이 증거로 할 수 있음에 동의한 경우에도 법원이 이를 진정한 것으로 인정한 때에 한하여 증거로 할 수 있다(제318조 제1항). 즉 당사자가 동의한 서류 또는 물건이 제311조 내지 제16조의 요건을 갖추지 못한 경우에도 증거동의를 하게 되면 진정성이 인정되어 증거능력을 갖게 된다. 이러한 법원에 의해 확인되는 진정성의 요건은 증거동의에 대한 규제원리로 작동하여 증거동의와 관련한 당사자 간의 사법거래를 방지하고 직접주의를 실현하도록 한다. 따라서 당사자의 증거동의가 있으면 법원은 그 진정성을 직권으로 조사하여야 한다.

여기서 진정성의 의미에 관하여는, ① 증거의 증명력이 현저히 낮지 않다는 것을 의미한다는 견해[340]와 ② 증거수집과정의 임의성을 의미한다는 견해,[341] 그리고 ③ 전문증거의 신용성을 의심스럽게 하는 상황의 부존재를 의미한다는 견해[342]가 대립되고 있다.

생각건대 증거동의에 있어서 법원에 의한 증거동의의 진정성이란 증거능력을 인정하기 위한 요건으로서의 진정성을 말하므로 증명력의 문제와는 구별되며, 제317조가 이미 진술 내지 서류작성의 임의성을 요구하고 있으므로 제318조의 진정성의 의미를 임의성으로 이해할 수는 없다. 따라서 진정성이란 전문증거의 신용성을 의심스럽게 하는 상황이 없음을 의미한다는 견해가 타당하다. 이 견해에 의하면 진술서에 서명·날인이 없거나 진술서의 기재내용과 진술이 다른 경우, 진술 내용이 사실과 다른 경우 등이 증거의 신용성이 의심스러운 유형에 해당한다.[343] 진정성은 증거능력의

339) 대법원 2010. 7. 15. 선고 2007도5776 판결.
340) 강구진, 467면.
341) 임동규, 571면.
342) 손동권/신이철, 649면; 이은모, 746면.
343) 김재환 746면;

요건에 불과하므로 자유로운 증명으로 충분하다고 할 수 있다.

(2) 증거능력의 인정

당사자가 동의한 서류나 물건은 제311조 내지 제316조의 요건을 갖추지 못한 경우에도 진정성이 인정되면 제318조에 의해 증거능력이 인정된다. 그런데 증거동의를 한 당사자가 동의한 증거의 증명력에 대하여 다툴 수 있는지가 문제되는데, 이에 관하여는, ① 동의한 후에 증명력을 다투는 것을 허용하게 되면 불필요한 절차지연을 초래하기 때문에 이를 허용할 수 없다는 **부정설**[344]도 있으나, ② 증거능력과 증명력은 구별되고 반대신문권은 증명력을 다투는 권리와는 다른 권리이므로 반대신문 이외의 방법으로 증명력을 다투는 것은 허용된다는 **긍정설이 타당**하다. 다만 동의의 본질은 반대신문권의 포기에 있으므로 증거의 증명력을 다투기 위하여 원진술자를 증인으로 신청하는 것은 허용되지 않는다. 당사자가 동의한 후에 법원이 진정성을 조사하기 위하여 원진술자를 증인으로 신문하는 경우에도 동의한 당사자는 반대신문을 할 수 없다.[345]

2. 증거동의의 효력이 미치는 범위

(1) 물적 범위

증거동의의 효력은 원칙적으로 특정된 증거인 서류 또는 물건의 전부에 미치며, 일부에 대한 동의는 허용되지 않는다. 다만 동의한 서류 또는 물건의 내용이 가분인 경우에는 그 일부에 대한 증거동의도 가능하다.[346]

(2) 인적 범위

피고인이 수인인 경우에는 피고인은 각자가 독립하여 반대신문권을 가지므로 증거동의의 효력은 동의한 피고인에게만 미치고 다른 피고인에게는 미치지 않는다. 공동피고인의 경우에도 동의한 피고인에게만 동의의 효력이 미친다.

(3) 시간적 범위

증거동의의 효력은 공판절차의 갱신이 있거나 심급이 변경되어도 소멸하지 않는다.[347] 그러나 제1심의 공시송달에 의한 불출석재판이 위법하다면 항소심으로서는 제

344) 백형구, 659면; 정영석/이형국, 368면.

345) 배종대/이상돈/정승환/이주원, §54/23; 손동권/신이철, 649면; 신동운, 1292면; 이영란, 805면; 이재상/조균석, 663면; 임동규, 587면; 정웅석/백승민, 741면.

346) 대법원 1984. 10. 10. 선고 84도1552 판결.

347) 대법원 2011. 3. 10. 선고 2010도15977 판결.

1심의 증거동의 간주를 그대로 활용할 수 없다.[348)]

V. 동의의 철회 및 취소

1. 증거동의의 철회

증거동의는 절차형성행위이므로 절차의 안정성을 해하지 않는 범위 내에서는 철회가 허용된다는 점에 대하여는 이견이 없다. 그러나 증거동의의 철회가 허용된다면 언제까지 허용되는가에 대하여는 ① **증거조사시행 전까지** 가능하다는 견해와[349)] ② **증거조사완료 전까지** 가능하다는 다수설의 견해,[350)] 그리고 ③ **구두변론종결시**까지 가능하다는 견해[351)]가 대립되고 있다.

생각건대 증거동의의 철회를 어느 때까지 가능하다고 할 것인가의 문제는 절차의 확실성과 소송경제를 함께 고려해야 한다. 증거조사가 끝난 후에도 증거동의의 철회를 허용하는 것은 소송절차의 법적 안정성을 해치는 결과를 초래한다. 따라서 증거조사완료 전까지는 철회가 가능하지만 증거조사 완료 후에는 허용되지 않는다는 다수설의 입장이 타당하다. **판례**[352)]도 제1심에서 한 동의를 제2심에서 취소할 수 없다고 판시하여, 증거조사완료 전까지라는 견해와 같은 입장을 취하고 있다.

2. 증거동의의 취소

착오나 강박을 이유로 해서 증거동의를 취소할 수 있는지, 즉 철회가 가능한지 문제된다. 이에 대하여 학설은, ① 형사소송의 형식적 확실성에 비추어 착오나 강박을 이유로 하는 동의의 철회는 원칙적으로 허용되지 않는다는 견해[353)]와, ② 중대한 착오에 의하여 동의한 경우 또는 수사기관의 강박에 의한 경우에는 이를 허용하는 것이 타당하다는 견해,[354)] 그리고 ③ 증거동의는 피고인의 유·무죄를 결정하는 중요한

---

348) 대법원 2012. 4. 26. 선고 2012도986 판결.

349) 강구진, 467면.

350) 백형구, 657면; 손동권/신이철, 651면; 신동운, 1293면; 이재상/조균석, 664면; 임동규, 588면; 정영석/이형국, 368면; 차용석/최용성, 630면.

351) 배종대/이상돈/정승환/이주원, §54/28; 이영란, 807면.

352) 대법원 1999. 8. 20. 선고 99도2029 판결.

353) 이재상/조균석, 665면; 이영란, 807면; 임동규, 588면; 정영석/이형국, 370면.

354) 배종대/이상돈/정승환/이주원, §54/29; 백형구, 657면.

소송행위이므로 증거동의자의 책임 없는 사유로 인한 착오의 경우에는 취소가 가능하다는 견해[355]의 대립이 있다.

생각건대 형사소송의 본질은 실체적 진실발견에 있고, 증거동의는 당사자의 의사내용에 중요한 의미를 가진다는 점을 고려할 때 형사절차의 형식적 확실성이라는 가치보다 더 중시되어야 한다고 생각된다. 따라서 증거동의자에게 귀책사유가 없는 경우에는 증거동의의 취소는 가능하다는 **적극설이 타당**하다. 피고인의 중대한 착오로 인하여 자기에게 불이익한 증거동의를 한 경우에도 동의를 취소할 수 있다.

제7절 탄핵증거

Ⅰ. 탄핵증거의 의의와 본질

1. 탄핵증거의 의의

(1) 개 념

형사소송법 제318조의2는 "제312조부터 제316조까지의 규정에 의하여 증거로 할 수 없는 서류나 진술이라도 공판준비 또는 공판기일에서의 피고인 또는 피고인 아닌 자(공소제기 전에 피고인을 피의자로 조사하였거나 그 조사에 참여하였던 자를 포함한다)의 진술의 증명력을 다투기 위한 증거로 사용할 수 있다"고 규정하고 있다. 여기서 진술의 증명력을 다투기 위한 증거를 **탄핵증거**라고 한다.

진술의 증명력은 증인신문시의 **반대신문**에 의하여 증인의 증언의 신빙성을 감쇄하는 방법과 **독립된 외부증거**에 의하여 증인을 탄핵하는 방법이 있다. 후자의 경우에 반증과 탄핵증거가 여기에 해당된다. 반증이란 범죄사실 또는 간접사실을 부정하는 사실, 즉 반대사실의 증명에 사용되는 것이므로 증거능력이 있고 적법한 증거조사를 거친 증거임을 요하지만, 증거능력 없는 전문증거인 탄핵증거는 엄격한 증거조사절차를 요하지 않으며 전문법칙이 적용되지도 않는다.

(2) 탄핵증거의 존재이유와 연혁

탄핵증거제도의 존재이유는 법관으로 하여금 증거가치를 재음미하게 함으로써

355) 신동운, 1294면.

증명력 판단에 합리성을 도모할 수 있도록 하고, 반증이라는 엄격한 증거조사절차를 거치지 않고서도 증거가치를 판단할 수 있으므로 소송경제에 도움이 되며, 증명력을 다투기 위한 증거이므로 전문증거를 인정하더라도 전문법칙의 취지에 반하지 않고, 오히려 당사자의 반대신문권을 효과적으로 보장하는 기능을 수행한다.

탄핵증거의 연혁은 영미의 증거법에서 유래하는 개념으로 증인의 신빙성을 감쇄하기 위하여 제출하는 증거를 의미하는데, 미국 연방증거법에서는 증인의 신빙성을 공격하기 위한 여러 방안[356] 중에서, 특히 증인의 자기모순의 진술에 대해 실질증거로는 허용되지 않지만 탄핵증거로는 허용된다는 규정을 두고 있다. 우리 형사소송법 제318조의2에서 규정하고 있는 탄핵증거는 바로 영미의 자기모순의 진술에 의하여 증인을 탄핵하는 경우를 도입하여 입법화한 것이다.

2. 탄핵증거의 법적 성질

(1) 탄핵증거와 전문법칙

탄핵증거의 법적 성격이 전문법칙의 예외에 해당하는지, 아니면 전문법칙의 적용이 없는 경우인지가 문제된다. 전문법칙은 원진술자의 진술내용이 주요사실의 존부를 증명하는 경우에만 적용되지만, 탄핵증거는 주요사실의 존부를 증명하는 증거가 아니다. 또한 전문법칙의 예외에 해당하기 위해서는 필요성과 신용성의 정황적 보장이라는 요건을 갖추어야 하는데, 탄핵증거는 이러한 요건을 갖추지 않아도 허용된다. 따라서 탄핵증거는 전문법칙의 예외가 아니라 전문법칙의 적용이 없는 경우라고 이해하는 통설[357]의 입장이 타당하다.

(2) 탄핵증거와 자유심증주의

탄핵증거제도는 법관으로 하여금 증거의 가치를 다시 음미하게 함으로써 증거의 증명력 판단에 있어서 합리성을 도모한다. 탄핵증거에 있어서도 진술의 불일치 여부

---

356) 영미에서는 증인의 신빙성을 공격하기 위해, ① 증인의 불일치진술을 증명하거나, ② 증인이 친족관계 또는 적대관계와 같은 감정적 영향과 금전이익의 동기가 있거나, ③ 증인의 성격이나, ④ 증인의 관찰이나 기억이나 판단력의 결함을 지적하거나, ⑤ 실질적인 사실이 증언과 다르다는 것을 증명하는 방법을 사용하는데, 이중 가장 자주 사용하는 것이 증인의 자기모순의 진술이다(이재상/조균석, 666면 참조).

357) 손동권/신이철, 653면; 신동운, 1300면; 이재상/조균석, 667면; 임동규, 589면; 차용석/최용성, 633면.

와 탄핵되는 증거의 증명력은 법관의 자유판단에 의하여 결정된다. 이런 점을 고려할 때 탄핵증거는 자유심증주의의 예외가 아니라 이를 보강하는 제도라 할 수 있다.[358)]

II. 탄핵증거의 범위

탄핵증거로서 제출할 수 있는 증거의 범위에 관하여는 견해가 대립한다.

(1) 한 정 설

탄핵증거는 진술자의 전후의 진술이 일치하지 않는다는 사실 자체를 증명의 대상으로 하기 때문에, 탄핵증거로 제출될 수 있는 증거는 자기모순의 진술, 즉 동일인의 공판정에서의 진술과 모순되는 공판정 외에서의 진술을 들은 자의 증언이나 그 진술을 기재한 서면에 한해 탄핵증거로 사용할 수 있도록 제한하는 견해이다.[359)] 한정설은 자기모순의 진술로 증명력을 감쇄하는 경우와 타인의 진술에 의하여 증명력을 다투는 경우는 질적인 차이가 있고, 후자의 경우는 타인의 진술을 신용할 수 있어야 공판정에서의 진술의 증명력을 감쇄할 수 있기 때문에 후자의 경우를 탄핵증거로 허용하는 것은 전문법칙에 반한다는 것이다. 따라서 이 견해에 의하면 제318조의2는 당연히 전문법칙의 적용이 없는 경우를 주의적으로 규정한 주의규정에 불과하다고 이해하게 된다.

(2) 비한정설

탄핵증거로 제출할 수 있는 증거의 허용범위를 제318조의2에서는 제한하고 있지 않으며, 증거의 증명력의 판단은 법관이 하기 때문에 탄핵증거의 허용범위를 제한할 필요가 없으므로 제한없이 증거능력 없는 증거를 탄핵증거로 사용할 수 있다는 견해이다. 즉 동일인의 자기모순의 진술 이외에도 범죄사실과의 관련성 유무를 불문하고 증명력을 다투기 위한 증거로 널리 전문증거를 사용할 수 있다는 견해이다. 이에 의하면 제3자의 진술이 기재된 서면도 탄핵증거로 사용할 수 있으며, 제318조의2는 전문법칙의 예외를 규정한 것이라고 이해하게 된다.

비한정설의 논거는 ① 제318조의2가 자기모순의 진술이라고 규정하고 있지 않고 어떤 전문증거라도 진술의 증명력을 다투기 위한 증거로 탄핵증거로 이용할 수 있다

358) 이재상/조균석, 667면; 차용석/최용성, 634면.
359) 백형구, 696면; 이영란, 824면; 이재상/조균석, 670면; 정영석/이형국, 373면.

고 규정하고 있으므로 동조의 해석상 탄핵증거의 범위를 제한하는 것은 타당하지 않으며, ② 전문법칙은 범죄사실을 인정할 증거에 적용하면 충분하며, 사실인정과 증명력에 대한 판단은 법관이 하므로 탄핵증거의 범위를 법규로서 엄격히 제한해야 할 필요성이 없다는 점을 들고 있다. 현재 우리나라에서는 비한정설을 취하는 학자는 없다.

(3) 절 충 설

탄핵증거는 증인의 신빙성에 대한 공격을 의미하므로, 자기모순의 진술일 것을 요하지는 않지만 증인의 신빙성에 관한 순수한 보조사실을 입증하는 증거로는 증거능력 없는 전문증거를 사용할 수 있다는 견해이다.[360] 즉 탄핵증거라 함은 증거의 증명력을 감쇄하는 사실을 입증취지로 하는 증거를 말하며, 증명력을 감쇄하는 사실은 증인의 신빙성에 관한 순수한 보조사실을 의미하므로 순수한 보조사실(증인의 교양, 성격, 편견, 이해관계)을 입증하기 위한 탄핵증거에는 전문법칙이 적용되지 않지만, 범죄사실에 대한 증거를 탄핵증거로 제출할 수 있다고 하면 주요사실 또는 간접사실이 전문증거에 의하여 입증되는 것과 같은 결과를 초래한다는 점을 그 이유로 한다.

(4) 이 원 설

검사는 범죄수사를 위한 강력한 조직과 권한을 가지고 피고인에 비해 우월적 지위에 있기 때문에 탄핵증거로서 자기모순의 진술만을 제출할 수 있으나, 피고인은 증명력을 다투기 위해 모든 전문증거를 제출할 수는 있다는 견해이다.[361] 즉 피고인에게 불이익한 증거는 자기모순의 증거에 한정되어야 하지만, 피고인의 무죄입증은 검사의 유죄입증에 대한 탄핵의 성질을 가지므로 피고인측이 탄핵증거로서 제출할 수 있는 증거에 제한을 두어서는 안 된다는 것이다.

(5) 학설의 검토

비한정설에 의하면 진술의 증명력을 다툰다는 명목으로 전문증거를 무제한적으로 법정에 제출함으로써 법관에게 부당한 심증형성을 유발할 위험성이 있으며, 절충설이 범죄사실에 관한 전문증거를 탄핵증거에서 배제한 것은 타당하나, 범죄사실을 인정하기 위한 보조사실도 엄격한 증명의 대상이 되어 전문증거는 허용되지 않는다는 점에서 타당하지 않으며, 이원설은 피고인의 권리를 보호하고자 하는 이론이지만 탄핵증거의 범위에 있어서 검사와 피고인측의 증거의 범위를 구별하는 이론적 근거

360) 신동운, 1305면; 신현주, 619면; 임동규, 591면; 정웅석/백승민, 752면.
361) 배종대/이상돈/정승환/이주원, §55/12; 차용석/최용성, 636면.

가 충분하지 못하며, 직권에 의한 증거조사의 경우에 어느 범위까지 탄핵증거를 허용해야 하는가에 대한 기준을 제시할 수 없다는 비판을 피하기 어렵다.

따라서 증명력 판단의 합리성 도모라는 탄핵증거제도의 취지와 증거능력 없는 증거에 의한 부당한 심증형성의 방지라는 전문법칙의 취지에 비추어볼 때 **한정설**이 타당하다.

Ⅲ. 탄핵의 범위와 대상

1. "증명력을 다투기 위하여"의 의미

(1) 견해의 대립

전문증거라 하더라도 증명력을 다투기 위해서는 증거로 할 수 있다. 여기서 '증명력을 다투기 위하여'란 증명력을 감쇄하는 경우만을 의미하는가, 아니면 이를 증강·지지하는 경우도 포함되는가가 문제된다. 우선 여기서 '증명력을 다투기 위하여'란 증인의 신빙성을 공격하는 것을 의미하며, 증거능력 없는 증거에 의하여 법관의 심증형성에 영향을 미치는 것을 방지하기 위하여 처음부터 증거의 증명력을 증강·보강하는 하는 경우에는 여기에 포함된다고 할 수 없다. 문제는 감쇄된 증명력을 회복하는 경우도 '증명력을 다투기 위하여'에 해당한다고 볼 것인가이다. 이에 관하여는 긍정설과 부정설이 대립되고 있다.

1) 부 정 설

탄핵증거는 증거의 증명력을 다투기 위한 경우만을 의미하며 회복증거, 즉 탄핵된 공판정에서의 진술과 일치하는 공판정 외에서의 진술은 형식적으로는 증명력을 회복하기 위한 것이라 하더라도 실질적으로는 증강을 입증하기 위한 것에 불과하므로 허용되지 않는다는 견해이다. 말하자면 **회복증거**는 증거의 증명력을 보강하는 것에 불과하고, 증거능력 없는 전문증거에 의하여 법관에게 사실의 존재를 인정하도록 하는 결과를 초래하기 때문에 허용되지 않는다는 것이다. 부정설[362)]은 **판례**[363)]의 입장이기도 하다.

---

362) 강구진, 477면; 신현주, 619면; 정영석/이형국, 274면.
363) 대법원 1976. 2. 10. 선고 75도3433 판결.

2) 긍 정 설

탄핵증거는 증명력을 감쇄하는 경우뿐만 아니라 감쇄된 증명력을 회복하는 경우도 증명력을 다투는 경우에 해당한다고 이해하는 견해이다.[364] 증거의 증명력이 반대당사자에 의해 감쇄된 경우에 이를 회복하기 위한 기회가 부여되지 않으면 공평의 기회에 반하고, 또한 회복증거에 의해 탄핵되기 이전의 증명력을 회복하기 위한 것이라면 이를 배제해야 할 이유가 없다는 것을 이유로 한다.

(2) 검토 및 사견

탄핵증거에 의하여 감쇄된 증명력을 회복하기 위한 경우는 범죄사실 또는 간접사실을 전문증거에 의하여 입증하려는 것이 아닐 뿐만 아니라, 이를 인정하는 것이 공평의 이념에도 부합된다. 따라서 '증명력을 다툰다'는 의미는 증명력을 감쇄하는 경우뿐만 아니라 감쇄된 증명력을 회복하는 경우도 포함된다고 해석하는 **긍정설이 타당**하다.

그러나 일치진술의 회복증거로서의 제출은 증인의 증언이 탄핵된 경우에 그 증인이 동일내용의 진술을 하였다는 사실을 증명력 회복을 위하여 입증하는 경우에 한하여 허용되며, 타인의 일치진술을 회복증거로 제출하는 것은 범죄사실에 관한 증거이므로 전문법칙에 의하여 허용되지 않는다.[365]

2. 탄핵의 대상

(1) 피고인 또는 피고인이 아닌 자의 진술

탄핵의 대상은 공판준비 또는 공판기일에서의 피고인 또는 피고인 아닌 자의 진술의 증명력, 즉 신빙성이다. 진술에는 진술이 기재된 서면도 포함된다. 따라서 공판준비 또는 공판기일에서의 진술 이외에 공판정 외의 진술도 서면의 형식으로 증거가 된 경우에는 탄핵의 대상이 된다.[366] 피고인의 진술이 탄핵의 대상이 될 수 있는가에 대하여는 적극설과 소극설이 대립한다.

적극설[367]은 제318조의2가 명문으로 피고인의 진술의 증명력을 다툴 수 있다고

364) 손동권/신이철, 655면; 신동운, 1314면; 이재상/조균석, 671면; 임동규, 596면; 차용석/최용성, 644면.

365) 이재상/조균석, 671면.

366) 신동운, 1131면; 이재상/조균석, 671면; 임동규, 594면.

367) 손동권/신이철, 656면; 임동규, 595면; 차용석/최용성, 641면.

규정하고 있는 이상 피고인의 진술도 탄핵의 대상이 된다는 견해이고, 소극설[368]은 적극설이 탄핵증거를 범죄사실을 인정하는데 사용하는 결과가 되어 탄핵증거를 제한적으로 인정하려는 입법취지에 위배되므로 피고인의 진술은 탄핵의 대상이 될 수 없다는 견해이다. 판례는 피고인이 공판정에서 내용을 부인하는 사법경찰관작성의 피의자신문조서나 피고인의 자술서도 피고인의 진술을 탄핵하는 증거가 될 수 있다고 판시하여 적극설을 취하고 있다. 생각건대 법관의 면전에서의 피고인의 진술은 증거능력이 인정되므로 그 증명력을 다툴 필요성이 인정되고, 또한 현행법이 명문으로 규정하고 있기 때문에 적극설이 타당하다.

(2) 자기측 증인의 탄핵

자기측 증인의 증언이 탄핵의 대상이 될 수 있는가에 대하여는 소극설과 적극설이 대립되고 있으며, 영미법에서는 전통적으로 부정적으로 해석하고 있는데, 그 이유는 ① 증인의 탄핵은 증언의 신빙성이 없는 경우에만 필요한데 자기측 증인에 대하여는 탄핵이 불필요하며, ② 이를 인정할 때에는 증언을 강요하는 결과를 초래하기 때문이라는 점을 들고 있다.

소극설은 증인신청 자체가 증인의 신용성을 담보하는 것이므로 자기측 증인은 탄핵의 대상이 될 수 없다는 견해이며, 적극설은 당사자는 문제되는 사실을 체험한 자를 증인으로 신청할 뿐이고 증인을 선택할 수는 없으므로 자기측 증인도 탄핵의 대상이 된다는 견해이다.

생각건대 당사자는 대부분의 경우에 자기측 증인을 자유롭게 선택하는 것이 아니라 범죄사실과 관련된 체험을 한 관찰자를 증인으로 신청할 뿐이고, 적대적인 증인에 대하여는 자기측 증인에 대한 탄핵도 필요하므로 적극설이 타당하다고 생각된다.

Ⅳ. 증거로 할 수 있는 범위

1. 입증취지와의 관계

탄핵증거는 진술의 증명력을 다투기 위한 목적으로만 인정되는 증거이며, 범죄사실이나 간접사실을 인정하는 증거로 사용할 수는 없다.[369]

문제는 탄핵증거로 제출된 증거가 범죄사실을 인정하기 위한 증거능력을 가진

368) 배종대/이상돈/정승환/이주원, § 55/19; 신동운, 1311면; 이영란, 816면.

369) 대법원 2012. 10. 25. 선고 2011도5459 판결.

증거일 경우에 이를 범죄사실을 인정하기 위한 증거로 사용할 수 있는가이다. 이 경우에는 당사자의 이익을 부당하게 해하지 않는다고 인정되는 범위 내에서는 범죄사실을 인정하는 증거로 사용할 수 있다고 해야 한다.[370)]

2. 임의성 없는 자백과 성립의 진정

(1) 임의성 없는 자백과 탄핵증거

임의성이 없는 자백이나 진술을 탄핵증거로 사용할 수 있는가가 문제되는데, ① 제309조의 자백배제법칙에 의하면 임의성이 없는 자백은 증거능력을 부정하고 있는데, 이 규정의 입법취지는 임의성이 없는 자백은 증거에서 철저히 배제하여야 한다는 취지이므로 탄핵증거로도 사용할 수 없으며, ② 진술의 임의성법칙(제317조)에 의하여 증거능력 없는 진술이나 서류도 제318조의2가 제317조를 규율대상으로 명시하고 있지 않기 때문에 탄핵증거로도 사용할 수 없다고 해야 한다,

(2) 탄핵증거와 성립의 진정성

성립의 진정이 인정되지 않는 진술기재서류, 특히 진술자의 서명·날인이 없는 서류를 탄핵증거로 사용할 수 있는가가 문제된다. 이에 관하여 대법원[371)]은 탄핵증거는 성립의 진정이 인정될 것을 요하지 않는다고 일관되게 판시하고 있으며, 학설 중에도 탄핵증거는 전문법칙의 적용이 없는 경우이므로 탄핵증거로 사용할 수 있다는 견해[372)]도 있다.

그러나 진술자가 성립의 진정을 확인하지 않은 진술기재서류는 진술내용의 진실성과 정확성에 있어서 이중의 오류가 발생할 우려가 있으므로 서명·날인이 있는 경우에 한하여 탄핵증거로 사용할 수 있다고 해석하는 입장이 타당하다.[373)]

3. 영상녹화물과 탄핵증거

피고인 또는 피고인 아닌 자의 진술을 녹화한 영상녹화물도 전문증거에 해당한다. 여기서 영상녹화물을 탄핵증거로 제출할 수 있는지가 문제된다. 형사소송법은 제318조의2 제2항에서 "제1항에도 불구하고 피고인 또는 피고인이 아닌 자의 진술을

---

370) 이재상/조균석, 673면; 임동규, 592면; 차용석/최용성, 638면.

371) 대법원 1994. 11. 11. 선고 94도1159 판결; 1981. 12. 22. 선고 80도1547 판결.

372) 임동규, 592면.

373) 이재상/조균석, 673면.

내용으로 하는 영상녹화물은 공판준비 또는 공판기일에 피고인 또는 피고인이 아닌 자가 진술함에 있어서 기억이 명백하지 아니한 사항에 관하여 기억을 환기시켜야 할 필요가 있다고 인정되는 때에 한하여 피고인 또는 피고인이 아닌 자에게 재생하여 시청하게 할 수 있다"고 규정하여, 영상녹화물은 탄핵증거로 사용할 수 없도록 하면서, 단지 피고인 또는 피고인 아닌 자의 기억환기의 목적으로만 사용할 수 있도록 제한하고 있다. 탄핵증거는 증거의 증명력을 탄핵하는 증거이지만 재판에서 법관의 심증형성에 영향을 줄 수 있고, 특히 영상녹화물을 탄핵증거로 제출하는 경우에는 그 위험성이 커지기 때문이다. 따라서 기억환기를 위하여 영상녹화물을 사용하는 경우에도 영상녹화물을 시청하는 것은 법관이 아니라 피고인 또는 피고인이 아닌 자이다(규칙 제134조의5 제1항).

이와 달리 진실발견에 도움이 되는 과학적 증거방법인 영상녹화물을 법관의 심증형성에 영향을 준다고 하여 탄핵증거로 제출할 수 없도록 한 것은 입법론상 타당하지 않다는 비판이 있다.[374)]

4. 공판정에서의 진술 이후에 이루어진 자기모순의 진술

증인의 공판정에서 증언을 탄핵하기 위하여 증언 이후에 수사기관에서 작성한 진술조서를 제출할 수 있는가가 문제된다.

생각건대 수사기관이 증인의 증언 후에 수사기관이 증인을 신문하여 작성한 진술조서를 탄핵증거로 제출하는 것은 공판중심주의와 공정한 재판의 이념에 반하므로 허용될 수 없다고 해석하는 입장이 타당하다.[375)] 이 경우에는 검사는 증인을 재소환하여 공판정에서의 증인신문을 통해 원진술의 증명력을 다투어야 한다.

V. 탄핵증거의 제출과 조사방법

탄핵증거는 증명력을 다투어야 할 증거가 제출된 이후에 제출할 수 있다. 이 경우에는 탄핵증거의 어느 부분으로 진술의 어느 부분의 증명력을 탄핵하려는 지에 대하여 구체적으로 명시하여야 한다. 탄핵증거는 증거능력 없는 증거가 사용되는 경우

---

374) 이재상/조균석, 674면.
375) 손동권/신이철, 659면; 이재상/조균석, 675면; 임동규, 593면.

이므로 공개재판의 원칙에 비추어볼 때 공판정에서의 증거조사는 필요하지만, 엄격한 증명의 경우와 같은 증거조사의 절차와 방식을 요하는 것은 아니라고 생각된다. 이는 통설과 판례[376]의 입장이기도 하다.

제 8 절 자백과 보강증거

Ⅰ. 자백의 보강법칙

1. 보강법칙의 의의

자백의 보강법칙(補强法則)이란 피고인이 임의로 한 증거능력과 신용성이 있는 자백에 의하여 법관이 유죄의 심증을 얻었다고 하더라도 다른 보강증거가 없으면 유죄를 인정할 수 없다는 원칙을 말한다. 여기서 보강증거란 피고인의 자백의 진실성을 확인하는 독립된 증거를 말한다.

형사소송법 제310조에는 “피고인의 자백이 그 피고인에게 불이익한 유일의 증거인 때에는 이를 유죄의 증거로 하지 못한다”고 규정하여 자백의 보강법칙을 선언하고 있으며, 헌법 제12조 제7항 후단에도 “정식재판에서 피고인의 자백이 그에게 불리한 유일한 증거인 때에는 이를 유죄의 증거로 삼거나 이를 이유로 처벌할 수 없다”고 규정하여 자백의 보강법칙은 헌법상의 원칙이 되고 있다.

자백의 보강법칙은 법관이 증거능력 있는 자백에 의하여 유죄의 심증을 획득하였음에도 보강증거가 없으면 유죄를 인정할 수 없다는 점에서 자유심증주의에 대한 예외가 된다.

2. 자백에 보강증거를 필요로 하는 이유

보강법칙은 자백의 진실성을 담보로 오판의 위험성을 배제하고 자백편중으로 인한 인권침해를 방지하자는 데 있다.[377]

---

376) 대법원 1998. 2. 17. 선고 97도1770 판결.

377) 배종대/이상돈/정승환/이주원, §57/3-4; 신동운, 1402면; 이재상/조균석, 676면.

(1) 자백의 진실성을 담보

자백의 보강법칙은 자백의 진실성을 담보하는 것에서 직접적인 근거를 찾을 수 있다. 자백은 피고인이 스스로 불리한 진술을 한 것으로 높은 신용성과 함께 증거 중 가장 높은 지위를 차지하고 있다고 볼 수 있지만, 이러한 자백이 항상 진실한 것은 아니며 허위의 자백일수록 법관의 오판 가능성이 더욱 커질 수 있다. 그러므로 보강증거에 의하여 자백의 진실성을 담보함으로써 대리처벌이나 영웅심리로 인한 허위자백으로부터 오판의 위험을 방지하는 것을 주된 목적으로 한다.[378)]

(2) 인권침해의 방지

자백의 보강법칙은 자백의 증명력을 제한함으로써 형사절차에서 자백편중으로 인하여 발생할 수 있는 인권침해의 폐단을 방지할 수 있다는 점은 부정할 수 없다. 그러나 자백의 증거능력을 제한하는 것 외에 증거가치를 제한하는 것도 자백편중의 경향에 제동을 가하는 의미를 가진다고 볼 수 있는 바, 이는 자백의 보강법칙의 간접적인 근거가 된다고 할 수 있다.[379)] 나아가 자백의 보강법칙은 자백의 증거가치를 현저히 약화시킴으로써 수사기관이나 법원이 자백 이외의 증거를 수집하고 그것에 의해 유죄를 인정하도록 유도하는 정책적 의미를 가진다고 할 수 있다.

3. 보강법칙의 적용범위

헌법 제12조 제7항 후단의 규정에 의해 정식재판에 대해서만 적용된다. 여기서 정식재판이란 형사소송법이 적용되는 형사사건이라는 의미로서 검사의 공소제기에 의하여 공판절차가 진행되는 통상의 형사절차, 즉 일반형사소송절차에만 적용된다는 것을 의미한다. 따라서 즉결심판에 관한 절차법의 적용을 받는 즉결심판이나 소년법의 적용을 받는 소년보호사건에는 자백의 보강법칙이 적용되지 않기 때문에 자백만으로 사실을 인정하여도 위법이 아니다. 그러나 형사사건인 이상 간이공판절차나 약식명령절차에도 자백의 보강법칙이 적용된다.[380)]

---

378) 대법원 1983. 7. 26. 선고 83도1372 판결.
379) 이재상/조균석, 677면.
380) 배종대/이상돈/정승환/이주원, §57/6.

Ⅱ. 보강을 필요로 하는 자백

보강증거에 의하여 증명력의 보강을 필요로 하는 것은 피고인의 자백이기 때문에 증인의 증언이나 참고인의 진술에는 보강증거를 필요로 하지 않는다. 피고인의 자백과 관련하여 공판정의 자백과 공범자의 자백이 포함되는가가 주로 문제된다.

1. 피고인의 자백

(1) 자백의 범위

자백의 보강법칙은 피고인의 자백에 대하여 적용된다. 피고인의 자백은 지위를 불문하고 있으므로 피고인이 피의자나 참고인 또는 증인의 지위에서 한 자백의 경우에도 피고인의 자백이 된다. 수사기관에서 한 자백뿐만 아니라 사인에게 한 자백도 포함되며, 구두에 의한 자백뿐만 아니라 서면에 기재한 자술서나 일기장,[381] 수첩, 비망록 등도 피고인의 자백에 포함된다.

(2) 증거능력 있는 자백

자백의 보강법칙은 증거능력 있는 자백을 전제로 한다. 즉, 자백은 증거능력이 있어야 하며, 자백의 신용성도 긍정되어야 한다.[382] 자백의 신용성의 판단은 법관의 자유심증에 의하지만, 법관이 자백의 신용성을 판단할 때에는 자백의 객관적 합리성, 자백의 동기나 경위, 자백 이외의 정황증거 중 자백과 모순되는 점이 없는가 등이 기준이 된다.[383]

2. 공판정의 자백

피고인의 공판정에서의 자백에도 보강법칙이 적용되는가가 문제되나, 공판정의 자백이라 하여 진실성을 담보할 수 없고 자백편중으로 인한 오판과 위험성은 공판정의 자백도 포함된다고 보는 것이 다수설[384]과 판례[385]의 태도이며, 이 입장이 타당하다.

---

381) 일기장 자백의 증거사용은 인격의 핵심부를 침해하는 것으로서 증거능력이 없다고 보아야 한다는 견해가 있다(배종대/이상돈/정승환/이주원, §57/6).

382) 대법원 1983. 9. 13. 선고 83도712 판결.

383) 대법원 2003. 2. 11. 선고 2002도6110 판결.

384) 배종대/이상돈/정승환/이주원, §57/9; 손동권/신이철, 549면; 신동운, 1405면; 이재상/조균석, 679면; 임동규, 608면.

3. 공범자의 자백

(1) 견해의 대립

피고인의 자백에 공범자의 자백이 포함되어 공범자의 자백이 있는 때에도 보강증거가 있어야 유죄로 인정할 수 있는가에 대하여 견해가 대립하고 있다.

1) 긍 정 설

공범자의 자백도 피고인의 자백에 포함시켜 보강증거가 필요하다고 이해하는 견해이다.[386] 종래의 다수설의 태도이다. 공범자는 다른 공범자에게 책임을 전가하려는 경향이 농후하고, 공범자의 자백과 공범자 자신에 대한 자백과 다른 공범자에 대한 진술을 분리할 수 없다는 등을 이유로 한다.

2) 부 정 설

공범자의 자백을 피고인의 자백이라 할 수 없으므로 공범자의 자백에 대하여는 보강증거를 요하지 않는다고 해석하는 견해이다.[387] 부정설의 경우 자백의 보강법칙은 자유심증주의의 예외이기 때문에 엄격한 해석이 필요하며, 공범자의 자백은 해당 피고인에 대한 증언의 성격이 강하므로 자백이라고 할 수 없고, 피고인의 자백은 신용을 얻는데 어려움이 있으나 공범자에 대하여는 피고인의 반대신문이 가능하고 법관의 증거평가의 심증에도 차이가 있다고 해야 하며, 보강증거가 없는 경우에 자백한 공범자는 무죄가 되고 부인한 피고인이 유죄가 된다고 할지라도 자백한 공범자가 무죄로 되는 것은 보강법칙의 당연한 결론이며 부인한 피고인이 유죄로 되는 것은 법관의 자유로운 증거평가에 의한 심증형성에 기인한 것이므로 불합리하다고 할 수 없다는 것을 이유로 한다.

3) 절 충 설

공동피고인인 공범자의 자백에는 보강증거가 필요치 않으나 공동피고인이 아닌 공범자의 자백에는 보강증거가 필요하다는 견해이다.[388] 이 견해에 의하면 공범자가 공동피고인으로 심리받고 있는 공판절차에서 자백을 한 경우에는 법관이 진술태도를 직접 관찰할 수 있고 피고인이 반대신문권을 행사할 수 있다는 점에서 보강증거의 필

---

385) 대법원 1981. 7. 7. 선고 81도1314 판결.

386) 배종대/이상돈/정승환/이주원, §57/14; 신양균, 881면; 정영석/이형국, 386면.

387) 김재환, 780면; 신현주, 672면; 임동규, 611면; 차용석/최용성, 554면.

388) 신동운, 1409면; 이재상/조균석, 681면.

요성이 없지만, 공범자가 피고사건의 수사절차나 별개의 사건에서 자백진술을 행한 경우에는 보강증거를 통하여 법관으로 하여금 심증형성을 신중히 하도록 요구할 필요가 있다는 것을 이유로 한다.

(2) 소 결

대법원은 일관되게 부정설의 입장을 취하여 공범자의 자백에는 보강증거가 불요하다는 입장을 취하고 있다.[389] 따라서 공범자의 자백은 공동피고인의 지위에서 한 것인가 또는 공판정에서 한 것인가 여부를 불문하고 독립된 증거로서의 가치를 가진다고 할 것이다.

Ⅲ. 보강증거의 성질

어떤 증거가 자백에 대한 보강증거로 될 수 있는가를 보강증거의 성질 또는 보강증거의 능력이나 자격에 관한 문제라고 한다. 보강증거도 엄격한 증명의 대상이 되는 범죄사실에 사용되는 증거이기 때문에 증거능력이 있는 증거일 것을 요하고,[390] 증거능력에 대한 제한이 보강증거에 대하여 적용된다는 점에는 의문이 없다. 따라서 전문증거는 전문법칙의 예외가 되는 경우를 제외하고는 보강증거로 사용할 수 없고,[391] 위법수집증거도 보강증거가 될 수 없다. 보강증거는 자백 이외의 독립증거일 것을 요하며, 보강증거능력에 관하여는 정황증거와 공범자의 자백이 보강증거로 될 수 있는가가 특히 문제된다.

1. 독립증거

자백의 증명력을 보강하는 증거는 피고인의 자백과는 실질적으로 독립된 증거가치를 가지는 것이어야 하므로, 피고인의 자백은 보강증거가 될 수 없다. 따라서 피고인의 자백은 분리된 것이든 공판정에서나 수사기관에서의 자백이거나를 불문하고 피고인의 자백에 불과하다.

보강증거는 증거가치에 있어서 자백과 독립된 증거여야 하므로, 자백의 내용이

389) 대법원 1987. 12. 22. 선고 87도1020 판결; 대법원 1992. 7. 28. 선고 92도917 판결.

390) 대법원 1982. 6. 8. 선고 82도669 판결.

391) 대법원 1971. 5. 31. 선고 71도415판결.

서면화되거나, 소송서류화된 경우는 물론이고, 피고인이 범행을 자인하는 것을 들었다는 피고인 아닌 자의 진술내용은 제310조의 피고인의 자백에는 포함되지 않지만 이와 같은 진술기재 내용으로서 보강하는 결과가 되어 더 이상 아무런 보강도 없는 것이니 보강증거가 될 수 없고,[392] 피고인이 범행장면을 재현하는 것도 실연(實演)에 의한 자백에 불과하여 보강증거가 될 수 없다.[393]

피고인이 피의자로 수사받기 전에 자백 내용을 기재한 일기장, 메모 등도 보강증거가 될 수 없다고 할 것이지만,[394] 판례는 상업장부나 항해일지, 진료일지 또는 이와 유사한 금전출납부 등과 같이 범죄사실의 인정여부와는 관계없이 자기에게 맡겨진 사무를 처리한 사무내역을 그때 그때 계속적·기계적으로 기재한 문서 등의 경우는 보강증거가 될 수 있다는 입장이다.[395]

2. 정황증거

자백에 대한 보강증거는 반드시 직접 범죄사실을 증명하는 직접증거에 한하지 않고 간접증거 내지 정황증거로도 충분하다는 점에 대하여는 이론이 없다.[396] 물론 정황증거가 자백을 보강할 수 있는 범위는 보강증거의 범위에 관한 죄체설과 진실담보설에 따라 일치하지 않는다. 죄체설에 의하면 죄체에 대한 정황증거만 보강증거가 될 수 있기 때문이다.[397] 그러나 보강증거의 범위는 모든 증거에 공통된 문제이므로 간접증거나 정황증거가 보강증거로 될 수 있다는 점에는 의문이 없다.[398] 따라서 판례는 피고인이 위조신분증을 제시·행사하였다고 자백하고 있는 때에 그 신분증의 현존은 자백을 보강하는 간접증거가 된다고 보아야 하며,[399] 기소된 대마 흡연일자로부

---

392) 대법원 2008. 2. 14. 선고 2007도10937 판결.

393) 신동운, 1159면; 이재상/조균석, 683면.

394) 배종대/이상돈/정승환/이주원, §57/16; 이재상/조균석, 683면.

395) 대법원 1996. 10. 17. 선고 94도2865 전원합의체 판결.

396) 대법원 1999. 8. 24. 선고 99도1858 판결(자백에 대한 보강증거는 범죄사실의 전부 또는 중요부분을 인정할 수 있는 정도가 되지 아니하더라도 피고인의 자백이 가공적인 것이 아닌 진실한 것임을 인정할 수 있는 정도만 되면 족할 뿐만 아니라 직접증거가 아닌 간접증거나 정황증거도 보강증거가 될 수 있다).

397) 이재상/조균석, 683면; 차용석/최용성, 536면.

398) 대법원 2003. 12. 26. 선고 2003도6288 판결; 대법원 2006. 1. 27. 선고 2005도8704 판결.

399) 대법원 1983. 2. 22. 선고 82도3107 판결.

터 한 달 후 피고인의 주거지에서 압수된 대마 잎이 피고인의 자백에 대한 보강증거가 될 수 있고,[400] 2010년 2월 18일 01:35경 자동차를 타고 온 피고인으로부터 필로폰을 건네받은 후 피고인이 위 차량을 운전해 갔다고 한 甲의 진술과 2010년 2월 20일 피고인으로부터 채취한 소변에서 나온 필로폰 양성 반응은, 피고인이 2010년 2월 18일 02:00경의 필로폰 투약으로 정상적으로 운전하지 못할 우려가 있는 상태에 있었다는 공소사실 부분에 대한 자백을 보강하는 증거가 되기에 충분하다고 한다.[401]

3. 공범자의 자백

공범자의 자백이 보강증거가 될 수 있느냐의 문제는 피고인이 자백하고 있는 경우에 공범자의 자백을 보강증거로 삼아 유죄판결을 할 수 있느냐의 문제이다. 이는 공동피고인이 모두 자백한 경우에 상호 보강증거가 될 수 있는가의 문제이다. 이에 대해서는 공범자의 자백만으로 유죄를 인정할 수는 없지만 피고인의 자백이 있고 공범자의 자백이 있는 때에는 공범자의 자백을 보강증거로 하여 유죄로 인정할 수 있어야 하며, 공범자의 자백도 반증명력(half proof)을 가지므로 피고인의 자백에 대한 보강증거로 사용하는 것이 가능하다는 긍정설[402]과 공범자의 자백은 제310조의 피고인의 자백에 포함되므로 피고인의 자백과 독립된 증거라고 하는 것은 논리적 모순이기 때문에 보강증거가 될 수 없다는 부정설[403]이 대립하고 있다.

생각건대 공범자의 자백은 실질적으로 피고인의 자백과는 독립된 증거이고, 피고인에 대한 관계에서 증언에 불과하므로 당연히 보강증거가 될 수 있다고 하는 긍정설이 타당하다.

대법원은 일관하여 공동피고인의 진술은 서로 피고인의 자백에 대한 보강증거로 될 수 있다고 하거나, 공범자의 자백이나 공범자인 공동피고인의 자백은 보강증거가 될 수 있다고 판시하고 있다.[404]

---

400) 대법원 2007. 9. 20. 선고 2007도5845 판결.
401) 대법원 2010. 12. 23. 선고 2010도11272 판결.
402) 이재상/조균석, 684면; 정영석/이형국, 388면.
403) 배종대/이상돈/정승환/이주원, §57/19.
404) 대법원 1984. 2. 28. 선고 83도3343 판결; 대법원 1987. 12. 22. 선고 87도1020 판결; 대법원 1990. 10. 30. 선고 90도1939 판결.

Ⅳ. 보강증거의 범위

보강증거가 자백한 사실을 어느 범위까지 보강해야 할 필요가 있는가를 보강증거의 범위의 문제라고 한다. 자백한 범죄사실의 전부에 대하여 보강증거를 필요로 하는 것은 사실상 불가능할 뿐만 아니라 자백의 증거가치를 완전히 부정하는 결과가 되기 때문에 자백한 사실의 어느 범위까지 보강증거가 필요한가가 문제된다.

1. 견해의 대립

(1) 죄 체 설

자백한 사실의 객관적 측면, 즉 누구인가의 위법·유책한 범죄행위에 의하여 발생한 법익의 침해인 죄체(罪體)의 전부 또는 중요부분에 대하여는 보강증거가 필요하다는 견해이다.[405]

(2) 진실성담보설

보강증거는 자백한 사실의 진실성을 담보하는 정도면 족하다는 견해로써 실질설이라고도 하며, 우리나라 **다수설**의 태도[406]이다.

(3) 소 결

죄체설은 자백의 증명력판단에 신중을 기해야 한다는 점을 강조하는 것으로 보이지만 ① 자백에 대한 진실성이 담보되면 오판위험도 없어지므로 자백의 보강법칙의 취지가 실현되는 것이고, ② 죄체란 공판정의 자백과 공판정 외의 자백을 구별하여 공판정 외의 자백에 대해서만 보강증거를 필요로 하는 영미법상 증거법의 개념으로 우리나라 형사소송법에는 반드시 필요한 개념이라고 볼 수 없으며, ③ 죄체설의 견해에 따르더라도 죄체가 증명된 것인가는 자백과 보강증거를 종합하여 고려할 수밖에 없으므로 진실성담보설과 큰 차이가 없다고 보여진다. 따라서 **진실성담보설**이 타당하다.

판례도 '자백에 대한 보강증거는 범죄사실의 전부 또는 중요부분을 인정할 수 있는 정도가 되지 아니하더라도 피고인의 자백이 가공적인 것이 아닌 진실한 것임을 인정할 수 있는 정도만 되면 족한 것으로서, 자백과 서로 어울려서 전체로서 범죄사실

---

405) 송광섭, 273면; 정영석/이형국, 389면; 다만, 차용석/최용성, 561면은 공판정 외의 자백에는 죄체설, 공판정의 자백에는 진실성담보설을 취하고 있다.

406) 배종대/이상돈/정승환/이주원, §57/21; 손동권/신이철, 561면; 신동운, 1415면; 이재상/조균석, 687면.

을 인정할 수 있으면 유죄의 증거로 충분하고, 나아가 사람의 기억에는 한계가 있는 만큼 자백과 보강증거 사이에 어느 정도의 차이가 있어도 중요부분이 일치하고 그로써 진실성이 담보되면 보강증거로서의 자격이 있다'고 판시하면서 **진실성담보설**의 입장을 취하고 있다.[407]

2. 보강증거의 요부

범죄의 어느 부분에 대하여 보강증거가 있어야 하는가의 문제이다. 자백한 사실 중 범죄의 객관적 요소에 대하여 보강증거를 요한다는 점에 대해서는 견해가 일치하고 있지만, 자백을 기초로 유죄판결을 할 때 피고인과 범인의 동일성에 대하여 보강증거가 있어야 하는가에 대해서 실무는 보강증거를 요하지 않는다는 견해를 따르고 있는 것으로 보인다. 그 외의 요소와 관련하여 문제되는 경우는 다음과 같다.

(1) 범죄의 주관적 요소

고의나 목적 등 범죄의 주관적 요소에 대해서는 보강증거를 요하지 않는다는 점에 견해가 일치하고 있다.[408] 죄체설과 진실성담보설의 어느 견해에 의하더라도 결론은 같다. 범죄의 주관적 요소에 대한 보강증거는 얻는 것도 어렵지만 보강증거가 없어도 오판의 위험이 없다고 할 수 있기 때문이다. 대법원도 "범의는 자백만으로 인정할 수 있다"는 입장을 취하고 있다.[409]

(2) 범죄구성요건사실 이외의 사실

객관적 처벌조건인 사실, 누범가중사유인 전과 및 범행동기 등은 엄격한 의미에서의 구성요건사실과 구별되므로, 보강증거 없이 피고인의 자백만으로 인정해도 큰 문제가 없다는 점에 견해가 일치하고 있다.[410] 판례도 전과에 관한 사실[411]과 확정판결의 존부[412]는 피고인의 자백만으로 인정할 수 있다는 입장이다.

---

407) 대법원 2008. 5. 29. 선고 2008도2343 판결; 대법원 2011. 9. 29. 선고 2011도8015 판결.
408) 이재상/조균석, 687면.
409) 대법원 1961. 8. 16. 선고 4294형상171 판결; 대법원 1994. 10. 21. 선고 94도2048 판결.
410) 배종대/이상돈/정승환/이주원, §57/24; 손동권/신이철, 561면; 신동운, 1415면; 이영란, 833면; 이재상/조균석, 687면; 차용석/최용성, 563면.
411) 대법원 1981. 6. 9. 선고 81도1353 판결.
412) 대법원 1983. 8. 23. 선고 83도820 판결.

(3) 범인과 피고인의 동일성

자백을 기초로 유죄판결을 할 때 피고인과 범인의 동일성에 대해 보강증거가 있어야 하는가에 관해서는 피고인이 범인이라는 사실은 공소범죄사실의 핵심이므로 피고인의 자백에 대한 보강증거가 있어야 한다는 **필요설**[413]과 범죄사실에 대한 보강증거가 이미 있는 이상 그 범인이 피고인이라는 것은 자백만으로 인정할 수 있으므로 보강증거가 필요 없다는 **불요설**[414]이 대립하고 있다. 생각건대 목격자 없는 범죄의 경우에는 범인과 피고인의 동일성을 확인할 수 있는 보강증거를 수집한다는 것이 사실상 어렵다는 점을 고려할 때 **불요설이 타당**하다.

(4) 죄수와 보강증거

1) 경 합 범

경합범은 수죄이므로 개개의 범죄에 대하여 각각 보강증거가 필요하다는 점에 대하여 이론이 없다.[415]

2) 상상적 경합범

상상적 경합은 실체법상 수죄이지만 소송법상으로는 일죄이므로 중한 죄에 대한 보강증거가 있으면 충분하다는 견해[416]와 실체법상 수죄인 이상 각 범죄에 대하여 보강증거가 필요하다는 견해[417]가 대립하고 있다. 다만 상상적 경합은 한 개의 행위가 수개의 죄에 해당하는 경우이므로 일죄에 대한 보강증거는 다른 죄에 대해서도 보강증거로 사용될 수 있는 것이 보통이므로 견해대립의 실익은 없다.[418]

3) 포괄일죄

포괄일죄의 경우에는 ① 포괄성 내지 집합성을 인정할 수 있는 범위에서 보강증거가 있으면 충분하다는 견해[419]와 ② 포괄일죄는 실질적으로 수죄이므로 각 범죄에 대하여 보강증거를 요한다는 견해[420] 및 ③ 영업범과 같이 개별적인 행위가 독립된

---

413) 신양균, 888면; 백형구, 627면,

414) 배종대/이상돈/정승환/이주원, §57/25; 손동권/신이철, 561면; 신동운, 1415면; 차용석/최용성, 564면.

415) 대법원 2008. 2. 14. 선고 2007도10937 판결.

416) 손동권/신이철, 562면; 이은모, 671면.

417) 이영란, 833면; 정영석/이형국, 390면; 차용석/최용성, 563면.

418) 배종대/이상돈/정승환/이주원, §58/27; 이재상/조균석, 688면; 임동규, 576면.

419) 차용석/최용성, 563면.

420) 백형구, 643면; 이영란, 545면.

의미를 가지지 아니한 때에는 개개의 행위에 대한 보강증거를 요하지 않지만, 상습범이나 연속범에서와 같이 구성요건상 독립된 의미를 가지는 경우에는 보강증거를 요한다는 견해[421]가 대립하고 있다. 생각건대 포괄일죄에는 여러 가지 유형이 있으므로 이를 일률적으로 해결할 성질은 아니라고 생각되어 ③설이 타당하다.

V. 자백의 보강법칙 위반의 효과

보강증거의 부존재와 관련하여 피의사실에 관하여 피의자의 자백 이외에 보강증거가 없으면 '혐의없음을 이유로 불기소처분'을 하여야 하며, 무죄사유가 된다. 그리고 자백을 유일한 증거로 하여 공소사실을 유죄로 인정한 경우는 판결이 헌법 제12조 제7항과 형사소송법 제310조를 위반하였으므로 법령위반에 해당하여 항소이유 또는 상고이유가 된다. 자백을 유일한 증거로 한 유죄판결이 확정된 경우에는 비상상고의 이유가 되지만 새로운 증거의 발견은 아니므로 재심사유에는 해당되지 않는다.

제 9 절 공판조서의 증명력

I. 공판조서의 증명력과 그 전제

공판기일의 소송절차로서 공판조서에 기재된 것은 그 조서만으로써 증명한다. 공판조서란 공판기일에 이루어진 소송절차를 기재한 조서를 말한다.

1. 배타적 증명력이 있는 공판조서

공판기일의 소송절차로서 공판조서에 기재된 것은 그 조서만으로써 증명한다(제56조). 공판조서란 공판기일의 소송절차를 기재한 조서를 말한다.

2. 공판조서의 정확성 보장

공판조서가 배타적인 증명력을 지니는 것은 그 기재의 정확성이 보장될 것을 전

421) 손동권/신이철, 562면; 신동운, 1416면; 이재상/조균석, 688면; 정영석/이형국, 390면.

제로 한다. 공판조서 기재의 정확성을 담보하기 위하여 공판조서는 참여한 법원사무관 등의 기명날인 또는 서명 이외에 재판장이 기명날인 또는 서명하도록 하고(제53조), 변호인과 피고인에게 공판조서를 열람·등사할 수 있게 하며(제55조), 공판기일에는 전회의 공판심리에 관한 주요사항의 요지를 조서에 의하여 고지하게 하고, 검사·피고인·변호인에게 공판조서에 대한 변경을 청구하거나 이의를 제기할 수 있게 하는 것도(제54조) 공판조서의 정확성을 보장하기 위한 제도이다.

Ⅱ. 증명력이 인정되는 범위

공판조서에 배타적인 증명력이 미치는 것은 '공판기일의 소송절차로서 공판조서에 기재된 것'에 한한다.

1. 공판기일의 소송절차

공판기일의 소송절차에 한하여 배타적인 증명력이 미친다.

(1) 공판기일의 절차

공판조서에 의하여 증명할 수 있는 것은 공판기일의 절차에 한한다. 따라서 소송절차라 하더라도 공판기일 외에서의 증인신문·검증에 대하여는 배타적 증명력이 인정되지 않는다. 예컨대 공판준비절차, 증거보전절차, 검증, 공판기일 외의 증인신문이 여기에 해당한다.

(2) 소송절차

공판기일의 절차라 하더라도 소송절차에 한해서는 배타적 증명력이 인정된다. 즉 소송절차의 적법이나 그 존부는 배타적 증명력의 대상이 된다. 예컨대 진술거부권 고지나 증인의 선서여부 등이 여기에 해당한다. 그러나 증인이나 피고인의 진술이 있었다는 사실은 소송절차에 해당하지만, 소송의 실체면에 관한 사항인 피고인이나 증인의 진술내용은 배타적 증명력이 인정되지 않으므로 공판조서에 기재되어 있더라도 다른 증거에 의해 다툴 수 있다.

2. 공판조서에 기재된 소송절차

공판기일의 절차라 하더라도 공판조서에 기재된 소송절차에 대해서만 배타적 증명력이 인정된다. 공판조서에 기재된 사항이 필요적 기재사항인가 아닌가는 불문한다. 공판조서에 기재되지 않은 사항에 대하여는 다른 자료에 의하여 증명할 수 있으며, 이 경우에는 소송법적 사실에 관한 증명이므로 자유로운 증명으로 충분하다. 그러나 공판조서에 기재되지 않았다고 하여 그 소송절차의 부존재가 추정되는 것은 아니다. 법원이 행하는 통상 소송절차인 경우에는 기재가 없어도 그 절차가 적법하게 행해졌다고 사실상 추정된다.

여기서 공판조서란 당해 사건의 공판조서를 말하며 다른 사건의 공판조서에 대하여는 배타적 증명력이 인정되지 않는다. 공판조서에 기재된 사항이라 하더라도 기재내용이 불명확하거나 모순이 있는 경우에는 배타적 증명력이 인정되지 않는다. 공판조서의 기재에 명백한 오기가 있는 경우에도 올바른 내용에 따라 판단할 수 있다.[422)]

공판조서 기재의 오기여부에 관한 판단을 함에 있어서는 공판조서의 기재만으로 판단해야 한다는 견해[423)]와 다른 자료에 의해서도 판단할 수 있다는 견해[424)]가 대립한다.

생각건대 공판조서의 배타적 증명력이 기재내용의 진실성 판단에는 영향을 미치지 않으므로 공판조서의 기재의 오기여부에 대한 판단은 다른 자료에 의해서 판단하더라도 문제가 되지 않는다는 후자의 견해가 타당하다. 그러나 공판조서의 기재의 정확성에 대하여 이의신청이 있거나 이의신청이 방해된 경우에는 그 공판조서의 배타적 증명력은 인정할 수 없다고 해야 할 것이다.

Ⅲ. 배타적 증명력이 있는 공판조서

공판조서가 배타적 증명력을 갖기 위해서는 유효한 공판조서가 존재할 것을 전제로 한다. 그런데 배타적인 증명력이 있는 공판조서가 멸실되었거나 무효인 경우에 다른 자료에 의한 증명이 허용되는지가 문제된다. 이에 대하여 소극설은 다른 자료에 의한 증명을 인정할 때에는 공판조서에 판결에 영향을 미칠 절차위반의 기재가 있는 경우에 공판조서가 적법하면 판결이 파기됨에 비추어, 공판조서가 무효 또는 멸실된

422) 대법원 2005. 10. 28. 선고 2005도5996 판결.
423) 손동권/신이철, 681면; 신동운, 1421면; 이영란, 838면; 임동규, 620면.
424) 김재환, 791면; 배종대/이상돈/정승환/이주원, §58/10; 정영석/이형국, 125면.

경우에는 다른 자료에 의해 파기를 면할 수 있게 되는 불합리한 결과를 가져온다는 것을 이유로 한다.

그러나 공판조서의 증명력은 유효한 공판조서를 전제로 할 뿐만 아니라 형사소송법이 항소심의 심판에 대하여 파기자판을 원칙으로 하고 있는 점에 비추어 다른 자료에 의한 사실인정이 가능하다고 해석하는 **적극설**이 타당하다.[425]

425) 김재환, 792면; 배종대/이상돈/정승환/이주원, §58/22; 손동권/신이철, 682면; 신동운, 1422면; 이영란, 839면; 이재상/조균석, 691면; 임동규, 621면.

제 3 장 재　　판

제 1 절　재판의 기본개념

Ⅰ. 재판의 의의와 종류

1. 재판의 의의

재판이란 좁은 의미에서는 피고사건의 실체에 대한 법원의 공권적 판단, 즉 유죄와 무죄에 대한 법원의 종국재판을 말한다. 소송법적인 의미에서의 재판이란 법원 또는 법관의 법률행위적 소송행위를 말한다. 행위주체가 법원 또는 법관의 소송행위라는 점에서 수사기관인 검사나 사법경찰관의 소송행위와 구별되고, 법률행위적 소송행위라는 점에서는 증거조사나 재판의 선고와 같은 사실행위적 소송행위와는 구별된다.

2. 재판의 종류

재판의 종류는 그 기준에 따라 다음과 같이 분류할 수 있다.

(1) 종국재판과 종국 전의 재판

재판의 기능에 따라서는 종국재판과 종국 전의 재판으로 분류할 수 있다.

1) 종국재판

종국재판이란 소송을 해당 심급에서는 종결시키는 재판을 말한다. 즉 유죄, 무죄, 관할위반, 공소기각, 면소의 재판이 여기에 해당한다.

상소심에서는 상소기각의 재판, 파기자판, 파기이송, 파기환송의 판결도 종국재판에 해당한다. 종국재판을 한 법원은 법적 안정성의 원리가 적용되어 스스로 그 내용을 취소 또는 변경할 수 없으므로, 종국재판에 불복하는 당사자는 원칙적으로 상소할 수 있다.

2) 종국 전의 재판

종국재판에 이르기까지의 절차에 관한 재판을 종국 전의 재판 또는 중간재판이라 부른다. 종국 전의 재판은 합목적성의 원리가 지배하므로 그 재판을 한 법원은 그 내용을 취소·변경할 수 있으며, 종국 전의 재판에 대해서는 원칙적으로 상소가 허용되지 않는다.

(2) 판결·결정·명령

재판의 형식에 따서는 판결, 결정, 명령으로 분류할 수 있다.

1) 판 결

종국재판의 원칙적인 형식은 판결의 형식이다. 판결에는 유죄·무죄의 실체판결과 형식재판인 관할위반, 공소기각, 면소의 판결이 있다. 실체재판은 모두 판결의 형식이지만 형식재판은 판결이 아닌 결정의 형식인 경우도 있다. 예컨대 공소기각의 결정이 여기에 해당한다. 판결은 원칙적으로 구두변론에 의하여야 하고, 그 이유를 명시하여야 하며, 판결에 대한 상소방법으로는 항소와 상고가 있다. 비상구제절차인 재심과 비상상고는 판결에 대해서만 할 수 있다.

2) 결 정

종국 전의 재판은 결정의 형식이 원칙이므로, 종국재판에 이르기 전의 절차에 관한 재판은 원칙적으로 결정에 의한다. 예컨대 보석허가결정, 증거신청에 대한 결정, 공소장변경의 허가결정 등이 여기에 해당한다. 다만 종국재판이지만 결정에 의하는 경우로는 공소기각의 결정을 들 수 있다. 법원이 결정이라는 형태의 재판을 할 경우에는 구두변론을 요하지 아니하고 필요한 경우에는 사실조사를 할 수 있고, 상소를 불허하는 결정을 제외하고는 결정에도 이유를 명시하여야 한다(제39조).

3) 명 령

법원이 아니라 재판장·수명법관·수임판사로서 법관이 하는 재판을 말한다. 명령은 모두 종국 전의 재판이다. 재판장이나 법관 1인이 하는 재판은 모두 명령에 해당하는 종국 전의 재판이다. 다만 예외적으로 약식명령의 경우에는 여기서 말하는 명령이 아닌 독립된 형식의 재판이다.

명령에 대하여는 구두변론을 요하지 아니하고 필요한 경우에 사실조사를 할 수 있다(제37조 제2항·제3항). 또한 명령에 대하여는 일반적인 상소방법은 허용되지 않지만, 특수한 경우에는 이의신청(제304조) 또는 준항고(제416조)를 허용하고 있다.

(3) 실체재판과 형식재판

재판의 내용에 따라 실체재판과 형식재판으로 분류할 수 있다.

1) 실체재판

실체재판이란 사건의 실체에 관한 법률적 판단을 하는 재판을 말한다. 이른바 사건의 실체적 법률관계를 검토하여 유죄판결이나 무죄판결을 하는 재판을 말하며, 이를 본안재판이라고도 한다.

2) 형식재판

형식재판이란 사건의 실체에 관해서는 심리하지 않고 절차적·형식적인 법률관계를 판단하는 재판을 말한다. 종국 전의 재판은 모두 형식재판이며, 종국재판 중에서도 관할위반·공소기각 및 면소의 재판은 형식재판이다.

Ⅱ. 재판의 성립과 방식

1. 재판의 성립

재판이란 법원 또는 법관의 의사표시이므로, 이러한 의사표시는 의사의 결정이라는 단계와 결정된 의사를 표시하는 단계로 나눌 수 있다. 전자의 과정을 내부적 성립단계라 하고, 후자의 과정을 외부적 성립단계라고 한다.

(1) 내부적 성립

당해 사건의 심리에 관여한 재판기관의 내부에서 재판에 관한 의사표시적 내용이 결정되는 것을 재판의 내부적 성립이라 한다. 재판의 심리에 관여하지 않은 법관이 재판의 내부적 성립에 관여하는 것은 허용되지 않으며, 재판의 내부적 성립에 관여한 경우에는 절대적인 항소이유가 된다(제361조의5 제8호). 그러나 재판의 내부적 성립이 이루어진 후에 법관이 경질된 경우에는 공판절차를 갱신할 필요가 없다. 재판의 내부적 성립의 시기는 합의부인 경우와 단독판사인 경우를 구분하여야 한다.

1) 합의부의 재판

합의부의 재판은 합의부의 구성원인 법관의 합의에 의하여 내부적으로 성립한다. 재판의 합의는 과반수로 결정하며, 의견이 3설 이상 분립하여 각각 과반수에 이르지 못할 때에는 과반수에 이르기까지 피고인에게 가장 불리한 의견의 수에 차례로 유리한 의견의 수를 더하여 그 중 가장 유리한 의견에 의한다(법원조직법 제66조 제1항).

심판의 합의는 공개되지 아니하며, 다만 대법원의 재판서에는 합의에 관여한 모든 대법관의 의견을 표시하여야 한다(동법 제15조).

2) 단독판사의 재판

단독판사가 하는 재판에는 합의단계가 없으므로, 단독판사가 재판서를 작성할 때 내부적으로 재판이 성립한다고 할 수 있으며, 재판서의 작성이 없는 경우에는 판사에 의한 재판의 고지 내지 선고가 있는 때에 재판의 내부적 성립과 외부적 성립이 동시에 이루어진다.

(2) 외부적 성립

1) 외부적 성립의 시기

재판의 외부적 성립의 시기는 재판의 의사표시적 내용이 재판을 받는 자에게 인식될 수 있는 상태에 이른 때이다. 즉 법원에 의해 재판의 내용이 선고·고지된 때에 재판은 외부적으로 성립한다.

2) 재판의 선고와 고지의 방법

재판의 선고·고지는 공판정에서는 재판서에 의하여야 하고, 기타의 경우에는 재판서등본의 송달 또는 다른 적당한 방법으로 하여야 한다. 다만 법률에 다른 규정이 있는 때에는 예외로 한다. 재판의 선고 또는 고지는 재판장이 하며, 판결을 선고함에는 주문을 낭독하고 이유의 요지를 설명하여야 한다(제43조).

재판의 선고와 고지는 재판기관이 내부적으로 이미 성립한 재판을 대외적으로 공표하는 행위에 불과하므로, 반드시 재판의 내부적 성립에 관여한 법관에 의하여 행하여질 것을 요하지는 않는다. 따라서 재판이 이미 내부적으로 성립한 경우에는 내부적 성립에 관여하지 않은 판사가 재판을 선고하더라도 재판의 외부적 성립에는 영향을 미치지 않고 유효하게 된다.

(3) 외부적 성립의 효력

종국재판의 경우에는 재판이 외부적으로 성립된 때에는 법적 안정성이라는 원리가 작동하여 그 재판을 한 법원이나 법관이라 하더라도 그 재판에 구속되어 재판을 철회하거나 변경할 수 없게 되는데, 이를 **재판의 구속력**이라 한다.

이와 달리 종국 전의 재판은 합목적성의 원리에 따라 재판의 철회·변경이 광범위하게 허용되고 있으며, 상고법원은 그 판결의 내용에 오류가 있음을 발견한 때에는 판결의 선고가 있은 날로부터 10일 이내에 직권 또는 검사·상고인이나 변호인의 신청에 의하여 판결로써 정정할 수 있다(제400조).

2. 재판의 구성과 방식

(1) 재판의 구성

재판은 **주문**과 **이유**로 구성되며, 주문은 재판의 대상이 된 사실에 대한 법원 또는 법관의 최종적인 의사표시인 결론을 말한다. 법원이 형을 선고하는 경우에는 선고형을 기재하고 형의 집행유예, 미결구금일수의 산입, 노역장의 유치기간, 재산형의 가납명령과 소송비용의 부담에 대하여도 주문에 기재한다. 형을 선고하는 판결의 주문은 이에 따라 형을 집행하고 전과기록의 토대가 된다. 그리고 재판에는 그 이유를 명시해야 한다. 다만 상소를 불허하는 결정 또는 명령은 예외로 한다(제39조). 재판서에 그 이유를 명시하도록 한 연유는, ① 재판의 공정성을 담보하고, ② 상소권자에게는 상소제기여부에 관한 판단자료를 제공하며, ③ 상소심에서의 판결의 당부를 판단할 기초자료를 제공하고, 나아가 기판력의 범위를 명백하게 하며, 형집행기관의 수형자에 대한 처우기준을 제공한다는 점에 있다.[1)]

(2) 재판의 방식

재판을 할 경우에는 재판서를 작성하여야 한다. 다만 결정 또는 명령을 고지하는 경우에는 재판서를 작성하지 아니하고 조서에만 기재하여 할 수 있으며(제38조), 재판서는 재판의 형식에 따라 **판결서**·**결정서** 또는 **명령서**라고 할 수 있다.

재판서에는 법률에 다른 규정이 없으면 재판을 받는 자의 성명·연령·직업과 주거를 기재하여야 하고, 재판을 받는 자가 법인인 때에는 그 명칭과 사무소를 기재하여야 하며, 판결서에는 기소한 검사와 공판에 관여한 검사의 관직·성명과 변호인의 성명을 기재하여야 한다(제40조).

재판서에는 재판한 법관이 서명날인할 수 없는 때에는 다른 법관이 그 사유를 부기하고 서명날인하여야 하며 다른 법관이 서명날인할 수 없는 때에는 재판장이 그 사유를 부기하고 서명날인하여야 한다. 판결서와 각종 영장(감정유치장 및 감정처분허가장을 포함한다)을 제외한 재판서에 대하여는 서명날인에 갈음하여 기명날인할 수 있다(제41조).

검사의 집행지휘를 요하는 재판은 재판서 또는 재판을 기재한 조서의 등본 또는

---

1) 이재상/조균석, 698－697면.

초본을 재판의 선고 또는 고지한 때로부터 10일 이내에 검사에게 송부하여야 한다. 다만 법률에 다른 규정이 있는 때에는 예외로 한다(제44조). 피고인 기타의 소송관계인은 비용을 납입하고 재판서 또는 재판을 기재한 조서의 등본 또는 초본의 교부를 청구할 수 있다(제45조). 재판서 또는 재판을 기재한 조서의 등본 또는 초본은 원본에 의하여 작성하여야 한다. 다만 부득이한 경우에는 등본에 의하여 작성할 수 있다(제46조).

재판서에 잘못된 계산이나 기재, 그 밖에 이와 비슷한 잘못이 있음이 분명한 때에는 법원은 직권으로 또는 당사자의 신청에 따라 경정결정을 할 수 있다. 경정결정에 대하여는 즉시항고를 할 수 있다(규칙 제25조 참조).

제 2 절 종국재판

종국재판이란 당해 소송을 그 심급에서 종결시키는 재판을 말한다. 종국재판에는 실체재판과 형식재판이 있다. 전자에는 유죄판결과 무죄판결이 있으며, 후자에는 관할위반의 판결, 공소기각의 결정과 판결 및 면소판결이 있다. 종국재판은 공판절차상의 심리와 변론을 거쳐 행해지는 것이 원칙이지만, 다만 공소기각의 결정의 경우에는 결정이므로 구두변론을 요하지 않는다.

Ⅰ. 유죄의 판결

1. 유죄판결의 의의

유죄판결이란 피고사건에 대하여 범죄사실의 증명이 있는 때에 선고하는 실체재판을 말한다. 여기에는 형의 선고의 판결과 형의 선고유예 및 형의 면제의 판결을 포함한다(제321조, 제322조).

여기서 범죄의 증명이 있는 때란 공판정에서 적법한 증거조사절차를 거친 증거능력 있는 증거에 의하여 법원이 범죄사실의 존재에 관하여 합리적인 의심이 없을 정도의 확신을 가진 경우를 말한다.

형의 집행유예, 판결 전 구금의 산입일수, 노역장의 유치기간 및 재산형의 가납명령도 형의 선고와 동시에 판결로써 선고하여야 한다(제322조, 제334조).

2. 유죄판결에 명시할 이유

법원이 유죄판결을 선고하는 경우에는 그 판결에 대한 충분한 이유를 설명하여야 한다. 이에 관하여 형사소송법은 제323조에 형의 선고를 하는 때에는 판결이유에 범죄될 사실, 증거의 요지와 법령의 적용을 명시하여야 하고, 법률상 범죄의 성립을 조각하는 이유 또는 형의 가중·감면의 이유되는 사실의 진술이 있는 때에는 이에 대한 판단을 명시하여야 한다고 규정하고 있다. 즉 유죄판결 시에는 어떤 범죄사실에 대하여 어떤 법률을 적용하는지를 객관적으로 명백히 알 수 있도록 기재할 것을 요구하고 있다. 따라서 적시하지 않는 사실이라 하더라도 재판에는 그 이유를 명시할 필요가 있는 경우에는 이유에 대한 설명이 필요하다고 해야 한다.

유죄판결에 명시할 이유는 유죄판결을 기초지우는 근거이다. 따라서 유죄판결에 명시할 이유를 붙이지 않거나 그 이유가 모순이 있는 때에는 절대적 항소이유가 되지만(제361조의5 제11호), 이와 달리 법률상 범죄의 성립을 조각하는 이유 또는 형의 가중·감면의 이유되는 사실의 진술이 있는 때에는 이에 대한 판단을 명시하도록 규정하고 있는데, 이를 위반한 경우에는 단순한 소송절차의 법령위반(제361조의5 제1호)에 불과하게 된다.

(1) 범죄될 사실

1) 범죄될 사실의 의의

범죄될 사실이란 특정한 범죄구성요건에 해당하고 위법하며 유책한 구체적인 사실을 말한다. 유죄판결 시에 이러한 범죄될 사실을 기재하도록 한 것은 이 부분이 법적 평가의 사실상의 기초가 되며, 사건의 동일성과 일사부재리의 효력의 범위를 명확히 하도록 하기 위함이다.

2) 범죄될 사실의 범위

유죄판결에 명시되어야 할 범죄될 사실에는 다음과 같은 사실들이 포함되어야 한다.

① 구성요건해당사실 구성요건에 해당하는 구체적인 사실이란 객관적 구성요건의 요소가 되는 행위주체, 객체, 행위의 수단과 방법, 결과 및 인과관계 등의 사실과 주관적 구성요건의 요소가 되는 고의, 과실 등의 사실을 말한다. 주관적 구성요

건요소인 과실의 구체적인 내용, 목적, 불법영득의사 등이 명시되어야 한다. 다만 고의의 경우에는 구성요건에 해당하는 사실만으로 고의가 인정되는 경우가 통상적이지만 그렇지 않을 경우에는 고의도 명시되어야 한다. 또한 미수, 예비, 공동정범, 교사범, 종범, 간접정범의 내용도 명시되어야 한다.

그런데 소송법적인 사실인 범죄의 일시와 장소가 범죄될 사실에 포함되는가가 문제된다. 이에 대하여는 범죄사실은 역사적 구체성을 지녀야 한다는 점을 근거로 이를 범죄사실의 요소로 보아야 한다는 견해[2]도 있으나, 범죄의 일시와 장소는 그것이 구성요건요소로 되어 있는 경우를 제외하고는 범죄사실 그 자체라고는 할 수 없으며, 범죄사실을 특정하기 위한 요소에 불과하다고 보는 견해가 타당하다고 생각된다. 다만 범죄의 일시와 장소는 공소사실의 특정을 위해서는 필요한 범위에서는 명시할 필요가 있다.

② 위법성과 책임　　범죄될 사실은 구성요건에 해당하고 위법하며 유책한 행위이다. 그런데 구성요건에 해당하는 행위는 위법성과 책임이 사실상 추정되기 때문에 구성요건에 해당하는 구체적인 사실의 기재가 있으면 위법성과 책임에 관해서는 특별한 판단을 요하지 않는다고 보는 입장이 타당하다.

③ 처벌조건　　처벌조건인 사실은 구성요건에 해당하는 사실은 아니지만 형벌권 존부를 좌우하게 되는 범죄될 사실이므로 판결이유에 명시하여야 한다.

④ 형의 가중·감면사유　　형의 가중·감면사유에 대하여는 법률상 형의 가중사유나 형의 감면사유에 대하여는 판결이유에 명시하여야 한다는 점에 대하여는 이견이 없다. 다만 누범전과를 판결이유에 명시적으로 기재해야 하는 이유에 대해서는, ① 누범전과도 엄격한 증명을 요하는 범죄사실과 마찬가지로 형벌권의 범위를 정하는 사실로서 범죄사실에 포함되기 때문이라는 견해와 ② 범죄사실은 아니지만 중요사실이므로 표시하여야 한다는 견해가 대립한다.

생각건대 엄격한 증명을 요하는 사실과 범죄사실은 그 범위가 반드시 일치하는 것은 아니며, 누범전과 그 자체를 범죄사실이라고는 할 수 없다. 따라서 누범전과는 범죄사실은 아니지만 엄격한 증명을 요하는 사실이고 법률상 형벌이 가중되는 중요한 사실이므로 범죄사실에 준하여 판결이유에 표시해야 한다고 해석하는 견해가 타

2) 강구진, 519면.

당하다고 생각된다.[3)]

그러나 일반적인 양형사유인 정상에 관한 사실은 명시할 필요가 없다는 것이 판례의 입장이지만,[4)] 입법론적으로는 독일 형사소송법과 같이 유죄판결에 양형의 이유를 표시하도록 개정할 필요가 있다.

3) 명시의 정도

범죄될 사실은 법적 구성요건과의 관계에서 구체적으로 명시할 것을 요한다. 따라서 범죄의 일시와 장소는 범죄사실의 특정을 위해 필요한 정도로 기재하면 족하고, 교사범이나 방조범의 범죄사실을 적시할 때에는 정범의 범죄사실을 기재하여야 한다. 또한 범죄사실을 명시할 때에는 공소사실의 특정을 요하는 우리 형사소송법의 입장에서는 유죄판결의 이유에 명시하여야 할 범죄될 사실을 택일적으로 인정하는 것은 허용되지 않는다는 것이 판례[5)]와 학설[6)]의 입장이다.

경합범의 경우에는 개별 범죄사실을 구체적으로 특정하여 판시해야 하며, 상상적 경합범인 경우에도 실체법상으로는 수개의 죄이므로 각 개의 범죄사실에 대하여 구체적으로 판시해야 한다. 그러나 포괄일죄의 경우에는 그 전체 범행의 시기와 종기, 범행방법, 범행횟수, 피해액의 합계 등을 명시하여 포괄적으로 판시하는 것도 가능하다.[7)]

(2) 증거의 요지

1) 증거의 요지의 의의

증거의 요지란 범죄될 사실을 인정하는 자료가 되는 증거의 요지를 말한다. 판결이유에 증거의 요지를 기재할 것을 요구하는 것은 범죄사실인정의 합리성을 담보하고, 상소심의 심사에 대한 편의를 제공하며, 나아가 소송경제적인 측면도 고려했다고 할 수 있다.

---

3) 백형구, 530면; 신동운, 1442면; 이재상/조균석, 700면; 임동규, 676면.

4) 대법원 1969. 11. 18. 선고 69도1782 판결.

5) 대법원 1993. 5. 25. 선고 93도558 판결(피고인들이 '남평 문씨 40세손을 공동선조로 하는 종중'과 공소사실에 기재되어 있지 아니한 '남평 문씨 39세손을 공동선조로 하는 종중' 가운데 어느 한 종중으로부터 임야의 소유자 명의를 신탁받아 보관하다가 이를 횡령하였다고 범죄될 사실을 택일적으로 인정하여 형을 선고한 원심판결에 심리미진 및 법리오해의 위법이 있다고 한 사례).

6) 김재환, 816면; 신동운, 1442면; 임동규, 677면; 차용석/최용성, 715면.

7) 대법원 2005. 11. 10. 선고 2004도1164 판결.

2) 증거적시를 요하는 범위

증거의 요지를 적시할 것을 요하는 것은 범죄사실의 내용을 이루는 사실에 제한된다. 유죄판결의 증거는 범죄사실을 증명할 적극적인 증거를 적시하면 충분하다. 따라서 범죄사실이 아닌 범죄의 원인과 동기, 일시와 장소는 증거적시를 요하지 아니하며, 고의는 주관적 구성요건요소이지만 객관적 구성요건요소에 의하여 그 존재를 인정할 수 있으므로 특별히 증거적시가 요구되지는 않는다. 그러나 누범전과는 범죄사실은 아니지만 범죄사실에 준하는 중요한 사실이므로 증거적시를 요한다고 해야 할 것이다. 그 밖에도 소송법적 사실인 자백의 임의성이나 신빙성, 소송조건에 관한 사실, 공지의 사실도 범죄사실이 아니므로 증거적시를 요하지 않는다고 해야 할 것이다.

3) 증거적시의 방법

증거의 요지를 적시함에 있어서는 어떤 증거로부터 어떤 사실을 인정하였는가를 알 수 있도록 당해 증거를 구체적·개별적으로 표시해야 한다. 따라서 진술의 경우에는 사람별로, 서증은 각 서류별로, 물증은 그 물건을 표시하여야 한다. 어떤 증거에 의하여 어떤 범죄사실을 인정하였는가를 알아볼 수 있을 정도의 증거의 중요부분을 표시하면 된다.[8] 이때 법원이 적시하는 증거는 적법한 증거조사를 거친 증거능력 있는 증거이어야 한다.

(3) 법령의 적용

법령의 적용이란 인정된 범죄사실에 대하여 형벌법규를 적용하는 것을 말한다. 재판에 법령의 적용을 명시하도록 요구하는 것은 인정된 범죄사실에 대하여 정당하게 실체법이 적용되었는가를 알 수 있는 명백한 근거가 되기 때문이다.

재판에서의 법령의 적용이란 공소장에 기재된 적용법조에 절대적으로 구속되는 것은 아니므로, 공소장변경이 필요 없는 범위 내에서는 공소범죄사실에 대하여 공소장에 기재된 적용법조와 다른 법령을 적용할 수 있다. 또한 몰수와 압수장물의 환부를 선고하면서 적용법률을 표시하지 않은 경우에도 이 규정을 적용한 취지가 인정되는 이상 위법이라고 할 수 없다.[9]

---

8) 대법원 2010. 10. 14. 선고 2010도9151 판결.

9) 대법원 1971. 4. 30. 선고 71도510 판결.

(4) 소송관계인의 주장에 대한 판단

1) 제323조 제2항의 의의

법률상 범죄의 성립을 조각하는 이유 또는 형의 가중·감면의 이유되는 사실의 진술이 있는 때에는 이에 대한 판단을 명시하여야 한다(제323조 제2항).

이 규정은 소송관계인이 이러한 사유에 관한 진술이 공판정에서 있을 것을 전제로 하여, 이러한 주장에 대한 법원의 명시적인 판단을 요구하고 있는데, 이 규정의 취지는 법원의 유죄판결의 이유에 소송관계인의 진술에 대한 판단을 명시할 것을 요하는 것은 당사자주의 표현인 동시에 재판의 공정성을 담보하는데 있다. 다만 제323조 제2항에 해당하는 사실의 진술이 있는 때에 이러한 주장에 대한 판단을 할 때에 주장을 받아들일 것인지 여부인 그 결론만을 표시하면 충분하다는 것이 소수설과 판례[10]의 입장이다. 그러나 이 조항을 특별히 규정하고 있는 취지를 고려해볼 때 그 이유에 대한 설명이 필요하다는 견해[11]가 타당하다고 생각된다.

2) 법률상 범죄의 성립을 조각하는 이유되는 사실의 주장

법률상 범죄의 성립을 조각하는 이유되는 사실이란 범죄구성요건 이외의 사실로서 법률상 범죄의 성립을 조각하는 이유되는 사실을 말한다. 법률상 범죄의 성립을 조각하는 이유되는 사실에 구성요건해당성조각사유도 여기에 포함된다는 견해[12]도 있으나, 구성요건해당성조각사유에 해당한다는 진술은 범죄 자체를 부인하는 것과 같으므로 위법성조각사유와 책임조각사유만이 여기에 해당한다고 해석하는 견해[13]가 타당하다고 생각되며, 판례[14]도 같은 입장이다.

법률상 범죄의 성립을 조각하는 이유되는 사실의 진술이므로 범죄구성요건요소인 고의를 부정하거나 범죄사실 자체를 부인하는 경우 또는 실체법상의 범죄성립과 관계없는 공소권의 소멸을 주장하는 경우에는 범죄의 성립을 조각하는 이유되는 사실의 진술이라고 할 수 없다. 그러나 위법성조각사유인 정당행위·정당방위·긴급피난·자구행위 또는 책임조각사유인 책임무능력·기대불가능성·정당한 이유 있는 법률

10) 대법원 1952. 7. 29. 선고 4285형상82 판결.

11) 김재환, 824면; 신동운, 1445면; 이재상/조균석, 705면; 임동규, 682면; 정웅석/백승민, 807면; 차용석/최용성, 718면.

12) 백형구, 759면; 이영란, 607면.

13) 배종대/이상돈/정승환/이주원, §60/26; 이재상/조균석, 705면; 정영석/이형국, 430면.

14) 대법원 1990. 9. 28. 선고 90도427 판결.

의 착오에 대한 진술이 있는 경우에는 이에 대한 판단이 필요하다고 보아야 한다.

3) 법률상 형의 가중·감면의 이유되는 사실의 진술

법률상 형의 가중·감면의 이유되는 사실의 범위에 관해서는 누범·심신장애·중지미수의 경우와 같이 필요적 가중·감면사유만을 의미한다는 견해[15]와 과잉피난·자수·작량감경사유와 같은 임의적 가중·감면사유도 여기에 포함된다는 견해[16]가 대립된다. 판례[17]는 일관되게 자수나 정상참작의 주장에 대하여는 판단하지 않더라도 위법하지 않다고 판시하여 필요적 가중·감면사유의 진술에 한한다는 입장을 취하고 있다. 생각건대 당사자의 주장을 신중히 고려하여 판결의 공정성을 확보한다는 측면을 고려해볼 때 임의적 가중·감면사유도 여기에 포함한다고 해석하는 것이 타당하다고 생각된다.

Ⅱ. 무죄판결

무죄판결이란 피고사건에 대하여 범죄가 성립하지 않거나 범죄사실의 증명이 없다는 것을 확인하는 판결, 즉 형벌권의 부존재를 확인하는 판결을 말한다. 피고사건이 범죄로 되지 않거나 범죄사실의 증명이 없는 때에는 판결로써 무죄를 선고하여야 한다(제325조).

여기서 피고사건이 **'범죄로 되지 않는 때'** 란 공소사실이 범죄를 구성하지 않는 경우를 말한다. 예컨대 공소사실이 구성요건에 해당하지 않는 경우, 처벌조항이 헌법에 위반하여 무효인 경우,[18] 구성요건에는 해당하지만 위법성조각사유나 책임조각사유가 존재하는 경우도 여기에 해당한다. 다만 처음부터 공소사실이 범죄로 되지 않는 것이 명백한 경우에는 "공소장에 기재된 사실이 진실하다 하더라도 범죄가 될 만한 사실이 포함되지 아니한 때"에 해당하여 법원은 결정으로 공소를 기각하여야 한다(제

---

15) 김재환, 823면; 백형구, 759면; 송광섭, 741면; 임동규, 682면; 정영석/이형국, 430면.

16) 배종대/이상돈/정승환/이주원, §60/27; 신동운, 1447면; 이재상/조균석, 706면; 차용석/최용성, 719면.

17) 대법원 2004. 6. 11. 선고 2001도872 판결; 대법원 2011. 12. 22. 선고 2011도12041 판결.

18) 대법원 2011. 6. 23. 선고 2008도7562 판결(죄형에 관한 법령이 헌법재판소의 위헌결정으로 무효가 되었거나 또는 헌법불합치결정을 선고하면서 법령개정시한을 정하였으나 그 기한이 경과하도록 개정을 하지 않아 이러한 법령위반으로 공소제기된 경우에는 형사소송법 제325조 전단을 적용하여 무죄를 선고하여야 한다).

328조 제1항 제4호).

'범죄사실의 증명이 없는 때'란 공소사실에 대한 증거나 증명이 불충분하여 법관이 유죄의 확신을 가지지 못하는 경우 또는 공소사실의 부존재가 증명된 경우를 말한다. 법관은 합리적인 의심이 없을 정도의 유죄의 확신을 가지지 못하는 경우에는 무죄추정의 원칙, 이른바 의심스러운 때에는 피고인의 이익으로의 원칙에 의해 무죄를 선고해야 하기 때문이다. 무죄판결에 대하여는 특별한 규정은 없으나 무죄판결도 판결이므로 그 이유를 기재하는 것은 당연하다고 하겠다.

법원은 무죄판결을 선고하면서 판결공시의 취지를 선고할 수 있으며(형법 제58조 제2항), 국가는 무죄판결이 확정된 경우에는 당해 사건의 피고인이었던 자에 대하여 그 재판에 소요된 비용을 보상하여야 한다(제194조의2 제1항). 피고인이었던 자에 대한 국가에 의한 소송비용의 보상은 형사사법기관의 귀책사유를 묻지 않고 소송비용을 보상하는 것이다.[19] 비용의 보상은 피고인이었던 자의 청구에 따라 무죄판결을 선고한 법원의 합의부에서 결정하며, 비용보상의 청구는 무죄판결이 확정된 사실을 안 날부터 3년, 무죄판결이 확정된 때부터 5년 이내에 하여야 한다. 형사보상의 범위는 공판준비 및 공판기일에 출석하는데 소요된 여비·일당·숙박료와 변호인이었던 자에 대한 보수에 한하며, 보상금액은 「형사소송비용 등에 관한 법률」을 준용하되, 피고인이었던 자에 대하여는 증인에 관한 규정을, 변호인이었던 자에 대하여는 국선변호인에 관한 규정을 준용한다(제194조의4). 그 밖에도 비용보상에 관하여는 형사소송법에 규정한 것을 제외하고는 「형사보상법」에 다른 보상의 예에 따른다(제194조의5).

III. 관할위반과 공소기각의 판결

1. 관할위반의 판결

(1) 관할위반의 판결의 의의

피고사건이 법원의 관할에 속하지 아니한 때에는 판결로써 관할위반의 선고를 하여야 한다(제319조). 이를 관할위반의 판결이라 한다. 관할위반의 판결은 종국재판이므로 형식적 확정력과 내용적 구속력을 갖지만, 일사부재리의 효력은 지니고 있지 않다.

---

19) 헌법재판소 2013. 8. 29. 선고 2012헌바168 결정.

(2) 관할위반의 판결의 사유

관할위반의 판결은 피고사건이 해당 법원의 관할에 속하지 않은 경우에 관할위반의 판결을 선고하게 되는데, 여기서의 법원의 관할에는 토지관할과 사물관할을 포함한다. 토지관할은 공소제기시에 존재하면 충분하지만, 사물관할은 공소제기시부터 재판시에도 존재할 것을 요한다. 관할권의 유무는 공소장에 기재된 공소사실을 기준으로 하며, 공소장변경이 있는 경우에는 변경된 공소사실이 기준이 된다. 피고사건이 법원의 관할에 속하지 아니한 때에는 관할위반의 판결을 선고해야 하는 것이 원칙이다(제319조). 그러나 토지관할에 관하여는 피고인의 신청이 없으면 법원은 관할 위반의 선고를 하지 못하며, 관할 위반의 신청은 피고사건에 대한 진술 전에 하여야 한다(제320조).

2. 공소기각의 재판

(1) 공소기각의 재판의 의의

공소기각의 재판은 피고사건에 대하여 법원이 관할권 이외의 형식적 소송조건이 결여된 경우에 절차상의 하자를 이유로 공소제기가 부적법하다고 판단하여 사건의 실체에 대한 심리를 하지 않고 소송을 종결시키는 형식재판이다. 공소기각의 재판에는 공소기각의 결정(제328조)과 공소기각의 판결(제327조)이 있다.

(2) 공소기각의 결정

공소기각사유 중에 공소제기 절차상의 하자가 중대하고 명백한 경우에는 공소기각의 결정을 하여야 한다. 여기에 해당하는 사유로는, ① 공소가 취소되었을 때, ② 피고인이 사망하거나 피고인인 법인이 존속하지 아니하게 되었을 때, ③ 관할의 경합으로 인하여 재판할 수 없는 때, ④ 공소장에 기재된 사실이 진실하다고 하더라도 범죄가 될 만한 사실이 포함되지 아니한 때이다(제328조 제1항).

공소기각의 결정에 대하여는 즉시항고할 수 있으며, 공소취소에 의한 공소기각의 결정이 확정된 때에는 공소취소 후 그 범죄사실에 대한 다른 중요한 증거를 발견한 경우에 한하여 다시 공소를 제기할 수 있다(제329조).

(3) 공소기각의 판결

공소기각의 사유 중에서 공소기각의 결정에 해당하는 경우 이외의 공소제기 절차상에 흠결이 있는 경우에는 공소기각의 판결을 해야 한다. 여기에 해당하는 사유로는, ① 피고인에 대하여 재판권이 없는 때, ② 공소제기의 절차가 법률의 규정에 위반하여 무효인 때, ③ 공소제기된 사건에 대하여 다시 공소가 제기되었을 때, ④ 공소취소 후 다른 중요한 증거를 발견하지 않았음에도 불구하고 공소가 제기되었을 때, ⑤ 친고죄에 대하여 고소의 취소가 있은 때, ⑥ 반의사불벌죄에 대하여 처벌을 희망하지 아니하는 의사표시가 있거나 처벌을 희망하는 의사표시가 철회되었을 때이다(제327조).

여기서 '공소제기의 절차가 법률의 규정에 위반하여 무효에 해당하는 경우'란 공소제기의 권한 없는 자가 공소제기를 한 경우, 공소제기의 방식에 중대한 하자가 있는 경우, 공소제기 당시에 소송조건이 결여된 경우, 공소사실이 특정되지 않은 경우, 공소장일본주의에 위반한 경우 등을 의미한다.

이와 달리 무혐의결정하였던 사건을 고소에 의해 재기수사하여 공소제기를 한 경우, 친고죄에 있어서 고소 없이 수사를 하였으나 공소제기 전에 고소장을 받아 공소를 제기한 경우에 위법한 공소제기는 아니다. 나아가 공소기각의 사유가 있는 경우에도 법원이 사건의 실체에 관한 심리가 이미 완료된 경우에는 피고인의 이익을 위하여 무죄판결을 선고하더라도 위법하다고 할 수 없다.[20] 공소기각의 판결에 대하여 상소를 할 수 있으나, 피고인이 공소기각의 판결에 대하여 무죄를 주장하면서 상소하는 것은 허용되지 않는다.[21]

그 밖에도 공소기각의 재판을 하는 경우에는 피고인의 출석을 요하지 않으며, 피고인은 대리인을 출석하게 할 수 있다(제277조 제2호). 공소시효는 재판이 확정되면 그때부터 다시 진행한다. 공판절차정지사유가 있어도 재판을 계속할 수 있다. 공소기각의 재판을 받아 확정된 피고인이 공소기각의 재판을 받을 만한 사유가 없었더라면 무죄재판을 받을 만한 현저한 사유가 있었을 경우에는 구금에 대한 보상을 청구할 수 있다(형사보상 및 명예회복에 관한 법률 제26조 제1항 제1호).

---

20) 대법원 2015. 5. 28. 선고 2013도10958 판결.

21) 대법원 2008. 5. 15. 선고 2007도6793 판결.

Ⅳ. 면소의 판결

1. 면소판결의 의의

면소판결은 형식재판이면서도 일사부재리의 효력이 인정되는 재판이다. 재판에는 실체재판과 형식재판이 있으며, 실체재판은 일사부재리의 효력이 인정되지만, 이에 반해 형식재판에는 이러한 효력이 인정되지 않는다. 면소판결과 관련해서는 면소판결의 본질, 즉 그 법적 성질이 무엇인지가 문제된다.

2. 면소판결의 본질

(1) 학설의 대립

면소판결의 법적 성질, 즉 그 본질이 형식재판인가 실체재판인가, 아니면 독자적인 형태의 재판인가에 대하여는 견해가 대립된다.

1) 실체재판설

면소판결은 범죄는 성립하지만 형벌권이 소멸하는 경우에 선고하는 실체재판이라는 견해이다. 즉 공소사실의 실체에 대한 심리를 하여 범죄의 성립을 인정하여 그에 따른 형벌권이 발생하는 것을 전제로 면소사유에 의하여 발생된 형벌권이 소멸하는 경우에 선고하는 것이 면소판결이며, 범죄사실 자체가 성립하지 않는 경우에는 무죄판결을 선고해야 한다. 면소판결의 본질을 실체재판으로 이해하는 견해에 의하면 면소판결을 위해서는 실체에 대한 심리가 필요하므로, 면소판결에 대하여는 기판력과 일사부재리의 효력을 인정하게 된다. 따라서 면소판결에 대하여 무죄를 주장하는 피고인은 상소할 이익이 있어 상소가 가능하게 된다.

그러나 이 학설에 대한 비판으로는 ① 면소판결을 형벌권의 소멸을 확인하는 재판이라고 할 때에는 무죄판결과 구별이 어려우며, ② 면소판결의 사유 중에서 무죄의 확정판결이 있은 때에는 형벌권이 존재하지 않는 것이 명백하므로 무죄판결을 해야 함에도 불구하고 면소판결을 하도록 하는 것에 대한 합리적인 설명이 불가능하고, ③ 유죄판결을 선고할 것이 아닌데도 불구하고 범죄사실의 존부를 확인하는 것에 대한 이유를 설명할 수 없다는 비난을 피하기가 어려워 현재 이 학설을 주장하는 학자는 없다.

2) 이 분 설

이 학설은 면소판결의 사유의 성격에 따라 면소판결의 본질을 다르게 이해하여, 확정판결을 이유로 하는 면소판결의 경우는 형식재판이고, 사면·공소시효의 완성·형의 폐지를 이유로 하는 면소판결의 경우에는 실체재판으로 이해하는 견해이다. 즉 전자는 형벌권의 발생유무를 불문하고 유죄·무죄의 실체재판이 확정되었으므로 그 기판력의 불가쟁력에 위반한 부적법한 공소제기를 이유로 하는 형식재판이지만, 후자는 범죄사실의 유무를 불문하고 형벌권을 발생할 수 없도록 하는 특수한 사정의 존재를 이유로 형벌권이 소멸되는 실체재판이라는 견해이다. 그 밖에도 모든 면소판결은 원칙적으로 형식재판이지만, 실체심리를 하여 공소사실이 인정된 경우의 면소판결은 실체재판이라는 견해를 신이분설이라 한다.

그러나 이분설은 무죄의 확정판결이 있은 때에 면소판결을 한 경우의 법적 성질에 대하여 실체재판설이 지닌 난점을 해소하는 측면은 있으나, 법이 통일적으로 규정하고 있는 면소판결의 사유에 대하여 이를 통일적으로 설명하는 것을 포기했다는 비판을 면하기 어렵다.

3) 실체관계적 형식재판설

면소판결의 본질은 실체적 소송조건이 구비되지 아니한 경우에 선고되는 실체관계적 형식재판이라는 견해이다.[22] 즉 면소판결은 실체관계에 대한 심리를 중간에 종결시킨다는 의미에서 형식재판이지만, 실체적 소송조건은 소송의 실체면에 관한 사유를 소송조건으로 하는 것이므로 면소판결을 하는 경우에도 어느 정도 실체에 관한 심리를 할 필요가 있고, 형식재판이면서도 기판력이 인정되므로 면소판결에 대하여 피고인이 무죄를 주장하여 상소할 수 있다고 하게 된다.

그러나 이 견해는 ① 무죄의 확정판결이 있은 때에는 범죄가 성립하지 않기 때문에 무죄판결을 선고해야 하는데 이 점은 면소판결을 선고하도록 규정하고 있는 법규정에 위반되는 결과를 가져오며, ② 실체적 소송조건이라고 하여도 반드시 실체에 들어가서 심리를 요하지 않고 반면에 형식적 소송조건도 실체에 들어가거나 실체에 관계된 것이라는 점은 실체적 소송조건에 고유한 문제라고는 할 수 없고, ③ 실체관계적이라는 것은 실체 자체를 판단하는 것이 아니므로 이에 대하여는 일사부재리의 효력을 인정해야 할 명백한 근거가 없다.

---

22) 송광섭, 732면; 신현주, 716면.

4) 형식재판설

면소판결은 소송의 실체에 대한 심리를 하지 않고 형식적으로 소송을 종결시키므로 형식재판이라고 해석하는 견해를 말한다. 즉 4가지 면소판결의 사유는 모두 사건에 대한 실체심리를 하여 그 존부를 확인하는 것이 부적당하다는 공통점이 있다. 즉 확정판결이 있은 때에는 이중위험금지의 법리에 의해 실체심리가 금지되며, 다른 면소판결사유도 범죄사실이 존재하는 경우라 하더라도 실체심판을 해야 할 법률적 이익 내지 소송추행의 이익이 없기 때문에 실체심리를 할 수 없는 경우이다. 말하자면 모든 면소사유는 소송장애사유 내지 형사소추의 제한적 조건에 해당하여 이러한 조건이 결여된 경우에 선고하는 형식재판이 면소판결이라고 보고 있다.

따라서 형식재판설에 의하면 면소사유가 밝혀진 경우에는 실체에 대한 일체의 심리가 허용되지 않으며, 피고인은 면소판결에 대하여 상소를 할 수 없게 된다는 입장을 취하게 된다. 오늘날 이 견해가 우리나라의 통설[23]이며, 대법원 판례[24]의 입장이기도 하다.

이 학설이 면소판결의 본질에 대하여 실체 판단을 하는 것이 아니라고 이해하는 부분은 타당하지만 면소판결의 기판력을 설명하기 곤란하다는 비판을 피하기 어렵다고 생각된다.

여기서 형식재판인 면소판결의 기판력을 인정할 것인가? 인정할 경우에는 그 이론적 근거는 무엇으로 설명할 것인지에 관해서는 견해가 대립한다.

(2) 면소판결의 법적 성질

면소판결의 본질에 대한 견해의 대립은, ① 면소판결은 실체심리를 요하는가, ② 면소판결에 대하여 무죄를 이유로 상소할 수 있는가, ③ 면소판결에 일사부재리의 효력이 인정되는가에 대하여 그 결론을 달리하게 되기 때문에, 아래에서는 이러한 문제에 대하여 구체적으로 살펴보기로 한다. 우리나라에서는 실체관계적 형식재판설과 형식재판설이 대립하기 때문에 이 견해를 중심으로 그 당부를 살펴보기로 한다.

1) 공소사실에 대한 실체심리의 필요성 여부

공소사실에 대하여 어느 정도 실체심리를 하지 않으면 면소사유에 해당하는지를 판단할 수 없는 경우에는 실체심리가 허용되지 않을 수 없다. 이 점에서는 형식적 소

---

23) 백형구, 778면; 손동권/신이철, 697면; 신동운, 1462면; 정웅석/백승민, 803면; 차용석/최용성, 726면.

24) 대법원 1964. 3. 31. 선고 64도64 판결.

송조건의 경우에도 마찬가지이기 때문에 이를 면소판결의 본질이라고 할 수 없다. 이와 달리 면소사유 중에서 공소사실 자체로부터 면소사유가 인정되는 경우에는 실체심리는 허용해서는 안 되며 면소판결에 의하여 소송절차를 종결해야 한다는 것이 형식재판설의 입장이다.

이에 반하여 실체관계적 형식재판설에 의하면 실체적 소송조건의 존부를 확인하기 위하여 어느 정도 실체심리를 요한다고 하게 되므로 이 경우에도 실체심리를 요한다고 하게 된다. 그러나 실체재판을 할 수 없음에도 불구하고 이 견해에 따르면 실체심리를 계속하는 결과를 초래하므로 이는 소송경제나 피고인의 인권보호의 관점에서 부당하며, 또한 실체심리를 어디까지 계속해야 하는지도 불명확하다는 비판을 면하기 어렵다. 따라서 이 점에서는 형식재판설이 타당하다.

2) 면소판결에 대한 피고인의 상소

면소판결에 대하여 피고인이 무죄를 주장하여 상소할 수 있는지 또는 면소사유가 있는 경우에도 법원이 무죄판결을 선고할 수 있는지에 관해 실체관계적 형식재판설에 의하면 이를 긍정하는 입장을 취한다. 이에 반하여 형식재판설에 의하면 면소사유가 있는 경우에는 실체법상의 유죄·무죄를 불문하고 형식재판인 면소판결에 의하여 피고인을 소송절차에서 해방시켜야 하기 때문에 피고인이 무죄를 주장하여 상소를 할 수는 없다고 하게 된다.

생각건대 실체관계적 형식재판설이 피고인에게 무죄판결청구권을 인정하는 것은 피고인에게 이익이 된다는 점을 고려한 것이지만, 피고인을 영원히 소송절차에서 해방시킨다는 점에서는 면소판결이 무죄판결이나 마찬가지이다. 물론 무죄판결과 달리 면소판결에 대하여는 사회적으로 불이익한 평가가 포함되어 있을 수 있지만 이는 형사소송의 구제대상이라고 할 수 없다. 또한 면소판결에 대하여 무죄를 이유로 상소를 인정하는 것은 피고인을 소송절차로부터 가능한 신속히 해방시킨다는 면소판결의 취지를 고려해볼 때 형식재판설이 타당하다.

대법원 판례도 형식재판설의 입장에서 면소판결에 대하여 피고인이 무죄를 주장하여 상소할 수 없으며,[25] 면소판결의 사유가 있는데 무죄판결을 하는 것은 위법이라는 입장을 취하고 있으며,[26] 이는 지배적인 학설의 입장이기도 하다.

---

25) 대법원 2010. 12. 16. 선고 2010도5986 전원합의체 판결.
26) 대법원 1969. 12. 30. 선고 69도2018 판결.

3) 면소판결과 일사부재리의 효력

면소판결에 대하여 일사부재리(一事不再理)의 효력을 인정할 수 있는가의 문제는 다른 형식재판인 공소기각 또는 관할위반의 재판과 어떻게 구별되는가와 연관되는 문제이다. 면소판결에 대하여 일사부재리의 효력을 인정하기 위한 이론이 실체관계적 형식재판설이다. 결국 형식재판에 대하여도 일사부재리의 효력을 인정할 수 있는가에 달려 있다. 우리나라에서는 면소판결에 대하여 형식재판설의 입장을 취하는 학자들은 일사부재리의 효력을 인정하는 점에 대해서는 이견이 없으나, 그 근거에 대하여는 **형식적 본안재판설**과 **소송추행이익 결여설**이 대립하고 있다.

① 형식적 본안재판설 면소판결은 형식재판인 동시에 형벌권의 존부에 대한 판단을 하는 재판, 즉 공소사실의 이유 유무를 판단하는 본안재판이기 때문이라는 견해이다. 즉 면소판결은 형식적 본안재판으로서 당해 사건에 대하여 실질적으로 종국적인 처리를 하는 재판이므로 일사부재리의 효력을 인정할 수 있다는 것이다. 결국 이 이론은 실체관계적 형식재판과 같은 이론이라고 할 수 있으며, 실질적으로 실체와 관련된 재판이기 때문에 일사부재리의 효력을 인정할 수 있다는 것이다. 따라서 이 학설에 의하면 면소판결의 일사부재리의 효력은 실체심리가 어느 정도 이루어진 경우에 비로소 발생한다고 하게 된다.

② 소송추행이익 결여설 공소기각과 면소판결의 차이는 전자는 공소기각의 사유가 된 소송조건을 구비하면 재기소가 가능하지만, 면소판결의 경우에는 소송조건의 흠결을 보완할 수 없을 뿐만 아니라 절차적 조건의 보완이 있더라도 같은 공소사실에 대하여는 다시 소추를 하지 못한다는 것을 명백히 한 것이므로 피고인의 기득권을 보호하기 위해 일사부재리의 효력이 인정된다는 견해이다.[27] 즉 면소판결의 사유가 있는 경우에는 공소사실에 대한 소송추행의 이익이 없어지므로 면소판결은 실체심리를 하지 않고 소송을 종결시키는 형식재판이라는 점에서 형식재판설이 타당하며, 면소판결은 형식재판이면서도 일사부재리의 효력이 있다. 특히 면소판결의 일사부재리의 효력은 면소판결은 그 본질에 있어서 단순한 절차적 하자를 이유로 하는 것이 아니라, 소송추행의 이익이 결여된 동일한 공소사실에 대하여 다시 소추하는 것을 금지하는 점에 있기 때문이다.

---

27) 배종대/이상돈/정승환/이주원, §61/15; 신동운, 1460면; 이은모, 793면; 이재상/조균석, 716－717면; 정영석/이형국, 426면; 정웅석/백승민, 803면; 차용석/최용성, 725면.

3. 면소판결의 사유

형사소송법 제326조에 규정되어 있는 면소판결의 사유를 제한적 규정으로 볼 것인지 아니면 예시적인 규정으로 해석할 것인지가 문제된다. 이를 소송추행의 이익이 없는 경우를 예시한 것으로 이해하여, 공소권남용, 중대한 위법수사에 의한 공소, 신속한 재판에 위배되는 공소제기의 경우에도 면소판결을 해야 한다는 견해도 있으나, 소추를 금지할 우월적 이익이 있는 경우를 법이 명문으로 규정한 제한규정으로 해석하는 견해가 타당하다고 생각한다.[28] 면소판결의 사유를 살펴보면 다음과 같다(제326조).

(1) 확정판결이 있은 때

이 면소판결 사유는 확정판결의 일사부재리의 효력에 의해 동일성이 인정되는 범죄사실에 대한 재소를 금지하는 데 있다. 여기서의 확정판결에는 유죄·무죄의 확정판결과 면소판결도 포함되며, 유죄판결에는 약식명령이나 즉결심판도 포함된다. 또한 소년에 대한 보호처분도 여기에 포함된다. 범칙금제도[29]는 재판절차와는 법적 성질에 있어서 차이가 있지만 범칙금을 납부하면 확정판결에 준하는 효력이 인정된다.[30]

이와 달리 행정벌인 과태료 부과처분은 확정판결에 해당하지 않으며, 확정된 외국판결도 여기에 해당하지 않는다.[31] 또한 공소기각과 관할위반의 형식재판도 당연히 여기에 포함되지 않는다.

그 밖에도 면소판결을 할 수 있는 범위는 확정판결의 기판력의 범위와 동일하므로, 물적 범위로는 공소사실과 동일성이 인정되어야 하고, 시간적으로는 사실심 판결 선고시까지 범하여진 것임을 요한다고 하겠다.

---

28) 김재환, 832면; 신동운, 1468면; 이재상/조균석, 717면; 임동규, 695면; 정웅석/백승민, 804면.

29) 경범죄처벌법 제8조 제3항, 도로교통법 제164조 제3항, 조세범 처벌절차법 제15조 제3항 등 참조.

30) 대법원 2016. 9. 26. 선고 2014도10748 판결.

31) 대법원 1983. 10. 25. 선고 83도2366 판결(피고인이 동일한 행위에 관하여 외국에서 형사처벌을 과하는 확정판결을 받았다 하더라도 이런 외국판결은 우리나라에서는 기판력이 없으므로 여기에 일사부재리의 원칙이 적용될 수 없다).

(2) 사면이 있은 때

사면에 의하여 형벌권이 소멸된 경우에는 실체심판의 이익이 결여되어 있기 때문에 이를 면소사유로 규정하고 있다. 여기서의 사면은 일반사면만을 의미한다. 일반사면을 하게 되면 형의 선고의 효력이 상실되며 형을 선고받지 아니한 자에 대하여는 공소권이 상실되기 때문이다(사면법 제5조 제1항 제1호). 그러나 특별사면의 경우에는 형의 선고를 받은 자에 대하여 형의 집행을 면제하는 데 불과하므로 여기에 해당하지 않으며(동법 동조 제2호), 또한 특별한 사정이 있을 경우에 이후 형의 선고의 효력을 상실하게 하는 특별사면의 경우에도 여기에는 해당하지 않는다.

(3) 공소시효가 완성되었을 때

범죄의 공소시효가 완성되면 형벌권이 소멸되어 소송추행의 이익이 없어지기 때문에 이를 면소사유로 규정하고 있다. 여기서의 공소시효의 완성은 공소제기시에 공소시효가 이미 완성된 경우를 말한다. 그 밖에도 공소제기시에는 공소시효가 완성되지 않았다 하더라도 공소제기된 범죄가 판결의 확정 없이 공소를 제기한 때로부터 25년을 경과하면 공소시효가 완성된 것으로 간주하도록 규정하고 있는데, 이 경우에도 면소판결을 선고하여야 한다(제249조 제2항).

(4) 범죄 후의 법령개폐로 형이 폐지되었을 때

형이 폐지된 경우란 형사관련 벌칙조항을 명문으로 폐지한 경우, 법령으로 정해진 유효기간을 경과한 경우, 신법에 의하여 구법의 효력이 상실된 경우 등을 말한다. 이 경우를 면소사유로 규정한 것은 법령 제정시와 달리 재판시에는 입법자의 형법적 가치판단이 변경되어 처벌의 필요성이 인정되지 않기 때문이다. 따라서 법령개폐는 법률제정시와 다른 법률이념의 변경에 따라 종래의 처벌 자체가 부당하였거나 또는 과중하였다는 반성적인 고려에서 법령을 개폐하였을 경우에 제한되므로,[32] 추급효가 인정되는 한시법은 여기에 포함되지 않는다. 그러나 백지형법에 있어서 보충규범의 변경은 여기에서 말하는 법령개폐에 해당된다.[33]

---

32) 대법원 2009. 9. 24. 선고 2009도6443 판결; 대법원 1987. 3. 10. 선고 86도42 판결.

33) 대법원 2013. 5. 16. 선고 2011도2631 전원합의체 판결(형벌에 관한 법령이 헌법재판소의 위헌결정으로 인하여 소급하여 그 효력을 상실하였거나 법원에서 위헌·무효로 선언된 경우, 당해 법령을 적용하여 공소가 제기된 피고사건에 대하여는 형사소송법 제325조에 따라 무죄를 선고하여야 한다. 나아가 재심이 개시된 사건에서 형벌에 관한 법령이 재심판결 당시 폐지되었다 하더라도 그 폐지가 당초부터 헌법에 위배되어 효력이 없는 법령에 대한 것이었다면 형사소송

4. 관련문제

(1) 공판심리상의 특칙

실체재판의 경우에는 피고인이 공판기일에 출석하지 아니한 때에는 개정하지 못하는 것이 원칙이다. 그러나 면소의 재판을 할 것이 명백한 경우에는 피고인의 출석을 요하지 아니한다. 다만 이 경우에 대리인을 출석하게 할 수 있다(제277조 제2호). 피고인이 사물의 변별 또는 의사의 결정을 할 능력이 없거나 또는 질병으로 인하여 출정할 수 없는 때에는 법원은 검사와 변호인 및 의사의 의견을 들어서 공판절차를 정지하여야 한다. 그러나 면소의 재판을 할 것이 명백한 때에는 이 경우에도 피고인의 출정 없이 재판할 수 있다(제306조).

(2) 일죄의 일부에 면소사유가 있는 경우의 재판

포괄일죄 또는 과형상 일죄(상상적 경합범)의 일부에 면소사유가 있지만 나머지 부분의 범죄에 대하여 실체재판을 한 경우에는, 주문에 유죄·무죄의 판단만 표시하면 된다.

(3) 면소판결의 부수적 효과

면소판결이 선고된 때에는 구속영장은 효력을 잃는다(제331조). 면소판결을 선고할 경우에는 판결공시의 취지를 선고할 수 있다(형법 제58조 제2항). 면소판결이 확정

법 제325조 전단이 규정하는 '범죄로 되지 아니한 때'의 무죄사유에 해당하는 것이지, 형사소송법 제326조 제4호에서 정한 면소사유에 해당한다고 할 수 없다). 또한 면소판결에 대하여는 무죄를 주장하면서 상고할 수 없는 것이 원칙이지만 위와 같은 경우에는 면소판결에 대하여도 상고가 가능하다고 판시하였다. 대법원 2010. 12. 16. 선고 2010도5986 전원합의체 판결(재심이 개시된 사건에서 범죄사실에 대하여 적용하여야 할 법령은 재심판결 당시의 법령이므로, 법원은 재심대상판결 당시의 법령이 변경된 경우에는 그 범죄사실에 대하여 재심판결 당시의 법령을 적용하여야 하고, 폐지된 경우에는 형사소송법 제326조 제4호를 적용하여 그 범죄사실에 대하여 면소를 선고하는 것이 원칙이다. 그러나 법원은, 형벌에 관한 법령이 헌법재판소의 위헌결정으로 인하여 소급하여 그 효력을 상실하였거나 법원에서 위헌·무효로 선언된 경우, 당해 법령을 적용하여 공소가 제기된 피고사건에 대하여 같은 법 제325조에 따라 무죄를 선고하여야 한다. 나아가 형벌에 관한 법령이 재심판결 당시 폐지되었다 하더라도 그 '폐지'가 당초부터 헌법에 위배되어 효력이 없는 법령에 대한 것이었다면 같은 법 제325조 전단이 규정하는 '범죄로 되지 아니한 때'의 무죄사유에 해당하는 것이지, 같은 법 제326조 제4호의 면소사유에 해당한다고 할 수 없다. 따라서 면소판결에 대하여 무죄판결인 실체판결이 선고되어야 한다고 주장하면서 상고할 수 없는 것이 원칙이지만, 위와 같은 경우에는 이와 달리 면소를 할 수 없고 피고인에게 무죄의 선고를 하여야 하므로 면소를 선고한 판결에 대하여 상고가 가능하다).

된 피고인이 면소재판을 할 만한 사유가 없었더라면 무죄재판을 받을 만한 현저한 사유가 있었을 경우에는 구금에 대한 보상을 청구할 수 있다(형사보상 및 명예회복에 관한 법률 제26조 제1항 제1호).

V. 종국재판의 부수적 효과

1. 구속영장의 효력상실 및 검사의 즉시 석방지휘

무죄, 면소, 형의 면제, 형의 선고유예, 형의 집행유예, 공소기각 또는 벌금이나 과료를 과하는 판결이 선고된 때에는 구속영장은 효력을 잃는다(제331조). 따라서 검사는 이러한 판결 선고 즉시 구속된 피고인의 석방을 지휘하여야 한다.

2. 몰수의 선고와 압수장물의 환부판결의 선고

압수한 서류 또는 물품에 대하여 몰수의 선고가 없는 때에는 압수를 해제한 것으로 간주한다(제332조). 압수한 장물로서 피해자에게 환부할 이유가 명백한 것은 판결로써 피해자에게 환부하는 선고를 하여야 한다. 이 경우에 장물을 처분하였을 때에는 판결로써 그 대가로 취득한 것을 피해자에게 교부하는 선고를 하여야 한다. 가환부한 장물에 대하여 별단의 선고가 없는 때에는 환부의 선고가 있는 것으로 간주한다. 이와 같은 경우에도 이해관계인이 민사소송절차에 의하여 그 권리를 주장함에 영향을 미치지 아니한다(제333조).

3. 재산형의 가납판결

법원은 벌금, 과료 또는 추징의 선고를 하는 경우에 판결의 확정 후에는 집행할 수 없거나 집행하기 곤란한 염려가 있다고 인정한 때에는 직권 또는 검사의 청구에 의하여 피고인에게 벌금·과료 또는 추징에 상당한 금액의 가납을 명할 수 있다. 가납의 재판은 형의 선고와 동시에 판결로써 선고해야 한다. 이 판결은 즉시로 집행할 수 있다(제334조). 가납의 재판은 상소에 의하여 정지되지 아니하며, 약식명령에 대하여도 가납명령을 할 수 있다(제338조, 제451조). 또한 벌금 또는 과료를 선고하는 즉결심판에서도 가납명령을 할 수 있다(즉결심판에 관한 절차법 제17조 제3항). 부정수표 단속법위반으로 벌금을 선고하는 경우에는 필요적으로 가납판결(假納判決)을 하여야 하며,

구속된 피고인에 대하여는 형사소송법 제331조의 규정에도 불구하고 벌금을 가납할 때까지 계속 구속한다(부정수표 단속법 제6조).

제 3 절 재판의 효력

I. 재판의 확정

1. 재판의 확정의 의의

재판이 통상적인 불복방법에 의해서는 다툴 수 없게 되어 그 내용을 변경할 수 없는 상태가 된 것을 **재판의 확정**이라 한다. 이러한 상태에 있는 재판을 확정재판이라 한다. 재판은 확정에 의하여 그 본래의 효력이 발생하는데, 확정재판의 본래의 효력을 **재판의 확정력**이라 한다.

재판의 확정은 법치국가의 형사재판에 있어서 정의와 법적 안전성이라는 이념을 조화하는 기능을 가지고 있다. 따라서 정의에 반하는 재판이라 하더라도 일정한 기간이 경과하면 법적 평온을 보장하기 위해 그 재판에 대하여 통상적인 불복방법으로는 다툴 수 없게 하는 것이 재판의 확정이다.[34)]

2. 재판확정의 시기

재판의 확정에 의하여 그 본래의 효력이 발생하므로 재판확정의 시기는 재판이 본래의 효력을 발생하는 시기를 말한다. 그런데 재판의 확정시기는 재판의 종류에 따라 다르다.

(1) 불복신청이 허용되지 않는 재판

불복신청이 허용되지 않는 재판은 재판의 선고 또는 고지와 동시에 확정된다. 법원의 관할 또는 판결 전의 소송절차에 관한 결정, 항고법원 또는 고등법원의 결정에 대하여는 원칙적으로 불복신청이 허용되지 않으며, 대법원의 결정에 대하여도 항고할 수 없다.

대법원판결의 확정시기에 대해서는, 대법원판결에 대한 판결의 정정이 허용되기

---

34) 이재상/조균석, 721면.

때문에 정정신청기간의 경과, 신청기각의 결정, 정정판결에 의하여 확정된다는 견해[35]도 있으나, 대법원판결의 정정은 예외적으로 오기·계산의 잘못과 같은 오류를 정정하는데 불과하므로 대법원판결은 선고와 동시에 확정된다고 해석하는 지배적인 학설의 입장[36]이 타당하며, 이는 대법원판례의 입장이기도 하다.

(2) 불복신청이 허용되는 재판

불복신청이 허용되는 재판의 경우에는 상소제기기간(제358조, 제374조)이나 불복신청기간의 도과(제405조, 제453조), 상소 기타 불복신청의 포기 또는 취하(제349조, 제454조), 불복신청을 기각하는 재판의 확정(제364조, 제499조) 등에 의하여 확정된다. 즉시항고 할 수 있는 명령이나 결정에 대하여도 기간의 도과, 포기 또는 취하, 기각 등에 의하여 재판은 확정된다. 그러나 보통항고의 경우에는 항고기간에 제한이 없으므로 언제든지 보통항고를 할 수 있지만 다만 원심결정을 취소하여도 실익이 없게 된 때에 확정된다(제404조).

Ⅱ. 재판의 확정력

재판의 확정에는 형식적 확정과 내용적 확정이 있으며, 그에 따른 재판확정의 효력도 형식적 확정력과 내용적 확정력(실질적 확정력)으로 나누어진다.

1. 형식적 확정력

(1) 형식적 확정력의 의의

재판이 통상적인 불복방법으로는 다툴 수 없는 상태를 재판의 형식적 확정이라 하며, 종국재판의 경우에는 재판의 형식적 확정에 의해 소송계속이 종결된다. 따라서 재판의 형식적 확정력이란 재판의 형식적 확정에 의한 **불가쟁적 효력**을 의미한다.

이에 반해 재판의 형식적 확정력을 재판의 형식적 확정에 의한 불가변적 효력으로 이해하는 견해와 불가쟁적 효력과 불가변적 효력을 모두 포함하는 의미로 해석하는 견해도 있으나, 불가변적 효력은 상급법원에 의한 당해 재판에 대한 불가변적 효력을 말하므로 결국 재판의 불가변적 효력은 불가쟁적 효력과 같은 의미라고 할 수

35) 정영석/이형국, 434면.
36) 김재환, 847면; 백형구, 538면; 신동운, 1490면; 이재상/조균석, 722면; 임동규, 708면.

있다.

(2) 형식적 확정력이 있는 재판의 종류

재판의 형식적 확정력은 소송절차가 확정적으로 종결되는 소송의 절차면에서의 효력이므로, 이는 종국 전의 재판과 종국재판, 형식적 재판과 실체적 재판을 불문하고 모든 재판에서 발생하게 된다.

2. 내용적 확정력

(1) 내용적 확정력(실질적 확정력)의 의의

재판이 형식적으로 확정되면 이에 따라 재판의 의사표시적인 내용도 확정되는데, 이를 재판의 내용적 확정이라 한다. 재판의 내용적 확정에 의하여 판단내용인 법률관계를 확정하는 효력을 내용적 확정력 또는 실질적 확정력이라 한다. 재판이 실체재판일 경우에는 유죄·무죄 여부와 형벌권의 존부와 범위가 확정된다. 특히 실체재판의 내용적 확정력을 **실체적 확정력**이라 하며, 이를 '**광의의 기판력**'이라고도 한다.

(2) 기판력과 일사부재리의 효력

1) 견해의 대립

실체재판에 있어서 실체적 확정력의 내용이 무엇인가, 기판력과 일사부재리의 효력의 관계를 어떻게 이해할 것인가에 관해서는 견해가 대립한다.

① 실체적 확정력설 재판의 내용적 확정력에 의하여 내용적 불가변력 또는 구속력이 발생하며, 이러한 효력은 실체재판뿐만 아니라 형식재판에도 인정되지만 실체재판의 외부적 효력인 일사부재리의 효력, 즉 기판력은 실체재판에서만 인정된다는 것이다. 환언하면 실체재판에 대한 내용적 확정력은 당해 사건에 대하여 형벌권의 존부와 범위를 확정하고 형을 선고하는 판결에 대하여는 형집행력을 부여하지만, 외부적인 효과로는 동일사건의 실체에 대하여 다시 심판하는 것을 허용하지 않는 일사부재리의 효력을 인정하게 되는데, 이를 **고유한 의미의 기판력**이라 하고 있다.[37] 요컨대 이 견해는 재판의 실체적 확정력의 외부적 효력인 **일사부재리의 효력**과 **기판력**을 동일시하기 때문에 **일치설**이라고도 하며, 현재 지배적인 학설의 입장이다.

② 이중위험금지설 재판의 실체적 확정력의 외부적 효력으로 일사부재리의 효력을 이해하는 실체적 확정력설과 달리 일사부재리의 효력과 기판력을 분리하여,

---

37) 김재환, 853면; 백형구, 540면; 신동운, 1498면; 정영석/이형국, 437면.

일사부재리의 효력은 재판의 효력인 기판력이 아니라 형사소송에 수반하는 피고인의 부담을 최소화하고 피고인의 불안정한 상태를 제거하고자 하는 인권옹호사상, 즉 이중위험금지원리에서 유래하는 것으로 이해하는 견해[38]이다. 일사부재리의 효력과 기판력을 별개로 이해하기 때문에 **구별설**이라고도 한다. 결국 이 견해에 의하면 기판력이란 모든 종국재판의 내용적 확정력의 대외적 효과 또는 불가변적 효력을 의미하고, 일사부재리의 효력은 기판력과 관계없이 이중위험금지원리에서 유래하는 피고인을 보호하기 위한 원칙이라는 의미를 가지게 된다.

2) 검 토

헌법은 제13조 제1항에 "모든 국민은 동일한 범죄에 대하여 거듭 처벌받지 아니한다"라고 하여 일사부재리의 원칙을 선언하여, 피고인을 보호하고 있다. 이러한 일사부재리의 원칙은 형사소송 일회성의 원칙이라는 대륙법에서 유래하는 제도이지만 피고인을 보호하기 위한 제도라는 측면에서는 영미법에서 유래하는 이중위험금지의 원칙과 같은 의미를 지닌 제도라고 할 수 있다. 일사부재리의 효력은 재판의 내용적 확정력의 가장 핵심적인 내용이라고 할 수 있다.

재판의 내용적 확정력은 후소에 대한 **불가변적 효력**을 가지는데, 이를 **내용적 구속력**이라 할 수 있으며, 환언하면 재판의 내용적 구속력과 일사부재리의 효력은 재판의 내용적 확정력의 대외적 효력이다. 따라서 기판력이란 재판의 내용적 구속력과 일사부재리의 효력을 포함하는 의미로 이해하는 것이 타당하다고 생각된다.[39]

3. 기판력의 본질

(1) 견해의 대립

기판력의 본질에 대하여 실체법률관계에 어떤 영향을 미치는가에 따라 실체법설과 구체적 규범설 및 소송법설이 대립된다.

1) 실체법설

확정재판에 의하여 실체법률관계를 형성·변경하는 효력을 기판력의 본질로 이해하는 견해이다. 이 학설에 의하면 판결이 잘못된 경우에도 기판력에 의하여 판결내용과 같은 실체법률관계가 형성되는 결과를 초래하게 되는데, 예컨대 강도범이 아닌 자

38) 이영란, 629면; 임동규, 712면; 차용석/최용성, 749면.

39) 이재상/조균석, 725면.

가 강도죄로 유죄판결이 확정된 경우에는 강도죄를 범한 실체 법률관계가 형성되는 부당한 결과가 된다.

2) 구체적 규범설

일반적·추상적인 규범인 실체법이 소송을 통하여 개별적·구체적 법률관계로 형성된 당해 사건에 대한 **구체적인 실체법**을 기판력의 본질이라고 이해하는 견해이다. 기판력은 당해 사건에 대한 구체적 실체법이기 때문에 기판력에 의해 피고인은 유죄판결을 받은 자의 지위가 되어 집행력이나 구속력과 같은 재판의 효력이 발생하게 된다는 것이다.[40]

3) 소송법설

기판력이란 실체법률관계에는 아무런 영향을 미치지 아니하며 확정재판이 소송법상 후소(後訴)에 미치는 영향에 불과하다는 견해[41]이다.

(2) 검 토

기판력의 본질에 관해 오늘날 실체법설을 취하는 학자는 없지만, 종래에는 이를 구체적 실체법으로 이해하는 구체적 규범설이 지배적이었다. 그러나 구체적 규범설에 의하면, ① 재판은 형사제재를 위한 인식근거에 불과하며 범죄와 형벌의 원인에 영향을 미치지 않는데도 불구하고 재판에 실체법적 효과를 인정하는 것은 타당하지 않으며, ② 재판에 의하여 구체적 실체법인 법규범이 형성된다고 한다면, 다른 법원은 왜 구체적인 법규범을 창설할 수 없는가를 설명할 수 없을 뿐만 아니라, ③ 법원이 심판한 공소사실의 범위를 넘어 공소사실과 동일성이 인정되는 사실의 범위까지 기판력이 미치는 이유를 설명할 수 없다는 비판을 피하기 어렵다. 그러므로 기판력이란 확정재판의 효력으로서 실체법률관계에는 영향을 미치지 않지만 소송법상 후소에 미치는 영향에 불과하다고 해석하는 소송법설이 타당하다.

---

40) 신현주, 708면; 정영석/이형국, 438면.

41) 김재환, 855면; 손동권/신이철, 703면; 신동운, 1501면; 이영란, 631면; 이재상/조균석, 726면; 임동규, 715면; 차용석/최용성, 751면.

Ⅲ. 내용적 구속력

1. 의 의

기판력이란 확정재판의 대외적 효력으로서 후소에 대한 **내용적 구속력과 일사부재리의 효력**을 내용으로 한다. 여기서 내용적 구속력이란 재판이 확정되면 다른 법원에서는 동일사항에 대하여 다시 판단할 수 없는 효력, 즉 종국재판에 있어서 후소에 대한 **불가변적 효력**을 말한다.

재판의 내용적 구속력은 실체재판뿐만 아니라 형식재판에도 인정되기 때문에, 유죄·무죄는 물론 공소기각·관할위반·면소의 재판에도 인정된다.

기판력과 일사부재리의 효력을 분리하는 견해에 의하면 실체재판에는 일사부재리의 효력이 인정되므로 재판의 내용적 구속력은 주로 형식재판에서만 문제된다는 입장을 취하게 된다. 물론 실체재판의 내용적 구속력인 불가변적 효력은 일사부재리의 원칙에 의해 대부분 해결되는 것이 사실이다. 그러나 확정재판에서 무죄판결이 선고된 경우에 이를 전제로 다른 사실을 재판하는 경우에는 피고인의 법적 안정성을 위해 내용적 구속력을 인정할 필요가 있기 때문에 실체재판에 대해서도 내용적 구속력을 인정하는 것이 타당하다고 생각된다.[42]

2. 형식재판의 내용적 구속력

(1) 내용적 구속력의 작용

형식재판에 있어서 내용적 구속력이 후소에 대하여 어떤 작용을 하는가에 관해서는 구속효설과 차단효설의 대립이 있다. **구속효설**은 후소가 제기된 수소법원의 판단내용을 구속한다고 해석하며, **차단효설**[43]은 동일사항에 대하여 다시 판단하는 것을 금지하는 것이라고 해석한다. 따라서 예컨대 관할위반의 판결이 선고된 사건이 동일법원에 다시 공소제기된 경우에, 전자에 의하면 다시 관할위반의 판결을 하게 되고, 후자에 의하면 공소기각의 판결을 선고해야 한다. 재판의 효력으로서 내용적 구속력을 인정한 이상 이 경우에는 공소제기절차의 법률위반을 이유로 공소기각의 판결을

42) 이재상/조균석, 727면.
43) 배종대/이상돈/정승환/이주원, §62/15; 손동권/신이철, 703면; 이재상/조균석, 728면; 차용석/최용성, 751면.

선고하는 것이 타당하므로 **차단효설**이 옳다고 생각된다.

(2) 내용적 구속력의 범위

재판의 내용적 구속력은 법원이 현실적으로 심판한 사실의 범위에서만 형식재판과 실체재판을 불문하고 효력이 발생한다. 따라서 형식재판에 있어서 첫째로, 친고죄에 있어서 고소가 없거나 고소가 무효가 되어 공소기각의 판결이 확정된 경우에 유효한 고소가 있다거나 고소가 유효하다는 주장을 내용으로 하는 재기소(再起訴)는 허용되지 않지만, 나중에 유효한 고소가 있는 경우에는 재기소가 가능하다. 둘째로, 관할위반의 판결이 확정된 경우에 동일법원에 동일사건을 재기소하는 것은 허용되지 않지만, 관할권이 있는 법원에 재기소하는 것은 허용된다. 셋째로, 피고인의 사망을 이유로 하는 공소기각의 결정이 확정된 후에 피고인의 생존사실이 확인된 경우와 같이 재판에 명백한 오류가 있지만 그 오류가 피고인의 적극적인 기망행위로 발생한 경우에도 재판의 내용적 구속력을 인정할 것인가가 문제된다. 이 경우에 재판의 내용적 구속력은 재판의 오류와 관계없이 재판의 효력에 의해 당해 소송에서 피고인의 사망이 확정되었기 때문에 재기소는 허용되지 않는다고 해석하는 견해[44]도 있으나, 재판에 명백한 오류가 있을 뿐만 아니라 적극적 기망행위를 한 피고인의 경우에는 재판의 구속력을 요구할 자격이 없으므로 재판의 내용적 구속력을 인정할 수 없다고 해석하는 다수설의 입장이 타당하다고 생각된다.[45]

Ⅳ. 일사부재리의 효력

1. 의 의

일사부재리의 효력이란 유죄·무죄의 실체판결이나 면소판결이 확정된 때에는 동일사건에 대하여 다시 심리·판단하는 것을 허용하지 않는 효력을 말한다. 즉 일사부재리의 효력을 재판의 실체적 확정력의 외부적 효력으로 이해하여 이를 **고유한 의미의 기판력**이라고 하고, 일사부재리의 효력은 이중위험의 금지와는 구별되는 것이므로 헌법이 규정하고 있는 일사부재리의 원칙은 기판력의 실정법적 근거가 될 수 없다는 것이 통설[46]의 입장이다.

---

44) 이재상/조균석, 728면.

45) 배종대/이상돈/정승환/이주원, §62/16; 백형구, 763면; 신동운, 1495면; 임동규, 717면.

46) 백형구, 767면; 신동운, 1498면.

이에 반해 헌법에서 일사부재리의 원칙을 규정하고 있는 이상 이것은 대륙법에서 유래하는 일사부재리의 효력과 영미법의 이중위험금지의 원리를 모두 포함하는 피고인보호의 원칙으로 보는 것이 타당하기 때문에 일사부재리의 효력은 기판력의 내용이면서 동시에 이중위험금지의 원칙과 관련을 가진 원칙으로 이해해야 한다는 견해[47)]도 있다.

2. 일사부재리의 효력이 인정되는 재판

(1) 실체재판

일사부재리의 효력이 유죄·무죄의 실체재판에 대하여 효력이 인정된다는 점에 대하여는 다툼이 없다. 약식명령과 즉결심판의 경우에도 재판이 확정되면 일사부재리의 효력이 당연히 인정된다. 그러나 일사부재리의 효력은 형사재판에만 인정되기 때문에 행정법상의 징계처분이나 관세법상의 통고처분의 경우에는 인정될 수 없으며, 다만 특별법인 소년법 제32조에 따른 보호처분결정에 대하여는 소년법 제53조에 의해 다시 공소를 제기하거나 소년부에 송치할 수 없다고 규정함으로써 일사부재리의 효력이 인정된다.

(2) 형식재판

공소기각과 관할위반의 형식재판에 대해서는 일사부재리의 효력을 인정할 여지가 없다. 이 경우에는 이중위험의 금지도 실체적 심판의 위험 또는 본안재판에 수반하는 효력이라고 보아야 하기 때문이다.

문제는 형식재판인 면소의 재판에 대하여 일사부재리의 효력을 인정할 것인가이다. 이에 관해 실체관계적 형식재판이라는 이유로 일사부재리의 효력을 인정해야 한다는 견해[48)]도 있다. 그러나 면소판결은 실체에 관한 심리를 하지 않고 소송을 종결시키는 형식재판이고, 단순한 소송절차의 흠결 때문이 아니라 소송추행의 이익흠결로 인해 재기소를 금지하는데 그 본질이 있다. 따라서 면소판결은 형식재판이지만 소송추행이익 흠결로 인해 재기소를 금지하는데 그 본질이 있으므로 그 본질에 의하여 일사부재리의 효력이 인정된다고 해석하는 견해가 타당하다.

---

47) 이재상/조균석, 729면.
48) 신현주, 692면.

(3) 당연무효의 판결

당연무효의 판결이란 판결이 외관상 성립하였지만 내용이나 절차에 중대한 하자가 있기 때문에 상소 등 불복신청을 하지 않더라도 그 본래의 효력이 발생하지 않는 재판을 말한다.

예컨대 죽은 사람을 산 사람으로 오인하여 형을 선고한 경우, 동일사건에 대하여 이중의 재판을 한 경우, 법률상 허용된 범위를 초과하여 형을 선고한 경우 등과 같이 재판의 내용이나 절차에 중대한 흠결이 있는 경우가 여기에 해당한다. 이 경우에는 재판의 형식적 확정력은 있어도 재판의 집행력은 발생하지 않는다는 점에 대하여는 다툼이 없다.

다만 당연무효의 판결에 대하여 일사부재리의 효력을 인정할 것인가에 대하여는 실체적 확정력이 발생하지 않는다는 **소극설**[49]도 있으나, 당연무효의 판결의 경우에도 법원이 심리를 통해 최종적으로 판단한 것이므로 피고인은 처벌의 위험에 처해 있었다고 할 것이므로 일사부재리의 효력이 인정된다고 하는 **적극설**이 타당하다.[50]

3. 일사부재리의 효력이 미치는 범위

(1) 객관적 범위

일사부재리의 효력의 객관적 범위는 법원의 현실적 심판의 대상인 공소장에 기재된 공소사실과 단일하고 동일한 관계에 있는 사실의 전부에 미친다. 즉 일사부재리의 효력은 법원의 현실적 심판의 대상인 공소장에 기재된 공소사실과 단일성과 동일성이 인정되는 공소사실인 **잠재적 심판의 범위**까지 그 효력이 미친다고 해석하는 다수설의 태도가 타당하다.

대법원은, ① 즉결심판을 받은 범죄사실과 동일성이 인정되는 강간죄나 상해치사죄에 관하여 면소판결을 하였으며,[51] ② 포괄일죄나 과형상 일죄의 일부분에 대한 기판력은 현실적 심판이 되지 아니한 부분에까지 미친다고 판시하여[52] 다수설과 같은 입장을 취하고 있다.

---

49) 백형구, 766면.

50) 배종대/이상돈/정승환/이주원, §62/34; 손동권/신이철, 705면; 신동운, 1504면; 이영란, 637면; 이재상/조균석, 730면.

51) 대법원 1990. 3. 9. 선고 89도1046 판결.

52) 대법원 2014. 1. 16. 선고 2013도11649 판결.

다만 상습범인 경우에 여러 개의 범죄사실 중 일부에 대하여 유죄판결이 확정된 경우에, 그 확정판결의 사실심판결 전에 저질러진 나머지 범죄에 대하여 면소판결을 선고하기 위해서는 상습범으로 처단되었을 것을 요한다고 판시한 바 있다.[53]

그 밖에도 일사부재리의 원칙의 예외로서 판결이 행위의 불법내용을 모두 판단하지 않는 경우에 보충소송을 허용할 것인가에 관해서는 긍정설과 부정설이 대립된다. 일사부재리의 원칙을 규정하고 있는 헌법정신에 비추어볼 때 공소사실과 동일성이 인정되는 공소사실에 대한 보충소송은 허용되지 않는다고 해석하는 **부정설이 타당**하다.

(2) 주관적 범위

일사부재리의 효력의 주관적 범위는 **공소가 제기된 피고인**에게만 미친다. 공동피고인의 경우에도 공동피고인 중 1인에 대한 판결의 효력은 다른 공동피고인에게는 미치지 않는다. 공범자인 공동피고인의 경우에 그 중 1인에 대한 무죄판결은 다른 공범자에게는 유리한 증거로 사용될 수 있다. 그러나 일사부재리의 효력과는 관계가 없지만, 피고인이 성명을 모용한 경우에는 피모용자에게는 일사부재리의 효력이 미치지 않지만, 위장출석한 피고인은 형식적 피고인으로서 판결의 효력이 영향을 미치게 된다.

(3) 시간적 범위

상습범이나 계속범 등과 같이 확정판결 전후에 걸쳐서 범죄가 행하여진 경우에 어느 시점까지 일사부재리의 효력이 미친다고 볼 것인가에 관해서는 ① 변론종결시설, ② 판결선고시설, ③ 사실심판결선고시설, ④ 판결확정시설의 학설이 대립되고 있다. 생각건대 확정판결의 시간적 범위는 사실심리가 가능한 최종의 시점을 표준으로 하는 것이 타당하지만, 형사소송법상 변론의 재개가 허용되기 때문에 **사실심판결 선고시**를 표준으로 해야 한다는 통설[54]과 판례[55]의 입장이 타당하다. 따라서 예컨대 상습범과 같은 포괄일죄의 경우에는 판결선고 전후로 2개의 범죄로 분리되어지며,[56] 약식명령의 경우에는 그 고지를 검사와 피고인에 대한 재판서 송달로써 하지만 일사

53) 대법원 2015. 6. 23. 선고 2015도2207 판결; 대법원 2010. 2. 11. 선고 2009도12627 판결; 대법원 2004. 9. 16. 선고 2001도3206 전원합의체 판결.

54) 김재환, 859면; 신동운, 1513면; 이영란, 640면; 이재상/조균석, 733면; 임동규, 726면.

55) 대법원 2014. 1. 16. 선고 2013도11649 판결.

56) 대법원 2000. 3. 10. 선고 99도2744 판결.

부재리의 효력은 약식명령의 송달시가 아니라 발령시가 기준이 된다.[57)]

V. 재판의 확정력이 배제되는 경우

재판의 확정력 중 실체적 확정력의 대외적 효력인 일사부재리의 효력은 법적 안정성이라는 요구와 피고인의 지위보호를 위해 인정하고 있다. 그러나 이러한 요구를 실질적으로 해하지 않는 범위 내에서는 확정판결에 명백한 오류가 있는 경우에 예외적으로 재판의 확정력을 배제할 필요가 있다. 우리 형사소송법은 재판의 확정력을 배제하기 위한 제도로써 상소권의 회복(제345조), 재심(제420조) 및 비상상고(제441조) 제도를 두고 있다.

상소권의 회복이란 재판의 확정 자체가 당사자의 이익을 부당하게 박탈하는 경우에 인정되는 구제제도이며, **재심**은 사실의 오인으로 유죄의 확정판결을 받은 자가 그 불이익을 구제하기 위한 제도이고, **비상상고**는 확정판결이 법령에 위반한 경우에 그 시정을 통해 법령해석의 통일을 기하기 위한 제도이다.

제 4 절 소송비용

I. 소송비용의 의의

소송비용이란 형사소송절차가 진행됨으로 인해 발생하는 비용으로서 「**형사소송비용 등에 관한 법률**」에 의하여 소송비용으로 규정된 것을 말한다. 이 법에 의하면 증인·감정인·통역인 또는 번역인의 일당·여비 및 숙박료, 감정·통역인·번역인의 감정

57) 대법원 1984. 7. 24. 선고 84도1129 판결(유죄의 확정판결의 기판력의 시적범위 즉 어느 때까지의 범죄사실에 관하여 기판력이 미치느냐의 기준시점은 사실심리의 가능성이 있는 최후의 시점인 판결선고시를 기준으로 하여 가리게 되고, 판결절차 아닌 약식명령은 그 고지를 검사와 피고인에 대한 재판서 송달로써 하고 따로 선고하지 않으므로 약식명령에 관하여는 그 기판력의 시적범위를 약식명령의 송달시를 기준으로 할 것인지 또는 그 발령시를 기준으로 할 것인지 이론의 여지가 있으나 그 기판력의 시적 범위를 판결절차와 달리 하여야 할 이유가 없으므로 그 발령시를 기준으로 하여야 한다).

료·통역료·번역료 그 밖의 비용, 국선변호인의 일당·여비·숙박료 및 보수가 해당된다(제2조). 따라서 여기에 해당하지 않는 비용은 실제로 지출했더라도 형사소송비용에 해당하지 않는다.

형사소송비용은 지출원인에 대하여 책임이 있는 피고인·고소인·고발인·제3자가 부담하는 것이 원칙이다. 형사소송비용은 형벌이 아닐 뿐만 아니라 형벌에 준하여 평가할 것도 아니므로 불이익변경금지의 원칙이 적용되지 않는다는 것이 대법원의 태도이다.58)

그러나 형사소송의 비용을 피고인에게 부담지우는 것은 피고인의 재산적 이익에 대한 박탈이라는 점에서 실질적으로 재산형의 성격을 가진다고 볼 수 있으며, 고소인·고발인 기타 피고인이 아닌 자에게 소송비용을 부담시키는 것은 고소·고발·상소제기 또는 재심청구로 인하여 불필요한 소송을 진행하도록 한 점에 대한 제재로서의 성격을 지닌다고 할 수 있다.

Ⅱ. 소송비용의 부담자

소송비용의 부담은 지출원인에 대하여 책임있는 자에게 부담시키는 것이 원칙이다. 따라서 검사에게 책임이 있는 경우에는 국가가 소송비용을 부담하게 되지만, 피고인·고소인·고발인 등이 소송비용을 부담하는 경우에 관해서는 이를 형사소송법에서 규정하고 있다.

1. 피 고 인

형의 선고를 하는 때에는 피고인에게 소송비용의 전부 또는 일부를 부담하게 하여야 한다. 다만, 피고인의 경제적 사정으로 소송비용을 납부할 수 없는 때에는 그러하지 아니하다(제186조 제1항). 여기서 말하는 형의 선고의 개념에 형의 집행유예는 포함되지만, 형의 면제나 형의 선고유예는 포함되지 않는다. 피고인에게 형의 선고를 하는 때에 소송비용을 부담하게 하여야 하지만, 형의 선고를 하지 아니한 때에는 소송비용을 부담하게 할 수 없다.

그러나 피고인에게 책임지울 사유로 소송비용이 발생한 경우에는 형의 선고를

58) 대법원 2001. 4. 24. 선고 2001도872 판결.

하지 아니하는 경우에도 피고인에게 부담하게 할 수 있다(동조 제2항). 예컨대 증인소환일에 피고인이 정당한 이유 없이 출석하지 아니하여 증인신문을 할 수 없게 되어 발생한 비용을 들 수 있다.

공범의 소송비용은 공범인에게 연대부담하게 할 수 있다(제187조). 여기서 말하는 공범이란 임의적 공범은 물론 필요적 공범을 포함하지만, 공범자가 공동심리를 받는 경우에 한한다고 보아야 한다.

검사만이 상소 또는 재심청구를 한 경우에 상소 또는 재심청구가 기각되거나 취하된 때에는 그 소송비용을 피고인에게 부담하게 하지 못한다(제189조).

2. 고소인·고발인

고소 또는 고발에 의하여 공소를 제기한 사건에 관하여 피고인이 무죄 또는 면소의 판결을 받은 경우에 고소인 또는 고발인에게 고의 또는 중대한 과실이 있는 때에는 그 자에게 소송비용의 전부 또는 일부를 부담하게 할 수 있다(제188조). 그러나 피고인이 무죄 또는 면소의 판결이 아니라 형의 면제, 선고유예, 공소기각의 재판을 받은 경우에는 고소인 또는 고발인에게 소송비용을 부담하게 할 수 없다.

3. 검사가 상소 또는 재심청구권자

검사가 아닌 자가 상소 또는 재심청구를 한 경우에 상소 또는 재심청구가 기각되거나 취하된 때에는 그 자에게 소송비용을 부담하게 할 수 있다(제190조 제1항). 여기서 말하는 검사가 아닌 자에는 피고인도 포함된다. 피고인이 아닌 자가 피고인이 제기한 상소 또는 재심의 청구를 취하한 경우에도 소송비용을 부담하게 할 수 있다(동조 제2항).

그러나 변호인이 피고인을 대신하여 상소 또는 재심의 청구를 취하한 때에는 피고인의 대리인으로서 한 행위이므로 변호인에게 소송비용을 부담하게 할 수는 없다.

Ⅲ. 소송비용부담의 절차와 불복절차

1. 재판으로 소송절차가 종료된 경우

재판으로 소송절차가 종료되는 경우에 피고인에게 소송비용을 부담하게 한 때에는 직권으로 재판하여야 한다. 이러한 재판에 대하여는 본안의 재판에 관하여 상소하는 경우에 한하여 불복할 수 있다(제191조). 따라서 본안의 재판에 대한 상소가 전부 또는 일부가 이유 있는 경우에 한하여 소송비용에 관한 상소가 허용되기 때문에 본안의 재판에 관한 상소가 기각되면 소송비용부담에 관한 재판에 대한 상소도 기각된 것으로 보아야 한다. 여기서의 본안의 재판이란 피고사건에 관한 종국재판을 말하며, 실체재판이든 형식재판이든 불문한다.

재판으로 소송절차가 종료되는 경우에 피고인이 아닌 자에게 소송비용을 부담하게 하는 때에는 직권으로 결정하여야 하고, 이러한 결정에 대하여 즉시항고를 할 수 있다(제192조).

2. 재판에 의하지 아니하고 소송절차가 종료된 경우

재판에 의하지 아니하고 소송절차가 종료되는 경우에 소송비용을 부담하는 때에는 사건의 최종계속법원이 직권으로 결정을 하여야 한다. 이러한 결정에 대하여는 즉시항고할 수 있다(제193조). 재판에 의하지 아니하고 소송절차가 종료되는 경우란 상소, 재심, 정식재판의 청구를 취하하는 경우를 말한다.

3. 소송비용부담액의 산정과 이의신청

소송비용의 부담을 명하는 재판에 그 금액을 표시하지 아니한 때에는 집행을 지휘하는 검사가 산정한다(제194조). 산정에 이의가 있는 때에는 법원에 이의신청을 할 수 있다(제489조).

4. 소송비용부담재판에 관한 집행과 집행면제신청

소송비용부담의 재판도 검사의 지휘에 의하여 집행한다(제460조 제1항). 재판집행비용은 집행을 받는 자의 부담으로 하고 「민사집행법」의 규정에 준하여 집행과 동시에 징수하여야 한다(제493조). 소송비용부담의 재판을 받은 자가 빈곤으로 인하여 이를 완납할 수 없는 때에는 그 재판 확정 후 10일 이내에 재판을 선고한 법원에 소송비용의 전부 또는 일부에 대한 집행면제를 신청할 수 있다(제487조).

제 5 편

상소, 비상구제절차, 특별형사절차

제 1 장 상 소

제 1 절 상소 일반론

Ⅰ. 상소의 의의의 종류

1. 상소의 의의

(1) 상소의 개념

상소란 미확정재판에 대하여 상급법원에 그 구제를 구하는 불복신청제도를 말한다. 형사소송법상의 상소제도에는 항소와 상고 및 항고가 있다.

상소제도는 법원의 재판에 대한 불복제도라는 점에서 검찰의 처분에 대한 시정을 구하는 불복제도인 검찰항고나 재정신청과 구별되며, 엄격한 의미에서는 법관의 재판 또는 수사기관의 처분에 대한 준항고(제416조, 제417조)도 상소제도라고는 할 수 없지만, 다만 입법상의 편의에 의해 항고와 함께 형사소송법에 규정하고 있는 것이다.

또한 상소제도는 미확정재판에 대한 불복신청제도인데 반해, 재심이나 비상상고는 확정판결에 대한 비상구제절차라는 점에서 양자는 구별된다. 그 밖에도 상소가 상급법원에 대한 구제신청이라는 점에서 당해법원에 대한 이의신청이나 약식명령 또는 즉결심판에 대한 정식재판의 청구제도와도 구별된다.

(2) 상소제도의 기능과 남용우려

상소는 오판을 시정하기 위해 인정된 제도이다. 즉 상소는 원판결의 잘못을 시정하여 원판결로 인해 불이익을 받을 당사자를 구제하고, 법령해석의 통일을 기하기 위한 제도이다. 상소제도가 지닌 이러한 두 가지 기능 중, 항소는 당사자의 구제에 주된 목적이 있고, 상고는 법령해석의 통일에 주된 목적을 두고 있다. 결국 상소제도는 피고인의 이익보호와 실체적 진실발견 및 법령해석의 통일성을 위해 필요한 제도라 할 수 있다.

그러나 다른 한편으로 상소절차는 소송절차를 지연시킬 뿐만 아니라, 특히 유죄판결을 받은 피고인이 판결의 확정을 지연시키는 수단으로 남용할 우려가 있다. 또한 상소제도에 의하더라도 인적·물적 한계로 인해 실체적 진실발견에는 일정한 한계가 있지만, 이를 감소하기 위해 업무처리의 효율성 내지 경제성이 요구되고, 이를 위해 남상소(濫上訴) 방지대책이 강구되어야 한다. 남상소 방지를 위해서는 제1심 절차가 공판중심주의에 따른 충실한 심리가 진행되어 재판결과에 당사자가 승복하도록 하는 방안인데, 이를 위해서는 판결내용을 원칙적으로 공개하여 판례평석이 가능하도록 함으로써 판결에 대한 공정성·신뢰성을 제고하는 방법이 우선적으로 모색되어야 할 것이다. 상소절차에 있어서는 오판의 시정과 절차의 지연방지라는 두 가지 이념을 어떻게 조화시킬 것인가가 중요한 과제가 되고 있다.

2. 상소의 종류

상소의 종류에는 항소와 상고 및 항고가 있다. 항소는 제1심 판결에 대한 상소이며, 상고는 제2심판결에 대한 상소제도를 말한다. 법원의 결정에 대한 상소는 항고라 하며, 항고에는 **일반항고**와 **특별항고**(재항고)가 있고, 일반항고는 **보통항고**와 **즉시항고**로 나누어진다.

상소심은 심리하는 범위에 따라 사실심과 법률심으로 나누어지며, 전자는 사실문제와 법률문제를 모두 심리하고, 후자는 법률문제만을 심리한다. 따라서 항소심은 사실심에 속하고, 상고심은 법률심에 속한다.

3. 상소의 일반적 요건

상소하여 재판(판결 또는 결정)의 흠결을 다투기 위해서는 일반적으로 다음과 같은 3가지 요소를 갖추어야 한다. 즉 ① 상소권자에 의한 상소가 이루어져야 하고, ② 상소의 이익이 있어야 하며, ③ 법률이 정한 방식과 절차에 의한 상소의 의사표시를 하여야 한다. 이러한 상소의 요건에 관한 구체적인 내용을 살펴보면 다음과 같다.

II. 상 소 권

1. 상소권자

형사재판에서 상소할 수 있는 소송법상의 권리를 상소권이라 하며, 상소권자에는 고유의 상소권자와 그 밖의 상소권자가 있다.

(1) 고유의 상소권자

고유의 상소권자는 재판을 받은 자이다.

1) 검사와 피고인

검사와 피고인은 형사소송의 당사자로서 당연히 상소권을 가지며, 검사는 공익의 대표자로서 피고인을 위하여 상소할 수 있다.

2) 항고권자

검사 또는 피고인 아닌 자가 결정을 받은 때에는 항고할 수 있다(제339조). 즉 형사소송의 당사자가 아닌 자로서 법원으로부터 결정을 받은 경우에 이에 불복하는 때에는 항고할 수 있다. 법원으로부터 과태료 결정을 받은 증인 또는 감정인(제151조, 제161조, 제177조), 소송비용부담의 결정을 받은 피고인이 아닌 자(제190조, 제192조, 제193조), 보석허가결정에 따라 석방된 피고인이 정당한 사유 없이 기일에 불출석하는 경우에 과태료 결정을 받은 출석보증인(제100조의2)은 법원에 즉시항고를 할 수 있도록 규정하고 있다.

(2) 당사자 이외의 상소권자

피고인의 법정대리인은 피고인을 위하여 상소할 수 있다(제340조). 또한 피고인의 배우자·직계친족·형제자매 또는 원심의 대리인이나 변호인은 피고인을 위하여 상소할 수 있으나, 피고인의 명시한 의사에 반하여 하지 못한다(제341조). 당사자 이외의 상소권자의 상소권은 독립대리권이므로 피고인의 상소권이 소멸한 이후에는 변호인은 독립하여 상소를 제기할 수 없다.[1] 그 밖에도 원심판결 선고 후 상소심의 변호를 위해 새로 선임된 변호인이 원판결에 대해 상소할 수 있는지 문제될 수 있지만, 피고인보호의 입장에서 상소가 가능하다고 보는 입장이 타당하다.

---

1) 대법원 1998. 3. 27. 선고 78도253 판결.

2. 상소권의 발생·변경·소멸

(1) 상소권의 발생

상소권은 재판의 선고 또는 고지에 의하여 발생하지만, 상소가 허용되지 아니하는 재판의 경우에는 상소권이 발생하지 않는다.

(2) 상소권의 소멸

상소권은 상소기간의 경과나 상소의 포기 또는 취하에 의하여 소멸한다.

1) 상소제기기간의 경과

상소의 제기기간은 항소와 상고가 각각 7일이며, 즉시항고의 제기기간은 3일이다. 보통항고에는 기간의 제한이 없으며 항고의 이익이 있는 한 언제든지 할 수 있지만, 원심결정을 취소하여도 실익이 없게 된 때에는 예외로 한다(제404조). 상소기간은 재판이 선고 또는 고지된 날로부터 진행한다.

2) 상소권의 포기·취하

상소권자가 상소기간 내에 상소권을 포기하거나 일단 제기한 상소를 취하함으로써 상소권은 소멸한다. 상소를 취하한 자 또는 상소의 포기나 취하에 동의한 자는 그 사건에 대하여 다시 상소를 하지 못한다(제354조).

(3) 상소권의 회복

1) 상소권 회복의 의의

상소제기 기간의 경과로 인하여 상소권이 소멸하였지만, 법원의 결정에 의하여 소멸된 상소권을 회복시키는 제도를 말한다. 법원은 상소권자에게 책임 없는 사유로 인하여 상소기간이 경과한 경우에는 구체적인 사정을 고려하여 원래의 상소권자에게 소멸된 상소권을 회복시켜 상소의 기회를 주는 제도를 말한다.

2) 상소권회복의 사유

상소권자 또는 대리인이 책임질 수 없는 사유로 인하여 상소제기기간 내에 상소하지 못한 경우를 말한다. 여기서 '책임질 수 없는 사유'란 상소권의 소멸이 상소권자 또는 대리인의 고의 또는 과실에 기인하지 않는 경우를 말한다.

예컨대 교도소장이 집행유예 취소결정 정본을 송달받고 1주일이 지난 뒤에 그 사실을 피고인에게 알렸기 때문에 항고장을 제출하지 못한 경우,[2] 소송촉진 등에 관

---

2) 대법원 1991. 5. 6. 자 91모32 결정.

한 특례법에 따라 피고인이 불출석한 상태에서 재판이 진행되어 유죄판결이 선고된 것을 모른 채 상소기간이 도과한 경우,[3] 요건이 미비되었음에도 불구하고 공시송달의 방법으로 판결절차가 진행되어 항소제기기간 안에 항소를 할 수 없었던 경우,[4] 교도소장이 집행유예 취소결정 정본을 송달받고 1주일이 지난 뒤에 피고인에게 알렸기 때문에 항고장을 제출하지 못한 경우[5] 등이 여기에 해당한다.

그러나 피고인이 주소변경사실을 신고하지 않아 법원에 불출석함으로 인해 판결선고사실을 알지 못한 경우,[6] 기망에 의하여 항소권을 포기하였다는 것을 항소제기기간이 도과한 후에 알게 된 경우,[7] 피고인 등이 질병으로 입원하였거나 기거불능으로 상소를 하지 못한 경우,[8] 교도소 직원이 편의를 제공하지 않은 경우,[9] 법정소란으로 판결주문을 잘못 들었다고 하는 경우[10]에는 상소권자 또는 대리인에게 귀책사유가 있으므로 상소권회복의 사유가 된다고 볼 수 없다.

또한 상소권회복은 상소권자나 그 대리인에게 귀책사유가 없는 경우와 설사 귀책사유가 있다고 하더라도 다른 독립된 원인이 개입된 경우에는 상소권회복은 인정된다.[11]

3) 상소권회복의 청구

가. 청구권자　　고유의 상소권자와 상소권의 대리행사자도 상소권의 회복을 청구할 수 있다.

나. 청구방식　　상소권회복의 청구는 그 사유가 종지한 날로부터 **상소제기기간에 상당한 기간 내에 서면으로 원심법원에 제출**하여야 하며, 이때에는 청구의 원인된 사유를 소명하여야 하고, 청구하는 자는 청구와 동시에 상소를 제기하여야 한다(제346조). 청구가 있는 때에는 법원은 지체 없이 그 사유를 상대방에게 통지하여야 한다(제356조).

---

3) 대법원 2007. 1. 12. 자 2006모691 결정.
4) 대법원 2013. 6. 27. 선고 2013도2714 판결; 대법원 2014. 10. 16. 자 2014모1557 결정.
5) 대법원 1991. 5. 6. 자 91모32 결정.
6) 대법원 2008. 3. 10. 자 2007모795 결정; 대법원 1991. 8. 27. 자 91모17 결정.
7) 대법원 1984. 7. 11. 자 84모40 결정.
8) 대법원 1986. 9. 17. 자 86모46 결정.
9) 대법원 1986. 9. 27. 자 86모47 결정.
10) 대법원 1987. 4. 8. 자 87모19 결정.
11) 대법원 2006. 2. 8. 자 2005모507 결정.

다. 청구에 대한 결정 상소권회복의 청구를 받은 법원은 청구의 허부에 관한 결정을 하여야 하고, 이 결정에 대하여는 **즉시항고**를 할 수 있다(제347조). 법원은 결정을 할 때까지 **재판의 집행을 정지하는 결정**을 할 수 있다(제348조 제1항). 집행정지의 결정을 한 경우에 피고인의 구금을 요하는 때에는 구속영장을 발부하여야 한다. 다만 구속사유가 구비될 것을 요한다(제348조 제2항).

Ⅲ. 상소의 이익

1. 상소이익의 의의

(1) 상소이익의 개념

상소는 원판결의 잘못을 시정하여 이에 의하여 불이익을 받는 당사자를 구제하고 법령해석의 통일을 기하기 위하여 인정된 제도이다. 따라서 유효한 상소를 위해서는 상소권자에 의한 상소와 상소의 이익이 있어야 한다. 상소의 이익은 상소권자에게 이익이 되는가의 문제이고 상소의 이유는 원판결에 오류가 있는가를 의미하므로, 상소의 이익과 상소의 이유는 구별되는 개념이지만, 상소의 이익은 상소이유를 고려해서 판단한다는 점에서 양자는 밀접한 관계를 가지고 있다.

(2) 상소이익의 필요성

상소는 재판에 대한 불복신청이므로 그 재판이 자기에게 불이익한 것을 전제로 한다. 즉 재판에 의해 권리나 이익이 침해된 것을 전제로 할 때, 즉 상소의 이익이 있을 때에만 상소가 허용된다. 상소의 적법요건으로 상소의 이익이 있어야 한다는 명문의 규정은 없으나, 형사소송법이 피고인의 상소권을 실질적으로 보장하기 위해 불이익변경금지의 원칙을 규정(제368조, 제396조 제2항)하고 있는 점을 고려해볼 때, 유효한 상소가 되기 위해서는 상소이익이 필요하다고 보는 견해[12]가 타당하다.

2. 검사의 상소이익

상소권자는 당사자인 검사가 피고인이다. 일반적으로 상소의 이익이라고 할 때에는 피고인이 상소하는 경우에 있어서 피고인의 이익을 위한 상소의 이익을 의미한다. 이와 달리 검사가 상소하는 경우에는 ① **피고인에게 불이익한 상소**와 ② **피고인의 이**

---

12) 이재상/조균석, 746면.

익을 위한 상소의 두 가지가 있다.

(1) 피고인에게 불이익한 상소

검사는 피고인과 대립되는 당사자로서 피고인에게 불이익한 상소를 할 수 있다.[13] 따라서 검사는 무죄판결이나 유죄판결에 대해서도 중한 죄형을 구하는 상소를 할 수 있으며, 이는 이중위험금지의 원칙에 반한다고 할 수 없다. 그러나 영미에서는 피고인에 대한 무죄판결에 대하여 이중위험금지원칙에 반한다는 이유로 허용하지 않고 있다.

(2) 피고인의 이익을 위한 상소

검사는 형사사법적 정의를 실현하는 국가기관이고 공익의 대표자로서 법령의 정당한 적용을 청구할 의무를 지니고 있다. 따라서 검사는 피고인에게 불이익한 상소뿐만 아니라 피고인의 이익을 위한 상소도 할 수 있다는 것이 **통설**[14]**과 판례**[15]의 입장이고, 피고인의 이익을 위한 상소의 경우에는 불이익변경금지의 원칙이 적용된다는 것이 다수설[16]의 입장이다. 이에 반하여 검사는 공익의 대표자이기 때문에 피고인의 이익만을 위한 상소는 허용되지 않지만 공익의 대표자로서 피고인의 정당한 이익을 보호하기 위한 상소는 허용되는 것으로 이해해야 한다는 것이 소수설의 입장이다. 생각건대 검사는 정당한 법령의 적용을 청구하여 형사사법적 정의를 실현하는 국가기관이지만 동시에 피고인의 정당한 이익을 보호하는 공익의 대표자이므로, 피고인의 정당한 이익을 위해 검사가 상소한 경우에는 예외적으로 불이익변경의 원칙이 적용된다고 이해하는 다수설의 입장이 타당하다.

3. 상소이익의 판단기준

피고인은 자기에게 불이익한 상소를 할 수 없으며 자기에게 이익인 재판을 구하는 경우에 한해서만 상소가 허용된다. 그러므로 피고인에게 이익인 상소인가 여부를

---

13) 영미에서는 피고인에게 불이익한 상소, 특히 무죄판결에 대한 상소는 피고인에 대한 이중위험금지의 원칙에 반한다는 이유로 이를 허용하지 않고 있다.

14) 배종대/이상돈/정승환/이주원, §64/28; 신동운, 1545면; 이영란, 856면; 이재상/조균석, 747면; 차용석/최용성, 770면.

15) 대법원 1975. 7. 8. 선고 74도3195 판결.

16) 김재환, 913면; 배종대/이상돈/정승환/이주원, §64/28; 손동권/신이철, 722면; 신동운, 1546면; 임동규, 738면; 차용석/최용성, 770면.

판단하는 기준에 대하여는 견해가 대립한다.

(1) 주 관 설

피고인에게 상소의 이익이 있는가 여부에 대한 판단은 상소제도가 오판을 받은 당사자의 구체적인 구제에 있기 때문에 피고인의 주관적인 측면을 기준으로 상소의 이익을 판단해야 한다는 견해이다. 그러나 주관설에 의하면 ① 피고인이 주관적으로 이익이라고 생각하고 상소한 경우에는 모두 적법한 상소가 되는 결과를 가져오고, ② 피고인이 형집행을 지연하기 위해 상소하는 경우에도 피고인에게는 중요한 이익이 되어 상소의 이익으로 인정해야 하는 결과를 가져오게 된다. 따라서 주관설에 의하면 피고인이 상소하는 경우에 사실상 항상 상소의 이익이 있는 경우가 되어 특별히 상소의 이익을 논하는 실익이 없게 되므로 이 견해를 취하는 학자는 없다.

(2) 객 관 설

상소의 이익 여부를 피고인의 주관적인 측면을 고려할 것이 아니라 객관적인 기준에 의해 결정해야 한다는 견해로서 우리나라 통설[17]의 입장이고, 독일과 일본의 판례의 입장이기도 하다. 객관설은 객관적인 기준인 형의 경중에 관한 형법 제50조의 규정과 불이익변경금지원칙에 따른 이익과 불이익의 판단기준이 상소의 이익이 있는가를 판단하는 기준이 된다는 견해로서 원판결이 피고인에게 불이익한가 여부는, 결국 재판에 따른 법익박탈의 대소를 의미하므로 이 견해가 타당하다.

(3) 사회통념설

상소의 이익 유무를 피고인의 주관적인 측면을 기준으로 판단하는 것은 상소제도가 국가제도인 이상 허용되지 않지만, 사회윤리적인 입장에서 사회통념을 기준으로 판단하는 것이 형사재판제도의 본질에 부합된다는 견해이다. 따라서 이 견해에 의하면 원판결의 법정형이 경한 파렴치범죄인 경우에는 형이 중한 비파렴치범죄를 주장하는 상소도 허용된다고 하게 된다. 그러나 이 견해는 ① 파렴치범죄와 비파렴치범죄에 대한 기준도 불명확하고, ② 이러한 판결오류에 대하여는 공익적 지위에 있는 검사의 상소판단에 맡기면 충분하며, ③ 피고인의 명예회복만을 위한 경우를 상소의 이익이 있다고 할 수 없을 뿐만 아니라, ④ 사회통념이라는 기준 자체도 불명확하므로 타당하다고 할 수 없다.

---

17) 김재환, 914면; 배종대/이상돈/정승환/이주원, §64/31; 손동권/신이철, 723면; 신동운, 1548면; 이재상/조균석, 748면; 임동규, 739면; 차용석/최용성, 771면.

4. 상소이익의 구체적 내용

(1) 유죄판결에 대한 상소

1) 유죄판결에 대한 상소의 이익이 있는 경우

피고인이 유죄판결에 대하여 가벼운 형의 선고나 무죄를 주장하는 경우에는 당연히 상소의 이익이 있다. 그러나 유죄판결에 대한 피고인의 상소취지가 피고인에게 이익이 되지 않거나 불이익한 경우에는 상소이익이 결여되어 부적법한 상소가 된다. 예컨대 ① 재산형인 벌금형에 대하여 자유형의 집행유예를 구하는 상소, ② 상상적 경합범에 대하여 실체적 경합범으로 상소, ③ 원판결이 누범가중하지 않은 것을 누범으로 상소하는 경우 등이 여기에 해당된다.

2) 형면제판결에 대한 상소도 가능

형의 면제판결도 유죄판결의 일종이므로 피고인이 형면제판결에 대하여 무죄를 주장하며 상소를 할 수 있다.

3) 제3자의 소유물을 몰수하는 재판에 대한 상소도 가능

피고인이 아닌 제3자 소유물에 대한 몰수재판에 대하여 상소할 수 있는가가 문제될 수 있는데, ① 피고인이 아닌 제3자의 소유물에 대한 몰수재판이지만 이는 피고인에 대한 부가형에 해당하고, ② 이로 인해 피고인도 제3자의 소유물에 대한 점유권이나 사용·수익·처분권을 행사할 수 없게 되며, ③ 몰수재판에 따르는 제3자로부터의 배상청구의 위험 등의 불이익이 있으므로 당연히 상소의 이익이 있다고 하겠다.[18)]

(2) 무죄판결에 대한 상소

무죄판결에 대하여 피고인은 상소할 수 없다.[19)] 무죄판결은 피고인에게 가장 이익되는 재판이기 때문에 피고인은 이에 대하여 면소판결이나 공소기각 또는 관할위반의 재판을 구하는 상소를 할 수 없다.[20)]

그러나 무죄판결의 이유를 다투는 상소를 할 수 있는지 여부가 문제된다. 예컨대 심신상실과 같이 피고인의 책임무능력을 이유로 한 무죄판결에 대해 피고인이 사건의 실체인 불법행위 자체에 대한 무죄판결을 구하는 상소를 하는 경우이다. 이에 대

---

18) 신동운, 1549면; 이재상/조균석, 749면.
19) 대법원 2013. 10. 24. 선고 2013도5752 판결.
20) 신동운, 1549면; 이재상/조균석, 749면.

하여는 ① 비록 무죄판결이라 하더라도 피고인의 불법행위 자체는 인정하는 무죄판결로서 피고인에 대한 사회적인 비난이라는 불이익이 있으므로 피고인에게 상소의 이익을 인정해야 한다는 **긍정설**[21]과 ② 심신상실을 이유로 무죄판결을 선고하면서 동시에 보안처분으로서 치료감호가 선고된 경우에는 치료감호대상자로서 실질적으로 피고인의 자유가 제한되므로 이러한 경우의 무죄판결에 대해서만 피고인에게 상소의 이익을 인정해야 한다는 **제한적 긍정설**,[22] 그리고 ③ 무죄판결은 그 이유가 무엇이든 재판에 따른 피고인에 대한 법익박탈이 없고, 판결주문에 대한 상소는 허용되지만 판결이유에 대한 상소는 허용될 수 없으며, 공판절차와 달리 치료감호절차에 따른 치료감호판결에 대하여는 별도로 상소하면 충분하므로 상소의 이익이 없다고 해석하는 **부정설**[23]이 대립하며, **판례**[24]는 부정설의 입장이다.

생각건대 비록 무죄판결이라 하더라도 피고인의 불법행위의 실체를 인정하면서 책임무능력을 이유로 한 무죄판결의 경우에는, ① 피고인의 불법행위에 대한 사회적 비난이라는 실질적인 불이익이 크므로 무죄판결에 따른 피고인에 대한 실질적인 법익박탈이 없다고 할 수 없으며, ② 판결이유에 대해서는 상소가 허용되지 않는다는 명문의 규정이 없으므로 피고인의 실질적인 이익을 고려하여 무죄판결의 이유를 다투는 피고인의 상소를 허용하는 긍정설이 타당하다.

(3) 공소기각, 관할위반, 면소판결에 대한 상소

공소기각이나 관할위반의 재판이 형식재판이라는 점에 대하여는 이견이 없으나, 면소판결에 대하여는 형식재판이라는 견해와 실체관계적 형식재판이라는 견해가 대립한다.

이러한 형식재판에 대하여 무죄를 주장하여 상소할 수 있는가에 관해서는 적극설과 소극설이 대립한다.

1) 적 극 설

이 학설은 ① 유죄나 무죄도 아닌 형식재판보다는 실체판결인 무죄판결이 객관적으로 피고인에게 이익이 되며, ② 무죄판결이 확정되면 기판력도 발생하게 되고, ③ 피고인은 형사보상도 받을 수 있는 법률상의 이익도 있다는 점을 논거로 하여, 형

21) 배종대/이상돈/정승환/이주원, §64/38; 차용석/최용성, 771면.

22) 신동운, 1550면.

23) 김재환, 916면; 임동규, 740면; 이재상/조균석, 750면; 정영석/이형국, 467면.

24) 대법원 1993. 3. 4. 자 92모21 결정.

식재판에 대해서도 피고인은 무죄를 주장하는 상소를 할 수 있다는 태도를 취한다. 그러나 적극설에 대하여는, ① 형사보상은 실체재판뿐만 아니라 형식재판의 경우에도 가능하며, ② 실체재판보다는 피고인을 조속히 형사절차에서 해방시킨다는 점에 있어서는 실체재판인 무죄판결보다 형식재판을 불이익한 재판이라고 할 수는 없다는 비판이 제기되고 있다.

2) 소 극 설

이 학설은 피고인에 대하여 형식재판이 이루어진 경우에 피고인은 무죄를 주장하는 항소를 할 수 없다는 견해이다. 상소를 허용하지 않는 근거에 관해서는, ① 피고인에게 상소의 이익이 없기 때문이라는 견해, ② 피고인에게 실체판결청구권이 없기 때문이라는 견해, ③ 공소기각판결의 경우에는 피고인에게 상소의 이익이 있지만, 면소판결의 경우에는 상소의 이익을 부정하는 견해[25) 등의 학설이 대립되고 있으며, 대법원은 형식재판의 성격에 따라 이원적으로 그 논거를 달리하여 판단하고 있다. 즉 공소기각판결에 대하여는 피고인에게 상소의 이익이 없다는 이유로,[26) 면소판결에 대하여는 피고인에게 실체판결청구권이 없다는 이유로[27) 상소가 허용되지 않는다고 판시하고 있다.

생각건대 소송조건이 구비되지 않은 경우에 피고인에게 법원에 실체판결을 청구하는 것을 허용하지 않은 점은 타당하며, 또한 형식재판은 무죄판결에 비해 피고인에 대한 불이익한 사회적 평가가 포함되어 있는 점도 부정할 수는 없다. 그러나 이러한 형식재판을 형사재판에 의한 법익박탈이라고는 할 수 없고, 또한 상소절차에 의해 구제해야 할 이익이라고도 할 수 없으며, 더욱이 유죄판결도 아니어서 피고인은 형식재판에 의해 형사절차에서 해방되어 공소제기 전의 상태로 되돌아가게 된다. 따라서 이런 점들을 고려해볼 때 형식재판에 대하여 무죄판결을 주장하며 상소를 하는 것은 상소의 이익이 없으므로 허용되지 않는다고 이해하는 다수설[28)의 입장이 타당하다.

(4) 항소기각판결에 대한 상고

일반적으로 항소기각판결에 대하여는 항소인에게 상고의 이익이 있으므로 상고가 가능하다. 그러나 검사만이 양형부당을 이유로 항소한 사건에서 기각된 경우에,

25) 배종대/이상돈/정승환/이주원, §64/43 참조.
26) 대법원 2008. 5. 15 선고 2007도6793 판결.
27) 대법원 1984. 11. 27. 선고 84도2106 판결.
28) 김재환, 918면; 손동권/신이철, 726면; 신동운, 1552면; 임동규, 741면; 정영석/이형국, 467면.

피고인은 이러한 항소기각판결에 대하여는 상고의 이익이 없으므로 상고가 허용되지 않는다.[29]

5. 상소이익이 없는 경우의 재판

상소의 이익은 상소의 적법요건이므로 상소의 이익이 없는 경우에는 상소를 기각해야 한다. 법원의 상소기각의 재판방식으로는 **결정**으로 하는 경우와 **판결**로 하는 경우가 있다. 법원이 결정의 방식으로 하는 경우는 무죄·면소·공소기각·관할위반의 재판에 대하여 상소한 경우와 같이 상소의 이유 없음이 상소장에 명백하게 기재된 경우이다. 이에 대하여 상소의 제기방식이 법령에 위반한 경우라는 견해[30]도 있지만, 이 경우는 원심재판의 선고에 의해 피고인의 상소권이 소멸한 경우에 명백히 해당하는 것으로 보아 법원은 항소 또는 상고에 대한 기각결정을 하는 것이 타당하다고 생각된다.[31](제360조, 제362조, 제376조 참조).

이와 달리 유죄판결에 대한 상소의 경우에는, 상소의 이익이 없다는 점이 상소이유에 의하여 비로소 밝혀지는 경우에 해당하므로, 이때에는 상소의 이유가 없는 경우에 해당하여 법원은 상소기각의 판결을 하여야 하고,[32] 항소심의 경우에는 변론 없이 판결에 의하여 항소를 기각할 수 있는 경우에 해당한다.

Ⅳ. 상소의 제기·포기·취하

1. 상소의 제기

(1) 상소제기의 방법

상소는 상소제기기간 내에 서면인 상소장을 원심법원에 제출함으로써 한다. 상소장이 **원심법원에 제출된 때**에 상소제기의 효력이 발생한다. 다만 교도소 또는 구치소에 있는 피고인이 상소제기기간 내에 상소장을 교도소장 또는 구치소장 또는 그 직무를 대리하는 자에게 제출한 때에는 상소의 제기기간 내에 상소한 것으로 간주한다(제

---

29) 대법원 2013. 3. 28. 선고 2010도14607 판결.

30) 신동운, 1554면; 정영석/이형국, 466면.

31) 이재상/조균석, 752면.

32) 배종대/이상돈/정승환/이주원, §64/46; 손동권/신이철, 726면; 신동운, 1554면; 이영란, 862면; 이재상/조균석, 752면; 차용석/최용성, 773면.

344조). 교도소장 등은 제출받은 연월일을 상소장에 부기하여 즉시 이를 원심법원에 송부하여야 한다(규칙 제152조 제1항). 상소의 제기가 있는 때에는 법원은 지체 없이 그 사유를 상대방에게 통지하여야 한다(제356조).

(2) 상소제기의 효과

1) 정지의 효력

상소의 제기에 의하여 재판의 확정과 집행이 정지되는데, 이를 정지의 효력이라 한다. 상소를 하게 되면 재판에 대한 확정정지의 효력은 항상 발생하지만, 집행정지의 효력에는 예외가 있다. 즉 즉시항고의 제기가 있는 때에는 재판의 집행은 정지되지만 보통항고의 경우에는 집행정지의 효력이 없다. 다만 원심법원 또는 항고법원은 결정으로 항고에 대한 결정이 있을 때까지 집행을 정지할 수 있다(제409조). 또한 재산형의 가납판결의 경우에는 형의 선고와 동시에 판결로써 선고하여야 하고, 또한 즉시로 집행할 수 있기 때문에 상소에 의하여 정지되지 않는다(제334조 제3항).

2) 이심의 효력

상소가 제기되면 소송계속은 원심으로부터 상소심으로 이전되는 이심의 효력이 발생한다. 이러한 이심의 효력발생시기에 대하여는 ① 상소제기시에 발생한다는 견해[33]와 ② 상소장과 증거물 및 소송기록을 원심법원으로부터 상소법원에 송부한 때에 발생한다는 견해[34]가 대립된다.

생각건대 형사소송법이 상소의 제기가 법률상의 방식에 위반하거나 상소권의 소멸 후인 것이 명백한 때에는 원심법원의 결정으로 상소를 기각하여야 하고(제360조, 제376조), 항고의 제기가 법률상의 방식에 위반하거나 항고권소멸 후인 것이 명백한 때에는 원심법원의 결정으로 항고를 기각하고, 항고가 이유가 있는 것으로 인정한 때에는 원심법원으로 하여금 결정을 경정하도록 규정하고(제407조, 제408조) 있는 점을 고려해볼 때, 상소제기만으로는 이심의 효력이 발생하지 않고 원심법원으로부터 상소법원에 상소장과 소송기록 등을 송부한 때에 이심의 효력이 발생한다고 해석하는 후자의 견해가 타당하다.

33) 배종대/이상돈/정승환/이주원, §64/52; 신동운, 1536면.

34) 이재상/조균석, 753면; 임동규, 744면.

2. 상소의 포기·취하

(1) 상소의 포기·취하의 의의

상소의 포기란 상소권자가 상소제기기간 내에 원심법원에 상소권의 행사를 포기한다는 의사표시를 하는 것을 말한다. 상소의 포기에는 상소권자의 적극적인 의사표시가 필요하며, 상소제기기간 내에도 상소포기는 가능하다. 이는 단순히 상소권을 행사하지 않는 '상소권의 불행사'나 이미 제기된 상소를 철회하는 '상소의 취하'와도 구별된다.

(2) 상소포기·취하권자

검사나 피고인 또는 제339조의 항고권자는 상소의 포기 또는 취하를 할 수 있다. 다만 피고인 또는 상소권의 대리행사자는 사형 또는 무기징역이나 무기금고가 선고된 판결에 대하여는 상소의 포기를 할 수 없다(제349조). 법정대리인이 있는 피고인이 상소의 포기 또는 취하를 함에는 법정대리인의 동의를 얻어야 한다. 다만 법정대리인의 사망 기타 사유로 인하여 그 동의를 얻을 수 없는 때에는 예외로 한다(제350조). 따라서 피고인이 미성년자인 경우에는 법정대리인의 동의를 받아야만 상소의 포기 또는 취하를 할 수 있으며,[35] 상소권의 대리행사자는 피고인의 동의를 얻어야만 상소를 취하할 수 있다. 따라서 피고인이 상소를 포기 또는 취하하면 소송대리인인 변호인은 상소하지 못한다.[36]

(3) 상소의 포기·취하의 방법

상소의 포기 또는 취하는 서면으로 하여야 한다. 다만 공판정에서는 구술로써 할 수 있다. 구술로써 상소의 포기 또는 취하를 한 경우에는 그 사유를 조서에 기재하여야 한다(제352조). 변호인의 상소취하에 대한 피고인의 동의는 공판정에서는 구술로써 명시적으로 할 수 있다.[37]

상소의 포기는 상소제기기간 내에 원심법원에 언제든지 할 수 있으며, 상소의 취하는 상소심의 종국판결까지 상소법원에 할 수 있다. 교도소 또는 구치소에 있는 피고인에 대하여는 상소의 포기 또는 취하의 의사표시를 하는 서면(상소포기서 내지 상

---

35) 대법원 1983. 9. 13. 선고 83도1774 판결.

36) 대법원 1974. 4. 23. 선고 74도762 판결.

37) 대법원 2015. 9. 10. 선고 2015도7821 판결.

소취하서)을 교도소장 또는 구치소장 또는 그 직무를 대리하는 자에게 제출하는 방법도 유효하다.

(4) 상소의 포기·취하의 효력

상소의 포기나 취하가 있는 때에는 법원은 지체 없이 그 사유를 상대방에게 통보하여야 하며, 상소취하의 효력은 상소취하서의 접수시에 발생한다고 보아야 한다. 상소를 취하한 자 또는 상소의 포기나 취하에 동의한 자는 그 사건에 대하여 다시 상소하지 못한다(제354조). 재상소를 금지한 이 규정에 대하여 헌법상 보장된 재판청구권을 침해했다고 볼 수 없다는 것이 대법원의 입장이다.[38] 강박에 의하여 상소를 포기 또는 취하한 경우에는 언제나 무효에 해당하지만, 착오의 경우에는 ① 중요한 점에 관한 착오가 있고, ② 착오가 행위자 또는 대리인에게 책임 없는 사유로 발생했으며, ③ 이를 유효로 하는 것이 현저히 정의에 반하는 경우에만 무효가 된다는 것이 판례의 입장이다.[39]

V. 일부상소

1. 일부상소의 의의

재판의 일부에 대하여도 상소할 수 있도록 규정하고 있는데(제342조), 이를 일부상소라고 한다. 한 개의 사건에 대하여 한 개의 재판이 이루어지면 이 사건의 한 개의 사건의 일부를 분할하여 상소하는 것은 공소불가분의 원칙에 반하므로 허용되지 않는다. 따라서 재판의 일부에 대한 상소란 한 개의 사건의 일부를 의미하는 것이 아니라 수개의 사건이 병합심판된 경우에 있어서 재판의 일부를 의미한다고 보아야 한다.[40] 따라서 재판의 일부라는 의미는 재판의 주관적 범위, 즉 공동피고인의 일부가 상소하는 것을 의미하는 것이 아니라 재판의 객관적 범위인 수개의 사건의 일부를 의미한다. 또한 재판에 불복하는 상소이유인 사실오인이나 법령적용의 오인, 양형의 부당 등의 상소이유 중 일부를 대상으로 하는 상소라 하더라도 이는 당해사건에 대한 전부 상소이지 일부상소는 아니다. 즉 상소이유의 개별화와 일부상소는 다르다.

---

38) 대법원 2001. 10. 6. 자 2001초428 결정.

39) 대법원 1992. 3. 13. 자 92모1 결정.

40) 정영석/이형국, 470면.

2. 일부상소의 범위

일부상소가 가능하기 위해서는 재판의 내용을 분할할 수 있고 독립된 판결이 가능해야 한다. 상소부분이 다른 부분과 논리적으로 관련되어 있거나 양형에 상호작용할 경우에는 일부상소는 허용되지 않는다고 하겠다. 그러나 일부상소가 허용되는 범위 내에서는 일부에 대한 상소의 포기 또는 취하도 가능하게 된다. 일부상소가 허용되지 않음에도 불구하고 일부상소를 한 경우에는 전부상소가 있는 것으로 해석해야 하며, 따라서 일부에 대한 상소는 그 일부와 불가분의 관계에 있는 부분에 대하여도 효력을 미치게 되는데(제342조 제2항), 이를 **상소불가분의 원칙**이라 한다. 결국 일부상소가 허용되는가 여부는 재판의 내용이 가분인가 불가분인가 여하에 달려 있다고 할 수 있다.

(1) 일부상소의 허용범위

수죄인 경합범의 경우에 각 부분에 대하여 각각 다른 수개의 재판이 선고된 경우에는 일부상소가 가능하다. 일부상소가 허용되는 경우를 살펴보면 다음과 같다.

1) 일부유죄, 일부무죄인 경우

경합범 관계에 있는 수죄 중에서 일부의 공소사실에 대하여는 유죄이고, 다른 부분에 대하여는 무죄·면소·공소기각·관할위반 또는 형의 면제의 판결이 선고된 경우에는 일부상소를 할 수 있다. 따라서 피고인이 유죄부분만을 상소하거나 검사가 무죄부분만을 상소하는 일부상소는 허용된다.

2) 2개 이상의 다른 형이 병과된 경우

경합범의 경우에 수개의 공소사실에 관하여 일부는 징역형이고 다른 일부는 벌금형이 병과된 경우와 같이, 2개 이상의 다른 주형이 병과된 경우에도 일부상소를 할 수 있다.

3) 수개의 형이 선고된 경우

수개의 공소사실이 확정판결 전후에 범한 죄이기 때문에 수개의 형이 선고된 경우에도 일부상소를 할 수 있다.

4) 전부 무죄인 경우

경합범의 공소사실에 대하여 전부 무죄가 선고된 경우에도 일부의 공소사실만을 특정하여 상소할 수 있다.

(2) 일부상소의 제한

재판의 내용이 불가분인 때에는 일부상소가 허용되지 않는다.

1) 일죄의 일부에 대한 상소의 경우

일죄의 일부에 대한 상소는 허용되지 않으므로, 일죄의 일부에 대한 유죄가 인정되어, 유죄부분에 대해서만 상소한 경우에도 그 죄의 전부에 대하여 상소의 효력이 미친다. 따라서 포괄일죄[41]나 과형상 일죄(상상적 경합범)의 경우에도 일부상소는 인정되지 않는다.[42] 판례는 포괄일죄나 과형상 일죄의 경우에 있어서 일부유죄, 일부무죄 판결에 대하여 피고인만이 유죄부분에 대하여 일부상소한 경우에는 무죄부분도 상소심으로 이심되기는 하지만 이 부분은 이미 당사자 간의 공격방어의 대상으로부터 벗어나 있기 때문에 상소심은 무죄부분을 심판할 수 없다고 판시하고 있다.[43] 일부 학설[44]은 피고인의 이익이나 당사자주의의 기능강화라는 측면을 고려하여 이 입장을 취하고 있으며, 이는 일본 판례의 입장이기도 하다. 그러나 소송계속을 인정하면서 심판할 수 없다는 것은 논리적으로 모순이며, 상소의 내용에 따라 일부상소의 허용범위를 달리하여 해석하는 입장은 합리성이 결여되어 있다고 하겠다.

2) 한 개의 형이 선고된 경합범의 경우

경합범의 전부에 대하여 한 개의 형이 선고된 경우에는 일부상소는 허용되지 않는다. 경합범의 일부에 대한 상소는 경합범 전부의 형에 영향을 미칠 뿐만 아니라 한 개의 유죄판결이 상소의 단위이기 때문이다.

3) 주형과 일체가 된 부가형의 경우

주형과 일체가 된 부가형, 환형처분, 압수물의 환부, 집행유예 등은 주형과 분리하여 상소할 수 없다.

또한 몰수 또는 추징도 주형과 불가분적 관계에 있으므로 몰수 또는 추징에 대한 상소가 있는 경우에는 상소의 효력은 그 전부에 미쳐, 주형과 부가형 모두 상소심으로 이심된다.[45] 다만 배상명령에 대하여는 독립하여 즉시항고가 허용되고(소송촉진 등

---

41) 대법원 1985. 11. 2. 선고 85도1998 판결(검사의 무죄부분에 대한 상고에 의해 상고되지 않은 원심에서의 유죄로 인정된 부분도 심판의 대상이 된다).

42) 대법원 2010. 1. 14. 선고 2009도12934 판결.

43) 대법원 1991. 3. 12. 선고 90도2820 판결.

44) 배종대/이상돈/정승환/이주원, §65/8.

45) 대법원 2008. 11. 20 선고 2008도5596 전원합의체 판결.

에 관한 특례법 제33조 제5항), 소송비용부담의 재판은 본안의 재판에 관하여 상소하는 때에 한하여 불복할 수 있다(제191조 제2항).

3. 일부상소의 방식과 상소심의 심판범위

(1) 일부상소의 방식

일부상소할 경우에는 불복부분을 특정하고 일부상소를 한다는 취지를 명시하여야 한다. 만약 일부 불복부분이 특정되지 않은 상소의 경우에는 전부상소로 보아야 한다. 일부상소인가 전부상소인가에 대한 판단은 일차적으로는 상소장의 기재내용에 따라 판단하고, 다음으로는 상소이유서를 제출한 당사자의 취지를 고려하여 일부상소인지 전부상소인지를 판단하는 입장이 타당하다고 생각된다. 따라서 일부무죄, 일부유죄의 판결에 대하여 피고인이 상소한 경우에는 유죄부분에 대한 상소로 보아야 하고, 검사가 일부상소한 경우에는 무죄부분에 대한 상소로 보아야 한다.

(2) 일부상소와 상소심의 심판범위

1) 상소심의 심판범위

상소심의 심판범위는 상소인이 주장하는 상소이유에 제한되는 것이 원칙이다. 따라서 일부상소의 경우에는 상소심의 심판범위는 상소를 제기한 범위에 한정되고, 상소가 제기되지 않은 부분은 이미 재판이 확정되었기 때문에 상소법원은 일부상소된 부분만 심판해야 하고, 파기환송된 경우에도 환송받은 법원은 일부상소된 부분만 심판할 수 있다.[46]

그런데 경합범 중에 일부무죄와 일부유죄가 선고된 항소심판결에 대하여, 검사가 무죄부분에 대하여 상고한 상고심에서 원심판결을 파기해야 할 경우에 무죄부분만을 파기해야 하는지, 아니면 전부를 파기해야 하는지가 문제되며, 이에 관해서는 전부파기설과 일부파기설이 대립되고 있다.

① 전부파기설 경합범에 대하여 수개의 주문이 선고된 경우에는 그 일부에 대하여 불복하여 상소한 경우에도 상소제기의 효과는 그 전부에 미친다는 견해이다.[47] 이 견해는 ① 무죄부분만을 파기할 경우에는 원심에서 다시 형을 정할 때에 피고인에게 과형상 불이익을 초래할 우려가 있고, ② 경우에 따라서는 불이익변경금지

46) 대법원 1990. 7. 24. 선고 90도1033 판결.

47) 신현주, 747면.

원칙에 의하여 피고인에게 형을 선고할 수 없게 되어 과형 없는 유죄판결의 결과를 초래할 수 있다는 점을 논거로 들고 있다. 따라서 경합범 중 일부 공소사실에 대하여 상고한 경우에도 상고심은 원심판결을 전부를 파기해야 한다는 견해이다.

② 일부파기설 검사나 피고인이 상고하지 아니한 유죄부분은 상고기간이 경과함으로써 확정되기 때문에 상고심에 계속된 사건은 검사의 무죄부분에 대한 공소사실뿐이므로 상고심을 파기할 경우에는 무죄부분만을 파기할 수밖에 없다는 견해이다.[48] 이는 대법원 판례의 입장[49]이기도 하다.

③ 사 견 경합범에 있어서 수개의 형이 선고된 경우에 그 일부에 대한 상소가 허용되는 것은 다툼의 여지가 없다. 그러나 상소에 의해 한 개의 형이 선고될 가능성이 있다는 이유만으로 전체에 대한 상소의 효력이 인정된다고는 할 수 없으므로 논리적으로 상소가 제기된 부분의 효력을 파기하는 일부파기설의 입장이 타당하다. 다만 일부파기설에 의하더라도 다시 형을 정할 경우에는 피고인의 이익을 위해 불이익변경금지의 원칙이 적용되어야 함은 물론이다. 판례는 유죄부분과 상상적 경합관계에 있는 다른 일부에 대하여 무죄임을 판시하면서 주문에 별도의 선고를 하지 않은 항소심판결에 대하여 검사가 무죄부분 전체에 대하여 상고한 경우에는 그 유죄부분도 상고심판단의 대상이 되며,[50] 이 경우에 유죄부분과 실체적 경합관계에 있어 1개의 판결이 선고된 범죄도 상고심 판단의 대상이 된다고 판시한 바 있다.[51]

2) 죄수판단의 변경과 심판범위

일부상소의 경우에 원심이 두 개의 공소사실을 경합범관계에 있다고 판단하여 일부유죄, 일부무죄를 선고하였는데, 피고인이 일부유죄의 공소 사실에 대해서만 상소를 제기하여 일부무죄의 공소사실은 확정되었으나, 상소심의 심리결과 두 개의 공소사실이 **단순일죄 또는 과형상 일죄**로 판명된 경우에 상소심의 심판범위는 여기에도 미치는지 여부가 문제된다. 이에 관해서는 ① 일부무죄의 공소사실은 이미 확정되었

48) 이재상/조균석, 760면.

49) 대법원 1992. 1. 21. 선고 91도1402 전원합의체 판결(… 경합범 중 일부에 대하여 무죄, 일부에 대하여 유죄를 선고한 항소심 판결에 대하여 검사만이 무죄부분에 대하여 상고를 한 경우 피고인과 검사가 상고하지 아니한 유죄판결 부분은 상고기간이 지남으로써 확정되어 상고심에 계속된 사건은 무죄판결 부분에 대한 공소뿐이라 할 것이므로 상고심에서 이를 파기할 때에는 무죄부분만을 파기할 수밖에 없다); 대법원 2010. 11. 25. 선고 2010도10985 판결.

50) 대법원 2005. 1. 27. 선고 2004도7488 판결.

51) 대법원 2003. 5. 30. 선고 2003도1256 판결.

으므로 상소심에서는 이에 대하여 면소판결을 해야 한다는 견해, ② 두 개의 공소사실이 모두 상고심에 계속된다는 견해, ③ 피고인의 이익보호에 중점을 두어 검사가 무죄부분을 상소한 경우에는 모두 상소심의 심판대상이 되지만, 피고인만 유죄부분을 상소한 경우에는 무죄부분은 확정된다고 보는 이원설[52]이 있으나, ④ 소송의 동적·발전적 성격과 피고인의 의사를 고려할 때 무죄부분은 확정되고 유죄부분의 공소사실만 상소심의 심판대상이 된다고 이해하는 통설[53]의 입장이 타당하다고 생각된다. 대법원 판례[54]는 이 경우에 두 죄가 상상적 경합관계이면 유죄부분도 심판대상이 된다고 판시하여, ②설의 입장을 취하고 있다.

Ⅵ. 불이익변경금지의 원칙

1. 불이익변경금지의 원칙의 의의

(1) 의 의

불이익변경금지의 원칙이란 피고인이 항소 또는 상고한 사건과 피고인을 위하여 항소 또는 상고한 사건에 관하여 상소심은 원심판결이 선고한 형보다 중한 형을 선고하지 못한다는 원칙을 말한다. 이 원칙은 프랑스 혁명 후 자유주의의 영향 하에 형성된 원칙으로서 원심판결보다 중한 형으로의 변경을 금지한다는 의미이기 때문에, 이를 '**중형변경금지의 원칙**'이라고도 한다.

(2) 근 거

이 원칙의 근거에 대하여는 ① 당사자주의 내지 변론주의의 당연한 이론적 결과라는 견해, ② 검사의 상소가 없는 이상 피고인에게 이익되는 한도 내에서 상대적 확정력이 생긴다고 보아 상대적 확정력 이론에서 그 근거를 구하는 견해도 있으나, ③ 상소로 인한 중형 위험으로 인한 피고인의 상소권 포기를 방지함으로써 **피고인의 상소권을 보장한다는 정책적 이유**에서 그 근거를 찾는 견해가 통설[55]과 판례[56]의 입장이다.

---

52) 배종대/이상돈/정승환/이주원, §65/19.

53) 이재상/조균석, 762면; 임동규, 755면; 정영석/이형국, 472면; 차용석/최용성, 779면.

54) 대법원 1995. 6. 13. 선고 94도3250 판결; 대법원 1980. 12. 9. 선고 80도384 전원합의체 판결.

55) 김재환, 930면; 손동권/신이철, 743면; 이은모, 852면; 이재상/조균석, 763면; 임동규, 756면; 정영석/이형국, 473면.

56) 대법원 1964. 9. 17 선고 64도298 전원합의체 판결.

다른 한편 불이익변경금지원칙의 결점으로는 피고인의 남상소(濫上訴) 우려와 신속한 재판진행을 저해하는 측면을 들 수 있다. 그러나 피고인의 상소권 보장이라는 인권보장적 측면을 고려해보면 이러한 폐단은 어느 정도 발생하는 것이 불가피하므로 남상소 방지와 신속한 재판을 구현하기 위한 제도모색이 필요하다.

2. 적용범위

불이익변경금지의 원칙이 적용되는 경우는 피고인이 상소한 사건과 피고인을 위하여 상소한 사건에 적용된다.

(1) 피고인이 상소한 사건

형사소송법 제338조 제1항에 의하여 피고인이 상소한 사건을 말한다. 즉 피고인만이 상소한 사건을 의미하며, 검사만 또는 검사와 피고인 쌍방이 상소한 사건에 대해서는 이 원칙이 적용되지 않는다. 그러나 한미행정협정사건에서는 검사가 상소한 사건이나 검사와 피고인 쌍방이 상소한 사건에 대해서도 불이익변경금지의 원칙이 적용된다.[57)]

여기서 문제는 피고인만 항소한 제2심 판결에 대하여 검사가 피고인을 위하여 상고한 경우에도 이 원칙이 적용되는지 여부이다.

생각건대 항소심의 판단오류로 피고인이 불이익을 받게 되는 것은 피고인에게 상소권을 보장하는 취지에 반하므로 상고심에서는 제1심의 판결보다 중한 형을 선고할 수 없는 불이익변경금지의 원칙이 적용됨이 타당하며, 나아가 검사와 피고인 쌍방이 상소한 경우에도 검사의 상소가 기각된 경우에는 피고인만 상소한 경우와 같은 취지로 이 원칙이 적용된다고 할 수 있으며, 이는 대법원 판례의 입장이기도 하다.[58)]

(2) 피고인을 위하여 상소한 사건

원칙적으로 피고인을 위하여 상소한 사건은 형사소송법 제340조(피고인의 법정대리인)와 제341조(피고인의 배우자, 직계친족, 형제자매, 원심의 대리인이나 변호인)에서 규정하고 있는 당사자 이외의 상소권자가 피고인을 위하여 상소한 사건을 말한다. 그런데 문제는 검사가 피고인의 이익을 위하여 상소한 경우에도 이를 '피고인을 위하여 상소한 사건'으로 보아 불이익변경금지의 원칙을 적용할 것인지 여부이다. 이에 대하

---

57) 한미행정협정 합의의사록 제22조 참조.
58) 대법원 1969. 3. 31. 선고 68도1870 판결.

여 독일에서는 이 경우를 포함한다는 명문의 규정이 있으나,[59] 우리 형사소송법에서는 명문의 규정이 없어 적극설[60]과 소극설[61]이 대립되고 있다.

소극설은 ① 검사가 상소한 경우에는 이 원칙의 근거인 피고인의 상소권보장과는 무관하며, ② 검사의 상소는 피고인의 이익만을 위한 상소가 아니라 공익을 위한 상소이기 때문에 불이익변경금지의 원칙이 적용되지 않는다고 입장을 취하고 있다. 그러나 ① 피고인의 상소대리권자가 상소한 경우와 검사가 피고인을 위하여 상소한 경우와를 특별히 구별해야 할 이유가 없고, ② 이를 금지하는 명문의 규정도 없으며, ③ 피고인의 이익을 위해서도 '피고인을 위하여 상소한 사건'의 범위 내에 검사가 피고인을 위하여 상소한 경우를 포함할 필요가 있으므로 **적극설**이 타당하다고 생각된다. 이는 **통설**[62]과 **판례**[63]의 입장이기도 하다.

(3) 상소한 사건

불이익변경금지의 원칙은 피고인이 또는 피고인을 위하여 상소한 사건, 즉 항소심이나 상고심에서 적용된다. 그러나 항소심에서 다른 사건과 병합되어 경합범으로 처단되는 때에는 이 원칙이 적용되지 않게 된다.[64] 이 원칙이 적용되는지 여부가 문제되는 경우를 살펴보면 다음과 같다.

1) 항고사건

피고인만 항고한 항고사건에 대하여도 이 원칙이 적용되는가에 대하여는 이 원칙을 준용해야 한다는 적극설과 적용할 수 없다는 소극설이 대립되고 있다. 불이익변경금지의 원칙은 항소 또는 상고사건의 경우에 제한되기 때문에 항고사건에는 적용되지 않는다고 해석하는 소극설이 타당하다.

2) 파기환송 또는 파기이송사건

상소심이 피고인의 상소를 이유있다고 받아들여 원심판결을 파기하여 자판하지 않고, 파기환송 또는 이송하는 경우에 환송 또는 이송받은 법원이 판결을 할 때 종전

---

59) 독일 형사소송법 제331조 제1항 참조.

60) 김재환, 931면; 배종대/이상돈/정승환/이주원, §66/5.

61) 이재상/조균석, 765면; 정영석/이형국, 475면.

62) 김재환, 931면; 배종대/이상돈/정승환/이주원, §66/5; 손동권/신이철, 745면; 신동운, 1572면; 임동규, 757면; 차용석/최용성, 782면.

63) 대법원 1971. 5. 24. 선고 71도574 판결.

64) 대법원 2016. 5. 12. 선고 2016도2136 판결.

의 원판결과의 사이에 불이익변경금지의 원칙이 적용되는가가 문제된다. 파기환송 또는 이송받은 법원은 원판결의 상소심이라 할 수는 없지만, ① 상소심에서 파기자판할 것인지 또는 파기환송·이송할 것인지는 상소심 법원의 결정에 따라 우연에 좌우되며, ② 피고인의 상소에 의해 원심판결이 파기된 경우에 만약 원판결보다 중한 형을 선고할 수 있다고 한다면 피고인의 상소권을 보장한다는 불이익변경금지의 원칙의 취지에 반하므로, 결국 원심판결을 파기하고 자판하거나 또는 환송·이송하는 경우에도 불이익변경금지의 원칙이 적용된다는 점에 대하여는 견해의 대립이 없으며, 대법원 판례도 같은 입장이다.[65]

3) 정식재판의 청구

약식명령에 대하여 정식재판을 청구하는 것은 상소가 아니라 그 약식명령을 한 법원에 대하여 통상의 공판절차에 따르는 심판을 구하는 정식재판청구사건에 대하여는 불이익변경금지의 원칙이 적용되지 않는다는 것이 종래의 판례의 입장이었다. 그러나 이후 형사소송법을 개정하여 피고인의 정식재판청구권을 보장하기 위해 "피고인이 정식재판을 청구한 사건의 경우에는 약식명령의 형보다 중한 형을 선고하지 못한다"고 규정하여 불이익변경금지의 원칙을 명문화하였다.

그러나 피고인에게 불리한 약식명령의 결과에 대해서는 무조건적으로 불복하는 정식재판청구사건이 과도해짐으로써, 이러한 정식재판청구의 남용을 예방하기 위해 형사소송법을 다시 개정하여, "피고인이 정식재판을 청구한 사건에 대하여는 약식명령의 형보다 중한 종류의 형을 선고하지 못한다"고 하여 약식명령의 형보다 정식재판에서는 중한 종류의 형을 선고하지 못하도록 함으로써 불이익변경금지의 원칙을 적용하면서도, 다른 한편으로는 "같은 종류의 형이지만 약식명령의 형보다 중한 형을 정식재판에서 선고하는 경우에는 판결서에 양형의 이유를 적어야 한다"고 함으로써 같은 종류의 형일 때에는 불이익변경금지의 원칙이 적용되지는 않는다고 할 수 있다. 이러한 규정 개정의 취지는 약식명령의 결과에 불복하여 피고인이 무분별하게 정식재판을 청구하는 것을 제도적으로 방지하면서도, 다른 한편으로는 법원으로 하여금 피고인의 양형이 불이익하게 변경될 경우에는 양형이유를 기술하도록 함으로써 양형에 있어서 신중함을 기하도록 하는데 있다. 결국 우리 형사소송법은 약식명령에 대하여 피고인이 청구한 정식재판에서 같은 종류의 형을 선고할 경우에는 약식명령의 형

65) 대법원 2006. 5. 26. 선고 2005도8607 판결

보다 정식재판에서 중한 형의 선고가 가능하도록 함으로써 불이익변경금지의 원칙이 적용되지 않지만, 형의 종류의 선택에 있어서는 약식명령에서의 형보다 중한 종류의 형을 정식재판에서는 선고하지 못하도록 함으로써 불이익변경금지의 원칙이 적용되도록 하는 절충적인 입법태도를 취함으로써 무분별한 정식재판청구권 행사를 억제한다는 형사사법정책적인 목표와 피고인의 실질적인 정식재판청구권의 보장이라는 가치를 적절히 조화하고 있다고 할 수 있다.

대법원은 즉결심판사건에 대하여 정식재판을 청구한 사건에 있어서도 불이익변경금지의 원칙이 적용된다고 판시하고 있다.[66]

3. 불이익변경금지의 내용

(1) 불이익변경금지의 대상

불이익변경이 금지되는 대상은 형의 선고에 한하며, 죄명이나 적용법조,[67] 죄수 등이 변경되더라도 이 원칙에 반한다고 할 수 없다. 예컨대 절도죄로 벌금형을 선고한 원심판결에 대하여 피고인이 항소한 경우에 항소심에서 강도죄를 인정하여 벌금형을 선고하더라도 이 원칙에 반한다고 할 수 없다. 이런 의미에서 불이익변경금지의 원칙은 피고인에게 불이익한 형의 선고를 금지하는 양형에 관한 강제규정이라 할 수 있다.

여기서의 형이란 형법 제41조에서 규정하고 있는 형의 종류만을 의미하는 것이 아니라 실질적으로 형벌과 같은 불이익을 주는 처분인 추징금, 노역장 유치, 미결구금 등도 여기에 해당한다. 한편 일반적인 보안처분에 대하여는 독일과 같은 명문의 규정은 없으나 사실상 형벌에 유사한 성질을 지니고 있기 때문에 불이익변경금지의 대상이 된다고 보는 것이 타당하다. 그러나 치료감호의 경우에는 피고인의 치료를 목적으로 하기 때문에 불이익변경금지의 원칙이 적용되지 않는다고 보아야 한다.

그 밖에도 소송비용의 부담에 대하여는 실질적으로 재산형과 같이 피고인에게 불이익을 주기 때문에 불이익변경금지의 원칙이 적용되어야 한다고 이해하는 적극설[68]과 소송비용은 형이 아니므로 이 원칙이 적용되지 않는다고 해석하는 소극설이

---

66) 대법원 1999. 1. 15. 선고 98도2550 판결.

67) 대법원 2013. 2. 28. 선고 2011도14986 판결.

68) 배종대/이상돈/정승환/이주원, §66/14; 신동운, 1576면.

대립하고 있다. 생각건대 소송비용의 부담은 피고인에게 불이익을 주기는 하지만 실질적으로 형으로서의 성질을 지녔다고는 볼 수 없으므로 이 원칙이 적용되지 않는다고 해석하는 소극설이 타당하며, 이는 통설[69]과 판례[70]의 태도이다.

(2) 불이익변경판단의 기준

형의 불이익변경의 여부를 판단하는 데에는 형법 제50조의 법정형이 기준이 되고, 형의 경중은 형법 제41조에 기재된 순서에 의하여 판단한다. 따라서 징역은 금고보다 중한 형이지만 무기금고와 유기징역은 금고를 중한 것으로 하고, 유기금고의 장기가 유기징역의 장기를 초과하는 때에는 금고를 중한 것으로 한다. 동종의 형은 장기가 긴 것과 다액이 많은 것을 중한 형으로 한다(형법 제50조). 형법 제50조는 추상적인 법정형 상호간의 경중만을 규정하고 있기 때문에 구체적인 사건에 있어서 선고형의 경중을 정하는 데에는 충분한 기준이 될 수 없다. 따라서 형의 불이익변경 여부를 판단하는 데에는 형법 제50조의 형의 경중을 기준으로 하면서도, 병과형이나 부가형, 집행유예, 노역장 유치기간 등 주문 전체를 고려하여 피고인에게 실질적으로 얼마나 불이익한가 여부를 전체적·실질적으로 고찰하여 결정해야 한다.[71]

(3) 형의 경중에 관한 구체적인 비교

1) 형의 추가와 종류의 변경

피고인이 상소한 사건에 대하여 원심판결과 동종의 형을 과하면서 무거운 형을 선고하거나 다른 형을 추가하는 경우에는 불이익변경에 해당한다. 원심보다도 중한 종류의 형을 선택한 경우에는 일반적으로 불이익변경이 되지만, 이 경우에도 구체적

---

69) 김재환, 942면; 손동권/신이철, 750면; 이영란, 883면; 이은모, 857면; 이재상/조균석, 767면; 임동규, 761면; 정영석/이형국, 477면; 정웅석/백승민, 867면.

70) 대법원 2001. 4. 24. 선고 2001도872 판결.

71) 대법원 2009. 12. 24. 선고 2009도10754 판결; 대법원 2013. 12. 12. 선고 2012도7198 판결(불이익변경금지의 원칙은 피고인의 상소권 또는 약식명령에 대한 정식재판청구권을 보장하려는 것으로서, 피고인만이 또는 피고인을 위하여 상소한 상급심 또는 정식재판청구사건에서 법원은 피고인이 같은 범죄사실에 대하여 이미 선고 또는 고지받은 형보다 중한 형을 선고하지 못한다는 원칙이다. 이러한 불이익변경금지의 원칙을 적용할 때에는 주문을 개별적·형식적으로 고찰할 것이 아니라 전체적·실질적으로 고찰하여 그 경중을 판단하여야 하는데, 선고된 형이 피고인에게 불이익하게 변경되었는지 여부는 일단 형법상 형의 경중을 기준으로 하되, 한 걸음 더 나아가 병과형이나 부가형, 집행유예, 노역장 유치기간 등 주문 전체를 고려하여 피고인에게 실질적으로 불이익한가에 의하여 판단하여야 한다).

으로 선고형이 중하지 않으면 불이익변경이 되지 않는다.[72)]

가. 징역형과 금고형 징역형과 금고형은 형법 제50조에 따라 해결하면 된다. 따라서 형기를 단축하면서 금고형을 징역형으로 변경하는 것은 허용되지만, 형기를 인상하면서 징역형을 금고형으로 변경하는 것은 허용되지 않는다. 또한 형기가 같은 경우에는 금고형을 징역형으로 변경하는 것은 허용되지 않는다.

나. 자유형과 벌금형 벌금형을 자유형으로 변경하는 것은 불이익변경에 해당하지만, 이와 반대로 자유형을 벌금형으로 변경하는 경우에는 당연히 불이익변경에 해당하지 않게 된다. 그러나 벌금형을 선고하면서 벌금을 납부하지 않을 경우를 대비하여 노역장유치를 할 수 있는데, 이 경우에 벌금형에 대한 노역장 유치기간이 자유형기간보다 긴 경우에 불이익변경에 해당하는가에 대하여 견해가 대립한다. **긍정설**[73)]은 노역장 유치는 자유형과 동일하게 피고인에게 불이익을 주기 때문에 불이익변경에 해당된다고 보고 있다. 그러나 노역장유치는 벌금형의 특수한 집행방법에 불과하고 전체적으로 볼 때 자유형은 벌금형보다 중한 형벌이므로 불이익변경에 해당하지 않는다고 해석하는 **부정설**인 판례[74)]와 다수설[75)]의 입장이 타당하다고 생각된다.

다. 부정기형과 정기형 상대적 부정기형을 정기형으로 변경하는 경우에 상대적 부정기형의 장기와 단기 등 무엇을 기준으로 하여 형의 경중을 판단할 것인지가 문제되는데, 이에 대하여는 **단기표준설**[76)]과 **중간위설** 및 **장기표준설**의 대립이 있다. 피고인이 부정기형을 선고받은 경우에는 단기가 경과되면 석방될 가능성이 있으므로 통설인 단기표준설이 타당하다고 생각되며, 판례[77)]도 이 입장을 취하고 있다.

2) 집행유예와 선고유예

가. 집행유예와 형의 경중 형의 집행유예는 형의 집행을 받을 필요가 없이 유예기간을 경과한 때에는 형의 선고의 효력이 상실되기 때문에 형식적으로는 형이 아니지만 실질적으로는 피고인의 형의 내용에 영향을 주기 때문에 형의 경중을 비교하

---

72) 대법원 1999. 2. 5. 선고 98도4534 판결.

73) 김재환, 937면; 배종대/이상돈/정승환/이주원, §66/17; 차용석/최용성, 786면.

74) 대법원 2000. 11. 24. 선고 2000도3945 판결.

75) 손동권/신이철, 751면; 신동운, 1578면; 이재상/조균석, 769면; 임동규, 763면; 정영석/이형국, 478면.

76) 배종대/이상돈/정승환/이주원 §66/20; 손동권/신이철, 752면; 신동운, 1579면; 이재상/조균석, 770면; 정웅석/백승민, 865면; 차용석/최용성, 787면.

77) 대법원 2006. 4. 14. 선고 2006도734 판결.

는 중요한 요소가 된다. 따라서 자유형판결에 대한 집행유예를 없애거나 유예기간을 연장하는 경우에는 당연히 불이익변경이 되며, 자유형인 징역형이나 금고형을 줄이더라도 집행유예를 박탈하는 경우에도 불이익변경에 해당한다. 그런데 징역형을 늘이면서 집행유예를 붙인 경우에는 피고인의 실질적인 이익을 고려하여 불이익변경이 아니라고 해석하는 견해[78]도 있지만, 자유형의 집행유예가 실효되거나 취소되는 경우를 고려해보면 불이익변경에 해당한다고 해석하는 지배적인 학설[79]의 입장이 타당하다고 생각된다.

그 밖에도 징역형에 집행유예를 붙이면서 벌금액을 높이거나 병과한 경우에는 집행유예의 실효나 취소가능성, 벌금 미납 시 노역장 유치 가능성과 그 기간 등을 전체적·실질적으로 고찰할 때 원심이 선고한 형은 제1심이 선고한 형보다 무거워 피고인에게 불이익하여 불이익변경에 해당한다.[80] 금고형을 징역형으로 변경하면서 집행유예를 선고한 경우에도 불이익변경에 해당한다. 그러나 집행유예가 붙은 자유형의 판결에 대하여 자유형의 판결을 줄이면서 집행유예기간을 늘인 경우에는 불이익변경에 해당한다고 해석하는 견해[81]도 있으나, 자유형을 경하게 변경하면서 집행유예기간을 늘인 경우는 전체적으로 보아 피고인에게 불이익이라고 볼 수 없으므로 불이익변경금지 원칙에 위배되지 않는다고 해석하는 다수설[82]의 입장이 타당하다고 생각된다.

나. 집행유예와 선고유예 및 벌금형의 경중 자유형에 대한 집행유예를 벌금형으로 변경하는 것은 불이익변경이 아니지만, 자유형에 대한 선고유예를 벌금형으로 변경하는 것은 불이익변경이 된다.[83] 그 이유는 선고유예는 현실적으로 형을 선고한 것이 아니고 선고유예를 받은 날로부터 2년이 경과하면 면소된 것으로 간주되지만, 벌금형은 선고되면 그 집행을 면할 수 없기 때문이다. 한편 1심에서의 징역형에 대하여는 항소심에서 징역형에 대한 집행유예를 하면서 1심에서 선고유예를 한 벌금형을 항소심에서 선고한 경우에는 불이익변경이라 할 수 없다.

---

78) 차용석/최용성, 788면.

79) 김재환, 939면; 배종대/이상돈/정승환/이주원, §66/21; 백형구, 859면; 신동운, 1580면; 이영란, 886면; 이재상/조균석, 771면; 임동규, 764면; 정영석/이형국, 475면.

80) 대법원 2013. 12. 12. 선고 2012도7198 판결.

81) 김재환, 939면; 배종대/이상돈/정승환/이주원, §66/21; 차용석/최용성, 789면.

82) 손동권/신이철, 754면; 신동운, 1580면; 이재상/조균석, 771면; 임동규, 764면; 정영석/이형국, 477면.

83) 대법원 1999. 11. 26. 선고 99도3776 판결.

다. 형의 집행유예와 형집행의 면제의 경중 형의 집행유예는 유예기간이 경과한 때에 형의 선고의 효력을 상실하지만 형의 집행면제의 판결은 그 형의 집행만을 면제하는 것이기 때문에, 형집행의 면제의 판결을 형의 집행유예로 변경하는 것은 불이익변경에 해당하지 않는다고 하겠다.[84]

3) 몰수·추징과 미결구금일수산입의 문제

가. 주형과 몰수·추징 주형은 원심과 동일하게 유지하면서 상소심에서 새로이 부가형인 몰수·추징을 추가하거나, 원심보다 더 무겁게 추징금을 병과하는 것은 불이익변경에 해당한다. 그러나 추징을 몰수로 변경한 경우에는 추징은 몰수에 갈음하는 처분이므로 불이익변경에 해당하지 않는다. 문제는 상소심이 주형을 원심보다 가볍게 하면서 몰수나 추징을 추가하거나 증가하는 경우에 불이익변경에 해당된다고 보는 견해[85]와 이를 부정하는 견해[86]가 대립된다. 생각건대 불이익변경인가 여부는 피고인에게 실질적으로 불이익을 초래하는가 여부를 기준으로 판단하는 것이 타당하다.[87] 따라서 자유형을 줄이면서 몰수·추징을 일부 추가하는 것만으로는 불이익변경에 해당하지 않지만,[88] 그러나 추징액을 크게 증가시킨 경우에는 불이익변경에 해당한다고 해석하는 판례[89]의 입장이 타당하다고 생각된다.

나. 미결구금일수의 산입 미결구금일수를 산입하지 않거나 적게 산입하게 되면 불이익변경이 된다. 그러나 항소심에서 본형이 경하게 변경된 경우에는 원심에서의 미결구금일수의 산입보다도 축소되더라도 전체적으로 형집행기간이 길어지지 않는다면 불이익변경이 아니지만,[90] 이와 달리 미결구금일의 산입이 축소되어 원심보다 형집행기간이 더 길어지는 경우에는 불이익변경이 된다.

---

84) 대법원 1985. 9. 24. 선고 84도2972 전원합의체 판결.

85) 차용석/최용성, 789면.

86) 신동운, 1582면; 정영석/이형국, 478면.

87) 이재상/조균석, 772면.

88) 대법원 1998. 5. 12. 선고 96도2850 판결(제1심의 형량인 징역 2년에 집행유예 3년 및 금 5억여 원의 추징을 항소심에서 징역 1년에 집행유예 2년 및 금 6억여 원의 추징으로 변경하여 주형을 감형하면서 추징액을 증액한 경우에는 불이익변경금지원칙에 위배되지 않는다).

89) 대법원 1990. 4. 10. 선고 90도16 판결; 대법원 1998. 3. 26. 선고 97도1716 전원합의체 판결.

90) 대법원 2000. 2. 11. 선고 98도295 판결(항소심이 제1심에서 유죄로 인정한 일부 죄에 대하여 무죄를 선고하고 그 형에 산입되었던 미결구금일수 중 일부를 다른 죄에 대한 형에 산입하면서 미결구금일수를 제1심보다 줄인다 하더라도 항소심이 선고한 형이 제1심보다 가벼워져 결국 전체적으로 복역일수가 줄어들게 된 이상 불이익하게 변경되는 것이라고 할 수 없다).

4) 형벌과 보안처분

「특정 범죄자에 대한 보호관찰 및 전자장치 부착 등에 관한 법률」에 의하여 **전자장치 부착명령**의 기간만을 장기로 부과하는 경우,[91] 벌금형을 동일하게 선고하면서 **성폭력 치료프로그램 이수명령**을 병과한 경우[92]에는 불이익변경금지원칙에 위배된다. 이와 달리 자유형의 기간을 단축하고 전자장치 부착기간을 장기로 하거나, 항소심에서 처음 청구된 검사의 부착명령의 청구에 의해 부착명령을 선고하는 것은 불이익변경금지원칙에 위배되지 않는다.[93]

한편 치료감호의 경우는 불이익변경의 대상이 아니다. 그러나 치료감호만 선고된 1심판결에 대하여 피고인만 항소하여 항소심에서 자유형을 선고하는 경우에, 치료감호절차는 원심과 상소심관계에 있다고 할 수 없으므로 불이익변경에 해당하지 않는다는 견해[94]도 있지만, 원심의 치료감호처분에 불복하여 피고인이 상소한 때에는 이미 일반적인 상소심절차로 진행되고 있기 때문에 당연히 불이익변경금지의 원칙이 적용된다고 보는 견해가 타당하다고 생각된다.

Ⅶ. 파기판결의 구속력

1. 구속력의 의의

파기판결의 구속력이란 상소심에서 원판결을 파기하여 환송 또는 이송하는 경우에 **상급심의 판단이 하급심을 구속하는 효력**을 말한다. 우리 형사소송법은 항소심이나 상고심에서 파기환송 또는 파기이송판결을 허용하고 있고(제366조, 제367조, 제397조), 법원조직법 제8조에 "상급법원 재판에서의 판단은 해당 사건에 관하여 하급심을 기속한다"라고 하여 이를 명문으로 규정하고 있다.

파기판결의 구속력을 인정하는 이유는 심급제도의 본질에서 찾을 수 있다. 만약 상급심의 파기판결이 하급심을 구속하지 않는다고 한다면, 소송결과에 불복하는 소송당사자의 끝없는 문제제기로 인해 형사소송의 종국적인 해결은 거의 불가능하게 되어버린다는 정책적인 이유 때문에 이러한 제도를 두고 있다.

---

91) 대법원 2014. 3. 27. 선고 2013도9666 판결.
92) 대법원 2015. 9. 15. 선고 2015도11362 판결.
93) 대법원 2010. 11. 25. 선고 2010도9013 판결.
94) 신동운, 1576면.

2. 구속력의 법적 성질

파기판결의 구속력의 법적 성질에 관해서는 중간판결설과 확정력설 및 특수효과설이 있다.

1) 중간판결설

파기판결의 구속력을 중간판결의 구속력으로 이해하는 견해이다. 이 견해에 의하면 상급심에 의해 파기환송되어 이루어지는 하급심의 심리를 상급심절차의 속행으로 이해하여 이러한 중간판결의 구속력이 하급심을 구속한다고 하게 된다. 그러나 ① 상소심의 파기환송판결은 원심판결의 하자를 이유로 하여 이를 취소하고 원심을 새로 심리하라는 종국판결이지 중간판결이라 할 수 없으며, ② 파기환송 후의 소송절차를 상급심의 속행으로 볼 수 없다는 비판을 피하기 어렵다.[95)]

2) 확정력설

파기판결의 구속력을 확정판결의 기판력으로 이해하는 견해이다.[96)] 이 견해에 의하면 파기판결의 구속력은 파기판결을 한 상급심뿐만 아니라 하급심을 모두 구속하게 된다. 따라서 ① 일반적으로 기판력은 실체법상의 법률관계에 관한 판단임에 반해, 상소심에서의 파기판결의 구속력은 이러한 실체법적 판단을 하기 위해 그 근거가 되는 법률적·사실적인 전제문제에 관한 판단이고, 또한 ② 일반적으로 기판력은 후소(後訴)에 대하여 전소(前訴)의 효력을 말하는 것인데, 파기판결의 구속력은 동일소송 내의 심급간의 효력이므로 양자를 동일시할 수 없다는 비판이 가능하다.

3) 특수효력설

파기판결의 구속력을 심급제도를 합리적으로 유지하기 위해 인정된 특수한 효력으로 이해하는 견해이다. 즉 ① 파기판결의 구속력은 심급제도를 합리적으로 유지하기 위한 정책적인 이유 때문에 인정된 것이며, ② 무죄판결의 기판력은 새로운 증거가 발견된 경우에도 효력이 미치는데 반해, 파기판결의 구속력은 배제된다는 점에 있어서 양자는 성질을 달리하고 있고, 또한 ③ 항소심의 파기판결에 대하여 상고심에 대한 구속력을 인정할 수 없다는 점을 고려해보면 **특수효력설이 타당하며**, 이는 **지배적인 학설**[97)]의 입장이기도 하다.

---

95) 대법원 1981. 9. 8. 선고 80다3271 전원합의체 판결. 대법원은 종래까지 중간판결설의 입장을 취하였으나, 이때부터 종국판결설로 그 입장을 변경하였다.

96) 차용석/최용성, 793면.

3. 구속력의 범위

(1) 구속력이 미치는 법원

1) 하급법원에 대한 구속력

파기판결의 구속력은 당연히 하급심 법원을 구속하게 되는데, 예컨대 상고심에서 제2심판결을 파기하고 제1심에 환송하여 선고된 제1심 재판에 대하여 다시 항소한 경우에 제2심 법원도 당해 사건에 있어서는 하급심에 해당하므로 상고심의 판단에 구속된다고 하겠다.

2) 파기한 상급심에 대한 구속력

파기판결의 구속력은 파기환송 또는 파기이송받은 하급법원은 물론 파기환송 또는 파기이송한 상급법원 자신도 구속한다. 판례[98]도 같은 입장이다.

3) 상급법원에 대한 구속력유무

항소심의 파기판결의 구속력이 상급법원인 상고심에도 미치는가에 관하여는 학설이 대립한다. 파기판결의 법적 성질을 확정판결의 기판력으로 이해하는 확정력설에 의하면 상고심에도 항소심의 파기판결의 구속력이 미친다는 긍정설의 입장을 취하지만, 항소심의 파기판결이 상고심을 구속한다는 것은 상고심의 법령해석의 통일을 위한 기능에 역행하고, 나아가 사법의 경직성을 초래한다는 점을 고려해보면 이를 부정하는 다수설[99]의 입장이 타당하다.

(2) 구속력이 미치는 판단

1) 법률판단과 사실판단

파기판결의 구속력이 법률판단에 미친다는 점에 대하여는 다툼이 없다. 문제는 사실판단에 대해서도 영향을 미치는가이다. 독일 형사소송법[100]은 명문으로 법률판단에 대해서만 영향을 미친다고 규정하고 있다. 그러나 이러한 제한규정이 없는 우리

---

97) 김재환 944면; 배종대/이상돈/정승환/이주원, §67/5; 손동권/신이철, 757면; 신동운, 1585면; 이은모, 861면; 이재상/조균석, 775면; 임동규, 770면; 정영석/이형국, 479면; 정웅석/백승민, 868면.

98) 대법원 2006. 1. 26. 선고 2004도517 판결.

99) 배종대/이상돈/정승환/이주원, §67/8; 백형구, 850면; 손동권/신이철, 758면; 신동운, 1587면; 이영란, 896면; 이재상/조균석, 775면; 정영석/이형국, 481면.

100) 독일 형사소송법 제358조 참조.

형사소송법의 해석으로는 사실오인에 대한 상소제도를 두고 있는 취지를 고려해보면 파기판결의 구속력이 사실판단에 대하여도 미친다고 보아야 하며, 대법원도 사실판단에 구속력이 미친다고 판시하고 있다.[101)]

2) 적극적·긍정적 판단

파기판결의 구속력이 파기판결의 직접적 이유인 소극적인 부정 판단에만 영향을 미치는지, 아니면 그 이면에 있는 적극적인 긍정판단에 대하여도 영향을 미치는지에 관하여 학설이 대립된다. **긍정설**[102)]은 사실판단에 있어서 부정적인 판단과 긍정적인 판단은 일체불가분의 관계에 있는 점을 고려해보면 직접적인 파기이유와 불가분의 관계에 있거나 필연적인 논리적 전제관계에 있는 때에는 구속력이 미친다고 해석하고 있다.

그러나 ① 파기판결의 직접적 이유인 소극적인 부정 판단의 그 이면에 있는 적극적인 긍정 판단은 파기이유에 대한 연유에 불과하고, 또한 ② 직접적인 파기이유와 불가분의 관계 또는 필연적인 논리적 전제관계가 있는가를 판단하는 기준도 불명확다고 할 수 있으므로 **부정설**[103)]이 타당하다고 생각된다. 대법원도 부정설의 입장을 취하고 있다.[104)]

(3) 사실관계나 법령의 변경 등에 의한 구속력의 배제

파기판결 후에 새로운 증거와 사실관계의 발견에 의하여 사실관계가 변경된 경우에는 파기판결의 구속력은 배제된다고 하겠다. 따라서 파기환송 후에 하급심에서 파기환송 전후의 증거를 종합하여 파기환송 전의 판단을 그대로 유지한다고 하더라도 이는 환송판결의 판단에 위반한다고 할 수 없다. 파기판결 후에 법령이 변경되거나 판례가 변경된 경우에도 파기판결의 구속력은 배제된다고 보아야 한다.

---

101) 대법원 2009. 4. 9. 선고 2008도10572 판결.

102) 강구진, 558면; 손동권/신이철, 759면; 이재상/조균석, 776면.

103) 김재환, 946면; 배종대/이상돈/정승환/이주원, §67/10; 백형구, 849면; 송광섭, 809면; 신동운, 1588면; 이은모, 865면; 임동규, 771면.

104) 대법원 2004. 4. 9. 선고 2004도340 판결.

제2절 항 소

Ⅰ. 항소의 의의와 항소심의 구조

1. 항소의 의의

항소(抗訴)란 제1심 판결에 불복하여 제2심 법원에 상소하는 것을 말한다. 항소는 제1심 판결에 대한 상소이므로 판결의 내용은 따지지 않는다. 그러나 법원의 결정이나 명령에 대하여는 항소를 할 수 없다. 한편 제1심 판결에 대하여 항소법원이 아니라 바로 대법원에 상소하는 경우, 이른바 비약적(飛躍的) 상고는 항소라 할 수 없다.

2. 항소심의 구조

(1) 항소심의 구조에 대한 입법주의

항소심의 구조에 관해서는 복심과 속심 및 사후심의 3종류의 입법주의가 있다.

1) 복심(覆審)

복심이란 항소심이 다시 재판한다는 의미로써, 제1심의 심리와 판결이 없었던 것과 마찬가지로 피고사건을 항소심에서 전반적으로 다시 심리하는 제도를 말한다. 복심제도는 독일형사소송법과 1961. 9. 1. 이전의 우리 형사소송법이 취하였던 항소심의 구조였다. 이러한 복심의 특징으로는 ① 항소심에서 특별한 항소이유가 요구되지 않고 원심에 불복한다는 취지로 항소이유서를 제출하면 족하고 심리대상은 피고사건 자체이므로 판결도 직접 피고사건을 대상으로 하며, ② 항소심의 심리과정은 공소장에 의한 기소요지의 진술이 다시 시작되고 심판의 범위도 항소이유에 한정되지 않으며 사실심리와 증거조사에도 제한이 없으며, ③ 따라서 기판력의 시간적 범위는 항소심의 판결선고시에 있다는 점이다. 복심제도는 항소심에서 다시 심리하므로 원심보다 심리를 보다 철저히 한다는 장점은 있으나, 제1심을 경시할 우려가 있으며 소송경제에도 반하고, 상소의 남용으로 인한 소송지연을 초래할 우려가 있다는 비판을 면하기 어렵다.

2) 속심(續審)

속심이란 제1심의 심리를 토대로 항소심의 심리를 속행하는 제도를 말한다. 즉 항소심은 제1심의 변론이 재개된 것과 같이 항소심에서는 원심에서의 심리절차를 인계받아 새로운 증거를 보충하여 계속하여 심판하는 소송구조를 말한다. 민사소송법의 항소심의 구조는 이러한 속심적 구조이다.

속심의 특징으로는 ① 항소심의 심판대상은 원심과 마찬가지로 피고사건의 실체가 되므로 항소이유에 특별한 제한이 없으며, ② 1심에서의 변론재개와 마찬가지로 1심 판결 후에 발생한 사실도 항소심의 심리자료가 되므로 공소장 변경이 허용되고, ③ 항소가 이유 있을 때에는 원심판결을 파기하고 원칙적으로 자판해야 하며, ④ 기판력의 시간적 범위는 항소심 판결선고시에 있다는 점 등을 들 수 있다.

그러나 속심은 원판결의 심리를 바탕으로 하여 항소심의 심리를 속행한다는 측면에서는 복심에 비하여 소송경제에 반한다고는 할 수 없지만, 전심의 소송자료에 대한 심증을 승계한다는 측면에서는 직접주의와 구두변론주의에 반하며, 소송지연과 남상소(濫上訴)의 위험이 있다는 비판을 받고 있다.

3) 사후심(事後審)

사후심이란 원심법원에 제출된 자료에 의해 항소심 법원이 원심판결시를 기준으로 하여 원심판결의 당부를 사후적으로 심사하는 제도를 말한다.

사후심의 특징으로는 ① 항소심의 심판대상은 피고사건의 실체가 아니라 원판결의 당부가 되며, ② 항소이유가 제한되고 이에 따르는 항소이유서를 제출해야 하고, ③ 원판결시 제출된 증거를 토대로 원판결의 당부를 판단하므로 그 후에 발생한 증거는 자료로 사용할 수 없으며, ④ 공소장변경이 허용되지 않으며, 항소가 이유 있으면 파기환송해야 하고 이유 없으면 항소를 기각해야 하며, ⑤ 기판력의 시간적 범위는 원심판결의 선고시가 된다.

사후심은 소송경제와 신속한 재판이라는 형사소송의 이념에는 부합하나, 실체적 진실발견이나 피고인의 이익보호라는 이념에 충실하지 못하다는 비판을 피하기 어렵다. 즉 사후심은 원심에 제출된 자료에 의해 원심판결시를 기준으로 그 당부를 판단하므로, 제1심 공판절차의 공정성이 객관적으로 보장되지 않는 한 상소제도의 본래의 취지에 역행하는 결과를 초래할 우려가 크다는 비판을 받게 된다.

(2) 우리 형사소송법상 항소심의 구조

1) 학설과 판례의 태도

① 사후심설　현행 형사소송법상의 항소심의 구조를 사후심만으로 이해하거나 또는 사후심을 원칙으로 한다고 해석하는 견해[105]를 말한다. 항소심을 사후심으로

이해하는 이유는 크게 두 가지로 나눌 수 있다. 첫째, 실정법적인 근거로 ① 항소이유를 원칙적으로 원판결이 법령위반, 사실오인 및 양형부당에 해당할 경우에 제한하고 있으며(제361조의5), ② 항소법원은 항소이유에 포함된 사유에 관해서만 심판해야 하고(제364조 제1항), ③ 항소이유가 없음이 명백한 때에는 변론 없이 항소를 기각하고, 항소가 이유 있다고 인정할 때에는 원심판결을 파기하도록 하고 있으며, 둘째, 제1심 절차에 있어서 증인과 피고인의 신문방식을 변경하였을 뿐만 아니라 전문법칙과 탄핵증거제도를 도입하여 공판중심주의, 직접심리주의, 구두변론주의를 실현하고 있기 때문에 항소심에서 반복하여 심리하는 것은 불필요할 뿐만 아니라 소송의 경제성과 신속성이라는 이념에도 반한다는 점을 들고 있다.

그러나 원판결시를 기준으로 하여 원판결시의 자료를 토대로 하여 원판결의 당부를 심사하는 순수한 의미의 사후심이 현행 형사소송법에 구현되어 있다고는 할 수 없다. 따라서 현행 항소심은 원칙적으로는 사후심이지만 속심의 성격도 함께 지니고 있다고 이해하는 다수설의 입장이 타당하다고 생각된다. 문제는 항소심의 어느 부분이 속심적 성격을 지니느냐에 관해서는, ① 항소법원이 항소이유서에 포함되지 않은 사유에 관해서도 직권으로 심판할 수 있으므로 항소심에서 사실조사를 하거나 파기자판하는 경우에는 속심이 된다고 보는 견해와 ② 항소심에서 파기자판하는 경우에만 속심이 되고 그 밖의 경우에는 사후심의 예외에 불과하다는 견해[106]로 다시 나누어진다.

② 속 심 설 항소심의 소송구조를 원칙적으로 속심으로 이해하는 견해이다.[107] 즉 항소심을 제1심에서의 변론이 재개된 것처럼 원심의 심리절차를 넘겨받아 새로운 심리와 증거를 보충하여 심판하는 것으로 이해하게 된다. 속심설의 이론적 근거로는 ① 형사소송법 제361조의5에서 항소이유를 제한하면서 항소이유서를 제출하지 않을 때에 항소기각을 결정하도록 하는 규정(제361조의4)을 근거로 항소심을 사후심이라 이해하는 것은 타당하지 않다. 왜냐하면 항소이유 중에서 판결 후 형의 폐지나 변경 또는 사면이 있는 때(동조 제2호)와 재심청구의 사유가 있는 때(동조 제13호)의 사유는 오히려 항소심이 속심적 성격을 지니고 있다는 점을 나타내는 규정이며,

105) 강구진, 561면; 정영석/이형국, 458면; 차용석/최용성, 798면.
106) 정영석/이형국, 459면.
107) 김재환, 950면; 백형구, 831면; 손동권/신이철, 762면; 송광섭, 812면; 신동운, 1601면; 신현주, 768면; 이영란, 903면; 이은모, 869면; 이재상/조균석, 782면; 임동규, 775면.

뿐만 아니라 현행법이 적시하고 있는 가장 중요한 항소이유인 사실오인과 양형부당의 사유는 사후심에서는 찾아볼 수 없는 속심적인 항소이유이기 때문이다. ② 항소심의 심리에 있어서 제1심 법원에서 증거로 할 수 있었던 증거는 항소법원에서도 증거로 할 수 있다고 규정(제364조 제3항)하여 원심의 심리를 항소심이 인수할 수 있도록 하고 있으면서도 항소심에서는 제1심 판결선고 후 새로 제출된 자료에 대하여도 사실심리와 증거조사가 가능하도록 하고 있다. ③ 항소심의 심판범위는 원칙적으로는 항소이유에 포함된 사유에 관하여 심판을 해야 하지만, 판결에 영향을 미친 사유에 관하여는 항소이유서에 포함되지 아니한 경우에도 직권으로 심판할 수 있도록 규정하고 있는데, 이 점은 실체적 진실 발견을 최고의 이념으로 삼는 항소심의 속심적인 요소라 할 수 있다. ④ 항소심은 항소이유가 없다고 인정할 때에는 항소를 기각해야 하고, 항소이유가 있다고 인정하는 때에는 원심판결을 파기하고 다시 판결을 하여야 한다(동조 제4항·제6항)고 규정하고 있다. 따라서 항소심이 원심을 파기하는 경우에는 자판하도록 규정하고 있음을 명백히 나타내고 있으므로 항소심은 원칙적으로 속심이라 함이 타당하다고 하겠다.

③ 판례의 입장 대법원은 "현행 항소심의 구조에 관하여 기본적으로 실체적 진실을 추구하는 면에서 속심적 기능이 강조되고 있고, 다만 사후심적 요소를 가진 조문들이 남상소의 폐해를 억제하고 항소법원의 부담을 감소시킨다는 소송경제상의 필요에서 항소심의 속심적 성격에 제한을 가한 것에 불과하다"고 판시하여, 항소심이 원칙적으로 속심이지만 예외적으로 사후심적 요소가 있다고 하여 **절충설**의 입장을 명백히 하고 있다.[108)]

대법원은 처음에는 현행 항소심의 구조를 사후심과 속심적 성격을 모두 가졌다는 취지의 판결을 하였으나, 그 후 항소심은 원칙적으로 속심이고, 사후심적 요소를 가진 조문들은 남상소를 억제하고 소송경제성을 고려하여 여기에 제한을 가한 것에 불과하다고 판시함으로써, 항소심이 원칙적으로 속심이라는 입장을 명백히 밝히고 있다.

2) 사 견

현행법상 항소심은 원판결을 기초로 하면서도 여기에 국한되지 않고 원판결에 나타난 자료와 관계없이 새로운 증거조사와 사실심리과정을 거쳐 피고사건의 실체적

---

108) 대법원 1983. 4. 26. 선고 82도2829 판결.

진실을 발견함으로써 항소이유의 유무를 심판하는 법원이다. 따라서 항소심은 법률심이 아니라 피고인을 구제하는 최종의 사실심 또는 제2의 사실심이라 할 수 있다. 생각건대 항소심은 원칙적으로 속심이고, 다만 예외적으로 소송경제의 이념과 남상소의 폐해방지를 고려하여 형사소송법이 ① 항소이유를 제한하거나, ② 항소이유서제출의무를 부과하거나, ③ 항소심의 심판범위를 원칙적으로 항소이유에 포함된 사유에 제한하거나, ④ 항소이유가 없음이 명백한 때에는 변론 없이 항소를 기각하게 하는 등 사후심적 성격의 규정을 예외적으로 두고 있다고 해석하는 대법원 판례와 다수설의 입장이 타당하다고 생각된다.

다만 이 경우에도 항소심의 어느 범위가 속심적 성격을 갖고 있느냐에 관해서는 견해가 대립한다. 즉 속심의 범위를 넓게 이해하는 입장에서는 항소심이 항소이유에 사실오인과 양형부당을 포함하고 있고 항소이유서에 포함되지 않은 부분도 항소법원이 직권적으로 심판할 수 있기 때문에 항소심이 사실조사를 하거나 파기자판하는 경우에는 속심이라는 견해와 항소심이 파기자판하는 경우에만 속심이 되고 그 외의 경우에는 사후심의 예외에 불과하다고 이해하는 견해[109]로 나누어진다.

(3) 기타 관련문제

1) 항소심에서도 공소장변경이 가능한가

항소심을 속심으로 이해하는 경우에는 공소사실의 동일성의 범위 내에서는 공소장변경은 당연히 허용된다고 보게 된다. 이와 달리 항소심을 사후심으로 이해하는 입장에서는 부정설의 입장을 취하게 되며, 이를 제한적으로 허용하는 입장에서는 원심판결을 파기하는 경우에만 허용된다거나 또는 항소심에서 사실조사가 이루어지는 경우에만 허용된다는 제한적 허용설의 입장도 있다. 그러나 항소심을 속심으로 이해하는 한 공소장변경을 제한해야 할 특별한 이유가 없으므로 공소사실의 동일성의 범위 내에서 공소장변경이 허용된다고 이해하는 판례와 다수설의 입장이 타당하다. 따라서 항소심에서 공소장변경에 의하여 단독판사의 관할사건이 합의부 관할사건으로 변경된 경우에 항소심은 형사소송법 제8조 제2항에 의하여 관할권이 있는 고등법원으로 사건을 이송해야 한다.[110]

---

109) 정영석/이형국, 459면.
110) 대법원 1997. 12. 12. 선고 97도2463 판결.

2) 기판력의 시적 범위

항소심을 속심으로 이해하면 항소심은 항소심 판결선고시를 기준으로 기판력이 발생한다. 항소심에서 파기자판하거나 항소를 기각하는 경우에도 판결선고시에 효력이 발생한다. 따라서 1심 판결선고시에는 소년범이어서 부정기형을 선고받았더라도 항소심 계속 중에 성년에 도달한 경우에는 원판결을 파기하고 항소심 판결선고시에 성년이기 때문에 정기형을 선고해야 한다.[111] 그러나 법률심이고 사후심인 상고심에서는 원심인 항소심 판결선고 당시에 소년이 상고심시에는 성년이 된 경우에도 부정기형을 선고한 항소심 판결을 파기할 수 없다.[112]

Ⅱ. 항소이유

1. 항소이유의 의의와 분류

(1) 항소이유의 의의

항소이유란 항소권자가 적법하게 항소를 제기할 수 있는 법률상의 이유를 말한다. 항소이유에 관해서는 형사소송법 제361조의5에 이를 제한적으로 열거하여 적시하고 있다. 우리 형사소송법이 비록 항소이유를 제한적으로 열거하여 규정하고 있지만 그 내용을 살펴보면 사후심이 아니라 오히려 속심적인 요소가 더 중요한 의미를 가지고 있음에 비추어볼 때, 형사소송법법상 항소심은 원칙적으로 속심이고 항소이유를 제한하고 있는 것은 예외적으로 남상소를 방지하고 소송경제적인 측면을 고려하여 사후심적 요소를 가미하고 있다고 해석하는 입장이 타당하다.

(2) 항소이유의 분류

먼저 항소이유를 그 내용에 따라 분류해보면, 법령위반에 해당하는 항소이유(판결에 영향을 미친 헌법·법률·명령 또는 규칙에 위반한 경우, 그 밖에 동조 제3호 내지 제11호에 해당하는 경우)와 법령위반 이외의 항소이유(판결 후 형의 폐지나 변경 또는 사면이 있는 경우, 재심청구사유가 있는 경우, 사실오인이 판결에 영향을 미친 경우, 형의 양정이 부당하다고 인정할 사유가 있는 경우)로 나눌 수 있다. 또한 일정한 객관적 사유가 존재하면 항소이유가 되는 절대적 항소이유(동조 제2호 내지 제13호, 제15호)와 일정한 객관적

111) 대법원 1971. 3. 9. 선고 71도1 판결.
112) 대법원 1986. 12. 9. 선고 86도2181 판결.

사유의 존재가 판결에 영향을 미친 경우에만 항소이유가 되는 법령위반과 사실오인으로 인한 경우인 상대적 항소이유(동조 제1호, 제14호)로 나눌 수 있다. 상대적 항소이유인 법령위반이나 사실오인에 있어서 '판결에 영향을 미친 때'란 이러한 법령위반이나 사실오인이 판결의 내용에 영향을 미친 경우를 말하며, 여기에서 말하는 판결이란 판결의 주문이나 판결이유를 포함하고, 판결의 실질적 내용 외에도 절차위반으로 인하여 판결이 무효가 되는 경우도 여기에 해당한다. 판결에 영향을 미친다는 것은 사실오인이나 법령위반이 판결과 규범적으로 인과관계가 있을 것을 요한다고 보아야 한다.[113)]

2. 법령위반

제361조 제1항에 규정된 법령위반의 항소이유는 원칙적으로 상대적 항소이유이다. 그러나 법령위반 중에서도 판결에 중대한 영향을 미친 경우에는 절대적 항소이유로 규정하고 있다.

(1) 상대적 항소이유

판결에 영향을 미친 헌법·법률·명령 또는 규칙의 위반이 있는 때이다(동조 제1호). 여기서 헌법위반이란 판결의 내용이 헌법에 위반한 경우, 판결절차가 헌법에 위반한 경우, 헌법해석에 착오가 있는 경우를 모두 포함한다. 또한 법령위반이란 실체법령의 해석과 적용에 있어서의 착오가 있는 경우와 소송절차를 규정한 법령을 위반하여 판결한 경우를 모두 포함한다.

(2) 절대적 항소이유

1) 관할규정에 위반한 경우

관할 또는 관할위반의 인정이 법률에 위반한 때이다(동조 제3호). 여기서 관할위반이란 사물관할이나 토지관할을 위반한 경우이며, 관할위반의 판결을 해야 함에도 불구하고 실체재판을 한 경우이거나 반대로 관할권이 있는데도 불구하고 관할위반의 판결을 한 경우를 말한다.

2) 법원구성에 위법이 있는 경우

이 경우는 절대적 항소이유에 해당한다. 여기에 해당하는 항소이유로 3가지를 들 수 있는데, ① 판결법원의 구성이 법률에 위반한 때(동조 제4호), 즉 합의법원이 구성

---

113) 이재상/조균석, 784면.

원을 충족하지 못하거나 결격사유 있는 법관이 판결법원의 구성원이 된 경우와 ② 법률상 그 재판에 관여하지 못할 판사가 그 사건의 심판에 관여한 때(동조 제7호), 즉 법관에게 제척원인이 있거나 법관기피신청이 이유 있다고 인정되는 판사가 판결법원의 구성원이 되어 심판에 관여한 경우, 그리고 ③ 사건의 심리에 관여하지 아니한 판사가 그 사건의 심판에 관여한 때(동조 제8호), 즉 공판심리과정 중에 판사가 경질되었음에도 공판절차를 갱신하지 않고 경질된 판사가 판결을 한 경우이다.

3) 재판공개에 관한 규정에 위반한 경우

재판의 공개에 관한 규정에 위반한 때(동조 제11호), 즉 헌법 제109조와 법원조직법 제57조에서 규정하고 있는 재판공개에 관한 규정에 위반한 경우에는 절대적 항소이유이다.

4) 판결이유가 없거나 판결이유에 모순이 있는 경우

판결에 이유를 붙이지 아니하거나 이유에 모순이 있는 때(동조 제11호), 즉 판결에 이유가 없거나 불충분한 경우와 판결주문과 판결이유와의 사이에 모순이 있는 경우, 판결이유 사이에 모순이 발생한 경우가 여기에 해당한다. 또한 법령의 적용이 없거나 적용된 법령이 판결주문과 모순되는 것이 명백한 경우에는 판결이유가 없는 경우에 해당하여 절대적 항소이유가 된다.

3. 법령위반 이외의 항소이유

법령위반 이외의 항소이유는 항소심의 속심적 성격을 나타낸다.

(1) 상대적 항소이유

사실의 오인이 있어 판결에 영향을 미친 때의 경우이다(동조 제14호). 사실오인이란 제1심 법원에서 인정된 사실이 객관적인 사실과 차이가 있는 경우를 말한다. 여기서의 사실은 재판의 기초가 된 모든 사실이 포함되는가 아니면 실체를 형성하는 사실인가 또는 엄격한 증명을 요하는 사실을 의미하는지가 문제된다. 항소심의 기능이 피고인을 구제한다는 점을 고려할 때 여기서의 사실이란 형벌권의 존부와 범위에 관한 사실, 즉 엄격한 증명을 요하는 사실을 의미한다고 이해하는 다수설[114]의 입장이 타당하다. 대법원도 "사실오인이 판결에 영향을 미친 때"의 의미에 관해, 사실오인으로 범

114) 김재환, 956면; 백형구 827면; 신동운, 1613면; 이영란, 912면; 이재상/조균석, 786면; 임동규, 779면; 정영석/이형국, 487면; 차용석/최용성, 805면.

죄구성요건적 평가에 직접 또는 간접적으로 영향을 미쳤을 경우와 판결의 주문에 영향을 미쳤을 경우를 말한다고 판시한 바 있다.[115] 따라서 사실오인이라 하더라도 증거능력 없는 증거에 의한 사실오인이거나 증거에 의하지 않은 사실오인의 경우에는 채증법칙에 위반하므로 법령에 위반한 경우에 해당한다.

(2) 절대적 항소이유

1) 판결 후 형의 폐지·변경·사면

판결 후 형의 폐지나 변경 또는 사면이 있는 때이다(동조 제2호). 이를 법령위반에 준하는 항소이유로 이해하는 견해도 있으나, 판결선고 후 형의 폐지나 사면이 있는 경우에는 면소판결을 해야 하고(제326조 제2호·제4호), 형이 경하게 변경된 경우에는 경한 형을 선고해야 하는 점을 고려할 때, 이는 절대적 항소이유라고 이해하는 입장이 타당하다.

2) 재심청구의 사유

재심청구의 사유가 있는 때이다(제326조의5 제13호). 재심청구의 사유가 있는데도 불구하고 판결의 확정을 기다려 재심청구를 하도록 하는 것은 소송경제에 반하기 때문에 이는 절대적 항소이유가 된다. 여기서 말하는 재심청구사유는 피고인에게 이익인 경우뿐만 아니라 불이익한 경우도 포함된다고 이해하는 견해도 있으나, 재심은 피고인의 이익을 위해서만 인정되고 피고인에게 불이익한 경우까지 별도로 규정할 필요가 없다는 점을 고려할 때 피고인의 이익을 위한 경우만을 의미한다고 해석하는 입장[116]이 타당하다고 생각된다. 이에 관하여 대법원은 제1심의 불출석재판에 대하여 피고인이 항소권회복청구의 항소를 제기한 경우에, 피고인이 책임질 수 없는 사유로 인하여 출석할 수 없었던 사정이 있는 경우에는 재심청구의 사유가 있는 때에 해당한다고 판시한 바 있다.[117]

3) 양형부당

형의 양정이 부당하다고 인정할 사유가 있는 때이다(동조 제15호). 여기서 양형부당이란 처단형의 범위 내에서 선고된 형이 지나치게 무겁거나 가벼운 경우를 말한다. 또한 여기서 말하는 형에는 주형을 비롯하여 부가형, 환형유치, 집행유예도 당연히

115) 대법원 1996. 9. 20 선고 96도1665 판결.

116) 김재환, 955면; 손동권/신이철, 763면; 송광섭, 815면; 이재상/조균석, 786면; 정웅석/백승민, 879면; 차용석/최용성, 807면.

117) 대법원 2015. 11. 26. 선고 2015도8243 판결.

포함된다. 형소법이 양형부당을 항소이유로 적시하고 있는 점은 양형이 법원의 자유재량에 속하지 않는다는 점을 명백히 하고 있다고 할 수 있다. 양형이 처단형의 범위가 아니라 법정형의 범위를 초과하여 형을 선고한 경우에는 양형부당이 아니라 법령위반에 해당한다.

Ⅲ. 항소심의 절차

1. 항소의 제기

(1) 항소제기의 방식

제1심법원의 판결에 불복하여 제기하는 상소인 항소는 항소제기기간인 7일 이내에 항소장을 원심법원에 제출해야 한다. 제1심법원이 지방법원 단독판사일 경우에는 지방법원 본원합의부에 항소할 수 있고, 지방법원 합의부일 때에는 고등법원에 항소할 수 있다(제357조－제359조). 항소장에는 항소를 한다는 취지와 항소대상인 판결을 기재하면 족하며, 항소이유의 기재를 요하지는 않는다. 그러나 항소이유를 기재하더라도 무방하다.

(2) 원심법원과 항소법원의 조치

1) 원심법원의 조치

항소장을 접수한 원심법원은 항소장을 심사하여 항소제기가 법률상의 방식에 위반하거나 항소권소멸 후인 것이 명백한 때에는 원심법원의 결정으로 항소를 기각하여야 한다. 이 결정에 대하여는 즉시항고를 할 수 있다(제360조).

원심법원이 항소기각의 결정을 하지 않은 경우 이외에는 항소장을 받은 날로부터 14일 이내에 소송기록과 증거물을 검찰청을 거치지 않고 직접 항소법원에 송부하도록 함으로써 신속한 심리의 진행을 도모하고 있다(제360조).

2) 항소법원의 조치

항소법원이 기록의 송부를 받은 때에는 즉시 항소인과 상대방에게 그 사유를 통지하여야 하고, 기록접수통지 전에 변호인의 선임이 있는 때에는 변호인에게도 통지하여야 한다. 피고인이 교도소 또는 구치소에 있는 경우에는 원심법원에 대응한 검찰청 검사는 소송기록 접수의 통지를 받은 날로부터 14일 이내에 피고인을 항소법원 소재지의 교도소 또는 구치소로 이송하여야 한다(제361조의2).

(3) 항소이유서와 답변서 제출

항소인 또는 변호인은 항소법원으로부터 소송기록의 접수통지를 받은 날로부터 20일 이내에 항소이유서를 항소법원에 제출하여야 한다. 피고인이 교도소 또는 구치소에 있는 경우에는 피고인이 항소이유서 제출기간 내에 항소이유서를 교도소장 또는 구치소장 또는 그 직무를 대리하는 자에게 제출한 때에는 제출기간 내에 항소이유서를 제출한 것으로 간주하는 재소자 특칙에 관한 규정이 준용된다. 형사소송규칙에 교도소장 등이 상소이유서를 제출받은 때에 제출받은 연월일을 상소이유서에 부기하여 즉시 원심법원에 송부하도록 규정하고 있는 것은 이러한 취지를 고려했기 때문이다. 법정기간 연장에 관한 규정도 이 경우에 적용되며, 항소이유서를 제출하지 않은 경우에는 그 제출기간 전에 심리하는 것은 허용되지 않는다.[118] 제출기간 내에 변론이 종결되었더라도 그 기간 내에 항소이유서가 제출되면 변론을 재개하여 항소이유에 대하여 심리하여야 한다.[119]

항소이유서를 제출받은 항소법원은 지체 없이 그 부본 또는 등본을 상대방에게 송달하여야 하며, 송달하지 않은 하자는 상대방의 진술 또는 항소이유서의 제출에 의하여 치유될 수 있다.[120] 상대방은 항소이유서를 송달받은 날로부터 10일 이내에 답변서를 항소법원에 제출하여야 한다. 답변서의 제출을 받은 항소법원은 지체 없이 그 부본 또는 등본을 항소인 또는 변호인에게 송달하여야 한다(제361조의3).

2. 항소심의 심리

(1) 항소법원의 심판범위

항소법원은 항소이유에 포함된 사유에 관하여 심판하여야 한다. 따라서 항소이유서에 포함되지 않은 사항을 피고인 또는 변호인이 공판정에서 진술한 사정만으로 그것을 항소이유가 있다고 할 수는 없다.[121] 그러나 판결에 영향을 미친 사유에 관하여는 항소이유서에 포함되지 아니한 경우에도 항소법원은 직권으로 심판할 수 있다(제364조). 이는 당사자가 미처 적시하지 못한 항소이유가 있는 경우에 법원으로 하여금 실체적 진실발견과 공정한 형벌실현을 위해 직권적으로 심판할 수 있도록 규정하고

118) 대법원 2007. 1. 25. 선고 2006도8591 판결.
119) 대법원 2015. 4. 9. 선고 2015도1466 판결.
120) 대법원 1981. 9. 8. 선고 81도2040 판결.
121) 대법원 2014. 5. 29. 선고 2011도11233 판결.

있는 것이다. 여기서 '판결에 영향을 미친 사유'란 당사자가 항소가 제기된 사건 중에서 미처 적시하지 못한 항소이유가 되는 사유 중에서 판결에 영향을 미친 사유를 말한다.

대법원은 ① 검사만이 양형부당을 이유로 항소한 경우에도 항소법원은 직권으로 제1심 판결보다 가벼운 형을 선고할 수 있고,[122] ② 위법한 절차에 의하여 제1심 판결이 이루어졌지만 검사만이 양형부당을 이유로 항소한 경우에도 항소법원은 위법한 제1심 판결을 파기하고 적법한 절차에 의하여 다시 심판해야 한다는 논지의 판결[123]을 하였다.

그러나 일부유죄 일부무죄의 제1심판결 전부에 대하여 검사가 항소하면서 유죄부분에 대하여 항소이유를 주장하지 않은 경우에는 항소이유서를 제출하지 않은 것이 되고, 그 경우에 양형부당은 형사소송법 제361조의4 제1항 단서에 해당하는 직권조사사유나 제364조 제2항의 판결에 영향을 미친 사유인 직권심판사항에 해당하지 않으므로 제1심 판결의 형보다 중한 형을 선고하는 것은 허용되지 않는다고 판시하였다.[124]

(2) 심리의 특칙

항소심에서 항소인은 항소이유를 구체적으로 진술하여야 하고, 상대방은 항소인의 항소이유에 대한 답변을 구체적으로 진술하여야 한다. 또한 피고인과 변호인은 이익이 되는 사실 등을 진술할 수 있다. 법원은 항소이유와 답변에 터잡아 해당 사건의 법률상·사실상의 쟁점을 정리하여 밝히고 그 증명되어야 하는 사실을 명확히 하여야 한다(형사소송규칙 제156조의3·4). 항소인은 항소이유서에 기재된 항소이유 중 그 일부를 공판기일에 철회할 수는 있지만, 일단 철회하면 이를 다시 상고이유로 삼을 수는 없으므로 항소이유의 철회는 명백히 이루어져야만 그 효력이 있다.[125]

항소심의 심판절차는 다른 특별한 규정이 없는 이상 원칙적으로 제1심의 공판절차에 관한 규정이 준용되지만(제370조), 다음과 같은 특칙을 두고 있다.

1) 피고인의 출정

피고인이 공판기일에 출정하지 아니한 때에는 다시 기일을 정하여야 한다. 피고

122) 대법원 2010. 12. 9. 선고 2008도1092 판결.
123) 대법원 2014. 5. 16. 선고 2014도3037 판결.
124) 대법원 2015. 12. 10. 선고 2015도11696 판결.
125) 대법원 2013. 3. 28. 선고 2013도1473 판결.

인이 정당한 사유 없이 다시 정한 기일에도 출정하지 아니한 때에는 피고인의 진술 없이 판결을 할 수 있다(제365조). 즉 피고인이 2회 이상 불출석한 때에는 피고인의 공판정 출석 없이 개정할 수 있도록 하고 있다.[126)]

2) 증거에 대한 특칙

제1심 법원에서 증거로 할 수 있었던 증거는 항소심에서도 증거로 할 수 있다(제364조 제3항). 항소심에서 재판장은 증거조사절차에 들어가기에 앞서 제1심의 증거관계와 증거조사결과의 요지를 고지하여야 하고, 항소심은 속심이기 때문에 항소심에서도 증거조사를 할 수 있다. 항소심 법원은 ① 제1심에서 조사되지 아니한 데에 대하여 고의나 중대한 과실이 없고, 그 신청으로 인하여 소송을 현저하게 지연시키지 아니하는 경우, ② 제1심에서 증인으로 신문하였으나 새로운 중요한 증거의 발견 등으로 항소심에서 다시 신문하는 것이 부득이하다고 인정되는 경우, ③ 그 밖에 항소의 당부에 관한 판단을 위하여 반드시 필요하다고 인정되는 경우 중 어느 하나에 해당하는 때에는 증인을 신문할 수 있다. 제1심의 증인신문조서의 기재 자체에 의하여 증인의 진술을 믿기 어려운 사정이 보이는 경우에는 항소심은 그 증인을 다시 신문하여야 한다.[127)] 그러나 제1심의 증인이 한 증언의 신빙성에 대한 제1심의 판단은 존중되어야 하고, 항소심에서 이를 뒤집을 경우에는 충분하고도 납득할만한 현저한 사정이 나타나는 경우이어야 한다.[128)] 특히 국민참여재판에서 배심원이 만장일치의 의견으로 내린 무죄평결이 재판부에 의해 그대로 받아들여진 경우에, 증거의 취사와 사실인정에 관한 제1심 판단은 항소심에서의 증거조사를 통해 그에 반대되는 충분하고도 납득할 만한 현저한 사정이 나타나지 않는 한 이를 존중할 필요가 있다.[129)]

3) 피고인신문

검사 또는 변호인은 항소심의 증거조사가 종료한 후 항소이유의 당부를 판단함에 필요한 사항에 한하여 피고인을 신문할 수 있다. 이 경우에도 재판장은 제1심의 피고인신문과 중복되거나 항소이유를 판단하는 데 필요 없다고 인정하는 때에는 그 신문의 전부 또는 일부를 제한할 수 있으며, 필요하다고 인정하는 때에는 피고인을 신문할 수 있다(형사소송규칙 제156조의6).

---

126) 대법원 2016. 4. 29. 선고 2016도2210 판결.
127) 대법원 2005. 5. 26 선고 2005도130 판결.
128) 대법원 2013. 4. 26. 선고 2013도1222 판결.
129) 대법원 2010. 3. 25. 선고 2009도14065 판결.

3. 항소심의 재판

항소심에서의 심리절차가 종료되면 종국재판에 의하여 항소심절차를 종결시킨다. 항소심의 종국재판에는 다음과 같은 것들이 있다.

(1) 공소기각의 결정

공소기각의 결정에 해당하는 사유가 있을 때[130]에는 항소법원의 결정으로 공소를 기각하여야 한다. 이 결정에 대하여는 즉시항고를 할 수 있다(제363조).

(2) 항소기각의 재판

1) 항소기각의 결정

항소의 제기가 법률상의 방식에 위반하거나 항소권 소멸 후인 것이 명백한 때에는 원심법원이 항소기각의 결정을 하지 아니한 때에는 항소법원은 결정으로 항소를 기각하여야 한다(제360조). 이 결정에 대하여는 즉시항고를 할 수 있다(제362조).

항소인이나 변호인이 항소이유서 제출기간 내에 항소이유서를 제출하지 아니한 때에는 결정으로 항소를 기각하여야 한다. 단, 직권조사사유가 있거나 항소장에 항소이유의 기재가 있는 때에는 예외로 한다. 이 결정에 대하여는 즉시항고를 할 수 있다(제361조의4). 여기서 항소법원의 직권조사사유란 당사자가 주장하지 않더라도 항소법원이 제1법원의 심판에 법령의 적용이나 해석에 착오는 없는지 등을 직권적으로 조사하여야 하는 사유를 말한다. 양형부당의 사유는 당사자의 항소이유는 되지만 법원의 직권조사사항은 아니다.[131]

그 밖에도 대법원은 항소이유서라고 제목이 기재되어 있지 않더라도 항소이유가 개진되어 있으면 유효하지만, 항소이유를 '사실오인 및 법리오해'라고만 기재하거나,[132] 항소범위란에 '전부', 항소이유란에 '사실오인 및 심리미진, 양형부당'이라고만 기재한 것은 구체적인 항소이유가 명시되어 있지 않기 때문에 적법한 항소이유의 기재라고 볼 수 없다고 판시한 바 있다.

---

130) 형사소송법 제328조 제1항에 ① 공소가 취소되었을 때, ② 피고인이 사망하거나 피고인인 법인이 존속하지 아니하게 되었을 때, ③ 형소법 제12조 또는 제13조의 규정에 의하여 재판할 수 없는 때, ④ 공소장에 기재된 사실이 진실하다 하더라도 범죄가 될 만한 사실이 포함되지 아니하는 때에는 공소기각의 결정을 하도록 규정하고 있다.

131) 대법원 2015. 12. 10. 선고 2015도11696 판결.

132) 대법원 2006. 3. 30. 자 2005모564 결정.

2) 항소기각의 판결

항소법원은 항소이유에 포함된 사유뿐만 아니라 직권조사사항에 관해서도 심리하여 항소이유가 없다고 인정한 때에는 판결로써 항소를 기각하여야 한다. 그러나 항소이유가 없음이 명백한 때에는 항소장, 항소이유서 기타의 소송기록에 의하여 변론 없이 판결로써 항소를 기각하여야 한다(제364조). 이 경우는 소송지연과 남상소를 방지하기 위해 무변론기각을 인정하고 있다. 따라서 항소인이 범죄사실을 다투는 경우에도 이유 없음이 명백한 경우에는 변론 없이 항소기각의 판결을 할 수 있다.

(3) 원심판결 파기의 판결

항소법원은 항소인의 항소가 이유가 있다고 인정한 때에는 원심판결을 파기하여야 한다(제364조 제6항). 피고인을 위하여 원심판결을 파기하는 경우에 파기의 이유가 항소한 공동피고인에게 공통되는 때에는 그 공동피고인에 대하여도 원심판결을 파기하여야 한다(제364조의2). 이는 공동피고인 사이의 공평과 정의를 실현하기 위해서이다. 여기서 공동피고인이란 원심에서의 공동피고인으로서 항소한 자를 말하며, 항소심에서 병합심리될 것을 요하지는 않는다.[133)]

(4) 파기 후의 조치

항소심이 원심판결을 파기하게 되면 원심판결 전의 상태로 항소심은 계속되는 결과를 초래하게 되는데, 이러한 소송계속 상태를 종료하기 위해서는 항소심은 파기환송·파기이송 또는 파기자판의 판결을 해야 한다. 형사소송법은 항소심에서는 파기자판을 원칙으로 하고 있다.

1) 파기자판(破棄自判)

항소법원이 원심판결을 파기하고 다시 판결하는 것을 말한다. 항소심은 원칙적으로 파기자판하여야 한다(제364조 제6항). 항소심이 파기자판하는 경우에 구두변론을 필요로 하는가에 대하여는 부정하는 견해도 있으나, 판결을 하기 위해서는 법률에 다른 규정이 없으면 구두변론에 의거해야 하므로(제37조 제1항), 이 경우에도 구두변론이 필요하다고 해석하는 견해가 타당하다. 파기자판하는 경우에는 유죄·무죄의 실체판결, 공소기각의 판결, 면소판결을 할 수 있고, 형을 선고하는 경우에는 불이익변경금지의 원칙이 적용된다(제368조).

133) 신동운, 1634면; 이재상/조균석, 794면.

2) 파기환송의 판결

공소기각 또는 관할위반의 재판이 법률에 위반됨을 이유로 원심판결을 파기하는 때에는 판결로써 사건을 원심법원에 환송하여야 한다(제366조). 이 경우에는 원심법원인 제1심 법원이 사건의 실체에 관하여 심리를 하지 않았기 때문에 예외적으로 제1심 법원으로 환송하도록 하고 있다.

3) 파기이송의 판결

관할인정이 법률에 위반됨을 이유로 원심판결을 파기하는 때에는 판결로써 사건을 관할법원에 이송하여야 한다. 단, 항소법원이 제1심 관할권이 있는 때에는 제1심으로 심판하여야 한다(제367조). 제1심이 관할권이 없는데도 불구하고 심판한 경우이므로 관할권이 있는 법원으로 하여금 심판하도록 사건을 이송하도록 하고 있다.

(5) 재판서의 기재방식

항소법원의 재판서에는 항소이유에 대한 판단을 기재하여야 하며, 원심판결에 기재한 사실과 증거를 인용할 수 있다(제369조). 당사자 쌍방이 항소한 경우에는 쌍방의 항소가 이유 없는 경우에는 모두를 판단하여야 하지만, 여러 개의 항소이유 중에 1개를 이유로 원심판결을 파기하는 경우에는 나머지 항소이유는 판단하지 않아도 무방하다. 항소를 기각하는 경우에는 항소이유에 대한 판단으로 충분하며, 범죄가 될 사실과 증거의 요지를 기재할 것이 요구되는 것은 아니다. 따라서 양형부당을 이유로 하는 항소에 대하여 이를 기각하는 경우에는 이유 없다고만 기재해도 무방하지만,[134] 원심판결을 파기하고 유죄의 선고를 하는 경우에는 증거의 요지를 기재하여야 한다.[135]

134) 대법원 1982. 12. 28. 선고 82도2642 판결.
135) 대법원 1987. 2. 24. 선고 86도2660 판결.

제3절 상 고

Ⅰ. 상고심의 의의와 상고심의 구조

1. 상고의 의의

상고(上告)란 판결에 대하여 불복하여 **대법원에 상소하는 것**을 말한다. 상고는 원칙적으로 제2심인 항소심 판결에 불복하여 대법원에 상소할 경우에만 허용되지만(제371조), 예외적으로 제1심 판결에 불복하여 항소심을 거치지 않고 대법원에 상고가 허용되는 경우가 있는데, 이를 **비약적 상고**(飛躍的 上告)라 한다.

상고도 상소의 하나로 법원의 오판을 시정하고 원판결에 의해 침해된 당사자의 권리를 구제하는 기능을 가지므로 사실오인과 양형부당을 상고이유로 규정하고 것도 이런 까닭이다.

그러나 상고심의 주된 기능은 **법령해석의 통일**을 기하는 데 있다. 상고심의 이러한 기능은 형사소송법상 원심판결이 헌법·법률·명령·규칙에 위반한 경우를 가장 중요한 상고이유로 규정하고 있는 점이나 헌법에서 상고심인 대법원에 명령·규칙에 대한 심사권을 부여하고 있는 점을 고려할 때, 상고심의 판결이 해당 사건에 관하여 하급심을 기속하는 효력을 가지는 것은 상고심이 가지는 법령해석의 통일기능을 명백히 한 것이라 할 수 있다.

2. 상고심의 구조

(1) 법 률 심

상고심은 일반적·역사적으로 하급심 판결의 법령위반여부, 즉 법률문제를 심판하는 법률심이다. 그런데 형사소송법은 예외적으로 사실오인과 양형부당을 상고이유로 규정하고(제383조 제4호) 있을 뿐만 아니라 파기자판을 할 수 있도록 하고 있다(제396조). 따라서 우리나라의 상고심은 원칙적으로는 법률심이지만, 극히 예외적인 경우에는 사실심의 성격도 지니고 있다고 할 수 있다.

(2) 사 후 심

상고심의 구조가 사후심이라는 점에 대하여는 이견이 없다. 그 논거는 ① 상고이유를 원칙적으로 원심판결에 영향을 미친 법령위반이 있는 경우로 제한하고 있고(제383조), ② 상고법원은 변론 없이 서면심리에 의하여 판결할 수 있도록 하고 있으며(제390조), ③ 원심판결을 파기하는 경우에는 파기환송 또는 파기이송을 하여야 하고 예외적으로 소송기록과 원심법원과 제1심법원이 조사한 증거에 의하여 판결하기 충분하다고 인정하는 경우에만 재판의 신속을 위하여 필요한 때에만 자판을 할 수 있도록 하고 있기 때문이다(제396조, 제397조).

상고심은 사후심이기 때문에 새로운 증거를 제출하거나 증거조사를 하는 것은 원칙적으로 허용되지 않으며, 원판결시를 기준으로 그 당부를 판단하지 않을 수 없다.[136] 따라서 항소심판결시에 미성년자로서 부정기형을 선고받은 피고인이 상고심 계속 중에 성년이 된 경우에 이를 이유로 원판결을 파기할 수 없다.[137]

Ⅱ. 상고이유

형사소송법은 상고이유로 다음의 4가지를 들고 있다(제383조). 즉 ① 판결에 영향을 미친 헌법·법률·명령 또는 규칙의 위반이 있는 때, ② 판결 후 형의 폐지나 변경 또는 사면이 있는 때, ③ 재심청구의 사유가 있는 때, ④ 사형, 무기 또는 10년 이상의 징역이나 금고가 선고된 사건에 있어서 중대한 사실의 오인이 있어 판결에 영향을 미친 때 또는 형의 양정이 심히 부당하다고 인정할 현저한 사유가 있는 때이다.

이 중에서 중대한 사실오인이 있어 판결에 영향을 미친 때와 형의 양정이 심히 부당하다고 인정할 현저한 사유가 있는 때의 상고사유는 중한 형을 선고받은 피고인의 이익구제를 위하여 피고인이 상고하는 경우에만 적용되는 상고이유라고 해야 한다. 따라서 검사는 이러한 사실오인 또는 양형부당을 이유로 상고할 수 없다.[138] 또한 상고심은 항소심에 대한 사후심이기 때문에 피고인이 항소이유로 주장하였거나 항소심이 직권적으로 심판대상으로 삼은 사항에 대해서만 이를 상고이유로 삼을 수 있다.[139]

---

136) 대법원 2010. 10. 14. 선고 2009도4894 판결.
137) 같은 취지 대법원 1986. 12. 9. 선고 86도2181 판결.
138) 대법원 2015. 7. 23. 선고 2015도3260 전원합의체 판결.
139) 대법원 2014. 5. 29. 선고 2011도11233 판결.

Ⅲ. 상고심의 절차

1. 상고의 제기

(1) 상고제기의 방식

상고를 할 때에는 상고기간 내에 상고장을 원심법원에 제출하여야 한다(제375조). 대법원이 상고법원이며, 상고제기기간은 7일이다(제374조).

(2) 원심법원과 상고법원의 조치

1) 원심법원의 조치

상고의 제기가 법률상의 방식에 위반하거나 상고권 소멸 후인 것이 명백한 때에는 원심법원은 결정으로 상고를 기각하여야 한다. 이 결정에 대하여는 즉시항고를 할 수 있다(제376조). 상고기각결정을 하는 경우를 제외하고는 원심법원은 상고장을 받은 날부터 14일 이내에 소송기록과 증거물을 상고법원에 송부하여야 한다(제377조).

2) 상고법원의 조치

상고법원이 소송기록의 송부를 받은 때에는 즉시 상고인과 상대방에 대하여 그 사유를 통지하여야 한다. 이 통지 전에 변호인의 선임이 있는 때에는 변호인에 대하여도 그 사유를 통지하여야 한다(제378조).

(3) 상고이유서와 답변서의 제출과 송달

상고인 또는 변호인은 소송기록의 접수를 통지받은 날로부터 20일 이내에 상고법원에 상고이유서를 상급법원에 제출하여야 한다. 이 경우에도 재소자의 특칙에 관한 형소법 제344조의 규정이 준용된다. 상고이유서에는 소송기록과 원심법원의 증거조사에 표현된 사실을 인용하여 그 이유를 명시하여야 한다. 상고이유서의 제출을 받은 상고법원은 지체 없이 그 부본 또는 등본을 상대방에게 송달하여야 한다. 상대방은 이 송달을 받은 날로부터 10일 이내에 답변서를 상고법원에 제출할 수 있다. 답변서의 제출을 받은 상급법원은 지체 없이 그 부본 또는 등본을 상고인 또는 변호인에게 송달하여야 한다(제379조).

2. 상고심의 심리

항소심에 관한 규정은 다른 특별한 규정이 없으면 상고심의 심판에도 준용한다(제399조). 항소심과 달리 상고심은 법률심이라는 점에서 여러 가지 특칙이 인정되고 있다.

(1) 상고심의 변론

상고심에는 변호사 아닌 자를 변호인으로 선임하지 못하며, 변호인이 아니면 피고인을 위하여 변호하지 못한다. 검사와 변호인은 상고이유서에 의하여 변론하여야 한다(제388조). 상고심은 법률심이기 때문에 피고인의 출석을 요하지 않고 전문지식을 가진 자를 필요로 하기 때문에, 상고심의 공판기일에는 피고인의 소환을 요하지 아니한다(제389조의2). 따라서 공판기일에 피고인의 공판정 출석을 위한 피고인의 이감도 불필요하다(규칙 제161조 제2항).

변호인의 선임이 없거나 변호인이 공판기일에 출정하지 아니한 때에는 검사의 진술을 듣고 판결할 수 있으며, 이 경우에 적법한 상고이유서의 제출이 있는 때에는 그 진술이 있는 것으로 간주한다(제389조). 필요적 변호사건의 경우에 변호인이 출석하지 아니한 때에는 법원은 직권으로 국선변호인을 선정하여야 한다.

(2) 상고심의 심판범위

상고심은 상고이유서에 포함된 사유에 관하여 심판하여야 한다. 그러나 제383조 제1호 내지 제3호의 경우에는 상고이유서에 포함되지 아니한 때에도 직권으로 심판할 수 있다(제384조). 즉 상고심의 심판대상은 원칙적으로 판결이 법령에 위반한 경우가 원칙이지만 제383조 제1호 내지 제3호의 경우와 같이 사실오인이 판결에 영향을 미쳐 현저히 정의에 반하는 결과를 초래할 경우에는 예외적으로 상고심 법원이 이를 직권적으로 심판할 수 있다.[140] 선고유예의 당부는 제383조 제4호의 상고이유를 심판하는 경우에 해당하지 않는 이상 심판대상이 아니다.[141]

(3) 서면심리에 의한 판결

상고법원은 상고장·상고이유서 기타의 소송기록에 의하여 변론 없이 판결할 수 있다. 즉 상고심은 법률심이고 사후심이므로 서면심리주의에 의하여 상고기각이나 원심판결을 파기할 수 있다. 상고법원은 필요한 경우에는 특정한 사항에 관하여 변론을 열어 참고인의 진술을 들을 수 있다(제390조).

140) 같은 취지 대법원 2016. 10. 13. 선고 2015도17869 판결.

141) 대법원 2016. 12. 27. 선고 2015도14375 판결.

3. 상고심의 재판

(1) 공소기각의 결정

공소가 취소되었을 때, 피고인이 사망하거나 피고인인 법인이 존속하지 아니하게 되었을 때 등 제328조 제1항의 공소기각사유가 있는 때에는 결정으로 공소를 기각하여야 한다(제382조).

(2) 상고기각의 재판

1) 상고기각의 결정

상고인이나 변호인이 상고이유서를 제출기간 내에 제출하지 아니한 때에는 결정으로 상고를 기각하여야 한다. 단 상고장에 이유의 기재가 있는 때에는 예외로 한다(제380조 제1항). 상고장 및 상고이유서에 기재된 상고이유의 주장이 제383조 각 호의 어느 하나의 사유에 해당하지 아니함이 명백한 때에는 결정으로 상고를 기각하여야 한다(제380조 제2항). 상고의 제기가 법률상의 방식에 위반하거나 상고권소멸 후인 것이 명백함에도 불구하고 원심법원이 상고기각의 결정을 하지 아니한 때에는 상고법원의 결정으로 상고를 기각하여야 한다(제381조).

2) 상고기각의 판결

상고이유가 없다고 인정한 때에는 판결로써 상고를 기각하여야 한다(제399조, 제364조 제4항).

(3) 원심판결파기의 판결

상고이유가 있는 때에는 판결로써 원심판결을 파기하여야 한다(제391조). 피고인의 이익을 위하여 원심판결을 파기하는 경우에 파기의 이유가 상고한 공동피고인에 공통되는 때에는 그 공동피고인에 대하여도 원심판결을 파기하여야 하고(제392조), 원심판결을 파기하는 경우에는 파기와 함께 환송·이송 또는 자판을 하여야 한다.

1) 파기환송

적법한 공소를 기각하였다는 이유로 원심판결을 파기하는 경우에는 판결로써 원심법원 또는 제1심 법원에 환송하여야 한다(제393조).

2) 파기이송

관할의 인정이 법률에 위반됨을 이유로 원심판결 또는 제1심 판결을 파기하는 경우에는 판결로써 관할 있는 법원에 이송하여야 한다.

3) 파기자판

상고법원이 원심판결을 파기할 경우에 그 소송기록과 원심법원과 제1심 법원이 조사한 증거에 의하여 판결하기 충분하다고 인정한 때에는 피고사건에 대하여 직접 판결할 수 있고, 이 경우에는 불이익변경금지의 원칙이 적용된다(제396조). 파기자판의 내용으로는 유죄·무죄의 실체재판이나 공소기각·면소판결의 형식재판을 할 수 있다. 상고심은 항소기각의 판결도 할 수 있는데, 이 경우에는 제1심 판결이 확정된다.

(4) 재판서에의 기재방법

상고심의 재판서에는 재판서의 일반적 기재사항 이외에 상고의 이유에 관한 판단을 기재하여야 한다(제398조). 나아가 합의에 관여한 모든 대법관의 의견도 기재할 것을 요한다(법원조직법 제15조).

Ⅳ. 비약적 상고

1. 비약적 상고의 의의

비약적 상고란 제1심 판결에 대하여 법령해석에 관한 중요한 사항을 포함한다고 인정되는 사건에 있어서 제1심 판결에 대하여 대법원에 직접 상고하는 것을 말한다. 즉 ① 원심판결이 인정한 사실에 대하여 법령을 적용하지 아니하였거나 법령의 적용에 착오가 있는 때, ② 원심판결이 있은 후 형의 폐지나 변경 또는 사면이 있는 때에는 항소를 제기하지 아니하고 상고할 수 있는데, 이를 비약적 상고라고 한다(제372조).

그러나 그 사건에 대한 항소가 제기된 때에는 비약적 상고는 그 효력을 잃는다. 다만 항소의 취하 또는 항소의 기각결정이 있는 때에는 그러하지 아니한다(제373조).

2. 비약적 상고의 이유

비약적 상고의 이유는 제1심 법원의 판결에 불복하여 아래와 같은 사유가 있는 경우에 항소법원을 거치지 않고 대법원에 상고하는 제도이다. 따라서 법원의 결정에 대하여는 비약적 상고를 할 수 없다.

(1) 원심판결이 인정한 사실에 대하여 법령을 적용하지 아니하였거나 법령의 적용에 착오가 있을 때

원심판결이 인정한 사실에 대하여 실체법을 적용하지 않았거나 잘못 적용한 경

우를 말한다. 따라서 형사소송법상의 채증법칙의 위반,[142] 중대한 사실오인,[143] 심리미진, 양형의 부당[144] 등의 사유는 비약적 상고의 이유가 되지 않는다.

(2) 원심판결이 있은 후 형의 폐지나 변경 또는 사면이 있는 때

항소이유의 경우와 동일한 내용이다.

V. 상고심판결의 정정

1. 판결정정의 의의

판결정정이란 상고심판결의 내용에 명백한 오류가 있는 경우에 이를 정정하는 것을 말한다. 상고심인 대법원 판결은 최종심이고 선고와 동시에 효력이 확정되기 때문에 이를 정정할 수 없는 것이 원칙이다. 다만 판결의 적정을 위하여 일정한 경우에 판결의 정정을 인정하고 있다. 판결의 정정이 인정되는 경우에 상고심 판결의 확정시기는 판결정정시가 아니라 판결 선고와 동시에 확정된다.

2. 판결정정의 사유

판결내용에 오류가 있음을 발견한 경우이다. 여기서 오류라 함은 오기나 계산착오 기타 이와 유사한 명백한 잘못이 있는 경우를 말한다.

3. 판결정정의 절차

상고법원은 판결의 내용에 오류가 있음을 발견한 때에는 직권 또는 검사·상고인이나 변호인의 신청에 의하여 **판결로써 정정**할 수 있다. 판결정정의 신청은 판결의 선고가 있은 날로부터 10일 이내에 신청의 이유를 기재한 서면으로 하여야 한다. 정정의 판결은 변론 없이 할 수 있다. 정정할 필요가 없다고 인정한 때에는 지체 없이 결정으로 신청을 기각하여야 한다(제401조).

---

142) 대법원 1983. 12. 27. 선고 83도2792 판결.
143) 대법원 1984. 2. 14. 선고 83도3236 판결.
144) 대법원 1984. 2. 14. 선고 83도3236 판결.

제4절 항 고

I. 항고의 의의와 종류

1. 항고의 의의

항고란 법원의 결정에 대한 상소를 말한다. 항고는 상소방법의 하나이지만, 판결에 대한 상소인 항소나 상고와는 그 성질이 다르다. 판결은 종국재판임에 반하여, 결정은 판결에 이르는 과정에 있어서 절차상의 사항에 관한 **종국 전의 재판**이다. 판결에 대한 상소는 모두 허용할 필요가 있으나, 결정에 대한 상소는 법이 필요하다고 인정하는 일정한 경우에 한하여 허용하며 그 절차도 간이화되어 있다.

2. 항고의 종류

항고에는 일반항고와 특별항고가 있다. 형사소송법에 '대법원에 즉시항고할 수 있다'는 명문의 규정이 있는 경우를 **특별항고**라 하고, 그 이외의 항고를 일반항고라고 한다. 일반항고는 다시 보통항고와 즉시항고로 나누어진다.

(1) 일반항고

1) 즉시항고

즉시항고의 제기기간은 3일로 제한되어 있으며,[145] 일반항고와 달리 **재판의 집행이 정지되는 효력**이 있다. 또한 **명문으로 허용하는 규정이 있을 때에만 허용**된다는 점에서 일반항고와 다른 점이다. 법률은 공소기각의 결정(제328조 제2항), 상소기각의 결정(제360조 제2항 등)과 같은 종국재판이나, 법관기피신청기각결정(제23조), 구속취소결정(제97조 제4항), 구속집행정지결정(제101조 제3항), 소송비용부담결정(제192조)과 같이 신속한 구제를 요하는 결정에 대하여는 즉시항고를 인정하고 있다.

2) 보통항고

법원의 결정에 대하여 불복이 있으면 항고할 수 있다. 다만 형사소송법에 특별한

145) 헌법재판소 2018. 12. 27. 선고 2015헌바77 결정(헌법불합치결정; 형사소송법 제405조는 헌법에 합치되지 아니한다. 위 법률조항은 2019년 12월 31일을 시한으로 입법자가 개정할 때까지 계속 적용된다).

규정이 있는 경우에는 보통항고는 허용되지 않는다(제402조). 또한 보통항고는 법원의 결정을 대상으로 불복하는 절차이기 때문에, 지방법원판사가 행한 압수·수색영장의 청구에 대한 영장발부나 체포·구속영장의 청구에 대한 체포·구속영장발부와 같은 재판[146]은 항고의 대상이 되지 않는다. 그 밖에도 법원의 결정이지만 보통항고가 허용되지 않는 경우는 다음과 같다.

가. 법원의 관할 또는 판결 전의 소송절차에 관한 결정 법원의 관할 또는 판결 전의 소송절차에 관한 결정에 대하여는 즉시항고를 할 수 있는 경우를 제외하고는 항고를 하지 못한다(제403조 제1항). 판결 전의 소송절차에 관한 결정은 판결을 종국적 목적으로 하는 절차의 일부이기 때문에 종국판결에 대한 상소를 허용하게 되면 충분하며 개개의 결정에 대한 상소까지는 허용할 필요가 없기 때문이다. 따라서 국선변호인선임청구를 기각하는 결정,[147] 공소장변경허가결정[148] 등은 판결 전 소송절차에 관한 결정이므로 독립하여 항고할 수 없다.

그러나 구금·보석·압수나 압수물의 환부에 관한 결정 또는 감정하기 위한 피고인 유치에 관한 결정에 대하여는 보통항고를 할 수 있다(제403조 제2항). 다만 체포·구속적부심사청구에 대한 청구기각결정 또는 구속된 피의자의 석방을 명하는 결정에 대하여는 항고를 할 수 없다(제214조의2 제8항).

나. 성질상 항고가 허용되지 않는 결정 대법원의 결정에 대하여는 대법원이 최종심이기 때문에 성질상 항고가 허용되지 않는다. 또한 항고법원 또는 고등법원의 결정에 대해서도 보통항고를 할 수 없다(제415조).

(2) 재 항 고

항고법원 또는 고등법원의 결정에 대하여 불복하는 항고를 **재항고**라고 한다(제415조). 항고법원 또는 고등법원의 결정에 대하여 재판에 영향을 미친 헌법·법률·명령 또는 규칙의 위반이 있음을 이유로 하는 때에 한하여 대법원에 **즉시항고**를 할 수 있는데(제415조), 이를 재항고라고 한다. 재항고는 즉시항고이므로 그 절차는 즉시항고와 동일하다. 그 밖에 항소법원의 결정(법원조직법 제14조 제2호)[149]이나 준항고[150]

---

146) 대법원 2006. 12. 18. 자 2006모646 결정.

147) 대법원 1986. 9. 5. 자 86모40 결정.

148) 대법원 1987. 3. 28. 자 87모17 결정.

149) 법관에 대한 제척, 기피신청에 대한 기각 또는 각하결정에 대한 항고(대법원 2008. 5. 2. 자 2008마427 결정), 항소법원의 판결문 경정결정에 대한 항고(대법원 2008. 4. 14. 자 2007모726

에 대한 관할법원의 결정(제416조, 제417조)도 재항고의 대상이 된다.

Ⅱ. 항고심의 절차

1. 항고의 제기

(1) 항고의 제기기간

항고는 항고장을 원심법원에 제출해야 한다. 보통항고의 경우에는 기간에 특별한 제한이 없으므로 언제든지 할 수 있지만, 다만 원심결정을 취소하여도 실익이 없게 된 때에는 예외로 한다(제404조). 보통항고와 달리 즉시항고의 제기기간은 3일이다(제405조).

그리고 형사피고사건에 대하여 법원이 소년부송치결정을 한 경우에 이는 판결전 소송절차에 관한 결정이 아니므로 항고할 수 있으나,[151] 이미 소년부에 의해 보호처분이 있는 경우에는 항고할 수 없다.

(2) 원심법원의 조치

1) 항고기각결정

항고제기가 법률상의 방식에 위반하거나 항고권소멸 후인 것이 명백한 때에는 원심법원은 결정으로 항고를 기각하여야 한다. 항고기각결정에 대하여는 즉시항고를 할 수 있다(제407조).

2) 원심법원의 경정결정

원심법원은 항고가 이유 있다고 인정한 때에는 결정을 경정하여야 한다. 그러나 항고의 전부 또는 일부가 이유 없다고 인정한 때에는 항고장을 받은 날로부터 3일 이내에 의견서를 첨부하여 항고법원에 송부하여야 한다(제408조).

결정).

150) 재판장 또는 수명법관의 ① 기피신청을 기각한 재판 ② 구금, 보석, 압수 또는 압수물의 환부에 관한 재판 ③ 감정하기 위하여 피고인의 유치를 명한 재판 ④ 증인·감정인·통역인 또는 번역인에 대하여 과태료 또는 비용의 배상을 명한 재판에 대하여 그 법관소속의 법원에 재판의 취소 또는 변경을 청구하거나, 검사 또는 사법경찰관의 구금·압수 또는 압수물의 환부에 관한 처분과 변호인의 참여 등에 관한 처분에 대한 취소 또는 변경을 검사의 소속검찰청에 대응한 법원에 청구하는 것을 준항고라 한다.

151) 대법원 1986. 7. 25. 자 86모9 결정; 대법원 1965. 1. 15. 자 64모29 결정.

3) 소송기록과 증거물의 송부

원심법원이 필요하다고 인정한 때에는 소송기록과 증거물을 항고법원에 송부하여야 하고, 항고법원은 소송기록과 증거물을 요구할 수 있다. 항고법원은 소송기록과 증거물의 송부를 받은 날로부터 5일 이내에 당사자에게 그 사유를 통지하여야 한다(제411조).

(3) 항고제기의 효과

즉시항고는 그 제기기간 내에 제기가 있는 때에는 재판의 집행이 정지되지만(제410조), 보통항고는 재판의 집행을 정지하는 효력이 없다. 다만 원심법원 또는 항고법원은 결정으로 항고에 대한 결정이 있을 때까지 집행을 정지할 수 있다(제409조).

2. 항고법원의 심판

항고법원은 항고에 대한 결정을 하는데, 항고법원은 항고이유를 중심으로 사실과 법률에 관하여 심사하며, 심사범위는 항고이유에 한정되지 않는다. 검사는 항고사건에 대하여 의견을 진술할 수 있다(412조).

항고의 제기가 법률상의 방식에 위반하거나 항고권소멸 후인 것이 명백한 경우에 원심법원이 항고기각결정을 하지 아니한 때에는 항고법원의 결정으로 항고를 기각하여야 한다(제414조). 항고를 이유 있다고 인정할 경우에는 결정으로 원심결정을 취소하고 필요한 경우에는 항고사건에 대하여 직접 재판을 하여야 한다. 항고법원의 결정에 대하여는 재판에 영향을 미친 헌법·법률·명령 또는 규칙의 위반이 있음을 이유로 하는 때에 한하여 대법원에 즉시항고인 재항고를 할 수 있다(제415조).

Ⅲ. 준 항 고

1. 준항고의 의의

준항고란 재판장 또는 수명법관의 재판이나 검사 또는 사법경찰관의 처분의 대하여 그 소속법원 또는 관할법원에 그 재판이나 처분의 취소 또는 변경을 청구하는 불복신청제도를 말한다(제416조). 준항고는 하급법원의 결정에 대하여 상급법원에 그 취소 또는 변경을 구하는 상소제도인 항고와 달리 소속법원이나 관할법원에 그 시정을 구한다는 점에서 상소제도와 유사한 성질을 가지고 있으므로, 형사소송법은 이를 항고의 장에 규정하고 항고에 관한 규정을 준용하도록 하고 있다(제419조).

2. 준항고의 대상

1) 재판장 또는 수명법관의 일정한 재판

재판장 또는 수명법관이 ① 기피신청을 기각한 재판,② 구금·보석·압수 또는 압수물환부에 관한 재판, ③ 감정하기 위하여 피고인의 유치를 명한 재판, ④ 증인·감정인·통역인 또는 번역인에 대하여 과태료 또는 비용의 배상을 명한 재판을 고지한 경우에 불복이 있으면 법관 소속의 법원에 재판의 취소 또는 변경을 청구할 수 있다(제416조 제1항). 그리고 동조 제1항 제4호의 재판은 청구기간 내에 청구가 있는 때에는 그 재판의 집행은 정지된다.

2) 수사기관의 구금·압수·압수물의 환부 또는 변호인의 참여처분

검사 또는 사법경찰관의 구금·압수 또는 압수물의 환부에 관한 처분과 제243조의2에 따른 변호인의 참여 등에 관한 처분에 대하여 불복이 있으면 그 직무집행지의 관할법원 또는 검사의 소속 검찰청에 대응한 법원에 그 처분의 취소 또는 변경을 청구할 수 있다(제417조).

3. 준항고의 절차와 준용규정

준항고의 청구는 서면으로 관할법원에 제출하여야 한다(제418조). 법원의 재판에 대한 준항고는 재판의 고지가 있는 날부터 3일 이내에 하여야 하며, 지방법원이 청구를 받은 때에는 합의부에서 결정하여야 한다. 보통항고와 집행정지(제409조), 항고기각의 결정(제419조), 항고기각과 항고이유 인정(제414조), 재항고(제415조)의 규정은 준항고의 청구가 있는 경우에 준용된다(제419조).

제 2 장 비상구제절차

통상적인 형사구제절차인 일반적인 상소절차와는 다른 특별소송절차인 비상구제절차에는 재심과 비상상고가 있다.

제 1 절 재 심

I. 재심의 의의와 기능

1. 재심의 의의

(1) 재심의 개념

재심이란 유죄의 확정판결에 대하여 중대한 사실오인이나 그 오인이 추정되는 경우에 판결을 받은 자의 이익을 위하여 판결의 부당함을 시정하는 제도이다. 본래 재판이 확정되어 확정력이 발생하면 더 이상 그 당부를 다툴 수 없게 되는데, 이는 법적 안정성과 재판의 권위 및 재판에 대한 국민의 신뢰를 보장하기 위한 것이다 그러나 현재의 증거를 기초로 하여 과거에 행하여진 범죄행위의 유무를 판단하는 재판에 있어 잘못된 사실인정의 가능성을 완전히 배제할 수는 없다. 그러므로 비록 유죄판결이 확정된 이후라고 할지라도 사실인정이 잘못된 경우에 그 부당함을 시정함으로써 피고인을 구제하기 위한 제도가 재심이며, 이 절차는 법원의 판결에 대한 통상적인 불복절차를 통한 재판절차가 아니므로 비상구제절차의 하나라고 할 수 있다.

재심은 유죄의 확정판결에 대해서만 가능하고, 재항고기각결정과 같은 법원의 결정에 대하여는 재심청구가 허용되지 않는다.

재심제도의 연혁과 입법주의를 살펴보면, 재심제도는 로마법에서 유죄판결을 받은 자의 이익을 위해 인정되었던 제도로서 대륙법계 국가에서는 보편적으로 인정되고 있는 제도이다. 이 제도의 입법방식으로는 프랑스주의와 독일주의가 있는데, 전자는 피고인의 이익만을 위한 재심제도를 인정하면서 상고법원이 관할권을 가지는데 반해, 후자는 불이익재심도 인정하면서 원판결법원이 관할권을 가진다는 점에서 양 제도는 차이가 난다. 우리 형사소송법의 재심제도는 피고인의 이익을 위한 재심제도를 인정하고 있는 프랑스주의와 원판결법원이 관할권을 가지는 독일주의를 혼합한 절충적인 구조를 취했다고 할 수 있다.

(2) 상소 및 비상상고와의 구별

재심은 확정판결에 대한 비상구제절차라는 점에서 미확정 재판에 대한 불복신청제도인 상소와 구별되며, 사실오인을 시정하기 위한 비상구제절차인 점에서 법령위반을 이유로 하고 청구권자가 검찰총장에 제한되며 판결의 효력도 원칙적으로 피고인에게 미치지 않는 비상구제절차인 비상상고와도 구별된다.

2. 재심의 기능

재심은 형사소송에 있어서 법적 안정성과 정의의 이념이 충돌하는 경우에 정의를 위하여 법적 안정성을 깨뜨리는 제도라고 할 수 있다. 즉 판결이 정의에 비추어 용납할 수 없을 정도의 허위임이 인정되는 경우에는 비록 법적 안정성을 해한다 할지라도 실질적 정의를 실현하고자 하는 제도가 바로 재심이다. 다만 현행 형사소송법은 피고인의 이익을 위한 재심만을 인정(제420조, 제421조 제1항)하고 있으므로, 무고한 사람의 구제를 이념으로 하는 제도라고 할 수 있다. 따라서 무죄의 선고를 받은 자가 유죄의 선고를 받기 위해서는 재심청구가 허용되지 않는다.

3. 재심절차의 구조

재심은 확정판결의 사실오인을 시정하기 위하여 이를 공판절차에서 다시 심판하는 것을 본질로 한다. 따라서 재심절차는 **재심개시절차**와 **재심심판절차**라는 2단계의 구조를 지니며, 재심심판절차는 일반공판절차와 동일하므로 재심개시절차가 재심절차의 핵심이 된다고 하겠다. 즉 재심이유를 심사하여 재심을 할 것인지 여부를 결정하는 절차가 중심이 된다.

II. 재심의 이유

재심은 유죄의 확정판결이나 항소·상고의 기각판결에 대하여만 인정되는 비상구제절차이다. 확정된 약식명령이나 즉결심판도 확정판결이므로 재심의 대상이 되며, 특별사면으로 형 선고의 효력이 상실된 유죄의 확정판결도 재심의 대상이 된다. 그러나 무죄·면소·공소기각의 판결은 중대한 하자가 있는 경우에도 재심의 대상이 되지 않는다. 그러나 항소 또는 상고기각판결이 확정된 때에는 원심의 유죄판결이 확정되므로 재심의 대상이 된다. 재심은 유죄의 확정판결에 대해서만 허용되므로, 확정되지 아니한 상소심에서 파기된 판결,[1] 유죄판결에 대하여 상소심 계속 중 피고인의 사망으로 공소기각결정이 내려진 경우의 유죄판결,[2] 정식재판절차에서 유죄판결이 확정된 경우의 약식명령[3]에 대하여는 재심이 허용되지 않는다.[4] 법원의 결정에 대해서도 재심은 허용되지 않는다.

1. 유죄의 확정판결에 대한 재심이유

재심이유는 확정판결에 대한 사실오인에 있다. 이러한 재심이유(제420조)는 (1) 허위증거를 이유로 한 재심이유와 (2) 신증거를 이유로 한 재심이유로 나눌 수 있다.

(1) 허위증거를 이유로 한 재심이유

1) 원판결의 증거된 서류 또는 증거물이 확정판결에 의하여 위조 또는 변조인 것이 증명된 때(동조 제1호)

원판결의 증거된 서류 또는 증거물을 원판결의 범죄사실을 인정하기 위하여 증거의 요지에 기재한 증거에 한한다고 해석하는 견해도 있으나, 범죄사실의 인정을 위한 증거뿐만 아니라 범죄사실의 인정을 위한 증거가 진술증거인 때에는 그 증거능력을 인정하기 위한 증거도 포함한다고 보는 것이 타당하다.

2) 원판결의 증거된 증언·감정·통역 또는 번역이 확정판결에 의하여 허위인 것이 증명된 때(동조 제2호)

원판결의 증거된 증언이란 원판결의 이유 중에서 증거로 채택되어 죄로 되는 사

---

1) 대법원 2004. 2. 13. 자 2003모464 결정.
2) 대법원 2013. 6. 27. 선고 2011도7931 판결.
3) 대법원 2013. 4. 11. 선고 2011도10626 판결.
4) 대법원 1991. 10. 29. 선고 2012도1938 판결.

실을 인정하는 데 인용된 증거를 말하며, 증언이란 법률에 의하여 선서한 증인의 증언을 말하고, 공동 피고인의 공판정에서의 진술은 여기에 해당하지 않는다. 증언·감정·통역 또는 번역이 확정판결에 의하여 허위인 것이 증명된 때라 함은 그 증인·감정인·통역인 또는 번역인이 위증 또는 허위의 감정·통역·번역을 하여 그 죄에 의하여 처벌되어 판결이 확정된 경우를 말한다.

3) 무고로 인하여 유죄의 선고를 받은 경우에 그 무고의 죄가 확정판결에 의하여 증명된 때(동조 제3호)

무고로 인하여 유죄의 선고를 받은 경우를 고소장 또는 고소조서의 기재가 원판결의 증거가 된 경우에 한한다고 보는 견해도 있으나, 통설은 고소장등의 서면에 한할 필요는 없고 무고의 진술이 증거가 된 때를 포함한다고 해석한다. 단순히 무고에 의하여 수사가 개시되었다는 것만으로는 족하지 않다.

4) 원판결의 증거된 재판이 확정재판에 의하여 변경된 때(동조 제4호)

원판결의 증거된 재판은 원판결의 이유 중에서 증거로 채택되어 죄로 되는 사실을 인정하는 데 인용된 다른 재판을 말한다. 재판에는 형사재판뿐만 아니라 민사재판을 포함한다.

5) 저작권·특허권·실용신안권·의장권 또는 상표권을 침해한 죄로 유죄의 선고를 받은 사건에 관하여 그 권리에 대한 무효의 심결 또는 무효의 판결이 확정된 때(동조 제6호)

권리무효의 심결 또는 판결이 확정되면 그 권리는 처음부터 존재하지 아니한 것으로 인정되기 때문이다.

6) 원판결·전심판결 또는 그 판결의 기초된 조사에 관여한 법관, 공소의 제기 또는 그 공소의 기초된 수사에 관여한 검사나 사법경찰관이 그 직무에 관한 죄를 범한 것이 확정판결에 의하여 증명된 때(동조 제7호)

이때는 원판결의 선고 전에 법관·검사 또는 사법경찰관에 대하여 공소의 제기가 있는 경우에는 원판결의 법원이 그 사유를 알지 못한 때에 한한다.

위의 이유들은 확정판결에 의하여 증명되지 않으면 안 된다. 확정판결은 제4호의 경우 이외에는 형사확정판결에 제한된다. 형사의 확정판결이란 반드시 유죄판결임을 요하지 않고 구성요건에 해당하는 사실이 증명된 때에는 위법성 또는 책임이 조각된다는 이유로 무죄판결이 선고된 경우도 포함된다고 해야 한다. 확정판결에 의하여 증명될 것을 요하므로 단순히 위증고소사건이 수사 중이라는 사실만으로는 재심사유가 될 수 없다.

(2) 신증거를 이유로 한 재심이유

원판결의 사실인정에 변경을 가하여야 할 새로운 증거의 발견을 재심이유로 하는 경우로서, 제420조 제4호 내지 제6호가 여기에 해당한다. 이 중 제일 중요한 재심이유가 제5호이다.

1) 제420조 제5호의 의의

형사소송법 제420조 제5호는 유죄의 선고를 받은 자에 대하여 무죄 또는 면소를, 형의 면제 또는 원판결이 인정한 죄보다 경한 죄를 인정할 명백한 증거가 새로 발견된 때를 재심이유로 규정하고 있다. 유죄의 선고를 받은 자에 대하여 무죄 또는 면소를 선고할 경우에 제한하고 있으므로 공소기각의 판결을 선고할 경우는 포함되지 않는다. 입법론으로는 이 경우에도 재심을 인정하는 것이 타당하며 형의 면제는 필요적 면제만을 의미하고 임의적 면제의 경우는 포함하지 않는다. 경한 죄란 법정형이 가벼운 다른 죄를 말하며, 동일한 죄에 대하여 공소기각을 받을 수 있는 경우나 양형의 자료에 변동을 가져오는데 지나지 않는 것은 포함되지 않는다. 따라서 심신미약이나 종범과 같은 형의 감경사유가 인정될 뿐인 경우는 물론 자수사실을 인정하지 않았다거나 정상참작사실을 주장하는 것만으로는 여기에 해당하지 않는다.

증거에 대하여는 증거능력 있는 증거만을 의미한다는 견해도 있으나, 엄격한 증명을 필요로 하는 사실에 관한 증거는 증거능력 있는 증거임을 요하지만 자유로운 증명으로 족한 사실에 관한 증거는 증거능력 있는 증거임을 요하지 않는다고 해석하는 것이 타당하다. 명백한 증거가 새로 발견되었을 것을 요하는 점에서 증거의 신규성과 증거의 명백성에 대한 기준이 문제된다.

2) 증거의 명백성

증거의 명백성, 즉 명백한 증거란 그 증거가치가 확정판결이 사실인정의 자료로 삼은 다른 증거에 비하여 객관적으로 우위성이 인정되는 증거를 말하며 법관의 자유심증에 의하여 그 증거가치가 좌우되는 증거는 이에 해당하지 않는다. 바꾸어 말하면, 새로운 증거의 증거가치가 확정판결이 그 사실인정의 자료로 한 증거보다 경험칙이나 논리법칙상 객관적으로 우위에 있어 확정판결이 파기될 가능성이 고도로 인정되는 경우의 증거를 말한다. 따라서 법관의 자유심증에 의하여 증거가치가 좌우되는 증인의 증언이나 참고인의 진술서 등은 여기에 해당하지 않는다.

3) 증거의 신규성

증거의 신규성, 즉 새로운 증거란 확정판결의 소송과정에서 발견되지 않았거나 제출될 수 없었었던 증거를 말한다. 판례는 **"증거가 새로 발견된 때"** 라 함은 확정판결의 소송절차에서 발견되지 못하였거나 발견되었어도 이를 제출 또는 신문할 수 없었던 증거를 발견하거나 제출할 수 있게 된 경우를 말한다고 한다. 따라서 자수사실을 인정하지 않았다는 주장은 이에 해당하지 않는다.

2. 상소(항소·상고)기각의 확정판결에 대한 재심이유

항소 또는 상고의 기각 판결에 대하여는 제420조 제1호, 제2호, 제7호의 사유가 있는 경우에 한하여 그 선고를 받은 자의 이익을 위하여 재심을 청구할 수 있다(제421조 제1항). 여기서 항소 또는 상고의 기각판결이라 함은 항소 또는 상고의 기각판결에 의하여 확정된 1심 또는 항소심판결을 의미하는 것이 아니고, 항소기각판결 또는 그 자체를 의미한다.

제1심 확정판결에 대한 재심청구사건의 판결이 있은 후에는 항고기각판결에 대하여 다시 재심을 청구하지 못하며, 제1심 또는 제2심의 확정판결에 대한 재심청구사건의 판결이 있은 후에는 상고기각판결에 대하여 다시 재심을 청구하지 못한다(동조 제3항). 이 경우에는 상소기각판결에 대한 재심의 청구가 종전의 재심판결로 목적을 달성할 수 있고, 재심판결에 대하여 상소를 제기할 수 있기 때문이다. 다만 하급심의 확정판결에 대하여 재심청구를 기각하는 결정이 있었던 경우에는 상소기각의 확정판결에 대하여도 재심의 청구를 할 수 있다고 해야 한다.

3. 확정판결에 대신하는 증명

확정판결로써 범죄가 증명됨을 재심청구의 이유로 할 경우에 그 확정판결을 얻을 수 없는 때에는 그 사실을 증명하여 재심의 청구를 할 수 있다. 다만 증거가 없다는 이유로 확정판결을 얻을 수 없는 때에는 예외로 한다(제422조). 확정판결을 얻을 수 없다는 것은 유죄판결의 선고를 할 수 없는 사실상 또는 법률상의 장애가 있는 경우를 말한다.

예컨대 범인이 사망하였거나 행방불명이 된 경우, 범인이 현재 심신상실 상태에 있는 경우, 공소시효가 완성된 경우, 사면이 있었던 경우, 범인을 기소유예처분한 경우가 여기에 해당한다. 검사가 범죄의 혐의가 없다는 이유로 불기소처분을 한 때에도 여기에 해당하는 경우가 있을 수 있다.

Ⅲ. 재심개시절차

1. 재심의 관할

재심의 청구는 원판결의 법원이 관할한다(제423조). 여기서 원판결이란 재심청구인이 재심이유가 있다고 하여 재심청구의 대상으로 하고 있는 그 판결을 말한다. 따라서 재심청구인이 제1심판결을 재심청구의 대상으로 하는 경우에는 제1심법원이, 상소기각판결을 대상으로 하는 경우에는 상소법원이 재심청구사건을 관할한다. 그러나 대법원이 제2심판결을 파기하고 자판한 판결에 대한 재심청구는 원판결을 선고한 대법원에 하여야 한다.

2. 재심의 청구

(1) 재심청구권자

검사는 공익의 대표자로서 유죄의 선고를 받은 자의 이익을 위하여 재심을 청구할 수 있다(제424조 제1호). 법관, 검사 또는 사법경찰관의 직무상 범죄를 이유로 하는 재심의 청구는 유죄의 선고를 받은 자가 그 죄를 범하게 한 경우에는 검사가 아니면 청구하지 못한다(제425조). 유죄의 선고를 받은 자와 그 법정대리인은 재심을 청구할 수 있다(제424조 제2호·제3호). 유죄선고를 받은 자가 사망하거나 심신장애가 있는 경우에는 그 배우자, 직계 가족 또는 형제자매가 재심을 청구할 수 있다(동조 제4호). 또한 유죄선고를 받은 자가 재심청구를 하기 위하여 변호사를 선임한 경우에는 그 변호인도 재심청구를 할 수 있다.

(2) 재심청구의 기간

재심청구의 시기에는 제한이 없다. 즉 재심의 청구는 형의 집행을 종료하거나 형의 집행을 받지 아니하게 된 때에도 할 수 있다(제427조). 따라서 유죄의 선고를 받은 자가 사망한 때에도 재심청구를 할 수 있다.

(3) 재심청구의 방식

재심의 청구를 함에는 재심청구의 취지 및 재심청구의 이유를 구체적으로 기재한 재심청구서에 원판결의 등본 및 증거자료를 첨부하여 관할법원에 제출하여야 한다(규칙 제166조). 따라서 원판결의 판결문 등본을 첨부하지 아니한 재심청구는 재심의 청구가 법률상의 방식에 위반한 경우에 해당하므로 결정에 의하여 기각되지 않을 수 없다(제433조). 재소자는 재심청구서를 교도소장에게 제출하면 재심을 청구한 것으로 간주된다(제430조).

(4) 재심청구의 효과

재심의 청구는 형의 집행을 정지하는 효력이 없다. 다만 관할 법원에 대응한 검찰청 검사는 재심청구에 대한 재판이 있을 때까지 형의 집행을 정지할 수 있다(제428조).

(5) 재심청구의 취하

재심의 청구는 재심의 제1심판결선고시까지 취하할 수 있으나, 재심의 청구를 취하한 자는 동일한 이유로써 다시 재심을 청구하지 못한다. 그리고 교도소에 있는 자에 대하여는 재심의 청구와 취하에 특별한 편의를 인정하고 있다.

재심청구의 취하는 서면으로 하여야 한다. 다만 공판정에서는 구술로 할 수 있다. 구술로 재심청구의 취하를 한 경우에는 그 사유를 조서에 기재하여야 한다.

3. 재심청구에 대한 심판

(1) 재심청구에 대한 심리

1) 사실조사와 조사범위

재심의 청구를 받은 법원은 필요하다고 인정한 때에는 사실을 조사할 수 있고, 필요하다고 인정한 때에는 합의부원에게 재심청구의 이유에 대한 사실조사를 명하거나 다른 법원 판사에게 이를 촉탁할 수 있다(제431조 제1항). 이 경우에 수명법관 또는 수탁판사는 법원 또는 재판장과 동일한 권한이 있다(동조 제2항). 법원의 사실조사의 범위는 재심청구인이 재심청구이유로 주장한 사실의 유무에 제한된다.

2) 당사자의 의견

재심의 청구에 대한 결정을 함에 있어서 법원은 재심을 청구한 자와 상대방의 의견을 들어야 한다. 다만 유죄의 선고를 받은 자의 법정대리인이 청구한 경우에는 유죄의 선고를 받은 자의 의견을 들어야 한다(제423조). 따라서 법원이 재심을 청구한 자와 상대방에게 의견을 진술할 기회를 부여하지 아니하고 한 재심청구에 대한 결정은 위법하므로 즉시항고의 이유가 된다.[5] 그러나 변호인의 의견을 들을 것을 요건으로 하지는 않으며, 청구한 자와 상대방에게도 의견을 진술할 기회를 주면 족하지 반드시 이들의 의견진술이 있을 것을 요하는 것도 아니다.

(2) 재심청구에 대한 재판

1) 청구기각의 결정

법원은 다음의 경우에 청구기각의 결정을 해야 한다.

가. 재심청구가 부적법한 경우 재심청구가 법률상의 방식에 위반하거나 청구권의 소멸 후인 것이 명백한 때에는 결정으로 기각하여야 한다(제433조). 판례는 상고기각판결이 사실오인을 간과하였다는 취지의 재심청구는 제421조 소정의 사유가 아닌 것을 이유로 한 재심청구이므로 법률상의 방식을 위반한 경우에 해당한다고 판시하고 있다.[6]

나. 재심청구가 이유 없는 경우 재심의 청구가 이유 없다고 인정한 때에도 결정으로 기각하여야 한다. 이 결정이 있는 때에는 누구든지 동일한 이유로써 다시 재심을 청구하지 못한다(제434조). 동일한 사실의 주장인 이상 법률적 구성을 달리하는 경우에도 다시 재심을 청구할 수는 없다.

다. 청구의 경합 상소를 기각하는 확정판결과 이에 의하여 확정된 하급심의 판결에 대하여 재심의 청구가 있는 경우에 하급법원이 재심의 판결을 한 때에는 상소기각의 판결을 한 법원은 재심청구를 기각하여야 한다(제436조). 따라서 상소기각의 판결을 한 법원은 제1심법원 또는 항소법원의 소송절차가 종료할 때까지 소송절차를 정지하여야 한다(규칙 제169조).

2) 재심개시결정

법원은 재심의 청구가 이유 있다고 인정한 때에는 재심개시의 결정을 하여야 한다(제435조 제1항). 법원이 재심의 청구의 이유를 판단함에 있어서는 청구한 자의 법률적 견해에 구속받지 않는다.[7] 경합범의 일부에 대해서만 재심청구가 이유 있다고 인정되는 때에는 경합범의 전부에 대하여 재심개시결정을 하여야 한다는 견해(전부

5) 대법원 1977. 7. 4. 자 77모28 결정; 대법원 1983. 12. 20. 자 83모43 결정.
6) 대법원 1984. 1. 20. 자 83소3 결정; 대법원 1987. 5. 27. 자 87재도4 결정.
7) 강구진, 607면; 배종대/이상돈/정승환/이주원, §75/18; 백형구, 883면; 신동운, 1698면.

설)[8]와 재심청구가 이유 없는 사실에 대하여도 재심개시결정을 하는 것은 옳지 못하므로 당해 범죄사실만 재심의 대상이 되고 재심심판에서는 형량만을 다시 정할 수 있다고 보는 견해(일부설)도 있으나, 원칙적으로는 일부설이 타당하지만 다만 재심사유 없는 범죄사실에 관한 법령이 개정 또는 폐지된 경우를 고려해보면 판결 전부에 대하여 재심개시결정을 해야 하지만 재심사유 없는 범죄사실에 대하여는 양형을 위하여 필요한 범위 안에서 심리할 수 있을 뿐이라고 해석하는 **판례**의 입장인 **절충설**[9]이 타당하다고 생각된다. 재심개시의 결정을 할 때에 법원은 결정으로 형의 집행을 정지할 수 있으므로(동조 제2항), 이때에 법원에 의한 형의 집행정지는 임의적이다.

3) 결정에 대한 불복

재심의 청구를 기각하는 결정과 재심개시결정에 대하여는 **즉시항고**를 할 수 있다(제437조). 따라서 불복 없이 확정된 법원의 재심기각결정이나 재심개시결정에 대하여는 그 효력을 다툴 수는 없다. 또한 대법원의 결정은 최종심이므로 즉시항고도 할 수 없음은 당연하다.

Ⅳ. 재심심판절차

1. 재심의 공판절차

재심개시의 결정이 확정한 사건에 대하여는 법원은 그 심급에 따라 다시 심판하여야 한다(제438조 제1항). 재심개시결정이 확정된 이상 개시결정이 부당한 경우에도 법원은 심판하지 않으면 안 된다. 「심급에 따라」란 제1심의 확정판결에 대한 재심의 경우에는 제1심의 공판절차에 따라 항소기각 또는 상고기각의 확정판결에 대하여는 항소심 또는 상고심의 절차에 따라 심판한다는 것을 의미한다.

2. 재심심판절차의 특칙

재심의 심판에 대하여는 그 심급의 공판절차에 관한 규정이 적용된다. 다만 재심의 특수성에 비추어 특칙이 인정되고 있다.

---

8) 백형구, 883면; 정영석/이형국, 517면.

9) 손동권/신이철, 794면; 신동운, 1698면; 이재상/조균석, 825면.

(1) 공판절차의 정지와 공소기각의 결정

사망자 또는 회복할 수 없는 심신장애자를 위하여 재심의 청구가 있는 때, 유죄의 선고를 받은 자가 재심의 판결 전에 사망하거나 회복할 수 없는 심신장애자로 된 때에는 공판절차정지(제306조 제1항)와 공소기각의 결정(제328조 제1항 제2호)에 관한 규정은 적용되지 아니한다(제438조 제2항). 이 경우에는 피고인이 출정하지 아니하여도 심판을 할 수 있다. 다만 변호인이 출정하지 아니하면 개정하지 못한다(동조 제3항). 이러한 의미에서 재심에서의 변호인의 변론은 **필요적 변론**에 해당한다고 할 수 있다. 따라서 재심을 청구한 자가 변호인을 선임하지 아니한 때에는 재판장은 직권으로 변호인을 선임하여야 한다(동조 제4항).

(2) 공소취소와 공소장변경

제1심판결이 선고되어 확정된 이상 재심소송절차에서 공소취소를 할 수는 없다. 재심의 공판절차에서 공소장변경이 허용된다는 견해도 있다. 그러나 원판결의 죄보다 중한 죄를 인정하기 위한 공소사실의 추가·변경은 허용되지 않는다고 해석하여야 한다.

3. 재심의 재판

(1) 불이익변경의 금지

재심에는 원판결의 형보다 중한 형을 선고하지 못한다(제439조). 검사가 재심을 청구한 경우에도 불이익변경이 금지된다. 유죄판결을 받은 자의 이익을 위한 재심만을 인정하고 있는 당연한 결론이라고 할 수 있다.

(2) 무죄판결의 공시

재심에서 무죄의 선고를 한 때에는 그 판결을 관보와 그 법원소재지의 신문지에 기재하여 공고하여야 한다(제440조). 유죄의 선고를 받은 자의 명예회복을 위한 조치이다. 그러나 재심에서 무죄를 선고받은 사람이나 재심을 청구한 사람이 이를 원하지 아니하는 의사를 표시한 경우에는 그러하지 아니하다. 여기서 무죄의 선고란 무죄판결이 확정되었음을 의미한다.

(3) 재심판결과 원판결의 효력

재심판결이 확정된 때에는 원판결은 당연히 그 효력을 잃는다. 재심개시결정에 의하여 원판결이 효력을 잃는 것은 아니다. 재심판결이 확정되었다 하여 원판결에 의한 형의 집행이 무효가 되는 것은 아니다. 따라서 원판결에 의한 자유형의 집행은 재심판결의 자유형에 통산된다.

제2절 비상상고

Ⅰ. 비상상고의 의의

비상상고란 확정판결에 대하여 그 심판의 법령위반을 이유로 허용되는 비상구제절차를 말한다. 따라서 미확정판결에 대한 시정제도인 상소제도, 특히 상고와는 구별된다. 또한 비상상고는 법령위반을 이유로 하는 비상구제절차인 점에서 사실인정의 잘못을 이유로 하는 재심과도 구별되며, 신청권자도 검찰총장에 제한되고, 나아가 대법원이 관할권을 가지고, 마지막으로 판결의 효력이 원칙적으로 피고인에게 미치지 않는다는 점이다.

비상상고는 법령의 해석·적용의 통일을 목적으로 하는 제도이다. 여기서 법령의 해석·적용의 통일이란 법령해석에 이견이 있는 경우에 그 해석에 통일을 기한다는 것이 아니라 원확정판결에 있어서 구체적인 법령의 해석·적용에 잘못이 있는 경우에 정당한 법령의 해석·적용을 선언한 것을 의미하며, 그 잘못이 피고인에게 불이익한 때에는 피고인을 구제하는 기능도 함께 가지고 있다. 이러한 의미에서 비상상고는 법령의 해석·적용의 통일과 함께 피고인을 구제하기 위한 제도라고 할 수 있다.

그런데 비상상고의 목적인 법령의 해석·적용의 통일과 피고인의 구제와의 관계에 대하여는 견해가 대립한다. 그 하나는 비상상고를 "법률의 이익을 위한 상고"에서 유래한다고 보는 견해[10]로서, 비상상고란 주된 목적은 법령의 해석과 적용에 있어서 파기이유가 있음에도 불구하고 확정된 판결을 검찰총장의 신청에 의하여 파기하는 데 있고 이에 따른 피고인의 구제는 부수적이라는 견해이다. 다른 하나는 비상상고를 "공익을 위한 상고"에서 유래하는 제도로 보거나 또는 법률의 이익을 위한 상고와 공익을 위한 상고의 양자에서 유래한다고 보는 견해[11]로서, 법령위반을 이유로 검찰총

10) 김재환, 1016면; 신동운, 1705면, 임동규, 839면; 차용석/최용성, 864면.
11) 백형구, 887면; 정영석/이형국, 522면.

장의 신청에 의하여 확정된 판결을 파기하면 이에 따른 피고인의 이익이라는 효과가 인정되기 때문에 비상상고제도는 피고인을 구제하기 위한 제도라고 이해하는 견해이다. 생각건대 비상상고의 연혁은 프랑스법에서 유래하지만, 그 목적은 법령의 해석·적용의 통일과 더불어 피고인의 구제도 목적으로 하는 제도라고 이해하는 절충설의 입장이 타당하다고 생각된다.[12)]

Ⅱ. 비상상고의 대상

비상상고의 대상은 모든 확정판결이다. 즉 피고인의 구제를 목적으로 하는 재심의 대상이 유죄의 확정판결에 한정되는 것과는 달리 법령해석의 통일을 목적으로 하는 비상상고의 대상은 유죄의 확정판결에 한정되지 않고 무죄·면소·공소기각·관할위반의 판결도 포함한다. 또한 당연무효의 판결도 당연무효를 확인해야 할 필요가 있으므로 비상상고의 대상이 된다.[13)] 항소기각결정이나 상고기각결정은 판결은 아니지만 당해 사건에 대한 종국재판이므로 이들에 대하여도 비상상고가 허용된다.[14)] 또한 확정판결의 경우에는 심급을 따지지 아니하며, 확정판결과 동일한 효력을 가지는 확정된 약식명령이나 즉결심판도 비상상고의 대상이 된다.

Ⅲ. 비상상고의 이유

비상상고의 이유는 확정된 원판결의 심리와 판단이 법령에 위반한 경우이다. 따라서 비상상고의 이유에는 판결의 법령위반과 소송절차의 법령위반이 포함된다. 여기서 판결의 법령위반과 소송절차의 법령위반을 어떻게 구별하며, 사실오인으로 인하여 법령을 위반한 때에도 비상상고의 이유가 되는지 여부가 문제된다.

1. 판결의 법령위반과 소송절차의 법령위반

판결의 법령위반이란 실체법령의 해석·적용을 위반한 경우와 소송조건을 오인한

12) 이재상/조균석, 828－829면.
13) 김재환 1017면; 신동운, 1705면; 이영란, 962면; 이재상/조균석, 829면; 임동규, 840면.
14) 대법원 1963. 1. 10. 선고 62오4 판결.

경우를 말한다. 즉 확정판결이 인정한 사실을 전제로 하여 이에 대한 실체법의 적용을 잘못한 경우이다. 예컨대 고소취소에도 불구하고 유죄판결을 하였다든지, 형집행유예기간 중에 있는 자에게 누범가중을 한 경우 등이다. 이와 같이 판결의 법령위반이 있는 경우에는 원판결을 파기하고 자판할 수 있지만, 소송절차의 법령위반이 있는 경우에는 그 위반한 절차를 파기하는데 그친다(제446조). 문제는 소송조건에 흠결이 있는데도 불구하고 실체재판을 한 경우에 이를 판결의 법령위반에 해당한다고 할 수 있는가이다. 이에 관해서는 대체로 세 가지의 견해가 대립한다.

(1) 학　　설

1) 제 1 설

판결의 법령위반이란 판결내용의 법령위반과 판결절차의 법령위반을 의미하므로, 소송절차의 법령위반은 판결 전 소송절차의 법령위반을 의미한다고 해석하는 견해이다. 이 견해에 의하면 실체법적용의 위법과 소송조건에 대한 오인이 있는 경우에는 판결의 법령위반에 해당하며, 그 밖의 형식적인 판결절차의 법령위반만 소송절차의 법령위반이 되게 된다. 따라서 소송조건에 흠결이 있으면 모두 판결의 법령위반에 해당하여 파기자판하고 또한 면소사유에 착오가 있으면 피고인에게 불이익하므로 파기자판하며, 공소기각에 잘못이 있는 경우에는 원판결을 파기하는데 그친다고 하게 된다.

2) 제 2 설

판결의 법령위반이란 법령적용의 위법과 면소의 잘못을 의미하며, 소송절차의 법령위반이란 관할위반, 공소기각의 오류, 판결절차의 법령위반을 의미한다고 해석하는 견해이다. 이 견해에 의하면 면소사유에 대한 잘못이 있는 경우에는 실체판결을 할 수 있는가를 문제삼는 것이므로 판결의 법령위반에 해당한다고 이해하게 된다.

3) 제 3 설

판결의 법령위반이란 판결내용에 영향을 미치는 법령위반을 말하며, 소송절차의 법령위반이란 판결내용에 영향을 미치지 않는 소송절차의 법령위반을 의미한다는 견해로서 지배적인 학설의 입장이다.[15] 이 견해에 의하면 법령적용의 위반과 소송조건의 잘못은 판결내용에 영향을 미치는 법령위반이므로 판결의 법령위반에 해당하지만, 면소판결, 공소기각이나 관할위반의 판결을 하여야 할 경우에는 파기자판을 해야 한다.

---

15) 김재환, 1018면; 배종대/이상돈/정승환/이주원, §76/14; 신동운, 1716면; 임동규, 841면.

(2) 학설의 검토

제1설은 판결절차의 법령위반을 판결내용의 법령위반과 함께 판결의 법령위반에 포함시키는 것은 타당하지 않으며, 제2설은 공소기각이나 관할위반의 잘못과 면소의 잘못을 구별하여 후자의 경우에는 판결의 법령위반에 해당한다고 하는데 이들을 구별하여 적용하는 합리적인 이유를 찾을 수 없다. 따라서 판결내용에 영향을 미치는 법령위반을 판결의 법령위반으로 해석하는 제3설의 입장이 타당하다고 생각된다.

2. 사실오인과 비상상고

단순한 사실오인의 경우에는 비상상고를 할 수 없으나, 사실오인의 결과로 인하여 발생한 심판의 법령위반이 비상상고의 이유가 될 수 있는지 여부가 문제된다.

(1) 견해의 대립

사실오인의 결과 법령위반이 발생한 경우에 비상상고를 할 수 있는가에 관해서는 세 가지 견해의 대립이 있다.

1) 소 극 설

실체법적 사실이든 소송법적 사실이든 불문하고 사실오인으로 인한 법령위반이 발생한 경우에는 비상상고를 할 수 없다는 견해이다. 비상상고는 사실오인을 시정하여 피고인을 구제하기 위한 것이 아니라 법령의 해석과 적용에 통일성을 기하기 위한 제도이므로, 사실오인으로 인한 법령적용에 착오가 생긴 경우에는 비상상고를 통해 구제는 불필요하다는 것을 이유로 들고 있다.

2) 적 극 설

법령위반의 전제가 된 사실오인이 소송법적 사실이든 실체법적 사실이든 기록조사를 통해 용이하게 인정할 수 있는 사항이면 비상상고의 대상이 된다는 견해이다.[16) 비상상고의 기능은 법령의 해석·적용의 통일뿐만 아니라 확정판결에 대해서도 그 심판이 법령을 위반한 경우에는 그 판결이나 소송절차에 대한 위법을 선고하여 피고인을 구제하며 장래에 대하여도 경고한다는 점을 그 근거로 한다.

3) 절 충 설

소송법적 사실과 실체법적 사실을 구별하여, 소송법적 사실에 대한 오인으로 인한 법령위반이 있는 경우에는 비상상고의 이유가 되지만, 실체법적 사실의 오인으로

---

16) 송광섭, 881면; 이은모, 937면; 이재상/조균석, 832면; 정영석/이형국, 524면.

인한 때에는 비상상고를 할 수 없다는 견해이다.[17] 이 견해는 ① 소송법적인 사실인정은 판결이유에도 명시되지 않기 때문에 사실오인과 법령위반을 구별할 수 없으며, ② 소송법적 사실의 오인으로 인하여 법령위반을 명시하는 것은 장래의 소송에 대한 경고로서의 의미를 가지며, ③ 소송절차의 법령위반에 대하여는 사실조사를 허용하고 있는 취지(제444조 제2항)와 비교해볼 때 사실오인으로 인한 소송절차의 법령위반의 경우에도 비상상고의 이유가 된다고 해석해야 한다는 것이다.

(2) 판례의 태도

대법원 판례에 의하면, 법령위반이란 확정판결에서 인정한 사실을 변경하지 아니하고 이를 전제로 한 실체법의 적용에 관한 위법 또는 그 사건에 있어서의 절차법상의 위배가 있음을 뜻하는 것이고, 단순히 그 법령적용의 전제사실을 오인함에 따라 법령위반의 결과를 초래한 것과 같은 경우는 해당하지 않는다고 판시하였다.[18]

또한 대법원은 소년의 연령을 오인하여 정기형을 선고한 경우, 반대로 성년에게 부정기형을 선고한 경우에는 비상상고가 적법하다고 판시하였는데, 이는 소년의 연령이 실체법적 사실의 성질이 강하여 기록에 의해 명백히 인정될 수 있기 때문이다.[19]

이와 달리 대법원은 전과가 없음에도 누범 가중한 것을 이유로 한 비상상고,[20] 사망사실을 알지 못하여 유죄판결을 하였다는 이유로 한 비상상고[21]에 대하여는 법령위반이 아니라는 태도를 취하고 있다.

Ⅳ. 비상상고의 절차

1. 비상상고의 신청

(1) 신청권자와 관할법원

검찰총장은 판결이 확정된 후 그 사건의 심판이 법령에 위반한 것을 발견한 때에는 대법원에 비상상고를 할 수 있다(제441조). 따라서 비상상고의 신청권자는 검찰총

17) 김재환, 1020면; 배종대/이상돈/정승환/이주원, §76/24; 백형구, 889면; 손동권/신이철, 798면; 신동운, 1709면; 임동규, 842면; 정웅/백승민, 937면; 차용석/최용성, 866면.

18) 대법원 2005. 3. 11. 선고 2004오2 판결.

19) 대법원 1963. 4. 11. 선고 63오2 판결.

20) 대법원 1962. 9. 27. 선고 62오1 판결.

21) 대법원 2005. 3. 11. 선고 2004오2 판결.

장이며, 관할법원은 대법원이다.

(2) 신청의 방식과 시기

비상상고를 함에는 그 이유를 기재한 신청서를 대법원에 제출하여야 한다(제442조). 즉 상고의 경우와는 달리 신청서 자체에 반드시 그 이유를 기재하여야 한다. 신청기간에는 제한이 없으므로 확정판결 이후에는 언제든지 할 수 있다. 형의 시효가 완성되었거나 형이 소멸하였거나 판결을 받은 자가 사망한 경우에도 가능하다. 비상상고의 취하에 대하여는 규정이 없으나 필요한 경우에는 취하할 수 있으며, 비상상고의 판결이 이루어지기 전까지는 취하가 가능하다고 보아야 한다.[22]

2. 비상상고에 대한 심리

(1) 공 판

비상상고사건을 심리하기 위해서는 공판기일을 열어야 한다. 공판기일에 검사는 신청서에 의하여 진술하여야 한다(제433조). 따라서 공판기일에는 검사가 출석할 것을 요한다. 이에 반하여 피고인이나 변호인의 출석을 요하는가에 대하여는 긍정설과 부정설이 대립하고 있다. 그러나 비상상고에 대한 판결의 결과는 피고인이었던 자의 이해에 직접 영향을 미치므로 법률적 의견을 들을 필요가 있다는 점에 비추어 긍정하는 것이 타당하다고 할 것이다.

(2) 사실조사

대법원은 신청서에 포함된 이유에 한하여 조사하여야 한다(제444조 제1항). 즉 직권조사는 인정되지 않는다. 다만 법원의 관할, 공소의 수리와 소송절차에 관하여는 사실조사를 할 수 있다(동조 제2항). 이 경우에 필요하다고 인정한 때에는 수명법관 또는 수탁판사에게 이를 촉탁할 수 있다(동조 제3항, 제431조).

3. 비상상고의 판결

(1) 기각판결

비상상고가 이유 없다고 인정한 때에는 판결로써 이를 기각하여야 한다(제445조).

(2) 파기판결

비상상고가 이유 있다고 인정한 때에는 다음의 구별에 따라 판결을 하여야 한다

---

22) 신동운, 1710면.

(제446조).

1) 판결의 법령위반

원판결이 법령에 위반한 때에는 그 위반된 부분을 파기하여야 한다. 다만 원판결이 피고인에게 불이익한 때에는 원판결을 파기하고 피고사건에 대하여 다시 판결을 한다(동조 제1호). 여기서 '원판결이 피고인에게 불이익한 때'란 원판결의 잘못을 시정하여 다시 선고할 판결이 원판결보다 피고인에게 이익인 것이 명백한 경우로서, 이때에는 원판결의 법령위반을 이유로 파기자판(破棄自判)을 하게 된다. 여기에 해당하는 판례로는 ① 친고죄에 있어서 고소가 취소되었음에도 불구하고 유죄판결을 한 경우,[23] ② 원판결이 불이익변경금지의 원칙에 위반하여 형을 선고한 경우,[24] ③ 항소심에서 항소기각결정을 하면서 형법 제57조에 의하여 미결구금일수의 전부 또는 일부를 본형에 산입하지 아니한 원판결을 파기하는 경우,[25] ④ 공소시효가 완성된 사실을 간과한 채 약식명령을 발령한 경우,[26] ⑤ 처벌을 희망하지 아니하는 피해자의 의사표시가 있었음에도 불구하고 유죄판결을 한 경우,[27] ⑥ 성폭력범죄를 범한 피고인에게 형의 집행을 유예하면서 보호관찰을 받을 것을 명하지 않은 채 위치추적 전자장치 부착을 명한 경우[28] 등을 들 수 있다.

이와 달리 원판결이 적법한 증거조사를 거치지 않고 증거능력이 없는 증거를 유죄의 증거로 삼은 위법한 경우라 하더라도 다른 증거에 의해 범죄사실을 인정할 수 있는 경우에는 위법한 증거부분만을 파기하여야 한다.

대법원이 비상상고가 이유 있다고 인정하고 원판결을 파기하는 것이 피고인에게 이익인 것이 명백하여 파기자판하는 경우에는 유죄뿐만 아니라 무죄, 면소의 판결, 공소기각의 판결을 할 수 있다. 그러나 다른 법원으로의 파기환송이나 파기이송은 할 수 없다.

파기자판을 할 경우에 기준으로 삼아야 할 법령에 관해서는, 원판결파기로 인하여 사건이 미확정상태로 되돌아가게 되므로 자판시를 기준으로 삼아야 한다는 **자판시**

23) 대법원 1947. 7. 29. 선고 4280비상2 판결.
24) 대법원 1957. 10. 4. 선고 4290비상1 판결.
25) 대법원 1998. 1. 27. 선고 98오2 판결.
26) 대법원 2006. 10. 13. 선고 2006오2 판결.
27) 대법원 2010. 1. 28. 선고 2009오1 판결.
28) 대법원 2011. 2. 24. 선고 2010오1, 2010전오1 판결.

설(自判時說)도 있다. 그러나 ① 비상상고의 목적이 법령의 해석과 적용의 통일을 기하는 데 있고, ② 원판결파기로 인해 판결이 미확정상태로 되돌아간다고 할 수 없으며, ③ 자판시에 이익되는 사정을 특별히 피고인에게 적용할 이유가 없다는 점을 고려해보면 **원판결시설**(原判決時說)[29]이 타당하다고 생각된다.

2) 소송절차의 법령위반

원판결의 소송절차가 법령에 위반한 때에는 그 위반된 절차를 파기한다(동조 제2호). 이 경우에는 원판결을 파기하지는 않는다.

(3) 비상상고의 판결의 효력

비상상고의 판결은 원판결을 파기하고 피고사건에 대하여 다시 판결을 하는 경우, 즉 파기자판을 하는 경우를 제외하고는 그 효력이 피고인에게 미치지 아니한다(제447조). 따라서 판결의 위법부분만 파기하고 자판하지 않은 경우나 소송절차만 파기한 경우에는 판결의 주문은 그대로 효력을 지니게 된다. 소송절차의 법령위반을 이유로 한 경우에도 그 절차만 파기되지 소송절차가 부활되어 소송계속상태로 다시 되돌아가는 것은 아니다. 그러므로 비상상고의 판결은 원칙적으로 **이론적 효력** 내지 **논리적 효력**이 있을 뿐이라고 할 수 있다.[30]

---

29) 김재환, 1023면; 배종대/이상돈/정승환/이주원, §77/14; 백형구, 891면; 신동운, 1713면; 이영란, 967면; 이재상/조균석, 835면; 임동규, 845면; 차용석/최용성, 871면.

30) 배종대/이상돈/정승환/이주원, §77/15; 백형구, 893면; 신동운, 1713면; 이은모, 941면; 이재상/조균석, 836면; 차용석/최용성, 871면.

제 3 장 재판의 집행과 형사보상

제 1 절 재판의 집행

Ⅰ. 재판집행의 일반원칙

1. 의 의

재판의 집행이란 재판에 의해 표시된 법원의 의사표시의 내용을 국가권력에 의하여 강제적으로 실현하는 것을 말한다. 형사재판의 내용으로는 형의 집행, 가액추징·보증금의 몰수·소송비용·비용배상 등과 같은 형 이외의 제재의 집행, 강제처분을 위한 영장집행도 재판의 집행에 속한다. 그러나 재판의 집행에 있어서 무엇보다도 중요한 것은 유죄판결에 대한 형의 집행이다. 이와 달리 법원이 무죄판결한 경우에는 이러한 의사표시만으로 충분하며 재판의 집행이라는 문제는 발생할 여지는 없다. 그러나 구속되어 있는 피고인이 무죄판결을 받은 경우에는 즉시 석방하여야 하고 재판에 소요된 비용은 「형사소송비용 등에 관한 법률」에 의해 피고인이었던 자의 청구에 의한 보상과 「형사보상 및 명예회복에 관한 법률」(약칭: 형사보상법)에 의해 미결구금되었던 피고인은 그 구금에 대한 보상을 청구할 수 있다.

2. 재판집행의 기본원칙

(1) 재판집행의 시기

재판의 집행은 **재판 확정 후에 즉시 집행**하는 것이 원칙이다(제459조). 그러나 이러한 원칙에는 다음과 같은 예외가 있다.

1) 재판확정 전의 재판집행

재판이 확정되기 전에 집행할 수 있는 경우는 다음과 같다. 즉 ① 결정과 명령에 대하여는 즉시항고 또는 이에 준하는 불복신청이 허용되는 경우를 제외하고는 즉시 집행할 수 있으며(제409조, 제416조, 제419조), ② 벌금·과료 또는 추징의 선고를 하는 경우에 가납의 재판이 있는 때에는 확정을 기다리지 않고 즉시 집행할 수 있다(제334조).

2) 확정 후 일정기간 경과 후의 집행

재판이 확정된 때에도 즉시 형의 집행을 할 수 없는 경우가 있다. 즉 ① 소송비용부담의 재판은 소송비용의 집행면제의 신청기간 내이거나 또는 그 신청이 있는 때에는 그 신청에 대한 재판이 확정될 때까지 집행이 정지되며(제472조), ② 노역장유치의 집행은 벌금 또는 과료의 재판이 확정된 후 30일 이내에는 집행할 수 없고(형법 제69조 제1항), ③ 사형의 집행은 판결이 확정된 날로부터 6월 이내에 하여야 하지만, 법무부장관의 명령이 없으면 할 수 없으며(제463조), ④ 보석집행을 위해서는 제98조 제1호·제2호·제5호ㅍ제7호 및 제8호의 조건은 이를 이행한 후가 아니면 보석허가결정을 집행하지 못하며, 법원은 필요하다고 인정하는 때에는 다른 조건에 관하여도 그 이행 이후 보석허가결정을 집행하도록 정할 수 있다(제100조).

(2) 재판집행의 지휘

재판의 집행은 그 재판을 한 법원에 대응한 검찰청 검사가 지휘하도록 하여(제460조 제1항), 대륙법주의에 따라 우리 형사소송법은 원칙적으로 검사가 재판을 집행하도록 규정하고 있다. 상소의 재판 또는 상소의 취하로 인하여 하급법원의 재판을 집행할 경우에는 상소법원에 대응한 검찰청 검사가 지휘하며, 다만 소송기록이 하급법원 또는 그 법원에 대응한 검찰청에 있는 때에는 그 검찰청 검사가 지휘한다(동조 제2항). 소송기록이 어디에 있느냐에 따른 편의성을 고려한 규정이라 할 수 있다.

이와 달리 예외적으로 법률에 명문의 규정이 있거나 재판의 성질상 법원 또는 법관이 지휘할 경우도 있다. 법률에 특별한 규정이 있는 경우로는, 급속을 요하여 재판장·수명법관 또는 수탁판사가 구속영장의 집행을 지휘하는 경우(제81조 제1항 단서), 법원의 필요에 의해 법원사무관 등에게 압수·수색영장의 집행을 명하는 경우가 있으며(제115조 제1항 단서), 재판의 성질상 법원 또는 법관이 지휘해야 하는 경우로는 법원이 보관하고 있는 압수장물의 환부(제333조), 법정경찰권에 의한 퇴정(법조법 제58조 제2항) 등이 있다.

(3) 집행지휘의 방식

재판의 집행지휘는 재판서 또는 재판을 기재한 조서의 등본 또는 초본을 첨부한 서면으로 하여야 한다. 다만 형의 집행을 지휘하는 경우 외에는 재판서의 원본·등본이나 초본 또는 조서의 등본이나 초본에 인정하는 날인으로 할 수 있다(제461조). 이는 재판의 집행지휘를 신중하게 하기 위하여 서면에 의하도록 규정하고 있다. 다만 천재지변 등에 의하여 재판서원본이 멸실된 경우에는 형의 종류와 범위를 명확하게 할 수 있는 다른 증명자료를 첨부하여 형의 집행을 지휘할 수 있다.[1)]

(4) 형집행을 위한 소환 및 형집행장발부

사형·징역·금고 또는 구류의 선고를 받은 자가 구금되지 아니한 때에는 검사는 형을 집행하기 위하여 이를 소환하여야 한다. 소환에 응하기 아니한 때에는 검사는 형집행장을 발부하여 구인하여야 한다. 형의 선고를 받은 자가 도망하거나 도망할 염려가 있는 때 또는 현재지를 알 수 없는 때에는 소환함이 없이 형집행장을 발부하여야 한다(제473조).

형집행장에는 형의 선고를 받은 자의 성명·주소·연령·형명·형기 기타 필요한 사항을 기재하여야 하며, 형집행장은 구속영장과 동일한 효력이 있다(제474조). 형집행장의 집행에는 피고인의 구속에 관한 구속영장의 제시나 구속영장의 집행에 관한 규정이 준용된다.

Ⅱ. 형의 집행

1. 형집행의 순서

재판의 집행에 있어서는 형의 집행이 가장 중요하다. 형의 종류에 따라 사형의 집행, 자유형의 집행, 자격형(명예형)의 집행, 재산형의 집행으로 나눌 수 있으며, 부가형으로써 몰수나 소송비용과 비용배상의 집행은 재산형의 집행과 동일하게 다루어진다.

2개 이상의 형의 집행은 자격상실·자격정지·벌금·과료와 몰수 외에는 그 중한 형을 먼저 집행한다. 형의 경중은 형법 제50조에 의한다. 다만 검사는 소속장관의 허가를 얻어 중한 형의 집행을 정지하고 다른 형의 집행을 할 수 있다(제462조). 따라서

---

1) 대법원 1961. 1. 17. 자 4293형상20 결정.

형의 집행은 자유형과 벌금형을 동시에 집행할 수도 있지만, 자유형과 노역장유치가 병존하는 경우에는 검사는 자유형의 집행을 정지하고 후자를 먼저 집행할 수도 있다.

2. 사형의 집행

(1) 사형집행의 절차

사형은 법무부장관의 명령에 의하여 집행된다. 일반적인 형의 집행은 검사가 지휘를 하는데 반하여 사형의 집행에 있어서는 법무부장관의 명령에 의해 집행하도록 한 것은 생명형(극형)인 사형집행에 신중을 기하고 재심·비상상고나 사면의 기회를 주기 위함에 있다. 사형을 선고한 판결이 확정한 때에는 검사는 지체 없이 소송기록을 법무부장관에게 제출하여야 한다(제464조). 사형집행의 명령은 판결이 확정된 날로부터 6월 이내에 하여야 하며, 상소권회복의 청구, 재심의 청구 또는 비상상고의 신청이 있는 때에는 그 절차가 종료할 때까지의 기간은 이 기간에 산입하지 아니한다(제465조). 사형확정자는 교도소 또는 구치소에 수용하며(형집행법 제11조 제1항 제4호), 법무부장관이 사형의 집행을 명한 때에는 5일 이내에 집행하여야 한다(제466조).

(2) 사형집행의 방법·장소·참여자 및 사형집행조서의 작성

사형은 교도소 또는 구치소 내에서 교수하여 집행한다(형법 제66조). 사형의 집행에는 검사와 검찰청서기관과 교도소장 또는 구치소장이나 그 대리자가 참여하여야 한다. 검사 또는 교도소장 또는 구치소장의 허가가 없으면 누구든지 형의 집행장소에 들어가지 못한다(제467조). 사형의 집행에 참여한 검찰청서기관은 집행조서를 작성하고 검사와 교도소장 또는 구치소장이나 그 대리자와 함께 기명날인 또는 서명하여야 한다(제468조).

(3) 사형의 집행정지

사형의 선고를 받은 자가 심신의 장애로 의사능력이 없는 상태에 있거나 잉태 중에 있는 여자인 때에는 법무부장관의 명령으로 집행을 정지한다. 이 경우에 사형집행정지중인 자는 교도소 또는 구치소에 수용하여야 한다. 이러한 사정으로 사형의 집행을 정지한 경우에는 심신장애의 회복 또는 출산 후 법무부장관의 명령에 의하여 형을 집행한다(제469조).

3. 자유형의 집행

(1) 집행의 방법

자유형인 징역·금고 또는 구류의 집행은 검사가 **형집행지휘서**에 의하여 지휘하는데, 자유형은 교도소에 구치하여 집행한다(형법 제67조). 검사는 자유형을 선고받은 자가 구금되지 아니한 때에는 자유형의 집행을 위해 형집행장을 발부할 수 있다.

(2) 미결구금일수의 산입

미결구금일수란 구금된 날로부터 판결확정 전일까지 실제로 구금된 일수를 말한다. 미결구금일수는 전부 본형에 산입된다(형법 제57조 제1항). 종래에는 미결구금일수 중 법원의 재량에 의해 일부를 본형에 산입하도록 하는 재정통산(裁定通算)규정도 있었으나, 헌법재판소의 위헌결정[2] 내지 헌법불합치결정[3]으로 미결구금일수의 전부를 본형에 산입하도록 법률로 규정한, 이른바 법정통산(法定通算)식으로 개정하였다. 즉 ① 판결선고 후 판결확정 전 구금일수(판결선고 당일의 구금일수를 포함한다)는 전부 본형에 산입하고, ② 상소기각 결정시에 송달기간이나 즉시항고기간 중의 미결구금일수는 전부를 본형에 산입하며, ③ 이러한 경우에 구금일수의 1일을 형기의 1일 또는 벌금이나 과료에 관한 유치기간의 1일로 계산한다. 미결구금일수의 법정통산은 검사나 피고인 모두가 상소한 경우에도 마찬가지이다.

(3) 자유형의 집행정지

자유형의 집행정지에는 검사가 ① 일정한 사유가 발생한 경우에 반드시 자유형의 집행을 정지해야 하는 필요적 형집행정지와 ② 검사의 재량에 의하여 자유형의 집행을 정지할 수 있는 임의적 형집행정지가 있다.

1) 필요적 자유형집행정지

징역·금고 또는 구류의 선고를 받은 자가 심신의 장애로 의사능력 없는 상태에 있는 때에는 형을 선고한 법원에 대응한 검찰청 검사 또는 형의 선고를 받은 자의 현재지를 관할하는 검찰청 검사의 지휘에 의하여 심신장애가 회복될 때까지 형의 집행을 정지한다. 이에 의하여 형의 집행을 정지한 경우에는 검사는 형의 선고를 받은 자를 감호의무자 또는 지방공공단체에 인도하여 병원 기타 적당한 장소에 수용하게 할

---

2) 헌법재판소 2009. 6. 25. 선고 2007헌바25 결정.

3) 헌법재판소 2009. 12. 19. 선고 2008헌가13 결정.

수 있다. 형의 집행이 정지된 자는 이러한 처분이 있을 때까지 교도소 또는 구치소에 구치하고 그 기간을 형기에 산입한다(제470조).

2) 임의적 자유형형집행정지

징역·금고 또는 구류의 선고를 받은 자가 ① 형의 집행으로 인하여 현저히 건강을 해하거나 생명을 보전할 수 없을 염려가 있을 때, ② 연령 70세 이상인 때, ③ 잉태 후 6월 이상인 때, ④ 출산 후 60일을 경과하지 아니한 때, ⑤ 직계존속이 연령 70세 이상 또는 중병이나 장애인으로 보호할 다른 친족이 없는 때, ⑥ 직계비속이 유년으로 보호할 다른 친족이 없는 때, ⑦ 기타 중대한 사유가 있는 때의 어느 하나에 해당하는 사유가 있는 때에는 형을 선고한 법원에 대응한 검찰청검사 또는 형의 선고를 받은 자의 현재지를 관할하는 검찰청검사의 지휘에 의하여 형의 집행을 정지할 수 있다.

그러나 검사가 형의 집행을 정지하기 위해서는 소속 고등검찰청검사장 또는 지방검찰청검사장의 허가를 얻어야 한다(제471조).

검사의 임의적 형집행정지 및 그 연장에 관한 사항을 심의하기 위하여 각 지방검찰청에 **형집행정지 심의위원회**를 두고, 심의위원회는 위원장 1명을 포함한 10명 이내의 위원으로 구성하고, 위원은 학계·법조계·의료계·시민단체 인사 등 학식과 경험이 있는 사람 중에서 각 지방검찰청 검사장이 임명 또는 위촉한다(제471조의2).

4. 자격형의 집행

자격형의 집행이란 자격상실 또는 자격정지의 선고를 받은 자에 대하여는 이를 수형자원부에 기재하고 지체 없이 그 등본을 형의 선고를 받은 자의 등록기준지와 주거지의 시·구·읍·면장에게 송부하여야 한다(제476조).

5. 재산형의 집행

(1) 검사의 집행명령과 그 효력

벌금·과료·몰수·추징·과태료·소송비용·비용배상 또는 가납의 재판은 검사의 명령에 의하여 집행한다. 이 명령은 집행력 있는 채무명의와 동일한 효력이 있다. 이 재판의 집행에는 민사집행법의 집행에 관한 규정을 준용한다. 다만, 집행 전에 재판의 송달을 요하지 아니한다. 또한 재산형 등의 집행은 민사집행법의 집행에 관한 규정을 준용한다는 규정에도 불구하고 국세징수법에 따른 국세체납처분의 예에 따라 집행할 수 있고, 검사는 재산형 등의 집행을 위하여 필요한 조사를 할 수 있으며, 이 경우에는 공무소 기타 공사단체에 조회하여 필요한 사항의 보고를 요구할 수 있다.

벌금·과료·추징·과태료·소송비용 또는 비용배상의 분할납부·납부연기 및 납부대행기관을 통한 납부 등 납부방법에 필요한 사항은 법무부령으로 정한다(제477조). 재산형 등의 집행비용은 집행을 받은 자의 부담으로 하고 민사집행법의 규정에 준하여 집행과 동시에 징수하여야 한다(제493조).

(2) 집행의 방법

1) 집행의 대상

재산형은 형의 선고를 받은 본인인 수형자의 재산에 대해서만 집행할 수 있는 것이 원칙이지만, 이에 대하여는 몇 가지 특칙이 있다.

① 상속재산에 대한 집행 몰수 또는 조세·전매 기타 공과에 관한 법령에 의하여 재판한 벌금 또는 추징은 그 재판을 받은 자가 재판확정 후 사망한 경우에는 그 상속재산에 대하여 집행할 수 있다(제478조). 재판확정 후에 수형자가 사망했을 것을 요하므로 재판확정 전에 수형자 본인이 사망한 경우에는 상속재산에 대하여는 집행할 수 없다. 또한 조세·전매 기타 공과에 관한 법령에 의하여 재판한 벌금 또는 추징에 한하여 상속재산에 대하여 집행할 수 있다.

② 합병 후 법인에 대한 집행 법인에 대하여 벌금·과료·몰수·추징·소송비용 또는 비용배상을 명한 경우에 법인이 그 재판확정 후 합병에 의하여 소멸한 때에는 합병 후 존속한 법인 또는 합병에 의하여 설립된 법인에 대하여 집행할 수 있다.

2) 가납재판의 집행조정

제1심 가납의 재판을 집행한 후에 제2심 가납의 재판이 있는 때에는 제1심 재판의 집행은 제2심 가납금액의 한도에서 제2심 재판의 집행으로 간주한다(제480조). 가납의 재판을 집행한 후 벌금·과료 또는 추징의 재판이 확정한 때에는 그 금액의 한도에서 형의 집행이 된 것으로 간주한다(제481조). 가납금액이 확정재판의 금액을 초과한 경우에는 초과분을 환부해야 하고, 상소심에서 무죄 또는 자유형판결이 확정된 경우에는 가납금액의 전부를 환부해야 한다.

3) 노역장 유치의 집행

벌금 또는 과료를 완납하지 못한 자에 대한 노역장유치의 집행에는 형의 집행에 관한 규정을 준용한다(제492조). 여기서 준용되는 규정은 자유형의 집행과 형의 집행에 관한 일반원칙에 관한 규정이다.

(3) 몰수와 압수물의 처분

1) 몰수물의 처분

몰수물은 검사가 처분하여야 한다(제483조). 몰수를 집행한 후 3월 이내에 그 몰수물에 대하여 정당한 권리 있는 자가 몰수물의 교부를 청구한 때에는 검사는 파괴 또는 폐기할 것이 아니면 이를 교부하여야 한다. 몰수물을 처분한 후 교부의 청구가 있는 경우에는 검사는 공매에 의하여 취득한 대가를 교부하여야 한다(제484조).

2) 압수물의 처분

가. 위조·변조의 표시 위조 또는 변조한 물건을 환부하는 경우에는 그 물건의 전부 또는 일부에 위조나 변조한 것을 표시하여야 한다. 위조 또는 변조한 물건이 압수되지 아니한 경우에는 그 물건을 제출하게 하여 표시하여야 한다. 다만 그 물건이 공무소에 속한 것인 때에는 위조나 변조의 사유를 공무소에 통지하여 적당한 처분을 하게 하여야 한다.

나. 환부불능과 공고 압수물의 환부를 받을 자의 소재가 불명하거나 기타 사유로 인하여 환부를 할 수 없는 경우에는 검사는 그 사유를 관보에 공고하여야 한다. 공고한 후 3월 이내에 환부의 청구가 없는 때에는 그 물건은 국고에 귀속한다. 이 기간 내에도 가치 없는 물건은 폐기할 수 있고 보관하기 어려운 물건은 공매하여 그 대가를 보관할 수 있다(제486조).

Ⅲ. 재판해석에 대한 의의신청과 재판집행에 대한 이의신청

1. 재판해석에 대한 의의신청

형의 선고를 받은 자는 집행에 관하여 재판의 해석에 관한 의의(疑義)가 있는 때에는 재판을 선고한 법원에 의의신청(疑義申請)을 할 수 있다(제488조). 이와 같이 의의신청은 판결주문의 취지가 불명확하여 주문의 해석에 의문이 있는 경우에 한하며, 판결이유의 모순이나 불명확한 점이나 부당함을 주장하는 내용의 의의신청은 허용되지 않는다.[4)]

4) 대법원 1987. 8. 20. 자 87초42 결정.

이와 같이 형의 선고를 받은 자가 그 집행에 관하여 재판의 해석에 관하여 의의신청이 있는 경우에 법원은 결정을 하여야 하고, 법원의 결정에 대하여는 즉시항고를 할 수 있다(제491조). 또한 의의신청은 법원의 결정이 있을 때까지 취하할 수 있으며, 의의신청의 관할법원은 재판을 선고한 법원이므로 상소기각의 경우에는 원심법원이 관할법원이 된다.

교도소에 있는 자의 신청 또는 취하에는 제344조의 특칙이 적용된다.

2. 재판집행에 대한 이의신청

재판의 집행을 받은 자 또는 그 법정대리인이나 배우자는 집행에 관한 검사의 처분이 부당함을 이유로 재판을 선고한 **법원에 이의신청**(異議申請)을 할 수 있다(제489조). 재판집행에 대한 이의신청은 재판이 확정될 것을 요하지는 않지만 집행이 종료된 후에는 실익이 없으므로 이의신청은 허용되지 않는다. 여기서 관할법원은 형을 선고한 법원을 말하며, 상소를 기각한 법원은 해당하지 않는다.[5]

검사의 재판집행에 대한 처분이 부당하다는 것을 이유로 하는 이의신청은 재판을 선고한 법원의 결정이 있을 때까지 취하할 수 있으며, 법원의 이의신청에 대한 결정에 대하여는 즉시항고를 할 수 있다(제491조). 교도소에 있는 자의 신청 또는 취하에는 제344조의 특칙이 적용된다.

제 2 절 형사보상

Ⅰ. 형사보상의 의의와 성질

1. 형사보상의 의의

형사보상이란 국가형사사법의 잘못으로 인하여 범죄자로 구속되었거나 형의 집행을 받은 자에 대하여 국가가 그 손해를 보상하여 주는 제도를 말한다. 헌법 제28조에 "형사피의자 또는 형사피고인으로서 구금되었던 자가 법률이 정하는 불기소처분을 받거나 무죄판결을 받은 때에는 법률이 정하는 바에 의하여 국가에 상당한 보상을

5) 대법원 1996. 3. 28. 자 96초76 결정.

청구할 수 있다"고 규정하여, 형사보상청구권을 국민의 기본권으로 명문화하여 보장하고 있다. 헌법에는 형사피의자 또는 형사피고인으로 구금되었던 자의 형사보상만을 규정하고 있으나, 사형 또는 재산형의 집행을 받은 자도 당연히 형사보상의 대상자에 포함된다고 하겠다. 헌법에서 보장하고 있는 형사보상청구권을 구체적으로 실현하기 위하여 제정된 법률이 「형사보상 및 명예회복에 관한 법률」이고, 이 법률에는 형사보상의 요건과 절차 및 그 내용이 구체적으로 규정되어 있는데, 군사법원에서 무죄재판을 받아 확정된 자, 군사법원에서 형사보상 및 명예회복에 관한 법률 제26조 제1항 각 호에 해당하는 재판을 받은 자, 군검찰부 군검사로부터 공소를 제기하지 아니하는 처분을 받은 자에 대하여도 준용된다(형사보상법 제29조 제2항).

2. 형사보상의 성질

(1) 형사보상의 본질

형사보상의 본질에 관해서는 **법률의무설**과 **공평설**이 대립하고 있다. 법률의무설은 국가의 구속 또는 형집행처분이 위법하기 때문에 이러한 위법한 처분에 대한 법률적인 의무로서 국가가 보상해야 한다는 견해[6]이며, 공평설은 형사보상을 공평의 견지에서 국가가 행하는 조절보상으로 이해하는 견해[7]이다.

생각건대 형사보상은 공무원의 고의·과실 유무를 따지 않고 위법한 공권력 행사로 인해 발생한 손해를 국가가 배상하는 일종의 무과실 손해배상이라 할 수 있다, 그러므로 형사보상은 공법상의 손해배상의 성질을 지니므로 그 본질은 국가의 위법한 처분에 대한 법률상의 의무라고 이해하는 견해가 타당하다고 생각된다.

(2) 형사보상과 손해배상과의 관계

형사보상은 국가가 공권력의 행사로 인하여 발생한 손해에 대하여 공무원의 고의 또는 과실을 묻지 않고 미리 산정된 액을 배상하여 주는 **공법성의 손해배상**이다. 따라서 국가형사사법의 피해자인 형사보상청구권자는 형사보상법에 따른 형사보상을 청구하든지 민법이나 국가배상법에 따라 손해배상을 청구하든지 이는 선택적이라 할 수 있다(동법 제6조 참조).

그리고 형사보상법에 따른 보상을 받을 자가 같은 원인에 대하여 다른 법률에 따

---

6) 송광섭, 942면; 이재상/조균석, 847면; 정영석/이형국, 549면; 차용석/최용성, 883면.

7) 배종대/이상돈/정승환/이주원, §84/5; 신동운, 1847면; 이영란, 1006면.

라 손해배상을 받은 경우에 그 손해배상의 액수가 같거나 그보다 많을 때에는 보상하지 아니한다. 그 손해배상의 액수가 형사보상금의 액수보다 적을 때에는 그 손해배상 금액을 빼고 보상금의 액수를 정해야 한다. 또한 다른 법률에 따라 손해배상을 받을 자가 같은 원인에 대하여 형사보상을 받았을 때에는 그 보상금의 액수를 빼고 손해배상의 액수를 정해야 한다(동법 제6조).

Ⅱ. 형사보상의 요건

형사보상은 무죄판결을 받거나 기소유예처분 이외의 불기소처분을 받은 자가 구금 또는 형의 집행을 받았을 것을 요건으로 한다(형사보상법 제2조, 제27조).

1. 무죄판결 또는 불기소처분을 받았을 것

형사보상을 청구하기 위해서는 무죄재판을 받아 확정되었거나 기소유예처분 이외의 불기소처분을 받았을 것을 요한다. 여기서 무죄의 재판이란 무죄의 재판이 확정된 경우를 말한다.

즉 ① 형사소송법에 따른 일반절차 또는 재심이나 비상상고절차에서 무죄재판을 받아 확정된 사건의 피고인이 미결구금을 당하였을 때에는 구금에 대한 보상을 청구할 수 있고, ② 상소권회복에 의한 상소, 재심 또는 비상상고의 절차에서 무죄재판을 받아 확정된 사건의 피고인이 원판결에 의하여 구금되거나 형집행을 받았을 때에는 구금 또는 형의 집행에 대하여 보상을 청구할 수 있다(동법 제2조).

여기서 무죄의 선고란 판결 주문에 무죄가 선고된 경우뿐만 아니라 판결 이유에서 무죄로 판단된 경우에도 미결구금 가운데 무죄로 판단된 부분의 수사와 심리에 필요하였다고 인정된 부분에 관하여는 보상을 청구할 수 있다.[8)]

면소 또는 공소기각의 재판을 받았을 때에도 면소 또는 공소기각의 재판을 할 만한 사유가 없었다면 무죄의 재판을 받을 만한 현저한 사유가 있었을 때에는 구금에 대한 형사보상을 청구할 수 있다(동법 제26조 제1항 제1호).[9)] 또한 치료감호법 제7조에

8) 대법원 2016. 3. 11. 자 2014모2521 결정.

9) 대법원 2013. 4. 18. 자 2011초기689 전원합의체 결정(이 사건 결정에서 긴급조치 제9호의 위헌·무효를 선언함으로써 비로소 면소의 재판을 할 만한 사유가 없었더라면 무죄재판을 받을 만한 현저한 사유가 피고인에게 생겼다고 할 것이다. 따라서 피고인의 재산상속인은 … 국가를 상대

따라 치료감호의 독립청구를 받은 피치료감호청구인의 치료감호사건이 범죄로 되지 아니하거나 범죄사실의 증명이 없는 때에 해당되어 청구기각의 판결을 받아 확정된 경우에도 구금에 대한 보상을 청구할 수 있다.

기소유예처분 이외의 불기소처분을 받은 자란 피의자로서 구금되었던 자 중 검사로부터 공소를 제기하지 아니하는 처분을 받은 자로서 사실상 죄를 범하지 아니하였다고 인정할 명백한 이유가 있거나 구금된 때부터 공소를 제기하지 아니하는 처분을 할 사유가 존재한 경우를 말한다.

이와 달리 구금된 이후 공소를 제기하지 아니하는 처분을 할 사유가 있는 경우와 공소를 제기하지 아니하는 처분이 종국적인 처분이거나 검사의 기소편의주의에 따른 불기소처분일 때에는 피의자는 형사보상을 청구할 수 없다(동법 제27조 제1항).

2. 구금 또는 형의 집행을 받았을 것

형사보상은 구금과 형의 집행에 대한 것이다. 확정판결에 의해 형의 집행이 개시되기 때문에 형의 집행이 문제되는 경우는 상소권회복에 의한 상소·재심 또는 비상상고절차에서 무죄판결을 받은 경우이다. 자유형의 집행정지자에 대한 교도소 또는 구치소에의 구치(제470조 제3항), 형집행장에 의한 구속(제473조)도 구금 또는 형의 집행으로 본다(동법 제2조 제3항).

3. 보상하지 않을 수 있는 경우

무죄판결을 받은 경우에도 보상청구자가 객관적으로 위법한 행위를 한 경우나 유죄판결을 자초한 경우 또는 종국적으로 유죄의 재판을 받을 경우에는 형사보상이 성립될 수 없다.

즉 보상청구자가 ① 형사미성년자이거나 심신상실자와 같이 책임능력의 결여로 무죄판결을 받은 경우, ② 본인이 수사 또는 심판을 그르칠 목적으로 거짓 자백을 하거나 다른 유죄의 증거를 만듦으로써 기소·미결구금 또는 유죄재판을 받게 된 것으로 인정된 경우, ③ 1개의 재판으로 경합범의 일부에 대하여 무죄재판을 받고 다른 부분에 대하여 유죄재판을 받았을 경우의 어느 하나에 해당하는 경우에는 법원은 재량으로 보상청구의 일부 또는 전부를 기각할 수 있다(제4조). 특히 형사보상청구권을

로 긴급조치 제9호 위반으로 인하여 피고인이 구금을 당한 데 대한 보상을 청구할 수 있다).

제한하는 ②의 사유에 대하여는 이를 신중하게 인정해야 하고, 이를 주장하는 측에서 그 사실을 입증해야 할 것이다.[10]

피의자보상에 있어서도 ① 본인이 수사 또는 재판을 그르칠 목적으로 거짓 자백을 하거나 다른 유죄의 증거를 만듦으로써 구금된 것으로 인정되는 경우, ② 구금기간 중에 다른 사실에 대하여 수사가 이루어지고 그 사실에 관하여 범죄가 성립한 경우, ③ 보상을 하는 것이 선량한 풍속이나 그 밖에 사회질서에 위배된다고 인정할 특별한 사정이 있는 경우의 어느 하나에 해당하는 경우에는 피의자보상의 전부 또는 일부를 지급하지 아니할 수 있다(제27조 제2항).

Ⅲ. 형사보상의 내용

1. 구금에 대한 보상

구금에 대한 보상을 할 때에는 그 구금일수에 따라 1일당 보상청구의 원인이 발생한 연도의 최저임금법에 따른 일급 최저임금액 이상 대통령령으로 정하는 금액 이하의 비율에 의한 보상금을 지급한다(제5조 제1항). 구금에는 미결구금과 형의 집행에 의한 구금을 포함한다. 노역장유치의 집행을 하였을 때에도 이에 준한다.

법원이 보상액을 산정할 때에는 구금의 종류와 기간의 장단, 구금기간 중에 받은 재산상의 손실과 얻을 수 있었던 이익의 상실 또는 정신상의 고통과 신체 손상, 경찰·검찰·법원의 각 기관의 고의 또는 과실 유무 그 밖에 보상금 산정과 관련되는 모든 사정을 고려하여야 한다(제5조 제2항).

2. 형의 집행에 대한 보상

(1) 사형집행에 대한 보상

사형집행에 대한 보상을 할 때에는 집행 전 구금에 대한 보상금 외에 3천만 원 이내에서 모든 사정을 고려하여 법원이 타당하다고 인정하는 금액을 더하여 보상한다. 이 경우 본인의 사망에 의하여 생긴 재산상의 손실액이 증명되었을 때에는 그 손실액도 보상한다(제5조 제3항).

---

10) 대법원 2008. 10. 28. 자 2008모577 결정.

(2) 벌금·과료의 집행에 대한 보상

벌금 또는 과료의 집행에 대한 보상을 할 때에는 이미 징수한 벌금 또는 과료의 금액에 징수일의 다음날부터 보상결정일까지의 일수에 대하여 민법 제379조의 법정이율을 적용하여 계산한 금액을 더한 금액을 보상한다(동조 제4항).

(3) 몰수·추징에 대한 보상

몰수 집행에 대한 보상을 할 때에는 그 몰수물을 반환하고, 그것이 이미 처분되었을 때에는 보상결정시의 시가를 보상하며, 추징금에 대한 보상을 할 때에는 그 액수에 징수한 다음날부터 보상결정일까지의 일수에 대하여 민법 제379조의 법정이율을 적용하여 계산한 금액을 더한 금액을 보상한다(동조 제6항·제7항). 다만 면소 또는 공소기각의 재판을 받은 자는 구금에 대한 보상을 청구할 수 있으나, 몰수 또는 추징에 대한 보상을 청구할 수 없다.[11)]

Ⅳ. 형사보상의 절차

1. 보상의 청구

(1) 청구권자

형사보상의 청구권자는 무죄·면소 또는 공소기각의 재판을 받은 피고인 또는 기소유예 이외의 불기소처분을 받은 피의자이다. 형사보상청구권은 양도·압류할 수는 없지만(제23조), 상속의 대상은 된다. 따라서 청구권자 본인이 보상청구를 하지 아니하고 사망하였을 때에는 그 상속인이 이를 청구할 수 있다. 또한 사망한 자에 대하여 재심 또는 비상상고의 절차에서 무죄재판이 있었을 때에는 보상의 청구에 관하여는 사망한 때에 무죄재판이 있었던 것으로 본다(제3조). 따라서 본인의 사망 시에 보상청구권이 발생하게 됨으로써 상속인에게 상속된다.

(2) 청구의 절차

1) 청구의 시기와 관할법원

보상의 청구는 무죄·면소 또는 공소기각의 재판이 확정된 사실을 안 날부터 3년, 확정된 때부터 5년 이내에, 검사로부터 공소를 제기하지 아니하는 처분의 고지 또는 통지를 받은 날로부터 3년 이내에, 무죄재판을 한 법원에 하여야 한다(제7조).

---

11) 대법원 1965. 5. 18. 선고 65다532 판결.

피의자보상의 청구는 공소를 제기하지 아니하는 처분을 한 검사가 소속된 지방검찰청의 심의회에 하여야 한다(제28조 제1항).

2) 보상청구의 방식

보상청구는 보상청구서에 재판서의 등본과 그 재판의 확정증명서를 첨부하여 법원에 제출하여야 하는데, 보상청구서에는 ① 청구자의 등록기준지·주소·성명·생년월일, ② 청구의 원인된 사실과 청구액을 기재하여야 한다. 상속인이 보상을 청구할 때에는 본인과의 관계를 증명할 수 있는 서류를 첨부하여야 하고, 동순위의 상속인의 유무를 소명할 수 있는 자료를 제출하여야 한다(제9조, 제10조). 보상청구는 대리인을 통하여서도 할 수 있으며, 피의자보상을 청구하는 청구서에는 공소를 제기하지 아니하는 처분을 받은 사실을 증명하는 서류를 첨부하여 제출하여야 한다(제28조 제2항).

(3) 상속인의 보상청구의 효과

보상청구를 할 수 있는 같은 순위의 상속인이 여러 명인 경우에 그 중 1명이 보상청구를 하였을 때에는 보상청구를 할 수 있는 모두를 위하여 그 전부에 대하여 보상청구를 한 것으로 본다. 이 경우에 청구를 한 상속인 외의 상속인은 공동청구인으로서 절차에 참가할 수 있다. 법원이 보상을 청구할 수 있는 같은 순위의 다른 상속인이 있다는 사실을 알았을 때에는 지체 없이 그 상속인에게 보상청구가 있었음을 통지하여야 한다(제11조).

(4) 보상청구의 취소

보상청구는 법원의 보상청구에 대한 재판이 있을 때까지 취소할 수 있다. 다만 같은 순위의 상속인이 여러 명인 경우에 보상을 청구한 자는 나머지 모두의 동의 없이 청구를 취소할 수 없다. 보상청구를 취소한 자는 다시 보상을 청구할 수 없다(제12조).

2. 보상청구에 대한 재판

(1) 보상청구사건의 심리

1) 심리법원과 심리방법

무죄의 재판을 받은 자가 한 보상청구는 법원의 합의부에서 재판하며, 법원은 검사와 청구인의 의견을 들은 후 결정하여야 한다. 법원은 보상청구의 원인이 된 사실인 구금일수 또는 형 집행의 내용에 관하여 직권으로 조사하여야 한다(제14조, 제15조).

2) 보상청구의 중단과 승계

보상을 청구한 자가 청구절차 중 사망하거나 상속인 자격을 상실한 경우에 다른 청구인이 없을 때에는 청구절차는 중단된다. 이 경우에 보상을 청구한 자의 상속인 또는 보상을 청구한 상속인과 같은 순위의 상속인은 2개월 이내에 청구의 절차를 승계할 수 있다. 법원은 절차를 승계할 수 있는 자로서 법원에 알려진 자에게는 지체 없이 2개월 이내에 청구의 절차를 승계할 것을 통지하여야 한다(제19조).

(2) 법원의 결정

보상청구에 대한 법원합의부의 결정에는 청구각하·청구기각 및 보상결정이 있으며, 결정의 정본은 검사와 청구인에게 송달하여야 한다(제14조).

1) 청구각하의 결정

보상청구에 대하여 법원은 다음의 어느 하나에 해당하는 경우, 즉 ① 보상청구의 절차가 법령으로 정한 방식을 위반하여 보정할 수 없는 경우, ② 청구인이 법원의 보정명령에 따르지 아니할 경우, ③ 보상청구의 기간이 지난 후에 보상청구를 한 경우(제16조), ④ 보상청구절차가 중단된 후 2개월 이내에 승계하는 신청이 없는 경우에는 각하결정을 하여야 한다(제19조 제4항).

2) 보상결정과 청구기각결정

보상의 청구가 이유 있을 때에는 보상결정을 하여야 하고, 이유 없을 때에는 청구기각결정을 하여야 한다(제17조).

3) 불복신청

보상결정에 대하여는 1주일 이내에 즉시항고를 할 수 있고, 마찬가지로 청구기각결정에 대하여도 즉시항고를 할 수 있다(제20조).

3. 피의자보상의 결정

피의자보상에 관한 사항은 공소를 제기하지 아니하는 처분을 한 검사가 소속된 지방검찰청에 둔 피의자보상심의회에 보상을 청구하면 심의회가 심사·결정하며, 심의회는 법무부장관의 지휘·감독을 받는다. 피의자보상 청구에 대한 심의회의 결정에 대하여는 행정심판법에 따른 행정심판을 청구하거나 행정소송법에 따른 행정소송을 제기할 수 있다(제28조).

4. 보상금지급의 청구

(1) 지급청구의 방식

법원이나 심의회의 보상결정의 확정에 형사보상청구권자에게 보상금지급청구권이 발생한다. 보상금지급을 청구하려는 자는 보상을 결정한 법원에 대응한 검찰청에 법원의 보상결정서를 첨부하여 보상지급청구서를 제출하여야 한다. 형사보상청구권자는 보상결정이 송달된 후 2년 이내에 보상금지급청구를 하지 아니할 때에는 그 권리를 상실한다. 그러나 보상의 지급을 받을 수 있는 자가 여러 명일 경우에는 그 중 1명이 한 보상금지급청구는 보상결정을 받은 모두를 위하여 그 전부에 대하여 한 것으로 본다. 무죄재판을 받은 자에 대한 보상규정은 피의자보상에 있어서도 적용된다(제29조 제1항).

(2) 보상금지급의 효과

보상금을 받을 수 있는 자가 여러 명인 경우에는 그 중 1명에 대한 보상금지급은 그 모두에 대하여 효력이 발생한다(제22조).

제 4 장 특별절차

제 1 절 약식절차

Ⅰ. 약식절차의 의의와 기능

1. 약식절차의 의의

약식절차란 지방법원의 관할사건에 대하여 검사의 청구가 있는 때에 공판절차 없이 검사가 제출한 자료만을 조사하여 약식명령으로 피고인에게 벌금·과료 또는 몰수의 형을 과하는 간이한 재판절차를 말한다. 법원이 약식절차에 의하여 형을 선고하는 재판이므로 이를 **약식명령**이라고 한다. 우리나라에서는 현재 「약식절차에서의 전자문서 이용 등에 관한 법률」 제3조 제1항에 의해, 음주·무면허·도로교통법위반사건에 대하여는 약식절차의 정보화를 촉진하고 사건의 신속한 처리와 효율성을 높이기 위해 약식절차에 따라 정형적으로 처리되고 있다.

이와 같이 약식절차는 벌금 또는 과료에 처할 경미한 사건에 대하여도 정식재판과 같이 피고인을 공판정에 출석시켜 심리하도록 하는 것은 사건의 신속한 처리라는 소송경제적인 측면에서 볼 때 소송당사자 모두에게 과도한 소송부담을 피할 수 있게 하고, 공판정 출석에 대한 피고인의 사회적·심리적 부담을 경감시키며, 공판정 출석을 위한 피고인의 불필요한 시간과 노력을 피할 수 있게 한다는 점에서 피고인의 이익보호를 위한 제도라고도 할 수 있다. 그러므로 피고인의 이익과 사법절차가 추구하는 신속성·효율성이라는 이념을 함께 고려해볼 때 약식절차는 현실적으로 불가피한 형사절차이지만, 이러한 약식절차가 적용되는 범죄는 가능한 한 경범죄에 한정되어 적용되는 것이 바람직하다고 생각된다.

2. 약식절차의 합헌성

약식절차는 공판절차를 거치지 아니하고 따라서 그 재판은 공개되지 아니한 채 검사가 제출한 자료를 기초로 서면심리에 의하여 형을 선고하는 재판절차이므로 헌법상 보장된 공정한 재판과 공개재판을 받을 권리(헌법 제26조 제1항·제3항)를 침해하는 것이 아닌가가 문제된다. 그러나 피고인에게 정식재판청구권이 보장되고 있고, 특히 피고인이 약식재판에 대하여 정식재판의 청구를 포기할 수 없다고 규정하고 있는 점을 고려해보면(제453조 제1항 단서) 약식절차가 위헌이 아니라고 해석하는 통설[1)]의 입장이 타당하다.

Ⅱ. 약식명령의 청구

1. 청구의 대상

약식명령을 청구할 수 있는 사건은 지방법원의 관할에 속하는 사건으로서 벌금, 과료 또는 몰수에 처할 수 있는 사건에 한한다(제448조). 사물관할이 단독판사에 속하는 사건은 물론 합의부에 속하는 사건도 가능하다. 벌금, 과료, 몰수는 선고형을 의미하므로 법정형으로 이러한 재산형이 징역, 금고, 구류와 선택적으로 규정되어 있어도 무방하다. 그러나 법정형에 벌금이나 과료가 병과형으로 규정된 경우에는 약식명령을 청구할 수 없다. 피고인이 자백했는가 여부는 요건이 아니다.

2. 청구의 방식

검사에 의한 약식명령의 청구가 있을 것을 요건으로 한다. 약식명령의 청구는 공소제기와 동시에 서면으로 하여야 한다(제449조). 따라서 약식명령의 청구는 공소제기가 아니라 약식절차에 의할 것을 청구하는 데 지나지 않는 공소제기와는 별개의 소송행위라고 해야 한다. 약식명령의 청구를 공소제기의 특수한 방식이라고 설명하는 견해도 있으나, 약식명령의 청구를 공소제기의 방식이라고 할 수는 없다. 다만 약식명령의 청구와 공소제기는 동시에 행하여지는 것이므로 약식명령의 청구가 있으면 당

---

1) 배종대/이상동/정승환/이주원, §78/4; 신동운, 1720; 이영란, 972면; 이재상/조균석, 856면; 차용석/최용성, 891면.

연히 공소의 제기가 있는 것으로 된다. 따라서 공소의 취소가 있는 때에는 약식명령의 청구도 효력을 잃게 된다. 공소를 취소하지 않고 약식명령의 청구만을 취소할 수 있는가에 대하여 긍정하는 견해[2]도 있으나, 이를 허용하는 명문의 규정이 없고 또 인정할 실익도 없으므로 부정하는 것이 타당하다. 보통의 공판절차에 의할 것인가에 대한 판단은 법원에 맡기면 족하기 때문이다.[3]

검사가 약식명령을 청구할 때에는 약식명령의 청구와 동시에 필요한 증거서류 및 증거물을 법원에 제출하여야 한다(규칙 제189조). 약식절차는 공소장일본주의의 예외가 인정된다. 또한 약식명령의 청구에는 공소장부본을 첨부하거나 부본을 송달할 필요가 없다. 공소장의 기재사항과 약식명령의 기재사항이 같을 뿐만 아니라 피고인의 출석을 요하지 않는 검사가 제출한 증거물과 서류만으로 행하는 재판절차이기 때문이다.

Ⅲ. 약식절차의 심판

1. 법원의 사건심리

(1) 약식명령의 성질

약식명령의 성질에 관하여 일본의 통설은 이를 결정의 일종으로 파악하고 있다. 그러나 약식명령이 형식적으로 결정과 유사한 성질을 가졌다고 할지라도 실질적으로는 형벌을 선고하는 판결이라고 볼 수도 있다. 따라서 약식명령은 판결도 결정도 아닌 **특별한 형식의 재판**이라고 해석하는 것이 타당하다. 다만 약식명령을 특별한 형식의 재판이라고 해석하는 견해도 이를 결정에 준하는 것으로 파악하고 있으므로 법원이 필요한 때에는 사실조사를 할 수 있다는 점에 관하여는 결론을 같이한다.

(2) 사실조사의 한계

약식절차에서도 사실조사와 증거조사는 허용된다. 그러나 약식절차는 심판을 간이·신속·비공개로 행하는 점에 특색이 있다. 따라서 약식절차에서 증인심문이나 검증과 같이 증거조사를 필요로 하는 때에는 통상의 공판절차에서 심리하는 것이 타당

2) 김재환, 874면; 배종대/이상돈/정승환/이주원, §78/10.
3) 신동운, 1722면; 임동규, 848면; 이재상/조균석, 857면; 정영석/이형국, 527면; 정웅석/백승민, 942면; 차용석/최용성, 892면.

하다고 해야 한다.

약식절차에서의 조사를 위하여 피고인이 증거를 제출하거나 검사가 보충증거를 제출하는 것도 허용된다고 하지 않을 수 없다.

(3) 약식절차와 증거법칙

약식절차에서는 서면조사를 원칙으로 한다. 따라서 공판기일의 심판절차에 관한 규정이나 이를 전제로 하는 규정은 약식절차에서는 적용되지 않는다. 따라서 자백배제법칙이나 자백보강법칙은 약식절차에서도 적용되지만, 전문증거에 대한 증거능력의 제한규정은 공판절차에 의할 것을 전제로 하는 제도이므로 약식절차에는 적용될 여지가 없다.

2. 보통심판인 공판절차로의 이행

(1) 이행의 사유

법원은 약식명령의 청구가 있는 경우에 그 사건이 약식명령으로 할 수 없거나 약식명령으로 하는 것이 적당하지 아니하다고 인정한 때에는 공판절차에 의하여 심판하여야 한다(제450조). 여기서 '약식명령으로 할 수 없는 경우'란 법정형이 벌금 또는 과료로 규정되어 있지 않은 죄나 무죄·면소·공소기각 또는 관할위반의 재판을 선고해야 할 경우를 말하며, '약식명령을 하는 것이 적당하지 않은 경우'란 법률상 약식명령은 가능하지만 재산형을 선고하는 것이 적당하지 않거나 사안이 복잡하여 공판절차를 통해 신중히 심판하는 것이 타당하다고 인정되는 경우를 말한다. 그 밖에도 약식명령을 청구한 후 감호청구가 있는 때에는 약식명령청구는 그 감호청구가 있는 때로부터 공판절차에 의하여 심판하여야 한다(치료감호법 제10조 제3항).

(2) 이행 후의 절차

약식명령을 청구할 때에는 공소장부본이 피고인에게 송달되지 않는다. 그러나 공판절차에의 이행에 의하여 보통의 심판을 하는 경우에는 공소장부본을 피고인에게 송달할 필요가 있다. 따라서 법원사무관등은 약식명령의 청구가 있는 사건을 공판절차에 의하여 심판하기로 한 때에는 즉시 그 취지를 검사에게 통지하여야 하며, 통지를 받은 검사는 5일 이내에 피고인수에 상응한 공소장부본을 법원에 제출하여야 하고, 법원은 이 공소장부본을 지체 없이 피고인 또는 변호인에게 송달하여야 한다. 공소장일본주의의 취지에 비추어볼 때 검사가 제출한 증거서류와 증거물은 다시 검사

에게 반환해야 한다고 해석하는 것이 타당하다고 생각된다.[4)]

약식명령에 관여한 법관이 정식재판에 관여한 때에는 전심절차에 관여한 것은 아니기 때문에 법관제척사유에는 해당하지 않으나, 기피사유는 될 수 있다.

3. 약식명령

법원은 심사의 결과 공판절차에 이행할 경우가 아니면 약식명령을 하여야 한다. 약식명령은 그 청구가 있은 날로부터 14일 이내에 하여야 한다(규칙 제171조).

(1) 약식명령의 방식

약식명령에는 범죄사실·적용법령·주형·부수처분과 약식명령의 고지를 받은 날로부터 7일 이내에 정식재판을 청구할 수 있음을 명시하여야 한다(제451조). 범죄사실이란 제323조의 범죄될 사실을 의미한다. 따라서 단순히 고발장에 기재된 범죄사실을 인용한 것으로는 범죄사실을 기재하였다고 할 수 없다. 부수처분에는 압수물의 환부, 추징 외에 벌금, 과료 또는 추징에 대한 가납명령을 포함한다.[5)]

미결구금일수는 그 전부를 환형통산해야 한다. 부수처분으로서 벌금에 대하여 선고유예를 할 수 있는가에 대하여 긍정설[6)]과 부정설[7)]이 대립되고 있으나, 이를 부정해야 할 특별한 이유가 없기 때문에 긍정설이 타당하다.

약식명령에 의하여 과할 수 있는 형은 벌금·과료·몰수에 한하며, 약식명령에 의하여 무죄·면소·공소기각 또는 관할 위반의 재판을 할 수는 없다. 검사의 약식명령 청구서에는 벌금과 과료의 액이 기재되어 있다. 약식명령의 고지는 검사와 피고인에 대한 재판서의 송달에 의하여야 한다(제452조).

(2) 약식명령의 효력

약식명령은 정식재판의 청구에 의한 판결이 있는 때에는 그 효력을 잃는다(제456조). 그러나 약식명령은 정식재판의 청구기간이 경과하거나, 그 청구의 취하 또는 청구기각의 결정이 확정한 때에는 유죄의 확정판결과 동일한 효력이 있다(제457조). 따

---

4) 배종대/이상돈/정승환/이주원,§78/18; 백형구, 897면; 이재상/조균석, 859면; 정웅석/백승민, 944면.

5) 배종대/이상돈/정승환/이주원, §78/21; 백형구, 898면; 신동운, 1726면; 이재상/조균석, 860면.

6) 김재환, 877면; 배종대/이상동/정승환/이주원, §78/21; 이재상/조균석, 860면; 정웅석/백승민, 944면; 차용석/최용성, 893면.

7) 백형구, 898면; 신동운, 1727면; 임동규, 850면.

라서 기판력과 집행력을 발생하며, 재심 또는 비상상고의 대상이 될 수 있다. 약식명령의 기판력이 미치는 시간적 한계에 대하여는 발령시라는 견해와 송달시라는 견해가 대립할 수 있으나, 판례[8]는 발령시를 기준으로 하여야 한다고 판시하고 있다. 그러나 재감자에 대한 약식명령의 송달은 교도소 등의 소장에게 하지 아니하고 수감되기 전의 종전 주·거소에다 하였다면 부적법하여 무효이고, 수소법원이 송달을 실시함에 있어 당사자 또는 소송관계인의 수감사실을 모르고 종전의 주·거소에 하였다고 하여도 마찬가지로 송달의 효력은 발생하지 않고, 송달 자체가 부적법한 이상 당사자가 약식명령이 고지된 사실을 다른 방법으로 알았다고 하더라도 송달의 효력은 여전히 발생하지 않는다.[9]

Ⅳ. 정식재판의 청구

1. 정식재판의 청구권자

검사 또는 피고인은 약식명령에 불복하여 정식재판을 청구할 수 있다. 단 피고인은 정식재판의 청구를 포기할 수 없다(제453조 제1항). 피고인의 법정대리인은 피고인의 의사와 관계없이, 피고인의 배우자·직계친족·형제자매 또는 원심의 대리인이나 변호인은 피고인의 명시의 의사에 반하지 않는 한 독립하여 정식재판을 청구할 수 있다(제458조 제1항, 제340조, 제341조). 여기서 변호인의 정식재판청구권은 고유권이 아니라 독립대리권이다.

2. 정식재판청구의 절차

정식재판의 청구는 약식명령의 고지를 받은 날로부터 7일 이내에 약식명령을 한 법원에 서면으로 제출하여야 하며, 법원은 지체 없이 검사 또는 피고인에게 그 사유를

---

8) 대법원 1984. 7. 24. 선고 84도1129 판결(유죄의 확정판결의 기판력의 시적범위 즉 어느 때까지의 범죄사실에 관하여 기판력이 미치느냐의 기준시점은 사실심리의 가능성이 있는 최후의 시점인 판결선고시를 기준으로 하여 가리게 되고, 판결절차 아닌 약식명령은 그 고지를 검사와 피고인에 대한 재판서 송달로써 하고 따로 선고하지 않으므로 약식명령에 관하여는 그 기판력의 시적범위를 약식명령의 송달시를 기준으로 할 것인가 또는 그 발령시를 기준으로 할 것인지 이론의 여지가 있으나 그 기판력의 시적 범위를 판결절차와 달리 하여야 할 이유가 없으므로 그 발령시를 기준으로 하여야 한다).

9) 대법원 1995. 6. 14. 자 95모14 결정.

통지하여야 한다(제453조).

정식재판의 청구는 공소불가분의 원칙에 반하지 않는 한 약식명령의 일부에 대하여도 가능하며, 일부에 대한 정식재판의 청구는 그의 불가분의 관계에 있는 부분에 대하여도 효력이 미친다(제458조 제1항, 제342조).

정식재판청구권자가 자기 또는 대리인이 책임질 수 없는 사유로 7일 이내에 정식재판을 청구하지 못한 때에는 상소권회복에 관한 규정이 준용된다(제458조 제1항, 제345조 내지 제348조). 따라서 약식명령에 대한 정식재판청구권의 회복청구를 하는 경우에는 약식명령이 고지된 사실을 안 날로부터 정식재판의 청구기간에 재판청구를 하여야 한다(제458조 제1항, 제345조, 제346조 제1항·제3항). 따라서 약식명령에 대한 정식재판청구기간이 경과한 경우에 정식재판청구권회복청구와 별도로 정식재판청구만을 한다든가 정식재판청구와 별도로 정식재판청구권회복청구만을 할 수는 없다. 정식재판청구권회복의 청구를 할 때에는 원인된 사유를 소명하여야 한다.

3. 정식재판청구의 취하

정식재판청구는 제1심판결 선고 전까지 취하할 수 있다(제454조). 정식재판청구를 취하한 자는 다시 정식재판을 청구하지 못한다(제458조, 제354조). 이 경우에 취하의 방법에 관하여는 상소의 취하에 관한 규정이 준용된다(제458조, 제352조).

4. 정식재판청구에 대한 재판

(1) 기각결정

정식재판의 청구가 법령상의 방식에 위반하거나 청구권의 소멸 후인 것이 명백한 때에는 결정으로 기각하여야 한다. 이 결정에 대하여는 즉시항고를 할 수 있다(제455조).

(2) 공판절차에 의한 심판

정식재판의 청구가 적법한 때에는 공판절차에 의하여 심판해야 한다(동조 제3항). 이 경우에는 약식명령에 구속되지 않고 사실인정·법령적용과 양형에 관하여 법원은 자유롭게 판단할 수 있다. 즉 판결의 대상은 공소사실이며 약식명령의 당부를 판단하는 것은 아니다. 공판절차에서 공소장변경과 공소의 취소가 허용됨은 물론이다.

약식절차와 정식재판절차는 동일심급의 소송절차이므로 약식절차에서의 변호인은 당연히 정식절차에서도 변호인의 지위를 가진다. 정식재판절차에서도 피고인이 정식재판을 청구한 사건에 대하여 종래에는 약식명령의 형보다 중한 형을 선고하지 못하도록 하여 불이익변경금지의 원칙을 규정하고 있었으나, 2017. 12. 19. 이를 개정하여 약식명령의 형보다 중한 종류의 형을 선고하지 못하도록 하여, 불이익하게 형종을 상향하는 변경은 금지함으로써 형종에 있어서는 불이익변경금지의 원칙을 취하고 있으나, 같은 형종의 경우에는 중한 형의 선고가 가능하도록 하면서, 이 경우에는 판결서에 양형의 이유를 기재하도록 함으로써(제457조의2) 판결에 신중을 기하고자 하였다. 약식명령을 한 판사가 제1심의 정식재판에 관여하였다고 하여 제척사유가 되는 것도 아니다.

(3) 약식명령의 실효

약식명령은 정식재판의 청구에 의한 판결이 있는 때에는 효력을 잃는다(제456조). 판결에는 공소기각의 결정도 포함되며, 판결이 있는 때란 판결이 확정된 때를 의미한다.

정식재판의 청구가 부적합하더라도 그 청구에 의하여 확정판결이 있는 때에는 약식명령은 실효된다. 그러나 청구기간경과 후의 청구의 경우에는 약식명령은 이미 확정되었으므로 정식재판은 약식명령의 효력에 영향을 미치지 못한다고 해야 한다.

제 2 절 즉결심판절차

Ⅰ. 즉결심판절차의 의의와 기능

1. 즉결심판절차의 의의

즉결심판절차는 법원조직법 제33조에 규정된 시·군법원이 경미한 범죄, 즉 20만원 이하의 벌금 또는 구류나 과료에 처할 범죄사건에 대하여 형사소송법이 규정하는 통상의 형사소송절차(공판절차)를 거치지 아니하고 즉결하는 심판절차를 말한다(법원조직법 제34조 제1항 제3호, 즉결심판에 관한 절차법 제1조). 즉결심판절차는 **"즉결심판에 관한 절차법"**에 의하여 행하여지며, 이러한 즉결심판에 관한 절차법에 의한 재판을 즉결심판이라고 한다.

2. 즉결심판절차의 기능

즉결심판절차는 범죄의 증거가 명백하고 죄질이 경미한 범죄사건을 신속·적정한 절차에 의하여 심판함으로써 법원의 부담을 줄이고 피고인의 편의를 도모하는 기능을 수행한다.

II. 즉결심판의 청구

1. 청구권자

즉결심판은 관할경찰서장 또는 관할해양경찰서장이 청구한다. 즉결심판의 청구는 검사의 공소제기와 동일한 성질을 갖는 소송행위이며, 따라서 경찰서장의 즉결심판의 청구는 검사의 기소독점주의에 대한 예외가 된다.

2. 청구의 방식

즉결심판청구는 서면으로 하여야 하며, 즉결심판청구서에는 피고인의 성명 기타 피고인을 특정할 수 있는 사항, 죄명, 범죄사실과 적용법조를 기재하여야 한다(즉심법 제3조 제2항). 따라서 즉결심판청구서의 기재사항은 공소장의 필요적 기재사항과 동일하다. 경찰서장은 즉결심판의 청구와 동시에 즉결심판을 함에 필요한 서류 또는 증거물을 판사에게 제출하여야 한다(동법 제4조).

3. 관할법원

즉결심판의 관할법원은 지방법원, 지방법원지원 또는 시·군법원의 판사이다. 지방법원 또는 그 지원의 판사는 소속 지방법원장의 명령을 받아 소속 법원의 관할사무와 관계없이 즉결심판청구사건을 심판할 수 있다.

III. 즉결심판청구사건의 심리

1. 판사의 즉결심판 적합심사와 경찰서장의 검사에게 사건송치

즉결심판의 청구가 있는 경우에 판사는 먼저 사건이 즉결심판을 함에 적당한지 여부를 심사하여야 한다. 심사결과 사건이 즉결심판을 함에 부적당하다고 인정될 때에는 결정으로 즉결심판의 청구를 기각하여야 한다. 이 결정이 있을 때에는 경찰서장은 지체 없이 이 사건을 관할지방검찰청 또는 지청의 장에게 송치하여야 한다(동법 제5조). 판사가 직접 공판절차로 이행시키지 않고 즉결심판청구를 기각함으로써 경찰서장이 관할지방검찰청 또는 지청의 장에게 사건을 송치하도록 한 점에서 약식명령의 경우와 구별된다. 공소제기된 사건을 판사가 다시 검찰청에 송치할 수는 없기 때문이다. 여기서 즉결심판을 함에 부적당하다고 인정될 때란 당해 사건이 즉결심판을 하기 위한 실체법상 또는 절차법상의 적법요건을 구비하지 않은 경우를 말한다.

판사의 기각결정에 의하여 경찰서장이 사건을 송치한 경우에 검사가 불기소처분을 할 수 있는가에 대하여는 견해가 대립되고 있다. 검사는 반드시 공소를 제기해야 한다는 견해도 있으나, 불기소처분을 할 수 있다고 해석하는 것이 타당하다고 생각된다. 이를 인정하는 것이 부당한 즉결심판을 시정할 수 있게 할 뿐만 아니라 판사가 즉결심판청구의 기각결정을 한 때에는 즉결심판청구 이전의 상태로 돌아간다고 보아야 하기 때문이다.

2. 심리상의 특칙

즉결심판절차에 있어서는 신속·간이한 심리를 위하여 공판절차에 대한 특칙이 인정되고 있다.

(1) 기일의 심리

1) 즉시 심판

판사는 심사결과 즉결심판이 적법하고 상당하다고 인정할 때에는 즉시 심판을 하여야 한다(동법 제6조). 즉시 심판을 한다는 것은 **즉시 기일을 열어 심판**해야 한다는 의미로 보아야 한다. 그러나 필요에 따라 기일을 속행하거나 변경하는 것은 허용된다고 해야 한다.

2) 개 정

즉결심판절차에 의한 심리와 재판의 선고는 공개된 법정에서 행하되, 그 법정은 경찰관서 외의 장소에 설치되어야 한다(동법 제7조 제1항). 심리는 판사와 법원사무관 등이 열석(列席)하여 개정한다(동조 제2항). 그러나 상당한 이유가 있는 경우에 판사는 피고인의 진술서와 경찰서장이 송부한 서류 또는 증거물에 의하여 **개정없이 심판할**

수 있다(동조 제3항).

3) 피고인의 출석

즉결심판에 있어서도 피고인의 출석은 개정의 요건이다(제8조). 다만 벌금 또는 과료를 선고하는 경우에 피고인이 출석하지 아니한 때에는 피고인의 진술을 듣지 아니하고 형을 선고할 수 있다. 피고인 또는 즉결심판출석통지서를 받은 자는 법원에 불출석심판을 청구할 수 있고, 법원이 이를 허가한 때에는 피고인이 출석하지 아니하더라도 심판할 수 있다(제8조의2 제2항). 경찰서장은 출석을 요하지 아니한다.

4) 심리의 방법

판사는 피고인에게 피고사건의 내용과 진술거부권이 있음을 알리고 변명할 기회를 주어야 하며, 필요하다고 인정할 때에는 적당한 방법에 의하여 재정하는 증거에 한하여 조사할 수 있다. 변호인은 의견을 진술할 수 있다(동법 제9조). 즉 증거조사의 대상이 제한될 뿐만 아니라 증거조사의 방식도 완화된다. 변호인의 출석은 임의적이며 심리를 위한 요건은 아니다.

(2) 증거에 대한 특칙

즉결심판절차에 있어서는 형사소송법 제310조와 제32조 제2항 및 제313조의 규정은 적용하지 않는다(동법 제10조). 즉결심판절차에서 자백의 보강법칙이 적용되지 않는 점에는 의문이 없다. 따라서 보강증거가 없는 경우에도 피고인의 자백에 의하여 유죄를 선고할 수 있다.

즉결심판절차에서 사법경찰관이 작성한 피의자심문조서는 본인이 내용을 인정하지 않는 경우에도 증거로 할 수 있고, 피고인 또는 피고인 아닌 자가 작성한 진술서는 성립의 진정이 인정되지 않아도 증거로 할 수 있다. 자백배제법칙과 위법수집증거배제법칙은 즉결심판절차에서도 적용된다.

3. 형사소송법의 준용

즉결심판절차에 있어서는 본법에 특별한 규정이 없는 한 그 성질에 반하지 아니한 것은 형사소송법의 규정을 준용한다(동법 제19조). 형사소송법에 준용되는 범위는 즉결심판의 성질에 반하지 않는 것에 한한다. 그리고 기일의 심리에는 직권주의의 원칙이 지배한다.

따라서 ① 공소장부본의 송달(제266조), ② 제1회 공판기일의 유예기간(제269조),

③ 검사의 모두진술(제285조), ④ 증거조사와 증거결정의 방법(제290조 내지 제296조) 등은 간이·신속한 심리를 본질로 하는 즉결심판절차의 본질과 일치할 수 없으므로 즉결심판절차에는 준용되지 않는다고 할 수 있다. ⑤ 국선변호와 필요적 변호에 관한 규정(제282조, 제283조)도 같은 이유로 준용되지 않는다고 하겠다.

Ⅳ. 즉결심판의 선고와 효력

1. 즉결심판의 선고

(1) 선고의 방식

즉결심판의 선고는 선고 또는 즉결심판서 등본의 교부에 의한다. 즉결심판으로 유죄를 선고할 때에는 형·범죄사실과 적용법조를 명시하고 피고인은 7일 이내에 정식재판을 청구할 수 있다는 것을 고지하여야 한다(동법 제11조 제1항). 유죄의 즉결심판서에는 피고인의 성명 기타 피고인을 특정할 사항, 주문, 범죄사실과 적용법조를 명시하고 판사가 서명·날인하여야 한다. 다만 피고인이 범죄사실을 자백하고 정식재판의 청구를 포기한 때에는 선고한 주문과 적용법조를 명시하고 판사가 기명날인하면 족하다(동법 제12조).

(2) 선고할 수 있는 형

즉결심판에 의하여 선고할 수 있는 형은 20만원 이하의 벌금·구류 또는 과료에 한한다. 즉결심판에서 사건이 무죄, 면소 또는 공소기각을 함이 명백하다고 인정할 때에는 판사는 이를 선고·고지할 수 있다(동법 제11조 제5항).

(3) 유치명령과 가납명령

판사는 구류의 선고를 받은 피고인이 일정한 주소가 없거나 또는 도망할 염려가 있을 때에는 5일을 초과하지 않는 기간 경찰서유치장에 유치할 것을 명령할 수 있다. 다만 그 기간이 선고기간을 초과할 수는 없고, 집행된 유치기간은 본형의 집행에 산입한다(동법 제17조 제1항·제2항). 벌금 또는 과료의 선고를 하였을 때에는 노역장유치기간을 선고하여야 하고 가납명령을 할 수 있다(동법 제17조 제3항). 유치명령과 가납명령은 선고와 동시에 집행력이 발생한다.

2. 즉결심판의 효력

즉결심판이 확정된 때에는 확정판결과 동일한 효력이 있다(동법 제16조). 따라서 집행력과 기판력이 발생하게 된다. 즉결심판은 정식재판의 청구기간의 경과, 정식재판의 포기 또는 그 청구의 취하에 의하여 확정된다. 정식재판청구를 기각하는 재판이 확정될 때에도 같다.

3. 형의 집행

즉결심판에 의한 형의 집행은 경찰서장이 하고 그 집행결과를 지체 없이 검사에게 보고하여야 한다(제18조 제1항). 구류는 경찰서유치장·구치소 또는 교도소에서 집행한다. 단 구치소 또는 교도소에서 집행할 경우에는 검사가 이를 지휘한다(동조 제2항). 벌금·과료와 몰수는 그 집행을 종료하면 지체 없이 검사에게 인계하여야 한다(동조 제3항). 경찰서장이 형의 집행을 정지하고자 할 때에는 사전에 검사의 허가를 얻어야 한다(동조 제4항).

V. 정식재판의 청구

1. 청구의 절차

즉결심판을 받은 피고인은 정식재판을 청구할 수 있다. 정식재판을 청구하고자 하는 피고인은 즉결심판이 선고 또는 고지된 날로부터 7일 이내에 정식재판청구서를 경찰서장에게 제출하여야 한다(제14조 제1항). 즉결심판에서 무죄, 면소 또는 공소기각의 선고가 있는 때에는 경찰서장은 선고 또는 고지를 한 날로부터 7일 이내에 정식재판을 청구할 수 있다. 이 경우 경찰서장은 관할지방검찰청 또는 지청의 검사의 승인을 얻어 정식재판청구서를 판사에게 제출하여야 한다(동조 제2항). 검사에게는 정식재판청구권이 없다. 정식재판의 청구는 제1심 판결선고 전까지 취하할 수 있다.

2. 경찰서장과 법원 및 검사의 처리

정식재판청구서를 받은 경찰서장은 지체 없이 판사에게 이를 송부하여야 한다(동법 제14조 제1항). 판사는 정식재판청구서를 받은 날로부터 7일 이내에 경찰서장에게 정식재판청구서를 첨부한 사건기록과 증거물을 송부하고, 경찰서장은 지체 없이 관할 지방검찰청 또는 지청의 장에게 이를 송부하여야 하며, 그 검찰청 또는 지청의 장은 지체 없이 관할법원에 이를 송부하여야 한다(동조 제3항). 검사의 공소제기가 필요한 것은 아니다 이 경우에 검사는 정식재판청구서와 즉결심판청구서만을 법원에 송치하여야 하며, 사건기록과 증거물은 공판기일에서 제출하여야 한다고 해석하는 것이 공소장일본주의에 부합한다고 하겠다.

3. 청구의 효과

정식재판청구의 효과에 관하여는 형사소송법의 약식절차에 관한 규정이 준용된다(동법 제19조). 따라서 청구가 법령상의 방식에 위배하거나 청구권의 소멸 후인 것이 명백한 때에는 청구를 기각하여야 하며, 청구가 적법한 때에는 공판절차에 의하여 심판하여야 한다(제455조). 즉결심판과 정식재판 사이에도 불이익변경금지의 원칙이 적용된다고 해야 한다(제457조의2). 따라서 피고인이 정식재판을 청구한 사건에 대하여는 즉결심판의 형보다 중한 형을 선고하지 못한다. 피고인의 정식재판청구권을 보장할 필요가 있기 때문이다.

정식재판의 청구에 의한 판결이 있는 때에는 즉결심판은 그 효력을 잃는다(동법 제15조). 즉 정식재판을 통해 판결이 확정되면 그 전의 즉결심판의 효력은 상실된다.

제 3 절 배상명령절차

Ⅰ. 배상명령의 의의

배상명령절차란 법원이 직권 또는 피해자의 신청에 의하여 피고인에게 피고사건의 범죄행위로 인하여 발생한 손해를 형사재판절차를 통해 피해자에게 배상하도록 명하는 절차를 말한다. 형사소송의 주된 목적인 실체적 진실발견을 통한 유무죄를 판단하는 절차가 아니기 때문에 부대소송(附帶訴訟) 또는 부대사소(附帶私訴)라고도 한다. 형사절차상 배상명령제도는 범죄행위로 인한 피해자의 손해를 **원상회복**하도록 하는 제도이다.

배상명령제도가 지닌 장점은 범죄행위로 인하여 발생한 피해자의 민사상의 손해배상청구권을 시간이 걸리고 번잡한 민사소송절차를 통하여 실현하지 않고, 형사소송절차를 통해 신속하게 변상받도록 함으로써 소송경제를 도모하고, 민사판결과 형사판결의 모순도 피하며, 피고인의 사회복귀에도 도움을 준다는 데에 있다. 피해자가 형사절차에 적극적으로 참여하게 됨으로써 실체적 진실발견에도 도움을 준다는 견해[10]도 있지만, 배상명령제도는 실체적 진실발견이라는 측면보다는 피해자의 손해를 원상회복시키는 데에 주안점이 있는 제도라 할 수 있다.[11] 우리나라에서는 1981년부터 「소송촉진 등에 관한 특례법」에 배상명령제도를 도입하여, 현행 동법 제25조에 배상명령이라는 표제어 하에 동조 제1항에 "제1심 또는 제2심의 형사 공판 절차에서 상해죄, 중상해죄 … 등의 죄에 관하여 유죄판결을 선고할 경우, 법원의 직권에 의하여 또는 피해자나 그 상속인의 신청에 의하여 피고사건의 범죄행위로 인하여 발생한 직접적인 물적 피해, 치료비 손해 및 위자료를 명할 수 있다."고 규정하고 있다.

Ⅱ. 배상명령의 요건

1. 배상명령의 대상

배상명령을 할 수 있는 피고사건은 ① 상해죄·중상해죄·특수상해죄(상해죄, 중상해죄로 한정)·상해치사와 폭행치사상(존속폭행치사상의 죄 제외) 및 과실치사상의 죄, 절도와 강도의 죄, 사기와 공갈의 죄, 횡령과 배임의 죄, 손괴의 죄, ② 위의 ①의 죄를 가중처벌하는 죄 및 그 죄의 미수범을 처벌하는 경우 미수의 죄, ③ 성폭력범죄의 처벌 등에 관한 특례법 제10조부터 제14조, 제15조(제3조부터 제9조까지의 미수범은 제외)와 아동·청소년의 성보호에 관한 법률 제12조 및 제14조에 규정된 죄에 한정된다.

그 밖의 죄에 대한 피고사건에서도 피고인과 피해자 사이에 합의된 손해배상액에 관하여도 법원은 배상을 명할 수 있다(동법 제25조).

배상명령은 위의 배상명령 대상범죄에 의하여 법원이 유죄판결을 선고할 경우에 한하여 할 수 있다. 따라서 피고사건에 대하여 피고인에 대하여 무죄나 면소 또는 공소기각의 재판을 할 때에는 배상명령을 할 수 없다.

---

10) 강구진, 658면.

11) 이재상/조균석, 872면.

2. 배상명령의 범위

배상명령을 할 수 있는 채권이 성질상 금전채권에 제한된다는 점에 대하여는 의문이 없다. 소송촉진 등에 관한 특례법은 법원의 배상명령을 피고사건의 범죄행위로 인하여 발생한 직접적인 물적 피해와 치료비 손해 및 위자료의 배상에 제한하고 있다(제25조 제1항). 따라서 간접적인 손해의 배상을 배상명령에 의하여 명할 수는 없다. 여기서 생명과 신체를 침해하는 범죄에 의하여 발생한 **기대이익의 상실액**까지도 배상명령의 범위에 속하는가가 문제된다. 그러나 배상명령절차는 범죄행위로 인하여 발생한 직접적인 물적 피해와 치료비의 배상과 위자료 배상에 제한되어 있고, 기대이익의 상실액까지 포함할 때에는 재판의 지연을 초래할 우려가 있으므로 이는 배상명령의 범위에 포함되지 않는다고 해석하는 소극설이 타당하다.

3. 배상명령 배제사유

법원이 배상명령을 하여서는 안 되는 경우, 즉 배상명령 배제사유로는 ① 피해자의 성명, 주소가 분명하지 아니한 경우, ② 피해금액이 특정되지 아니한 경우 , ③ 피고인의 배상책임의 유무 또는 그 범위가 명백하지 아니한 경우, ④ 배상명령으로 인하여 공판절차가 현저히 지연될 우려가 있거나 형사소송절차에서 배상명령을 함이 상당하지 아니하다고 인정한 경우이다.

위의 사유 중 어느 하나에 해당하는 사유가 발생한 경우에 법원은 배상명령을 하여서는 아니 된다(동조 제3항).

Ⅲ. 배상명령의 절차

1. 배상명령의 신청

배상명령은 **법원의 직권 또는 피해자의 신청**에 의하여 한다. 직권에 의한 배상명령을 인정한 것은 민사소송의 당사자처분주의에 대한 중대한 예외이다.

(1) 신청권자

배상명령의 신청은 피해자 또는 그 상속인이 할 수 있다(소송촉진 등에 관한 특례법 제25조 제1항). 피해자는 법원의 허가를 받아 그 배우자·직계혈족·형제자매에게 배상신청에 관하여 소송행위를 대리하게 할 수 있다(제27조 제1항).

(2) 신청의 방법

1) 신청기간과 관할법원

배상신청은 제1심 또는 제2심 공판의 변론종결시까지 사건이 계속된 법원에 신청할 수 있다. 이 경우 신청서에 인지를 붙이지 아니한다(제26조 제1항). 제1심과 제2심에서도 할 수 있으나, 상고심은 허용되지 않는다. 배상명령은 형사사건이 계속된 법원의 전속관할에 속한다. 배상청구액이 합의부의 사물관할에 속하는가는 문제되지 않는다.

2) 신청방법

피해자가 배상신청을 함에는 신청서와 상대방 피고인의 수만큼의 신청서 부본을 제출하여야 한다(동조 제2항). 피해자가 증인으로 법정에 출석한 때에는 말로써 배상을 신청할 수 있다. 이때에는 공판조서에 신청의 취지를 적어야 한다(동조 제5항).

3) 신청의 취하

신청인은 배상명령이 확정되기까지는 언제든지 배상신청을 취하할 수 있다(동조 제6항).

(3) 신청의 효과

배상신청은 민사소송에 있어서의 소의 제기와 동일한 효력이 있다(동조 제8항). 따라서 피해자는 피고사건의 범죄행위로 인하여 발생한 피해에 관하여 다른 절차에 의한 손해배상청구가 법원에 계속중인 때에는 배상신청을 할 수 없다(동조 제7항).

2. 배상명령절차의 심리

배상신청이 있는 때에는 신청인에게 공판기일을 알려야 한다. 그러나 신청인이 공판기일의 통지를 받고도 출석하지 아니한 때에는 그 진술 없이 재판할 수 있다(제29조). 신청인 및 그 대리인은 공판절차를 현저히 지연시키지 않는 범위에서 재판장의 허가를 받아 소송기록을 열람할 수 있고 공판기일에 피고인 또는 증인을 신문할 수 있으며, 그 밖에 필요한 증거를 제출할 수 있다(제30조 제1항). 재판장이 허가를 하지 아니한 재판에 대하여는 불복을 신청하지 못한다(동조 제2항). 피고인의 변호인은 배상신청에 관하여 피고인의 대리인으로서 소송행위를 할 수 있다(제27조 제2항).

3. 배상명령의 재판

(1) 배상신청의 각하

배상신청이 적법하지 아니한 경우 또는 그 신청이 이유 없다고 인정되는 경우, 배상명령을 함이 타당하지 아니하다고 인정되는 경우에는 결정으로 이를 각하하여야 한다. 다만 유죄판결의 선고와 동시에 신청각하의 재판을 할 때에는 이를 유죄판결의 주문에 표시할 수 있다(제32조 제1항·제2항). 신청이 부적법한 때뿐만 아니라 이유 없는 때에도 신청을 각하하여야 한다. 신청을 각하하거나 그 일부를 인용한 재판에 대하여 신청인은 불복을 신청하지 못하며, 다시 동일한 배상신청을 할 수도 없다(동조 제4항).

(2) 배상명령의 선고와 불복

1) 배상명령의 선고

배상명령은 유지판결의 선고와 동시에 하여야 한다(제31조 제1항). 배상명령은 일정액의 금전지급을 명함으로써 하고, 배상의 대상과 금액을 유죄판결의 주문에 표시하여야 한다. 배상명령의 이유는 특히 필요하다고 인정되는 경우가 아니면 이를 적지 아니한다(동조 제2항). 배상명령은 가집행할 수 있음을 선고할 수 있다(동조 제3항). 배상명령을 한 때에는 유죄판결서의 정본을 피고인과 피해자에게 지체 없이 송달하여야 한다(동조 제5항). 배상명령의 절차비용은 특별히 그 비용을 부담할 자를 정한 경우를 제외하고는 국고의 부담으로 한다(제35조).

2) 배상명령에 대한 불복

신청을 각하하거나 그 일부를 인용한 재판에 대하여 신청인에게는 불복의 방법이 없다. 그러나 신청인은 민사소송 등의 절차에 의하여 손해배상을 청구할 수 있다. 상소심에서 원심의 유죄판결을 파기하고 피고사건에 대하여 무죄·면소 또는 공소기각의 재판을 할 때에는 원심의 배상명령을 취소하여야 한다. 이 경우 상소심에서 원심의 배상명령을 취소하지 아니한 때에는 이를 취소한 것으로 본다(제33조 제2항). 다만 원심에서 피고인과 피해자 사이에 합의된 배상액에 대하여 배상명령을 한 때에는 그러하지 않다(동조 제3항). 상소심에서 원심판결을 유지하는 경우에도 배상명령에 대하여는 이를 취소·변경할 수 있다(동조 제4항).

피고인은 유죄판결에 대하여 상소를 제기함이 없이 배상명령에 대하여만 상소제기 기간 내에 즉시항고를 할 수 있다. 다만 즉시항고 제기 후 상소권자의 적법한 상소가 있는 때에는 즉시항고는 취하된 것으로 본다(동조 제5항). 여기의 상소권자에 검사는 포함되지 않는다. 검사는 형사사건에 대하여만 상소하는 것이므로 민사판결에는 영향을 미치는 것이 아니기 때문이다.

(3) 배상명령의 효력

확정된 배상명령 또는 가집행선고 있는 배상명령이 기재된 유죄판결서의 정본은 민사소송법에 의한 가집행에 관하여는 집행력있는 민사판결의 정본과 동일한 효력이 있다(제34조 제1항). 즉 확정된 배상명령 또는 가집행선고 있는 배상명령에 대하여는 가집행이 인정된다. 그러나 배상명령에 기판력이 인정되는 것은 아니다. 따라서 배상명령이 확정된 때에는 그 인용금액 범위에서 피해자는 다른 절차에 의한 손해배상을 청구할 수 없으나(동조 제2항), 인용금액을 넘어선 부분에 대하여는 별소를 제기할 수 있고, 청구에 대한 이의의 주장에 관하여는 그 원인이 변론종결전에 생긴 때에도 할 수 있다(동조 제4항).

4. 형사소송절차에서의 화해제도

(1) 형사소송절차에서의 화해의 의의

형사소송절차에서의 화해란 형사피고사건의 심리과정 중에 피해자와 형사피고인 사이에 민사상의 분쟁에 관하여 합의가 성립할 경우에 신청에 의하여 공판조서에 그 내용을 기재하게 되면 그 기재가 민사소송에서의 화해와 마찬가지로 집행력을 갖도록 하는 제도를 말한다. 이 제도의 도입취지는 형사사건의 피해자가 가해자와의 민사분쟁에 관하여 별도의 민사소송절차를 거치고 않고 공판절차상 이루어진 피고인과의 합의된 내용을 이행하지 않을 때에는 합의된 화해조서인 공판조서를 가지고 강제집행을 할 수 있도록 함으로써 화해내용의 실효성을 확보하도록 하게 하면서 피해자의 부담을 경감시킨다는 점에 있다.

이 제도는 2005년에 「소송촉진 등에 관한 특례법」의 개정으로 도입되었다.

(2) 형사소송절차에서의 화해의 요건과 절차

1) 화해의 주체 및 화해신청

형사소송절차에서의 화해의 주체는 피고인과 피해자 또는 제3자이다. 형사피고인과 피해자 사이에 민사상 다툼(해당 피고사건과 관련된 피해에 관한 다툼을 포함하는 경우로 한정됨)에 관하여 합의한 경우, 피고인과 피해자는 그 피고사건의 계속 중인 제1심 또는 제2심 법원에 합의사실을 공판조서에 기재하여 줄 것을 공동으로 신청할 수 있다.

또한 민사상의 다툼에 관한 합의가 피고인의 피해자에 대한 금전 지불을 내용으로 하는 경우에 피고인 외의 자가 피해자에 대하여 그 지불을 보증하거나 연대하여 의무를 부담하기로 합의하였을 때에는 피고인과 피해자의 신청과 동시에 그 피고인 외의 자는 피고인 및 피해자와 공동으로 그 취지를 공판조서에 기재하여 줄 것을 신청할 수 있다(동법 제36조).

2) 화해신청시기와 방법 및 화해의 내용

형사소송절차에서의 화해신청은 변론이 종결되기 전까지 공판기일에 출석하여 서면으로 하여야 한다. 화해신청서면에는 해당 신청과 관련된 합의 및 합의가 이루어진 민사상의 다툼의 목적인 권리를 특정할 수 있는 충분한 사실을 적어야 하며, 합의가 기재된 공판조서는 **확정판결**과 같은 효력을 가진다(동법 제36조).

Ⅳ. 국가에 의한 범죄피해자보상제도

1. 범죄피해자구조의 의의

배상명령에 의한 피해자의 구제는 피고인이 자력이 없는 경우에는 아무런 의미가 없다. 형사피고인은 무자력자인 경우가 대부분을 차지한다. 헌법 제30조는 「타인의 범죄행위로 인하여 생명·신체에 대한 피해를 입은 국민은 법률이 정하는 바에 의하여 국가로부터 구조를 받을 수 있다」고 규정하고 있으며, 이를 근거로 하여 제정된 법률이 **범죄피해자 보호법**이다. 이 법은 범죄피해자의 보호·지원의 기본정책을 정하고 타인의 범죄행위로 인하여 생명·신체에 피해를 받은 사람을 구조함으로써 범죄피해자의 복지 증진에 기여함을 목적으로 제정되었다. 국가에 의한 범죄피해자구조는 범죄를 예방하고 진압해야 할 책임이 있는 국가가 그 책무를 다하지 못하여 범죄가 발생하였기 때문이며, 따라서 국가는 범죄로 인하여 야기된 피해를 구조해야 할 책임과 범죄피해자의 정상적인 사회복귀를 위해 진력을 다해야 할 책무가 발생하게 된다. 이 법에서 말하는 범죄피해자란 타인의 범죄로 인하여 피해를 당한 사람과 그 배우자(사실상의 혼인관계 포함), 직계친족 및 형제자매를 말한다.

2. 범죄피해자구조의 요건

(1) 구조대상의 범죄피해 및 구조금지급요건

구조대상범죄는 대한민국의 영역 안에서 또는 대한민국의 영역 밖에 있는 대한민국의 선박이나 항공기 안에서 행하여진 사람의 생명 또는 신체를 해하는 죄에 해당하는 행위로 인하여 사망하거나 장해 또는 중상해를 입은 경우이다(동법 제3조). 범죄피해자구조의 범위를 생명과 신체에 대한 범죄로 제한하는 것은 이를 재산범죄로까지 확대할 때에는 남용과 사기의 위험이 매우 높아지는 것을 고려한 결과이다.

범죄피해자구조금을 지급하기 위한 요건으로는 ① 구조대상 범죄피해를 받은 사람(구조피해자)이 피해의 전부 또는 일부를 배상받지 못한 경우, ② 자기 또는 타인의 형사사건의 수사 또는 재판에서 고소·고발 등 수사단서를 제공하거나 진술, 증언 또는 자료제출을 하다가 구조피해자가 된 경우의 어느 하나에 해당하여야 한다(동법 제16조).

(2) 구조금 지급배제 또는 제한사유

위에서 말한 범죄피해자구조의 대상이 되는 범죄피해자라 하더라도 다음의 사유 중 어느 하나에 해당하는 경우에는 구조금지급이 배제되거나 지급이 제한된다. 즉 ① 범죄행위 당시 구조피해자와 가해자 사이에 부부(사실혼관계 포함), 직계혈족, 4촌 이내의 친족, 동거친족의 관계가 있는 경우에는 구조금을 지급하지 아니하며, ② 그 밖의 친족관계가 있는 경우에는 구조금의 일부를 지급하지 아니한다. ③ 구조피해자가 해당 범죄행위를 교사 또는 방조하는 행위, 과도한 폭행·협박 또는 중대한 모욕 등 해당 범죄행위를 유발하는 행위, ④ 해당 범죄행위를 용인하는 행위, ⑤ 집단적 또는 상습적으로 불법행위를 할 우려가 있는 조직에 속하는 행위(다만, 그 조직에 속하고 있는 것이 해당 범죄피해를 당한 것과 관련이 없다고 인정되는 경우는 제외), ⑥ 범죄행위에 대한 보복으로 가해자 또는 그 친족이나 그 밖에 가해자와 밀접한 관계가 있는 사람의 생명을 해치거나 신체를 중대하게 침해하는 행위의 경우에는 구조금을 지급하지 아니한다. ⑦ 폭행·협박 또는 모욕 등 해당 범죄행위를 유발하는 행위, 해당 범죄피해의 발생 또는 증대에 가공한 부주의한 행위 또는 부적절한 행위에 해당하는 경우에는 구조금의 일부를 지급하지 아니한다. ⑧ 구조피해자 또는 그 유족과 가해자 사이의 관계, 그 밖의 사정을 고려하여 구조금의 전부 또는 일부를 지급하는 것이 사회통념에 위배된다고 인정될 때에는 구조금의 전부 또는 일부를 지급하지 아니할 수 있다. ⑨ 이러한 규정에도 불구하고 구조금의 실질적인 수혜자가 가해자로 귀착될 우려가 없는 경우 등 구조금을 지급하지 아니하는 것이 사회통념에 위배된다고 인정할 만한 특별한 사정이 있는 경우에는 구조금의 전부 또는 일부를 지급할 수 있다(동법 제19조).

그 밖에도 구조피해자나 유족이 해당 구조대상 범죄피해를 원인으로 하여 국가배상법이나 그 밖의 법령에 따른 급여 등을 받을 수 있는 경우에는 대통령령으로 정하는 바에 따라 구조금을 지급하지 아니하며(동법 제20조), 손해배상을 받았으면 그 범위에서 구조금을 지급하지 아니한다(동법 제21조).

3. 범죄피해자구조금의 종류

구조금은 **유족구조금·장해구조금** 및 **중상해구조금**으로 구분하며, 일시금으로 지급한다(동법 제17조). 유족구조금은 구조피해자가 사망하였을 때 그 유족에게 지급하는 구조금이며, 제1순위자는 배우자(사실혼관계 포함)와 구조피해자의 수입으로 생계를 유지하고 있는 구조피해자의 자녀가 되며, 순위가 같은 유족이 2명 이상인 경우에는 똑같이 나누어 지급한다.

그러나 유족이 ① 구조피해자를 고의로 사망하게 한 경우, ② 구조피해자가 사망하기 전에 그가 사망하면 유족구조금을 받을 수 있는 선순위 또는 같은 순위의 유족이 될 사람을 고의로 사망하게 한 경우, ③ 구조피해자가 사망한 후 유족구조금을 받을 수 있는 선순위 또는 같은 순위의 유족을 고의로 사망하게 한 경우에는 유족구조금을 받을 수 없다(동법 제18조 제4항). 장해구조금 및 중상해구조금은 해당 구조피해자에게 지급한다.

4. 범죄피해자구조금의 지급

구조금의 지급에 관한 사무를 심의, 결정하기 위하여 각 지방검찰청에 **범죄피해구조심의회**를 두고, 법무부에 범죄피해구조본부심의회를 둔다(동법 제24조 제1항). 구조금을 지급받으려는 사람은 해당 구조대상 범죄피해의 발생을 안 날부터 3년 또는 해당 구조대상 범죄피해가 발생한 날부터 10년 이내에 법무부령으로 정하는 바에 따라 그 주소지·거주지 또는 범죄발생지를 관할하는 지구심의회에 구조금 지급신청을 하여야 한다. 지구심의회는 신청을 받으면 신속하게 구조금을 지급하거나 지급하지 아니한다는 결정을 하여야 하며, 지급신청이 기각 또는 각하되면 신청인은 결정의 정본이 송달된 날부터 2주일 이내에 그 지구심의회를 거쳐 본부심의회에 재심을 신청할 수 있다. 이 경우에 본부심의회는 심의를 거쳐 4주일 이내에 다시 구조결정을 하여야 한다(동법 제26조, 제27조).

지구심의회는 구조피해자의 장해 또는 중상해의 정도가 명확하지 아니하거나 그 밖의 사유로 인하여 신속하게 결정할 수 없는 사정이 있으면 신청 또는 직권으로 대통령령으로 정하는 금액의 범위에서 긴급구조금을 지급하는 결정을 할 수 있다(동법 제28조).

구조금을 받을 권리는 그 구조결정이 해당 신청인에게 송달된 날부터 2년간 행사하지 아니하면 시효로 소멸한다(동법 제31조).

《 상소심 절차개요 》

(1) **항소심절차**
제1심판결에 불복 → **7일 이내에 원심법원**에 항소장 제출
① 항소제기가 법률상의 방식위반, 항소권소멸 후인 경우 → 원심법원은 **항소기각** → 이에 대해 **즉시항고** 가능
② 원심법원은 소송기록과 증거물을 **14일 이내 항소법원에 송부** → **항소법원은** 즉시 항소인과 상대방에게 통지(피고인이 교도소 또는 구치소에 있는 경우에는 통지받은 날부터 14일 이내에 항소법원 소재지로 이송) → 항소인 또는 변호인 통지받은 날부터 **20일 이내 항소이유서 제출** → 항소법원은 지체 없이 부본 또는 등본을 상대방에게 송달 → 상대방은 **10일 이내에 답변서**를 항소법원에 제출 → 항소법원은 지체 없이 부본 또는 등본을 항소인 또는 변호인에게 송달
(2) **상고심절차**
제2심판결에 불복 → **7일 이내에 원심법원**에 상고장 제출
① 상고제기방식이 법률위반 또는 상고권소멸후인 것이 명백한 경우 → 원심법원은 **상고기각** → 이에 대해 **즉시항고** 가능
② 원심법원은 상고장을 받은 날부터 **14일 이내에 소송기록과 증거물**을 상고법원에 송부 → 상고법원은 즉시 상고인과 상대방에게 그 사유를 통지 → 상고인은 통지를 받은 날부터 20일 이내에 상고이유서를 상고법원에 제출 → 상고법원은 지체 없이 상고이유서의 부본 또는 등본을 상대방에게 송달 → 상대방은 10일 이내에 답변서를 상고법원에 제출 → 상고법원은 답변서를 지체 없이 상고인 또는 변호인에게 송달.

찾아보기

(ㄴ)

(ㄷ)

(ㅅ)

〈저자약력〉

김신규

부산대학교 대학원(법학박사)

독일 하이델베르크대학교 연구교수, 일본 나고야대학 객원교수

(현) 국립목포대학교 법학과 교수, 교무처장

목포대학교 경영행정대학원장, 중앙도서관장, 법학연구소장 역임

한국비교형사법학회장, 한국법무보호복지학회장, 한국형사소송법학회 고문, 한국형사법학회/한국형사정책학회 상임이사 역임

변호사시험, 사법시험, 행정고시, 경찰간부시험 등 출제위원, 목포해양안전심판원 비상임심판관, 전라남도 행정심판위원/소청심사위원, 전남지방경찰청 경찰발전위원회위원, 경찰개혁자문위원장, 수사이의심사위원, 전남교육청 소청심사위원장/행정심판위원 역임

〈주요저서 및 논문〉

여성과 법률(박영사, 2019)

형법총론 강의(박영사, 2018)

인권법강의(청목출판사, 2016)

형법각론(청목출판사, 2015)

뇌물죄에 관한 연구(한국형사정책학회), 공소사실의 특정(광주지방변호사회지), 상해죄의 동시범 특례(한국형사법학회), 형법 제16조의 '정당한 이유'의 의미검토(한국형사법학회), 유죄협상제도에 대한 비판적 검토(미국헌법학회), 수사절차상 압수수색규정에 대한 비판적 검토(한국비교형사법학회), 사이버 명예훼손·모욕행위에 대한 합리적인 형사규제방안(한국비교형사법학회) 등

형사소송법 강의

초판발행 2019년 8월 30일
중판발행 2021년 9월 10일

지은이 김신규
펴낸이 안종만·안상준

편 집 김선민
기획/마케팅 이영조
표지디자인 조아라
제 작 우인도·고철민

펴낸곳 (주) 박영사
서울특별시 금천구 가산디지털2로 53, 210호(가산동, 한라시그마밸리)
등록 1959. 3. 11. 제300-1959-1호(倫)
전 화 02)733-6771
f a x 02)736-4818
e-mail pys@pybook.co.kr
homepage www.pybook.co.kr
ISBN 979-11-303-3484-4 93360

정 가 45,000원